Schwind · Kriminologie

Grundlagen
Die Schriftenreihe der »Kriminalistik«

Band 28

Kriminologie

Eine praxisorientierte Einführung mit Beispielen

8., neubearbeitete und erweiterte Auflage

von

Prof. Dr. Hans-Dieter Schwind

Ruhr-Universität Bochum

Kriminalistik Verlag
Heidelberg

(Univ.-)Prof. Dr. jur. *Hans-Dieter Schwind*, geb. 1936 in Tokyo/Japan, (akademischer Lehrer: Univ.-Prof. Dr. *Horst Schüler-Springorum*, München) lehrt seit 1974 in Bochum (Lehrstuhl für Kriminologie, Strafvollzug und Kriminalpolitik). Während vierjähriger Beurlaubung: 1978 bis 1982 Landesjustizminister in Niedersachsen; 1981 Vorsitzender der deutschen Justizministerkonferenz (JuMiKo). 1984 bis 1989 Präsident der Deutschen Kriminologischen Gesellschaft (DKG). 1987 bis 1990 Vorsitzender der (Anti-)Gewaltkommission der Bundesregierung. Beteiligung am (Neu-)Aufbau der Juristischen Fakultäten von Osnabrück (1978–80) sowie Greifswald und Jena (1990–91). Ab 1996 Präsident des Stiftungsrates der Deutschen Stiftung für Verbrechensverhütung und Straffälligenhilfe (DVS). Seit 1997 auch Honorarprofessor an der Universität Osnabrück. Mitwirkung an der Gründung des Kriminologischen Forschungsinstitutes Niedersachsen (KFN) in Hannover (1979) und der Kriminologischen Zentralstelle (KZSt) in Wiesbaden (1981). Seit Anfang der 70er Jahre Leitung verschiedener Forschungsvorhaben, u. a. im Auftrag des Bundeskriminalamtes. Arbeitsschwerpunkte: Dunkelfeldforschung, Kriminalgeographie, Gewaltkriminalität, Strafvollzug, Entlassenenhilfe, Kriminalpolitik. Wissenschaftliche Auslandsaufenthalte in den USA, Japan und China.

Bildnachweis: S. 81, 83 u. 92 Bildarchiv Preußischer Kulturbesitz, Berlin.

Die Deutsche Bibliothek – CIP-Einheitsaufnahme

Schwind, Hans-Dieter:
Kriminologie: eine praxisorientierte Einführung mit Beispielen / von Hans-Dieter Schwind. – 8., neubearb. u. erw. Aufl. – Heidelberg: Kriminalistik-Verl., 1997
    (Grundlagen der Kriminalistik; Bd. 28)
    ISBN 3–7832–0297–3

© 1997 Kriminalistik Verlag, Hüthig GmbH, Heidelberg
Satz: Mitterweger Werksatz GmbH, Plankstadt
Druck und Verarbeitung: Druckerei Lokay, Reinheim
ISBN 3–7832–0297–3

Vorbemerkung
zur achten Auflage

Daß dieser Band elf Jahre nach seinem ersten Erscheinen in die achte Auflage gehen konnte, hat vor allem mit einer Reihe freundlicher Rezensionen zu tun, für die sich der Verfasser erneut ebenso bedanken möchte wie für die Empfehlungen des Buches durch Kollegen in Unterricht, Seminaren und Vorlesung.

Die Neuauflage hat wiederum Gelegenheit gegeben, den Band auf den neuesten Stand (Juli 1997) zu bringen; insoweit wurden neu erschienene Literatur bzw. veröffentlichte Forschung, Statistik sowie Gesetzesänderungen berücksichtigt.

Erweitert bzw. ergänzt wurden insbesondere die Kapitel, die sich mit folgenden Themen befassen:

– *Kommunale Kriminalprävention* (§ 18);
– *Zuwandererkriminalität einschließlich der Aussiedlerkriminalität*
  (§§ 23 bis 25) und
– *Europa als (neuer) kriminalgeographischer Raum* (§ 31).

Die eingestreuten Zeitungsmeldungen sollen im übrigen keine Ergebnisse der Forschung belegen, sondern nur zeigen, daß die jeweils angesprochene Thematik durchaus aktuelle Bedeutung besitzt.

Auch Karikaturen mögen in einem Lehrbuch ungewöhnlich erscheinen; sie bringen jedoch, wenn sie gekonnt sind, ein Problem (durch ihre bewußt überspitzte Darstellungsweise) genau „auf den Punkt" und regen damit zur Nachdenklichkeit an bzw. wecken (erst) das Interesse; unseriös wird das Buch dadurch hoffentlich nicht.

Bei der Neuauflage haben sich meine wissenschaftlichen Mitarbeiterinnen Birgitta Goldberg (Dipl. Sozialarb. und stud. jur.), Dipl.-Psych. Birgit Gielen, Dipl.-Päd. Karin Roitsch sowie meine Sekretärin Karin Celen Verdienste erworben. Besonders bedanken möchte ich mich auch bei Frau Dr. jur. Martina Müller-Foell für die Mithilfe bei der Korrektur und Herrn wiss. Direktor im Bundeskriminalamt Uwe Dörmann für Hinweise zur Statistik.

Dank gebührt schließlich dem Kriminalistik-Verlag dafür, daß es ihm gelungen ist, den Preis für das Buch wiederum vergleichsweise niedrig zu halten.

So hofft der Verfasser, daß der Band auch weiterhin Unterstützung und Anklang findet: nicht zuletzt in den neuen Bundesländern.

Bochum/Osnabrück, im Juli 1997   *Hans-Dieter Schwind*

Auszug aus dem Vorwort
zur ersten Auflage

Seit dem Zweiten Weltkrieg sind in der Bundesrepublik zahlreiche Kriminologie-Lehrbücher (bzw. Einführungen in die Kriminologie) sowie kriminologische Nachschlagewerke und Sammelwerke usw. erschienen. Darunter befinden sich hervorragende Darstellungen der Materie, die an Qualität und Vollständigkeit kaum noch zu überbieten sein dürften.

Da jedoch der Interessentenkreis als sehr begrenzt eingeschätzt wird, ist der Markt (auch) nach Auskunft des Fachhandels bereits übersetzt. Wenn diese weitere Einführung in die Materie dennoch erscheint, dann primär deshalb, weil im Bereich der **Didaktik** noch Verbesserungen möglich erscheinen. Deshalb wird in diesem Buche versucht, die Anschaulichkeit des Stoffes (die Lesbarkeit) durch die Erklärung (oder Vermeidung) von Fremdwörtern, durch einfache (verständliche) Sprache, durch bewußt vereinfachte Darstellungsweise sowie durch zahlreiche Beispiele (aus Forschung und Praxis), Übersichten und Graphiken zu erhöhen. Literaturübersicht und Inhaltsverzeichnis werden den einzelnen §§ (Themenbereichen) aus Gründen des besseren Überblicks jeweils vorangestellt. Hervorhebungen durch Fettdruck im Text (auch in Zitaten durch den Verf.) sollen dem gleichen Ziel dienen.

Um Fehleinschätzungen der Ergebnisse der empirisch-kriminologischen Erkenntnisse vermeiden zu helfen, soll ein **Methodenkapitel** (vgl. § 9) dem Leser (der sich mit diesen Fragen noch nicht befaßt hat) zur Verdeutlichung der entsprechenden Problematik typische Fehlerquellen aufzeigen und seine Kritikfähigkeit stärken; in diesem Zusammenhang sind auch die Resultate der **Dunkelfeldforschung** (Rdn. 33 ff zu § 2) zu sehen.

In allen Kapiteln wird jeweils versucht, **Bezüge zur Praxis** herzustellen, also nicht bei theoretischen Erörterungen stehen zu bleiben. Das gilt auch für die Darstellung der Kriminalitätstheorien (§§ 5–8). Daß die Kriminologie keine verstaubte Wissenschaft, sondern tagtäglich neu aktuell ist, zeigen eine Reihe von Zeitungsausschnitten, die in den Text eingestreut sind; auf diese Meldungen nehmen die Ausführungen jeweils Bezug.

Daß Ausweitungen ohne „Mut zur Lücke" nicht machbar sind, wenn man ein noch preiswertes Buch anbieten will, versteht sich von selbst.

Bochum, im Januar 1986   *Hans-Dieter Schwind*

Inhaltsübersicht

Abkürzungsverzeichnis

a. A.	anderer Ansicht
aaO	am angegebenen Ort
Abb.	Abbildung
Abs.	Absatz
AE	Alternativ-Entwurf
a. F.	alte Fassung
AFG	Arbeitsförderungsgesetz i.d.F. vom 25.6.1969; BGBl I, 582 (BGBl III 810-1)
AJK	Arbeitskreis Junger Kriminologen
AK	Arbeitskreis
Albrecht	Albrecht, P. A.: Jugendstrafrecht, München 1987
allg. M.	allgemeine Meinung
Alt.	Alternative
Americ. Soc. Rev.	American Sociological Review (zitiert nach Jahr und Seite)
AO	Abgabenordnung vom 16. 3. 1976; BGBl I, 613
ArchKrim	Archiv für Kriminologie
ASW	Arbeitsgemeinschaft für Sicherheit in der Wirtschaft (Bonn)
AuslG	Gesetz über die Rechtsstellung heimatloser Ausländer im Bundesgebiet (Ausländergesetz) i.d.F. vom 6. Juli 1990; BGBl I, 1354 ff
AWO	Arbeiterwohlfahrt
Az.	Aktenzeichen
BAG	Bundesarbeitsgemeinschaft
Bd.	Band
bdk	Bund Deutscher Kriminalbeamter
BewHi	Bewährungshilfe (zitiert nach Jahr und Seite)
BGBl	Bundesgesetzblatt
BGH	Bundesgerichtshof
BGHSt	Entscheidungen des Bundesgerichtshofes in Strafsachen (zitiert nach Band und Seite)
BKA	Bundeskriminalamt (in Wiesbaden)
BMFJ	Bundesministerium für Frauen und Jugend
BMI	Bundesminister des Inneren
BMJFFG	Bundesministerium für Jugend, Familie, Frauen und Gesundheit
Bock	Bock, M.: Kriminologie, München 1995
Böhm	Böhm, A.: Einführung in das Jugendstrafrecht 3. Aufl. München 1996
BPA	Bundespresseamt

BSeuchG	Bundes-Seuchengesetz i. d. F. vom 18. 12. 1979; BGBl I, 2262
BT-Drucks.	Bundestagsdrucksache
BtMG	Betäubungsmittelgesetz vom 28. 7. 1981; BGBl I, 681
Bull.	Bulletin des Presse- und Informationsdienstes der Bundesregierung Nr. 48, S. 509 ff vom 12. Juni 1997
BVerfG	Bundesverfassungsgericht
BVerfGE	Entscheidungen des Bundesverfassungsgerichts (amtliche Sammlung) (zitiert nach Band und Seite)
BWE	Bundesweite Erfassung von Wirtschaftsstrafsachen nach einheitlichen Gesichtspunkten
BZR	Bundeszentralregister
DFB	Deutscher Fußballbund
DFG	Deutsche Forschungsgemeinschaft
DHS	Deutsche Hauptstelle gegen die Suchtgefahren
Diss. jur.	juristische Dissertation
DJT	Deutscher Juristentag
DPWV	Deutscher Paritätischer Wohlfahrtsverband
DRiZ	Deutsche Richterzeitung (zitiert nach Jahr und Seite)
DVJJ	Deutsche Vereinigung für Jugendgerichte und Jugendgerichtshilfen e. V.
EEA	Einheitliche Europäische Akte
EG	Europäische Gemeinschaft
Eisenberg	Eisenberg, U.: Kriminologie, 4. Aufl., Köln 1995
et al.	et alii (und andere)
eurostat	Statistisches Amt der Europäischen Gemeinschaften, Reihe 3A, Luxemburg 1995
ev./evtl.	eventuell
EWG	Europäische Wirtschaftsgemeinschaft
EXWOST	Experimenteller Wohnungs- und Städtebau, Info des Bundesministeriums für Raumordnung, Bauwesen und Städtebau
FAZ	Frankfurter Allgemeine Zeitung
FDJ	Freie Deutsche Jugend
FE	Fürsorgeerziehung
ff	fortfolgende
Forensia	Zeitschrift Forensia
FPR	Freiwillige Polizei-Reserve (Zeitschrift)
FR	Frankfurter Rundschau
FS	Festschrift
GA	Goltdammer's Archiv für Strafrecht (zitiert nach Jahr und Seite)

GdP	Gewerkschaft der Polizei
GewO	Gewerbeordnung i. d. F. vom 1. 1. 1978; BGBl I, 97
GG	Grundgesetz
GmbH-Gesetz	Gesetz betreffend die Gesellschaften mit beschränkter Haftung i. d. F. vom 20. 5. 1898; RGBl I, 846
GMBl	Gesetzes- und Ministerialblatt
Göppinger	Göppinger, H.: Kriminologie, 4. Aufl., München, 1980; 5. Aufl. München 1997
GVG	Gerichtsverfassungsgesetz i. d. F. vom 9. 5. 1975; BGBl I, 1077
HÖV	Handbuch für die öffentliche Verwaltung
Hrsg.	Herausgeber
i. d. F.	in der Fassung
i. d. R.	in der Regel
IKV	Internationale Kriminalistische Vereinigung
IQ	Intelligenzquotient
ISS	Institut für Sozialpädagogik und Sozialforschung
i. V.	in Verbindung
JA	Juristische Arbeitsblätter für Ausbildung und Examen (zitiert nach Jahr und Seite)
Jb.	Jahrbuch
JGG	Jugendgerichtsgesetz i. d. F. vom 11. 12. 1974; BGBl I, 3427
JHGE	Jugendhilfegesetz, Referentenentwurf 1974
Jhrhd.	Jahrhundert
JMS-Report	Jugend Medien Schutz-Report (vormals BPS-Report)
JÖSchG	Gesetz zum Schutz der Jugend in der Öffentlichkeit vom 25. Februar 1985 (BGBl. I 425 ff)
Journ. Personality and Soc. Psychol.	Journal of Personality and Social Psychology (zitiert nach Jahr und Seite)
JR	Juristische Rundschau (zitiert nach Jahr und Seite)
JuMiKo	Justizministerkonferenz
JURA	Juristische Ausbildung (zitiert nach Jahr und Seite)
JuS	Juristische Schulung (zitiert nach Jahr und Seite)
JWG	Gesetz für Jugendwohlfahrt i. d. F. vom 25. 4. 1977; BGBl I, 633
JZ	Juristenzeitung (zitiert nach Jahr und Seite)
Kaiser	Kaiser, G.: Kriminologie, 9. Aufl., Heidelberg (UTB) 1993 und Kriminologie (großes Lehrbuch), 2. Aufl., Heidelberg 1988; 3. Aufl. Heidelberg 1996;

Kaiser/Kerner/ *Schellhoss*	Kaiser, G./Kerner, H. J./Schellhoss, H. (Hrsg.): Kleines kriminologisches Wörterbuch, 3. Aufl. Heidelberg 1993
Kaiser/Schöch	Kaiser, G./Schöch, H.: Kriminologie – Jugend- strafrecht – Strafvollzug, 4. Aufl., München 1994 (3. Aufl. 1987)
KBZ	Kriminalitätsbelastungszahl (Zahl der ermittelten Tatverdächtigen pro 100 000 Einwohner)
KFN	Kriminologisches Forschungsinstitut Niedersachsen (Hannover)
KJHG	Kinder- und Jugendhilfegesetz v. 26. 6. 1990 (BGBl I, 1163)
KKW	Kleines kriminologisches Wörterbuch, hrsg. von *G.* *Kaiser* et al., Freiburg 1974, 3. Aufl., Heidelberg 1993
KrimB	Kriminologisches Bulletin (zitiert nach Jahr und Seite)
KrimGegfr	Kriminologische Gegenwartsfragen (zitiert nach Jahr und Seite)
Kriminalistik	Zeitschrift für die gesamte kriminalistische Wissen- schaft und Praxis (zitiert nach Jahr und Seite)
KrimJ	Kriminologisches Journal (zitiert nach Jahr und Seite)
KrimPäd	Kriminalpädagogische Praxis (zitiert nach Jahr, Heft und Seite)
KrimZ	Kriminologische Zentralstelle e.V. Wiesbaden
KritV	Kritische Vierteljahresschrift für Gesetzgebung und Rechtswissenschaft (München)
Kürzinger	Kürzinger, J.: Kriminologie, Stuttgart 1982; 2. Auflage Stuttgart 1996
Kunz	Kunz, K.-L.: Kriminologie, Bern 1994
KuP	Kriminologie und Praxis, Schriftenreihe der Krimi- nologischen Zentralstelle e.V. (Wiesbaden)
KZfSS	Kölner Zeitschrift für Soziologie und Sozialpsycho- logie (zitiert nach Jahr und Seite)
LG-Bezirk	Landgerichtsbezirk
LK	Leipziger Kommentar
Lüderssen	Lüderssen, K.: Kriminologie, Baden-Baden 1984
Mergen	Mergen, A.: Die Kriminologie, 3. Aufl., München 1995 (2. Aufl. 1978)
MFDP	Magazin für die Polizei (zitiert nach Monat (Nr.), Jahr und Seite)
MiStra	Mitteilungen in Strafsachen
MS	Manuskript
MschrKrim	Monatsschrift für Kriminologie und Strafrechts- reform (zitiert nach Jahr und Seite)
m. w. H.	mit weiteren Hinweisen
m. w. N.	mit weiteren Nachweisen

NBL	Neue Bundesländer
NJW	Neue Juristische Wochenschrift (zitiert nach Jahr und Seite)
NOZ	Neue Osnabrücker Zeitung
NStZ	Neue Zeitschrift für Strafrecht (zitiert nach Jahr und Seite)
NZSt	Neue Zeitschrift für die gesamte Strafrechtswissenschaft (zitiert nach Jahr und Seite)
OBG	Ordnungsbehördengesetz von NRW
OECD	Organization for Economic Cooperation and Development
OEG	Gesetz über die Entschädigung für Opfer von Gewalttaten i. d. F. vom 7. 1. 1985; BGBl I, 1
Öff. Gesundh.-Wesen	Das öffentliche Gesundheitswesen (zitiert nach Jahr und Seite)
ÖJZ	Österreichische Juristenzeitung (zitiert nach Jahr und Seite)
OWiG	Gesetz über Ordnungswidrigkeiten i.d.F. vom 19.2.1987 (BGBl I, 602)
OZ	Ostseezeitung
Pbn	Probanden
PdW	Prüfe dein Wissen
PFA	Polizei-Führungsakademie (in Münster)
PflanzenSchG	Pflanzenschutzgesetz i. d. F. vom 2. 10. 1975; BGBl I, 2591
PKS	Polizeiliche Kriminalstatistik für die Bundesrepublik Deutschland (hrsg. v. *Bundeskriminalamt Wiesbaden*): „PKS 1996" bedeutet, daß sich die Zahlen auf das Berichtsjahr 1996 beziehen
Psychiatr. Prax.	Psychiatrische Praxis (zitiert nach Jahr und Seite)
RdJ	Recht der Jugend und des Bildungswesens (zitiert nach Jahr und Seite)
Rdn.	Randnummer
RGBl	Reichsgesetzblatt
RGSt	Entscheidungen des Reichsgerichts in Strafsachen (amtliche Sammlung) (zitiert nach Band und Seite)
RVO	Reichsversicherungsordnung i. d. F. vom 15. 12. 1924; RGBl I, 779
Schaffstein/Beulke	Schaffstein, F./Beulke, W.: Jugendstrafrecht, 12. Aufl., Stuttgart 1995
Schneider 1987	Schneider, H. J.: Kriminologie, Berlin 1987
Schneider 1993	Schneider, H. J.: Einführung in die Kriminologie, Berlin 1993

SchwZStr	Schweizerische Zeitschrift für Strafrecht, Bern (zitiert nach Jahr und Seite)
SGB	Sozialgesetzbuch
Stat. Bundesamt	Statistisches Bundesamt
Stat. Jahrbuch	Statistisches Jahrbuch (hrsg. vom Stat. Bundesamt)
StGB	Strafgesetzbuch i. d. F. vom 2. 1. 1975; BGBl I, 1
StPO	Strafprozeßordnung i. d. F. vom 7. 1. 1975; BGBl I, 129
StrRG	Strafrechtsreformgesetz
StV	Zeitschrift „Strafverteidiger", Frankfurt
StVO	Straßenverkehrs-Ordnung vom 16. 11. 1970; BGBl I, 1565
StVollzÄndG	Strafvollzugsänderungsgesetz vom 20. 12. 1984; BGBl I, 1654
StVollzG	Gesetz über den Vollzug der Freiheitsstrafe und freiheitsentziehenden Maßregeln der Besserung und Sicherung vom 16. 3. 1976; BGBl I, 581
StVStat	Strafverfolgungsstatistik
StVZO	Straßenverkehrs-Zulassungs-Ordnung i. d. F. v. 15. 11. 1974; BGBl I, 3193
SZ	Süddeutsche Zeitung
TV	Tatverdächtiger
TVBZ	Tatverdächtigen-Belastungszahl
u. H.	unter Hinweis
UiD	CDU-Informationsdienst
UJ	Unsere Jugend – Zeitschrift für Jugendhilfe in Wissenschaft und Praxis (zitiert nach Jahr und Seite)
UTB	Uni-Taschenbücher
UVP-Prüfung	Umwelt-Verträglichkeitsprüfung
Walter	Walter, M.: Jugendkriminalität, Stuttgart 1995
WAZ	Westdeutsche Allgemeine Zeitung
WiKG	1. Gesetz zur Bekämpfung der Wirtschaftskriminalität vom 29. 7. 1976; BGBl I, 1034
wistra	Zeitschrift für Wirtschaft – Steuer – Strafrecht
ZblJugR	Zentralblatt für Jugendrecht und Jugendwohlfahrt (zitiert nach Jahr und Seite)
ZfPäd	Zeitschrift für Pädagogik
ZfStrVo	Zeitschrift für Strafvollzug und Straffälligenhilfe (zitiert nach Jahr und Seite)
ZRP	Zeitschrift für Rechtspolitik (zitiert nach Jahr und Seite)
ZStW	Zeitschrift für die gesamte Strafrechtswissenschaft (zitiert nach Band (Jahr) und Seite)

ERSTER TEIL

Gegenstand und Aufgaben
der Kriminologie

§ 1 Überblick über die Kriminalwissenschaften

Literatur: **Arzt,** G.: Probleme der Kriminalisierung und Entkriminalisierung sozialschädlichen Verhaltens, in: Kriminalistik 1981, S. 117–122; **Blau,** G.: Zur Bedeutung der Psychiatrie für die Kriminologie, in: FS für Venzlaff, Berlin 1986, S. 151–168; **Brusten,** M./**Häußling,** J. M./**Malinowski,** P. (Hrsg.): Kriminologie im Spannungsfeld von Kriminalpolitik und Kriminalpraxis, Stuttgart, 1986; **Bundeskriminalamt:** Technik im Dienste der Straftatenbekämpfung, Wiesbaden 1990; **Bundeskriminalamt** (Hrsg.): Aktuelle Methoden der Kriminaltechnik und Kriminalistik, Wiesbaden 1995; **Burghard,** W./**Hamacher,** H. W. (Hrsg.): Lehr- und Studienbriefe Kriminalistik, Hilden ab 1985; **Burghard,** W./**Hamacher,** H. W./**Herold,** H. et al.: Kriminalistik-Lexikon, 3. Aufl., Heidelberg 1966; **Dubs,** H.: Zur Stellung und Aufgabe des Psychiaters im Strafverfahren, in: Schweizerische Zeitschrift für Strafrecht 1989, S. 337–344; **Dessecker,** A.: Straftäter und Psychiatrie, Wiesbaden 1997; **Egg,** R.: Kriminalpsychologie: Entwicklung, Problembereiche, Perspektiven, in: Psychologische Rundschau 1993, S. 162–175; **Eser,** A./**Cornils,** C. (Hrsg.): Neuere Tendenzen der Kriminalpolitik, Freiburg 1987; **Groß,** H./ **Geerds,** F.: Handbuch der Kriminalistik, Bd. 1, 10. Aufl., Berlin 1977; **Jäger,** J.: Kriminologie und Kriminalitätskontrolle, Lübeck 1981; **Jäger,** J.: Krise der Kriminalpolitik, in: Kriminalistik 1994, S. 298–302; **Jehle,** J.-H. (Hrsg.): Kriminologie als Lehrgebiet, KuP Bd. 10, Wiesbaden 1992; **Kaiser,** G.: Gesellschaft, Jugend und Recht, Weinheim 1977; **Kaiser,** G.: Begriff und Aufgabe der Kriminologie, in: *Schneider,* H. J. (Hrsg.): Die Psychologie des 20. Jahrhunderts, Bd. 14, Auswirkungen auf die Kriminologie, Zürich 1981, S. 47–62; **Kerner,** H.-J.: Kriminalprävention, in: Kriminalistik 1994, S. 171–178; **Kniesel,** M./**Kube,** E./**Murck,** M. (Hrsg.): Handbuch für Führungskräfte der Polizei, Lübeck 1996; **Krüger,** R.: Entkriminalisierung, in: Kriminalistik 1995, S. 306–310; **Kube,** E.: Polizeiliche Kriminalprävention, in: *Jehle,* J.-M. (Hrsg.): Kriminalprävention und Strafjustiz, Wiesbaden 1996, S. 139–152; **Kube,** E.: Systematische Kriminalprävention, 2. Aufl., Wiesbaden 1987; **Kube,** E./**Störzer,** H.-U. (Hrsg.): Police Research in the Federal Republic of Germany, Berlin 1991; **Kube,** E./**Störzer,** H.-U./**Brugger,** S. (Hrsg.): Wissenschaftliche Kriminalisik, Wiesbaden, Bd. 1, 1983, Bd. 2, 1984; **Kube,** E./**Störzer,** H.-U./**Timm,** K. J. (Hrsg.): Kriminalistik-Handbuch für Praxis und Wissenschaft, Bd. 1, Stuttgart 1992 (Bd. 2, Stuttgart 1994); **Kühne,** H.-H.: Vom Strafrecht, von der Kriminologie und vom Mythos der Rationalität, in: GA 1994, S. 503–513; **Kunz,** K.-L.: Kriminologie zwischen erfahrungswissenschaftlicher Autonomie und kriminalpolitischer Einflußnahme, in: FS für Göppinger, Berlin 1990, S. 89–101; **Maelicke,** B./**Ortner,** H. (Hrsg.): Alternative Kriminalpolitik, Weinheim 1988; **Mezger,** E.: Kriminalpolitik auf kriminologischer Grundlage, 2. Aufl., Berlin 1942; **Northoff,** R.: Rechtspsychologie, Recklinghausen 1997; **Northoff,** R./**Stroh,** A.: Kriminalprävention (Übersicht zu den Aktivitäten in den Bundesländern), Heft 8-10/1996 der Kriminalistik; **Pschyrembel,** K.: Klinisches Wörterbuch, 256. Aufl., Berlin 1990 (251. Aufl. 1972); **Roos,** O.: Entkriminalisierungstendenzen im Besonderen Teil des Strafrechts, Frankfurt/M. 1981; **Schoeck,** G.: Soziologisches Wörterbuch, 7. Aufl., Freiburg 1973; **Schüler-Springorum,** H.: Zum Verhältnis von Kriminologie und Kriminalpolitik, in: *Kielwein,* G. (Hrsg.): Entscheidungslinien der Kriminologie, Köln 1985, S. 13–28; **Schüler-Springorum,** H: Kriminalpolitik für Menschen, Frankfurt/M. 1991; **Schwind,** H.-D.: Kriminologie als Gegenstand der Forschung, in: FS für Schüler-Springorum, Köln 1993, S. 203–228; **Schwind,** H.-D.:,,Rationale" Kriminalpolitik als Zukunftsaufgabe, in: FS für Wassermann, Berlin 1985, S. 573–597; **Schwind,** H.-D./**Berckhauer,** F/**Steinhilper,** G. (Hrsg.): Präventive Kriminalpolitik, Heidelberg 1980, S. 3–26; **Seitz,** W.: Kriminal- und Rechtspsychologie, München 1983; **Vogler,** T.: Möglichkeiten und Wege einer Entkriminalisierung, in: ZStW 90, 1978, S. 132 ff; **Walter,** M.: Möglichkeiten und Grenzen einer Entkriminalisierung im Jugendrecht, in: ZfJ Nr. 4/93, S. 177–181; **Zipf,** H.: Kriminalpolitik, 2. Aufl., Heidelberg 1980 (1. Aufl., Karlsruhe 1973).

Gliederung

Die Kriminologie gehört zu den Kriminalwissenschaften; ihr Gegenstand ist die Kriminalität.

I. Zum Kriminalitätsbegriff

1 Wenn man Polizeianwärter oder Jura-Studenten in den Anfangssemestern danach fragt, was denn „Kriminalität" sei, bekommt man z.B. zur Antwort: „das, was verboten ist" oder „das, was bestraft wird". Beschrieben wird damit der sog. strafrechtliche „Verbrechensbegriff".

Der Begriff des „Verbrechens" wird im Schrifttum oft synonym für den Begriff „strafbare Handlung" oder „Kriminalität" verwendet. Deshalb spricht man in der Literatur nicht vom „Kriminalitätsbegriff", sondern vom „Verbrechensbegriff": nicht zu verwechseln mit dem Verbrechensbegriff in § 12 StGB. Dort sind nur die rechtswidrigen Taten gemeint, „die im Mindestmaß mit Freiheitsstrafe von einem Jahr oder darüber bedroht sind". Ferner werden im (deutschen) Schrifttum regelmäßig (deshalb auch im Rahmen der folgenden Darstellung) die Begriffe „Straftat" und „Delikt" synonym benutzt. Ganz korrekt ist das ebenfalls nicht, weil sich das Wort „Delikt" inhaltlich vom englischen Begriff „delinquency" (lat.: delictum) ableitet, der auch Verhaltensweisen geringeren Unrechtsgehalts mit einschließt: etwa Schuleschwänzen, Herumstreunen oder Ungehorsam gegenüber den Eltern.

1. Der strafrechtliche (formelle) Verbrechensbegriff

2 Nach dem strafrechtlichen Verbrechensbegriff (Kriminalitätsbegriff) sind alle solche Handlungen „kriminell", die durch ein Kriminal-Gesetz mit Strafe bedroht sind. Genauer gesagt: „Handlungen mit strafrechtlichen Rechtsfolgen". Denn eine mit Strafe bedrohte Handlung kann außer der Bestrafung (mit der die „Schuld" = vorwerfbares Handeln ausgeglichen wird) auch noch (oder nur) die Anordnung einer der sogenannten „Maßregeln der Besserung und Sicherung" nach sich ziehen (die an die Sozialgefährlichkeit des Täters anknüpft). Wir sprechen insoweit von der **„Zweispurigkeit"** des Strafrechts (dualistisches System: **1933 in das StGB eingeführt**): vgl. dazu Übersicht 1.

Übersicht 1:

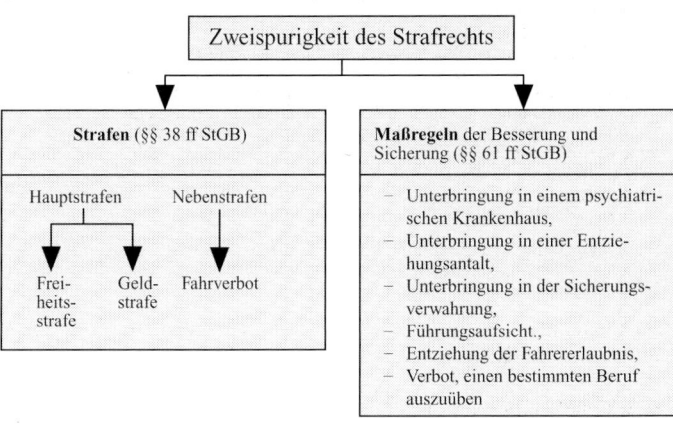

Warum Zweispurigkeit? *Der Grund für die Einführung (und Beibe-* **3**
haltung) des dualistischen Systems (Strafe/Maßregel) ist darin zu
sehen, daß es Fälle gibt, in denen Täter, die z. B. geisteskrank sind,
(mangels Schuldfähigkeit) auch dann nicht belangt (inhaftiert) werden
können, wenn die Gefahr besteht, daß sie die Allgemeinheit auch in
Zukunft weiter gefährden. Die Maßregeln der Besserung und Siche-
rung, die eine Internierung zulassen und ihre Rechtfertigung in dem
Sicherungsbedürfnis der staatlichen Gemeinschaft finden, sollen diese
Lücke schließen und zugleich (auch) der Besserung dienen.

Neben die Reihe **4**

Strafe – Schuld – Vergangenheit

hat der Gesetzgeber also die zweite Kette

Maßregel – Gefährlichkeit – Zukunft

gesetzt.

Ordnungswidrigkeiten *(bedroht nur mit Geldbuße) werden dem straf-* **5**
rechtlichen Verbrechensbegriff nicht zugeordnet. Aber man kann dar-
über streiten, ob es anders nicht sinnvoller wäre, weil das Ordnungs-
widrigkeitenrecht (ebenso wie das Strafrecht) dem Schutz bestimmter
Rechtsgüter dient und lediglich quantitative Unterschiede bestehen (vgl.
Berz, U.: Ordnungswidrigkeitenrecht, in: v. Mutius, A. (Hrsg.):
Handbuch für die öffentliche Verwaltung (HÖV), Bd. 1, Grundlagen,
1984, 359–406, und BVerfGE 22, 49/79; Weber ZStW 92, 313).

2. Der „natürliche" Verbrechensbegriff

Weil der strafrechtliche Verbrechensbegriff der „willkürlichen Verfü- **6**
gungsgewalt des Gesetzgebers ausgeliefert ist" (*Kürzinger*, Kriminologie

1982, 14), d. h. von der Entscheidung des Gesetzgebers abhängt, welches Tun kriminalisiert werden soll und welches nicht,

> *Beispiele: Die Gotteslästerung und der Ehebruch sind seit 1969, die Pornographie seit 1975 grundsätzlich nicht mehr verboten (**Entkriminalisierung**: vgl. dazu Vogler 1978; Roos 1981, Krüger 1995, 306 ff; und Walter 1993, 177 ff); Wirtschafts-, Umwelt- und Drogenkriminalität sind hingegen Beispiele für die **Neukriminalisierung** von Handlungen, die bis in die 70er Jahre hinein grundsätzlich straflos waren (vgl. dazu §§ 21, 22 und 27). Die Entscheidung des Gesetzgebers wird durch (oft nicht vorhersehbare) Zeiteinflüsse bestimmt, insbesondere durch Veränderungen in der sozialen Bewertung von Handlungen: Was heute als „sozialschädlich" bzw. als „moralisch verwerflich" gilt, kann in einigen Jahren einer anderen Beurteilung unterliegen (vgl. dazu Arzt 1981, 117 ff).*

ist immer wieder nach einem zeit- und raumunabhängigen Verbrechensbegriff gesucht worden.

7   So hat bereits Raffaele *Garofalo* in seinem Buch „Criminologia" (Rom, 1885) den Vorschlag gemacht, sich an einem „natürlichen Verbrechensbegriff" (crimen naturale) zu orientieren. Gemeint ist damit, daß es Handlungen gibt (einen „Kernbestand" des Verbrechens), die zu allen Zeiten und in allen Kulturen als verwerflich eingestuft und entsprechend bestraft werden: etwa Mord, Raub, Vergewaltigung, Diebstahl, also **„delicta mala per se"** im Gegensatz zu „delicta mere prohibita" (Handlungen, die nur deshalb als verwerflich gelten, weil sie verboten sind, und deshalb auch leichter wieder entkriminalisiert werden können).

Übersicht 2: Die Verbrechensbegriffe

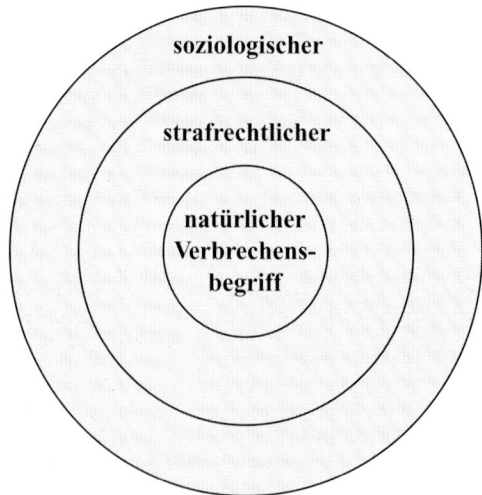

Die „delicta mala per se" (Handlungen, die auch ohne Verbot als ver- **8** werflich bzw. als sozialschädlich gelten) sind übrigens grundsätzlich mit den sog. **Indexdelikten** identisch, die in den USA als Maßstab für die Kriminalitätsentwicklung benutzt werden. Dazu werden gezählt: Mord (murder), Raub (robbery), Vergewaltigung (rape), schwere Körperverletzung (aggravated assault), Einbruchsdiebstahl (burglary) und Diebstahlsdelikte ab einem Beutewert über 50 Dollar (larceny).

3. Der soziologische (materielle) Verbrechensbegriff

Während der natürliche Verbrechensbegriff den strafrechtlichen (for- **9** mellen) Verbrechensbegriff einengt, schlagen Vertreter insbesondere aus dem soziologischen Lager die weitere Ausdehnung des Verbrechensbegriffs auf **sozialschädliches** bzw. **sozialabweichendes** Verhalten vor (vgl. z. B. *Mannheim,* Comparative Criminology 1965). Auch die Vertreter dieses (materiellen) Verbrechensbegriffes lehnen den strafrechtlichen (formellen) Verbrechensbegriff als für die wissenschaftliche Arbeit nicht ausreichend ab, weil dieser zu formal darauf abstellt, ob eine Handlung mit Strafe bedroht ist oder nicht. Zufälligkeiten könnten danach bewirken, was als kriminell zu gelten habe, ohne daß sich an der Handlung selbst etwas ändere.

Daß der strafrechtliche Verbrechensbegriff mitunter den technischen, **10** politischen und gesellschaftlichen Entwicklungen hinterherhinkt, zeigen zwei Beispiele zu den sog. **Gesetzeslücken:**

(1) Mit der Entdeckung der Elektrizität im letzten Jahrhundert (Erfindung der Kohlefadenlampe 1879 durch Edison) entstand das Problem der Ahndung unbefugter Stromentnahme, die naturgemäß (noch) nicht mit Strafe bedroht war. Der Gesetzgeber hat diese Lücke erst 1900 durch Einfügung des § 248 c in das StGB geschlossen.

(2) Aus dem Bereich der Europäischen Gemeinschaft hat Gurski folgendes Beispiel gebracht, das darauf aufbaut, daß Subventionen des Staates für Ausfuhr höher sein können als Zölle für Einfuhr: Aus Frankreich wurde zum Abbau des Butterbergs in erheblichem Umfang Butterschmalz (hochsubventioniert) nach Rumänien ausgeführt; dort aber nicht entladen, sondern nach (dem früheren) Jugoslawien weitergeleitet. In Koper (einem Adriahafen) verwandelte sich das Butterschmalz durch Zusatz von Essigsäure in „Mayonnaise", die geringer verzollt (als die Subvention ausgemacht hatte) in die Bundesrepublik eingeführt wurde. Hier wurde die Ware durch Entzug der Essigsäure zurückverwandelt in Butterschmalz, das erneut wieder ausgeführt werden konnte, usw. (zit. nach Tiedemann: Die Verbrechen in der Wirtschaft 1972, 36).

Da ein solches Verhalten (der Abgabenvorteil betrug über 11 Millionen DM) nach EG-Recht seinerzeit noch nicht mit Strafe bedroht war, konnte der Exporteur nicht bestraft werden. Nach dem strafrechtlichen Verbrechensbegriff handelte er daher ebensowenig „kriminell" wie der unbefugte Stromabnehmer vor dem Jahr 1900.

II. Kriminalwissenschaften

11   Zu den Kriminalwissenschaften werden „alle diejenigen Disziplinen (gerechnet), die sich in dieser oder jener Form primär mit dem kriminellen Verhalten von Menschen befassen" (*Groß/Geerds* 1977, 12): Insoweit kann man **zwischen juristischen und nichtjuristischen Kriminalwissenschaften unterscheiden** (vgl. *Groß/Geerds* aaO). Zu den juristischen Kriminalwissenschaften rechnen die Strafrechtswissenschaft und die Strafprozeßrechtswissenschaft; zu den nichtjuristischen Kriminalwissenschaften zählen die Kriminologie und Kriminalistik mit ihren Bezugswissenschaften.

Übersicht 3: Überblick über die Kriminalwissenschaften

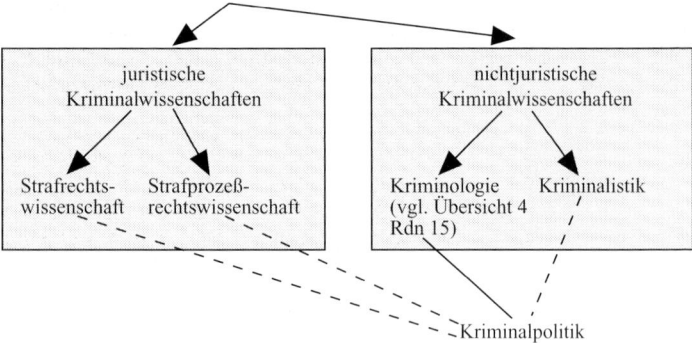

1. Begriff und Aufgaben der Strafrechtswissenschaft

12   a) **Das Strafrecht ist eine normative Wissenschaft.** Das heißt, daß es nur so weit reicht, wie die strafrechtlichen Vorschriften reichen (Rdn. 2): Die Grundregeln des (materiellen) Strafrechts enthält das Strafgesetzbuch (StGB). Das StGB ist in einen „Allgemeinen Teil" und einen „Besonderen Teil" gegliedert. Der Allgemeine Teil „umfaßt die Vorschriften allgemeinen Charakters, insbesondere die gemeinsamen Wesenszüge der mit Strafe bedrohten Handlungen, ihre Begehungsformen und Rechtsfolgen, während der Besondere Teil die einzelnen Straftatbestände und Deliktsgruppen (systematisch geordnet anhand der geschützten ‚Rechtsgüter') enthält" (*Wessels*, StGB AT 1994, 3). Die Rechtsfolgen sind Strafe und Maßregel (vgl. Rdn. 2).

> *Zusammenfassende Definition des Strafrechts: Als „Strafrecht bezeichnet man den Teil der Rechtsordnung, der die Voraussetzungen der Strafbarkeit sowie die einzelnen Merkmale des strafwürdigen Verhaltens festlegt, bestimmte Strafen androht und neben sonstigen Rechtsfolgen insbesondere Maßregeln der Besserung und Sicherung vorsieht"* (*Wessels* aaO).

Zu den Beziehungen zwischen Strafrecht und Kriminologie vgl. *Kühne* 1994, 503 ff.

b) Das **Strafverfahrensrecht,** das in der Strafprozeßordnung (StPO) **13** festgelegt ist, soll einen rechtlich geordneten Strafprozeß gewährleisten und legt dafür die „Spielregeln" fest: dazu z. B. *Schlüchter,* Strafprozeßrecht, 2. Aufl. 1995.

2. Begriff und Aufgaben der Kriminologie

a) Teilbereiche der Kriminologie

Die Kriminologie befaßt sich mit der **Ursachenforschung** (Kriminal- **14** Ätiologie) sowie mit den **Erscheinungsformen** von Straftaten (sog. Kriminal-Phänomenologie), mit der **Lehre vom Opferverhalten** (Viktimologie), mit der Erforschung der **Wirkung der Strafe** (Poenologie), mit der **Kriminaltherapie,** mit **gerichtspsychologischen und -psychiatrischen Fragen** (forensische Psychologie und Psychiatrie), mit der **Institutionenforschung** und mit der **Kriminalität als Massenerscheinung** (Kriminalstatistik).

Im Gegensatz zur Strafrechtswissenschaft, die **normativ** orientiert ist, handelt es sich bei der Kriminologie primär um eine **empirische Wissenschaft,** also um eine Erfahrungswissenschaft. Die Kriminologie ist insoweit aber weder „Hilfswissenschaft" noch „Magd des Strafrechts" (wie mitunter behauptet wird), sondern **eigenständige (interdisziplinäre) Schwesternwissenschaft** (so auch z. B. *Schneider,* 1993, 3).

Übersicht 4: Teilbereiche der Kriminologie **15**

Kriminologie
- Kriminal-Ätiologie: dazu §§ 5 ff
- Kriminal-Phänomenologie: dazu z.B. §§ 21 ff
- Viktimologie: dazu §§ 19 f
- Poenologie und Kriminaltherapie*
- Forensische Psychologie und Psychiatrie*
- Institutionenforschung: dazu Rdn. 2 ff zu § 8
- Kriminalstatistik: dazu Rdn. 2 ff zu § 2

Zusammenfassende Definition der Kriminologie: Unter „Kriminolo- **16** gie" ist der interdisziplinäre Forschungsbereich zu verstehen, der sich auf

---

*) Näheres dazu bei *Schwind,* Kriminologie in der Praxis, 1986 (Bd. 29 in der Reihe: Grundlagen Kriminologie).

alle die empirischen Wissenschaften bezieht, die zum Ziel haben, den Umfang der Kriminalität zu ermitteln und Erfahrungen
- über die Erscheinungsformen und Ursachen der Kriminalität,
- über Täter und Opfer sowie
- über die Kontrolle der sozialen Auffälligkeit einschließlich der Behandlungsmöglichkeiten für den Straftäter und der Wirkungen der Strafe (bzw. Maßregel)

zu sammeln (weitere Definitionsversuche referieren z.B. *Kaiser,* Kriminologie 1993, 1 ff, und *Schneider,* Kriminologie 1987, 84 ff). Zur Kriminologie als Lehrgebiet: vgl. *Jehle* 1992.

b) Bezugswissenschaften der Kriminologie (neben dem Strafrecht)

17   Im Vordergrund der kriminologischen Forschung stehen heute (neben dem Strafrecht): Soziologie, Psychiatrie und Psychologie (vgl. dazu *Gebauer* in: Jehle 1992, 338 ff). Eine besondere Rolle spielen darüber hinaus auch die Ethologie (vergleichende biologische Verhaltensforschung) und die Anthropologie (Lehre vom Menschen: seiner Abstammung, Erbstruktur, seinem Körperbau usw.), die Kriminalpädagogik sowie in methodischer Hinsicht: Mathematik und Statistik.

aa) Soziologie

18   Die Soziologie ist die Wissenschaft, die Struktur-, Funktions- und Entwicklungszusammenhänge der Gesellschaft im ganzen und in Teilbereichen darstellt und zu erklären versucht; die **Kriminalsoziologie** beschäftigt sich als Teilbereich der Soziologie, der die Kriminalität als Massenerscheinung im Leben der Gesellschaft betrachtet, mit den gesellschaftlich bedingten Ursachen der Kriminalität; ihre Methode ist die statistische Massenbeobachtung. Eine besondere **forensische (gerichtliche) Soziologie** hat sich bisher noch nicht entwickelt; jedenfalls „treten Soziologen bislang selten als Sachverständige vor Gericht auf" (vgl. dazu *Blankenburg* in: Kaiser/Sack/Schellhoss: Kleines Kriminologisches Wörterbuch, 1. Aufl. 1974, 99).

bb) Psychiatrie

19   Die Psychiatrie ist die Lehre von den seelischen Erkrankungen und ihrer Behandlung (*Pschyrembel* 1990, 1377); die **Kriminalpsychiatrie** befaßt sich als Teilbereich der Psychiatrie mit den psychischen Erkrankungen als Ursachen von Kriminalität (vgl. ausführlich *Egg* 1993). Die **forensische (gerichtliche) Psychiatrie** äußert sich im Strafverfahren vor allem im Zusammenhang mit der Schuldfähigkeit des Straftäters (§§ 20, 21 StGB) sowie der Frage der Unterbringung (vgl. Rdn. 2) von Personen in psychiatrischen Krankenanstalten (vgl. dazu *Seitz* 1983; *Blau* 1986; *Dubs* 1989, *Dessecker* 1997).

cc) Psychologie

20   Die **Psychologie** wird definiert als die Lehre von den normalen seelisch-geistigen Funktionsabläufen, wobei sie sich als klinische Psychologie auch mit pathologischen Phänomenen befaßt (*Pschyrembel* 1990, 1377; 1972, 972: „Wissenschaft vom Erleben und Verhalten des Menschen in bezug auf Personen, Ereignisse und Objekte der Umwelt"). Die **Kriminalpsychologie** (zu dieser *Egg* 1993, 162 ff) beschäftigt sich als Teilbereich der Psychologie mit der seelischen Struktur des Straftäters, „also mit seiner Gesamtpersönlichkeit und seinem Charakter und mit der seelischen Beziehung des Straftäters zu seiner Straftat und zwar vor, während und nach der Tat (Motive, Vorstellungen, Willensinhalte, Reue)" (*Burghard/Hamacher/Herold* et al. 1986, 140). Die **forensische (gerichtliche) Psychologie** umfaßt alle Anwendungsgebiete der Psychologie im Dienste der (Straf-)Rechtspflege (vgl. *Northoff* 1997): vor allem die Beurteilung der Glaubwürdigkeit von Zeugenaussagen.

dd) Ethologie

Anliegen der Ethologie (vergleichende biologische Verhaltensfor- **21** schung) ist „das systematische Studium der strukturellen Ähnlichkeiten von menschlichen und tierischen Verhaltensweisen" mit dem Ziel, „durch die Aufdeckung von Ähnlichkeiten im Verhalten von Tier und Mensch Hinweise auf angeborene Grundlagen des menschlichen Verhaltens und damit auf Prädispositionen menschlicher Reaktions- und Wahrnehmungsweisen geben" zu können (*Göppinger,* Kriminologie 1980, 74); vgl. auch § 5 Rdn. 14 ff.

Die Kriminologie kann im übrigen ohne ihre Bezugswissenschaften **22** nicht auskommen. Sie ist interdisziplinär, aber **mehr als eine bloße „Clearing-Zentrale".**

3. Begriff und Aufgaben der Kriminalistik

Die „Kriminologie" wird nicht selten mit der „Kriminalistik" ver- **23** wechselt: mitunter auch von der Presse. So tauchen in der Zeitung z. B. Überschriften auf wie diese: „Kriminologen auf Verbrecherjagd". Gemeint ist jedoch nicht der Kriminologe, sondern der Kriminalist: Sherlock Holmes und z. B. die Kommissare im Fernsehen verkörpern Kriminalisten.

a) Unterschied zwischen Kriminologie und Kriminalistik

Beide Wissenschaften (Kriminologie und Kriminalistik) haben etwas **24** mit dem Verbrechen (lat. „crimen") zu tun. Während sich jedoch der **Kriminalist** primär mit der **Aufklärung** von Delikten beschäftigt, interessieren den **Kriminologen** vor allem die Ursachen des kriminellen Verhaltens; er versucht also das Kriminellwerden zu **erklären.**

b) Aufgaben der Kriminalistik

Der Kriminalist will die Tat entdecken bzw. den Täter (Tatverdächti- **25** gen) fassen und ihn der Tat überführen; er will die Tat „aufklären".

> *Als „aufgeklärt" gilt eine (rechtswidrige) Straftat dann, wenn für diese „nach dem polizeilichen Ermittlungsergebnis ein mindestens namentlich bekannter oder auf frischer Tat ergriffener Tatverdächtiger festgestellt worden ist" (PKS 1996, 10).*

Die Aufklärung kann vor allem mit Hilfe von kriminaltaktischen und kriminaltechnischen Mitteln erreicht werden (grundlegend *Burghard/ Hamacher* ab 1985; BKA 1995; *Kniesel/Kube/Murck* 1996) .

aa) Kriminaltaktik

26   Unter der Kriminaltaktik ist die „Lehre vom taktisch richtigen, d. h. vom technisch, psychologisch und ökonomisch zweckmäßigen Vorgehen beim Aufklären und Verhindern von kriminellen Taten" zu verstehen (*Groß/Geerds* 1977, 9).

> *Zur Kriminaltaktik werden gerechnet: Arten, Anlässe und Ansatzpunkte der Fahndung (z. B. Planmäßigkeit und Schnelligkeit des Vorgehens), Beweisführung und -sicherung, Vernehmungstechnik und -taktik sowie die Nutzung psychologischer Möglichkeiten zur Verbrechensaufklärung.*

bb) Kriminaltechnik

27   Unter Kriminaltechnik ist „die Lehre von den Werkzeugen, Hilfsmitteln und Verfahren zur Aufklärung oder Verhinderung von kriminellem Verhalten zu verstehen (*Groß/Geerds* 1977, 437; praktische Hinweise in *BKA* 1990). Das heißt: Der Kriminaltechnik „obliegt es, … mit naturwissenschaftlichen Methoden und unter Ausnutzung moderner technischer Hilfsmethoden sachliche Beweise und Spuren zu untersuchen und auszuwerten" (*Burghard/Hamacher/Herold* et al. 1986, 145).

28   *Übersicht 5:* Teilbereiche der Kriminalistik

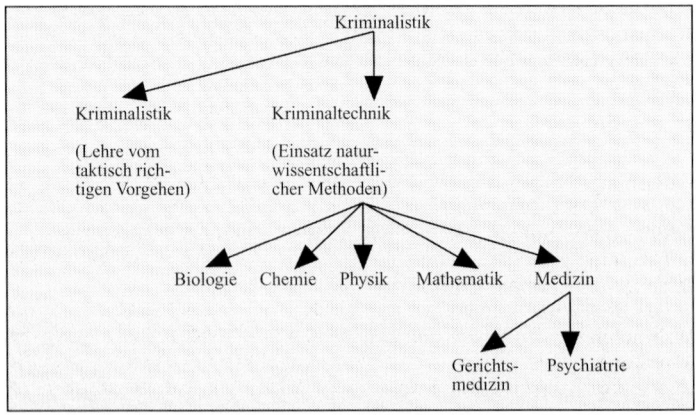

Zur Kriminaltechnik zählen z. B. erkennungsdienstliche Maßnahmen (Identifizierung von Personen: Personenfeststellung mit Hilfe von Kriminalphotographie, Personenbeschreibung, daktyloskopisch ausgewerteter Fingerabdrücke oder Datenverarbeitung) und Spurenkunde („genetischer Fingerabdruck", Fußabdrücke, Blutspuren, Sperma, Schweiß, Haaranalyse usw.).

c) Grundsätze der Kriminalistik

Die Grundsätze der Kriminalistik werden durch die sog. „Sieben goldenen W" zusammengefaßt (*Burghard/Hamacher/Herold* et al. 1986, 123 f): **29**

– **wer** (hat die angezeigte Straftat begangen?)
– **was** (hat der Täter getan oder unterlassen: Handelt es sich überhaupt um eine Gesetzesverletzung?)
– **wann** (an welchem Tag und zu welcher Tageszeit wurde sie verübt?)
– **wo** (an welcher Örtlichkeit wurde die Tat ausgeführt?)
– **wie** (ist der Täter vorgegangen; hatte er Helfer?)
– **womit** (welche Mittel und Werkzeuge hat er verwendet?)
– **warum** (aus welchen äußeren und inneren Beweggründen hat er die Tat begangen?).

Zusammenfassende Definition der Kriminalistik: Unter „Kriminalistik" ist die Lehre von der Bekämpfung der Kriminalität durch Verbrechensverhütung und Verbrechensaufklärung zu verstehen (ausführliche Darstellung der Kriminalistik bei *Groß/Geerds* 1977; *Kube/Störzer/Brugger* 1984; *Burghard/Hamacher* ab 1985; *Kube/Störzer/Timm* 1992; *Kniesel/Kube/Murck* 1996). **30**

III. Kriminalpolitik

Der Begriff der „Kriminalpolitik", der wahrscheinlich erstmals um 1800 benutzt worden ist, wird oft mit den Begriffen der Justiz- und Rechtspolitik gleichgesetzt oder verwechselt; tatsächlich decken sich die drei Begriffe nur in Teilbereichen. **31**

1. Begriffsbestimmung

Kriminalpolitik ist nicht nur „Rechtspolitik auf dem Gebiet der Strafrechtspflege" (ähnlich *Zipf* noch 1973, 3); Kriminalpolitik beschränkt sich auch nicht – wie *von Hippel* gemeint hat (Deutsches Strafrecht, Bd. 1, 1925, 535) – auf die „Betrachtung der Wirksamkeit des Strafrechts, die auf Verhütung und Bekämpfung von Verbrechen gerichtet ist" (**enge Auffassung** von Kriminalpolitik). **32**

Die Bedeutung kriminalpolitischen Handelns besteht vielmehr in der Wahrnehmung der Aufgabe der (ressortübergreifenden) Verbrechensbekämpfung, wobei sich die entsprechenden Aktivitäten nicht nur auf die rein repressiven Bereiche beziehen, sondern vor allem auf den Einsatz **33** auch außerstrafrechtlicher präventiver Maßnahmen (**weite Auffassung** von Kriminalpolitik).

34   Kriminalpolitik dürfte sogar primär in der vorbeugenden Kriminalitätsbekämpfung bestehen. Dementsprechend hat schon *Mezger* (1942, 234) unter Kriminalpolitik „jede Art von staatlicher Tätigkeit (verstanden), die auf Verhütung und Bekämpfung von Verbrechen gerichtet ist" (zum Verhältnis von Kriminologie und Kriminalpolitik vgl. *Schüler-Springorum* 1985, 13 ff und 1991; *Kunz* 1990, 89 ff).

35   *Übersicht 6:* Inhaltliche Teilkongruenz der Begriffe Kriminalpolitik, Justizpolitik und Rechtspolitik

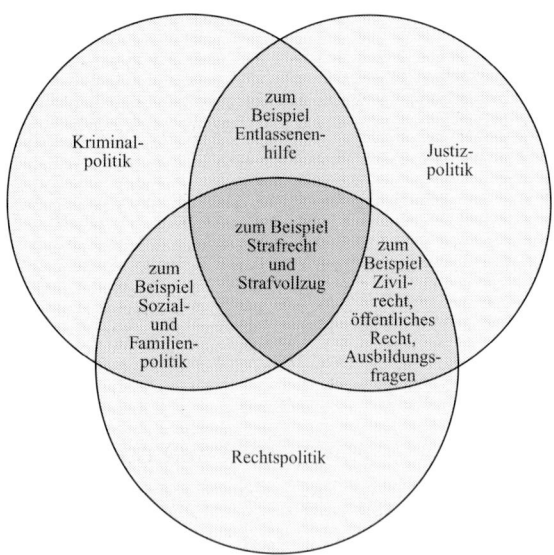

a) Abgrenzung zur Justiz- und Rechtspolitik

36   Der Unterschied zwischen Kriminalpolitik und **Justizpolitik** besteht darin, daß sich Justizpolitik nur auf jene Bereiche bezieht, die zum Justizressort zählen (Rechtspflege, Strafvollzug und juristische Praxis-Ausbildung), während die Kriminalpolitik ressortübergreifend alle Bereiche erfaßt, die dem kriminalitätsrelevanten Gesellschaftsschutz dienen; dazu gehören z. B. Sozialpolitik, Beschäftigungspolitik, Schulpolitik und Sicherheitspolitik (innere Sicherheit des Staates). Auf der anderen Seite decken sich Kriminalpolitik und Justizpolitik zum Teil aber auch, so z. B. in der Reform des Strafvollzuges und der Entlassenenhilfe, also in den Resozialisierungsversuchen des Staates (vgl. oben Übersicht 6).

Mit der **Rechtspolitik** besteht dann Identität, wenn kriminalpolitische   **37**
Maßnahmen einer rechtlichen Absicherung oder Regelung bedürfen.
Hierher können z. B. bestimmte sozial- bzw. familienpolitische Aktivitä-
ten zählen sowie die schulische und berufliche Förderung der Kinder der
Gastarbeiterfamilien (vgl. dazu Rdn. 35 zu § 24). Soweit sich Kriminal-
politik über den rein rechtlichen Bereich hinaus niederschlägt (z. B. im
Einsatz finanzieller Mittel für bestimmte Programme der Prävention),
decken sich Kriminal- und Rechtspolitik nicht mehr.

b) Zusammenfassende Definition der Kriminalpolitik

Unter Kriminalpolitik ist die Gesamtheit aller staatlichen Maßnahmen   **38**
zu verstehen, die zum Schutz der Gesellschaft und des einzelnen Bürgers
auf Verhütung und Bekämpfung von Kriminalität gerichtet sind
(*Schwind* 1980, 5*; inzwischen übernommen z. B. von *Burghard/Hama-
cher/Herold* et al. 1996, 175, sowie von der (Anti-)Gewaltkommission
der Bundesregierung: *Schwind/Baumann* et al. (Hrsg.): Ursachen, Prävention und Kontrolle von Gewalt, Berlin 1990, 25).

Dabei darf man Kriminalpolitik nicht mit Kriminalpolitikwissen-   **39**
schaft verwechseln. Unter der Letzteren ist „die wissenschaftliche Ana-
lyse der entsprechenden Überlegungen und Prozesse der Willensbil-
dung des Gesetzgebers, insbesondere die Erneuerung des Verbrechens-
begriffes und dessen Sanktionensystems" zu verstehen (Kaiser in: Kai-
ser/Kerner/Sack/Schellhoss: KKW, 1993, 281). Weiteres Schrifttum zur
Kriminalpolitik: Schwind/Berckhauer/Steinhilper 1980; Schwind 1985;
Brusten/Häußling/Malinowski 1986; Eser/Cornils 1987; Maelicke/Ort-
ner 1988; Schüler-Springorum 1991.

2. Kriminologie als Grundlage (präventiver) Kriminalpolitik

Schon Franz von *Liszt*, der „Altmeister" kriminalpolitischen Denkens   **40**
(vgl. Rdn. 42 zu § 4) hat betont, daß die „Bekämpfung des Verbrechens
die Kenntnis des Verbrechens voraussetzt", ein Satz der sich primär auf
Präventionsmaßnahmen bezieht. In bezug auf die Prävention werden im
Schrifttum im Anschluß an *Caplan* (1964) folgende Stufen unterschieden
(vgl. z. B. *Kube* 1987, 10 ff; ders. 1996, 136, und *Kerner* 1994, 171 ff):

– Die **primäre Prävention**, in deren Mittelpunkt Kinder und Jugendliche
  stehen, hat die Reduzierung der Ursachen kriminellen Verhaltens zum
  Ziel: durch Sozialpolitik, Wirtschafts- oder Kulturpolitik usw. Mit primärer Prävention sind also die **Vorbeugungsstrategien** gemeint: bezogen auf Erziehung bzw. Sozialisation, Wohnung, Arbeit, Freizeit usw.;
  hierher gehört auch die Stabilisierung des Rechtsbewußtseins.
– Die **sekundäre Prävention** hat die **Abschreckung (potentieller Straftäter)** zum Ziel: durch Strafgesetze, durch polizeiliche Erfolge, durch

---

*) Näheres dazu bei *Schwind*, Kriminologie in der Praxis, 1986 (Bd. 29 in der Reihe: Grundlagen
  Kriminologie).

Verschlechterung der Tatgelegenheitsstrukturen („Gelegenheit macht Diebe"), durch die **Warnung der (potentiellen) Opfer** (z. B. durch das Kriminalpolizeiliche Vorbeugungsprogramm: „Sei schlauer als der Klauer"; „Die Kriminalpolizei rät").

– Die **tertiäre Prävention** hat die **(polizeiliche und strafrechtliche) Rückfalleindämmung** zum Ziel. Sie setzt also (im Gegensatz zur primären und sekundären Prävention) die Begehung einer Straftat bereits voraus. Die tertiäre Prävention reicht vom Täter-Opfer-Ausgleich bzw. Diversion (Rdn. 36 zu § 20 und Rdn. 28 zu § 3) bis zu Strafvollzug und Entlassenenhilfe (vgl. Übersicht 7).

41 *Übersicht 7:* Stufen der Kriminalprävention

Rückfallverhütung

Tertiäre Prävention (Diversion, Strafvollzug, Entlassenenhilfe) bezieht sich auf *Rückfalltäter*

Abschreckung/Verschlechterung der Tatgelegenheitsstrukturen

Sekundäre Prävention (Strafrechtspolitik, effektive Polizeiarbeit, Opferschutz) bezieht sich auf *(potentielle) Straftäter*

Vorbeugungsstrategien

Primäre Prävention: Reduzierung der Ursachen krim. Verhaltens (einschl. der Normverdeutlichung bzw. Werteverinnerlichung) bezieht sich auf *alle Bürger*

§ 2   Kriminalität im Hell- und Dunkelfeld

Literatur: Albrecht, G./**Howe,** C.-W./**Wolterhoff-Neetix,** J.: Neue Ergebnisse zum Dunkelfeld der Jugenddelinquenz: Selbstberichtete Delinquenz von Jugendlichen in zwei westdeutschen Großstädten, in: *Kaiser,* G./*Kury,* H./*Albrecht,* H.-J. (Hrsg.): Kriminologische Forschung in den 80er Jahren, Freiburg 1988, S. 661–696; **Arnold,** H.: Kriminelle Viktimisierung und ihre Korrelate, in: ZStW 1986, S. 1014–1058; **Aromaa,** K.: Three Surveys of Violence in Finland, in: *Block,* R. (Hrsg.): Victimization and Fear of Crime, Chicago 1984, S. 11–21; **Baurmann** M./**Hermann** D./**Störzer** U./**Streng** F.: Telefonische Befragung von Kriminalitätsopfern: Ein neuer Weg ins Dunkelfeld? in: MschrKrim 1991, S. 159–173; **Bilsky,** W./**Mecklenburg,** E./**Pfeiffer,** C./**Wetzels,** P.: Persönlichkeitsgefühl, Angst vor Kriminalität und Gewalt, Opfererfahrung älterer Menschen, KFN-Opferbefragung 1992, KFN-Forschungsberichte, Hannover 1993; **Blankenburg,** E.: Die Selektivität rechtlicher Sanktionen. Eine empirische Untersuchung zum Ladendiebstahl, in: *Friedrichs,* J. (Hrsg.): Teilnehmende Beobachtung abweichenden Verhaltens, Stuttgart 1973, S. 120–150; **Block,** R. (Hrsg.): Victimization and Fear of Crime: World Perspectives, Washington 1984; **Boers,** K./**Kerner,** H.-J./**Kurz,** P.: Rückgang der Kriminalitätsfurcht, in: Neue Kriminalpolitik 4/1995, S. 9–10; **Boers,** K.: Sozialer Umbruch und Kriminalität in Deutschland, in: MschrKrim 1996, S. 314–337; **Bojanovsky,** J./**Moschel,** G.: Kriminalitätsraten westdeutscher Großstädte, in: MschrKrim 1981, S. 18–28; **Bundeskriminalamt:** Jugenddelinquenz bei Deutschen und Ausländern, Wiesbaden 1984; **Dijk,** van J./**Mayhew,** P./**Killias,** M.: Experiences of Crime Across the World: Key Findings of the 1989 International Crime Survey, Deventer-Boston 1990; **Dörmann,** U.: Dunkelfeldforschung im Dunkeln. Zum Problem der statistikbegleitenden Dunkelfeldforschung, in: Kriminalistik 1988, S. 403–405; **Dörmann,** U.: Polizeiliche Kriminalstatistik 1990: Die letzte Ausgabe für die alten Länder, in: Kriminalistik 1991, S. 290–296; **Feltes,** T.: Die Erledigung von Ermittlungsverfahren durch die Staatsanwaltschaft, in: KrimJ 1984, S. 50–63; **Haferkamp,** H.: Kriminelle Karrieren, Hamburg 1975; **Heinz,** W.: Jugendkriminalität, in:

Kofler, G./Graf, G. (Hrsg.): Sündenbock Fernsehen? Berlin 1995, S. 107–143; **Herold,** H.: Ist die Kriminalitätsentwicklung – und damit die Sicherheitslage – verläßlich zu beurteilen? in: Kriminalistik 1976, S. 337–345; **Hormuth,** S. E./**Brückner,** E.: Telefoninterviews in Sozialforschung und Sozialpsychologie, in: KZfSS 37/1985, S. 526–545; **Hough,** M./**Mayhew,** P.: Taking Account of Crime: Key Findings from the 1984 British Crime Survey, London 1985; **Humphreys,** L.: Toiletten-Geschäfte. Teilnehmende Beobachtungen homosexueller Akte, in: *Friedrichs,* J. (Hrsg.): Teilnehmende Beobachtung abweichenden Verhaltens, Stuttgart 1973, S. 254–287; **Kaiser,** G./ **Kerner,** H.-J./**Sack,** F./**Schellhoss,** H. (Hrsg.): Kleines kriminologisches Wörterbuch, 3. Aufl., Heidelberg 1993; **Kerner,** H.-J.: Verbrechenswirklichkeit und Strafverfolgung, München 1973; **Kerner,** H.-J.: Kriminalstatistiken, in: *Schneider,* H. J. (Hrsg.): Die Psychologie des 20. Jahrhunderts, Bd. 14, Auswirkungen auf die Kriminologie, Zürich 1981, S. 262–273; **Killias,** M.: New Methodological Perspectives for Victimization Surveys: The Potentials of Computer-Assisted Telephone Surveys and some Review of Victimology 1990, S. 153–166; **Kirchhoff,** G. F.: Selbstberichtete Delinquenz, Göttingen 1975; **Kirchhoff,** G. F./**Kirchhoff,** Cl.: Erlebte Sexualdelikte, in: Sozialpädagogische Blätter 4/1979, S. 110–122; **Klein,** M. W. (Hrsg.): Cross-National Research in Self-Reported Crime and Delinquency, Dordrecht, Boston 1989; **Kräupl,** G./**Ludwig,** H.: Wandel kommunaler Lebenslagen, Kriminalität und Sanktionserwartungen, Freiburg/Br. 1993; **Kreuzer,** A.: Kriminologische Dunkelfeldforschung, in: NStZ 1994, S. 10–16; **Kreuzer,** A. et al.: Auswirkungen unterschiedlicher Vorgehensweisen auf die Ergebnisse der selbstberichteten Delinquenz, in: MschrKrim 1992b, S. 91–104; **Kreuzer,** A./**Schneider,** H.: Die Dunkelfeldforschung in Jena, Potsdam und Gießen, in: *Kury,* H. (Hrsg.): Gesellschaftliche Umwälzung, Kriminalitätserfahrungen, Straffälligkeit und soziale Kontrolle, Freiburg/Br. 1992a; **Kreuzer,** A./**Görgen,** H./**Krüger,** R. et al.: Jugenddelinquenz in Ost und West, in: Schriftenreihe der DVJJ Bd. 22, Bonn 1993; **Kreuzer,** A.: Kriminologische Dunkelfeldforschung, in: NStZ 1994; S. 10–16; **Kreuzer,** A.: Schülerbefragungen zur Delinquenz, in: RdJ 1975, S. 229–244; **Kreuzer,** A. et al.: Gießener Schülerbefragungen. Delinquenz bei jungen Frauen und Männern nach Befunden bei Studienanfängern im WS 1988/89, in: Justus-Liebig-Universität Gießen: Spiegel der Forschung 2/90, S. 11–15; **Kreuzer,** A.: Kinderdelinquenz und Jugendkriminalität, in: Zeitschrift für Pädagogik 1983, S. 49–70; **Kube** E./**Koch,** K.-F.: Die Kriminalitätslandschaft in Ost und West im Zeichen des politischen Umbruchs in: der Kriminalist 1990, S. 346–350; **Kürzinger,** J.: Private Strafanzeige und polizeiliche Reaktion, Berlin 1978; **Kury,** H.: Victims of Crime – Results of a Representative Telephone Survey of 5.000 Citizens of the former Federal Republic of Germany, in: *Kaiser,* G./*Kury,* H./*Albrecht,* H.-J. (Hrsg.): Victims and Criminal Justice, Freiburg/Br. 1991, S. 266–304; **Kury,** H.: Zum Einfluß der Art der Datenerhebung auf die Ergebnisse einer Umfrage, in: MschrKrim 1994, S. 22–33; **Kury,** H. et al.: Opferbefragungen und Meinungen zur Inneren Sicherheit, 1992; **Leder,** H.-C.: Dunkelfeld und Praxisrelevanz – eine sozialwissenschaftliche Perspektive, in: Kriminalistik 1993, S. 692–700; **Metzger-Pregizer,** G.: 130 Jahre Gefängnis oder: Wo liegen die Grenzen der teilnehmenden Beobachtung?, in: KrimJ 1974, S. 229–232; **Müller,** L.: Dunkelfeldforschung – ein verläßlicher Indikator der Kriminalität? Diss. jur., Freiburg 1978; **Oba,** Sh.: Unverbesserliche Verbrecher und ihre Behandlung, Diss. jur., Berlin 1908; **Plate,** M./ **Schwinges,** U./**Weiß,** R.: Strukturen der Kriminalität in Solingen, Wiesbaden 1985; **Porterfield,** A.: Delinquency and its Outcome in Court and College, in: American Journal of Sociology 19/ 1943, S. 199–208; **Porterfield,** A.: Youth in trouble, Texas 1946; **Quetelet,** A.: Physique sociale ou essai sur le développement des facultés de l'homme, 1869; **Remschmidt,** H./**Merschmann,** W./ **Walter,** R.: Zum Dunkelfeld kindlicher Delinquenz, in: MschrKrim 1975, S. 133–153; **Remschmidt,** H./**Merschmann,** W./**Walter,** R./**Höhner,** G.: Empirische Untersuchungen zur unregistrierten kindlichen Delinquenz, in: *Göppinger,* H./*Kaiser,* G. (Hrsg.): Kriminologische Gegenwartsfragen, Stuttgart 1976, S. 195–210; **Schwind,** H.-D.: Die Göttinger und die Bochumer Dunkelfeldforschung, in: *Kerner,* H.-J./*Kury,* H./*Sessar,* K. (Hrsg.): Deutsche Forschung zur Kriminalitätsentstehung und Kriminalitätskontrolle, Köln 1983, S. 169–199; **Schwind,** H.-D./**Ahlborn,** W./**Eger,** H.-J. et al.: Dunkelfeldforschung in Göttingen 1973/74, Wiesbaden 1975; **Schwind,** H.-D./**Ahlborn,** W./**Weiß,** R.: Empirische Kriminalgeographie (Kriminalitätsatlas Bochum), Wiesbaden 1978; **Schwind,** H.-D./**Ahlborn,** W./**Weiß** R. et al.: Dunkelfeldforschung in Bochum – Eine Replikationsstudie, Wiesbaden 1989; **Schwind,** H.-D./**Eger,** H.-J.: Untersuchungen zur Dunkelziffer. Nicht entdeckte Straftaten von Göttinger Jura-Studenten, in: MschrKrim 1973, S. 151–170; **Schwind,** H.-D.: Dunkelfeldforschung in Bochum: 1975 und 1986, in: *Kaiser,* G./*Kury,* H./ *Albrecht,* H.-J. (Hrsg.): Kriminologische Forschung in den 80er Jahren, Freiburg 1988, S. 948–959; **Schwind,**H.-D.: Hat unsere Gesellschaft die Gewalttäter, die sie verdient? in: Kriminalistik 1994, S. 8–16; **Sessar,** K.: Zum Sinn künftiger Opferbefragungen, in: Kaiser, G./Jehle, J.-M. (Hrsg.): Kriminologische Opferforschung, Teilband II, Heidelberg 1995, S. 159–170; **Skogan,** W.: The Polls – A Review. The National Crime Redisign, in: Public Opinion Quarterly 1990, S. 256–272; **Stadler,** H.: Kriminalität im Kanton Uri. Eine Opferbefragung, Entlebuch (Schweiz) 1987; **Steffen,** W.: Analyse polizeilicher Ermittlungstätigkeit, Wiesbaden 1976; **Stephan,** E.: Die Stuttgarter Opferbefragung, Wiesbaden 1976; **Streng,** F.: Strafrechtliche Sanktionen, Stuttgart 1991; **Trotha,** T. v.: Wie beurteilt man Aussagen über die Kriminalitätsentwicklung? in: Recht und

15

Politik 1974, S. 30–38; **Villmow,** B./**Stephan,** E.: Jugendkriminalität in einer Gemeinde, Freiburg/ Br. 1983; **Volmer,** W.: Dunkelfeld bisher überbewertet. Eine kriminalistisch-kriminologische Untersuchung der Tötungsdelikte in Köln, in: Kriminalistik 1988 S. 477–480; **Wahl,** K.: Fremdenfeindlichkeit und Rechtsextremismus, in: KrimJ 1995, Heft 1, S. 52–67; **Walter,** J.: Die Indikatorfunktion sozialökologischer Faktoren bei Dunkelfeldkriminalität und polizeilich registrierter Delinquenz, Freiburg 1982; **Wehner,** B.: Die Latenz der Straftaten. Die nicht entdeckte Kriminalität, Wiesbaden 1957.

Gliederung

I. Bekannt gewordene (registrierte) Kriminalität (Hellfeld)

1 Die kriminologische (und kriminalistische) Forschung bezieht sich bisher hauptsächlich nur

- auf die **Kriminalität i.S. des strafrechtlichen Verbrechensbegriffes** (vgl. Rdn. 2 ff zu § 1) und auch grundsätzlich nur
- auf die **bekannt gewordene (registrierte) Kriminalität** (insbesondere auf die angezeigten Straftaten), soweit sie aufgeklärt (und abgeurteilt) werden konnte.

1. Offizielle Statistiken und ihre Fehlerquellen

Registriert wird die Kriminalität in der Bundesrepublik Deutschland **2** in der „Kriminalstatistik". Der Oberbegriff „Kriminalstatistik" (zur Geschichte vgl. *Kerner* 1981, 269 ff) umfaßt alle solchen amtlichen Statistiken, in denen Ergebnisse staatlicher Ermittlungs- und Strafverfolgungstätigkeit registriert werden (*Kerner* aaO). Zu diesen (jährlich) erscheinenden Statistiken für das Bundesgebiet rechnen:

– *die „Polizeiliche Kriminalstatistik": seit 1953 (herausgegeben vom Bundeskriminalamt), die grundsätzlich alle der Polizei bekannt gewordenen Straftaten und alle ermittelten Tatverdächtigen zählt,*
– *die „Strafverfolgungsstatistik" (Rechtspflegestatistik): seit 1950 (herausgegeben vom Statistischen Bundesamt), die sich auf die von den Gerichten abgeurteilten Tatverdächtigen bezieht,*
– *die „Strafvollzugsstatistik": seit 1961 (herausgegeben vom Statistischen Bundesamt), in der der jährliche Nachweis über Zahl und Art der Justizvollzugs- und Verwahrungsanstalten sowie über ihre Belegungsfähigkeit und ihre tatsächliche Belegung geführt wird,*
– *die „Bewährungshilfestatistik": seit 1963 (herausgegeben vom Statistischen Bundesamt), in der vor allem die hauptamtlichen Bewährungshelfer und die ihnen übertragenen Unterstellungen unter Bewährungsaufsicht gezählt werden.*

Die „Staatsanwaltschaftsstatistik" (seit 1981) und die „Justizstatistik" **3** in Strafsachen seit 1958 (die beide das Statistische Bundesamt herausgibt) sind **verfahrensbezogen und nicht nach Delikten oder Tätergruppen gegliedert** und geben daher für die Beurteilung der Kriminalitätslage grundsätzlich kaum etwas her (zur Zukunft der Kriminal- und Strafrechtspflegestatistik vgl. die Referate in Bd. 8 KuP 1992).

Eine **Verlaufsstatistik**, die es ermöglichen würde, einen Fall von der **3a** Anzeige bis zur Aburteilung des Beschuldigten zu verfolgen, gibt es bisher hierzulande noch nicht; gefordert wurde sie z.B. von der (Anti-)Gewaltkommission der Bundesregierung (*Schwind/Baumann* et al.: Ursachen, Prävention und Kontrolle von Gewalt, Band I, Vorschlag 157, Berlin 1990, 22); vgl. auch Rdn. 10.

a) Die Polizeiliche Kriminalstatistik (PKS)

In der Polizeilichen Kriminalstatistik (PKS), die seit 1953 (auf kommu- **4** naler Länder- und Bundesebene) kontinuierlich geführt wird, werden **alle von der Polizei bearbeiteten Straftaten („Fälle")** einschließlich der mit Strafe bedrohten Versuche gezählt, mit Ausnahme der Staatsschutz- und grundsätzlich (seit 1963) auch der Verkehrsdelikte. Verstöße gegen strafrechtliche Landesgesetze werden seit 1971 nicht mehr ausgewiesen. Einbezogen werden hingegen die vom Zoll bearbeiteten Rauschgiftdelikte.

Die Staatsschutzdelikte werden über einen unabhängigen kriminalpolizeilichen Meldedienst erfaßt (abgedr. in PKS 1996, 255 ff).

Die Verkehrsdelikte werden in einer vom Statistischen Bundesamt (Wiesbaden) herausgegebenen Statistik der Verkehrsunfälle bzw. der Verkehrsdelinquenz und (ergänzend) in den Statistischen Mitteilungen des Kraftfahr-Bundesamtes in Flensburg gezählt (mit Ausnahme der Verstöße gegen die §§ 315, 315b StGB und § 22a StVG, die wiederum die PKS registriert).

5   Außer den Straftaten werden auch die **Tatverdächtigen** (nach Zahl, Geschlecht, Alter, Delikt und anderen Merkmalen) in der *PKS* erfaßt: „Tatverdächtig ist jeder, der nach dem polizeilichen Ermittlungsergebnis aufgrund zureichender tatsächlicher Anhaltspunkte verdächtig ist, eine rechtswidrige (Straf-)Tat begangen zu haben. Dazu zählen auch Mittäter, Anstifter und Gehilfen" (*PKS* 1996, 11).

Wie das eingeleitete Verfahren später abgeschlossen wurde, vermerkt die PKS allerdings nicht, so daß sie auch alle solche Vorgänge registriert, in denen das Verfahren später durch die Gerichte eingestellt wurde (z.B. weil der Täter nicht gefaßt bzw. überführt werden konnte oder weil eine Fehlanzeige vorlag) oder für den Täter mit Freispruch endete (nur jeder zweite oder dritte Tatverdächtige wird später verurteilt). Da **Freispruch und Verfahrenseinstellung nicht** berücksichtigt werden, „wird die PKS die Anzahl der Täter und Taten eher zu hoch als zu niedrig einschätzen" (*v. Trotha* 1974, 31). Zu einer erhöhten Tatverdächtigenzahl hat (bis 1982) ferner die **Mehrfachzählung** geführt, insbesondere die der **Serien- und Intensivtäter** (dazu Rdn. 22 zu § 3).

6   1983 wurde die sog. **„echte" Tatverdächtigenzählung** eingeführt; danach wird ein TV (unabhängig von der Zahl der ihm zur Last gelegten Straftaten und der durchgeführten Ermittlungsverfahren) im Berichtraum (meist pro Jahr) nur noch einmal gezählt. So waren (bis 1982 im Vergleich zu den folgenden Jahren) „die Ausweise über tatverdächtige Jugendliche wegen dieser (bis dahin durchgeführten) Mehrfachzählungen um durchschnittlich rd. 30% überhöht" (*Heinz* 1995, 111); bei den erwachsenen TV um rund 20% (so *Heinz* schon in: Kriminalistik 1975, 556ff). Also **Vorsicht bei Zeitreihenvergleichen**! Diese werden auch noch dadurch verzerrt, daß Straftaten **nicht immer im selben Jahr begangen, entdeckt und angezeigt** werden.

7   Die Vergleichbarkeit der PKS-Jahresstatistiken untereinander (vgl. Rdn. 14ff) kann im übrigen auch durch **Gesetzesänderungen** beeinträchtigt werden: Ein solcher Effekt (eine **Änderung auf der Bewertungsebene**), der die Zahlen der Gewaltkriminalität drastisch zunehmen ließ, ist z.B. dadurch ausgelöst worden, daß der Gesetzgeber (ab 1. Januar 1975) die Strafbarkeit des Versuchs der gefährlichen Körperverletzung (§ 223a StGB) eingeführt hat; durch diese Gesetzesänderung stiegen die in der Rubrik „gefährliche und schwere Körperverletzung" erfaßten Delikte deutlich an.

8   Hinzu kommt die **„Überbewertungstendenz"** der polizeilichen Definitionspraxis (dazu *Herold* in: Kriminalistik 1976, 340): So ermitteln Polizeibeamte z.B. zunächst wegen Mordes; erst im späteren Verfahrensablauf stellt sich dann Totschlag oder Körperverletzung mit Todesfolge

heraus. Nicht zuletzt um dieser Tendenz (durch Korrekturmöglichkeiten noch auf Polizeiebene) entgegenzuwirken, wird die PKS **seit 1971 als Ausgangsstatistik** geführt, d. h. die Straftaten werden erst nach Abschluß der polizeilichen Ermittlungen vor Aktenabgabe an Staatsanwaltschaft oder Gericht gezählt (*BKA* 1984, 2). Ab 1. Januar 1983 werden in der PKS weitere Erhebungsmerkmale erfaßt (vgl. *Dörmann* in: Kriminalistik 1983, 182 ff).

Die Aussagekraft der PKS und die **Vergleichbarkeit der PKS-Statisti-** **ken untereinander** werden danach primär (erstens) durch Gesetzesänderungen, (zweitens) durch die Überbewertungstendenz (bis 1971) und (drittens) durch die Änderung der Erfassungsmodalitäten der Statistik sowie durch Besonderheiten der Zählweise beschränkt (zur Dunkelfeldproblematik vgl. Rdn. 33 ff; zu den Verzerrungen in der PKS vgl. auch *BKA* 1984, 2 ff). Außerdem lassen sich aus der PKS die **qualitativen Veränderungen der Kriminalität** (z. B. **Brutalitäten**) nur schwer oder gar nicht herauslesen. Instrumente des zwischenstaatlichen Vergleichs der registrierten Kriminalität sind die vom IKPO/Interpol-Generalsekretariat herausgegebene **Internationale Kriminalstatistik** sowie der **World Crime Survey der Vereinten Nationen** (UN). **9**

b) Die Strafverfolgungsstatistik

Die Strafverfolgungsstatistik (StVStat) ist eine **Tätigkeitsstatistik der** **Gerichte.** Sie weist lediglich aus, wieviele Fälle die Gerichte bearbeitet haben. Diese Statistik bezieht sich nur auf Abgeurteilte: das sind freigesprochene Tatverdächtige und verurteilte Täter („Verurteiltenstatistik") sowie Tatverdächtige, deren Verfahren nach Eröffnung vom Gericht eingestellt worden ist. Sie erfaßt also nicht die Fälle, die von den Staatsanwaltschaften eingestellt wurden, z. B. weil der Täter unbekannt blieb. Da schon diese Vorgänge (unbekannter Täter) immerhin mehr als die Hälfte aller in der PKS aufgeführten Fälle betreffen, bietet die Strafverfolgungsstatistik in bezug auf die Kriminalitätsentwicklung eine noch weniger sichere Basis als die PKS (im Gegensatz zur PKS werden jedoch die Verkehrs- und Staatsschutzdelikte miterfaßt). Zum „**Täterschwund** zwischen der Polizeilichen Kriminalstatistik und der Strafverfolgungsstatistik am Beispiel der Raubkriminalität": vgl. *Förster,* H.-J., Diss. jur., Kiel 1986. **10**

Eine zusätzliche Verzerrung ergibt sich auch wiederum dadurch, daß (bei in Tateinheit oder Tatmehrheit begangenen Straftaten) **nur das** **schwerste Delikt des Urteils gezählt wird:** Dieser „künstliche Zählverlust macht sich besonders stark bemerkbar bei leichteren Delikten und der wohl wachsenden Zahl von Verwahrlosungs-, Rauschmittel-, Serien- und Intensivtätern" (*Kreuzer* in: Kriminalistik 1980, 71). **11**

Mit der PKS ist die Verurteiltenstatistik schließlich auch deshalb nicht vergleichbar, weil „sich der **Erfassungszeitraum verschiebt, die Erfassungsgrundsätze sich unterscheiden** und der einzelne Fall im Justizbereich eine andere strafrechtliche Beurteilung erfahren kann" (*PKS* 1996, 8). **12**

c) Strafvollzugs- und Bewährungshilfestatistik

13   Was für die Strafverfolgungsstatistik festgestellt wurde, gilt in noch höherem Maße für die Strafvollzugsstatistik (die sich nur auf Gefangene und Verwahrte bezieht) und für die Bewährungshilfestatistik (welche lediglich Daten über Verurteilte erfaßt, die einem hauptamtlichen Bewährungshelfer unterstellt wurden), weil diese Statistiken die Situation in einem noch späteren Strafverfahrensabschnitt beschreiben und deshalb am Ende des Selektionsprozesses der Strafverfolgung die geringsten Zahlen aufweisen.

2. Das Kriminalitätsbild aufgrund der PKS (1996): für Gesamtdeutschland

14   Im Vergleich zu den anderen Kriminalstatistiken stellt die PKS danach das relativ sicherste Instrument zur Kriminalitätsmessung dar. Sie ist jedenfalls „der Kriminalität sachlich und zeitlich am nächsten" (*Kreuzer* 1983, 51).

a) Umfang und Entwicklung der Gesamtkriminalität (einschl. neue Bundesländer):

15   **Für 1996** enthält die *PKS* u. a. folgende Angaben:
- *absolute Zahl der registrierten Straftaten: 6 647 598 (vgl. Übersicht 8);*
- *Häufigkeitszahl = HZ (Fälle pro 100 000 Einwohner): 8 125 (vgl. ebenfalls Übersicht 8);*
- *Aufklärungsquote (bezieht sich nur auf reg. Krim.!): 49,0 %;*
- *ermittelte Tatverdächtige (TV): 2 213 293 (darunter 625 585 nichtdeutsche TV: 28,9 %);*
- *Tatverdächtigenbelastungszahl (früher: KBZ) = TVBZ (Tatverdächtige pro 100 000 Einwohner): bei den deutschen TV = 2 312 (für ausländische TV in der PKS nicht mehr angegeben)*

16   Die Übersichten 8 und 9 zeigen, daß die in der PKS registrierte Kriminalität bei fast gleichbleibender Aufklärungsquote (seit 1955) in den alten Bundesländern der Bundesrepublik (grundsätzlich) kontinuierlich ansteigt: Eine Ausnahme stellen insoweit bisher die Jahre 1973, 1984, 1988, 1994 und 1996 dar.

17   Daß die Fallzahlen 1984 gesunken sind, hat u. a. mit folgenden Ursachen zu tun: erstens mit technisch bedingten Mindererfassungen von Straftaten (in Baden-Württemberg); zweitens wahrscheinlich auch mit den Folgen des „Pillenknicks" (geburtenschwache Jahrgänge); drittens mit dem Verzicht der Versicherungen auf die Anzeigepflicht bei verschiedenen Straftaten (seit 1. 1. 1984). Der Geburtenrückgang dürfte auch zu den Ursachen der Kriminalitätsabnahme im Jahre 1988 (vgl. Rdn. 9 und 20 zu § 3) zählen. Als Einflußgrößen, die den Anstieg ab 1990 erklären, kommen die Zuwandererströme von Aus- und Übersiedlern sowie von Asylbewerbern in Frage (dazu *Dörmann* 1991, 292, sowie Rdn. 1 zu § 24); die Abnahme der Zahlen 1994 dürfte u. a. mit dem Asylkompromiß zu tun haben (vgl. dazu Rdn. 41 ff zu § 24). 1995 sind die Zahlen wieder gestiegen (zur deliktspezifischen Entwicklung vgl. Übersicht 9).

Übersicht 8: Fallentwicklung und Hz. 1963–1996 (ab 1991 einschl. neuer **18** Bundesländer)[a]

Erfassungsjahr	Gesamtzahl aller registrierten Delikte (in Klammer: Steigerungsrate gegenüber Vorjahr)	Gesamt-Häufigkeitszahl (in Klammer: Veränderungsrate gegenüber Vorjahr)
1963	1 678 840 – – –	2914 – – –
1964	1 747 580 (+ 4,1%)	2998 (+ 2,9%)
1965	1 798 319 (+ 2,4%)	3031 (+ 1,1%)
1966	1 917 445 (+ 7,2%)	3213 (+ 6,0%)
1967	2 047 322 (+ 8,2%)	3465 (+ 7,8%)
1968	2 158 510 (+ 4,1%)	3588 (+ 3,5%)
1969	2 217 966 (+ 2,8%)	3645 (+ 1,6%)
1970	2 413 586 (+ 8,8%)	3924 (+ 7,7%)
1971[b]	2 441 413 (+ 4,1%)	3983 (–)
1972	2 572 530 (+ 5,4%)	4171 (+ 4,7%)
1973	2 559 974 (– 0,5%)	4131 (– 1,0%)
1974	2 741 728 (+ 7,1%)	4419 (+ 7,0%)
1975	2 919 390 (+ 6,5%)	4721 (+ 6,8%)
1976	3 063 271 (+ 4,9%)	4980 (+ 5,5%)
1977	3 287 642 (+ 7,3%)	5355 (+ 7,5%)
1978	3 380 516 (+ 2,8%)	5514 (+ 3,0%)
1979	3 533 802 (+ 4,5%)	5761 (+ 4,5%)
1980	3 815 774 (+ 8,0%)	6198 (+ 7,6%)
1981	4 071 873 (+ 6,7%)	6603 (+ 6,5%)
1982	4 291 975 (+ 5,4%)	6963 (+ 5,5%)
1983	4 345 107 (+ 1,2%)	7074 (+ 1,6%)
1984	4 132 783 (– 4,9%)	6755 (– 4,5%)
1985	4 215 451 (+ 2,0%)	6909 (+ 2,3%)
1986	4 367 124 (+ 3,6%)	7154 (+ 3,5%)
1987	4 444 108 (+ 1,8%)	7269 (+ 1,6%)
1988	4 356 726 (– 2,0%)	7114 (– 2,1%[c])
1989	4 358 573 (0,0%)	7031 (– 0,9%)
1990	4 333 726 (+ 2,2%)	7108 (+ 1,1%)
1991	5 302 796[*] – – –	6649[*]
1992	6 291 519[*] – – –	7838[*]
1993	6 750 613[*] – – –	8337[*]
1994	6 537 748 (– 3,2%)	8038[**] (– 4,6%)
1995	6 668 717 (+ 2,0%)	8 179 (+ 1,8%)
1996	6 647 598 (– 0,3%)	8 125 (– 0,7%)

[*] Diese Zahlen dürften zu niedrig liegen. Denn Anlaufschwierigkeiten (organisatorische Probleme) und die Umstellung auf die Ausgangsstatistik (programmtechnische Probleme) haben in den erstmals miterfaßten neuen Bundesländern zu erheblichen Mindererfassungen geführt; Steigerungsraten fehlen deshalb.

[**] Inzwischen „hat sich die Erfassung in den neuen Ländern ... weitgehend normalisiert. Nur in Mecklenburg-Vorpommern ist die Steigerungsrate 1994 durch umfangreiche Nacherfassungen im Vorjahr (1993) noch stark beeinflußt" (*PKS* 1994, 21 Fn. 8).

a) Quelle: *PKS* (vgl. Rdn. 4)

b) Änderung der Erfassungsmodalitäten für die PKS (u. a. Ausgangsstatistik).

c) Die Bevölkerungszahl von 1988 ist als Fortschreibung der Volkszählung 1987 mit den Vorjahren, die auf einem anderen Basisjahr (1971) beruhen, nicht vergleichbar. Die Bevölkerungszahl von 1971 ist als Fortschreibung der Volkszählung 1970 mit den Vorjahren, die auf dem Basisjahr 1961 beruhen, ebenfalls nicht vergleichbar.

19   Auf die letzteren beiden Ursachen dürfte z. T. auch die Verringerung der Tatverdächtigenzahlen zurückzuführen sein. Diese Abnahme hat jedoch noch eine weitere erhebliche Ursache, nämlich die (schon erwähnte) **„Bereinigung der Tatverdächtigenzahlen"** (sog. „Echttäterzählung"): vgl. Rdn. 6. Zur Bestandsaufnahme der Kriminalität in den **neuen** Bundesländern: vgl. *Kreuzer* et al. 1993, 43 ff, *Boers* 1996, 314 ff, und Rdn. 55.

Übersicht 9: Entwicklung der Häufigkeitszahlen* bei ausgewählten Delikten**

Delikt	1970	1980	1985	1990	1991	1992	1993	1994	1995	1996
Vergewaltigung	11,2	11,2	9,7	8,2	8,4	8,5	8,3	7,8	7,9	8
Raub	21,5	39,3	48,7	56	69	71	73	68	76	83
gef. und schw. Körperverletzung	62	106,4	105,4	107	113	117	116	114	120	124
Wohnungseinbruch	91	161,0	222,4	242	233	264	276	262	266	239
KfZ-Diebstahl	n.b.	80,2	114,2	115	137	176	180	160	152	138
Ladendiebstahl	n.b.	463	579	723	711	795	852	717	730	766
Betrug	278	401	610	581	572	620	690	749	788	793
Wirtschaftskriminalität	n.b.	n.b.	n.b.	53	39	49	63	85	102	112
Rauschgiftkriminalität	26	101,4	99,9	165	180	187	182	195	230	229
Alle Delikte	3924	6198	6909	7108	7311	7921	8032	7665	7774	8125

*   Zahl der bekanntgewordenen Fälle errechnet auf 100 000 Einwohner (Hz);
**   nach: *Kerner*, Hans-Jürgen: Die Kriminalität macht keine Sprünge. Die Entwicklung der polizeilich registrierten Kriminalität in Westdeutschland seit 1980, in: Neue Kriminalpolitik 3/1996, 44; die Zahlen für 1970, 1985 und 1996 sind der *PKS* direkt entnommen;
Schraffuren: höchste Häufigkeitszahlen;
Trennstrich: markiert die Wiedervereinigung; n.b.: nicht bekannt

b) Räumliche Verteilung der Tatorte

20   Bei der Verteilung der Tatorte fällt auf, daß Kriminalität eher in den Großstädten vorkommt als in kleineren Gemeinden.

21   Dieses sog. **Stadt-Land-Gefälle** der Kriminalität (PKS 1996, 35) kann u. a. mit folgenden Ursachen zu tun haben:
– *erstens: die Gelegenheiten zur Tatbegehung und die Tatanreize sind in der Stadt (insbesondere in der Großstadt), also in Ballungsräumen, größer als auf dem Lande (im Dorf);*
– *zweitens: wegen ihrer ausgeprägten Anonymität ist die soziale Kontrolle in Ballungsräumen im allgemeinen geringer als auf dem Lande;*
– *drittens: in den Ballungsräumen häufen sich eher soziale Problemfälle, die sozial abweichendes Verhalten begünstigen können;*
– *viertens: auf dem Land werden evtl. mehr Normverstöße (als in der Stadt) auf privater Basis („unter sich") bereinigt;*
– *fünftens: auf dem Lande gelangen Straftaten evtl. deshalb seltener zur Anzeige, weil die polizeilichen Dienststellen schlechter erreicht werden können.*

c) Häufigkeit einzelner (registrierter) Straftaten

22   Bei der Häufigkeit der einzelnen Straftaten fällt auf, daß Jahr für Jahr der Großteil der in der *PKS* registrierten Delikte auf den **Diebstahl** (mit und ohne erschwerende Umstände) entfällt: 1996 wurden unter den 6,647 (einschl. neuer Bundesländer) Millionen Straftaten, die insgesamt registriert wurden, 3,672 Millionen (55,3 %) Diebstahlsdelikte gezählt (vgl. Übersichten 10 und 12; zur Aufteilung Übersicht 11). Auf die **Gewaltkriminalität,** über die die Medien reichlich berichten (vgl. § 14), entfielen (1996) hingegen lediglich 179455 Fälle (*PKS* 1996, 243, Übersicht 13 und Rdn. 28).

Übersicht 10: Straftatenanteile an „**Straftaten insgesamt**" (1996) **23**

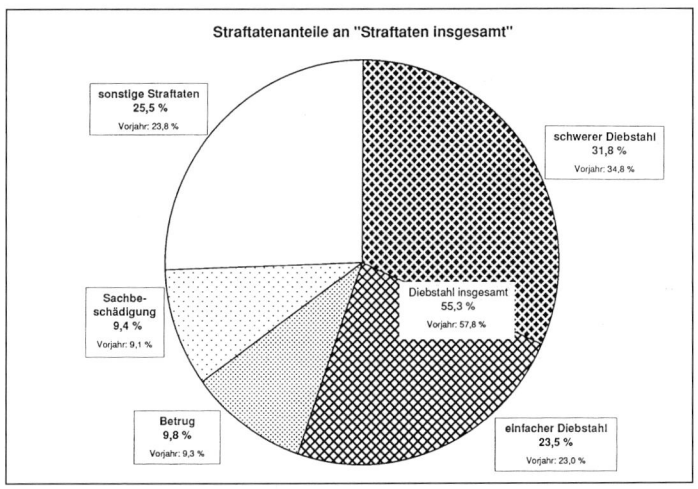

aus: *PKS* 1996, 21

Übersicht 11: Straftatenanteile am „**Diebstahl insgesamt**" (1996)

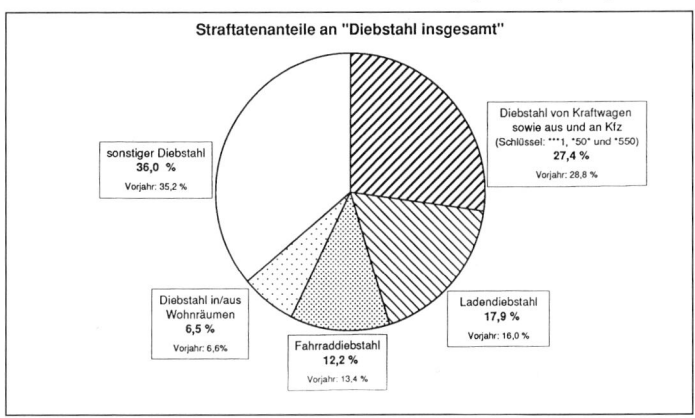

aus: *PKS* 1996, 21

24   *Übersicht 12:* Erfaßte Straftatengruppen (1996)

Schlüssel	Straftaten(gruppen) *)	erfaßte Fälle	davon: Versuche Anzahl	in %	Versuchsanteile in % 1995
0100+0210	Mord und Totschlag **)	3 500	2 276	65,0	65,8
1110	Vergewaltigung	6 228	1 920	30,8	32,7
2100	Raub, räuberische Erpressung und räuberischer Angriff auf Kraftfahrer	67 578	11 797	17,5	16,8
2220	Gefährliche und schwere Körperverletzung	101 333	6 594	6,5	6,3
2240	(Vorsätzliche leichte) Körperverletzung	214 438	0	-	-
2300	Straftaten gegen die persönliche Freiheit	122 601	3 478	2,8	2,7
3***	Diebstahl ohne erschwerende Umstände	1 560 779	23 148	1,5	1,5
4***	Diebstahl unter erschwerenden Umständen	2 111 876	373 070	17,7	17,3
5100	Betrug	648 650	31 324	4,8	4,9
5200	Veruntreuungen (§§ 266, 266a, 266b StGB)	27 878	0	-	-
5300	Unterschlagung	70 970	901	1,3	1,0
5400	Urkundenfälschung	82 396	1 081	1,3	1,3
6200	Widerstand gegen die Staatsgewalt und Straftaten gegen die öffentliche Ordnung	119 014	764	0,6	0,7
6300	Begünstigung, Strafvereitelung und Hehlerei	30 273	1 758	5,8	6,2
6400	Brandstiftung	24 088	2 789	11,6	12,6
6500	Straftaten im Amt (§§ 331-355, 357 StGB)	9 157	380	4,1	1,5
6710	Verletzung der Unterhaltspflicht	15 000	0	-	-
6730	Beleidigung	117 629	0	-	-
6740	Sachbeschädigung	622 598	3 407	0,5	0,5
6760	Straftaten gegen die Umwelt (StGB)	39 641	374	0,9	1,1
7100	Straftaten gegen strafrechtliche Nebengesetze auf dem Wirtschaftssektor	46 964	248	0,5	0,9
7250	Straftaten gegen AuslG und AsylverfG	218 862	505	0,2	0,3
7260	Straftaten gegen das WaffG und gegen das KriegswaffenkontrollG	24 009	202	0,8	0,9
7300	Rauschgiftdelikte (BtMG)	187 022	4 823	2,6	2,6
- - - -	Straftaten insgesamt	6 647 598	478 902	7,2	7,5

*) Die Auflistung ist nicht vollständig.
**) einschl. der ZERV-Fälle, siehe auch Seite 23 und 135 ff.

aus: *PKS* 1996, 22

25   *Übersicht 13:* Gewaltkriminalität aufgeschlüsselt (1996)

Schlüssel	Straftaten(gruppen)	erfaßte Fälle 1996	1995	Steigerung -absolut-	Steigerungs- rate in %*)	Aufklärungsquote (in %) 1996	1995
8920	Gewaltkriminalität davon:	179 455	170 170	9 285	5,5	69,2	68,2
0100	Mord	1 184	1 207	- 23	-1,9	88,2	89,7
0200	Totschlag, Tötung auf Verlangen und Kindestötung	2 347	2 753	- 406	-14,7	94,0	87,5
1110	Vergewaltigung	6 228	6 175	53	0,9	75,9	73,5
2100	Raub	67 578	63 470	4 108	6,5	47,4	45,8
2210	Körperverletzung mit Todesfolge	542	563	- 21	-3,7	89,1	88,3
2220	Gefährliche und schwere Körperverletzung	101 333	95 759	5 574	5,8	82,3	81,7
2330	Erpresserischer Menschenraub	126	112	14	12,5	86,5	92,0
2340	Geiselnahme	115	128	- 13	-10,2	80,9	95,3

*) Bei einer Basiszahl unter 100 wird keine Steigerungsrate berechnet.

aus: *PKS* 1996, 243

3. Zur Gewaltkriminalität

Zur Gewaltkriminalität werden vom Bundeskriminalamt die in *Übersicht 13* aufgeführten Straftaten gerechnet (vgl. Rdn. 25). Die dort vorgenommene Ausgrenzung der Gewalt gegen Sachen erscheint im Hinblick auf Brandstiftungen, Hausbesetzungen und vandalistische Delikte ungerechtfertigt; sinnvoll ist hingegen die Ausgrenzung der sog. strukturellen Gewalt (vgl. Übersicht 14) und zwar schon deshalb, weil der rechtswidrige Schädigungsvorsatz fehlt.

26

Übersicht 14: Formen der Gewalt

27

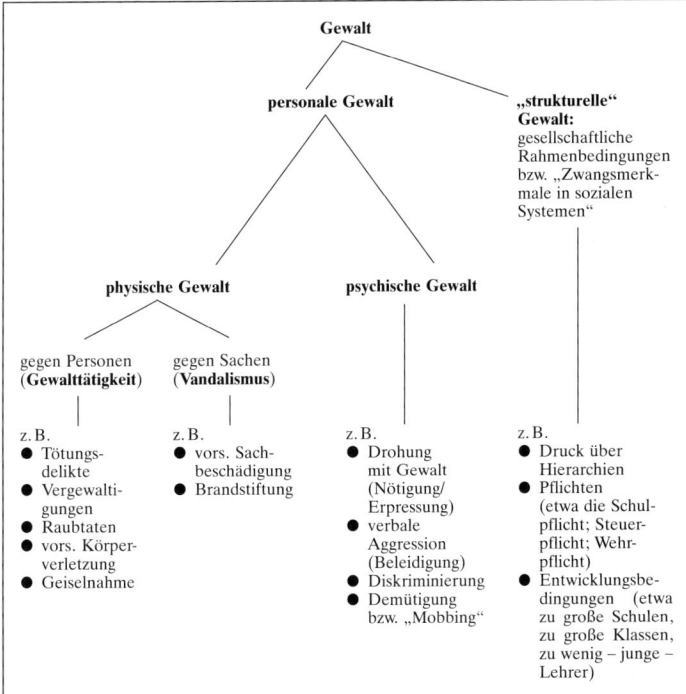

a) Entwicklung insgesamt

Seit 1973 hat sich die Zahl der Gewaltdelikte auf 179 455 (*PKS* 1996, 243) erhöht (vgl. aber Rdn. 7!). Besonders auffällig ist insoweit die Zunahme bei den Raubtaten (vgl. Übersichten 9 und 15). Auffallend hoch ist im übrigen der Anteil nichtdeutscher Tatverdächtiger: 1996 (einschl. neuer Bundesländer) z.B. beim Raub 32,6 %; bei der Vergewaltigung 33,7 %; bei Mord und Totschlag 33,7 %. Gesamtdarstellungen

28

zur Gewalt: *Rolinski/Eibl-Eibesfeld*: Gewalt in unserer Gesellschaft, Berlin 1990; *Schwind/Baumann* et al. (Hrsg.): Ursachen, Prävention und Kontrolle von Gewalt, Berlin 1990; *Schmitt-Glaeser:* Private Gewalt im politischen Machtkampf, Berlin 1990; *Albrecht/Backes*: Verdeckte Gewalt, Frankfurt/M. 1990; *Berliner Senatsverwaltung für Inneres*: Endbericht der Unabhängigen Kommission zur Verhinderung und Bekämpfung von Gewalt in Berlin, Berlin 1994; *Schneider*: Kriminologie der Gewalt, Stuttgart 1994; *Struck:* Gewalt. Ein Buch gegen die Spirale von Aggression und Haß, Neuwied 1994.

29   *Übersicht 15:* Gewaltkriminalität: Fallentwicklung
(Bundesgebiet einschl. neuer Bundesländer)

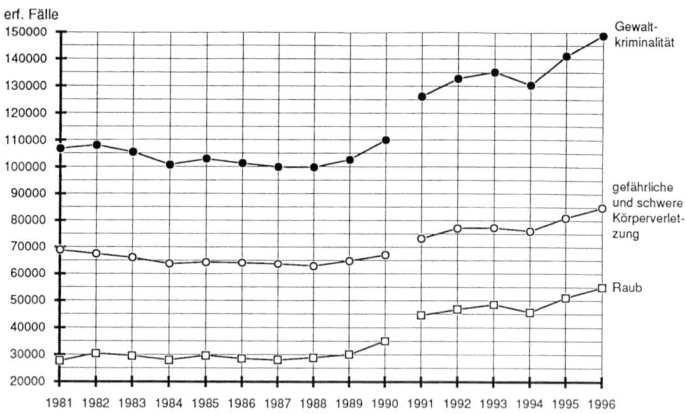

1981 - 1990   **Bereich:** Bundesrepublik Deutschland nach dem Gebietsstand **bis** zum 03. Oktober 1990
ab 1991   **Bereich:** alte Länder mit Gesamt-Berlin
Auf die graphische Darstellung der Fallentwicklung für das Bundesgebiet insgesamt wird wegen der Übersichtlichkeit verzichtet.

aus: *PKS* 1996, 243

b) In einzelnen Lebensbereichen

30   Die Gewalt in einzelnen Lebensbereichen wird in verschiedenen Abschnitten des Bandes erwähnt:
– **Gewalt in der Familie:** § 6 Rdn. 45; § 10 Rdn. 46 und 71 ff; § 19 Rdn. 19;
– **Gewalt in der Schule:** § 11 Rdn. 21 ff;
– **Gewalt in den Stadien:** § 28 Rdn. 41;
– **Gewalt in den (Massen-)Medien:** § 14 Rdn. 7 ff, 13 ff und 52;
– **Gewalt durch Ausländer:** § 2 Rdn. 28 und §§ 23 ff;
– **Gewalt gegen Ausländer:** § 28 Rdn. 26 ff.

c) Extremistisch motivierte Gewalt

Nach den *Verfassungsschutzberichten* 1995 und 1996 des BMI wurden **31** im Jahr **1996** insgesamt **781 (1993: 2 232; 1994: 1 489; 1995: 837) Gewalt-akte mit erwiesener oder zu vermutender rechtsextremistischer Motivation** bekannt. Von diesen hatten 441 fremdenfeindliche Bezüge (1992: 1 609; 1994: 860; 1995: 540). Zahl der Sprengstoffanschläge (die 1996 bekannt wurden): null; Zahl der Brandanschläge: 33. Zu Fremdenfeindlichkeit und Rechtsextremismus vgl. *Wahl* 1995, 52 ff.

Zahl fremdenfeindlicher Gewalttaten fast halbiert

BONN, 12. November (dpa). Die Zahl der Gewalttaten mit fremdenfeindlichem Hintergrund hat sich im Vergleich zum Vorjahr nahezu halbiert. Während in den ersten acht Monaten 1995 insgesamt 382 solcher Delikte registriert wurden, waren es von Januar bis Ende August dieses Jahres 200. Das teilte der Parlamentarische Staatssekretär im Bundesinnenministerium, Lintner (CSU), am Dienstag in Bonn mit. Die Zahl der Brandanschläge sei von 31 auf 18, die der Körperverletzungen von 273 auf 143 und die der Sachbeschädigungen mit Gewaltanwendung von 78 auf 39 gesunken. Trotz dieser Tendenz seien vorbeugende Maßnahmen vor allem für Jugendliche weiter unerläßlich, sagte Lintner.

aus: *FAZ* vom 13. November 1996

Weniger rechtsextremistische Gewalttaten in Deutschland

aus: *FAZ* vom 9. April 1997

Mehr Straftaten von Linksextremisten

aus: *FAZ* vom 18. April 1997

Die Zahl der Gewalttaten mit linksextremistischer Motivation hat sich **32** (insbesondere durch **Autonome**) 1996 auf 654 (1995: 572) erhöht (vgl. Zeitungsausriß auf S. 28 und *Verfassungsschutzberichte* 1995 und 1996); darunter befanden sich 11 Sprengstoffanschläge und 93 Brandanschläge (*Verfassungsschutzbericht* aaO). Auffällig ist der Anstieg der Gewalttaten in den letzten Jahren im Rahmen der Kampagne gegen **Atommülltransporte (nach Gorleben)**, die für viele militante Linksextremisten inzwischen zu einem herausragenden Aktionsfeld geworden ist.

Anfang März 1997 wurden in Gorleben im Rahmen der Auseinandersetzungen um einen entsprechenden Castor-Transport (10 000 friedliche Demonstranten, 1 000 Gewalttäter, 30 000 Polizisten) 77 Polizeibeamte, 15 Grenzschützer und rund 300 militante Kernkraftgegner (z. T. schwer) verletzt (nach NOZ vom 7. März 1997).

In **Magdeburg** kam es Anfang Februar 1997 nach dem Mord an einem 17jährigen Punk zu Krawallen. „Flaschen und Steine flogen (vom Trauermarsch aus), Autos wurden demoliert, Punks und junge Linke mit Schlagstöcken durchkämmten die Plattenbausiedlung nach Altersgenossen mit kurzen Haaren" (so WAZ vom 11. Februar 1997).

Demonstranten

Hau weg den Scheiß

Die einst gewaltfreie Anti-Atom-Szene kämpft wie eine Geisterarmee gegen die Bahn. Verfassungsschützer fürchten eine Eskalation des Terrors.

S ie stehen auf Straßenbrücken oder Tunnelportalen und schleudern Hakenkrallen in Oberleitungen. Sie deponieren Bombenattrappen unter Eisenbahnbrücken oder sägen meterlange Stücke aus den Schienen. Sie unterhöhlen Gleiskörper und kappen Signalkabel. Eine Geisterarmee aus Anarchos und Autonomen bringt die Bahn aus dem Takt.

Auf der Schnellfahrstrecke Hannover–Kassel schaffte es ein Lokführer gerade noch, seinen ICE manuell zu bremsen; ein Kollege erlitt dagegen schwere Schnittverletzungen, als in der Nordheide Teile der Oberleitung die Frontscheibe seines Zuges durchschlugen. Im Mindener Bahnhof raste ein Güterzug in einen Betonklotz und spaltete das Schienenhindernis glatt.

Fast 250 Anschläge auf Bahnstrecken zählten die Behörden seit Herbst 1994 – und das ist nach Einschätzung des Kölner Bundesamts für Verfassungsschutz (BfV) erst der Anfang.

In einem 31seitigen vertraulichen Dossier („Linksextremistische/militante Bestrebungen im Rahmen der Anti-Castor-Kampagne") prophezeien die Geheimen eine „räumliche Ausweitung und Intensivierung" der Anschläge. Bahnchef Heinz Dürr hat schon jetzt von den „Polit-Terroristen" genug: „Das Leben völlig Unbeteiligter wird aufs Spiel gesetzt."

aus: *DER SPIEGEL* 45/1996, S. 62

II. Nicht bekannt gewordene Kriminalität

33   Seit einigen Jahren beginnen die „Vorbemerkungen" der „Polizeilichen Kriminalstatistik" (PKS), die das Bundeskriminalamt (BKA) jährlich veröffentlicht, mit dem Hinweis, daß „die Aussagekraft der Polizeilichen Kriminalstatistik besonders dadurch eingeschränkt wird, daß der Polizei ein Teil der begangenen Straftaten nicht bekannt wird". Weiter heißt es, daß „sich der Umfang dieses Dunkelfeldes … unter dem Einfluß variabler Faktoren (z.B. Anzeigebereitschaft der Bevölkerung, Intensität der Verbrechensbekämpfung) auch im Zeitablauf ändern" dürfte (*PKS* 1996, 7).

1. Begriff des Dunkelfeldes (Dunkelziffer)

a) Definition

34   Unter dem Dunkelfeld der Kriminalität wird die Summe jener Delikte verstanden, die den Strafverfolgungsbehörden (Polizei und Justiz) nicht bekannt werden und deshalb in der Kriminalstatistik auch gar nicht erscheinen. Nicht bekannt werden vor allem solche Straftaten, die von den Opfern oder anderen (aus den verschiedensten Motiven: dazu Rdn. 4 ff zu § 20) nicht angezeigt werden; denn nur 2–5 % aller registrierten Delikte werden Polizei und Justiz von Amts wegen bekannt (*Schwind* in:

Schwind/Ahlborn/Weiß 1978, 190; *Steffen* 1976 geht von 5 % aus und *Kreuzer* 1975 von 10%; die Prozentzahlen sind im übrigen vom Deliktsbereich abhängig).

In der Literatur wird anstelle des Begriffes des „Dunkelfeldes" häufig **35** auch der Begriff der „Dunkelziffer" („latente" Kriminalität) benutzt. Diesen Ausdruck hat der japanische Staatsanwalt Shigema *Oba* in seiner (deutschen) Dissertation (1908) zum ersten Mal verwendet, wobei er jedoch die englische Bezeichnung „dark number" mit „Dunkelziffer" und nicht mit „Dunkelzahl" übersetzt hat. Da die „Zahl" der Delikte, die im dunkeln verbleiben, interessiert und nicht deren „Ziffer", ist die Übersetzung zwar gründlich mißlungen, hat sich aber gleichwohl im deutschen Schrifttum durchsetzen können.

b) Dunkelzifferrelation

Beschrieben wird der Umfang des Dunkelfeldes mit Hilfe einer Dun- **36** kelzifferrelation: Diese wird definiert als Verhältnis aus der Zahl der der Polizei bekannt gewordenen Delikte zu der Anzahl der nicht bekannt gewordenen Straftaten.

> **Beispiel:** *Eine Dunkelzifferrelation von 1:2 bedeutet, daß auf eine den Strafverfolgungsbehörden bekannt gewordene Straftat zwei weitere entfallen, die diesen nicht bekannt (z. B. nicht angezeigt) wurden.*

Die erste der beiden in die Dunkelzifferrelation eingehenden Größen ist also eine (aufgrund der PKS) vorgegebene Zahl. Die zweite Größe (die Anzahl der nicht bekannt gewordenen Delikte) wird mehr oder weniger sicher geschätzt.

2. Methoden der Dunkelfeldforschung

Bis vor etwa vier Jahrzehnten lagen zur Ermittlung der Dunkelziffer **37** nur Schätzungen vor. Sie beruhten oft auf reinen Spekulationen **(Blindschätzungen)** oder auf Erfahrungen der Schätzer im polizeilichen Dienst: **Erfahrungsschätzungen** (Beispiele bei *Schwind/Ahlborn/Eger* et al. 1975, 23 ff). Die bekannteste Arbeit („Die Latenz der Straftaten") hat 1957 *Wehner* veröffentlicht. *Wehner* geht dabei so vor, daß er zahlreiche Fälle, die nur zufällig entdeckt worden sind, in einem Kapitel über „Phänomene der Zufallsentdeckungen" untersucht und aus diesen Schätzwerte ableitet. Für Tötungsdelikte hat er z.B. eine Dunkelzifferrelation ermittelt, die zwischen 1:3 und 1:6 schwankt (vgl. dazu den Zeitungsausriß hinter Rdn. 38; kritisch *Volmer* in: Kriminalistik 1990, 477 ff, und *Schwinn* in: Kriminalistik 1991, 569 ff; die neueste Schätzung von *Oehmichen* in: Kriminalistik 1993, 139 klingt weniger spektakulär: 30 zu 1!).

> *Daß solche Erfahrungsschätzungen nicht ganz der Grundlage ent-* **38** *behren, zeigen nicht nur die Fälle der Massenmörder (wie „Jack the Ripper", Haarmann und Honka), deren Opfer (lange) im dunkeln blieben, weil sie grundsätzlich niemand vermißte, sondern auch folgende Beispiele:*

Leichen

Kreuze im Totenschein

Durch ärztliche Schlamperei bei der Leichenschau bleiben die meisten Tötungsdelikte unerkannt. Bremen will, als erstes Bundesland, Abhilfe schaffen.

Inmitten ihrer Kittel und Besen lehnte die tote Berlinerin in der Kammer fürs Grobe. Ein Arzt warf einen schnellen Blick auf die Tote und befand, ein Asthmaanfall habe der Verblichenen den Atem geraubt.

Als Bestatter den Leichnam aus der Besenkammer bargen und in einen Sarg betten wollten, offenbarte sich den Männern, was der Frau so abrupt die Luft genommen hatte: ein Strick um den Hals, der die Leiche in der Vertikalen hielt.

Der Fall der Berlinerin ist nur eine von vielen grotesken ärztlichen Fehlentscheidungen bei der obligatorischen Leichenschau. Aufgeschreckt durch solche Fälle, erwägen Politiker in der Hauptstadt sowie in den Ländern Hamburg, Brandenburg und Thüringen derzeit, Konsequenzen zu ziehen und der Schlamperei bei der Leichenschau ein Ende zu bereiten.

Lernen können die Reformer aus den Erfahrungen des Landes Bremen: Der Stadtstaat hat sein 60 Jahre altes Leichenschaurecht gründlich renoviert – mit einhellig positivem Echo.

Experten wie der Frankfurter Rechtsmediziner Hansjürgen Bratzke rühmen den Bremer Kodex als „beispielhaft", und Günter Weiler, Vorsitzender des Berufsverbands Deutscher Rechtsmediziner und Professor an der Universität Gießen, lobt die „glänzende Arbeit" der Hanseaten.

Seit Jahren schon unken die Experten fürs Postume, daß die meisten Tötungsdelikte in Deutschland unentdeckt blieben, weil sich die wahre Todesursache den überforderten Allgemeinmedizinern bei der üblichen Leichenschauprozedur erschließt.

Bei einer Untersuchung von 13 500 Todesfällen ermittelte der Rechtsmediziner Hans-Joachim Wagner von der Universität Homburg, daß die Todesdiagnose der Kollegen von der Vitalmedizin in 62 Prozent aller Fälle falsch war. Bei mehr als 800 Leichen hatten die zum Toten gerufenen Ärzte zum Teil auffälligste Hinweise auf Mord oder Totschlag nicht erkannt.

Legende sind Fälle wie der Tod eines Münchners, dem ein Doktor einen friedvollen Exitus bescheinigte, obschon der Leiche noch das Messer aus der Brust ragte. Eine hannoversche Ärztin attestierte einer 74jährigen altersgemäßen Herztod – der Bestatter hingegen zählte 20 Messerstiche in Brust und Rücken der toten Frau.

Bremer Ärzte sind bei der Leichenschau nur noch gehalten, solche Auffälligkeiten zu notieren, die, wie Platzwunden, Blutergüsse oder Medikamentenfunde, auf ein „nichtnatürliches Geschehen" (Birkholz) hinweisen könnten. Die Wertung der Befunde ist Sache des Gerichtsmediziners.

aus: *DER SPIEGEL* 43/1993, S. 105

---

(1) „Ein Mann stirbt nach der Diagnose des Arztes eines natürlichen Todes. Aus ordnungspolizeilichen Gründen wird die Leiche im Leichenschauhaus untergebracht und – wie in (West-)Berlin üblich – zu Studienzwecken geöffnet. Tief im Schlund des Toten fand sich sein Taschentuch. Es lag (wie sich später herausstellte) ein Raubmord vor" (**Wehner** 1957, 24 f).

*(2) In fünf Giftmorden, die **Herx** (Der Giftmord, Emsdetten 1937, 133) nachuntersucht hat (zweite Leichenschau), lautete die ursprüngliche Diagnose des Arztes: Arteriosklerose, chronische Bronchitis und Herzschwäche, Grippe oder Nierenentzündung, Magenkrebs, Lungenschwindsucht, Grippe und Brechdurchfall.*

*Auch der bekannte Gerichtsmediziner **Spann** hat darauf verwiesen (zit. nach Falter in: Kriminalistik 1964, 244 ff), daß in der Bundesrepublik (erstens) „bei weniger als einem Prozent aller Verstorbenen eine exakte Feststellung der Todesursache durch eine Obduktion von Amts wegen veranlaßt wird" und (zweitens) „sehr häufig Ergebnis der Leichenschau und Obduktionsbefund nicht übereinstimmen"; ausführlich Oehmichen 1993, 137 ff.*

*(3) In den Bergen der Steiermark (so berichtet **Byloff** in: MschrKrim 1930, 1 ff) kam es noch vor rund 50 Jahren häufiger vor, daß man ausgedienten bäuerlichen Dienstboten, die nur noch Kosten verursachten, kleine Prisen des Giftes Arsenik ins Essen mit reinmischte und dadurch erreichte, daß diese verfielen und frühzeitig starben. Man nannte das „Abfüttern" und scheint es nicht weiter tragisch genommen zu haben. Jedenfalls wurde es von den zuständigen Stellen – etwa aufgrund einer Anzeige – nur selten entdeckt.*

Auf solchen Pionierarbeiten (die den Anforderungen erfahrungswissenschaftlicher Überprüfbarkeit nicht genügen) aufbauend wurde die Methodik inzwischen weiter entwickelt: Heute werden als mögliche Methoden der Dunkelfeldforschung das **„Experiment"**, die **„teilnehmende Beobachtung"** und die **„Befragung"** (in Form von Täter-, Opfer- oder Informantenbefragung) verwendet (zusammenfassend zur Methodik vgl. z. B. *Müller* 1978). **39**

a) Experiment

Dabei wird unter dem Experiment die wiederholbare Beobachtung unter kontrollierten Bedingungen verstanden, und zwar mit dem Ziel, eine zugrundeliegende Hypothese (Behauptung eines Kausalzusammenhangs) zu überprüfen. Ein solches Vorgehen ist in der empirischen Sozialforschung durchaus üblich. Dennoch hat sich diese Methode in der Dunkelfeldforschung nicht durchsetzen können, und zwar deshalb nicht, weil in diesem Rahmen die Kontrolle aller möglichen Variablen und Störeinflüsse nicht möglich erscheint (vgl. *Müller* 1978). **40**

*Als **Beispiel** für ein Experiment kann bei Anlegung eines großzügigen Maßstabes z. B. eine Untersuchung von **Blankenburg** (1973) in Freiburg eingestuft werden:* **41**

An normalen Werktagen wurde nachmittags zwischen 15 und 18 Uhr in den Selbstbedienungsläden eines großen Einzelhandelsunternehmens eine Serie von vierzig Ladendiebstählen mit zwei „Dieben" und je einem Beobachter durchgeführt. Ziel des Experiments war es, das Risiko kennenzulernen, mit dem ein Ladendieb bei „normalem" Vorgehen rechnen muß. Der „Diebstahl" sollte so ungeschickt ausgeführt werden, wie es von einem ungeübten Dieb zu erwarten wäre. Das Vorgehen des Diebes wurde ebenso wie das des Beobachters sorgfältig

*standardisiert. Die Waren, die eingekauft bzw. „gestohlen" werden soll-
ten, waren vorgeschrieben: ein Pfund Kaffee bzw. eine Dose mit
Fleisch und Gemüse, also Gegenstände, die so groß sind, daß sie nicht
in der Hand oder im Ärmel verschwinden können. Die „Diebe" hatten
eine Aktentasche mitzuführen, sie sollten „ordentlich", aber nicht ele-
gant angezogen sein. Unmittelbar im Anschluß an den „Diebstahl"
sollten „Dieb" und Beobachter unabhängig voneinander ein Protokoll
über den Vorgang ausfüllen. Gerechnet wurde mit einer „normalen"
Dunkelziffer von etwa 90 %, also mit 10 % Entdeckungen. Tatsächlich
wurden jedoch 39 Diebstähle mit Erfolg durchgeführt, nur ein Dieb
gab sein Vorhaben auf, weil er sich entdeckt fühlte. Die Dunkelzifferrelation könnte demnach beim Ladendiebstahl mehr als 1:9 betragen,
d. h. auf einen entdeckten Ladendiebstahl würden mindestens neun
andere entfallen, die nicht entdeckt werden; das Ergebnis entspricht
den Hinweisen bei Schoreit: Ladendiebstahl 1979. In diesem Zusammenhang soll auch der Hinweis nicht fehlen, daß sich selbst Kunden,
die einen Diebstahl deutlich mitansehen können, offenbar um solche
Vorgänge nicht kümmern (anzeigen, Lärm schlagen). So waren sich
„Dieb" und Beobachter zumindest in zwei Fällen darüber einig, daß
andere Kunden den „Diebstahl" beobachtet hatten; keiner dieser Kunden wurde jedoch im Hinblick auf die Ergreifung des Täters aktiv. Nur
eine der Kundinnen soll dem „Dieb", als sich dieser entfernte, noch
„lange und strafend nachgesehen haben".*

b) Teilnehmende Beobachtung

42   Als teilnehmende Beobachtung wird die „geplante Wahrnehmung des
Verhaltens von Personen in ihrer natürlichen Umgebung durch einen
Beobachter (bezeichnet), der an der Interaktion teilnimmt und von den
anderen Personen als Teil ihres Handlungsfeldes angesehen" (anerkannt)
wird (*Friedrichs*, Methoden empirischer Sozialforschung 1973, 288). Das
entscheidende Kriterium für die teilnehmende Beobachtung ist danach
„die Übernahme einer konkreten sozialen Rolle und des entsprechenden
Verhaltens, also die Mitgliedschaft in dem sozio-kulturellen System"
(*Mayntz/Holm/Hübner:* Einführung in die Methoden der empirischen
Soziologie 1972, 100).

> **Beispiele** *bilden die Untersuchungen von* **Humphreys** *(1973), der als
> vermeintlich homosexueller „Aufpasser" die sexuellen Begegnungen
> (Praktiken) in öffentlichen Toiletten untersucht hat; ferner die Untersu-
> chung von* **Haferkamp** *(1975), der Mitarbeiter in Gruppen von Laden-
> dieben, Drogenabhängigen und Rockern einschleusen konnte, oder
> auch die Beobachtungen von* **Kürzinger** *(1978), der in Polizeiuniform
> festzustellen versuchte, wie sich die Vorgänge der Anzeigeerstattung in
> der Praxis abspielen.*

43   Die Kritik an der „teilnehmenden Beobachtung" bezieht sich vor
allem wiederum darauf, daß sich die gefundenen Resultate – wie beim
Experiment – nicht verallgemeinern lassen, weil sie sich nur auf kleine
spezielle Gruppen beziehen (vgl. *Müller* 1978). *Metzger-Pregizer* (1974,
230) weist darüber hinaus auf die besondere Problematik dieser

Methode hin, die darin besteht, daß sich der Wissenschaftler „in dreifacher Hinsicht schuldig (mache): einmal gegenüber dem Opfer (dem er nicht beisteht), zum zweiten gegenüber seinem Beobachtungsobjekt, dem er möglicherweise einige Jahre Gefängnis hätte ersparen können, zum dritten sich selbst gegenüber, was seine strafrechtliche Verantwortung anbetrifft".

c) Befragungen

Das gebräuchlichste Verfahren, das die empirische Forschung zur Aufhellung des Dunkelfeldes entwickelt hat, ist die Befragung: **„face to face", per Post** oder **per Telefon**. Insoweit ist wiederum zwischen „Täterbefragung", „Opferbefragung" und „Informantenbefragung" zu unterscheiden. Erfaßt wird insoweit allerdings nicht „die" Kriminalität als solche, sondern nur deren subjektive Wahrnehmung durch die Probanden. Gefragt wird meist an Hand eines Fragebogens, dessen Fragen vorher im Wortlaut genau festgelegt und jeweils in gleicher Reihenfolge gestellt werden (= standardisiertes Interview). **44**

Welche Art der Befragung bringt die geringsten Informationsdefizite? **45**
– Nach *Kury* (1994, 22 ff) ist bei mündlichen (face-to-face-)Befragungen stärker als bei schriftlichen damit zu rechnen, daß der Proband im Rahmen der **„sozialen Erwünschtheit"** antwortet (dazu vgl. § 9 Rd. 29);
– bei der schriftlichen (per Post)-Befragung fällt es hingegen (nach *Baurmann* et al. 1991, 160) „den Befragten eventuell leichter, peinliche Ereignisse dem Fragebogen anzuvertrauen"; auf der anderen Seite fällt das **„Wegwerfen in den Papierkorb"** leichter (*Baurmann* aaO);
– bei den kostengünstigen telefonischen Befragungen fallen diese Probleme zwar grundsätzlich weg, es ist jedoch zu befürchten, daß z. B. Arbeitslose und Randgruppen (weil sie **kein Telefon** haben) nicht erfaßt werden (vgl. dazu *Baurmann* et al. aaO; *Kury* 1991, 268, und *Hormuth/Brückner* 1985, 526 ff).

Beim **Gruppeninterview** (an Hand eines standardisierten Fragebogens) spielt es (nach *Kreuzer* 1992, 92) übrigens keine Rolle, ob die Befragung in beengten räumlichen Verhältnissen (etwa im Hörsaal) durchgeführt wird oder unter „Klausurbedingungen", bei denen jeder Teilnehmer an einem eigenen Tisch sitzt. Plausibel ist das allerdings nicht.

aa) Bei der **Täterbefragung** („self reported delinquency") wird der Proband (= die Versuchsperson, hier der Befragte), ausgesucht nach einer (Zufalls-)Stichprobe (vgl. Rdn. 31 ff zu § 9), anonym gefragt, ob er selbst (in einem bestimmten Zeitraum) ein nicht entdecktes Delikt verübt hat; oft werden auch alle Personen einer bestimmten (mitteilungsfreudigen) Gruppe befragt: Schüler einer Klasse oder Studenten einer Vorlesung, Lehrlinge, Soldaten usw. **46**

Weitere Beispiele: Schon in den vierziger Jahren fragte Austin L. *Porterfield* im Gebiet von Fort Worth/Texas (1943, 1949) 200 männliche und 137 weibliche College-Studenten der Texas-University anhand eines ano- **47**

Juristen und Theologen stehlen die meisten Bücher

Vandalismus mit ausgeliehenen Büchern

H a m b u r g (dpa) — Die großen deutschen Bibliotheken fürchten um ihre Bestände. Anlaß sind weniger Bücherdiebstähle als Zahl und Umfang der Beschädigungen. Unterstreichungen, Markierung mit Transparentstift, abgerissene Rücken und Randnotizen aller Art, vor allem aber herausgerissene Seiten entstellen Bücher und Zeitschriften und mindern ihren Wert.

Jedes dritte Buch zeigt bei der Rückgabe in der Bonner Universitäts-Bibliothek schwere Schäden, bei einer Zufallsstichprobe unter zwei Dutzend gängigen Lehrbüchern der Freiburger Uni-Bücherei war kein einziges unbeschmiert. ◦◦◦

Und die Profis erhalten Zulauf. Neben den Juristen und Theologen, die traditionell beim Bücherraub führen — an einer großen Berliner Bibliothek entfallen 50 bis 60 Prozent der Buchverluste auf juristische Fach-Literatur — neigen auch Psychologen und Pädagogen, Natur- und Wirtschaftswissenschaftler immer mehr zum achtlosen Umgang mit Büchern und fremdem Eigentum. In der Hamburger Staatsbibliothek und der Bücherei des Deutschen Patentamtes in München wird zunehmend auch „Freizeitreletantes" wie allgemeine Nachschlagwerke, Sprach-, Kunst- und Reiseführer, Fotolehrbücher oder Heimtierlexika beschädigt oder gestohlen.

aus: *Oldenburger Volkszeitung* vom 31. Juli 1979

nym ausgegebenen Fragebogens nach insgesamt 55 verschiedenen Rechtsbrüchen. Dabei ergab sich, daß sämtliche Probanden schon mehr oder minder schwere Delikte verübt hatten, und zwar bis zum Mord. Ein Theologiestudent gestand 27 Straftaten ein.

48   *(1) Anfang der siebziger Jahre befragten **Schwind** und **Eger** (1973) 290 Jura-**Studenten und -Studentinnen** einer Strafrechtsanfängerübung in Göttingen anhand eines Fragebogens, der in der Übung ausgeteilt und anonym ausgefüllt wurde; die Probanden waren 19–23 Jahre alt und befanden sich in der Regel im zweiten oder dritten Semester. Als besonders auffällige Delikte, die noch nach dem 18. Lebensjahr (unentdeckt) verübt worden waren, wurden genannt: Trunkenheit am Steuer (von 60,7 % der Probanden), Unfallflucht (26,9 %), Nahrungsmittel im Supermarkt gestohlen (19,3 %), sonstige Kaufhausdiebstähle (12,4 %), Preisschilder ausgetauscht zwecks Täuschung im Rechtsverkehr (12,8 %), Bücher aus der Seminarbibliothek der Universität entwendet oder beschädigt (1,0 %).*
*Diese Untersuchung ist in der Kriminologie-Vorlesung (für Anfänger) im WS 1995/96 (n = 277) von **Schwind/Roitsch/Gielen** (bisher unveröff.) mit u.a. folgenden Ergebnissen wiederholt worden: Beleidigung (88,0 %), Erschleichen von Leistungen i.S. des § 265 a StGB (60,5 %), Unterschlagung (38,6 %), Trunkenheit am Steuer (34,6 %) und Diebstahl (26,8 %).*

49   *(2) Im Wintersemester 1988/89 haben **Kreuzer** und seine Mitarbeiter (1990, 11 ff) die insgesamt rund 2800 Erstsemester aller Fachrichtungen* *der Universität Gießen nach eigenem delinquenten Verhalten befragt, und zwar an Hand eines standardisierten Fragebogens, den 60 % der Probanden ausgefüllt wieder zurückgeschickt haben. Ergebnisse: Frauen berichteten von bestimmten Formen delinquenten Verhaltens seltener. Insbesondere bei Verhaltensweisen, die Gewalt gegen Personen oder Sachen beinhalten, war der **Frauenanteil** deutlich geringer. So räumten 36,5 % der männlichen, aber nur 13 % der weiblichen Erstsemester ein, schon einmal an einer Schlägerei beteiligt gewesen zu sein. Auch bei Sachbeschädigungen zeigt sich dieser Geschlechtsunterschied. Jeweils rund 20 % der Männer gaben beispielsweise an, öffentliches Eigentum (18,2 %) oder anderer Leute Sachen (20,8 %) mutwillig beschädigt zu haben; die entsprechenden Werte der Frauen liegen mit 2,5 % und 7,2 % deutlich niedriger. Bei den Diebstahlsdelikten nähern sich die Geschlechter demgegenüber etwas an. So berichteten etwa 35 % der Studentinnen und rund 45 % der Studenten, schon einmal einen Ladendiebstahl begangen zu haben. Annähernd geschlechtergleich häufig wurde berichtet über „Schwarzfahren" (von jeweils 75 %), Urkundenfälschung (36 %; z. B. Fälschen der elterlichen Unterschrift) und Entwendung von Büchern, Zeitschriften o. ä. aus Bibliotheken (17 % bzw. 16 %). Neue Befunde in MschrKrim 1995, 264 ff.*

*(3) Im Dezember 1990 verschickte **Kreuzer** mit seinem Team (Kreuzer 1992a, 1993, 1994, 164) ähnliche Delinquenzbögen an Studienanfänger in **West (Gießen)** und **Ost (Jena und Potsdam)**. Beteiligt haben sich 3237 Studentinnen und Studenten: 1772 aus dem Westen und 1465 aus dem Osten; das entspricht einer Rücklaufquote von 57 %. Gefragt wurde nach (unentdeckten und entdeckten) Straftaten, die in den letzten 12 Monaten mindestens ein Mal verübt wurden. Besonders auffällige Ergebnisse: **Ladendiebstähle** räumten 130 „Westler" ein (7,3 %) und 269 „Ostler" (18,4 %); beim **Schwarzfahren** waren es 523 „Westler" (29,5 %) und 1073 „Ostler" (73,2 %!). Entdeckt worden ist kaum ein Proband (S. 263 ff). Das Mißerfolgsrisiko ist bei solchen Straftaten generell gering und das hat sich offensichtlich auch in den neuen Bundesländern herumgesprochen. Das gilt auch für das **Führen von Kfz in angetrunkenem Zustand:** 498 „Westler" (28,1 %) und 198 „Ostler" (13,8 %). Dabei wirkt bei den „Ostlern" offenbar noch die frühere 0,0-Promille-Grenze (die in der früheren DDR gültig war) nach: die Zahl der Rechtsbrecher ist wahrscheinlich deshalb insoweit geringer. Im übrigen überrascht jedoch die Gleichverteilung der Kriminalität und zwar deshalb, „weil früher im ‚sozialistischen' Schrifttum behauptet wurde, in der DDR gebe es weitaus weniger Kriminalität, zumal Jugendkriminalität, infolge des Erziehungssystems einer entwickelten sozialistischen Gesellschaft" (Kreuzer, 1994, 165).*   **50**

Die **Vorbehalte** gegenüber der Täterbefragung resultieren aus „methodischen Mängeln der Genauigkeit, Widerspruchsfreiheit und Verläßlichkeit der erfragten Delinquenz" (*Kaiser* 1993, 222). Vor allem werden im Schrifttum (vgl. *Kaiser* aaO m. w. H.) die Genauigkeit und Zuverlässigkeit der Selbstangaben zu eigenen Straftaten in Frage gestellt (vgl. dazu ausführlicher *Kreuzer* et al. 1993); ganz abgesehen von der oft geringen   **51**

Bereitschaft der Täter, dem Interviewer eigene Straftaten, die bisher nicht entdeckt wurden, (vollständig) zu offenbaren; außerdem spielt auch der **Telescoping-Effekt** eine Rolle (dazu. § 20 Rdn. 11). *Junger* (1989, 273) schätzt den **Anteil der Befragten, die eigene Straftaten nicht zugeben,** auf 10 bis 20 %. Das gilt vor allem in bezug auf schwere und „sozial tabuisierte Delikte": „(etwa) schwere Sexual- und Tötungsdelikte" (*Kunz* 1994, 248). Ein weiterer Unsicherheitsfaktor besteht schließlich darin, daß zahlreiche Straftaten, die ein Täter unentdeckt begangen hat, dennoch in der Kriminalstatistik erscheinen, und zwar als unaufgeklärt. Bemängelt wird in der Literatur aber auch, daß sich die bisher veröffentlichten Selbstmeldestudien nahezu ausnahmslos auf Kinder, Jugendliche und Heranwachsende beschränken (*Kaiser* aaO) und deshalb die Gesamtpopulation nicht repräsentieren (können); sie haben bisher aber auch keinen „repräsentativen Querschnitt der Gesamtjugend erfassen können" (*Kreuzer* 1994, 12).

52   **Weitere Täterbefragungen (ab 1970):** z. B. *Kreuzer* 1975; *Kirchhoff* 1975; *Remschmidt/Merschmann/Walter* 1975; *Albrecht* et al. 1988, 661 ff; Übersicht bis 1984 bei *Schneider* 1987, 203 ff; einen Überblick über international durchgeführte Täterbefragungen (International Self-Report-Delinquency-Studies: ISRD) gibt *Klein* 1989 (vgl. ferner Rdn. 26 zu § 3). Zu den Auswirkungen unterschiedlicher methodischer Vorgehensweisen auf die Ergebnisse selbstberichteter Delinquenz vgl. *Kreuzer* 1992 b, 91 ff.

53   bb) Gegenüber der Täterbefragung dürfte der Vorteil der **Opferbefragung** darin bestehen, daß vom Opfer eher wahre und vollständige Antworten zu erlangen sind als von dem die Entdeckung und die Bloßstellung befürchtenden Täter; außerdem **werden bestimmte Filterprozesse** (Rdn. 85) **umgangen.** Gleichwohl sind Opferbefragungen erst später durchgeführt worden: die ersten Arbeiten (in den sechziger Jahren) in den für „*The President's Commission on Law Enforcement and Administration of Justice*" verfaßten Field Surveys I, II und III (vgl. die Zusammenfassung bei *Schwind/Ahlborn/Eger* et al. 1975 sowie *Schneider* 1987, 187 ff).

Bei der *Opferbefragung* („report on victimization") wird der Proband einer Zufallsstichprobe (etwa aus der Kartei des Einwohnermeldeamtes) darüber befragt, ob er (in einem bestimmten Zeitraum: zum Telescoping-Effekt wiederum Rdn. 11 zu § 20) Opfer von bestimmten (**angezeigten** und **nicht angezeigten**) Delikten geworden ist. **Wenn die Hochrechnung der angezeigten Straftaten mit der PKS übereinstimmt, spricht das auch für die Richtigkeit der Zahl der angegebenen nicht angezeigten Delikte.** Diese Art der Befragung (die z. B. in Göttingen und Bochum angewandt wurde) dürfte auch die relativ sichersten Ergebnisse bringen, da zu erwarten ist, daß ein Opfer eher als ein Täter bereit ist, Auskunft über verübte Delikte zu geben (vgl. auch *Kreuzer* 1994, 14 f). Für die Opferbefragung spricht letztlich auch, daß in diesem Rahmen **Motivanalysen des Anzeigeverhaltens** durchgeführt werden können (dazu Rdn. 4 ff zu § 20), die wichtige Aufschlüsse über Rückkoppelungsmechanismen (Rdn. 86 f) zwischen Hellfeld (in der PKS registrierte Kriminalität), Dunkelfeld und Anzeigeverhalten zulassen (dazu Rdn. 68). Allerdings eignen sich nicht alle Straftaten für die Opferbefragung gleichermaßen (vgl. dazu auch *Kreuzer* 1994, 14f); so müssen z.B. (aus begreiflichen Gründen) die Tötungsdelikte ausscheiden; das gilt auch für die Schutzgelderpressung. Ferner gibt es Tatbestände – wie den Betrug –, die tatbestandlich so kompliziert sind, daß das Opfer meist gar nicht recht weiß, ob es Opfer geworden ist oder nicht. Hinzu kommen zahlreiche weitere Straftaten, die nicht erfaßt werden können, weil sie sich nicht gegen Privatpersonen richten. Dazu gehören vor allem die Straftaten gegen die öffentliche Ordnung, Vermögensdelikte zum Nachteil juristischer Personen (etwa Firmen), Umweltschutzdelikte usw. Kaum erfaßt werden können auch Obdachlose als Opfer (vgl. Rdn. 24f zu § 17) und bestimmte Milieus (z.B. das Drogenmilieu). Wenig angezeigt werden auch Straftaten, die sich innerhalb der Familie ereignen (z.T. **Beziehungsdelikte**). Zu den Straftaten, die sich für die Opferbefragung gut eignen, gehören z.B. „einfacher Diebstahl", „Einbruch" (Diebstahl unter erschwerenden Umständen), Raub (dazu aber Rdn. 11 zu § 20) und Körperverletzung. Aber auch bei diesen Delikten darf die Gefahr von Gedächtnislücken nicht übersehen werden (vgl. Rdn. 11 zu § 20).

Beispiele:　　　　　　　　　　　　　　　　　　　　　　　　　　**54**
*(1) Eine **Göttinger Befragung** (1974) und **zwei Bochumer Opferbefragungen** (1976 und 1986) sind grundsätzlich mit demselben Leitungsteam (Schwind/Ahlborn/Eger 1975; Schwind/Ahlborn/Weiß 1978; Schwind/Ahlborn/Weiß 1989) und grundsätzlich mit der gleichen Methodik (Opferbefragung einer Zufallsstichprobe aus der Einwohnermeldekartei; Fragebogenmethode; **Berechnung von Streubreiten**, Signifikanztest) durchgeführt worden und deshalb in den Ergebnissen grundsätzlich vergleichbar. Das gilt auch für eine **Solinger Opferbefragung** (Plate/Schwinges/Weiß 1985), in der die gleiche Methodik angewandt wurde. Alle vier Untersuchungen haben ähnliche Resultate erbracht (vgl. Übersicht 16):*

Übersicht 16: Dunkelziffer-Relationen

Ort/Unter- suchungs- zeitraum	Stichprobe; Gesamtausfallquote, davon Verweigerer	Dunkelzifferrelationen wahrscheinlichster Wert; (Ober- und Untergrenzen)		
		„einfacher" Diebstahl (ohne Warenhausdiebstahl)	„schwerer" Diebstahl	vors. Köperverletzung
Göttingen (1973)	1,0 % der Bevölkerung; 7,4 %; 4,2 %	1:15 (1 : 13 bis 1 : 17)	1:2 (1 : 2 bis 1 : 3)	1:8 (1 : 4 bis 1 : 11)
Bochum I (1975)	0,5 % der Bevölkerung; 15,2 %; 10,0 %	1:6 (1 : 5 bis 1 : 7)	1:2 (1 : 1 bis 1 : 2)	1:7 (1 : 4 bis 1 : 10)
Solingen (1982)	1,0 % der Bevölkerung; 36,9 %; 16,6 %	1:3 (1 : 2 bis 1 : 4)	1:1 (1 : 1 bis 1 : 2)	1:5 (1 : 2 bis 1 : 7)
Bochum II (1986)	0,5 % der Bevölkerung; 20,0 %; 12,0 %	1:8 (1 : 7 bis 1 : 9)	1:1 (1 : 1 bis 1 : 1)	1:6 (1 : 4 bis 1 : 9)

55   *(2) Die Ergebnisse erster **gesamtdeutscher Opferbefragungen** (1991, 1993, 1995) haben (1995, 9 ff) Boers, Kerner und Kurz vorgestellt. Danach hat sich*

– erstens: die Eigentums- und Gewaltkriminalität nach der „Wende" im November 1989 in den neuen Bundesländern erheblich erhöht, aber bereits im Frühjahr 1991 das gleiche Niveau wie im Westen erreicht (vgl. auch Kury et al. 1992, 152);

– zweitens: die Kriminalitätsfurcht (dazu Rdn. 12 ff zu § 20) bis 1993 erheblich verstärkt („doppelt so hoch wie im Westen"), ist aber 1995 wieder in Richtung Westniveau abgesunken;

– drittens: haben im Sommer 1995 durchschnittlich 40 % der ostdeutschen und 25 % der westdeutschen Großstadtbewohner befürchtet („ziemlich beunruhigt"), daß sie persönlich abends in ihrem Wohnviertel Opfer einer Bedrohung, einer Körperverletzung, eines Raubes oder eines Wohnungseinbruchs werden könnten (15 % bzw. 11 % „sehr beunruhigt"): vgl. dazu auch Rdn. 21 ff zu § 20.

56   *(3) **Kräupl** und **Ludwig** (1993) befragten im November/Dezember 1991 (schriftlich per Fragebogen) 2901 Jenaer Bürger (eine Zufallsstichprobe aus dem Einwohnermelderegister) danach, ob sie in den letzten 12 Monaten Opfer von Straftaten mit „besonderer Alltagsrelevanz" geworden waren. Vorgegeben waren 12 Delikte. Von 2901 versandten Fragebögenkamen 49 % ausgefüllt wieder zurück. Die Ergebnisse beziehen sich auf 2194 „auswertebare Fragebögen". **40,9 %** der Probanden (die geantwortet hatten) meinten, im letzten Jahr mindestens einmal Opfer solcher Delikte geworden zu sein; das ist auffällig. Denn bei Kury (1992), der einen weit längeren Zeitraum abgefragt hatte (fünf Jahre), waren es „nur" 28,2 %. **Mehrmals** betrogen worden zu sein, meinten 174 (18,2 %) der Befragten, mehrmalige Einbrüche gaben 24 (6,5 %) an, mehrmalige Körperverletzungen 22 (4,7 %). 56 Probanden (8,7 %) berichteten darüber, daß ihnen mehrmals etwas aus dem Auto gestohlen worden sei bzw. Autoteile geklaut worden wären. Mehrmals beraubt wurden nach eigenen Angaben: vier (1,4 %). Eine Dunkelziffer-Relation wurde nicht berechnet.*

57   *(4) Eine erste **international vergleichende Opferbefragung** ist Anfang der 80er Jahre durchgeführt worden (Arnold 1986, 1014 ff), eine zweite (die sich auf 20 Länder bezieht) haben 1990 van Dijk, Mayhew und Killias vorgelegt (vgl. dazu auch Kube/Koch 1990). Bei der ersten Untersuchung handelt es sich um eine schriftliche (postalische) Umfrage, bei der zweiten um eine Telefonbefragung. Die Ausschöpfungsquoten waren in beiden Studien eher gering.*

58   *Bei länderübergreifend angelegten Erhebungen ist im übrigen „große Vorsicht angebracht … nationen- und regionenspezifische Unterschiede können durch kulturgeprägte Wahrnehmungstoleranzen und Mitteilungsbereitschaften sozialer Auffälligkeiten bestimmt sein" (Kunz, Kriminologie 1994, 247). Ein Beispiel für eine weitere Möglichkeit der Verzerrung: die Häufigkeit von Kfz-Diebstählen hängt nicht zuletzt vom Grad der Motorisierung in dem betreffenden Land ab. Zu den Problemen, die sich beim Vergleich von Opferbefragungen* *(davon abgesehen) überhaupt stellen: vgl. Schwind/Ahlborn/Weiß 1989, 90 ff.*

Weitere Opferbefragungen (ab 1970): z. B. *Stadler* 1987; *Schwarzeneg-* **59** *ger* 1991; *Baurmann* et al. 1991; *Kreuzer* et al. 1993; Übersicht bis 1982 bei *Schneider* 1987, 192; zu zukünftigen Befragungen *Sessar* 1995, 159 ff.

cc) Bei der **Informantenbefragung** wird ein Proband gefragt, „ob er **60** Kenntnis von der Ausführung bestimmter Delikte, die von anderen gegen andere verübt wurden, erlangt hat" (*Stephan* 1972, 115); hier wird also nicht danach gefragt, ob der Befragte Täter oder Opfer wurde, sondern danach, ob er etwas über Straftaten anderer Personen angeben kann.

dd) Unter **kombinierten Befragungen** werden solche verstanden, in **61** denen Täter-, Opfer- und Informantenbefragung kombiniert durchgeführt werden.

Beispiele: (1) **Treiber** *(1973) hat in Deutschland 222 Rekruten und 36* **62** *Offiziere in einer kombinierten Täter/Opfer/Informantenbefragung nach nicht entdeckten Normverstößen befragt und dabei u. a. ermittelt, daß „die Anteile derjenigen, die Normbrüche zugeben, in der Regel niedriger sind als die Anteile, die durch die Informantenbefragung zustande kommen". Die meisten (Delikt-)Fragen Treibers sprachen allerdings Normverstöße an, die nur in der „totalen Institution" des Militärs vorkommen können, wie „mit dem Gewehr auf Kameraden gezielt" (die Verstöße bewegen sich zwischen 44 % und 54 %) oder „scharfe Munition im Spind aufbewahrt" (rund 4 %).*

(2) Die **Stuttgarter Opferbefragung:** *Stephan (1976) hat in Stuttgart* **63** *mit Hilfe der Fragebogenmethode die Probanden von zwei Teilstichproben befragt: In der ersten Teilstichprobe befanden sich 440 Haushaltsvorstände, in der zweiten 633 Haushaltsmitglieder. Die zweite Gruppe wurde nach selbsterlittenen Opfersituationen gefragt, die erste zusätzlich nach Opfersituationen der übrigen Haushaltsmitglieder (insoweit zugleich Informantenbefragung). Dadurch beziehen sich die Informationen auf insgesamt 1 645 Personen. Bei einer Verweigerungsquote von 14,4 % haben sich folgende Resultate ergeben: Auf jeden Probanden entfielen im Durchschnitt 0,42 Opfersituationen. Die obere soziale Schicht hatte dabei in beiden Teilstichproben den größten Opferanteil, während die obere Unterschicht am wenigsten zu den Opfern gehörte. Angezeigt wurden nach den Angaben der Befragten nur 46 % der Delikte. Die Antworten auf die Frage nach den persönlichen Gründen für die Nichtanzeige zeigten folgendes Bild: In ungefähr der Hälfte der Fälle war den Probanden der „Schaden zu gering" (49 %); nur in jedem vierten Fall (26 %) lautete die Begründung: „keine Aussicht auf Erfolg".*

(3) **Villmow** *und* **Stephan** *(1983) haben in einer Gemeinde 920 männ-* **64** *liche Probanden im Alter zwischen 14 und 25 Jahren als Täter, Opfer und Informanten befragt, ob sie bei 12 ausgewählten Delikten in den*

vergangenen 12 Monaten Betroffene waren. Kontroll- und Wiederho-
lungsstudien wurden zur Absicherung u. a. folgender Resultate benutzt:

- *11 % der Befragten räumten ein, selbst eine Straftat begangen zu*
  haben; 23 % waren Opfer geworden, 27 % waren zugleich als Täter
  und Opfer in Erscheinung getreten und 39 % weder als Täter noch
  als Opfer;
- *zahlreiche Probanden (etwa die Hälfte) hatten ein oder zwei Delikte*
  verübt, wiederholte Rechtsbrüche (vier und mehr Taten) wurden aber
  immerhin von 42 % der Delinquenten berichtet;
- *die Angehörigen der sozialen Unterschichten waren am wenigsten,*
  diejenigen der Oberschichten am häufigsten in Opfersituationen
  geraten (die Unterschiede sind jedoch statistisch nicht signifikant).

(Im Rahmen der Untersuchung von Villmow und Stephan hat Jutta Wal-
ter 1982 „eine kriminalökologische Studie über selbstberichtete Jugend-
delinquenz in 13 Gemeinden Baden-Württembergs" vorgelegt.)

65   *(4) Dünkel/Kraintz/Würger haben Ende 1990 (veröff. in: Kaiser/*
Kury/Albrecht: Victims and Criminal Justice, Bd. 2, S. 123–175, Frei-
burg 1991) eine vierte kombinierte Befragung durchgeführt, und zwar
zur Viktimisierung und Delinquenzbelastung von Jura-Studenten und
Studentinnen (Anfangssemester wie bei Schwind/Eger, Rdn. 48): 273 in
Deutschland (Münster), 485 in Österreich (Graz) und 171 in der
Schweiz (Zürich). Abgefragt wurden zehn Straftaten mit Hilfe eines
standardisierten Fragebogens. Ergebnisse: 26,2 % der Züricher Stu-
denten waren in den letzten 12 Monaten Opfer eines einfachen Dieb-
stahls geworden (Münster: 22,7 %, Graz: 11,3 %). Die höchsten Pro-
zentzahlen bei der Körperverletzung wurden für Münster errechnet
(4,8 %), die höchsten für sexuelle Belästigungen: in Zürich (5,8 %). In
bezug auf die Delinquenzbelastung fällt auf, daß etwa jeder zehnte Pro-
band in Münster (9,9 %) und fast jeder vierte in Zürich und Graz
(24,7 % bzw. 22,5 %) mindestens eine Trunkenheitsfahrt eingeräumt
haben. Das sind jedoch weit weniger als fast 20 Jahre zuvor bei
Schwind/Eger. Geringere Zahlen zeigen sich auch bei anderen Delik-
ten, etwa beim Diebstahl: in Münster gaben 11,4 % eigene Täterschaft,
in Zürich 5,4 % und in Graz 5,4 % an.

3. Zusammenfassung auffälliger Ergebnisse der Dunkelfeldforschung

66   Faßt man die Ergebnisse der bisherigen Dunkelfeldforschung im In-
und im Ausland (nicht nur die der referierten) zusammen, so ergibt sich
im Trend etwa folgendes Bild:

- a) *Es eignen sich nur wenige Straftaten für die Dunkelfeldforschung;*
  insoweit handelt es sich jedoch um Massendelikte, die die Richtung
  der Kriminalstatistik bestimmen: Diebstahl, Einbruch, Körperver-
  letzung, Hinterziehen von Fahr- und Eintrittsgeld, Sachbeschädi-
  gungen, Fahren unter Alkoholeinfluß, Probieren illegaler Drogen
  u. ä.;
- b) *es werden (grundsätzlich) weniger Straftaten angezeigt als nicht*
  angezeigt, d. h. das Dunkelfeld ist (grundsätzlich) bei allen (bisher

untersuchten) Deliktsarten größer als das Hellfeld: die PKS zeigt also nur die „Spitze des Eisbergs" aller tatsächlich verübten Straftaten;

c) *es besteht ein von zu Delikt zu Delikt (mehr oder weniger) variierendes Dunkelfeld; besonders groß ist das Dunkelfeld z. B. beim Ladendiebstahl, bei der Kindesmißhandlung, bei der Beförderungserschleichung, bei Rauschgiftdelikten, bei der Wirtschaftskriminalität sowie bei Gewalt- und Sexualstraftaten im familiären Bereich (Kindesmißhandlung, Vergewaltigung in der Ehe usw.) und bei vandalistischen Straftaten;*

d) *im Dunkelfeld weit überproportional häufig vertreten sind leichte Delikte; auch eher vollendete Straftaten als versuchte;*

e) *besonders große Dunkelfelder sind in den Bereichen der Kinder- und Jugenddelinquenz festgestellt worden;*

f) *junge Menschen tragen andererseits auch ein höheres Risiko Opfer zu werden als ältere Menschen;*

g) *Männer verüben häufiger Straftaten als Frauen; sie werden aber auch öfter Opfer;*

h) *die Polizeiauffälligkeit stellt sich in erster Linie als eine Funktion der Delinquenzhäufigkeit (und -schwere) heraus: mit zunehmender Delinquenzhäufigkeit wächst die Wahrscheinlichkeit, polizeilich gefaßt zu werden;*

i) *den Informationen der Polizeilichen Kriminalstatistik entsprechend scheinen Mädchen nicht nur im Hellfeld, sondern auch im Dunkelfeld weit weniger kriminalitätsbelastet zu sein als Jungen. Allerdings ist der Geschlechterabstand im Dunkelfeld (mit einem Verhältnis von 1 : 2) geringer als der Hellfeldabstand (mit 1 : 3). Dieser Abstand nimmt jedoch mit steigender Häufigkeit und Schwere der abgefragten Delikte wieder zu;*

j) *kriminelles Verhalten ist zwar in allen Schichten zu finden, aber nicht ubiquitär (d. h. nicht in allen Schichten gleich häufig verteilt). In schichtspezifischer Hinsicht zeigen sich Unterschiede in der Häufigkeit und Schwere der Straftaten; Unterschichten sind stärker belastet;*

k) *als bestimmende Motive der Nichtanzeige von Straftaten werden in der Bundesrepublik von den Opfern die „Geringfügigkeit des erlittenen Schadens" genannt: Die „Ineffektivität der Strafverfolgungsorgane" fällt hingegen (anders als in den USA: vgl. Rdn. 89) kaum ins Gewicht (zur **Motivanalyse** des **Anzeigeverhaltens** vgl. Rdn. 4 ff zu § 20);*

l) *die „geographischen Kriminalitätsschwerpunkte im Dunkelfeld scheinen sich zumindest im großstädtischen Bereich mit denen des statistischen Hellfeldes weitgehend zu decken" (Dörmann 1988, 403; vgl. dazu auch unten Rdn. 70).*

III. Abhängigkeiten zwischen Hell- und Dunkelfeld

Die Ergebnisse der Dunkelfeldforschung sind nicht nur in wissenschaftlicher Beziehung relevant; sie besitzen auch Bedeutung für die Praxis der Strafverfolgungsbehörden und letztlich für die Kriminalpolitik, **67**

41

und zwar primär im Rahmen der Frage: Wie sind die PKS-Zahlen zu interpretieren?

1. Das Dilemma der Hellfeld-Statistik

a) Mögliche Abhängigkeiten

68   Da in der PKS nur die registrierte Kriminalität (das Hellfeld) erfaßt werden kann (Rdn. 14 ff), drängt sich die Frage auf, ob diese auch Anhaltspunkte für das Dunkelfeld liefert. Insoweit kommen folgende Möglichkeiten in Betracht:

- *Hell- und Dunkelfeld stehen in einem* **konstanten** *Verhältnis zueinander: dann kann man von steigenden PKS-Zahlen auf ein zugleich ansteigendes Dunkelfeld schließen;*
- *Hell- und Dunkelfeld verhalten sich* **additiv** *zueinander: dann muß man, wenn z. B. in der Stadt X die örtliche Kriminalstatistik unterdurchschnittlich wenig Straftaten aufweist, damit rechnen, daß das Dunkelfeld entsprechend größer sein könnte;*
- *Hell- und Dunkelfeld stehen in* **überhaupt keinem bestimmten Verhältnis** *zueinander: dann muß man bei der Interpretation der PKS-Zahlen besonders vorsichtig sein.*

b) Gesetz der konstanten Verhältnisse?

69   Ein konstantes Verhältnis hat schon im 19. Jahrhundert der Belgier Adolphe L. J. *Quetelet* (1796–1874) angenommen (Rdn. 31 zu § 4), der in seiner Schrift „Physique sociale ...“ (Bd. 2, 1869, 251) aufgrund einer Statistik über Totschlagsdelikte in Frankreich u. a. zutreffend ausgeführt hat: „Dieses Verhältnis ist notwendig, und, ich wiederhole es, wenn es dieses nicht tatsächlich gäbe, wäre alles, was bis heute aufgrund der statistischen Unterlagen über Verbrechen ausgesagt wurde, falsch und absurd.“ Noch *Hellmer* (in: Der Kriminalist 1974, 103) vermutet, daß uns das „Dunkelfeld nicht interessiert, weil es überall gleich ist“. Auch Hellmer nimmt an, daß die Relation zwischen Hell- und Dunkelfeld etwa gleich groß (konstant) ist. Gemeint ist die Konstanz über die Zeit in einem bestimmten Raum. Dieser Standpunkt dürfte auch noch der heutigen Auffassung mancher Polizeibehörden und zahlreicher Kriminalpolitiker sowie Journalisten entsprechen. Man geht davon aus, „daß der erfaßte Ausschnitt innerhalb tolerierbarer Grenzen repräsentativ oder doch symptomatisch für Struktur und Bewegung der Kriminalität“ ist (*Heinz* in: Allgemeines Statistisches Archiv 1975, 97). So halfen sich Kriminologie, Kriminalistik und Kriminalpolitik über das Dilemma des Dunkelfeldes bislang (grundsätzlich) mit der Hypothese von der Konstanz des Verhältnisses zwischen registrierter und tatsächlicher Delinquenz hinweg, was impliziert, daß die PKS insoweit ein (noch) brauchbares Barometer für das Steigen oder Sinken der Gesamtkriminalität darstellt (vgl. auch *Remschmidt/Merschmann/Walter/Höhner* 1976, 145).

Empirische Hinweise zu dieser Frage liegen dazu aus den beiden **70** Bochumer Opferbefragungen vor (vgl. Rdn. 54). Danach darf man die Hypothese von *Quetelet* und *Hellmer* dahingehend modifizieren,

– *daß sich die Vermutung der konstanten Verhältnisse (bezogen auf einen* **bestimmten geographischen Raum**: *z. B. auf die Stadt Bochum) erstens* **nur bei schweren Straftaten** *(etwa bei „schwerem" Diebstahl und bei der vorsätzlichen Körperverletzung), zweitens* **nur innerhalb von Streubreiten** *(Zufallsbereichen) zu bestätigen scheint und drittens nur für* **Zeiträume, die in politischer Hinsicht** *(noch)* **zusammengehören** *(gleichbleibende Anzeigebereitschaft);*

– *daß sich die* **Dunkelziffer-Relationen innerhalb eines Stadtgebietes** *(etwa in den Stadtteilen Bochums) bei bestimmten Delikten (z. B. beim Diebstahl) voneinander derart* **unterscheiden,** *daß* **neben hohen Hellfeldzahlen** *grundsätzlich* **auch hohe Dunkelfeldzahlen** *stehen bzw. umgekehrt* **neben niedrigen Hellfeldzahlen** *grundsätzlich auch* **niedrige Dunkelfeldzahlen** *festgestellt werden können.*

Mißbrauch an Kindern rüttelt die Bürger auf

Kripo: Anzeigen nehmen zu

aus: *WAZ* vom 5. Oktober 1996

c) Auswirkungen auf die Interpretation der PKS-Fallzahlen

Wenn sich Hell- und Dunkelfeld danach nicht konstant zueinander ver- **71** halten und auch nicht additiv, sind schon die jährlichen Zeitungsberichte über die Zahlen der *PKS* des jeweils vergangenen Jahres problematisch. Denn wenn in dieser Statistik (vgl. dazu die Übersicht 8) z. B. *für 1996 (gegenüber 1995) eine Abnahme von 0,3 %* festgestellt wird (vgl. Rdn. 15 ff), so kann diese Abnahme folgende Ursachen haben:

– *1996 ist weniger angezeigt worden als 1995 oder (und)*
– *im Vergleich zum Vorjahr hat 1996 die Verfolgungsintensität der Polizei abgenommen oder (und)*
– *die Kriminalität hat sich 1996 tatsächlich vermindert.*

Weitere Ursachen, die in Betracht kommen:

- programmtechnische Probleme, die zumindest 1992 (in den neuen Bundesländern) zu Mindererfassungen bzw. Nacherfassungen geführt haben (vgl. oben Rdn. 18, Fußnote);
- Neu- und Entkriminalisierungen (vgl. Rdn. 6 zu § 1);
- Veränderungen der Bevölkerungszahl: etwa die Zunahme (oder Abnahme) von Zuwandererzahlen (vgl. dazu Rdn. 2 ff zu § 24).

72   Da (zumindest noch) unbekannt ist, mit welcher dieser Ursachen der registrierte Kriminalitätsanstieg tatsächlich zu tun hat (zu den Rückkoppelungsmechanismen vgl. Rdn. 86), ist bei der Interpretation der PKS äußerste Vorsicht geboten, etwa für den Journalisten oder für den Kriminalpolitiker, der im Rahmen der repressiven und präventiven Verbrechensbekämpfung Entscheidungen fällt.

73   *Zur Bedeutung der **Verfolgungsintensität** folgendes **Beispiel:***

Wegen ständiger gewalttätiger Demonstrationen im Raum Gorleben wurde 1981 die Kriminalpolizei in Lüchow-Dannenberg erheblich verstärkt mit der Folge, daß die Zahl der registrierten Tatverdächtigen anstieg. Diese Tendenz setzte sich auch noch nach der Beendigung der Demonstrationen weiter fort. Während dort 1980 nur 3,49 % der 14–21jährigen als Tatverdächtige registriert worden sind, lag die entsprechende Quote 1981 bei 5,69 % und 1982 bei 6,49 % (Steigerungsquote insgesamt: drei Prozentpunkte). Im übrigen LG-Bezirk (Lüneburg) stiegen die TV-Zahlen zwar auch, aber nur um lediglich ein Prozentpunkt (s. Pfeiffer in: DVJJ: Bericht über den 20. Deutschen Jugendgerichtstag 1987, 2 ff/34 ff).

Daraus ergibt sich die (plausible) Erkenntnis: Je mehr Polizei eingesetzt wird, desto mehr Straftaten werden bekannt: Die registrierten Kriminalitätszahlen steigen.

74   Auch für die Strafverfolgungsbehörden ist die PKS ohne Berücksichtigung der Dunkelfeldzahlen danach eher eine Statistik, die nur über die Tätigkeit der Polizei Auskunft gibt: „Gleichwohl sind diese Datenquellen wichtig, liefern sie doch wenigstens ein Abbild der offiziell registrierten, der für die Öffentlichkeit sichtbaren, für die Meinungsbildung in Allgemeinheit und Politik bedeutsamen Kriminalität und damit zugleich Anhaltspunkte für den strafjustiziellen Umgang mit dieser Kriminalität, etwa für die Prozesse der Kriminalisierung und Entkriminalisierung im Gang der Strafverfolgung von der Polizei bis hin zum Urteil und Strafvollzug" (*Kreuzer* 1983, 51).

75   Ohne Kenntnis des Anzeigeverhaltens, d.h. ohne Kenntnis der Gründe für unterlassene Anzeigen, kann man jedoch über steigende oder fallende Kriminalitätszahlen kaum eine Aussage wagen. Im übrigen ist, „soweit statistischer Kriminalitätsanstieg auf die Aufhellung des Dunkelfeldes zurückgeht, kein Sicherheitsverlust, sondern in Wahrheit ein Sicherheitsgewinn gegeben" (*Herold* in: Kriminalistik 1977, 337). Es kommt also darauf an, Informationen über Hell- **und** Dunkelfeld zur Verfügung zu stellen. Denn erst die Addition dieser Teile ermöglicht die für die Kriminalpolitik notwendige statistische Basis. Deshalb ist – nach ausländischem Vorbild – eine ständige **statistik-begleitende Dunkelfeldforschung** auch in der Bundesrepublik Deutschland notwendig.

d) Statistikbegleitende Dunkelfeldforschung als Postulat

Solche kontinuierlichen (jährlichen oder halbjährlichen) Untersuchungen finden seit 1972 in den Vereinigten Staaten und seit 1973 in den Niederlanden statt: beide als „Haushaltsbefragungen". **76**

(1) In den **niederländischen Crime Surveys** werden jährlich rund 11 000 Haushalte (ein Promille der Bevölkerung) in den Monaten Januar und Februar befragt (vgl. die Veröffentlichungen des Central Bureau voor de Statistiek). Die Niederländer berechnen (wie in Bochum: vgl. oben Rdn. 54) übrigens Konfidenzintervalle, d. h. Streubereiche, die die Grenzen bestimmen, innerhalb derer der tatsächliche Wert von dem erhobenen bzw. hochgerechneten Mittelwert abweichen kann (vgl. *Dörmann* 1988, 403). **77**

(2) Die **Stichprobe des amerikanischen „National Crime Survey"** (NCS) umfaßt rund 60 000 Wohneinheiten mit rund 136 000 Personen (1/2 Promille der US-Bevölkerung) und (zusätzlich) 15 000 Geschäfte bzw. Gewerbebetriebe, die zweimal jährlich (nach einem besonderen Rotationssystem) interviewt werden, ob sie in den letzten sechs Monaten Opfer wurden (dazu *Skogan* 1990, 256 ff und *Kreuzer* 1994, 14). Es handelt sich also um eine **Panel-Befragung:** dieselben Probanden werden mehrmals befragt.

Gefragt wird (in den USA) nach Viktimisierungen durch folgende Straftaten: Vergewaltigung, Raub, Körperverletzung, Einbruch und Diebstahl. Weitere Fragen gelten den Tatmodalitäten: Anzeigeverhalten, Kriminalitätsfurcht, Sicherheitsvorkehrungen und Meinungen zur Kriminalpolitik (Kreuzer, aaO).

Wegen der unterschiedlichen Methodik (dazu *Schwind/Ahlborn/Weiß* et al. 1989, 92 ff) sind die beiden Replikationsreihen allerdings nur mit größter Vorsicht vergleichbar. Gleichwohl fällt auf, daß die Viktimisierungsrate z. B. für Einbruch in den USA (Hell- und Dunkelfeld addiert) seit 1973 nicht zu-, sondern abnimmt; in den Niederlanden ist es umgekehrt. Vielleicht hat der Unterschied auch damit zu tun, daß die US-Befragungen aus Kostengründen (grundsätzlich) telefonisch durchgeführt werden (*Baurmann* et al. 1991, 159 haben allerdings eine hohe Akzeptanz dieses Erhebungsinstruments feststellen können). Die **Telefonbefragung** dürfte gleichwohl dann nicht mehr in Betracht kommen, wenn die Eintragungspflicht [ins Telefonbuch] wegfällt (zu den computer-assisted-telephone-interviews = CATI: vgl. *Killias* 1990, 153 ff). **78**

In verschiedenen anderen Ländern werden die Viktimisierungsraten unregelmäßig erhoben. So fanden Replikationsstudien z. B. in England und Wales (vgl. *Hough/Mayhew* 1985) 1981 und 1983 und in Finnland (vgl. *Aromaa* 1984, 11 ff: nur zur Gewaltkriminalität) 1970, 1973 und **79**

1976 statt (vgl. dazu den Überblick bei *Schwind/Ahlborn/Weiß* et al. 1989, 97 ff). Für **Deutschland** hat immer wieder *Dörmann* bundesweite **statistikbegleitende Dunkelfeldforschung** gefordert (zuletzt *Dörmann* 1988, 403).

Eine entsprechende Umfrage hat das BKA „zu methodischen Testzwecken" 1984 durch das EMNID-Institut durchführen lassen; befragt wurden 2000 Personen ab 14 Jahren (Dörmann 1988, 404): zwei Drittel der Befragten gaben an, die Tat bei der Polizei mit Unterschrift angezeigt zu haben. „Ähnliche übertriebene Angaben zum Anzeigeverhalten (schreibt Dörmann aaO) werden offensichtlich auch beim NCS in den USA gemacht, wenn z. B. jedes zweite Vergewaltigungsopfer angibt, die Tat bei der Polizei angezeigt zu haben". Dort leidet die Datenqualität (es werden nur wenig nicht angezeigte Straftaten angegeben) offenbar an der nur telefonischen Befragung, bei der BKA-Umfrage daran, daß „die bundesweit verteilten Interviewer mit vertretbarem Aufwand nicht genügend geschult werden können, zumal in strafrechtlicher oder kriminoligischer Hinsicht" (Dörmann aaO; vgl. jedoch Rdn. 38 zu § 18).

Deshalb dürfte sich eher als die flächendeckende Befragung der Bevölkerung des Bundesgebiets eine sich wiederholende **Inselbefragung** anbieten, z. B. im Anschluß an die Bochumer Umfragen: statistikbegleitende jährliche Replikationsstudien (in etwa zehn) ausgewählten Städten und Gemeinden der Bundesrepublik Deutschland (so auch *Dörmann* 1988, 405). **Kontinuierliche flächendeckende Befragungen** (auch in Deutschland) stehen inzwischen auf dem Programm des KFN (vgl. *Bilsky/Mecklenburg/Pfeiffer* et al. 1993). Interessant ist auch ein neuer Weg zur Aufhellung des Dunkelfeldes, der in der niederländischen Stadt Apeldorn versucht wird: vgl. Zeitungsausriß.

Strafanzeige per Post zur Polizei
Versuch in Apeldoorn / Die Dunkelziffer der Delikte aufhellen

E.L. DEN HAAG, 31. Oktober. Einwohner der niederländischen Stadt Apeldoorn können für den Fall, daß sie Opfer „kleinerer Straftaten" – etwa Sachbeschädigung, Diebstahl, Einbruch – werden, jetzt per Post Strafanzeige bei der Polizei erstatten. In der Gemeinde mit 150 000 Einwohnern wurden jetzt zu diesem Zweck 60 000 Standardformulare an die Haushalte verschickt. Bei der Apeldoorner Polizei hofft man, damit die Anzeigebereitschaft in der Bevölkerung zu vergrößern und dadurch einen genaueren Überblick über das tatsächliche Ausmaß der Kriminalität in der Gemeinde zu gewinnen. Die Apeldoorner Polizei will zugleich feststellen, in welchen Stadtteilen besonders häufig Straftaten vorkommen, um gegebenenfalls vorbeugend tätig werden zu können.

Anlaß für dieses in den Niederlanden bislang einmalige Vorgehen waren Ergebnisse einiger schon mehrere Jahre zurückliegender Untersuchungen, die ans Tageslicht förderten, daß 75 Prozent mehr Straftaten begangen als angezeigt werden.

aus: *FAZ* vom 1. November 1993, S. 9

e) Realistische Einschätzung der Aufklärungsquote

Legt man die Zahlen der *PKS* zugrunde, ist damit zu rechnen, daß in **80** Deutschland 1996 nicht nur die registrierten *2,1 Millionen* schweren Diebstahlsdelikte verübt wurden, sondern bei einer Dunkelziffer-Relation von nur 1:2 (vgl. Rdn. 54) rund *6 Millionen*. Die reale Aufklärungsquote sinkt damit um zwei Drittel ab, d. h. die Aufklärungsquote, die beim Diebstahl unter erschwerenden Umständen 1996 etwa 14 % (genau 13,6 %) beträgt, dürfte, wenn man sie auf Hell- und Dunkelfeld gleichermaßen bezieht, nur noch bei etwa 4 % liegen.

Beim einfachen Diebstahl (Diebstahl ohne erschwerende Umstände) **81** würde die Aufklärungsquote bei entsprechender Bezugsgröße auf unter 17 % absinken. Rechnet man die Aufklärungsquote beim Ladendiebstahl/Warenhausdiebstahl (deren Dunkelfeld auf mehr als 1:9 geschätzt wird; vgl. Rdn. 41) noch heraus, dann dürfte die realistische Aufklärungsquote des sonstigen einfachen Diebstahls unter die 5-Prozent-Grenze absinken; denn beim Warenhausdiebstahl liegt die Aufklärungsquote bei fast 100 %, und zwar deshalb, weil Tat und Täter (vom Kaufhausdetektiv, Kaufhauspersonal oder Kundschaft) meist gleichzeitig entdeckt werden; damit gilt das Delikt schon als aufgeklärt und verschönert (eigentlich unverdientermaßen) die Statistik der Polizei.

*Kreuzer (1994, 10) weist im übrigen auf ein **Aufklärungsparadox hin**,* **82** *das die Erfolgsmeldungen mancher Polizeipräsidenten noch relativiert. Kreuzer (aaO) schreibt: „Je höher die polizeiliche Aufklärungsquote, umso größer tatsächlich das Dunkelfeld. Das Gegenteil läge eigentlich näher. Dieses Paradox weist aber auf strukturelle Besonderheiten sowohl bestimmender massentypischer Delikte als auch polizeilicher Arbeit hin. Wo – wie etwa bei Ladendiebstahl oder Betäubungsmitteldelikten – tatsächlich … nur um 1 % erkannt werden, verzeichnet die Polizei Aufklärungsquoten von über 95 %; diese beziehen sich aber eben nur auf das entdeckte 1 %."*

2. Ausfilterungsprozeß und Dilemma der Forschung

Wie notwendig nicht nur die ständige statistikbegleitende Dunkelfeld- **83** forschung, sondern auch die Institutionenforschung sein dürfte (vgl. Rdn. 10 zu § 8), zeigt der Ausfilterungsprozeß, der mit den Zahlen der Gesamtkriminalität (Hell- **und** Dunkelfeldzahlen) beginnt und mit der Zahl der Strafgefangenen endet (**„Trichtermodell"**). Untersucht man z. B. die entsprechenden Filterstufen am Beispiel des Diebstahls insgesamt (leichter und schwerer zusammen), ergibt sich für NRW das folgende Bild (vgl. Übersicht 17): Der größte Teil aller Diebstahlsdelikte wird überhaupt nicht entdeckt. Wenn man die entsprechende Dunkelfeldrelation (auf der Grundlage der Bochumer Dunkelfeld-Schätzung = 1:3) für Nordrhein-Westfalen berechnet, sind in NRW 1995 (vermutlich) insgesamt 3,329 (1996: 3,176) Millionen Diebstahls-Delikte verübt worden. Entdeckt (bzw. bekannt bzw. angezeigt worden) sind davon lediglich 832 441 (1996: 794 128) Straftaten. Aufgeklärt werden konnten durch die Strafverfolgungsbehörden nur 227 820 (1996: 240 366) Fälle; die Zahl der Tatverdächtigen betrug 162 246 (1996: 170 445). Abgeurteilt durch die Gerichte wurden 45 965 Personen; verurteilt 38 042 Täter, von denen wiederum nur 8 972 eine Freiheitsstrafe erhielten, die in den meisten Fällen zur Bewährung ausgesetzt wurde: **nur rund 6 %** aller Verurteilten müssen eine Freiheitsstrafe **verbüßen** (zu den Filterstufen auch *Kerner* 1973, 25 f; 1981, 266 ff; *Feltes* 1984, 50 ff; *Streng* 1991, 42).

Kreuzer (1994, 10) beschreibt den Ausfilterungsprozeß in bezug auf alle Straftaten, die im Bundesgebiet verübt werden, wie folgt: „50 bis 500 Millionen Taten – der größte Teil sind Bagatellen – werden jährlich bei uns begangen, davon werden ca. 7 Millionen den Verfolgungsbehörden bekannt, ca. 3 Millionen ‚aufgeklärt‘, ca. 1 Million ‚abgeurteilt‘.“

84   Den Forschungsgegenstand bildet also insoweit nur das (aufgeklärte) Hellfeld, nicht das Dunkelfeld. Damit sind jedoch „alle vermeintlich gesicherten Erkenntnisse und Informationen über abweichendes Verhalten und Kriminalität in Frage gestellt“ (*Leder* 1993, 692; so schon *Schwind* in: JR 1974, 12 ff).

Das heißt, daß es sich bei den in der kriminologischen Forschung ermittelten Tätermerkmalen vorwiegend lediglich um die Kennzeichen (eines relativ geringen Teiles) der reg. (jungen) Rechtsbrecher handelt.

85   *Übersicht 17:* Filterstufen (des Ausleseprozesses) bei Diebstahlsdelikten in NRW 1995 (§§ 242–244 StGB)

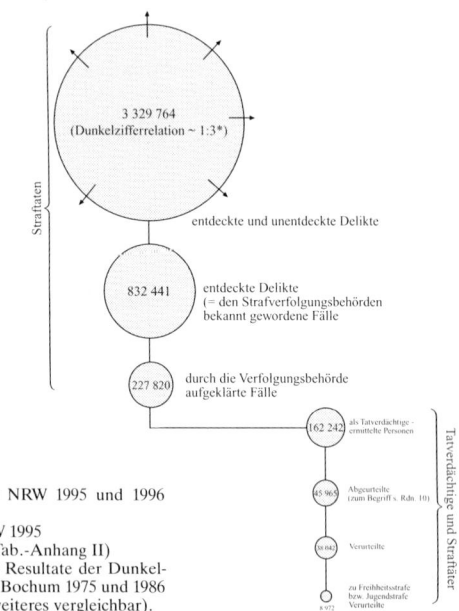

Quellen:
1. *Polizeiliche Kriminalstatistik* NRW 1995 und 1996 (hrsg. vom *LKA NRW*)
2. *Strafverfolgungsstatistik* NRW 1995 (abgedr. in PKS NRW 1996 Tab.-Anhang II)
*   Hochrechnung aufgrund der Resultate der Dunkelfeldforschung (vgl. Rdn. 54) Bochum 1975 und 1986 (mit NRW aber nicht ohne weiteres vergleichbar).

3. Die Rückkoppelungsmechanismen aus kriminalpolitischer Sicht

Die bisher zur Dunkelfeldforschung aufgeführten Phänomene stehen **86** schließlich in einem aus kriminalpolitischer Sicht relevanten Abhängigkeitsverhältnis, das die polizeiliche Arbeit in Form von Rückkoppelungsmechanismen tangiert. Solche Effekte bestehen nämlich zwischen (vgl. Übersicht 18):

– Hellfeld,
– Dunkelfeld,
– Aufklärungsquote,
– Vertrauen der Bevölkerung in die Effektivität ihrer Strafverfolgungsbehörden (Anzeigeverhalten) sowie
– der sogenannten „Erwartungssicherheit" des Straftäters, unter der wir dessen Erwartung verstehen, nicht gefaßt und verurteilt zu werden (Mißerfolgsrisiko).

Übersicht 18: Rückkoppelungsmechanismen **87**

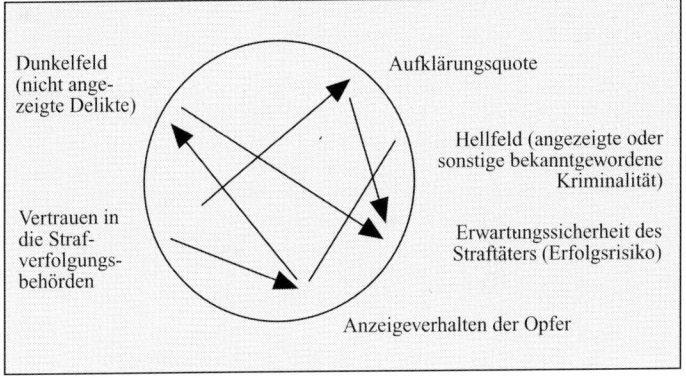

Denn: Nimmt die Aufklärungsquote zu, wächst das Vertrauen in die **88** Arbeit der Strafverfolgungsbehörden (insbesondere der Polizei) mit der Folge, daß mehr angezeigt wird; auch die Aussagebereitschaft wird sich erhöhen. Nimmt hingegen die Aufklärungsquote ab, wird die „Erwartungssicherheit" des Straftäters zunehmen, weil ihm sein Risiko geringer erscheint. Jedenfalls ist es das Mißerfolgsrisiko, das den Straftäter von Straftaten abhält, selten allein die Strafdrohung. „Ist das Tatrisiko hoch, geht die Kriminalität zurück – ist das Tatrisiko gering, steigt die Kriminalität an" (*Bauer* in: BKA: Polizei und Prävention 1975). Dieser gleiche Effekt ist zu erwarten, wenn der Straftäter merkt, daß er gar nicht mehr angezeigt wird, das Dunkelfeld zunimmt usw.

Schneider bringt dazu in seinem 1975 erschienenen Buch „Viktimolo- **89** gie – Wissenschaft vom Verbrechensopfer" (auf S. 3 f) folgende Beispiele: „In New York City ist ein Prozeß der sozialen Desorganisation zu beobachten, der hauptsächlich darauf beruht, daß das Resistenzpotential gegen Kriminalität in der Bevölkerung nachläßt, jedenfalls in den Bezirken der Metropole ..., die mit hoher Kriminalität belastet sind. Eine geringe Aufklärungsquote führt zu Mißtrauen gegenüber der Kriminalpolizei in der Bevölkerung. Dieses mangelnde Vertrauen in die Effektivität der Arbeit der Kriminalpolizei bedingt eine geringe Anzeigefreudigkeit und eine nachlassende Unterstützung der Aufklärungsarbeit der Kriminalpolizei durch die Bevölkerung. Geringe Anzeigefreudigkeit ruft ein hohes Dunkelfeld nicht entdeckter Kriminalität hervor. Mangelnde Hilfe der kriminalpolizeilichen Aufklärungsarbeit läßt die Aufklärungsquoten fallen. Hohes Dunkelfeld und niedrige Aufklärungsquoten haben wiederum mangelndes Vertrauen der Bevölkerung gegenüber der Kriminalpolizei und der Wirksamkeit ihrer Arbeit im Gefolge. So schließt sich der Kreis. Der Prozeß schreitet in negativem Sinne immer weiter fort. Ein genau entgegengesetzter Sozialprozeß ist in Tokyo zu beobachten, wo Vertrauen zur Kriminalpolizei und Unterstützung ihrer Arbeit durch die Bevölkerung zu hohen Aufklärungsquoten führen. Sie wirken sich im Sinne der Sozialkontrolle der Kriminalität äußerst positiv aus. Der Kriminelle geht ein echtes Risiko ein, gefaßt zu werden, und er weiß das auch."

90   Daß der Kriminalpolitiker sich eher das japanische Vorbild aussuchen wird (wenn er beide Beispiele kennt), versteht sich von selbst. Allerdings setzt eine solche Entscheidung voraus, daß der Kriminalpolitiker über diese Rückkoppelungsmechanismen bereits selbst nachgedacht hat: Das versteht sich hingegen (bisher jedenfalls) nicht von selbst.

§ 3   Kriminalität nach Alter und Geschlecht

Literatur: **Adler,** F.: Sisters in crime: The Rise of the New Female Criminal, New York 1975; **Albrecht,** H.-J./**Dünkel,** F.: Die vergessene Minderheit – alte Menschen als Straftäter, in: Zeitschrift für Gerontologie 1981, S. 259–273; **Albrecht,** P. A./**Lamnek,** S: Jugendkriminalität im Zerrbild der Statistik, München 1979; **Althoff,** M./**Kappel,** S. (Hrsg.): Geschlechterverhältnis und Kriminologie, 5. Beiheft 1995 des KrimJ; **Berckhauer,** F./**Steinhilper,** G.: Strafrechtlich verantwortlich erst ab 16? in: ZRP 1981, S. 265–267; **Blankenburg,** E./**Sessar,** K./**Steffen,** W.: Die Staatsanwaltschaft im Prozeß strafrechtlicher Sozialkontrolle, Berlin 1978; **Bottke,** W.: Berücksichtigung kinderdelinquenten Vorverhaltens, in: FS für Geerds, Lübeck 1995, S. 263–291; **Brandler,** P: Jugend-Straße-Gewalt, in: DVJJ-Journal 3–4/1995, S. 338–343; **Brökling,** E.: Frauenkriminalität, Stuttgart 1980; **Bundeskriminalamt:** Jugenddelinquenz bei Deutschen und Ausländern, Wiesbaden 1984; **Cremer,** C. G.: Untersuchungen zur Kriminalität der Frau, Kriminalwissenschaftliche Abhandlungen, Bd. 7, Lübeck 1974; **Dankwarth,** G.: Alterskriminalität, in: Kriminalistik 1996, S. 111–112; **Einsele,** H.: Weibliche Kriminalität und Frauenstrafvollzug, in: *Sieverts,* R./*Schneider,* H. J. (Hrsg.): Handwörterbuch der Kriminologie, Bd. 3, 2. Aufl., Berlin 1975, S. 608–656; **Facella,** G.: Female Delinquency in a Birth Cohort, Ann/Arbor (Mich.) 1984, S. 274 ff; **Feest,** J.: Alterskriminalität, in: KKW 1985, S. 14–18; **Fopp,** E.: Die Straftaten des alten Menschen, Bern 1969; **Funken,** Ch.: Frau – Frauen – Kriminelle. Zur aktuellen Diskussion über Frauenkriminalität, Opladen 1989; **Geißler,** R./**Marißen** N.: Junge Männer und Frauen vor Gericht. Geschlechtsspezifische Kriminalität und Kriminalisierung, in: KZfSS 1988, S. 504–526; **Gipser,** D.:

Frauen und Kriminalität, in: *Gipser,* D./*Stein-Hilbers,* M. (Hrsg.): Wenn Frauen aus der Rolle fallen, Weinheim 1980, S. 169–182 (2. Aufl. 1987); **Greve,** W./**Hosser,** D./**Wetzels,** P.: Bedrohung durch Kriminalität im Alter, Baden-Baden 1996; **Heinz,** W.: Jugendkriminalität und Jugendkriminalrechtspflege in der Bundesrepublik Deutschland, in: *Baske,* S./*Rögner-Franke,* H. (Hrsg.): Jugendprobleme im geteilten Deutschland, Berlin 1986, S. 137–222; **Heinz,** W.: Jugendliche Wiederholungstäter und Jugendstrafrechtspraxis, in Landesgruppe Baden-Württemberg der DVJJ, Info 1/1989, S. 7–61; **Heinz,** W.: Sanktionspraxis im Jugendstrafrecht, in: DVJJ-Journal 2/1996, S. 105–119; **Heinz,** W.: Neues zur Diversion in Jugendstrafverfahren – Kooperation, Rolle und Rechtsstellung der Beteiligten, in: DVJJ (Hrsg.): Jugend im sozialen Rechtsstaat – Für ein neues Jugendgerichtsgesetz, Bonn 1996a, S. 349–394; **Hengesch,** G.: Weibliche/männliche Kriminalität, in: MschrKrim 1990, S. 331–335; **Kaiser,** G.: Jugendkriminalität, 3. Aufl., Weinheim 1982 (2. Aufl. 1987); **Kaiser,** G.: Das Bild der Frau im neueren kriminologischen Schrifttum, in: ZStW 1986, S. 658–678; **Kerner,** H.-J.: Mehrfachtäter, „Intensivtäter" und Rückfälligkeit. Eine Analyse der Strukturen neuer kriminalistisch-kriminologischer Erhebungen, in: KrimGegfr. 1986, S. 103–135; **Kerschke-Risch,** P.: Gelegenheit macht Diebe – doch Frauen klauen auch, Opladen 1993; **Keupp,** L.: Zur Problematik der weiblichen Delinquenz, in: MschrKrim 1982, S. 219–229; **Kirchhoff,** G. F.: Selbstberichtete Delinquenz, Göttingen 1975; **Kolbe,** C.: Kindliche und jugendliche Intensivtäter, Diss. jur., Heidelberg 1989; **Körner,** H.: Sexualkriminalität im Alter, Stuttgart 1977; **Kohlberg,** L. et al.: Childhood Development as a Predictor of Adaption in Adulthood, in: Genetic Psychology Monographs 110/1984; **Kreuzer,** A.: Schülerbefragungen zur Delinquenz, in: RdJ 1975, S. 229–244; **Kreuzer,** A., Junge Volljährige in Kriminalraten – aus juristisch-kriminologisch-kriminalpolitischer Sicht, in: MschrKrim 1978, S. 1–21; **Kreuzer,** A.: Kinderdelinquenz und Jugendkriminalität, in: Zeitschrift für Pädagogik 1/1983, S. 49–70; **Kreuzer,** A./**Hürlimann,** M. (Hrsg.): Alte Menschen als Täter und Opfer, Freiburg/Br. 1992; **Kunath,** W.: Junge Vielfachtäter, in: Kriminalistik 1993, S. 790–793; **Lamott,** F.: Konstruktionen von Weiblichkeit und die „male stream" Kriminologie, in: Neue Kriminalpolitik 1995, S. 29–32; **Lange,** R.: Probleme des Altersstrafrechts, in: Sexualität in Wort und Bild, Beiträge zur Sexualforschung, Heft 41, Stuttgart 1967, S. 95–100; **Laubenthal,** K.: Phänomenologie der Alterskriminalität und -sanktionierung, in: Geriatrie Praxis 1/90, S. 36–39; **Leder,** H. C.: Frauen und Mädchenkriminalität, 2. Aufl., Heidelberg 1988; **Momberg,** R.: Der Einfluß der Jugendgerichtshilfe auf die Entscheidung des Jugendrichters, in: MschrKrim 1982, S. 65–87; **Oberlies,** D.: Geschlechtsspezifische Kriminalität und Kriminalisierung, in KZfSS 1990, S. 129–143; **Pfeiffer,** C.: Steigt die Jugendkriminalität?, in: DVJJ-Journal 3/1996, S. 215–228; **Pollack,** O.: The Criminality of Women, Philadelphia 1950; **Pongratz,** L./**Schäfer,** M./**Jürgensen,** P./**Weiße,** D.: Kinderdelinquenz. Daten, Hintergründe und Entwicklungen, 1. Aufl., Hamburg 1975, 2. Aufl., München 1977; **Quensel,** S.: Warum die Jugendkriminalität steigen muß, in: MschrKrim 1980, S. 413–418; **Quensel,** S./**Schelenz,** E.: Steigt die Kinderkriminalität? in: MschrKrim 1978, S. 396–399; **Remschmidt,** H./**Merschmann,** W./**Walter,** R.: Zum Dunkelfeld kindlicher Delinquenz, in: MschrKrim 1975, S. 133–153; **Remschmidt,** H. et al.: Kinderdelinquenz und Frühkriminalität, in: KrimGegfr. 1984, S. 84–105; **Ritzel,** G.: Untersuchungen zur Altersdelinquenz, in: MschrKrim 1972, S. 345–356; **Sarnecki,** J. S./**Sollenhag,** S.: Predicting Social Maladjustment, Stockholm Boys Grown Up, Stockholm 1985; **Schmölzer,** G.: Aktuelle Diskussionen zum Thema „Frauenkriminalität", in: MschrKrim 1995, S. 219–235; **Schneider,** H. J.: Alterskriminalität, in: *Schneider,* H. J. (Hrsg.): Die Psychologie des 20. Jahrhunderts, 14. Bd., Auswirkungen auf die Kriminologie, Zürich 1981, S. 528–536; **Schüler-Springorum,** H.: Mehrfach auffällig, Untersuchungen zur Jugendkriminalität, München 1982; **Schumann,** K. F. et al.: Jugendkriminalität und die Grenzen der Generalprävention, 1985; **Smaus,** G.: Das Strafrecht und die Frauenkriminalität, in: KrimJ 1990, S. 266–283; **Smaus,** G.: Physische Gewalt und die Macht des Patriarchats, in: KrimJ 1994, S. 82–104; **Stein-Hilbers,** M.: Frauenkriminalität, in: *Seitz,* W. (Hrsg.): Kriminal- und Rechtspsychologie, München 1983, S. 68–74; **Stein-Hilbers,** M.: Zur Frage der geschlechtsspezifisch unterschiedlichen Strafverfolgung, in: KrimJ 1978, S. 281–291; **Traulsen,** M.: Delinquenz und soziale Benachteiligung junger Ausländerinnen, in: MschrKrim 1990, S. 256–265; **Traulsen,** M.: Zur Delinquenz der 12- und 13jährigen, in: DVJJ-Journal 1/1997, S. 47–50; **Trube-Becker,** E.: Frauen als Mörder, München 1974; **United Nations** (Hrsg.): Changes in Forms and Dimensions of Criminality, Transnational and National, Genf 1975; **Walter,** M.: Jugendkriminalität, Stuttgart 1995; **Weber,** J.: Spät- und Alterskriminalität in der psychologisch-psychiatrischen Begutachtung, in: Forensia 1987, S. 57–72; **Wetzels,** P./**Greve,** W./**Mecklenburg,** E./**Bilsky,** W./**Pfeiffer,** C.: Kriminalität im Leben alter Menschen, Stuttgart 1995; **Wolfgang,** M. E. et al.: Delinquency in a Birth Cohort, Chicago 1972; **Wollenweber,**H. (Hrsg.): Jugenddelinquenz und Jugendkriminalität, Paderborn 1980.

Gliederung

1   Wie sich die Kriminalität auf Alter und Geschlecht der Tatverdächtigen in der PKS verteilt, zeigen die Übersichten 19 und 20. In der Tendenz
ziemlich ähnlich sehen auch die Zahlen der Strafverfolgungsstatistik
(Verurteiltenstatistik) aus.

2   Beide Statistiken machen recht deutlich
   – *erstens, daß die Kriminalität im Kindes- und Jugendalter allmählich
     ansteigt, zwischen dem 19. und 20. Lebensjahr Höhepunkte erreicht
     und dann wieder abebbt;*
   – *zweitens, daß Frauen erheblich weniger Straftaten verüben als Männer;*
   – *drittens, daß die Kriminalitätsdichtepunkte bei den Frauen etwas
     anders verteilt sind als bei den Männern.*

Soweit die Statistiken altersspezifische Präferenzen aufzeigen, muß
allerdings bei der Interpretation berücksichtigt werden, daß alle Täter
bzw. Tatverdächtigen-Zahlen von der Aufklärungsquote (die sich nur auf
das Hellfeld bezieht: Rdn. 25 zu § 1 und Rdn. 84 zu § 2) abhängig sind,
also nicht nur vom Anzeigeverhalten (dazu Rdn. 4 ff zu § 20), das das
Dunkelfeld (Rdn. 33 ff zu § 2) primär mitbestimmt. **Wird eine Straftat
gar nicht bekannt (Dunkelfeld) oder kann sie nicht aufgeklärt werden,**

bleibt demnach unklar, ob das Delikt ein Mann oder eine Frau, ein Jugendlicher, Heranwachsender oder ein alter Mensch verübt hat (vgl. dazu Rdn. 84 zu § 2).

Übersicht 19: Alters- und Geschlechtsstruktur der Tatverdächtigen (Bundesgebiet insgesamt)

Altersgruppen	Tatverdächtige insgesamt -1996-	Veränderung gg. Vorjahr in %	Verteilung in %	männlich Anzahl	in %	weiblich Anzahl	in %
Kinder	**131 010**	*12,3*	**5,9**	**94 067**	**71,8**	**36 943**	**28,2**
davon: bis unter 6 Jahre	1 533	*3,8*	0,1	1 153	75,2	380	24,8
6 bis unter 8	5 126	*7,2*	0,2	4 051	79,0	1 075	21,0
8 bis unter 10	14 540	*8,3*	0,7	11 464	78,8	3 076	21,2
10 bis unter 12	32 060	*11,4*	1,4	23 875	74,5	8 185	25,5
12 bis unter 14	77 751	*14,1*	3,5	53 524	68,8	24 227	31,2
Jugendliche	**277 479**	*9,1*	**12,5**	**208 748**	**75,2**	**68 731**	**24,8**
davon: 14 bis unter 16	134 290	*9,8*	6,1	96 015	71,5	38 275	28,5
16 bis unter 18	143 189	*8,4*	6,5	112 733	78,7	30 456	21,3
Heranwachsende (18 bis unter 21)	**219 928**	*6,2*	**9,9**	**181 292**	**82,4**	**38 636**	**17,6**
Erwachsene	**1 584 876**	*2,9*	**71,6**	**1 231 834**	**77,7**	**353 042**	**22,3**
davon: 21 bis unter 23	128 573	*1,2*	5,8	105 572	82,1	23 001	17,9
23 bis unter 25	125 023	*-2,7*	5,6	102 278	81,8	22 745	18,2
25 bis unter 30	299 559	*1,2*	13,5	242 713	81,0	56 846	19,0
30 bis unter 40	467 247	*4,3*	21,1	370 043	79,2	97 204	20,8
40 bis unter 50	277 132	*6,5*	12,5	212 369	76,6	64 763	23,4
50 bis unter 60	173 491	*1,8*	7,8	127 248	73,3	46 243	26,7
60 Jahre und älter	113 851	*3,9*	5,1	71 611	62,9	42 240	37,1
Tatverdächtige Insgesamt	**2 213 293**	*4,5*	**100,0**	**1 715 941**	**77,5**	**497 352**	**22,5**

aus: *PKS* 1996, 76

Übersicht 20: Alters- und Geschlechtsstruktur der deutschen und nicht-deutschen Tatverdächtigen im Vergleich

Altersgruppen und Geschlecht		deutsche Tatverdächtige 1996	Veränderung gg Vorjahr in %	Verteilung in %	nichtdeutsche Tatverdächtige 1996	Veränderung gg Vorjahr in %	Verteilung in %
Kinder		**107 085**	*13,7*	**6,7**	**23 925**	*6,6*	**3,8**
davon:	männlich	76 480	*8,5*	4,8	17 587	*2,8*	2,8
	weiblich	30 605	*29,3*	1,9	6 338	*18,6*	1,0
Jugendliche		**218 350**	*9,7*	**13,8**	**59 129**	*6,9*	**9,5**
davon:	männlich	161 627	*7,3*	10,2	47 121	*5,6*	7,5
	weiblich	56 723	*17,3*	3,6	12 008	*12,2*	1,9
Heranwachsende		**150 630**	*9,3*	**9,5**	**69 298**	*-0,1*	**11,1**
davon:	männlich	123 556	*8,9*	7,8	57 736	*-0,5*	9,2
	weiblich	27 074	*11,3*	1,7	11 562	*1,6*	1,8
Erwachsene		**1 111 643**	*2,6*	**70,0**	**473 233**	*3,7*	**75,6**
davon:	männlich	842 646	*2,8*	53,1	389 188	*3,3*	62,2
	weiblich	268 997	*2,0*	16,9	84 045	*5,3*	13,4
darunter: 21 < 25 Jahre		**145 821**	*-2,1*	**9,2**	**107 775**	*1,1*	**17,2**
davon:	männlich	117 898	*-2,4*	7,4	89 952	*0,5*	14,4
	weiblich	27 923	*-0,9*	1,8	17 823	*4,7*	2,8
Tatverdächtige Insgesamt		**1 587 708**	*4,8*	**100,0**	**625 585**	*3,7*	**100,0**
davon:	männlich	1 204 309	*4,3*	75,9	511 632	*3,1*	81,8
	weiblich	383 399	*6,5*	24,1	113 953	*6,3*	18,2

aus: *PKS* 1996, 77

Übersicht 21: Tatverdächtigenanteile der Altersgruppen (1996) bei Straftaten insgesamt

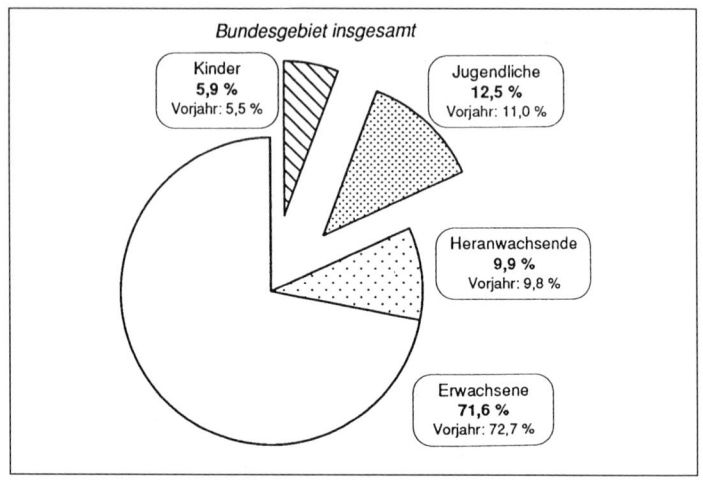

aus: *PKS* 1996, 76

I. Strafrechtliche Rechtsfolgen der Straftat: nach Altersstufen

3   Entsprechend den Altersstufen des geltenden Rechts (vgl. Legaldefi-
nition in § 1 JGG) wird auch in der Kriminologie zwischen Kinderkriminalität (sozial abweichendem Verhalten von Kindern), Jugendkriminalität und Erwachsenenkriminalität unterschieden (vgl. Übersicht 21).
Zweckmäßig erscheint diese Einteilung allerdings lediglich deshalb, weil
die Rechtsfolgen grundsätzlich jeweils andere sind. Unzweckmäßig
erscheint die Einteilung hingegen deshalb, weil die juristisch gezogenen
Altersgrenzen „keine entwicklungspsychologischen oder soziologischen
Entsprechungen finden. Vielmehr ... verlaufen die Grenzen fließend, bei
jedem einzelnen anders" (*Kreuzer* 1983, 49). Die Reformvorschläge reichen von der Anhebung bedingter Strafmündigkeit auf **16 Jahre** (vgl.
Berckhauer/Steinhilper 1981, 265, und *Heinz* in JuS 1991, 900) bis zur
Herabsetzung auf **12 Jahre:** (so die Polizeigewerkschaft im Deutschen
Beamtenbund (*DPolG*; zit. nach NOZ vom 8. Mai 1977) und *Teiser*
(ablehnende Beiträge in DVJJ-Jorunal 4/1996, 316 ff). Im übrigen wird
seit langem die generelle Einbeziehung Heranwachsender in das Jugendstrafrecht diskutiert (*Kreuzer* 1978, 1 ff).

1. Strafunmündigkeit der Kinder

4   Nach der Strafmündigkeitsregelung des Strafgesetzbuchs (§ 19 StGB)
„ist schuldunfähig, wer bei Begehung der Tat noch nicht 14 Jahre alt ist":
Kinder unter 14 Jahren können daher für ihr Verhalten strafrechtlich nicht

Geschworene: Elfjährige des Mordes schuldig

PRESTON (afp)

Im Prozeß um den Tod des zweijährigen James Bulger haben die Geschworenen im englischen Preston die beiden elfjährigen Angeklagten wegen Mordes schuldig gesprochen. Sie hätten den zweijährigen James am 12. Februar in einem Supermarkt bei Liverpool entführt und später erschlagen. Der Richter verurteilte die beiden Elfjährigen am Mittwoch abend für ihre „schlimme und brutale Tat" zu Haft von unbegrenzter Dauer. Er versicherte ihnen, sie würden „sehr, sehr viele Jahre" in sicherem Gewahrsam verbringen.

aus: *WAZ* vom 25. November 1993

zur Verantwortung gezogen werden (anders z. B. in England: vgl. oben Zeitungsausriß); die Schuldunfähigkeit von Kindern stellt einen Schuldausschließungsgrund dar. Daß in der *PKS* dennoch eine Rubrik „Kinderkriminalität" geführt wird, hat damit zu tun, daß die Polizei nach dem Legalitätsprinzip verpflichtet ist, jedem Straftatverdacht (z. B. aufgrund einer Anzeige) nachzugehen (§§ 152, 163, 170 StPO), also auch solchem Straftatverdacht, der sich gegen Kinder richtet. Erst die Staatsanwaltschaft stellt in diesen Fällen das Verfahren wegen Strafunmündigkeit ein.

2. Sonderstrafrecht für junge Rechtsbrecher

Während also die unter 14jährigen Rechtsbrecher nicht bestraft werden, gilt für die 14–(bis unter)18jährigen (Jugendliche) und (unter bestimmten Voraussetzungen) für die 18–(bis unter)21jährigen (Heranwachsende) ein Sonderstrafrecht für junge Täter: das Jugendstrafrecht. § 1 Abs. 2 JGG lautet: „Jugendlicher ist, wer zur Zeit der Tat 14, aber noch nicht 18, Heranwachsender, wer zur Zeit der Tat 18, aber noch nicht 21 Jahre alt ist." Jugendliche werden für ihren Rechtsbruch nur dann bestraft, wenn sie der Jugendrichter für reif genug hält, das Unrecht der Straftat einzusehen und nach dieser Einsicht zu handeln (§ 3 JGG).

Heranwachsende sind hingegen generell (wie die Erwachsenen: vgl. unten Rdn. 6) strafrechtlich verantwortlich. Die Tat des Heranwachsenden ist nach dem allgemeinen (dem für die Erwachsenen geltenden) Strafrecht zu ahnden. Jugendstrafrecht kommt jedoch dann auch bei Heranwachsenden zur Anwendung, wenn „die Gesamtwürdigung der Persönlichkeit des Täters bei Berücksichtigung auch der Umweltbedingungen ergibt, daß er zur Zeit der Tat nach seiner sittlichen und geistigen Entwicklung noch einem Jugendlichen gleichstand oder es sich nach der Art, den Umständen oder den Beweggründen der Tat um eine Jugendverfehlung handelt" (§ 105 Abs. 1 JGG).

3. Volle Verantwortlichkeit erwachsener Straftäter

6 Nach der Prämisse des geltenden Rechts ist jeder erwachsene Mensch psychisch normal und damit auch schuldfähig, d. h. der Erwachsene – also auch der sog. Jungerwachsene (21–25 Jahre) – ist grundsätzlich (Ausnahme: §§ 20, 21 StGB) strafrechtlich voll verantwortlich. Die Rechtsfolgen (vgl. Übersicht 22) für seine Tat ergeben sich aus dem allgemeinen Strafrecht, also aus dem Strafgesetzbuch sowie den strafrechtlichen Nebengesetzen.

7 Diskutiert wird hin und wieder (vgl. z. B. *Lange* 1967, 95 ff; *Schneider,* Kriminologie 1987, 713; *Kreuzer/Hürlimann* 1992) die Frage, ob ein besonderes **Altersstrafrecht** erforderlich ist (dafür z. B. *Fopp* 1969, 87 ff; dagegen z. B.: *Albrecht/Dünkel* 1981, 271); ein solches Strafrecht für ältere Menschen, das altersbedingte Abbauvorgänge berücksichtigen könnte (so wie das Jugendstrafrecht Aufbauvorgänge berücksichtigen soll), gibt es (bisher) allerdings noch nicht; es dürfte auch als diskriminierend aufgefaßt werden. Insofern können lediglich über die Regeln des StGB die uneingeschränkte Schuldfähigkeit (§§ 20, 21) eines alten Menschen und damit seine Strafbarkeit verneint werden.

8 *Übersicht 22:* Strafrechtlich relevante Altersklassen

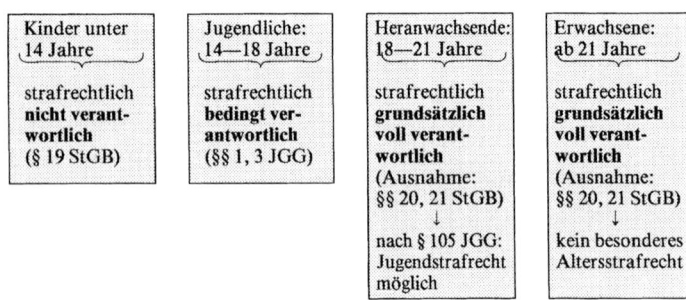

Kinder unter 14 Jahre	Jugendliche: 14—18 Jahre	Heranwachsende: 18—21 Jahre	Erwachsene: ab 21 Jahre
strafrechtlich **nicht verantwortlich** (§ 19 StGB)	strafrechtlich **bedingt verantwortlich** (§§ 1, 3 JGG)	strafrechtlich **grundsätzlich voll verantwortlich** (Ausnahme: §§ 20, 21 StGB) ↓ nach § 105 JGG: Jugendstrafrecht möglich	strafrechtlich **grundsätzlich voll verantwortlich** (Ausnahme: §§ 20, 21 StGB) ↓ kein besonderes Altersstrafrecht

II. Altersspezifische Kriminalität (deutscher) Kinder

1. „Kinderkriminalität" (sozial abweichendes Verhalten von Kindern)

a) Bekannt gewordene „Kinderkriminalität" (Hellfeld)

9 Die Kinderkriminalität nimmt bei grundsätzlich abnehmender Geburtenrate (vgl. Graphik hinter Rdn. 16) seit 1992 wieder zu (vgl. Übersicht 23 auf S. 58): 1963 befanden sich unter den Tatverdächtigen 36 649 Kinder, 1982 immerhin schon 81 954; bis 1990 ist die Zahl auf 62 500 gesunken. **Nimmt man die neuen Bundesländer hinzu,** weist die *PKS* (1996, 76) für Gesamtdeutschland die Zahl 131 010 aus. Der Anteil der tatverdächtigen Kinder (über sechs Jahre) an der Gesamtheit aller 2 213 293 Millionen TV macht danach lediglich **5,9 %** aus (vgl. Übersichten 19 und 20): bei einem Bevölkerungsanteil von **8,8 %** (Statist. Jahrbuch 1995, 61,

Angaben für 1993). Die Kinderkriminalität steigt allerdings (vgl. auch den Zeitungsausriß unten; aber auch Rdn. 14 ff).

Den Großteil der Kinderkriminalität machen heute aus: Diebstahlsdelikte (Warenhausdiebstahl), Sachbeschädigung und Brandstiftung (zur „Kinderdelinquenz im Wandel" vgl. *Weber/Meier-Stier* in: *Wollenweber* 1980, 9 ff, *Traulsen* 1997, 47 ff).   **10**

Immer mehr Kinder werden straffällig

WAZ BONN. Immer mehr Kinder und Jugendliche begehen Straftaten. Insgesamt 131 000 Kinder wurden im letzten Jahr straffällig - 12,3% mehr als 1995.

aus: *WAZ* vom 13. Juni 1997

b) Nicht bekannt gewordene „Kinderkriminalität" (Dunkelfeld)

Der Rechtsbruch von Kindern stellt jedoch eher eine normale (nämlich grundsätzlich entwicklungsbedingte) Erscheinung dar: „Bei Kindern gehen Spiel- und Scheinwelt mitunter untrennbar in Ernst und Wirklichkeit über. Die kindliche und jugendtümliche Motivation delinquenten Verhaltens ist häufig zu suchen in Spiel, Unfug, Ausgelassenheit, Übermut, Abenteuerlust und Erlebnisdrang, Sport, Sichaustoben, Ulk, Schabernack. Bewußt oder unbewußt erstreben sie oftmals mit dem Delikt Prestige, Anerkennung, Zugehörigkeit in der Bezugsgruppe; sie messen ihre Kräfte; sie wollen sich durchsetzen, stark erscheinen, Helden und berühmt werden"(*Kreuzer* 1983, 63). Dafür spricht auch, daß sich viele Kinder des rechtswidrigen Charakters ihres Handelns nicht bewußt sind (bzw. noch nicht sein können).   **11**

> *Beispiel: Eine Untersuchung von **Pongratz et al.** (1975, 48) hat ergeben, daß nur 20 % der Kinder, die in 2019 Polizeimeldungen als tatverdächtig bezeichnet wurden, erkannt hatten, daß ihr Verhalten nicht erlaubt (mit Strafe bedroht) war.*   **12**

Kinder können jedenfalls (entwicklungsbedingt) oft noch nicht unterscheiden, was strafbar ist und was nicht. So machen auch neuere Forschungen deutlich, „daß Kinderdelinquenz in weiten Bereichen normales kindliches Verhalten ist, das zu dem Prozeß des Hineinwachsens von Kindern in die Gesellschaft gehört" (*Kaiser* 1982, 138 m. H. auf *Pongratz et al.* 1975, 89).   **13**

Da der Rechtsbruch von Kindern danach eine eher **ubiquitäre** (allgemein verbreitete) Erscheinung darstellt, ist damit zu rechnen, daß das Dunkelfeld (vgl. dazu Rdn. 33 ff zu § 2) groß ist. Jedenfalls wird man davon ausgehen dürfen, daß **Kinder selten angezeigt werden.** So würde wohl niemand z. B. auf die Idee kommen, ein Kind, das einem anderen Kind im Kindergarten einen Apfel entreißt, wegen Raubes (§ 249 StGB)   **14**

Übersicht 23: Entwicklung der TVBZ (vgl. Rdn. 15 zu § 2) der Deutschen bei Straftaten insgesamt ab 1984

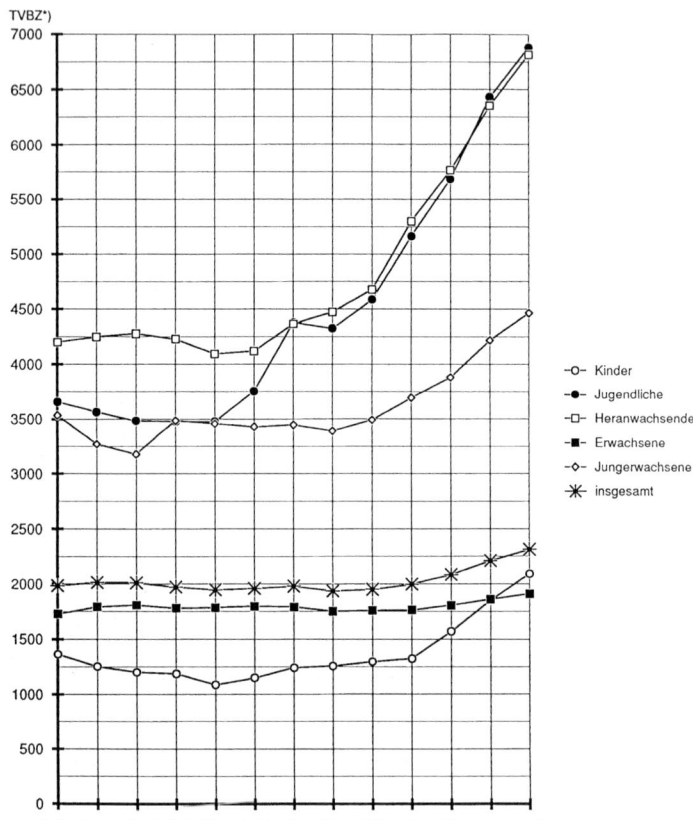

Hinweis: 1984-1990 = alte Länder; 1991 - 1992 = alte Länder mit Gesamt-Berlin; 1993 - 1995 = Bundesgebiet insgesamt

aus: *PKS* 1996, 83: die Kriminalität ist bei Kindern auf 131 010, bei Jugendlichen auf 277 479 und bei Heranwachsenden auf 219 928 TV gestiegen (vgl. Übersicht 19 auf S. 53).

15 bei der Polizei anzuzeigen; *Quensel* (1980, 415) spricht insoweit von „altersentsprechendem Spielcharakter des Raubes". Anzeigen gegen Kinder erfolgen in der Regel erst bei schwereren Straftaten. Daß das Dunkelfeld der Kinderkriminalität überdurchschnittlich hoch liegen dürfte, haben auch Befragungen von Schülern gezeigt, in denen Kinder eingeräumt haben, schon zahlreiche Straftatbestände verwirklicht zu haben, ohne angezeigt worden zu sein (vgl. z. B. *Kreuzer* 1975, 235 ff; *Remschmidt/Merschmann/Wolter* 1975, 142 f).

Bei der Interpretation der Kriminalitätszahlen zur Kinderkriminalität **16** wird man ferner die Abhängigkeit der Deliktszahlen vom Delikt des Kaufhaus- bzw. Ladendiebstahls berücksichtigen müssen: Etwa 1/3 der tatverdächtigen Jungen und über die Hälfte der Mädchen werden bei solchen Straftaten ertappt (bei denen das Dunkelfeld auf 95–99 % geschätzt wird: Rdn. 41 zu § 2; vgl. dazu auch *Quensel/Schelenz* 1978, 396 ff). Das heißt: die Entwicklung der PKS-Zahlen zur Kinderkriminalität hängt nicht zuletzt von der Intensität der Anstrengungen der Ladendetektive ab.

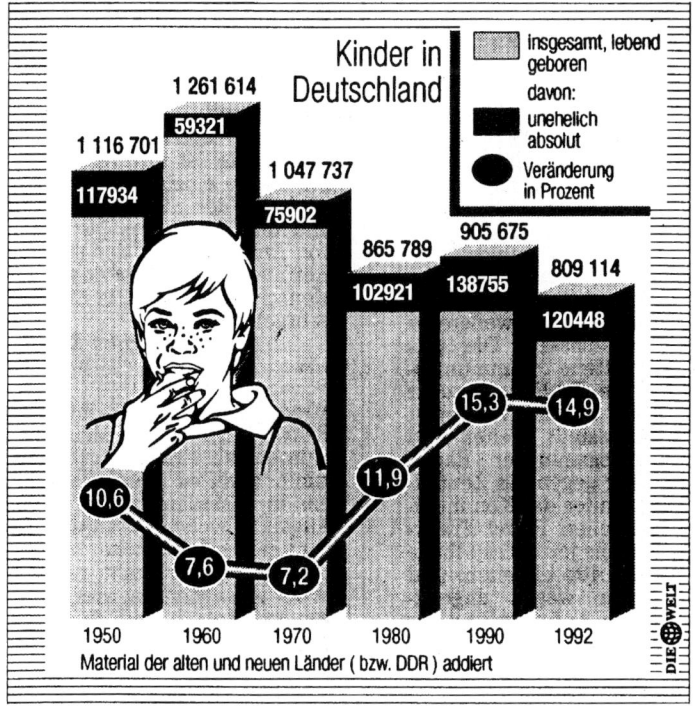

aus: *Die WELT* vom 25. Februar 1994, S. 8
(1996: 789 000 Geburten und 131 000 Abtreibungen – so Statist. Bundesamt, zit. nach WAZ vom 19. Februar 1997, 1 bzw. NOZ vom 25. Juni 1997, 2

c) Rechtsfolgen entdeckter „Kinderkriminalität"

Nach der Strafmündigkeitsregelung des geltenden Rechts (§ 19 StGB) **17** wird „Kinderkriminalität" nicht bestraft. Die tatbestandsmäßig rechtswidrige Handlung eines Kindes kann aber ein Indiz dafür sein, daß eine dem Wohl des Kindes entsprechende Erziehung nicht gewährleistet und Hilfe für seine Entwicklung geeignet und notwendig ist. In einem solchen Fall hat der Personensorgeberechtigte Anspruch auf Hilfe bei der Erziehung nach den §§ 27 ff SGB VIII. Im Einzelfall kann die „Straftat" eines Kindes sogar Anlaß für die Anordnung von Erziehungsmaßnahmen nach dem BGB durch den **Vormundschaftsrichter** sein. Zur Berücksichtigung kinderdelinquenten **Vorverhaltens im Rahmen späterer Jugendstrafverfahren** vgl. *Bottke* 1995, 263 ff.

Bei den meisten Kindern, die in strafrechtlicher Hinsicht auffällig werden, bleibt der Rechtsbruch jedoch eine **einmalige Episode:** nach *Pongratz* et al. (1975, 90) bei rund 75 %.

18   Bei Dreiviertel der als Rechtsbrecher bekannt gewordenen Kinder setzt also ein „Rückbildungsprozeß" ein, der durch übertriebene Sanktionen der Instanzen sozialer Kontrolle (zu denen nicht nur Justiz, sondern auch Familie und Schule gehören) wegen der entsprechenden Stigmatisierungsgefahr nur gestört werden kann. Weniger Schaden für die soziale Entwicklung des Kindes ist zu erwarten, wenn Polizei bzw. Vormundschaftsrichter Kontakt zu den Eltern mit dem Ziel aufnehmen, eine informelle Erledigung möglich zu machen.

2. Jugendkriminalität

a) Bekannt gewordene Jugendkriminalität (Hellfeld)

19   Darüber, daß auch die Jugendkriminalität nach dem Zweiten Weltkrieg bis Anfang der 80er Jahre (in den alten Bundesländern) ständig gestiegen ist, kann es, wenn man die PKS zugrunde legt, keine Zweifel geben; sie ist jedoch in den Jahren von 1982 bis 1986 wieder gesunken (ab 1989 wieder gestiegen); der Anteil der jugendlichen Tatverdächtigen an der Gesamtzahl aller Tatverdächtigen betrug 1996 für das gesamte Bundesgebiet **12,5 %** (vgl. Übersicht 24): bei einem Bevölkerungsanteil von nur **4,1 %** (Statist. Jahrbuch 1995, 61).

aa) Entwicklung der Tatverdächtigenzahlen

20   Allein von 1974 bis 1982 haben sich die Tatverdächtigenzahlen (in den **alten** Bundesländern) dramatisch (vor allem infolge der **geburtenstarken Jahrgänge**) erhöht: bei den männlichen Tatverdächtigen zwischen 14 und 21 Jahren (**Jugendliche und Heranwachsende**) um über 60 % und bei den weiblichen Tatverdächtigen der entsprechenden Jahrgänge um rund 90 %:

– Ab 1982 stagniert die Entwicklung (vor allem wegen der **geburtenschwachen Jahrgänge,** deren Lücken aber z. T. durch **zunehmende Ausländerkriminalität** (vgl. Rdn. 16 zu § 23) gefüllt worden sind),
– um ab etwa 1991 (vgl. dazu Übersicht hinter Rdn. 17 zu § 23) wieder deutlich (vor allem in den **neuen Bundesländern**) anzusteigen (vgl. Übersicht 24; vgl. aber auch Übersicht 25 auf S. 64).

Die **Strafverfolgungsstatistik** (für 1995) bestätigt diese Entwicklung; 1995 wurden 9 % mehr Jugendliche verurteilt als 1994; bei der Körperverletzung betrug die Zunahme sogar 20 % und bei den Raubdelikten 31 % (zit. nach DVJJ-Journal 4/1996, 315; vgl. aber Rdn. 28 f.).

Übersicht 24: Tatverdächtigenziffern bei **Gewaltdelikten** im Ost/West-Vergleich (1995)

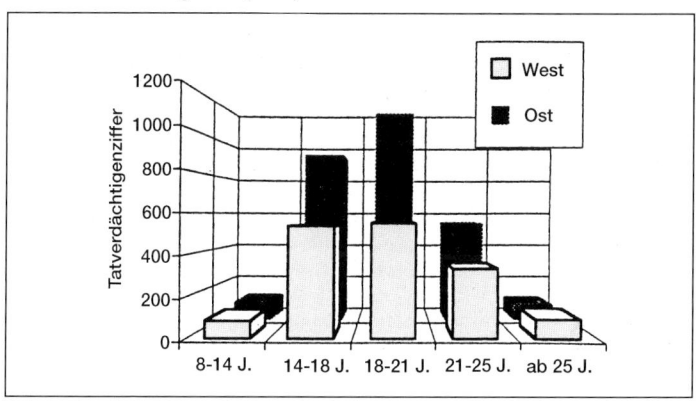

aus: *Pfeiffer* 1996, 216

Auffällig ist das **Ausmaß der Tätergemeinschaften** (insbesondere bei Gewaltkriminalität: dazu Rdn. 26 ff zu § 2 und Rdn. 20 ff zu § 28): **rund 40 % der registrierten Jugendstraftaten werden in der Gruppe verübt** (*Kaiser* in: Kaiser/Schöch 1987, 152). Die Einzeltäterschaft soll sich erst ab dem Alter von 16–18 Jahren in den Vordergrund schieben (*BKA* 1984, 21). Die Ursache dafür, daß jüngere Täter (zu Jugendbanden vgl. Rdn. 3 ff zu § 28) eher in Gruppen Straftaten verüben (Seriendiebstähle, Einbrüche, Raubdelikte, Körperverletzungen, Vandalismen) wird in gruppendynamischen Prozessen erblickt: in größerer Risikobereitschaft bei verminderter individueller Verantwortlichkeit (z. B. auch bei gewalttätigen Demonstrationen), Mutproben, Drang zu Aktionismus usw. (vgl. *BKA* aaO; zum Gruppendruck: Rdn. 14 ff zu § 13).   **21**

bb) Minderjährige Intensivtäter

Sorgen bereitet aus kriminalpolitischer Sicht insbesondere die Zunahme minderjähriger Intensivtäter (Vielfachtäter). Nach der Definition des Landeskriminalamts (LKA) von Nordrhein-Westfalen ist „minderjähriger **Intensivtäter**, wer mindestens zweimal im Erfassungsjahr polizeilich in Erscheinung getreten ist und mehr als fünf Straftaten begangen hat" (Az. 34.2 – 2753).   **22**

*Unterschied zum **Serientäter:** S. sind solche, die im Erfassungsjahr mindestens einmal polizeilich erfaßt wurden und zwar wegen mindestens 99 Straftaten (LKA NRW aaO).*

Im langjährigen Schnitt hat sich in NRW gezeigt, daß etwa 2,5 % der tatverdächtigen Kinder, 5 % der tatverdächtigen Jugendlichen und 5 %   **23** der tatverdächtigen Heranwachsenden unter diese Kriterien der Intensivtäter fallen (vgl. dazu Rdn. 36 zu § 11). 1982 verübten die kindlichen Intensivtäter immerhin 24,3 % aller von Kindern begangenen (registrierten) Straftaten und die jugendlichen Intensivtäter 33,1 % aller von Jugendlichen begangenen Delikte (Kriminalistik 1984, 76). Eine entsprechende Auswertung der Polizeidirektion Hamburg-Mitte ergab, „daß ca. 5 % der minderjährigen Straftäter rund ein Drittel der gesamten Straftaten dieser Altersgruppe begehen" (*Beecken* in: Kriminalistik 1984, 233); bundesweit als Modell gilt heute das **Hamburger Konzept eines Vielfachtäterprogramms,** innerhalb dessen Polizei und Jugendschutz eng zusammenarbeiten (vgl. *Kunath* 1993, 790). Zum jugendlichen Mehrfachtäter vgl. auch *Schüler-Springorum* 1982; *Kerner* 1986; *Kolbe* 1989 und *Heinz* 1989 sowie die Ergebnisse der **Kohortenforschung** (Rdn. 33 ff zu § 8).

Ob auf breiter Front auch die **Brutalität der Gewalttaten**, die Jugendliche und Kinder verüben, zunimmt, ist hingegen statistisch noch nicht zu belegen (vgl. Rdn. 9 zu § 2). Es fällt jedoch auf, daß die Medien zunehmend über solche Fälle („Killerkinder") berichten (vgl. auch Zeitungsausrisse unten; zur Gewalt in der Schule: Rdn. 21 ff zu § 11).

„Oma, Geld her, sonst schlag' ich dich tot!"

Immer häufiger werden alte Menschen zu Opfern jugendlicher Gewalt.

aus: *Weißer Ring,* Oktober 1993, S. 9

cc) Häufige Deliktsarten

24   Insgesamt gesehen ist zu beobachten, daß mit steigendem Alter der Tatverdächtigen nicht nur
– die **Vielfalt** der Deliktsarten zunimmt,
– sondern auch die deliktische **Schwere** und Intensität (etwa die qualifizierte Körperverletzung und Raub);
– gleichzeitig „nimmt die **Toleranz der Gesellschaft** gegenüber straffälligem Verhalten ab" (*Kaiser,* Kriminologie 1988, 421).

b) Nicht bekannt gewordene Jugendkriminalität (Dunkelfeld)

25   Alle bisherigen Untersuchungen, die im Rahmen der Dunkelfeldforschung zur Aufhellung der Jugendkriminalität durchgeführt wurden, zeigen recht deutlich, daß das Dunkelfeld der Kriminalität der 14–18jähri-

Raub und Erpressung „Macht doch jeder so"

Jugendliche in Berlin werden immer brutaler

aus: *NOZ* vom 23. April 1994

gen weit überdurchschnittlich hoch ist (zum Dunkelfeld Rdn. 33 ff zu § 2): „Es gibt ... kaum einen – insbesondere männlichen – Jugendlichen, der nicht in seinem Leben eine, in den allermeisten Fällen sogar mehrere Straftaten begangen hat" (*Albrecht* 1987, 16):

– *So räumten im Rahmen einer Täterbefragung (vgl. dazu Rdn. 47 zu § 2), die Kirchhoff (1975) durchgeführt hat, 976 jugendliche Oberschüler, Oberschülerinnen sowie Arrestanten ein, insgesamt (addiert) 9677 mit Strafe bedrohte Handlungen verübt zu haben: primär Prügeleien (unter Jugendlichen), Ruhestörung, Fahren ohne Führerschein, Leistungserschleichung (z. B. Schwarzfahren), Sachbeschädigung, Diebstahl.* **26**
– *Der Prozentsatz der Befragten, die in Täterbefragungen angeben, schon mindestens eine (unentdeckte) Straftat verübt zu haben, ist hoch: bei Frehsee (1978, 325) waren es unter 610 Schülern und Schülerinnen immerhin 86 %, die im Verlaufe des letzten Jahres vor der Befragung straffällig wurden; durch eine Untersuchung in Bremen (690 Jugendliche) wird dieses Ergebnis bestätigt: 89,4 % (Schumann et al. 1985, 120).*

c) Jugendkriminalität als Einstiegskriminalität?

Wie die Kinderkriminalität ist auch die Jugendkriminalität z. T. noch **27** Ausdruck entwicklungsbedingten Spiel- und Problemverhaltens, das „seine Ursachen in kindlicher und jugendlicher Abenteuerlust, manchmal in pubertärer Aggressivität hat" (*Albrecht* 1987, 15). Die Kriminalität der meisten Jugendlichen hat also eher **Episodencharakter** (vgl. dazu Rdn. 21 ff zu § 8). Insoweit erfüllt sie sogar eine durchaus positive Funktion: Durch den Verstoß lernt der Jugendliche oft erst die Grenzen der Rechtsnormen kennen (vgl. *Kreuzer* 1983, 57): so wie viele Kinder „manche Gebote und Verbote im Nahraum erst durch gelegentliche Normverstöße, Grenzüberschreitungen und dann einsetzende Zurechtweisung erkennen und zu beachten lernen" (*Kreuzer* aaO). Die Vermutung, daß die Rückfallgefahr um so größer ist, **je früher** die Kriminalität einsetzt, hat sich (bisher) aber nicht bestätigt (vgl. *Kaiser*, Kriminologie 1988, 427). Gleichwohl kommt die Jugendkriminalität auch als Einstiegskriminalität, die zu einer späteren kriminellen Karriere als Erwachsener führen kann, in Betracht. So ist das **Risiko der Fortsetzung der Straffäl-**

ligkeit noch im Erwachsenenalter nach einer schwedischen Untersuchung (*Kohlberg* et al. 1984 und *Sarnecki/Sollenhag* 1985) jedenfalls bei solchen Probanden hoch, die bereits im Kindesalter **mehrfach** polizeilich aufgefallen sind (zit. nach *Kaiser* in: SchwZStr 1986, Bd. 103, H. 1, 17). Dabei wird man jedoch berücksichtigen müssen, daß Jugendkriminalität grundsätzlich auch eher entdeckt (und registriert) wird als die der Erwachsenen, weil Jugendliche ihre Delikte meist in „einer wenig rationalen und überlegten Art und Weise" durchführen (*Blankenburg/Sessar/Steffen* 1978, 182).

Übersicht 25: Tatverdächtige und Opfer je 100.000 Einwohner in Niedersachsen – Raubdelikte

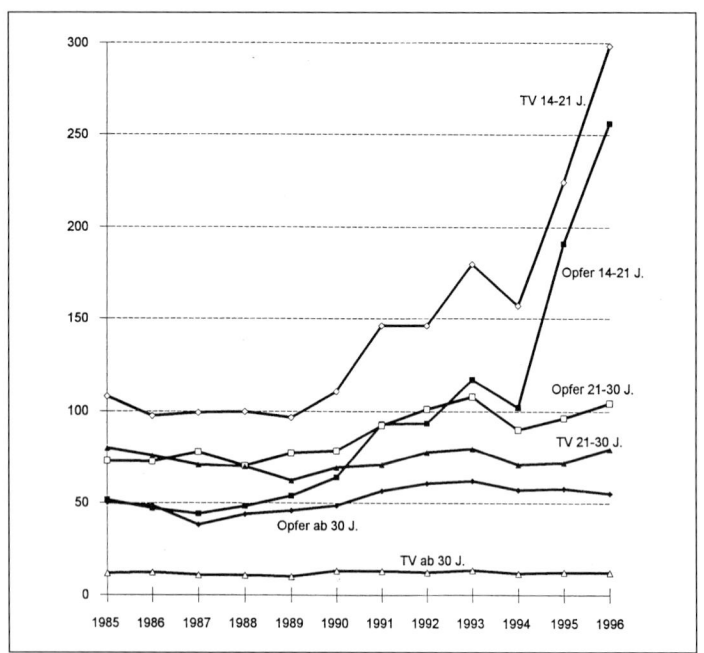

Quelle: *Pfeiffer, C.,* unveröffentl. MS

d) Sanktionen des JGG als Rechtsfolgen entdeckter Jugendkriminalität

28   Weil die Jugendkriminalität (zumindest zum Teil) wie der Rechtsbruch von Kindern entwicklungsbedingt ist, sollte der Jugendrichter „bei leichter und insofern normaler Delinquenz **stigmatisierende Sanktionen vermeiden"** (*Kaiser/Schöch* 1987, 156). Entsprechende Möglichkeiten sieht das Jugendgerichtsgesetz (JGG) vor: mit den weniger belastenden Sanktionen, zu denen Verwarnung (§ 14 JGG), erzieherische Auflagen (§ 15

JGG) und Weisungen (§ 10 JGG) zählen: vgl. dazu das Beispiel des „Modellversuchs zur ambulanten Behandlung jugendlicher Straftäter" in Uelzen (dazu *Brandler* 1995, 338 ff). Dieser Modellversuch berücksichtigt die Erfahrung, daß sich die „Delinquenz junger Menschen weitaus stärker als bei Erwachsenen auf Freizeit, auf unkontrollierte Freiräume konzentriert" (*Kreuzer* 1983, 64): viele Straftaten werden auch aus **Langeweile** verübt (vgl. dazu z.B. *Klinkmann* in: KrimJ 1982, 254 ff).

Die bisherige Sanktionspraxis (dazu *Heinz* 1996, 105 ff) zeigt deutlich, **29** daß der Jugendrichter grundsätzlich auch entsprechend verfährt. So verteilten sich die Rechtsfolgen (auch nebeneinander) der Jugendstraftat (nach der Strafverfolgungsstatistik 1996 für 1994), wie folgt:

– *Jugendstrafe (§§ 17 ff JGG): insgesamt 13 998 (davon 8 880 zur Bewährung ausgesetzt);*
– *Zuchtmittel (§§ 13 ff JGG): 52 593 (Verwarnung, Erteilung von Auflagen, Jugendarrest);*
– *Erziehungsmaßregeln (§§ 9 ff JGG): 14 024 (Weisungen, Erziehungsbeistandschaft, Heimerziehung). An die Stelle der FE ist durch das Kinder- und Jugendhilfegesetz (KJHG-SGB VIII) vom 26. Juni 1990 (in Kraft seit 1. 1. 1991) die Verpflichtung zur Inanspruchnahme der „Heimerziehung oder einer sonstigen betreuten Wohnform" getreten.*

Übersicht 26: Diversionsraten (StA und Gerichte) im Jugendstrafrecht, 1981 bis 1995. Anteile der Einstellungen mit und ohne Auflagen, bezogen auf informell und formell Sanktionierte.

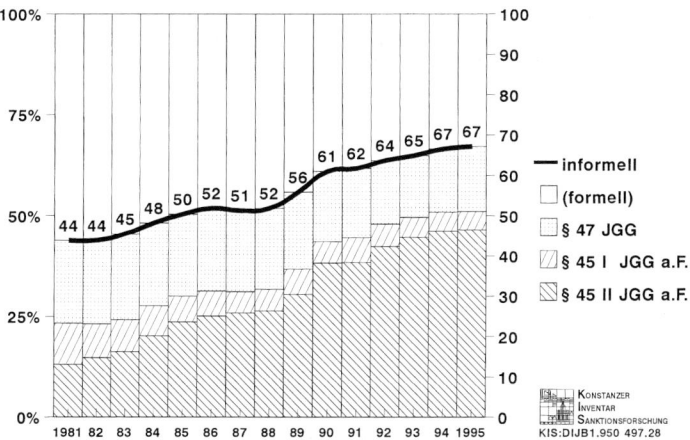

Quelle: *Heinz*, unveröffent. MS; vgl. auch *Heinz* 1996, S. 109

Diese formellen Verfahrenserledigungen werden inzwischen allerdings durch die informelle Erledigung (nämlich durch Verfahrenseinstellung mit oder ohne Auflagen) weit übertroffen. Diese Form der Beendigung des Verfahrens (sog. **Diversion:** Verfahrenseinstellung nach §§ 45, 47 JGG mit oder ohne Auflagen; vgl. dazu *Heinz* 1996a, 349 ff und ZRP 1990, 7 ff) hat die Verhängung von Erziehungsmaßregeln, Zuchtmitteln und Jugendstrafen weit verdrängt (vgl. Übersicht 26 auf S. 65).

30   Bei der Auswahl der angemessenen Maßnahmen kann auch die **Jugendgerichtshilfe** den Richter beraten. Die JGH wird von den Jugendämtern in Zusammenarbeit mit den Verbänden der Jugendhilfe (z. B. Ev. Hilfswerk, Caritas, Arbeiterwohlfahrt) wahrgenommen (§ 38 Abs. 1 JGG, § 52 SGB VIII), und zwar mit dem Auftrag, die erzieherischen, sozialen und fürsorgerischen Belange im Jugendstrafverfahren zur Geltung zu bringen. (Zum Einfluß der Jugendgerichtshilfe auf die Entscheidungen des Jugendrichters vgl. *Momberg* 1982, 65 ff; *Pfeiffer* in ZblJugR 1980, 384 ff).

3. Alterskriminalität

31   *Schneider* (1981, 528) versteht unter Alterskriminalität „die Gesamtheit aller Straftaten alter Menschen, die ‚60 Jahre und älter‘ sind" (so auch *Albrecht/Dünkel* 1981, 259; *Kaiser,* Kriminologie, 1993, 321; *Laubenthal* 1990, 37); die bisherige Grenze dürfte jedoch vor dem Hintergrund der längeren Lebenserwartung überholt sein. Neuer Vorschlag: 65 Jahre. Von dieser Grenze geht z. B. auch die OECD aus (zit. nach *Kreuzer/Hürlimann* 1992, 14).

a) Problem der Altersgrenze

32   Eine starre Festlegung der Altersgrenze ist zwar problematisch, aber als Arbeitshypothese brauchbar. Problematisch ist die Grenze deshalb, weil sie mit dem biologischen, psychologischen und sozialen Hintergrund nicht übereinstimmen muß. So kann ein Mensch infolge von Krankheiten und früher einsetzenden Abbauvorgängen (z. B. Demenz) biologisch älter sein als seine Lebensjahre aussagen; er kann aber auch biologisch jünger sein, als man seinem Alter nach annehmen könnte. Mancher Wirtschaftsführer oder Politiker über sechzig wirkt noch wie ein Vierziger oder Fünfziger; der frühere Bundeskanzler *Adenauer* (1949–1963) wurde bekanntlich erst mit 74 Jahren zum Bundeskanzler gewählt und hielt dieses Amt mit großem Erfolg bis zum 89. Lebensjahr. Auf der anderen Seite gibt es zahlreiche Menschen, die in den Rückbildungsjahren durch cerebrale Abbauprozesse Beeinträchtigungen ihrer Urteils-, Steuerungs- und Merkfähigkeit hinnehmen müssen mit der Folge verminderter Triebfeinsteuerung und zunehmender Affektlabilität (zur forensischen Begutachtung vgl. *Weber* 1987, 57 ff). Diese Erscheinungen können noch durch psychische Sonderlagen verstärkt werden, etwa durch Einsamkeit (die z. B. die Altenorganisation der „Grauen Panther" zu überwinden versucht). Verstärkend kann auch die soziale Ausgliederung (die Desozialisation) wirken (Pensionierung usw.), die zugleich

noch wirtschaftliche Nachteile mit sich bringt (1995 lag z.B. die durchschnittliche Arbeiterrente in den alten Bundesländern bei 1057,– DM: Statist. Jahrbuch 1996, 463; zu den Folgen des Alterns in den verschiedenen Lebensphasen vgl. *Langelüddeke/Bresser:* Gerichtliche Psychiatrie, 4. Aufl., Berlin 1976, 164 ff).

Übersicht 26a: Bevölkerungsanteil von alten Menschen im internationalen Vergleich

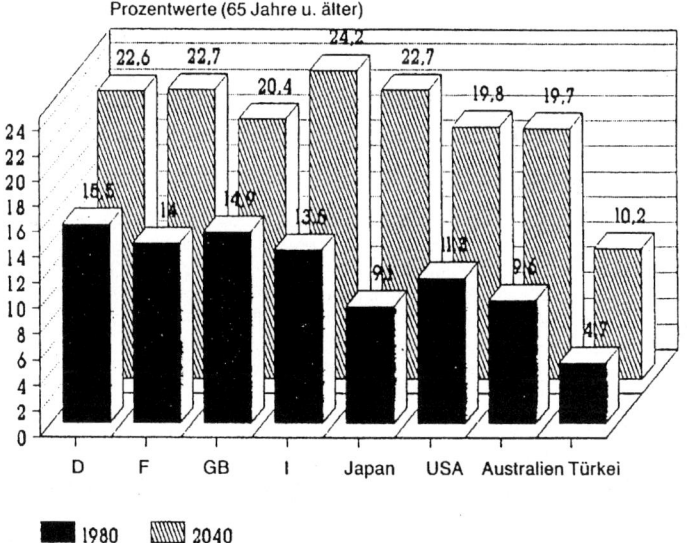

Prozentwerte (65 Jahre u. älter)

aus: *Kreuzer/Hürlimann* 1992, S. 15
(*OECD*, 1988, S. 22)

b) Hell- und Dunkelfeld der Alterskriminalität

Von den über 60jährigen Menschen, die straffällig werden, sind lediglich rund 5 % auch schon vor dem 50. Lebensjahr strafrechtlich in Erscheinung getreten (*Feest* 1985, 16); rund 80 % stehen hingegen zum ersten Mal vor Gericht (vgl. dazu *Fopp* 1969 und *Albrecht/Dünkel* 1981, 265). Manche ältere Straftäter nehmen sich vor Scham schon vorher das Leben. **33**

Insgesamt sind 1996 (im ganzen Bundesgebiet) aber nur 113851 Tatverdächtige über 60 Jahre registriert worden (*PKS* 1996, 76). Das sind nur **5,1 %** (vgl. Übersicht 19) aller Tatverdächtigen. Die Gruppe der über 60jährigen umfaßt hingegen 16,1 Millionen Menschen (**20,3 %** der Bevölkerung unseres Landes bzw. knapp 25 % aller Strafmündigen). **34**

Legt man die 65-Jahr-Grenze (Rdn. 31) zugrunde, waren es 1980 rund 15 % und werden es im Jahre 2040 (nach einer Schätzung der OECD) insgesamt über 22 % sein (zit. nach Kreuzer/Hürlimann 1992, 15, und Übersicht 26a oben); das Statistische Bundesamt rechnet für das Jahr 2030 schon mit 35 % (zit. nach imu Nr. 93 02 38), damit wird vermutlich auch die Zahl der „alten" Straftäter (weiter) steigen (so auch Dankwarth 1996, 111).

35   Grundsätzlich kein Delikt, das Menschen über 60 verüben, erreicht diesen 20,3%-Anteil, auch nicht der sexuelle Mißbrauch von Kindern (6,5 %), der als typisches Delikt „alter Männer" gilt (*Laubenthal* 1990, 36 ff; zur Sexualkriminalität im Alter vgl. auch *Körner* 1977; *Wille* in: *Kreuzer/Hürlimann* 1992, 94 ff). Eine Ausnahme bildet nur die Verkehrsdelinquenz, die über 40 % der männlichen Alterskriminalität (auch in der Verurteiltenstatistik: *Albrecht/Dünkel* 1981, 263 f) ausmacht. Frauen über 60 fallen hingegen eher durch Diebstahlsdelikte (vor allem in Kaufhäusern) auf (dazu *Albrecht/Dünkel* aaO). Im übrigen ist nicht auszuschließen, daß (wie bei den Kindern) auch Straftaten älterer Menschen eher toleriert und seltener angezeigt werden (hohes Dunkelfeld?: dazu *Kreuzer/Hürlimann* 1992, 30 ff).

c) Theorien zur Alterskriminalität

36   Die Zusammenfassung der Besonderheiten der Alterskriminalität zeigt, daß alte Menschen
  – *erstens: wesentlich weniger als Täter (bzw. Tatverdächtige) in der registrierten Kriminalität auffällig sind,*
  – *zweitens: sich in deliktsspezifischer Weise von den Rechtsbrechern aus anderen Altersgruppen unterscheiden und*
  – *drittens: meist zum ersten Mal vor Gericht stehen („Spätkriminalität").*

Die Deutschen werden immer älter

Statistik: In 40 Jahren doppelt so viele Rentner wie jetzt

BONN (dpa/kna) Die Deutschen werden immer älter: Die Rentnerquote wird sich in gut 40 Jahren verdoppeln.

Das geht aus den Berechnungen des Statistischen Bundesamtes hervor. Deren Statistiker haben jetzt die Jahrbücher für 1996 veröffentlicht. Danach verschiebt sich der Altersaufbau der Deutschen weiter in Richtung ältere Generation. So lebten Ende 1994 bei einer Gesamtbevölkerung von 81,5 Mio

rund 17,6 Mio Kinder und Jugendliche unter 20 Jahren in der Bundesrepublik; das sind 21,5%. 65 Jahre und älter waren 12,5 Mio oder 15,4%.

Auf hundert Personen zwischen 20 und 65 Jahre kämen 24 Ältere, erklärte der Präsident der Wiesbadener Behörde, Hahlen. Im Jahr 2010 würden es wohl mehr als 30 sein.

Die Lebenserwartung eines neugeborenen Jungen sei auf 72,8 Jahre und die der Mädchen auf 79,3 Jahre gestiegen.

Laut Statistik hat sich der An-

teil der ausländischen Bürger 1995 durch Zuwanderung und hoher Geburtenrate auf 7,2 Mio erhöht. Bei den Deutschen hingegen registrierten die Statistiker weiterhin einen Geburtenrückgang. 1994 gab es 770 000 Babys, 29 000 weniger als 1993.

Nur in Ostdeutschland gab es erstmals seit der Vereinigung wieder mehr Geburten: Mit knapp 84 000 kamen dort 6,5% mehr Kinder zur Welt als 1994. Allerdings sind dies immer noch fast 60% weniger als 1989. **Kommentar: Weitsicht nötig**

aus: *WAZ* vom 20. September 1996

━━━━━━━ **Kriminalität** ━━━━━━━

Vati, Mutti, Waldi

Ein großer Teil der Ladendiebstähle wird von alten Menschen begangen. Motiv: Armut oder Langeweile.

Die prallen Einkaufstüten waren den Nachbarn seit längerem aufgefallen, die Polizei erhielt einen Tip. In der Wohnung des 82 Jahre alten Rentners im Stuttgarter Stadtteil Sillenbuch stießen die Fahnder auf ein ganzes Warenlager: Pralinen, Edelschinken, Schampus, Kaviar – alles geklaut. „Zur Aufbesserung der Rente", gab der Witwer bei der Vernehmung verschämt an, habe er alles weiterverhökern wollen.

In einem Spielwarengeschäft ging Münchner Detektiven eine 74 Jahre alte Frau in die Fänge. Bei Plüschtieren hatte sie sich kräftig bedient: „Für die Enkel zu Weihnachten", so die Rechtfertigung. In Berlin ließ eine Rentnerin Butterkekse mitgehen, in Hamburg eine bejahrte Dame Schokolade – es sollte eine Gabe für die Nachbarkinder sein.

Ähnlich wie Jugendliche, die mit Diebstählen „auf Liebesentzug durch Eltern" reagierten, wollten „Alte auf mangelnde Zuwendung von Angehörigen hinweisen", indem sie im Kaufhaus stehlen, so die Studie. Immer öfter sagen diebische Senioren, vor allem im Osten, auch aus, die „zu kleine Rente" sei Motiv für die Tat gewesen.

Genau 48 302mal registrierten Polizeireviere 1991 in den alten und neuen Bundesländern Ladendiebstähle, die von Menschen ab 60 Jahre begangen werden. Jeder zehnte Klau in Supermärkten oder Kaufhäusern geht, so die Polizeistatistik, auf das Konto von Senioren.

„Wenn alte Menschen stehlen, ist das oftmals ein Hilferuf", meint der Gießener Psychologe Michael Hürlimann, 32, Mitautor einer Studie über Alterskriminalität. Alte Menschen klauen oft, so die Erkenntnis, weil sie die Langeweile eines ereignislosen Lebens nicht ertragen können.

aus: *DER SPIEGEL* vom 4. Januar 1993, S. 45

Für diese drei Spezifica werden in der Literatur u. a. folgende Erklärungsmodelle angeboten (dazu *Albrecht/Dünkel* 1981, 269 ff):   **37**

– die **These von der „Kriminalität der Schwäche": *geringe kriminelle Energie, Abnahme der physischen Konstitution, die zu einer Reduktion der Kriminalität führen; Umstrukturierung* der „Restkriminalität" zu kriminellen Aktivitäten mit Ersatzcharakter: also Hehlerei statt Raub und Diebstahl, Beleidigung statt körperlicher Gewaltanwendung, sexueller Mißbrauch von Kindern anstelle von Vergewaltigung (kritisch Albrecht/Dünkel aaO)** und

– der **kontrolltheoretische Ansatz** (vgl. auch *Feest* 1985, 16): *Die Häufigkeit formeller sozialer Kontrolle alter Menschen läßt nach und damit auch die Häufigkeit der registrierten Kriminalität (**größeres Dunkelfeld**); anhängig gewordene Strafverfahren (insbesondere beim Ladendiebstahl) werden meist nach § 153 StPO eingestellt (Gillig: Soziologische Dimension der staatsanwaltschaftlichen Ermittlungstätigkeit und Sanktionierungskriterien bei geringwertigen Ladendiebstahlsverfah-*

ren, Diss. phil., Frankfurt 1976, 239 ff); in den restlichen Fällen kommt es zu rund 95 % lediglich zu einer Geldstrafe (Albrecht/Dünkel 1981, 265).

38   Darüber hinaus spielt sicher auch eine Rolle, daß alte Menschen weniger Gelegenheit zu den meisten Straftaten haben, ihre Mobilität eingeschränkt ist und sich die verstärkte informelle Kontrolle in Familie oder Altersheim auswirkt (vgl. dazu *Albrecht/Dünkel* 1981, 270, und *Schneider* 1982, 141). Alte Menschen werden jedoch relativ oft **Opfer** krimineller Attacken (vgl. dazu § 19 Rdn. 12 und § 20, Rdn. 28): etwa von (Taschen-)-Diebstahl, Raub und Betrug (vgl. *Greve* u. a. 1996).

III. Abhängigkeit vom Geschlecht

39   Nach dem Zahlenwerk der Polizeilichen Kriminalstatistik für das gesamte Bundesgebiet (*PKS* 1996, 76) befanden sich unter den Tatverdächtigen des Jahres 1996 rund dreimal mehr Männer (77,5 %) als Frauen (22,5 %).

1. Frauenkriminalität

a) Bekannt gewordene Kriminalität (Hellfeld)

40   Dementsprechend hebt *Keupp* (1982, 219) hervor, daß das „Hauptcharakteristikum der weiblichen Delinquenz ihr auffällig geringer Anteil an der Gesamtkriminalität" ist: Obgleich rund **54 %** der Einwohner der Bundesrepublik weiblichen Geschlechts sind, ist der Anteil der Frauen und Mädchen an der registrierten Kriminalität mit **22,5 %** (1996) weit unterdurchschnittlich gering (vgl. Übersicht 19). Daß Männer sehr viel häufiger als Frauen in krimineller Hinsicht in Erscheinung treten, ist allerdings keine neue Erfahrung. Neu ist hingegen eine prozentual stärkere Zunahme der Frauenkriminalität, die vor allem in den letzten zehn Jahren zu beobachten ist. So betrug das Zahlenverhältnis der weiblichen zu den männlichen Tatverdächtigen 1974 noch 1:5. Diese Verschiebung hat vor allem mit einer überdurchschnittlichen Zunahme der weiblichen Jugendkriminalität zu tun. Ähnliche Trends sind z. B. in den USA, Kanada, Japan, Neuseeland, Norwegen, Brasilien und Indien beobachtet worden (*United Nations* schon 1975, 47).

41   Differenziert man nach der Art der verübten Delikte, kann man zunächst zwischen reinen Frauendelikten (wie Eigenabtreibung, Kindestötung i. S. d. § 217 StGB) und typischen Frauendelikten (Verletzung der Aufsichtspflicht und Kindesmißhandlung) unterscheiden. Insoweit handelt es sich primär um „weibliche Konfliktkriminalität" (*Schneider* 1982, 137). In quantitativer Hinsicht liegt der Schwerpunkt der Frauenkriminalität allerdings eindeutig bei den Diebstahlsdelikten und insoweit wiederum beim Ladendiebstahl. 1996 entfielen **61,4 %** der (aufgeklärten) Ladendiebstähle auf Männer und dementsprechend **38,6 %** auf Frauen (*PKS* 1996, 172). Die Ladendiebstähle werden jedoch überwiegend von jüngeren und älteren Frauen verübt; Frauen zwischen 18 und 39 treten insoweit seltener in Erscheinung. Auffällig ist der hohe Anteil von Ausländerinnen am Ladendiebstahl (dazu *Traulsen* 1990, 256 ff). Neben dem Ladendiebstahl ist die Beteiligung der Frauen besonders bei folgenden Straftaten (relativ) hoch: Kuppelei, falsche Anschuldigung, Meineid, Beleidigung, Begünstigung, Hehlerei, Betrug, fahrlässige Brandstiftung und (Fremd-)Abtreibung. Auf der anderen Seite ist „ein starkes Zurücktreten der Verkehrsdelinquenz, der Gewalt- und Gruppenkriminalität sowie eine deutlich geringere Rückfallquote auffällig" (*Keupp* 1982, 219).

b) Nicht bekannt gewordene Kriminalität (Dunkelfeld)

Daß ein Geschlechterabstand grundsätzlich besteht (anders z.B. **42** *Leder* 1988, 85), wird (in bezug auf jugendliche Straftäter) auch durch die Ergebnisse der Dunkelfeldforschung bestätigt: Allerdings ist der Abstand im Dunkelfeld (mit einem Verhältnis von 1:2) weit geringer als der Hellfeldabstand mit 1:4 (vgl. *Kreuzer* 1983, 58 f m. w. H. sowie Rdn. 66 zu § 2). Auch die typische Delinquenz (vgl. Rdn. 41) nähert sich grundsätzlich an. *Kreuzer* (aaO) weist jedoch darauf hin, **daß mit steigender Häufigkeit und Schwere erfragter Delikte der Geschlechterabstand zunimmt** (so auch z. B. *Facella* 1984, 274 ff; *Kreuzer* et al. 1990, 11 ff).

2. Erklärungsansätze

Für den geringen Umfang der weiblichen Kriminalität und für die spe- **43** zifische Deliktsstruktur werden in der Literatur eine Reihe von Erklärungen angeboten, die mehr oder weniger überzeugen (vgl. dazu die Übersichten bei *Cremer* 1974; *Bröckling* 1980 und *Leder* 1984):

a) Biologisch-anthropologische Theorien

aa) *Lombroso* (zu diesem Rdn. 13 ff zu § 4) und *Ferrero* haben in **44** ihrem Werk „Das Weib als Verbrecherin und Prostituierte" (Hamburg 1894, 76 ff) die Meinung vertreten, das weibliche Äquivalent zur Kriminalität der Männer bestehe in der Prostitution: **„Prostitutionstheorie";** diese Theorie wird noch von *Einsele* (1975, 631) mit der Begründung vertreten, dem männlichen haltschwachen Straftäter würde auf Seiten der Frauen die Prostituierte entsprechen (ähnlich *Schaffstein,* Jugendstrafrecht 1980, 19 und *Dürkop/Hartmann:* Frauenkriminalität, in: KJ 1974, 219 ff).

Im Rahmen der Drogen-Beschaffungskriminalität (vgl. Rdn. 18 zu § 27) ist es immer noch so: Männliche Junkies begehen eher Straftaten, weibliche weichen in die Prostitution aus.

bb) Nach der sog. **„Schwächetheorie"** begeht die Frau deshalb weni- **45** ger Straftaten, weil ihr zum Kriminellwerden angeblich die Körperkraft und Intelligenz fehlen. Noch 1902 hat *Möbius* in seinem Buch „Über den physiologischen Schwachsinn des Weibes" ausgeführt, daß wichtige Gehirnteile für das geistige Leben bei der Frau schlechter entwickelt seien als beim Mann (so neuerdings wieder die Genetikerin Anne *Moir* [zusammen mit David *Jessel*] in: Brainsex – der wahre Unterschied zwischen Mann und Frau, Düsseldorf 1990). Dennoch vorkommende Straftaten werden in Justiz und Presse mitunter noch mit den biologischen Besonderheiten in Verbindung gebracht: Menstruation, Schwangerschaft, Klimakterium usw. (vgl. dazu *Einsele* 1975; *Trube-Becker* 1974).

46   cc) Auf der anderen Seite hält es *Cremer* (1974) für möglich, daß das weibliche Geschlechtschromosom XX (dazu Rdn. 11 zu § 5) den Frauen mehr Stabilität und damit mehr Widerstandskraft gegen kriminelle Versuchung verleihe als das XY-Chromosom den Männern (**„Stabilitätstheorie"**).

b) Sozialwissenschaftliche Erklärungsversuche

47   aa) Nach einem Erklärungsversuch, den man als **„Kavalierstheorie"** bezeichnen könnte, werden Frauen in Wirklichkeit nicht weniger kriminell als die Männer, ihre Straffälligkeit wird lediglich seltener entdeckt, und wenn sie entdeckt wird, seltener angezeigt (hohes Dunkelfeld), und wenn sie angezeigt wird, seltener und geringer bestraft (**selektive Sanktionierung:** vgl. z.B. *Pollack* 1950, 44 ff; *Geißler/Marißen* 1988, 504 ff, und Kritik von *Oberlies* 1990, 129 ff; ausführlich *Leder* 1988, 101 ff; vgl. den Zeitungsausriß). Letztere Erscheinung soll mit der „ritterlichen" Einstellung der strafverfolgenden Männer zu tun haben. Dementsprechend wird die These vertreten, daß die tatverdächtige Frau durch die Instanzen der sozialen Kontrolle (Polizei und Justiz) begünstigt wird: Selektionsmechanismen zugunsten der Frau? (vgl. dazu z.B. *Stein-Hilbers* 1978, 281; *Kaiser,* Kriminologie 1988, 437 m.w.N.). *Smaus* (1990, 277) führt die Erscheinung darauf zurück, daß „jeder Richter weiß, daß Frauen auch anders kontrolliert werden können": etwa zu Hause durch den Mann, dem die „offizielle Männerherrschaft" dieses Privileg überläßt.

> *Ergänzend weist* **Lamott** *(1995, 30) darauf hin, daß „der Bereich der Familie und Ehe (deshalb) in geringerem Maße (das) Ziel strafrechtlicher Kontrolle ist": auf die „strafrechtliche Ahndung von schlechter Erziehungsleistung, Vernachlässigung der Wohnung oder des Waschens der Ehepartnerwäsche (heißt es spöttisch bei* **Dürkop** *1930, 34 ff – zit. nach Lamott aaO) verzichtet der Staat." Vielleicht fällt es den Männern auch nur schwerer „zuzugeben, von Frauen betrogen, bestohlen, überlistet, beraubt, überwältigt, vergewaltigt und psychisch gedemütigt worden zu sein" (* **Leder** *1993, 696). Spielt also auch Scham eine Rolle, aufgrund der man die Anzeige unterläßt?*

Dafür, daß alle diese Vermutungen nicht realitätsfremd sind, könnte sprechen, daß der Anteil der Frauen an den Tatverdächtigen (z.B. auch 1991) schon 22,5 % ausmachte, der Anteil der Frauen an der Gruppe der

Studie: Frauen

finden meist

mildere Richter

„Leichter auf Pfad der Tugend zurückzuführen"

Bonn, 5. 2. (AP) Frauen in der Bundesrepublik finden nach Erkenntnissen von Sozialwissenschaftlern angeblich vor Gericht mildere Richter als Männer.

„Es gibt in unserer Gesellschaft einen Bereich, in dem die Frauen unberechtigte Vorzüge genießen. Sie bekommen von den Richtern einen Bonus bei der Strafzumessung eingeräumt", hieß es in einem Bericht der Zeitschrift „Esquire" über eine Untersuchung von Wissenschaftlern, die sich über einen längeren Zeitraum mit allen vor den Jugendgerichten der Stadt Stuttgart verhandelten Fällen befaßt hatten. So seien beispielsweise in neun von 14 Anklagen Frauen für dasselbe Delikt „deutlich milder bestraft" worden als Männer.

aus: *NOZ* vom 6. Februar 1989

Verurteilten hingegen nur 15,7 %, der Anteil an den Rechtsbrechern, die zu einer Freiheitsstrafe verurteilt wurden, lediglich 9,9 % und der Anteil an den Straftätern, die eine Freiheitsstrafe verbüßen mußten, nur noch 4,1 %. So befanden sich am 31. März 1992 unter rund 39 291 Personen, die im Strafvollzug einsitzen mußten, lediglich 1 570 Frauen (Statist. Jb. 1996, 372). Dabei darf man jedoch nicht übersehen, daß Frauen nur deshalb weniger hart sanktioniert werden, weil sie **weniger häufig und weniger schwere Delikte begehen** (vgl. dazu die Rdn. 42).

bb) Vertreterinnen **feministischer Richtungen** (vgl. z. B. *Brökling* **48** 1980; *Gipser* 1980; *Smaus* 1994; krit. *Schmölzer* 1995, 252) führen die **(geringere)** Kriminalität der Frauen und Mädchen hingegen darauf zurück, daß „Frauen dem doppelten Joch kapitalistischer und patriarcha-

Putzen bleibt Frauensache
Studie: An der Rollenverteilung hat sich wenig geändert

aus: *WAZ* vom 18. Januar 1994

lischer Unterdrückungsmechanismen ausgesetzt sind und deshalb eher passive Problemlösungen wählen" (*Gipser* 1980, 175). Denn nach dieser These von der „doppelten Unterdrückung" (als Lohnabhängige und als Frau) neigen Frauen „aufgrund ihrer Geschlechtsrollenzuweisung eher zu passiven Problemlösungsstrategien, die u. a. (auch) zu nicht-kriminellen Abweichungen führen (können), wie Krankheit, Alkohol und Prostitution" (*Funken* 1989, 50). Die **steigende** weibliche Kriminalität wird damit erklärt, daß „Frauen um so eher abweichendes Verhalten zeigen, je mehr sie ihre unterdrückte Stellung wahrnehmen" (*Gipser* aaO). Die **spezifische** Art des deliktischen Verhaltens von Frauen und Mädchen hängt nach diesen Ansätzen „von den ihnen zur Verfügung gestellten Mitteln ab. Das sind solche Mittel, die mit der gesellschaftlichen Rollendefinition der Frau" zu tun haben (*Gipser* aaO), also keine Waffen oder Einbruchswerkzeuge. *Funken* (1989, 51) weist ergänzend auf die „spezifischen weiblichen Konfliktlagen" hin, die die „spezifische Struktur der Frauenkriminalität" erklären (vgl. auch die Beiträge in *Krüger:* Kriminologie, Eine feministische Perspektive, Pfaffenweiler 1992). Nach *Hengesch* (1990, 334) „liegt der Schluß nahe, daß Frauen erst ‚männlich' werden müssen, um schwerere Verbrechen zu begehen" (vgl. ferner die Aufsätze in *Althoff/Kappel* 1995).

49   cc) Plausibel erscheint vor allem die Annahme der sog. **„Emanzipationstheorie",** nach der sich die weibliche Kriminalitätsrate der des Mannes dann allmählich angleichen soll, wenn sich das (anerzogene) weibliche Rollenverhalten (stärkere Passivität, geringere Aggressivität usw.) dem männlichen annähert (so z. B. *Lamott* 1995, 29; vgl. aber oben den Zeitungsausriß): Je mehr also auch Frauen am Berufs- und Wirtschaftsleben teilnehmen, je mehr kommen sie (nach dieser Theorie) auch mit dem Gesetz in Konflikt, weil sie dann den Versuchungen des Erwerbslebens in höherem Maße ausgesetzt sind (*United Nations* 1975, 48 f). Freda *Adler* (1975, 22 f) hat sogar die These vertreten, daß sich die Frauenkriminalität im Zuge der weiteren Emanzipation (Angleichung der Verhaltensmuster) völlig annähern wird. Wenn diese Annahme zutreffen würde, wäre allerdings zu erwarten, daß der Anteil der weiblichen Kriminalität in den früheren „sozialistischen Staaten" höher gewesen wäre als bei uns. Das war aber nicht der Fall: In der DDR z. B. waren 49 % aller berufstätigen Menschen Frauen. Gleichwohl lag der weibliche Kriminalitätsanteil dort auch nur bei 18 %; allerdings ist fraglich, ob in der DDR so etwas wie Emanzipation der Frau überhaupt stattgefunden hat: mehr spricht dafür, daß die Frauen dort ihre Doppelrolle klaglos (ohne Emanzipationsfortschritte) hingenommen haben.

dd) Deshalb dürfte es nicht so sehr auf die äußere (berufliche) Rollen- **50** angleichung ankommen, als eher darauf, ob es den Frauen gelingt, sich aus ihrem anerzogenen Rollenverhalten zu emanzipieren (**„modifizierte Emanzipationstheorie"**). Die inzwischen ansteigenden Kriminalitätszahlen der Frauen könnten ein Indiz dafür sein, daß dies auch im Kriminalitätsbereich in zunehmendem Maße der Fall ist.

Alle bisherigen Vermutungen sind jedoch nicht mehr wert als Spekulation, solange das geschlechtsspezifische Dunkelfeld nicht mehr als bisher aufgeklärt ist. Die wirkliche Beteiligung der Frau an der Gesamtkriminalität (Hell- **und** Dunkelfeld) wird vorerst auf etwa 35 % eingeschätzt (*Cremer* 1974, 138). Zu noch höheren Anteilen ist bisher nur eine Sekundäranalyse gelangt, die (1993) *Kerschke-Risch* vorgelegt hat. Unter Berücksichtigung des Dunkelfeldes sind danach Frauen am Ladendiebstahl zu 42,7 % beteiligt, am Schwarzfahren zu 47 % und am Steuerbetrug zu 36,2 %. Die Autorin führt die verbleibende etwas geringere Kriminalität der Frauen auf die (rollenbestimmte) mangelnde Gelegenheit zu Straftaten zurück, auf das „subjektiv perzipierte Sanktionsrisiko", also auf das höher eingeschätzte Risiko, gefaßt und verurteilt zu werden, aber auch auf größere Normtreue.

ZWEITER TEIL

Geschichte der Kriminologie und Kriminalitätstheorien

Die Kriminologie hat zwar, wie man z. B. bei *Göppinger* (Kriminolo- **1** gie 1980, 21) nachlesen kann, „eine erst kurze (wissenschaftliche) Geschichte, aber eine lange Vergangenheit". Gemeint ist damit, daß das Verbrechen die Menschen zu allen Zeiten bewegt hat (in Liedern, Gedichten, Erzählungen, Romanen oder auf Bildern), während die methodisch-empirische Erforschung der Ursachen kriminellen Verhaltens erst relativ spät und mit bisher recht begrenztem Erfolg eingesetzt hat. Jedenfalls fehlt es an einer (zuverlässigen) Ursachenkenntnis bis heute (grundsätzlich) noch immer; deshalb gibt es zwar zahlreiche „Kriminalitätstheorien", aber nur relativ wenig gesichertes Wissen (vgl. dazu auch Rdn. 66 ff zu § 2).

Karikatur von Bernd *Kissel* (17 Jahre), Preisträger im Karikaturenwettbewerb „Gewalt in der Schule" (1995) des Studienkreises und der Deutschen Jugendpresse e. V.

2   Dementsprechend schwelt auch seit rund 100 Jahren der sog. **Anlage-Umwelt-Streit,** der in der Kriminologie um die Frage geführt wird, ob das Kriminellwerden eher (oder ausschließlich) mit der genetischen Veranlagung (Erbfaktoren) des Menschen, der straffällig wurde, zu tun gehabt hat oder eher (oder ausschließlich) mit den Umweltfaktoren, also mit dem Milieu, in dem er aufwachsen mußte.

3   Heute ist der Meinungsstand der, daß es
- erstens: **keine monokausale Erklärung** für Kriminalität gibt (vgl. Rdn. 21 ff zu § 8): **Normabweichendes Verhalten hat meist mehrere verschiedene Ursachen** (die einander ergänzen bzw. verstärken: **Ursachenketten, -netze** oder **-spiralen**): „hochkomplexe Bedingungskonstellationen" (*Leder* in: Kriminalistik 1993, 6969, nämlich Nervennetze aus 100 Milliarden im Gehirn verbundene Nervenzellen; vgl. dazu die Schüler-Karikatur auf S. 77). Deshalb können auch **keine Ausschließlichkeitsansprüche** der Erklärungsansätze, die anschließend (§§ 5 ff) vorgestellt werden, anerkannt werden;
- zweitens: hat *Kerner* dazu (in: BewHi 1984, 138) den **„Gesichtspunkt der Additivität"** in die Diskussion eingeführt: „Additivität bedeutet vereinfacht ausgedrückt, daß verschiedenste Faktoren zu einem gemeinsamen Ergebnis Stück für Stück beitragen, so wie etwa – bildlich veranschaulicht – eine Waage sich immer mehr senkt, je mehr Gewichte oder (ergänzend) je größere Gewichte auf die Waagschale gelegt werden … Ob dies im Ergebnis tatsächlich so ist …, bleibt beim gegenwärtigen Erkenntnisstand", wie *Kerner* schreibt, jedoch ebenso offen wie die empirische Absicherung der (meisten) Thesen der Kriminalitätstheorien;
- drittens: weist *Kaiser* (Kriminologie 1988, 410) darauf hin, daß die Wissenschaft „zunehmend von einer **biosozialen Interaktion** ausgeht". *Quensel* (in: KrimJ 1996, 11–23) hält von Kriminalitätstheorien hingegen generell gar nichts: „Let's abolish theories of crime."

Nebenbei: auch die **Chaosforschung** nimmt an, daß überhaupt keine Gesetzmäßigkeiten bestehen.

§ 4   Überblick über die Geschichte der Kriminologie

Literatur: Beccaria, C.: Über Verbrechen und Strafen, 1766, übersetzt von *Alff,* W., Frankfurt/ M. 1966; **Bussmann,** K.-D./**Kreissl,** R. (Hrsg.): Kritische Kriminologie in der Diskussion, Opladen 1996; **Deimling,** G.: Kriminalprävention und Sozialkritik im Werk *Cesare Beccarias* „Über Verbrechen und Strafen" (1764), in: Gedächtnisschrift für *Hilde Kaufmann,* Berlin 1986, S. 51–68; **Deimling,** G. (Hrsg.): Cesare Beccaria, Heidelberg 1989; **Dölling,** D.: Kriminologie im „Dritten Reich", in: Dreier, R./Sehlert, W. (Hrsg.): Recht und Justiz im „Dritten Reich", Frankfurt/M. 1989, S. 194–225; **Engelhardt,** D. v.: Kriminalität zwischen Krankheit und Abnormität im wissenschaftlichen Denken des 19. Jahrhunderts, in: *Kerner,* H.-J./*Göppinger,* H./*Streng,* F. (Hrsg.): Festschrift für Leferenz, Heidelberg 1983, S. 261 ff; **Engels,** F.: Die Lage der arbeitenden Klasse in England, 1845; Neuausgabe hrsg. v. *Kampmann,* W., München 1973; **Ferri,** E.: Das

Verbrechen als soziale Erscheinung, Leipzig 1896 (autorisierte deutsche Ausgabe von *Kurella,* H.); **Glaser,** J.: Caesar Beccaria über Verbrechen und Strafen, 2. Aufl., Wien 1876; **Hering,** K.-H.: Der Weg der Kriminologie zur selbständigen Wissenschaft, Hamburg 1966; **Kaiser,** G.: Stand der Entwicklung der kriminologischen Forschung in Deutschland, Berlin 1975; **Kube,** E.: Rückblick in die Vergangenheit. 200 Jahre Cesare Beccaria „Dei delitti e delle pene", in: Kriminalistik 1964, S. 441–442; **Küper,** W.: Cesare Beccaria und die kriminalpolitische Aufklärung des 18. Jahrhunderts, in: JuS 1968, S. 547–553; **Kürzinger,** J.: Cesare Beccaria, Bd. 6 der Enzyklopädie „Die Großen der Weltgeschichte", Zürich 1975, S. 760–771; **Kürzinger,** J.: Cesare Lombroso, Bd. 8 der Enzyklopädie „Die Großen der Weltgeschichte", Zürich 1977, S. 626–635; **Liszt,** F. v.: Das Verbrechen als sozialpathologische Erscheinung, Strafrechtliche Aufsätze und Vorträge, Bd. 2, Berlin 1905a, S. 230–250; **Liszt,** F. v.: Die gesellschaftlichen Faktoren der Kriminalität, Strafrechtliche Aufsätze und Vorträge, Bd. 2, Berlin 1905b, S. 433–447; **Liszt,** F. v.: Strafrechtliche Aufsätze und Vorträge, 2 Bände, Berlin 1905c; **Liszt,** F. v.: Der Zweckgedanke im Strafrecht (Marburger Universitäts-Programm 1882), in: ZStW 3, 1883, S. 1ff; **Lombroso,** C.: L'uomo delinquente, Mailand 1876a; **Lombroso,** C.: Der Verbrecher (übersetzt aus dem Italienischen), 5. Aufl. 1896/97, Bd. 1, Hamburg 1887; **Lombroso,** C.: Der Verbrecher in anthropologischer, ärztlicher und juristischer Beziehung, 3 Bände, übersetzt von *Fraenkel,* H. O. und *Kurella,* H., Hamburg 1887–1896; **Lombroso,** C.: Neue Fortschritte in den Verbrecherstudien, übersetzt von *Merian,* H., Gera 1899; **Mannheim,** H. (Hrsg.): Pioneers in Criminology, London 1960; **Quetelet,** A.: Physique Sociale, Paris 1835; **Rehbein,** K.: Zur Funktion von Strafrecht und Kriminologie im nationalsozialischen Rechtssystem, in MschKrim 1987, S. 193–210; **Schneider,** H.-J.: Die gegenwärtige Lage der deutschsprachigen Kriminologie, in: JZ 1973, S. 569–583; **Schneider,** H. J.: Prüfe dein Wissen: Kriminologie, Jugendstrafrecht, Strafvollzug, 2. Aufl., München 1982; **Schwind,** H.-D.: Die Neue Kriminologische Gesellschaft (NKG), in: FS für Göppinger 1990, S. 633ff; **Seelig,** E./**Bellavic,** H.: Lehrbuch der Kriminologie, 3. Aufl., Darmstadt 1963; **Streng,** F.: Der Beitrag der Kriminologie zur Entstehung und Rechtfertigung staatlichen Unrechts im „Dritten Reich", in: MschrKrim 1993, S. 141–168; **Waldeck,** M.: Beccaria, über Verbrechen und Strafen (Übersetzung), Berlin 1870; **Würtenberger,** T.: Cesare Beccaria (1738–1794) und sein Buch „Von Verbrechen und Strafen", 1764, in: ZfStrV 1964, S. 127–134.

Gliederung

I. „Pioniere" der Kriminologie

Die Bezeichnung „Kriminologie" soll von dem Franzosen P. **Topinard** **1** (1830–1911) stammen. Nachweislich verwendet hat den Begriff erstmals der Italiener Raffaele **Garofalo** (1851–1934), und zwar als Titel seines 1885 veröffentlichten Buches „Criminologia".

Garofalo gilt aber nicht als Begründer dieses Wissenschaftszweiges; als **2** solche werden in der Literatur vielmehr zwei seiner Landsleute genannt: der Mailänder Jurist Cesare Bonesana Marquis di **Beccaria** (1738–1794) und der Turiner Arzt Cesare **Lombroso** (1835–1909). *Beccaria* war allerdings eher ein erster Vertreter der wissenschaftlichen Kriminalpolitik (vgl. Rdn. 39 zu § 1) und *Lombroso* eher ein etwas „anrüchiger" Stammvater der kriminologischen Forschung.

1. Der Strafrechtsreformer Cesare di Beccaria

3 *Beccaria* (Abb. 1) wurde am 15. März 1738 im damals unter österrei-
chischer Herrschaft stehenden Mailand geboren, im Jesuiten-Kolleg zu
Parma erzogen und an der Universität von Pavia zum Doktor der Rechte
promoviert. 1764, also mit erst 26 Jahren, veröffentlichte er eine schmale
Schrift mit dem Titel „Dei Delitti e delle Pene" („Über Verbrechen und
Strafen"), in der er eine leidenschaftliche Anklage gegen das unmensch-
liche Rechts- und Gerichtswesen seiner Zeit erhob: gegen Inquisition,
Tortur und Galgen.

4 Daß dieses kleine Buch (mit nur rund 100 Seiten) in kurzer Zeit (übersetzt in alle Kultursprachen; deutsch: *Waldeck* 1870 und *Glaser* 1876) in
ganz Europa gelesen wurde und trotz schärfster Angriffe von theologi-
scher und juristischer Seite auf weitgehende Zustimmung stieß (*Voltaire*
und *Diderot* kommentierten das Werk), hatte nicht zuletzt mit dem Zeit-
geist zu tun, dem es entsprach: der geistigen Bewegung der **Aufklärung**
des 18. Jahrhunderts, deren Inhalt durch den Wahlspruch „sapere aude"
am besten erfaßt wird („habe Mut, deine Vernunft zu gebrauchen"). Als
vernünftig galt, was für die Gesellschaft nützlich erschien; als nicht vernünftig, was für die Gesellschaft keinen Nutzen versprach. Nützlich für die
Gesellschaft erschien es durch die Rationalität des menschlichen Denkens, die damals in allen Wissenschaften anzutreffende Irrationalität des
mittelalterlichen Denkens zu verdrängen: nicht nur in der Philosophie,
Mathematik oder Naturwissenschaft, sondern auch in der Rechtswissenschaft, insbesondere im Strafrecht und in der strafrechtlichen Praxis.

5 Entsprechende Kritik richtete sich z. B. gegen die Todeswürdigkeit der
sog. Religionsdelikte, also gegen die Verhängung der Todesstrafe für
Gotteslästerung, Ketzerei, Hexerei, Zauberei oder Teufelskult. Zur Illu-
stration der entsprechenden Verhältnisse in Italien weist *Kürzinger*
(1975, 765) darauf hin, „daß in der Heimatstadt Beccarias, die zu seiner
Zeit um die 120 000 Einwohner zählte, in den Jahren 1741–1762 mehr als
77 000 Personen zu Gefängnis oder zum Tode verurteilt wurden; an manchen Tagen fanden in der Stadt bis zu sechs Hinrichtungen statt. Das Kri-
minalrecht Englands kannte zu dieser Zeit für nicht weniger als zweihun-
dert Verbrechen die Todesstrafe."

6 Den Ausgangspunkt der Überlegungen *Beccarias* bildeten die Gedanken seines Zeitgenossen Jean-Jacques *Rousseau* (1712–1778), nach
denen der Staat aufgrund von Verträgen freier Menschen entsteht, und
zwar mit dem Ziel, alle möglichst glücklich zu machen *(Beccaria,* Kapitel
I): deshalb sei jeder Akt der Herrschaftsgewalt, der ohne Notwendigkeit
das Glück der Menschen beeinträchtigen würde, „tyrannisch" (Kap. II).

7 Dementsprechend sollte sich nach *Beccarias* Vorschlägen die künftige
Kriminalpolitik (in Abkehr mittelalterlicher Praktiken) nur an den folgenden Prinzipien orientieren (vgl. dazu zusammenfassend *Küper* 1968,
547 ff; *Kürzinger* 1975 und *Deimling* 1989):

– erstens: **Willkürverbot für die Polizei** (Kap. XI),
– zweitens: **strikte Abhängigkeit des Richters vom Gesetz** (Kap. III),

Abbildung 1:
Beccaria (1738–1794)

- drittens: **zügige Abwicklung des Strafverfahrens:** je rascher die Strafe dem Verbrechen folgt, desto gerechter und nützlicher ist sie (Kap. XIX),
- viertens: **Gewährung ausreichender Zeit für die Verteidigung** (Kap. XXX),
- fünftens: **Öffentlichkeit der Gerichtsverhandlungen:** Abschaffung der geheimen Anklage (Kap. XV),
- sechstens: **Unschuldsvermutung zugunsten des nicht überführten Tatverdächtigen** (Kap. XVI),
- siebtens: **Abschaffung des Strafzwecks der Vergeltung zugunsten der Abschreckung** des Täters (Spezialprävention) bzw. der Allgemeinheit (Generalprävention) (Kap. XII),
- achtens: **Abschaffung grausamer Strafarten:** es ist nicht Aufgabe der Strafe, „ein mit Empfindung begabtes Wesen zu quälen" (Kap. XII),
- neuntes: **Ersetzung der Todesstrafe durch lebenslange Freiheitsstrafe** (Kap. XXVIII) und
- zehntens: **Primat vorbeugender Kriminalpolitik:** Es ist besser, den Verbrechen vorzubeugen als sie zu bestrafen (Kap. XII, XIV).

Die Wirkungen dieser und ähnlicher Forderungen samt ihrer Begründung sind im gebildeten Europa ungeheuer gewesen. Selbst Teile der Justiz haben sich beeindruckt gezeigt. So weigerten sich Richter unter Berufung auf die Schrift *Beccarias,* noch länger nach den attackierten Vorschriften der alten Gesetze zu strafen, und orientierten sich dafür an den von *Beccaria* formulierten „vernünftigen" Grundsätzen (*Küper* 1968, 547). Die Zeit erschien allerdings auch reif für Reformen, so daß *Beccarias* Schrift insoweit nur noch eine Auslösefunktion erfüllt haben dürfte.   **8**

9   Aber auch in den Kreisen des Adels lösten die Gedanken *Beccarias* Bestürzung und Nachdenken aus. Am Vorabend der französischen Revolution „erfaßte ein tiefes Erschrecken die Herrschenden, die dem geistigen Aufbruch vor den Toren ihrer Schlösser und Parks bis dahin eher gleichgültig gegenüberstanden, bar jeden Gefahrenbewußtseins gegenüber den ungeheuren Kräften, die bereits in Bewegung geraten waren. Die Feudalschicht sah sich vor den Richterstuhl der Vernunft gestellt" (*Herold* 1982 in einem Vortrag vor der Deutschen Kriminologischen Gesellschaft in Frankfurt).

10   Ein Ministeramt, das die an den Ideen der Aufklärung interessierte russische Zarin Katharina II., eine deutsche Prinzessin, *Beccaria* in Petersburg anbot, schlug dieser nach Zögern zugunsten einer Professur (für Staatswissenschaften) an der Universität Mailand aus, obgleich ihm mit dem angebotenen Staatsamt die Möglichkeit der Reformierung und Kodifizierung des russischen Rechts eingeräumt werden sollte. Mit der Ablehnung der Berufung war somit eine große Chance vertan.

11   Gleichwohl haben sich *Beccarias* Gedanken, die bis in die heutige Zeit hineinwirken, auch schon damals praktisch auswirken können. Kaiserin Maria Theresia ließ 1776 (unter dem Einfluß von *Beccarias* Ideen) die Folter abschaffen und ihr Sohn, (der spätere) Kaiser Josef II., im Jahre 1787 als Erzherzog (außer im Standrecht) die Todesstrafe (die allerdings später wieder eingeführt wurde). 1791 wurde *Beccaria* auf Wunsch Kaiser Leopolds II. als Berichterstatter in die Kommission zur Reform des Josephinischen Strafgesetzbuchs berufen. Drei Jahre später (am 28. November 1794) ist er mit erst 56 Jahren gestorben. Friedrich II. (der Große) von Preußen schrieb 1777 in einem Brief an *Voltaire*: „*Beccaria* hat uns nichts zur Klärung übrig gelassen. Wir haben nur dem zu folgen, was er geschrieben hat" (zit. nach *Schneider* 1993, 13).

12   Zu seinem Gedenken verleiht die Neue Kriminologische Gesellschaft e. V. auf Initiative von Armand *Mergen* (bis 1988 = Deutsche Kriminologische Gesellschaft: zur Geschichte vgl. *Schwind* 1990) seit 1964 die „Beccaria-Medaille" an solche Kriminalpolitiker oder Kriminologen, die sich im Sinne *Beccarias* verdient gemacht haben. Zu den Ausgezeichneten gehören z. B. der Rechtswissenschaftler **Sheldon Glueck** und die Pädagogin **Eleanor Glueck** (1964), der Soziologe **René König,** der Psychiater **Bürger-Prinz,** der Verhaltensforscher **Konrad Lorenz** (1968), die Vollzugsreformerin **Helga Einsele** (1974), der frühere Präsident des Bundeskriminalamtes **Horst Herold** (1976), der Kriminalschriftsteller **Georges Simenon** (1977), der Kriminalist **Bernd Wehner** (1984), der frühere österreichische Justizminister **Christian Broda** (1986), die Strafvollzugsreformer **Horst Schüler-Springorum** und **Heinz Müller-Dietz** (1987) sowie der japanische Kriminologe **Koichi Miyazawa** (1995).

2. Empirische Impulse durch Cesare Lombroso

13   Während *Beccaria* durch seine kriminalpolitischen Ideen als Strafrechtsreformer Bedeutung erlangte, ist sein Landsmann Cesare

Lombroso, der fast 100 Jahre später zur Welt kam, durch seine Ansätze zu empirischer Forschung im Gedächtnis geblieben.

Lombroso (Abb. 2) wurde am 6. November 1835 im damals österrei- **14** chisch regierten Verona geboren und ist dort auch zur Schule gegangen. 1858 wurde er (wie *Beccaria*) an der Universität von Pavia promoviert, aber nicht (wie dieser) zum Doktor der Rechte, sondern zum Doktor der Medizin. Von 1859–65 nahm *Lombroso* als Militärarzt am Zweiten Unabhängigkeitskrieg Italiens teil. 1867 wurde er mit 32 Jahren zum außerordentlichen Professor an einer Klinik für Geisteskranke in Pavia ernannt, 1871 zum Leiter der Nervenanstalt von Pesaro und 1876 zum ordentlichen Professor für gerichtliche Medizin an der Universität von Turin.

Abbildung 2:
Lombroso (1835–1909)

Sein bedeutendstes Werk mit dem Titel **„L'uomo delinquente"** (Der **15** Verbrecher) blieb 1876 in erster Auflage (rund 250 Seiten) nahezu unbeachtet und erregte (inzwischen angereichert durch kühne Hypothesen und weiteres wissenschaftliches Material) erst zwei Jahre später (1878), als es in zweiter Auflage erschien, großes Aufsehen. *Lombroso* vertrat darin nämlich die Ansicht, daß der Verbrecher schon an äußeren körperlichen Merkmalen (stigmata) zu erkennen sei: an Auffälligkeiten (Anomalien: vgl. Abb. 3)

– des **Schädels:** fliehende Stirn, riesiger Unterkiefer, große Augenhöhlen, hervorstehende Augenwülste, Asymmetrie des Gesichts;
– anderer **Körperteile:** große Spannweite der Arme, große Füße und Hände;
– der **Sinnesorgane:** herabgesetzte Sinnes- und Schmerzempfindlichkeit: daher die Todesverachtung und Grausamkeit.

16   *Abbildung 3: Lombrosos* „Verbrechertypen"

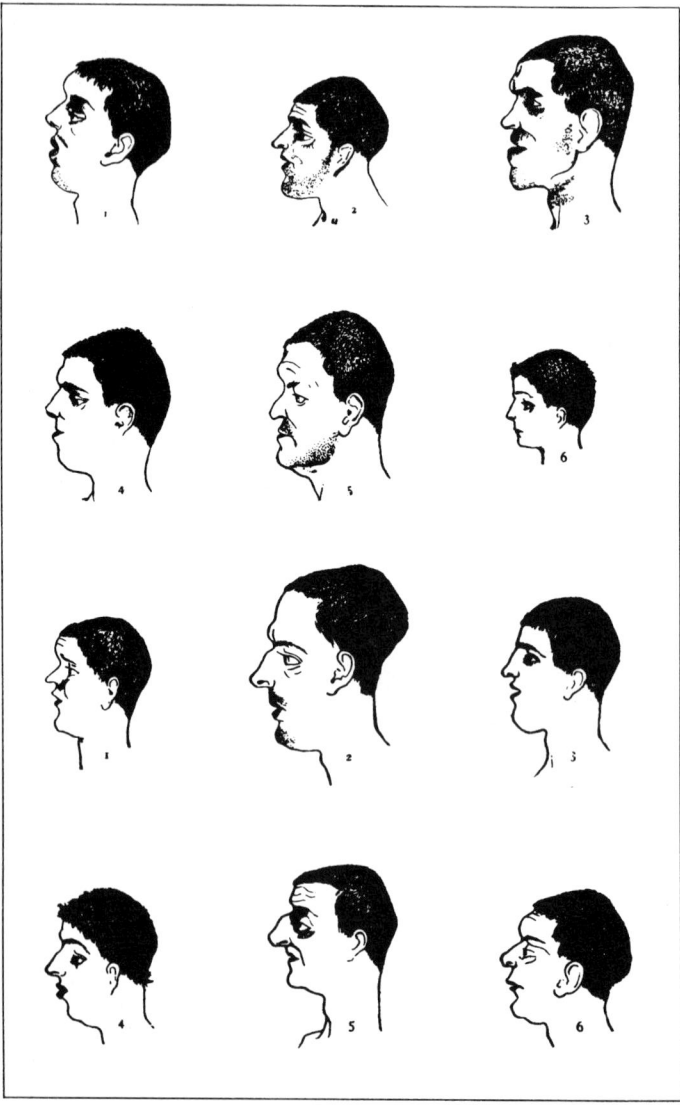

aus: *Lombroso* 1899, S. 114–115

Diebe besäßen im allgemeinen (so schrieb er) sehr bewegliche **17** Gesichtszüge und Hände, ihre Augen seien klein, unruhig und oft schielend, die Augenbrauen zusammengewachsen, die Nase krumm usw. Die Unzüchtigen würden fast immer durch ihre funkelnden Augen auffallen sowie durch ein feines Gesicht und schwellende Lippen. Typisch für Mörder seien hingegen deren glasiger, eisiger, starrer Blick sowie die bisweilen blutunterlaufenen Augen: „Die Nase ist groß, oft eine Adler- oder vielmehr Habichtsnase; der Kiefer stark knochig, die Ohren lang, die Lippen dünn, die Eckzähne groß" (1887, 230 f).

*Ähnlich hatte allerdings bereits im 16. Jahrhundert (1586) der italienische Naturwissenschaftler **della Porta** den Verbrecher als „Menschen mit blasser Haut, langem Haar, großen Ohren und kleinen Augen" beschrieben (zit. nach Brammsen, in: Jura 1988, 58).*

Die Grundlage dieser Behauptungen bildeten (erstens) Schädelvermes- **18** sungen sowie andere körperliche Untersuchungen, die *Lombroso* zunächst in seiner Militärzeit an 3000 Soldaten und später in Strafanstalten an Gefangenen (z. B. in Neapel) durchgeführt hatte, und (zweitens) die Resultate einschlägiger älterer Vorarbeiten anderer Autoren: insoweit sind außer Giovanni Batista *della Porta* (1545–1615) noch Franz Josef *Gall* (1758–1828) oder der Schotte Bruce *Thompson* (1810–1873) zu erwähnen.

Das Schlüsselerlebnis, das *Lombrosos* wissenschaftliche Interessen in **19** die beschriebene Richtung gelenkt hat, soll er bei der Autopsie des gefürchteten Straßenräubers und Mörders Vilella gehabt haben, als er bei diesem angeblich eine Schädelanomalie entdeckte, die Ähnlichkeiten mit Schädelformen bei bestimmten Affenarten aufwies. Ob unter dem Eindruck dieser Entdeckung oder aus anderen Gründen, *Lombroso* hat jedenfalls alles anthropologische Material, dessen er habhaft werden konnte, über Verbrecher gesammelt und dann durch gezielt angesetzte eigene Untersuchungen ergänzt (vgl. *Kürzinger* 1977, 628). Die Ergebnisse seiner Arbeit bestärkten ihn (auf der Grundlage der Darwinschen **Evolutionstheorie**) in seiner Vermutung, daß es sich bei den Verbrechern um einen Rückfall auf eine frühere Entwicklungsstufe des Menschen handeln müsse bzw. um die Reste eines Urmenschenschlages: nämlich um mit tierähnlichen Zügen ausgestattete Wilde früherer Entwicklungsstufen der Menschheit. Selbst das häufige Tätowieren, das man (auch heute noch) häufig bei Rückfalltätern antrifft, führte *Lombroso* als Beweis dafür an, daß Sitten und Gebräuche der wilden Urvölker im Verbrecher noch nachwirken würden. Die schlagwortartige Verkürzung dieser Thesen zur „**Lehre vom geborenen Verbrecher**" (il nato delinquente) stammt allerdings von seinem Schüler Enrico *Ferri* (1856–1920). Die (logisch an seine Lehren anknüpfende) kriminalpolitische Konsequenz bestand für *Lombroso* letztlich in der Unschädlichmachung des Straftäters durch Todesstrafe oder lebenslange Verwahrung (vgl. auch Rdn. 35).

Was bleibt nach heutigen wissenschaftlichen Erkenntnissen von der **20** Lehre *Lombrosos* übrig und weshalb gilt er als „Vater einer ganzen Wissenschaft, die Kriminologie genannt wird" (*Kürzinger* 1977, 627)? Der anlagenbezogene Ansatz *Lombrosos* ist schon zu seiner Zeit widerlegt worden, etwa von dem Berliner Gefängnisarzt *Baer* (1896), der mit Hilfe umfangreicher Untersuchungen in Strafanstalten festgestellt hat, daß es „den geborenen Verbrecher als morphologische Abart des Menschen nicht gibt" (*Seelig/Bellavic* 1963, 45). Zu ähnlichen Resultaten ist der englische Psychiater Charles Buckman *Goring* (1870–1919) gelangt, der von 1902 bis zu seinem Tode Gefängnisarzt war (1913, 173 – zit. nach *Schneider* 1982, 41).

21 Daß *Lombroso* dennoch als „Vater" der wissenschaftlichen Kriminologie gilt, führt *Göppinger* (1980, 24) auf die Tatsache zurück, daß er „nicht nur vom grünen Tisch Theorien über das Verbrechen entworfen", sondern selbst versucht hat, empirische Arbeit zu leisten. Auch *Seelig/ Bellavic* (1963, 44) heben hervor, daß erst *Lombroso* den „Verbrecher zum Gegenstand systematischer, anatomischer und anthropologischer Untersuchungen an Gefangenen" gemacht hat: *Lombroso* machte als erster „das Verbrechen und den Verbrecher zum Objekt unvoreingenommener Tatsachenforschung" (*Mezger* in: Mitt. d. krimbiol. Ges., Bd. 6, 1952, 8).

22 Anhänger hat die anthropologische Schule *Lombrosos* insbesondere in Italien, Frankreich, Rußland und in Deutschland gefunden; dennoch hat sich die Lehre nur bis zum Ende des 19. Jahrhunderts gehalten, bis sie der NS-Staat dann wiederentdeckte und für seine Zwecke kriminalpolitisch mißbraucht hat: Der Gedanke der Anlagebedingtheit des Verbrechens diente zur Rechtfertigung für die Verfolgung und physische Vernichtung von Juden, psychisch Kranken und politischen Gegnern. Zwangskastration und -sterilisation galten als sinnvolle Mittel der Verbrechensbekämpfung. Schon 1904 hatte der Psychiater Robert *Sommer* gewarnt: „Die Lehre vom geborenen Verbrecher in der Hand von dogmatischen Vertretern der staatlichen Ordnung kann zu einer furchtbaren Waffe gegen die persönliche Freiheit der Individuen werden" (in: Psychophysiologie der rechtsbrechenden Personen, Leipzig 1904, 309).

3. Andere „erste" Kriminologen

23 Die Anfänge der Kriminologie und der kriminologischen Forschung wurden vor allem durch Einzelpersönlichkeiten, die „Pioneers in Criminology", wie *Mannheim* sie nennt (1960), bestimmt. Jede der Bezugswissenschaften der Kriminologie kann mindestens einen solchen Namen ins Feld führen, von denen hier nur einige erwähnt werden können.

24 Daß die Rechtsgelehrten kriminologische Probleme schon frühzeitig erkannt haben dürften, zeigt der **Sachsenspiegel (1220),** in dem es heißt, daß man „über rechte Toren und sinnlosen Mann ... nicht richten" soll, eine Regelung, die dem § 20 StGB (Schuldunfähigkeit) schon verwandt ist.

25 Die **Gerichtsmedizin** erhält ihre (aber eher kriminalistische) Aufgabe bereits in der Peinlichen Gerichtsordnung Karls V. von **1532** (der Consti-

tutio Carolina Criminalis = CCC), in der die Bezeichnungen des „wundärzt" und „sachverstendig" benutzt werden: die Hebamme ist bei der Kindstötung und der Wundarzt beim Totschlag zu hören (Hilfe bei der Aufklärung von Straftaten). Die erste Leichenöffnung soll bereits 1302 in Bologna durchgeführt worden sein.

Unter den **phänomenologischen Ansätzen** zu kriminologischer **26** Forschung ist die von dem französischen Advokaten **de Pitaval** herausgegebene Sammlung „Berühmt gewordene Kriminalfälle" (Paris 1743; deutsch 1747) zu nennen, sowie die „Aktenmäßige Darstellung merkwürdiger Verbrechen", die 1828 Anselm **von Feuerbach** herausgebracht hat. In beiden Sammlungen, in denen Strafrechtsfälle aus der Rechtsprechung referiert werden, stehen jedoch noch Tatgeschehen und Prozeß im Vordergrund, die Persönlichkeit des Straftäters wird mehr am Rande besprochen.

Als Begründer der **Kriminalanthropologie** gilt neben *Lombroso* auch **27** Franz Josef **Gall** (1756–1828; Hauptwerk 1822), der in seiner „Schädellehre" (Phrenologie) die Hypothese vertrat, daß es im Gehirn spezifische Organe für unterschiedliche Deliktsarten gäbe. So lokalisiert *Gall* im Gehirn u. a. einen Raufsinn, einen Mord- und Würgesinn, einen Eigentumssinn und einen moralischen Sinn. *Gall* hat dazu einen entsprechenden Gehirnatlas entwickelt (zu den Phrenologen des 19. Jahrhunderts vgl. *v. Engelhardt* 1983, 267 f). Das klingt kurios, ist aber nicht ganz überholt. So kann z. B. das Sexualzentrum im menschlichen Zwischenhirn lokalisiert werden. Auf diesem Wissen beruhen die sog. **stereotaktischen Eingriffe** bei Sexualdelinquenten und Aggressionsstätern, die in den 70er Jahren durchgeführt wurden (vgl. dazu *Roeder:* Über die Möglichkeiten stereotaktischer Eingriffe bei Aggressionstätern, in: *Nass:* Kriminalität vorbeugen und behandeln 1971, 63/75; ferner: *Albrecht,* K./*Wille,* R.: Stereotaktische Operationen – Komplikationen und Rechtslage, in: Zeitschrift für Rechtsmedizin 1981, 109 ff).

Die **Poenologie** kann sich als Ahnherrn auf den Engländer John **28** **Howard** berufen, der 1777 seine Vorstellungen über die (notwendige) Reform des Gefängniswesens in seinem Werk „State of prisons in England and Wales" veröffentlicht hat und damit den Anstoß zu einer internationalen Reformbewegung des Strafvollzugs gab. Den Begriff der Poenologie soll allerdings F. *Lieber* 1838 erstmals in einer seinen Schriften verwendet haben (vgl. *Kaiser:* Kriminologie 1988, 242).

Zu den ersten Kriminal-**Psychiatern** werden der Engländer **Prichard** **29** gerechnet (1786–1848) sowie der Franzose **Esquirol** (1772–1840). *Prichard* stellte die These vom moralischen Irresein (moral insanity) auf, unter der er „eine Krankheit verstand, in welcher sich der Irrsinn nur oder doch hauptsächlich in moralischen Verkehrtheiten kundgibt" (*Hering* 1966, 38): vgl. dazu § 9 StVollzG. *Esquirol* knüpft an die „Degenerationslehre" an, unter der er eine krankhafte Abweichung vom normalen menschlichen Typ verstand: eine solche komme in der Geisteskrankheit wie im Verbrechen gleichermaßen zum Ausdruck. Schon **Hippokrates** hatte gelehrt, daß das Verbrechen nichts anderes sei als die Handlung eines Irrsinnigen. Vor diesem Hintergrund entwickelt *Esquirol* seine Lehre von den Monomanien (partiellen Verrücktheiten), als deren Unterformen die Mordmonomanie (Mordtrieb), Pyromanie (Trieb, Feuer zu legen) und Kleptomanie (Stehltrieb) in die Literatur eingeführt wurden.

30   Auch die **Psychologen** dürfen den Anspruch erheben, mit einem der ihrigen einen der „ersten" Kriminologen zu stellen. So hat z. B. v. **Eckartshausen** in seiner Schrift „Über die Notwendigkeit physiologischer Kenntnisse bei Beurteilung der Verbrechen" (1791, 19 f) Formulierungen niedergeschrieben, die schon modern klingen und an die Strafzumessungsvorschrift des geltenden Strafrechts (§ 46 StGB) erinnern: „Der Physiologe betrachtet die Erziehung (schreibt er), die der Verbrecher erhalten hatte; die Lage, in welcher er sich befand, als er zur bösen Tat schritt, das Maß an Erkenntnisssen, die Reihe seiner vorhergehenden Handlungen, die Langsamkeit oder Geschwindigkeit, mit welcher er seine Verbrechen vollstreckte; die Reizung, welche er dazu empfing, und die Äußerung, welche er noch einige Zeit über die begangene Tat von sich gab; das Temperament, welches er von seinen Eltern annehmen mußte, wie sie es ihm mit auf die Welt gaben; seinen Stand, sein Alter."

31   Von ganz anderer Seite gingen die **Kriminalstatistiker Jacques Guerry de Champneuf** (1788–1852) und **Quetelet** (1796–1874) an kriminologische Fragen heran. Der französische Advokat André Michel *Guerry* hat 1833 zum ersten Mal statistisches Material (über die zwischen 1825 und 1830 in Frankreich verübten Delikte) auf Karten dargestellt und gilt deshalb als Begründer des kriminalgeographischen Forschungsansatzes (vgl. Rdn. 6 zu § 15). Sein Sinn bestand darin, den „moralischen Zustand" der Bevölkerung (differenziert nach Wohnsitzen) zu ermitteln (**Moralstatistik**). Auch der belgische Physiker Adolphe *Quetelet* hat sich (wahrscheinlich von *Guerry* angeregt) mit diesen Fragen befaßt. Beide versuchten, die Abhängigkeit der Kriminalitätshäufigkeit vom Raum darzustellen, wobei auch soziale Schicht, Geschlecht und Alter der Täter untersucht wurden. Daß *Quetelets* Interessen auch die Dunkelfeldfrage betrafen, ist an anderer Stelle erwähnt worden (vgl. dazu Rdn. 69 zu § 2). Die statistischen Arbeiten *Quetelets* haben auch in Deutschland eine fruchtbare Diskussion ausgelöst und zur Entwicklung eines selbständigen kriminalstatistischen Forschungszweiges geführt (vgl. etwa die Arbeiten von **v. Oettingen** und von **v. Meyr**), der sich mit den Beziehungen zwischen Verurteiltenziffern sowie den persönlichen und wirtschaftlichen Verhältnissen der Verurteilten befaßt hat: mit Beruf, Alter, Geschlecht usw. (dazu Rdn. 25 zu § 12).

32   Schließlich soll auch der Hinweis nicht fehlen, daß die sog. **Sozialistische (bzw. marxistische) Kriminologie** (dazu Rdn. 16 zu § 8), die weltanschaulich geprägt ist, ihre Anfänge auf Friedrich **Engels** zurückführt, nämlich auf dessen 1845 veröffentlichte Studie über „Die Lage der arbeitenden Klasse in England" (*Marx/Engels*-Werke, Bd. 2, 225 ff).

II. Der Schulenstreit im 19. Jahrhundert

Im Mittelpunkt der Geschichte der Kriminologie steht im 19. Jahrhundert der schon oben (Rdn. 2 vor § 4) erwähnte Anlage-Umwelt-Streit: Dabei standen sich die sog. Italienische und die sog. Französische Schule gegenüber, deren Standpunkte in Einklang zu bringen die sog. Marburger Schule versucht hat.   **33**

1. Die Italienische (kriminal-anthropologische) Schule

Den Kern der sog. Italienischen bzw. kriminal-anthropologischen Schule (auch kriminal-biologische Schule genannt oder auch „Scuola Positiva") bildet die Lehre *Lombrosos* vom „geborenen Verbrecher" (dazu Rdn. 13 ff), die angelehnt an die Evolutionstheorie *Darwins* unter dem Einfluß des sozialen Naturalismus steht. Diese Denkrichtung stellt den Menschen an das Ende der Tierreihe und betrachtet ihn als bloßes Ergebnis biologischer Wirkungen: „Der Verbrecher ist ... also der anomale Mensch, der von der Natur zum Rechtsbruch bestimmte Mensch" (*Hering* 1966, 27): für die Anhänger der Italienischen Schule, zu denen Anthropologen, Mediziner und Juristen gezählt werden (vgl. dazu ausführlich *Hering* 1966, 60–86), beruht das Verbrechen auf einer somatischen (körperlichen) Anomalie: „Der geborene Verbrecher ist nach *Lombroso* von Geburt an organisch zum Verbrechen prädestiniert, er wird auf den kriminellen Weg instinktiv und ohne innere Widerstandsmacht getrieben. Er muß früher oder später ganz unabhängig von seinen sozialen Lebensbedingungen ... (zum) unverbesserlichen ... Verbrecher werden, und zwar infolge angeborener Anomalie seiner seelischen Funktionen, die ihrerseits wieder durch die körperlichen Abnormitäten bedingt" sind (*Hering* 1966, 49).   **34**

Unter dem Druck der Kritik (insbesondere von seiten der Vertreter der Französischen Schule: Rdn. 39 ff) hat *Lombroso* allerdings später in seiner Publikation über „Die Ursachen und die Bekämpfung des Verbrechens" (1889) seine Lehre dahingehend modifiziert, daß nur etwa ein Drittel („35 %") aller Straftäter von der Anlage her zum Verbrechen bestimmt sei (1889, 326). Da es für den „geborenen" Verbrecher keine Besserungsmöglichkeit gäbe, bleibe (als kriminalpolitische Konsequenz) außer der lebenslangen Gefangenschaft „alsdann nur noch die äußerste traurige, aber sichere Selektion übrig: die Todesstrafe" (1889, 380).   **35**

Für die verbleibenden zwei Drittel der Straftäter, die „keine besondere Anlage zum Verbrechen" besäßen, seien für die soziale Entwicklung insbesondere erzieherische und soziale Maßnahmen von Bedeutung: „Ihr Sinn bestehe darin, die ubiquitäre delinquente Neigung von Kindern nicht in das Erwachsenenalter fortsetzen zu lassen" (zit. nach *v. Engelhardt* 1983, 275).   **36**

Zu *Lombrosos* bekanntesten Schülern wird Enrico *Ferri* (1856–1929) gezählt, der sowohl als Professor für Strafrecht (u. a. in Turin, Bologna und Rom) gewirkt hat, als auch als Politiker und Abgeordneter im italienischen Parlament. *Ferri,* ursprünglich einer der eifrigsten Anhänger   **37**

Lombrosos, hatte schon bald erkannt, „daß das Verbrechen eine Erscheinung zugleich biologischen, physischen und sozialen Ursprungs ist" (1896, 64). Welche Faktorengruppe welchen Einfluß ausübe, könne man generell nicht feststellen. Denn „dieser Einfluß wechselt für jede verbrecherische Handlung mit den psychologischen und sozialen Besonderheiten einer jeden. Der Mord wird ganz anders durch bestimmte Seiten der gesellschaftlichen Zustände und der biologischen Anlage beeinflußt als der Diebstahl oder die Notzucht" (1896, 131 ff). Im übrigen müsse man zwischen folgenden fünf Klassen von Straftätern differenzieren: verbrecherischen Irren, geborenen Verbrechern, Verbrechern aus erworbener Gewohnheit, Gelegenheitsverbrechern und Leidenschaftsverbrechern (1896, 84 f).

38   Leben und Werk *Ferris* werden ausführlich z. B. von *Hering* (1966, 60–74) gewürdigt: insbesondere sein Eintreten für den Verzicht auf die Sühnestrafe zugunsten der Schutz- und Zweckstrafe.

2. Die Französische (kriminal-soziologische) Schule

39   Als Gegenlehre zur Italienischen Schule *Lombrosos* entwickelte sich alsbald (unter dem Einfluß der Schriften z. B. von *Montesquieu, Locke* und *Rousseau*) die Milieu-Theorie der sog. Französischen Schule. Schon John *Locke* (1632–1704) vertrat in seinem Werk „Some thoughts concerning education" (1693) u. a. die These, daß die soziale Entwicklung des Menschen von seiner Erziehung abhängig sei (zur Erziehung vgl. § 10). Dementsprechend hieß es bei *d'Holbach* (1723–1789): „Unsere Eltern und unsere Lehrer machen uns gut oder schlecht, vernünftig oder unvernünftig, arbeitsam oder vergnügungssüchtig, tüchtig oder leichtsinnig und eitel" (1770, zit. nach *Hering* 1966, 94). Solche und andere Ansätze wurden von *Lacassagne* und *Tarde* zur Milieu-Theorie der Französischen Schule erweitert, die davon ausgeht, daß die Eigenart des Menschen allein auf seine äußeren Umstände zurückgeführt werden muß. Wenn aber der Mensch nur das Produkt seiner Umwelt darstellt, also nur der Spielball der Milieueinwirkungen sei, brauche man lediglich diese Umstände zu verändern, um eine Wandlung der Persönlichkeit in einer gewünschten Richtung zu bewirken (*Hering* 1966, 93).

40   Der Mediziner Alexander **Lacassagne** (1843–1924) war anfangs (wie *Ferri*) den Theorien *Lombrosos* gefolgt, hatte sich aber dann (anders als *Ferri*) einseitig der Milieutheorie zugewandt, mit der er sich gegen die Lehre *Lombrosos* endgültig auf dem III. internationalen Kriminalanthropologen-Kongreß in Brüssel (1892) durchsetzen konnte (*Hering* 1966, 97). Seine Reden schloß er oft mit dem berühmt gewordenen Aphorismus: „Jede Gesellschaft hat die Verbrecher, die sie verdient" („Les sociétés ont les criminels qu'elles méritent").

41   Gabriel **Tarde** (1843–1904) war Jurist, zunächst Richter, dann Professor der neueren Philosophie in Paris. Zu seinen Verdiensten gehört, daß er anhand von empirischem Material der damaligen kriminalanthropologischen Forschung nachweisen konnte, daß bei Nichtverbrechern die gleichen Merkmale vorkommen wie bei den von *Lombroso* untersuchten

Straftätern. Gleichwohl geht *Tarde* mit den Lehren *Lombrosos* eher vorsichtig um. Jedenfalls heißt es in seinem Beitrag für Brüssel (1892) u. a. wie folgt: „Vielleicht wird man schon zum Verbrecher geboren, aber sicher wird man einer" (falls die Umweltbedingungen entsprechend ungünstig sind). Dabei liegt für *Tarde* eine der Hauptursachen der Kriminalität in der Nachahmung der in der Gesellschaft anzutreffenden Möglichkeiten des sozialen oder asozialen Verhaltens: „jene Bewegungsformen, kraft deren der Gedanke sich von einem Gehirn zu anderen überträgt" (ZStW 1893, 186). Deshalb stellt er (bewußt überspitzt formuliert) fest: „Jedermann ist schuldig – mit Ausnahme des Kriminellen" („Tout le monde est coupable excepté le criminel": zit. nach *Seelig/Bellavic* 1963, 46). Denn der ahmt nur nach, was andere ihm vorgemacht haben.

3. Die Marburger Schule: Vereinigungstheorie (v. Liszt)

In der Zielsetzung ähnlich wie *Ferri* in Italien und *Tarde* in Frankreich **42** versuchte in Deutschland der Jurist Franz **von Liszt** (1851–1919; Abb. 4), Professor für Strafrecht und Strafprozeßrecht (in Gießen, Marburg und Halle) – verwandt mit dem großen Musiker gleichen Namens –, die Gegensätze der Italienischen und Französischen Schule durch die **Synthese (Anlage und Umwelt)** zu überwinden. „Das Verbrechen (so schrieb er) ist das Produkt der Eigenart des Täters im Augenblick der Tat und aus den ihn in diesem Augenblick umgebenden äußeren Verhältnisse" (1905b, 438). Allerdings war *von Liszt* nicht geneigt, in diesem Rahmen *Lombrosos* Lehre zu akzeptieren. Im Gegenteil: „Es scheint mir fast überflüssig, zu betonen, daß ich von alledem nichts glaube" (1905c, 305). Und an anderer Stelle: „Es gibt keinen homo delinquens, d. h., der Verbrecher bildet keinen einheitlichen anthropologischen Typus. Handlungen, welche wir als Verbrechen, Vergehen oder Übertretungen unter Strafe stellen, weichen in ihrer Erscheinung wie ganz besonders in den Triebfedern, auf welchen sie beruhen, so unendlich weit voneinander ab, daß es von vornherein als gänzlich verkehrt erscheinen muß, sie auf dieselben organischen Bedingungen zurückführen zu wollen. Es gibt auch keine Mörderschädel" (1905c, 308). Allerdings: „Unrichtig wäre es ... das Kind mit dem Bade auszuschütten und die biologische Untersuchung des Verbrechens überhaupt ins Reich der wissenschaftlichen Ammenmärchen verweisen zu wollen" (1905c, 297).

Diese multifaktorielle Betrachtungsweise in der Ursachenfrage hat **43** auch die 1888 auf Initiative von *v. Liszt* zusammen mit dem Belgier *Adolphe Prins* und dem Niederländer *Gerard van Hamel* gegründete „**Internationale Kriminalistische Vereinigung**" (IKV) übernommen. Diese hat sich ferner an den Vorstellungen *v. Liszts* über die Strafzwecke orientiert.

Schon in seiner berühmt gewordenen Marburger Antrittsvorlesung **44** (1882: sog. **Marburger Programm**) hatte *v. Liszt* die **spezialpräventive Ausrichtung des Strafrechts** gefordert*, also (zu Lasten des Vergeltungs-

---

*) Näheres dazu bei *Schwind*, Kriminologie in der Praxis, 1986 (Bd. 29 in der Reihe: Grundlagen Kriminologie).

gedankens) die Neuorientierung des Strafrechts (bzw. der Kriminalpolitik) an den Ideen der Besserung (Resozialisierung) des straffällig gewordenen Menschen, der Abschreckung des (potentiellen) Rechtsbrechers und der Sicherung der Gesellschaft vor dem gefährlichen Straftäter. „**Die Strafe** (schrieb er 1905 c, 126 ff) **ist Prävention durch Repression".** Mit Strafe hat *v. Liszt* die **Freiheitsstrafe** gemeint. „Der zentrale Punkt seiner Kriminalpolitik ist also der zielbewußte Eingriff in die Freiheit des Straftäters"(*Jescheck* in: FS für *Klug* 1983, 262). Insoweit verlangt *v. Liszt* auch die **Wendung vom Tat- zum Täterstrafrecht,** die in der Strafzumessung heute im Rahmen des § 46 StGB berücksichtigt wird.

45   *Von Liszt* hat ferner schon auf die Zusammenhänge verwiesen, die zwischen Sozialpolitik und Kriminalpolitik vorhanden sein dürften. Nach

Abbildung 4:
v. Liszt (1851–1919)

seiner Beurteilung stellt jedenfalls eine **gute Sozialpolitik die beste Kriminalpolitik** dar (in Strafrechtliche Aufsätze und Vorträge, Bd. 2, 1905 a, 246).

46   Zu den bleibenden Werken *v. Liszts* gehört nicht zuletzt auch die Gründung der „**Zeitschrift für die gesamte Strafrechtswissenschaft**" (ZStW) 1881 zusammen mit *Adolf Dochow*: zu dieser „gesamten Strafrechtswissenschaft" hat *v. Liszt* nicht nur die Strafrechts- und Strafprozeßrechtswissenschaft, sondern auch die Kriminalanthropologie, die Kriminalpsychologie und die Kriminalstatistik gezählt (zu *v. Liszt,* insbesondere zum Marburger Programm, vgl. z. B. *Naucke* in ZStW 1982, 525 ff; *Schöch* in ZStW 1982, 864 ff; *Jescheck* aaO).

III. Von den Schulen zu den Kriminalitätstheorien

Im Anschluß an den Schulenstreit des 19. Jahrhunderts haben sich im **47** 20. Jahrhundert verschiedene Kriminalitätstheorien entwickelt, die z. T. mehr den Anlagefaktor betonen, z. T. mehr die Umweltbedingtheit der Kriminalität herausstellen. Dementsprechend stehen heute neben den biologischen Kriminalitätstheorien (§ 5) psychologische und sozialpsychologische Kriminalitätstheorien (§ 6) sowie soziologisch orientierte Kriminalitätstheorien (§ 7). Im Ergebnis (läßt sich mit aller Vorsicht behaupten) deutet mehr darauf hin, daß beim Kriminellwerden die Umweltfaktoren die größere Rolle spielen, die Anlage jedoch als Ausgangsbasis der sozialen Entwicklung (eine nicht zu unterschätzende) Bedeutung besitzt.

Über die erste Forschungsphase in Deutschland sowie über die Nach- **48** kriegsentwicklung im Bundesgebiet bis zur Institutionalisierung der Kriminologie an den Hochschulen haben umfassend z. B. *Hering* (1966, 201 ff), *Schneider* (1973) und *Kaiser* (1975) berichtet. Über die Kontroverse mit der sog. **„kritischen" oder „radikalen" Kriminologie** Ende der 60er Jahre kann man bei *Kaiser* (in: FS für *Lange* 1976, 521 ff) nachlesen (vgl. dazu auch Rdn. 2 ff zu § 8), über die „Kritische Kriminologie – zwölf Jahre danach" bei *Hess/Steinert* (KrimJ 1986, 2 ff), über die „Radikale Kriminologie" bei *Janssen/Kaulitzky/Michalowski* 1988 und über „Kritische Kriminologie in der Diskussion" bei *Bussmann/Kreissl* 1996. Als neuer Ableger der internationalen Bewegung der Sozialverteidigung **(défense sociale)**,

> *die auf die (Schuld-)Strafe zugunsten eines reinen Besserungs- und Verwahrungsrechts verzichten will (vgl. dazu Gramatica, F: Grundlagen der défense sociale, 1965; Ancel, M.: Die neue Sozialverteidigung, 1970),*

können die Bestrebungen des **Abolitionismus** eingestuft werden, die (dem Anarchismus nahestehend) auf der Grundlage der Ablehnung des geltenden Strafrechtssystems ebenfalls auf die Abschaffung (= Abolition) des Strafrechts gerichtet sind (aus Sorge vor totaler Sozialkontrolle „gar kein Strafrecht": vgl. dazu *Schumann* in: FS für *Pongratz* 1986, 371 ff; *Scheerer* in: KrimJ 1984, 90–111; *Schumann/Steinert/Voß* (Hrsg.): Vom Ende des Strafvollzugs – ein Leitfaden für Abolitionisten, Bielefeld, 1988; *Smaus* in: KrimJ 1989, 182–193; *Habermas* in: KrimJ 1992, 82–97; *Deflen* in: KrimJ 1992, 82 ff, sowie die **„Arnoldshainer Thesen** zur Abschaffung der Freiheitsstrafe", 1989).

Zur Funktion der Kriminologie im **NS-Staat** vgl. *Rehbein* 1987, 193; *Dölling* 1989, 194 f, und *Streng* 1993, 141 ff.

§ 5 Biologische Kriminalitätstheorien

Literatur: Brammsen, J.: Die Person des Straftäters aus kriminologischer Sicht, in: Jura 1988, S. 57–67; **Brauneck,** A. E.: Zum Begriff der kriminellen Anlage, in: FS für Engisch, Frankfurt/ M. 1969, S. 636–643; **Christiansen,** K. O.: A Preliminary Study of Criminality among Twins, in: *Mednick,* S. A./*Christiansen,* K. O. (Hrsg.): Biosocial Bases of Criminal Behavior, New York 1977, S. 89–109; **Crowe,** R. R.: The Adopted Offspring of Women Criminal Offenders, in: Archives of General Psychiatry 27/1972, S. 600–603; **Crowe,** R. R.: An Adoption Study of Antisocial Personality, in: Archives of General Psychiatry 31/1974, S. 785–791; **Eysenck,** H.-J.: Kriminalität und Persönlichkeit, Frankfurt/M. 1977; **Gareis,** B./**Wiesnet,** E.: Frühkindheit und Jugendkriminalität, München 1974; **Hafer,** H.: Die heimliche Droge, 3. Aufl., Heidelberg 1984; **Hirschi,** T.: Causes of Delinquency, Berkeley 1969; **Hutchings,** B./**Mednick,** S. A.: Registered Criminality in the Adoptive and Biological Parents of Registered Male Adoptees, in: *Mednick,* S. A. (Hrsg.): Genetics, Environment and Psychopathology, Amsterdam 1974, S. 215–227; **Jakobs,** P. et al.: Aggressive Behavior, Mental Subnormality and the XYY Male, in: Nature 208/1965, S. 1351 ff; **Kranz,** H.: Lebensschicksale krimineller Zwillinge, Berlin 1936; **Lange,** J.: Verbrechen ist Schicksal. Studien an kriminellen Zwillingen, Leipzig 1929; **Lorenz,** K.: Vergleichende Verhaltensforschung. Grundlagen der Ethologie, Wien 1978; **Mednick,** S. A./**Gabrieli,** W. F./**Hutchings,** B.: Genetic influences in criminal convictions: Evidence from an adoption cohort in: Science 1984, S. 891–894; **Mergen,** A.: Der geborene Verbrecher, Hamburg 1968; **Nye,** F.: Family Relationships and Delinquent Behavior, Westport 1958; **Reiss,** A. J. jr.: Delinquency as the Failure of Personal and Social Controls, in: Americ. Soc. Rev., Bd. 16, 1951, S. 196–207; **Remschmidt,** H.: Der Zappelphilipp und die Kriminalität, in: Kriminalistik 1987, S. 163–169; **Stumpfl,** F.: Erbanlage und Verbrechen, Berlin 1935; **Stumpfl,** F.: Die Ursprünge des Verbrechens, Leipzig 1936; **Weinschenk,** C.: Gibt es den geborenen Verbrecher? in: Psycho 6/1980, S. 668–676; **Yoshimasu,** S.: Zwillingsforschung, in: *Sieverts,* R./*Schneider,* H. J. (Hrsg.): Handwörterbuch der Kriminologie, Bd. 3, Berlin 1975, S. 691–712; **Zang,** K. D.: Psychische Auffälligkeiten und Kriminalität bei Männern mit einem überzähligen Y-Chromosom, in: KrimGegfr 1984, S. 19–31; **Zerbin-Rüdin,** E.: Gegenwärtiger Stand der Zwillings- und Adoptionsstudien zur Kriminalität, in: KrimGegfr 1984, S. 1–17.

Gliederung

1 *Lombrosos* Lehre vom geborenen Verbrecher (den man an körperlichen Stigmata erkennen könne: Rdn. 13 ff und 34 ff zu § 4) ist zwar widerlegt worden, aber nicht die These, daß auch die Vererbung in der Ursachenfrage eine Rolle spielt (vgl. z. B. *Eysenck* 1977, 75; so schon *v. Liszt:* Rdn. 42 ff zu § 4). So gibt es inzwischen eine Reihe empirischer Arbeiten, die als Beleg für die Vermutung zugunsten der Bedeutung der Erbkonstitution in der Literatur angeführt werden (aber wegen ungeklärter methodischer Fragen auf eine breite Front der Kritik stoßen). Insoweit sind primär zu erwähnen: die Zwillingsforschung (I), die Adoptionsstudien (II) sowie die ethologische Forschung (V). Darüber hinaus wurden Vermutungen über konkret biologische Faktoren geäußert, die sich aggressionssteigernd auswirken sollen: XYY-Konstitution als „kriminelle Anlage" (III) und falsche Ernährung: Phosphattheorie (IV).

I. Die Zwillingsforschung

Die Zwillingsforschung geht von der Annahme aus, daß der Einfluß der Erbanlage durch den Vergleich der sozialen Entwicklung von (erbgleichen) eineiigen Zwillingen mit (erbverschiedenen) zweieiigen Zwillingen bestimmt werden kann. Zweieiige Zwillinge (ZZ) sind das Produkt aus zwei verschiedenen weiblichen Eizellen, die beide gesondert durch männliche Spermien befruchtet wurden. Eineiige Zwillinge (EZ) stammen beide aus demselben Ei, das von einem einzigen Sperma befruchtet wurde; dieses Ei hat sich später geteilt, so daß sich aus ihm zwei getrennte Menschen entwickeln konnten. Da die genetischen Faktoren der EZ übereinstimmen (genetisch gesehen ist zweimal der gleiche Mensch vorhanden), müßten sich diese auch in ihren sozialen Verhaltensweisen ähnlicher sein als die ZZ, wenn der Anlagefaktor Bedeutung besäße. 2

Aufsehen in der Welt erregte schon 1929 ein Buch von J. *Lange,* das unter dem provozierenden Titel „Verbrechen ist Schicksal" erschien. *Lange* hatte erstmalig versucht, die „Zwillingsmethode" (Vergleich der EZ mit den ZZ) für die Erforschung der Kriminalitätsursachen nutzbar zu machen. Dabei unterschied er übereinstimmendes (konkordantes) und nicht übereinstimmendes (diskordantes) Verhalten bei seinen Probanden. Die Konkordanz bzw. Diskordanz wurde danach bestimmt, ob beide Partner eines Zwillingspaares bestraft worden waren oder lediglich einer. Diese Frage hat *Lange* bei 13 männlichen EZ und 17 männlichen ZZ untersucht und dabei feststellen können, daß bei den 13 bestraften EZ in zehn Fällen auch der Partner bestraft worden war (Konkordanzziffer: 76,9), während das bei den 17 ZZ nur in zwei Fällen registriert worden ist (Konkordanzziffer: 11,8). 3

Die Folgerungen *Langes* aus diesem Ergebnis („Verbrechen ist Schicksal") stießen allerdings auch auf Kritik. Kritisiert wurde vor allem, daß sich die Untersuchung nur auf das Hellfeld (die bekannt gewordene Kriminalität) bezog, nicht auf die latenten Straftaten (das Dunkelfeld); kritisiert wurde aber auch z. B. die geringe Zahl seiner Probanden. Deshalb ist es nicht uninteressant, daß eine dänische Folgeuntersuchung, die *Christiansen* in den 70er Jahren durchführte (1977, 96 ff), in der Tendenz ein ähnliches Resultat erbrachte. *Christiansen* hat nämlich unter 325 EZ immerhin 37,2 %, aber unter 611 ZZ lediglich 12,5 % delinquente Partner ermittelt. 4

Auf einen entsprechenden Unterschied sind auch alle anderen Wissenschaftler gestoßen, die sich mit der Zwillingsforschung in diesem Rahmen befaßt haben: etwa *Stumpfl* (1935/1936), *Kranz* (1936) und *Yoshimasu* (1941/1961/1975). Bis 1977 waren bereits über 750 Zwillingspaare 5 untersucht worden, von denen jeweils einer (im Hellfeld) kriminell war (vgl. *Christiansen* 1977, 89 ff). Auch wenn man berücksichtigt, daß die einzelnen Untersuchungen, deren Ergebnisse addiert wurden, in methodischer Hinsicht nicht immer übereinstimmen und auch Fehler aufweisen, bleibt doch bemerkenswert, **daß bei den EZ die Konkordanzziffer in bezug auf Kriminalität fast viermal so hoch war (bzw. ist) wie bei den ZZ** (55 % zu 13 %). „Mit anderen Worten, wenn ein Zwilling kriminell ist, besteht unter identischen Zwillingen für den anderen viermal soviel Wahrscheinlichkeit, ebenfalls kriminell zu sein, als unter zweieiigen Zwillingen" (*Eysenck*, 1977, 87).

6   *Übersicht 27:* Konkordanz von eineiigen bzw. zweieiigen Zwillingen für verschiedene Formen sozial abweichenden Verhaltens

	Anzahl der Zwillings-paare	Eineiig	Zweieiig	Proportion konkordant	
				Eineiig	Zweieiig
Erwachsenen-verbrechen	766	231	535	55%	13%
Homo-sexualität	63	37	26	100%	12%
Alkoholismus	82	26	56	65%	30%

aus: *Eysenck* 1977, S. 88

Ähnlich auffällige Unterschiede zwischen EZ und ZZ sind übrigens auch in bezug auf Homosexualität und Alkoholismus festgestellt worden (vgl. Übersicht 27). Unklar ist, inwieweit Umwelteinflüsse an diesen Erscheinungen beteiligt sind.

6a   *Neue Möglichkeiten, die Anlage-Frage zu überprüfen, eröffnet das **Klonen von Menschen**, das zwar aus moralischen Gründen verwerflich erscheint, aber nach erfolgreichen Tierversuchen (das Schaf „Dolly" wurde 1996 geklont, d. h. auf künstlichem Wege erbidentisch reproduziert) kaum aufzuhalten sein dürfte (vgl. unten den Zeitungsausriß). Die Forschungsarbeiten der Gentechnik und der Reproduktionsmedizin werden jedenfalls vermutlich (trotz aller Bio-Ethikkommissionen) fortgesetzt bzw. nicht auf Dauer unterdrückt werden können.*

„Jetzt wird alles machbar"

Mit dem Auftritt des geklonten Schafs „Dolly" scheint ein Damm gebrochen: Erbgleiche Kopien auch von Menschen werden sich künftig in beliebiger Zahl herstellen lassen. Ethiker rufen nach Verboten. Kritiker zweifeln: Läßt sich die Anwendung der neuen Technik verhindern?

aus: *DER SPIEGEL* vom 3. März 1997, S. 216

II. Adoptionsstudien

Aber nicht nur die Zwillingsuntersuchungen werden zugunsten der **7**
Hypothese der Anlagebedingtheit der Kriminalität ins Feld geführt, sondern auch die Resultate der Adoptionsforschung: Dabei wird untersucht,
ob Adoptierte, deren biologischer Vater (Mutter) kriminell war, eher kriminell werden als solche, deren biologischer Vater (oder Mutter) nicht
kriminell war. Dazu folgende

Beispiele aus der Forschung: (1) Crowe (1972, 600 ff) ging in den **8**
USA dem Schicksal von 52 Babys einsitzender weißer weiblicher Straf-
täter nach, die zur Adoption gelangt waren, und verglich ihren Lebens-
weg mit dem Lebensweg einer vergleichbaren Kontrollgruppe von 52
Kindern nichtkrimineller Mütter, die ihre Kinder ebenfalls zur Adop-
tion freigegeben hatten. Die Kinder beider Gruppen waren zur Zeit der
Studie 15 bis 45 Jahre alt. Ergebnis: Die Kinder der kriminellen biolo-
gischen Mutter wurden, obgleich sie in einer anderen Familie aufwuch-
sen (der Adoptionsfamilie), signifikant häufiger straffällig (18,9 %) als
die Kinder nichtkrimineller (biologischer) Mütter (2,7 %).

(2) Mednick, Gabrielli und Hutchings untersuchten (1984) in Däne- **9**
mark das Schicksal von 4068 adoptierten Kindern. Das Ergebnis: Die
adoptierten Kinder krimineller (biologischer) Väter wurden im höheren
Maße straffällig als die adoptierten Kinder nichtkrimineller Väter. Die
ungünstigste Entwicklung nahmen solche Kinder, bei denen sowohl der
biologische als auch der Adoptions-Vater bereits bestraft worden war
(vgl. Übersicht 28 und den Überblick bei Zerbin-Rüdin 1984).

Übersicht 28: Kriminalität von Adoptivsöhnen, differenziert nach akten-
kundiger Kriminalität der Väter

Kriminalität der „Väter"	Adoptivsöhne		
	insgesamt	davon n	kriminell: %
Beide Väter nicht kriminell	2 499	336	13,5
Nur Adoptivvater kriminell	200	30	14,7
Nur biologischer Vater kriminell	1 226	245	20,0
Beide Väter kriminell	143	35	24,5

Quelle: nach *Mednick/Gabrielli/Hutchings* 1984

III. XYY-Konstitution als „kriminelle Anlage"?

Im Juli 1966 ging eine Zeitungsmeldung rund um die Welt: Der 24jäh- **10**
rige Richard Speck war nachts in ein Chicagoer Schwesternheim einge-
drungen und hatte acht Schwesternschülerinnen auf bestialische Weise
umgebracht. Humangenetiker fanden unter den Geschlechtschromoso-
men des Täters ein überzähliges Y-Chromosom: XYY statt XY (vgl. dazu
Mergen 1968, 9). Diese Besonderheit der Chromosomenanordnung soll
nur bei 0,02 % der Bevölkerung vorkommen (*Brauneck* 1969, 640). Der
Verteidiger plädierte auf Freispruch wegen Schuldunfähigkeit mit der

Begründung, diese Chromosomenanomalie erhöhe die „Neigung zur Aggressivität", für die sein Mandant daher nicht verantwortlich gemacht werden könne. Das Gericht war offensichtlich beeindruckt: Speck wurde nicht verurteilt, sondern in eine Heilanstalt eingewiesen. Ein ähnlicher Fall hatte sich (mit ähnlichem Aufsehen) bereits 1965 in Frankreich ereignet (vgl. Zeitungsausriß).

11 Das Gerücht vom „**Mörderchromosom**" wurde allerdings schon früher geboren, als man nämlich in einer schottischen Sicherungsanstalt für gemeingefährliche Verbrecher unter 197 immerhin acht fand, die ein zusätzliches Y-Chromosom aufwiesen (*Jakobs* et al. 1965, 1351 ff). Da das Y-Chromosom nur bei Männern vorkommt (Frauen haben zwei X-Geschlechtschromosomen), meinte man, auf übersteigerte männliche Eigenschaften schließen zu können, insbesondere auf eine übersteigerte Aggressivität.

Verteidiger: Freispruch für „Chromosomen-Mörder"

Von unserem Berichterstatter

S. Paris, 12. Oktober (SAD)

Hat die Chromosomen-Formel „XYY" den 36jährigen Franzosen Daniel Hugon zum Mörder an einer 45 Jahre alten Frau gemacht? Um diese Frage geht es in einem Prozeß, der Montag in Paris beginnt. Der Verteidiger des Täters, der Anwalt Bernard Cahen, wird plädieren: So wie eine genetische Anomalität zum Mongolismus und anderen Fehlbildungen führen kann, so prädestiniert das zusätzliche „Y" im geschlechtbestimmenden 23. Chromosomenpaar den Mann zum hemmungslosen Verbrecher.

Anwalt Cahen stützt seine Verteidigung auf die Gutachten namhafter Forscher. Darüber hinaus kann er auf Fälle verweisen, bei denen Mörder mit gleicher Chromosomen-Abweichung, dem Urteilsspruch entgingen.

● In Chicago wurde am 25. April dieses Jahres das Todesurteil gegen Richard Speck annulliert, der 1966 in weniger als einer Stunde acht Krankenschwestern. bestialisch umbrachte.

● Lawrence Edward Hannel, ein 21jähriger Australier, des Mordes an einer 60jährigen angeklagt, wurde in Sydney freigesprochen. Auch er besaß das „Kainzeichen", ein „Y" zuviel.

Die menschliche Zelle besteht aus dem Protoplasma und dem Zellkern. In diesem befinden sich die Chromosomen, verschieden

geformte, fadenartige Gebilde, an denen — wie Perlen auf einer Kette — die Träger der Erbanlagen aufgereiht sind: Augenfarbe, Haarwuchs, musischer Sinn, sportliches Interesse. Aber eben auch Anomalien.

Im Jahr 1959 entdeckte der Pariser Genetiker Jerome Lejéune, daß eine Krankheit mit Sicherheit einer Chromosomenabweichung zugeschrieben werden konnte: der Mongolismus. Ein Kind von ungefähr 600 Geburten kommt mit dieser Mißbildung auf die Welt. Nach der in diesen Fällen nachgewiesenen Fehlentwicklung im 21. Chromosomenpaar bezeichnet man die Krankheit als „Trisomie 21".

Andere Entdeckungen folgten: Die „Trisomie 18" führt zu Totgeburten durch Deformation, die

„Trisomie 13" zum Tod in den ersten Lebensmonaten, die Reduzierung der 46 weiblichen Chromosomen-Paare auf 45 mit einem einzigen „X" zu Zwergenwuchs.

Unter 942 Schwachsinnigen der geschlossenen Abteilung eines Hospitals in Sheffield entdeckte Dr. Casey 21 Patienten mit „überflüssigen" Chromosomen, seine schottische Kollegin Patricia Jacobs wies in Edinburgh unter 97 Schwerverbrechern sieben (3,5 Prozent) mit einem zusätzlichen „Y"-Chromosom nach. Dieser Prozentsatz liegt 50- bis 60mal höher als beim Bevölkerungsdurchschnitt. Alle, die ein „Y" zuviel hatten, waren gleichsam „Supermänner" — keiner kleiner als 1,80.

Das gilt auch für den Franzosen Daniel Hugon, der die 45 Jahre alte Prostituierte im September 1965 ermordet hatte. Um den Experten — Neuro-Psychiater Lafon, Gerichtsmediziner Derobert und Mongolismus-Erforscher Lejeune — Gelegenheit zu geben, die neuesten genetischen Erkenntnisse zu berücksichtigen, ist der ursprünglich für den 14. März angesetzte Prozeß mehrfach vertagt worden. Hugons Anwalt Cahen ist zuversichtlich, daß sein Mandant freigesprochen werden muß.

12 Zahlreiche Untersuchungen haben inzwischen allerdings **keine empirisch gesicherten Anhaltspunkte** dafür gebracht, daß die XYY-Chromosomenformation bei den Männern in der vermuteten Richtung kriminalitätsfördernd oder überhaupt kriminalitätsbegünstigend wirkt (Hinweise bei *Göppinger*, Kriminologie 1980; *Kaiser*, Kriminologie 1988, 411; *Zang* 1984, 19 f). Dementsprechend gelangt auch *Zerbin-Rüdin* zu dem Resultat (in: Forensia 1985, 61): „*Das Gen für die Kriminalität und die Verbre-*

cherpersönlichkeit gibt es nicht. Nicht das komplexe erscheinungsbildliche Merkmal „Kriminalität" wird vererbt, sondern kodierte Information, die Anweisung gibt für Aufbau und Regulierung von Hormonen und Enzymen und Neurotransmittern, die dann über weitere Zwischenstufen zu einem erhöhten oder erniedrigten Risiko für delinquentes Verhalten führen können" (vgl. dazu den Zeitungsausriß).

Genetik

Reines Blut

Ist kriminelles Verhalten erblich? Eine Tagung zu diesem Thema löste in den USA scharfe Kontroversen aus.

Um „Sinn und Bedeutung der Forschung über Genetik und kriminelles Verhalten" zu erörtern, hatten sich vorletztes Wochenende knapp 80 US-Wissenschaftler verschiedener Fachrichtungen in der Marscheneinöde des Ostküstenstaates Maryland versammelt.

Was die im Aspen-Institut bei Queenstown zusammengekommenen Gelehrten zu ihrem Treffen inspiriert hatte, war klar: Es ging um die rapiden Erkenntnisfortschritte der Molekulargenetiker, die dabei sind, das menschliche Genom, die Gesamtheit aller Erbanlagen des Homo sapiens, zu entschlüsseln.

Wird es demnächst gelingen, Erbfaktoren zu isolieren, die für die Neigung

zu kriminellem Verhalten verantwortlich sind? Könnte eine künftige Gendiagnostik helfen, Verbrechernaturen zu erkennen und auszusondern oder gentherapeutisch zu behandeln?

Allein die Erörterung solcher Fragen brachte liberale Kritiker in Harnisch. Es wäre nicht das erste Mal, so warnten sie, daß sich in den USA Erbbiologen und konservative Politiker zur Behebung sozialer Mißstände verbünden.

Die Tagung in Maryland, resümierte selbstkritisch der Philosoph Jorge Garcia von der Rutgers University in New Brunswick, sei „hochgefährlich gewesen – wir haben der neuen eugenischen Bewegung intellektuelle Glaubwürdigkeit verliehen". ◻

aus: *DER SPIEGEL* vom 2. Oktober 1995, S. 230

IV. Kriminalität durch falsche Ernährung? Die Phosphattheorie

Im Anschluß an die (in den 70er Jahren in den USA von *Feingold*) formulierte sog. Farbstoffhypothese, nach der in den Nahrungsmitteln enthaltene Farbstoffe toxisch (giftig) wirken, hat die deutsche Apothekerin Herta *Hafer* in ihrem Buch „Die heimliche Droge" (3. Aufl., 1984) behauptet, Phosphatzusätze zu unseren Nahrungsmitteln seien Auslöser von Verhaltensauffälligkeiten bei Kindern und Jugendlichen: auch von Schulversagen und Jugendkriminalität; genannt werden Pyromanie und Gewalttätigkeiten.

Eltern, die glauben, daß ihre Kinder in dieser Weise betroff
phosphatgeschädigt sind, haben sich inzwischen zu Selbsthilf
zusammengeschlossen, die in der „Phosphatliga (PhL) – Arbe'
Förderung der Selbsthilfe phosphatempfindlicher Menscher
burg" koordiniert worden sind.

13

Gesicherte Hinweise darüber, ob eine erhöhte Phosphatzufuhr die vermuteten Verhaltensauffälligkeiten tatsächlich auslöst, fehlen jedoch bisher noch. Der Leiter der Klinik für Kinder- und Jugendpsychiatrie der Universität Marburg, *Remschmidt* (1987, 169), weist dazu auf die „einzige bisher zur Phosphattheorie unabhängig durchgeführte kontrollierte Untersuchung" hin, die *Walter* 1982 vorgelegt hat (Titel: „Nahrungsphosphat und Verhaltensstörung im Kindesalter"). Ergebnis dieser Untersuchung: keine Hinweise darauf, daß die behaupteten Zusammenhänge bestehen.

V. Vergleichende biologische Verhaltensforschung (Ethologie)

14   Die Ethologie (wörtlich: Lehre von der Lebensweise der Tiere) wird von einem ihrer Väter (Niko *Tinbergen*) definiert als „Biologie des Verhaltens". Sie nähert sich dem Problem der Erklärung krimineller Auffälligkeit von der Tierpsychologie her: durch den Vergleich von menschlichen mit tierischen Verhaltensweisen sowie der Untersuchung der Frage nach dem Anteil von instinktgesteuertem und erlerntem Verhalten (*Kaiser*, Kriminologie 1988, 74). Aus kriminologischer Sicht besteht ihr Ziel darin, einen Einblick in die Grundstrukturen menschlichen Verhaltens zu erhalten (vgl. *Kaiser* aaO). Insoweit reicht die Ethologie bis auf *Darwin* zurück (1809–1882), der in seiner Evolutionstheorie davon ausging, daß sich die Lebewesen im Laufe von vielen Jahrmillionen aus einfachen zu immer komplizierteren Formen bis hin zum Menschen entwickelt haben, also in stammesgeschichtlicher Hinsicht verwandt sind.

15

ildung 5: Konrad Lorenz (Photo: M. Martys)

1. Prägung und Fehlprägung (Konrad Lorenz)

Zu den Pionieren der vergleichenden Verhaltensforschung gehört **16** Konrad *Lorenz* (Abb. 5), dem 1973 für sein Werk der Nobelpreis für Medizin zuerkannt worden ist. Bekannt geworden ist *Lorenz* bereits 1935 durch sein klassisches Experiment mit der **Graugans Martina**. Angeregt durch Versuche, die sein Lehrer und Freund Oskar *Heinroth* 1911 mit Küken und Wildgänsen durchgeführt hatte, ließ *Lorenz* das Ei einer Graugans künstlich ausbrüten (vgl. dazu *Lorenz* 1978). Als das Küken schlüpfte, zeigte es eine zunächst merkwürdig anmutende Reaktion: Es lief nämlich sofort auf den Forscher zu, akzeptierte ihn fortan als „Mutter" und soll ihm (bis zur Reifezeit der Graugans) auf Schritt und Tritt wie ein Hund nachgefolgt sein. Das Küken war einer „**Fehlprägung**" zum Opfer gefallen. *Lorenz* gelang jedenfalls durch seine Versuche der Nachweis, daß Gänseküken (drei bis neun Stunden) nach dem Schlüpfen hinter jedem sich bewegenden Objekt hinterherlaufen: ganz gleich, ob es sich um das Muttertier, einen Menschen oder um einen sich bloß bewegenden Gegenstand handelt. Der Schlüsselreiz besteht also in der Bewegung, die nach dem von der Natur vorgesehenen Ablauf vom Muttertier ausgeht. Der Vorgang ist nicht mehr rückgängig zu machen (irreversibel). Man spricht von einem Prägungsvorgang, der für die Anlagebedingtheit von Verhaltensweisen ins Feld geführt wird.

Entwicklungspsychologen gehen inzwischen davon aus, daß auch der **17** Mensch als Säugling eine ähnliche Prägungsphase (bezogen auf die Eltern) durchmacht: Wird diese gestört, sind gehäuft spätere Fehlentwicklungen des Kindes beobachtet worden (dazu Rdn. 12 ff zu § 10).

Die Parallele zeigt sich wiederum in dem entsprechenden Verhalten **18** von Tieren. So hat z.B. das Ehepaar *Harlow* (1962 – zit. nach *Gareis/ Wiesnet* 1974, 25) die Mutter-Kind-Beziehung bei **Rhesusaffen** untersucht und dabei ermittelt, daß bei Versuchstieren, die sie ohne jeden Kontakt zu den Elterntieren oder zu anderen Artgenossen im Labor aufzogen, später soziale Schwierigkeiten auftraten. Als man die Laboraffen nämlich in die Gemeinschaft von anderen Rhesusaffen mit normaler Entwicklung brachte, zeigte es sich, daß erstere ungesellig und asozial sowie sexuell gestört und bindungsunfähig waren. Weibchen, die gleichwohl schwanger wurden, kümmerten sich kaum um den Nachwuchs bzw. gingen grausam gleichgültig mit dem Babies um. Die Versuchstiere legten ihr Verhalten auch später nicht ab: Sie blieben soziale Versager, die von den Artgenossen abgelehnt wurden. *Gareis/Wiesnet* (1974, 27) kommentieren dieses Phänomen dahingehend, daß man die tierexperimentellen Erfahrungen zwar nicht kritiklos auf den Menschen übertragen könne, man aber „doch auf frappierend ähnliche Situationen und Erscheinungsweisen menschlichen Fehlverhaltens" hinweisen dürfte: „Herzlose Eltern sind selbst oft das Produkt ebensolcher Eltern. Deren Kinder wiederum bevölkern unsere Gefängnisse" (*Gareis/Wiesnet* aaO; vgl. dazu auch Rdn. 45 zu § 6).

2. Abhängigkeit der Programme von den Apparaturen (Curt Weinschenk)

19   Im Rahmen der biologischen Kriminalitätstheorien sind schließlich auch die Überlegungen nicht uninteressant, die der Marburger Kriminalpsychiater Curt *Weinschenk* vor einigen Jahren in einem Aufsatz mit dem Titel „Gibt es den geborenen Verbrecher?" veröffentlicht hat (1980, 668–676). Die Beantwortung dieser Frage hält der Autor selbst schon deshalb für problematisch, weil man kaum feststellen könne, welche Verhaltensweisen mit den Anlagen und welche mit den Umwelteinflüssen zu tun haben könnten. Deshalb erscheint es ihm erfolgversprechender, „nicht vom Straftäter, sondern vom Neugeborenen als solchem auszugehen und zu fragen, welche Verhaltensweisen der Mensch bei **seiner Geburt** überhaupt **mitbringt** und welcher Art diese sind". Insoweit folgt *Weinschenk* dem von Konrad *Lorenz* vorgezeichneten Weg, der zwischen „Anlagen mit geschlossenem Programm" (etwa: Verhalten ist durch die Anlage vorprogrammiert) und „offenem Programm" (etwa: Verhalten ist nicht vorprogrammiert und kann daher im Rahmen von Umwelteinflüssen geprägt werden) unterscheidet. *Weinschenk* differenziert nun weiter nach „Anlagen mit vollentwickelter Apparatur" (etwa: Anlage zur sofortigen Durchführung des Programms gleich nach der Geburt) sowie „Anlagen mit nicht voll entwickelter Apparatur" und bringt zu den vier möglichen Kombinationen Beispiele.

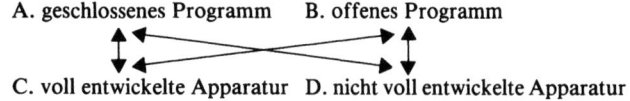

A. geschlossenes Programm   B. offenes Programm

C. voll entwickelte Apparatur   D. nicht voll entwickelte Apparatur

a) Anlagen mit voll entwickelter Apparatur und geschlossenem Programm

20   Kombination AC: Zu dieser Gruppe werden von *Weinschenk* Instinkthandlungen gerechnet. Ein instruktives Beispiel geben insoweit die jungen Riesenschildkröten, die unmittelbar nach dem Schlüpfen aus dem Ei in den Dünen aufgrund einer anlagebedingten Vorprogrammierung (geschlossenes Programm) auf dem kürzesten Wege zum Meer laufen (= voll entwickelte Apparatur) und dort sofort schwimmen. Instinkthandlungen kann man aber auch bei neugeborenen Kindern beobachten: Sie bestehen in dem Suchen und Finden der mütterlichen Brustwarze mit dem Mund und dem dann durch die Mundberührung ausgelösten Saugen.

b) Anlagen mit voll entwickelter Apparatur, aber noch offenem Programm

21   Kombination BC: Als Beispiel werden die Beobachtungen aufgeführt, die Konrad *Lorenz* mit der Graugans gemacht hat. Diese kann (= voll entwickelte Apparatur) nach dem Schlüpfen laufen. In ihrer Erbanlage ist die junge Graugans in ihren Nachfolgereaktionen aber noch nicht auf die Gänsemutter geprägt, sondern (z. B.) auf das Lebewesen, das sie nach dem frischen Schlüpfen zuerst in bestimmter Art und Weise wahrnimmt (noch offenes Programm). Wenn die Gänseeier z. B. in der Brutmaschine ausgebrütet werden (vgl. oben), kann es sein, daß die jungen Graugänse der Person nachlaufen, die die Maschine bedient.

c) *Anlagen mit nicht voll entwickelter Apparatur und geschlossenem Programm*

Kombination AD: Eine solche Konstellation ist z. B. bei den Raubvögeln zu finden, die blind und nackt geboren werden (noch nicht voll entwickelte Apparatur); ihre Fähigkeit zum Schlagen der Beute entwickeln sie erst, wenn sie größer geworden sind. Dann aber geht z. B. ein Habicht aufgrund seiner anlagebedingten Programmierung auch dann auf Raub aus (geschlossenes Programm), wenn er von Menschen großgezogen wurde, von denen er dieses Verhalten naturgemäß nicht lernen konnte. **22**

d) *Anlagen mit nicht voll entwickelter Apparatur und offenem Programm*

Kombination BD: Als Beispiel wird die Sprachentwicklung genannt: Das neugeborene Kind kann noch nicht sprechen und beginnt erst etwa mit dem sechsten Lebensmonat zu lallen. Die Anlage für das Sprechen ist aber vorhanden (mit nur nicht voll entwickelter Apparatur). Offen ist das Programm jedoch für die Sprache, die es lernt. Welche das ist, hängt von den Umweltbedingungen ab; ein chinesisches Kind lernt von den Eltern chinesisch, ein deutsches Kind deutsch. **23**

Weinschenk weist nun auf die Erkenntnis von *Lorenz* hin, daß alle Lernfähigkeit immer nur durch Anlagen mit offenem Programm ermöglicht wird. Alles Lernen setzt also Anlagen mit offenem Programm voraus. Solche Anlagen besitzt ein neugeborenes Kind auch in bezug auf Fühlen, Gemüt, Bindungsfähigkeit und Gewissen (offenes Programm). Nur fehle es noch an der Entwicklung der Apparatur, da dem Neugeborenen noch keine sittlichen und rechtlichen Normen bekannt sind. Für eine normale Entwicklung dieser Apparatur (schreibt *Weinschenk* 1980, 672 f, dann weiter) „ist für den Säugling eine bleibende Bezugsperson mit der erforderlichen affektiven Zuwendung notwendig. Wenn das nicht der Fall ist, treten sowohl bei Heimkindern als auch bei Kindern in Familien die Symptome eines Hospitalismus in Erscheinung, die vor allem in Entwicklungsstörungen der Motorik, des Intellekts, der Sprache und des Gefühls (Gemüts, Gewissens, Bindungsfähigkeit) bestehen. Von diesen Entwicklungsstörungen sind die des Gefühls, weil es sich dabei um einen Regelungsvorgang handelt, später nicht mehr voll zu kompensieren. Erhält ein Kind in den ersten Lebensjahren nicht die nötige affektive Zuwendung einer bleibenden Bezugsperson, entsteht bei ihm ein Defekt." **24**

§ 6 Psychologische und sozialpsychologische Kriminalitätstheorien

Literatur: **Amelang,** M.: Sozial abweichendes Verhalten, Berlin 1986; **Ammon,** G.: Kindesmiß-handlung, München 1979; **Bauer,** F.: Das Verbrechen und die Gesellschaft, München 1957; **Brammsen,** J.: Kriminalität und Sozietät, in: Jura 1989, S. 113–128 und S. 186–193; **Breland,** M.: Lernen und Verlernen von Kriminalität, Opladen 1975; **Brenner,** C.: Grundzüge der Psychoanalyse, Frankfurt/M. 1967; **Dollard,** J. et al.: Frustration and Aggression, New Haven 1939 (2. Aufl., Berlin 1971); **Eibl-Eibesfeldt,** I.: Liebe und Haß. Zur Naturgeschichte elementarer Verhaltensweisen, München 1971; **Eibl-Eibesfeldt,** I.: Der vorprogrammierte Mensch, Wien 1985; **Engelhardt,** K.: Psychoanalyse der strafenden Gesellschaft, Frankfurt/M. 1976; **Eysenck,** H. J.: Kriminalität und Persönlichkeit, Wien 1977; **Forster,** T.: Behaviorism: Psychologie des Verhaltens, in: *Stalmann,* R. (Hrsg.): Kindlers Handbuch Psychologie, München 1982, S. 97–127; **Freud,** S.: Abriß der Psychoanalyse, in: *Freud,* S.: Gesammelte Werke, Bd. 17, 4. Aufl., Frankfurt/M. 1966; **Glaser,** D.: Criminality Theories and Behavioral Images, in: American Journal of Sociology 61/1956, S. 433–444; **Grawe** im *Spiegel*-Gespräch mit Merten (*Spiegel* vom 9.4.95, S. 132–139); **Grawe,** K.:/**Donati,** R.: Psychotherapie im Wandel, Göttingen 1994; **Haage,** H.: Theorien der sozialen Kontrolle und des sozialen Lernens in der Kriminologie, Frankfurt/M. 1995; **Haring,** C./**Leickert,** K. H.: Wörterbuch der Psychiatrie und ihrer Grenzgebiete, Stuttgart 1968; **Havers,** N.: Erziehungsschwierigkeiten in der Schule, 2. Aufl., Weinheim 1981; **Heckhausen,** H.: Motivation und Handeln, 2. Aufl., Berlin 1989; **Heinz,** W.: Theorie und Erklärung der Jugenddelinquenz, in: ZfPäd 29 (1983) S. 11–30; **Hirschi:** Causes of Delinquency, Berkeley 1969; **Kaiser,** G./**Schöch,** H.: Kriminologie – Jugendstrafrecht – Strafvollzug, 3. Aufl., München 1987; **Kaufmann,** H.: Kriminologie I. Entstehungszusammenhänge des Verbrechens, Stuttgart 1971; **Kaufmann,** H.: Kriminologie III. Strafvollzug und Sozialtherapie, Stuttgart 1977; **Keupp,** L.: Aggressivität und Sexualität, München 1971; **Killias,** M.: Kriminelles Verhalten wird erlernt – aber wie? in: MschrKrim 1985, S. 329–342; **Köhn,** K.: Psychoanalyse und Verbrechen, Wiesbaden 1992; **Kury,** H.: Verhaltenstherapie bei Delinquenten unter besonderer Berücksichtigung des Trainings sozialer Fähigkeiten, in: *Lösel,* F.: Kriminalpsychologie, Weinheim 1983, S. 259–271; **Lösel,** F.: Psychologische Kriminalitätstheorien, in: KKW 1985, S. 219–229; **Lorenz,** K.: Das sogenannte Böse. Zur Naturgeschichte der Aggression, Wien 1963; **Mechler,** A.: Der Verbrecher als Sündenbock der Gesellschaft, in: ZRP 1971, S. 1–3; **Mertens,** W.: Psychoanalyse auf dem Prüfstand, München 1994; **Moser,** T.: Jugendkriminalität und Gesellschaftsstruktur, Frankfurt/M. 1970; **Moser,** T.: Repressive Kriminalpsychiatrie, Frankfurt/M. 1971; **Müller,** C.: Lexikon der Psychiatrie, Berlin 1973; **Mummendey,** A.: Aggressives Verhalten, in: *Stroebe* W. et al. (Hrsg.): Sozialpsychologie, Berlin 1990. S. 275–304; **Ostermeyer,** H.: Strafrecht und Psychoanalyse, München 1972; **Otto,** H.-J.: Generalprävention und externe Verhaltenskontrolle, Freiburg 1982; **Pawlow,** E.: Die bedingten Reflexe, München 1972; **Reckless,** W. C.: Halttheorie, in: MschrKrim 1961, S. 1–14; **Reckless,** W. C.: The Crime Problem, 5. Aufl., New York 1973; **Reiss,** A. J.: Delinquency as the Failure of Personal and Social Controls, in: American Sociological Review 16/1951, S. 196–207; **Reiwald,** P.: Die Gesellschaft und ihre Verbrecher, Frankfurt/M. 1973; **Rolinski,** K.: Zur Hypothese unterschiedlicher Auswirkungen von Verstärkungsbedingungen bei Straffälligen und Nicht-Straffälligen im Lernexperiment, in: MschrKrim 1978, S. 139–148; **Schmidtchen,** G.: Das Rätsel der Gewalt: Zur Sozialpsychologie der Aggression, in: ajs-informationen – Mitteilungsblatt der Aktion Jugendschutz, 6/92, S. 1–4; **Schnell,** F.: Tiefenpsychologie – Die Entdeckung des Unbewußten, in: *Stalmann,* R. (Hrsg.): Kindlers Handbuch Psychologie, München 1982, S. 55–95; **Schulz** H. J.: Aggressive Handlung von Fußballfans, Schorndorf 1986; **Selg,** H.: Menschliche Aggressivität, Göttingen 1988 (2. Aufl. 1997); **Skinner,** B. F.: Wissenschaft und menschliches Verhalten, München 1973; **Spiel,** W./**Pilz,** E.: Zur Psychologie der mißhandelnden Mütter, in: *Haesler,* W. T. (Hrsg.): Kindesmißhandlung, Diessenhofen 1983, S. 103–115; **Stephenson,** G. M.: Sozialpsychologie, Heidelberg 1990; **Sutherland,** E.: Die Theorie der differentiellen Kontakte, in: *Sack,* F./*König,* R. (Hrsg.): Kriminalsoziologie, Frankfurt/M. 1974. S. 395–400; **Sutherland,** E./**Cressey,** D. R.: Criminology, 10. Aufl., Philadelphia 1978; **Verrez,** R./**Sobez,** I.: Ärger, Aggression und soziale Kompetenz, Stuttgart 1980.

Gliederung

Psychologische sowie sozialpsychologische Kriminalitätstheorien un- **1**
terscheiden sich von den soziologischen durch den Grad der Einbeziehung gesellschaftlicher Prozesse in den kriminologischen Erklärungsversuch. Wegen der zahlreichen Überschneidungen ist eine Abgrenzung
allerdings schwierig. Gleichwohl kann man feststellen, daß in den psychologischen Kriminalitätstheorien soziologische Gesichtspunkte nur am
Rande Bedeutung besitzen, während sie in den sozialpsychologischen
mehr und soziologischen Kriminalitätstheorien ganz im Vordergrund der
Erklärungsansätze stehen.

Zu den Hauptrichtungen der psychologischen und sozialpsychologi- **2**
schen Kriminalitätstheorien werden gezählt: psychodynamische Konzepte (I), die lerntheoretischen Ansätze (II) sowie die Aggressionstheorien (III).

I. Psychodynamische Konzepte

Im Mittelpunkt der psychodynamischen Konzepte der Verbrechenser- **3**
klärung steht die psychoanalytische Persönlichkeitstheorie, die auf Sigmund *Freud* (1856–1939) zurückgeht. Die tragenden Säulen, auf denen
diese Theorie aufbaut, bestehen aus den folgenden Grundsätzen (zit.
nach *Schnell* 1982, 56):

– *erstens: Nichts im Seelenleben geschieht zufällig und ohne Grund und*
– *zweitens: Ein großer Anteil unserer Psyche ist uns unbewußt, wir wissen*
  nichts von ihm, und dennoch beeinflußt er unser Handeln und Fühl-

Diese Grundsätze „bleiben bestehen – was immer sich in
an Streitigkeiten, Abspaltungen und Neugründungen ereign
aaO). Die verschiedenen Richtungen, die aus der Freuds
analyse („Seelenzergliederung") entstanden, werden unter

der „Tiefenpsychologie" zusammengefaßt (Übersicht über die verschiedenen tiefenpsychologischen Schulen bei *Kaufmann* 1971, 64; *Schnell* 1982, 80 ff, und *Köhn* 1992).

1. Der psychoanalytische Ansatz der Verbrechenserklärung

5   *Freud* gilt als Entdecker des Unbewußten, obgleich sich schon zahlreiche Denker vor ihm mit der Erscheinung des Unbewußten befaßt haben (Überblick bei *Heinz* 1983, 16 ff; *Lösel* 1985, 221 ff). Daß es das Unbewußte gibt, zeigen bereits unsere Träume, „deren oft seltsame und absurde Inhalte unser Bewußtsein uns nicht erklären kann" (*Schnell* aaO).

6   Aufbauend auf dieser Erfahrung unterschied *Freud* **(erstens)** zwischen **Bewußtem, Vorbewußtem** und **Unbewußtem.** „Die Inhalte des Vorbewußten sind uns zwar nicht spontan präsent, sie lassen sich jedoch durch Willensanstrengung bewußt machen. Was wir gestern zu Mittag gegessen haben, fällt uns nicht unbedingt sofort ein; mittels einer kurzen Anstrengung unseres Gedächtnisses können wir es jedoch ins Bewußtsein zurückholen. Die Inhalte des Unbewußten – Erlebnisse, Gefühle, Wünsche, die beschämend, beängstigend oder bedrohlich sind und deshalb **verdrängt** wurden – sind solcher Willensanstrengung nicht zugänglich. Der ‚Zensor' steht dazwischen. Diese Überwachungsinstanz sorgt schon beim Kind dafür, daß Verbotenes – etwa Haßgefühle gegenüber den Eltern, sexuelle Wünsche – ins Unbewußte verdrängt wird" (*Schnell* 1982, 56). Das Bewußte ist also nur die „Spitze des Eisbergs" (vgl. Abb. 6).

7   Das psychoanalytische Persönlichkeitsmodell geht **(zweitens)** davon aus, daß sich im Unbewußten nicht nur das Verdrängte speichert, sondern auch „alles Ererbte, unsere primitiven Motive, die Triebe, Sexualität und Aggression" (*Schnell* 1982, 60). Diesen Teil des Unbewußten (vgl. Abb. 6) hat Freud als **„Es"-Instanz** bezeichnet (die erste und älteste seelische Instanz). Das **Überich,** die dritte psychische Instanz, die ebenfalls in der Zone des Unbewußten siedelt, entwickelt sich im Laufe der

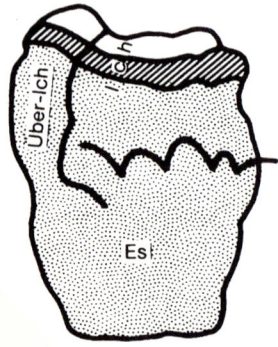

Abbildung 6:
Psychoanalytisches
Persönlichkeitsmodell

aus: *Schnell* 1982, S. 57

ersten Lebensjahre. Dieses „Überich", das im frühen Kindesalter entsteht (als weitgehend unbewußtes **„Gewissen"**), „enthält moralische und sittliche Gebote und Verbote, Wertvorstellungen, kulturelle und gesellschaftliche Normen. Wir übernehmen sie vor allem von unseren Eltern, aber auch von Lehrern, persönlichen Vorbildern und gesellschaftlichen Idolen ... Zunächst sind Gebote und Verbote für das kleine Kind etwas, das andere von ihm fordern, ohne daß es selbst deren Sinn so recht einsieht. Und wenn es unbeaufsichtigt ist, wird es doch tun, was es will, allenfalls durch die Angst vor Strafe gehemmt. Erst im Alter von fünf bis sechs Jahren fängt, wie Charles *Brenner* sagt, ‚die Moral an, eine Sache des Inneren zu werden'. Das heißt, Regeln und Gesetze werden internalisiert, in die eigene Seele gewissermaßen hineingenommen, die Instanz des Überichs gefestigt" (*Schnell* 1982, 61 f; *Brenner* 1967, 135).

Die zweite Instanz (die **Ich-Instanz,** sein Selbstbild) „vermittelt zwischen den Anforderungen des Es und der Außenwelt, ist das ‚Anpassungs- und Selbsterhaltungsorgan des Menschen'. Dabei helfen ihm die sog. Ich-Funktionen: Gedächtnis, Wahrnehmung, Denken, Muskelkontrolle und Triebsteuerung ... Ein wichtiger Helfer des Ich ist die Angst, die gewissermaßen ein Signal gibt, wenn Gefahr droht, entweder vom ungestümen Es oder vom überstrengen Überich" (*Schnell* 1982, 61). **8**

Nach dem psychoanalytischen Persönlichkeitsmodell (*Grawe* 1995, 136: „überholt") werden also die Entscheidungen, die ein Mensch trifft, durch die drei psychischen Instanzen (die sich aber nur als hypothetisches Konstrukt darstellen) bestimmt: durch das „Es" (die triebhaft unbewußte Seite der Persönlichkeit: Sexualtrieb/Libido, Aggressionstrieb/Destruktionstrieb), durch das „Überich" (die Instanz, die die moralische Wertung eines Verhaltens vornimmt: das unbewußte „Gewissen") und das „Ich" (die Vermittlungsinstanz, die die mit der moralischen Wertung nicht übereinstimmenden Triebansprüche aus dem „Es" abzuwehren versucht: vgl. *Freud* 1966, 67 ff). Die Triebschicht wird primär durch die Natur mitgegeben, Überich und Ich werden erst im Rahmen des Sozialisationsprozesses aufgebaut. **9**

Diesem Persönlichkeitsmodell entsprechend kommt „der Mensch als kriminelles, d. h. sozial nicht angepaßtes Wesen auf die Welt. Während es dem Normalen gelingt, seine kriminellen Triebregungen teils zu verdrängen, teils im Sinne der Sozietät umzuwandeln, mißglückt dem Kriminellen dieser Anpassungsvorgang. **Kriminalität ist (danach) also ... kein ‚Geburtsfehler', sondern ein Erziehungsdefekt"** (*Schneider,* Kriminologie 1987, 474). Sozial abweichendes Verhalten wird dementsprechend mit schweren Schädigungen der Ich- und Überichentwicklung im Rahmen des Erziehungsprozesses erklärt (zur familialen Erziehung vgl. § 10). **10**

Besondere Bedeutung wird dabei dem Gelingen der **Identifikation mit den Eltern** bzw. (festen) Bezugspersonen zugesprochen, die in der Kindheit als Vorbilder primär in Betracht kommen. Zu den Sozialisationsvoraussetzungen, die die Erfüllung dieser Bedingungen erschweren (und hoch mit kriminellem Verhalten korrelieren: *Breland* 1975, 57), gehören nach *Moser:* „brutale oder zwischen Härte und Verwöhnung pendelnde **11**

Erziehung, Ablehnung, Vernachlässigung, Inkonsistenz der Einstellung, schwere Beziehungsstörungen zwischen den Eltern, Mangel an Aufsicht und Zuwendung" usw. (1970, 182/253 – zit. nach *Breland* 1975, 57). Zu den Erziehungsstilen vgl. Rdn. 39 ff zu § 10.

12   Auf der anderen Seite begünstigen Nestwärme und Zuwendung sowie die Ermunterung, die Werte und Normen der Erwachsenen zu übernehmen (bzw. auf andere Menschen Rücksicht zu nehmen), eine Entwicklung des Überichs, die es der Ich-Instanz erleichtert, die Triebimpulse des „Es" im Sinne sozialer Angepaßtheit zu steuern, und zwar mit dem Ziel, eine harmonische Rückkoppelung zwischen den psychischen Instanzen zu erreichen.

13   Die **Psychoanalyse,** die als besondere Methode der Psychotherapie zu verstehen ist, macht sich zur Aufgabe, psychische Defekte aufzuarbeiten und auf diese Weise zu eliminieren. Dabei ist von Bedeutung, daß die Ursache der Schädigungen, die sich auch organisch auswirken können, in den Verdrängungen zu erblicken ist, die ins Kindesalter zurückgeführt werden können (Unterdrückung der Triebimpulse) und die die Grundlage der **Neurosen** bilden. Bei „der **Verdrängung** werden unerwünschte, angstmachende Gefühle, Impulse, Erinnerungen, Wünsche und Phantasien vom Bewußtsein ausgesperrt und ins Unbewußte ‚verdrängt'. Sie sind völlig vergessen, existieren subjektiv für uns nicht mehr, sind jedoch nicht entschärft" (*Schnell* 1982, 70). Denn „verdrängte Inhalte im Unbewußten lassen sich nicht einfach abstellen wie alte Möbel auf den Dachboden. Das Verdrängte behält seine Kraft und versucht, ins Bewußtsein zu gelangen, am Zensor vorbei. Es schlüpft gewissermaßen verkleidet durch die Zensur: in Träumen, die wir für Unsinn halten, wenn uns nicht durch Deutung ihre Botschaft klar wird, in Fehlleistungen und nicht zuletzt in neurotischen Symptomen. Alle diese sind notwendige Ventile, durch die psychischer Druck abfließt, und sie geben wichtige Hinweise auf unbewußte Konflikte" (*Schnell* 1982, 57).

14   Das Ziel der Psychoanalyse besteht deshalb darin, „durch die besondere psychoanalytische Technik eine Rückverwandlung der Symptome in bewußte affektbesetzte Vorstellungen" zu erreichen (*Haring/Leickert* 1968, 474 u. H. auf *Freud* 1920). Die benutzte Methode ist der psychoanalytische Dialog („rent – a friend"), zu dem die **Traumdeutung** zählt (*Freud*, S.: Die Traumdeutung, 1900) sowie die **Deutung (= Verstehen) von Assoziationsmaterial.** Bekannt ist das Bild des Patienten, der auf der Couch liegt, während der Analytiker hinter ihm steht (oder sitzt) und ihn auffordert, „seine Gedanken, Empfindungen, Wünsche und Befürchtungen, aber auch seine Träume und seine positiven oder negativen Einstellungen dem Psychoanalytiker gegenüber so auszusprechen, wie sie ihm durch den Sinn gehen. Er soll sich dabei nicht durch Rücksichtnahme auf Konvention, traditionelle, von sozialen Regeln geforderte Verhaltensgrundsätze, auf Ekel, Scham oder Moral, also durch keine Zensur vom Aussprechen abhalten lassen. Diese Aufforderung wird auch als die ‚Grundregel' der psychoanalytischen Behandlung bezeichnet: freies Assoziieren" (*Müller* 1973, 395). Die **Erfolgsaussichten** der Psychothera-

DAS DASEIN WIRD SEZIERT

Die Kritik an der Psychotherapie wächst: Neue Untersuchungen belegen mangelnde oder fehlende Wirksamkeit der meisten Methoden. Vor dem dritten Weltkongreß der Branche, der in dieser Woche in Hamburg beginnt, fordern Experten die Umwandlung der Seelen-Zunft in ein effizientes Dienstleistungsgewerbe.

aus: *DER SPIEGEL* vom 25. Juli 1994, S. 76

pie werden neuerdings eher kritisch betrachtet (dazu: *Grawe/Donati* 1994 sowie *Grawe* contra *Merten* im SPIEGEL-Gespräch, 1995, 132 ff, und Zeitungsausriß).

Daß sich diese Therapieform im **Strafvollzug** (auch in den sozialthera- **15** peutischen Anstalten: § 9 StVollzG) weniger durchsetzen konnte, dürfte damit zu tun haben, daß hohe sprachliche Fähigkeiten vorausgesetzt werden und erhöhte Motivation, die man bei Strafgefangenen, die primär aus der Unterschicht stammen, grundsätzlich nicht vorfinden kann (kritisch zum psychoanalytischen Ansatz z. B. auch *Schneider*, Kriminologie 1987, 495 ff; *Breland* 1975, 57).

2. Kontrolltheorien

Theorien der (inneren) Kontrolle, die an die psychoanalytische **16** Betrachtungsweise anknüpfen, werden z.B. von *Reiss* (1951), *Reckless* (1961/1973) und *Hirschi* (1969) vertreten. Diese fragen jedoch primär nicht (wie die Vertreter der bisher referierten Theorien) danach, weshalb sich Menschen sozial abweichend (kriminell) verhalten, sondern danach, warum sich so viele Menschen **sozial konform** (sozial angepaßt) verhalten.

a) *Reiss* führt das sozial konforme Verhalten vor allem auf den Einfluß **17** intakter familialer Beziehung (zwischen Eltern und Kindern) und Erziehung zurück. Kriminelles Verhalten hat dementsprechend mit dem Versagen (psychologischer Gestörtheit) der Familie als der wichtigsten Primärgruppe im Erziehungsprozeß zu tun; jedenfalls dann, wenn es dieser nicht gelungen ist, dem Kind seine soziale Rolle begreiflich zu machen und ihm beizubringen, diese Rolle mit seinen Bedürfnissen in Einklang zu bringen (soziale Kontrolle). Dementsprechend soll das soziale Versagen mit schwach entwickelten Ich- und Überich-Instanzen zu tun haben: Es fehlt der **innere Halt** (die „Immunisierung"), der notwendig ist, um kriminellen Versuchungen (z. B. auch Einflüssen von Gewaltvideos) widerstehen zu können (vgl. dazu auch Rdn. 11 ff zu § 10 und Zeitungsausriß).

b) *Reckless* stellt dem inneren Halt (dem „Selbstkonzept") den **äuße- 18 ren Halt,** den der einzelne durch Freunde (nach *Amelang* 1986, 201; auch durch die Religiosität) usw. erfährt, gegenüber. Fehlt es am äußeren Halt, kann der innere Halt kriminelle Entgleisung verhindern (und umgekehrt). Fehlen äußerer und innerer Halt (das durch Erziehung vermittelte „Drehbuch"), ist hingegen der Weg in die Straffälligkeit fast vorprogrammiert (**Halttheorie**).

18a   c) *Hirschi* versucht nun zu erklären, **welche Einflußfaktoren den inneren und äußeren Halt** (wesentlich) mitbestimmen (können) und erwähnt
dazu folgende Fälle: die emotionelle Bindung an andere Menschen
(attachment to others), die Akzeptanz des konventionellen, gesellschaftlichen Wertesystems (belief in the moral validity of rules), die Einbin-
dung in (gesellschaftliche) Gruppen, die das Straffälligwerden erschwert
(involvement in conventional activities: z. B. im Sportverein, Wanderver-
ein, Schützenverein) sowie die Abwägung des Mißerfolgs als Kosten-
Nutzenabwägung (commitment to achievement): etwa der evtl. Verlust
der erreichten gesellschaftlichen Stellung. Insoweit hebt *Clifford* (zit.
nach *Brammsen* 1989, 188) die Bedeutung der Arbeit der Instanzen der
sozialen Kontrolle (**Schule, Polizei, Justiz**) hervor. Kriminelles Verhalten
trete dort verstärkt auf, wo diese Kontrolle zu schwach ausgeübt werde
bzw. versage.

18b   *Zusammenfassung:* Die sozialen Kontrolltheorien („**Theorien der sozialen Bindung**") gehen davon aus, „daß ein festes Netz informeller sozialer
Beziehungen, Bindungen und Verantwortlichkeiten zur Verhinderung von
Delinquenz beiträgt" (*Lösel* in: ZfStrVo 1983, 75): Je mehr diese **Bindungen („Beziehungsanker")gelockert oder gestört** werden (vgl. dazu Rdn. 6
vor § 10), desto größer ist die Gefahr der kriminellen Entgleisung bzw. die
Flucht in andere Formen sozial abweichenden Verhaltens (Alkohol, Drogen).

19   **Kritik**: Zur Bedeutung der Theorien der inneren Kontrolle merkt
Göppinger (Kriminologie 1980, 72) kritisch an, „daß die Wirkungsweise
der inneren Kontrolle bzw. des inneren Halts und ihre Bedeutung für die
Resistenz gegenüber Kriminalität behauptet wird, ohne daß die Hypothesen selbst durch empirische Nachweise abgesichert wären". Vor allem
fehle „die Erklärung für die immer wieder gemachte Beobachtung, daß
von zwei Personen aus der gleichen Familie, in der gleichen Wohnung
aufgewachsen, die eine sozial unauffällig bleibt, die andere aber kriminell wird. Warum entwickelt die eine Person (fragt *Göppinger* aaO)
ein (relativ) günstiges, die andere ein (relativ) ungünstiges Selbstkonzept bzw. eine intakte oder weniger intakte innere persönliche
Kontrolle?"
Ausführliche Kritik zu diesen Ansätzen bei *Haage* 1995, 25 ff.

II. Lerntheoretische Ansätze

20   Die lerntheoretischen Ansätze gehen davon aus, daß kriminelles Verhalten ebenso erlernt (oder verstärkt) wird wie normgerechtes Verhalten.

1. Die Theorie der differentiellen Assoziation

21   Der bekannteste Vertreter dieser Erklärungsversuche ist Edwin
Sutherland (zuerst 1924). Seine Theorie der differentiellen Assoziation
(Theorie der unterschiedlichen Kontakte), die er später mit *Cressey*
zusammen (zuletzt 1978) fortentwickelt hat, umfaßt eine Reihe von neun

Einzelaussagen (Thesen), von denen die wichtigsten wie folgt lauten (*Sutherland* 1974, 396 ff):

– Kriminelles Verhalten ist **gelerntes Verhalten.** Negativ formuliert heißt das, daß kriminelles Verhalten als solches nicht vererbt wird.
– Kriminelles Verhalten wird durch Interaktion (Kontakte) mit anderen Personen in einem **Kommunikationsprozeß** erlernt.
– Kriminelles Verhalten wird hauptsächlich **in intimen persönlichen Gruppen** gelernt. Das bedeutet, daß die unpersönlichen Kommunikationsmittel wie Filme und Zeitungen eine relativ unwichtige Rolle bei der Entstehung kriminellen Verhaltens spielen.
– Das Erlernen kriminellen Verhaltens schließt das Lernen (a) der **Techniken** zur Ausführung des Verbrechens, die manchmal sehr kompliziert, manchmal sehr einfach sind und (b) die **spezifische Richtung** von Motiven, Trieben, Rationalisierungen und Attitüden ein.
– Eine Person wird delinquent infolge eines **Übergewichts** der die Verletzung begünstigenden Einstellungen über jene, die Gesetzesverletzungen negativ beurteilen: Prinzip der differentiellen Kontakte. Wenn Personen zu Kriminellen werden, geschieht dies aufgrund von Berührung mit kriminellen und Isolierung von antikriminellen Verhaltensmustern.

Was gemeint ist, hat *Sutherland* an folgendem Beispiel zu erklären versucht: „In einem Gebiet mit hoher Delinquenzrate (schreibt er 1974, 398) wird ein ungezwungener, geselliger, aktiver und kräftiger Junge sehr wahrscheinlich mit den anderen Jungen in der Nachbarschaft in Kontakt kommen, delinquentes Verhalten von ihnen lernen und ein Gangster werden … In einer anderen Situation wird der gesellige, kräftige und aggressive Junge Mitglied einer Pfadfindergruppe und wird nicht in kriminelles Verhalten verwickelt werden." Dabei schließt im ersteren Falle das Erlernen kriminellen Verhaltens auch (wiederum) das Erlernen der für die Ausführung von Straftaten erforderlichen Techniken ein.   **22**

Dazu hatte *Sutherland* schon 1937 in seinem Buch über „The professional thief" (der Berufsdieb) ein Beispiel gebracht. Ein erfolgreicher Berufsdieb, heißt es dort, kann man nur werden, wenn man auch über das Wissen verfügt, wie man einen Diebstahl technisch gekonnt durchführt und wie man eine Entdeckung vermeidet. *Tannenbaum* hat diesen Lernprozeß in seinem Aufsatz über „The professional criminal" (in: The Century 1925, 577) wie folgt beschrieben: „It takes a long time to make a good criminal, many years of specialized training and much preparation." Diese kriminalistischen Kenntnisse werden meist durch bereits erfahrene Einbrecher und Diebe vermittelt (etwa im Strafvollzug): z. B. die erforderliche Fingerfertigkeit (für den Taschendiebstahl), die Geschicklichkeit im Umgehen mit technischen Hilfsmitteln, etwa dem Nachschlüssel (Dietrich) oder dem Schweißbrenner. So ist es wahrscheinlich kein Zufall, daß es gerade die Diebe und Einbrecher sind, die in den Strafanstalten in die Kurse für den (staatlich geprüften) Schweißer hereindrängen (empirische Untersuchungen darüber, ob bzw. inwieweit solche Motive bestehen, gibt es allerdings bisher noch nicht). Mitunter   **23** leiten auch Eltern ihre Kinder zum Stehlen an: Kriminalität wird von Familienmitgliedern gelernt (vgl. Zeitungsausriß); das gilt auch für das Anbetteln von Passanten durch Kinder.

Tochter als Taschendiebin „vermietet"

Kinderbanden für Polizei ein Problem

Von Erich Reimann

Köln, 7. 4.
„Stehlen ist mein Beruf – wie deiner Polizist ist", sagte ein Neunjähriger einem Kölner Polizisten, als er auf frischer Tat bei einem Diebstahl ertappt wurde. Kinderbanden, von Erwachsenen gedrillt und ausgebeutet, werden zu einem immer größeren Problem für die Polizei. Als die Beamten der Domstadt Anfang dieses Jahres drei Kinder im Alter von zehn bis zwölf Jahren festnahmen, da halbierte sich die Zahl der tagsüber begangenen Wohnungseinbrüche. Den kindlichen „Intensivtätern" wurden rund 300 versuchte und vollendete Einbrüche in Köln und Umgebung zur Last gelegt. 250 andere Kinder wurden von der Polizei in Köln bei Taschendiebstählen erwischt.

aus: *NOZ* vom 8. April 1994

24   Der Ansatz von *Sutherland* hat Zustimmung ausgelöst, ist aber auch auf Kritik gestoßen. Zu seinen Vorzügen gehört unbestreitbar, daß er der sozialen Intervention einen Sinn gibt. Dementsprechend schreibt *Kaiser* (1988, 456), daß „Umerziehung, kompensatorisches Lernen und Verhaltensmodifikation vor allem von hier aus als wissenschaftlich begründbar, ja als theoretisch gerechtfertigt erscheinen".

25   Schwer wiegt jedoch auch die **Kritik**, die sich u. a. auf folgende Fragen bezieht:

- die Schwäche der Theorie liege in ihrer **Übervereinfachung:** individuelle Unterschiede der Lernfähigkeit könnten nicht berücksichtigt werden (*Kaiser* 1988, 456);
- die These treffe nicht auf den gesamten Bereich der Kriminalität zu: **Trieb- und Affektverbrechen** ließen sich aufgrund der Theorie **nicht erklären** (*Göppinger*, Kriminologie 1980, 67);
- die Theorie sei wegen der Vielfalt möglicher Kontakte **kaum empirisch zu überprüfen** und ließe auch offen, welche Bedingungen dazu führen, daß „kriminalitätsbegünstigende oder -verhindernde Kontakte geknüpft werden" (*Schöch* in: *Kaiser/Schöch* 1987, 39);
- die Theorie könne nicht erklären, **warum es überhaupt** zu abweichenden Wertorientierungen und kriminellen Verhaltensmustern komme (*Kaiser* aaO).
(Zur Fortentwicklung des Ansatzes vgl. *Killias* 1981, insbesondere auch zur Theorie der differentiellen Verstärkung von *Akers* und *Burgers*).

2. Die Theorie der differentiellen Identifikation

Eine Reihe von Autoren hat den Versuch unternommen, den Ansatz **26** von *Sutherland* zu modifizieren bzw. zu differenzieren. Insoweit ist vor allem *Glaser* (1956) zu nennen. Dieser geht davon aus, daß es nicht die generellen Kontakte zu dissozialen Personen oder Gruppen sind, die die kriminelle Ansteckung bewirken (denn diese hat der Aufsichtsbeamte im Strafvollzug auch), sondern daß es innerhalb dieser Personenmehrheiten wiederum ganz bestimmte Personen sind, mit denen sich der Gefährdete identifiziert, um sie dann als Vorbild für seine eigenen Motive und Verhaltensweisen zu nehmen (1956, 440). *Glaser* schreibt: „Ein Mensch zeigt kriminelles Verhalten in dem Maße, in dem er sich selbst mit wirklichen oder imaginären Personen, aus deren Perspektive sein kriminelles Verhalten annehmbar erscheint, identifiziert" (Übersetzung nach *Hess* 1975 – zit. nach *Mergen*, Kriminologie 1978, 94).

3. Eysencks Kriminalitätstheorie (Kriminalität als mißlungene Konditionierung)

Für *Eysenck* (1977; zuerst 1964) besteht die Erziehung in einem Kondi- **27** tionierungsprozeß, in dem der Mensch durch spezifische Lernprozesse sein Gewissen und das Bewußtsein für soziale Verantwortlichkeit erwirbt.

Danach wäre beim Straftäter die (positive) Konditionierung im Sinne **28** sozialer Angepaßtheit mißlungen: Seine Neigung zu Rechtsbrüchen hätte mit seiner fehlerhaften Konditionierung zu tun. Um diesen Ansatz begreifen zu können (c), muß zunächst dargestellt werden, was man unter operanter (a) und klassischer (b) Konditionierung versteht.

a) Operante Konditionierung

Nach dem lerntheoretischen Ansatz des operanten Konditionierens **29** werden Verhaltensweisen durch den Einfluß der Umwelt erlernt; man lernt durch Erfolg. Der Mensch neigt danach dazu, Verhaltensweisen, die ihm Erfolg gebracht haben, zu wiederholen. Sein weiteres Verhalten ist an diesen Erfahrungen orientiert. Wenn durch Erfolg gelernt wird, spricht man von operanter Konditionierung. Im Gegensatz zum klassischen Konditionieren führt die operante Konditionierung aber zu willensgetragenem, nicht reflexbedingtem Handeln. „Die Bezeichnung ‚operant' bezieht sich auf die Tatsache, daß (ein) Versuchstier eine Operation im Sinne einer Handlung vollziehen muß, um den verstärkenden Reiz zu erhalten" (*Dreyer/Fröhlich:* Wörterbuch der Psychologie, 1975, 177). Dieses „Prinzip des Lernens am Erfolg" ist eng mit dem Namen des amerikanischen Psychologen B. F. *Skinner* (1973) verbunden, auf den folgende Versuche zurückgehen:

30   *(1) In der sog. Skinnerbox ist eine Scheibe angebracht, die so mit einem Futtermagazin verbunden ist, daß bei Berührung der Scheibe ein Körnchen herausfällt. Setzt man nun eine hungrige Taube in die Box, wird diese zunächst ziellos auf dem Boden und gegen die Wand picken, bis sie die runde Scheibe berührt und ein Körnchen herausfällt. Die Berührung der Scheibe geschieht anfangs mehrmals durch Zufall, bis die Taube merkt, daß das Picken in diesem Falle „belohnt" wird. Ihr Verhalten wird durch den Erfolg so verstärkt, daß sie es nunmehr gezielt fortsetzt, d. h. ihr Picken gegen die runde Scheibe ist zu einem „operanten" Verhalten geworden: Die Taube hat durch Erfolg gelernt (vgl. Forster 1982, 115).*

31   *(2) Ebenso bekannt ist der Versuch mit der Ratte, die in ihrem Käfig zufällig auf einen Hebel drückt und dadurch Futter erhält (vgl. Abb. 7). Sie lernt, daß das Hebeldrücken, das im normalen Rattenleben bedeutungslos ist, für sie vorteilhaft ist. Je öfter sie drückt und belohnt wird, desto nachhaltiger fällt der Lernprozeß aus: Die Ratte „lernt" am Erfolg.*

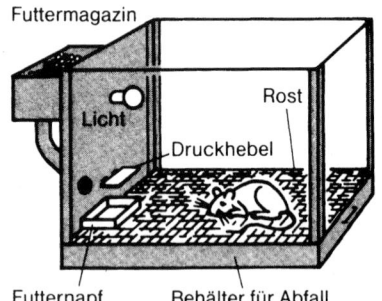

Abbildung 7:
Weiterentwicklung
der Skinner-Box

aus: *Stalmann,* R. (Hrsg.):
Kindlers Handbuch
Psychologie,
München 1982, S. 118

32   Geht man davon aus, daß der Mensch ähnlich reagiert (vgl. Zeitungsausriß), kann sich ein entsprechender Erfolg nicht nur positiv auf die menschliche Entwicklung auswirken, sondern (im strafrechtlichen Bereich) für die Gesellschaft auch negativ. So wird der Dieb, der unent-

Verhaltensforschung

Gleicht der Mensch einer Ratte?

Ein amerikanischer Psychologe behauptet, daß Menschen dressierbar sind wie Tiere und zu ihrem Glück gezwungen werden müssen

aus: *Stern* Nr. 42/1971
vom 7.–10. Oktober

deckt etwas wegnehmen konnte, leicht auf den Geschmack kommen und die Tat wiederholen. Man spricht insofern auch vom **„Wiederholungseffekt des erfolgreichen Täters"** (vgl. dazu auch Rdn. 44).

Die Methode des operanten Konditionierens wird auch für die **Verhaltenstherapie** genutzt, deren Anliegen darin besteht, kriminelles Verhalten durch die gezielte Verstärkung sozial angepaßten Verhaltens zu *ver*lernen. Da diese Methode unmittelbar auf eine Verhaltensänderung abzielt, ist sie „naturgemäß Bestandteil praktisch aller Sozialtherapie, insbesondere auch bei solchen Insassen (von Strafanstalten), bei denen wegen eines Intelligenzdefizits keine anspruchsvollen Methoden angewandt werden können" (*Kaufmann* Kriminologie III 1977, 1979; *Kury* 1983, 259 ff). **33**

b) Klassische Konditionierung

Der russische Physiologe (und Nobelpreisträger) Iwan Petrowitsch *Pawlow* (zuletzt 1972) hatte schon vor dem Ersten Weltkrieg die Beobachtung gemacht, daß Hunde, wenn sie gefüttert werden, Speichel absondern und daß es zu dieser Speichelabsonderung (Reflex) auch schon dann kommt, wenn die Tiere lediglich das Futter zu sehen bekommen (unkonditionierter = unbedingter **Reiz**). *Pawlow* interessierte die Frage, ob man den angeborenen Reflex der Speichelabsonderung (den unkonditionierten = unbedingten Reflex) auch durch andere (neutrale) Reize auslösen kann, auf die der Hund normalerweise nicht mit Speichelabsonderung reagiert. *Pawlow* wollte also feststellen, ob man Reflexe durch Lernbedingungen beeinflussen (umpolen) kann. Im einzelnen sollte geprüft werden, ob man einen Hund veranlassen könnte, auf ein Glockenzeichen hin Speichel abzusondern. Der entsprechende Versuch sah wie folgt aus (vgl. Abb. 8): **34**

Abbildung 8: Die Pawlowsche Versuchsapparatur

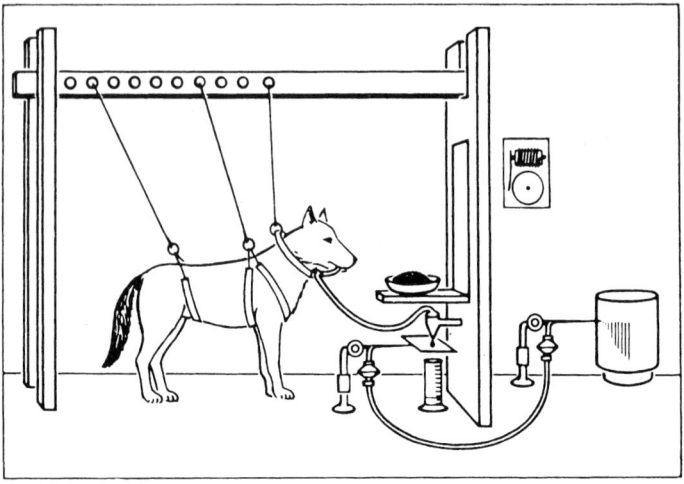

aus: *Stalmann,* R. (Hrsg.): Kindlers Handbuch Psychologie, München 1982, S. 106

Pawlow kombinierte die Futtergabe (unkonditionierter Reiz) über einen längeren Zeitraum mit einem Glockenzeichen (neutraler Reiz). So gewöhnte sich der Hund daran, daß die Futtergabe immer mit einem bestimmten Ton kombiniert war. Schon nach kurzer Zeit konnte man feststellen, daß die Speichelabsonderung auch schon dann erfolgte, wenn lediglich die vertraute Glocke (nunmehr konditionierter Reiz) ertönte. Das Glockenspiel wurde mit dem nahenden Fressen identifiziert: „Es läutet, jetzt gibt's was."

Der unkonditionierte Reflex der Speichelabsonderung war also zu einem konditionierten Reflex geworden, nämlich einem Reflex, der durch einen anfangs neutralen, nunmehr konditionierten Reiz ausgelöst wird.

35   Nach diesen Beobachtungen kann man sagen, daß Lernen auch durch die Schaffung von Reflexen bzw. Reaktionen erklärt werden kann (vgl. dazu auch die folgende Übersicht nach *Bubholz:* Lernen, Frankfurt/M. 1984, 14).

Ausgangssituation:
1. *Glockenzeichen (neutraler Reiz)*   ==> keine Reaktion
2. *Futter (unbedingter Reiz)*   ==> Speichelabsonderung

Lernprozeß:
3. *Glockenzeichen (n. R.) + Futter (u. R.)*   ==> Speichelabsonderung
4. Mehrmalige Wiederholung der Koppelung

Lernergebnis:
5. *Glockenzeichen (bedingter Reiz)*   ==> Speichelabsonderung

116

c) Konditionierung zu straffreiem Verhalten

Eysenck vertritt nun die These, daß man Reflexe auch durch **negative**   **36**
Reize auslösen kann: etwa Vermeidungsverhalten (man klaut nicht), weil
Strafe droht (vor der man sich fürchtet).

Dementsprechend hält es *Eysenck* für möglich, nach dem Prinzip der   **37**
klassischen Konditionierung auch das Verhalten (von Kindern) beeinflussen (konditionieren) zu können, und zwar durch die Koppelung der
Versuchungssituation (Normverletzungen zu verüben) mit der **Angst vor**
Strafe (konditionierte Vermeidungsreaktion). Durch die wiederholte
Bestrafung des Kindes im Laufe des Entwicklungsprozesses könne man
eine noch im Erwachsenenalter vorhaltende Konditionierung zu straf-
freiem Verhalten (Herausbildung eines „Gewissens") erreichen (vgl.
dazu *Killias* 1981, 332 f; *Rolinski* 1978): **Man lernt also nicht durch Erfolg**
wie bei der operanten Konditionierung, sondern durch die Bestrafung.
Danach soll das menschliche Gewissen ein konditionierter Reflex sein.

Kritik: Es erscheint fraglich, ob man das menschliche Verhalten, das
mit verschiedenen Prozessen zu tun hat, mit bloßem Reflexverhalten vergleichen kann. Dementsprechend wird gegen die Eysencksche Kriminalitätstheorie eingewandt, daß sie andere – mögliche – Lernprinzipien, die
die Entstehung eines ‚Gewissens' bestimmen könnten, wie z. B. Modell-
lernen (vgl. Rdn. 45), Lernen durch Belohnung (Stichwort: *Operante*
Konditionierung), in ihrer Bedeutung vernachlässigt (dazu: *Göppinger*,
Kriminologie 1980, 74).

III. Die Aggressionstheorien

Daß die Aggressionstheorien in den Vordergrund des Interesses   **38**
gerückt sind, dürfte nicht zuletzt mit den entsprechenden Schlagzeilen
der Medien zu tun haben: Gewalt auf der Straße (etwa bei Demonstrationen), Gewalt in den Sportstadien, Gewalt in der Ehe, Gewalt im
Fernsehen, Gewalt auf Video und nicht zuletzt Gewalt in Verbindung mit
terroristischen Anschlägen.

*Unter **Aggression** wird ein Verhalten verstanden, dessen „Ziel eine*
Schädigung oder Verletzung ist" (Verrez/Sobez 1980, 34). Solche
Aggressionen können verbal erfolgen (Beleidigungen, üble Nachrede)
oder in Form von Vandalismen (Gewalt gegen Sachen) oder in Form
von Gewalttätigkeit (physische Gewalt gegenüber Personen): gegen
andere oder gegen sich selbst (Selbstbeschädigung, Selbstmord). Der
Begriff der „Gewalt" erfaßt nur Vandalismen und Gewalttätigkeit; er
stellt also nur eine „Teilmenge" der Aggression dar.

Manche Ethologen und Psychoanalytiker vermuten einen angebore-   **39**
nen Aggressionstrieb im Menschen; für sie ist die Äußerung einer
Aggression also eine Entfaltung der vorhandenen Triebe, deren Energie
sich im Verlauf einer gewissen Zeit im Organismus (wenn es an Gelegenheit zum „Kämpfen" fehlte: *Eibl-Eibesfeldt* 1971, 97) anstaut und nach

Entladung drängt, und zwar in Form von aggressiven Handlungen (**Druckkessel-Modell**). Konrad *Lorenz* spricht von „Psycho-Hydraulik" und meint damit, daß nicht naturgerecht abgerufene Energien wie aus einem vollen Gefäß überfließen und nach Ersatzbefriedigungen suchen: etwa in Form von Gewalt (gegen Personen oder gegen Sachen) im Rahmen einer Demonstration. Zur unschädlichen Aggressionsreduzierung sollen sich nach *Lorenz* z. B. sportliche Wettkämpfe eignen (zit. nach *Schulz* 1986, 70). *Lorenz* hat seine entsprechenden Thesen eindrucksvoll in dem Buch über die „Naturgeschichte der Aggression" (1963) niedergelegt; gleichwohl wird die Lorenzsche Triebtheorie heute ebenso abgelehnt (zustimmend hingegen z. B. der Lorenz-Schüler *Eibl-Eibesfeldt* 1985) wie die (nicht auf naturwissenschaftliche, sondern eher auf philosophische Überlegungen gegründete) Behauptung von *Freud*, es gäbe einen besonderen Destruktionstrieb beim Menschen (vgl. *Kaiser*, Kriminologie 1988, 612 ff m. w. H.). Dabei darf man jedoch nicht übersehen, daß sich die Sündenbockhypothese (1) und die Frustrations-Aggressions-Hypothese (3) an den Gedanken von *Freud* orientieren. Zusammen mit der lernpsychologischen Erklärung aggressiven Verhaltens (2) werden sie jedenfalls als Teile einer multikausalen Aggressionstheorie von der Wissenschaft akzeptiert (*Kaiser* aaO). Ausführliche Hinweise zu den Ursachen von Aggression und Gewalt bei *Schwind/Baumann* et al. (Hrsg.): Ursachen, Prävention und Kontrolle von Gewalt, Berlin 1990.

1. Zur Sündenbockhypothese

40   Die sogenannte Sündenbockhypothese (*Reiwald* 1948/1973; *Bauer* 1957; *Mechler* 1971; *Ostermeyer* 1972; *Engelhardt* 1976, 53 ff) stellt einen Erklärungsversuch insbesondere für kollektiv ausgeübte Gewalt dar.

> *Der Ausdruck stammt aus dem Alten Testament (3. Buch Mose, 16. Kap., Verse 16–22): Die „Kinder Israels" brachten einen „lebendigen (Ziegen-)Bock" zum Altar, legten ihm „alle Übertretungen, mit denen sie sich versündigt" hatten, „auf den Kopf" und jagten ihn in die Wüste, „daß also der Bock alle ihre Missetat auf sich nehme und in die Wildnis trage". Die kollektive Schuld wurde danach zu eigener Entlastung dem „Sündenbock" aufgehalst.*

Sie baut auf der Triebtheorie von *Freud* auf (vgl. *Freud*, Gesammelte Werke, 1947 ff, Bd. V, 57 ff; Bd. XIV, 471 ff), nach der die Triebe zwar im Verlaufe des Erziehungsprozesses unterdrückt werden (können), aber latent wirksam bleiben und Ersatzbefriedigungen suchen. Eine solche Ersatzbefriedigung soll darin bestehen, „seine eigene unbewußte Schuld auf den Asozialen, auf den Kriminellen zu projizieren ... Seine Bestrafung ist verschleierte Selbstbestrafung, ist Entlastung von eigener Schuld" (*Ostermeyer* 1972, 33 und 79).

Danach braucht die Gesellschaft die Verbrecher: zur Abreaktion ihrer Affekte (*Kaiser*, Kriminologie 1988, 273 m. w. N.); der Kriminelle als Opfer der Gesellschaft. Das Strafrecht stellt insoweit also „ein Mittel legitimer kollektiver Aggressionsabfuhr dar" (*Göppinger*, Kriminologie

1980, 53 m. w. H.). Vor diesem Hintergrund könnte erklärt werden, weshalb große Teile der Bevölkerung Vorbehalte gegen den Resozialisierungsgedanken empfinden (zur Sündenbockprojektion vgl. auch *Mechler* in: ZRP 71, 1).

In die Sündenbockrolle werden im übrigen nicht nur Kriminelle und **41** Asoziale gedrängt: Im Dritten Reich wäre ohne die Sündenbockrolle z. B. die Judenverfolgung kaum möglich gewesen. Weitere Beispiele für die Verfolgung von völkischen und rassischen Minoritäten mit Hilfe der Sündenbockrolle hat die Geschichte der Menschheit immer wieder gezeigt: z. B. die Indianerverfolgung oder auch Ausländerfeindlichkeit. Ist diese auch als **Reaktion auf die Tabuisierung der Probleme, die es mit Ausländern gibt, zu verstehen?** Ist die Bevölkerung durch moralische Imperative zum Umgang mit Fremden überfordert? Wie wirkt sich das aus, wenn man ständig hört: „Es gibt keine Unterschiede, und wenn es sie gibt, dann freuen wir uns daran. Wir profitieren von der Kultur der Fremden, wir lernen von ihrer Lebenskunst. Wir sollen uns in der U-Bahn neben die Schwarzen setzen, Asylbewerber ins Haus einladen, wir sollen uns einfühlen in die fremde Kultur, wir dürfen nicht unsere eigenen Maßstäbe auf sie übertragen, wir müssen uns unserer Privilegien bewußt sein, wir müssen uns schämen, daß wir auf Kosten der Dritten Welt leben" (G. *Brockhaus* 1994, 4; zur Ausländerfeindlichkeit vgl. auch Rdn. 24 ff zu § 23!).

2. Zur lernpsychologischen Erklärung aggressiven Verhaltens

Nach dem lerntheoretischen Ansatz werden Aggressionen – wie schon **42** erwähnt (Rdn. 20 ff) – ebenso erlernt wie andere Verhaltensweisen. Gelernt wird vor allem die Bereitschaft zur Aggression und die Lust an der Aggression. Dabei stehen folgende Lernkonzepte im Vordergrund: das klassische Konditionieren, das operante Konditionieren und das Lernen durch Beobachtung und Imitation.

Über das **klassische Konditionieren** wurde bereits im Rahmen der **43** Eysenckschen Kriminalitätstheorie berichtet (vgl. Rdn. 34 f: der Pawlowsche Hundeversuch). Daß die klassische Konditionierung aber auch Wut-/Ärger-Reaktionen erklärt, zeigen folgende

Beispiele: „Wenn ein Mensch uns mehrmals zu ärgern vermochte, genügt im allgemeinen schon sein Anblick oder die Nennung seines Namens, um wieder Mißstimmung auszulösen" (Selg 1974, 31, und Selg/Mees/Berg 1988/1997), etwa: „Dieser Name wird in meinem Hause nicht mehr genannt". Der Ärger kann sich aber auch in Form der Generalisierung auf die Famile des Betreffenden ausdehnen, auf seine Freunde oder Landsleute, etwa: „Ach, wieder so ein Sachse" (vgl. Selg aaO) oder „Vorsicht! Wieder so ein Türke" (Selg/Mees/Berg 1997, 29). Der neutrale Reiz eines Namens löst also den Reflex einer abwertenden Äußerung aus.

Von **operanter Konditionierung** spricht man dann, wenn durch Erfolg **44** gelernt wird (dazu Rdn. 29 ff: Taubenexperiment und Rattenbeispiel):

Der Wiederholungseffekt des erfolgreichen Täters zeigt sich z. B. auch bei den Sportfans von Fußballvereinen oder gewalttätigen Demonstranten, wenn diese ungestraft Polizeibeamte angreifen oder Schaufenster einschlagen können (vgl. dazu z. B. die Chaostage in Hannover Rdn. 23 zu § 28).

Kindesmißhandlung in Deutschland

Eltern, die ihre Kinder mißhandeln, sind in ihrer Kindheit meist selber mißhandelt worden, meint der Münchner Psychotherapeut Dr. Reinhart Stalmann

aus: *Quick* Nr. 36 vom 1. September 1983

45   Das **Beobachtungslernen** oder Modellernen (in der experimentellen Psychologie **Imitation** und in der Persönlichkeitspsychologie **Identifikation** genannt) erfolgt durch bewußte oder unbewußte Beobachtung und durch Nachahmung von Verhaltensweisen. Das Lernen durch Beobachtung mit der Folge der Imitation ist typisch bereits für das Kleinkind, das alles nachzumachen versucht, was es bei seinen Bezugspersonen beobachtet hat.

Das Kind kann auch die aggressiven Verhaltensweisen seiner Bezugsperson nachahmen (*Otto* 1982, 113, unter Hinweis auf *Soares/Soares*). So sollen z. B. Menschen, die als Kinder von ihren Eltern mißhandelt wurden, dazu neigen, die eigenen Kinder auf ähnliche Weise zu quälen. Jedenfalls wird diese Erscheinung sowohl lerntheoretisch im Sinne eines Lernens am Modell interpretiert (vgl. *Spiel/Pilz* 1983, 107) als auch psychoanalytisch verstanden: „Kindesmißhandler waren einmal selbst mißhandelte Kinder" (*Ammon* 1979, 8; vgl. auch Rdn. 19 f zu § 19): **Kreislauf der Gewalt** – zumindest aus retrospektiver Sicht (vgl. dazu auch Rdn. 46 und 70 ff zu § 10; zur möglichen Übernahme aggressiver Vorbilder aus Fernsehen oder Videofilm vgl. Rdn. 13 ff zu § 14).

3. Die Frustrations-Aggressions-Hypothese

46   Die von John *Dollard* und Mitarbeitern (der Yale-Schule) vertretene Frustrations-Aggressions-Hypothese (zuerst 1939) knüpft wiederum an Vorüberlegungen von Sigmund *Freud* an. *Freud* hatte in einer seiner frühen Schriften auf einen Frustrations-Aggressions-Mechanismus verwiesen, nach dem jedesmal, wenn lustsuchendes oder schmerzmeidendes Verhalten gehemmt wird, Frustration entsteht, die zur Aggression gegen jene für diese Versagung als verantwortlich angesehenen Personen oder Gegenstände führt (zit. nach *Keupp* 1971, 27). Aus dieser Beobachtung leitet *Dollard* das allgemeine Prinzip ab, daß jede Aggression eine Folge vorausgegangener Frustration sei (vg. dazu *Selg/Mees/Berg* 1997, 23).

> *Beispiel: Sportzuschauer zeigen „eine gestiegene Bereitschaft zu aggressiven Handlungen, wenn z. B. der Sieg der gegnerischen Mannschaft sie daran hindert, ihr angestrebtes Ziel (z. B. Sieg der eigenen Mannschaft) zu erreichen, ihre Erwartungen hinsichtlich des Spiels also nicht erfüllt werden. Weitere denkbare Frustsituationen wären etwa aus Zuschauersicht ungerechte Schiedsrichterentscheidungen …"* (*Schulz* 1986, 75).

Bei aller Kritik, die auch dieser Ansatz erfahren hat, entspricht es **47** immerhin der Erfahrung des täglichen Lebens, daß Frustrationen oft Aggressionen (aber auch Depressionen oder Resignation: vgl. *Selg* 1974, 13) nachfolgen, wobei die Frustration allerdings grundsätzlich anders erlebt wird, wenn sie gerechtfertigt ist, als wenn sie willkürlich erscheint (*Selg* 1974, 31).

> *Beispiel: Ein Bus nimmt nicht alle Wartenden mit, weil er hoffnungs-* **48** *los überfüllt ist (Selg 1974, 29), oder fährt halbvoll oder leer an einer Haltestelle vorbei.*

Zu den Ergebnissen der Frustrations-Aggressions-Forschung gehört **49** aber auch, **„daß man Kinder so trainieren kann, daß sie auf Frustrationen hin konstruktiv reagieren"** (*Selg/Mees/Berg* 1997, 24): z.B. nicht gegen die geschlossene Tür treten, sondern jemand suchen, der sie öffnet. Zu den unangenehmen Umweltreizen (Frustrationen), die bei Kindern Aggressionen auslösen können, gehören ferner z.B. das Ärgern und Auslachen durch Mitschüler oder Geschwister, Überforderungen durch schulische Aufgaben oder die Meinung, vom Lehrer ungerecht behandelt oder zu wenig beachtet zu werden (*Havers* 1981, 169). Von kriminologischer Seite wird im Anschluß an dieses Konzept darüber hinaus die Meinung vertreten, **„daß erlittene Frustrationen in Kindheit und Jugend** mehr oder weniger allein ursächlich seien für das spätere aggressive resp. kriminelle Verhalten des Jugendlichen oder Erwachsenen, das eine Antwort auf solche Versagungen darstellen" würde (*Keupp* 1971, 28 m. w. N.). Die Frustrations-Aggressions-Hypothese dürfte im übrigen auch im Rahmen der eskalierenden Gewalt-Kriminalität in den neuen Bundesländern Bedeutung besitzen; entsprechende gesicherte Forschungsergebnisse liegen jedoch bisher noch nicht vor.

4. Zur Theorie vom Erregungstransfer

Elemente verschiedener Ansätze lassen sich schließlich in der Theorie **50** vom Erregungstransfer (*Tannenbaum/Zillmann*) wiederentdecken, die

Schmidtchen 1992 auf der Jahrestagung der „Aktion Jugendschutz" (1992, 1 ff) vorgestellt hat. Danach verhalten sich Menschen dann aggressiver, wenn sie zuvor gereizt worden sind (Erregungstransfer; vgl. auch das Experiment unter Rdn. 26 zu § 14): dieser Reiz muß aber keineswegs (wie dort) aggressiver Natur sein; es reicht z. B. auch der Streß durch Belastungssituationen: so hat man z. b. feststellen können, daß sich Studenten, die unter Zeitdruck arbeiten mußten, später aggressiver verhielten als andere, die den Prüfungsstreß nicht mitgemacht hatten. Die **Basiserregung** kann ferner mit Frustrationen zu tun haben (etwa mit Familienproblemen; vgl. Rdn. 46 ff). Sie kann evtl. über längere Zeit in Erinnerung bleiben und somit konserviert werden (vgl. die Beispiele unter Rdn. 43). Anstelle dieser Basiserregung kann im Rahmen des „Zwei-Faktoren-Ansatzes" (der auf Stanley *Schachter* zurückgeht) auch die **Grundeinstellung** („Kapitalistenschweine", „Bullen") ein Reizmuster bilden, das z. B. von außen aufgebaut werden kann: das geschieht etwa in den Zirkeln radikaler politischer Gruppen, die differenziertes Denken zugunsten von Schwarz/Weiß-Bildern auszuschalten versuchen. Gewalt entsteht also ebenso wenig wie ein Gewitter aus heiterem Himmel.

5. Konstellative Faktoren

51   Im übrigen kann aggressives Verhalten auch durch andere Einflußfaktoren mitbestimmt werden: z. B. durch Normen oder Bedingungen der Umgebung.

a) Reziprozitätsnorm und Gruppendruck

52   Die Reziprozitätsnorm (vgl. *Heckhausen* 1989, 316) besagt, daß jemand, der sich als Opfer einer Aggression fühlt, zur Vergeltung berechtigt ist; auf diesem Prinzip beruht schon das alttestamentarische **Talionsprinzip**, das erlaubt, Gleiches mit Gleichem zu vergelten: „Auge um Auge, Zahn und Zahn" (3. Mose 24, 19/20). Die Norm spielt z. B. (auch) bei gewalttätigen Demonstrationen oft eine Rolle (Protestgewalt contra „Polizeigewalt"). Gewalteskalationen (z. B. auch im Zusammenhang mit der Gewalt gegen Ausländer) haben ferner nicht selten mit Gruppendruck-Phänomenen zu tun (vgl. § 13 Rdn. 14 f und § 28 Rdn. 28).

b) Zur Relevanz von Umgebungsbedingungen

53   Schließlich haben verschiedene Arbeiten den Einfluß von Umgebungsbedingungen **(Lärm, räumliche Enge, Hitze)** auf aggressives Verhalten untersucht. Ergebnisse (nach *Mummendey* 1990, 290, und *Stephenson* 1990, 288):

54   – **Lärm** wirkt sich nur dann aggressionsfördernd aus, wenn die Versuchsperson vorher provoziert worden ist (vgl. Rdn. 50); diese Wirkung zeigt sich allerdings dann nicht, wenn den Probanden der Eindruck vermittelt wurde, sie könnten den Lärm kontrollieren: z. B. eine lärm-

verursachende Maschine abschalten; das Klavierspielen der eigenen
Kinder beenden.

- Laborexperimente zur Beziehung von **räumlicher Enge** und aggressi-   55
vem Verhalten erbrachten hingegen widersprüchliche Resultate; je
nachdem, ob die Enge als subjektiv angenehm oder unangenehm
erlebt wird, hat sie aggressionshemmende oder -steigernde Wirkungen: wird sie als unangenehm empfunden, zeigen Männer eher aggressives Verhalten als Frauen.

- Zu den Beziehungen zwischen **Hitze** und Aggression zeichnen sich fol-   56
gende Ergebnisse ab: Das Ausmaß aggressiven Verhaltens nimmt mit
Ansteigen der Umgebungstemperatur von 20 Grad bis 35 Grad Celsius
ab. Dieses Phänomen wird damit erklärt, daß dann das Maximum der
Aggressionsbereitschaft überschritten wurde und die Person nur noch
das Bedürfnis verspüre, die Situation zu verlassen.

§ 7   Soziologisch orientierte Kriminalitätstheorien

Literatur: **Albrecht,** H. J.: Jugendarbeitslosigkeit und Jugendkriminalität, in: Arbeitsgemein-
schaft für Jugendhilfe u. a., Neuwied 1986, S. 41–91; **Boers,** K.: Sozialer Umbruch und Krimina-
lität in Deutschland, in: MschrKrim 1996, S. 314–337; **Bohle,** H. H.: Soziale Abweichung und
Erfolgschancen. Die Anomietheorie in der Diskussion, Neuwied 1975; **Burgess,** E. W.: The
Growth of the City, in: *Park,* R. E./*Burgess,* E. W./*McKenzie,* R. D. (Hrsg.): The City, 6. Aufl.,
Chicago, London 1970, S. 47–62; **Byrne,** J. M./**Sampson,** R. J. (Hrsg.): The Social Ecology of
Crime, New York, 1986; **Cloward,** R. A.: Illegitime Mittel, Anomie und abweichendes Verhalten,
in: *Sack,* F./*König,* R. (Hrsg.): Kriminalsoziologie, 2. Aufl., Frankfurt/M. 1974, S. 314–338; **Cloward,** R. A./**Ohlin,** L. E.: Delinquency and Opportunity. A Theory of Delinquent Gangs, New
York 1960; **Cohen,** A. K.: Delinquent Boys. The Culture of the Gang, New York 1955; **Durkheim,** E.: Die Regeln der soziologischen Methode, Berlin 1961; **Durkheim,** E.: Kriminalität als
normales Phänomen, in: *Sack,* F./*König,* R. (Hrsg.): Kriminalsoziologie, 2. Aufl., Frankfurt/M.
1974, S. 3–8; **Feest,** J./**Blankenburg,** E.: Die Definitionsmacht der Polizei, Düsseldorf 1972; **Guttentag,** M.: Relationship of Unemployment to Crime and Delinquency, in: Journal of Social
Issues 1/1968, S. 104–114; **Haferkamp,** H.: Kriminalität ist normal, Stuttgart 1972; **Jonassen,** C.
T.: A Re-Evaluation and Critique of the Logic and some Methods of Shaw and McKay, in: *Voss,*
H. L./*Petersen,* D. M. (Hrsg.): Ecology, Crime and Delinquency, New York 1971, S. 133–145;
Kirchhoff, G. F.: Kriminalsoziologie, in: *Schneider,* H. J. (Hrsg.): Die Psychologie des 20. Jahr-
hunderts, Bd. 14, Auswirkungen auf die Kriminologie, Zürich 1981, S. 141–164;
Kube, E./**Koch,**K.-F.: Die Kriminalitätslandschaft in Ost und West im Zeichen des politischen
Umbruchs, in: Kriminalistik 1990, S. 346–350; **Lamnek,** S.: Theorien abweichenden Verhaltens,
München 1979; **Merton,** R. F.: Sozialstruktur und Anomie, in: *Sack,* F./*König,* R. (Hrsg.): Krimi-
nalsoziologie, 2. Aufl., Frankfurt/M. 1974, S. 283–313; **Moser,** T.: Jugendkriminalität und Gesell-
schaftsstruktur, Frankfurt/M. 1970; **Sack,** F./**König,** R. (Hrsg.): Kriminalsoziologie, 2. Aufl.,
Frankfurt/M. 1974; **Sellin,** T.: Culture Conflict and Crime, Social Science Research Committee,
Bulletin 41, New York 1938; **Shaw,** C. R.: Delinquency Areas, Chicago 1929; **Shaw,** C. R./**McKay,**
H. D.: Juvenile Delinquency and Urban Areas, Chicago 1942 (London 1969); **Springer,** W.: Kri-
minalitätstheorien und ihr Realitätsgehalt, Stuttgart 1973; **Taylor,** J./**Walton,** P./**Young,** J.: The
New Criminology, London 1973; **Thrasher,** F.: The Gang. A Study of 1313 Gangs in Chicago, 2.
Aufl., Chicago/Ill. 1963 (1. Aufl. 1928); **Whyte,** W. F.: Street Corner Society, 2. Aufl., Chicago
1955 (1. Aufl. 1943).

1 Für die Vertreter der soziologisch orientierten Kriminalitätstheorien steht der Druck, den bestimmte gesellschaftliche Verhältnisse auf den Prozeß der Kriminalisierung ausüben, im Vordergrund der kriminologischen Erklärungsversuche. Verkürzend läßt sich mit *Schellhoss* (KKW 1974, 199 f) sagen, daß „Kriminalität auf **sozialstrukturell bedingte ‚Mißstände'** zurückgeführt wird".

2 Dabei „unterscheiden sich die soziologischen Kriminalitätstheorien von den psychologischen auf der Ebene der Analyse derart, daß soziologische Theorien Aggregate zum Gegenstand haben, psychologische mehr Individuen" (*Kirchhoff* 1981, 142). Das heißt: Psychologische Kriminalitätstheorien beziehen sich mehr auf den einzelnen Menschen, während kriminalsoziologische Theorien mehr auf den Ergebnissen von **Gruppen-bzw. Massenuntersuchungen** aufbauen.

3 Dazu gehören aus der Vielzahl der Ansätze vor allem: die von Überlegungen *Durkheims* (I) ausgehende Anomietheorie (II), die Kulturkonfliktstheorie (III), der ökologische Ansatz der Chicago-Schule (IV) sowie die an diese anschließenden Subkulturtheorien (V); zur Weiterentwicklung in den USA vgl. *Schneider* in Kriminalistik 1997, 306 ff. Alle diese Ansätze knüpfen zwar an europäische Vorläufer an (vgl. § 4), wurden jedoch ausnahmslos in den Vereinigten Staaten entwickelt und beziehen sich damit auch auf (bis vor wenigen Jahren) spezifisch amerikanische Probleme (eskalierende Jugendkriminalität in den Großstädten, Kriminalität von Minoritäten). Wegen der Andersartigkeit der sozialen Verhältnisse in den USA sind sie nicht ohne weiteres auf deutsche Verhältnisse übertragbar. Das gilt insbesondere auch für den sog. labeling approach (dazu Rdn. 2 ff zu § 8).

I. Die Theorie der strukturell-funktionalen Bedingtheit der Kriminalität

4 Zu den ersten soziologisch orientierten Kriminalitätstheorien wird die Theorie der strukturell-funktionalen Bedingtheit der Kriminalität gezählt, deren grundlegende Gedanken bereits der französische Soziologe Emile *Durkheim* (1858–1919) im Rahmen einer Selbstmordstudie (1897) formuliert hat. Dieser baute wiederum auf den Überlegungen des Belgiers *Quetelet* (Rdn. 69 zu § 2 und Rdn. 31 zu § 4) auf, dem bereits die

Gesetzmäßigkeit der Kriminalitätszahlen aufgefallen war. Schon in seinen „Regeln der soziologischen Methode" (1895) gelangte *Durkheim* zu dem Ergebnis, daß Kriminalität kein pathologisches (krankhaftes) Phänomen ist, sondern als **integrierender Bestandteil jedes gesunden Gemeinwesens** eine völlig normale (ja zu erwartende) Erscheinung darstellen würde.

Die Kriminalität soll danach die Kehrseite jeder sozialen Regelung   5
sein: „Es gibt (schreibt er) keine Gesellschaft, in der keine Kriminalität existierte" (*Durkheim* 1965, 156; zuerst 1895). Erst dann, wenn die sozialen Regeln keine Beachtung mehr finden (wenn die kollektive Ordnung zerrissen oder gestört wird), „werden menschliche Triebe übermächtig und laufen aus in Zustände der Anomie" (*König* in: *Durkheim* 1961, 56): **Regellosigkeit.** Solche Zustände der Regellosigkeit (nachlassende Orientierungskraft von Normen und desintegrative Tendenzen) stellen sich nach *Durkheims* Beobachtung vor allem im Zuge sozialer Umbrüche (Zeiten der **Normschwäche**) ein, wie sie z.B. im Gefolge von gesellschaftlichem Verfall, Industrialisierung, Urbanisierung oder von Kriegen vorkommen.

*Beispiele: die industrielle Revolution im letzten Jahrhundert, die Arbeitslosigkeit während der Weltwirtschaftskrise, der deutsche „Zusammenbruch" 1945 nach dem verlorenen Zweiten Weltkrieg, die sozialen und ökonomischen Umwälzungen in den neuen Bundesländern und in den einzelnen osteuropäischen Staaten, insbesondere in den GUS-Staaten (dazu **Boers,** 1996, 314ff). Insoweit spielt auch die Öffnung politischer Systeme und die Zulassung pluralistischer Strukturen – und damit die Zulassung von mehr Individualfreiheit – eine Rolle (vgl. z.B. Kube/Koch 1990, 346).*

Ein Symptom für den anomischen Zustand stellen sprunghaft ansteigende Kriminalitätszahlen dar („**Fieber**"). So läßt sich erklären, weshalb sich die normale Kriminalitätsrate verschiebt. Allerdings bleibt die Frage offen, „bei welchem Umfang die Kriminalität die Schwelle der Normalität überschreitet" (*Göppinger*, Kriminologie 1980, 52).

II. Die Anomietheorie

Im Anschluß an die Hypothesen von *Durkheim* geht Robert K. *Mer-*   6
ton (1974; zuerst 1938) in der Anomietheorie primär der Frage nach, wie es zu erklären ist, daß die Häufigkeit abweichenden Verhaltens in den verschiedenen sozialen Schichten variiert. Seine zentrale Vermutung lautet dazu, „daß abweichendes Verhalten als Symptom für das Auseinanderklaffen von kulturell vorgegebenen Zielen und von sozial strukturierten Wegen, auf denen die Ziele zu erreichen sind, betrachtet werden kann" (*Merton* 1974, 289). Anomie soll also aus einem Widerspruch von Sozial- und Wertstruktur resultieren: aus dem **Auseinanderklaffen von den als legitim anerkannten gesellschaftlichen Zielen und den Zugangsmöglichkeiten zu den zur Erreichung dieser Ziele erlaubten Mitteln.** Diese Diskrepanz fällt nach *Merton* **schichtspezifisch differenziert** aus.

Deshalb würde sich die Kriminalitätsbelastung, die auch für *Merton* ein Symptom für eine anomische Situation darstellt, in den sozialen Schichten naturgemäß unterscheiden. Das heißt, daß die unterschiedliche Kriminalitätsbelastung der sozialen Schichten mit der **Diskrepanz** zu tun haben könnte, die zwischen den von allen Schichten verinnerlichten Ansprüchen der Ober- und Mittelschicht besteht (bzw. mit dem Konsumdruck) und der chancenlosen Realität der Unterschichtsangehörigen, denen es an den sozialkulturellen Mitteln mangelt, sich solche Ansprüche erfüllen zu können (weil ihnen z. B. das Einkommen, die berufliche Stellung oder die politische Verfügungsmacht fehlen).

7   Um mit dieser Streß-Situation fertig zu werden (vgl. dazu auch Rdn. 11 ff zu § 12), greifen die Betroffenen nach *Merton* (1974, 293) auf eines der fünf folgenden Verhaltensmuster (Rollenanpassungen) zurück:

- *erstens „**Konformität**": kulturelle (bzw. gesellschaftliche) **Ziele** (des wirtschaftlichen Erfolges und des raschen sozialen Aufstiegs) sowie die **legalen** (erlaubten, institutionalisierten) **Mittel** zu deren Erreichung werden bejaht und dem sozialen Wandel **angepaßt**: man schränkt sich ein bzw. gibt sich mit seiner Rolle zufrieden; keine kriminologische Bedeutung;*
- *zweitens „**Ritualismus**": kulturelle **Ziele** werden **heruntergeschraubt oder aufgegeben**, die (**legalen**) **Mittel** jedoch **beibehalten** (z. B. routinemäßige Mehrarbeit); keine kriminologische Bedeutung;*
- *drittens „**Rückzug**": kulturelle **Ziele** werden ebenso wie die (**legalen**) **Mittel** zu ihrer Erreichung **abgelehnt**: typisch ist die **Flucht in gesellschaftliche Scheinwelten**, die z. B. **Alkohol, Rauschgift und Sekten** eröffnen (vgl. Rdn. 11 zu § 27); vgl. etwa die Erfolge der Krishna-Sekte, Scientology oder Moon-Sekte, die auch als „Vereinigungskirche" firmiert und damit in den neuen Bundesländern (nach der Wiedervereinigung) zunächst Mißverständnisse provoziert hat;*
- *viertens „**Innovation**": kulturelle **Ziele** werden **akzeptiert**, aber mit **illegalen Mitteln** zu erreichen versucht: mit **Kriminalität**;*
- *fünftens „**Rebellion**": **Ziele und Mittel werden bekämpft**, mit dem Ziel, die bestehenden Sozialstrukturen zu verändern: z. B. **auch durch politisch motivierte Kriminalität bis hin zum Terrorismus: vgl. § 30.***

8   „Die Anomietheorie beruht also auf der Annahme, daß diejenigen, denen die Gesellschaft nicht auf legalem Wege z. B. die Chance auf Wohlstand vermittelt, eher als andere dahin gedrängt werden, ihn auf illegalem Wege – z. B. durch Eigentumsdelikte – anzustreben" (*Kaiser*, Kriminologie, 9. Aufl., 1993, 243). Eher zur Kriminalität gedrängt werden (nach diesem Konzept) die Unterschichtsangehörigen (schichtspezifische Chancenungleichheit), zu denen in diesem Sinne in der Literatur (z. B. von *Guttentag* 1968, 111 ff) auch die Arbeitslosen gezählt werden: Geldknappheit infolge Arbeitslosigkeit (zur Arbeitslosigkeit: Rdn. 11 ff zu § 12).

> ***Beispiel:*** *Der arbeitslose Jugendliche, der sich durch Diebstahl ein Moped verschafft, um mit seinen verdienenden Alterskameraden, die sich bereits ein Moped kaufen konnten, mitfahren zu können.*

126

Mit *Merton* ist sich (nach *Moser* 1970, 52) „die amerikanische soziolo- **9**
gische Forschung weitgehend einig darüber, daß die Unterschichten in
ihren objektiven Möglichkeiten des Aufstiegs oder auch nur des Gelder-
werbs im Durchschnitt stark behindert sind, entgegen dem ‚American
dream‘ gleicher Chancen für alle" (einen Überblick über die Weiterentwicklung der Anomietheorie durch andere Autoren gibt *Bohle* 1975).

Im Rahmen der **Kritik der Anomietheorie** weist *Brammsen* (in Jura **10**
1989, 124) darauf hin, daß die „normale Kriminalität einer Gesellschaft
empirisch nicht nachweisbar ist, die Grenze zur Anormalität nicht
anhand objektiver Kriterien nachvollziehbar ist." *Kaiser* betont (in Kriminologie 1988, 388) darüber hinaus, daß „kulturelle Ziele und soziale
Schichten nur vage und unzureichend umschrieben werden". Sie werde
überdies mit einem einheitlich gedachten Wert- und Normensystem in
der Gesellschaft verknüpft, obwohl die Vielfalt unterschiedlicher Normensysteme einer solchen Annahme widersprechen würde. *Lamnek*
(1979, 265) betont, daß die Anomietheorie „keine Bedingungen angeben
kann, wann und unter welchen Voraussetzungen bei sonst gleicher Ausprägung der gesellschaftlichen Strukturen der eine sich abweichend, ein
anderer sich aber konform verhält". Der Offenbarungseid der Anomietheorie wird nach *Breland* (Präv. Verbrechensbekämpfung 1974, 54) „fällig, wenn man fragt, wie man denn delinquentes Verhalten vorbeugend
verhindern kann".

AUSLÄNDER

Völlige Ohnmacht
**Türken in Deutschland sind extrem an-
fällig für seelische Erkrankungen – Folge des Kulturschocks beim Wechsel aus
dem Orient in den Westen.**

aus: *DER SPIEGEL* 12/1983, S. 81

III. Die Kulturkonfliktstheorie

Nach der von Thorsten *Sellin* (1938) – vor dem Hintergrund der ameri- **11**
kanischen Einwanderungserfahrungen – begründeten Kulturkonfliktstheorie entwickelt sich anomisches Verhalten (negative soziale Auffälligkeit: Rechtsbrüche, Unfälle, Krankheiten) auch aus dem Konflikt zwischen unterschiedlichen kulturellen Wert- und Verhaltensnormen **(These
vom Normdissens: Kulturschock)**: vgl. oben den Zeitungsausriß. Mit
diesem Normenkonflikt sollen vor allem Einwanderer konfrontiert werden, und zwar primär solche, bei denen die kulturellen Anschauungen,
Verhaltensregeln und Normen ihres Herkunftslandes (Heimatlandes)
mit denen des Gastlandes nicht übereinstimmen. Soziale Probleme
bekommen danach also vor allem solche Menschen, die sich den neuen
Verhältnissen der Adoptivkultur nicht einzupassen vermögen (man-

gelnde Anpassungs**fähigkeit**) oder auch nicht einpassen (integrieren, assimilieren) lassen wollen (mangelnde Anpassungs**willigkeit**). Die entsprechenden Schwierigkeiten werden noch durch Gefühle der Heimatlosigkeit und Orientierungslosigkeit sowie durch Distanzierung bzw. Ablehnung seitens der Majoritätsgruppe des Gastlandes (also der einheimischen Bevölkerung) weiter verstärkt: Dazu gehören Ausländerfeindlichkeit (vgl. Rdn. 26 ff zu § 28), Rechtsunsicherheit usw.

Danach resultiert der Kulturkonflikt also daraus, daß sich die Kulturen (bzw. Normensysteme) des Heimatlandes (das die Basispersönlichkeit des Immigranten geprägt hat) und des Gastlandes widersprechen. Der Einwanderer muß sich daher, wenn er eine neue soziale Identität aufbauen will, den Normen und Standards des Gastlandes anpassen (annähern), ein Prozeß, der zu Streß führt, der um so stärker ausfällt, je weniger sich die Kulturen entsprechen.

12   Aus dieser Streßsituation können Außen- und Innenkonflikte entstehen. **Außenkonflikte** liegen dann vor, wenn die Wertsysteme der Herkunfts- und neuen Adoptivkultur nicht übereinstimmen und sich der Ausländer zur Lösung des Konflikts nicht an den Normen (bzw. am Ehrenkodex) des Gastlandes, sondern an denen seiner von ihm verlassenen Heimat orientiert. *Schneider* (PdW 1982, 74) bringt dazu das Beispiel, daß der aus Sizilien eingewanderte Vater den Schwängerer seiner 16jährigen Tochter in New Jersey/USA tötet (vgl. auch *Sellin* 1938, 68). *Kaiser* (Kriminologie, 9. Aufl., 1993, 398) führt den Fall an, daß ein italienisches Mädchen, dem die Ehe versprochen und das nach Gestattung der Beiwohnung verlassen wurde, auf „Beschluß" des Familienrates den Liebhaber tötet. In beiden Fällen soll das Verhalten den südländischen „Bräuchen" entsprechen und wird deshalb in Italien auch geringer bestraft (*Kaiser* aaO).

13   Außenkonfliktsbestimmt sind darüber hinaus auch alle jene Straftaten, die bei Ausländern durch Frustration ausgelöst werden (vgl. dazu auch die Anomietheorie, Rdn. 6 ff): Situationen, in denen der Ausländer also erkennt, daß er die gesellschaftlichen Ziele mit seiner Ausbildung und Bezahlung auf dem legalen Wege (nur bedingt oder) niemals erreicht.

14   Häufig kommt es aber auch vor, daß der äußere Konflikt auch zu einem Konflikt innerhalb der Ausländergruppe (etwa innerhalb der Ausländerfamilie selbst) führt (**Innenkonflikt**) und dort destabilisierend wirkt. Im Gegensatz zu ihren Eltern internalisieren (verinnerlichen, machen sich zu eigen bzw. übernehmen) nämlich die Kinder der Ausländer durch ihren engeren Kontakt mit der Umwelt weitgehend die Ziele der neuen Gesellschaft und rebellieren entsprechend gegen die vermeintliche Rückständigkeit ihrer Eltern (sich widersprechender Sozialisationsdruck): insbesondere gegen deren Moralvorstellungen und Erziehungsmethoden (mangelnde Wertübereinstimmung innerhalb der Familie): Kopftuch tragen, nicht mit auf Klassenreise gehen zu dürfen, Disco-Verbot usw. **Zur Übertragbarkeit der Kulturkonfliktstheorie auf die deutsche Gastarbeiterproblematik vgl. § 23 Rdn. 20 ff.**

IV. Der ökologische Ansatz (der Chicago-Schule)

Zu den soziologischen Erklärungsansätzen (in bezug auf die Entstehung kriminellen Verhaltens) gehört auch die „Theorie der sozialen Desorganisation" bzw. der ökologische Ansatz der Chicago-Schule (mit seinen Modifizierungen), aus der sich die Kriminalgeographie entwickelt hat (vgl. § 15) und letztlich auch der Wissenschaftszweig, der sich mit den Zusammenhängen zwischen Städtebau (bzw. Wohnhausarchitektur) und Kriminalität befaßt (vgl. dazu § 16).

15

Im Anschluß an die Studien von *Guerry* (1833) und *Quetelet* (1835) in Frankreich hat Ernest W. *Burgess* (1925) zwei Jahre lang untersucht, wie sich die 5–16jährigen Delinquenten (zum Begriff vgl. Rdn. 1 zu § 1) über die Stadtbezirke der Stadt Lawrence in Kansas verteilten. Dabei hat *Burgess* ermittelt, daß der Anteil dieser Delinquenten an der Gesamtheit der Altersgruppe der 5–16jährigen in den sechs Stadtbezirken zwischen 8,36 und 0,82 % variierte. Aus diesem Ergebnis hat er gefolgert, daß in bestimmten Stadtgebieten besondere Faktoren wirksam sein müßten, die delinquente Verhaltensweisen begünstigen würden (vgl. *Burgess* 1967, 47–62). Eine entsprechende Ursachenforschung hat *Burgess* jedoch nicht durchgeführt.

16

Dieser Aufgabe haben sich erst *Thrasher* (The Gang, 1927) und *Shaw* (1929) unterzogen. *Thrasher* überprüfte die Aufenthalts- und Aktionsgebiete von 1313 Chicagoer „Gangs" (Banden) und gelangte dabei zu dem Ergebnis, daß es bestimmte Gegenden am Rande der City gibt (Schienengelände, Fabrikzonen usw.), in denen das Bandenwesen Chicagos primär gedeiht; *Thrasher* hat solche Gebiete „**gang-lands**" genannt.

Shaws erste Untersuchung (1929) bezog sich auf die Wohnsitze von 60 000 männlichen Jugendlichen Chicagos, die von der Stadt, der Polizei oder den Gerichten als Schulschwänzer (school truants) bzw. als Rechtsbrecher (offenders) registriert worden waren. Die Gebiete, in denen extrem viele seiner Probanden lebten, nannte er „**delinquency areas**".

Solche „delinquency areas" bzw. gang-lands (z. T. riesigen Ausmaßes) machen heute auch in Südamerika Sorgen: etwa die „favelas", die Slumgebiete in Rio oder Sao Paulo (vgl. Foto hinter Rdn. 25).

Dabei ging *Shaw* davon aus, daß sich diese „delinquency areas" weitgehend mit den sog. „natural areas" decken würden, nämlich solchen Gebieten, die im Verlauf des natürlichen Städtewachstums entstanden sind und sich von ihrer Umgebung durch besondere geographische, topographische, soziale und kulturelle Spezifica abgrenzen. *Shaw* behauptete, daß sich jede Stadt in solche „natürlich gewachsenen Gebiete" (natural areas) aufgliedern ließe und dadurch Strukturen erhielte, die man beschreiben und messen könne.

17

In den dreißiger Jahren hat *Shaw* seine Untersuchungen – und zwar in Zusammenarbeit mit (seinem Assistenten) H.-D. *McKay* (veröff. 1942) – auf weitere nordamerikanische Städte ausdehnen können. Beide versuchten nun auch zu erklären, weshalb sich sozial abweichendes Verhal-

18

ten in bestimmter Weise in bestimmten Stadtteilen konzentriert (ökologischer Ansatz). Diese Arbeiten, die sich wie die Chicagoer Studie auf jugendliche Tatverdächtige und Delinquenten bezogen (grundsätzlich im Alter von 16 bis 18 Jahren), sind in Philadelphia, Boston, Cincinnatti, Cleveland und Richmond durchgeführt worden. In diesen Städten haben *Shaw* und *McKay* (nach dem Chicagoer Beispiel) wiederum Gebiete ermittelt, die im Vergleich zu anderen Stadtteilen durch besonders hohe Kriminalitätsraten auffielen. Die nähere Untersuchung ergab, daß sich diese delinquency areas wiederum nicht nur durch die höheren Delinquenz- bzw. Schulschwänzerraten von anderen Teilen der Stadt unterschieden, sondern auch z. T. durch hohe Säuglings-Sterblichkeitsziffern, hohe Quoten an Tuberkuloseerkrankungen, Übervölkerung, hohe Raten an von staatlicher Unterstützung lebenden Familien, durch mangelnde Angebote zur Freizeitgestaltung, aber auch durch hohe Bevölkerungsmobilität (**ungünstige Sozialstruktur**).

19 Dabei fiel auf, daß die Delinquenzbelastung der Stadtbezirke unabhängig von der ethnischen Zusammensetzung der Bewohner zu sein schien. So änderten sich die Kriminalitätsbelastungsziffern (bzw. TVBZ: vgl. Rdn. 15 zu § 2) auch dann nicht, wenn in einem Bezirk z. B. zunächst überwiegend Deutsche, dann Iren und später Polen oder Italiener wohnten; dadurch konnte der Eindruck entstehen, **als ob der Raum selbst Kriminalität hervorbringen ("produzieren") würde.** Man könnte also annehmen, „daß wohl gewisse Faktoren über Jahrzehnte hinaus am Werke sind, die, unabhängig von der Kultur und Wertvorstellung der jeweiligen Bewohner, Jugendliche **immer wieder kriminell infizieren"** (*Jonassen* 1971, 145). Die zweite Möglichkeit dürfte darin bestehen, daß der Raum **Kriminelle anzuziehen** vermag. Für diese zweite Möglichkeit spricht, daß *Shaw* und *McKay* feststellen konnten, daß die Delinquenzgebiete jeweils dort lagen, wo die Stadtteile am verkommensten waren (Abbruchhäuser/Sanierungsgebiete); in solchen Gebieten, in die bestimmte Bevölkerungsgruppen abgedrängt wurden, die kein Geld hatten (billige Mieten), lösten sich offenbar unter dem Druck sozial zersetzender Kräfte (die sich oft dort einfinden, wo die Armut zu Haus ist) die gesellschaftlichen Bindungen auf, mit der Folge, daß auch der Widerstand gegen kriminelles Verhalten abnahm (**geringe soziale Kontrolle**). Die wohlhabende Bevölkerung, die aus der Innenstadt, in der die Kaufhäuser und Büroetagen hochschossen, in die Randviertel zog, blieb von dieser Entwicklung verschont.

20 Dadurch entstanden – von den sozialen Strukturen aus gesehen – mehrere Ringe, die sich um die City gruppierten, und zwar: in der Mitte Industriegebiete und Geschäftsviertel (Zone I), dann ein Übergangsgebiet zu den Wohnvierteln, das oft zum Slumgebiet wurde (Zone II), das Wohnviertel der Arbeiter (Zone III), die Wohngebiete des Bürgertums (Zone IV) und schließlich die Wohngebiete von Pendlern (Zone V). Entsprechend dieser Verteilung von innen nach außen nahmen auch die Kriminalitätszahlen ab, und zwar umgekehrt proportional zur Entfernung vom Stadtzentrum (sog. **Zonentheorie**).

Shaw und McKay stellten im einzelnen fest, daß je höher die Delin- **21**
quenzrate einer area war, desto mehr die Wahrscheinlichkeit zunahm,
daß ein Jugendlicher rückfällig wurde. Die Ursache für diese Erscheinung haben sie u. a. darin gesehen, daß der erzieherische Einfluß auf
Kinder in den delinquency areas oft teilweise oder vollständig fehlt, so
daß sich der Nachwuchs in solchen Gebieten seine Bezugspersonen und
Vorbilder auf der Straße auswählt.

Zur Beschreibung der sozialen Verhältnisse in solchen Gebieten bringt **22**
Shaw in seinem Buch „The Jack-Roller" (Chicago 1930, 54) folgendes

> **Beispiel:** *„Stehlen in der Umgebung war eine allgemeine Übung bei*
> *Kindern und von den Eltern anerkannt. Immer wenn die Jungen*
> *zusammenkamen, sprachen sie vom Stehlen und machten weitere*
> *Pläne. Ich kannte kaum Jungen, die nicht stahlen. Die kleinen Jungen*
> *praktizierten geringfügige Diebstähle, brachen Güterwagen auf und*
> *beteiligten sich an Altwarendiebstählen. Die älteren machten größere*
> *Sachen, z. B. Überfälle, Einbruch und Autodiebstahl. Die kleinen Jun-*
> *gen bewunderten die ,großen Kanonen' und sehnten den Tag herbei, an*
> *dem sie in den großen ,racket' eintreten könnten. Burschen, die ,ihre*
> *Zeit im Knast abgesessen hatten', waren ,große Kanonen' und wurden*
> *bewundert. Sie gaben den kleinen Jungen Anhaltspunkte, wie man an*
> *große Sachen herankommen und sie vollführen konnte" (zit. nach Clo-*
> *ward in: Sack/König 1974, 324).*

Die Resultate der Untersuchungen von Shaw und McKay ergeben **23**
zusammengefaßt das folgende Bild:

– *je näher ein Gebiet zum Stadtzentrum liegt, desto höher fällt die Bela-*
  stung mit Kriminalität aus (Zonentheorie);
– *es gibt sog. delinquency areas, die durch hohe Delinquenzraten und*
  ungünstige Sozialstruktur auffallen;
– *in diesen „delinquency areas" ist die soziale Kontrolle auf ein Minimum*
  reduziert;
– *nicht der Raum, sondern die sozialen Bedingungen „produzieren"*
  delinquentes Verhalten;
– *rascher Bevölkerungswechsel in einer Gegend begünstigt das Entstehen*
  kriminellen Verhaltens, was damit zu tun hat, daß die einströmenden
  Menschen noch nicht integriert sind. Im Laufe der Zeit stabilisiert sich
  jedoch das soziale Gefüge dann wieder in Richtung auf sozial angepaß-
  tes Verhalten;
– *Delinquenz kommt vor allem bei Einwanderern vor, und zwar unab-*
  hängig von Rasse oder Nationalität.

Auf der Grundlage dieser Ergebnisse wurde in Chicago ein Kriminali- **24**
tätsbekämpfungsprogramm entworfen, das als **„Chicago Area Project"**
(CAP) noch heute (nach über 50jähriger Arbeit) durchgeführt wird (vgl.
dazu Schwind in: Schwind/Ahlborn/Weiß, Empirische Kriminalgeographie, 1978, 361 ff). Die eigentliche kriminalpolitisch relevante Idee,
schon im Vorfeld krimineller Entgleisung deren Ursachen vorbeugend zu
bekämpfen, ist dem Programm allerdings nach dem Tode von Shaw

(1957) abhanden gekommen; das CAP arbeitet inzwischen auch kaum mehr mit der Forschung zusammen, sondern beschränkt sich heute auf Einzelfallhilfen in den Stadtteilen.

V. Modifizierungen: Die Subkulturtheorien

25   Der ökologische Ansatz ist durch sog. Subkulturtheorien ergänzt bzw. modifiziert worden, von denen es eine ganze Reihe von Spielarten gibt (vgl. z.B. *Whyte* 1943; *Cohen* 1955; *Cloward/Ohlin* 1960). Gemeinsam ist diesen Konzepten die Betonung der Kluft, die zwischen den Wert- und Normensystemen der Mittel- und Oberschichten und den Möglichkeiten der Unterschichten, die entsprechenden Ziele selbst zu erreichen, besteht (dazu Rdn. 6 ff: Anomietheorie; zur Bandenkriminalität vgl. auch § 28).

Abbildung 9: Favela (Slumgebiet) in Sao Paulo (Brasilien)
Photo: *Schwind* 1996

1. Die Theorie der (delinquenten) Subkultur

26   Die Theorie der (delinquenten) Subkultur geht auf *Whyte* (1943) und *Cohen* (1955) zurück.

27   **Whyte** hat den Vertretern der Chicagoer Schule entgegengehalten, daß die „delinquency areas", also primär die Slums (dazu das Foto oben aus Sao Paulo/Brasilien), keineswegs (wie von *Shaw* behauptet) desorganisiert, sondern von einem **eigenen subkulturellen Normensystem** durchzogen seien. Mit diesem Anti-Normensystem ist ein solches gemeint, das sich in weiten Teilen im Widerspruch zu den Moralbegriffen der Gesamtgesellschaft befindet, jedoch in der Lage ist, die Verhaltensweisen innerhalb der subkulturellen Verhältnisse im Rahmen eigener Hierarchie zu regeln (zur Mafia vgl. Rdn. 9ff zu § 29).

Cohen (1955) hat das Verhalten von Jungen aus der Mittelklasse und **28** aus der Arbeiterklasse untersucht, und zwar mit dem Resultat, daß die Jungen der Unterschicht gegenüber den Werten und Zielen der Mittelschichten ambivalente Gefühle entwickeln: d.h., sie halten sie zwar grundsätzlich für erstrebenswert, sehen aber zugleich die Schwierigkeiten, diese aus ihrer sozial benachteiligten Situation heraus erreichen zu können. Aus dieser **anomischen Situation** entwickeln sich (wie *Cohen* festgestellt hat) folgende Reaktionen:

– *die Reaktion, sich mit der gegebenen Situation **abzufinden** (in der eigenen Schicht zu verbleiben),*
– *die Reaktion, trotz der ungünstigen Ausgangssituation doch zu versuchen, die Mittelschichtsziele **zu erreichen**,*
– *die Reaktion der **Ablehnung** der Mittelschichtsziele und -werte **zugunsten eines eigenen subkulturellen Werte- und Normensystems**.*

So gilt in Slumgebieten bzw. im „gang·land" (Rdn. 16) der Diebstahl **29** als „eine wertbesetzte Tätigkeit, durch die man Ruhm, Überlegenheit und tiefe Befriedigung erlangen kann" (zit. nach *Mergen*, Kriminologie, 1978, 124). Subkulturelle Konventionen können aber auch z.B. darin bestehen, Konflikte nur noch gewaltsam zu lösen. Diese delinquenten Handlungen werden (nach *Cohen*) aber nicht etwa deshalb geachtet, weil sie dem eigenen subkulturellen Normensystem entstammen, sondern nur deshalb, weil sie die Gesamtgesellschaft verletzen (zit. nach *Mergen* aaO). Auf diese Weise sollen z.B. auch Belästigungen der Mittelschicht legitimiert werden oder auch Akte von Vandalismus.

2. Die Theorie der differentiellen Gelegenheiten

Cloward und *Ohlin* wollten in ihrem Buch über „Delinquency and **30** Opportunity" (A Theory of Delinquent Gangs, 1961) nicht nur den ökologischen Ansatz der Chicago-Schule mit den Positionen der Anomietheorie verbinden, sondern auch die Kulturkonfliktstheorie mit dem lerntheoretischen Ansatz von *Sutherland* (vgl. auch *Cloward* 1974, 314).

Dabei gingen sie davon aus, daß das Kriminellwerden letztlich auch **31** mit der Frage zu tun hat, welche **speziellen Gelegenheiten** sich dem (potentiellen) Straftäter anbieten (vgl. dazu das Beispiel unter Rdn. 22 zu § 21). Diese „Gelegenheit" betrifft auch die Frage des **Zugangs zu illegitimen Mitteln** (Waffen, Diebeswerkzeug), die wiederum von den sozialen Bedingungen abhängen würde, unter denen jemand lebt und aufwachsen mußte. Der Zugang zu den illegitimen Mitteln sei also nicht, wie *Merton* annimmt, für jeden Menschen gleich frei. Den Hintergrund auch für diese Theorie bildeten wiederum die Verhältnisse in amerikanischen Slums (vgl. auch Rdn. 22 zu § 21: Wirtschaftskriminalität als „special opportunity crime"). Dementsprechend wurden die lerntheoreti-

schen Ansätze von Sutherland dahingehend erweitert, daß die Chance, kriminelle Verhaltensweisen zu lernen, in den Slums höher ist als in anderen Wohngebieten der Stadt und durch Kulturkonfliktsprobleme noch verschärft werden kann (vgl. dazu die Zusammenfassung bei *Cloward* 1974, 331 ff).

§ 8 Ergänzende Erklärungsversuche und Integrationskonzepte

Literatur: **Arbeitskreis Junger Kriminologen (AJK):** Kritische Kriminologie, München 1974; **Blankenburg,** E.: Karl Marx und der „Labeling"-Ansatz, in: KrimJ 1974, S. 313–319; **Blüthner,** H.: Soziale und kriminelle Gefährdung und Kriminalitätsvorbeugung, in: Staat und Recht 1972, S. 425–434; **Bock,** M.: Addition, Theorie, Typus, Möglichkeit und Grenzen kriminologischer Integrationsbemühungen, in: MschKrim 1994, S. 238–251; **de Boor,** W.: Sozialer Infantilismus – Ursachen der Kriminalität, Hilden 1991; **Buchholz,** E./**Hartmann,** R./**Lekschas,** J./**Stiller,** G.: Sozialistische Kriminologie, Berlin 1971; **Buikuisen,** W.: Kriminalitätstheorien, in: KKW 1985, S. 230–334; **Burt,** C.: The Young Delinquent, 4. Aufl., London 1965; **Cohen,** A. K.: Mehr-Faktoren-Ansätze, in: *Sack, F./König,* R. (Hrsg.): Kriminalsoziologie, 2. Aufl., Frankfurt/M. 1974, S. 219–225; **Farrington,** D. P. et al.: Understanding and Controlling Crime, New York 1986; **Feest,** J./**Blankenburg,** E.: Die Definitionsmacht der Polizei, Düsseldorf 1972; **Gebhardt,** Th./**Heinz,** A./**Knöbl,** W.: Die gefährliche Wiederkehr der „gefährlichen Klassen": Der IQ als Indikator sozialer Devianz in der neueren amerikanischen Kriminalitätsdiskussion, in: KrimJ 1996, S. 82–106; **Glueck,** S./**Glueck,** E.: Unraveling Juvenile Delinquency, Cambridge, Mass. 1950; **Glueck,** S./**Glueck,** E.: Delinquents and Nondelinquents in Perspective, Cambridge 1968; **Göppinger,** H.: Der Täter in seinen sozialen Bezügen, Berlin 1983; **Heinz,** W./**Spieß,** G./**Storz,** R.: Prävalenz und Inzidenz strafrechtlicher Sanktionierung im Jugendalter, in: *Kaiser, G./Kury, H./Albrecht,* H.-J. (Hrsg.): Kriminologische Forschung in den 80er Jahren, Bd. 35/2, Freiburg 1988, S. 631–660; **Heinz,**W./**Storz,** R.: Diversion im Jugendstrafverfahren, Bonn 1992; **Heinz,** W. et al.: Kohortenuntersuchungen, in: *Kury,* H. (Hrsg.): Entwicklungstendenzen kriminologischer Forschung, Köln 1986, S. 163–186; **Helwig,** G. (Hrsg.): Jugendkriminalität in beiden deutschen Staaten, Köln 1985; **Hess,** H./**Steinert,** H.: Kritische Kriminologie – zwölf Jahre danach, in: KrimJ 1986, S. 2–8; **Kaiser,** G.: Was ist eigentlich kritisch an der „kritischen Kriminologie"? in: Festschrift für R. Lange, Berlin 1976, S. 521–539; **Kaiser,** G./**Kerner,** H.-J.: Normbruch und Auslese der Bestraften. Ansätze zu einem Modell der differentiellen Entkriminalisierung, in: *Göppinger,* H./*Kaiser,* G. (Hrsg.): KrimGegfr 12: Kriminologie und Strafverfahren, Stuttgart 1976, S. 137–155; **Kerner,** H. J.: Kohortenstudien – Ertrag bisheriger Untersuchungen, in: *Savelsberg,* J. J. (Hrsg.): Zukunftsperspektiven der Kriminologie, Stuttgart 1989, S. 190–204; **Kerner,** H. J.: Jugendkriminalität, Mehrfachtäterschaft und Verlauf, in: BewHi 3/89, S. 202–220; **Lekschas,** J./**Kosewähr,** E.: Kriminologie in der DDR, in: *Kaiser, G./Kury, H./Albrecht,* H.-J. (Hrsg.): Kriminologische Forschung in den 80er Jahren, Freiburg 1988, S. 19–56; **Neumann,** U./**Schroth,** U.: Neuere Theorien von Kriminalität und Strafe, Darmstadt 1980; **Peters,** D.: Richter im Dienst der Macht. Zur gesellschaftlichen Verteilung der Kriminalität, Stuttgart 1973; **Peters,** H.: Als Partisanenwissenschaft ausgedient, als Theorie aber nicht sterblich: der labeling approach, in: KrimJ 1996, S. 107–115; **Pongratz,** L. et al.: Kinderdelinquenz, München 1975; **Rüther,** W.: Abweichendes Verhalten und „labeling approach", Köln 1975; **Sack,** F.: Selektion und Kriminalität, in: Kritische Justiz 1971, S. 384–400; **Sack,** F.: Definition von Kriminalität als politisches Handeln: Der labeling approach, in: KrimJ 1972, S. 3–31; **Sack,** F.: Neue Perspektiven in der Kriminologie, in: *Sack, F./König,* R. (Hrsg.): Kriminalsoziologie, 2. Aufl., Frankfurt/M. 1974, S. 431–475; **Sack,** F.: Probleme der Kriminalsoziologie, in: *König,* R. (Hrsg.): Handbuch der empirischen Sozialforschung, Bd. 12: Wahlverhalten, Vorurteile, Kriminalität, 2. Aufl., Stuttgart 1978, S. 192–492 (1. Aufl. 1969); **Schneider,** H. J.: Die gegenwärtige Lage der deutschsprachigen Kriminologie, in: JZ 1973, S. 569–583; **Schnell,** R./**Hill,** P. B./**Esser,** E.: Methoden der empirischen Sozialforschung, 2. Aufl., München 1989; **Schumann,** K. F.: Ungleichheiten in der Strafverfolgung, in: Recht und Politik 1974, S. 119–129; **Sessar,** K.: Empirische Untersuchungen zu Funktion und Tätigkeit der Staatsanwaltschaft, in: ZStW 1975, S. 1033–1062; **Steffen,** W.: Analyse polizeilicher Ermittlungstätigkeit aus der Sicht des späteren Strafverfahrens, Wiesbaden 1976; **Tannenbaum,** F.: Crime and Community, London 1953; **Tracy,** P. E./**Wolfgang,** M. E./**Figlio,** R.: Delinquency Careers in Two Birth Cohorts, New York 1990; **Traulsen,** M.: Delinquente Kinder und ihre Legalbewährung,

Frankfurt/M. 1976; **Weitekamp,** G. M./**Kerner,** H.-J.: Cross-National Longitudinal Research on Human Development and Criminal Behavior, Dordrecht 1994; **Weschke,** E./**Krause,** W.: Auswertung polizeilicher Unterlagen in Berlin, in: Autorengruppe Jugenddelinquenz (Hrsg.): Handlungsorientierte Analyse, Berlin, 1983/1984/1989; **West,** D. J.: Present Conduct and Future Delinquency, London 1969; **West,** D. J./**Farrington,** D. P.: Who becomes Delinquent?, London, 1973; **West,** D. J.: Applied Criminology in England, in: *Göppinger, H.* (Hrsg.): Angewandte Kriminologie, Bonn 1988, S. 21–29; **Wolfgang,** M. E./**Figlio,** R. M./**Sellin,** T.: Delinquency in a Birth Cohort, Chicago 1972; **Wolfgang,** M./**Thornberry,** T./**Figlio,** R.: From Boy to Man: From Delinquency to Crime, London/Chicago 1987.

Gliederung

Unter der Überschrift „Ergänzende Erklärungsversuche" werden **1** (hier) solche Ansätze zusammengefaßt, die von den Schemata der herkömmlichen Kriminalitätstheorien abweichen, aber als Ergänzung Bedeutung besitzen. Insoweit sind vor allem das soziologische **Konzept des Etikettierungsansatzes** (I) zu nennen sowie der Ansatz, an dem sich die sog. **Sozialistische Kriminologie** (II) orientiert. Beide Ansätze haben jedoch inhaltlich nichts miteinander zu tun.

Schließlich kann es nicht überraschen, daß (vor dem Hintergrund der Vielfalt der Kriminalitätstheorien) **Integrationskonzepte** (III) diskutiert werden, die zu einer Hauptströmung heranreifen könnten. In der neueren amerikanischen Kriminalitätsdiskussion spielt auch (wieder) der **Intelligenzquotient** als Indikator sozialer Devianz eine Rolle (dazu *Gebhardt* u.a. 1996, 82ff).

I. Der Etikettierungsansatz (labeling approach)

Die Vertreter des labeling approach oder Etikettierungsansatzes (zwi- **2** schen 1938 und 1973 z.B. *Tannenbaum, Goffman, Shoham, Becker, Garfinkel*) gehen unter weitgehender Ablehnung aller bisherigen kriminologischen Erklärungsansätze davon aus, daß sozial abweichendes Verhalten nicht durch das soziale Versagen von Menschen entsteht, sondern durch spezielle Definitions- und Zuschreibungsprozesse der Instanzen sozialer Kontrolle. *Tannenbaum* (1953): „The young delinquent becomes bad, because he is defined as bad."

1. Rezeption des labeling approach in Deutschland

Gesellschaftspolitische Sprengkraft erhält dieser Ansatz allerdings erst **3** in seiner extremen Ausprägung (seit 1968) durch den deutschen Hauptvertreter der „kritischen Kriminologie" (Fritz *Sack*), der die Behauptung aufstellt, daß die Selektionspraxis der Strafverfolgungsbehörden schichtspezifisch bestimmt sei (dazu vor allem die Aufsätze in *AJK* 1974; Überblick über die Diskussion im Bundesgebiet bei *Rüther* 1975; zur Positionsbestimmung der „kritischen Kriminologie" vgl. *Hess/Steinert* 1986, 2 ff).

4   Den Ausgangspunkt entsprechender Überlegungen bildet die sog. **Ubiquitätsthese,** die an Resultate der Dunkelfeldforschung (dazu Rdn. 33 ff zu § 2) anknüpft. Nach dieser These ist Kriminalität „ubiquitär", d. h. eine normale Erscheinung, die etwa gleichmäßig über alle Schichten der Bevölkerung verteilt ist.

5   Erst durch die Selektionspraxis von Polizei und Justiz würde darüber entschieden, wem (mit der Folge der **„Stigmatisierung"**) das Etikett (label = Stempel) des Straftäters aufgedrückt wird.

6   Daß die Unterschichten unter den (registrierten) Straftätern überrepräsentiert sind, soll danach mit einer schichtspezifischen Ungleichbehandlung zu tun haben, die mit einer **„Klassengesetzgebung"** beginnt (*Sack* 1971, 384; *Blankenburg* 1974, 313 ff) und sich in der Strafverfolgung und Verurteilung fortsetzt.

7   Für diese Behauptung werden von den deutschen Vertretern des Ansatzes (vgl. etwa *Schumann* 1974, 119) folgende Beobachtungen angeführt:

– *Der Gesetzgeber sanktioniert Verhaltensweisen der Unterschichten eher als solche der Mittel- und Oberschicht (**Schumann** 1974, 120);*
– *unter den von der Polizei aufgegriffenen Tätern (Tatverdächtigen) sind Unterschichtsangehörige weit überrepräsentiert (Ergebnis z. B. einer Untersuchung von **Peters** 1973);*
– *„Angeklagte aus der Unterschicht werden seltener freigesprochen (bzw. das Verfahren gegen sie wird seltener eingestellt) als wegen vergleichbarer Delikte Angeklagte aus der Mittelschicht" (**Schumann** aaO u. H. auf eine eigene empirische Arbeit aus dem Jahre 1971).*

8   Wenn auch für eine „Klassengesetzgebung" wenig Anhaltspunkte vorliegen, sieht es danach mitunter tatsächlich so aus, als ob die Strafverfolgungsbehörden (Polizei und Justiz) die Angehörigen der Ober- und Mittelschicht eher als die Unterschichtsangehörigen „laufen lassen" oder später (vor Gericht) eher straffrei ausgehen ließen (zur „schichtspezifischen Diskriminierung" bei der Anordnung von **U-Haft,** vgl. *Gebauer,* Die Rechtswirklichkeit der Untersuchungshaft, Göttingen 1987, 375). Der „anständige" Bürger, der einen festen Wohnsitz nachweisen kann und einer regelmäßigen Tätigkeit nachgeht, soll bereits wesentlich seltener in Verdacht geraten als etwa der obdachlose Gelegenheitsarbeiter (*Neumann/Schroth* 1980, 79; *Schumann* 1974, 127; *Feest/Blankenburg* 1971): zur Obdachlosigkeit vgl. § 17.

9   *Immerhin hat Dorothee **Peters** (1973, 100 ff) z. B. nachweisen können, daß die sozialen Vorstellungen, die sich Richter von dem typischen Dieb und dem typischen Hilfsarbeiter machen, übereinstimmen.*

Diese Ergebnisse entsprechen der Vermutung von *Sack* (1969, 998),   **10**
nach der die Unterschichten mehr als die Mittel- und Oberschichten
strafverfolgt werden. Das seien auch letztlich die Gründe dafür, daß vor
allem die Unterschichten (weit überproportional) unsere Justizvollzugsanstalten (Gefängnisse) bevölkern. Deshalb müßten Forschungsvorhaben problematisch erscheinen, deren Gegenstand nur diese ausgelesene
„kriminelle Population" bilden würde; die Forschung müßte da früher
einsetzen, nämlich bei den Strafverfolgungsbehörden **(Institutionenforschung).**

2. Kritik und Bedeutung des Ansatzes

Daß die Institutionenforschung in der Kriminologie ihren Platz haben   **11**
muß, ist schon an anderer Stelle (Rdn. 14 f zu § 1) betont worden. Ohne
die Erforschung der Selektionspraxis sind alle Erklärungsansätze ergän-
zungsbedürftig: Es ist auch nicht zu verkennen, daß das „Gedankengut
des labeling approach ... zu der Problemlösung der sog. **Diversion"**
(Alternative zur Sanktion: dazu auch Rdn. 29 zu § 3) geführt hat (*Kaiser*
1976, 528). Das Verdienst der Vertreter des Etikettierungsansatzes ist
z. B. ferner darin zu sehen, daß sie den Blick für die (bisher unzureichende) Verfolgung wirtschaftskriminellen Verhaltens (zur **Wirtschaftskriminalität:** vgl. § 21) geschärft haben: Zutreffend ist sicher, daß z. B.
Steuerhinterziehung oder Computerdelikte (Delikte der Mittel- und
Oberschicht) weniger der Strafverfolgung ausgesetzt sind als z. B. Diebstahl und Raub (die als typische Unterschichts-Straftaten gelten). Diese
Erscheinung hat allerdings weniger mit der angesprochenen Selektionspraxis zu tun als mit spezifischen Problemen der Aufklärung solcher
Delikte (dazu Rdn. 24 ff zu § 21).

Im Rahmen der Kritik an dem Etikettierungsansatz wird im Schrifttum   **12**
vor allem (im übrigen vgl. z. B. *Kaiser* 1976, 521 ff) die **Ubiquitätsthese** in
Frage gestellt. Insoweit heißt es z. B. bei *Göppinger* (Kriminologie 1980,
49): „Bei genauerer Betrachtung der neueren Dunkelfeldforschung
ergibt sich, daß Straffälligkeit zwar statistisch ‚normal' ist, d. h., daß fast
alle männlichen Mitglieder einer Gesellschaft im Laufe ihres Lebens eine
oder mehrere Straftaten begehen, daß aber bei Differenzierung nach
Schwere und Häufigkeit der Delikte die registrierten Straftäter deutlich
stärker belastet sind." Ähnlich schreibt *Kürzinger* (Kriminologie 1982,
104): „Zwar ist es richtig, daß die einmalige Straftat ... offenbar fast allgemein ist, jedoch ist nicht daran zu zweifeln, daß der wiederholte bzw.
schwere Rechtsbruch nicht gleich häufig in der Bevölkerung zu finden
ist" (so auch Rdn. 66 zu § 2).

Noch keine Rolle hat bisher in der Diskussion des Etikettierungsansat-   **13**
zes gespielt, daß die hohe Kriminalitätsbelastung der Unterschichten
(zumindest z. T.) auch damit zu tun haben könnte, daß zu diesen fälschlicherweise auch immer die **Gruppe der Minderbegabten** (Schwachsinnigen) gezählt wird, die im Hellfeld der Kriminalität (bei manchen Delik-

ten) weit überproportional oft in Erscheinung treten (vgl. dazu Rdn. 16 f zu § 11). Kein normalsinniger Arbeiter der Unterschicht würde vermutlich Verständnis dafür aufbringen, daß er in Forschungsprojekten in einer Gruppe mit schwachsinnigen Menschen rangiert (*Schwind* in: MschrKrim 1975, 303). Durch die falsche Zuordnung ist vielleicht auch die (mißverständliche) neuere amerikanische Kriminalitätsdiskussion zu erklären, nach der die stärkere Kriminalitätsbelastung der sozialen Unterschichten generell mit fehlender Intelligenz in Verbindung gebracht wird (dazu *Gebhardt* u.a. 1996, 82 ff). Diese stärkere Kriminalitätsbelastung dürfte vielmehr u.a. eher damit zu tun haben, daß Unterschichten grundsätzlich mehr Kontakte zu Straftätern haben (dazu § 6, 21 ff): nicht selten schon wegen der Wohnbedingungen (dazu § 15, 30).

14   Schließlich begegnet Bedenken, daß der Etikettierungsansatz (jedenfalls in seiner radikalen Ausprägung) den Weg **sowohl zu empirischer Ursachenforschung** (einschließlich viktimologischer Fragestellung) **als auch grundsätzlich zu vorbeugender Verbrechensbekämpfung verstellt** (vgl. dazu *Kaiser* 1976, 527 ff). Denn bei entsprechenden Ausschließlichkeitsansprüchen sind die Fragen, warum jemand straffällig wird und was man praktisch dagegen tun kann, völlig irrelevant.

So „delegitimiert der labeling approach sozialpädagogisches Handeln schlechthin, weil seine Umkehrung im Kern das Nichts-Tun, die Non-Intervention fordert", Peters 1996, 112).

15   Mit *Kaiser* (1976, 527) kann man aber auch die Auffassung vertreten, daß es sich bei dem „labeling"-Ansatz nur um eine andere Seite derselben Medaille handelt, also um eine Abwandlung oder **Ergänzung der traditionellen Theorieansätze.** Dementsprechend dürfte im Schrifttum inzwischen anerkannt sein, daß man den Interaktionsprozeß zwischen Individuum und Instanzen sozialer Kontrolle im Rahmen einer mehrdimensionalen Betrachtungsweise der Entstehungszusammenhänge der Kriminalität aus der empirischen Forschung nicht ausblenden darf (zur Frage der Selektion im Ermittlungsverfahren vgl. z.B. *Feest/Blankenburg* 1972, 35 ff; *Heinz* 1972, 48, 58, 99 ff; *Sessar* 1975, 1051; *Kerner* 1976, 137 ff, und *Steffen* 1976, 219; zur Frage der Etikettierung durch Sozialarbeit vgl. *Feltes* in: Zentralblatt für Justizrecht 1984, 537 ff).

Hess/Steinert (1986, 4) sprechen von einer „zunehmenden Integration der Etikettierungsperspektive" und fassen zusammen: „Reduziert auf eine Stigma-Theorie wurden die Ergebnisse der kritischen Kriminologie von der herrschenden Kriminologie aufgesogen". Zehn Jahre später heißt es allerdings bei *Peters* (1996, 107) ganz anders: „In der ... kriminologischen Literatur ist „von Etikettierung, Stigmatisierung und Labeln nicht mehr die Rede. Ätiologisches Denken beherrscht die Diskussion" (*Peters* aaO, 108).

Peters (aaO) weist im übrigen auch darauf hin, daß die in den 90er Jahren zunehmende „Gewalt von rechts die Etikettierungstheoretiker entmutigt". Denn „wer sähe Skinheads gern als Adressaten der Stigma-

*tisierung von Instanzen sozialer Kontrolle, als deren Konstrukt?" (Peters aaO, 113). Insoweit räumt Peters (aaO) sogar freimütig die **„faktische Parteilichkeit des labeling approach"** ein: Sie „bietet (so schreibt er aaO) einer linken Position keinen Anreiz mehr" (vgl. dazu auch Rdn. 29 zu § 9: Objektivität einer Untersuchung als Gütekriterium).*

II. Der Erklärungsversuch der „Sozialistischen Kriminologie"

Im Zuge der politischen Neuorientierung der ehemals kommunisti‐ **16** schen Staaten dürfte die „Sozialistische Kriminologie" (vgl. *Buchholz/ Hartmann/Lekschas/Stiller* 1971) bald keine Rolle mehr spielen. Nur um zu verstehen, was sich hinter der Bezeichnung verbirgt, sei an dieser Stelle darauf verwiesen, daß sich eine „Sozialistische Kriminologie" nach dem Zweiten Weltkrieg in den **Ostblockstaaten** etabliert hatte. Sie knüpfte an die These von Friedrich *Engels* an, nach der die Entstehung kriminellen Verhaltens nur mit den Verhältnissen des Kapitalismus zu tun haben soll; insbesondere die Diebstahlsdelinquenz. Nach *Engels* „fallen die Verbrechen gegen das Eigentum von selbst da weg, wo jeder erhält, was er zur Befriedigung seiner natürlichen und geistigen Triebe bedarf (d.h. dort), wo die sozialen Abstufungen und Unterschiede wegfallen" (*Engels* in: *Marx-Engels,* Bd. 2, 542). Insoweit – schreibt er – legen die Kommunisten „die Axt an die Wurzeln des Verbrechens" (S. 541). Das Problem für die Vertreter dieses marxistisch-leninistisch orientierten Ansatzes bestand freilich darin, erklären zu müssen, weshalb (trotz des Wegfalls der angeblichen Hauptursache) die Kriminalität in den sog. sozialistischen Staaten nicht verschwinden wollte.

Man behalf sich mit der sog. **Rudimenttheorie:** danach hatte die Kri‐ **17** minalität im Ostblock mit Rudimenten (Überbleibseln) kapitalistischen Denkens zu tun sowie mit falschen Vorbildern der kapitalistischen Staa‐ ten: mit der Einwirkung bürgerlicher Ideologie „besonders des imperiali‐ stischen Westdeutschland" (vgl. dazu *Blüthner* 1972, 425; *Lekschas/Kose‐ währ* 1988, 24).

Schon in den letzten Jahren vor dem Umbruch in der früheren UdSSR **18** und vor der Wiedervereinigung Deutschlands „konnte man (jedoch) einen **Prozeß der Angleichung** der Forschungsmethoden und -inhalte beobachten, der sich zwischen sozialistischer und bürgerlicher Kriminolo‐ gie" vollzog (*Cora* in: MschrKrim 1989, 369).

III. Integrationskonzepte

Sieht man die einschlägige Literatur (insbesondere die gängigen krimi‐ **19** nologischen Lehrbücher) auf Kritik an den Kriminalitätstheorien durch, so ergibt sich (zusammengefaßt) etwa folgendes Bild: kritisiert wird pri‐ mär

– *die **Einseitigkeit** vieler Erklärungsansätze bzw. die Geltendmachung von Ausschließlichkeitsansprüchen,*
– *die **mangelnde logische Geschlossenheit** verschiedener Theorien,*

- *die fehlende empirische Absicherung,*
- *die mangelnde Praxisrelevanz sowie*
- *die fehlende fachübergreifende (interdisziplinäre) Betrachtungsweise.*

20   Weitgehende Einigkeit besteht heute unter den führenden Kriminologen hingegen darüber, daß es „**die**" Ursachen des Verbrechens grundsätzlich nicht gibt und jeder monokausale Erklärungsversuch in eine Sackgasse führt: Die Theorien können immer nur einen Teilausschnitt der Kriminalität (in bezug auf bestimmte Personengruppen) erklären bzw. zu erklären versuchen, also nicht die Entstehung von Kriminalität insgesamt (vgl. Rdn. 1 ff vor § 4).

1. Der Mehrfaktorenansatz

21   Die Schwächen der Kriminalitätstheorien, insbesondere die unbefriedigende Einseitigkeit ihrer Erklärungsversuche, die der Vielschichtigkeit kriminellen Verhaltens nicht gerecht werden kann, haben zwangsläufig zu einer Renaissance der Bemühungen geführt, die Ursachenfrage (im Anschluß an die Vereinigungstheorie: Rdn. 42 ff zu § 4) von einem (eher pluralistischen) Mehrfaktorenansatz (multiple causation approach) aus anzugehen: Dieser Ansatz will sowohl die verschiedenartigen Umwelteinflüsse und Anlagefaktoren erfassen als auch die speziellen Persönlichkeitsmerkmale des Straftäters (dazu *Cohen* 1974, 219 ff). Das Konzept baut also auf der Annahme auf, daß es verschiedene Ursachen der Entstehung kriminellen Verhaltens gibt. Die Methode, diese in den Griff zu bekommen, besteht nach einer Formulierung von *Wolfgang* und *Ferracuti* (1967, 41 – zit. nach *Göppinger:* Kriminologie 1980, 76) im „Sammeln einer Vielfalt von Fakten aus zugänglichen Quellen, unabhängig davon, wie diese Daten sich ausdrücklich in einen theoretischen Rahmen einfügen. Tatsächlich benutzt diese Methode ... Daten wie sie kommen, um nach Möglichkeit aus induktiven Schlüssen bei der abschließenden Analyse der gesammelten Fakten Einsicht zu gewinnen".

22   Im Gegensatz zu den Kriminalitätstheorien, die von einer Hypothese ausgehen, ist also für den multifaktoriellen Ansatz die **induktive Vorgehensweise** typisch. Es ist jedoch ein Mißverständnis, zu meinen, daß diese völlig voraussetzungslos wäre: Sie ist es schon deshalb nicht, weil bestimmte Vorstellungen der Untersucher (vgl. Rdn. 29 zu § 9) zumindest über die Auswahl der zu erhebenden Faktoren entscheiden (*Kürzinger,* Kriminologie 1982, 88). Man kann jedoch sagen, daß „bei dem Mehrfaktorenansatz die Empirie auf Kosten der Theorie im Vordergrund steht" (*Schneider,* Kriminologie 1977, 38). Der Vorwurf der Theoriefeindlichkeit (*Sack* 1978, 207 f) ist jedoch übertrieben.

23   Das Ziel der Vertreter des Ansatzes besteht dabei darin, zu erklären, daß „dieses bestimmte Ereignis durch diese bestimmte Kombination von Umständen verursacht wird" (*Kürzinger,* Kriminologie 1982, 88 u. H. auf *Cohen* 1968, 221). Daß in diesem Rahmen die bereits gesicherten Erkenntnisse der empirischen Forschung den Ausgangspunkt der Forschungsarbeit (mit-)begründen, versteht sich von selbst.

Da der multifaktorielle Ansatz die verschiedenartigsten Daten berück- **24**
sichtigen will, also ohne die Hilfe der einzelnen Bezugswissenschaften
nicht auskommen kann, sind die entsprechenden Untersuchungen nur
interdisziplinär durchführbar. Deshalb nehmen die Anhänger des Mehrfaktorenansatzes auch überwiegend eine **interdisziplinär-integrative
Position** ein. Das bedeutet, daß an einem empirischen Vorhaben z. B.
Juristen, Psychologen, Soziologen und Psychiater zusammen mitwirken
sollen. Jeder, der in einem solchen Team schon gearbeitet hat, weiß allerdings um die Schwierigkeiten der Kooperation, die primär mit dem
Selbstverständnis der Bezugswissenschaften und ihrer Methodik zu tun
haben.

Immerhin liegen inzwischen zahlreiche Untersuchungen vor, die multi- **25**
faktoriell angelegt wurden: etwa die Arbeit von Cyril *Burt* 1965 (zuerst
1925), der insgesamt 170 Faktoren mit Kriminalität in Verbindung bringt,
oder die klassischen Studien, die das amerikanische Ehepaar *Sheldon* und
Eleanor Glueck ab 1930 innerhalb von 40 Jahren veröffentlicht hat. In
ihrer bekanntesten Forschungsarbeit („Unraveling Juvenile Delinquency", 1950) untersuchten die Gluecks bei je 500 delinquenten und
nicht delinquenten Jungen ursprünglich 402 Faktoren, die sie jedoch im
Laufe der Jahre auf lediglich drei (besonders trennkräftige) reduziert
haben, aufgrund deren eine Voraussage über das künftige Sozialverhalten
von (männlichen) Kindern möglich sein soll: nämlich die Beaufsichtigung
des Jungen durch seine Mutter, die Strenge, mit der sie ihn erzieht, und
der Zusammenhalt der Familie.

West fand (1988, 21 ff) in seiner bekannten prospektiven Kohortenun- **25a**
tersuchung (vgl. Rdn. 38) z. T. ähnliche „Schlüsselfaktoren" mit beson-
derer Vorhersagekraft, nämlich: niedriges Familieneinkommen, große
Familie, mangelhafte elterliche Erziehung (z. B. unzureichende Beauf-
sichtigung oder wechselnder Erziehungsstil), niedrige Intelligenz des
Kindes sowie ein Elternteil mit strafrechtlicher Vorbelastung. An Hand
dieser Kriterien soll man schon 10jährigen Jungen vorhersagen können,
ob ein hohes Risiko beständiger schwerer Straftaten droht: dies soll in
bezug auf etwa 5 % der Kinder tatsächlich der Fall sein (krit. Bock 1994,
239 f); mit diesem Prozentsatz stimmen immerhin die Angaben über
jugendliche Intensivtäter überein (vgl. Rdn. 33; Rdn. 32 zu § 11).

Zu den Vertretern des Mehrfaktorenansatzes werden ferner
u. a. gezählt: *Exner, Seelig, Mannheim, Kaufmann, Brauneck* und *Göppinger.*

Göppinger (1983) folgt in seiner bekannten **„Tübinger Jungtäter-Ver-** **26**
gleichs-Untersuchung" dem Ansatz der *Gluecks*. In seinem dazu veröffentlichten Buch über den „Täter in seinen sozialen Bezügen" unterscheidet er zwischen kriminovalenten und kriminoresistenten Konstella-
tionen. Bei den ersteren handelt es sich um ein Zusammentreffen von
Faktoren, das nach seinen Beobachtungen die Entstehung kriminellen
Verhaltens begünstigt, bei den letzteren um ein solches, das gegen kriminelle Versuchung resistent macht.

27   Von **Kritik** ist aber auch der Mehrfaktorenansatz (insgesamt) nicht verschont geblieben. Insbesondere befriedigt die Art der Auswahl der zu
untersuchenden Faktoren noch nicht. So wird die Befürchtung geäußert,
daß Zufallskorrelationen bzw. Scheinzusammenhänge (dazu Rdn. 48 zu
§ 9) „genauso behandelt werden wie solche, die aufgrund genau formulier-
ter Hypothesen zustande gekommen sind ... Bei einem solchen methodischen Vorgehen besteht die Gefahr, zusammenhanglose Daten willkürlich
in eine bestimmte Ordnung zu bringen und bedeutungslose Ergebnisse
weit zu überschätzen" (*Kürzinger*, Kriminologie 1982, 89). Problematisch
ist also „insbesondere die Gewichtung der potentiellen Kriminalitätsfakto-
ren und deren Identifizierung als Ursache oder Wirkung" (*Schöch* in: *Kai-
ser/Schöch* 1987, 42). Die relative Theorielosigkeit des Ansatzes (das Fehlen von Hypothesen), auf die diese Schwierigkeiten zurückgeführt werden, löst dementsprechend (zumindest in Teilen der Wissenschaft) Zurückhaltung aus. In diesem Rahmen wird insbesondere von *Schneider* (1973,
576) bemängelt, der Mehrfaktorenansatz versuche, „die Komplexität der
Verbrechenserscheinungen und -ursachen auf einen einfachen naturwissenschaftlichen Ursachen-Wirkungs-Mechanismus zu reduzieren". Die
Herstellung eines linearen Ursache-Wirkungs-Zusammenhangs sei aber
verfehlt, es komme vielmehr „auf die Beziehungen unter den Faktoren
(Strukturen) und auf das Zusammenwirken der Faktoren (Dynamik) an"
(*Schneider* aaO). Schließlich wird im Schrifttum auch die Gefahr von
„Datenfriedhöfen" (wenn man „Daten sammelt, wie sie kommen")
beschworen, also die Gefahr, daß Daten erhoben werden, die man gar
nicht benötigt (*Kürzinger* aaO). Dieser Vorwurf verkennt allerdings, „daß
beschreibende Studien durchaus eine sinnvolle Vorstufe für die Theorien-
bildung sein können und für die Herausbildung von Typologien unentbehr-
lich sind. Wegen ihrer betont empirischen Ausrichtung haben die Mehrfak-
torenansätze unser Wissen über die Wirklichkeit der Kriminalität beträchtlich vermehrt und vielfach erst die ‚**Operationsbasis für Theoretiker**'
geschaffen" (*Schöch* in: *Kaiser/Schöch* 1987, 42).

2. Eine Theorie differentieller Sozialisation und Sozialkontrolle?

28   Wenn man einerseits den multifaktoriellen Ansatz (wegen der Einseitigkeit der monokausalen Erklärungsversuche) als die bessere Alternative ansieht, andererseits die Theorielosigkeit (aber nicht Konzeptionslo-
sigkeit) des praktizierten Mehrfaktorenansatzes nicht hinnehmen will,
verbleibt als noch einzig offener Weg die multifaktorielle Kriminalitätstheorie (zu den Problemen *Bock* 1994, 238 ff). Eine solche umfassende
Theorie, die es bisher noch nicht gibt, müßte den Versuch unternehmen,
mehrere Kriminalitätstheorien miteinander zu verknüpfen.

29   *Kaiser* (1980, 135) weist allerdings zutreffend darauf hin, daß „eine
gestuft-integrierende Verbrechenstheorie, die empirisch brauchbar wäre
und überzeugen könnte, noch nicht in Sicht ist." Man dürfe aber immerhin hoffen, daß sich in der Kriminologie nunmehr auch **integrative
Tendenzen zu einer Hauptströmung verstärken** (*Kaiser* 1976, 523).

Buikhuisen (1985, 230 ff), der bereits (wie *de Boor* 1991) einen entspre- **30** chenden Ansatz vertritt (die **„biosoziale Kriminalitätstheorie"**), erinnert daran, daß es keine generalisierenden Aussagen über das Entstehen **der** Kriminalität geben kann (vgl. auch Rdn. 3 vor § 4); möglich ist nur der Versuch, die Ursachen kriminellen Verhaltens **deliktsspezifisch** zu erfassen: z. B. die Ursachen (bestimmter) Sexualstraftaten oder die Ursachen (bestimmter) Gewaltverbrechen. Darauf wird auch von *Quensel* verwiesen, der schon 1970 das **Modell einer kriminellen Karriere** vorgestellt hat, in dem (in acht Phasen) „die delinquente Entwicklung als Folge eines sich wechselseitig hochschaukelnden Interaktionsprozesses zwischen dem Jugendlichen und seiner sozialen Umwelt unter Einfluß der staatlichen Sanktionsinstanzen" aufgefaßt wird (in: KrimJ 1970, 375 ff).

Die mit diesem Modell verwandten **Lebenslauftheorien** („Life Course Theories") untersuchen (nach *Schneider* in Kriminalistik 1997, 306 ff und Jura 1996, 399) „die Fragen

– warum Menschen mit Delinquenz beginnen (**Anfang**),
– warum sie mit Delikten fortfahren (**Fortdauer,** Beharrlichkeit),
– warum ihre Straftaten immer häufiger und schwerer werden (**Steigerung**) und
– warum sie schließlich mit ihren Rechtsbrüchen aufhören (**Abstandnehmen,** Absehen)": vgl. dazu die folgenden Längsschnitt-Untersuchungen.

3. Kohortenstudien als empirische Basis

Die crux der bisherigen Forschung besteht nicht zuletzt darin, daß die **31** Erkenntnisse über die Entstehungsbedingungen von Kriminalität (bzw. über die Vernetzungen von Einflußfaktoren) noch immer gering sind (vgl. Rdn. 3 vor § 4); so entstehen oft nur die schon oben (Rdn. 27) erwähnten „Datenfriedhöfe". Die **„Kriminelle Karriere" von Vielfach- bzw. Intensivtätern** (Rdn. 22 zu § 3) kann jedenfalls kaum durch die bisher übliche Querschnittsbetrachtung, sondern eher durch Lebens-Längsschnittuntersuchungen, also durch **Langzeitbeobachtungen,** aufgehellt werden. Als eine solche Form hat in den letzten Jahrzehnten die **Kohortenforschung** an Boden gewonnen.

Mit diesem Begriff wird die Untersuchung einer Gruppe von Menschen bezeichnet, „die während eines bestimmten Zeitraums demselben bedeutsamen Ereignis ausgesetzt war; im Regelfall beziehen sich Kohortenuntersuchungen auf **Geburtskohorten,** und damit auf Gruppen desselben Alters oder ... derselben Generation" (*Kaiser/Heinz* 1986, 164): Insoweit wird die sozial angepaßte bzw. die delinquente Entwicklung (junger) Menschen eines ganzen Geburtsjahrganges über einen bestimmten Zeitraum hin untersucht: es gibt aber auch Schulkohorten, Highschool-Kohorten, Ersttäterkohorten usw. Die Adressen werden Registern entnommen: etwa der Einwohnermeldekartei, einem Schulregister oder einer polizeilichen Datensammlung (zur englischen Definition von „Delinquenz" vgl. Rdn. 1 zu § 1).

32   Die bekannteste Studie dieser Art (die in der Kriminologie bereits als „Klassiker" gilt) haben in Philadelphia (USA) Marvin *Wolfgang, Figlio* und *Sellin* (ab 1964) durchgeführt („Philadelphia Birth Cohort-Study") und (1972) in Buchform dokumentiert.

33   (1) In der **„Philadelphia Birth Cohort-Study"** wurde der Lebensweg von 9945 **Jungen** (des Geburtsjahrganges **1945**) untersucht, die vom 10. (angenommener Beginn der Delinquenzgefährdung) bis zur Erreichung des 18. Lebensjahres (1952–1963) in der Stadt Philadelphia ihren Wohnsitz hatten. Ergebnisse:

– 3475 (34,9 %) der Kohortenmitglieder waren bis zum 18. Lebensjahr mindestens ein Mal als tatverdächtig der Polizei aufgefallen bzw. mit dem Gesetz in Konflikt geraten (vgl. die These von der Ubiquität krimineller Verhaltens: Rdn. 4); bis zum 18. Lebensjahr war jedoch die Hälfte nicht noch einmal strafrechtlich in Erscheinung getreten (zum Episodencharakter von Jugendkriminalität vgl. Rdn. 27 zu § 3);

– nur 6,3 % verübten 61,7 % (nämlich 5305) der (10214) Delikte, die der Kohorte insgesamt zur Last gelegt wurden: sog. **chronische Rückfalltäter** (chronic offenders), d. h. solche, die mehr als fünf Mal polizeiauffällig wurden (vgl. dazu Rdn. 22 zu § 3);

– die Rückfalltäter waren tendenziell eher nichtweiße Täter bzw. schulschwache Jungen aus den unteren Sozialschichten; diese verübten auch die schwereren Straftaten (insbesondere sog. Index-Delikte; zu diesen Rdn. 8 zu § 1).

Daß sich die Studie nur auf Jungen bezieht, hat damit zu tun, daß für die aktuellste Anschrift die Einberufungsliste zum Militärdienst benutzt worden ist.

34   Das Ziel der Arbeit bestand darin, zur Verbesserung der staatlichen **Präventions- und Sanktionspolitik** beizutragen, und zwar orientiert an der Überlegung, „daß Interventionen auf ausschließlich solche Individuen konzentriert werden müßten, die in einem ‚high risk' stünden, Problemverhalten ... evident zu zeigen" (*Kerner* 1989, 190): also Intensivtäter. Das ist auch das primäre Anliegen der späteren Kohortenforschung geblieben: „Das Angebot kann dabei von Freizeitveranstaltungen bis zu spezifischen Projekten der sogenannten kommunalen Delinquenzprophylaxe reichen" (*Kerner* 1989, 190): zur kommunalen Kriminalprävention vgl. § 18.

35   (2) Eine zweite Kohortenstudie (am selben Ort), die 1990 von *Tracy, Wolfgang* und *Figlio* veröffentlicht wurde (Geburtsjahrgang **1958** unter Einbeziehung der **Mädchen**), hat die Resultate der ersten tendenziell bestätigen können: 7,5 % der (13160) männlichen Kohortenmitglieder begingen 61 % der Kohorten-Delikte.

36   (3) Eine **Anschlußuntersuchung zur 1945er Studie,** die *Wolfgang, Thornberry* und *Figlio* 1987 vorgelegt haben, befaßte sich mit einer Random-Auswahl (10 % = 975 Probanden) der Hauptstudie. Beobachtet wurde die weitere soziale Entwicklung vom 18. bis zum 30. Lebensjahr der Probanden. Ergebnisse u. a.:

- Interventionsmaßnahmen wirken nur dann, wenn sie kurzfristig (nicht mehr als sechs Monate nach der Tat) erfolgen;
- die Unterschiede in der Kriminalitätsbelastung der Weißen und Nichtweißen lassen sich im **Dunkelfeld** (dazu Rdn. 33 ff zu § 2), das in der Mutterstudie noch nicht untersucht worden war, nicht mehr nachweisen: Etikettierungseffekte im Hellfeld?

Die Langzeitbeobachtung kann nun entweder **retrospektiv** (rück- **37** blickend) angelegt werden (wie die Philadelphia-Studien) oder **prospektiv** (lebensbegleitend), nämlich durch fortlaufende (Primär-) Datenerhebung zu sich wiederholenden Meßzeitpunkten (zur Geschichte der prospektiven Längsschnittstudien in der deutschsprachigen kriminologischen Forschung vgl. *Heinz/Spieß/Storz* 1988, 633 ff).

(4) Als Beispiel für eine solche prospektiv angelegte Arbeit kann die **38** **Cambridge Studie** (vgl. *West* 1969 und 1988, 21 ff; *West/Farrington* 1973; vgl. auch Rdn. 25) zitiert werden. In deren Rahmen wurden 411 männliche Jugendliche (der Geburtsjahrgänge 1954/55) – primär ausgewählt aus sechs Grundschulen (Schulkohorte) – eines Arbeiterviertels am Londoner Stadtrand vom 10. bis zum vollendeten 17. (später 32.) Lebensjahr in regelmäßigen Abständen in bezug auf eigene (unentdeckte) Delinquenz befragt (zur Methode vgl. Rdn. 46 zu § 2); ergänzend wurden darüber hinaus die Polizeiakten über entdeckte Delikte miteinbezogen sowie neben Persönlichkeitsvariablen auch Sozialdaten. Ergebnis: Bis zum vollendeten 17. Lebensjahr verübten 20,4 % (nämlich 84) der Kohortenmitglieder mindestens ein Delikt. Weitere Resultate:

- Von den 93 Jungen, die aus ärmeren Familienverhältnissen stammten, wurden 33,3 % delinquent; von den restlichen 318 Bessergestellten lediglich 16,7 %. Armut als Faktor für eine kriminelle Gefährdung? (vgl. Rdn. 28 zu § 12);
- Von den 97 Jungen mit einem kriminellen Elternteil wurden 36,1 % auch selbst straffällig; von den übrigen 314 waren es nur 15,6 %, die mit dem Gesetz in Konflikt kamen. Modellernen? (vgl. Rdn. 45 zu § 6);
- Aus der Gruppe der von ihren Lehrern als „most troublesome" beurteilten Jungen wurden 38,1 % kriminell, aus der „least troublesome"-Gruppe hingegen nur 4,1 %. Haben Schulstörer eine schlechte soziale Prognose? (vgl. Rdn. 4 ff zu § 11).

Darüber hinaus kann man zwischen Untersuchungen differenzieren, **39** die einen **unausgelesenen Geburtsjahrgang** zum Gegenstand haben (wie die bisher erwähnten Arbeiten), und denen, die nur den Lebensweg lediglich der Probanden verfolgen, die mindestens einmal polizeilich registriert worden sind **(Ersttäterkohorten):** deren Namen man also den Polizeiakten entnimmt, nicht der Einwohnermeldekartei. Insoweit wird von Anfang an auch ein Schwerpunkt auf die Beantwortung der Frage gelegt, ob bzw. welche Rolle **Sanktionen im Zuge der Verfestigung** von kriminellen Karrieren spielen (können).

(5) Solche Arbeiten sind z. B. (außer von *Pongratz* 1975 und *Traulsen* **40** 1976) von *Weschke* und *Krause* in West-Berlin durchgeführt und 1983 ver-

öffentlicht worden. Die Autoren erfaßten insgesamt 6676 männliche und **weibliche** Probanden des Geburtsjahrganges **1953,** die vom 10. bis 21. Lebensjahr mindestens einmal polizeilich registriert wurden. Ergebnisse u. a.: 6,3 % auch dieser Gruppe begingen mehr als 11 Straftaten und damit 39,3 % aller von der Kohorte verübten Delikte; nach einer zweiten Studie (1989) derselben Autoren entfielen auf 3,57 % des Geburtsjahrganges 1964 im Berliner Stadtteil Reinickendorf, die von 1978–1985 beobachtet wurden, 35,8 % der registrierten Straftaten der gesamten Kohorte.

41   Auch nach anderen Untersuchungen, die in aller Welt angestellt wurden (Überblick z. B. bei *Kaiser/Heinz* 1986, 163 ff; *Kerner* 1989, 190 ff, besonders lesenswert die Beiträge in *Weitekamp/Kerner* 1994), gibt es die „chronischen" (Jugend-)Straftäter, also eine besondere Risikogruppe in jeder Kohorte. Zu den **jüngsten ausländischen Kohortenforschungen** gehört eine Untersuchung, die in Puerto Rico von *Nevares, Wolfgang* und *Tracy* durchgeführt worden ist („The **1970** Birth Cohort Study", New York 1990).

(6) Aus dem **Kreis der letzten deutschen Arbeiten** sollen schließlich noch die prospektiven Längsschnittuntersuchungen erwähnt werden, die *Heinz, Spieß* und *Storz* (1988, 631 ff und 1992, 210 ff) vorgelegt haben: Anhand von amtlichen Daten wurden aus dem Datenbestand des Bundeszentralregisters (BZR) die vollständigen Datensätze für die beiden Geburtsjahrgänge 1961 (N = bereinigt: 90 599) und 1967 (N = bereinigt: 115 867) gezogen (Ersttäterkohorten) und bis zum 18. Lebensjahr in bezug auf (weitere) kriminelle BZR-Auffälligkeiten untersucht. Erfaßt wurden „also sämtliche Verurteilungen (… formelle Sanktionen) sowie das Absehen von der Verfolgung nach § 45 JGG und die Einstellung des Verfahrens nach § 47 JGG (… informelle Sanktionen)". Ergebnisse u. a.:

– Die **Prävalenzrate** (Anteile der Verurteilten an je 100 Jugendlichen der Wohnbevölkerung) formell und informell Sanktionierter im Jugendalter liegt beim Jahrgang 1967 (mit **11,4** %) höher als beim Jahrgang 1961 (**9,1** %);
– während danach die Prävalenzrate formell oder informell Sanktionierter um 2,3 Prozentpunkte angestiegen ist, blieb die Prävalenzrate formell Sanktionierter konstant (beide Jahrgänge: 4,7 %): ein Hinweis darauf, daß **von der Justiz verstärkt die Möglichkeiten der §§ 45, 47 JGG genutzt werden** (vgl. Rdn. 29 zu § 3). Der Anteil der formellen Sanktionen insgesamt beträgt beim Geburtsjahrgang 1961 nur noch 51,9 %, beim Geburtsjahrgang 1967 lediglich 41,3 %;
– **bei drei von vier** (wegen formeller oder informeller Sanktionierung) **registrierten Jugendlichen** des Jahrgangs 1967 **blieb es bis zum 18. Lebensjahr (also bis 1985) bei nur genau diesem einen Eintrag** (vgl. den Periodencharakter der Verfehlungen von Jugendlichen: Rdn. 27 zu § 3); 91,6 % wiesen nicht mehr als zwei Einträge auf, fünf und mehr Einträge nur 1,5 % aller Jugendlichen: fünf und mehr Einträge wiesen 1,8 % der Männer und 0,3 % der Frauen auf (**klare Dominanz der männlichen Jugendlichen:** vgl. dazu Rdn. 40 zu § 3).

Weitere Arbeiten dieser Art haben z. B. *Karger* und *Sutterer* durchgeführt (veröff. in: *Kaiser, G./Kury, H.*: Kriminologische Forschung in den 90er Jahren, Freiburg 1993, S. 127–155).

Schließlich darf nicht unerwähnt bleiben, daß auch die Kohortenstudien kritisiert worden sind (vgl. auch *Kaiser/Heinz* et al. 1986, 172 f). Als Probleme werden im Schrifttum u. a. erwähnt: **42**

- der personelle bzw. finanzielle Aufwand solcher über Jahre hinwegreichenden Forschungsarbeiten (Kosten-Nutzen-Erwägungen);
- die Berücksichtigung lediglich offiziell registrierter Kriminalität (die Ausklammerung des Dunkelfeldes) in verschiedenen Studien;
- die uneinheitliche Datenerhebung und -gewichtung durch die Behörden, deren Akten benutzt wurden;
- die Ausblendung von Viktimisierungsproblemen (die Verflechtung von Täter- und Opferrollen);
- die Ausfallquote, die z. B. durch den Wegzug von Probanden aus dem räumlichen Bereich der Untersuchung entsteht **(drop-out-Effekt)**.

Dieser Kritik kann man jedoch in künftigen Forschungsvorhaben wahrscheinlich entsprechen; *Kerner* weist allerdings darauf hin (1989, 198), daß „es der Entwicklung viel komplexerer Modelle, unter Einbeziehung viel weitgehenderer und anderer Variablen als der bisher üblichen bedarf, um der Komplexität von Aktion, Reaktion und Interaktion im Bereich der sozialen Kontrolle abweichenden Verhaltens konzeptionell gerecht werden zu können" und verweist insoweit auf den angloamerikanischen Forschungsbereich (etwa *Farrington* 1986). Wie eine solche Studie aussehen könnte, haben z. B. *Kaiser/Heinz* et al. (1986, 175: „Rahmenplan einer Kohortenuntersuchung") beschrieben. Offen bleibt allerdings (zumindest in Deutschland) die Lösung der **Datenschutzproblematik** (dazu: *Heinz/Spieß/Storz* 1988, 642 f und Rdn. 2 zu § 9). **43**

§ 9 Zur Methodik der kriminologischen Forschung und ihren Problemen

Literatur: **Atteslander,** P./**Kneubühler,** H. U.: Verzerrungen im Interview, Opladen 1975;**Beste,** H.: Kriminologische Forschung im Visier des Datenschutzes, in: ZfStrVo 1989, S. 74 ff; **Bönitz,** D.: Experimentelle Forschungsmöglichkeiten in der Kriminologie, in: *Kury, H.* (Hrsg.): Methodologische Probleme in der kriminologischen Forschungspraxis. Interdisziplinäre Beiträge zur kriminologischen Forschung, Bd. 5, Köln 1984, S. 287–306; **Buchholz,** E./**Hartmann,** R./**Lekschas,** J./**Stiller,** G.: Sozialistische Kriminologie, Berlin 1971; **Dölling,** D.: Probleme der Aktenanalyse in der Kriminologie, in:*Kury, H.* (Hrsg.): Methodologische Probleme in der kriminologischen Forschungspraxis. Interdisziplinäre Beiträge zur kriminologischen Forschung, Bd. 5, Köln 1984, S. 265–286; **Frasch,** G.: Der Rücklaufprozeß bei schriftlichen Befragungen, Frankfurt 1987; **Friedrichs,** J.: Methoden empirischer Sozialforschung, 13. Aufl., Opladen 1985, **Hermann,** D.: Die Aktenanalyse als kriminologische Forschungsmethode, in: *Kaiser, G./Kury, H./Albrecht,* H. J. (Hrsg.): Kriminologische Forschung in den 80er Jahren, Freiburg 1988, S. 863–877; **Hofstätter,** P. R.: Psychologie, Frankfurt/M. 1972; **Hofstätter,** P. R./**Wendt,** D.: Quantitative Methoden der Psychologie, 4. Aufl., Frankfurt/M. 1974; **Hood,** R./**Sparks,** R.: Kriminalität. Verbrechen, Rechtsprechung und Strafvollzug, München 1970; **Jehle,** J. M.: Datenzugang und Datenschutz in der kriminologischen Forschung, Wiesbaden 1987; **Jehle,** J.-M. (Hrsg.): Datensammlungen und Akten in der Strafrechtspflege, Wiesbaden 1989; **Kaiser**, G.: Übermittlung und Verwendung von Informationen aus Strafverfahrensakten und -dateien für Forschungszwecke, in: Gedächtnisschrift für Karlheinz Meyer (hrsg. von *Geppert*, K. und *Dehnicke*, D.), Berlin 1990; **Kaiser**, G.: Brauchen Kriminologen eine Forschungsethik, in: MschrKrim 1991, S. 1–16; **Kerner**, H. J.: Die Stellung der Prävention in der Kriminologie, in: *Bundeskriminalamt* (Hrsg.): Polizei und Prävention (Vortragsreihe des BKA, Bd. 22), Wiesbaden 1976, S. 17–38; **König**, R. (Hrsg.): Das Interview, 7. Aufl., Köln 1972; **Krämer**, W.: So lügt man mit Statistik, 3. Aufl. Frankfurt/M. 1991; **Krauß**, D.: Die strafrechtliche Problematik kriminologischer Ziele und Methoden, Frankfurt/M. 1971; **Kreuzer**, A./**Görgen**, Th./**Römer-Klees**, R./**Schneider**, H.: Auswirkungen unterschiedlicher methodischer Vorgehensweisen auf die Ergebnisse selbstberichteter Delinquenz, in: MschrKrim 1992, S. 91–104; **Kreuzer**, A. et al.: Jugenddelinquenz in Ost und West, Bonn 1993; **Kromrey**, H.: Empirische Sozialforschung, 3. Aufl., Opladen 1986; **Kühne**, H.-H.: Polizeiliche Erfahrung und wissenschaftliche Methodik, in: Kriminalistik 1993, S. 223–225; **Kühne**, H.-H.: Subjektivismen und das Objektivitätsparadigma in der empirischen kriminologischen Forschung, in: *Kerner*, H. J./ *Kaiser*, G. (Hrsg.): Kriminalität, Berlin 1990, S. 81–87; **Kury**, H.: Zum Einfluß der Art der Datenerhebung auf die Ergebnisse von Umfragen, in: MschrKrim 1994, S. 22–33; **Kury**, H.: Wie restitutiv eingestellt ist die Bevölkerung? in: MschrKrim 1995, S. 84–98; **Lösel** F./**Dillig**, P.: Zur Gültigkeit und Zuverlässigkeit einer schriftlichen Erhebung von Daten der Straffälligkeit jugendlicher Krimineller, in MschrKrim 1973, S. 171–182; **Mayntz**, R./**Holm**, K./**Hübner**, P.: Einführung in die Methoden der empirischen Soziologie, 5. Aufl., 1978; **Michel**, L.: Allgemeine Grundlagen psychometrischer Tests, in: *Heiß*, R. et al. (Hrsg.): Handbuch der Psychologie, Bd. 6: Psychologische Diagnostik, 3. Aufl., Göttingen 1971, S. 19–70; **Opp**, K.-D.: Methodologie der Sozialwissenschaften, Hamburg 1970; **Parten**, M.: Grundformen und Probleme des Samples in der Sozialforschung, in: *König*, R. (Hrsg.): Das Interview, 7. Aufl., Köln 1972, S. 181–210; **La Pierre**, R. T.: Attitudes versus Actions, in: Social Forces 13/1934, S. 220 ff; **Scheuch**, E. K.: Sozialprestige und soziale Schichtung, in: Kölner Zeitschrift für Soziologie und Sozialpsychologie, Sonderheft 5/1970, S. 65–104; **Scheuch**, E. K.: Auswahlverfahren in der Sozialforschung, in: *König*, R. (Hrsg.): Handbuch der empirischen Sozialforschung, Bd. 1, Stuttgart 1962, S. 309–347; **Schnell**, R./**Hill**, P./**Esser**, E.: Methoden der empirischen Sozialforschung, 2. Aufl., München 1989; **Schwind**, H.-D.: Datenschutzprobleme bei der Befragung von Straffälligen, Erfahrungen aus zwei Forschungsprojekten (1973/74 und 1986/87), in: *Jehle*, J. M. (Hrsg.): Datenzugang und Datenschutz in der kriminologischen Forschung, Wiesbaden 1987, S. 319–330; **Schwind**, H.-D.: Zum Stand des „gesicherten Wissens" in der kriminologischen Forschung, in: JR 1974, S. 12–15; **Schwind**, H.-D./**Ahlborn**, W./**Eger**, H.-J et al.: Dunkelfeldforschung in Göttingen 1973/74, Wiesbaden 1975; **Schwind**, H.-D.:/ **Ahlborn**, W./**Weiß**, R.: Empirische Kriminalgeographie, Wiesbaden 1978; **Schwind**, H.-D.: Kriminalität als Gegenstand der Kriminalpolitik, in: FS für H. Schüler-Springorum, Köln 1993, S. 203–228; **Strobl**, R./**Böttger**, A. (Hrsg.): Wahre Geschichten? Zu Theorie und Praxis qualitativer Interviews, Baden-Baden 1996; **Überla**, K.: Faktorenanalyse, Berlin 1968, **Villmow**, B./**Kaiser**, G.: Empirisch gesicherte Erkenntnisse über Ursachen der Kriminalität. Eine problemorientierte Sekundäranalyse, Freiburg 1973, in: Der Regierende Bürgermeister von Berlin (Hrsg.): Verhütung und Bekämpfung der Kriminalität, Berlin 1974, Anhang S. 1–143.

Gliederung

Das **„gesicherte Wissen"** über die Ursachen der Kriminalität ist gemes- **1**
sen an der Vielzahl (Vielfalt) der Erklärungsansätze (noch immer) **gering.**
So wies *Kerner* (1976, 19), um das Problem deutlich zu machen, (überspitzt formuliert) darauf hin, daß wir noch nicht einmal wissen, warum
Menschen Normen überhaupt beachten, geschweige denn, warum sie sie
brechen. Richtig ist, daß der Aussagewert der Ergebnisse zahlreicher kriminologischer Forschungsprojekte aus mehreren Gründen fraglich oder
zumindest problematisch erscheint (bzw. problematisch erscheinen sollte),
und zwar vor allem deshalb (vgl. dazu auch *Schwind* 1993, 203 ff):

– *weil grundsätzlich nur die entdeckten Täter (Tatverdächtigen) oder*
  Delikte erfaßt werden, die unentdeckte Kriminalität also insoweit unbe-
  rücksichtigt bleibt und
– *weil (mitunter) methodisch nicht sauber gearbeitet wird*

(zum **Verhältnis polizeilicher Erfahrung und empirischer Forschung:** vgl.
Kühne 1993, 223 ff).

I. Forschung und Dunkelfeld

Soweit sich die Ergebnisse der bisherigen kriminologischen Forschung **2**
nur auf die „entdeckten" (bekannt gewordenen) Straftaten beziehen, also
nur auf einen Teil der Gesamtkriminalität, der wegen der grundsätzlich
fehlenden Gesetzmäßigkeit zwischen Hell- und Dunkelfeldzahlen (dazu
Rdn. 68 ff zu § 2) die Gesamtkriminalität allenfalls in Teilbereichen reprä-
sentiert (dazu Rdn. 83 zu § 2), muß die Verallgemeinerung der Ergebnisse
grundsätzlich problematisch erscheinen. Jedenfalls ist damit zu rechnen,
daß ihre Aussagekraft in bezug auf die Gesamtkriminalität zumindest eingeschränkt ist (*Schwind* 1974, 12 ff). Im übrigen dürfte es infolge der
Datenschutzauflagen ohnehin bald zu einem „Stillstand für jene Forschungsprojekte kommen, die auf der Auswertung von Daten beruhen",
wenn der Gesetzgeber weiter untätig bleibt (dazu ausführlich *Jehle* 1989;
Beste 1989, 74 ff; *Kaiser* 1991, 1 ff). Besonders problematisch ist die (z. B.
im Hessischen Datenschutzgesetz) vorgeschriebene **schriftliche Form der**
Einwilligung durch die Befragten (*Kreuzer* et al. 1993, 57); für NRW vgl.
dazu den fragwürdigen Beschluß des OLG Hamm in JR 1997, 171 ff mit
abl. Anm. von *Schlüchter* und *Duttge* (aaO). *Schwind* (1987, 323) hat diese
Voraussetzung als **„Fangschuß" für die empirische Sozialforschung**, die
primär mit der Befragungsmethode arbeiten muß, bezeichnet. *Kreuzer* et
al. (1992, 100) fordern daher eine **Forschungsklausel** für die Datenschutz-
gesetze der Länder, „die auch schon für die Phase der Datenerfassung gilt
und die nach Prüfung eines Forschungskonzepts eine Befreiung von einzelnen datenschutzrechtlichen Bestimmungen zuläßt": dazu gehören auch
Zeugnisverweigerungsrechte für Dunkelfeldforscher (*Kreuzer* in: NStZ
1994, 11). Im Dezember 1995 ist eine **EU-Richtlinie zum Datenschutz** in
Kraft getreten, in der den Mitgliedstaaten die Verwertung **personenbezo-**
gener Daten untersagt wird, aus denen sich z. B. „die rassische Herkunft"
ergibt (Amtsblatt der EG von April 1995, S. 1). Werden danach Untersuchungen zur Ausländerkriminalität in Zukunft blockiert?

II. Methodik und Methodenprobleme

3   Der weitere Einwand betrifft das Zustandekommen kriminologischer Forschungsergebnisse, also ihre methodische Basis. Auch hier liegt noch vieles im argen. Vor allem wird z.T. methodisch nicht ganz sauber gearbeitet und zu leichtfertig ausgewertet und interpretiert. Für den amerikanischen Forschungsbereich weisen z.B. *Hood/Sparks* (1970, 9) darauf hin, „daß ein großer Teil der kriminologischen Forschungsarbeit ... methodisch derart mangelhaft ist, daß er dadurch praktisch wertlos wird". *Göppinger* hat deshalb recht, wenn er schreibt (1980, 93): „Immer wieder werden mit großer Selbstverständlichkeit Behauptungen über irgendwelche Bereiche der Kriminologie vorgebracht, so daß man den Eindruck gewinnen kann, es handele sich dabei um gesichertes Wissen ... Nach einem empirisch-wissenschaftlich gesicherten Fundament für solche Behauptungen sucht man jedoch in der Regel vergebens."

4   Nach *Opp* (1970, 17) handelt es sich bei den Kriterien der Methodologie „gewissermaßen um Spielregeln und Hilfsmittel für die Forschung, die im Hinblick auf bestimmte Ziele sinnvoll erscheinen".

5   Für die Kriminologie besteht die Besonderheit zunächst darin, daß die „kriminologische Methode" in Wahrheit nichts anderes ist als eine Zusammenfassung methodologischer Erkenntnisse der Bezugswissenschaften der Kriminologie (zu den Bezugswissenschaften Rdn. 17 ff zu § 1). Mit anderen Worten: Eine einheitliche kriminologische Methode gibt es nicht. Gleichwohl ist eine methodische Basis (zu der auch der Ablauf der Untersuchung gehört) vorhanden, die für alle Sozialwissenschaften gleichermaßen Bedeutung besitzt. Der Ablauf der Untersuchung wird (stark vereinfacht!) in dem folgenden Fluß-Diagramm (Übersicht 29) dargestellt, das anschließend erklärt wird: das Diagramm (vgl. dazu z.B. auch *Schnell/Hill/Esser* 1989, 110 ff) zeigt, daß sich der Ablauf einer empirischen Untersuchung (grundsätzlich) in drei Teile aufgliedert, nämlich in

– **Konzipierungsphase,**
– **Erhebungsphase** und
– **Auswertungsphase** (vgl. Übersicht 29).

1. Konzipierungsphase

a) Fragestellung und Formulierung der Ausgangshypothese(n)

6   Am Anfang jedes Forschungsvorhabens steht eine Frage, deren Beantwortung Aufgabe der Untersuchung sein soll: im Anschluß an die Untersuchungen der *Gluecks* (vgl. Rdn. 25 zu § 8) etwa die Frage: Besteht zwischen dem „Verhalten der Mutter" und dem „Verhalten des Kindes" ein Zusammenhang? Aus dieser **Fragestellung** ergibt sich eine wissenschaftliche Annahme über den Zusammenhang von (mindestens) zwei Merkmalen (Hypothese), die überprüft werden soll. Diese kann etwa lauten:

– *es wird vermutet, daß zwischen den Merkmalen „Verhalten der Mutter"
und „Verhalten des Kindes" **ein** Zusammenhang besteht, oder*
– *es wird vermutet, daß zwischen den Merkmalen „Verhalten der Mutter"
und „Verhalten des Kindes" **kein** Zusammenhang besteht.*

Übersicht 29: Vereinfachtes (schematisches) Beispiel für den Ablauf   **7**
einer empirischen Untersuchung

(a) Fragestellung und Hypothesen

Ausgangsfrage → Sichtung → Überprüfung → Formulierung
bisheriger der Ausgangsfrage der
Literatur (anhand der Hypothesen
schon vorliegen-
den Resultate aus
der Literatur)

(b) Festlegung der Erhebungsmethode(n)
↓

(c) Operationalisierung der → Überprüfung der Verständlichkeit
Variablen (an Preteststichproben)

**(d) Überprüfung der Erhebungsmethode
am Maßstab der Gütekriterien**

Zuverlässigkeit → Gültigkeit → Objektivität
(Reliabilität) (Validität)

(e) Pilot-Studie und Endüberprüfung aller Instrumente
↓

(f) Auswahlverfahren: i. d. R. Stichprobenziehung
↓

(g) Datenerhebung
↓

(h) Datenaufbereitung
↓

(i) Auswertung

Grundauswertung → Überprüfung der Hypothesen

(j) Interpretation → **Beantwortung der Ausgangsfrage**
↓
Umsetzungsvorschläge

Konzipierungsphase

Erhebungsphase

Auswertungsphase

8   Neigt der Untersucher der ersten Annahme zu, so ist das seine **Ausgangshypothese** und die zweite Hypothese (das logische Komplement) die Gegenhypothese oder „Nullhypothese". Die Aufgabe (der Methodik) der Untersuchung besteht nun darin, die Nullhypothese zu widerlegen (zu „falsifizieren") oder nicht zu widerlegen (zu „verifizieren"), um auf diese Weise die Wahrscheinlichkeit zu ermitteln, die für oder gegen die Annahme der Ausgangshypothese spricht.

Aber Vorsicht: Durch noch so viele Untersuchungen läßt sich die Richtigkeit der Nullhypothese nicht beweisen (bestätigen). Man kann nur sagen, daß mit jedem Ergebnis, das die Nullhypothese nicht widerlegt, die in der Nullhypothese enthaltene Aussage sicherer (wahrscheinlicher) wird (vgl. Rdn. 45).

9   Die veränderlichen Größen „Verhalten der Mutter" und „Verhalten des Kindes" werden **Variable** (= Ausprägungen eines Merkmals) genannt.

*In der empirischen Forschung hat es sich durchgesetzt, „ein jedes begrifflich erfaßtes Element möglicherweise variabler Größe als Variable zu bezeichnen, sofern es beobachtbar ist oder beobachtbar gemacht werden kann" (**Drever, J./Fröhlich, W. D.**: Wörterbuch der Psychologie, 2. Aufl., München 1969, 244).*

Die Variable, die den zu erklärenden Sachverhalt beschreibt, nennt man **abhängige Variable;** die Variable, die den Sachverhalt beeinflussen kann, **unabhängige Variable.**

10   *Im **Ausgangsbeispiel** wird das Verhalten der Mutter als unabhängige Variable aufgefaßt und die Voraussage über das Verhalten des Kindes (das durch das Verhalten der Mutter beeinflußt wird) als abhängige Variable. Natürlich kann auch untersucht werden, von welchen Variablen das Verhalten der Mutter abhängig ist. Auf diese Weise kann das Verhalten der Mutter zur abhängigen Variable werden (Beispiel nach Fend, Sozialisierung und Erziehung 1974, 36).*

11   Bevor man die Ausgangshypothese formuliert, ist es notwendig, das **Schrifttum** daraufhin durchzusehen, ob bzw. inwieweit die Forschungsfrage schon Gegenstand früherer Untersuchungen war. Die entsprechenden Erkenntnisse sollten zunächst berücksichtigt werden.

12   Sodann ist zu prüfen, ob die aufgestellten Hypothesen
- **widerspruchsfrei,**
- **überprüfbar** und
- **widerlegbar** sind.

Beispiele: Eine widersprüchliche Aussage würde die Hypothese enthalten: „Jedes Auto ist ein gelbes Motorrad"; empirisch nicht überprüfbar wäre die Hypothese: „Alle Hexen können fliegen"; nicht widerlegbar (weil die Aussage keiner empirischen Überprüfung bedarf) ist das Sprichwort: „Kräht der Gockel auf dem Mist, ändert sich das Wetter oder es bleibt wie es ist" (Beispiele nach Kürzinger, Kriminologie, 1982, 39 f).

Sofern **Einstellungen** abgefragt werden sollen, wird man die Erfahrung **13**
berücksichtigen müssen, daß Einstellung und Verhalten nicht in jedem
Fall übereinstimmen. Insoweit darf eine vielzitierte Studie von *La Pierre*
(1934, 220 ff) angeführt werden.

> *Beispiel La Pierres: Der Autor reiste mit einem chinesischen Ehepaar*
> *durch die Vereinigten Staaten. Sie machten insgesamt in 66 Hotels und*
> *184 Restaurants Station. Nur ein einziges Mal wurde ihnen die Bedie-*
> *nung verweigert. Sechs Monate nach der Reise versandte La Pierre an*
> *jedes der Hotels und Restaurants sowie an eine Kontrollgruppe einen*
> *Brief, in dem gefragt wurde, ob chinesischen Gästen der Zutritt*
> *gewährt würde. 128 Hotelbetriebe antworteten; 92 % gaben an, daß*
> *Chinesen als Gäste nicht akzeptiert würden.*

b) Festlegung der Erhebungsmethode

Sodann ist die **Erhebungsmethode** zu wählen. Zur Auswahl stehen: **14**
Dokumentenanalyse (Aktenerhebung), Fremdbefragungen und schriftliche Auskünfte sowie Untersuchungen am Probanden unmittelbar.
Gewählt werden wird sinnvollerweise die Form der Datenermittlung, die
(nicht zuletzt unter den Gesichtspunkten des Kostenaspekts) die aussa-
gekräftigsten Resultate verspricht.

Bei der systematischen Erfassung und Beschaffung von **Akten** sind vor **15**
allem organisatorische Probleme zu lösen. Denn die Akten lagern bei
den verschiedensten Stellen: die Strafakten in der Regel bei den Staatsanwaltschaften, die Vollzugsakten in den Justizvollzugsanstalten, die
Akten des Jugendamtes bei diesem, die Akten des Sozialamtes beim
Sozialamt usw. Die meisten kriminologischen Untersuchungen beschränken sich freilich aus rein zeitlichen Gründen auf die Auswertung der
Straf- und Vollzugsakten. Problematisch ist bei jeder Aktenauswertung,
daß die Akten sehr unterschiedlich (unvollständig) geführt werden, weil
sie unter kriminologischen Gesichtspunkten grundsätzlich nicht angelegt
sind, vielmehr (naturgemäß) andere Zwecke verfolgen (vgl. ausführlich
zur Aktenanalyse *Dölling* 1984, 265, und *Hermann* 1988, 863 ff).

Erhebungen an der Versuchsperson selbst sind möglich durch **16**

– **Exploration** *(gezieltes Erfragen von Verhaltensweisen und der diesen*
 zugeordneten Motive);
– **Interview** *(Befragung: dazu Rdn. 44 ff zu § 2);*
– **teilnehmende Beobachtung** *(dazu Rdn. 42 zu § 2 und Strobl/Böttger*
 1996);
– **(Labor- oder Feld)-Experimente** *(dazu Rdn. 40 f zu § 2; ausführlich*
 Bönitz 1984, 287–306) und
– **psychologischen Test** *(z. B. projektive Testverfahren und Intelligenztests).*

Als die beiden wichtigsten Untersuchungsmethoden gelten das Interview und die Exploration. Beide haben jedoch verschiedene Aufgaben.

Beim **Interview** – das René *König* (1972, 9 und 27) den „Königsweg" **17**
der praktischen Sozialforschung nennt – „geht es um die Gewinnung von

Informationen (durch) ein zwangloses informelles Gespräch" oder durch eine standardisierte Befragung (Fragebogen mit feststehenden Fragen, die jedem Probanden vorgelegt werden). Erreicht werden hier Informationen, die der Proband aus seiner subjektiven Sicht zur Verfügung stellt (zu Verzerrungen: *Atteslander* 1975; zu **qualitativen Interviews:** *Strobl/ Böttger* 1996).

18   Die **Exploration** dient hingegen der Gewinnung psychopathologischer oder psychologischer Daten, mit deren Hilfe einzelne Bereiche der Persönlichkeit des Probanden objektiv erfaßt werden sollen; diese Art der Untersuchung setzt daher psychiatrisches oder psychologisches Fachwissen voraus (vgl. *Göppinger,* Kriminologie 1980, 118).

Mit einer explorativen Orientierung arbeiten mitunter auch **Workshops** *(Arbeitstagungen mit Seminarcharakter). Thema kann z. B. die Frage der behaupteten Fremdenfeindlichkeit in der Polizei sein. Eine solche Untersuchung haben 1996 Bornewasser und Eckert (im Februar in der PFA) vorgestellt. Teilnehmer ihrer vier (zweitägigen) Seminare waren Polizeibeamte aus unterschiedlichen Polizeigruppen und Einsatzbereichen. Eingesetzt wurden qualitative Erhebungsverfahren: Gruppeninterviews, vertiefende Einzelinterviews und* **Metaplan-Techniken:** *Jeder Teilnehmer wird insoweit z. B. gebeten, seine Erfahrungen mit dem Thema, seine Einstellungen und Ideen auf Karteikarten kurz zu beschreiben, die auf Wandtafeln befestigt, in die Diskussion eingeführt werden. Quantitative Aussagen lassen sich mit dieser Methodik naturgemäß nicht machen; auch die qualitativen Hinweise sind nicht repräsentativ, können aber (als Ergebnisse einer Exploration) wichtige Hinweise für weitere Forschungsarbeiten liefern.*

c) Operationalisierung der Variablen

19   Die Variablen sind nun so zu definieren, daß sie operabel sind, also durch feste Merkmale (Indikatoren) beschrieben werden, die man in einen Computer einspeisen kann. Das heißt, daß im Ausgangsbeispiel festgelegt werden muß, welches „Verhalten der Mutter" gemeint ist und welches „Verhalten des Kindes" untersucht werden soll.

Es gibt allerdings auch Begriffe, deren Beschreibung allgemein anerkannt ist. Dazu gehören Begriffe, die **gesetzlich umrissen** werden, wie z. B. der Begriff der „Führungsaufsicht" (§ 68 StGB). Darüber hinaus gibt es Begriffe, die auf **wissenschaftlich anerkannte Weise** bestimmt worden sind und insofern auch keiner weiteren Beschreibung bedürfen. Dazu gehört z. B. der Begriff der sozialen Schichtzugehörigkeit (vgl. Übersicht 30).

20   Merkmale der Schichtungsmodelle haben insoweit z. B. *Janowitz, Moore/Kleining* und *Scheuch* entwickelt.

Der Schichtindex von *Scheuch* z. B. baut auf der Summierung von Punktwerten auf, die Beruf, Einkommen und Schulbildung zugeordnet werden (vgl. Übersicht 31).

Zu den Begriffen, die mehrdeutig sind, gehört z. B. der **Begriff des „Rückfalls".** Man muß sich insoweit entscheiden, ob man darunter verstehen will z. B.:

– jede erneute Straftat (einschließlich Dunkelfeld),
– jede erneute rechtskräftige Verurteilung oder
– jede erneute Verurteilung zu Freiheitsstrafe usw.

(zu den Folgen unterschiedlicher Rückfallbegriffe siehe ausführlich *Berckhauer/Hasenpusch* in: Schwind/Steinhilper (Hrsg.): Modelle zur Kriminalitätsvorbeugung und Resozialisierung, 1982, 299 f).

Übersicht 30: Schichtungsmodelle zur deutschen Gesellschaft (nach der **21** Übersicht von *Dahrendorf,* R.: Gesellschaft und Demokratie in Deutschland, 5. Aufl., München 1977, 92)

Janowitz (105)	Selbsteinschätzung nach Janowitz	Moore/Kleining (»SSE«, 155)		Scheuch (»Kölner Index«, 195)*)
OM 4,6%	Oberschicht 1,9%	O 1%		O 2,6%
		OM 5%		OM 9,9%
UM 38,6%	Mittelschicht 43,2%	MM 15%		MM 18,9%
		UM 30%	(industriell 13%) (nicht industriell 17%)	
				UM 23,3%
OU 13,3%		OU 28%		
UU 38,6%	Arbeiterschicht 48,5%		(industriell 18%) (nicht industriell 10%)	OU 33,6%
		UU 17%		
	Unterschicht 5,3%			MU 10,2%
unbekannt 4,9%	Keine Angaben 1,1%	SV 4%		UU 0,6%
				unbekannt 0,9%

* vgl. dazu Übersicht 25

(O = Oberschicht, OM = Obere Mittelschicht, MM = Mittlere Mittelschicht, UM = Untere Mittelschicht, OU = Obere Unterschicht usw., SV = Sozial Verachtete. Weitere Erklärungen im Text)

22   *Übersicht 31:* Index zur Einstufung der soz. Schicht (nach *Scheuch* 1970,
102; ist seither offenbar nicht mehr aktualisiert worden)

1. Beruf
(bei Arbeitslosen und Rentnern: früherer Beruf; bei Hausfrauen: Beruf des
Haupternährers. Bei Arbeitslosen wird von der jeweiligen Punktzahl für den Beruf 1 Punkt abgezogen.)

Arbeiter:	ungelernte Arbeiter	= 1 Punkt
	angelernte Arbeiter	= 4 Punkte
	gewöhnliche Facharbeiter	= 9 Punkte
	höchstqualifizierte Facharbeiter	= 13 Punkte
Angestellte:	ausführende Angestellte	= 10 Punkte
	qualifizierte Angestellte	= 16 Punkte
	leitende Angestellte	= 27 Punkte
Beamte:	untere Beamte	= 10 Punkte
	mittlere Beamte	= 16 Punkte
	leitende Beamte	= 23 Punkte
Selbständige:	kleine Selbständige	= 15 Punkte
	mittlere Selbständige	= 20 Punkte
	führende Selbständige	= 30 Punkte
	freie Berufe, intellektuelle Berufe	= 25 Punkte
	kleine Landwirte (5 ha/20 Morgen)	= 15 Punkte
	mittlere Landwirte (20 ha/80 Morgen)	= 20 Punkte
	große Landwirte	= 23 Punkte

2. Einkommen (netto)
(Grenzen überholt*)

unter 149 DM	= 1 Punkt
150— 299 DM	= 3 Punkte
300— 399 DM	= 5 Punkte
400— 499 DM	= 6 Punkte
500— 599 DM	= 8 Punkte
600— 699 DM	= 9 Punkte
700— 799 DM	= 10 Punkte
800— 899 DM	= 13 Punkte
900— 999 DM	= 13 Punkte
1 000—1 499 DM	= 16 Punkte
1 500—1 999 DM	= 19 Punkte
2 000 DM und mehr	= 20 Punkte

3. Schulbildung

Volksschule, unvollständig	= 0 Punkte
Volksschule, ohne Lehre	= 2 Punkte
Volksschule, mit Lehre	= 4 Punkte
Handels- oder Mittelschule, ohne Abschluß	= 5 Punkte
höhere Schule, bis Obertertia	= 7 Punkte
Mittlere Reife	= 9 Punkte
höhere Schule, länger als Untersekunda, ohne Abitur	= 11 Punkte
höhere Fachschule, mit Abschluß	= 12 Punkte
Abitur	= 14 Punkte
Hochschule, ohne Abschluß	= 18 Punkte
Hochschule, mit Abschluß	= 20 Punkte

Die Zuordnung zu den verschiedenen Schichten wird nach folgendem
Summenschlüssel vorgenommen:

untere Unterschicht	= 0—14 Punkte
obere Unterschicht	= 15—22 Punkte
untere Mittelschicht	= 23—29 Punkte
mittlere Mittelschicht	= 30—39 Punkte
obere Mittelschicht	= 40—49 Punkte
Oberschicht	= 50 und mehr Punkte

*) Die Steigerung der Brutto-Einkommen betrug bei den Arbeitern in der Zeit von 1970
bis 1991 = 321 % und bei den Angestellten 376,2 %; abzuziehen ist die Inflationsrate
(vgl. dazu Statistisches Jahrbuch)

Besondere Probleme bringen solche Begriffe, unter denen jeder etwas **23** anderes versteht: etwa unter dem unscharfen Begriff der **„ungünstigen Erziehungsverhältnisse"**. Untersuchungen, in denen dieser Begriff nicht genau (oder gar nicht) definiert ist, sind in bezug auf ihre Ergebnisse nicht vergleichbar (vgl. Rdn. 28). Deshalb ist genau zu umschreiben, was mit dem Begriff im Rahmen der Untersuchung gemeint ist. Es sind also Indikatoren zu suchen, die auf den Tatbestand der „ungünstigen Erziehungsverhältnisse" hindeuten, etwa: Mißhandlung der Kinder durch ihre Eltern, Verwahrlosung der Probanden, Kriminalität unter den nächsten Familienmitgliedern, wirtschaftliche Not, schlechte Wohnverhältnisse usw. (wobei auch diese Indikatoren wieder ausfüllungsbedürftig sind).

Die **operationale Definition** ist danach ein „notwendiger Überset- **24** zungsvorgang" (*Mayntz/Holm/Hübner* 1978). Dafür, daß im Rahmen dieses „Übersetzungsvorgangs" auch ganze Fragen gestellt werden können, ein

Beispiel: Im Kriminalitätsatlas Bochum (Schwind/Ahlborn/Weiß, 1978) hat Sporn das Thema bearbeitet: „Die Einstellung Bochumer Bürger zur Polizei" (S. 293 ff). Sporn hätte nun einfach fragen können: „Ist die Polizei bei Ihnen gut angesehen?" Diese Fragestellung ist jedoch zu pauschal: sie räumt dem Bürger zu wenig Möglichkeit zu differenzierter Äußerung ein. Die Zufriedenheit oder Unzufriedenheit mit der Polizei kann sich z. B. auf folgende Bereiche beziehen: Verbrechensbekämpfung, Verkehrsregelung, Hilfeleistungen in Notsituationen und andere Dienstleistungen, Aufrechterhaltung der „öffentlichen Ordnung". Insoweit hat Sporn Stellungnahmen zu z. B. folgenden Feststellungen (hier: Auswahl) erfragt (S. 400 ff):

– Anständige Menschen müssen in Ruhe gelassen werden, auch wenn sie einmal gegen die Buchstaben des Gesetzes verstoßen. Die Polizei verhindert es, daß dies Wirklichkeit wird. Die Polizei **setzt durch**, *daß dies Wirklichkeit wird.*
– Die wirklichen Verbrechen müssen mit Nachdruck bekämpft werden; bei kleinen und alltäglichen Fällen soll man dagegen großzügig sein. Die Polizei …
– Verkehrsteilnehmer, denen mal ein Schnitzer unterläuft, müssen großzügig behandelt werden. Die Polizei …
– Der Straßenverkehr muß reibungslos ablaufen. Die Polizei …
– Alle Bürger müssen ohne Unterschied höflich behandelt werden. Die Polizei …
– Bürgern, die irgendwie in Schwierigkeiten sind, muß schnell und ohne große Umstände geholfen werden. Die Polizei …
– Jeder Bürger muß nachts durch die Straßen gehen können, ohne daß er sich vor irgendjemand fürchten muß. Die Polizei …
– Arme und Schwache müssen genauso behandelt werden wie Reiche und Starke. Die Polizei …

Schließlich muß man noch darauf achten, daß die **Fragen verständlich** **25** **und eindeutig** formuliert sind. Der Befragte muß sie verstehen können. Es empfiehlt sich daher eine entsprechende Erprobung bei solchen Probanden, die später auch in der Erhebungsphase befragt werden sollen (vgl. Rdn. 30).

d) *Überprüfung der Erhebungsinstrumente am Maßstab der „Gütekriterien"*

26   Die „Güte" (Brauchbarkeit) einer Erhebung wird vor allem daran gemessen, ob sie bestimmte Gütekriterien erfüllt. Zu diesen gehören: die Zuverlässigkeit (Reliabilität), die Gültigkeit (Validität) und die Objektivität.

aa) *Zuverlässigkeit = Übereinstimmungsgenauigkeit (Reliabilität)*

27   Die Reliabilität bestimmt die Eignung eines Verfahrens als Werkzeug der Untersuchung – unabhängig davon, was gemessen wird. Es wird also die Frage gestellt: **Eignet sich dieses Verfahren als Erhebungsinstrument („Methode") der vorgesehenen Untersuchung?** Oder anders formuliert: eine „Erhebung ist zuverlässig in dem Maße, in dem ihre wiederholte Anwendung – auch von verschiedenen Forschern – unter den gleichen Bedingungen die gleichen Ergebnisse bringt" (*Mayntz/Holm/Hübner* 1978). Für die Ermittlung der Zuverlässigkeit bietet sich folgender Weg an: Man versucht festzustellen, inwieweit sich das Erhebungsergebnis z. B. bei wiederholter Befragung (= „Retestverfahren") bestätigt.

> *Beispiel: Um die **Brauchbarkeit der Angaben** jugendlicher Delinquenten zur eigenen Kriminalität **zu überprüfen,** befragten **Lösel** und **Dillig** (1973, 171 ff) 43 männliche Insassen der Justizvollzugsanstalt Herford (Alter: Median = 19) anhand eines Fragebogens, der zur Bearbeitung ausgegeben wurde. Zweieinhalb Monate später wurde der Vorgang wiederholt. Die spezifische Fragestellung der Kontrolluntersuchung bestand darin, festzustellen, inwieweit die von den Probanden angegebenen Daten reliabel waren, d. h. in vorliegendem Fall bei einer erneuten Befragung konstant blieben (**Retest-Reliabilität**). Bei der Reliabilitätsprüfung trat eine Konstanz von fast 80 % ein, ein Ergebnis, das die Untersucher als „ausreichend reliabel" bezeichnen.*

bb) *Gültigkeit = Treffsicherheit (Validität)*

28   Eine Erhebung ist „gültig", wenn „mit ihr genau das festgestellt wird, was festgestellt werden soll, wenn die Merkmale und Indikatoren also genau das aufzeigen, was mit ihnen intendiert ist" (*Göppinger,* Kriminologie 1980, 107). Man spricht hier von Validität der Erhebung und meint damit den Grad der Genauigkeit (Meßrichtigkeit), mit dem (diese) das mißt, was (sie) messen soll. Eine Erhebung ist „um so besser validiert, je vollkommener (ihre) Feststellungen mit den für den jeweiligen Zweck bedeutsamen Kriterien übereinstimmen" (*Stiller* in: Buchholz et al. 1971, 435). Resultate, die ungleiche Validitäten aufweisen, kann man sinnvollerweise kaum miteinander vergleichen.

> *Beispiel: Die Studien- und Berufseignung von Abiturienten für das Fach Humanmedizin versucht man mit einem Testverfahren zu ermit-*

teln. Dieser Test ist dann als valide zu bezeichnen, wenn die Studenten mit den besten Testergebnissen in ihrem späteren Berufsleben auch die besten Ärzte sind.

Zweifel an der Validität (zur Objektivität: vgl. Rdn. 29) einer Untersuchung bestehen z. B. auch dann, wenn **Kontexteffekte** in Betracht kommen (etwa einer Untersuchung ein beeinflussender Eingangstext vorangestellt wurde: vgl. dazu die Kritik von *Kury* 1995, 86 an der Hamburger Opferstudie von *Sessar*) oder **Fragebogenreihenfolgeeffekte** auftreten (wiederum *Kury* aaO): so hat man z. b. feststellen können, daß „die zuerst genannten Antwortalternativen offenbar häufiger gewählt werden, als etwa in der Mitte aufgeführte Antworten" (*Kury* aaO) und **Antwortvorgaben in geschlossenen Fragen** darüber hinaus reichende Meinungen ausgrenzen können.

*So wird z. B. von **Sessar** (in: MschrKrim 1995, 100) kritisiert, daß in einer Untersuchung von **Schwind** (in: ZfStrVo 1988, 265), in der Probanden nach dem Sinn der Freiheitsstrafe befragt wurden, die Antwortkategorie „kein Sinn" fehlte. Sessar übersieht allerdings, daß das Ziel der Befragung darin bestand, die Einschätzung der Bedeutung des Resozialisierungsgedankens durch die Bevölkerung zu erfassen; die von Sessar vermißte Kategorie interessierte in diesem Zusammenhang überhaupt nicht.*

cc) Objektivität

Die Objektivität der Erhebung ist erst dann gewährleistet, wenn sie zu **29** Ergebnissen führt, die von der die Daten erhebenden und auswertenden Person unabhängig sind (vgl. dazu auch *Kühne* 1990, 81 ff). „Je größer der Spielraum für eine Bewertung oder Entscheidung ... ist, um so größer ist die Gefahr, daß gleiche Erscheinungen infolge subjektiver Faktoren ... verschieden bewertet werden" (*Stiller* in: Buchholz et al. 1971, 432). Interviews mit nicht „standardisierten" (in ihrem Wortlaut nicht feststehenden) Fragen sind daher insoweit besonders problematisch. Der Interviewer darf den Interviewten nicht beeinflussen, z. B. keine Suggestivfragen stellen, weil er sonst damit rechnen muß, daß der Proband nur i. S. **sozialer Erwünschtheit** antwortet (vgl. auch Rdn. 45 zu § 2). Das heißt, der Interviewte antwortet so wie er meint, dem Interviewer eine Freude machen zu können.

Beispiele: Die Objektivität wird beeinträchtigt, wenn der Interviewer fragt: „Sind sie nicht auch der Meinung, daß die Kriminalität ständig ansteigt?"
*In einer Untersuchung, die **Robinson** und **Rohde** 1946 durchgeführt haben, hat sich z. B. gezeigt, daß jüdisch aussehende Interviewer weniger antisemitische Antworten bekamen als andere (vgl. auch Rdn. 13).*

e) Pilot-Studie und Endüberprüfung der Erhebungsinstrumente

Der Phase der Datenerhebung (Erhebungsphase) wird meist noch ein **30** Probelauf vorgeschaltet, eine **Pilot-Studie** (pilot-study), die den Zweck hat, alle Erhebungsinstrumente im „Feld" (am Probanden) noch einmal im kleinen Rahmen „auszuprobieren", um bisher noch nicht erkannte Fehlerquellen beseitigen zu können. Änderungen des Fragebogens sind z. B. nicht mehr möglich, wenn die Erhebungsphase schon läuft. Für die pilot-study wird in der Regel eine kleine Stichprobe (aus der Grundgesamtheit) ausreichen.

f) Auswahlverfahren

31   Die Erhebung, die in der Erhebungsphase durchgeführt werden soll, kann in einer Totalerhebung bestehen (z. B.: alle Sicherungsverwahrten in Deutschland werden einbezogen oder als immer wieder aktuelles Beispiel: die Volkszählung) oder in einer Teilerhebung. Eine solche „erfordert die Konstruktion einer **Stichprobe**, worunter die nach bestimmten Regeln erfolgende Entnahme einer begrenzten Zahl von Einheiten aus einer Gesamtheit mit dem Ziel, Aussagen über die Gesamtheit zu machen, verstanden wird" (*Mayntz/Holm/Hübner* 1978). An entsprechenden Auswahlverfahren stehen zur Verfügung: die Auswahl nach Gutdünken (judgement sampling) und die Wahrscheinlichkeitsauswahl (probability sampling).

aa) Auswahl nach Gutdünken

32   Bei der Auswahl nach Gutdünken sind nur grobe Vorgaben für die Erhebungsauswahl zu beachten (etwa „ältere Hausfrauen" bei einer Straßenbefragung; die Leser einer Zeitung); im übrigen kann der Untersucher aus der Gruppe nach Gutdünken auswählen. Dieses Auswahlverfahren bietet allerdings keinerlei Grundlage für die Benutzung der Wahrscheinlichkeitsrechnung. Die Abweichungen von der Grundgesamtheit können bei diesem Verfahren also lediglich grob geschätzt werden.

33   ***Beispiel:*** *1936 führte die amerikanische Zeitschrift „Literary Digest" eine Befragung durch, um den Ausgang einer Präsidentschaftswahl vorhersagen zu können. Im Verlaufe des Wahlkampfes wurden ungefähr zehn Millionen Stimmzettel verschickt, von denen rund 2,5 Millionen ausgefüllt wieder zurückkamen. Die Digest-Vorhersage machte außerordentlich viel von sich reden, da die Ergebnisse im Gegensatz zu den Schätzungen einer Reihe konkurrierender kleinerer Untersuchungen standen. Der Wahlausgang erwies allerdings, daß die Digest-Vorhersage äußerst ungenau war. Es war nicht nur mißlungen, den Sieger vorherzubestimmen, vielmehr wich auch die Vorhersage seines Stimmenanteils um 20 % vom tatsächlichen Resultat ab. Auf der anderen Seite sagte z. B. die Erhebung eines Mannes namens ***Fortune*** (mit nur 4500 Befragungen) den Anteil des siegreichen Kandidaten mit einem Fehler von nur 1 % voraus. Die Millionen-Probanden in der Digestbefragung erwiesen sich als weniger verläßlich für eine Vorhersage als ein sample von weit geringerer Größe, das aber mit einer besseren Auswahlmethode ausgesucht worden war (Parten 1972, 181 und 203).*

bb) Wahrscheinlichkeitsauswahl

Zuverlässiger ist die Wahrscheinlichkeitsauswahl. Eine solche Aus- **34** wahlmethode bildet z. B. die **Randomisierung.** Random-sample „ist die Bezeichnung für dasjenige Auswahlverfahren, welches jedem Indivi- duum bzw. jeder Einheit in der Gesamtheit die gleiche Chance gibt, gewählt zu werden. Die Auswahl gilt dann als ‚zufällig' getroffen" (*Parten* 1972, 181). Diese „Forderung wird in dem sog. Urnenmodell (an dem üblicherweise die Stichprobentheorie entwickelt wird) realisiert. In einer Urne befinden sich sehr viele weiße und rote Kugeln. Die Kugeln werden gut durchgemischt. Danach werden z. B. 1000 Kugeln entnommen. Das ist die Prozedur, die Chancengleichheit für jede Kugel herstellt" (*Mayntz/ Holm/Hübner* 1972, 70).

> *Beispiel: Es ist das Verfahren, das aus der Ausspielung der Lottozah- len vom Fernsehen her bekannt ist.*

Der „mathematisch-statistischen Wahrscheinlichkeitstheorie zufolge **35** sind diese Stichproben (innerhalb angebbarer Fehlergrenzen) in allen ihren Merkmalen (Durchschnittswerten, Häufigkeitsverteilungen) gleich" (*Mayntz/Holm/Hübner* 1978). Das „Random-sample repräsen- tiert (also) annäherungsweise die Gesamtheit in allen ihren Aspekten" (*Parten* 1972, 188). Da die Random-Auswahl eine Stichprobe darstellt, muß sie hochgerechnet werden, wobei die Zahlen der Hochrechnung nicht exakt sein können, sondern selbst wiederum nur geschätzte Werte mit Wahrscheinlichkeitsbehauptung darstellen.

> *Beispiel: Die Stichprobe der Göttinger Dunkelfeldforschung 1973/74 (Schwind/Ahlborn/Eger 1975) umfaßte z. B. 1 % der Einwohner Göt- tingens: 1264 Probanden (vgl. oben Rdn. 54 zu § 2). Mit Hilfe einer Rechenanlage wurde jede hundertste Karte aus der Einwoh- nermeldekartei der Stadt Göttingen ausgedruckt, und zwar mit folgen- den Angaben der ausgesuchten Probanden: Name, Vorname, Adresse und Geburtsdatum. Nicht erfassen kann man auf diese Weise: z. B. Nichtseßhafte und Personen, die in Anstalten unterge- bracht sind.*

Die Frage ist oft, wie groß die **Zahl der Probanden** sein muß, um eine **36** zureichende Verläßlichkeit sicherzustellen. Eine solche Berechnung ist möglich, „weil man weiß, daß die Genauigkeit der Schätzungen beim Random-sample von der Quadratwurzel aus der Zahl der Einheiten beim Sample abhängig ist" (*Parten* 1972, 209 m. entspr. math. Formel).

> *Dabei hängt die Genauigkeit der Schätzungen **nur** von der Größe der Stichprobe, **nicht** aber von der Größe der zugehörigen Grundgesamt- heit ab (aus der die Stichprobe gezogen wird).*

Danach sollten auch kriminologische Untersuchungen **etwa 1000 Pro-** **37** **banden** erfassen, eine Zahl, an der sich die Meinungsumfrageinstitute orientieren. Was gleichwohl herauskommen kann, wenn zu kleine Ein- heiten hochgerechnet werden, zeigen folgende Beispiele:

Erstes Beispiel: 1970 informierte die ADAC-Motorwelt (Juli-Heft) über eine „Strukturzählung der ADAC-Mitglieder nach Berufen". Dafür hatte man aus der Grundgesamtheit der 2 Millionen ADAC-Mitglieder eine Stichprobe von 30000 Personen gezogen. Die Hochrechnung ergab u. a. dann, daß damals 1782 Bildhauer Mitglied im ADAC waren, 2182 Kunstmaler, 7542 Pfarrer und sogar 400 Domkapellmeister. In einem Leserbrief in der September-Nr. dieser Zeitschrift fragte ein Leser dann: „Nur – wo kommen die 400 Domkapellmeister her, die im ADAC sein sollen? Schließlich hat nicht mal jeder Dom einen Domkapellmeister wie wir in Worms – aber der hat kein Auto und ist nicht im ADAC!" Die Auflösung des Rätsels: im ADAC waren nur sechs Domkapellmeister Mitglied, die jedoch fast alle in die Stichprobe gerieten und sich hochgerechnet auf fast 400 vermehrten.

*Zweites Beispiel: Am 11. Dezember 1989 veröffentlichte die Zeitschrift DER SPIEGEL (Nr. 50) eine Umfrage zur Lehrqualität an 51 westdeutschen Hochschulen („**Welche Uni ist die beste?**"). Befragt wurden jeweils nur 12 (!) Studenten aus jedem Fachbereich und zwar*

„ausschließlich erfahrene Hauptfach-Studenten im fünften bis zehnten Semester, die an der derzeitig besuchten Universität mindestens ein Semester lang studiert hatten und somit kompetent urteilen konnten"(!).

*Herausgekommen sind – schon wegen der geringen Zahl der Befragten pro Fachbereich – reine Zufallsergebnisse, die jedoch (als „**ranking**") öffentliches Aufsehen erregten: Bei den Juristen z. B. (befragt wurden hier nur 30 Hochschulen) stand die Uni Bayreuth ganz oben (Nr. 1) und die Ruhr-Uni Bochum ganz unten (Nr. 30), obgleich gerade Bochum erheblichen Zulauf verzeichnet und sich auch sonst nicht zu verstecken braucht. Die Bochumer Fakultät teilt ihr Schicksal z. B. mit folgenden weiteren Fakultäten: Heidelberg (Nr. 23), Bonn (Nr. 26) und Göttingen (Nr. 28). Wie die Ergebnisse zustande gekommen sind, hat offenbar niemanden interessiert.*

2. Erhebungsphase

a) Datenerhebung

38   Die Erhebung der Daten bringt sehr viel Mühe mit sich und erfordert eine ständige Rückkoppelung mit den Mitarbeitern des Forschungsvorhabens, um ständig auftretende (nicht vorhergesehene) Probleme einer methodisch akzeptablen Lösung zuführen zu können. Die Erhebung erfolgt als Befragung, als Experiment usw. (dazu Rdn. 16). Das besondere Problem bei der Befragung (schriftliche wie mündliche: vgl. auch Rdn. 44 f zu § 2) besteht in der Ausfallquote. Denn: Je größer die **Ausfallquote** (einer Befragung) ausfällt, desto weniger aussagekräftig sind naturgemäß ihre Resultate. Die Validität (Rdn. 28) einer Untersuchung hängt daher auch von ihrer Ausschöpfungsquote ab. Nach *Scheuch* (1962, 333) liegt „für Umfragen, die über ein ganzes Stadtgebiet streuen ..., der Prozentsatz der Ausfälle insgesamt zwischen 10 % und 20 % der ursprünglich ausgewählten Fälle. Bei Spezialuntersuchungen werden häufig höhere Prozentsätze erreicht, die für die städtische Bevölkerung oft zwischen 20 % und 30 % liegen" (zu Problemen bei schriftlichen Befragungen: *Frasch* 1987). „Ausfall" bedeutet in diesem Zusammenhang, daß eine Zielperson, d. h. ein Proband, der für ein Interview ausgewählt worden ist, nicht erreicht werden kann. Als wichtigste Gründe für solche Ausfälle werden genannt:

„1. Adressat verzogen, unbekannt, verstorben;
 2. Adressat mehrfach nicht anzutreffen;
 3. Adressat krank;
 4. Adressat verweigert das Interview" (*Friedrichs* 1985).

Die Verweigerung kann auch mit **Datenschutzauflagen** zu tun haben, die den Probanden mißtrauisch machen. So haben *Kreuzer* et al. (1992, 98) festgestellt, daß „die Forschung nach einer schriftlichen Einwilligung des Befragten zu einer deutlichen Rücklaufreduktion führt" (dazu auch *Schwind* 1987, 319 und *Schlüchter/Duttge* in JR 1997, 170 ff).

b) Datenaufbereitung

Zur Aufbereitung der Daten gehört z. B. das Codieren für die Datenverarbeitung (bei maschineller Auswertung: Eingabe der Daten in den Computer) bzw. (bei manueller Auswertung) die Übertragung der Daten auf Listen, Karteikarten usw. **39**

3. Auswertungsphase (Datenanalyse)

Zur Auswertung gehören die **Grundauswertung** (= die Beschreibung der Daten), die **Überprüfung der Hypothesen** z. B. mit Hilfe von Signifikanztests, die **Interpretation** der Daten und die sich daraus ergebende **Antwort auf die Ausgangsfrage des Forschungsvorhabens.** **40**

a) Grundauswertung

Die Auswertung der Daten erfolgt heute in der Regel über elektronische Datenverarbeitung mit Hilfe von Statistikprogrammen. Zunächst werden die Daten beschrieben (deskriptive Auswertung), d. h., es werden Prozentwerte, Mittelwerte und Streubreiten berechnet und in Tabellen und Graphiken anschaulich dargestellt. **41**

b) Überprüfung der Hypothesen

Der zweite Schritt der Auswertungsphase besteht darin, die Nullhypothese zu überprüfen. Diese kann z. B. lauten: Es wird vermutet, daß in der Göttinger Bevölkerung zwischen den Merkmalen „Opfer einer bestimmten Deliktsart geworden" und „Geschlecht" kein Zusammenhang besteht. Nehmen wir an, die Untersuchung hätte sich auf eine Stichprobe (aus der Grundgesamtheit der gesamten Göttinger Bevölkerung) von 1 000 Personen bezogen und hätte folgendes Ergebnis gebracht: **42**

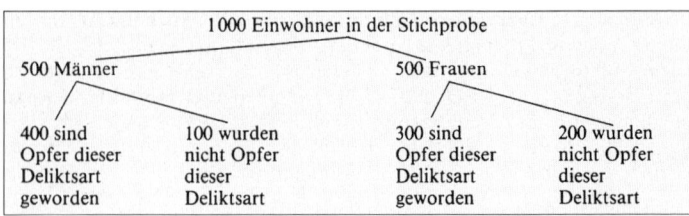

43   Dann sieht es so aus, als ob die Nullhypothese widerlegt worden wäre: jedenfalls scheint das auf den ersten Blick wahrscheinlich zu sein. Wie groß die Wahrscheinlichkeit ist, läßt sich jedoch nur auf dem mathematischen Wege aufklären. Das heißt, die Nullhypothese (kein Zusammenhang) ist dann widerlegt (bzw. die Vermutung der Ausgangshypothese bestätigt), wenn sich signifikante Unterschiede in der Deliktsbelastung der Geschlechter ergeben.

aa) Signifikanztest

44   Als Methode, mit deren Hilfe geprüft werden kann, ob ein Zusammenhang besteht bzw. wie wahrscheinlich er ist, kommt der (von *Pearson* entwickelte) statistische **Signifikanztest** in Betracht, der den Grad der Irrtumswahrscheinlichkeit mißt. Er kann mit der sog. Chi-Quadrat-Probe durchgeführt werden. Dazu ein Beispiel von *Hofstätter-Wendt* (1974, 5 f), das das Prinzip dieser Berechnung recht gut erklärt:

45   *Beispiel: „Ein in Norddeutschland sehr beliebtes alkoholisches Getränk ist der Grog, ein Gemisch aus heißem Wasser, Zucker und Rum, von dem Kenner behaupten, es sei wesentlich, in welcher Reihenfolge die Zutaten in das Glas gegeben werden. Ein Grog, dem der Rum beigegeben werde, bevor der Zucker aufgelöst ist, habe niemals den guten Geschmack eines Grogs, in dem erst der Zucker aufgelöst und dann der Rum hinzugefügt wurde.*

Es soll nun unsere Aufgabe sein, festzustellen, ob die beiden verschiedenen Zubereitungsarten wirklich einen spürbaren Geschmacksunterschied ergeben. Unsere Hypothese, die wir prüfen wollen, besagt, daß das der Fall ist … Wir müssen nun ein Experiment konstruieren, in dem wir die Richtigkeit dieser Hypothese … prüfen können …

Wir geben einem Grogtrinker im sog. ,Blindversuch' ein Glas Grog zu kosten – im Blindversuch, das heißt, wir lassen ihn dabei nicht wissen, in welcher Reihenfolge der Grog bereitet wurde. Das soll er uns erst nach dem Geschmack sagen. Besteht zwischen den verschieden bereiteten Grogarten wirklich ein spürbarer Unterschied, dann müßte unsere Versuchsperson das Glas richtig identifizieren können. Als Wissenschaftler müssen wir jedoch skeptisch annehmen, die Versuchsperson könne zufällig das Richtige geraten haben. Auch wenn er gar nichts geschmeckt und blindlings drauflosgeraten hätte, würde er bei genügend häufiger Wiederholung in der Hälfte aller Fälle bei diesem Experi-

ment das Richtige treffen. Es besteht also eine Wahrscheinlichkeit von $\frac{1}{2} = 0,5$ dafür, daß wir zufällig eine Beobachtung gemacht haben ... Wir müssen also den Versuch wiederholen, um diese Irrtumswahrscheinlichkeit zu erniedrigen. Der Versuch mit zwei Gläsern kann vier mögliche Ausgänge nehmen: a) beide Gläser richtig, b) das erste Glas richtig, das zweite falsch, c) das erste Glas falsch, das zweite richtig, und d) beide Gläser falsch. Wenn unsere Versuchsperson nur geraten hat, sind alle diese vier möglichen Ausgänge gleich wahrscheinlich ... (Es) besteht also noch eine Zufallswahrscheinlichkeit von $\frac{1}{4} = 0,25$, daß nur geraten wurde ... Es ist nun leicht zu sehen, daß eine weitere Vermehrung der Anzahl der Versuche zu einer fortgesetzten Verringerung der Zufallswahrscheinlichkeit führt".

Die „obere Grenze der Irrtumswahrscheinlichkeit, die der Forscher **46** bei seiner Entscheidung über eine Hypothese in Kauf nehmen will, wird das **Verläßlichkeitsniveau** genannt" (*Hofstätter/Wendt* aaO). Dieses liegt nach einer Konvention in der psychologischen, biologischen und soziologischen Forschung bei einem Wert von 0,05 (= 5 %). Als **hochsignifikant** wird das Ergebnis bezeichnet, wenn das Verläßlichkeitsniveau bei 0,01 (= 1 %) liegt. Die Wahrscheinlichkeit, daß ein Ergebnis auf Zufall beruht, ist dann zwar auch nicht ganz ausgeschlossen, aber doch äußerst gering. Denn ein Verläßlichkeitsniveau von 0,01 bedeutet, daß die Wahrscheinlichkeit, daß zwischen zwei Merkmalen kein Zusammenhang besteht, kleiner ist als 1 %. Bei den Zahlen des Ausgangsbeispiels ergibt sich eine Ablehnung der Nullhypothese bei einem **Signifikanzniveau** von 0,05 (= Bestätigung der Ausgangshypothese, daß in der Göttinger Bevölkerung ein Zusammenhang zwischen den Merkmalen „Opfer einer bestimmten Deliktsart geworden" und „Geschlecht" mit großer Wahrscheinlichkeit tatsächlich besteht).

bb) Faktorenanalyse

Neben der Durchführung des Signifikanztests ist die Gewichtung der **47** einzelnen Faktoren untereinander bedeutsam. Insoweit ist die Faktorenanalyse üblich geworden. Mit der **Faktorenanalyse** können die Korrelationen, also die Zusammenhänge zwischen mehreren Variablen (bzw. Faktoren) untersucht und analysiert werden. Sie geht von der Annahme aus, „daß eine Reihe miteinander korrelierender Merkmale auf einen oder mehrere gemeinsame Faktoren zurückgehen" (*Hofstätter* 1972, 307). Dabei wird die Bedeutung eines jeden Faktors (z. B. in bezug auf die Kriminalität) durch eine **Gewichtszahl** besonders bestimmt. Die Faktorenanalyse ermöglicht also – um es kurz mit *Überla* (1968, 2) zu sagen – **„die Reduktion eines umfangreichen Datenmaterials auf wenige unabhängige und einfache Faktoren".**

Durch dieses Verfahren können auch **Scheinzusammenhänge** entlarvt **48** werden (*Überla* 1968, 1).

> **Beispiele:** *Wenn in Schleswig-Holstein die Zahl der Störche zunimmt und zugleich auch die Zahl der Geburten, so ist das ein Scheinzusammenhang. Wenn die Elefanten mit großen Ohren aus Afrika stammen*

*und die mit kleineren Ohren aus Indien, so hat das nichts damit zu tun,
daß Afrika größer als Indien ist.*

c) Interpretation – Beantwortung der Ausgangsfrage

49   Diese richtet sich nach der Auswertung, insbesondere nach dem erzielten Signifikanzniveau der erzielten Ergebnisse. Zu **Scheinexaktheiten**
vgl. z. B. *Krämer, W.*: „So lügt man mit Statistik", 1991, 13 ff.

50   Der **Ablauf eines konkreten Forschungsprojekts** ist z. B. beschrieben
worden von

– *Schöch (in: Kaiser/Schöch: Kriminologie – Jugendstrafrecht – Strafvoll-
zug, 3. Aufl.*, München 1987, 18–29): **Erprobung des Schuldinterlokuts;**
– *Schwind/Ahlborn/Eger et al.: Dunkelfeldforschung in Göttingen 1973/
74, Wiesbaden 1975:* **Aufhellung des Dunkelfeldes und Motivanalyse des
Anzeigeverhaltens;**
– *Schwind/Roitsch/Ahlborn/Gielen (Hrsg).: Gewalt in der Schule – am
Beispiel von Bochum, Mainz 1995 (2. Auflage 1997).*

51   Last not least: die empirische Forschung kann immer **nur Wahrschein-
lichkeitsaussagen** anbieten. Und: „Empirisch erweisbar ist nur die Wider-
legung nicht die Bestätigung einer Theorieannahme" (*Kunz*, Kriminologie 1994, 102).

DRITTER TEIL

Einflüsse der Sozialisationsagenturen auf den sozialen Entwicklungsprozeß

Die Erziehungs- und Sozialisationsforschung gehört traditionsgemäß **1** zu den Wissenschaftszweigen, an denen eine ganze Reihe unterschiedlicher Disziplinen beteiligt sind: von der Psychologie, Psychiatrie und Pädagogik bis zur Soziologie, von der Kulturanthropologie bis zur Physiologie. Das zeigt schon der kurze Überblick über die verschiedenen Kriminalitätstheorien (vgl. oben §§ 5–8). Typisch ist jedoch die fehlende interdisziplinäre Kooperation. Salopp ausgedrückt: jede der beteiligten Wissenschaften forscht grundsätzlich mehr oder weniger „auf eigene Faust" (dazu z. B. *Heinz* schon in: KZfSS 1974, 138 ff).

I. Sozialisation und Erziehung: Unterschiede

Deshalb werden auch die Begriffe nicht immer in derselben Weise verwendet. **2** Das gilt sogar für die Bestimmung der **Grundbegriffe „Erziehung" und „Sozialisation".** Sieht man die Literatur daraufhin durch, kann man jedoch so etwas wie eine herrschende Meinung feststellen: Danach unterscheiden sich Erziehung und Sozialisation (auf eine vereinfachte Formel gebracht) dadurch, daß **Erziehung in der bewußten und zielgerichteten Förderung sozial erwünschter Verhaltensweisen durch Erziehungsträger** (Eltern, Lehrer, berufliche Ausbilder) besteht, während unter dem Begriff der **Sozialisation das Eingeführtwerden in sowohl sozial erwünschte als auch in sozial unerwünschte Verhaltensweisen durch Umwelteinflüsse jeder Art** verstanden wird. Der Begriff der Sozialisation ist also der weitere, Erziehung der engere Begriff. Dementsprechend wird der Begriff der Sozialisation auch im Rahmen der folgenden Darstellung als Oberbegriff verwendet, der auch wechselseitige Einflüsse zwischen Individuum und Umwelt einschließt (vgl. *Lenzen:* Päd. Grundbegriffe 1989, 1409 f).

II. Erziehung zu Rechtsbewußtsein

Zu den Voraussetzungen sozial erwünschter Verhaltensweisen gehört **3** das Rechtsbewußtsein bzw. das Rechtsgefühl. Beide Begriffe, die sich auf die Normverinnerlichung beziehen, unterscheiden sich dadurch, daß das Rechtsgefühl eher affektiv (gefühlsmäßig) gesteuert wird, während das Rechtsbewußtsein eher kognitiv (verstandesbezogen) entsteht. Rechtsgefühl und Rechtsbewußtsein werden durch Erziehung vermittelt. Zu den Voraussetzungen des Rechtsbewußtseins gehören:

– erstens: daß man ein Gesetz kennt (Problem der Informiertheit),
– zweitens: daß man das Gesetz auch versteht (seinen Inhalt begreift),

– drittens: daß man es auch bejaht (oder doch zumindest als Autorität akzeptiert) und
– viertens: daß man sich dem Gesetz entsprechend verhält.

Der Begriff des Rechtsbewußtseins stellt sich also als ein von verschiedenen Variablen (Einflußgrößen) abhängiges (juristisches) Konstrukt dar, zu dem es allerdings kaum empirisch abgesicherte Forschungsergebnisse gibt.

– Soweit sie vorliegen, beziehen sie sich auf das sog. **positive Rechtsbewußtsein,** unter dem die Fähigkeit verstanden wird, „eigene Interessen durch aktives Anmelden von Rechtsansprüchen zu schützen und zu verfolgen" (*Lautmann* in: ZRS 1980, 166): gemeint ist die „Mobilisierung des Rechts" i. S. von Beschwerdeaktivitäten (junger Menschen); solche Konfliktbereitschaft nimmt übrigens, wie sich empirisch nachweisen läßt, ständig zu (*Blankenburg* in: RdJ 1984, 281 ff).
– Das Bewußtsein hingegen, das gemeinhin mit „Rechtsbewußtsein" bezeichnet wird, ist das **negative Rechtsbewußtsein,** das z.B. fehlt, wenn man sich nicht normentsprechend verhält, weil man das Gesetz nicht kennt, nicht versteht oder nicht akzeptiert. Insoweit fehlen gesicherte Resultate empirischer Forschung. Wir wissen nur, daß z.B. Veränderungen der Normakzeptanz mit **veränderten gesellschaftlichen Werthaltungen** (Wertewandel) bzw. **mit Einstellungsveränderungen** zu tun haben. Zu welchem Verhalten (rechtmäßig oder unrechtmäßig) sich der Mensch dann entscheidet, hängt nicht zuletzt von der Stufe der selbst erreichten Moralvorstellungen ab (dazu Rdn. 67 f zu § 10).

III. Erziehungsdefizite bei Rechtsbrechern

4 Reichhaltiger ist die Ausbeute empirischer Forschung in bezug auf Sozialisationsdefizite bei Rechtsbrechern: man kann allerdings nicht belegen, daß Sozialisationsdefizite zu sozial abweichendem Verhalten führen müssen, wohl aber, daß Sozialisationsdefizite bei Rechtsbrechern (als **„Kindheitsbelastungswerte"**) besonders oft festgestellt worden sind.

5 Bei Rechtsbrechern fallen u.a. folgende Phänomene auf, die auf solche **Erziehungsdefizite** hindeuten:

– *während das Risiko, straffällig zu werden, für die von Mutter und Vater (also in vollständigen Familien) erzogenen Kinder am geringsten sein soll, wird die Wahrscheinlichkeit, daß* **Heimkinder** *strafrechtlich in Erscheinung treten, als am höchsten eingeschätzt (vgl. bereits die Zusammenfassung bei Brauneck: Allgemeine Kriminologie, 1974, 202 m. w. N.; vgl. auch Rdn. 11 ff zu § 10);*
– *rund die Hälfte der negativ sozial Auffälligen stammt aus* **strukturell unvollständigen Familien** *(„broken home"-Verhältnissen), d.h., ein Elternteil fehlte im Erziehungsprozeß (vgl. unten Übersicht 33) infolge von Tod, Trennung, Scheidung usw. (vgl. Würtenberger in: Wurzbacher: Die Familie als Sozialisationsfaktor, 1977, 411; Napp-Peters: Ein-Elternteil-Familien, Weinheim 1985);*

- *51 % der zwischen 1977 und 1982 in Niedersachsen in U-Haft genommenen 14–15jährigen waren „notorische"* **Schulschwänzer** *(Ergebnisse
  eines niedersächsischen Forschungsvorhabens: Steinhilper: U-Haft bei
  15- und 16jährigen, Bestandsaufnahme für 1977–1982, hrsg. vom Nds.
  Minister der Justiz, Hannover 1985, 9);*
- *38 % der 14–15jährigen U-Häftlinge in Niedersachsen (1977–1982)
  waren* **Sonderschüler** *(Steinhilper aaO);*
- *über 60 % der 14–21jährigen Strafgefangenen hatten (nach einer
  Umfrage im niedersächsischen Strafvollzug)* **keinen Schulabschluß**
  erreicht und über 80 % **weder eine Lehre noch ein kurzes Anlernverhält-
  nis** *mit Erfolg beendet (Großkelwing in: Schwind/Blau: Strafvollzug in
  der Praxis, 1976, 297; vgl. auch Rdn. 5 ff zu § 12);*
- *ferner fallen registrierte junge Rechtsbrecher „durch eine* **negative
  Arbeitseinstellung** *und durch eine* **geringere Ausdauer im Arbeitsverhalten** *(auf), ablesbar am häufigen* **Lehrabbruch** *und* **Arbeitsplatzwechsel"**
  (Kaiser: Kriminologie, 1988, 534); viele sind (zum Zeitpunkt der Tat)
  ohne Arbeit *(vgl. Rdn. 5 ff zu § 12);*
- *Straftäter zeigen* **ein anderes Freizeitverhalten:** *Sie beschäftigen sich z. B.
  weniger mit ihrer Familie und haben auch an Aktivitäten wie Lesen,
  Musizieren, Basteln und Wandern weniger Freude (Göppinger: Kriminologie, 1980, 293 ff; vgl. auch Rdn. 8 ff zu § 13).*

Jugendliche

„Das Soziale löst sich auf"

Schattenseite der neuen Freiheit – die Jugendgewalt steigt. Jeder fünfte Jugendliche beging bereits ein kriminelles Delikt, prügelte, raubte, erpreßte, drohte, verübte einen Einbruch oder ließ seine Wut an Sachen aus. Zwei Drittel der Jugendlichen können die aggressiven Ausbrüche ihrer Altersgenossen verstehen.

aus: *DER SPIEGEL* 3/1996, S. 102

IV. Gesellschaftliche Auflösungsprozesse

Der erzieherische Einfluß der Familie vermindert sich darüber hinaus **6**
im Rahmen von gesellschaftlichen Prozessen: **These des sich auflösenden
traditionellen soziokulturellen Milieus.** An die Stelle der Großfamilie ist
die Kernfamilie getreten (vgl. § 10 Rdn. 10), die Kernfamilie wird durch
die Single-Entscheidung ersetzt (vgl. Rdn. 9 zu § 17 und Übersicht 33)
bzw. zerbricht durch Trennung und Scheidung; die Zahl der Alleinerziehenden wird inzwischen auf über 1,6 Millionen geschätzt (vgl. § 10
Rdn. 22 f). Etwa 70 000 Kinder sind in Heimen der Jugendhilfe untergebracht (Arbeiterwohlfahrt zit. nach WAZ vom 18. August 1994). *Heitmeyer* (in: Beilage zum Parlament vom 8. Januar 1993, 4) sieht diese Entwicklung im Rahmen von drei großen gesellschaftlichen Auflösungspro-
zessen, die offenbar auch andere Industriestaaten erfaßt haben und mit
dem **Wertewandel** (Rdn. 3) zu tun haben dürften (vgl. auch *Beck,* U.:
Risikogesellschaft, 10. Aufl., Frankfurt/M 1993); gemeint sind:

- die Auflösung von Beziehungen zu anderen Personen und Lebensumständen: **Lockerung des familiären Zusammenhalts** und „Wegschmelzen" von Milieus: Herauslösen aus traditionellen Sozialbindungen (vgl. dazu die Kontroll- bzw. Halttheorien unter Rdn. 16 ff zu § 6),
- die Auflösung des Konsenses über Vorstellungen zu Werten und Normen in unserer Gesellschaft bzw. das Verblassen leitender Normen: **Erosion des Rechtsbewußtseins** (Rdn. 3) und schließlich auch
- die **Auflösung der Bindung zu gesellschaftlichen Institutionen** wie dem Staat und der nationalen Identität überhaupt: abnehmende Wahlbeteiligung und abnehmende (ehrenamtliche) Mitarbeit in gesellschaftlichen Institutionen (etwa im Roten Kreuz, bei der Feuerwehr, als Rettungsschwimmer oder im Rahmen von politischen Parteien; vgl. auch oben den Zeitungsausriß); man will keine Verantwortung für den Staat übernehmen; ein Grundgefühl („feeling") von Antistaatlichkeit haben die sog. „Autonomen" entwickelt, die „nach eigenen Gesetzen" (autonom) leben möchten (vgl. auch Rdn. 32 zu § 2).

Herzog beklagt nachlassendes Engagement

Bonn, 20. 6. (ddpADN/KNA) Bundespräsident Herzog hat sich besorgt über die sinkende Bereitschaft der Deutschen zum ehrenamtlichen Engagement für die Mitbürger gezeigt. Dies sei ein „Warnsignal", sagte Herzog am Donnerstag auf einer Veranstaltung von Johanniter-Unfall-Hilfe und Malteser-Hilfsdienst in Bonn. Schließlich könne man erst dann von einer „wirklichen Kultur des Helfens" sprechen, wenn nicht nur die persönliche Betroffenheit, sondern das Bedürfnis nach Hilfe für andere Motiv des Handelns sei. Der Präsident rief die Wohlfahrtsverbände auf, angesichts des gegenwärtigen „Zwangs zum Sparen" mehr mit Staat und Politik zusammenzuarbeiten.

aus: *NOZ* vom 21. Juni 1996

Die aus kriminologischer Sicht relevanten Folgen einer solchen Entwicklung (von Freisetzungsprozessen) werden u. a. in Orientierungslosigkeit, Vereinsamung und Ohnmachtsgefühlen gesehen, die nicht zuletzt für rechtsextremistisches Ideengut anfällig machen (*Heitmeyer* 1993, 5) bzw. die Gewaltakzeptanz fördern sowie die Sehnsucht nach Bindung, die Jugendliche z. B. im subkulturellen Milieu glauben finden zu können (vgl. dazu die Anomietheorie § 7 Rdn. 6 ff und § 26 Rdn. 26 ff). **Hat unsere Gesellschaft danach die Kriminellen bzw. die Gewalttäter, die sie verdient?** (dazu *Schwind* in: Kriminalistik 1994, 8 ff).

V. Sozialisationseinflüsse und Lebensalter

Vor diesem Hintergrund befassen sich die folgenden Kapitel mit den **7**
Themen: „Die Familie als primäre Sozialisationsinstanz" (§ 10), „Die
Schule als sekundäre Sozialisationsinstanz" (§ 11), „Arbeitsverhalten
und Arbeitslosigkeit aus kriminologischer Sicht" (§ 12), „Freizeit und
Kriminalität" (§ 13) und „(Massen-)Medien und Kriminalität" (§ 14).
Die Darstellung folgt damit der Veränderung der Sozialisations- (bzw.
Erziehungs-)einflüsse: Der erzieherische Einfluß der Familie nimmt mit
zunehmendem Alter der Kinder und Jugendlichen ab, die **Außenein-**
flüsse (etwa der peer-group, der Schule) nehmen zu; gleichzeitig steigt
die Delinquenzbelastung stetig an (wie die Übersicht 32 zeigt" zu „sozio-
demographischen Basisdaten (auf die in diesem Bande immer zurückge-
griffen wird) vgl. Übersicht 33)

Übersicht 32: Veränderung der Sozialisationseinflüsse und Delinquenzbelastung *(Modell)*

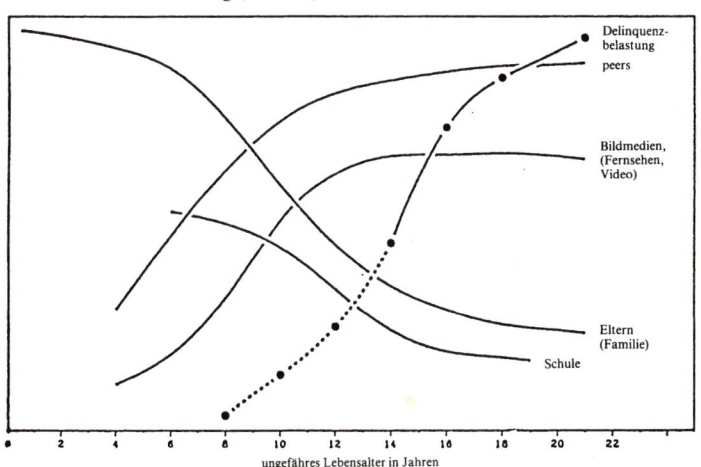

aus: *Kaiser*, Kriminologie 1996, S. 514

171

Übersicht 33: Soziodemographische Basisdaten

Gruppen	Zahlen	Quellen	§
Wohnbevölkerung in Deutschland → davon Frauen	1994: 81.538.603 41.893.600	Stat. Jahrbuch 1996, S. 60, 63	§ 3
Zahl der Kinder (= Jugendliche unter 15 Jahren) → davon weiblich	13.294.335 6.473.600	Stat. Jahrbuch 1996, S. 60, 63	§ 3
Zahl der Nicht-Deutschen insgesamt	1994: 6.990.500 (= 8,57 %) 1995: 7.173.900	Stat. Jahrbuch 1996, S. 68	§ 3
Zahl der nicht-deutschen Kinder/ Jugendlichen unter 18 Jahren → davon weiblich	1992: 1.520.000 (= 23,4 % der Nichtdeutschen) 714.600	Datenreport 1994, S. 36	§ 3
Zahl der Geburten (Lebendgeborene) → davon Neue Bundesländer	1996: 789.000 (1994: 769.603) 1996: 93.400 (1994: 79.000)	Stat. Bundesamt, zit. nach WAZ vom 19. Februar 1997; Stat. Landesämter, zit. nach NOZ vom 14. Mai 1997	§ 3
Zahl der Eheschließungen pro Jahr	1950: 506.101 1994: 440.244	Stat. Jahrbuch 1952, S. 32; Stat. Jahrbuch 1996, S. 72	§ 10
Zahl der Scheidungen pro Jahr	1995: 169.000 (= 2,0 geschiedene Ehen je 100.000 Einwohner; EU-Durchschnitt 1,7) (1960: 49.325)	FOCUS 36/1996, S. 280; Stat. Bundesamt, zit. nach WAZ vom 28. August 1996	§ 10
Geschätzte Wiederheiratshäufigkeit der Geschiedenen	1994: alte BL: 65 % der Frauen, 58 % der Männer neue BL: 53 % der Frauen 53 % der Männer	Bundesinstitut für Bevölkerungsforschung, zit. nach Bundesfamilienministerium (Hrsg.), Die Familie im Spiegel der amtlichen Statistik 1997, S. 74	§ 10
Familien mit minderjährigen Kindern	1995:82,3 % Ehepaare 4,4 % nichteheliche Lebensgemeinschaften 13,3 % Alleinerziehende	Stat. Bundesamt, zit. nach Bundesfamilienministerium (Hrsg.), Die Familie im Spiegel der amtlichen Statistik 1997, S. 41	§ 10
Geschiedene Ehen mit minderjährigen Kindern 1994:	mit 1 Kind: 52.122 Ehen mit 2 Kindern: 30.000 Ehen mit 3 Kindern: 7.122 Ehen ohne Kinder: 76.808 Ehen	Stat. Jahrbuch 1996, S. 80	§ 10
Zahl der Scheidungskinder	1995: 142.000	Stat. Bundesamt, zit. nach WAZ vom 28. August 1996	§ 10
Adoptionen	1995: 7.969 Kinder	Stat. Bundesamt, zit. nach NOZ vom 6. Februar 1997, S. 1	§ 10
Zahl der nichtehelichen Lebensgemeinschaften	April 1994: 1.658.000 Paare (Schätzung)	Stat. Jahrbuch 1996, S. 67	§ 10
Nichteheliche Lebensgemeinschaften mit Kindern	April 1994: 462.000 (55 % leben in den neuen BL)	Stat. Jahrbuch 1996, S. 67; Stat. Bundesamt, zit. nach NOZ vom 5. Oktober 1993, S. 5	§ 10
Zahl der nichtehelich geborenen Kinder	1995: 123.000 (= 16,1 %) (1960 = 6,3 %)	Stat. Bundesamt, zit. nach NOZ vom 2. Oktober 1996	§ 10
Einpersonenhaushalte (Singles) insgesamt	1970: 5,5 Millionen 1991: 10 Millionen 1994: 12,7 Millionen (= 34, 7 % aller Haushalte)	Stat. Jahrbuch 1996, S. 66; Stat. Bundesamt, zit. nach Sozialpolitische Umschau 232/96; Datenreport 1994, S. 31; FOCUS vom 6. Dezember 1993	§ 10
Alleinerziehende mit minderjährigen Kindern	1994: 1.415.000 Mütter 216.000 Väter	Stat. Jahrbuch 1996, S. 67	§ 10
Minderjährige Kinder in Einelternfamilien	1994: 2.278.000	Stat. Jahrbuch 1996, S. 67	§ 10
Erwerbstätigkeit alleinerziehender Frauen mit minderjährigen Kindern (Erwerbsquoten)	1994: 60,0 % der ledigen Alleinerziehenden, 69,3 % der geschiedenen Alleinerziehenden	Stat. Jahrbuch 1996, S. 112	§ 10
Zahl der Erziehungsgeldempfänger	1994: 788.562	Stat. Jahrbuch 1996, S. 466	§ 10
Zahl der abhängig Beschäftigten im Erziehungsurlaub	1994: 412.699	Stat. Jahrbuch 1996, S. 466	§ 10

Gruppen	Zahlen	Quellen	§
Zahl der erwerbstätigen Frauen insgesamt → davon mit Kindern	April 1994: 15.026.000 April 1994: 7.057.000 (Kinder: 11.344.000)	Stat. Jahrbuch 1996, S. 112	§ 10
Zahl der Teilzeitbeschäftigten	1995: 2.897.000 (= 12,82 % aller Beschäftigten)	Stat. Jahrbuch 1996, S. 115	§ 10, § 12
Zahl der registrierten Arbeitslosen → darunter Ausländer	1995: 3.611.921 (Jahresdurchschnitt) 436.261 (= 12,08 %)	Stat. Jahrbuch 1996, S. 123 f	§ 10, § 12
Sozialhilfeempfänger (laufende Hilfe zum Lebensunterhalt)	1995: 2,52 Millionen Personen (≈ 3 % der Bevölkerung)	Stat. Bundesamt, zit. nach FAZ vom 8. März 1997, S. 1	§ 12
Alleinerziehende, die von der Sozialhilfe leben	1994: neue BL ≈ 30 % alte BL ≈ 7,5 %	„Armutsbericht" des DPWV in: Parität aktuell Nr. 1/1994	§ 12
Kinder von Einkommensarmen (pro Person unter 800 DM)	2,2 Millionen Kinder in solchen Familien	Deutscher Kinderschutzbund, zit. nach Berliner Morgenpost vom 18. August 1994, S. 3	§ 12
Ausländische Leistungsbezieher von Sozialhilfe	1996: 450.00 Asylbewerber + 470.000 weitere Ausländer = 920.000	Bundesgesundheitsminister Seehofer, zit. nach NOZ vom 28. September 1996	§ 12
Zahl der geförderten Sozialwohnungen → darunter Fehlbeleger	2,4 Millionen ≈ 45 %	Bundesbauminister Töpfer, zit. nach NOZ vom 3. Mai 1997, S. 4	§ 16
Wohnungslose	1995: 918.000	BAG Wohnungslosenhilfe e.V., zit. nach WAZ vom 25. Januar 1996	§ 17
Nichtseßhafte	1993: 50.000	BAG Wohnungslosenhilfe e.V., zit. nach WAZ vom 25. Januar 1996	§ 17
Straßenkinder	a) 5.000 - 7.000 b) 30.000	a) Ministerin Nolte, zit. nach DER SPIEGEL vom 23. September 1996, S. 37 b) Deutscher Kinderschutzbund	§ 17
Kinder in Heimen	70.000	AWO zit. nach WAZ vom 18. August 96	§ 17
Tatverdächtige insgesamt: → davon Deutsche → davon Ausländer	1996 2.113.293 1.587.708 625.585 (28,3 %)	Bulletin der Bundesregierung vom 12. Juli 1997, S. 519 ff	§§ 23 f
→ davon Jugendliche → davon Deutsche → davon Ausländer	1996 277.479 218.350 59.129 (21,3 %)	Bulletin der Bundesregierung vom 12. Juli 1997, S. 519 ff	§§ 23 f § 3
Verurteilte insgesamt: → davon Deutsche → davon Ausländer	1995: 759.989 552.153 207.836 (27,35 %)	Stat. Bundesamt, Strafverfolgung 1995, S. 10 f	§§ 23 f
Strafgefangene/Sicherungsverwahrte insgesamt: → davon Deutsche → davon Ausländer	1995: 46.516 36.016 10.500 (22,57 %)	Stat. Bundesamt, Fachserie 10, Reihe 4.1, Strafvollzug, 1992 - 1995, S. 84 f	§§ 23 f
→ davon Jugendstrafe → davon Deutsche → davon Ausländer	1995: 4.980 (10,71 %) 3.413 1.567 (31,47 %)	Stat. Bundesamt, Fachserie 10, Reihe 4.1, Strafvollzug, 1992 - 1995, S. 84 f	§§ 23 f § 3
Zahl der Alkoholkranken insgesamt	drei Millionen (2/3 Männer)	Niedersächsischer Landesdrogenbeauftragter Rivigal, zit. nach NOZ vom 26. September 1996	§ 26
Zahl der Medikamentenabhängigen	1,2 Millionen Medikamentenabhängige	DHS: Sucht & Drogen, Hamm 1995, S. 13	§ 26
Zahl der Drogenabhängigen	100.000 abhängig von harten Drogen	DHS 1993, S. 23	§ 27
Jugendliche (14-18 J.) und Drogen	24 % der Jugendlichen haben mind. 1 mal illegale Drogen probiert	DHS: Sucht & Drogen, Hamm 1995, S. 13	§ 27
Zahl der Sektenanhänger bzw. -mitglieder	> 800.000 (nach repräsentativer Befragung) (weitere 1,2 Millionen besuchen Kurse/ähnliche Angebote)	Enquête-Kommission „Sogenannte Sekten und Psychogruppen", zit. nach NOZ vom 25. April 1997, S. 1	§ 7

§ 10   Die Familie als primäre Sozialisationsinstanz

Literatur: Adorno, T. W. et al.: Der autoritäre Charakter, Bd. 1, Amsterdam 1968; **Affemann**, R.: Krank an der Gesellschaft, Symptome, Diagnose, Theorie, Stuttgart 1978; **Baumhauer**, J.: Zwischen Prägung und Individualität – Antworten der Entwicklungspsychologie, in: *Stalmann*, R. (Hrsg.): Kindlers Handwörterbuch Psychologie, München 1982, S. 129 ff; **Beulke**, W./**Theerkorn**, G.: Gewalt im sozialen Nahraum – Beratungsauflage als (ein) Ausweg? in: NStZ 1995, S. 474–481; **Blos**, P.: Sohn und Vater, Stuttgart 1990; **Bönner**, K.-H.: Nichtautoritäre Erziehung, Düsseldorf 1971; **Bowlby**, J.: Maternal Care and Mental Health, in: Bulletin of the World Health Organisation, Bd. 3, 1951, S. 355–534; **v. Braunmühl**, E.: Antipädagogik, 4. Aufl., Weinheim 1983; **Bryan**, J. H./**Test**, M. A.: Models and Helping: Naturalistic Studies in Aiding Behavior, in: Journ. of Personality and Soc. Psychol. 6/1967, S. 400–407; **Dührssen**, A.: Heimkinder und Pflegekinder in ihrer Entwicklung, Göttingen 1958; **Fend**, H.: Sozialisierung und Erziehung, Weinheim 1974; **Flammer**, A.: Entwicklungstheorien, Bern 1988; **Freud**, A.: Wege und Irrwege in der Kinderentwicklung, 3. Aufl., Stuttgart 1982; **Frey**, H.-P.: Theorie der Sozialisation, Stuttgart 1974; **Fthenakis**, W. E.: Väter (2 Bände), München 1985; **Gareis**, B./**Wiesnet**, E.: Frühkindheit und Jugendkriminalität, München 1974; **Göppinger**, H.: Der Täter in seinen sozialen Bezügen, Berlin 1983; **Götz**, B./**Kaltschmid**, J. (Hrsg.): Sozialisation und Erziehung, Darmstadt 1978; **Haferkamp**, H.: Kriminelle Karrieren, Handlungstheorie, Teilnehmende Beobachtung und Soziologie krimineller Prozesse, Hamburg 1975; **Havers**, N.: Erziehungsschwierigkeiten in der Schule, 2. Aufl., Weinheim 1981; **Heinelt**, G.: Umgang mit aggressiven Kindern, Freiburg/Br. 1978; **Hellbrügge**, T.: Zur Problematik der Säuglings- und Kleinkinderfürsorge in Anstalten. Hospitalismus und Deprivation, in: *Opitz*, H. et al. (Hrsg.): Handbuch der Kinderheilkunde, Bd. 3, Berlin 1966; **Herrmann**, T.: Lehrbuch der empirischen Persönlichkeitsforschung, 2. Aufl., Göttingen 1972; **Hetzer**, H.: Seelische Hygiene – lebenstüchtige Kinder, München 1947; **Hölzel**, S.: Erziehungsberatung, München 1981; **Hofmann-Hausner**, N./**Bastine**, R.: Psychische Scheidungsfolgen für Kinder, in: Zeitschrift für Klinische Psychologie 1995, S. 285–299; **Hurrelmann**, K./**Ulrich**, D.: Handbuch der Sozialisationsforschung, Weinheim 1980; **Klein**, M.: Das Seelenleben des Kleinkindes, 2. Aufl., Stuttgart 1983; **Köbl, U.:** Welche Maßnahmen empfehlen sich, um die Vereinbarkeit von Berufstätigkeit und Familie zu verbessern? in: JZ 1974, S. 840–851; **Kolliadis**, E.: Mütterliche Erwerbstätigkeit und kindliche Sozialisation, Weinheim 1978; **Kürthy**, T.: Geschlechtsspezifische Sozialisation, Paderborn 1978; **Kury**, H.: Die Bedeutung der familialen Sozialisation für die Entstehung krimineller Verhaltensweisen, in: *Schwind*, H.-D./*Berckhauer*, F./*Steinhilper*, G. (Hrsg.): Präventive Kriminalpolitik, Heidelberg 1980, S. 147–163; **Kury**, H.: Familiale Erziehungsbedingungen und Kriminalität, in: *Kury, H.* (Hrsg.): Ist Straffälligkeit vermeidbar?, Bochum 1982, S. 72–219; **Lamott**, F.: Der Risikofaktor ‚Frau': Kriminalprävention und Mütterlichkeit, in: MschrKrim 1985, S. 325–339; **Lehr**, U.: Die Rolle der Mutter in der Sozialisation des Kindes, Darmstadt 1978; **Mantell**, D. M.: Familie und Aggression, Frankfurt 1988; **Maslow**, A. H.: Psychologie des Seins, München 1973; **McLanahan**, S./**Sandefür**, G.: Growing Up With a Single, Wisconsin 1995; **Metzger**, W.: Frühkindlicher Trotz, Basel 1956; **Mitscherlich**, A.: Auf dem Weg zur vaterlosen Gesellschaft, 14. Aufl., München 1982 (erste Aufl. 1963); **Napp-Peters**, A.: Ein-Elternfamilien, Weinheim 1980; **Nash**, J.: The Father in Contemporary Culture and Current Psychological Literature, in: Child Development, 36/1965, S. 261–297; **Oelkers**, J.: Antipädagogik, Weinheim/Basel 1993; **Oerter**, R./**Monfada**, L. (Hrsg.): Entwicklungspsychologie, 3. Aufl., Weinheim 1995; **Parsons**, T.: The Social System: A General Theory of Action, in: *Grinker*, R. R. (Hrsg.): Towards an Unified Theory of Human Behavior, New York 1956; **Plack**, A.: Die Gesellschaft und das Böse, 4. Aufl., München 1969; **Pongratz**, L./**Hübner**, H. O.: Lebensbewährung nach öffentlicher Erziehung, Berlin 1959; **Rattner**, J.: Sozialisation in der Familie, in: JR 1974, S. 1–8; **Remplein**, H.: Die seelische Entwicklung des Menschen im Kindes- und Jugendalter, München 1971; **Richter**, H.-E.: Eltern, Kind und Neurose. Die Rolle des Kindes in der Familie, Hamburg 1983 (1. Aufl. 1963); **Rottmann**, M.: Über die Bedeutung des Vaters in der „Wiederannäherungsphase", in: Psyche 62/1978, S. 1105–1147; **Schaefer**, E. S.: A Circumplex Model for Maternal Behavior, in: Journal of Abnormal and Social Psychology 59/1959, S. 226–235; **Schmidtchen**, G.: Moralische Erziehung und Kriminalität, in: *Schäuble*, W. (Hrsg.): Kriminalitätsbekämpfung – eine Herausforderung für Staat und Gesellschaft, Bonn 1984 (CDU/CSU-Fraktion), S. 18–23; **Schneewind**, K. A./**Herrmann**, T.: Erziehungsstilforschung, Bern 1980; **Schneewind**, K. A./**Ruppert**, S.: Familien gestern und heute: ein Generationenvergleich über 16 Jahre, München 1995; **Schneider**, U.: Körperliche Gewaltanwendung in der Familie, Berlin 1987; **v. Schoenebeck**, H.: Unterstützen statt Erziehen, München 1982; **Schwind**, H. D.: Rechtsbewußtsein aus kriminologischer Sicht, in: *Weigelt*, K. (Hrsg.): Freiheit – Recht – Moral, Bonn 1988, S. 65–81; **Schwind**, H.-D./**Baumann**, J. et al. (Hrsg.): Ursachen, Prävention und Kontrolle von Gewalt, Berlin 1990; **Seitz**, W./**Götz**, W.: Familiäre Erziehung und jugendliche Delinquenz, Stuttgart 1979; **Seitz**, W.: Familiäre Erziehung und Delinquenz, in: *Seitz*, W. (Hrsg.): Kriminal- und Rechtspsychologie, München 1983, S. 50–55; **Spitz**, R. A.: Vom Säugling zum Kleinkind, 10. Aufl., Stuttgart 1992; **Stapf**, K. H./**Hermann**, A./**Stapf**, A./**Stöcker**, K. H.: Psychologie der elterlichen Erziehungsstile Stuttgart 1972; **Struck,** P.: Erziehung gegen Gewalt, Neuwied 1994; **Tausch,** R./**Tausch,** A.: Erziehungspsychologie, 9. Aufl., Göttingen 1979; **Villmow,** B./ **Kaiser,** G.: Empirisch gesicherte Erkenntnisse über Ursachen der Kriminalität. Eine problemorientierte Sekundäranalyse, in: *Der Regierende Bürgermeister von Berlin* (Hrsg.): Verhütung und Bekämpfung der Kriminalität, Berlin 1974, Anhang S. 1–143; **Vogt,** G.-M./**Sirridge,** St.: Söhne ohne Väter, Frankfurt/M. 1993; **Wallerstein,** J./**Blakeslee,** S.: Gewinner und Verlierer – Frauen, Männer, Kinder nach der Scheidung, München 1992; **Weinert,** F. E.: Die Familie als Sozialisationsbedingung, in: Funk-Kolleg, Pädagogische Psychologie, Bd. 1, Frankfurt/M. 1983, S. 357–386; **Würtenberger,** T./**Heinz,** W.: Familie und Jugendkriminalität, in: *Wurzbacher,* G. (Hrsg.): Die Familie als Sozialisationsfaktor. Der Mensch als soziales und personales Wesen, 2. Aufl., Stuttgart 1977, S. 392–448.

Gliederung

Im Anschluß an *Parsons* darf man sich die soziale Entwicklung des **1** Menschen so vorstellen, daß **„sich die Integration des Individuums in die vorhandenen Rollen in einer Art Laufbahn vollzieht,** an deren Ende die Menschen als mehr oder weniger gut ‚sozialisierte' Mitglieder in die Gesellschaft entlassen werden. Beeinflußt wird diese Laufbahn sowohl durch die Sozialisationsinstanzen als auch durch die schicht- und geschlechtsspezifischen sowie gesamtgesellschaftlichen Bedingungen, in denen ein Individuum groß wird" (*Frey* 1974, 17).

Sozialisationsinstanzen sind **Familie, Schule,** berufliche **Ausbildungs- 2 stätten,** sonstige Ausbildungs- und **Erziehungsinstitutionen** (wie z.B. Jugend- und Freizeitzentren, SOS-Kinderdörfer, Kinder- und Erziehungsheime), **Nachbarschaft** sowie zunehmend die **„peer group",** also die Gruppe der Gleichaltrigen (auf der Straße). „Die Güte der Sozialisationsinstanzen hängt (nicht zuletzt auch) von der Bereitschaft und dem Vermögen des Sozialisanden ab" (*Frey* aaO). Unter dem „Sozialisanden" (Sozialisationsempfänger) ist der Jugendliche bzw. das Kind zu verstehen. Die Beurteilung der Frage, ob „gut" oder „schlecht" sozialisiert worden ist, hängt allerdings von der Beurteilungsgrundlage ab.

3   Legt man die Werte und Normen der Unterschicht zugrunde, so kann die Sozialisation etwa von Unterschichtskindern aus diesem Blickwinkel effizient, bezogen auf die Normen der Mittelschicht jedoch ineffizient sein. Also können Werte und Normen, die vermittelt werden, schichtspezifisch von den gesamtgesellschaftlichen Standards durchaus abweichen, wie z. B. die Sozialisationsprozesse in den kriminellen Subkulturen gezeigt haben (vgl. Rdn. 25 ff zu § 7).

4   Insoweit sollte auch Klarheit darüber bestehen, daß bisher unter **„Resozialisierung"** eine **Sozialisation im Sinne der Mittelschichtsnormen und -werte** verstanden wird.

I. Dominanz frühkindlicher Sozialisation

5   Folgt man *Parsons,* wird der Mensch bereits „durch die frühe Sozialisation so geprägt, daß eine spätere Änderung der Wertorientierungen wenig wahrscheinlich ist" (*Frey* 1974, 17). Dafür sprechen immerhin die Stellungnahmen aus dem psychoanalytischen Lager. So heißt es z. B. bei *Rattner* (1974, 2): „Was ein Kind **in den ersten drei bis fünf Lebensjahren** mit seinen ersten Erziehungspersonen (Mutter, Vater, Geschwister) erlebt, scheint nicht nur den **Charakter** und seine **Hauptmotivationen,** sondern auch die **Intelligenz, Begabung, Wertorientierung** usw. zu prägen. Festgelegt werden darüber hinaus offenbar das **Lieben-können** (bzw. die Mitleidfähigkeit/**Empathie**) und das **Geliebtwerden.** Erstaunlich ist für den Laien, wie stark und nachhaltend die erste Prägung durch das ganze spätere Schicksal hindurch nachwirkt … Das Sozialisationsschicksal in der Kindheit liefert sozusagen die emotionale und motivationale Grundorientierung, die häufig trotz mannigfaltiger Lebenserfahrung hartnäckig beibehalten wird." *Seitz* weist darauf hin (1983, 50), „daß sich Straffälligkeit zu einem hohen Ausmaß als Folge einer in der frühen Sozialisation, speziell durch die elterliche Erziehung, erworbenen Persönlichkeitsstruktur einstellt". Modifiziert man diese Beobachtungen bzw. Behauptungen dahingehend, daß eine spätere Änderung der Wertorientierungen zumindest erheblich erschwert sein dürfte, stimmt die Aussage mit den Beobachtungen der empirischen poenologischen Forschung weitgehend überein. Jedenfalls sind (Re-)Sozialisierungserfolge (zumindest) im Erwachsenenstrafvollzug (noch immer) eher die Ausnahme*. Das heißt: **insbesondere die ersten Lebensjahre bestimmen danach die spätere soziale Entwicklung des Menschen; spätere „Reparaturen" scheinen eher im Ausnahmefall erfolgreich zu sein.**

6   Damit gewinnen im Rahmen der Kriminalitätsfrage vor allem die Theorien der Entwicklungspsychologie, insbesondere die psychoanalytischen Entwicklungstheorien, die einen geschlossenen Erklärungsversuch

---

*) Näheres dazu bei *Schwind,* Kriminologie in der Praxis, 1986 (Bd. 29 in der Reihe: Grundlagen Kriminologie).

zur Dynamik der Persönlichkeitsentwicklung anbieten können, an Bedeutung (dazu Rdn. 5 ff zu § 6). Jedenfalls liegen „die Wurzeln der Sozialisationsforschung zweifellos in der Tiefenpsychologie, die schon um die Jahrhundertwende die Bedeutung spezifischer Umwelterfahrungen in der frühen Kindheit für die spätere Persönlichkeitsentwicklung erkannt hat und u. a. unter dem Stichwort der ‚Fixierung' diskutiert" (*Lehr* 1978, 3).

Allerdings wurde die psychoanalytische Theorie nicht als Sozialisationstheorie entwickelt. *Freud* selbst hat sich grundsätzlich nicht mit Kindern beschäftigt. Insoweit sind jedoch Anna *Freud* (neueste Aufl. 1982), Melanie *Klein* (neueste Aufl. 1983) und René *Spitz* (neueste Aufl. 1983) zu nennen, deren Arbeiten großen Einfluß auf die Sozialisationstheorie und -forschung ausgeübt haben.   **7**

Da das tiefenpsychologische Modell durch (zumindest) eindrucksvolle Ergebnisse der empirischen Forschung gestützt wird und auch dem Laien plausibel erscheint, sollen vor allem Aspekte dieses Erklärungsversuches, die aus kriminologischer Sicht interessant sind, dargelegt werden: allerdings nicht mit dem Anspruch auf Vollständigkeit, sondern eher, um die Neugier des Lesers zu wecken und zum Nachlesen der (zitierten) weiterführenden Literatur anzuregen.   **8**

Dabei muß jedoch vorausgeschickt werden, daß die psychoanalytische Fachliteratur naturgemäß weniger (unmittelbar) an der kriminologischen Fragestellung orientiert ist als an der Erforschung der Neuroseursachen: an spezifisch elterlichen Einflüssen auf die kindliche Neurosegenese, die aber (mittelbar) wiederum auch zur Kriminalitätsfrage führt.   **9**

Wozu die Quälerei?

Beziehung, ja – Ehe lieber nicht: Immer mehr Deutsche organisieren ihre Partnerschaft auf eigene Faust. Der Staat reagiert: Neue Gesetze über das gemeinsame Sorgerecht für Eltern ohne Trauschein, Vorschläge für eine „eingetragene Lebensgemeinschaft" sind in der Diskussion. Der Trend geht zur „Ehe light".

Das Zeitalter der „postfamilialen Familie" hat begonnen, behauptet der Wiener Soziologe Leopold Rosenmayr. Die gute alte Ehe, geschätzt von Staat und Kirche, gepriesen als „Keimzelle der Gesellschaft", ist auch vielen Politikern, Familienrechtlern, Sozialwissenschaftlern nicht mehr heilig. Der Trend geht zur „Ehe light".

„Eine nüchterne Abwägung" der Risiken, die eine Ehe mit sich bringe, so der „Interessenverband Unterhalt und Familienrecht" in München, führe zu dem Ergebnis, „daß man den Gang zum Standesamt besser sein läßt". Das gelte jedenfalls, wenn die möglichen Folgen des Jaworts nicht durch Eheverträge gemildert werden.

Die Lust an der Individualisierung scheint stetig, das Phänomen kaum umkehrbar: Jahr um Jahr wird weniger geheiratet und mehr geschieden. Gab es 1991 rund 454000 Eheschließungen, waren es 1995 rund 24000 weniger. Die Zahl der Scheidungen stieg im selben Zeitraum um knapp 40000 auf 169000. Die langsame Entwicklung weg von der Ehe hält schon seit Jahrzehnten an.

Jede dritte Ehe geht mittlerweile in die Brüche, in den Städten schon fast jede zweite.

In den neuen Bundesländern brachte der vorübergehende Scheidungsknick auch nicht den Comeback der Familie, wie vielfach angenommen, vielmehr führten offenbar Irritationen über das neue Familienrecht zur Trennungsflaute. Jetzt boomen die Scheidungsraten wieder.

Vor 30 Jahren hielten in der Bundesrepublik noch fast neun von zehn Ehepaaren durch. Doch die Leidensfähigkeit, auch eine unerfüllte Partnerschaft zu erdulden, ist geringer als je zuvor.

Immer weiter steigt die Zahl der sogenannten wilden Ehen – sie hat sich seit 1972 im Westen verzehnfacht, von 137000 auf 1,3 Millionen. Jeder 20. erwachsene Deutsche entscheidet sich für die Bindung ohne Verbindlichkeit.

aus: *DER SPIEGEL* vom 21. Oktober 1996, S. 78

Als primäre Sozialisationsinstanz der ersten Lebensjahre des Kindes wird grundsätzlich die Kleinfamilie (**Kernfamilie**) betrachtet (im Gegen-   **10** satz zur Großfamilie), also die Haushaltsgemeinschaft von Eltern und ihren unselbständigen Kindern (*Weinert* 1983, 362).

Obgleich die Zahl der Singles (vgl. Rdn. 9 zu § 17) und Alleinerziehenden zunimmt (vgl. Graphik hinter Rdn. 22) ist die **Familie kein Auslaufmodell.** *Die „vollständige Familie" mit zwei Erwachsenen (verheirateten oder auch nicht) ist nach wie vor die Regel: im Westen zu 91 %, im Osten zu 87 % (so die Essener Bildungsforscher Bellenberg und Klemm nach Auswertung der jüngsten Mikrozensus-Daten zur Familiensituation in Deutschland; zit. nach FAZ vom 13. Juni 1995, 12; vgl. hingegen oben den Zeitungsausriß).*

Dementsprechend steht auch die familiale Erziehung im Vordergrund (anderer) kriminologischer Erklärungsansätze (vgl. §§ 6 ff). Denn im „Regelfall überträgt die Familie die sozial gebilligten Werte auf die nächste Generation und schützt das Kind zugleich vor der Übernahme sozial abweichender Normen" (*Kaiser,* Jugendkriminalität 1977, 159). Diese **Normen-Transferfunktion** wird durch die **Vorbildfunktion,** die Eltern für ihre Kinder wahrnehmen, unterstützt: sie leben Verhaltensmuster vor, die das Kind im Wege der Nachahmung (vgl. Rdn. 45 zu § 6) bzw. Identifikation übernimmt. Die dritte Funktion ist die sog. **Plazierungsfunktion:** Eltern machen ihre Kinder mit der eigenen sozialen Rolle bekannt (vgl. dazu Rdn. 16 ff zu § 6), indem sie sie in bestimmte Kreise und Institutionen einführen: Kirche, Sportverein, soziale Einrichtungen, in denen die Eltern selbst tätig sind. Ein Kind „dürfte im späteren Leben meist dasjenige Selbstbild (self-concept) entwickeln, das durch die Rolle nahegelegt wird, welche ihm seine Familie zuerkannte" (*Herrmann* 1972, 354 f; zum Selbstkonzept vgl. Rdn. 18 zu § 6). In der Familie werden z. B. auch soziale Fähigkeiten eingeübt, wie **Selbstbeherrschung, Frustrationstoleranz, Bedürfnisaufschub** (Taschengeld wichtig für Kinder) und Durchhaltevermögen bzw. **Arbeitsdisziplin** (Verhaltensweisen, die bei Straftätern erfahrungsgemäß grundsätzlich wenig ausgeprägt sind).

Bei Straftätern ist auch oft die **Fähigkeit zur emotionalen Kommunikation unterentwickelt:** *etwa die Kontaktfähigkeit, die Mitleidfähigkeit (Empathie), die Selbstbeherrschung gegenüber Provokationen. Solche Defizite werden zunehmend aber auch bei Nichtstraftätern entdeckt, eine Erscheinung, die z. B.* Golemann *(„Emotional Intelligence", 1986) auch darauf zurückführt, daß in unserer High-Tech-Welt die Fähigkeit mit anderen Menschen umzugehen (bzw. „auszukommen") mangels hinreichender Übungsgelegenheit verkümmert. Wer nur auf die „Glotze" oder auf den Computerschirm schaut, verliert an Kommunikationsfähigkeit.*

Die Familie ist „für eine relativ lange Zeit die ‚Umwelt' des Menschen schlechthin. Insoweit ist allerdings zu bedenken, daß es sich dabei um ein hochkomplexes Bedingungsgeflecht handelt, in dem nicht nur die Familie und ihre Umwelt auf das Kind prägend wirken, sondern es selbst auch umgekehrt seine Umgebung beeinflußt. Insoweit wird sich der Prozeß des Heranwachsens eines Kindes, insbesondere das wechselseitige Ver-

hältnis zwischen Kind und Eltern, wohl nie auch nur einigermaßen vollständig empirisch erfassen lassen, weder in Form nachträglicher Erhebungen noch in Form von teilnehmender Beobachtung" (*Göppinger*
1983, 29).

II. Elterneinflüsse auf die frühkindliche Entwicklung

Nach psychoanalytischer Auffassung (dazu Rdn. 3 ff und 16 ff zu § 6) **11**
entstehen „innige Bindungen an früheste Objekte, welche Befriedigung,
Schutz und Geborgenheit spenden, also an Mutter, Vater und andere
relevante Personen der Umwelt, ganz natürlich aus der Intensität der
Kontakte. Der Vorgang der Identifizierung und die langsame Entstehung
eines Über-Ichs, eines Gewissens, aus diesen Identifikationen sind ihre
Folge. Mit wechselnd heftiger Hingabe folgen Bindungen an weitere **Vor-
bildfiguren**; jede trägt dazu bei, daß durch die Identifizierung mit ihr im
heranwachsenden Menschen Fixierungen der Objektbesetzung eintreten. Dadurch stabilisiert sich die Art und Weise, mit der ein Triebbedürf-
nis sein unmittelbares oder ein vorläufiges Ziel erreicht" (*Mitscherlich*
1982, 128). Mit „Objektbesetzung ist die Anlehnung an Personen
gemeint, welche mit der Ernährung, Pflege (und) dem Schutz des Kindes
zu tun haben" (*Richter* 1983, 78). Aus kriminologischer Sicht sind bereits
die ersten Lebensmonate des Säuglings bedeutsam, die man in der Fach-
literatur häufig als **„Prägungsphase"** bezeichnet (vgl. z.B. *Baumhauer*
1982, 137; *Mitscherlich* 1982, 80). Eine solche Prägungsphase ist zunächst
bei Tieren beobachtet worden. Das bekannteste Beispiel ist das klassische Experiment, das Konrad *Lorenz* Mitte der dreißiger Jahre (veröffentlicht 1935) mit der Graugans (Martina) durchgeführt hat (dazu Rdn.
15 ff zu § 5).

1. Fehlentwicklungen in der „Prägungsphase" (im Säuglingsalter)

Entwicklungspsychologen haben inzwischen feststellen können, daß **12**
auch der Mensch eine prägungsähnliche Phase durchmacht. Da Experimente mit Säuglingen aus naheliegenden Gründen nicht in Betracht
kommen können, muß man das Verhalten von Säuglingen, die in normalen Familienverhältnissen aufwachsen, mit demjenigen Verhalten von
Säuglingen vergleichen, die ihre erste Zeit in Heimen verbringen müssen. Dabei hat sich gezeigt, daß Heimkinder schon im zweiten Lebensjahr eine Reihe von Verhaltensstörungen aufweisen, wie z.B. Bindungs-
unfähigkeit, Desinteresse, Retardierung von körperlichen und psychischen Entwicklungsvorgängen. In den späteren Lebensjahren werden
„diese Symptome noch auffälliger in Form von fehlendem Anpassungsvermögen, seelischer Isolation, Tendenz zu aggressivem Verhalten
und asozialen Handlungsweisen" (*Gareis/Wiesnet* 1974, 27; *Hellbrügge*
1966).

a) Affektive (gefühlsmäßige) Unterversorgung in der Heimerziehung

13   Diese Fehlentwicklungen werden im psychoanalytischen Schrifttum grundsätzlich mit Störungen erklärt, die in die „Prägungsphase" des Säuglings zurückreichen; sie sollen vor allem mit der Trennung der Wechselbeziehung zwischen Mutter und Kind zu tun haben. Die bekanntesten Untersuchungen, die zu diesen Fragen vorgelegt wurden, stammen von dem Psychologen René *Spitz* (1945; zuletzt 1992).

14   *(1) Spitz hat in den vierziger Jahren in einem Findelhaus Kinder während ihres ersten Lebensjahres beobachtet. Alle Säuglinge wurden richtig ernährt und auch in hygienischer Hinsicht einwandfrei versorgt. Die Kinder wurden aber nicht durch ihre Mütter, sondern durch Säuglingsschwestern betreut. Da sich jedoch jede von diesen um 20 Säuglinge zu kümmern hatte, blieb für die Herstellung affektiver Kontakte zu den Kindern kaum Zeit: Sie wurden weder herumgetragen noch hochgenommen oder gewiegt. Es fand auch keine liebevolle Zwiesprache statt, wie sie sonst zwischen Mutter und Kind üblich ist. Die Folgen dieser Behandlung reichten von anormalen Angstreaktionen bis zu Ernährungsstörungen, Hauterkrankungen, Depression und Apathie; auch die Sterblichkeit war (während einer Masern-Epidemie) weit überdurchschnittlich hoch: Bei den Überlebenden wurde ein Entwicklungsquotient von lediglich 45 gemessen: „Die Kinder standen praktisch auf dem Niveau von Idioten" (Spitz: Hospitalism, in: The Psychoanalyst. Study of the Child, Bd. I, 1945, 53; ders.: Hospitalism: A Follow-up- Report, in: The Psychoanalyst. Study of the Child, Bd. II, 1946, 113; ders. 1969; zu den methodischen Mängeln der Arbeit vgl. jedoch ausführlich Lehr 1978, 20 ff m. w. N.).*

15   *(2) Diese Ergebnisse wurden 1959 von **Harlow** in Tierversuchen bestätigt. Harlow trennte junge Rhesusaffen bei der Geburt von der Mutter und stellte fest, daß diese Tiere (anders als normal aufwachsende Affen) in ihrem späteren Leben ähnliche seelische Reaktionsdefizite aufwiesen wie die Säuglinge in der Untersuchung von Spitz. Besonders auffällig war, daß sich die mutterlos aufwachsenden Affen auch selbst nicht um ihre Nachkommenschaft kümmerten: sie sahen nie auf das Kind, „sondern starrten ins Leere" (Harlow, H. F.: Basic Social, Capacity of Primates, in: Spuhler, J. N. (Hrsg.): The Evolution of Man's Capacity for Culture, Detroit 1959).*

16   *(3) Zu ähnlichen Resultaten wie Spitz ist z. B. auch **Dührssen** (1958) gelangt, die in einer Vergleichsuntersuchung 50 Heimkinder, 50 Kinder aus Pflegefamilien und 50 Kinder aus normalen Familienverhältnissen beobachtet hat: Die in der Frühphase in Heimen aufgewachsenen Kinder wiesen im Vergleich zu den „Familienkindern" gehäuft Störungen des „sozialen Erlebens und Verhaltens" auf (Dührssen 1958; vgl. ferner **Bowlby** 1951).*

17   Nach *Mitscherlich* (1982, 81) geht (insbesondere) „aus den Beobachtungen von *Harlow* und *Spitz* hervor, daß Entbehrungen im sozialen Gefühlsaustausch in der frühesten Jugend nicht nur die aktuelle Gefahr des Zusammenbruchs der psychosomatischen Regulationen, einen emotionalen Hungertod heraufbeschwören, sondern daß sie auch, wenn dieser äußerste Fall nicht eintritt, irreparable Verödungen der Kontaktfähigkeit hinterlassen".

Die spätere soziale Fehlentwicklung vieler Heimkinder könnte danach primär damit zu tun haben, daß diesen in ihrer Kindheit die enge Mutter-Kind-Beziehung im ersten Lebensabschnitt gefehlt hat (*Spitz* nennt sie „**Dyade**" = Zweiheit: 1983), ohne die sich Säugling und Kleinkind offenbar nicht normal weiterentwickeln. Auch nach den Beobachtungen von *Gareis* und *Wiesnet* (1974, 29) kann eine temporäre Ersatzmutter die notwendige emotionale Zuwendung und konstante liebevolle Betreuung nur zum Teil geben. Man weiß heute (schreiben sie), „daß diejenigen Kinder eine ungünstige Entwicklung durchmachen, deren Lebensschicksal in einem Heim begonnen hat, sowie jene, die auf die Mutter verzichten mußten". **18**

Im Heim erfahren die Kinder zwar eine gute materielle Versorgung, aber infolge der oft schematischen Massenpflege (Ausnahme z.B. die **SOS-Kinderdörfer**) und des damit verbundenen Zeitmangels mitunter nur ein Minimum an lebensnotwendiger Stimulation. „Ein Familienkind von 14 Monaten ist weiter entwickelt als ein Heimkind von 22 Monaten!" (*Gareis/Wiesnet* 1974, 29). **19**

Dabei darf man allerdings nicht übersehen, „daß sich Heimkinder und Familienkinder bereits bei der Geburt unterscheiden: Unter den Heimkindern finden sich etwa viermal soviele Frühgeburten; Heimkinder sind vorwiegend Kinder sehr junger oder sehr alter Mütter und haben insofern eine besonders belastete pränatale Entwicklung; Heimkinder sind im Vergleich zu Familienkindern weniger oft ,erwünschte' Kinder; Heimkinder hatten, da ihre Mütter sie schon vor der Geburt als Belastung erlebten und sich somit häufig in besonderen Streß-Situationen befanden, vielfach ein ungünstigeres Pränatalstadium und sind schon dadurch in ihrer weiteren Entwicklung benachteiligt; Heimkinder – meist Kinder von Müttern niederer sozialer Schicht – sind häufiger Kinder mit niedrigem Geburtsgewicht und oft auch schon von den ersten Lebenstagen an ,kränkliche' Kinder" (*Lehr* 1978, 23). **20**

Pechstein (1972) hat bei seinen Untersuchungen an 300 Kindern aus Säuglingsheimen ermittelt, daß 71 % nichtehelich geboren waren, 11,5 % aus gescheiterten Ehen stammten und nur bei 17,5 % die Ehen der Eltern als intakt bezeichnet werden konnten (zit. nach Lehr aaO).

Diese ungünstigen Startbedingungen können durch die Heimsituation noch verstärkt werden. Dementsprechend heißt es bei *Gareis* und *Wiesnet* (1974, 29), daß „bei einem Vergleich der Erziehungs- und Pflegesituation in amerikanischen Familien und Heimen festgestellt wurde, daß Kinder innerhalb der Familie im Durchschnitt 4,5mal soviel pflegerische Zuwendung erfahren als in Heimen und daß die affektive Zuwendung sogar 18mal größer ist". Die Zahl der Heimkinder wird derzeit auf 70 000 (vgl. Rdn. 6 vor § 10) geschätzt; Adoptionschancen haben grundsätzlich übrigens eher Säuglinge. **21**

b) Affektive (gefühlsmäßige) Unterversorgung in der Familienerziehung

22   Entwicklungsrückstände stellen sich jedoch nicht nur bei affektiv (gefühlsmäßig) unterversorgten Heimkindern ein; sie können gleichermaßen im Rahmen der Familienerziehung eintreten, wenn die Mutter (bzw. die Eltern) nicht in der Lage sind, die drei großen Grundbedürfnisse ihres Säuglings bzw. Kleinkinds zu erfüllen: Sättigung, liebevolle Zuwendung sowie die „Aufforderung zur Eroberung der Welt" (*Gareis/ Wiesnet* 1974, 33). *Richter* stellt dazu fest (1983, 45), daß „bei dem größten Teil der modernen Autoren, die dem Elterneinfluß überhaupt eine wesentliche Bedeutung für die Hervorrufung kindlicher Störungen zugestehen, Einigkeit darüber herrscht, daß die affektive Einstellung der Eltern zum Kind eine beachtliche Rolle spielt" (so vor allem *Affemann* 1978). Schädliche Wirkungen für das Kind sollen sich insbesondere aus Kontaktmangel und Isolierung ergeben. Kinderärzte sprechen (mit *Pestalozzi*) mitunter auch von den drei großen „Z": **Zärtlichkeit, Zuwendung** und **Zeit.**

Berufstätigkeit

Ergebnis einer amerikanischen Studie

Wie wirkt sich die mütterliche Berufstätigkeit auf die Entwicklung von Kindern aus? Dieser immer wieder neu gestellten Frage gingen Wissenschaftler des nationalen US-Gesundheitsinstituts in Washington nach. Sechs Jahre lang beobachteten sie die Kinder in 1300 Familien, und zwar von der Geburt bis zum siebten Lebensjahr. In allen Familien waren die Mütter berufstätig. Das Ergebnis der Studie: Entscheidend für die gesunde Entwicklung des Kindes ist die Sensibilität der Mutter und eine vertrauensvolle, herzliche Beziehung. Ob die Mutter berufstätig ist und das Kind tagsüber fremdbetreut wird, spielt dabei keine Rolle.

Wichtig ist, so stellten die Forscherinnen und Forscher fest, daß sich Mütter in ihrer freien Zeit ihren Kindern zuwenden, sich mit ihren Gefühlen befassen und ein gutes Vertrauensverhältnis aufbauen. Ältere Kinder profitieren von der mütterlichen Berufstätigkeit. Töchter sind selbstbewußter und Söhne sind aktiver, was die Haus- und Familienarbeit anbetrifft.

(fib)

aus: *NOZ* vom 22. Februar 1997

*Sind insoweit Kinder **berufstätiger (alleinerziehender) Mütter** (im Osten sind 65,8 % der alleinziehenden Frauen erwerbstätig, im Westen 62,9 %: Statist. Bundesamt, Mitteilung für die Presse vom 14. März 1996) benachteiligt? Dann nicht, wenn a) die Berufstätigkeit der Mutter kein Symptom der Zurückweisung oder Gleichgültigkeit dem Kind gegenüber darstellt (Villmow/Kaiser 1974, 21) und wenn b) eine konstante (nicht wechselnde) Hauptbezugsperson gefunden werden kann, die genügend Zeit, Liebe und Aufsicht für das Kind aufbringt (dazu Hellbrügge 1966; Kolliades 1978; Napp-Peters 1980 und Kury 1980, 147 ff, Oerter in Oerter/Montada 1995, 112; vgl. auch oben den Zeitungsausriß).*

Insbesondere kleine Kinder benötigen darüber hinaus für ihren sozialen Entwicklungsprozeß auch **Anregungen:** etwa durch **Spielzeug,** das die Entfaltung von Phantasie möglich macht (z. B. Legosteine oder Holzbauklötze) oder durch das Erzählen von **Märchen** (dazu: *Bettelheim, B.:* **Kinder brauchen Märchen,** 14. Aufl., München 1990).

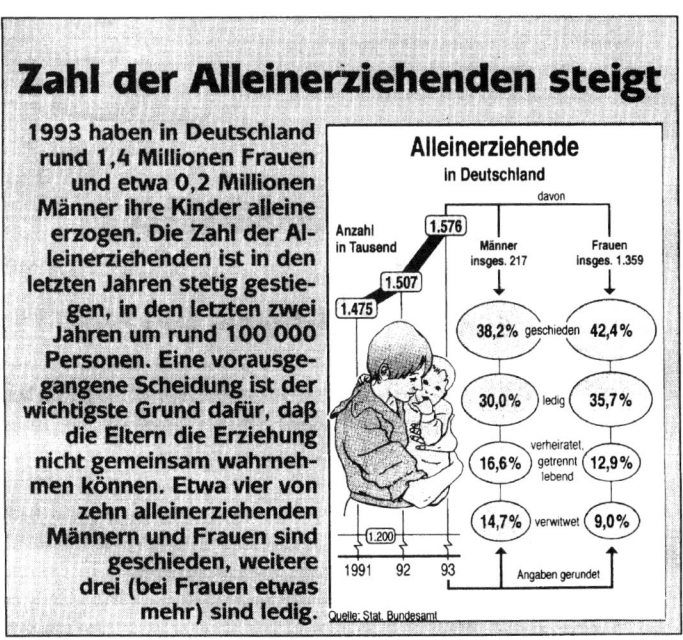

aus: *medizin heute* vom 1. März 1995, S. 18 (vgl. auch Übersicht 33).

Kinder, die in geborgener, fröhlicher Atmosphäre aufwachsen dürfen **23** und merken, daß sie geliebt und gepflegt werden, haben, entsprechend der kindlichen Imitations- und Identifizierungsbereitschaft, grundsätzlich keine Schwierigkeiten, sich mit der Mutter oder dem Vater zu identifizieren, **„Urvertrauen"** sowie **„sozialen Optimismus"** für ihren weiteren Lebensweg zu entwickeln.

*Diese Entwicklung kann z. B. bei Kindern, deren Eltern sich scheiden lassen, gestört werden (dazu die Langzeitstudie von Wallerstein/Blakeslee 1992 sowie den Überblick bei Hofmann-Hausner/Bastine 1995, 285 ff). Scheidungskinder verlieren oft das natürliche Urvertrauen zu ihren Eltern; sie werden oft gereizt, schneller krank, lassen in der Schule nach, zeigen gesteigerte Unsicherheit im Kontakt mit anderen Menschen, besitzen nicht selten ein geringeres Selbstvertrauen als andere Kinder und werden später oft selbst zu alleinerziehenden Eltern (vgl. dazu McLanahan/Sandefür 1995). Gareis/Wiesnet haben (schon 1974, 34) beobachten können, daß solche Kinder, die durch das Scheidungserlebnis frustriert worden sind, auch überproportional häufig zu **mangelnder Durchhaltefähigkeit** neigen. So ist es sicher kein Zufall, daß Straftäter (die häufig aus solchen Verhältnissen stammen) meist keine Lehre beenden und durch ständigen Wechsel ihrer Arbeitsplätze („Job-Hopper") (schon vor der ersten Straffälligkeit) in sozialer Hinsicht auffallen (vgl. Rdn. 2 ff zu § 12). Noch wenig erforscht ist, welche Rolle es für die soziale Entwicklung spielt, daß Scheidungskinder relativ häufig Stiefväter (oder -mütter) bekommen (sog. **patch-work-Familie:** neu zusammengesetzte Familie).*

Immer mehr Ehen werden geschieden

1995 waren 142 300 Kinder betroffen

Wiesbaden, 27. 8. (dpa/Reuter) Die Zahl der Ehescheidungen in Deutschland ist 1995 weiter gestiegen. Knapp 170 000 Ehen scheiterten – zwei Prozent mehr als 1994.

Wie das Statistische Bundesamt in Wiesbaden am Dienstag weiter mitteilte, gingen damit im vergangenen Jahr von 1000 bestehenden Ehen neun in die Brüche. Betroffen von der Scheidung ihrer Eltern waren 142 300 Kinder, rund fünf Prozent mehr als 1994. „Die Zahlen steigen seit der Scheidungsrechtsreform von 1977 pausenlos", sagte ein Statistiker.

Mittlerweile werde ein Drittel der „modernen" Ehen geschieden, erklärte er. Als moderne Ehe bezeichnen die Statistiker diejenigen Verbindungen, die in den vergangenen 25 Jahren geschlossen wurden. 1994 lag die Scheidungsrate der „Modernen" bei fast 34 Prozent. Dagegen hielten von den Ehebanden, die im Jahr 1950 geknüpft worden waren, 25 Jahre später noch 90 Prozent. Die 1957er Ehen waren nach 25 Jahren zu rund zwölf Prozent gescheitert, vom Hochzeitsjahrgang 1965 war 1990 bereits jedes fünfte Paar nicht mehr zusammen.

aus: *NOZ* vom 28. August 1996

Das Problem in der Erziehungsfrage scheint jedoch grundsätzlich **24** weniger in dem Mangel an Erziehungswillen zu bestehen (obgleich dieses Phänomen offenbar zunimmt) als vielmehr darin, daß für die Erziehung im Gegensatz zu früheren Jahrzehnten die Zeit fehlt: Oft gehen beide Elternteile zur Arbeit, kommen erst abends nach Hause **(Schlüsselkinderproblem)** und bringen ihre Kinder, ohne noch deren Probleme zu hören, zu Bett; oft will man ungestört fernsehen können. Die Durchschnittsfamilie ist heute – überspitzt formuliert – oft zu einer **Fernsehfamilie** verkümmert (dazu Rdn. 15 zu § 14); Kommunikationsstörungen sind oft vorprogrammiert.

2. Das Trotzalter als Verselbständigungsphase (im Kleinkindalter)

In die ersten fünf Lebensjahre, die für die spätere soziale und morali- **25** sche Entwicklung des Menschen als schicksalhaft gelten, fällt nach dem Säuglingsalter und dem „Alter des Spracherwerbs" auch das „erste Trotzalter" (*Hellbrügge* 1966). Dieses beginnt, wenn das Kind rund zweieinhalb Jahre alt ist und dauert etwa ein Jahr. Man kann den Anfang der Phase leicht daran erkennen, daß „das Kind, das bisher willig gehorchte und sich fügte, unfolgsam, widersetzlich und schwer lenkbar wird" (*Remplein* 1971, 220 ff). „*Freud* spricht von der sog. ‚analsadistischen Phase'. In dieser Phase zeigen die Kinder eine ganz besondere Vorliebe für das Ausleben von Wut und Zerstörungsimpulsen" (*Richter* 1983, 105). Das Kind will von nun an auch alles allein tun und sich nicht mehr dreinreden lassen. „Jede Forderung weckt seinen Widerspruch, es wird zum Neinsager aus Prinzip" (*Remplein* aaO). Auch im Kreise der Geschwister läßt es sich nichts mehr gefallen, unterscheidet zwischen „Mein" und „Dein" und streitet mit anderen Kindern, die ihm sein Spielzeug wegnehmen wollen. Diese Veränderung der Verhaltensweisen wird auf die Entwicklung des Ichbewußtseins zurückgeführt. Danach ist „unter **Trotz die negative Reaktion eines Ich auf Beeinflussungsversuche durch ein Fremddich zu verstehen … Im Trotz wird der Wille eines anderen mit Widerstand und Widerstreben beantwortet"** (*Remplein* 1971, 220).

> **Beispiel:** *„Die Mutter ruft das Kind zum Essen – das Kind will weiterspielen – die Mutter holt es mit Gewalt – das Kind wehrt sich dagegen, es brüllt, es stemmt sich mit seiner ganzen Kraft in entgegengesetzter Richtung, es kratzt, beißt, wirft sich auf den Boden usw."* (*Remplein* aaO).

Dieser **„Zusammenstoß von Eigenwillen und Fremdwillen"** ist jedoch **26** kein Grund zur Besorgnis, sondern ein „vorwärtstreibender Faktor in der sozialen und moralischen Entwicklung und als solcher unerläßlich notwendig" (*Remplein* aaO, 232). Dazu *Remplein* (aaO, 232 f): „Die Art und Weise, in der in diesem Konflikt die Verselbständigung des Kindes erfolgt, wird zum Modell dafür, wie das Kind in seinem ferneren Leben einerseits sich durchzusetzen, andererseits sich gleichzeitig in die gesellschaftlichen und moralischen Ordnungen einzufügen vermag. **Ein Kind,** das in diesem Alter nicht lernt, sich einzuordnen und auf Sonderwünsche zu verzichten, weil man ihm mit allzu großer Nachgiebigkeit und Nachsicht begegnet, wird es auch später nicht können und so zum Egoisten, vielleicht zum Anarchisten (vgl. auch Rdn. 43). Ein Kind dagegen, dessen Wille durch allzu große Härte und Unbeugsamkeit unverständiger Eltern an der Entfaltung gehindert oder gar durch Prügelstrafen gebrochen wird, wird auch später die Kraft und den Mut nicht haben, sich zu behaupten und seine berechtigten Belange zu verteidigen. So wird es zum unselbständigen und selbstunsicheren Menschen. Was in dieser Hinsicht beim Trotzkind durch Verzärtelung oder Lieblosigkeit falsch gemacht wird, läßt sich später kaum mehr ausgleichen" (vgl. auch Rdn. 46).

27   *Remplein* (aaO, 233) weist darauf hin, daß der Erzieher gut daran tut, den Trotz des Kindes nicht unnötig „durch allzu häufiges und nachdrückliches Gebieten und Verbieten" zu provozieren und erteilt dazu folgenden Rat: „**Wo es möglich ist, soll man den Eigenwillen des Kindes respektieren:** in allen kleinen und nebensächlichen Dingen (will das Kind z. B. aus der roten statt aus der weißen Tasse trinken, dann lasse man ihm seinen Willen!). Um so konsequenter halte man an der Durchführung unumstößlicher Gebote fest (z. B. am pünktlichen Zubettgehen, ordentlichem Aufräumen nach dem Spiel, ruhigem Verhalten, wenn das junge Geschwister schläft usw.). Kommt es dabei zum Trotz, dann mache man möglichst wenig Aufhebens davon: Beachtet man das bockende Kind nicht, dann läßt es bald von selbst davon ab. Man gebe dem Kind also in Kleinigkeiten und Nebensächlichkeiten nach, sei aber bestimmt und unerschütterlich in der Einhaltung von Grundforderungen" (*Remplein* aaO, unter Hinweis auf *Hetzer* 1947 und *Metzger* 1956).

28   Am besten sind nach *Rempleins* Erfahrungen (1971, 234) die sog. „**natürlichen" Strafen,** „die das Kind die Folgen seines Ungehorsams unmittelbar fühlen lassen (kommt es z. B. trotz wiederholten Rufens nicht rechtzeitig zum Essen, dann muß es sich mit den übriggebliebenen Resten des Mahles zufriedengeben)".

3. Rolle des Vaters

29   Während das Gelingen der Sozialisation in der frühesten Kindheit grundsätzlich der Mutter zugeschrieben wird (krit. zu „solchen klischeehaften Verdrehungen der Wirklichkeit": *Lamott* 1985, 325 ff; nach *Rottmann* 1978, 1105 ff, ist allerdings auch schon in dieser Phase der Vater ebenso wichtig), besteht im psychologischen Schrifttum weitgehend Einigkeit darüber, daß die Bedeutung des Vaters für den Erziehungsprozeß (als „**Identifikationsobjekt"**) mit dem zunehmenden Alter der Kinder (nicht nur als strafende Instanz) ständig wächst (vgl. die Zusammenfassung amerikanischer Untersuchungen bei *Nash* 1965 sowie aus Deutschland *Kürthy* 1978; *Fthenakis* 1985; *Blos* 1990 und *Vogt/Sirridge* 1993).

Vater sein

**Sind die Väter von heute wirklich nur Randfiguren
in der Familie, die durch innere Abwesenheit glänzen
und den „Müttern zu Hause" die Produktion von
abhängigen „Mama-Kindern" überlassen? Oder spielen
sie ihren Part im Familien-System aktiv mit?**

aus: *Psychologie heute*, Juli 1982, S. 39

So schreibt z. B. auch *Mitscherlich* in seinem Buch „Auf dem Weg zur   **30**
vaterlosen Gesellschaft" (1982, 176): „Am Anfang steht allerdings die
Beziehung (des Kindes) zur Mutter. In ihr gelingt oder mißlingt die Herstellung des ‚Urvertrauens' *(E. H. Erikson)* – ganz von der Geborgenheit, von dem Einklang bewußter und unbewußter gemühafter Zuwendung abhängig, die das Neugeborene empfängt. Sobald aber Autonomie-
streben und Initiative (zwischen dem dritten und fünften Lebensjahr)
erwachen, also ein Ich sich zu bilden beginnt, spielt die Unterweisung
(die Rolle des Vaters) und wie affektiv sie geleitet wird für die Entwicklung des Charakterkerns, d. h. des Grundmusters von Verhaltensweisen,
die bestimmende Rolle" (zur Ich-Entwicklung vgl. Rdn. 8 zu § 6). Umgekehrt verhindert „psychoanalytischer Theorie zufolge (heißt es bei *Lehr*
1978, 126) das **Fehlen eines Vaters** die Entwicklung des ‚Überichs', die
Willensentwicklung bzw. die Entwicklung der Kontroll- und Steuerungs-
funktion". Zur Zahl der allein erziehenden Väter vgl. Zeitungsausriß
hinter Rdn. 22.

Auch in der amerikanischen Literatur wird immer wieder darauf ver-   **31**
wiesen, daß die Rolle des Vaters für die **Entwicklung adäquater innerer
Kontrollen** (Ich-Funktionen) besonders wichtig erscheint (vgl. etwa
McCord/McCord: The Effects of Parental Role Model on Criminality, in:
Lazarus/Opton: Personality 1967, 421–432).

*Die Abwesenheit des Vaters wird z. B. auch mit der Unfähigkeit des
Kindes in Verbindung gebracht, Bedürfnisbefriedigungen (Triebwün-
sche) aufschieben zu können (vgl. Mischel, W.: Father-Absence and
Delay of Gratification, in: Journal of Abnormal and Social Psychology
1961, 116–124): „Dinge, die man gerade zu haben wünscht, werden
genommen – beim Griff in den Honigtopf ebenso wie bei der Weg-
nahme einer Lederjacke aus dem Regal eines Kaufhauses" (Haferkamp
1975, 153 f).*

Das Kind sucht im Vater zunächst ein Vorbild und Ideal, dem es nach-   **32**
streben möchte (**identifizierende Nachahmung**). In der Realität haben
die Väter diese Rollenmerkmale jedoch inzwischen weitgehend verloren
(Erlöschen des Vaterbildes: *Mitscherlich* 1982, 182/188; Schwächung der
Vaterautorität: *Richter* 1983, 65).

33   Deshalb müssen sich Frustrationen einstellen, wenn das Kind im Rahmen der Reifung seines Ich-Bewußtseins erkennt, daß der tatsächliche Vater mit dem Idealbild nicht übereinstimmt. Die Übernahme der Rolle durch die Identifikation mit dem Vater wird dadurch nicht selten gestört. Kommt hinzu, daß die Eltern keine Zeit für das Kind aufbringen können und auch seine Überwachung nicht gewährleistet ist, sucht es sich seine Vorbilder (eine Erscheinung, die immer mehr zunimmt) auf der Straße, und zwar in der **„peer group"** (der Gruppe der Gleichaltrigen), deren Mitglieder oft ähnliche Probleme belasten, die dann gemeinsam unter subkulturellen Einflüssen gelöst werden. Familie, Eltern und Erziehung treten in den Hintergrund und verblassen im Bewußtsein des Kindes. So wird – wie *Mitscherlich* meint (1963) – der **„Weg zur vaterlosen Gesellschaft von steigenden Kriminalitätszahlen begleitet"**.

4. Geschwisterkonstellation als Sozialisationsbedingung

34   Nach *Weinert* (1983, 376) sind **„neben den Eltern die Geschwister vermutlich die wichtigsten Sozialisationsbedingungen in der frühesten Kindheit"**. Dabei scheint die Stellung des Kindes in der Geschwisterreihe allerdings keine Rolle zu spielen. Jedenfalls stellen *Villmow/Kaiser* (1974, 25) in ihrer Sekundäranalyse fest, daß „die früher vertretene Ansicht, Einzelkinder, Erstgeborene und jüngste Kinder seien besonders gefährdet, infolge der empirischen Befunde als nicht bestätigt gelten kann".

III. Zur kriminogenen Relevanz der Erziehung

35   Der Einfluß der Familie auf den Entwicklungsprozeß des Kindes wird nach der Frühphase (Säuglings- und Kleinkindalter) in Form von „Erziehung" fortgesetzt, die über die ausgehende Kindheit (die Adoleszenz) noch hinausreicht. Das Erziehungsverhalten der Eltern ihren Kindern gegenüber ist naturgemäß unterschiedlich: Die „Erziehungsstile" sind also verschieden. Je nach Erziehungseinstellungen und -praktiken kann man im Anschluß an *Tausch* und *Tausch* (1979) oder *Herrmann* (1972) unterscheiden zwischen

– der *„emotionalen Dimension"*: Zuwendung oder Zurückweisung und
– der *„Lenkungsdimension"*: starke oder schwache Lenkung.

36   Die Kombination dieser (voneinander unabhängigen) Dimensionen ergibt (in Anlehnung an *Schaefer* 1959) folgende Erziehungsstile (vgl. Übersicht 34):

– den *demokratisch-kooperativen Erziehungsstil (a)*,
– den *übermäßig behütenden Erziehungsstil (b)*,
– den *gleichgültigen Erziehungsstil (c) und den*
– *autoritären Erziehungsstil (d)*.

Übersicht 34: Grundformen der Erziehungsstile **37**

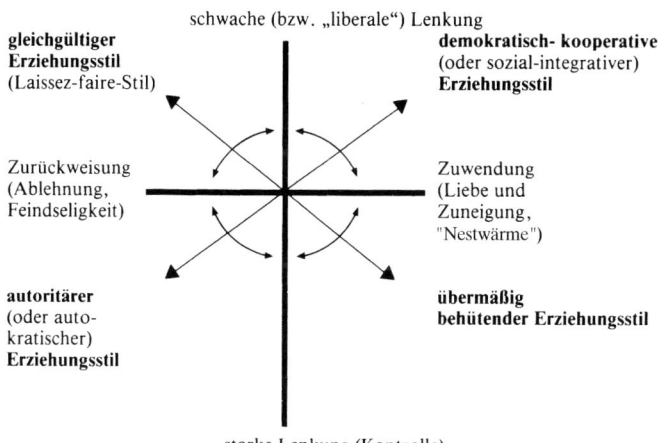

schwache (bzw. „liberale") Lenkung

gleichgültiger Erziehungsstil (Laissez-faire-Stil)

demokratisch- kooperativer (oder sozial-integrativer) **Erziehungsstil**

Zurückweisung (Ablehnung, Feindseligkeit)

Zuwendung (Liebe und Zuneigung, "Nestwärme")

autoritärer (oder auto- kratischer) **Erziehungsstil**

übermäßig behütender Erziehungsstil

starke Lenkung (Kontrolle)

Hinzu kommt als Ergänzung (e) der **inkonsistente Erziehungsstil** (der verschiedene Erziehungssituationen zusammenfaßt) und der **liebevoll lenkende Erziehungsstil** (f), dem im folgenden der Vorrang vor anderem Erziehungsverhalten eingeräumt wird.

Bei dieser Einteilung darf man jedoch nicht übersehen, daß es zahlrei- **38** che **fließende Übergänge** des Erziehungsverhaltens gibt: Der „Erzie- hungsstil" ist lediglich ein **Konstrukt,** das die Orientierung erleichtert. Die Wahl des Erziehungsverhaltens hängt auch vom Erziehungsumfeld ab: etwa von der sozialen Schicht, von der Konfession usw. (dazu *Herr- mann* 1972, 373 ff; zur Erziehungsstilforschung: *Schneewind/Herrmann* 1980). Der Erfolg des Erziehungsverhaltens hat schließlich nicht zuletzt mit der emotionalen Atmosphäre der Familie (dem Familienklima) und der Persönlichkeit der Eltern zu tun (vgl. z.B. *Herrmann* 1972, 385); aber auch mit den Reaktionen des Kindes (**Interaktionsprozeß**). Eine wichtige Rolle spielt darüber hinaus auch der innere **„Zusammenhalt der Familie"** (so schon *Glueck* und *Glueck*; vgl. Rdn. 25f zu § 8), der durch gemeinsame Aktivitäten (Basteln, Ausflüge usw.) unterstützt werden kann. Belastend können sich finanzielle Probleme der Familie, beengte Wohnverhältnisse und sexuelle Spannungen auswirken (vgl. *Lösel,* Kri- minalpsychologie 1983, 66).

1. Erziehungsstile aus kriminologischer Sicht

a) Das Persönlichkeitsmodell als Ausgangspunkt

Welcher Erziehungsstil der „richtige" ist, ist umstritten; auch insoweit **39** schimmert der alte Anlage-Umwelt-Streit durch (vgl. Rdn. 2 vor § 4):

– Die Anhänger des **psychoanalytischen Persönlichkeitsmodells** (vgl. zu diesem § 6 Rdn. 5 ff) gehen davon aus, daß ein Kind als sozial nicht angepaßtes Wesen zur Welt kommt und deshalb der Erziehung (vgl. dazu Rdn. 2 vor § 10) bedarf: i. S. von Grenzen aufzeigen und verständnisvoller Begleitung (Stärkung des „Ichs"); kein laissez-faire-Stil (vgl. Rdn. 44).

– Die **Vertreter des behavioristischen Persönlichkeitsmodells** (vgl. dazu § 6 Rdn. 20 ff) betonen die Bedeutung der Erziehung ebenfalls („**Umwelt** ist der entscheidende Faktor"), treten jedoch für ein subtiles System von Strafe und Belohnung ein, durch die das Kind geformt werden soll: Belohnung als positiver Verstärker und Vermeidung von Strafe als negativer Verstärker.

– Das **humanistische Persönlichkeitsmodell**, das z. B. von *Rogers, Maslow* und *Tausch/Tausch* vertreten wird, baut auf einer **Selbstentfaltungstheorie** auf: Danach entfaltet sich die Natur (**Anlage!**), wenn man sie in Ruhe läßt, selbst, die Erziehung soll nur die nötigen Entwicklungsbedingungen schaffen (vgl. dazu *Plack* 1969; *Flammer,* 1988): Wärme, Unterstützung, Freiheit des Lernens. Das gesunde Kind ist nach dieser Auffassung in der Regel selbst in der Lage zu wählen, was für seine Entwicklung gut ist, wenn man ihm wirklich die freie Wahl läßt (vgl. *Maslow* 1973). In dieser Strömung ist auch die sog. **Antipädagogik** zu verorten (vgl. *Oelkers* 1993), nach der „Erziehung" als inhuman abgeschafft werden soll (vgl. dazu *v. Braunmühl* 1983 und *v. Schoenebeck* 1982).

Aus kriminologischer Sicht, die mit empirischen Erkenntnissen der Pädagogik und Psychologie übereinstimmt, sind die Erziehungsstile auch für die dissoziale Entwicklung bedeutsam.

b) Einzelne Erziehungsstile

aa) Der demokratische Erziehungsstil

40   Die größten Erziehungserfolge sind nach der Auffassung mancher Pädagogen und Psychologen mit dem sog. demokratischen (sozialintegrativen) Erziehungsstil zu erzielen: Zuwendung mit liberaler Lenkung.

Darunter versteht man eine Erziehungsmethode, die die kindliche Entwicklung liebevoll unterstützt und mit Lob und Belohnung als gezielten Verstärkern (dazu Rdn. 32 ff zu § 6) soziale Spielregeln (im demokratischen Sinne) einübt: etwa Rücksicht auf andere zu nehmen, die Meinung anderer Menschen anhören und respektieren zu können (aber alles zu „hinterfragen"), eine eigene Meinung zu haben und diese auch zu vertreten. Ein solcher Erziehungsstil (zu dem auch die konstruktive Kritik zählt) macht, wie *Gareis/Wiesnet* (1974, 86) ausführen, „sozial geliebt und sozialfähig". Konflikte werden ausdiskutiert. Aus entwicklungspsychologischer Sicht geht man davon aus, daß bei einer „demokratischen Einstellung der Eltern der Trotz und damit die Aggression weniger in Erscheinung treten" (*Heinelt* 1978, 47).

Skeptisch heißt es dagegen bei *Havers* (1981, 147), „daß sich die Hypo- **41** these, dieser Erziehungsstil wirke generell ‚konstruktiv' auf das Verhalten der Kinder, nicht aufrechterhalten läßt." Als Beleg wird u. a. eine Untersuchung zitiert, die *Maccoby* durchgeführt hat.

Maccoby hat (1961) bei Kindern, die zwar positive emotionale **42** *Zuwendung von ihren Eltern erfuhren, aber wenig gelenkt wurden, folgende Resultate gefunden: **geringe Neigung zur Regelbefolgung, geringe Leistungsmotivation, aber stärkere Aggressivität**. Die Aggressivität wurde allerdings „meist gezielt eingesetzt und nicht als reine Impulshandlung. Sie konnten sich deshalb gut gegenüber ihren Kameraden durchsetzen und nahmen in der Spielgruppe Führungspositionen ein"* (zit. nach Havers 1981, 148).

bb) Der übermäßig behütende Erziehungsstil

Als übermäßig behütender Erziehungsstil gilt eine Form der Erzie- **43** hung, die man im Volksmund auch als „Affenliebe" bezeichnet. Gemeint ist die übermäßige Fürsorge **(„overprotection"):** Zuwendung zusammen mit starker Lenkung. Die Mutter, der Vater bzw. die Eltern möchten alle Gefahren von ihrem Kind fernhalten bzw. ihm alle Schwierigkeiten aus dem Weg räumen mit der Folge, daß so aufgewachsene Kinder schließlich zu „erwachsenen Säuglingen" werden (*Gareis/Wiesnet* 1974, 88), die große Schwierigkeiten haben, mit ihrer sozialen Umwelt fertig zu werden. Da sie (in ihrer **sanatoriumsartigen Schonwelt**) z. B. nicht gelernt haben, Versagungen bzw. Niederlagen zu ertragen und auf Wünsche zu verzichten, sind sie oft **in hohem Maße frustrationsintolerant**. Ihre Lebensuntüchtigkeit wird noch durch Passivität, Willensschwäche und geringe Belastbarkeit weiter erhöht. *Seitz* (1983, 53) weist darauf hin, daß „überprotektiv-gängelnde Erziehung zu Ichschwäche und Angst des Kindes führen". Nach *Struck* (1994, 49) kommt es im späteren Leben oftmals zu Anpassungsschwierigkeiten. Deshalb bleiben so erzogene Menschen meist Außenseiter in der Gesellschaft, die auch von der Gruppe der Gleichaltrigen abgelehnt werden. Sie bleiben ihr Leben lang gehänselte „Muttersöhnchen". Nach *Selg* (1975, 30) kann eine „frustrationsfreie" Erziehung, also eine Erziehung, „die dem Kind Schwierigkeiten und damit Ärger ersparen will, über Nachgiebigkeit und falsch verstandene Toleranz **vermehrt Aggressivitäten auslösen**" (vgl. auch Rdn. 26). Ähnlich heißt es bei *von Cube* (Fordern statt verwöhnen, 1986); „Verwöhnen führt schließlich **zu immer stärkerer Anspruchshaltung** und kann die Entstehung von Aggressionen begünstigen". *Papesch* (Die Dt. Schule, 1994/H.1, 109) weist ergänzend noch darauf hin, daß **„die Kleinfamilie die Problematik verschärft".** Sie verleite zu einer Überidentifikation der Eltern mit ihren Kindern. Bei fünf Kindern halte sich das Maß von Zuwendung und Kontrolle in Grenzen, „bei zwei Kindern sieht das anders aus".

cc) Der gleichgültige Erziehungsstil

44   Vor dem Hintergrund zahlreicher (junger) Eltern, die mit ihrer Erziehungsaufgabe nicht fertig werden, hat der gleichgültige (bzw. resignative) Erziehungsstil an Boden gewonnen: Zurückweisung zusammen mit schwacher Lenkung. Man tut gar nichts mehr (frz.: **laissez-faire-Stil,** frei übersetzt: „Laß sie nur machen“) und überläßt die Erziehung des gleichwohl Zuwendung suchenden Kindes der (näheren) Umwelt, etwa der peer group (Gleichaltrigengruppe) auf der Straße („geheime Miterzieher“: dazu Rdn. 14 zu § 13) oder dem Fernsehen (dazu Rdn. 14 ff zu § 14). Die dadurch auch in emotionaler Weise unterversorgten (bzw. vernachlässigten) Kinder, „die mangels Leitung und Orientierung durch die Eltern jeder Form der Meinungsmanipulation ausgesetzt sind“, suchen dann häufig ihr „Gesellungsbedürfnis in **Banden und Cliquen** zu befriedigen, wo sie Familienersatz finden“ (*Gareis/Wiesnet* 1974, 87): (vermeintliche) Wärme und Anerkennung (dazu § 28 Rdn. 35). So sind (Rokker-)Banden (dazu § 28 Rdn. 21) und Cliquen häufig eine „Ansammlung solcher Kinder, die gleichgültig oder interesselos von ihren Eltern behandelt werden“. Die entsprechenden negativen Auswirkungen äußern sich zwar nicht immer in kriminellem Verhalten, gleichwohl ist manche kriminelle (oder Drogen-) Karriere auf diese Weise vorprogrammiert. Denn Kinder, die ohne Kontrolle groß werden (heißt es bei *Prekop* in „Der kleine Tyrann“ 1993), „kennen **keine Grenzen,** weil ihnen keine gesetzt werden. Sie kennen auch **keine Rücksichtnahme,** weil sie niemals dazu erzogen wurden. Sie **leben ihre spontanen Einfälle aus.**“

45   Nicht selten wird der gleichgültige Erziehungsstil fälschlicherweise mit der emanzipatorischen Pädagogik und diese wiederum mit der sog. antiautoritären (Kinder-)Erziehung verwechselt.

> *Die emanzipatorische Pädagogik baut auf den Thesen der sog. Frankfurter Schule auf (Horkheimer, Fromm, Marcuse; später Adorno und Habermas), die davon ausging, daß die in der bürgerlichen Familie entwickelten Autoritätsverhältnisse gesellschaftlich überholt sind und nur zur Heranbildung autoritärer Persönlichkeiten führen würden (vgl. Adorno et al. 1968), die ein friedliches gesellschaftliches Miteinander erschweren. Deshalb müsse das pädagogische Ziel eher darin bestehen, Autoritäten in Frage zu stellen (Konfliktpädagogik: vgl. auch Rdn. 39).*

70% finden Ohrfeigen in Ordnung

Die Mehrheit der Deutschen hält die Ohrfeige immer noch für ein angemessenes Erziehungsmittel. Nach einer Forsa-Umfrage treten nur 25% der Deutschen dafür ein, jede Form körperlicher Züchtigung, also auch Ohrfeigen, gesetzlich zu verbieten. 70% lehnen dies ab.   (dpa)

aus: *WAZ* vom 19. Dezember 1996

Die sog. *antiautoritäre (Kinder-)Erziehung (dazu Bönner* 1971), die auch von den „68ern" propagiert worden ist, will im Gegensatz dazu auf den *Einsatz von Autorität als Erziehungsmittel völlig verzichten. Symbol dieser alternativen Erziehung (die manche Eltern fälschlicherweise als Alibi für das Nichtstun betrachten) ist Summerhill, eine englische Internatsschule, die inzwischen allerdings offenbar vor dem „Aus" steht.*

dd) Der autoritäre Erziehungsstil

„Autoritär" darf man nicht mit „Autorität" verwechseln. Der Begriff **46** „Autorität" wird von dem lateinischen Substantiv auctor (Urheber, Meister) abgeleitet; wir verstehen heute darunter das natürliches Ansehen eines Menschen (etwa aufgrund bestimmter Fähigkeiten oder Eigenschaften), das andere ohne Druckmittel anzuerkennen bereit sind. Kennzeichen für einen autoritären Erziehungsstil (emotionale Zurückweisung zusammen mit starker Lenkung) sind hingegen (auf der einen Seite) Verzicht auf Lob und Belohnung und (auf der anderen Seite) „Einseitigkeit und Ungerechtigkeit von Tadel und Strafe" (*Gareis/Wiesnet* 1974, 84): dabei „ist ein wesentlicher Aspekt autoritärer Erziehung (der Einsatz) körperlicher Gewalt" (*Stenger* 1984, 512) bis zur Kindesmißhandlung (vgl. auch oben den Zeitungsausriß). Solche Erziehungsmethoden (vgl. auch Rdn. 26) gelten als Ausdruck eigener Schwäche bzw. Unsicherheit und sind bei Unterschichtseltern (etwa Eltern von Skinheads: vgl. Rdn. 26 zu § 28) gehäuft beobachtet worden (*Gareis/ Wiesnet aaO*). Dementsprechend weist z. B. *Kürzinger* (Kriminologie 1982, 196) darauf hin, daß „in der Mittelschicht die Normen durch Überzeugung vermittelt werden, während Unterschichtsangehörige dazu neigen, ihre Wertvorstellungen ihren Kindern in strenger, zum Teil offen aggressiver Form weiterzugeben".

Folgen:
– Überstrenge Eltern machen ihr Kind **lebensunsicher**: das Kind bekommt das Gefühl, nie etwas richtig zu machen. Zu der Angst, so die Liebe der Eltern zu verlieren, kommt die Enttäuschung, den Anforderungen nicht zu entsprechen (*Lück*, Prosoziales Verhalten, Köln 1975);
– das „Erleiden und Erleben von Gewalt führt auch zum **Erlernen von Gewalt** bzw. zur Bereitschaft, Gewalt als ‚normales Interaktionsmittel‘ zu benutzen" (*Stenger* aaO): z. B. später gegenüber den eigenen Kindern (**„zum Kreislauf der Gewalt"** vgl. Rdn. 45 zu § 6).

Bei Kindern, die so groß werden müssen, kann der autoritäre Erziehungsstil also zu Angst vor den Eltern führen, zu unselbständigem Denken, zu unterentwickeltem Selbstwertgefühl (Überich-Schwäche), aber auch zu aggressiv-autoritärem Verhalten gegenüber Gleichaltrigen bzw. Spielkameraden (*Gareis/Wiesnet* aaO; *Havers* 1981, 149). Zusammenhänge zwischen gewaltorientierter Familienatmosphäre und Bereitschaft zur Gewaltanwendung werden z. B. auch von *Mantell* (1978) belegt.

100 Kinder werden jedes Jahr totgeprügelt

70 vH der Eltern: Schläge notwendig

SAARBRÜCKEN (dpa/afp)
Jedes Jahr werden in Deutschland mehr als 100 Kinder zu Tode geprügelt. Weit über 300 000 werden in ihrer Kindheit so sehr geschlagen, daß sie körperliche Folgen davontragen. Diese Zahlen nannte der Ehrenpräsident des Deutschen Kinderschutzbundes, Prof. Walter Bärsch, am Montag im Rundfunk.

WAZ vom 11. August 1992

ee) Der inkonsistente Erziehungsstil

47   Unter dem Begriff des „inkonsistenten" Erziehungsstils (**Wechselbad konträrer Erziehungsstile**) werden im Schrifttum (vgl. *Havers* 1981, 150) folgende Erziehungssituationen zusammengefaßt:

– *Der Erziehungsstil des Vaters steht im Widerspruch zu dem der Mutter, ohne daß es je zu einer Verständigung kommt,*
– *die Erziehungspraktiken eines Elternteils sind in sich widersprüchlich: z. B. werden die gleichen Verhaltensweisen einmal erlaubt und einmal verboten (oder „emotionales Wechselbad": Strenge/Verwöhnung),*
– *die Erziehung ist „inkonsequent": angedrohte Strafen werden z. B. nicht immer ausgeführt.*

rs (aaO) vermutet, daß das inkonsequente Erziehungsverhalten „wohl in erster Linie dazu führt, daß **Strafandrohungen nicht mehr ernst genommen werden":** generell kann sich daraus **Normunsicherheit entwickeln,** (vgl. *Kury* 1982, 115). Zwischen den Merkmalen des inkonsistenten Erziehungsstils und dem Verhalten der Kinder sind in verschiedenen Untersuchungen Zusammenhänge aufgezeigt worden (vgl. *Havers* aaO).

48   *(1) **Pongratz** und **Hübner,** die (1959) die „Lebensbewährung nach öffentlicher Erziehung" untersucht haben, sind zu folgenden Resultaten gelangt: Mütter, die als vernünftig und konsequent erziehend beschrieben wurden, hatten Kinder, die sich insgesamt gut bewährten. Die Betreuten von inkonsequenten und gleichgültigen Müttern waren meist **unterdurchschnittlich eingeordnet.** Das gleiche Bild zeigte sich bei der Beurteilung des Vaterverhaltens: Vernünftige und „überkonsequente" Väter hatten besonders gut bewährte Kinder. Väter, die in ihrem Verhalten inkonsequent waren, besaßen hingegen offenbar einen negativen Einfluß: deren Kinder hatten sich jedenfalls insgesamt schlecht (nicht) bewährt (1959, 111 – zit. nach **Villmow/Kaiser** 1974, 77).*

*(2) In der Tübinger Untersuchung von **Göppinger** (1983, 36; vgl.* **49**
Rdn. 26 zu § 8) stellten sich entsprechende Resultate heraus: Nur
14,3 % der Eltern von 196 (20–30jährigen) Häftlingen stimmten in
ihrem Erziehungsverhalten überein: bei einer Vergleichsgruppe von 200
Probanden aus der Normalbevölkerung waren es 73,6 %.

Zur Trennung „zwischen delinquenten und nicht-delinquenten (sowohl
bei weiblichen als auch männlichen) Jugendlichen hat sich bisher besonders auch die elterliche ‚**Förderung von Zukunftspessimismus des Kindes**‘ (für das Delinquentwerden) als bedeutsam erwiesen" (*Seitz* 1983,
53; vgl. auch Zeitungsausriß unten).

Umfrage: Jugend sieht schwarz

Hamburg, 26. 2. (dpa/KNA)
Die Jugend in Deutschland sieht für die Zukunft schwarz. Sorgen machen sich 14- bis 18jährige vor allem um Arbeits- und Ausbildungsplätze, aber auch um die Umwelt. Das ist das Ergebnis einer am Mittwoch in Hamburg veröffentlichten repräsentativen Forsa-Umfrage für das „Greenpeace Magazin". 56 Prozent der befragten 1002 Jungen und Mädchen fürchten, daß die Erwachsenen ihnen Probleme hinterlassen, die nicht mehr zu lösen sind. Als unlösbare „Altlasten" werden Umweltprobleme mit 84 Prozent an erster Stelle genannt. Auf der „Sorgenskala" folgen die Arbeitslosigkeit mit 58 Prozent und die Finanzierung der Renten, bei der 51 Prozent der Befragten schwarz sehen.

aus: *NOZ* vom 27. Februar 1997

ff) Der liebevoll lenkende Erziehungsstil

Unter den bisher referierten Alternativen dürften der inkonsistente **50**
Erziehungsstil die relativ schlechteste und der demokratische Erziehungsstil die relativ beste Erziehungsmethode darstellen. Wenn man die
Ergebnisse der wissenschaftlichen Forschung zu den Erziehungsstilen
berücksichtigen will, bedarf er allerdings der Modifizierung, und zwar in
Richtung auf eine Erziehungsmethode, die man auch als „liebevoll len-
kenden Erziehungsstil" einordnen könnte. Jedenfalls faßt auch *Herrmann* (1972, 382 m. w. N.) die bisherigen Untersuchungen in bezug auf
die Erziehungsfolgen dahingehend zusammen, daß „eine allgemein für-
sorgliche, liebevolle und aufgeschlossene Erziehungshaltung zusammen
mit gut dosiertem Liebesentzug und zeitweiliger Strenge (angewendet als
gewollte Straftechnik) die stärkste steigernde Wirkung auf die Identifikation, die Normeninternalisation und Gewissensbildung zu haben scheinen". Für diese Erziehungspraxis, die durch eine „mittlere Strafneigung"
gekennzeichnet ist, bringt *Herrmann* (aaO) folgenden **Befund** (der in

diesem Falle ein – allerdings eindrucksvolles – Negativ-Beispiel darstellt;
vgl. dazu auch Rdn. 24 zu § 23):

51 *„Epstein und Komorita (1966) zeigen …, daß Kinder dann ausge-
prägte Vorurteile gegen reale oder fiktive Sozialgruppen (Neger, Orien-
talen, aber auch gegen die fiktiven ‚Pirinäer‘) zeigen, wenn auch ihre
Eltern entsprechend starke Vorurteile aufweisen und wenn den Eltern
zugleich eine ‚mittlere Strafneigung‘ eigen ist. Unter diesen Umständen
scheint die elterliche Vorbildwirkung am größten zu sein." („Man
sieht", schreibt Herrmann (aaO) dazu, „die Psychologie spricht nicht
nur vom Vorbild, wenn es sich um ein ‚gutes‘ Vorbild handelt.")*

52 Der liebevoll lenkende Erziehungsstil entspricht zwar grundsätzlich
dem demokratischen Erziehungsstil, legt aber größeren Wert auf die
(liebevolle) Kontrolle des Kindes bzw. auf die **konsequente Durchsetzung aller Anordnungen und Erziehungsmaßnahmen.**

Er zeigt dem Kind seine **Freiräume** auf, zugleich aber auch seine
Grenzen. Erziehungsmittel sind vor allem das positive Verhaltensweisen
verstärkende Lob (dazu Rdn. 32 ff zu § 6) sowie die ebenfalls konditio-
nierende (aber sparsam verwendete) Strafe (dazu Rdn. 37 zu § 6): vgl.
Zeitungsausriß.

53 Ein solcher Erziehungsstil, der die Lenkung (im vertretbaren Rahmen) betont, ist allerdings keineswegs neu: Es ist der Erziehungsstil, der
in den meisten Familien tradiert ist. Jedenfalls ist es auch noch heute für
das Eltern-Kind-Verhältnis typisch, daß die Eltern ihre Kinder gern
haben und beschützen und (nach Möglichkeit) ohne den Einsatz körperlicher Zuchtmittel zu lenken versuchen. **Das Problem besteht inzwischen
nur darin, daß die Außeneinflüsse auf die Erziehung so groß sind, daß
sich viele Eltern überfordert fühlen** (zu den Medieneinflüssen vgl. § 14,
zu den Einflüssen der peer-groups §§ 13 und 28).

„Ich werde nur sanft angebrüllt"

Kinder berichten über Strafen der Eltern / Fernsehverbot schlimmer als Hiebe

Hamburg (AP)
Körperliche Strafen gegen Kinder sind in deutschen Familien offenbar seltener geworden. Darauf jedenfalls lassen die Antworten schließen, die
Schüler im Alter zwischen sieben und 14 Jahren
bei einer Umfrage der Zeitschrift *Eltern* gegeben
haben.

„Ich werde bestraft mit zwei Sachen: Fernsehverbot und früh zu Bett. Das ist schlimmer als ein
paar Hiebe", antwortete der neun Jahre alte
Hansjörg auf die Frage der Zeitschrift: „Wie
streng strafen dich deine Eltern?" Ähnlich ist die
Antwort des achtjährigen Heinz: „Ich werde gewaltfrei bestraft: drei Wochen kein Fernsehen."
Heinz allerdings weiß sich zu helfen. Seiner Antwort fügt er an: „Ich gehe dann zu meinem
Freund fernsehen, weil das meine Eltern nicht
merken." Auch die zehnjährige Patricia berichtet:
„Bei uns wird nicht geschlagen, weil man davon
verblödet." Und weiter weiß sie: „Bei uns wird
mit schmerzhaften Strafen gearbeitet wie Taschengeld weg, Fernseher aus, ab ins Bett, kein
Nachtisch."

„Schläge gibt es bei uns nicht, weil meine Eltern im Kinderschutzbund sind", weiß auch die
zehnjährige Claudia. Die gleichaltrige Gaby berichtet: „Meine Mutter straft mich mit Worten."
Andere Erfahrungen hat der siebenjährige Andreas gemacht. „Ich bekomme nie eine Strafe,
höchstens mal einen Klatsch auf die Backe, aber
nicht so fest, weil mein Kopf abbrechen
könnte", erzählte der Bub. Den Grund für dieses
Verhalten seiner Eltern lieferte er gleich mit:
„Meine Eltern sind vorsichtig, weil sie selbst früher sehr oft geschlagen worden sind." Die Eltern
des achtjährigen Markus kommen bei ihrem
Sohn offenbar ohne Strafen aus. „Ich werde nur
sanft angebrüllt", berichtete der Junge. Dagegen
stellte die elfjährige Wibke eine Rollenverteilung
bei ihren Eltern fest: „Mein Vater straft nie. Das
überläßt er alles meiner Mutter, weil das was
Unangenehmes ist." Ganz ohne elterliche Strafen
scheint es nur beim zehn Jahre alten Helmut zu
gehen: „Ich brauche keine Strafen, weil ich beichten gehe." Beim Beichten bekomme er auch eine
Buße auferlegt.

aus: *Süddeutsche Zeitung* vom 26. Juli 1985

c) Erziehung im Rückblick von Eltern

Eltern, die ihre Kinder bereits großgezogen haben, beurteilen ihren **53a** Erziehungsstil übrigens rückblickend eher kritisch: sie würden heute liberaler erziehen.

> *So haben Schneewind/Ruppert (1995, 140 ff) 225 Familien 1976 und 16 Jahre später (also 1992) nach ihrem Erziehungsverhalten befragt und aufgrund des Vergleiches u.a. feststellen können: Eltern würden heute weniger Leistungsanforderungen stellen, mehr Mitspracherechte einräumen, mehr belohnen und mehr emotionale Zuwendung in ihre Erziehung einbringen.*

Vielleicht handelt es sich aber lediglich um eine Erscheinung, die man als „**Oma/Opa-Effekt**" einordnen könnte; die Großeltern gehen mit ihren Enkeln erfahrungsgemäß meist nachsichtiger (bzw. verständnisvoller) um als zuvor mit den eigenen Kindern: man trägt keine Erziehungsverantwortung mehr.

2. Modellernen als Seitenstück der Erziehung

Neben der Wahl und Anwendung des Erziehungsstils ist für den Erzie- **54** hungserfolg im Sinne konstruktiver sozialer Persönlichkeitsentwicklung auch das „**Modellernen**" (= Beobachtungslernen, Imitationslernen, Identifikationslernen bzw. nach *Tausch/Tausch* Wahrnehmungslernen) des Kindes bedeutsam: denn prosoziales wird ebenso wie unsoziales, aggressives Verhalten (auch) durch Modellernen mitbestimmt (dazu auch Rdn. 45 zu § 6).

So stellten R. *Tausch* und A.-M. *Tausch* (1979, 33) aufgrund zahlrei- **55** cher Untersuchungen fest, daß „**Personen, die prosoziales Verhalten bei anderen wahrnehmen, sich in größerem Ausmaß prosozial verhalten als Personen ohne derartige Wahrnehmungen.** Unter prosozialem Verhalten ist ein hilfreiches Verhalten für und zum Nutzen anderer zu verstehen, ein Verhalten mit der Absicht, anderen Personen Erleichterung und Besserung ihrer Lebenssituation zu verschaffen."

> *Bryan und Test haben z. B. (1967, 400 ff) ermittelt, daß Personen* **56** *selbst eher Geld spenden, wenn sie zuvor gesehen haben, wie andere Personen Geld in eine Sammelbüchse gesteckt haben.*

> *Dieselben Autoren (aaO) stellten in einem Experiment fest, daß* **57** *Autofahrer eher bei einem Wagen mit Reifenpanne anhalten, um zu helfen, wenn sie 500 Meter zuvor gesehen haben, wie jemand dem Fahrer eines anderen Autos mit Reifenpanne behilflich war.*

Eltern können diesen Erziehungseffekt (Lernen durch prosoziales Ver- **58** halten anderer Personen) bei ihren Kindern u. a. dadurch erreichen (vgl. *Tausch* und *Tausch* 1979, 34 f), daß

– *die Kinder die Eltern selbst im häufigen Einsatz für andere benachteiligte bzw. beeinträchtigte Personen beobachten können (alte Dame über*

*die Straße führen, bei der Bahnhofsmission aushelfen, ehrenamtliche
Bewährungshilfe leisten usw.) oder (und)*
- *die Kinder andere Personen mit prosozialem Verhalten wahrnehmen
  können oder (und)*
- *die Kinder selbst Situationen ausgesetzt werden, in denen sie prosoziales
  Verhalten zeigen können.*

59   Insoweit ist es erzieherisch wichtig, daß die Eltern entweder auf das
prosoziale Verhalten anderer Menschen anerkennend aufmerksam
machen oder aber die Kinder, wenn sich diese entsprechend bewährt
haben, dafür auch loben. Erzieher sollen sich also „um die Bekanntmachung prosozialen Verhaltens bemühen. Denn oft ist prosoziales Verhalten von Menschen wenig auffällig. Meist wird darüber weit weniger
berichtet als über unsoziales aggressives Verhalten. Von zehntausenden
prosozialen Hilfeleistungen und Aktivitäten wird in Zeitungen und im
Fernsehen weit weniger berichtet als über eine einzige Gewalttätigkeit"
(*Tausch/Tausch* 1979, 35).

60   Durch Modellernen wird aber auch unsoziales aggressives Verhalten
gefördert. Jedenfalls sind mehrere empirische Untersuchungen zu dem
Ergebnis gelangt, daß zwischen den entsprechenden Verhaltensstörungen der Eltern und denen ihrer Kinder eine Verbindung besteht (vgl. die
Übersicht bei *Havers* 1981, 145 f, und Rdn. 45 zu § 6).

3. Elterliche Erwartungshaltungen und ihre Folgen

61   Nicht ohne Einfluß auf den Entwicklungsprozeß des Kindes sind ferner auch die Erwartungsvorstellungen der Eltern darüber, „wie das Kind
sein soll". Von Bedeutung ist also, welche „Rolle" man ihm in der familiären Gemeinschaft (oder aus der Sicht eines Elternteils) – unbewußt –
zugedacht hat (dazu z. B. *Richter* 1983, 71 ff). Denn die Rolle wird durch
die Gesamtheit der Erwartungsvorstellungen der Eltern bzw. eines
Elternteils festgelegt. Die Eltern wiederum erinnern sich im Umgang mit
ihren Kindern immer wieder an ihre eigene Elternbeziehung. Insbesondere die Mutter bemüht sich im Normalfall darum, zu ihrem Kind so zu
sein, wie ihre eigene Mutter zu ihr selbst war. So können durch Identifikationen z. B. „auch negative Züge der Mutter bzw. der Eltern übernommen und später am eigenen Kind ausgelebt werden" (*Richter* 1983, 89).
Das Wissen um die Rolle, die einem Kind auf diese Weise zugedacht ist,
erweist sich oft als Schlüssel zum Verständnis kindlicher dissozialer Verhaltensstörungen. Jedenfalls erscheint dann eine „Störung des Kindes
vielfach als eine direkte unbewußte Antwort auf eine unbewußte Frage
oder Forderung von der Mutter, vom Vater oder von beiden zugleich"
(*Richter* 1983, 84). Insoweit ist aus kriminologischer Sicht insbesondere
die „narzißtische Projektion" relevant.

62   Bei der **narzißtischen Projektion** „verwechseln" die Eltern das Kind
mit der eigenen Person, indem sie ihm eine Rolle aufdrängen, die sie
selbst gern gespielt hätten. Sie erleben das Kind als positive Fortsetzung
„des eigenen Selbst und wollen sich durch seine Erfolge für eigene Miß-

erfolge entschädigen" (*Richter* 1983, 77). Um Mißverständnissen vorzubeugen, muß insoweit allerdings betont werden, daß es nicht schon an
sich bedenklich ist, wenn Eltern ihr Kind „nach ihrem Bilde" zu formen
versuchen; es handelt sich „im Gegenteil um eine in den erzieherischen
Leitbildern der meisten Eltern vorzufindende Tendenz, der man positive
Einflüsse auf das Kind nicht absprechen kann, sofern dem Kind noch
genügend Spielraum für eine eigenständige Entwicklung eingeräumt
wird und sofern die Eltern selbst integrierte, affektiv ausbalancierte und
sozial adaptierte Persönlichkeiten sind" (*Richter* 1983, 166). Folgt die
Rollenvorschrift für das Kind hingegen „überwiegend dem Motiv, mit
Hilfe des Kindes eigene unbewältigte Konflikte auszutragen, dann stek-
ken in dieser Rolle zweifellos Gefahrenmomente" (*Richter* aaO). „In
Extremfällen ist die in den Eltern wohnende Konfliktspannung so stark,
daß sie – unbewußt – die gesamte kindliche Lebensgestaltung unter diesem Gesichtspunkt kontrollieren und regeln zu müssen glauben, als handele das Kind immer nur stellvertretend für sie selbst, als entscheide es
über ihr Glück, über ihre Schuld" (*Richter* 1983, 77).

Beispiele: Die Eltern erhoffen z. B. vom Kind, daß es Ziele erreicht,   **63**
die sie selbst nicht erreicht haben, und üben deshalb ständig Druck aus:
etwa Abitur zu machen, ein Studium abzuschließen und eine akademi-

Zehn Jahre Haft für den „Musterschüler", der den Vater erschlug
Er muß in psychiatrische Behandlung

waz BIELEFELD
Der 23jährige Musikstudent Thomas K., der nach hartem „Drill der Eltern" bis zum Abitur mit der Note 1,9 seinen 56jährigen Vater aus Haß mit einem Hammer totgeschlagen hatte, ist jetzt in Bielefeld wegen Mordes zu zehn Jahren Haft verurteilt worden.

Das Gericht erkannte auf verminderte Schuldfähigkeit wegen einer „schweren schizoid-
narzistischen Charakter-Neu-
rose" des Sohnes, wegen der der
Student psychiatrisch behandelt werden müsse.

Der Richter sprach von einem
tragischen Familiengeschehen
nach den Bemühungen einer
„überfürsorglichen" Mutter um

das Weiterkommen des Sohnes.
Der „Musterschüler nach
Wunsch" zeigte während des
ganzen Prozesses keine Reue.
Im Gegenteil: er bedauerte, daß
es ihm nicht gelungen sei, auch
noch seine Mutter zu erschlagen. Die 51jährige hatte sich –
wie berichtet – im Bad eingeschlossen, als der Sohn über den
schlafenden Vater herfiel.

aus: *WAZ* vom 11. Dezember 1984

sche Position zu erreichen, die sie selbst nicht erreicht haben (was sie nicht zu überwinden vermögen). Oder: Die Mutter versucht, die Tochter in eine Starrolle, die sie früher für sich selbst erhofft hatte, zu drängen: als „Filmkind" oder „Teenagermannequin". „Ähnliches dürfte für einen großen Anteil der Eltern gelten, die sich in den Eisstadien sammeln, um ihren knapp eingeschulten Sprößlingen Tag für Tag mehrere Stunden Kunstlauf-Figuren eindrillen zu lassen. Die letzten Ersparnisse werden dabei oft für die Trainer aufgewendet, die aus den rücksichtslos gequälten Kindern spätestens mit 15, 16 Jahren umjubelte Eislaufprinzessinnen machen sollen" (Richter 1983, 172 f). Ähnliche Beispiele lassen sich aus dem Turnsport oder aus dem Tennissport nennen: Eltern versuchen ihre Kinder zu „Ballmaschinen" zu trimmen; mitunter auch mit (vorübergehendem) Erfolg.

64   Die Mütter bzw. Väter solcher Kinder wollen die Erfolge der Kinder als eigene erleben, nämlich als „Nacherfüllung der enttäuschten eigenen Wünsche" (*Richter* 1983, 78): das Kind „als **Substitut des idealen Selbst**". In diesen Fällen suchen die Eltern also das, was sie selbst sein möchten.

65   Eltern können in ihren Kindern aber auch das suchen, „was sie um keinen Preis sein möchten. Gegenstand der Projektion ist dann nicht ihr ideales Selbst, sondern dessen Gegenteil, nämlich die unbewußte ‚negative Identität'" (*Richter* 1983, 197): das **Kind als Substitut der negativen Identität**. Unter negativer Identität ist nach *Erikson* (zit. nach *Richter* aaO) „die Kombination aller Dinge (zu verstehen), die den Wunsch hervorrufen, ihnen nicht zu gleichen". Gemeint ist „der Versuch, eigene Schuldgefühle durch Abwälzung auf einen ‚**Sündenbock**' zu beseitigen" (*Richter* 1983, 198; zur Sündenbockhypothese Rdn. 40 f zu § 6).

66   *Beispiele: Der Vater, der sein Berufsziel nicht erreicht hat, die Mutter, die kein Star geworden ist, vergreifen sich an ihren Kindern, die trotz allen Drucks der Eltern auch nicht mehr Erfolg haben als diese. Der Junge, der aus der Schule eine Fünf in Mathematik nach Hause bringt, wird von seinem Vater geprügelt, obgleich dieser früher auch keine besseren Schulzensuren vorweisen konnte. So werden „die elterlichen Selbstbestrafungstendenzen auf bequeme Weise durch Strafhandlungen am Kind abgeführt" (Richter 1983, 199): Die Eltern reagieren den Ärger über ihr eigenes Versagen an ihren Kindern ab.*

Der Sündenbock ist also „der Adressat einer narzißtischen Projektion, die darauf hinausläuft, das Individuum von Selbstvorwürfen zu entlasten" (*Richter* aaO). Kriminologische Relevanz: „**Elterliche Prophezeihungen und Bekräftigungen eines negativen Selbstbildes des Kindes führen zu negativer Selbstidentität des Kindes als Sündenbock und Unruhestifter** und zu Handlungsweisen entsprechend dieser negativen Selbstidentität" (*Seitz* 1983, 53): die Folge besteht nicht selten in der Flucht in Alkohol und Rauschgifte (vgl. dazu die §§ 26 und 27) bzw. die Flucht in die Subkulturen der Autonomen (vgl. Rdn. 6 vor § 10), Punks, Hools und Skins (vgl. *Struck* 1994, 50, und Rdn. 20 ff zu § 28).

4. Moralische Erziehung und Kriminalität

Auch aus kriminologischer Sicht muß eines der Hauptziele der Erziehung darin bestehen, den Aufbau eines starken „Ich" in dem jungen Menschen, der betreut wird, zu fördern. Insoweit kommt vor allem die Entwicklung der Fähigkeit in Betracht, „sich von unmittelbaren Situationsreizen unabhängig zu machen und die Bedürfnisbefriedigung aufschieben zu können" (*Schmidtchen* 1984, 1 ff). Dazu gehört auch die Fähigkeit, „nach Vorstellungen und Erwartungen zu handeln, also auch nach ethischen und normativen Gesichtspunkten" (alle Zitate und Hinweise nach *Schmidtchen* aaO). Auf der anderen Seite heißt das jedoch: Regelverletzungen und kriminelle Handlungen werden wahrscheinlich, wenn die Kapazität zum Bedürfnisaufschub gering ist. Die Kriminalität steigt daher dann, wenn größere Teile der Bevölkerung den Bedürfnisaufschub und die Internalisierung (das Verinnerlichen, das Zueigenmachen) von Erwartungsnormen nicht gelernt haben und zusätzlich noch folgende Voraussetzungen erfüllt sind (*Schmidtchen* aaO, 2):   **67**

– *wenn die äußeren Kontrollen abgeschwächt oder abgebaut werden und*
– *wenn Anreize, etwas haben oder besitzen oder schnell erreichen zu wollen, wesentlich zunehmen.*

Beide Voraussetzungen treffen auf die heutige Situation der Bundesrepublik zu: Die Liberalisierung des Strafrechts hat die Kontrollen gemindert, und die Anreize zur Verletzung von Rechtsnormen sind erheblich gestiegen: z. B. die Versuchung, im Selbstbedienungsladen zu stehlen. Da der einzelne Bürger grundsätzlich nicht imstande ist, die kriminalitätsauslösenden Umstände zu verändern, bleibt die Orientierung der Erziehung an der Ursachenfrage. D. h.: Zur Festigung des moralischen Urteils muß die moralische Erziehung mehr als bisher in den Vordergrund rücken. Insoweit unterscheidet *Schmidtchen* (aaO, 2, unter Hinweis auf *Piaget* und *Kohlberg*) folgende Stufen des Urteils: **68**

– *erstens den **moralischen Realismus**, der dadurch gekennzeichnet ist, daß das Bewußtsein durch folgende Sätze beschrieben werden kann: „Wer stiehlt, wird bestraft. Wenn man nicht bestraft (oder erwischt) wird, darf man stehlen";*
– *zweitens die **heteronome Moral**: „Man darf nicht stehlen, weil es verboten ist" (wobei der Sinn des Verbots nicht reflektiert worden ist) und*
– *drittens die **autonome Moral**: „Man darf nicht stehlen, weil es kein vertretbarer Grundsatz ist." Niemand wäre vor dem Diebstahl mehr sicher.*

Nach *Schmidtchen* (1984, 3) „gibt es genügend Hinweise dafür, daß ein beträchtlicher Teil der Bevölkerung die Stufe der autonomen Moral, also die moralische Selbststeuerung, nicht erreicht. Die tieferen oder infantilen Formen aber brauchen ein hohes Maß an äußerer, an polizeilicher Kontrolle und an Abschreckung. Moralisch haben wir es in einem epidemischen Umfang mit abgebrochenen Persönlichkeitsentwicklungen zu tun" (aaO, 3).   **69**

IV. Präventionsmöglichkeiten

70   Daß Störungen der kindlichen Sozialisation in der Regel zu Verhaltensauffälligkeiten führen, „betont die psychoanalytische wie auch die psychologische und familiensoziologische Forschung der letzten Jahrzehnte mit überzeugender Einhelligkeit immer wieder" (*Kury* 1980, 148). Gleichwohl ist die Familienpolitik der Vergangenheit insoweit eher unterentwickelt, d. h. sie entspricht nur begrenzt der kriminalpolitischen Bedeutung der Familie als der Instanz primärer Sozialisation.

Um die Lücke zu schließen, sind u. a. (z. T. von der Anti-Gewaltkommission der Bundesregierung: *Schwind/Baumann* et al. 1990) folgende Leitlinien und Vorschläge zur Diskussion gestellt worden:

71   **Leitlinie 1:** Normative Ächtung der Gewalt in der Familie: **Verbot der körperlichen Züchtigung** von Kindern nach schwedischem und österreichischem Vorbild (Veränderung des § 1631 Abs. 2 BGB); der Klaps bleibt danach, sofern er nicht tatbestandsmäßig eine Körperverletzung ist, erlaubt: ist zur Zeit in der politischen Diskussion.

72   **Leitlinie 2: Betonung des Grundsatzes „Hilfe vor Strafe".** Insoweit wird (nach ausländischem Vorbild) die Einschaltung vorgerichtlicher Instanzen empfohlen, nämlich therapeutischer Einrichtungen oder Beratungsstellen zur außergerichtlichen Konfliktlösung sowie die Möglichkeit der Verfahrenseinstellung, wenn solche Maßnahmen durchgeführt werden: Schaffung eines entsprechenden Einstellungstatbestandes in Ergänzung der §§ 153 ff StPO.

73   **Leitlinie 3: Flächendeckende Elternberatung:** Vorgeschlagen werden: der Ausbau der Erziehungs- und Familienberatungsstellen; verstärkt werden soll insbesondere die Hilfe für problembelastete Familien. Stichworte dazu: Elterntraining, Elternbriefe, Familientherapie (dazu *Kury* 1980, 148/158). Es fehlt auch noch an Beratungsstellen für Eltern, deren Kinder straffällig wurden.

74   **Leitlinie 4: Abbau sozialer Streßfaktoren:** Vorgeschlagen werden die Besteuerung der Familie nach den Grundsätzen des Familiensplittings sowie die Flexibilisierung der Erwerbstätigkeit der Eltern (z. B. in Form der Teilzeitbeschäftigung bzw. des Job-sharings): einen Teilzeitarbeitsplatz hatten 1993 lediglich 12 % aller Beschäftigten = 2,7 Mill. (WAZ vom 29. März 1994).

75   **Leitlinie 5: Zeit für Erziehung zurückholen:** angeregt wird insoweit die weitere Verlängerung des Erziehungsurlaubes (bisher: unbezahlter Sonderurlaub bis zu drei Jahren für einen Elternteil oder im Wechsel) sowie die weitere Verlängerung der Zahlung von Erziehungsgeld (seit 1987 monatlich maximal 600 DM für zwei Jahre, sofern das Jahreseinkommen gering ist). Der Grundgedanke des Konzepts besteht darin, einen Elternteil (wenn beide berufstätig sind) zu bewegen (insbesondere während der drei ersten Lebensjahre des Kindes), auf die (außerhäusliche) Erwerbstätigkeit zugunsten der Kinderversorgung und -erziehung zu verzichten. Erziehungsurlaub haben 1994 insgesamt 370 000 Beschäftigte genommen, Erziehungsgeld rund 788 562 (Statist. Jb. 1996, 466) Personen erhalten: insgesamt jährlich rund 7 Milliarden DM (Statist. Jahrbuch

1996, 454). Darüber hinaus wird Mutterschutz geleistet: bezahlter Sonderurlaub, der sechs Wochen vor der Geburt des Kindes beginnt und acht Wochen danach endet.

Leitlinie 6: Erweiterung der außerhäuslichen Kinderbetreuung: die 76
Betreuung durch „Tagesmütter" soll Erziehungsdefiziten vorbeugen, die durch die (außerhäusliche) Berufstätigkeit beider Eltern möglicherweise entstehen (vgl. dazu *Kury* aaO), und ab 31. 12. 1998 soll ein durchsetzbarer Rechtsanspruch auf einen Kindergartenplatz bestehen.

Leitlinie 7: Ausbau der Alternativen zur Heimerziehung: als vielversprechende Alternative gilt die Unterbringung in einer Pflegefamilie, 77
„weil die Erziehungssituation in den meisten Heimen aufgrund der starken Überlastung des Fachpersonals insgesamt eher ungünstig ist" (*Kury* 1980, 162; vgl. auch Rdn. 13 ff). Gute Voraussetzungen für eine sozial günstige Entwicklung von Kindern bieten auch die SOS-Kinderdörfer (von denen es weltweit 326 gibt).

Leitlinie 8: Familienfreundlicher Wohnungsbau (vgl. dazu Rdn. 11 ff zu 78
§ 16)

Leitlinie 9: Ausbau des Opferschutzes: Vorgeschlagen werden die Ein- 79
führung gesetzlich präzisierter Melderechte für Ärzte und andere Berufsgruppen, die der gesetzlichen Schweigepflicht unterliegen; die Einführung von Notrufen (sog. hot lines) nach amerikanischem Vorbild sowie die ideelle und bessere finanzielle Förderung von Kinderschutzzentren, wie sie z. B. der Deutsche Kinderschutzbund mit Erfolg unterhält. Der Deutsche Kinderschutzbund bietet auch ein Kinder- und Jugendtelefon an (vgl. Zeitungsausriß). Neue bundesweite Telefon-Nummer ab 1. Juli 1997: **08 00-11 10 3 33.**

aus: *OZ* vom 19. August 1994

80   Bei allen Forderungen nach weiteren Leistungen des Staates für die Familie darf man freilich nicht übersehen, daß sich die entsprechenden Ausgaben ab 1975 (bis 1993) bereits fast verdoppelt haben; das ergibt der Sozialbericht 1993. Viel Spielraum gibt es allerdings nicht mehr; die **Schulden von Bund, Ländern und Gemeinden** haben sich seit der Wiedervereinigung unseres Landes auf **2.135 Billionen (!)** verdoppelt (**Stand: März 1997**) und bedrohen nach Ansicht der Bundesbank (zit. nach NOZ vom 19. März 1997) die Zukunftsfähigkeit Deutschlands.

§ 11   Die Schule als sekundäre Sozialisationsinstanz

Literatur: Bäuerle, S.: Konzeption eines Lehrertrainings zur Prävention delinquenter Verhaltensweisen, in: *Kury,* H. (Hrsg.): Prävention abweichenden Verhaltens. Maßnahmen der Vorbeugung und Nachbetreuung, München 1982, S. 167–209; **Bäuerle,** S.: Kriminalität bei Schülern, Bd. 2, Stuttgart 1989; **Brück,** U.: Schule, Freizeit und Rückfallkriminalität, Diss. jur., Hamburg 1971; **Bründel,** H./**Hurrelmann,** K.: Gewalt macht Schule. Wie gehen wir mit aggressiven Kindern um? München 1994; **Brusten, B./Hurrelmann,** K.: Abweichendes Verhalten in der Schule, 3. Aufl., München 1976; **Cicourel,** A. V./**Kitsuse,** J. I.: Die Schule als Mechanismus sozialer Differenzierung, in: *Götz,* B./*Kaltschmid,* J. (Hrsg.): Sozialisation und Erziehung, Darmstadt 1978, S. 249–301; **Deimling,** G.: Sozialisation und Kriminalprävention durch Kindergarten und Schule, in: *Schwind,* H.-D./*Berckhauer,* F./*Steinhilper,* G. (Hrsg.): Präventive Kriminalpolitik, Heidelberg 1980, S. 183–207; **Dettenborn,** H.: Wie Schüler Gewalt erleben, Berlin 1992; **Fellsches,** J.: Disziplin, Konflikt und Gewalt in der Schule, Heidelberg 1978; **Feltes,** T.: Jugendkriminalität und Schule, in: Westermanns Pädagogische Beiträge 1979, S. 96–101; **Flissikowski,** R./**Kluge,** K. J./ **Schauerhammer,** K.: Vom Prügelstock zur Erziehungsklasse für „schwierige" Kinder, München 1980; **Funk,** W. (Hrsg.): Nürnberger Schüler-Studie 1994: Gewalt an Schulen, Regensburg 1995; **Funke,** C. H./**Hilker,** N./**Link,** V.: Lernbehinderung und Kriminalität, Rheinstetten-Neu 1979; **Gebhardt,** Th./**Heinz,** A./**Knöbl,** W.: Die gefährliche Wiederkehr der „gefährlichen Klassen": Der IQ als Indikator sozialer Devianz in der neueren amerikanischen Kriminalitätsdiskussion, in: KrimJ 1996, S. 82–106; **Grossmann,** W.: Sozialarbeit in der Schule, in: Neue Praxis 1978, S. 202–213; **Havers,** N.: Erziehungsschwierigkeiten in der Schule, 2. Aufl., Weinheim 1981; **Heinz,** W.: Schülerkriminalität, in: *Bäuerle,* S.: Kriminalität bei Schülern, Bd. 2, Stuttgart 1989, S. 66–90; **Hurrelmann,** K./**Freitag,** M.: Gewalt an Schulen ist in erster Linie ein Jungen-Phänomen, in: *Engel,* U./*Hurrelmann,* K. (Hrsg.): Was Jugendliche wagen, Weinheim 1993; **Kelly,** R.-J./ **Schatzberg,** R.: Träume und bittere Enttäuschungen – Kriminalität in amerikanischen Schulen, in: Magazin der Polizei 1993, S. 4–11; **Klafski,** W.: Funk-Kolleg Erziehungswissenschaft, Bd. 1, Frankfurt a. M. 1970, S. 55–92; **Klockhaus,** R./**Habermann-Morbey,** B.: Psychologie des Schulvandalismus, Göttingen 1986; **Knopf,** H.: Aggressives Verhalten und Gewalt in der Schule, München 1996; **Köller,** H.-H.: Schulversagen, Schulverhalten und häusliches Milieu junger Strafgefangener, Wuppertal 1971; **Korte,** J.: Faustrecht auf dem Schulhof, Beltz-Verlag, Weinheim/Basel 1992; **Kosubek,** S.: Die Korrelation zwischen Schulbildung und Kriminalität, in: Jugendwohl 58/ 1977, S. 201–205; **Kraatz,** P.: Delinquentes Verhalten von Hilfsschülern, Diss. jur. Hamburg 1970; **Kreuzer,** A.: Schülerbefragungen zur Delinquenz, in: RdJ 1975, S. 229–244; **Kury,** H.: Delinquenzprävention in der Schule, in: *Kaiser,* G./*Kury,* H./*Albrecht,* H.-J. (Hrsg.): Kriminologische Forschung in den 80er Jahren, Freiburg 1988, S. 757–793; **Kury,** H.: Schule und Delinquenz, in *Seitz,* W. (Hrsg.): Kriminal- und Rechtspsychologie, München 1983, S. 187–191; **Kury,** H./**Lerchenmüller,** H. (Hrsg.): Schule, psychische Probleme und sozialabweichendes Verhalten. Situationsbeschreibung und Möglichkeiten der Prävention, Köln 1983; **Lerchenmüller,** H.: Soziales Lernen in der Schule unter kriminalpräventiver Zielsetzung, in: *Kury,* H. (Hrsg.): Prävention abweichenden Verhaltens. Maßnahmen der Vorbeugung und Nachbetreuung, München 1982, S. 92–166; **Lerchenmüller,** H.: Evaluation eines Lernprogramms in der Schule mit delinquenzpräventiver Zielsetzung, Köln 1986; **Lösel,** F.: Lehrerurteil, implizite Devianztheorie und selbstberichtete Delinquenz, in: KrimJ 1974, S. 47–60; **Olweus,** D: Bullying at School, Oxford 1993; **Richter,** H.-E.: Eltern, Kind und Neurose. Die Rolle des Kindes in der Familie, Hamburg 1983; **Schelsky,** H.: Schule und Erziehung in der industriellen Gesellschaft, Würzburg 1957; **Schmidt,**

R.: Was tun gegen Gewalt unter Kindern und Jugendlichen, Essen 1994; **Schneider,** H. J.: Möglichkeiten der Schule bei der Verhütung der Kinder- und Jugendkriminalität, in: RdJ 1968, S. 8–12; **Schneider,** H. J.: Schule, in: *Sieverts,* R./*Schneider,* H. J. (Hrsg.): Handwörterbuch der Kriminologie, Bd. 3, 2. Aufl., Berlin 1975, S. 106–125; **Schneider,** H. J.: Gewalt in der Schule, in: Kriminalistik 1991, S. 15–24; **Schöch,** H.: Schule, in: *Kaiser,* G./*Kerner,* H.-J./*Sack,* F./*Schellhoss,* H. (Hrsg.): Kleines Kriminologisches Wörterbuch, 2. Aufl., Heidelberg 1985, S. 383–387; **Schubarth,** W./**Kolbe,** F.-U./**Willems,** H.: Gewalt an Schulen: Ausmaß, Bedingungen und Prävention, Opladen 1996, S. 131–148; **Schubarth,** W./**Melzer,** W. (Hrsg.): Schule, Gewalt und Rechtsextremismus, 2. Aufl., Opladen 1995; **Schubarth,** W./**Melzer,** W.: Gewalt an Schulen (in Sachsen), TU Dresden 1994; **Schwind,** H.-D.: Gewalt in Familie und Schule, in GA 1991, S. 435–454; **Schwind,** H.-D.: Verbrechen und Schwachsinn, in: *Sieverts,* R./*Schneider,* H. J. (Hrsg.): Handwörterbuch der Kriminologie, Bd. 3, 2. Aufl., Berlin 1975, S. 445–453; **Schwind,** H.-D./**Baumann,** J. et. al. (Hrsg.): Ursachen, Prävention und Kontrolle von Gewalt, Berlin 1990; **Schwind,** H.-D./**Roitsch,** K./**Ahlborn,** W./**Gielen,** B.: Gewalt in der Schule – am Beispiel von Bochum, Mainz 1995 (2. Aufl. 1997); **Speck,** O.: Chaos und Autonomie in der Erziehung, München 1991; **Struck,** P.: Neue Lehrer braucht das Land, Darmstadt 1994; **Wellendorf,** F.: Schule und Identität, in: *Götz,* B./ *Kaltschmid,* J. (Hrsg.): Sozialisation und Erziehung, Darmstadt 1978, S. 326–349; **Wolff,** J.: Delinquenz als Problem der Schulpädagogik. Ansätze zur kriminologischen Ausbildung von Lehrern, Frankfurt a. M. 1978; **Wollenweber,** H.: Kinderdelinquenz und Jugendkriminalität, Paderborn 1980; **Zenke,** K. G.: Über den Zusammenhang von elterlicher Arbeitslosigkeit und Schulleistungen der Kinder, in: Zeitschrift für internationale erziehungs- und sozialwissenschaftliche Forschung, 1991, S. 67–78; vgl. auch die Literaturhinweise am Ende dieses Kapitels.

Gliederung

Den nächst nachhaltigen Einfluß (nach der Familie) auf den Entwick- **1** lungsprozeß junger Menschen übt in der Regel die Schule aus, die einen beträchtlichen Teil des Alltags der Jugend ausfüllt. Nach *Cicourel/Kitsuse* „nimmt die Schule in der Organisation und Steuerung des Übergangs vom Status des Jugendlichen zu dem des Erwachsenen (sogar) eine ‚strategische Position' ein" (1978, 294): sie ist eine **„zentrale soziale Dirigierstelle"** (*Schelsky* 1957, 17 f) **für die künftigen sozialen (Berufs-)Chancen jedes Kindes.** Traditionell wird zumindest erwartet, daß diese Institution auch Sozialisations- bzw. Erziehungsaufgaben erfüllt. *Mergen* weist in diesem Zusammenhang zutreffend darauf hin, daß die „Erziehung in der Schule in dem Maße größere Bedeutung bekommt, als die Erziehung im Elternhaus abnimmt" (Kriminologie 1978, 87): **„nachholende Erziehung".** *Schneider* hat schon zehn Jahre früher betont (1968, 9), „daß übermäßig durch Arbeit belastete und durch Vergnügungen in Anspruch genommene Eltern in der heutigen Kernfamilie oft ihrer Erziehungsaufgabe nicht mehr gerecht werden". Hier müsse „die Schule einspringen, ohne sich auf ihre bloße Unterrichtsaufgabe (Ausbildung) zurückziehen zu können" (aaO).

2   Allerdings sind in den letzten Jahrzehnten in bezug auf die Erziehungsaufgabe zwei gegenläufige Entwicklungen zu beobachten, die auch aus kriminologischer Sicht bemerkenswert sind:

– *einerseits nimmt (vor dem Hintergrund von Erziehungsmüdigkeit in vielen Familien) die Erziehungsbedürftigkeit junger Menschen zu (vgl. z. B. schon **Brück** 1971, 24),*
– *andererseits haben die Leistungsaufgaben der Schule (und ihre Auslesefunktion) den Erziehungsgedanken im schulischen Alltag eher zurückgedrängt (vgl. z. B. **Brusten/Hurrelmann** bereits 1976, 13 ff).*

I. Erziehungsaufgaben der Schule aus kriminologischer Sicht

3   Gleichwohl ist ernstlich kaum zu bestreiten, daß die Schule – unabhängig von der aktuellen Definition ihrer Aufgaben – die Persönlichkeitsentwicklung junger Menschen (grundsätzlich) nicht unerheblich beeinflußt. Dementsprechend heißt es z. B. bei *Hermann Müller* (in: *Götz/Kaltschmid* 1978, 311), daß „jede Wissensvermittlung in einem Unterrichtsstil geschieht, der die Klasse in ein bestimmtes gesellschaftliches Verhalten einübt und den Schülern ein Bewußtsein vermittelt, das über ihr späteres Verhalten in der Gesellschaft entscheidet".

1. Entwicklung der Ich-Identität

4   Die Schule kann insbesondere die Entwicklung der „Ich-Identität" ihrer Schüler (d. h. die Konstituierung ihrer Individualität), die diese in familialen Interaktionsprozessen mit Geschwistern, Eltern, Großeltern usw. erreicht haben, ergänzen, aus dem Gleichgewicht bringen oder zumindest in Frage stellen (dazu *Richter* 1983, 196 f). So läßt es die „soziale Identität", mit der die Schule die Kinder als Schüler konfrontiert, grundsätzlich geboten erscheinen (vor allem zur Vermeidung von Konflikten), die persönliche Identität (Ich-Identität) mit den neuen Verhältnissen in Einklang zu bringen. Das setzt voraus, daß es dem jungen Menschen gelingt, „eine Balance zwischen den neuen Identitätsentwürfen, die ihm in den szenischen Arrangements der Schule angetragen werden, und seinen in den familialen Szenen interpretierten Triebimpulsen, Bedürfnissen und Affekten herzustellen" (*Wellendorf* in: *Götz/Kaltschmid* 1978, 326).

5   Der Übergang des Kindes von der Institution Familie in die Institution Schule wird durch Einschulungsrituale (Einschulungsfeier mit Schultüte) symbolisiert, das Verlassen der Schule mit den entsprechenden Austrittsritualen (z. B. Abiturfeier). Die Teilnahme ist „institutionell gesehen Ausdruck einer generellen Unterstellung von Konsens im Hinblick auf die in der Schule geltenden Muster sozialer Identität, der allen schulischen Szenen zugrunde liegt. Teilnahme bedeutet implizit Akzeptieren

des Identitätsmusters ‚Schüler'" (*Wellendorf* aaO, 332) und begründet damit auch die entsprechende Verantwortung, die die Schule übernimmt. Daß Schüler dieses Muster nicht immer zu akzeptieren bereit sind und sich mit ihrer Ich-Identität dagegen anstemmen, zeigen die Störungen solcher Rituale durch „go-ins" oder „Schülerstreiks".

2. Gefahren der Sündenbockrolle

Die tieferen Ursachen solchen Verhaltens, das von der Undiszipliniert-   **6** heit (dazu *Havers* 1981) während der Unterrichtsstunden bis zu dem (früher unbekannten) Phänomen der **„Gewalt in der Schule"** reicht (dazu *Fellsches* 1978, 56 ff; *Kury* 1983, 190 und 1988, 765 ff; *Klockhaus* u. a. 1986; *Bäuerle* 1989; *Schwind* 1991; ausführlich unter Rdn. 21 ff), werden u. a. im heutigen Selbstverständnis der Schule gesehen, nach dem die **Erziehungsaufgabe** (aufgrund behördlicher Vorgabe in den Lehrplänen) zugunsten des Leistungsprinzips **vernachlässigt** wird (dazu *Brusten/Hurrelmann* 1976, 13 ff). Das bedeutet, daß der Auftrag der Schule verkannt wird, jedenfalls dann,

– *wenn man diesen mit* **Schelsky** *(1957, 36) in einer vermittelnden Erziehungsfunktion zwischen den Ansprüchen der Privatheit des Elternhauses und den Sachansprüchen der Arbeitswelt sieht bzw.*
– *mit* **Brück** *(1971, 25) in der Erprobung der Anpassungs- und Gemeinschaftsfähigkeit der eingeschulten Kinder.*

Die **„Emanzipation vom Elternhaus"** (*Brück* 1971, 25) wird zumindest   **7** nicht dadurch erleichtert, daß man die „wichtigste und ‚sakralste' Handlung, die ein Lehrer vorzunehmen hat, (in der) Taxierung, Sortierung und Selektion von Schülern nach ihrer jeweils fach-spezifischen Leistungsfähigkeit" erblickt (*Brusten/Hurrelmann* 1976, 14). Besonders bedenklich erscheint, daß die „von einem Schüler erworbenen **Zensuren** in einem Fach nach den Spielregeln dieser Institution seinen formellen Status in der Unterrichtsorganisation bestimmen, also sein nach den offiziellen Wertmaßstäben gewonnenes Prestige" (*Brusten/Hurrelmann* aaO). Denn diejenigen, die nicht mithalten können, „werden von ihren Mitschülern ebenfalls überwiegend negativ eingeschätzt und auch in den informellen sozialen Kontakten der Schüler untereinander in eine Randstellung gedrängt" (*Brusten/Hurrelmann* aaO, 20): als „schwarzes Schaf" in eine **Sündenbockrolle** (*Brück* 1971, 28; *Lösel* 1974, 47 ff; *Schneider* 1975, 109): Solche Mitschüler werden oft stehen gelassen, ausgegrenzt und dadurch gequält (**Mobbing**). Die Folgen sind primär drei Reaktionsmuster, die sich z. T. überlagern:

– *der Schüler flüchtet zur Selbstverteidigung in „auffällige" (z. B. Klassenkaspar) und „abweichende" Verhaltensweisen (z. B. Aggression: vgl. Zeitungsausriß) oder*
– *akzeptiert ohne offene Auflehnung die ihm zugewiesene Außenseiterposition und begeht Schulflucht (Schulschwänzerei) oder*
– *er leidet still vor sich hin.*

Alle zwei bis drei Minuten eine Störung im Unterricht

Untersuchungen zum Verhalten der Kinder in der Schule

aus: *NOZ* vom
21. Februar 1987

8   Alle drei Gruppen, die vor den Anforderungen der Schule kapitulieren, verlieren in der Regel „ihr **Selbstvertrauen und ihre Selbstachtung** und werden deshalb" – wie *Schneider* beobachtet hat (1968, 8 ff und 1975, 111) – „für delinquente Verhaltensweisen anfällig". Zur Unterstützung der These verweist *Schneider* (1975, 111) auf eine Arbeit, die *Toby* und *Toby* 1955 bis 1960 in New Jersey (USA) durchgeführt haben.

9   *Toby* und *Toby* gelangten nach Auswertung eines soziometrischen Fragebogens, der 320 Schülern (einer Stadt mit 40000 Einwohnern) vorgelegt wurde, zu dem Ergebnis, daß die „Lehrer, die Klasse, ja sogar der betroffene (erfolglose) Schüler selbst wissen, daß ein Junge mit niedriger Intelligenz und schlechtem Schulerfolg in der modernen Industriegesellschaft sehr schlechte Aussichten hat, für seine Familie und sich selbst in angemessener Weise zu sorgen. Die Autoren erklären dieses Ergebnis mit einer ‚Zukunftserfolgstheorie' … Wenn andere um ihn herum für die Zukunft schöne Pläne machen, erlebt der Junge mit schlechtem Schulerfolg, daß es für ihn eigentlich gar keine Zukunft gibt. Das läßt ihn mutlos werden. Er fühlt sich zurückgesetzt und erniedrigt. Er rebelliert gegen dieses ‚Schicksal', das er als ungerecht empfindet. Er schließt sich delinquenten Freunden an (zum Freizeitverhalten vgl. Rdn. 14 ff zu § 13), von denen er akzeptiert und respektiert wird. Er nimmt deren kriminelle Werte an, weil er in der Befolgung dieser Werte Entlastung und Befriedigung empfindet."*

10   Da die Jungen mit schlechtem Schulerfolg nach den Resultaten von *Toby* und *Toby* vorwiegend (statistisch-signifikant) aus der **Unterschicht** stammen (so z.B. auch die Erfahrung von *Grossmann* 1978, 206; vgl. dazu aber *Gebhardt* u.a. 1996, 82 ff), ergibt sich insoweit eine Ursache-Wirkung-Beziehung, die die folgende Skizze beschreibt (vgl. Übersicht 35).

Übersicht 35: Ursache-Wirkung-Beziehung: schulischer Mißerfolg führt zu Delinquenzanfälligkeit

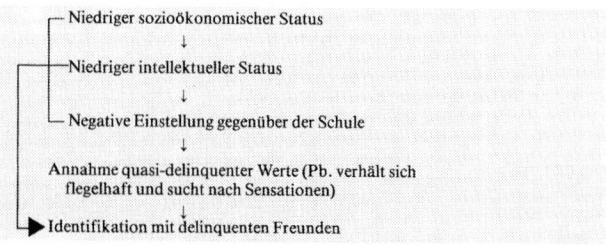

Quelle: *Toby* und *Toby* (zit. nach *Schneider* 1975, S. 111)

Daß delinquentes Verhalten wesentlich durch Mißerfolg in der Schule mitbestimmt wird, ergibt sich auch aus einer Arbeit, die *Elliot* und *Voss* (1974) vorgelegt haben (zit. nach *Deimling* 1980, 199): **11**

> *In ihrer Untersuchung sind diese Autoren nach Auswertung einer 1963 begonnenen Langzeitstudie, die sich auf 2 617 Schüler aus acht kalifornischen Großstadtschulen bezog, zu dem Ergebnis gelangt, „daß die Neigung zu delinquentem Verhalten bei Schülern zunimmt, wenn sie aufgrund häufiger **Mißerfolgserlebnisse in der Schule** entmutigt werden, wenn ihr Selbstwertgefühl durch fortgesetzten Tadel der Eltern, Lehrer und Mitschüler beeinträchtigt wird und wenn sie schließlich bei wachsender moralischer und rechtlicher Orientierungslosigkeit in delinquenten Gruppen Zuflucht suchen".*

Auch *Brusten/Hurrelmann* heben in ihrer Arbeit hervor (1976, 34), „daß zumindest ein großer Teil des delinquenten Verhaltens von Schülern ausschließlich sekundärer Natur ist, eine Folge also vorangegangener Typisierungen, Stigmatisierungen, Status- und Rollenzuschreibungen innerhalb der Schule selbst" (so auch *Kury* 1983, 188). Zur **Rolle des Alkohols** vgl. Rdn. 5 zu § 26. **12**

II. Kriminalität und Schulversagen

1. Schulische Auffälligkeiten bei Straftätern

Unabhängig von der Frage, welchen Einfluß die Schule auf den Sozialisationsprozeß des jungen Menschen ausübt, fällt zunächst auf, daß bei Straftätern, insbesondere bei Rückfalltätern, folgende Merkmale häufiger vorkommen als beim Bevölkerungsdurchschnitt (vgl. z.B. *Schöch* 1985, 384): **13**

– *schulischer Mißerfolg: schlechte Leistungen, Sitzenbleiben, vorzeitiger Abgang, Nichterreichen des Schulziels;*
– *Unpünktlichkeit und Schulschwänzerei;*
– *Disziplinschwierigkeiten* sowie der
– *Besuch der Sonderschule.*

Mehr als ein Drittel der straffälligen Jugendlichen zählt zu den Sitzenbleibern (*Feltes* 1979, 97); die Zahlen über Schulschwänzer unter jugendlichen Straftätern schwanken zwischen 11 % und 95 % (*Feltes* aaO). Dementsprechend wird im Schrifttum vermutet, daß „Schulversagen und Jugenddelinquenz eng miteinander" zu tun haben (*Schneider* 1968, 9 und 1975, 111 m.w.H.). Über die Ergebnisse entsprechender empirischer Arbeiten wird auch von *Deimling* (1980, 196 f) und *Kury* (1983, 188; 1988, 765 ff m.w.H.) berichtet:

> *(1) In **Deimlings** Untersuchung werden die Ergebnisse von fünf Staatsexamensarbeiten wie folgt zusammengefaßt: „Bei einer nach dem Random-Verfahren ausgewählten Grundgesamtheit von 1 450 Gefangenen (aus) fünf verschiedenen Vollzugsanstalten (Niedersachsens und* **14**

*Nordrhein-Westfalens) konnte festgestellt werden, daß der **Anteil der** **ehemaligen Sonderschüler zwischen 18,2 % und 26,6 %** und der der Realschüler und Gymnasiasten zwischen 0,9 % und 2,6 % lag. Der Anteil der Sonderschüler unter den Gefangenen ist im Durchschnitt sechs- bis achtmal größer als ihrem Anteil an der Schülerpopulation entspricht ... Der prozentuale **Anteil der jungen Gefangenen, die keinen** **regulären Schulabschluß erreicht haben, lag zwischen 53,1 % und** **57,3 %** ... Bei einer Totalerhebung aller 14–17jährigen jungen Gefangenen in einer niedersächsischen Jugendstrafanstalt konnte festgestellt werden: **69 % der Insassen waren Sitzenbleiber, 23,6 % von ihnen wurden zweimal, je 1,8 % wurden dreimal bzw. viermal nicht versetzt ... Auffallend hoch ist unter den Gefangenen die Zahl der ehemaligen Schulschwänzer, die im Laufe eines Schuljahres mehr als zwanzig Tage unentschuldigt dem Unterricht ferngeblieben waren: Ihr Anteil lag zwischen 56,8 % und 60,8 %.“**

(2) Kury referiert eine MPI-Untersuchung, in der von 1976 bis 1979 insgesamt 1582 Insassen des Jugendstrafvollzugs (in Baden-Württemberg) erfaßt wurden, mit dem Ergebnis, „daß nicht weniger als 63 % eine oder mehrere Schulklassen wiederholt hatten, nur 45 % hatten einen Schulabschluß, 27 % besuchten als letzte Schulart die Sonderschule, 66 % die Hauptschule und lediglich 7 % die Realschule oder das Gymnasium“.

15   Allerdings muß „die Tatsache, daß Schulschwänzer und wenig leistungsfähige Schüler häufiger kriminell zu sein scheinen (nach *Kürzinger:* Kriminologie 1982, 196), noch keinen Kausalzusammenhang aufweisen“. Das klingt plausibel, wenn man bedenkt, „daß vor allem schlechte häusliche Verhältnisse und mangelndes Verantwortungsbewußtsein der Schülereltern solche Fehlentwicklungen begünstigen“ können (*Kürzinger* aaO). Diese Überlegung führt zu der Vermutung (*Kürzinger* aaO), **„daß die Kriminalität Ergebnis derselben Sozialauffälligkeit ist wie das schulische Fehlverhalten“.** Diese Auffassung trifft wahrscheinlich zu, wenn man in ihrem Rahmen mitberücksichtigt, daß die schulischen Mißerfolge die ungünstigen Startvoraussetzungen, für die die Familie verantwortlich ist, noch weiter verstärken. Über „den Zusammenhang von elterlicher Arbeitslosigkeit und Schulleistungen“ vgl. *Zenke* 1991, 67 ff. Schließlich darf man nicht übersehen, daß manche Schulschwänzerei (zusätzlich) auch mit Abenteuerlust (vgl. Rdn. 11 zu § 3) erklärt werden kann (wie sie z. B. *Mark Twain* in seinem bekannten „Tom Sawyer“ beschreibt). Nicht selten verschwimmt auch die Grenze zwischen Abenteuer und kriminellem Verhalten.

2. Kriminelle Auffälligkeiten bei Minderbegabten

16   Die Untersuchung von **Deimling** zeigt bereits deutlich, daß Sonderschüler in der (registrierten) Kriminalität überrepräsentiert sind und Realschüler und Gymnasiasten unterrepräsentiert (so auch z. B. *Kosubek* 1977, 201 ff, und *Feltes* 1979, 96).

Die Sonderschule, die die Nachfolge der alten „Hilfsschule" angetreten hat, unterscheidet sich von ihrer Vorgängerin u. a. dadurch, daß diese nur unterbegabte Kinder aufnehmen sollte (also noch keine verhaltensgestörten). Daß Sonderschüler unter den Straftätern überrepräsentiert sind, ist bereits dargestellt worden (dazu auch *Schwind* 1975). Interessant ist in diesem Zusammenhang aber auch die Kriminalitätsbelastung ehemaliger Hilfsschüler. Die entsprechende Frage lautet: Wieviele ehemalige Hilfsschüler wurden nach ihrer Schulentlassung bis zu einem bestimmten Stichtag kriminell? Dazu Übersicht 36.

Übersicht 36: Der Anteil von Straftätern unter ehemaligen Hilfsschülern   **17**

Untersucher	Zahl der ehem. Hilfsschüler	Untersuchungszeitraum	Anteil der Straftäter
Wemmer (1932)	a) 41 weibl. Probanden	10—13 Jahre	17,0 %
	b) 62 männl. Probanden	10—13 Jahre	36,0 %
Christiansen und Rasmussen	912 Probanden aus schlechten Wohnbezirken	39—46 Jahre	28,0 %
Luib (1951)	770 Probanden	4—50 Jahre	20,6 %
Seifart (1959)	237 Probanden	8—48 Jahre	34,7 %
Fischer (1960)	76 Probanden	16—46 Jahre	15,0 %
Gramm (1961)	a) 105 weibl. Probanden	1—10 Jahre	8,6 %
	b) 126 männl. Probanden	1—10 Jahre	36,5 %

Quelle: *Schwind* 1975, S. 447

Die entsprechenden Untersuchungsergebnisse schwanken zwischen   **18**
8,6% und 36,5 % (Übersicht 36). Das heißt, wir besitzen (erstens) Informationen darüber, daß **Hilfs**schüler nach ihrer Schulentlassung in ihrem späteren Leben in erheblicher Anzahl straffällig wurden, und (zweitens) darüber, daß **Sonder**schüler weit öfter strafrechtlich in Erscheinung treten als andere Schüler (vgl. auch *Holtfreter* in: RdJ 1974, 337 ff). Das klingt eindeutig, ist es aber nicht.

Die Relevanz der **Hilfs**schüler-Zahlen ist jedenfalls erst dann zu beur-   **19**
teilen, wenn man sie mit dem Anteil der Bestraften an der gesamten Population unseres Landes vergleicht. Wieviel Menschen der Bevölkerung werden also überhaupt kriminell bzw. zumindest einmal in ihrem Leben bei einer Straftat gefaßt? *Kaiser* hat die entsprechenden Hellfeldprozentzahlen aus verschiedenen Untersuchungen zusammengefaßt und gelangt dabei zu dem Resultat (Kriminologie 1993, 228), daß der **Vorbestraftenanteil in der Bevölkerung** auf 18–25 % geschätzt wird (dazu auch *Keske* in: MschrKrim 1979, 257 ff). *Kaiser* geht davon aus, daß „nach begründeten Schätzungen am Ende des 24. Lebensjahres bereits ein Drittel der männlichen Gesamtbevölkerung schon einmal wegen eines Verbrechens oder Vergehens gerichtlich verurteilt worden ist" (in: *Kai-*

ser/Schöch: Kriminologie, Jugendstrafrecht, Strafvollzug 1987, 165). Danach wäre die Kriminalität der ehemaligen Hilfsschüler (in quantitativer Hinsicht) also keine besondere Erscheinung.

20   Daß die Straffälligkeit der **Sonder**schüler diejenige der Hauptschüler, Realschüler und Gymnasiasten weit übertrifft, kann auf plausible Weise erklärt werden. Denn alle Angaben der Strafverfolgungsstatistik beziehen sich naturgemäß nur auf die entdeckte Kriminalität, nicht auf das Dunkelfeld (zum Dunkelfeld vgl. Rdn. 33 ff zu § 2). Die Häufigkeit der Entdeckung ist aber bei dem minderbegabten Teil der Sonderschüler wegen unkluger Art der Begehung der Tat vermutlich viel größer als bei den anderen Schülern. Ähnlich heißt es bei *Bauer* (Das Verbrechen und die Gesellschaft 1957): „In gewissem Sinne ist es richtig, daß vor Gericht und in den Gefängnissen nur die ‚Dummen' in Erscheinung treten. **Dummheit ist ein Handicap**; nur im Märchen ist das oft anders! Die Delikte der Dummen werden in der Regel aufgeklärt, während die intelligenteren Täter imstande sind, die Gefahr einer Entdeckung abzuschätzen und sich durch geeignete Vorkehrungen gegen sie abzuschirmen." Inzwischen gibt es auch eine ganze Reihe empirischer Untersuchungen zur Dunkelfeldfrage, die diese Vermutung von *Bauer* dahingehend bestätigen können, daß auch Real- und Oberschüler in nicht unerheblicher Weise straffällig werden, ohne allerdings entdeckt (und verurteilt) zu werden (vgl. dazu z.B. die Ergebnisse von *Kreuzer* 1975, 229 ff). Gleichwohl bleibt auffällig, daß Minderbegabte weit überproportional häufig Sexualstraftaten verüben*.

III. Gewalt in der Schule

21   Sorgen bereitet vor allem die Aggressions(Gewalt-)entwicklung an unseren Schulen. Während in den USA schon in den 70er Jahren Gewaltanwendungen unter Schülern und gegenüber dem Lehrpersonal in die Schlagzeilen rückten, lag der Schwerpunkt der Gewalt im schulischen Bereich hierzulande (noch bis in die 80er Jahre hinein) eher beim Schulvandalismus: Beschädigungen des Schulgebäudes, von Einrichtungsgegenständen und technischen Installationen; der technische Aufwand zur Schadensbeseitigung wurde schon 1989 auf 150–200 Millionen DM geschätzt (vgl. *Schwind/Baumann* 1990, Bd. I, 68 ff). Zur **historischen Entwicklung** der Gewalt in der Schule bis zum zweiten Weltkrieg: vgl. *Flissikowski* et al. 1980 und *Schwind/Roitsch/Ahlborn/Gielen* 1995, 8 ff; zum **Begriff der Gewalt** vgl. Rdn. 27 zu § 2.

:res dazu bei *Schwind:* Kriminologie in der Praxis, 1986 (Bd. 29 in der Reihe: Grundlagen
inologie).

DIESE KARIKATUR VON PIT FLICK gehört zum Unterrichtsmaterial, das den Grundschulklassen von den Verkehrsbetrieben kostenlos zur Verfügung gestellt wird.

aus: *WAZ* vom 10. März 1984

Inzwischen mehren sich jedoch auch die Anzeichen dafür, daß in unse- **22** ren Schulen – quasi nach dem amerikanischen Vorbild – auch Körperverletzungen, Erpressungen und Raubdelikte zunehmen: jedenfalls berichten die Medien immer öfter darüber (vgl. Zeitungsausschnitte unten). Der bekannte Jugendforscher *Klaus Hurrelmann* befürchtet (sofern keine konzertierte Aktion erfolgt) **amerikanische Verhältnisse** (STERN 8/1993, 20): zu diesen vgl. auch *Schneider* 1991; *Kelly/Schatzberg* 1993). Die Zeitschrift DER SPIEGEL (vom 12. Oktober 1992) faßt einen entsprechenden Artikel mit folgenden Worten zusammen (S. 36):

> *„An deutschen Schulen explodiert die Gewalt. Aggressive Kinder bedrohen Klassenkameraden mit dem Tod; sie prügeln, rauben, erpressen. Schwere Verletzungen sind an der Tagesordnung. Lehrer und Polizei stehen der Brutalität von nie erlebtem Ausmaß hilflos gegenüber. Experten suchen die Schuld bei den Eltern."*

Was ist dran an diesen Meldungen? Werden Einzelfälle aus Sensationsgründen in unzulässiger Weise verallgemeinert? Übertreiben die Medien?

Schüler als brutale Erpresser: Selbst Lehrer haben Angst

Monatelanger Terror an Essener Schule

aus: *NOZ* vom 1. August 1992

1. Trendergebnisse der bisherigen Forschung

23   Erst seit Ende der achtziger Jahre häufen sich (auch in Deutschland) einschlägige Studien, die sich mit der Frage der (zunehmenden?) Gewalttätigkeiten in den Schulen befassen. Daß aus der davorliegenden Zeit relativ wenige Untersuchungen (meist nur zu Schulvandalismen und Disziplinschwierigkeiten: dazu *Tillmann* 1994, 165) vorliegen, dürfte vor allem damit zu tun haben, daß Gewalttätigkeiten und Erpressungen lange zu den **Tabu-Themen** der Schulen und Schulverwaltungen zählten: man fürchtete wohl um den Ruf der Institution. Erst unter dem Eindruck der Berichterstattung der **Medien,** hat sich diese Einstellung in den neunziger Jahren (drastisch) verändert; dabei dürften aber auch der **Leidensdruck** mancher Lehrer und die **Sorgen** zahlreicher Eltern eine Rolle gespielt haben.

24   Die **Vergleichbarkeit** der seither vorgelegten Resultate der Forschung wird allerdings durch die gewählte (unterschiedliche) Methodik, die unterschiedliche Definition von Begriffen und durch die unterschiedlichen Ausschöpfungsquoten (dazu Rdn. 38 zu § 9) erheblich erschwert; auch sind die Stichproben nicht immer repräsentativ. Und: Mal sind die Befragten Schüler, mal Schulleiter, mal Lehrer; eher selten sind alle zugleich befragt worden.

Gewalt an Großstadt-Schulen – Grund zur Besorgnis?

Vandalismus, Körperverletzung, räuberische Erpressung: Schüler als Täter und Opfer

aus: *Weißer Ring* 3/1990

25   Faßt man die Ergebnisse der Untersuchungen der letzten zehn Jahre (die naturgemäß **nur die subjektive Wahrnehmung messen**) gleichwohl zusammen (Überblick bei *Schwind/Roitsch/Ahlborn/Gielen* 1995, 22 ff), so ergibt sich (zumindest) im **Trend** das folgende Bild:

– erstens: Die Zahl der **extrem schulschwierigen Schüler** nimmt offenbar zu;
– zweitens: An einem Teil der Schulen kommen (offenbar weit **häufiger als das früher der Fall war**) **Körperverletzungen, vereinzelt auch Raubtaten und Erpressungen** vor;
– drittens: Auffällig sind auch die **Sachbeschädigungen**, die Schüler verüben: Toilettenanlagen werden beschädigt, Wände bespritzt und verschmiert, Unterrichtsmaterial zerschlagen usw.
– viertens: Betroffen sind (offensichtlich eher als Gymnasien) **bestimmte Sonderschulen (für Lernbehinderte), Haupt- und Realschulen** und zwar primär solche (der Großstädte) mit **problematischen Schuleinzugsgebieten;**

- fünftens: Die Täter der physischen Gewalt sind vornehmlich Jungen (**Jungenproblem**); Mädchen setzen sich eher verbal auseinander; eine Verrohung der Sprache (Fäkalsprache) ist in bezug auf beide Geschlechter auffällig, die Kinder sprechen nicht mehr in normaler Tonlage, sondern schreien sich an;
- sechstens: Die Gewalttätigkeiten gehen von einem relativ **kleinen Schülerkreis** (dem z. T. auch außerhalb der Schule deviante Gruppen – Freundescliquen – angehören) aus; der Höhepunkt der Aggressionen liegt bei den siebten und achten Klassen, also in den **Pubertätsjahren;**
- siebtens: Offenbar nimmt die **Gruppengewalt** zu: d. h. Gruppen von Schülern greifen einzelne Mitschüler an bzw. setzen sie unter Druck, um Geld oder Kleidungsstücke abzupressen;
- achtens: Manche Tatdurchführung ist **brutaler** geworden; Hemmschwellen der Fairness sind offenbar (öfter als das früher der Fall war) nicht mehr vorhanden; Nachtreten mit dem Stiefel auf das am Boden liegende Opfer;
- neuntens: Gewalttäter sind häufig auch die **Opfer** von Gewalt und umgekehrt;
- zehntens: Zu körperlichen Mißhandlungen kann es heute schon aus **nichtigen Anlässen** kommen („die Nerven liegen blank"); mitunter scheint ein Angriff auch völlig grundlos zu erfolgen;
- elftens: **Körperliche Angriffe gegenüber Lehrkräften** scheinen hierzulande (anders als in den USA: *Schneider* 1991, 15) hingegen noch eher zu den Ausnahme-Phänomenen zu gehören (vgl. aber Zeitungsausriß unten);
- zwölftens: In der **Ursachenfrage** sind sich die meisten Untersucher darüber einig, daß (auch) die Verhältnisse in der Schule ein **Spiegelbild der Gesellschaft** darstellen; insoweit sollen z. B. relevant sein: Probleme der familialen Erziehung (zum Erziehungsstil vgl. Rdn. 40ff zu § 10), Medieneinflüsse, Frustrationen (die mit ungünstigen Zukunftsperspektiven zu tun haben), Langeweile und reine Freude an der Gewalt: Gewalt stärkt oft das (beschädigte) Selbstwertgefühl (vgl. Rdn. 8 zu § 13). Als widersprüchlich erweisen sich die bisherigen Umfrageergebnisse bzgl. des gewaltfördernden Einflusses von schlechten Schulleistungen (wird jedoch überwiegend bejaht), der Größe der Klassen und Schulen (dürfte mit dem **Schul- und Klassenklima** zu tun haben), der Architektur des Gebäudes und im Hinblick auf die Bedeutung des Aussiedler- bzw. Ausländeranteils: jedenfalls kommt dem Ausländerstatus bisher eher geringe Erklärungskraft zu.

Im übrigen wird (nicht nur) zur Ursachenfrage (auch) die Sekundäranalyse der Anti-Gewaltkommission der Bundesregierung* (*Schwind/ Baumann* 1990) oft erwähnt.

---

*) Diese Kommission wurde durch Kabinettbeschluß der Bundesregierung vom 18. Dezember 1987 mit dem Auftrag berufen, in einer Sekundäranalyse die Ursachen der Gewalt zu untersuchen, „insbesondere" der politisch motivierten Gewalt, der Gewalt auf Straßen und Plätzen, der Gewalt im Stadion, der Gewalt in der Schule und der Gewalt in der Familie. Das entsprechende

Schülerterror in Bremen

Bremen (dpa/lni)
Über „wildwestähnliche Zustände", verursacht von randalierenden Jugendlichen, beklagen sich Bewohner des Bremer Stadtteils Huchting. Danach versetzt eine kleine Gruppe Jugendlicher im Alter zwischen 13 und 16 die Bewohner durch Straftaten von Sachbeschädigung bis hin zur räuberischen Erpressung in Angst und Schrecken. Einige Schüler kündigten am Freitag öffentlich „Selbstjustiz" an. Jüngster Anlaß zur Sorge ist nach Angaben einer Elternsprecherin der gewaltsame Zusammenstoß zwischen dem Vater eines Schülers und drei Jugendlichen. Diese hätten den Mann während einer Elternversammlung geschlagen und gegen ihn anschließend Anzeige erstattet, da sich der Mann gewehrt und einen der Täter verletzt habe. Ein Polizeisprecher bestätigte den Vorfall. Der Vater habe offenbar in Notwehr gehandelt. Nach Polizeiangaben sind die Vorfälle „nur die Spitze eines Eisberges". So würden auch an anderen Bremer Schulen Lehrer, Eltern und Schüler von gewalttätigen Jugendlichen bedroht und angegriffen.

aus: *NOZ* vom 20. November 1996

2. Zur Sekundäranalyse der Anti-Gewaltkommission

26   Nach der Sekundäranalyse der **Anti-Gewaltkommission der Bundesregierung*** (vgl. *Schwind/Baumann* 1990) entwickelt sich die schulische Gewalt unter einem ganzen Bündel von Einflußfaktoren, zu denen die **Herkunftsfamilie mit ihren Erziehungsstilen** (vgl. Rdn. 40 ff zu § 10) und **soziale Probleme** (Arbeitslosigkeit, Wohnverhältnisse, familiäre Zerrüttung) ebenso zählen wie spezielle **Persönlichkeitsmerkmale** bei den Schülerinnen und Schülern (vgl. den Zeitungsausriß nach Rdn. 27).

27   So gibt es Anhaltspunkte dafür, daß **niedrige Intelligenz** oder besondere kognitive Defizite (wie z.B. Legasthenie) in übererwartungsmäßig vielen Fällen den Hintergrund für aggressive und gewalttätige Verhaltensweisen bilden. Dementsprechend werden von Fachleuten die Zusammenhänge zwischen schulischem Leistungsversagen der Jugendlichen und der Gewalt in der Schule immer wieder betont. **Schlechte Leistungen,** ein Wiederholen der Klasse, Zurückstufung in eine weniger qualifizierte Schule und Verfehlen des Schulabschlusses stehen mit Aggressivität und Gewalt in der Schule in deutlicher Beziehung (vgl. oben Rdn. 11). Schulversagen läßt zum einen eine innere Ablehnung der Schule und eine **Entfremdung** von ihrer Kultur entstehen (vgl. auch die Frustrations-Aggressionshypothese unter Rdn. 46 ff zu § 6). Die Ableh-

---

Gutachten (*Schwind/Baumann* et al.: Ursachen, Prävention und Kontrolle von Gewalt) wurde 1990 dem Bundeskanzler überreicht und im Berliner Verlag Duncker & Humblot gedruckt (4 Bände).

nung schulischen Zwanges und schulischer Leistungsanforderungen wird zum Motiv für gewalttätiges und destruktives Verhalten in der Schule. Zum anderen empfindet der Schüler sein Scheitern an den schulischen Leistungsanforderungen oft deutlich als **Bedrohung seines Selbstwertgefühls** und seiner späteren sozialen und beruflichen Lebenschancen (vgl. auch oben Rdn. 9). Diese Einstellung drückt sich auch in der Zurückweisung von Anregungen und Anweisungen von Lehrern und Schulleitern sowie in einer Distanzierung von den schulischen Anforderungen aus, die sich in ihrem Handeln, z.B. in häufigem Schulschwänzen, zeigt.

*Auf der anderen Seite gibt es durchaus **Faktoren**, welche die Gewalt in der Schule **offenbar hemmen**: z.B. die Förderung des Leistungswillens der Schüler, die Bedeutsamkeit des Stoffes, regelmäßige Hausaufgaben (die auch kontrolliert werden), klar formulierte Lernziele, Vertrauen in die Leistungsfähigkeit der Schüler (Lob, weniger Tadel), Einbeziehung der Schüler in Verantwortlichkeiten für die Schule, konstante Klassen, sorgfältige Vorbereitung des Unterrichts, Engagement der Lehrerschaft und Übereinstimmung hinsichtlich ihres Bildungs- aber auch Erziehungsauftrages.*

Schulpsychologen: Kaum noch „gesunde Familien"

Experten üben scharfe Kritik am Verhalten vieler Eltern

Bonn, 6. 8. (ddpADN)
Schule und Familie geraten immer mehr in ein Spannungsfeld. Der Deutsche Lehrerverband (DL) führt die steigende Zahl verhaltensauffälliger und leistungsschwacher Schüler vor allem auf instabile Familienverhältnisse zurück.

Nach Ansicht des Berufsverbandes Deutscher Psychologen muß die Schule in Zukunft verstärkt Defizite bei der Erziehung im Elternhaus ausgleichen. „Die gesunde Familie mit Vater, Mutter und zwei Kindern" gebe es in dieser Form nicht mehr, betonte der Vorsitzende der Sektion Schulpsychologie, Lothar Dunkel.

Kinder und Jugendliche seien vielfach aggressiv oder depressiv, sagte DL-Präsident Josef Kraus am Wochenende in Bonn. So müßten jedes Jahr rund 300 000 Jungen und Mädchen die Scheidung ihrer Eltern verkraften. Die Lehrer seien für diese Kinder oft die

einzigen Erwachsenen, die ihnen die „ersehnte und notwendige Stabilität" vermitteln könnten. Die Schule sei jedoch keine „Reparaturwerkstatt" und könne nicht die im Elternhaus versäumte Erziehung ersetzen, unterstrich Kraus.

Zwar gebe es immer mehr Eltern, die für die Erziehung ihrer Kinder keine Verantwortung übernehmen könnten oder wollten, doch dürften die Lehrer nicht als Ersatzmutter oder -vater angesehen werden. Bei vielen Eltern drohe sonst eine Erwartungshaltung, ihr „Kind von halb acht bis 17 Uhr in die Schule zu geben, wo es gefälligst abiturtauglich gemacht und konfliktgelöst werden soll", kritisierte der DL-Präsident.

Nach Ansicht des Münsteraner Schulpsychologen Dunkel muß die künftige Hauptaufgabe der Schule in der Persönlichkeitsentwicklung junger Menschen sowie der Vermitt-

lung von Werten und sozialer Kompetenz bestehen. „Die Schule darf kein Trichter mehr sein, der die Schüler mit Wissen vollstopft."

Die Vernachlässigung von Kindern und Jugendlichen äußere sich vor allem bei Jungen in zunehmender Gewaltbereitschaft und bei Mädchen in psychosomatischen Störungen: Kopf- und Bauchschmerzen, Depressionen und Eßstörungen seien die Symptome vor allem bei „stillen, vor sich hinleidenden Mädchen", konstatierte Dunkel.

Vor allem in Hauptschulen habe er zunehmende Verhaltensauffälligkeit und Gewaltbereitschaft beobachtet. „Die Hauptschule ist der Ort, wo sich Jugendliche mit Nichtperspektiven treffen." Außerdem verlangte Dunkel von Eltern und Lehrern, Verhaltensstörungen bei Jugendlichen bis hin zu Selbstmordversuchen nicht länger zu tabuisieren.

aus: *NOZ* vom 7. August 1995

28 Unter den ökologischen Bedingungen sind vor allem **große Schulklassen (über 30 Schüler) und Schuleinheiten (über 800 Schüler)** als Ausgangsbedingungen für die Entwicklung von Gewalttätigkeit erkannt worden; problematisch erscheint insoweit die Konzeption der Gesamtschule. Auch die Betonsilobauweise moderner Schulen provoziert Aggressionen (vgl. Rdn. 2 ff zu § 16).

29 Schließlich darf nicht verkannt werden, daß Gewalttätigkeiten von Schülern ihrerseits Rückwirkungen auf die soziale Integration innerhalb der Schule haben: Lehrerinnen und Lehrer werden durch aggressives oder auch gleichgültiges Verhalten ihrer Schüler entmutigt. Sie hören auf, den beachtlichen mitmenschlichen Einsatz zu erbringen, der bereits notwendig ist, um motivierte Schüler und Schülerinnen zu unterrichten. Durch ihr **Rückzugsverhalten** verlieren sie immer mehr an Autorität in den Augen der Klasse.

30 Die **Erosion der Lehrerautorität** führt dazu, daß nicht wenige Lehrerinnen und Lehrer zu resignieren beginnen (ganz ähnlich wie das bereits bei vielen Eltern der Fall ist: vgl. Rdn. 44 zu § 10). Diese negative Entwicklung wird noch dadurch begünstigt, daß die **Lehrkräfte von ihrer Ausbildung her nicht darauf vorbereitet sind, mit Schülergewalt umzugehen.** Die Folge: mitmenschliche Beziehungen in der Schule zerfallen; die informelle Kontrolle läßt nach (zu Präventionsvorschlägen vgl. unten Rdn. 41 ff).

Schulen noch kein Schlachtfeld

Bochumer Juristen stellen Studie über Gewaltbereitschaft vor

aus: *Süddeutsche Zeitung* vom 23. Juni 1994

3. Gewalt in der Schule – am Beispiel von Bochum

31 In Bochum (rd. 400 000 Einwohner) wurden (auf Anregung des dortigen Schulamtes) anonym an Hand eines standardisierten Fragebogens (der jedoch auch offene Fragen enthielt) nicht nur (alle) Schulleiter (Totalbefragung), auch nicht nur die Schülerinnen und Schüler, sondern **(Ende 1993)** Stichproben aller Gruppen, die in der Schule zu tun haben, also auch die Lehrkräfte, Sekretärinnen und Hausmeister befragt (*Schwind/Roitsch/Ahlborn/Gielen* 1995). Die Rücklaufquoten lagen zwischen 73,5 (bei den Lehrern) und 90,2 % (bei den Schulleitern). Ergebnisse (vgl. dazu auch die Übersichten 37 und 38):

32 – *die Vermutung (mancher Medien), daß (ernstere) körperliche Auseinandersetzungen zwischen Schülern auf* **breiter Front** *zu beobachten sind, hat sich (auch für Bochum) nicht bestätigt. Betroffen sind vielmehr bestimmte Schulen (vor allem große Schulen mit schlechtem Schulklima: Schulzentren, Gesamtschulen) sowie Hauptschulen (in denen sich oft die „no future kids" versammeln), aber keineswegs alle; insoweit spielen z. B. die Einzugsgebiete vermutlich auch eine Rolle;*

- *der **harte Kern der Täter** (von Erpressungen, Raubtaten und ernsthaften Schlägereien) ist mit (je nach Schule) rund 6–10 % der Schülerschaft relativ klein; meist handelt es sich um Jungen der 7. und 8. Klasse mit Schulleistungsproblemen;*

- ***Waffen** werden zwar („weil das jeder so macht") öfter (24,5 %, „schon mal") in den Schulbereich (aus Imponiergehabe) mitgebracht, aber (zumindest in Bochum) nur selten (etwa zu Zwecken der Einschüchterung) eingesetzt; auch Raubtaten kommen kaum vor;*

- ***verbale Aggressionen** (Beleidigungen) gehören hingegen in fast allen Schulen inzwischen zum alltäglichen Bild; 6,3 % der Schulleiter und 13,3 % der befragten Lehrer beobachten solche Schülerattacken auch gegenüber Lehrerinnen und Lehrern „mehrmals pro Woche". Kostprobe: „blöde Sau", „Arschloch", „Penner", „alte Fotze", „Ficker" usw.; auch der **Lärmpegel** ist offenbar in manchen Klassen sehr hoch: über 20 % der Lehrer beklagen diese Erscheinung!*

Bemerkenswert ist ferner, daß der Großteil aller Befragten davon ausgeht, daß die Gewaltphänomene in der Schule nicht ab-, sondern zunehmen (vgl. Übersicht 40: Befragungen der Lehrkräfte).

Übersicht 37: Vorkommen einiger ausgewählter Gewaltphänomene im   **33**
Jahr 1993 nach Angaben der Bochumer Schulleiter, Angaben in Prozent

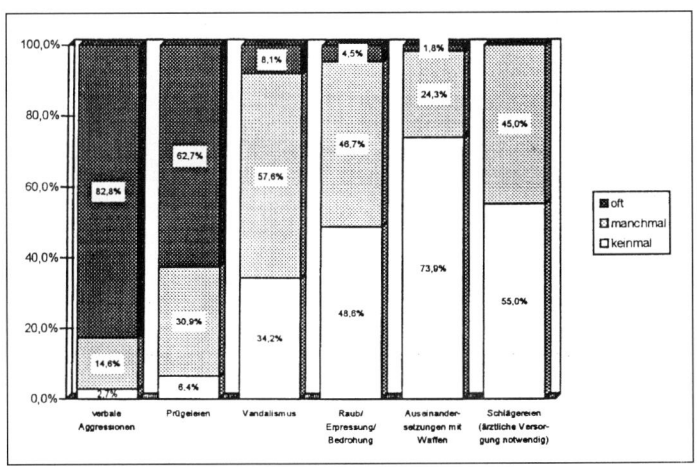

Quelle: *Schwind/Roitsch/Gielen* in: Kriminalistik 10/1995, S. 620

34   *Übersicht 38:*   Vorkommen einiger ausgewählter Gewaltphänomene im Jahr 1993 nach Angaben der Bochumer Schüler der Klassen 7–13; Angaben in Prozent

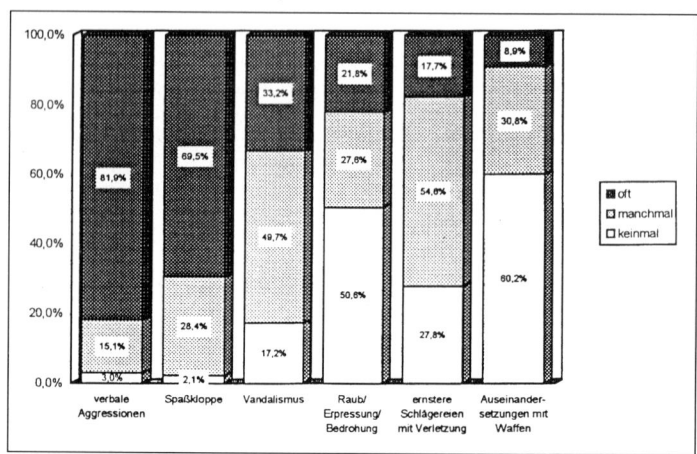

Quelle: *Schwind/Roitsch/Gielen* in: Kriminalistik 10/1995, S. 621

35   Die Ursachen für das aggressive Schülerverhalten sehen Schulleiter, Lehrer, Hausmeister und Sekretärinnen eher in den gesellschaftlichen Verhältnissen außerhalb des Einwirkungsbereiches der Schule: primär in **Medieneinflüssen, Wertewandel** und familiären (bzw. sozialen) Problemen (etwa Beziehungsauflösung: Trennung bzw. **Scheidung der Eltern, materielle Not in der Herkunftsfamilie, Arbeitslosigkeit, beengte Wohnverhältnisse** usw.); auffällig ist, daß Schulleiter (36,9 %), Lehrer (52,3 %) sowie die Hälfte der Hausmeister und Sekretärinnen einer Meinung darüber sind, daß die **Berufstätigkeit beider Eltern** („keine Zeit für die Erziehung der Kinder") als eine der Hauptursachen der Gewalt in der Schule (als „sehr maßgebend") in Betracht kommt.

Im übrigen wird von 69,9 % der Lehrer beklagt, daß die **Lehrerausbildung** nicht hinreichend auf die Aggressionsphänomene, die heute in der Schule zu beobachten sind, vorbereitet: den Lehrern fehlt die Interventionskompetenz.

Faulheit und Radau bringen Eltern in Rage

Umfrage: Zwei Drittel der Kinder haben Krach zu Hause

aus: *Ostseezeitung*
vom 26. Juli 1996

36   Die **Schüler** (der 7.–13. Klasse) geben als primäres Motiv für aggressives Verhalten die **„Suche nach Anerkennung"** an (82,5 %), gefolgt von **„Ärger und Kummer zu Hause"** (77,9 %), **„Feindseligkeit gegenüber**

Ausländern" (74,7 %), **„Freude an der Gewalt"** (72,3 %), **„Ärger/Streit in der Schule"** (71,4 %) und **„Einflüssen, die von Fernsehen und Video"** ausgehen (70,4 %).

Der (relativ kleine) **„harte Kern"** (rd. 6–10 %) der gewaltorientierten Schüler zeigt primär folgende Auffälligkeiten: Die „Täter" verbringen ihre Freizeit häufiger als andere in Diskotheken, haben (dementsprechend) mehr Erfahrungen mit Alkohol, feiern häufiger und gehen später zu Bett (31,7 % erst nach 23 Uhr). Auch die Vermutung, daß sich solche Schüler öfter als ihre Mitschüler (Gewalt-)Videos „reinziehen", hat sich bestätigt.

Übersicht 39: Unsicherheitsgefühle an Bochumer Schulen (in Prozent   **37** der Befragten)

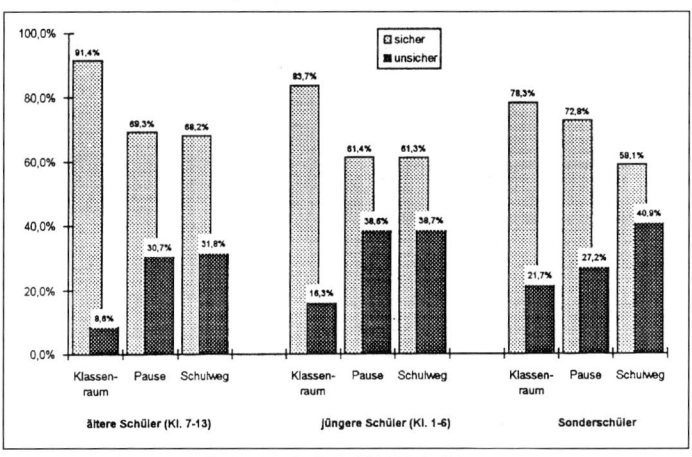

Quelle: *Schwind/Roitsch/Gielen* in: Kriminalistik 10/1995, S. 622

Besonders auffällig ist, daß sich viele Schüler (über 30 %) auf dem   **38** Schulweg (Schulbus ohne Schaffner?!) und auf dem Pausenhof **fürchten** (vgl. dazu die Übersicht 39). Schüler kleiner Schulen fühlen sich auf dem Schulhof sicherer als solche größerer Schulen; für den Schulweg konnten solche Unterscheidungen nicht festgestellt werden (zum Bedrohtheitsgefühl vgl. auch Rdn. 12 ff zu § 20).

IV. Präventionsvorschläge

Sieht man das einschlägige Schrifttum und die Probanden-Antworten   **39** aus Umfragen durch, findet man zur Prävention der Gewalt (bzw. Kriminalität) in der Schule Vorschläge, die primär drei Bereiche betreffen, nämlich:

– erstens: die **Veränderungen der Rahmenbedingungen** der Schule,
– zweitens: die **Verbesserung der Handlungskonzepte,** die die Schulleitung bzw. das Lehrerkollegium einsetzen können,

– drittens: die Information der Lehrkräfte in bezug auf die Frage, wie man mit Gewaltphänomenen konkret besser umgehen kann: **Tips für die Praxis.**

Übersicht 40: Entwicklung der Aggressionen bei den Jungen (1989 bis 1993) nach Einschätzung der Lehrkräfte; Angaben in Prozent

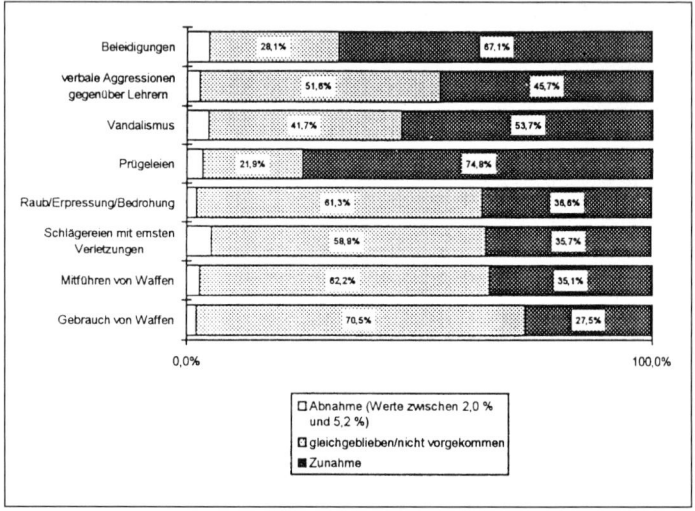

Quelle: *Schwind/Roitsch/Gielen* in: Kriminalistik 10/1995, S. 621

1. Veränderung der Rahmenbedingungen

40   Nahezu einmütig wird (von der Schulpolitik) gefordert (so auch von der Anti-Gewaltkommission der Bundesregierung: *Schwind/Baumann* et al. 1990, Bd. I, 32), die Rahmenbedingungen der Schule zu verändern und zwar etwa in folgender Weise:

● damit sich die Lehrkräfte wieder mehr um die Schülerinnen und Schüler kümmern können: **kleinere Klassen** (nicht über 30 Schüler);

● um der Schulanonymität entgegenzuwirken, die nicht zuletzt auch Gewaltphänomene begünstigt: **Rückkehr zu kleineren Schulen** bzw. Verzicht auf Mammutschulen (mit über 800 Schülern);

● um die Kompetenz der Lehrer im Umgang mit aggressiven Schülern zu fördern: Erweiterung der einschlägigen **Lehrerausbildung** (dazu z. B. *Feltes* schon 1979, 101; *Struck* 1994) bzw. entsprechende Nachschulung durch **„fliegende Lehrerschulen"**, d. h. Expertengruppen, die die Schulen nacheinander besuchen und mit Schulleitung und Lehrerschaft konkrete Fälle aus dem Schulalltag besprechen: Schulung der pädagogischen Kompetenz;

- um Identifikationsmöglichkeiten aufzubauen und neuen Schwung in die Schule zu bringen: wieder vermehrte **Einstellung junger Lehrer** Vgl. Zeitungsausriß);

Rüttgers: Wir brauchen bald mehr Lehrer

„Neuer Schülerberg kommt"

Von Thomas Seim

WAZ BONN. Deutschland steht schon bald vor einem neuen Schülerberg. „Schulen, die geschlossen wurden, müssen dann wieder geöffnet werden", sagte Forschungsminister Jürgen Rüttgers der WAZ.

„Die Zahl der Schüler steigt bis 1999 um rund 900 000 auf knapp 13 Millionen an", so Rüttgers. Das bedeutet, daß Länder und Kommunen neue Prioritäten setzen müssen. Auch Lehrer müßten neu eingestellt werden.

aus: *WAZ* vom 16. Juli 1996

- **Medienerziehung**, um negative Einflüsse von Gewalt- und Sexdarstellungen in den Medien (im Sinne von Immunisierung) abzuwehren;
- **Nachmittagsbetreuung** auf freiwilliger Basis in Schulen: z. B. Hilfe bei Hausarbeiten (wie in Lübeck: vgl. Rdn. 41 zu § 18);
- Verstärkung des **Rechtskundeunterrichts** an den Schulen, um die Schüler wieder zu Normbewußtsein und Normtreue erziehen zu können; nur an der Ruhr-Universität Bochum findet bisher eine solche entsprechende Ausbildung statt;
- um Fehlverhalten besser in den Griff zu bekommen, wird die **Wiedereinführung der „Kopfnoten"** (gesonderte Benotung von Fleiß, Pünktlichkeit und „Verhalten in der Schule" im Zeugnis) vereinzelt (auch) diskutiert;
- Einrichtung berufspraktischer Programme (im Rahmen der Schulpflicht) für Schulstörer in **„Schnupperwerkstätten"** (nach französischem Vorbild).

2. Handlungskonzepte für die Schulleitung

41 Solche Handlungskonzepte beziehen sich auf die Präventionsmöglichkeiten, die die Schulleitung einsetzen kann: Patentrezepte gibt es allerdings nicht. Wiederum auf dem exemplarischen Wege sollen nur folgende
(z. T. auch bereits praktizierte) Vorschläge kurz erwähnt werden:

- um den Bedrohtheitsgefühlen der Schüler auf dem Schulhof entgegenzuwirken: **mehr Lehrer für die Pausenaufsichten** einsetzen, evtl.
  unterstützt durch ältere Schüler (nach dem Vorbild der Schülerlotsen),
  die die Funktion von „Hilfssheriffs" wahrnehmen könnten und zwar
  (wie z. B. in der Geschwister Scholl-Schule in Neuss) im Rahmen
  eines **Schlichtermodells:** Schüler der 10. Klasse werden entsprechend
  trainiert (in Sundern heißen sie **„Konfliktlotsen"**);

- **Ruhezonen auf dem Schulhof** einrichten;

- Einrichtung von **„Anti-Wut-Schulhöfen"** (nach Leipziger Vorbild):
  Holzklettergerüste zum Rumtoben, bunte Arkadengänge, Sitzgele-
  genheiten usw.;

- **Tutorenprogramme:** ältere Schüler und Schülerinnen betreuen jüngere;

- Viele aggressive Schüler sind solche, die mit leerem Magen die Schule
  erreichen: diese sollten Nahrungsangebote (wie **Kakao, Milch** usw.)
  wahrnehmen können;

- um die Identifizierung mit der eigenen Schule zu erhöhen: **Verstärkung des „Wir-Gefühls"** in der Schule. Stichworte dazu: Schulchor,
  Schulorchester, Schulsportverein („Morgen spielt unsere! Schule
  gegen …"), Einführung von speziellen Schul-T-Shirts usw.;

- um ein Ventil für verzweifelte (frustrierte) Schüler zu schaffen: **Kon-
  takttelefon (des Vertrauenslehrers)** einrichten;

- um den Kollegen zu helfen, die mit der Schülergewalt nicht umgehen
  können: **Einberufung pädagogischer Konferenzen** (kollegiale Fallbe-
  sprechungen), die auch zu untereinander abgestimmten Interventionen beitragen (können); **Durchführung eines pädagogischen Tages:**
  „Gewalt und Gewaltprävention in unserer Schule"; *Schmidt* (1994, 44)
  schlägt darüber hinaus vor, neben dem schulischen Bildungsplan einen
  schulischen **Erziehungsplan** zu erstellen und entsprechende Absprachen in Schulzentren;

- um überforderten Lehrern zu helfen, könnte die Etablierung des **Tan-
  dem-Modells** in Frage kommen: ein zweiter Lehrer hilft und berät den
  ersten (auch um diesen aus der Isolation zu befreien);

- um die Schülerschaft zu sinnvoller Freizeitgestaltung anzuregen: **Wer-
  beveranstaltungen von Sportvereinen** (Fechten, Schwimmen, Fußball,
  Karate usw.) in den Schulen zulassen und die Schulhöfe an den schul-
  freien Nachmittagen für Fußball und andere Aktivitäten öffnen;

- um die **Schule in den Stadtteil zu integrieren:** Außenkontakte zu
  Beratungsstellen (z. B. zur Suchtberatung) und zur Arbeitswelt auf-

bauen (vgl. Zeitungsausriß), aber auch zu Jugendamt, Polizei und Justiz: der Besuch einer gerichtlichen Hauptverhandlung macht die Folgen von Straftaten deutlich.

Nicht zuletzt: **Neonlicht** trägt nicht zur Wohnlichkeit und zum Wohlfühlen bei.

3. Tips für die Lehrkräfte

Obwohl es sich auch bei solchen „Tips" keineswegs um Allheilmittel **42** handelt (jede Klasse hat, wie auch jede Schule, ihre eigenen Probleme), könnte der eine oder andere Hinweis aus dem Schrifttum (ausführliche Übersicht bei *Schwind/Roitsch/Ahlborn/Gielen* 1997, 334 ff) dem einzelnen Lehrer vielleicht dabei helfen, in einer aktuellen Situation (oder generell) mit Schülergewalt adäquat wirksam fertig zu werden bzw. ihr vorbeugend (besser als bisher) begegnen zu können. Beispiele (die allerdings alle grundsätzlich nicht neu sind):

- bei Prügeleien nicht wegsehen, sondern sofort **eingreifen** und den Vorfall in der Klasse **zur Diskussion stellen;**
- **Klassenregeln gegen Gewalt verabreden** („Contracting"): Absprachen zwischen Schülern, Lehrern und Eltern treffen;
- Täter/Opfer-Ausgleichsgespräche versuchen: z. B. das aggressive Kind **(im Rollenspiel)** die Gefühle des Opfers nacherleben lassen (Mitleidfähigkeit = Empathiefähigkeit fördern);
- **gewaltorientierte TV- oder Videofilme** in der Klasse zeigen und durchdiskutieren (evtl. medienpädagogische Unterrichtsprojekte versuchen);
- Vermeiden von ironischen Äußerungen und **Stigmatisierungen:** aggressives Verhalten von Schülern nicht mit Gegenangriffen beantworten;
- um das Interesse der Schüler am Schulunterricht zu erhöhen: **attraktive Themen** in die Schule hereinholen (zur Drogenerziehung vgl. Rdn. 42 zu § 27); fächerübergreifenden Unterricht organisieren; auch dazu gehört eine **gute Unterrichtsvorbereitung;**

- **gemeinsame positive Klassenaktivitäten** organisieren, die Spaß machen: Ausflüge, Besichtigungen, Partys;
- **gemeinsame Aktivitäten mit den Eltern** fördern: Theateraufführungen, Wanderungen usw.;
- **positive Leistungen von Leistungsschwachen** im außerschulischen Bereich (z. B. im Sport) vor den Klassen erwähnen;
- **Meckerstunde** einrichten;
- den Kindern **Verantwortlichkeit übertragen,** um diese daran zu gewöhnen: etwa Beteiligung an Sanktionsregelungen;
- Zeigen der **„gelben Karte",** die die Kinder vom Fußball her kennen; bei „rot" folgen auch die mit den Eltern verabredeten Konsequenzen;
- Beleidigungen an die Tafel schreiben und den Sinn von gesellschaftlichen **Umgangsformen besprechen;** positive Umgangsformen einführen, zu denen z.B. gehört, daß sich Schüler und Lehrer auch außerhalb der Schule grüßen.

Was hilft gegen Gewalt in der Schule?

Diskussion: Umgang mit Aggression kann man lernen

aus: *NOZ* vom 23. September 1994

43   Zu Präventionsmöglichkeiten in der Schule vgl. z. B. auch die Anleitungswerke von: *Petermann,* F./*Petermann,* U.: Training mit aggressiven Kindern: Einzeltraining, Kindergruppe, Elternberatung, 6. Aufl., Weinheim 1993; *Walker,* J.: Gewaltfreie Konfliktaustragung lernen – aber wie? Erfahrungen an einer Grundschule in Berlin-Kreuzberg. In: *Spreiter,* M. (Hrsg.): Waffenstillstand im Klassenzimmer, S. 208–251, Weinheim 1993; *Mickley,* A.: Meditation an Schulen: Respekt für die Streitenden in der Konfliktbearbeitung. In: *Spreiter* aaO, S. 252–279; *Haisch,* V./*Wetzel,* H.: Training von Verhaltensdefiziten oder ganzheitliche psychologisch-pädagogische Therapie? Ein integrierter Ansatz, Jugendliche zu beraten und therapeutisch zu begleiten. In: *Kury,* H./*Lerchenmüller,* H. (Hrsg.): Schule, psychische Probleme und sozialabweichendes Verhalten, S. 495–525, Köln 1983; *Lerchenmüller,* H.: Evaluation eines sozialen Lernprogramms in der Schule mit delinquenzpräventiver Zielsetzung, KFN-Reihe Bd. 17, Köln 1986; *Schmidt,* R. (vgl. Lit. Verz.); *Struck, P.:* Schul- und Erziehungsnot. Ein Ratgeber für Eltern, Lehrer und Bildungspolitiker, 2. Aufl., Neuwied 1993; *Korte,* J.: Faustrecht auf dem Schulhof. Über den Umgang mit aggressivem Verhalten in der Schule, 3. Aufl., Weinheim 1993; *Schwind,* H.-D./*Roitsch,* K. et al.: Gewalt in der Schule – am Beispiel von Bochum, Mainz 2. Aufl. 1997.

§ 12 Arbeitsverhalten und Arbeitslosigkeit aus kriminologischer Sicht

Literatur: **Albrecht**, H.-J.: Jugendarbeitslosigkeit und Jugendkriminalität, in: KrimJ 1984, S. 218–228; **Albrecht**, H.-J.: Jugendarbeitslosigkeit und Jugendkriminalität, in: *Münder, J.: Sack, F./Albrecht*, H.-J./*Plewig*, H.-J.: Jugendarbeitslosigkeit und Jugendkriminalität, Neuwied 1987; **Albrecht**, H.-J.: Kriminell weil arbeitslos? Arbeitslos weil kriminell? in: BewHi 1988, S. 133–147; **Bialek**, H.-D.: Kriminalität in Essen, Statistischer Jahresspiegel der Kriminalpolizei, Essen 1977; **Braun**, F./**Coffield**, F./**Lagrée**, J. et al.: Jugendarbeitslosigkeit, Jugendkriminalität und städtische Lebensräume, Weinheim 1990; **Chaidou**, A.: Junge Ausländer aus Gastarbeiterfamilien, Bern 1983; **Glaser**, D./**Rice**, K.: Crime, Age and Employment, in: Americ. Soc. Rev. 1959, S. 679–686; **Göppinger**, H.: Der Täter in seinen sozialen Bezügen, Berlin 1983; **Heiland**, H.-G.: Wohlstand und Diebstahl, Bremen 1983; **Heinemann**, K.: Arbeitslose Jugendliche, Darmstadt 1978; **Höpler**, E.: Wirtschaftskrisen und Kriminalität, in: Archiv für Kriminologie 1930, S. 193–213; **Kofler**, R.: Beruf und Kriminalität. Eine empirische Untersuchung der Zusammenhänge zwischen Beruf und Straffälligkeit bei den Probanden der Tübinger Jungtäter-Vergleichsuntersuchung, München 1980; **Kupke**, R./**Kury**, H.: Sozialstatistik der Zugänge im Jugendvollzug Baden-Württemberg 1978, Freiburg 1979; **Landeskriminalpolizeiamt Niedersachsen:** Bericht über die ersten Erfahrungen des Beauftragten für Jugendwesen, 1.–3. Quartal 1975; **Löwe**, A.: Arbeitslosigkeit und Kriminalität, Berlin 1914; **Malinowski**, P.: Jugendkriminalität, ein Folgeproblem von Jugendarbeitslosigkeit? in: *Brusten, M./Malinowski*, P. (Hrsg.): Jugend – ein soziales Problem? Opladen 1983, S. 232–264; **Martens**, U./**Steinhilper**, G: Zum Zusammenhang zwischen Arbeitslosigkeit und Kriminalität, in: Kriminalistik 1978, S. 498–503; **Mayr**, G. v.: Statistik der gerichtlichen Polizei im Königreich Bayern und anderen Ländern, München 1867; **Mayr**, G. v.: Statistik und Gesellschaftslehre, Bd. 3, Moralstatistik mit Einschluß der Kriminalstatistik, Tübingen 1917; **Mrozynski**, P.: Arbeit und Jugendkriminalität, in: RdJ 1976, S. 337–344; **Neu**, A. D.: Entwicklungstendenzen auf dem Arbeitsmarkt und ihre Auswirkungen auf die Jugendkriminalität, Heidelberg 1984; **Opaschowski**, H. W.: Soziale Arbeit mit arbeitslosen Jugendlichen, Opladen 1970; **Plewig**, H.-J.: Jugendstrafrecht, Sozialpädagogik und der Faktor Arbeit, in: *Münder, J./Sack, F./Albrecht*, H.-J./*Plewig*, H.-J. (Hrsg.): Jugendarbeitslosigkeit und Jugendkriminalität, Neuwied 1987, S. 93–113; **Quetelet**, A.: Physique sociale, Bd. 2, Brüssel 1869; **Rager**, L.: Jugendarbeitslosigkeit und Kriminalität, in: Die neue Polizei 3/1977, S. 43–45; **Rupprecht**, R.: Arbeitslosigkeit und Kriminalität, in: Die Polizei 11/1977, S. 345–348; **Sack**, F.: Jugendarbeitslosigkeit im Lichte der Kriminalitätstheorien, in: *Münder, J./Sack, F./Albrecht*, H.-J./*Plewig*, H.-J.: Jugendarbeitslosigkeit und Jugendkriminalität, Neuwied 1987, S. 93–113; **Schmölders**, G.: Kriminalität und Konjunktur, in: Jahrbücher für Nationalökonomie und Statistik, Bd. 128, 1928, S. 265–272; **Schüler-Springorum**, H.: Kriminalität der Randständigen, in: MschrKrim 1995 S. 162–185; **Schumann**, K. F.: Ungleichheiten im Strafverfolgung: in: Recht und Politik 1974, S. 119–129; **Schwind**, H.-D./**Ciesinger**, N.: Kriminalitätsanfall und Arbeitslosigkeit, in: *Ahlborn, W./Weiß*, R.: Empirische Kriminalgeographie, BKA-Forschungsreihe, Bd. 8, Wiesbaden 1978, S. 282–291; **Solomon**, K.D./**Blass**, G.: Jugendarbeitslosigkeit – Ursachen, Folgen, Lösungswege, Melle 1980; **Spector**, P. W.: Population Density and Unemployment: The Effects on the Incidence of Violent Crime in the American City, in: Criminology 1975, S. 399–401; **Spieß**, G.: Arbeitslosigkeit und Kriminalität, in: *Kaiser, G./Kerner*, H.-J./*Sack*, F./*Schellhoss*, H. (Hrsg.): Kleines Kriminologisches Wörterbuch, 2. Aufl., Heidelberg 1985, S. 32–37; **Stark-von der Haar**, E.: Jugendliche Arbeitslose ohne ausreichende soziale Sicherung, in: RdJB 1993, S. 370–377; **Steffen**, W.: Kinder- und Jugendkriminalität in Bayern, München 1979; **Steinhilper**, G.: Arbeitslosigkeit und Kriminalität, in: Kriminalistik 1976, S. 385–389; **Steinhilper**, G.: Zu den Folgen der Arbeitslosigkeit für die Justiz, in: Festschrift für Rudolf Wassermann, Neuwied 1985, S. 1061–1077; **Steinhilper**, G./**Wilhelm-Reiss**, M.: Kriminalitätsverhinderung durch Abbau der Arbeitslosigkeit? Vorüberlegungen zu Präventionsprogrammen, in: *Schwind, H.-D./Berckhauer, F./Steinhilper*, G. (Hrsg.): Präventive Kriminalpolitik, Heidelberg 1980, S. 347–365; **Villmow**, B./**Kaiser**, G.: Empirisch gesicherte Erkenntnisse über Ursachen der Kriminalität. Eine problemorientierte Sekundäranalyse, in: *Der Regierende Bürgermeister von Berlin* (Hrsg.): Verhütung und Bekämpfung der Kriminalität, Berlin 1974, Anhang S. 1–143; **Wacker**, A.: Arbeitslosigkeit. Soziale und psychische Voraussetzungen und Folgen, Frankfurt/M. 1976; **Wacker**, A.: Soziale Gefährdungen arbeitsloser Jugendlicher, in: Jugendschutz 1978, S. 77–81; **Wacker**, A.: Arbeitslos und aggressiv? Zum Verhältnis von Arbeitslosigkeit, Aggression und Kriminalitätsentwicklung, in: *Wacker*, A. (Hrsg.): Vom Schock zum Fatalismus? Soziale und psychische Auswirkungen der Arbeitslosigkeit, Frankfurt/M. 1978a, S. 241–264; **Wilhelm-Reiss**, M.: Psychische Veränderungen bei Jugendlichen ohne Arbeit, Weinheim 1980; **Zenke**, K.G.: Über den Zusammenhang von elterlicher Arbeitslosigkeit und Schulleistungen der Kinder, in: Zeitschrift für internationale erziehungs- und sozialwissenschaftliche Forschung 1991, S. 67–78.

Gliederung

1 In ihrer Sekundäranalyse (über den Stand des „gesicherten Wissens") verweisen *Villmow* und *Kaiser* (1974, 35) darauf, daß „ebenso wie die Schule der Beruf als wichtiger sekundärer Sozialisationsfaktor angesehen werden kann". Aus dem Verhalten am Arbeitsplatz lasse sich schließen, „inwieweit der Sozialisationsprozeß erfolgreich abgelaufen ist".

Arbeitslos – kriminell? Eine seltsame Gleichung aus dem BKA

Schiefes Weltbild

aus: *Deutsches Allgemeines Sonntagsblatt* vom 12. November 1978

I. Arbeitsverhalten und Kriminalität

2 Wenn man daraufhin unter dem Stichwort „Arbeitsverhalten" von Straftätern in den einschlägigen Monographien und Lehrbüchern nachschlägt (z. B. *Göppinger:* Kriminologie 1980, 285, und *Kaiser:* Kriminologie 1993, 352 f, jeweils mit weiteren Literaturhinweisen), stellt man fest, daß unter den Autoren grundsätzlich Einigkeit darüber besteht, daß Straftäter in ihrer beruflichen Laufbahn vergleichsweise oft
– keine Lehre durchhalten,
– unregelmäßig zur Arbeit erscheinen und
– häufig den Arbeitsplatz wechseln (**„Job-Hopper"**).

3 Dementsprechend fassen *Villmow* und *Kaiser* (aaO) auch die bis 1974 erschienene Literatur in bezug auf Aussagen über (registrierte) Rechtsbrecher wie folgt zusammen:

- *erstens: Delinquente zeigen im Vergleich zu offiziell Nichtdelinquenten häufiger eine **negative Arbeitseinstellung**, die durch berufliches Desinteresse, Bummelei und Unzuverlässigkeit charakterisiert ist;*
- *zweitens: Delinquente haben häufiger die **begonnene Lehre abgebrochen** und haben häufiger keinen beruflichen Abschluß vorzuweisen;*
- *drittens: Delinquente haben einen überdurchschnittlich **häufigen Arbeitsstellenwechsel** zu verzeichnen.*

Infolge „dieser Verhaltensweisen, aber auch durch das schon aufgezeigte vergleichsweise geringere Bildungsniveau der Delinquenten stehen ihnen (nicht nur nach Meinung von *Villmow* und *Kaiser* aaO) weniger Berufsmöglichkeiten offen. Damit ist wiederum die höhere Kriminalitätsbelastung der ungelernten Arbeiter" zu erklären (aaO). **4**

Übersicht 41: Entwicklung der Arbeitslosenzahlen in der Bundesrepublik Deutschland (1991–95) **5**

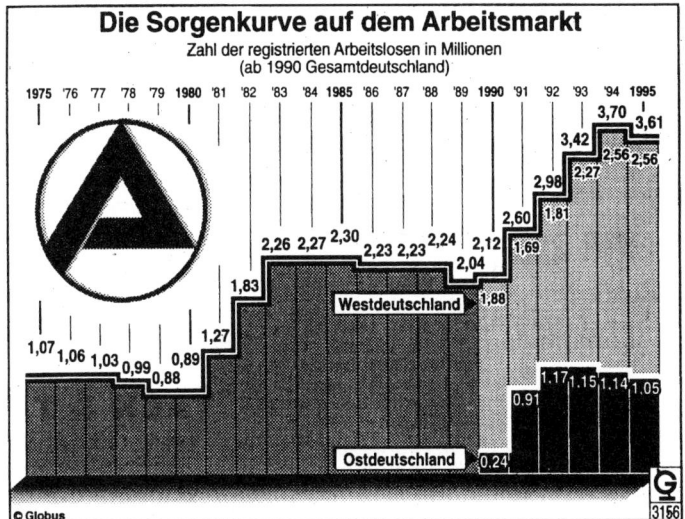

Die Sorgenkurve auf dem Arbeitsmarkt

Zahl der registrierten Arbeitslosen in Millionen (ab 1990 Gesamtdeutschland)

1975 '76 '77 '78 '79 1980 '81 '82 '83 '84 1985 '86 '87 '88 '89 1990 '91 '92 '93 '94 1995

3,70 · 3,61 · 3,42 · 2,98 · 2,60 · 2,26 · 2,27 · 2,30 · 2,23 · 2,23 · 2,24 · 2,12 · 2,04 · 1,83 · 1,27 · 1,07 · 1,06 · 1,03 · 0,99 · 0,89 · 0,88

Westdeutschland: 2,56 · 2,56 · 2,27 · 1,88 · 1,81 · 1,69

Ostdeutschland: 1,17 · 1,15 · 1,14 · 1,05 · 0,91 · 0,24

© Globus 3156

Die Arbeitslosigkeit in Deutschland ist besorgniserregend hoch. Im Jahresdurchschnitt 1995 waren 3,61 Millionen Frauen und Männer ohne Job bei den Arbeitsämtern erfaßt 2,56 Millionen in Westdeutschland und 1,05 Millionen in Ostdeutschland. Gegenüber 1994 hat sich nur wenig geändert. Die Zahl der Arbeitslosen sank um knapp 90 000. Dieser Rückgang war allein auf die Entwicklung in den neuen Bundesländern zurückzuführen. 3,61 Millionen Erwerbslose entsprechen einer Arbeitslosenquote von 9,4%. (Globus)

aus: *NOZ* vom 16. Januar 1996 (zum bisherigen „Nachkriegsrekord" vgl. Zeitungsausrisse auf den nächsten Seiten).

229

II. Arbeitslosigkeit und Kriminalität

1. Arbeitslosigkeit: Begriff und Zahlen

6   Als „arbeitslos" i. S. des § 101 des Arbeitsförderungsgesetzes (AFG) vom 25. Juni 1969 (BGBl. I, 3155) gilt nur der Arbeitnehmer, der vorübergehend nicht in einem Beschäftigungsverhältnis steht oder nur eine geringfügige Beschäftigung ausübt. Daher werden bei der Arbeitslosenstatistik z. B. Selbständige, die zur Zeit ihre selbständige Tätigkeit nicht ausüben, nicht erfaßt. Der Personenkreis der Nichtseßhaften (Personen ohne festen Wohnsitz: vgl. zu diesen § 17 Rdn. 3 ff) ist in dieser Statistik ebenfalls nicht enthalten. Arbeitnehmer, die Kurzarbeit leisten bzw. saisonbedingt mit der Arbeit oft für längere Zeit aussetzen müssen, werden ebenfalls nicht erfaßt, obwohl es sich insoweit sicherlich um eine Personengruppe handelt, die für einen längeren Zeitraum streckenweise ganz ohne Beschäftigung ist. Die Zahl der nicht erfaßten jugendlichen Arbeitslosen (**„verdeckten Arbeitslosen"**) wird überraschend hoch eingeschätzt.

7   *Bei „Jugendlichen **unter 20 Jahren** (z. B.) wird eine **Dunkelziffer** der **nicht registrierten Arbeitslosen** von ca. **75 % angenommen, weshalb nur etwa 25 % erfaßt" werden (Walter 1995, 67 m. w. H.): nicht gezählt werden z. B. ABM-Kräfte, Anwärter auf Ausbildungsplätze, Zuwanderer ohne Arbeitserlaubnis (Walter aaO, 66), Trebegänger, Stadtstreicher, Mädchen im Haushalt usw. (Stark-von der Haar 1983, 370 f).*

8   Andererseits erfaßt die Statistik der Bundesanstalt die sogenannten **Fluktuations-Arbeitslosen**, d. h. diejenigen Personen, die nur kurze Zeit nicht in einem Beschäftigungsverhältnis stehen, falls sie an dem Stichtag der Zählung zufällig arbeitslos waren. Außerdem werden auch teilweise solche Personen erfaßt, die nach einer Ausbildung oder zwischen zwei Ausbildungsabschnitten ohne Beschäftigung sind. Die Arbeitslosenstatistik darf aus diesen Gründen nur mit aller Vorsicht interpretiert werden.

Kein Lichtblick für Arbeitslose

4,67 Millionen - Nachkriegsrekord

NÜRNBERG (rtr/dpa) Die Zahl der Arbeitslosen hat im Februar mit 4,67 Millionen einen neuen Nachkriegsrekord erreicht.

aus: *WAZ* vom
7. März 1997

Die Zahlen, die über das Ausmaß der Arbeitslosigkeit veröffentlicht **9** werden, stammen meist aus der Statistik der Bundesanstalt für Arbeit in Nürnberg. Die Tendenz, die diese Statistik aufzeigt, ist seit Anfang der 70er Jahre grundsätzlich steigend (vgl. oben Übersicht 41).

Mit einem raschen Abflauen der Zahlen ist kaum zu rechnen; mehr **10** spricht dafür, daß die hohe Arbeitslosigkeit weiter anhalten wird, weil es sich nicht nur um ein nur (vorübergehendes) konjunkturelles, sondern um ein **strukturelles Problem** der Volkswirtschaft handelt (*Martens/Steinhilper* schon 1978, 499; *Wacker* 1976, 62 ff): Menschen werden im Zuge von Rationalisierungsmaßnahmen durch Maschinen ersetzt, vorhandene Arbeitsplätze werden aus Kostengründen (nämlich wegen hoher Löhne und hoher **Lohnnebenkosten: vgl. Graphik) ins Ausland verlegt.**

„Wieviel Jobs letztlich Deutschland verlassen, ist strittig. **300 000 in fünf Jahren,** *behauptet BDI-Chef Hans-Olaf Henkel; nur 75 000, glaubt der DGB... Bedenklich ist (auch), wie oft ausländische Firmen einen Bogen um Deutschland machen. Sie steckten 1995 gerade 14 Milliarden Mark in hiesige Fabriken – 36 Milliarden Mark weniger als die Deutschen ins Ausland pumpten. Japaner oder Amerikaner siedeln sich lieber dort an, wo Steuern und bürokratische Hürden gering sind: etwa in Großbritannien... Zehntausende Waliser arbeiten für weniger als sechs Mark die Stunde" (DER SPIEGEL vom 23. 9. 1996, 92, vgl. auch die Graphik unten).*

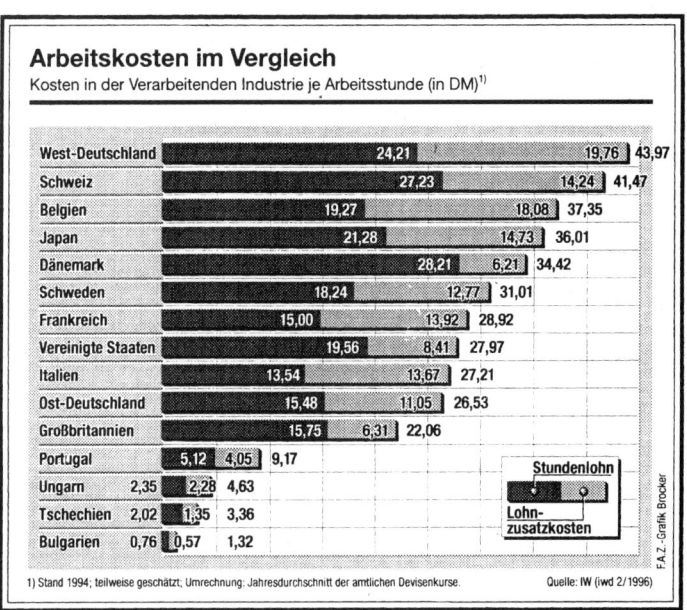

Arbeitskosten im Vergleich
Kosten in der Verarbeitenden Industrie je Arbeitsstunde (in DM)[1]

	Stundenlohn	Lohnzusatzkosten	Gesamt
West-Deutschland	24,21	19,76	43,97
Schweiz	27,23	14,24	41,47
Belgien	19,27	18,08	37,35
Japan	21,28	14,73	36,01
Dänemark	28,21	6,21	34,42
Schweden	18,24	12,77	31,01
Frankreich	15,00	13,92	28,92
Vereinigte Staaten	19,56	8,41	27,97
Italien	13,54	13,67	27,21
Ost-Deutschland	15,48	11,05	26,53
Großbritannien	15,75	6,31	22,06
Portugal	5,12	4,05	9,17
Ungarn	2,35	2,28	4,63
Tschechien	2,02	1,35	3,36
Bulgarien	0,76	0,57	1,32

1) Stand 1994; teilweise geschätzt; Umrechnung: Jahresdurchschnitt der amtlichen Devisenkurse. Quelle: IW (iwd 2/1996)

F.A.Z.-Grafik Brocker

aus: *FAZ* vom 16. April 1996

10a   Auf der anderen Seite wird der Arbeitsmarkt zusätzlich durch ausländische Arbeitskräfte belastet, die als „Gastarbeiter" (vgl. auch Rdn. 1 ff zu § 23) in den 60er und 70er Jahren ins Land geholt wurden (dazu *Neu* 1984). Hinzu kommen inzwischen die Zuwanderungswellen von Aussiedlern aus dem Osten (Rdn. 1 ff zu § 24), die sich auf Arbeitssuche befinden. 1994 stieg die Zahl der **Langzeitarbeitslosen** (mehr als ein Jahr arbeitslos) auf 48 % aller Arbeitslosen (zit. nach NOZ vom 16. Aug. 1996).

2. Auswirkungen der Arbeitslosigkeit auf die Arbeitslosen

11   Über die finanziellen, psychischen und sozialen Folgen, die die (Langzeit-)Arbeitslosigkeit auslösen kann, ist in den letzten Jahren viel veröffentlicht worden. Im Schrifttum wird über folgende Phänomene berichtet:

12   – *Da ein Arbeitnehmer als „Arbeitslosengeld" grundsätzlich 60 % (bei Kindern auf der Lohnsteuerkarte: 67 %) seines letzten Nettolohnes erhält (§ 111 AFG), eine Summe, die nach 6 bis 32 Monaten (je nach Lebensalter und Dauer der vorhergehenden Beschäftigung) Arbeitslosigkeit weiter zur „Arbeitslosenhilfe" verkürzt wird, entstehen bei 80 % der Arbeitslosen **finanzielle Probleme:** „Persönliche Ausgaben müssen eingeschränkt, vorgesehene Anschaffungen zurückgestellt werden (**Konsumverzicht**), Zahlungsverpflichtungen können nicht erfüllt werden oder es müssen **Schulden** gemacht bzw. Ersparnisse aufgebraucht werden" (Martens/Steinhilper 1978, 499).*

13   – *Neben „der finanziellen Einbuße ist bei Arbeitslosen häufig ein **sozialer Abstieg** zu beobachten (**Stigmatisierung durch die Umwelt:** Steinhilper 1985, 1063): Nicht zuletzt nehmen auch die sozialen Kontakte insbesondere zu den früheren Arbeitskollegen immer mehr ab.*

14   – *Es kann darüber hinaus auch zu **Autoritätsverlusten** des arbeitslosen Mannes **in seiner Familie** kommen (so schon Komarovsky 1940). Über „den Zusammenhang von elterlicher Arbeitslosigkeit und Schulleistungen der Kinder" vgl. Zenke 1991, 67 ff.*

15   – *Die **psychischen Folgen** der finanziellen Probleme, des sozialen Abstiegs, der Stigmatisierung, des Autoritätsverlustes, der enttäuschten Hoffnungen bzw. zerstörten Berufs- und Lebensperspektiven bestehen in Resignation, verunsichertem Selbstbewußtsein (Wilhelm-Reiss 1980, 6), eruptiven Affektentladungen (Wacker 1978a, 249) oder in der Flucht in eine gesellschaftliche Scheinwelt: von Tagträumen bis zu Alkohol und Drogenkonsum (Wacker 1978a, 249; Rdn. 7 ff zu § 7).*

16   Die Ergebnisse der Forschung stimmen zwar im einzelnen nicht überein, „als gesicherte Erkenntnis aber bleibt immerhin, daß länger anhaltende Arbeitslosigkeit ohne entsprechende berufliche Wiedereingliederungsmöglichkeiten den Menschen extrem belastet und individual-psychologisch und medizinisch ein Problem darstellt" (*Steinhilper* 1985, 1065). **Zahl der Langzeitarbeitslosen: 1,395 Millionen** (NOZ vom 18. Juli 1997).

Dabei ist die **Arbeitslosigkeit bei Jugendlichen** insofern noch als ein **17** Sonderproblem zu betrachten, als durch die fehlende Berufstätigkeit der „Aufbau einer selbständigen sozialen und persönlichen Identität" in Frage gestellt werden kann (*Wacker* 1978, 78; *Plewig* 1987, 94; *Zenke* 1991, 667 ff).

„Es ist also nicht zufällig (heißt es weiter bei *Wacker* aaO), wenn sich **18** bei arbeitslosen Jugendlichen häufig Symptome antreffen lassen, die im Sinne der Psychoanalyse als Erscheinungsformen einer **Identitätsdiffusion** bestimmbar sind". Auch *Opaschowski* (1970, 77) sieht „die größte Gefahr der Dauererwerbslosigkeit von Jugendlichen in der irreparablen Verzögerung bzw. Verspätung **(Retardierung) des sozialen Reifungsprozesses.** Soziale Entwicklungsdefizite in Verbindung mit Ziellosigkeit und dem Verlust von Berufs- und Zukunftsperspektiven (würden) die davon Betroffenen zwangsläufig zu Problemgruppen von heute und zu Randgruppen von morgen machen" (über Zusammenhänge zwischen Arbeitslosigkeit und steigenden Nichtseßhaftenzahlen vgl. *Wacker* 1978 und 1978a; zu Arbeitslosigkeit und Freizeit vgl. Rdn. 7 zu § 13; zur Anomietheorie vgl. Rdn. 6 ff zu § 7).

186 000 Lehrstellen fehlen

Rüttgers nennt im Bundestag Lage „mehr als ernst"

aus: *NOZ* vom 16. Mai 1997

Schließlich: Wie ist den Jugendlichen zumute, die nach der Schule eine **19** Lehrstelle suchen und keinen Ausbildungsplatz finden (vgl. Zeitungsausriß oben)? Nach den Berechnungen des *Deutschen Instituts für Wirtschaftsordnung* (DIW) **wird sich die Zahl benötigter Lehrstellen** (aufgrund der Bevölkerungsentwicklung: Zuwanderung und wieder geburtenstärkere Jahrgänge) von gegenwärtig 620 000 **auf 728 000 im Jahr 2005** erhöhen (zit. nach FAZ vom 10. Okt. 1996).

Die Zahl der bereits **1997** fehlenden Lehrstellen wird auf rund **200 000** geschätzt (vgl. DER SPIEGEL vom 23. 6. 97, S. 23 und oben den Zeitungsausriß).

Nach der Lehre wird zur Zeit etwa **jeder fünfte** Absolvent arbeitslos (DGB, zit. nach NOZ vom 20. Mai 1996; vgl. auch die folgende Karikatur) bzw. reiht sich in schulische **„Warteschleifen"** ein.

3. Die klassische kriminologische Fragestellung

Die empirischen Befunde bzw. Vermutungen zu der Frage, ob Arbeits- **20** losigkeit auch für das Kriminellwerden Bedeutung besitzt, sind (bisher) kontrovers (ausführlicher Überblick über die bisherige Forschung bei *Braun* in: *Braun/Coffield/Lagrée* 1990, 167 ff).

Schlechte Aussichten   waz-Zeichnung: Waldemar Mandzel
aus: *WAZ* vom 18. August 1995

a) Armut und Kriminalität

21   Solche Ansätze gehen meist von der Annahme aus, daß (Dauer-)Ar-
beitslosigkeit, die auch hierzulande zunimmt, zur Verarmung führt und
die Armut direkt in die Kriminalität (vgl. dazu *Pfeiffer* in DVJJ-Journal
1995, 178 ff sowie die Kontroverse zwischen *Walter* und *Pfeiffer* in DVJJ-
Journal 3/1996, S. 209-214 bzw. 215–229). Daß das so grundsätzlich nicht
stimmt, hat schon 1833 der französische Kriminalsoziologe Guerry
erkannt (zu diesem auch Rdn. 6 zu § 15). Armut (modern: **„Einkom-
mensschwäche"**) allein führt jedoch noch nicht zwingend zu kriminellem
Verhalten. Viele einkommensschwache Menschen schränken sich eher
ein. Notkriminalität ist in Deutschland eher die Ausnahme: etwa **in anomischen Zeiten** (vgl. Rdn. 6 ff zu § 7).
     Armut kann insoweit grundsätzlich nur dann zu einem kriminogenen
Faktor werden, wenn noch **weitere Einflußfaktoren** hinzukommen: etwa
unterentwickeltes Rechtsbewußtsein (dazu Rdn. 3 ff vor § 10) bzw. fehlender innerer Halt (Rdn. 16 ff zu § 6), der notwendig ist, um kriminellen
Versuchungen oder Gruppendruck (vgl. Rdn. 14 ff zu § 13) standhalten
zu können.

     Kommen solche Einflußfaktoren hinzu, kann Einkommensschwäche
den sozialen Abstieg z.B. über die Obdachlosigkeit (dazu Rdn. 8 f zu
§ 16) einleiten und über diesen Umweg Hemmschwellen wegspülen.
Dementsprechend bilden sich vielerorts „Slums für die Armen" (vgl.

Wenn das Geld fürs Nötigste fehlt

In Deutschland gilt jeder elfte als arm

Armut ist relativ. Sagt Rolf Lodde, Sprecher der Nationalen Armutskonferenz in Deutschland: „Letztlich entscheidet sich die Frage, ob jemand arm ist, daran, wie seine Lebensverhältnisse im Vergleich zur Mehrheit der Bevölkerung sind."

Armut in Deutschland, das bedeutet nicht Hunger, nicht Kampf ums nackte Überleben, wie in Entwicklungsländern. Armut in Deutschland heißt: Abgeschnittensein von allem, das für die Mehrheit der Menschen hier als selbstverständlich gilt. „Kein Kino, kein Theater. Keine Zeitung abonnieren können. Kinder, die nicht an Klassenausflügen teilnehmen können: Das sind hier bei uns die Zeichen der Armut", sagt Rolf Lodde.

Niemand weiß genau, bei welchem Einkommen Armut beginnt. ˙Gesicherte Erkenntnisse darüber gibt es nicht. Das liegt auch daran, daß es bisher keine offizielle Einrichtung der Bundesregierung gibt, die Ursachen und Ausmaß von Armut erforscht.

Dennoch gibt es sichere Indizien dafür. Den Empfang von Sozialhilfe beispielsweise. Und die Europäische Union in Brüssel geht davon aus, daß Armut beginnt, wenn jemand weniger als die Hälfte des durchschnittlichen Netto-Einkommens in der Bevölkerung zur Verfügung hat. Für 1992 waren

Betroffen sind alle Altersgruppen

das 814,30 DM für Alleinstehende.

Jeder elfte Bürger in Deutschland muß danach als arm gelten. Insgesamt fielen 1992 - für dieses Jahr liegen gesicherte Daten vor - 7,3 Millionen Menschen unter diese Grenze. Und jeder vierte davon ist arbeitslos. Im Westen. Im Osten sind es sogar knapp 29%, heißt es im Armutsbericht von DGB und Deutschem Paritätischen Wohlfahrtsverband˙.

Unter den ausländischen Bürgern hat sich die Lage noch dramatischer entwickelt. 16,7% (7,5% der Deutschen) von ihnen gelten als arm, über 44% leben in zu engen Wohnungen, über 55% sind ohne jede Berufschance.

Die Schere zwischen arm und reich öffnet sich von Jahr zu Jahr mehr˙. Und für diejenigen, die einmal aus dem Arbeitsmarkt gedrängt worden sind, wird die Rückkehr nicht leichter. „Die Arbeitsplätze erfordern heute immer höhere Qualifikationen", erläutert Rolf Lodde. „Arbeitslosigkeit ist zur Hauptursache für Armut in einem reichen Land geworden." Betroffen sind davon in Deutschland alle Altersgruppen, Männer wie Frauen.

„Früher", sagt Rolf Lodde, „sagte man, die Armut sei weiblich und alt, weil vor allen Dingen ältere Frauen betroffen waren. Das stimmt heute nicht mehr." Armut kann heute jeden treffen. Immer und überall.

Thomas Seim

aus: *WAZ* vom 13. Februar 1995

DER SPIEGEL vom 1. August 1994, 50, und Rdn. 32 ff zu § 15); zum „filtering down"-Prozeß: vgl. Rdn. 30 zu § 15).

Darüber, **wer (in Europa) arm ist,** wird noch gestritten: „Politiker und **22** Wissenschaftler behelfen sich derzeit mit einer Definition der EU. Danach hat als ‚arm' zu gelten, wer mit **weniger als 50 Prozent des Durchschnittseinkommens seines Landes** auskommen muß." (zit. nach DER SPIEGEL aaO, 54; vgl. auch oben den Zeitungsausriß). Legt man diesen Maßstab an, leben z. B. nach Angaben des Deutschen Kinderschutzbundes (zit. nach Berliner Morgenpost vom 18. August 1994, 3) **23** 2,2 Millionen Kinder **(jedes siebte Kind) unter der Armutsgrenze,** „weil ihre Familie weniger als 50 % des Durchschnittseinkommens verdient". In den alten Bundesländern sollen das 11,8 % und in den neuen Bundesländern sogar 21,9 % aller Kinder sein (*Kinderschutzbund,* zit. nach NOZ vom 22. Juli 1995).

Kirchen-Studie: Armut vererbt sich
„Sozialhilfe-Empfänger in der dritten Generation"

aus: *WAZ* vom 9. Mai 1996

24   Hierher gehören vor allem **Sozialhilfeempfänger:** 1995 waren das 2,52 Millionen (vgl. Zeitungsausriß unten); an diesen waren **Nichtdeutsche** (z.B. in Niedersachsen) schon 1993 mit 26,5 % beteiligt (*Pfeiffer* in: KFN-Forschungsbericht 1995/Nr. 42, 15). Die Kriminalität der Nichtdeutschen (vgl. dazu §§ 23 und 24) wird insoweit auch mit **„Anomiedruck"** (zur Anomietheorie vgl. Rdn. 6 ff zu § 7) in Verbindung gebracht (*Pfeiffer* aaO, 16).

25   Armut ist im übrigen „**ein relativer, subjektiver Begriff**, der von der Höhe des Wohlstandes einer Gesellschaft abhängig ist: Was der eine als Armut ansieht, betrachtet ein anderer als Komfort oder sogar Luxus" (*Schneider* Kriminologie, 1987, 405). Das gilt z.B. für die Wirtschaftsflüchtlinge, die zuwandern möchten (dazu Rdn. 11 zu § 24). Auffällig ist im übrigen, daß die Anzahl der Tatverdächtigen **ohne festen Wohnsitz** zwischen 1989 und 1993 von 38 000 auf 112 000 angestiegen ist (Neue Kriminalpolitik 2/1995, 6; vgl. dazu auch § 17).

Immer mehr leben von Sozialhilfe

Wiesbaden, 7. 3. (AP)
Die Zahl der Sozialhilfeempfänger in Deutschland ist 1995 weiter gestiegen. Wie das Statistische Bundesamt in Wiesbaden am Freitag mitteilte, hatten Ende des Jahres 2,52 Millionen Menschen Sozialhilfe erhalten, 9,1 Prozent mehr als Ende 1994. Die Zahl entsprach 3,1 Prozent der Bevölkerung.

aus: *NOZ* vom 8. März 1997

b) Verschiedene Erklärungsansätze

26   Die Schwäche der bisherigen Erklärungsansätze zum Problem „Arbeitslosigkeit und Kriminalität" besteht primär darin, mehr oder minder einseitig (monokausal) zu argumentieren.

aa) Die klassische Kausalitätshypothese

Die These, nach der ein positiver Kausalzusammenhang zwischen **27** wirtschaftlicher Entwicklung und Kriminalität bestehen soll, wurde schon im letzten Jahrhundert z. B. von *Quetelet* (1869, 279; Rdn. 31 zu § 4) und von *v. Mayr* (1867) geäußert. *Quetelet* (1869, 257) war davon überzeugt, daß das Massenelend (wirtschaftliche Not), das sich mit plötzlichen Erschütterungen der Wirtschaftslage einstellt, auch zu einem Kriminalitätsanstieg führt. Von *v. Mayr* (1917, 950) wurde im Anschluß an eine frühere Arbeit aus dem Jahre 1867 ein positiver statistischer Zusammenhang zwischen der Diebstahlskurve und dem Roggenpreis (Brotpreis) ins Feld geführt (sog. **Getreidepreisgesetz**): Zum Beleg konnte er darauf verweisen, daß die Untersuchung über die Zeiträume der Konjunkturschwankungen (Wirtschaftskrisen, Zeiten des Aufschwungs) der Jahre 1883 bis 1912 gezeigt hatte, daß die durchschnittliche Diebstahlskriminalität in den Krisenzeiten relativ höher lag als in den Zeiten des wirtschaftlichen Aufschwungs.

*bb) Die These von der Krisenanfälligkeit sozioökonomisch
      benachteiligter Sozialschichten*

In der Folgezeit wurden differenziertere Ansätze entwickelt, die u. a. **28** geographische Untersuchungsräume, Altersgruppen und Zeitperioden untereinander verglichen (vgl. z. B. *Löwe* 1914).

Eine **Verfeinerung des Erklärungsansatzes** brachte z. B. die These von der Krisenanfälligkeit sozioökonomisch benachteiligter Sozialschichten. Dieser von Friedrich *Engels* (1845; Rdn. 32 zu § 4) beeinflußte wissenschaftliche Ansatz (zusammenfassend *Vold:* Theoretical Criminology, New York 1958, 170 f), der bis heute Bedeutung besitzt, geht von der Vermutung aus, daß die Kriminalitätsbelastung der sozialen Unterschicht höher als die der sozialen Mittel- und Oberschicht ist: „Je niedriger die Sozialschicht, desto höher ist die Wahrscheinlichkeit der Begehung von Straftaten. Wirtschaftliche Krisen wirken insofern verstärkend auf diesen Zusammenhang, als Angehörige der unteren Sozialschichten sich aufgrund ihrer strukturellen Lage als besonders ‚anfällig' gegenüber Folgeerscheinungen ungünstiger wirtschaftlicher Entwicklungen erweisen (z. B. Arbeitslosigkeit, Armut, unmittelbare Existenzbedrohung)." (*Malinowski* 1983, 236).

cc) Die These von der „Wohlstandskriminalität"

Wegen der Widersprüchlichkeit der Forschungsergebnisse wurde von **29** einigen Wissenschaftlern (z. B. von *Poletti* 1882 – zit. nach *Malinowski* 1983, 237) vor rund 100 Jahren auch die These vertreten, daß die Kriminalitätshäufigkeit nichts mit der wirtschaftlichen Not in einer wirtschaftlichen Krise zu tun hat, sondern allein positiv mit der zunehmenden **Industrialisierungsrate,** also mit dem zunehmenden Wohlstand, korreliert. Diese Annahme wird unter dem Schlagwort „Wohlstandskriminalität" in der Fachwelt auch heute noch diskutiert (vgl. etwa *Kaiser:* Krimi-

nalität in der Wohlstandsgesellschaft, in: Kriminalistik 1966, 281 ff und
339 ff; ferner *Wagner:* Ladendiebstahl – Wohlstands- oder Notstandskri-
minalität? 1979). Die These hat in der Literatur aber weniger Anhänger
gefunden als etwa der anomietheoretische Ansatz von *Durkheim* und
Merton, der wiederum an die Folgen der Arbeitslosigkeit anknüpft (vgl.
auch dd)).

dd) Anomietheoretische Interpretationen

30   Nach der Anomietheorie (vgl. dazu ausführlich Rdn. 6 ff zu § 7) können wirtschaftliche Krisen zu einem partiellen Zusammenbruch normati-
ver Ordnungsstrukturen (Anomie) führen (vgl. z. B. die Situation in den
Neuen Bundesländern). Nach dem von *Merton* weiterentwickelten Konzept kann sich aus dem Auseinanderklaffen kulturell definierter Ziele
und den Möglichkeiten, diese Ziele erreichen zu können, eine Streßlage
ergeben, die darauf drängt, dieses Spannungsverhältnis (neben Rück-
zugstendenzen: Drogen- und Alkohol) auch durch einen Rückgriff auf
kriminelle Verhaltensweisen zu lösen. *Glaser* und *Rice* (1959, 685) haben
diesen Ansatz dahingehend ergänzt, daß wirtschaftliche Krisen Arbeitslosigkeit (insbesondere in unteren Sozialschichten) hervorrufen und folg-
lich den Mangel an legitimen Mitteln verstärken (vgl. dazu *Malinowski*
1983, 238). Etwa: Der Arbeitslose, der (ohne finanzielle Mittel dasteht
und) sich das Moped, das sich seine berufstätigen Freunde angeschafft
haben, selbst nicht leisten kann, verübt einen Mopeddiebstahl oder ein
anderes Vermögensdelikt, um ein Moped aus der Beute bezahlen zu können. Zu der Frage einer solchen Kausalbeziehung zwischen Arbeitslosigkeit und kriminellem Verhalten heißt es z. B. bei *Kaiser* (Kriminologie,
1993, 356), daß man „nach dem gegenwärtigen Erkenntnisstand einen
Zusammenhang zwischen Jugendarbeitslosigkeit und Jugendkriminalität
annehmen" könnte. Ein solcher Zusammenhang ließ sich aber (bisher)
noch nicht sicher nachweisen.

4. Neuere kriminologische Untersuchungen

a) Aggregatdatenanalysen (Statistische Zeitreihenvergleiche)

31   *Steinhilper* (1976, 385 ff) versuchte, diese Lücke durch einen Vergleich
der Polizeilichen Kriminalstatistik mit der Arbeitslosenstatistik für die
Jahre 1965–1975 auf der Ebene der Bundesländer schließen zu helfen;
dabei war jedoch ein Zusammenhang zwischen Kriminalität und Arbeitslosigkeit nicht nachzuweisen, ein Ergebnis, das den Resultaten von *Schmölders* (1928, 265 ff), *Höpler* (1930, 197) und *Albrecht* (1987, 46 ff) sowie
einer Untersuchung entspricht, die das *Landeskriminalpolizeiamt Niedersachsen* (1975) veröffentlicht hat. Letzteres z. B. gelangt zu dem Resultat,
daß sich „alle Behauptungen, daß die Jugendarbeitslosigkeit gravierende
Auswirkungen auf die Kriminalität hat, nicht belegen" lassen (aaO; zu
methodischen Problemen vgl. *Sack* 1987, 15 ff, und *Albrecht* 1988, 135).

32   *Steinhilper* geht sogar davon aus, daß Arbeitslosigkeit möglicherweise
auch kriminalitätshindernd wirken kann, weil derjenige, der einen

„Arbeitsplatz hat, versucht, straffrei zu bleiben, um seine Arbeitsstelle nicht zu verlieren" (1985, 1074 und schon 1976, 385; skeptisch *Rupprecht* 1977, 345). *Höpler* ist schon (1930, 193) – wenn auch aus anderen Gründen – für Österreich zum gleichen Ergebnis gelangt, und *Glaser* und *Rice* referieren es (1959, 679 ff) für die Vereinigten Staaten.

Alle Ergebnisse und Erklärungsversuche aus Zeitreihenvergleichen   **33** dieser Art sind jedoch schon deshalb fragwürdig (Problem der Verläßlichkeit der Daten), weil

– *erstens: in beiden Statistiken das **Dunkelfeld** unberücksichtigt bleibt; dieses verzerrt nicht nur die PKS-Zahlen (vgl. Rdn. 33 ff zu § 2), sondern auch die Arbeitslosenstatistik. Im letzteren Falle wird z. B. die registrierte Jugendarbeitslosigkeit „nach bisherigen Erhebungen auf etwa ein Drittel der wirklichen Anzahl arbeitsloser Jugendlicher geschätzt" (Albrecht 1984, 219; vgl. auch Spieß 1985, 34; DER SPIEGEL Nr. 10/ 1978, 52, und Rdn. 6);*
– *zweitens: erlauben die **unterschiedlichen Erfassungsmodalitäten** keinen direkten Vergleich (zur **Gefahr des ökologischen Fehlschlusses** vgl. Albrecht 1988, 139, und Rdn. 11 zu § 15) und*
– *drittens: könnten sich „deutliche Unterschiede in Einzelregionen zu jeweils ähnlichen Durchschnittswerten auf Landesebene **nivellieren**" (Steinhilper 1976, 385 ff).*

Gleichwohl soll in bezug auf einen Statistik-Vergleich aus Nordrhein-   **34** Westfalen nicht unerwähnt bleiben, daß

– *erstens: „die Anteile längerfristig arbeitsloser Straftäter bzw. die Anteile solcher Straftäter, die nach Verlassen der Schule arbeitslos wurden, sehr stark zunehmen" (Albrecht schon 1984, 225) und*
– *zweitens: „sich bislang keine Hinweise auf eine Tendenz zur vermehrten gemeinschaftlichen Tatbegehung in delinquenten Banden finden, wie sie aus US-amerikanischen und britischen Quartieren mit hoher Jugendarbeitslosigkeit bekannt ist" (Spieß 1985, 35).*

b) Individualdatenanalysen

Anders als bei den Aggregatdatenanalysen fallen grundsätzlich die   **35** Ergebnisse der Individualdatenanalysen aus. Während bei den Aggregatdatenanalysen die Zeitreihen offizieller Statistiken verglichen werden, werden in den Individualdatenanalysen Stichproben oder Vollerhebungen tatverdächtiger oder verurteilter Probanden (Jugendlicher) daraufhin untersucht, ob sie während eines bestimmten Zeitraums oder zur Zeit der Straftat arbeitslos waren. *Malinowski* (1983, 243) führt in seiner entsprechenden Übersicht dazu u. a. die (dort zitierten) Untersuchungen von *Tropin* (1977), *Bialek* (1976/77) und *Rager* (1977) sowie die von *Kupke* und *Kury* (1977), *Kraus* (1978), *Martens* (1978), *Albrecht* und *Lamnek* (1979), *Schwind/Ciesinger* (1978) und *Steffen* (1979) auf. Grundsätzlich sind alle der zitierten Untersuchungen (Ausnahme *Bialek*) zu dem Ergebnis gelangt, daß **Arbeitslose unter jugendlichen Tatverdächti-**

gen und Verurteilten signifikant überrepräsentiert sind (ebenso *Albrecht* 1988, 134); das gilt auch für den Strafvollzug (vgl. z. B. *Großkelwing* in: *Schwind/Blau*: Strafvollzug in der Praxis 1976, 297 und *Göppinger* 1983).

Beispiel: Im Rahmen der kriminalgeographischen Untersuchung in Bochum (dazu Rdn. 12 ff zu § 15) wurden die Tatverdächtigen des gesamten Jahres 1975, denen ein Einbruch, ein Diebstahl, ein Raub oder eine (vorsätzliche) Körperverletzung zur Last gelegt wurde, auf einem (polizeilichen) Fragebogen auch danach befragt, ob sie arbeitslos waren. Die Zahl der so befragten Probanden betrug 4548.

Ergebnis: 1254 Tatverdächtige (27,6 %) waren arbeitslos (damalige Arbeitslosenquote in Bochum: 5 %). Bei den 18jährigen 40,3 %, bei den 19jährigen 45,9 % und bei den 20jährigen 42,5 % (Schwind/Ciesinger 1978, 288).

36 Aus diesen Ergebnissen darf man allerdings noch nicht den Umkehrschluß ziehen, daß Arbeitslosigkeit in direkter Verbindung zu Kriminalität führt. Denn es gibt andere Wissenschaftler (wie z. B. *Opaschowski* 1970, 88), die eine solche Wechselbeziehung verneinen. Selbst wenn man diese Resultate als berühmte Ausnahme von der Regel ausgrenzen will, wird man bei der Interpretation der Individualdatenanalysen, die einen Zusammenhang postulieren bzw. eine Überrepräsentation festgestellt haben, insbesondere folgende drei Erklärungsmöglichkeiten nicht außer Betracht lassen dürfen:

– *erstens: ist es möglich, daß „die Überrepräsentation jugendlicher Arbeitsloser auf den verschiedenen Ebenen sozialer Kontrollinstanzen auch als Folge der Wirksamkeit des Merkmals* **Arbeitslosigkeit als Selektionskriterium** *interpretiert werden kann" (Albrecht 1984, 219 und 1987, 69; vgl. auch Schumann 1974, 119 f; Heinemann 1978, 169; Spieß 1985, 36; Albrecht 1987, 76): schärfere Kontrolle (Albrecht 1988, 137). Grund: „Zuschreibung negativer Eigenschaften (stigmata)" – so Plewig 1987, 99; dabei wird man allerdings auch berücksichtigen müssen, daß sich Arbeitslose grundsätzlich* **öfter als andere auf der Straße** *befinden und deshalb eher ins Blickfeld z. B. von Polizeibeamten geraten (zur „höheren Sichtbarkeit" auch Albrecht 1988, 137). Erheblich überrepräsentiert sind Arbeitslose insbesondere unter den Verurteilten, die eine Geldstrafe nicht aufbringen konnten und deshalb eine Ersatzfreiheitsstrafe antreten mußten. Vorstrafen, insbesondere der Freiheitsentzug, vermindern dann wiederum die Chancen, auf dem Arbeitsmarkt unterzukommen (Spieß aaO m. w. N.; Albrecht 1987, 76);*

37 – *zweitens: ist es möglich, daß Arbeitslosigkeit und Kriminalität* **parallel verlaufende Symptome sozialer Fehlanpassung** *sein können, sich also gegenseitig gar nicht bedingen; dann würden nicht die Arbeitslosigkeit zur Kriminalität führen, sondern die Störungen des Sozialisationsprozesses oder Mängel in der Persönlichkeitsstruktur, aus denen auch die Arbeitslosigkeit resultieren kann (dazu Rupprecht 1977, 346; Steffen 1979, 58; Kürzinger: Kriminologie 1982, 197; Steinhilper 1985, 1074; Spieß 1985, 33; Albrecht 1987, 67; Plewig 1987, 109);*

– *drittens: erscheint es zumindest plausibel, daß Arbeitslosigkeit (selbst* **38**
wenn „zweitens" nicht zutreffen sollte) **in Verbindung mit anderem Kon-**
fliktpotential kriminalitätsfördernd wirkt: *Arbeitslosigkeit als „zusätzli-*
cher Risikofaktor" (Steinhilper 1985, 1075). Zu solchen Risikofaktoren
zählen z. B. „neben der meist fehlenden oder abgebrochenen Berufsaus-
bildung auch die Herkunft aus Familien überwiegend un- oder ange-
lernter Arbeiter mit arbeitslosem Vater sowie aus überdurchschnittlich
kinderreichen Familien" (dazu Spieß 1985, 36). Aber auch das kann
nicht undifferenziert gelten.

Möglich ist ferner, daß **alle drei** Ursachenbündel (Selektion, Persön- **39**
lichkeit und zusätzliches Konfliktpotential) „zusammenwirken und sich
gegenseitig verstärken" (*Spieß*, unveröff. Manuskript 1983). Eine solche
„Tendenz zur **‚Kumulation von Chancendefiziten'** ist vor allem bei den
jugendlichen Arbeitslosen und arbeitslosen Schulabgängern" beobachtet
worden (*Spieß* aaO).

Auch *Heinemann* weist aufgrund von Befragungsergebnissen darauf **40**
hin (1978, 168), daß „Jugendliche, deren Zeit unausgefüllt ist, für die die
Langeweile ein Hauptproblem der Arbeitslosigkeit ist, die zunehmend
ihre wirtschaftliche Situation als belastend empfinden, deren emotionale
Labilität hoch ist, die bereits in einer Situation der Diskriminierung und
Stigmatisierung leben und die aufgrund ihrer oft ungünstigen Sozialisationsbedingungen bereits eine größere Delinquenzgefährdung besitzen,
die durch Arbeitslosigkeit weiter verstärkt werden kann, möglicherweise
leichter als Beschäftigte der Versuchung, kriminelle Handlungen zu
begehen, erliegen".

So weist z. B. Albrecht (1988, 141) in diesem Zusammenhang auf
Beobachtungen hin, nach denen „in sozial intakten Vierteln und Stadt-
teilen ein Ansteigen der Arbeitslosigkeit, auch ein rapides Ansteigen der
Arbeitslosigkeit, nicht in mehr Jugendkriminalität, aber auch nicht in
mehr Alkohol- oder Drogenkonsum resultiert. Vielmehr werden derlei
soziale und persönliche Probleme durch die soziale Integration eines
Stadtteils, **intaktbleibende soziale Kontrolle und Solidarität** *aufgefan-*
gen." (u. H. auf Heiland 1980; vgl. auch die **Halttheorie** *Rdn. 17 zu § 6*
und andererseits die **Subkulturtheorien:** *Rdn. 25 ff zu § 7).*

Kaiser (1993, 251) faßt die Ergebnisse insoweit dahingehend zusam- **41**
men, daß
– *„die Arbeitslosigkeit von jungen Menschen fehllaufende Sozialisations-*
prozesse noch begünstigen und verstärken dürfte",
– *die „Arbeits- und Berufsnot junger Menschen das bereits vorhandene*
Konfliktpotential steigern" und
– *bei Strafentlassenen „der kumulative Effekt von Sozialisationsmängeln,*
Stigma der Strafentlassung, Arbeitslosigkeit und sozialer Desintegration
sichtbar wird".

III. Ergebnisse und kriminalpolitische Aspekte

42   Als Ergebnisse wird man danach festhalten dürfen, daß

– *(erstens) für (registrierte) Straftäter typisch sind: der Abbruch der Lehre, mangelnde Arbeitsdisziplin bzw. mangelhaft ausgebildetes Durchhaltevermögen und (damit zusammenhängend) häufiger Wechsel der Arbeitsstellen;*
– *(zweitens) sich unter Tatverdächtigen und Verurteilten weit überproportional viele Arbeitslose befinden, insbesondere unter denjenigen, die noch im Heranwachsenden-Alter stehen.*

43   Mehr gibt die empirische Forschung an (auch international) „gesichertem Wissen" bisher grundsätzlich nicht her (*Albrecht* 1987, 59/62; *Walter* 1995, 68). Sie schließt auf der anderen Seite jedoch auch nicht aus, daß „es nicht doch eine solche Beziehung gibt" (*Kürzinger*: Kriminologie 1982, 197; *Heiland* 1983): Die Arbeitslosigkeit kommt zumindest als kriminalitätsfördernder (kriminogener) Faktor in Frage.

Vor diesem Hintergrund kann man auf dem Standpunkt stehen, daß aus kriminalpolitischer Sicht überhaupt nichts zu veranlassen ist.

44   Auf der anderen Seite kann man jedoch auch zumindest ebensogut die Meinung vertreten, daß der Kriminalpolitiker mögliche Kriminalitätsursachen nicht erst dann berücksichtigen darf, wenn die kriminologische Forschung hinreichendes „Beweismaterial" vorgelegt hat; denn dann kann es für rechtzeitige Präventionsanstrengungen schon zu spät sein. Wenn man daher davon ausgeht, daß Arbeitslosigkeit die Kriminalitätsentstehung zu fördern vermag oder daß „Arbeitslosigkeit ohnehin bestehende Konfliktspotentiale (z. B. Sozialisationsdefizite) verstärkt, so trägt (bereits) jedes allgemeine Programm gegen Arbeitslosigkeit mittelbar auch zur Kriminalitätsvorbeugung bei. Ein Kriminalitätsvorbeugungseffekt ist mit den bisherigen arbeitsmarkt- und bildungspolitischen Maßnahmen sicherlich nicht angestrebt, er wird aber gleichsam ohne Mehraufwand mitgeliefert (Nebeneffekt)" (*Steinhilper/Wilhelm-Reiss* 1980, 354).

45   Insoweit kann man im Rahmen der Präventionsmöglichkeiten folgende Maßnahmenbereiche unterscheiden:

– *erstens:* **Maßnahmen zur Senkung der Arbeitslosenquote** *(beschäftigungspolitische Maßnahmen: zu diesen gehören z. B.* **Arbeitsbeschaffungsmaßnahmen**, *die allerdings gekürzt werden. Auf der anderen Seite plant die Bundesregierung ein 3-Milliarden-Programm, um* **Langzeitarbeitslose** *(vgl. Rdn. 10) wieder in den Beschäftigungsprozeß einzugliedern; vgl. Parität aktuell Nr. 1/1995); am 20. Mai 1997 wurde ferner von der Bundesregierung, Wirtschaftsverbänden und Gewerkschaften eine „Gemeinsame Initiative für mehr Arbeitskräfte in Ostdeutschland" beschlossen (zit. nach FAZ vom 21. Mai 1997).*
– *zweitens:* **Maßnahmen zur Erhöhung der Zahl der Ausbildungsplätze;** *in Sachsen haben sich z. B.* **Ausbildungsvereine** *(in den Regierungsbezirken Dresden, Leipzig und Chemnitz) gebildet, die Lehrverträge vermitteln, und zwar für ein geringeres Monatsentgelt, weil das zu hohe „Lehrlingsgehalt" insbesondere kleine Unternehmen davon abhält, junge Menschen auszubilden (dazu auch FOCUS, 31/1996, S. 48ff);*

– *drittens: **Maßnahmen zur Verbesserung der Situation der beschäftigungslosen Jugendlichen** (Jugendsozialarbeit; freizeitpolitische Programme: Angebote zu sinnvoller Freizeitgestaltung, insbesondere in solchen Stadtteilen, die hohe Raten an jugendlichen Arbeitslosen aufweisen; vgl. dazu Steinhilper/Wilhelm-Reiss 1980, 358 ff; zur Freizeitfrage vgl. Rdn. 19 ff zu § 13).*

Von der **Justiz** werden schon heute folgende Möglichkeiten genutzt,   **46**
die ausgebaut werden sollten:

– *erstens: „**Arbeitserziehung**" im Rahmen des JGG (vgl. dazu z. B. Mrozynski 1976, 342 f);*
– *zweitens: **berufsfördernde Maßnahmen** (mit beruflichen Abschlüssen) im Strafvollzug;*
– *drittens: **Gruppenarbeit mit arbeitslosen Probanden** im Rahmen der Bewährungshilfe (empfohlen z. B. von Spieß, unveröff. MS 1983).*

Nicht zuletzt dürften schon die Zahlungen der Bundesanstalt für   **47**
Arbeit in Form des **Arbeitslosengeldes** kriminalpräventiv wirken: Jedenfalls wäre das nach den Regeln der klassischen Kausalitätshypothese
(vgl. oben Rdn. 27) zu erwarten. Deshalb müssen **Kürzungen der „ökonomischen Absicherung"** (*Sack* 1987, 26) auch im Kontext kriminalpolitisch relevanter Prozesse (Folgen) diskutiert werden (dazu auch *Starkvon der Haar* 1983, 370). Die Bekämpfung der (Jugend-)Arbeitslosigkeit
gehört zu den Zukunftsaufgaben; das scheint auch der Bundespräsident
so zu sehen (vgl. Zeitungsausriß).

Herzog: Die Arbeitslosigkeit ohne Tabus bekämpfen

Bundespräsident plädiert für „Zeitsouveränität"

Von Ulrich Horn

WAZ BERLIN. Im Kampf gegen die Arbeitslosigkeit darf es nach Ansicht von Bundespräsident Herzog keine Tabus mehr geben.

„Wir können es weder politisch noch gesellschaftlich hinnehmen, daß in Deutschland dreieinhalb Millionen Menschen arbeitslos sind", mahnte Herzog zur Eröffnung des 18. Gewerkschaftstages der IG Metall in Berlin. Ohne einen „wirk-lich spürbaren Abbau der Arbeitslosigkeit" könne er sich die Zukunft nicht vorstellen.

Der Bundespräsident forderte Arbeitgeber und Gewerkschaften zu einer „arbeitsplatzschaffenden Tarifpolitik" auf. Die Diskussion müsse ohne Vorbehalte geführt werden. „Unser gesamtes System der sozialen Marktwirtschaft muß offener und flexibler werden. Nur dann kann es erfolgreich bleiben", forderte er. Die Tarifparteien müßten auch während der Laufzeit eines Tarifvertrages vereinbarte Leistungen absenken oder aufstocken können, wenn es Unternehmen dramatisch schlechter oder erheblich besser gehe.

Die Tarifpolitik müsse auf die betrieblichen Besonderheiten stärker Rücksicht nehmen, dem Bedürfnis der Menschen nach Zeitsouveränität Rechnung tragen und längere Maschinenlaufzeiten ermöglichen. Herzog regte einen „gleitenden" Übergang in den Ruhestand an.

aus: *WAZ* vom 30. Oktober 1995, S. 1

243

§ 13 Freizeit und Kriminalität

Literatur: **Aktuell – Das Lexikon der Gegenwart,** Dortmund 1984; **Asch,** S. A.: Opinions and Social Pressure, in: Scientific American, Bd. 193/1955, S. 31–35; **Berger,** H.-U./**Opaschowski,** H.-W.: Animative Freizeitpädagogik als notwendige Ergänzung einer präventiven Kriminalpolitik, in: *Schwind, H.-D./Berckhauer, F./Steinhilper, G.* (Hrsg.): Präventive Kriminalpolitik, Heidelberg 1980, S. 209–220; **Brück,** U.: Schule, Freizeit und Rückfallkriminalität, Diss. Jur., Hamburg 1971; **Göppinger,** H.: Kriminologie, 4. Aufl., München 1980; **Göppinger,** H.: Der Täter in seinen sozialen Bezügen, Berlin 1983; **Huck,** G.: Freizeit als Forschungsproblem, in: *Huck, G.* (Hrsg.): Sozialgeschichte der Freizeit, 2. Aufl., Wuppertal 1982, S. 7–17; **Klinkmann,** N.: Gewalt und Langeweile, in: KrimJ 1982, S. 254–276; **Koepsel,** K.: in: *Schwind,* H.- D./*Böhm,* A. (Hrsg.): Großkommentar zum Strafvollzugsgesetz, Berlin 1982, S. 303 ff; **Kube,** E./**Schuster,** L.: Vandalismus, 2. Aufl., Wiesbaden 1983; **Lerchenmüller-Hilse,** H.: Kriminalität für Freizeit, Bonn 1990; **Lösel,** F.: Freizeitverhalten und Delinquenz – unter besonderer Berücksichtigung pädagogischpsychologischer Aspekte, in: ZfStrVo 1983, S. 74–81; **Malchau,** J.: Heranwachsende in der Disco – Persönlichkeitsentwicklung in kommerziellen Freizeiteinrichtungen, in: Freizeitpädagogik 1990, 69–73; **Nahrstedt,** W.: Freizeitpädagogik in der nachindustriellen Gesellschaft, Bd. 1, Historische Voraussetzungen und gegenwärtige Situation, Neuwied/Darmstadt 1974; **Nissen,** B.: Beruf, Freizeit und Jugendkriminalität, Diss. jur., Hamburg 1972; **Pilz,** G./**Albrecht,** D./**Gabler,** H. et al.: Sport und Gewalt, Schorndorf 1982; **Prahl,** H.-W.: Freizeitsoziologie, München 1977; **Schmitz-Scherzer,** R.: Sozialpsychologie der Freizeit, Stuttgart 1974; **Schmitz-Scherzer,** R.: Jugendliche in ihrer Freizeit, Basel 1978; **Schumacher,** M.: Gruppendynamik und Straftat, in: NJW 1980, S. 1880–1884; **Steinhilper,** M./**Fischer,** H.: Ambulante sozialpädagogische Betreuung junger Straffälliger. Ein Modellversuch in Ülzen, in: *Schwind,* H.-D./*Steinhilper, G.* (Hrsg.): Modelle zur Kriminalitätsvorbeugung und Resozialisierung, Heidelberg 1982, S. 113–143; **Stephan,** E.: Freizeitgestaltung und Jugendkriminalität, in: *Seitz,* W. (Hrsg.): Kriminal- und Rechtspsychologie, München 1983, S. 74–77; **Tokarski,** W./**Schmitz-Scherzer,** R: Freizeit, Stuttgart 1985; **Vahsen,** F. G. (Hrsg.): Beiträge zur Theorie und Praxis der Freizeitpädagogik, Hildesheim 1983; **Villmow,** B./**Kaiser,** G.: Empirisch gesicherte Erkenntnisse über Ursachen der Kriminalität. Eine problemorientierte Sekundäranalyse, in: *Der Regierende Bürgermeister von Berlin* (Hrsg.): Verhütung und Bekämpfung der Kriminalität, Berlin 1974, Anhang S. 37–38 und 120–125; **Walter,** M.: Jugendkriminalität (Abschnitt: Freizeitgestaltung), Stuttgart 1995, S. 70–72; **Wüstendörfer,** W./**Toman,** W./**Lösel,** F.: Freizeitaktivitäten von Jugendlichen mit abweichendem Sozialverhalten, in: MschrKrim 1976, S. 133–141.

Gliederung

1 Die soziale Entwicklung junger Menschen hängt nicht nur von den Einflüssen der Familie (vgl. § 10), Schule (vgl. § 11) und beruflichen Ausbildung (vgl. § 12) maßgeblich ab, sondern (mit dem Alter zunehmend) auch von den Einflüssen, die von der **Gemeinschaft der Gleichaltrigen (der peer-group)** in der Freizeit ausgehen (vgl. Übersicht 42 nach Rdn. 14). Da alle diese **Sozialisationseinflüsse in Wechselwirkung** zueinander stehen, wird die Bedeutung der Freizeit auch im Zusammenhang mit der familialen Erziehung, der schulischen Erziehung und der Berufsausbildung jeweils erwähnt.

I. Freizeitbegriff und Freizeitsituation

Daß auch die Freizeit zu den kriminalitätsbegünstigenden Faktoren **2** zählt, erscheint zumindest plausibel. Straftaten finden dann statt, wenn der Straftäter dafür Zeit hat: in der „Freizeit".

Gleichwohl ist das Thema „Freizeit und Delinquenz" innerhalb der Freizeitforschung bisher nur „randständig" geblieben (*Lösel* 1983, 74).

1. Freizeitbegriff

Der Begriff der Freizeit wird unterschiedlich definiert (nach *Tokarski-* **3** *Schmitz-Scherzer* 1985, 126 ff):

– die **„negative" Freizeitdefinition** erfaßt die „Freizeit als Residualkategorie, als Handlungsraum, der sich **quantitativ** von der Arbeit her bestimmt, der jedoch im Gegensatz zur Arbeit ein Maximum an Wahl-, Entscheidungs- und Handlungsfreiheit" aufweist;

– die **„positive" Freizeitdefinition** versucht, „Freizeit nach den Inhalten von Aktivitäten, Funktionen, Erlebensweisen und nicht nach formalzeitlichen Restkategorien zu begreifen".

In der Kriminologie wird eher die „negative" Freizeitdefinition benutzt, weil sie trennschärfer ist. So ist nach *Göppinger* (1983, 89) unter „Freizeit" jener Zeitraum zu verstehen, „der nach Abzug einer achtstündigen täglichen Arbeitszeit (bzw. der Unterrichtszeit in der Schule) einschließlich der Wege zur und von der Arbeitsstelle (bzw. Schule) bei einer 5-Tage-Woche sowie der üblicherweise notwendigen Zeit für Mahlzeiten, Schlaf und Hygiene übrigbleibt". Daß diese Definition mit der Realität nicht übereinstimmen muß, hebt *Göppinger* (1983, 90) selbst hervor, indem er darauf verweist, daß „sich bei den meisten Menschen vielfältige Verpflichtungen, die ihnen aufgrund ihrer Stellung in der Familie, im Beruf, in Organisationen oder in der örtlichen Gemeinschaft obliegen …, in unterschiedlicher Weise auf ihre Freizeitdisposition auswirken" können: etwa Überstunden oder Hilfe im Haushalt (zu den Freizeitdefinitionen vgl. auch *Huck* 1982, 7 f).

2. Zur Freizeitsituation in der Bundesrepublik

Im Gefolge zunehmender Industrialisierung und fortschreitender **4** Automation dürfte die Bundesrepublik heute zu den Ländern mit der meisten Freizeit gehören. Während die Arbeitnehmer um 1850 noch zwei Drittel ihrer Zeit, die sie nicht zum Schlafen benötigten, am Arbeitsplatz zubringen mußten, hat sich das Verhältnis zwischen Arbeitszeit und Freizeit inzwischen umgekehrt (vgl. dazu *Prahl* 1977, 43 ff; *Huck* 1982, 9). Daneben konnte die Freizeit durch die Verwendung zeitsparender

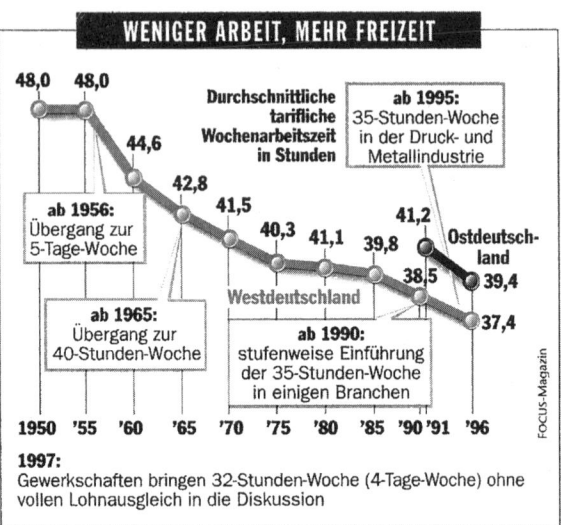

Quelle: Institut für Arbeitsmarkt- und Berufsforschung, Bundesarbeitsministerium

aus: *FOKUS* vom 9. Juni 1997

Geräte und (Fertig-)Produkte auch in den Privathaushalten ausgedehnt werden. Die Freizeit ist dadurch auch zu einem Wirtschaftsfaktor geworden.

5   Repräsentative Umfragen (von Allensbach) haben jedoch auf der anderen Seite gezeigt, daß viele Menschen mit dem **Zuwachs an Freizeit wenig anfangen können.** So gaben 1952 insgesamt 26 % der Befragten an, an Sonn- und Feiertagen das Gefühl der **Langeweile** zu kennen; 1993 waren es bereits 37 % (*Wickert*-Umfrage, zit. nach Ostsee-Zeitung vom 20. Juli 1993). Jeder Dritte fühlt sich sogar **durch Freizeit gestreßt;** viele fallen in der Freizeit in Depressionen (so *Opaschowski*, zit. nach *Ostsee-Zeitung* vom 18. Juli 1996). Vor allem unter den jüngeren Menschen gibt es viele, die nicht gelernt haben, ihre Freizeit in einer für sie befriedigenden Weise zu organisieren bzw. zum Aufbau positiver sozialer Beziehungen zu verwenden (zur Freizeitbeschäftigung von Jugendlichen vgl. *Schmitz-Scherzer* 1978). Nicht wenige wissen mit sich selbst nichts anzufangen, lungern auf der Straße herum und versuchen, ihre Freizeit mit billigen Vergnügungen herumzubringen ("totzuschlagen": vgl. dazu die Kontrolltheorien Rdn. 16 ff zu § 6). Dabei "reagieren die Jugendlichen ihre Sehnsucht nach einem abenteuerlichen Leben voller Spannungen ab" (*Brück* 1971, 75) und laufen Gefahr, auch sozial "schädliche" Kontakte zu knüpfen (vgl. *Villmow/Kaiser* 1974, 37). Dementsprechend **gilt der Überfluß an Freizeit auch als kriminogener Risikofaktor.**

Insbesondere die in der Schule erfolglosen Jugendlichen (vgl. dazu **6** Rdn. 7 ff zu § 11) „wenden sich betont der Freizeit zu, um hier Ausgleich zu finden und sich selbst zu bestätigen" (*Brück* aaO). Das geschieht meist im Rahmen passiven Freizeitgenusses, der seinen wöchentlichen Höhepunkt im gemeinsamen Besuch von Fußballspielen am Wochenende erlebt. Die sog. „Fans", die z. B. auf dem Wege zu Bundesligaspielen die Züge verwüsten und (oft schon am frühen Nachmittag angetrunken) in Horden brüllend durch die Straßen ziehen (vgl. dazu auch Rdn. 29 zu § 28), sind vielen Bürgern zu einem vandalischen Schrecken geworden (vgl. zu diesem Problem *Pilz* et al. 1982; *Kube/Schuster* 1983, 35 ff; zur Frage Gewalt und Langeweile vgl. *Klinkmann* 1982, 254 ff).

Daß die **weitere Ausdehnung der Freizeit** (weitere Verkürzung der **7** Tagesarbeitszeit; Verkürzung der Wochenarbeitszeit auf vier Tage; Verkürzung der Lebensarbeitszeit) die Freizeitprobleme voraussichtlich weiter verschärft, bedarf keines weiteren Hinweises. Ebenso deutlich ist ferner, daß die Arbeitslosigkeit vieler Jugendlicher (vgl. dazu Rdn. 17 ff und 40 f zu § 12) die Freizeitprobleme zum Lebensmittelpunkt werden läßt. Insoweit fehlt heute oft der Freiraum, der durch Beton und Gesetze eingeengt ist (vgl. auch Rdn. 35 b zu § 28): Die Erlebnisräume sind zu klein geworden. Viele Jugendliche suchen daher nach „action", nach Nervenkitzel.

Sucht nach dem Kick?

Der Reiz des freien Falls am Gummiseil hat jetzt von der Wissenschaft einen Namen bekommen: „Thrilling" oder „Angstlust" nennt sie jenen Trieb des Menschen, in seiner Freizeit in Grenzbereich seiner Leidensfähigkeit vorzudringen. „Thrilling" — das ist der Genuß der Angst vorher und der Lust nachher. Diese Mischung aus Furcht, Genuß und Hoffnung scheint ein berauschender Gefühlscocktail für den Menschen in der modernen Überflußgesellschaft zu sein.

„Wer in großem Wohlstand aufwächst, sucht immer riskantere Herausforderungen", unterstellt der Hamburger Freizeitforscher Horst Opaschowski. In einer Studie seines B.A.T.-Freizeitforschungsinstitut hat sich der Professor für Erziehungswissenschaften unter anderem des Phänomens der Angstlust angenommen. Fazit: Weil die Risikofreude, die Bereitschaft zum Wagnis im Arbeitsleben unserer Dienstleistungsgesellschaft kaum noch gefordert wird, werden Grenzerlebnisse zu letzteren Abenteuern.

Während früher Gaukler und Artisten ohne Netz und doppelten Boden die Zuschauer faszinierten, reicht heute der Lustgewinn per Identifikation nicht mehr aus. Liegt die Ursache in der Sucht nach Spaß, nach dem Rausch, nach dem Kick? Ist es Todessehnsucht oder Lebenshunger?

aus: *NOZ* vom 30. März 1992

Auch so sind:

– **S-Bahn-Surfen:** gewonnen hat, wer sich am längsten außen an der fahrenden Bahn festhält;

– **Auto-Surfen:** der Sieger lehnt sich am weitesten aus dem Beifahrerfenster;

– **Brückenspringen:** der Sieger springt am nahesten an die Schiffsschraube heran;

– **Joyriding:** Verfolgungsjagden mit entwendetem Kfz;

– **Bungee-Jumping:** der Sprung in die Tiefe am Gummiseil (vgl. Zeitungsausriß oben: Sucht nach dem „Kick") oder

– **Scad-Diving:** der 40 m freie Fall ohne Seil in ein Fangnetz,

aber auch manche **Krawalle** erklärbar.

7a   Schließlich hat mit der Sucht nach dem Kick auch das „Töten" im **Laserdrom** zu tun. Dort wird mit einer Laserpistole auf starre und lebende Ziele geschossen und zwar in einer verdunkelten Halle durch die auch noch Nebel ziehen. Jeder Mitspieler trägt auf Brust und Rücken einen Laserpunkt. Wer fünfmal getroffen wird, ist „tot" und muß solange aussetzen bis er sich an einer Station neues „Leben" bzw. neue Munition für seine Pistole besorgt hat: **Töten zum Zeitvertreib** (*WAZ* vom 24. November 1994; vgl. auch Zeitungsausriß).

Sieben Tage im Horrorhaus
Jugendgefährdende Computerspiele im Kinderzimmer

Ob es nun ein Marsch durch ein perfides Horrorhaus ist oder das gnadenlose Niedermähen allen Lebens, ein Großteil der 1 000 jährlich neu erscheinenden Computerspiele ist im höchsten Maße jugendgefährdend.

Der Jugendschutzbeauftragte der Stadt, Thomas Ciecior, informiert jetzt den Jugendhilfeausschuß und präsentierte erschreckende Beispiele. Die Liste der gewaltverherrlichenden Spiele ist endlos. Fast immer geht es ausschließlich darum, mit verschiedenen Waffen alles, was sich bewegt, niederzumetzeln. In einem dem Ausschuß präsentierten Beispiel kann sich der Spieler sieben Tage lang durch ein Horrorhaus bewegen, in dem Menschen auf grausamste Art und Weise zu Tode gefoltert werden. Auch neofaschistische Spiele tauchten immer häufiger auf. In einem etwa könne man, so Ciecior, als Panzergeneral die Schlachten des zweiten Weltkriegs durchspielen „und sich dafür im Führerhauptquartier auszeichnen lassen". Auch werde der Markt mit pornographischen Spielen „in Fernsehqualität" überschwemmt. In fast 40 Prozent der Haushalte mit Kindern würde sich inzwischen ein Computer oder eine Spielkonsole finden. Ein Drittel dieser Geräte sei ausschließlich in der Verfügungsgewalt der Kinder.   **GD**

aus: *WAZ* vom 8. Dezember 1995

II. Freizeitaktivitäten bei Straftätern

8   *Berger/Opaschowski* (1980, 209) stellen die Frage, ob auch die Kriminalität „vielleicht eine Freizeitbeschäftigung ist": **Klauen macht Spaß! Gewalt hebt auch noch das Selbstwertgefühl** (z. B. von Punkern und Skins: zu diesen vgl. Rdn. 23 ff zu § 28): man ist (wieder) wer! Auch *Walter* (1995, 71) weist darauf hin, daß „Diebstahlstouren eine Art Freizeitbeschäftigung mit Spannung und Abenteuerleben darstellen". Jedenfalls würden „in der Freizeit viele Gelegenheiten und Kontakte entstehen, die strafrechtliche Auffälligkeiten begünstigten" (aaO). Da dieser Gedanke nicht fernliegt, überrascht es, daß es (bisher) nur relativ wenige empirische Arbeiten gibt, die sich aus kriminologischer Sicht mit der Freizeitfrage befaßt haben. Auch die übrige einschlägige kriminologische Literatur ist eher „spärlich" (*Göppinger* 1980, 290), „empirisch fundierte Theorien fehlen" bisher (*Berger/Opaschowski* 1980, 133; *Lösel* 1983, 74; *Vahsen* 1983, 100 ff). Zwar sei zu vermuten (schreibt *Lösel* aaO), „daß mit der Zunahme an Freizeit informelle und formelle Kontrollen des Sozialverhaltens abgenommen haben", eine Entwicklung, die den kriminologischen Kontrolltheorien entsprechend (vgl. § 6 Rdn. 16) „zu vermehrter Delinquenz beitragen könnte"; eine solche Annahme ließe sich jedoch nicht direkt prüfen.

1. Ergebnisse der Sekundäranalyse von Villmow und Kaiser

Der Stand der empirischen Forschung bis Anfang der 70er Jahre (zum „Freizeitbereich") wird von *Villmow* und *Kaiser* (1974, 37 ff und 120 ff) in einer Sekundäranalyse referiert, die auch z. T. die ausländische Forschung erfaßt. Danach unterscheidet sich das Freizeitverhalten registrierter jugendlicher männlicher Straftäter (für Mädchen fehlen grundsätzlich entsprechende Hinweise) von dem der sozial Unauffälligen u. a. wie folgt (1974, 37; ähnlich *Stephan* 1983, 76): **9**

– *erstens: Delinquente Jungen verbringen ihre Freizeit überwiegend außerhalb der Familie („Nestflüchter"); **meistens mit Gleichaltrigen zusammen;***
– *zweitens: Delinquente Jungen haben eine stärkere Abneigung gegenüber mittelklassenspezifisch **organisierter** Freizeitgestaltung. Sie sind viel seltener aktive Mitglieder von Sportvereinen, Jugendclubs oder anderen Gruppen und Verbänden;*
– *drittens: Jugendliche Delinquente beschränken sich häufiger als nichtkriminelle Jungen auf sog. **negative Freizeitbeschäftigungen** wie Moped- und Autofahren, häufigen Kinobesuch, Lesen von „leichter" Literatur, häufige Anwesenheit in Lokalen und Spielhallen, Neigung zu „Cliquen" usw.;*
– *viertens: **Lose personelle Kontakte** kommen bei Rechtsbrechern häufiger vor, ebenso **früher einsetzende sexuelle Aktivitäten.***

Die Autoren kommentieren diese Ergebnisse selbst dahingehend (1974, 37), „daß sie überwiegend auf Befragungen von Jugendlichen beruhen und die Resultate durch das mögliche Auseinanderfallen von Bewußtsein und verbaler Darstellung einerseits und realem Verhalten andererseits in ihrer Bedeutung eingeschränkt sind". **10**

2. Resultate neuerer Untersuchungen

Die Ergebnisse der Sekundäranalyse werden im Trend durch neuere Arbeiten durchaus bestätigt. Insoweit dürfen erwähnt werden: die **11**

Dissertationen von *Brück* (1971) und von *Nissen* (1972) sowie die empirischen Arbeiten, die *Wüstendörfer/Toman/Lösel* (1976, 133 ff) und *Göppinger* (1983) vorgelegt haben (zu den Methodenproblemen: *Lösel* 1983).

12   *(1) Wüstendörfer, Toman und Lösel (1976, 133 ff) haben Jugendliche (drei Stichproben) zum Freizeitverhalten befragt: 104 jugendliche Strafgefangene, 104 (jugendliche) Fürsorgezöglinge und 100 „kriminologisch unauffällige Lehrlinge". Dabei gelangten die Autoren zu dem Ergebnis (1976, 136), daß „mit zunehmendem Grad an abweichendem Verhalten die Pbn häufiger Spielhallen und Gaststätten besuchen, häufiger Moped und Auto fahren, während sie seltener lesen, fernsehen und Freunde besuchen". Insoweit sind immerhin hochsignifikante Unterschiede festgestellt worden.*

Tendenziell gehen sozial abweichende Jugendliche (darüber hinaus) häufiger ins Kino (dazu auch Rdn. 36 zu § 11), halten sich häufiger auf der Straße auf und treiben weniger Sport (1976, 137). Inhaltlich heißt das, daß sich die Jugendlichen mit zunehmendem Grad des abweichenden Verhaltens häufiger dem außerhäuslichen Freizeitraum zuwenden (Spielhallen, Gaststättenbesuche, Mopedfahren) und seltener ihre Freizeit innerhalb von Familien verbringen (fernsehen, lesen, Freunde besuchen).

13   *(2) Göppingers Untersuchung (1983, 89 ff; Rdn. 26 zu § 8) bezieht sich auf eine Gruppe von 20–30jährigen Häftlingen (177 Probanden) und eine Vergleichsgruppe aus der Normalbevölkerung (196 Probanden). Dabei hat sich gezeigt (1983, 4 und 8 f), daß die Mehrzahl der Häftlinge „vom Schulalter über das Ausbildungsalter bis hin zur Untersuchungszeit in zunehmendem Maße … zu außerhäusiger Freizeitgestaltung mit inhaltlich völlig offenen Abläufen tendierte, wobei die Freizeit vor allem zu Lasten einer geregelten Arbeit, aber auch auf Kosten der Ruhe- und Schlafperiode ausgeweitet wurde". Bei der Vergleichsgruppe (Göppinger aaO) „zeichnete sich dagegen eine deutliche Zunahme der überwiegend oder zumindest zu einem erheblichen Teil innerhäusigen Freizeitaktivitäten mit feststehendem oder bestimmte Grenzen nicht überschreitendem Verlauf ab, wobei fast regelmäßig durch die Übernahme der verschiedensten Verpflichtungen eine erhebliche Einschränkung der Freizeit erfolgte".*

3. Einflüsse der peer-group

14   Alle bisherigen Untersuchungen zeigen die Neigung des (potentiellen) Straftäters zur aushäusigen Freizeitgestaltung auf. Als Magnet auf der Straße erweist sich insoweit die peer-group, die Gruppe der gleichaltrigen Freunde und **„Kumpel"** (primär der **„Clique":** vgl. Übersicht 42), in der sie Familienersatz finden. Dementsprechend gehen von der Gruppe der Gleichaltrigen (bewußt oder unbewußt) für die Entwicklung ihrer Mitglieder wichtige Sozialisationseinflüsse aus. Instrument dieser Einflüsse ist primär der **Gruppendruck,** der, wenn er von deliktsanfälligen Gruppen ausgeht (etwa Rockerbanden, Jugendbanden oder Drogenkonsumenten),

Übersicht 42: Die Gruppen der Gleichaltrigen (peer-groups)

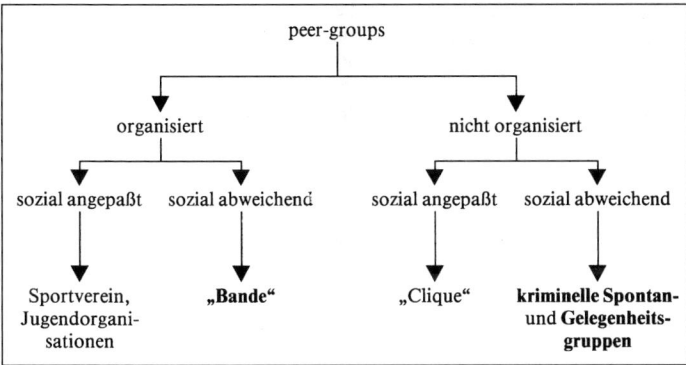

sozial abweichendes Verhalten ihrer Mitglieder provozieren, ermutigen oder auch kriminelle Verhaltensweisen begünstigen kann.

a) Gruppendruck

Wie sich die „Macht des sozialen Drucks" bereits bei erwachsenen und sozial angepaßten Menschen auswirken kann, hat z. B. *Asch* (1955, 31 ff) in seinen bekannten Experimenten gezeigt. 15

Schumacher (1980, 1881) weist auf entsprechende Reaktionsweisen bei sportlichen Veranstaltungen hin: „So kann z. B. (schreibt er) ein einzelner in einer Gruppe von Fußballanhängern zu Reaktionen gebracht werden, bis hin zur Teilnahme an körperlichen Ausschreitungen, die ihm selber **persönlichkeitsfremd** sind und die er, nachdem er die Gruppensituation (Sportplatz) verlassen hat, auch nicht mehr verstehen kann." Dabei sind es vor allem drei bevorzugte Richtungen, in denen sich Gruppenkräfte auswirken können (nach *Schumacher* aaO):

– **Konformitätsdruck** = Gleichschaltung von Stimmungen und Emotionen. Affektive Regungen wie Haß, Wut, aber auch Begeisterung, Hingabe teilen sich u. U. momentan den Mitgliedern der ganzen Gruppe mit = emotionale Ansteckung und Verhaltensangleichung. Auch andere Funktionen, wie Wahrnehmen, Denken usw. unterliegen der koordinierenden Kraft der Gruppe. Diese Konformität von Fühlen und Denken führt häufig zum Aufbau gleichartiger Motivationsstrukturen;

– **Verstärkerwirkung der Gruppe** = Drang zum Aktionismus, oft auch zu kriminellem Handeln, zu Brutalitäten;

– **größere Bereitschaft zum Risiko** = Abnahme der individuellen Verantwortlichkeit; diese wird anonymisiert und an die Gruppe abgetreten.

Auf der anderen Seite kann die Gleichaltrigengruppe auch positive Einflüsse ausüben: z. B. (bei Nestflüchtern) Geborgenheit vermitteln und bei (Leistungsversagern) verloren gegangenes Selbstwertgefühl aufbauen.

b) Disco-Sozialisation

16   Gruppeneinflüsse beginnen insbesondere dort, wo Jugendliche ihre Freizeit verbringen: etwa in der Disco. „Damit gewinnt die Discoszene eine nicht unbedeutende Rolle als Sozialisationsinstanz" (*Malchau* 1990, 69): also Lernfeld Disco (vgl. § 6 Rdn. 20 ff: Lerntheoretische Ansätze). „Hier prägen Jugendliche und Heranwachsende Heranwachsende und Jugendliche" (*Malchau* aaO, 70). Disco-Erfahrungen sollen immerhin 90 % aller „peers" inzwischen besitzen, 50 % werden zu den häufigeren Disco-Besuchern gerechnet (*Malchau* aaO). Da das Publikum bunt gemischt ist, können auch kriminelle Kontakte geknüpft werden; in Betracht kommt ferner der Einstieg in den Drogenkonsum sowie die Förderung der Spielleidenschaft: zur Problematik der **Computerspiele** vgl. den Zeitungsausriß unten.

Beim „Erschießen" blinkt es: Spaßig, nicht wahr?

Nicht nur rechtsextreme Computerspiele sind jugendgefährdend

„Alles was du tun mußt, ist, Menschen zu erschießen", lautet auf englisch die einzige Anleitung für ein Computer-„Spiel". Dann geht es wirklich nur noch Schuß um Schuß darum, möglichst viele der zeich-trickfilm-ähnlichen Gestalten auf dem Bildschirm abzuknallen. Ist ein Spielabschnitt geschafft, ohne daß man selbst den elektronischen Tod erlitten hat, gibt es als besonder Belohnung ein Erschießungskommando. Wenn alle Todeskandidaten erledigt sind und auf der Wand hinter ihnen rote Farbe zu sehen ist, blinkt es fröhlich auf: „Spaßig, nicht wahr?" oder „Macht nichts, es sind ja nur Ghaddafis Kinder".

aus: *NOZ* vom 1. Juli 1989

III. Freizeit und präventive Kriminalpolitik

17   Nach dem Ergebnis der bisherigen empirischen Forschung unterscheiden sich (registrierte) Straftäter und sozial unauffällige Menschen deutlich in ihrem Freizeitverhalten. Damit besitzt das Freizeitverhalten auch für die Kriminalprognose Bedeutung. Man muß sich allerdings davor hüten, Ursache und Wirkung durcheinander zu bringen. Die Ursache der „Nestflucht" kann z. B. auch in den emotional ungünstigen Familienverhältnissen mancher Jugendlicher liegen (insbesondere bei Multiproblem-Familien) oder aber z. B. in der zu engen Wohnung der Eltern (dazu Rdn. 5 zu § 16). Nach *Stephan* (1983, 76) „steigt die Kriminalitätsgefährdung mit abnehmender gemeinsamer Aktivität von Vätern und Söhnen bzw. Eltern und Kindern insbesondere dann, wenn die Kinder über einen **zusätzlichen Handlungsspielraum** verfügen, z. B. ein eigenes Kraftfahrzeug besitzen und sich dadurch der unmittelbaren Kontrolle der Eltern und anderer sozialer Kontrollinstanzen entziehen können". Das Ergebnis sieht nicht selten wie folgt aus: Streunerei – Umgang mit Asozialen – Prostitution bei den Mädchen und Delinquenz bei den Jungen. Der

Gruppendruck der Subkultur tut das Seine hinzu: Die kriminelle Karriere ist vorprogrammiert. Vor diesem Hintergrund stellt sich die Frage, **ob** man das Freizeitverhalten von Jugendlichen positiv (d. h. i. S. sozialer Anpassung) beeinflussen kann und wenn ja: **wie.**

1. Verhaltenstraining und Wertvorstellungen

Mit der Frage des „ob" haben sich **Wüstendörfer, Toman** und **Lösel** **18** beschäftigt (1976, 133), die davon ausgehen, daß ein „Verhaltenstraining ... langfristig wenig erfolgversprechend erscheint, ... wenn sozial auffällige Jugendliche wesentlich andere Werte und Normen haben als ‚normale' Jugendliche". Um dieses Problem in den Griff zu bekommen, haben die Autoren ihre Probanden nicht nur nach den häufigsten, sondern auch nach den (von den Probanden) „erwünschten" Freizeitaktivitäten befragt, und zwar deshalb, weil sie vermuteten, daß diese „unmittelbar erstrebenswerte Ziele beinhalten" (1976, 134). Nach ihrer Zielhypothese wurde erwartet, „daß dissoziale Jugendliche andere erwünschte Freizeitaktivitäten haben als sozial unauffällige Jugendliche" (1976, 138). Diese Vermutung hat sich jedoch nicht bestätigt, so daß man (danach) davon ausgehen kann, daß **die Freizeitwünsche sozial auffälliger und sozial nicht auffälliger Jugendlicher weitgehend übereinstimmen.** Ähnliche Ergebnisse haben auch vergleichbare (vor allem in den USA) durchgeführte Untersuchungen erbracht (*Wüstendörfer/Toman/Lösel* aaO m. w. H.). Das bedeutet, daß der Versuch, durch Hilfe bei der Freizeitgestaltung auf den Sozialisationsprozeß Einfluß zu nehmen, nicht von vornherein zum Scheitern verurteilt sein dürfte, obgleich man auch insoweit die Erwartungen nicht zu hoch schrauben darf, weil der delinquente Junge gegen (mittelklassenspezifisch) organisierte Freizeitgestaltung offenbar eine stärkere Abneigung hegt (vgl. oben Rdn. 9). Gleichwohl ist jeder Versuch, zumindest Angebote zur Freizeitgestaltung zu machen, akzeptabel, schon um entsprechende Erfahrungen sammeln zu können. Freizeitangebote verschiedenster Art kommen in Frage: für Jugendliche, die in krimineller Hinsicht gefährdet erscheinen, und für jugendliche Straftäter (zur Rückfallverhütung).

2. Möglichkeiten der Primärprävention

Die Untersuchung von *Wüstendörfer, Toman* und *Lösel* (aaO) hat auch **19** gezeigt, daß sich „mit zunehmendem Ausmaß an abweichendem Verhalten die Diskrepanz zwischen erwünschten und tatsächlichen Freizeitaktivitäten vergrößert". Daraus „läßt sich doch folgern (heißt es bei *Berger/Opaschowski* 1980, 210), daß wir Jugendlichen helfen können, offiziell unauffällig zu bleiben, indem wir sie darin unterstützen, ihre gewünschten Freizeitziele zu tatsächlichem Freizeitverhalten umzusetzen". Es versteht sich von selbst, daß insoweit nur solche Freizeitaktivitäten in Betracht kommen können, die sich im Rahmen unserer Rechtsordnung halten.

a) Verbesserung der Infrastruktur

20   Zu den Voraussetzungen sinnvoller Freizeitgestaltung gehört zunächst die Verbesserung der Wohnumwelt, insbesondere der Infrastruktur (etwa die Einrichtung von **Jugendzentren und Spielplätzen**), die (nicht nur) in „modernen" Hochhausvierteln als besonders notwendig gilt (vgl. Rdn. 4 ff und 11 zu § 16). Dementsprechend wird von *Behnke* et al. gefordert (1979, 501 f), die raumbezogenen Sozialisationsbedingungen für Kinder und Jugendliche generell langfristig zu verbessern. In der Realität bereitet allerdings Sorgen, daß solche Einrichtungen zur Zeit (im Rahmen von kommunalen Sparprogrammen) **nicht neu aufgebaut, sondern eher abgebaut werden.** Das gilt auch für die sog. **„offene Jugendarbeit".** Offen ist Jugendarbeit immer dann, wenn jeder Jugendliche völlig unverbindlich teilnehmen kann: z.B. die Angebote eines Jugendtreffs auch zeitlich begrenzt (solange er Lust hat) wahrnehmen kann; wichtig ist vor allem die Betreuung von Jugendlichen mit konkreten Lebensproblemen. Sparen in diesen Bereichen gleicht einer Milchmädchenrechnung: am Ende wird's teurer. Nötig ist ein Investitionsprogramm von Bund und Ländern zugunsten von Freizeitangeboten, ein Ausschöpfen der Möglichkeiten, die die Pädagogik zur Freizeitgestaltung beitragen kann: sog. Animation **(animative Freizeitpädagogik)**. Das kann auch im Rahmen von **„social sponsoring"** geschehen (vgl. Rdn. 24 zu § 7 zum CAP-Projekt = Finanzierung solcher Aktivitäten durch Geschäftsleute, Banken und Versicherungen „vor Ort", d.h. solche, die in dem betreffenden Stadtteil arbeiten).

b) Kommunikative Animation

21   Das Ziel der Animation wird darin gesehen (*Berger/Opaschowski* 1980, 215), „die Veränderung der physischen Umwelt und Kommunikation und Identifikation der Bewohner (zu) bewirken". Das Wort „Animation" ist der französischen Sprache entnommen und bedeutet so viel wie „anregen", „beleben", „beseelen" (vgl. *Berger/Opaschowski* 1980, 213). Der Begriff ist inzwischen weiten Bevölkerungsschichten deshalb bekannt, weil die Urlauber (insbesondere im Ausland) heutzutage überall „Animateure" vorfinden, die sie zur Freizeitgestaltung anregen sollen. Die Animationsbewegung versucht darüber hinaus, „die Menschen von ihrer Passivität und Isolierung zu lösen, sie für ihre Probleme zu sensibilisieren, zum Selbstausdruck zu ermutigen und sie zum kulturellen Schaffen und gemeinsamen Erleben in Gruppen zu inspirieren" (*Berger/Opaschowski* 1980, 214). Konkret ist gemeint, daß Sozialarbeiter (bzw. Gemeinwesenarbeiter) als Animateure Spiele und Feste organisieren, Gespräche initiieren oder Experimente durchführen, also zur Kontaktpflege auffordern und zeigen, wie man seine Freizeit so einrichten kann, daß sie (auch ohne Straffälligkeit) „Spaß" machen kann (vgl. dazu *Berger/Opaschowski* 1980, 209 ff; *Lösel* 1983, 78 f). Im Rahmen der Animation sind nicht zuletzt auch die **Freizeitangebote der Sportvereine und Jugendverbände** zu sehen, die (deshalb auch aus kriminalpolitischer

Sicht) die besondere Förderung durch staatliche Stellen verdienen. Daß das Angebot bisher noch eher ungünstig ist, zeigt eine SPIEGEL-Umfrage (veröff. in Nr. 3/1993 vom 18. Januar 1993, S. 56). Die Frage: „Gibt es an Ihrem Wohnort in der näheren Umgebung für Jugendliche und junge Leute genügend Möglichkeiten zur Freizeitgestaltung?" bejahten nur 57 % der befragten Westdeutschen und lediglich 8 % der Ostdeutschen.

c) Lernpsychologische Ansätze

Ein „konzeptionelles Gegenstück zur animativen Didaktik besteht in strukturierten lernpsychologischen Maßnahmen, die dem verhaltenstherapeutischen Bereich zuzuordnen sind" (*Lösel* 1983, 79): Konzepte des Lernens durch Bekräftigung (vgl. § 6 Rdn. 29). Zum Beispiel werden Jugendliche, die in einem offenen Heim verkehren, für Hilfeleistungen bzw. für sozial erwünschte Freizeitaktivitäten belohnt, während auf sozial unerwünschte Aktivitäten vorher vereinbarte Sanktionen folgen („contracting"). In diesem Rahmen spielt auch das Modellernen (§ 6 Rdn. 45), die Imitation, eine Rolle: „Die delinquenten gefährdeten Jugendlichen sollen mit Hilfe von Modellpersonen, Videofilmen, Rollenspielen lernen, soziale Problemsituationen angemessener zu bewältigen, und in die Lage versetzt werden, differenziertere Handlungskompetenzen zu entwickeln. Ein Teil der bearbeiteten Szenen betrifft den Freizeitbereich, z. B. Verführungssituationen zur Ausdehnung des Freizeitumfangs, zum fortschreitenden Alkoholgenuß, zu Aktivitäten des Milieus etc." (*Lösel* 1983, 79).

22

3. Freizeitgestaltung und Rückfallverhütung

Anregungen zur Freizeitgestaltung erfolgen heute aber auch im **Rahmen des Resozialisierungsvollzuges** (§§ 2 ff StVollzG). So soll der Gefangene nach § 67 StVollzG in seiner Freizeit die „Gelegenheit erhalten, am Unterricht einschließlich Sport, an Fernunterricht, Lehrgängen und sonstigen Veranstaltungen der Weiterbildung, an Freizeitgruppen, Gruppengesprächen sowie an Sportveranstaltungen teilzunehmen und eine Bücherei zu benutzen" (Beispiele dazu bei *Koepsel* 1982, 303 ff).

23

Die Freizeitbeschäftigung spielt darüber hinaus auch bei den **Alternativen zum Freiheitsvollzug** eine Rolle: etwa im Rahmen der „Ambulanten sozialpädagogischen Betreuung junger Straffälliger" im niedersächsischen Uelzen (vgl. dazu *Steinhilper/Fischer* 1982, 113 ff).

24

§ 14 (Massen-)Medien und Kriminalität

Literatur: **Abele,** A./**Stein-Hilbers,** M.: Alltagswissen, öffentliche Meinung über Kriminalität und soziale Kontrolle, in: KrimJ 1978, S. 161–173; **Aufenanger,** St.: Neue Medien – Neue Pädagogik. Ein Lese- und Arbeitsbuch zur Medienerziehung in Kindergarten und Grundschule, Bonn 1991;**Baake,** D. u.a.: Jugendliche im Sog der Medien, Opladen 1989; **Barsch,** A.: 10 Thesen zum rechtlichen Medienschutz... in: KrimJ 1996, S. 23–39; **Berger-Zehnpfund,** P.: Kinderpornographie im INTERNET, in: Kriminalistik 1996, S. 635–639; **Bermes,** J.: Der Streit um die Presse-Selbstkontrolle: Der Deutsche Presserat, Baden-Baden 1991; **Buddemeier:** Illusion und Manipulation. Die Wirkung von Film und Fernsehen auf Individuum und Gesellschaft, Stuttgart 1987; **Bundeskriminalamt** (Hrsg.): Gewalt und Kriminalität, BKA-Vortragsreihe Bd. 31, Wiesbaden 1986; **Eicke,** U./**Eicke,** W.: Medienkinder, München 1994; **Eron,** L./**Huesmann,** L. R. Adolescent Aggression and Television, in: *Wright, F.* et al. (Hrsg.): Forensic Psychology and Psychiatry, New York 1980, S. 319–331; **Feltes,** T.: Stigmatisierung durch Kriminalberichterstattung? in: Kriminalistik 1980, S. 451–456; **Feshbach,** S.: The Stimulating versus Cathartic Effects of a Vicarious Aggressive Activity, in: Journal of Abnormal and Social Psychology 1981, S. 381–385; **Feshbach,** S./**Singer,** R. D.: Television and Aggression, San Francisco 1971; **Förster,** M./**Schenk,** J.: Der Einfluß massenmedialer Verbrechensdarstellungen auf Verbrechensfurcht und Einstellung zu Straftätern, in: MschrKrim 1984, S. 90–103; **Geerds,** C.: Berichterstattung über Strafsachen, in: FS für *Oehler,* Köln 1986, S. 423–446; **Glogauer,** W.: Kriminalisierung von Kindern und Jugendlichen durch Medien, 2. Aufl., Baden-Baden 1991; **Glogauer,** W.: Videofilmkonsum der Kinder und Jugendlichen, Bad Heilbronn 1988; **Groebel,** J./**Gleich,** U.: Gewaltprofil des deutschen Fernsehprogramms, Opladen 1993; **Groebel,** J.: Die Rolle der Gewaltdarstellung in den Medien, in: Magazin der Polizei Juli/Aug. 1994, S. 4–9; **Hackforth,** J.: Massenmedien und ihre Wirkungen, Göttingen 1976; **Hahn,** E. et al. (Hrsg.): Fanverhalten, Massenmedien und Gewalt im Sport, Köln 1988; **Halloran,** J. D./**Brown,** R. L./**Chaney,** D. C.: Fernsehen und Kriminalität, Berlin 1972; **Hartmann,** R.: Zur Rolle der Massenmedien in spektakulären Kriminalfällen aus der Sicht der Justiz, in: FS für *Wassermann,* Darmstadt 1986, S. 86–99; **Hauptmann,** M.: Medien und Kriminalität, in: *Baltl,* H. (Hrsg.): Kriminalität und Massenmedien, Graz 1981; **Höhler,** G.: Ein Klima von erlaubter Gewalt. Brutalität im Fernsehen baut Aggressionshemmungen bei Kindern und Jugendlichen ab, in: Deutsche Zeitung vom 23. September 1977, S. 9; **Höing,** R.: Kriminalitätsdarstellung in den Fernsehnachrichten. Eine empirische Unterteilung der Sendungen „Tagesschau" und „heute". Jur. Diss. Münster 1983; **Hönge,** F.: Gewaltdarstellungen in Medien – eine europäische Dimension, in: JMS-Report 5/1966, S. 1–4; **Hurrelmann,** B.: Fernsehen in der Familie, Weinheim 1989; **Jung,** H.: Massenmedien und Kriminalität, in: *Kaiser, G./Kerner, H.-J./Sack, F./Schellhoss,* H. (Hrsg.): Kleines kriminologisches Wörterbuch, 2. Aufl., Heidelberg 1985, S. 294–299; **Jung,** H./**Müller-Dietz,** H.: Jugendschutz und die neuen Medien. Expertenkommission Neue Medien – EKM Baden-Württemberg. Abschlußbericht II, Stuttgart 1981; **Kelmer,** O./**Stein,** A.: Fernsehen: Die Entlarvung eines Mythos. Aggressionsschule der Nation? Bochum 1975; **Kepplinger,** H. M./**Dahlem,** S.: Medieninhalte und Gewaltanwendung, in: *Schwind,* H.-D./*Baumann,* J.: Ursachen, Prävention und Kontrolle von Gewalt, Berlin 1990, Bd. III, S. 383–396; **Kepplinger,** H./**Giesselmann,** S.: Die Wirkung von Gewaltdarstellungen in der aktuellen Fernsehberichterstattung, in: Medienpsychologie 1993, S. 160–189; **Kerner,** H.-J./**Feltes,** T.: Medien, Kriminalitätsbild und Öffentlichkeit, in *Kury,* H. (Hrsg.): Strafvollzug und Öffentlichkeit, Freiburg 1980; **Kerner,** H.-J.: Kriminalitätseinschätzung und Innere Sicherheit, Wiesbaden 1980; **Killias,** M.: Zum Einfluß der Massenmedien auf Wissen und Meinungen über Tötungsdelikte, in: MschrKrim 1982, S. 18–29; **Klingsporn,** J.: Filmerfolg und FSK-Freigabe, in: Film & Fakten 3/ 1987, S. 4 ff; **Kunczik,** M.: Gewalt im Fernsehen. Die Analyse der potentiell kriminogenen Effekte, Wien 1975; **Kury,** H. (Hrsg.): Strafvollzug und Öffentlichkeit, Freiburg 1980; **Lauton,** A.: Gewalt auf Video, in: Kriminalistik 1984, S. 573–578; **Linhart,** P.: 40 Jahre FSK – Wie gut ist der Jugendschutz bei ihr aufgehoben? in: Film & Fakten II/1990, S. 63 ff; **Löhr,** P./**Schmidbauer,** M.: Fernsehpädagogik, München 1991; **Lukesch,** H.: Jugendmedienstudie, Regensburg 1990; **Meyn,** H.: Massenmedien in der Bundesrepublik, Berlin 1985; **Müller,** R./**Zimmermann,** M.: Mediengewalt und Gewaltbereitschaft, in: Kriminalistik 1992, S. 227–246; **Näger,** S.: Kreative Medienerziehung im Kindergarten, Freiburg 1992, **Nolden,** D./**Stefen,** R.: Jugendmedienschutz – Institutionen im Überblick, in: JMS-Report – Juni 3/1996, S. 1–3; **PFA:** Öffentlichkeitsarbeit der Polizei, Bd. I, Münster 1984; **Reiss:** Störung der Strafrechtspflege durch Berichterstattung in den Massenmedien, Diss. Bonn 1975; **Scheungrab,** M.: Filmkonsum und Delinquenz, Regensburg 1993; **Schild,** W.: Der Straftäter in der Hauptverhandlung, Heidelberg 1983; **Schneider,** H.-J.: Das Geschäft mit dem Verbrechen. Massenmedien und Kriminalität, München 1980; **Schneider,** H.-J.: Massenmedien und Kriminalität, in: *Schneider,* H.-J. (Hrsg.): Die Psychologie des 20. Jahrhunderts, Bd. 14, Auswirkungen auf die Kriminologie, Zürich 1981, S. 631–682; **Schwind,** H.-D./**Baumann,** J./**Schneider,** U./**Winter,** M.: Endgutachten der (Anti-)Gewaltkommission der Bundesregierung, in: *Schwind,* H.-D./*Baumann,* J.: Ursachen, Prävention und Kontrolle von Gewalt, Bd. I, Berlin 1990; **Schwinge,** E.: Machtmißbrauch der Massenmedien, Tübingen 1989; **Sessar, K.**: Über einen (vergeblichen) Versuch, mit den Medien über kriminologische Erkenntnisse ins Gespräch zu kommen, in: KrimJ 1996, S. 281–284; **Smaus, G.**: Funktion der Berichterstattung über die Kriminalität in den Massenmedien, in: KrimJ 1978, S. 187–201; **Stefen, R.**: Die Bundesprüfstelle für jugendgefährdende Schriften, in: *Hell, P.* (Hrsg.): Gefährdung durch Video: Pädagogische Handlungsmöglichkeiten, München 1988, S. 76 ff; **Stefen, R.**: Indizierung, Beschlagnahme, Einziehung, in: JMS-Report Dezember 6/1995, S. 1–2; **Stein-Hilbers, M.**: Kriminalität im Fernsehen, Stuttgart 1977; **Streng, F.**: Kriminalität und Publicity, in: Kriminalistik 1977, S. 499–500; **Taschler-Polacek, H./Lukesch, H.**: Viktimisierungsangst als Folge des Fernsehkonsums? in: Publizistik 1990, S. 443–453; **Villmow, B./Kaiser, G.**: Empirisch gesicherte Erkenntnisse über Ursachen der Kriminalität. Eine problemorientierte Sekundäranalyse, in: *Der Regierende Bürgermeister von Berlin* (Hrsg.): Verhütung und Bekämpfung der Kriminalität, Berlin 1974; **Vogelsang, W.**: Jugendliche Video-Cliquen, Opladen 1991; **Wassermann, R.**: Justiz und Medien, Neuwied 1980; **Wassermann, R.**: Polizei und Medien, in: Kriminalistik 1984, S. 295–300; **Weides, P.**: Der Jugendmedienschutz im Filmbereich, in: NJW 1987, S. 224–233; **Weyl, B.**: Chancen freiwilliger Selbstkontrolle. In: *Erbring, L./Ruß-Mohl,* St./*Seewald, B.* (Hrsg.): Medien ohne Moral, Berlin 1988, S. 150 ff; **Zimmermann, E.**: Wie können Massenmedien Straftaten verhüten oder hervorrufen? in: *Bund Deutscher Kriminalbeamter* (Hrsg.): Kripo International, Berichtsheft Oktober 1984, S. 19–23.

Gliederung

Die Themen, die mit Kriminalität zu tun haben, nehmen in den (Massen-)Medien deshalb so breiten Raum ein, weil alles, was mit diesem Phänomen zusammenhängt, die Kunden der Medien, die Konsumenten, mehr oder weniger fasziniert, zumindest aber interessiert. Aus dieser Wechselbeziehung zwischen Angebot und Nachfrage resultiert andererseits aber auch (wie z. B. *Schneider* 1981, 632 vermutet), daß „das ‚Bild in unseren Köpfen' über Kriminalität von den Massenmedien" bestimmt wird. **1**

Unter der Sammelbezeichnung „Massen-Medien" sind dabei Presse, Rundfunk, Bücher, Schallplatten, Tonbänder, Film und Fernsehen (einschließlich der Video-Kassetten) zu verstehen (zu gewaltverherrlichenden Spielen vgl. Rdn. 16 zu § 13).

I. Zur Darstellungsweise der Kriminalität in den (Massen-)Medien

2   Kriminalität (insbesondere Gewaltkriminalität) besitzt seit jeher hohen Unterhaltungswert: schon in der Bibel (Kain und Abel), in der Sage (Ermordung Siegfrieds) oder im Märchen (Hänsel und Gretel). Es kann daher nicht überraschen, daß auch die modernen Massenmedien (nicht nur die sog. Regenbogenpresse) selektiv sensationsorientiert über Straftaten (bzw. entsprechende Prozesse) berichten.

1. Selektive Information

3   Auffällig ist zunächst die selektive Information. Dazu ein Beispiel aus einer Untersuchung von *Feltes.*

> *Feltes* hat (1980, 453f) die Kriminalberichterstattung von fünf Frankfurter Zeitungen beobachtet und dabei festgestellt, daß sich „zwischen 10 und 20 Kriminalberichte pro Tag in jeder Zeitung finden, ... (wobei) die Gewaltkriminalität überwiegt ... Straftaten gegen das Leben, Raubdelikte und Geiselnahmen sind deutlich überhöht, und zwar um bis zu dem 300fachen gegenüber der offiziellen Kriminalstatistik" (zu dieser vgl. Rdn. 18 und 26 zu § 2); 15 % der Kriminalberichterstattung der FAZ (Lokalteil) ist z. B. den Straftaten gegen das Leben gewidmet, obgleich der Anteil dieser Delikte in der PKS in Frankfurt lediglich 0,07 % beträgt (Kerner 1980, 65/68).

Die selektive Berichterstattung der Presse hat offensichtlich aber auch damit zu tun, daß die Polizei bereits selektiert: sie informiert die Presse eher über Gewaltdelikte als über andere Straftaten.

So hat die **Polizeiführungsakademie** (*PFA* 1984, 413) im Rahmen der Auswertung von Nürnberger Zeitungen festgestellt, daß z. B.

– nur 5,9 % der Fälle des schweren Diebstahls (Deliktsanteil damals: 29,5 %),
– aber alle Fälle der Vergewaltigung (Deliktsanteil = 0,1 % an der Gesamtkriminalität) an die Presse weitergegeben wurden.

2. Sensationsorientierte Berichterstattung

4   Kritisiert werden die (Massen-)Medien in bezug auf ihre Kriminalitätsberichterstattung meist auch deshalb, weil

– nicht nur über die Kriminalitätsentwicklung **verzerrt** informiert wird (*Abele/Stein-Hilbers* 1978, 161): Fixierung auf Gewalttaten, insbesondere auf Mord- und Totschlagsverbrechen (*Förster/Schenk* 1984, 91);
– sondern weil „über allem der **Zug des Sensationellen** steht" (*Jung* 1985, 295): einseitige Auswahl besonders dramatischer Fälle (*Förster/ Schenk* aaO); zu den Extremen gehören die sog. **Reality-Shows**;

- weil die ausführliche Berichterstattung für viele Täter **Belohnungscha-rakter** besitzt; der Status als „negativer Held sichert Aufmerksamkeit" (Medienexperte Jo *Groebel* in FOCUS Nr. 28 vom 11. Juli 1994, S. 124);
- und weil es zu **Vorverurteilungen** kommt (*Reiss* 1985, 295; *Feltes* 1980, 451; *Schwinge* 1989: „Machtmißbrauch der Massenmedien").

Geerds (1986, 430) spricht von einer „bis zum Rufmord gehenden Perversion der Kriminalberichterstattung". Das gilt auch für Gerichtsverfahren: „immer müssen die ausgewählten Prozesse ‚spektakulär' sein" (*Schild* 1983, 91; zu Medien und Justiz vgl. *Wassermann* 1980, 19 ff; zu Polizei und Medien vgl. *Wassermann* 1984, 295 ff). Bemängelt wird ferner, daß „die komplexe Realität ... auf den einfachen Nenner ‚Gut' oder ‚Böse' gebracht wird" (*Jung* 1985, 295). Außerdem „vermitteln Aufklärung einer Straftat und Ermittlung des Rechtsbrechers die beste Rechtfertigung, **im intimen persönlichen Leben des Täters und des Opfers nach Herzenslust herumzuwühlen** und alle menschlichen Schwächen und Laster vor dem Leser-, Zuhörer- oder Zuschauerkreis auszubreiten. Es geht hier nicht mehr um soziale und persönliche Hintergründe, die zur Straftat geführt haben, sondern um das genüßliche Verbreiten menschlicher Unmoral unter einem bloßen Vorwand" (*Schneider* 1980, 10). Dabei scheinen „sozial höher gestellte Täter einen höheren ‚Nachrichtenwert' zu haben als andere. Millionäre, Ärzte, Parlamentarier, Rechtsanwälte, Schauspieler und ähnliche Personen reizen offensichtlich in Verbindung mit Straftaten eher zur Berichterstattung als sog. Alltagspersonen" (vgl. *Feltes* 1980, 453).

Ob der Straftäter „als der grundlegend Andere, der Außenseiter, Gegner, gar als der Feind des normalen Bürgers erscheint" (*Jung* 1985, 295), ist umstritten. Nach der Beobachtung von *Schild* (1983, 91) jedenfalls „haben die Massenmedien ein durchaus ‚verständnisvolles' Bild des Straftäters verbreitet". Andere hingegen beklagen gerade „die einseitige, öffentliche, tatentschuldigende Diskussion und die gleichzeitige Verdrängung der Opferschicksale" (*Zimmermann* 1984, 205; ausführlich zur Darstellung der Kriminalität in den Medien: *Schneider* 1981, 651 ff).   5

II. Wirkungen der Kriminalitätsdarstellung in den Bildmedien

Die Bildmedien übernehmen immer mehr die Rolle, die früher den   6
Schulen, den Kirchen und den Familien oblag, nämlich Einfluß auf die Werte, Zielsetzungen und Verhaltensweisen der Gesellschaft zu nehmen (Sondergutachten USA von *Schneider* in: *Schwind/Baumann* et al., Bd. I, 1990, 82). „Hauptinstrument der Bewußtseinsindustrie" ist das Fernsehen (*Hacker* in: *Schwind/Baumann* et al. aaO).

1. Wirkungschancen allgemein

Die Menschen in der Bundesrepublik widmen den Medien, neben   7
Schlafen und Arbeiten, die meiste Zeit in ihrem Leben, nämlich durch-

schnittlich fast 6,5 Stunden täglich; obenan steht das Fernsehen (vgl. unten Rdn. 13).
Die Medien erlangen dadurch eine erhebliche Wirkungschance. Diese bezieht sich vor allem (vgl. dazu die Sekundäranalyse der Anti-Gewalt-kommission der Bundesregierung: *Schwind/Baumann* et al. aaO) auf

7a   – *die Erzeugung von Klischees und Feindbildern* („die" Ausländer, „die" Alternativen, „die" Wirtschaftsbosse, „die" Polizei usw.),

8   – *die Förderung sozialer Desintegration* (geringere Teilnahme am Gemeinschaftsleben),

9   – *die Vermittlung negativer Weltbilder* (es wird primär über Katastrophen und Skandale berichtet),

10   – insbesondere in bezug auf Gewalttaten: Auslösung von *Nachahmungs-, Gewöhnungs- und Verstärkereffekten* (so auch Glogauer 1988 und 1991; vgl. ferner Streng 1977, 499 m. w. N.),

11   – *die Aktualisierung der Kriminalitätsfurcht* (dazu auch Förster/Schenk 1984, 91; Taschler et al. 1990, 443, sowie Rdn. 12 ff zu § 20): Fehleinschätzungen und „überzogene Angstgefühle vor Gewaltkriminalität" (Schneider 1981, 633; dazu auch Killias 1982, 18),

und nicht zuletzt auf

11a   – *die gezielte (politische) Parteinahme* durch manche Medienvertreter: so polarisieren (nach neuen Befunden von *Kepplinger/Giesselmann* 1993, 160 ff) z. B. „einseitige Filmberichte über *gewaltsame Demonstrationen*, die die eine Seite als Aggressor und die andere Seite als Opfer von Aggressionen präsentieren, die Sichtweisen derer, die sich mit den Opfern identifizieren. Sie führen zu einer Idealisierung des eigenen Lagers und zu einer Stigmatisierung der gegnerischen Seite". Sessar (1996, 282) spricht sogar von **„Strategien interessengeleiteter Meinungssteuerung"**

> *Beispiel:* Für die eine Seite besteht die Polizei nur aus gewalttätigen Bullen, für die andere bestehen Demonstranten nur aus (arbeitsscheuen) Chaoten (vgl. dazu Rdn. 27 zu § 19). Der Medienvertreter kann die Emotionen zugunsten der einen oder anderen Seite anheizen.

12   Grundsätzlich sind allerdings alle Wirkungen (bzw. Wirkungschancen) mehr oder weniger im Schrifttum **umstritten.** Darauf stützt sich auch eine **Stellungnahme des Deutschen Presserates** vom 14. November 1990, in der jeder von den (Massen-)Medien ausgehende Negativeinfluß als bloße Spekulation abgetan wird (**These von der Wirkungslosigkeit** medialer Einflüsse): die Medienvertreter (Deutscher Journalistenverband, IG Medien, Bundesverband Deutscher Zeitungsverleger usw.: vgl. auch unten Rdn. 49) fühlen sich jedenfalls zu Unrecht an den Pranger gestellt. Wirklich zu Unrecht? Da es bei der Auseinandersetzung primär um die Wirkungen von Gewaltdarstellungen im (kommerziellen) Fernsehen (auf Jugendliche und Kinder) geht, sollen insoweit Stimmen aus der Literatur vorgestellt werden (Rdn. 20 ff). In bezug auf die **Werbung** (dazu *Schneider* 1981, 646 m. w. N.) wurden Einflüsse des Fernsehens auf

den Betrachter von den Medienvertretern interessanterweise nicht
dementiert: Will man Werbeeinnahmen, aber keine Kritik?

Fernsehen als Vorbild für Verbrechen

**Eine neue amerikanische Studie hat
auch Gültigkeit für unser TV-Programm.
Sie warnt vor Gewalt und
Brutalität auf dem Bildschirm**

aus: *Quick* Nr. 24
vom 10. Juni 1982

2. Bildmedien-Gewalt (und ihre Wirkung auf Jugendliche und Kinder)

Die Untersuchungen zum Thema „Gewalt" beziehen sich primär auf   **13**
die Einflüsse, die man insoweit dem **Fernsehen** zutraut (grundlegend
dazu *Schneider* 1981, 631 ff): durch Berichterstattung und Unterhaltungs-
programme (Krimiserien, Spielfilme usw.).

Wegen (vermuteter) Einflüsse auf die kindliche Sozialisation wird das   **14**
Fernsehen bereits „**als dritter Elternteil**" diskutiert (*Kunczik* 1975, 10
m.w.N.; ähnlich *Schneider* 1981, 631). Fernsehen nimmt als allmächtiges
„Überich" inzwischen eine Schlüsselposition ein (grundlegend *Stein-Hilbers* 1977). Farbfernsehgeräte besitzen inzwischen (Stand 1. Januar 1993)
93,2% der Westhaushalte und 92,2% der Osthaushalte (Statistisches
Bundesamt, Datenreport 1994, Bonn 1995, 123).

Daß man gerade dem Medium Fernsehen eine so große Bedeutung   **15**
zuschreibt, hat mit der Erfahrung zu tun, daß nicht nur die Erwachsenen, sondern vor allem die Kinder (und zwar bereits ab drei Jahren)
nicht unerhebliche Zeit mit dem Betrachten von gewaltorientierten
Fernsehfilmen verbringen:

– *so wurde nach einer Studie der Gesellschaft für Konsumforschung festgestellt, daß 3 bis 6jährige Kinder täglich im Schnitt 73 Minuten fernsehen, 6 bis 13jährige rund 100 Minuten und die über 14jährigen Jugendlichen etwa 111 Minuten (zit. nach Psychologie heute 1996, 57). Dazu
wurde von Lukesch ermittelt (1990, 122), daß mit zunehmendem Alter
das Interesse für Horror, Grusel- und Sexfilme zunimmt. Nach Eicke/
Eicke „geht der Trend dahin, daß ein Kind in seinem Zimmer allein vor
dem eigenen Fernsehapparat sitzt" (1994, 22);*
– *im amerikanischen Abendprogramm wurden schon vor über 20 Jahren
im Schnitt fünf Gewalttaten pro Stunde gezeigt: im Kinderprogramm
sind es 18. Wenn ein amerikanischer Jugendlicher die High School ver-
läßt, hat er 18000 Fernsehmorde gesehen. In der Bundesrepublik hat*

261

das Audiovisuelle Zentrum der Pädagogischen Hochschule Niedersachsen in Hildesheim in den Fernsehprogrammen der ARD und des ZDF 416 Gewaltverbrechen in einer einzigen Woche gezählt (Heinrichs in: Bild der Wissenschaft, April 1975, 91). Das sind hochgerechnet auf ein Jahr immerhin auch über 20 000.

Pausenlos Gewalt:
Jede Woche 500
Morde im Fernsehen

Studie: US-Serien besonders brutal

aus: *NOZ* vom 7. Februar 1992

– *das Baden-Badener Institut für Medienanalyse („Media Control") hat im Auftrag des STERN vom 1. bis 31. Oktober 1985 das abendliche Unterhaltungsprogramm – Spielfilme, Serien, TV-Spiele – von ARD, ZDF, SAT 1 und RTL aufgezeichnet und untersucht. Ergebnis: Während 261 ausgewerteter Stunden ließen die Beobachter 2253 Gewalttaten in einer Länge von 875 Minuten über sich ergehen. Pro Sendung wurden im Schnitt 11,1 Straftaten von 5,59 Minuten Dauer gezeigt (vgl. auch Zeitungsausriß oben; ausführlicher zu dieser Untersuchung der Bericht in Psychologie heute 1992, 9 f).*

16   Unter diesen Umständen, die in anderen Ländern ähnlich aussehen, kann es kaum überraschen, daß 40 % aller schwedischen Kinder im Alter von sechs bis zehn Jahren glauben, daß der Mensch nur durch Mord und Totschlag stirbt. Beim Tod von Großeltern zum Beispiel fragen viele Kinder zuerst: „Wer hat Großvater erschossen?" (vgl. *Buddemeier* 1987, 183).

17   Dementsprechend trug auch die SPIEGEL-Geschichte vom 12. Dezember 1977 (Nr. 51) den Titel: „Fernsehgewalt: Leidtragende sind die Kinder." Sieben Jahre später lautete die Titelgeschichte im Rahmen der sog. „Video-Welle" im selben Wochenmagazin: „Blutrausch im Kinderzimmer – Horror-Video" (DER SPIEGEL Nr. 11/1984 vom 12. März 1984).

18   Vor diesem Hintergrund erscheint es erstaunlich, daß zu der Frage der Wirkung von Fernsehen (und Video) auf minderjährige Zuschauer nur relativ wenige wissenschaftliche Arbeiten vorliegen, die zudem noch widersprüchliche Resultate erbracht haben.

„Die einen Psychologen halten den Einfluß des Bildschirms für wichtig, die andern für nichtig" (schon vor rund 20 Jahren DER SPIEGEL Nr. 51/1977, 49): **die einen für aggressionsmindernd, die anderen für aggressionsstimulierend.** Dementsprechend sind auch die Zeitungs- und Zeitschriftenüberschriften zu diesem Thema durchaus verschieden.

Dazu nur folgende (frühe) Beispiele:
- *„Macht Fernsehen unsere Kinder kriminell?" (Bild der Wissenschaft, April 1975);*
- *„Brutalität im Fernsehen baut Aggressionshemmungen bei Kindern und Jugendlichen ab" (Deutsche Zeitung vom 23. September 1977);*
- *„Fernsehen als Vorbild für Verbrechen" (Quick vom 10. Juni 1982).*

Die empirischen Arbeiten, die bisher zu der Streitfrage veröffentlicht **19** wurden, betreffen fast ausschließlich die Wirkung der Gewaltdarstellungen im Fernsehen: (vgl die Sekundäranalyse von *Hauptmann* 1981, 12 ff, und *Jung/Müller-Dietz* 1981, 125 ff): „Welche langfristigen Auswirkungen wachsender, vielleicht gar bis zur Sucht gesteigerter **Videokonsum** auf Familie und Gesellschaft, auf Psyche und Verhalten von Kindern und Eltern haben mag, bleibt einstweilen reichlich nebelhaft" (so DER SPIEGEL vom 12. März 1984). Auch *Störzer* (in: BKA 1986, 191) weist darauf hin, daß „eine umfassende und repräsentative Untersuchung über die Nutzung von **Brutalvideos** für die Bundesrepublik Deutschland noch fehlt". Diese durch Fehlanzeige gekennzeichnete Situation hat sich allerdings inzwischen durch drei empirisch angelegte Arbeiten, von denen eine (*Ress*) 1990 und die beiden anderen 1991 veröffentlicht wurden. *Ress* analysiert an Hand von 12 Horrorvideos die Gestaltungsmittel der Hersteller sowie die Frage „warum Jugendliche von medialen Gewaltdarstellungen so gefesselt sind" (S. 1). *Vogelsang* und *Glogauer* haben hingegen Untersuchungen zu den Wirkungen von Gewaltvideos vorgelegt, ohne allerdings zu deckungsgleichen Ergebnissen zu gelangen. Die Unterschiede dürften damit zu tun haben, daß *Vogelsangs* Maßstab offenbar in „eindimensionaler Wirkmechanik" bestand (1991, 268), die, wie er selbst schreibt, „eine unzulässige Vereinfachung" (aaO) darstellt, während *Glogauer* von Plausibilitäten multifaktorieller Einflüsse ausgeht, unter denen er dem Fernsehen und dem Video eine besondere Stellung einräumt. *Glogauer* erkennt insoweit eindeutige Wirkungszusammenhänge, deren theoretische Basis aber (wie beim TV) die Medienwirkungstheorien bilden, auf die also auch der Videokritiker zurückgreifen muß.

a) Medien-Wirkungstheorien

Die entsprechenden Forschungsarbeiten (vor allem psychologische **20** Laborexperimente: Methodenkritik bei *Schneider* 1981, 647 ff) haben zur Herausbildung primär folgender Theorien geführt, die nur kurz (daher vereinfacht) dargestellt werden können: nämlich der

- *„Katharsistheorie" (Theorie der Abreaktion),*
- *„Stimulationstheorie" (Lern- und Leitbildtheorie),*

- *„Habitualisierungstheorie" (Gewöhnungs- bzw. Abstumpfungstheorie), sowie der*
- *„Anomietheorie".*

aa) Die „Katharsistheorie"

21   Nach der Katharsis (= Reinigungs-)Theorie führt die Betrachtung von Gewaltdarstellungen zu einer (subjektiv empfundenen) Spannungsreduktion: zu einem Abbau der eigenen Aggressionen des Zuschauers (Ventilfunktion des Fernsehens; Mediengewalt entstaut vorhandene Aggressionen bzw. übt zumindest aggressionsmindernden Einfluß aus). Der Zuschauer reagiert also im Rahmen der Betrachtung von Gewaltdarstellungen seine eigenen Spannungen (Aggressionen) ab („**Dampf ablassen**"): aggressionsreduzierende Wirkung (*Kunczik* 1975, 137).

22   *Die Bezeichnung „Katharsis", so wie sie im Rahmen dieser Theorie benutzt wird, lehnt sich an den entsprechenden Begriff an, den Aristoteles zur Beschreibung der Wirkung der Tragödie verwandt hat: „die Jammer und Schaudern hervorruft und hierdurch eine Reinigung (Kátharsis) von derartigen Erregungszuständen bewirkt"* (**Aristoteles**: *Über die Dichtkunst, übersetzt von Fuhrmann, M.: Aristoteles: Poetik, München 1976).*

Die Grundidee dieses von dem Amerikaner *Feshbach* 1961 vertretenen Erklärungs-Ansatzes besteht dementsprechend „in der Auffassung, daß eine Bereitschaft zur Aggression auf dem Niveau der Phantasie ,ausgelebt' werden könne, d. h., die über den Identifikationsmechanismus ablaufende innere Teilnahme an einem lediglich vorgeführten aggressiven Akt (wie er z. B. durch einen Film gegeben wird) führe zu einer Reduktion aggressiver Handlungsimpulse" (*Kelmer/Stein* 1975, 52). Diese Theorie gilt jedoch heute als **wissenschaftlich überholt** (vgl. z. B. *Schneider* 1981, 636; *Schwind/Winter* in: NStZ 1990, 105 ff; *Groebel/ Gleich* 1993, 22, und *Scheungrab* 1993).

bb) Die „Stimulationstheorie"

23   Nach der Stimulationstheorie (Lern- und Leitbildtheorie) werden Aggressionen erlernt (vgl. dazu Rdn. 42 zu § 6) und nachgeahmt: Imitationslernen (Lernen aus gewalttätigen Medieninhalten; vgl. Zeitungsausrisse unten).

24   Daß die empirische Bedeutung des „Beobachtungslernens" (observational learning) bereits durch zahlreiche Tierexperimente belegt werden kann, hebt auch *Kunczik* (1975, 384) hervor. So sind z. B. Katzen durchaus in der Lage, „durch Beobachtung einer trainierten Katze, die einen Hebel drückt, um Futter zu erhalten, wesentlich schneller diese Handlung selbst auszuführen, als dies durch operantes Konditionieren möglich wäre" (*Kunczik* aaO; zum operanten Konditionieren vgl. Rdn. 29 ff zu § 6). Die Vertreter der Stimulationstheorie (z. B. *Bandura*: unten Rdn. 26) können aber auch auf Experimente mit Versuchspersonen verweisen. Der „Tenor dieser Untersuchungen läßt sich mit einer einfachen Formel ausdrücken: Aggressionshaltige Filme liefern neue Verhaltensmodelle, welche quasi durch unmittelbare Assimilierung angenommen werden" (*Kelmer/Stein* 1975, 31). Dazu gibt es eine ganze Reihe von Erklärungsversuchen verschiedener Autoren, über die *Kunczik* (1975, 282 f) ausführlich berichtet.

Junge vergewaltigte zwei Schülerinnen

Der 15jährige hatte einen Pornofilm gesehen

aus: *Hamburger Abendblatt* vom 10. April 1992

Von Interesse ist auch der Befund mehrerer Arbeiten aus den Vereinigten Staaten, nach dem „Unterschichtsangehörige im Vergleich zu Mittelschichtsangehörigen Fernsehsendungen eher als der Realität entsprechend perzipieren" (*Kunczik* 1975, 397 m. w. N.). Diese Beziehung hängt aber möglicherweise (wie *Kunczik* aaO einschränkend dazu betont), „weniger von der Schichtzugehörigkeit selbst ab, als vielmehr davon, daß Unterschichtsangehörige einen vergleichsweise hohen Fernsehkonsum aufweisen". **25**

*(1) Als Ausgangsbeleg für die Relevanz der Stimulationstheorie wird dazu in der Literatur ein **Laborexperiment** häufig zitiert, das der Stanford-Psychologe **Bandura** mit Mitarbeitern durchgeführt hat (zit. nach Kelmer/Stein 1975, 31 ff): 96 Kinder im Alter zwischen 35 und 69 Monaten (also rund 3 bis 6 Jahre alt) konnten einen Erwachsenen bei der Ausführung aggressiver Handlungen beobachten. Einer ersten Untergruppe der Kinder führte man das aggressive Verhalten des Erwachsenen „in natura" vor, eine zweite Gruppe sah einen entsprechenden Film, eine dritte Gruppe ebenfalls einen Film, aber der Erwachsene war durch eine Trickfilmfigur ersetzt worden. Das aggressive Verhalten, das den Kindern vorgeführt wurde, bestand darin, daß der Erwachsene bzw. die Trickfigur (eine Comic-Katze) schimpfend („Schlag ihn nieder", „Hau ihm auf die Nase") auf einen aufblasbaren Clown namens „Bobo" einschlug (mit der Hand und einem Hammer). Einer vierten Gruppe der Probanden wurde gar nichts gezeigt: Sie sollte die Kontrollfunktion erfüllen. Anschließend wurden die Kinder dadurch „frustriert", daß man ihnen zunächst attraktive Spielzeuge überließ, die ihnen aber dann mit dem Hinweis, daß sie eigentlich nur für andere Kinder bestimmt seien, wieder abgenommen wurden. Nunmehr durfte jedes Kind (unauffällig beobachtet) zwanzig Minuten lang in einem Raum spielen, in dem sich unter anderem Spielzeug auch die Gummipuppe Bobo befand.* **26**

Ergebnis: Die Probanden der Kontrollgruppe (denen nichts gezeigt worden war) ließen Bobo in Frieden, während die Kinder der drei anderen Gruppen kreischend auf die Laborpuppe einschlugen (zur Kritik an der Untersuchung vgl. ausführlich *Kelmer/Stein 1975, 34 ff, sowie Kunczik 1975, 411).*

27   *(2) 20 % der von **Orwaldi** (1984, 12 zit. nach BKA 1986, 196) befragten Jugendlichen wollen nach Videokonsum neben einer Aggressionssteigerung allerdings zusätzlich auch Schlafstörungen und Alpträume bemerkt haben. Schlafstörungen und Alpträume sind nach **Hodel** (in: BKA aaO) ein Indiz dafür, „daß Energien, die zur Entwicklung gebraucht würden, Pathologisches verarbeiten müssen. Die Persönlichkeitsentwicklung Jugendlicher wird dadurch gehemmt. An Stelle einer Ausgeglichenheit verfestigt sich Angst."*

Nach Horrorangriff Bewährungsstrafe
Einfluß eines Videofilms als strafmildernd gewertet

PASSAU, 29. Juli (dpa). Wegen einer aufsehenerregenden Gewalttat nach dem Vorbild eines Horror-Videofilms ist ein fünfzehn Jahre alter Bauernjunge aus dem Landkreis Passau am Montag vom Landgericht Passau zu zwei Jahren Jugendstrafe auf Bewährung verurteilt worden.

Wegen suchtartigen Konsums von Horror-Videofilmen und schweren Erziehungsversagens der Eltern sei dem Jugendlichen verminderte Schuldfähigkeit zuzubilligen, entschieden die Richter. Der Junge hatte nach dem Vorbild eines Massenmörders in einem Horrorfilm seine zehn Jahre alte Cousine und eine 69 Jahre alte Nachbarin mit einer Axt angegriffen und lebensgefährlich verletzt. In dem Verfahren gegen den Minderjährigen hat das Gericht mit seinem Spruch den Einfluß von Horror-Filmen strafmildernd berücksichtigt.

aus: *FAZ* vom 30. Juli 1996

cc) Die „Habitualisierungstheorie"

28   Nach der „Habitualisierungstheorie" (Gewöhnungs- bzw. Abstumpfungstheorie) ist „eine Abstumpfung der emotionalen Sensitivität der Rezipienten durch Gewaltdarstellungen im Fernsehen" zu befürchten (*Kunczik 1975, 132, 134*): Danach soll durch die gewohnheitsmäßige Gewaltbetrachtung im Fernsehen erstens die Bereitschaft, selbst aggressives Verhalten zu zeigen, und zweitens die Gleichgültigkeit gegenüber Aggressionsopfern steigen (so für den Videokonsum auch *Vogelsang 1991, 34*).

29   Als Beispiel bringt *Kunczik* (1975, 131) einen Befund von *Himmelweit, Oppenheimer* und *Vince,* die (schon 1958) festgestellt haben, daß „Wildwestfilme bereits bei 7jährigen Kindern keine Furchtreaktionen mehr hervorrufen" (so auch *Schneider* 1981, 641). Gleichzeitig gibt *Kunczik* (1975, 133) jedoch zu bedenken, daß „mangelnde Sensitivität gegenüber im Fernsehen gezeigter fiktiver Gewalt keinesfalls gleichbedeutend ist mit mangelnder Sensitivität gegenüber realer Gewalt".

dd) Fernsehen und Anomietheorie

Schließlich wird die Gewaltdarstellung im Fernsehen auch noch mit **30** der Anomietheorie von *Durkheim* und *Merton* (Rdn. 6 ff zu § 7) in Verbindung gebracht (vgl. *Kunczik* 1975, 644). Danach kann sich kriminelles Verhalten als eine von mehreren Anpassungsarten aus der Diskrepanz zwischen den gesellschaftlichen Zielen und den (geringen) individuellen Möglichkeiten, diese erreichen zu können, ergeben (vgl. Rdn. 7 zu § 7). Auf die Fernsehsituation übertragen heißt das: durch z. B. (harte) Kriminal- oder Wildwestfilme wird deutlich gemacht, welche gesellschaftlichen Ziele als erstrebenswert gelten (etwa Geld, Macht, Ansehen), die für den bestimmten Zuschauer mit legitimen Mitteln jedoch nicht erreichbar erscheinen, im Fernsehen aber von anderen Personen mit gleichen Befähigungen, die man selbst zu besitzen glaubt, durch Gewalt erreicht werden können (vgl. Zeitungsausriß).

Insoweit stellt sich die Frage, ob der Hildesheimer Medienforscher *Heinrichs* recht hat, wenn er feststellt (in: Bild der Wissenschaft, April 1975, 91), „daß Aggressionsdarstellungen im Fernsehen für unsere Kinder Konfliktlösungsmodelle sind". Bestärkt sie also das Fernsehen darin, in die Kriminalität (und die Gewalt) auszuweichen?

Geiselnehmer überfiel Bank nach Vorbild aus einem Belmondo-Film

Als Frau verkleidet mit Beute geflohen

KIEL (dpa)

Mit dem Geständnis des Angeklagten hat am Montag vor dem Kieler Landgericht der Prozeß gegen einen 23jährigen Mann begonnen, der am 5. März beim Überfall auf die Sparkasse in Schönberg 13 Geiseln genommen hatte und als Frau verkleidet mit 150 000 DM geflohen war. Der Staatsanwalt wirft dem gelernten Krankenpfleger unter anderem räuberische Erpressung vor.

Vorbild sei der Spielfilm „Der Boß" mit Jean-Paul Belmondo gewesen, sagte der gebürtige Jugoslawe. In dem Streifen überfällt Belmondo — als Clown verkleidet — eine Bank.

aus: *WAZ* vom 4. August 1992

ee) Die differenzierende Betrachtungsweise (als übergreifender Erklärungsansatz)

31   Danach läßt sich als bisheriges Ergebnis festhalten, daß die Untersuchungsergebnisse zu der Frage, ob sich Gewaltdarstellungen auf dem Bildschirm eher **aggressionssteigernd oder eher aggressionshemmend** auswirken, grundsätzlich **widersprüchlich** erscheinen.

32   So soll die Betrachtung von Gewaltdarstellungen nach der Katharsistheorie eher zu einem Aggressionsabbau führen, während die Vertreter der Stimulationstheorie die Meinung vertreten, daß aggressionshaltige Filme (durch Beobachtungslernen) eher zur Nachahmung von Aggressionen verleiten: ein Standpunkt, der zumindest im Ergebnis grundsätzlich auch der Habitualisierungstheorie entspricht und auch mit der Anomietheorie nicht im Widerspruch steht.

33   Im übrigen muß jedoch eingewandt werden, daß durch die Labor-Experimente, die zum Beleg der Theorien angeführt werden, allenfalls der kurzzeitige, nicht der langfristige ständige Einfluß von Fernsehprogrammen kriminellen Inhalts gemessen wurde (*Schneider* 1981, 634). Aber auch insoweit entsprechen die Ergebnisse nicht den Resultaten der empirischen Feldforschung (Überblick bei *Schneider* 1981, 640 ff).

34   Gleichwohl fällt auf, daß die Vertreter der unterschiedlichen Erklärungsansätze immerhin darin übereinstimmen, daß die Ausgangsfrage in schichtspezifischer Hinsicht nach einer differenzierteren Antwort verlangt. Jedenfalls scheinen Kinder und Jugendliche, die aus der **Unterschicht** stammen, durch Gewaltdarstellungen im Fernsehen **eher gefährdet** zu sein als Kinder und Jugendliche, die in Mittelschichtsfamilien aufwachsen dürfen. Dieses Resultat kann allerdings aber auch damit zu tun haben, daß Unterschichtskinder **(möglicherweise) häufiger vor dem Bildschirm** sitzen als andere und dadurch entsprechend stärker beeinflußt werden (können). Die ZDF-Soziologin Hella *Kellner* (vgl. DER SPIEGEL Nr. 51/1977, 54) hat insoweit immerhin einen „engen negativen Bezug" zwischen Dauerfernsehen und Schweigsamkeit in Unterschichtsfamilien beobachten können. Plausibel erscheint darüber hinaus die schon erwähnte Vermutung, „daß Unterschichtsangehörige im Vergleich zu Mittelschichtsangehörigen Fernsehsendungen eher als der Realität entsprechend perzipieren". In diesem Zusammenhang gewinnt z. B. die Beobachtung von *Höhler* (1977, 9) Bedeutung, nach der „die Verwicklung des Betrachters in die gezeigte Handlung um so nachhaltiger ist, **je realitätsähnlicher ihm das Geschehen erscheint.** Kinder unter 12 Jahren zeigen sich am tiefsten in Fernsehfiktionen verstrickt".

35   Deshalb stellt sich für *Höhler* (aaO; vgl. dazu auch *Jung/Müller-Dietz* 1981, 183 f, und *Glogauer* 1991, 109) der bisherige Wissensstand wie folgt dar: „Eine Zunahme der Gewaltakte infolge gewalttätiger Fernsehfilme verzeichnen die Forscher für jene Jugendlichen, die aus **einem soziokul-**

turellen Milieu mit geringer Aggressionshemmung kommen. Die Höhe der Hemmschwelle scheint also für den realen Ausbruch aus der aggressiven Stimmung in die aggressive Handlung entscheidend. ... So bilden **bei Kindern** aus den aggressionsbetonten Milieus, die in der Regel mit der sozialen Unterschicht identisch sind, materielle Verbesserungen der Situation, die als Synonyme für persönlichen Erfolg und höheres Ansehen gelten, erstrebenswerte Ziele. Ein gewalttätiger Fernsehheld ist für diese Kinder nachahmenswert, wenn er, gleichviel mit welchen moralischen Mitteln, sein Ziel erreicht".

*Das gilt nach einer Interviewstudie, die **Scheungrab** (1993) vorgelegt hat, auch für **jugendliche Straftäter**. Befragt wurden 50 Häftlinge der Jugendstrafanstalten Neuburg-Herrwörth und Laufen-Lebenaux sowie eine Vergleichsgruppe Nichtdelinquenter. Resultate: Inhaftierte bevorzugen gewaltverherrlichende Filme und identifizieren sich mit den Tätern; **antisoziale Einstellungen werden verstärkt, Rechtfertigungstechniken übernommen**.*

b) Zusammenfassung (im Kontext der Ergebnisse der neueren Forschung)

Versucht man, die bisherigen Ausführungen zusammenzufassen, ergibt sich zu der Frage, ob Gewalt im Fernsehen eher aggressionssteigernd oder eher aggressionshemmend wirkt, das folgende Bild: **36**

– *Es gibt Untersuchungen, die für die erste Vermutung sprechen; es gibt aber auch Untersuchungen, die die zweite Vermutung belegen.*
– *Eine Zunahme der Gewaltakte infolge gewalttätiger Fernsehfilme bzw. Videofilme tritt insbesondere bei Kindern und Jugendlichen auf, die aus der Unterschicht stammen,*
– *und zwar insbesondere bei solchen, die aus gewaltbetontem Milieu (vgl. Rdn. 46 zu § 10) bzw. aus einem soziokulturellen Milieu mit geringer Aggressionshemmung kommen (**vorhandene kriminogene Disposition**). Bei diesen scheint die Fernsehgewalt verstärkend und bestätigend in bezug auf ihre eigene Umwelterfahrung zu wirken (**Verstärkerhypothese:** so auch Eickel/Eicke 1994, 193). Nach Hodel (in: BKA 1986, 195) „offenbart sich die rohe Gewalt (aber erst) bei psychologischen Zusatzbelastungen, in sozialen Konflikten und Streit".*

Insgesamt betrachtet darf man jedoch nicht übersehen, daß die Frage, wie sich die Kriminalitätsdarstellung in den (Massen-)Medien (insbesondere im Fernsehen und im Videobereich) auswirkt – durch die Kommunikationsforschung bzw. durch die Massenmedienforschung (vgl. dazu z. B. *Smaus* 1978, 189) – bisher nicht zuverlässig aufgeklärt werden konnte. Jedenfalls „lassen die unterschiedlichen wissenschaftstheoretischen Ansatzpunkte und Hypothesen zusammenfassende Aussagen nur begrenzt zu" (*Jung* 1985, 285). Hat der Deutsche Presserat mit seiner Stellungnahme vom 14. November 1990 (vgl. oben Rdn. 12) also recht? **37**

38   Nur bedingt, denn er **übersieht, daß in der Kriminologie monokausale Zusammenhänge grundsätzlich generell nicht nachweisbar sind,** weil sozial abweichendes Verhalten meist mit Vernetzungen verschiedener Einflußfaktoren zu tun hat (dazu Rdn. 3 vor § 4). Dazu heißt es deutlich z. B. bei P. *Schneider* wie folgt: **„Eine Gesellschaft, die auf einen wissenschaftlichen Beweis wartet, daß (hier) ... ein Zusammenhang besteht, kann man nur auf den Mond schießen"** (DVJJ 1993, 273). Man darf also nur Wahrscheinlichkeiten abschätzen. Dazu nun hat die Sekundäranalyse der (nationalen und internationalen) Forschung ergeben, daß

> *„die neuere Forschung in der Tendenz zeigt, daß Gewaltdarstellungen in den Medien gewaltfördernde Auswirkungen haben können" (Schwind/Baumann et al. 1990, 220; so z. B. auch Glogauer 1988 und 1991 sowie Groebel/Gleich 1993, 24).*

39   Im Endgutachten der (Anti-)Gewaltkommission der Bundesregierung (aus dem dieser Satz stammt) heißt es dann weiter: „Dabei liegt das Problem weniger in der Gefahr direkter Nachahmungstaten. Es ist vielmehr darin zu sehen, daß (erfolgreich erscheinende) aggressive Modelle ganz allmählich

> – *erstens: Werte, Normen und **Einstellungen** gegen Aggressionen verändern,*
> – *zweitens: gegen Gewalt **desensibilisieren** und*
> – *drittens: Gewalt als **Problemlösungsmittel** anbieten.*

40   Im Einzelfall zeigen die Medien den zu Gewalt Entschlossenen im Detail, wie ein Verbrechen erfolgreich durchgeführt werden kann. Mehr noch: Sie verraten mögliche Gegenmaßnahmen. **Die angedeuteten Wirkungen sind im Rahmen der sozial-kognitiven Lerntheorie gut abgesichert."** (*Schwind/Baumann* et al. aaO; vgl. dazu auch *Glogauer* 1991). Danach ist mit Nachahmungs-, Gewöhnungs- und Verstärkereffekten (entgegen der Annahme des Deutschen Presserates) durchaus zu rechnen.

41   *Streng* (1977, 499 m. w. N.) weist darüber hinaus darauf hin (der Deutsche Presserat hält sich insoweit eher zurück), „daß die **Publicity,** die die Massenmedien manchen Taten bzw. Tätern verschaffen, auf noch unmittelbarere Weise **zu kriminellen Taten antreiben** kann". Das gilt z. B. auch für **Gewalt-Demonstrationen.** Im Endgutachten der (Anti-)Gewaltkommission heißt es dazu: „Indem die Medien ihre Aufmerksamkeit einseitig dem gewalttätigen Protest zuwenden, verhelfen sie dieser Form des Protestes zumindest zu einem Teilerfolg und belohnen ihn damit." (*Schwind/ Baumann* et al. 1990, 85).

42   Das gilt ferner für **Massenkrawalle** (wie z. B. fast jedes Jahr in Hannover und Kreuzberg) für die Aktionen jugendlicher Tätergemeinschaften (Skins/Hools/Punker: Rdn. 23 ff zu § 28 oder für die Aktionen der **terroristischen Straftäter** (§ 30). Auch diese begehen ihre Straftaten (wie *Streng* aaO hervorhebt) „in der (berechtigten) Erwartung, daß die Massenmedien extensiv darüber berichten werden und ihnen so die öffentliche Beachtung verschaffen, auf die es ihnen so sehr ankommt. Dabei steuern diese Politkriminellen die publizistische Verwertung ihrer Aktionen zuweilen, indem sie die Medien zwingen, vorformulierte (Rechtfertigungs-)Erklärungen zu verbreiten".

III. Medienverantwortung und Kriminalpolitik

Der Deutsche Presserat bringt in seiner Stellungnahme vom 14. **43** November 1990 (vgl. oben Rdn. 12) zum Ausdruck, daß kein Handlungsbedarf, der auf eine Veränderung der Fernsehdarstellung abzielt, bestehe und zwar deshalb nicht, weil negative Einflüsse (insbesondere des Fernsehens) mit völliger Sicherheit (bisher) nicht nachweisbar sind. Wenn dieser Standpunkt zutreffen würde, dürften auch keine Stoffe als umweltbelastend verboten werden, deren Schädlichkeit nur wahrscheinlich erscheint: auch das Verbot weiche Drogen zu dealen, würde entfallen. Die Beispiele zeigen, daß ein Handlungsbedarf (zum Schutz der Bevölkerung) immer schon dann bejaht werden muß, wenn ein **hohes Maß an Wahrscheinlichkeit** dafür besteht, daß Gefahr oder Schaden droht. Die Beweislast für die soziale Unschädlichkeit ihrer Programme tragen die Medien, die im eigenen Interesse daher entsprechende Forschungsprogramme fördern sollten.

Über der Diskussion der negativen Auswirkungen der Kriminalitäts- **44** darstellung durch die (Massen-)Medien sollte man im übrigen nicht vergessen, daß diese auch positive Einflüsse ausüben (können), die vor allem im Rahmen der präventiven Verbrechensbekämpfung Bedeutung besitzen.

1. Medienaufgaben aus kriminalpolitischer Sicht

Zu diesem Verantwortungsbereich kann man aus kriminalpolitischer **45** Sicht insbesondere zählen (vgl. *Zimmermann* 1984, 20 ff):

- die **Vermittlung von Realitäten:** *„Detaillierte Kenntnisse über die Arbeitsweise von Rechtsbrechern ermöglichen es (dem Bürger), rechtzeitig zu erkennen, wann er selbst auserwählt ist, Opfer einer Straftat zu werden" (Zimmermann 1984, 20);*
- die **Nutzung der Ratgeberfunktion:** *etwa im Rahmen des Vorbeugungsprogramms der Landeskriminalämter „Die Kriminalpolizei rät", das in zahlreichen Zeitungen abgedruckt und auch im Fernsehen ausgestrahlt wird; oder im Rahmen der Vorbeugeserie „Vorsicht Falle" des ZDF;*
- die **Parteinahme für Recht und Gesetz:** *So tragen die Massenmedien (nach Schneider 1981, 633) „zur Verankerung der durch Strafgesetz erlassenen Normen im Rechtsbewußtsein der Gesellschaft und zur Durchsetzung dieser Normen durch die Instanzen sozialer Kontrolle bei".*

Daß den (Massen-)Medien auch im gesellschaftlichen Kriminalisie- **46** rungsprozeß (z. B. Drogenmißbrauch) und Entkriminalisierungsprozeß (z. B. Entschärfung des § 218 StGB) Verantwortung zufällt, wird im Schrifttum immer wieder betont (vgl. z. B. *Schneider* 1981, 633). Man kann den (Massen-)Medien aber grundsätzlich nicht absprechen, daß sie sich auch entsprechend bemühen. Jedenfalls wären ohne das Werben für ein liberales Strafrechtsverständnis und für den Resozialisierungsgedanken weder die Strafrechtsreform noch die Strafvollzugsreform in der Bevölkerung allgemein akzeptiert worden (vgl. *Schild* 1983, 91, und die Umfrageergebnisse z. B. bei *Kury* 1980).

47   Die Medien können auf der anderen Seite auch dazu beitragen, daß Gesetzgebungsverfahren verzögert oder verhindert werden (vgl. *Schneider* aaO): Ein Beispiel bildet die auch aus kriminalpolitischer Sicht relevante Begrenzungspolitik in der Ausländerfrage (dazu Rdn. 40 zu § 24).

Kritisiert wird,

– *daß die (Massen-)Medien zu wenig auf die „Alltagskriminalität" eingehen und durch die Art ihrer Berichterstattung unrealistische Kriminalitätsbilder zeichnen (vgl. z. B. Abele/Stein-Hilbers 1978, 166, 172; Stein-Hilbers 1977; vgl. auch oben Rdn. 1 ff);*

– *daß die Ratgeberfunktion mißbraucht wird: die Sendung „Aktenzeichen XY – ungelöst" als „Musterbeispiel der ideologischen und ökonomischen Ausbeutung der Kriminalität" (Smaus 1978, 197);*

– *daß die (Massen-)Medien bei der Berichterstattung über die Probleme von Randgruppen (zumindest mitunter) die generalpräventive Aufgabe der Parteinahme, für Recht und Ordnung einzutreten, vernachlässigen. Andere stört hingegen gerade, daß die „Massenmedien eine status-quo-erhaltende" und „machtlegitimierende Funktion" ausüben (Smaus 1978, 178).*

Kirchen fordern Meinungsvielfalt

Für Kontrolle der Medienmacht

Frankfurt, 30. 4.
(Reuter/ddpADN/dpa/AP)
Die beiden großen Kirchen in Deutschland fordern gesetzliche Schritte gegen die Bildung von Medienmonopolen sowie eine schärfere inhaltliche Kontrolle der elektronischen Medien.

aus: *NOZ* vom
1. Mai 1997

2. Zum Problem der Medienkontrolle

48   Trotz der Gefahren, die möglicherweise von der Kriminalitätsdarstellung in den Medien ausgehen, hat sich der Gesetzgeber grundsätzlich

*– orientiert an Art. 5 Abs. 1 GG, nach dem eine Zensur nicht stattfindet; Ausnahme entsprechend dem Gesetzesvorbehalt in Art. 5 Abs. 2 GG: die Pressefreiheit wird durch die **Jugendschutzgesetze** und das **Strafrecht** (§§ 131, 184 StGB) begrenzt –*

jeder Einflußnahme enthalten, und zwar in der Erwartung, daß die medienrechtlichen Mechanismen der Selbststeuerung funktionieren. *Geerds* (1986, 444) erinnert in diesem Zusammenhang an die Aufgaben des Deutschen Presserats und an **Nr. 27 der Presserichtlinien**, weil es z. B. zu den Aufgaben der Gerichtsberichterstattung gehört, „die Öffentlichkeit durch sorgfältige und unparteiische Darstellung zu unterrichten". *Geerds* appelliert also an die Organe der Selbstkontrolle der Medien. Welche gibt es?

a) Selbstkontrolle der Printmedien

Die Aufgabe der Selbstkontrolle der Printmedien (alle Presseerzeugnisse) hat primär der (1956 als e. V. in Bonn gegründete) **Deutsche Presserat** (vgl. oben Rdn. 12) übernommen (ausführlich *Meyn* 1985, *Weyl* 1988, 150 ff). Dieser setzt sich zusammen: aus 10 Journalisten der Journalisten-Verbände, 10 Verlegern der Verlegerverbände sowie drei vom Presserat hinzugewählten weiteren Mitgliedern. Das Gremium tagt alle drei Monate in nichtöffentlicher Sitzung; die Amtszeit beträgt zwei Jahre. Die Satzung erwähnt u. a. folgende Aufgabenbereiche:

– die Bekämpfung von Mißständen im Pressewesen,
– die Prüfung von Beschwerden über einzelne Presseorgane,
– die Erstellung eines Pressekodexes und von Richtlinien für die publizistische Arbeit (vgl. dazu die oben von *Geerds* erwähnte Nr. 27).

Ziff. 11 des Pressekodex (i. d. F. vom 27. November 1991) fordert den **Verzicht auf eine unangemessene Darstellung von Gewalt und Brutalität** sowie den Schutz der Jugend. Nach der Beschwerdeordnung (abgedr. im Jb. des Dt. Presserates 1991, 225 ff) können (von jedermann geltend gemachte) Verstöße „als unbegründet zurückgewiesen" werden, oder es kann (was selten geschieht, weil man offenbar lieber auf die Kollegenschelte verzichtet) auch eine „Mißbilligung" oder eine **„Rüge"** ausge-

49

Der Presserat mißbilligt Überschrift der „tageszeitung"

BONN, 4. Januar (AFP/Reuter). Der Deutsche Presserat hat der Berliner „tageszeitung" (taz) wegen der Überschrift „Kruzifix! Bayern ohne Balkensepp" eine Mißbilligung ausgesprochen. Das teilte die Deutsche Bischofskonferenz, die sich gegen die Überschrift gewandt hatte, am Donnerstag in Bonn mit. Der Beschwerdeausschuß des Presserates befand in einer nicht-öffentlichen Sitzung, daß durch die Bezeichnung „Balkensepp" das Kreuz als Symbol des christlichen Glaubens der Lächerlichkeit preisgegeben werde. Das Wort sei geeignet, das religiöse Empfinden von Christen zu verletzen. Die „tageszeitung" ist nicht verpflichtet, die Mißbilligung abzudrucken, doch Chefredakteur Lüka sagte, an diesem Freitag werde darüber berichtet. Er akzeptiere die Entscheidung des Presserats, halte die Reaktion auf das "Wortspiel" allerdings für übertrieben.

aus: *FAZ* vom 5. Januar 1996

sprochen werden (vgl. dazu den Zeitungsausriß unten). Diese soll dann das kritisierte Presseorgan abdrucken, was jedoch (mangels Rechtspflicht) oft nicht geschieht. Die Arbeit des Presserates wird daher (von Insidern abgesehen) durchweg negativ bewertet: **„Papiertiger"** (*BOven-ter:* Ethik des Journalismus, Konstanz 1984), **„zahnloser Löwe"** (*Meyn* in: medium 2/1989, 34), **„total überflüssig"** *(Schönfeld* in: Rentschler medium 2/1989, 44 ff).

Neben dem Deutschen Presserat, der seine Aufgabe wohl auch darin sieht, Kritik an der unkontrollierten vierten Gewalt abzuwehren (vgl. oben Rdn. 12), beschäftigt sich neuerdings der Verein **„Fair Press"** mit den „schwarzen Schafen" seines Berufsstandes (Überblick bei *Bermes* 1991).

50 *b) (Selbst-)Kontrolle der Bildmedien*

Die Kontrolle der Bildedien (vgl. dazu *Nolden/Stefen* 1996, 1 ff) liegt (erstens) in der Hand **öffentlich-rechtlicher Institutionen wie der**
– **Bundesprüfstelle für jugendgefährdende Schriften** (BPS), der
– **Landesmedienanstalten** (LMA), die als Zulassungs- und Aufsichtsbehörden für die privaten Rundfunk- und Fernsehveranstalter Bußgelder (vor allem wegen Pornographie und Gewaltdarstellungen) in Millionenhöhe gegen die Privatsender verhängen (können), sowie der
– **Jugendschutzbeauftragten,** die (seit 1.8.1994) jeder TV-Sender mit bundesweit ausgestrahltem Programm einsetzen muß.

Kontrolle wird (zweitens) aber auch durch **freiwillige Selbstkontrolleinrichtungen** ausgeübt, vor allem durch die
– **Freiwillige Selbstkontrolle der Filmwirtschaft** (FSK), die
– **Freiwillige Selbstkontrolle der Fernsehen** (FSF) und die
– **Automatenselbstkontrolle** (ASK).

Den Prüfungsmaßstab bilden für alle diese Institutionen primär der Jugendschutz bzw. die entsprechenden Jugendschutzgesetze.

50a aa) Für die **BPS** (gegründet 1954) stellt das **GjS** die Entscheidungsgrundlage dar: das Gesetz über die Verbreitung jugendgefährdender Schriften in der Fassung der Bekanntmachung vom 12. Juli 1985 (BGBl. I, S. 1502). Der § 1 dieses Gesetzes bestimmt, daß alle „Schriften", die geeignet sind, Kinder oder Jugendliche sittlich zu gefährden, in einer Liste zu erfassen sind. Als Beispiele nennt das Gesetz (in § 1) unsittliche, verrohend wirkende, zu Gewalttätigkeit, Verbrechen oder Rassenhaß anreizende sowie den Krieg verherrlichende Schriften.

*Unter „Schriften" (Druckerzeugnisse wie Zeitschriften, Bücher, Comics) sind nach der Gesetzes-Begründung (vgl. BT-Drucks. 1/1101, S. 10) auch **Kino- und Videofilme, Schallplatten, Tonkassetten sowie Computerspiele** zu verstehen; nach der Rechtsprechung des Bundesverwaltungsgerichts (BVerwGE 85, 169 ff) aber **keine reinen Fernsehsendungen** wie z. B. die „Schwarzwaldklinik"; mit solchen darf sich rechtswirksam grundsätzlich (vgl. §6 Abs. 7 JÖSchG)nur die FSK (vgl. unten) befassen.*

Die BPS (eine **oberste Bundesbehörde**) entscheidet darüber, welche dieser „Schriften" mit jugendgefährdenden Inhalten in der erwähnten „Liste" erfaßt werden (sog. **Indizierung**) und zwar entweder (mit Zwei-drittel-Mehrheit) im Rahmen eines 12er-Gremiums oder bei offenbarer Jugendgefährdung (dann einstimmig) im Rahmen eines 3er-Gremiums. Die **ehrenamtlichen Mitglieder dieser Gremien** werden durch Bund und Länder berufen. Der Bund **ernennt** (durch das Bundesministerium für Frauen und Jugend) **auf Vorschlag** ihrer Verbände acht Gruppenbeisitzer. Zu diesen Verbänden gehören solche aus den folgenden Bereichen: Kunst, Literatur, Buchhandel, Verleger, **Jugendverbände, Jugendwohlfahrt, Lehrerschaft,** Kirchen. Die drei Länderbeisitzer werden von den Landesregierungen ernannt. Die Amtszeit der Vorsitzenden und Beisitzer währt drei Jahre. Die Indizierung, die sie aussprechen können, erfolgt **nur auf Antrag.** Antragsberechtigt sind: alle Jugendämter, die Landesjugendämter, die Landesjugendministerien und das Bundesministerium für Frauen und Jugend, das auch die Dienstaufsicht über die BPS führt. Die **Folgen der Indizierung,** die **im Bundesanzeiger bekanntgemacht** wird, werden in den §§ 3 bis 5 GjS festgeschrieben: Beschränkung der Werbung, Verbreitungsverbot an Kinder und Jugendliche sowie Verbreitungsverbot außerhalb von Geschäftsräumen (vgl. *Stefen* 1995, 1 ff; kritisch *Barsch* 1996, 24 ff). Was bleibt, ist die Möglichkeit, indizierte Video-Filme in eigens für Erwachsene abgetrennten Ladenräumen anzubieten (dazu *Störzer* in: BKA 1986, 199 ff; zu Kontrollproblemen vgl. z. B. *Lauton* 1984, 575 ff). Die Indizierung stellt also kein Totalverbot dar; gegen sie steht im übrigen der **Rechtsweg** zum Bundesverwaltungsgericht offen.

bb) Die **FSK** ist ein **Gremium der SPIO** (der Spitzenorganisation der **51** Filmwirtschaft) mit Sitz in Wiesbaden, in dem auch die obersten Landesbehörden mit einem ständigen Vertreter Einfluß ausüben. Die FSK entscheidet darüber, welche ihr (von Filmverleihern) vorgelegten **Kino- oder Fernsehfilme** für welche Altersstufe in Betracht kommen. Die Entscheidungsgrundlage bilden dabei die „FSK-Grundsätze", die sich am **JÖSchG** orientieren: an dem Gesetz zum Schutz der Jugend in der Öffentlichkeit vom 25. Februar 1985 (BGBl. I, 1985, 425 ff, geänd. durch Art. 21 Drittes RechtsbereinigungsG vom 28. Juni 1990, BGBl. I, S. 1221). Nach § 2 dieser Grundsätze darf kein Film „das sittliche und religiöse Empfinden oder die Würde des Menschen verletzen, entsittlichend und verrohend wirken ..., im besonderen brutale und sexuelle Vorgänge in übersteigerter, anreißerischer, selbstzweckhafter Form schildern ..." (abgedruckt im Jugend-Medien-Schutz-Report 4/1992, 39).

Um solche Wirkungen zu verhindern, erfolgen **spezifische Altersfreigaben:** „Freigegeben ohne Altersbeschränkung", „Freigegeben ab 6/12/16 Jahre", „nicht freigegeben unter 18 Jahre" (§ 6 Abs. 3 JÖSchG). Die FSK überprüft etwa 90 % aller Filme; jährlich über 1 000, darunter rund 300 Kinofilme (*Klingsporn* 1987, 4 ff).

> *Das Problem besteht darin, daß die Prüfer grundsätzlich weder aus*
> *den Jugendverbänden entsandt werden, noch eine psychologische Aus-*
> *bildung vorweisen müssen; sie entscheiden also allein nach persönlichem*
> *Eindruck (zur Problematik v. Gottberg in: Film & Fakten 4/1988, 2 ff).*
> *Die Entscheidungen (Verwaltungsakte) werden aber nicht von der*
> *FSK, sondern letztlich von den Landesjugendministern getroffen;*
> *jedenfalls schreibt das § 6 JÖSchG so vor. Die FSK spielt danach nur*
> *die Rolle einer „**gutachterlichen Stelle**" (§ 27 der FSK-Grundsätze).*
> *Rechtsmittel sind deshalb gegen die Landesjugendminister zu richten.*

Filme, die eine Freigabe erst „ab 18 Jahre" erhalten, dürfen im Fernsehen nur **zwischen 23 Uhr und 6 Uhr** früh gezeigt werden; das ergibt sich
aus dem **Rundfunkstaatsvertrag vom 31. August 1991,** der am 1. Januar
1992 in Kraft trat (ausführlich *Linhart* 1990, 63 ff). Entsprechende
Kopien kann nur, wenn sie gegen das Strafrecht verstoßen (§§ 131, 184
StGB), auf Antrag der Staatsanwaltschaft die Richter einziehen (vgl.
dazu *Seetzen:* Vorführung und Beschlagnahme pornographischer und
gewaltverherrlichender Spielfilme, in: NJW 1976, S. 497–501); zur
Beschlagnahme von Gewaltvideos: vgl. auch *LG Duisburg* in: NStZ
1987, 367 f; zu neuen Vorschlägen vgl. Zeitungsausriß.

„Sendeverbot für gefährdende Filme"

Bonn, 17. 3. (dpa)
Angesichts der stark gestiegenen Kinder- und Jugendkriminalität hat die Kinderkommis-
sion des Bundestages ein gene-
relles Sendeverbot für indizierte Filme gefordert. Die
Rundfunkstaatsverträge der
Länder müßten derart geändert werden, daß auch ein Ausstrahlen der Beiträge nach 23
Uhr verhindert werde, sagte
Hildebrecht Braun (FDP) am
Montag in Bonn. Das Gezeigte
habe „katastrophale Folgen für
die kindliche Psyche" und stei-
gere die Gewaltbereitschaft.

aus: *NOZ* vom 18. März 1997

51a   cc) Die **FSF** wurde am 24. November 1993 ins Leben gerufen: von
SAT 1, RTL 1 und RTL 2, Pro 7, Vox, Premiere, Kabelkanal, DSF und
ntv. Damit „soll der Beweis erbracht werden, daß die privaten Veranstal-
ter in Eigenverantwortung die Darstellung von Gewalt und Sexualität im
Fernsehen begrenzen" (so der FSF-Vize in der FAZ vom 25. November

1993). Ob es sich gleichwohl um eine bloße „Alibi-Nummer" handelt (so FR vom 24. November 1994), bleibt abzuwarten. Skepsis ist angebracht. Bisher hat sich noch relativ wenig getan.

dd) Die **ASK,** die Automatenselbstkontrolle, prüft (seit 1983) Spielge- **51b** räte vor deren Markteinführung (auf Antrag ihrer Mitglieder) unter jugendschutz- und strafrechtlichen Gesichtspunkten: „Gewaltverherrlichende und qualifiziert pornographische Spiele schließt sie vom Einsatz in der Bundesrepublik aus" (*Nolden/Stefen* 1996, 3). Die freigegebenen Spiele erhalten eine Alterskennzeichnung („jugendfrei ab 16, frei ab 18"), die durch einen **Aufkleber auf dem Gerät** kenntlich gemacht wird. In rechtlicher Hinsicht handelt es sich allerdings nur um Empfehlungen an die Aufsteller (*Nolden/Stefen* aaO).

c) Unkontrollierte „Vierte Gewalt"?

Die Zunahme der Gewaltdarstellungen in den Medien wirft die Frage **52** auf, ob die Selbstkontrolle, auf die der Staat bisher vertraut hat, ihre Aufgabe löst. Von *Schwinge* (1990) wird die Frage unter dem Stichwort „Machtmißbrauch durch die Massenmedien" entschieden verneint. Die Grundsatzprogramm-Kommission der CDU fordert deshalb z.B. die Verstärkung der freiwilligen Selbstkontrolle (wie immer die aussehen soll) sowie „professionelle Kontrollinstanzen".

Aus kriminalpolitischer Sicht erscheinen vor allem drei Vorschläge, die zur Verbesserung der Situation beitragen könnten, diskutabel (und praktikabel):

„Kanns mir mal erklärn, wie unser Kleiner neuerdings auf so'n Stuß kommt?"
aus: *Stuttgarter Zeitung* vom 3. Dezember 1992

- *erstens: die **Professionalisierung** der Berichterstattung, die nach Jung (1985, 298) im Rahmen der „medienrechtlichen Mechanismen der Selbststeuerung" möglich sein sollte; die „mäßige Sachkunde" mancher Kriminalberichterstatter wird auch von Geerds (1986, 438) und Sessar (1996, 282) kritisiert;*
- *zweitens: die Stärkung des journalistischen Verantwortungsbewußtseins durch die weitere **Effektivierung des Systems freiwilliger Selbstkontrolle:** evtl. Einsetzung eines Medienbeauftragten mit entsprechendem Auftrag beim Bundestag (nach dem Vorschlag von Kepplinger/Dahlem 1990, 391; vgl. auch Abele/Stein-Hilbers 1978, 172);*
- *drittens: die **Institutionalisierung von wissenschaftlicher Kritik** durch die regelmäßige Veranstaltung eines Gewaltsymposiums (jährlich), auf dem aktuelle Forschungsergebnisse vorgelegt werden.*
- *viertens: die **Kennzeichnung von Gewaltfilmen im TV.** In Frankreich wird vor solchen Streifen seit November 1996 durch ein Symbol (in den Stufen 1–5 je nach Brutalitätsgrad) am Bildschirmrand gewarnt.*

3. „Jugendschutz beginnt im Wohnzimmer"

53   Es ist daher fraglich, ob die gesetzlichen Maßnahmen ausreichen werden, den gewollten Jugendschutz zu erreichen. Aus kriminalpolitischer Sicht dürfte es deshalb nach wie vor notwendig sein, die **Eltern** auf ihre erzieherische Veranwortung zu verweisen (vgl. Karikatur auf S. 277). Denn „wenn Eltern aus Nachgiebigkeit (oder Bequemlichkeit) oder gar aus Kumpanei ihre Kinder Filme ansehen lassen, die diesen in öffentlichen Kinos verwehrt sind, ist (jeder) gesetzliche Jugendschutz vergebens ...: Jugendschutz beginnt im Wohnzimmer" (*Lauton* 1984, 576; ähnlich *Baacke* 1989, 13; zur Medienerziehung im Kindergarten vgl. *Näger* 1992 und Grundschule vgl. *Aufenanger* 1991).

Psychologe Stefan Schmidtchen:
So lernt Ihr Kind richtig fernsehen

Genau wie Lesen und Schreiben ist richtiges Fernsehen erlernbar, sagt Kinderpsychologe Professor Stefan Schmidtchen aus Hamburg. Er rät Müttern: ● Programm-Zeitschriften studieren und Sendungen gemeinsam auswählen. So werden Kinder nicht zu Zufalls-Sehern. Sie lernen, bewußt zu entscheiden und Fernsehen nicht zum „Zeittotschlagen" zu benutzen. ● TV-Zeit begrenzen 3½ bis 5 Jahre: 30 Minuten täglich, nur gemeinsam mit Mutter oder Vater und nie direkt vorm Einschlafen. 5 bis 7 Jahre: maximal eine Stunde täglich, gelegentlich auch mal eine Sendung alleine, aber nie später als 18 Uhr. 7 bis 10 Jahre: bis zu 2 Stunden, aber nur bis 19.30 Uhr. Eltern brauchen nicht ständig mitzugucken, sollten mit ihren Kindern aber öfter über das Gesehene sprechen. 10 Jahre und älter: maximal 2½ Stunden, aber nie mehr als zwei Stunden im Stück. Bis 19.30 Uhr, in den Ferien auch mals bis 22 Uhr. Das Gerät nicht direkt nach den Schularbeiten einschalten. ● Ein letzter Tip: Selbst mit gutem Beispiel vorangehen und den Fernseher nicht wahllos laufen lassen.

aus: *Bild der Frau* vom 9. November 1992

Viele Eltern wissen allerdings gar nicht – wie Glogauer (1991, 139) festgestellt hat –, welche (Video) Filme ihre Kinder (z. T. in der Clique) konsumieren und wie oft das der Fall ist.

Darüber hinaus haben die **Schulen** „die Möglichkeit, in der Erzie-   **54** hungskunde und Medienschulung auf Kinder und Jugendliche und über Elternbeiräte und Schulpflegschaften auf die Eltern einzuwirken. Warum sollte nicht im Rahmen einer Elternbeiratssitzung ein Horrorfilm gezeigt und besprochen werden, um ‚Problembewußtsein' zu erzeugen"? (*Lauton* 1984, 578).

IV. Zukunftsperspektiven (aus europäischer Sicht)

Offen bleibt, wie sich die Vereinigung Europas (vgl. dazu § 31) auf die   **55** Medienkontrolle auswirken wird; die EU hat bisher grundsätzlich nur Postulate zur Verfügung gestellt (vgl. dazu *Höfling* et al.: Europäisches Medienrecht, München 1991).

Immerhin hat der Europarat jedoch eine **Konvention** verabschiedet,   **56** die u. a. das Ausstrahlen pornographischer oder gewaltverherrlichender Beiträge verbietet (*Gottberg* 1994, 1). *Gottberg* (aaO) weist jedoch zugleich darauf hin, daß „die **Vorstellungen** in Europa über das, was als pornographisch oder gewaltverherrlichend zu bezeichnen ist, **meilenweit auseinandergehen.**"

Eine „holländische oder französische Firma kann (zur Zeit) (z. B.) völlig legal über den Versandhandel einen 12jährigen in Köln mit Filmen beliefern, die in Deutschland nach § 131 StGB ... verboten sind" *(Gottberg aaO, 2).*

Gottberg (aaO) hält im übrigen „den Glauben, die einzelnen Mitglied-   **57** staaten (der EU) ... könnten (im Alleingang) ... wirklich über den in ihrem Bereich praktizierten Jugendschutz selbst bestimmen, für **anachronistisch.** Die ausgestrahlten Programme der Fernsehsender machen an Ländergrenzen nicht halt und werden sich daher **jeder Kontrolle durch deutsche Behörden entziehen".** Die Vorschriften zum Jugendschutz und der entsprechenden Kontrolle müßten daher **europaweit vereinheitlicht** werden (zum Stand der Diskussion vgl. *Hönge* 1996, 1 ff). Aber noch nicht einmal das garantiert „einen einigermaßen gewaltfreien Bildschirm" (*Gottberg* aaO).

Die Durchsetzung des staatlichen Kontrollanspruchs scheitert nicht zuletzt (zumindest zur Zeit noch) auch in bezug auf Sex- und Gewaltdarstellungen (Pornos mit Kindern, Tier-Sex, extreme Propaganda, Sabotageaufrufe, Anleitungen zum Bombenbasteln und Enthauptungsszenen) im INTERNET; dazu Berger-Zehnpfund 1996, 635, Soiné (in NStZ 1997, 166 ff) und Zeitungsausriß.

So denken z. B. „**amerikanische Radio- und Fernsehsender** darüber   **58** nach, ob man eigene Programme nach Europa abstrahlt, also quasi ohnehin bestehendes Programm noch einmal zusätzlich vermarktet" (*Gott-*

Porno-Welle aus dem All

Immer neue Sex-Sender strahlen nach Deutschland ein. Die Landesmedienanstalten sind machtlos

aus: Focus 15/1995

berg aaO). Die Europäer könnten solche Aktivitäten kaum (auf die Einhaltung von Jugendschutzvorschriften hin) kontrollieren. Gleichwohl sollten die Kontroll-Bemühungen nicht eingestellt werden: entsprechende Erfolge könnten Vorbild-Charakter für Europa gewinnen und die Basis für internationale Übereinkommen bilden (auch mit den USA).

59   Schließlich wird auch „der Videomarkt revolutioniert: ‚**Video by Demand‘** erspart den lästigen Gang in die Videothek und ermöglicht, über Telefonleitung zu jeder beliebigen Zeit die gewünschten Programme auf den Fernsehsender zu holen" (*Gottberg* aaO, 1).

Kriminalität über Internet nimmt zu

Kanther: Risiken für innere Sicherheit

Stuttgart, 12. 2. (AP/Reuter) Bundesinnenminister Manfred Kanther hat vor völlig neuen Formen der Kriminalität auf dem Informationssektor gewarnt. Die künftigen Kommunikationstechnologien seien eine große Herausforderung für die innere Sicherheit von Staat und Gesellschaft, sagte der CDU-Politiker am Montag auf einem Fachkongreß in Stuttgart.

Zu der Verbreitung von Kinderpornographie und extremistischen Inhalten über das Internet sagte Kanther, er glaube nicht, daß es technische Möglichkeiten gebe, um eine Verbreitung verbotener Inhalte über das Netzwerk in Deutschland von vornherein auszuschließen. Notwendigkeiten zu Gesetzesänderungen sehe er nicht. „Juristisch ist das alles bereits verboten", sagte Kanther. Deshalb gehe es lediglich darum, die Täter zu fassen.

aus: *NOZ* vom 13. Februar 1996

VIERTER TEIL

Wohnumwelt und Kriminalität

Auf der Suche nach den Ursachen kriminellen Verhaltens ist auch **1**
überprüft worden, ob bzw. inwieweit Zusammenhänge zwischen Wohnumwelt und Kriminalität existieren. Die Geschichte der entsprechenden
Forschung (Rdn. 6 ff zu § 15) reicht über 150 Jahre zurück. Der Wissenschaftszweig, der sich mit dem Thema „Raumstruktur und Kriminalität"
befaßt, ist der der Kriminalgeographie (bzw. Kriminalökologie). Diese
Forschungsrichtung, die auch der Sozialgeographie verwandt ist, hat
z. B. aufzeigen können, daß die unterschiedliche Kriminalitätsverteilung
in den Städten auch mit der unterschiedlichen Sozialstruktur und Sozialkontrolle in den verschiedenen Stadtteilen zu tun haben dürfte (Rdn. 28
ff zu § 15).

Vor diesem Hintergrund hat sich im Rahmen der Bemühungen, die **2**
sich die Verstärkung des Opferschutzes zum Ziel gesetzt haben, auch die
sog. „kriminalitätsabwehrende Architektur" etabliert (Rdn. 14 ff zu
§ 16), die sich zur Aufgabe macht, „durch Veränderung der objektiven
Baustruktur, nämlich der Hausformen, ihrer Anordnung zueinander und
des Städtebaus, Kriminalität im Vorfeld abblocken zu können"
(*Rolinski*, K.: Wohnhausarchitektur und Kriminalität, Wiesbaden 1980,
15). Diese Arbeiten sind neuerdings durch Untersuchungen zur „Krimi-
naltopographie aus Tätersicht" ergänzt worden, in denen Täter befragt
wurden, weshalb sie gerade in Haus A einbrechen (würden) und nicht in
Haus B oder C (dazu Rdn. 29 ff zu § 16).

§ 15   Raumstruktur und Kriminalität
(Kriminalgeographie)

Literatur: **Albrecht,** G.: Erkenntnisse der Kriminalgeographie als Grundlage der Kriminalitätsbekämpfung, in: BewHi 1981, S. 292–305; **Albrecht,** G.: Kriminalgeographie, in: *Kaiser,* G./*Kerner,* H.-J./*Sack,* F./*Schellhoss,* H. (Hrsg.): Kleines Kriminologisches Wörterbuch, 2. Aufl., Heidelberg 1985, S. 194–203 (3. Aufl. 1993, S. 226–236); **Behder,** M.: Die Saison-(Urlaubs-)Krimi-
nalität in Schleswig- Holstein 1972/73, Diss. jur., Kiel 1979; **Bruggeman,** B.: Implementation of
crime analysis in Belgium, in: *Van der Heyden,* T./*Kolthoff,* E. (Hrsg.): Crime analysis – a tool for
crime control, *Zutphen* 1993/171, S. 85–93; **Burgess,** E. W.: The Urban Community, Chicago
1926; **Frehsee,** D.: Strukturbedingungen urbaner Kriminalität, Göttingen 1978; **Guerry,** A. M.:
Essai sur la statistique morale de la France, Paris 1833; **Helldörfer,** H.: Nürnberg – Kriminalgeographie einer Großstadt. Ein Überblick, in: *Akademie zur Raumforschung und Landesplanung*
(Hrsg.): Stadt und Stadtraum, Forschungs- und Sitzungsberichte 97, Hannover 1974, S. 151–169;
Hellmer, J.: Kriminalitätsatlas der Bundesrepublik Deutschland und West-Berlins, Wiesbaden
1972; **Hellmer,** J.: Kriminalgeographie und Verbrechensbekämpfung, in: Der Kriminalist 1974, S.
99–103 und 160–164; **Herold,** H.: Kriminalgeographie – Ermittlung und Untersuchung der
Beziehungen zwischen Raum und Kriminalität, in: *Schäfer,* H. (Hrsg.): Grundlagen der Kriminalistik, Bd. 4, Hamburg 1968, S. 201–243; **Herold,** H.: Kriminalgeographie, in: Die Polizei 1969,

S. 81–87; **Herold**, H.: Neue Wege kriminalpolizeilicher Verbrechensbekämpfung, in: *Göppinger,* H.*/Witter,* H. (Hrsg.): Kriminologische Gegenwartsfragen, Bd. 9, Stuttgart 1970, S. 208–234; **Herold**, H.: Die Bedeutung der Kriminalgeographie für die polizeiliche Praxis, in: Kriminalistik 1977, S. 289–296; **Jäger**, J.: Die kriminologische Regionalanalyse, Schriftenreihe der PFA 4/1976, Münster, S.63–69; **Kaleth**, H.: Der reisende Täter, in: Der Kriminalist 2/1970, S. 11–12; **Kranz**, U.: Kriminologische Regionalanalyse, in: *Bund Deutscher Kriminalbeamter* (Hrsg.): Dokumentation Verbrechensbekämpfung, Rheinland-Pfalz/Saar 1978, S. 4–9; **Kronawitter**, G. (Hrsg.): Das Manifest der Oberbürgermeister – Rettet unsere Städte jetzt! Düsseldorf 1994; **Kury**, H./ **Obergfell-Fuchs**, J./**Würger**, M.: Zur Regionalverteilung der Kriminalität in Deutschland, in: Kriminalstik 1995, S. 769–778; **Langer**, P.: Kriminalität als Indikator sozialgeographischer Raumstrukturen, Neuwied 1983; **Lewkowicz**, M. et al.: Sozialatlas '79, Saarbrücken 1979; **Opp**, K.-D.: Zur Erklärung delinquenten Verhaltens von Kindern und Jugendlichen. Eine ökologische Analyse der Kinder- und Jugenddelinquenz in Köln und eine Kritik des kriminalökologischen Ansatzes, München 1968; **PFA** (Hrsg.): Gewalt in unseren Städten, Münster 1988; **Plate**, M./ **Schwinges**, R.: Strukturen der Kriminalität in Solingen, Wiesbaden 1985;**Quetelet**, A.: zit. nach *Christiansen,* K. O.: Kriminologie (Grundlagen), in: *Sieverts,* R.*/Schneider,* H. J. (Hrsg.): Handwörterbuch der Kriminologie, Bd. 2, 2. Aufl., Berlin 1977, S. 192; **Schwind**, H.-D./ **Ahlborn**,W./**Weiß**, R.: Empirische Kriminalgeographie (Kriminalitätsatlas Bochum), Wiesbaden 1978; **Schwind**, H.-D.: Kriminalgeographie, in: *Sieverts,* R.*/Schneider,* H.. J. (Hrsg.): Handwörterbuch der Kriminologie, Bd. 4, 2. Aufl., Berlin 1979, S. 169–181; **Schwind**, H.-D.: Kriminalgeographie, in: *Schneider,* H. J. (Hrsg.): Die Psychologie des 20. Jahrhunderts, Bd. 14, Auswirkungen auf die Kriminologie, Zürich 1981, S. 248–261; **Schwind**, H-D./**Ahlborn**, W./**Weiß**, R: Dunkelfeldforschung in Bochum 1986/87, Wiesbaden 1989; **Schwind**, H.-D.: Kriminologie städtischer Gemeinwesen aus kriminalgeographischer Sicht, in: *Kaiser* G. et al. (Hrsg.): Gesellschaftliche Umwälzung: Straffälligkeit und Strategie ihrer Bewältigung, Freiburg i. Br. 1991; **Shaw**, C. R.: Delinquency Areas, Chicago 1929; **Shaw**, C. R./**McKay**, H. D.: Juvenile Delinquency and Urban Areas. A Study of Rates of Delinquency Relation to Differential Characteristics of Local Communities in American Cities, Chicago 1942, 2. Aufl., London 1969; **Sieverts**, R.: Kriminologische Forschung als Landschafts-Teilaufgabe der deutschen Hochschulen, in: MschrKrim 1935, S. 1–10; **Steinhilper**, G.: Kriminalitätsatlas Bochum – Eine praxisorientierte kriminalgeographische Studie, in: BewHi 1981, S. 306–319; **Vaskovics**, L. A. (Hrsg.): Raumbezogenheit sozialer Probleme, Opladen 1982; **Walter**, J.: Die Indikatorfunktion sozialökologischer Faktoren bei Dunkelfeld-Kriminalität und polizeilich registrierter Delinquenz, Freiburg 1982; **Wetzels**, P./**Pfeiffer**, C.: Regionale Unterschiede der Kriminalitätsbelastung in Westdeutschland. Zur Kontroverse um ein Nord-Süd-Gefälle der Kriminalität, in: MschKrim 1996, S. 386–405; **Wiebe**, D.: Zur angewandten Kriminalgeographie der Ballungsgebiete, in: Tagungsbericht und wissenschaftliche Abhandlungen des 41. Deutschen Geographentages, Mainz 1977, S. 207–227.

Gliederung

1   Schon 1935 hat z.B. Rudolf *Sieverts* in einem Aufsatz über „Kriminologische Forschung als Landschafts-Teilaufgabe der deutschen Hochschulen" die Entwicklung der kriminalgeographischen Forschung an den

Universitäten gefordert und in diesem Zusammenhang auf amerikanische Vorbilder hingewiesen. Solche Untersuchungen werden nicht zuletzt vor dem Hintergrund wegfallender Grenzen (ab 1994) im EG-Raum (dazu Rdn. 1 ff zu § 31) auch für die Kriminalpolitik in Europa bedeutsam: vgl. dazu die Dokumentation des *Innenministeriums von Baden-Württemberg:* Der neue kriminalgeographische Raum Europa (Stuttgart 1991).

I. Begriff und Aufgaben der Kriminalgeographie

Über Begriff und Aufgaben der Kriminalgeographie besteht allerdings Uneinigkeit; zumindest werden die Schwerpunkte unterschiedlich gesehen. **2**

1. Begriffsbestimmung

Deshalb wird der Begriff der „Kriminalgeographie" auch unterschiedlich bestimmt. So wird die Kriminalgeographie z. T. mehr als **Kriminalitätsverteilungslehre** betrachtet (z.B. von *Mergen:* Kriminologie 1978, 208, oder *Hellmer* 1972 und 1974), z. T. mehr als (weiterer) **Ansatz zur Ursachenforschung** (so z.B. *Opp* 1968; *Schwind/Ahlborn/Weiß* 1978). **3**

Nach *Herold* (1977, 290) ist „die Kriminalgeographie . . . die Wissenschaft von den Beziehungen, die zwischen der spezifischen Struktur eines Raumes und der in ihm örtlich und zeitlich anfallenden Kriminalität bestehen". Als Raum wird bezeichnet (*Herold* 1968, 201 ff), „was sich auf einer Fläche typisch erhebt, was sie beschreibbar macht (z.B. Acker, Wald, Häusergruppe, Fabrikgebäude usw.)". **4**

Noch weitergehend versteht *Schwind* (1981, 249) unter „Kriminalgeographie denjenigen Zweig der kriminologisch-kriminalistischen Forschung, der kriminelles Verhalten in seiner raumzeitlichen Verteilung erfaßt und durch spezifische raumzeitliche Verbreitungs- und Verknüpfungsmuster demographischer, wirtschaftlicher, sozialer, psychischer und kultureller Einflußgrößen zu erklären versucht, und zwar mit dem Ziel der (primär vorbeugenden) Verbrechensbekämpfung". Auch nach dieser Definition „kann der Raum allerdings nur zu solchen Delikten oder Deliktsarten in Beziehung gesetzt werden, die durch räumliche Faktoren ausgelöst und geprägt werden" (*Herold* 1968, 201 ff): etwa Straßenkriminalität. **5**

2. Geschichte der Kriminalgeographie

Als „Väter" der Kriminalgeographie (*Schwind* 1981, 249) kommen der Franzose **Guerry** de Champneuf (1802–1866) und der Belgier **Quetelet** (1796–1874) in Betracht (Rdn. 31 zu § 4), wobei die „Physique sociale" (1835) *Quetelets* auf Anregung *Guerrys* entstanden sein soll (*Albrecht* 1985). Diese (wie auch die ihnen nachfolgenden Arbeiten) beschränken sich jedoch grundsätzlich noch darauf, unterschiedliche Kriminalitätsra- **6** ten auf Karten sichtbar zu machen; sie geben sich also (meist) mit der kartographischen Darstellung der Kriminalitätsverteilung zufrieden.

*Beide Autoren haben u. a. ein **Nord-Süd-Gefälle** der Kriminalität feststellen können: d. h. im Norden Frankreichs kamen mehr Straftaten vor als im Süden (so auch Hellmer 1974 für die Bunderespublik Deutschland). Solche Ergebnisse wurden allerdings als wenig repräsentativ kritisiert, weil sich die Daten nur auf das Hellfeld bezogen und insoweit auch mit einem unterschiedlichen Kontrollverhalten der Strafverfolgungsbehörden zu tun haben konnten. Inzwischen hat sich (für das wiedervereinigte Deutschland) jedoch gezeigt, daß das Nord-Süd-Gefälle auch im Dunkelfeld nachweisbar ist: danach gibt es dieses Phänomen also tatsächlich (krit. jedoch Wetzels/Pfeiffer 1996, 386 ff.). Die Verfasser der entsprechenden Studie (vgl. Kury et al. 1995, 769 f) führen diese merkwürdige Erscheinung z. B. auf unterschiedliche Lebensbedingungen zurück: In den nördlichen Bundesländern sieht die Beschäftigungs- und Einkommensituation schlechter aus als in den südlichen; insbesondere ist die Zahl der Sozialhilfeempfänger und der Arbeitslosen im Norden viel höher als im Süden (zur Armut vgl. Rdn. 21 ff zu § 12).*

7   Eine Zäsur stellen die Untersuchungen von *Burgess* (1926) und später von *Shaw* (1929) in Chicago sowie von *Shaw* und *McKay* (1942) in verschiedenen USA-Städten dar (zum ökologischen Ansatz der Chicago-Schule vgl. Rdn. 15 ff zu § 7). Diese Arbeiten sind nicht nur in England, Frankreich und Jugoslawien auf besonderes Interesse gestoßen (vgl. dazu den Überblick bei *Schwind/Ahlborn/Weiß* 1978, 9 f, und bei *Walter* 1982, 40 ff), sondern auch in Belgien (dazu *Bruggeman* 1993, 88) und in Deutschland.

Zu den Arbeiten, die nach 1945 in der Bundesrepublik veröffentlicht wurden (bis 1945 vgl. *Schwind/Ahlborn/Weiß* aaO), gehören die Untersuchungen von *Opp* (1968), *Herold* (1968 ff), *Hellmer* (1972), *Helldörfer* (1974), *Wiebe* (1977), *Kranz* (1978), *Schwind/Ahlborn/Weiß* (1978 und 1989), *Frehsee* (1978), *Lewkowicz et al.* (1979), *Behder* (1979), *Langer* (1983) und *Plate/Schwinges/Weiß* (1985).

8   **Opp** hat die räumliche Verteilung der Kinder- und Jugendkriminalität im Kölner Stadtgebiet untersucht; **Hellmer** veröffentlichte einen „Kriminalitätsatlas der Bundesrepublik Deutschland und West-Berlins", in dem die Kriminalitätsverteilung anhand der Häufigkeitsziffer bis auf die Ebene der Regierungsbezirke dargestellt wird; **Frehsees** Arbeit bezieht sich auf jugendliche und heranwachsende Straftäter aus einer Stadtteilgruppe in Kiel; **Wiebes** „Analyse stellt den Versuch dar, mit Hilfe verschiedener statistischer Angaben und Techniken die räumliche Verteilung von Straftaten in einer Großstadt zu untersuchen" (1977, 212). Die „Kriminologische Regionalanalyse" von **Kranz** (vgl. zu dieser auch *Jäger* 1976, 63 ff) hatte zum Ziel, „durch kriminalgeographische Mittel die Notwendigkeit einer Organisationsform im Kreisgebiet Mayen-Koblenz zu veranschaulichen" (1978, 4); **Lewkowicz** et al. „hatten den Auftrag, die methodischen Grundlagen und die Datenlage für eine umfassende

Bestandsaufnahme der sozialen Einrichtungen und Dienste im Saarland zunächst beispielhaft im Gebiet Malstatt-Rußhütte-Burbach zu untersuchen" (1979); **Behder** hat „die Saison-(Urlaubs-)Kriminalität in Schleswig-Holstein 1972/73" überprüft (1979), **Langer** hat sich mit dem Thema „Kriminalität als Indikator sozialgeographischer Raumstrukturen" beschäftigt (1983) und **Plate** et al. „ging es darum, bauliche bzw. infrastrukturelle Maßnahmen auf ihre Auswirkungen auf Kriminalität hin zu untersuchen" (1985, 24).

Besondere Aufmerksamkeit haben die Arbeiten von **Herold** in der   **9** Fachwelt gefunden, weil sie zu praktisch verwertbaren Resultaten geführt haben. *Herold* hat sich in mehreren Aufsätzen (1968, 1969, 1970) mit der „Ermittlung und Untersuchung der Beziehungen zwischen Raum und Kriminalität" befaßt, und zwar (als Polizeipräsident) am Beispiel von Nürnberg. Sein dortiger Nachfolger **Helldörfer** hat die Untersuchungen fortführen können (1974). Beide Arbeiten dienten und dienen dem Ziel, den Einsatz der Nürnberger Polizei effektiver zu machen. Sie beziehen sich dementsprechend – im Gegensatz zu der primär kriminologisch orientierten Arbeit von *Opp* – nur auf kriminalistische Daten. Das Ziel der in diesem Sinne verstandenen Kriminalgeographie ist darin zu sehen, „die effektive örtliche und zeitliche Belastung eines Raumes durch raumbezogene Delikte und Tatverdächtigen-Wohnsitze sowie die Mobilität des Tatverdächtigen zwischen verschiedenen Räumen statistisch zu erfassen und kartographisch darzustellen" (*Helldörfer* 1974, 152). Berücksichtigt wurden insoweit nur die „raumbezogenen" präventablen Straftaten; als solche wurden Taten verstanden, „die sich an öffentlich zugängigen Orten ereignen" und deshalb durch vorbeugenden Polizeieinsatz bekämpft werden können.

Die Ergebnisse der Untersuchung von Schwind/Ahlborn/Weiß (1978),   **10** die die heutigen **Regionalanaylsen** (vgl. Rdn. 37 zu § 18) im Rahmen der kommunalen Kriminalprävention beeinflussen konnten, werden im folgenden Abschnitt referiert.

II. Praxisrelevanz der Kriminalgeographie

Trotz weitverbreiteter Skepsis gegenüber den Resultaten der kriminal-   **11** geographischen Forschung (konstruktiv z.B. *Albrecht* 1981, 292 ff) darf festgestellt werden:

– *erstens: daß die Kriminalgeographie, was die Kriminalitätsverteilung anbelangt, unbestreitbare Relevanz für die Praxis besitzt; jedenfalls dürfte es heute kaum noch einen Polizeipräsidenten geben, der die Kriminalitätsverteilung nicht (zumindest) auf (Gitter-)Karten einzeichnen läßt, um sie besser beobachten zu können;*
– *zweitens: daß die Ergebnisse, die die kriminologische Ursachenfrage betreffen, dann nicht problematisch erscheinen, wenn man die **Gefahr des sog. ökologischen Fehlschlusses** vermeidet. Damit bezeichnet man „den irrtümlichen Schluß von Eigenschaften ..., die bei Gebietseinheiten beobachtet werden, auf das Verhalten von Individuen in diesen*

Gebietseinheiten" (Scheuch in: König, R.: Handbuch der empirischen Sozialforschung 1973, 210): Der ökologische Fehlschluß (dazu auch Rdn. 22 zu § 17) produziert also (die Realität verzerrende) Scheinkorrelationen (zu diesen Rdn. 48 zu § 9).

Beispiel: *Eine Frau, die in einem Prostituiertenviertel ("Rotlichtviertel") zu Hause ist, muß selbst keine Dirne sein.*

1. Resultate kriminalistischer Untersuchungen

12   Die Ergebnisse der kriminalistischen Untersuchungen betreffen primär die Verteilung der Kriminalität im Hellfeld und im Dunkelfeld, die Täter- bzw. die Tatverdächtigen-Mobilität sowie die Beziehungen, die zwischen Kriminalität und Kriminalitätsangebot festgestellt wurden. Die folgende Darstellung orientiert sich auf dem exemplarischen Wege vor allem an den Arbeiten von *Herold, Helldörfer* und *Schwind/Ahlborn/ Weiß.*

a) Verteilung der Kriminalität im Hellfeld

aa) Besonders kriminalitätsbelastete Räume (relevant für den Streifendienst)

13   Wie bei den von *Shaw* und *McKay* untersuchten amerikanischen Städten (vgl. Rdn. 16 ff zu § 7) hat sich auch in Nürnberg eine deutliche Massierung der Kriminalität in der Stadtmitte gezeigt (*Herold* 1968, 201 f), während die Außenzonen kaum Belastungen aufwiesen. Die **Kriminalitätsdichte der Innenstadt** war durchschnittlich **60mal so hoch** wie die in den Randgebieten von Nürnberg **(Sogwirkung der City).** Da die bis dahin bestehenden polizeilichen Zuständigkeitsbereiche „das Stadtgebiet jedoch mit einem gleichmäßigen schleierartigen Organisationsmuster" überzogen, wurde deutlich, „daß die Organisation den Kriminalitätsanfall, der vorbeugend bekämpft werden kann, unberücksichtigt" ließ. Die **Lage der Polizeireviere** erwies sich also (insoweit) als **standortfremd,** eine Beobachtung, die zu **organisatorischen Konsequenzen** geführt hat (*Herold* 1968): Rückkehr zum ausschließlichen Fußstreifendienst in der Kernzone (City), Beibehaltung des kombinierten Fahr- und Fußstreifendienstes in der Mittelzone und Einführung bloßer Fahrstreifen in der kriminell weniger gefährdeten Außenzone der Stadt. Eine solche Umorganisation des polizeilichen Einsatzes kommt jedoch nur dann in Betracht, wenn eine Stadt (wie Chicago und Nürnberg) auch dem Zonenmodell (dazu Rdn. 20 zu § 7) in bezug auf die Kriminalitätsbelastung entspricht. Das ist jedoch nicht immer der Fall. So hat sich die **Zonentheorie** z.B. nach den Bochumer kriminalgeographischen Feststellungen nicht bestätigen lassen (*Schwind* et al. 1978, 76). Bochum besitzt nämlich mehrere Unterzentren, und zwar grundsätzlich dort, wo sich die Mittelpunkte der früher selbständigen Kommunen befinden, die eingemeindet worden sind (**Mehrkerntheorie;** vgl. unten Übersicht 43).

Die Erklärung ist durchaus plausibel: Chicago und Nürnberg haben **14** sich primär in noch unbebautes Umland vergrößert und konnten deshalb organischer wachsen (Zonentheorie), während Bochum verschiedene Gemeinden eines riesigen, sehr verflochtenen Industriegebietes geschluckt hat, die sich um einige Kohlebergwerke gruppiert haben und bereits feste, z. T. noch heute bestehende Mittelpunkte besaßen bzw. besitzen, in denen sich auch die Kriminalität konzentriert. Diese Konzentration ergibt sich nicht nur in bezug auf die absolute Zahl der dort verübten Delikte, sondern auch dann, wenn man die Häufigkeitszahl (Zahl der Straftaten bezogen auf 100 000 Einwohner) oder die Kriminalitätsdichte (Zahl der Straftaten bezogen auf Fläche in ha) berechnet (*Schwind/Ahlborn/Weiß* aaO).

bb) Täter- (bzw. Tatverdächtigen-)Mobilität (relevant für die Fahndung bzw. für die Polizeigrenzen)

Die (angelsächsische) Kriminalgeographie unterscheidet zwischen **15** „**attracting areas**" (Tatorte, die als solche dem Täter, „weil da was zu holen ist", attraktiv erscheinen; vgl. dazu auch Rdn. 32 zu § 16) und „**breeding areas**" (solche, in denen die Täter zu Hause sind: wo sie wohnen). Im Rahmen der Fahndung sind beide „areas" wichtig; die Bewegungen des Täters zum Tatort und zurück in die breeding area werden im Schrifttum unter der Bezeichnung „**Tätermobilität**" zusammengefaßt. Richtiger müßte es „Tatverdächtigen-Mobilität" heißen, weil sich die bisher vorliegenden Untersuchungen immer nur auf tatverdächtige (also noch nicht verurteilte) Personen beziehen.

Die Bochumer Untersuchung (von *Schwind/Ahlborn/Weiß* 1978) hat **16** zur Tätermobilität folgende Informationen beitragen können, die für die polizeiliche Fahndung Bedeutung besitzen dürften:

17
- *erstens: Die in der City wohnenden Straftäter begehen ihre Straftaten vorwiegend in der* **City***, während auf die im übrigen Stadtgebiet wohnenden Täter die City eine fast gleich starke Anziehungskraft ausübt;*
- *zweitens: Abgesehen von der Magnetkraft der City ist die Tätermobilität in der Stadt und von dieser* **nach draußen** *gering: 78,6 % aller Tatverdächtigen, denen eine der (in dieser Untersuchung erfaßten) Straftaten zur Last gelegt wurde, hatten ihren Wohnsitz in Bochum (vgl. Übersicht 44);*
- *drittens: Die* **Entfernung zwischen der Wohnung des Täters** *(Tatverdächtigen)* **und dem Tatort** *ist nach den Bochumer Resultaten beim Diebstahl* **18** *unter erschwerenden Umständen („Einbruch") äußerst gering (ähnlich schon* **Kaleth** *1970, 11 ff). Der Täter, der einen solchen Diebstahl verübt, bleibt nämlich in 70 % aller Fälle im Nahbereich seiner Wohnung, d. h. er entfernt sich nicht weiter als 2 000 Meter. Kfz-Diebstähle werden sogar zu 50 % im 1 000-Meter-Bereich durchgeführt. Es ist freilich möglich, daß die Straftaten, die von weiter entfernt wohnenden Tätern verübt werden, öfter als andere nicht aufgeklärt werden;*
- *viertens: Die für den polizeilichen Einsatz wichtige Hypothese von* **He-** **19** **rold***, daß auswärtige Täter, denen ein schwerer Diebstahl zur Last gelegt*

Übersicht 43: Verteilung der Tatorte über ein Stadtgebiet (am Beispiel von Bochum)

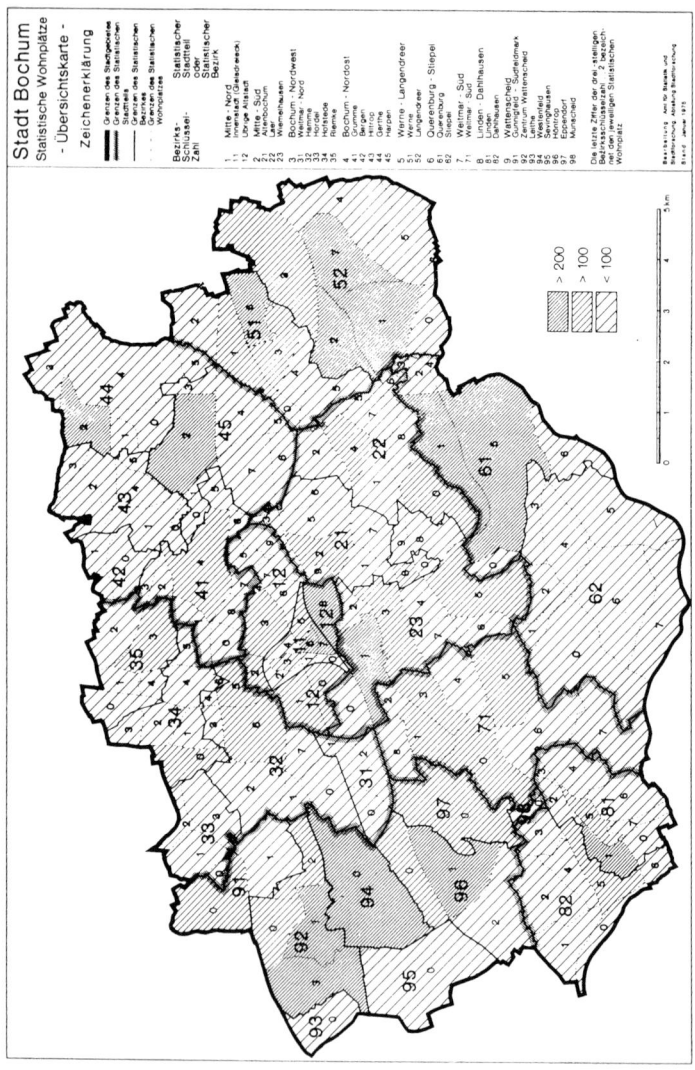

Quelle: *Schwind/Ahlborn/Weiß* 1978, S. 80; Veränderungen dieser Verteilung ergeben sich aus einer entsprechenden Karte, die in der Replikationsstudie (*Schwind/Ahlborn/Weiß* 1989, 62) abgedruckt ist.

*wird, ihre Delikte primär an den **Ausfallstraßen** der Großstädte verüben, weil sie „die erste Gelegenheit wahrnehmen" würden, hat sich in
Bochum nicht bestätigt: Die Einbrüche solcher Täter verteilen sich
zumindest im Hellfeld gleichmäßig über das ganze Stadtgebiet. Allerdings könnte es auch so sein, daß sich der auswärtige Täter wiederum
dem Zugriff der (Bochumer) Polizei leichter entzieht. So ist jedenfalls
beim einfachen Diebstahl die Diskrepanz der Aufklärungsquote auffällig: An den Ausfallstraßen verübte Delikte wurden 1975 nur zu 16%
aufgeklärt, während die Aufklärungsquote beim einfachen Diebstahl
im übrigen Stadtgebiet Bochums immerhin 56% ausgemacht hat.*

– *fünftens: Der Strom der auswärtigen Täter nach Bochum hinein deckt* **20**
*sich weitgehend mit den **Pendlerströmen**, die nach Bochum hinein zu
beobachten sind, eine Erfahrung, die schon **Herold** (1970) für Nürnberg
gemacht hat.*

Interessant ist insoweit, daß der Zustrom in Nürnberg primär aus dem **21**
30-km-Umkreis erfolgte (Bochum: 20-km-Umkreis); in diesem Raum
wohnten 81,2% aller Nürnberger Tatverdächtigen, in der weiteren Zone
bis 100 km nur weitere 5,1%. Den höchsten Dichtewert ermittelte *He-*

Übersicht 44: Die Wohnsitze der in einem Stadtgebiet registrierten
(4 548) Tatverdächtigen (am Beispiel von Bochum)

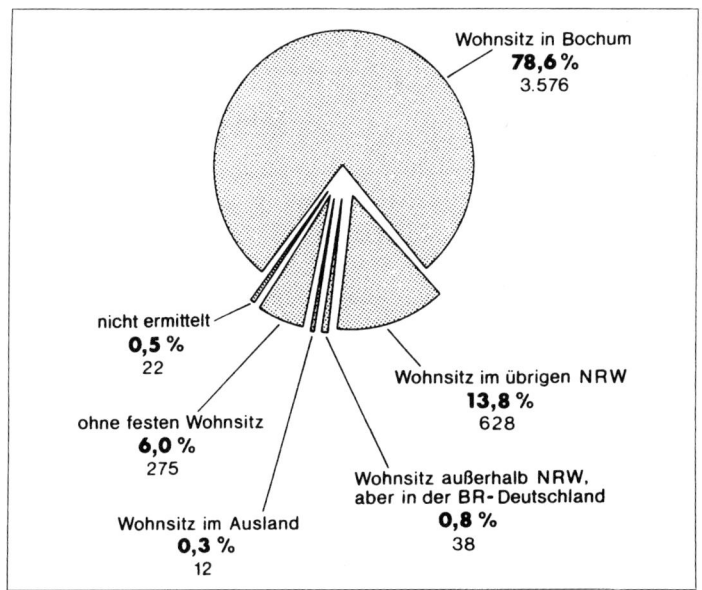

Wohnsitz in Bochum
78,6%
3.576

nicht ermittelt
0,5%
22

ohne festen Wohnsitz
6,0%
275

Wohnsitz im Ausland
0,3%
12

Wohnsitz im übrigen NRW
13,8%
628

Wohnsitz außerhalb NRW,
aber in der BR-Deutschland
0,8%
38

Quelle: *Schwind/Ahlborn/Weiß* 1978, S. 180

rold (1968) im Umkreis von 10 km; die Zustromintensität sank alle 10 km auf jeweils fast die Hälfte ab. Bemerkenswert ist, daß die 30-km-Zäsur mit der Linie übereinstimmt, die von der Raumsoziologie als die äußerste Grenze der wirtschaftlich zusammengehörigen Städteregion Nürnberg-Fürth-Erlangen festgestellt wurde. Die **Identität dieser Grenzlinien** (die sich für den Bochumer Raum auch in der Bochumer Untersuchung gezeigt hat) läßt (wie in Bochum) die Vermutung aufkommen, daß die **wirtschaftliche Orientierung der Menschen eines bestimmten Gebietes auch die Zonen der kriminellen Tatorte ihrer straffälligen Mitbürger mitbestimmt.**

22   *Herold* (1970), der diese Vermutung als Tatsache nimmt (er spricht von kriminalgeographisch zusammengehöriger Landschaft), zog aus ihr die Schlußfolgerung, daß die **Grenzen der Stadtpolizei** von Nürnberg zu eng gezogen seien. In diesen Zuständigkeitsbereich müßten die Wohnsitze der Täter (Tatverdächtigen) mit eingeschlossen sein, die ihre Delikte in Nürnberg verüben. Nur „eine **einheitliche Regionalpolizei,** die die Masse des Täterzustroms zuständigkeitshalber erfaßt, wäre in der Lage, die Kriminalität bis zu ihren Ausgangspunkten" zu verfolgen (aaO). Die Grenzlinie für den Einsatz dieser Regionalpolizei soll jeweils dort liegen, wo sich Täterzustrom und Täterausstrom neutralisieren (= „Kammlinien"), also da, wo der Tätereinstrom z. B. nach Nürnberg gering ist und der Täterausstrom z. B. nach Würzburg denjenigen nach Nürnberg zu übersteigen beginnt.

23   Es erscheint überzeugend, daß die **„Kammlinien"** benutzt werden sollen, um, von den historisch gewachsenen polizeilichen Zuständigkeiten abgehend, einen „Stufenbau von (flexiblen) Zuständigkeiten (zu entwikkeln), der von der Abgrenzung des Polizeireviers (Schutzbereichs) bis zur Festlegung der Zuständigkeiten der Polizei in Ballungsräumen und in den Ländern reicht" (*Herold* 1969; ähnlich *Kranz* 1978, 4; zur Bedeutung der **Präsenz der Polizei auch vor Ort** im Rahmen der Prävention: vgl. § 18 Rdn. 17).

cc) Neuberechnung der Kriminalitätsbelastungszahl (relevant für die Kriminalstatistik)

24   Bei der Neuordnung der Polizeigrenzen ist auch zu beachten (das hat die Bochumer Arbeit gezeigt), daß die Kriminalitätsbelastungszahlen (KBZ) noch nicht sinnvoll berechnet werden (Zahl der Tatverdächtigen pro 100 000 Einwohner). Denn wenn bisher in der Statistik immer davon ausgegangen worden ist, daß sich die Zahl der ermittelten Tatverdächtigen aus örtlichen und einreisenden Tatverdächtigen ergibt, so spiegelt diese Berechnung nicht die tatsächliche Belastung der Wohnbevölkerung wider. Jedenfalls gehören einreisende Tatverdächtige nicht zur Wohnbevölkerung und dürften deshalb in der Formel nicht berücksichtigt werden. Anders verhält es sich mit den ausreisenden Tatverdächtigen, die zur Wohnbevölkerung gehören und deshalb mitgezählt werden müßten (vgl. *Stüllenberg* in: *Schwind/Ahlborn/Weiß* 1978, 185 f).

b) Untersuchungen zum Dunkelfeld (relevant für die Lagebeurteilung)

Das Dunkelfeld hat bisher (neben *Frehsee* 1978) die Bochumer krimi- **25** nalgeographische Arbeit (von *Schwind/Ahlborn/Weiß* 1978, 186 ff) aufzuhellen versucht. Dabei hat sich gezeigt, daß die Dunkelzifferrelation (zum Begriff vgl. Rdn. 36 zu § 2) in den einzelnen Stadtteilen Bochums sehr differiert (vgl. Rdn. 70 zu § 2; so auch *Plate* et al. 1985, 133 a). Die Hellfeldzahlen (registrierte Kriminalität) sind danach für die Gesamtkriminalität (Hellfeld und Dunkelfeld) nicht repräsentativ (vgl. Rdn. 71 ff zu § 2). Aus der Dunkelfeldverteilung lassen sich jedoch z. B. Schlüsse darauf ziehen, ob die Polizeireviere geographisch richtig verteilt sind.

2. Resultate kriminologischer Untersuchungen

Zu den Forschungsergebnissen, die aus kriminologischer Sicht für die **26** Praxis Bedeutung besitzen, gehört auch die Kriminalitätsverteilung: jedenfalls dann, wenn man mit *Opp* (1968, 18) darauf hofft, daß „hohe Delinquenzziffern in einem Stadtgebiet etwa Behörden zum Einsatz besonders vieler Sozialarbeiter veranlassen könnten" (so auch die Zielrichtung von *Lewkowicz* et al. 1979).

Die Beziehungen, die zwischen Baustruktur und Kriminalität beste- **27** hen (oder auch nicht), sind darüber hinaus für die Stadtplanung relevant, die in prognostischer Hinsicht auch am „Filtering-down- Prozeß" (dazu Rdn. 30) interessiert sein sollte sowie (wichtig für beabsichtigte Neubaugebiete) an den Zusammenhängen zwischen Kriminalität und Kriminalitätsangebot.

a) Sozialräume und Kriminalität (relevant für Sozial- und Baupolitik)

Auch die Bochumer Untersuchungen (*Schwind/Ahlborn/Weiß* 1978) **28** zeigen im Ergebnis eine Tendenz, die sich in den Arbeiten von *Opp* (1968) und *Wiebe* (1977) sowie in den Studien der Amerikaner gezeigt hat: Überproportional viele Tatverdächtige wohnen in solchen Gebieten, in denen die **Sozialstruktur** ungünstig ist; die **Baustruktur** spielt **nur mittelbar** eine Rolle. Die Ergebnisse der Bochumer Untersuchungen jedenfalls zeigen (vgl. Übersicht 45), daß nicht primär die schlechte Baustruktur als Indikator für soziale Problemgebiete und damit auch für kriminelle Aktivitäten in Betracht kommt, sondern daß offenbar die Sozialstruktur den bestimmenden Faktor darstellt (vgl. auch *Langer* 1983, 178). Diese kann freilich über die Baustruktur beeinflußt werden. Der Grund für den hohen korrelativen Zusammenhang zwischen schlechtem Altbaubestand und einkommensschwächeren Bevölkerungsgruppen dürfte in dem niedrigeren Wohnkomfort liegen und der damit verbundenen niedrigeren Miete in diesen Gebieten. (Zur Bedeutung der **informellen sozialen Kontrolle:** *Plate* et al. 1985, 156/166).

29   *Übersicht 45:* Schematische Darstellung über die räumlich erfaßbaren Zusammenhänge zwischen Alter der Bevölkerung, Baustruktur, Ausländeranteil, Sozialstruktur und höherem Tatverdächtigenanteil eines Gebietes (Tatverdächtigen-Wohnsitze)

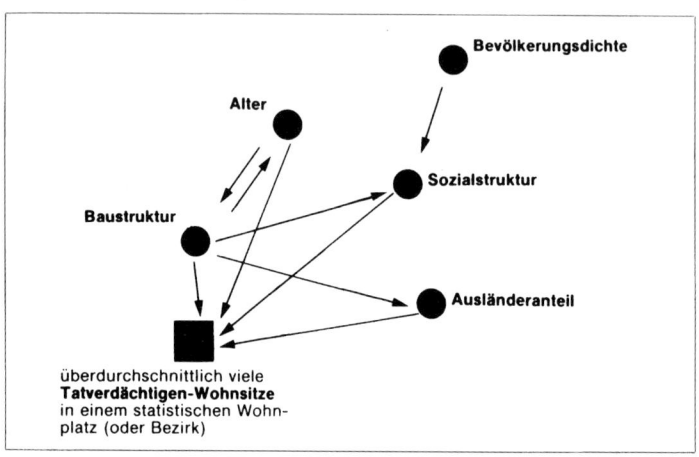

Quelle: *Schwind/Ahlborn/Weiß* 1978, S. 376

   b) *Filtering-down-Prozeß (relevant für Sozialpolitik und Kriminalitätsprognose)*

30   Dementsprechend läßt sich die zukünftige kriminelle Belastung eines Gebietes auch nach den Regeln des Filtering-down-Prozesses ermitteln. Man kann davon ausgehen, daß der Wohnungsbestand einer Stadt ständiger Wertminderung durch technische und wirtschaftliche Abnutzung unterworfen ist. Technische Abnutzung ist solche des materiellen Verschleißes der Türen, Fenster, Böden, Installationen usw.; wirtschaftliche Abnutzung ist die Wertminderung, die sich durch steigende Qualitätsansprüche der (möglichen) Mieter ergibt.

31   Der Filtering-down-Prozeß besteht nun darin, daß die im Zeitverlauf sinkende Qualität des Wohnungsbestandes eines Gebietes die anspruchsvolleren Mieter (d. h. Mieter gehobener Einkommensklassen) veranlaßt, in andere Ortsteile zu ziehen, in denen Wohnungen höherer Qualität zu finden sind. Das dürfte auch für die in Plattenbauweise erstellten Hochhausviertel (**„Plattenbauwüsten"**) in den neuen Bundesländern gelten. Zurück bleiben in den Wohnungen minderer Qualität (und geringerer Miete) die unteren Einkommensschichten: Arbeiter, kleine Angestellte, Rentner (*Persson* in: *Schwind/Ahlborn/ Weiß* 1978, 218). Genügen die Wohnungen auch den Ansprüchen dieser neuen Bewohner nicht mehr, ziehen diese ebenfalls aus und geben den Weg für den Zuzug auch solcher Personen frei, die in krimineller Hinsicht besonders auffällig sind und Schlupflöcher suchen: Die Kriminalitätszahlen nehmen (wie z.b. in sanierungsbedürftigen Stadtteilen) zu (auch manche Metropolen der USA sind ein erschreckendes Beispiel dafür); vgl. dazu auch Rdn. 1 ff zu § 17.

III. Fehler bei der Stadtsanierung

Nicht zuletzt die Anti-Gewaltkommission der Bundesregierung **32** (*Schwind/Baumann* 1990, I, 196) hat darauf verwiesen, daß „von kommunalpolitischer Seite zukünftig **drei Fehler** vermieden werden sollten", nämlich

– *erstens: die „großflächige **Luxus-Sanierung** von Stadtgebieten mit (bisher preiswertem Wohnraum), so daß sich eine ‚gewachsene' Mischbevölkerung auflöst bzw. zur **Abwanderung** in andere Problemgebiete gezwungen sieht" und*

– *zweitens: „**zusammenhängende Wohnareale für Subkulturen** (auch ‚Alternativmodelle'), wenn durch kaum steuerbaren Zuzug von Multi-Problem-Gruppen die Gefahr besteht, daß alteingesessene Bevölkerungsteile von sich aus fortziehen".*

– *drittens: die **Ghettoisierung von Zuwanderern** (zu diesen §§ 23–25), die „die Integration außerordentlich erschwert (sowie) die Herausbildung von teils kriminellen Subkulturen fördert und für die Zukunft erheblichen sozialpolitischen Sprengstoff erwarten läßt" (Kube in: Kriminalistik 1996, 768); anders offenbar Heckmann, F. (Ethnische Minderheiten 1992, 111 ff), der die „Bildung ethnischer Kolonien" empfiehlt.*

§ 16 Wohnhausarchitektur und Kriminalität

Literatur: Bennett, T./**Wright**, R.: Offenders-Perception of Targets, in: Research Bulletin (Home Office), London 1983 (Nr. 15), S. 18–20; **Bundeskriminalamt:** Städtebau und Kriminalität, Wiesbaden 1979 (Sonderband der BKA-Forschungsreihe); **Dörmann**, U./**Kube,** E.: Städtebau und Prävention, in: *Schwind*, H.-D./*Berckhauer*, F./*Steinhilper*, G. (Hrsg.): Präventive Kriminalpolitik, Heidelberg 1980, S. 443–455; **F.,** Christiane: Wir Kinder vom Bahnhof Zoo, 23. Aufl., Hamburg 1981; **Flade,** A./**Institut Wohnen und Umwelt:** Jugendkriminalität in Neubausiedlungen. Eine empirische Untersuchung, Weinheim 1984; **Frehsee,** D.: Das „Kriminalitätsproblem" im Hochhausquartier, in: BewHi 28/1981, S. 319–326; **Friedrichs,** J.: Mensch und bauliche Umwelt aus der Sicht des Soziologen, in: *Bundeskriminalamt* (Hrsg.): Städtebau und Kriminalität, Wiesbaden 1979, S. 27–33; **Gienanth,** L. v.: Jugendhilfe in der Trabantenstadt, in: UJ 1978, S. 359 ff; **Grymer,** H.: Strukturelle Gewalt. Städtische Umwelt und Jugenddelinquenz, in: KrimJ 1981, S. 4–31; **Herlyn,** I./**Herlyn,** U.: Zur Soziologie des Wohnens. Überblick über einige Forschungsergebnisse, in: BewHi 1981, S. 279–292; **Kaiser,** G.: Lösungsvorschläge aus der Sicht der Kriminologie, in: *Bundeskriminalamt* (Hrsg.): Städtebau und Kriminalität, Wiesbaden 1979, S. 225–232; **Keim,** K.-D.: Stadt, Wohnung und Gewalt, in: *Bundeskriminalamt* (Hrsg.): Städtebau und Kriminalität, Wiesbaden 1979, S. 41–46; **Kube,** E.: Städtebauliche Prävention, in: Kriminalistik 1966, S. 766–770; **Kube,** E.: Städtebau, Architektur und Kriminalität, in: Deutsche Polizei 10/1978, S. 3–8; **Kube,** E.: Städtebau, Wohnhausarchitektur und Kriminalität, Heidelberg 1982; **Kube,** E./**Steinhilper,** G.: Städtebau, Wohnumwelt und Kriminalität, in: Der Städtetag 12/1978, S. 719–723; **Kube,** E.: Systematische Kriminalprävention, 2. Aufl., Wiesbaden 1987; **Lorenzer,**

A.: Städtebau: Funktionalismus und Sozialmontage? Zur sozialpsychologischen Funktion der Architektur, in: *Berndt, H. v./Lorenzer, A./Horn, K.*: Architektur als Ideologie, Frankfurt 1969; **Mayhew,** H.: Defensible Space: The Current Status of a Crime Prevention Theory, in: The Howard Journal, Vol. 17/1979, S. 150–159; **Müller,** H. W.: Städtebau und Kriminalität. Eine empirische Untersuchung, Weinheim 1981; **Newman,** O.: Defensible Space. Crime Prevention through Urban Design, New York 1972; **Newman,** O.: Design Guidelines for Creating Defensible Space, Washington 1976; **Newman,** O.: Crime Prevention through Town- Planning and Architecture, in: *Bundeskriminalamt* (Hrsg.): Städtebau und Kriminalität, Wiesbaden 1979, S. 103–134; **Pachmann,** C. W.: Wenn die Polizei vom Straftäter nicht lernen will . . . von wem sonst? in: Kriminalistik 1984, S. 341–346; **Plate,** M./**Schwinges,** U./**Weiß,** R.: Strukturen der Kriminalität in Solingen, Wiesbaden 1985; **Quambusch,** P.: Zur Tatgelegenheitsstruktur in städtischen Regionen, in: *PFA* (Hrsg.): Die kriminologische Regionalanalyse, Münster 1976, S. 197 ff; **Rehm,** J./**Servay,** W./**Irle,** M.: Wie sucht der Täter „seine" Bank aus? Ergebnisse und praktische Folgerungen einer Täterbefragung, in: Kriminalistik 1986, S. 581–584; **Rolinski,** K.: Wohnhausarchitektur und Kriminalität, in: Kriminalistik 1984, S. 317–319; **Rubenstein,** H./**Murray,** C./**Motoyama,** T.: The Link between Crime and the Built Environment. The Current State of Knowledge, Bd. 1, Washington 1980; **Schäfer,** H.: Polizeiliche Probleme in Neubau- und Sanierungsgebieten, in: *Bundeskriminalamt* (Hrsg.): Städtebau und Kriminalität, Wiesbaden 1979, S. 53–102; **Schneider,** H.-J.: Kriminalität, Architektur und Städtebau, in: Psychologie des 20. Jahrhunderts, Bd. 2, Weinheim 1983, S. 3–17; **Schwind,** H.- D./**Steinhilper,** G.: Kann Täterwissen zur Kriminalitätsvorbeugung genutzt werden? in: Kriminalistik 1984, S. 317–319; **Strotzka,** H.: Wohnbedingungen und psychische Störungen, in: *Bundeskriminalamt* (Hrsg.): Städtebau und Kriminalität, Wiesbaden 1979, S. 35–40; **Tiempel,** M./**Edlinger,** G.: Kriminalität in Wien. Jugendkriminalität in Stadtrandsiedlungen, Wien 1975; **Villmow,** B./**Kaiser,** G.: Empirisch gesicherte Erkenntnisse über Ursachen der Kriminalität. Eine problemorientierte Sekundäranalyse, in: *Der Regierende Bürgermeister von Berlin* (Hrsg.): Verhütung und Bekämpfung der Kriminalität, Berlin 1974, Anhang S. 1–143; **Westphal,** E.: Der moderne Städtebau und sein Einfluß auf die Kinder- und Jugendkriminalität, in: Die Neue Polizei 1978, S. 114 ff.

Gliederung

1   In den letzten Jahrzehnten ist (über den kriminalgeographischen Ansatz – § 15 – hinaus) auch das Interesse an ev. Beziehungen zwischen Wohnhausarchitektur und kriminellem Verhalten gewachsen. So weist nicht nur *Mühlich* darauf hin, daß „aufgrund der vorliegenden Untersuchungen davon auszugehen ist, daß . . . der gesamte **Prozeß der Sozialisation des Kindes**, also der Einübung in die Erwartungen, Werte und Normen der Erwachsenengesellschaft, **durch die Wohnbedingungen mitbestimmt wird**" (1978, 98 ff – zit. nach *Dörmann/Kube* 1980, 448; vgl. auch *Herlyn/Herlyn* 1981, 279 ff).

I. Hochhausarchitektur und Kriminalität

2   Während sich die älteren Untersuchungen, die zum Problem „Wohngegend und Wohnungszustand" durchgeführt wurden, eher auf sozial und baulich heruntergekommene Viertel (Slumviertel) bezogen (vgl.

Villmow/Kaiser 1974, 91, und Photo auf S. 132), zeigen neuere Erfahrungen (vgl. *BKA* 1979), daß auch der „Hochhausbau kinderfeindlich ist" (*Strotzka* 1979, 38) oder doch zumindest sein kann und insoweit möglicherweise kriminalitätsfördernde Wirkung ausübt. Das gilt auch für die in „sozialistischer Plattenbauweise" (in der früheren DDR) hochgezogenen Wohnsilos (Wohnviertel), in denen 23 % der ostdeutschen Bevölkerung lebt.

Keim will als Vertreter des „Deutschen Instituts für Urbanistik" diese   **3** Vermutung zwar als bloßes „Gerede" abtun (1979, 41), und bei *Kaiser* „melden sich ernsthafte Zweifel" (1979, 225; vgl. auch die Resultate von *Müller* 1981); gleichwohl darf man nicht übersehen, daß zahlreiche Hinweise vorliegen, die die (umstrittene) These auch abstützen könnten.

In dieser Siedlung werden Kinder zu Verbrechern

In Osterholz-Tenever bei Bremen ist jeder zweite Jugendliche schon straffällig geworden. Schuld daran soll die Architektur sein, die Tatorte schon vorprogrammiert

aus: *Quick* Nr. 11 vom 8. März 1979

1. Tatsachen und Vermutungen

Daß in den Betonsilobauten der Trabantenstädte („Schlafstädte"), die   **4** in den 60er Jahren von der Stadtplanung unter dem primären Gesichtspunkt der preiswerten Wohnraumbedarfsdeckung (dazu *Kube* 1982, 3) überall favorisiert wurden, grundsätzlich überproportional viele Straftäter (bzw. Tatverdächtige) wohnen, ist durch verschiedene Untersuchungen inzwischen belegt (vgl. dazu die Übersicht bei *Flade* 1984, 29 ff).

Beispiele: Schäfer (in BKA 1979, 71) hat in der Bremer Trabantenstadt Osterholz-Tenever (im Volksmund „Klein-Manhattan" genannt) in der Gruppe der 14–17jährigen Bewohner eine doppelt und für die 18–20jährigen sogar eine dreimal so hohe Kriminalitätsbelastung im Vergleich zur Gesamtstadt ermittelt (vgl. oben Zeitungsausriß).
*Ähnliche Resultate werden z. B. aus Kiel (**Frehsee** 1981, 321) berichtet sowie aus Ratingen (**Quambusch** 1976, 207), Hannover (**Westphal** 1978, 114), München (**v. Gienanth** 1978, 359) und Schwalbach/Hessen (**Flade** 1984).*

Im Hinblick auf die Art der Straftaten fällt die Häufigkeit der Aggressionsdelikte auf, insbesondere die Zahl der vandalistischen Akte.

Diese Erscheinung wird u. a. mit folgenden Ursachen in Verbindung   **5** gebracht:

– *erstens: mit der hohen **Belegungsdichte**, die „Effekte auf Jugendkriminalität und Krankheitshäufigkeit" hat (Friedrichs in: BKA 1979, 30): „Overcrowding-Effekt" (dazu oben Rdn. 55 zu § 6). So sollen etwa Jugendliche, die kein Zimmer besitzen, in das sie sich zurückziehen* *können, oft an psychischer Überbelastung leiden, der sie durch Aushäusigkeit zu entgehen versuchen mit der Folge, daß sie sich (der elterlichen Kontrolle entzogen) ev. „jugendlichen Banden anschließen" (Friedrichs aaO);*

– *zweitens:* mit dem **hohen Anteil der Jugendlichen** an der Wohnbevölkerung *(dazu Flade 1984, 36);*

– *drittens:* mit der **Sozialstruktur** der Hochhausbewohner *(vgl. Kaiser 1979, 226; Herlyn/Herlyn 1981, 279 ff; Flade 1984, 36/91: Zuviel benachteiligte (kinderreiche) Familien werden konzentriert angesiedelt; vgl. dazu auch Rdn. 28 f zu § 15);*

– *viertens:* mit dem *Umstand, daß die anonyme Betonsilobauweise der modernen Hochhäuser den* **Kommunikationszerfall** *der Menschen offenbar begünstigen kann;*

– *fünftens:* mit der hohen **Fluktuation** *in solchen Gebieten, eine Erscheinung, die schon von Shaw und McKay als sozial destabilisierend beobachtet wurde (vgl. Rdn. 23 zu § 7);*

– *sechstens:* mit der **mangelhaften sozialen Kontrolle** *in den (meisten) Hochhäusern (Kube 1982, 10 m. w. N.);*

– *siebtens:* mit **erhöhter Anzeigebereitschaft** *der Opfer, die u. a. auf den „schlechten Ruf" der Hochhauskinder zurückgeführt wird (vgl. dazu Frehsee 1981, 321 f, und Flade 1984, 91) und*

– *achtens:* „mit der **unpersönlichen, monofunktional gestalteten städtischen Umwelt,** *(in der) es den Bewohnern an Orientierungs- und Identifikationsmöglichkeiten" fehlt (Kube 1982, 10); es fehlen insbesondere infrastrukturelle Einrichtungen und Verfügungsräume, insbesondere für Jugendliche (Flade 1984, 91).*

6   Zum achten Punkt schreibt z.B. *Richter* in seinem Vorwort zu dem STERN-Buch „*Christiane F. –* Wir Kinder vom Bahnhof Zoo", 1981: „Die Betonwüsten vieler moderner ‚Sanierungsgebiete' stapeln Menschen in einer ganz und gar künstlichen, kalten, maschinenhaften Umwelt, die alle Konflikte, welche die meisten Familien ohnehin hierher mitschleppen, katastrophal verstärkt."

Großgaragen-Architektur
in der Berliner Gropiusstadt. Es wurde
alles getan, die Siedlung
»verkehrsgerecht« zu bauen, aber ist
sie auch menschengerecht?

**❞❞ Gropiusstadt ist
eine Schlafstadt. Alles andere
verkümmert hier ❞❞**

Ein Ehepaar, 35 und 31 Jahre alt

aus: *Stern* Nr. 42 vom 9. Oktober 1975

Christiane F., das minderjährige Mädchen, das in einer solchen Beton-   **7**
stadt (der „Gropius-Stadt" in Berlin) aufwachsen mußte (vgl. Zeitungsausriß oben) und von hier aus in einer Art von Karriere als Drogenabhängige schließlich auf den Babystrich des Bahnhof Zoo gelangt ist,
beschreibt ihre Kindheit dort eindrucksvoll u. a. wie folgt:

> *„Gropiusstadt, das sind Hochhäuser für 45 000 Menschen, dazwi-*
> *schen Rasen und Einkaufszentren. Von weitem sah alles neu und*
> *gepflegt aus. Doch wenn man zwischen den Hochhäusern war, stank es*
> *überall nach Pisse und Kacke. Das kam von den vielen Hunden und*
> *den vielen Kindern, die in Gropiusstadt leben. Am meisten stank es im*
> *Treppenhaus.*
>
> *Meine Eltern schimpften auf die Proletenkinder, die das Treppen-*
> *haus verunreinigten. Aber die Proletenkinder konnten meist nichts*
> *dafür. Das merkte ich schon, als ich das erste Mal draußen spielte und*
> *plötzlich mußte. Bis endlich der Fahrstuhl kam und ich im 11. Stock*
> *war, hatte ich in die Hose gemacht. Mein Vater verprügelte mich. Als*
> *ich es ein paarmal nicht geschafft hatte, von unten rechtzeitig in unser*

Badezimmer zu kommen, und Prügel bekam, hockte ich mich auch irgendwo hin, wo mich niemand sah. Da man aus den Hochhäusern fast in jede Ecke sehen kann, war das Treppenhaus der sicherste Platz …" (1981, 16).

„Sonst spielten wir mehr gegeneinander als miteinander. Es ging eigentlich immer darum, den anderen irgendwie zu ärgern. Zum Beispiel, ihm ein neues Spielzeug wegzunehmen und kaputt zu machen. Das ganze Spiel war, den anderen fertig zu machen und für sich selbst Vorteile herauszuschinden, Macht zu erobern und Macht zu zeigen. Die Schwächsten kriegten die meisten Prügel." (1981, 17).

„So mit zehn fing auch ich an zu klauen. Ich klaute in den Supermärkten … Man lernte in Gropiusstadt einfach automatisch zu tun, was verboten war. Verboten war, irgendetwas zu spielen, was Spaß machte. Es war überhaupt eigentlich alles verboten. An jeder Ecke steht ein Schild in der Gropiusstadt … Wir durften also nur auf den Spielplatz … Der bestand aus verpißtem Sand und ein paar kaputten Klettergeräten und natürlich einem Riesenschild … Auf dem Schild stand also ‚Spielplatzordnung' und darunter, daß die Kinder ihn zur ‚Freude und Erholung benutzen' sollten. Wir durften uns allerdings nicht ‚erholen', wann wir gerade Lust hatten. Denn was dann kam, war dick unterstrichen: ‚in der Zeit von 8 bis 13 Uhr und 15 bis 19 Uhr'. Wenn wir also aus der Schule kamen, war nichts mit Erholung." (1981, 23).

2. Aggression durch Frustration

8   Schon die zitierten wenigen Zeilen der *Christiane F.* lassen in Verbindung mit den Ergebnissen der bisherigen Forschung vermuten, daß die Aggressionskriminalität, die bei Hochhauskindern gehäuft beobachtet wurde, vor allem mit Enttäuschungen („Frustrationen") zu tun haben dürfte (vgl. dazu die Frustrations-Aggressions-Hypothese Rdn. 46 ff zu § 6).

Denn „eine Welt, in der die Phantasie keine Entsprechung mehr findet, wird unvermeidlicherweise als kalt, böse und feindlich, als unheimlich" betrachtet (*Lorenzer* 1969, 71 f). Der Jugendliche, der hier wohnen muß, sagt sich etwa: „Das, was ich hier an sozialen und räumlichen Lebensbedingungen vorfinde, ist nicht meine Welt; das sind keine Verhältnisse, in denen ich gerne lebe und mich wohl fühle. Ich lehne diese Welt, in der ich leben muß, ab, und ich zeige es euch. Und wenn das, was ihr mir da vorlebt und wo ihr lebt, auch meine Zukunft sein soll, dann vielen Dank" (*Grymer* 1981, 28). Was werden wohl die 500 000 Kinder sagen, die zur Zeit in **Obdachlosensiedlungen** (vgl. dazu § 17 Rdn. 6) bzw. in „verheerenden Wohnverhältnissen" leben? Bei weiterem stärkerem **Ausländerzuzug** gehört (neben **Arbeitslosigkeit** und **Freizeitproble-**
m⋯ ⋯ch die Obdachlosigkeit zu den Zukunftsproblemen.

⋯ine Mißverständnisse aufkommen zu lassen, ist allerdings deut-
⋯chen, daß „Kriminalität durch städtebauliche und architekto-
⋯ßnahmen allein weder verursacht, noch in der Entstehung ver-
⋯d (so auch *Kube* 1996, 766). Auszugehen ist vielmehr von

komplexen **Wechselbeziehungen** zu einer Vielzahl anderer, überwiegend sozialer Faktoren wie der Siedlungsstruktur, der Alters- und Sozialstruktur der Wohnbevölkerung, sozialen Segregationserscheinungen, dem Funktionieren von Familien- und Nachbarschaftsbeziehungen, sozialer Kontrolle usw." (so zutreffend *Dörmann/Kube* 1980, 443). Insoweit darf man jedoch nicht übersehen, daß „das Kind, das in einem Hochhaus aufwächst, ... grundsätzlich anderen Sozialisationsbedingungen ausgesetzt (ist) als das in einem Einfamilienhaus auf dem Lande wohnende Kind" (*Kube* 1982, 8).

3. Vorschläge zur Prävention

Im Hinblick auf die Präventionsmöglichkeiten kann man zwischen primärer (Ursachenbeseitigung), sekundärer (Abschreckung der Täter und Opferschutz) Prävention wie folgt unterscheiden (vgl. dazu § 1 Rdn. 40):   **10**

Fata Morgana im Grünen

Der Wohnungsbau der Nachkriegszeit hat vor allem triste Hochhaus-Ghettos oder wuchernde Streusiedlungen hervorgebracht. Jetzt wollen Berliner Planer die Landschaftszerstörung mit dem Bau großer „Vorstädte" stoppen. Und manches Projekt besitzt sogar den Charme der Wohnquartiere aus der Gründerzeit.

aus: *DER SPIEGEL* 15/1996, S. 208

a) Primäre Prävention

Die primäre Prävention besteht in dem Versuch, „vor allem kriminogenen Sozialisationsbedingungen für Kinder und Jugendliche entgegenzuwirken" (*Dörmann/Kube* 1980, 443); etwa durch   **11**

– *eine (neue)* **Baupolitik,** *die sich an dem Grundsatz orientiert, daß „* **Wohnen Spaß machen muß** *" (vgl. Zeitungsausrisse oben): Weg von der Betonsilobauweise zugunsten baulicher Arrangements, die die Begegnung der Bewohner begünstigen und die Kommunikation erleichtern (vgl. Herlyn/Herlyn 1981, 281); zu den Möglichkeiten der Gemeindeentwicklungsplanung und Bauleitplanung vgl. Dörmann/Kube 1980, 450 f;*
– **Ausstattung** *von Neubauvierteln* **mit sozialen Infrastruktureinrichtungen:** *z. B. Schaffung von „Erlebniszonen" (Kube 1982, 10), Abenteuerspielplätzen und Jugendzentren (multifunktionalen Freizeitheimen) (vgl. Kube in: BKA 1979, 235; Flade 1984, 93; zu solchen Versuchen vgl. Zeitungsausrisse) und zwar auch im Wege der Nachbesserung;*
– **Rückbaumaßnahmen:** *(Teil-)Abriß von Wohnsilos (vgl. Zeitungsausriß unten); heute setzt man mehr auf Nachbesserungen.*

Eibl-Eibesfeldt (1994, 5) weist in diesem Zusammenhang auch auf die **Bedeutung von Plätzen** als „potentielle Bühnen der Begegnung" hin. Er schreibt dazu u.a.:   **11a**

> *„Bei der* **Platzgestaltung** *wird nun viel gesündigt. Wir leben mittlerweile geradezu unter einer Tyrannis sich progressiv glaubender Künst-*

Noch sollen in Hannover keine Hochhäuser „gekappt" werden

Adrian: Nicht in Fehler der Vergangenheit verfallen

In Hamburg hat kürzlich der CDU-Wohnungsbauexperte Fridtjof Kelber mit dem Vorschlag Aufsehen erregt, leerstehende Wohnungen in Hochhäusern und zu lange Wohnzeilen einzureißen, um Großsiedlungen wieder wohnlicher zu machen. Ähnliche Überlegungen wurden auch in Hannover in einem kleinen Kreis von Experten aus der Verwaltung und der Wohnungswirtschaft im Zusammenhang mit der Frage erörtert, wie bestimmte Wohngebiete mit dichter Besiedlung attraktiver gemacht werden könnten. Die Arbeitsgruppe soll dem Rat erste Ansätze zur „Nachbesserung" von Hochhaussiedlungen nach der Sommerpause vorstellen. Von einer Reduzierung von Hochhäusern um einige Stockwerke wird darin aber nicht die Rede sein.

aus: *Hannoversche Allgemeine Zeitung* vom 29. Juli 1985

ler, die seit DaDa meinen, Provokation an allen Orten sei die einzige Aufgabe der Kunst und die zu diesem Zwecke sehr oft ausgesprochen Häßliches produzieren ... Häßliches löst (jedoch), wie schon das Wort treffend beschreibt, Haßgefühle aus und verdirbt die Menschen. An Plätzen sollen Menschen gerne verweilen und zur Ruhe kommen können: Blumen, ein wenig Grün, lauschige Plätzchen mit Bänken, ein schöner Brunnen, kurz, eine ästhetisch ansprechend einladende Umgebung führt Menschen zueinander. Diese prosoziale Einstimmung trägt zur Humanisierung der zwischenmenschlichen Beziehungen bei." (Unveröff. MS 1994: „Gedanken zur Humanisierung der Großgesellschaft").

b) Sekundäre Prävention

12   Die sekundäre Prävention setzt sich „die Verringerung von tatbegünstigenden oder tatauslösenden Gelegenheiten" (*Dörmann/Kube* 1980, 444) durch Hilfe, Beratung und Betreuung zum Ziel, und zwar

– *über die Instanzen der formellen sozialen Kontrolle (etwa durch Verstärkung der sozialen Dienste im Hochhausviertel oder durch den Kontaktbereichsbeamten);*
– *über die Instanzen der informellen sozialen Kontrolle (etwa durch Verstärkung des nachbarschaftlichen Zusammengehörigkeitsgefühls: z. B. durch wiederkehrende Straßen- und Hausfeste). Plate et al. fordern ein* „**Neighbourhood Service Center**" *nach amerikanischem Vorbild (1985, 185 ff): ein sozialpädagogisches Zentrum (z. B. in einem Ladenlokal), das „für möglichst alle quartierspezifischen Problembereiche ambulante und stationäre Dienstleistungen bereithalten soll" (z. B. Schlichtungstätigkeiten).*

13   Zur sekundären Prävention gehört auch die Verbesserung der Sicherheitstechnik: etwa „durch Beleuchtung, Sperren, Pförtnerlogen, Alarmeinrichtungen und Streifengänge" (*Kaiser* 1979, 231) sowie der Versuch,

die Wohnumwelt so zu verändern, daß der potentielle Täter die Tat unterläßt. Insoweit bieten sich an (vgl. *Kube 1982, 17*):

– *die Erschwerung des Zugangs zu den Zielobjekten deliktischen Han-*
  delns sowie
– *die Erhöhung des Entdeckungs-, Anzeige- und Überführungsrisikos.*

Vor dem Hintergrund zunehmender Kriminalitätsfurcht (vgl. Rdn. 12 ff
zu § 20) kann es kaum überraschen, daß die **Sicherheitsindustrie zur Zeit
boomt** (vgl. auch Rdn. 27 zu § 20 und den Zeitungsausriß).

Der Messe-Hit:
Fangnetz schützt
vor Einbrechern

„Security" für Großkunden

Von Hubert Wolf

**WAZ ESSEN. Die „Securi-
ty 1996" wurde am Diens-
tag in Essen eröffnet, die
Messe für die gehobene
Sicherheit.**

Gepanzerte Wagen? Stör-
sender gegen ferngezündete
Autobomben? Haben wir.
Überwachungssysteme fürs
Werksgelände? Da gäb's dies,
dies oder dies, das und das.
Doch wer sich nach Riegeln,
Beschlägen oder Rolladenstop-
pern für die Parterre-Wohnung
umtun will, der kommt ins Suchen, wenn man nicht gerade
Fangnetze gegen Einbrecher in-
stallieren will; oder Alarmanla-
gen, die Reizgas sprühen.

16,7 Milliarden DM Umsatz
machte die Branche 1995. Ein
Plus von 8%. Osteuropa sei d e r
Markt, heißt es: Tschechen und
Russen kauften irre viele Treso-
re. Für letztere gibt's noch was
spezielles: den „gepanzerten
Geländewagen, für Rußland
mit erhöhter Durchschußhem-
mung (AK47-Kalaschnikow)".

aus: *WAZ* vom 9. Oktober 1996

II. Der „defensible-space"-Ansatz von Newman

14   Zu den bekanntesten Ansätzen, die diese Ziele verfolgen, gehört die „defensible-space-Theorie" (Theorie des verteidigungsfähigen Raumes) des amerikanischen (New Yorker) Architektursoziologen Oscar **Newman.**

15   *Newman* veröffentlichte 1976 ein Buch mit dem Ziel, „Architekten, Stadtplanern, Baugesellschaften und Community Groups zu zeigen, wie sie sich dem Problem der Sicherheit in Wohngebieten schon im Anfangsstadium des Entwurfs und der Planung zuwenden können" (1976, 20). Seine grundlegenden Gedanken dazu hatte *Newman* schon 1972 in seiner Arbeit über **„Defensible Space. Crime Prevention through Urban Design"** vorgelegt. Den Ausgangspunkt seiner Überlegungen bildeten Beobachtungen, die er in New York gemacht hatte. Um den knappen und deshalb teuren Wohngrund besser nutzen zu können, wurden dort nach dem Kriege (wie fast überall auf der Welt) turmartige „Wohnsilos" hochgezogen, die sich nicht an den sozialpsychologischen Bedürfnissen der Bewohner orientierten und deshalb schon bald von innen zerstört wurden: nämlich von den Bewohnern selbst, ihren Besuchern und Freunden. Häufiger als bei uns zu beobachten ist, gingen in solchen amerikanischen Hochhäusern Briefkästen und Beleuchtungskörper zu Bruch, wurden Treppenaufgänge und Fahrstühle mit Parolen usw. beschmiert, Fenster zerbrochen und Türen zerkratzt. Die Riesenbetonklötze machten deshalb nach diesen vandalistischen Eingriffen nach kurzer Zeit bereits den **Eindruck von Slums.** Da *Newman* das Problem aus der Sicht des Architekten zu interessieren begann, überprüfte er die Kriminalitätsbelastung der Stockwerke (Opfersituationen pro Wohnung) in Mehrfamilienhäusern und Hochhäu-

Übersicht 46: Kriminalitätshäufigkeit in Abhängigkeit von Gebäudehöhe und Sozialstruktur der Bewohner

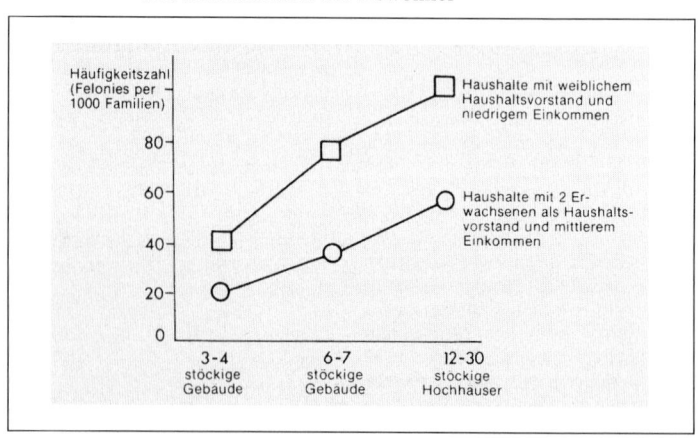

Quelle: *Newman,* entnommen aus *Kube* 1982, S. 22

sern; untersucht wurden von ihm insgesamt 150000 Wohneinheiten (einer New Yorker Baugesellschaft), in denen 528000 Menschen wohnten. Die **Ergebnisse** zeigten eine deutliche Mehrbelastung der Hochhäuser (Häuser mit mehr als fünf Stockwerken) gegenüber den Mehrfamilienhäusern bis zu drei Stockwerken. Nach *Newmans* (1972, 27) Erfahrung „steigt die Kriminalitätsrate nahezu proportional zur Gebäudehöhe", soll aber auch abhängig sein von der jeweiligen Sozialstruktur der Bewohner (vgl. auch oben Rdn. 5 und Übersicht 46).

In den Hochhäusern sind nach *Newmans* Feststellungen in krimineller **16** Hinsicht (= in bezug auf Viktimisierung) besonders prädestinierte Tatorte: die Eingangshalle, die Treppenhäuser, die Fahrstühle und die Korridore. In diesen Gemeinschaftsbereichen ereigneten sich (1969) insgesamt 3786 (registrierte) Delikte, von denen 3165 (84 %) auf Raubüberfälle entfielen, die wiederum zur Hälfte im Fahrstuhl (!) verübt worden waren.

Sind Hochhäuser Hochburgen der Kriminalität?

aus: *FR* vom 20. Februar 1980

Die Wohnanlagen mit hoher Kriminalitäts- und Vandalismusbelastung **17** waren durch folgende bauliche Besonderheiten gekennzeichnet: viele Stockwerke, fehlende Überschaubarkeit der Gemeinschaftsbereiche im Inneren des Gebäudes sowie der Zugangswege zum Haus (für die sich die Hausbewohner auch nicht verantwortlich fühlten) sowie fehlende Kommunikation unter den Bewohnern des Hauses, die grundsätzlich anonym nebeneinander herlebten (jeder, der in Deutschland in so einem „Wohnsilo" wohnt, kennt die Situation auch aus eigener Erfahrung).

Die Wohnanlagen mit geringer Kriminalität waren kleiner, ihre **18** Gemeinschaftsanlagen überschaubarer und die Kommunikation unter den Hausbewohnern rege. Diese konnten auch Mitbewohner von Fremden, die das Haus betraten, unterscheiden, was in den großen Wohnanlagen nicht der Fall war.

1. Kriminalitätsabwehrende Architektur

Vor diesem Hintergrund schlägt *Newman* (aaO) vor, daß von Bauher- **19** ren und Architekten künftig „verteidigungsfähige Räume" („defensible space") geplant werden sollten; *Newman* empfiehlt also die Entwicklung einer kriminalitätsabwehrenden Architektur, die er sich u. a. im einzelnen wie folgt vorstellt:

– *erstens: Verzicht auf den Hochhausbau (vgl. Abb. 9) zugunsten niedrigerer Mehrfamilienhäuser mit nur sechs bis neun Wohnungen (vgl. Abb. 10) pro Hauseingang und Fahrstuhl;*
– *zweitens: Planung kurzer Korridore mit nur zwei bis vier Wohnungstüren;*
– *drittens: Eingrenzung der Grundstücke durch Zäune, Hecken, Büsche, Steinstufen usw. (auch für Hochhäuser empfohlen: vgl. Abb. 11);*

- *viertens:* Schaffung von Gemeinschaftseinrichtungen, die die „territoriale" Haltung der Hausbewohner verstärken: etwa Spielplätze, Sitzbänke für die Alten, Trockenplätze usw.;
- *fünftens:* Überwachung unübersichtlicher Stellen (etwa der Tiefgaragen) durch (Fernseh-)Monitore bzw. Beleuchtung;
- *sechstens:* visuelle Überwachung von außen (durch die Straßenpassanten): z. B. gute Einsehbarkeit der Hauseingänge, die nur 30 Meter von der öffentlichen Straße entfernt liegen sollten;
- *siebtens:* Einführung symbolischer Barrieren zur Unterscheidung von öffentlichem und privatem Raum: etwa durch eine unterschiedliche Pflasterung des Gehwegs bzw. der Zugangswege zum Wohnblock (vgl. dazu auch Schneider 1983, 13).

20   Newman geht davon aus, daß eine Wohnanlage, die geschlossen (bzw. verschlossen) und überwacht wirkt (und auch überwacht wird), den (potentiellen) Straftäter wegen des höheren Mißerfolgsrisikos abschreckt und deshalb zu den Möglichkeiten der präventiven Verbrechensbekämpfung gehört; allerdings löst diese Art der Prävention **Verdrängungseffekte** aus: der Straftäter sucht sich ein anderes (weniger gesichertes) Objekt aus.

21   *Abbildung 9:* Großwohnanlage

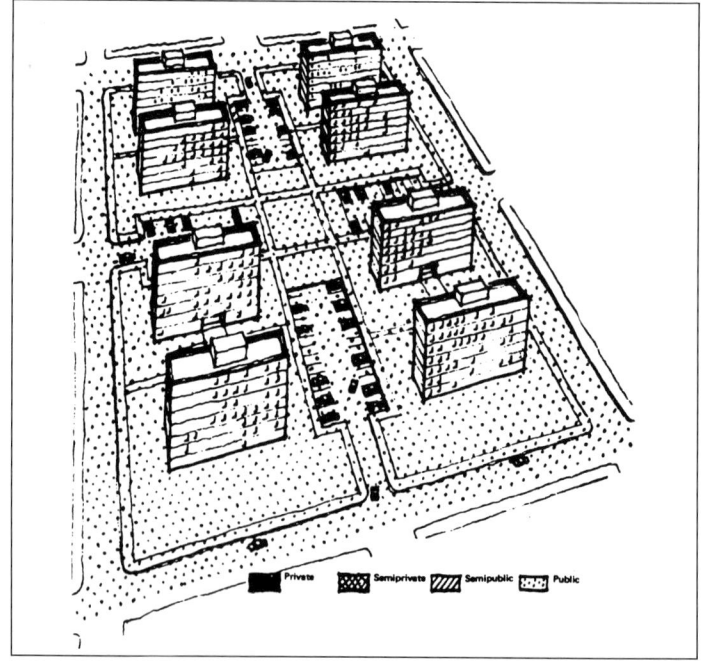

Quelle: *Newman* 1979, S. 133

304

Die Frage, ob tatsächlich ein Zusammenhang zwischen Baustruktur **22** und Kriminalität besteht, wird allerdings in den Vereinigten Staaten nicht einheitlich beantwortet: So haben die Untersuchungen von *Molumby* (zit. nach *Rolinski* 1980, 199) die Resultate von *Newman* bestätigt, während bei *Pyle* (zit. nach *Rolinski* aaO) die Mehrfamilienhäuser mehr belastet waren als die Hochhäuser. *Pyle* führt dieses Ergebnis allerdings auf „demographische Faktoren" zurück, etwa auf den Umstand, daß die von ihm untersuchten Hochhäuser nur mit Familien ohne Kinder belegt werden durften (zur Kritik am defensible-space-Ansatz vgl. *Rubenstein* et al. 1980 sowie *Kube* 1982, 59 m. w. N. und *Kube* 1986, 49 ff; *Kube* befürchtet „abkapselnde Nachbarschaften", „Feindbildhaltung" und „gesteigerte Kriminalitätsangst" der Bewohner).

Abbildung 10: Reihenhausgestaltung **23**

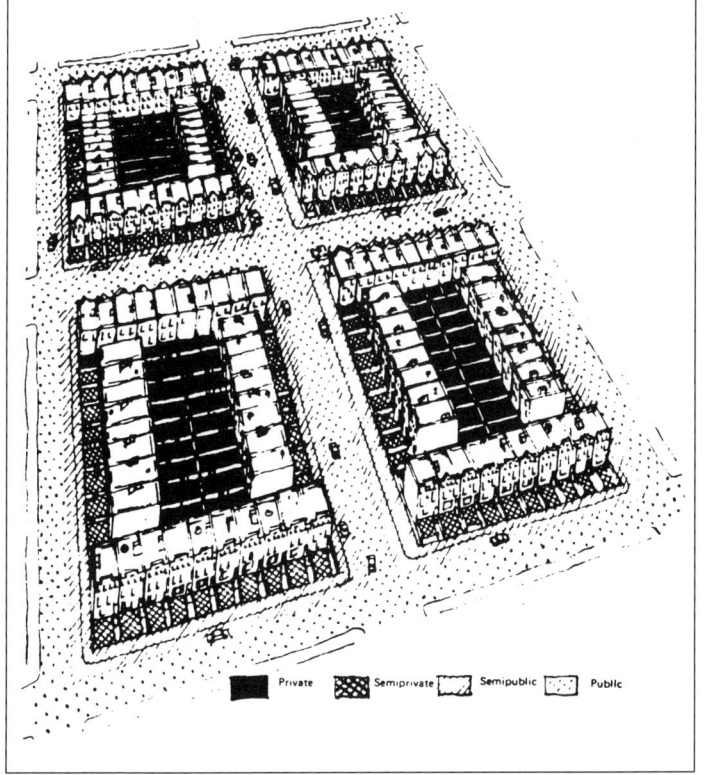

Quelle: *Newman* 1979, S. 131

2. Folgeuntersuchungen in München und Regensburg

24   Von den Resultaten *Newmans* ausgehend, hat *Rolinski* (1980) geprüft, ob sich auch in München und Regensburg „ein Zusammenhang zwischen bestimmten Wohnhausformen und Kriminalität nachweisen läßt" (*Rolinski* 1980, 47). Dazu wurden im Rahmen einer Opferbefragung 715 Haushalte aus 12 Untersuchungsgebieten mit unterschiedlicher Bebauung (repräsentative Stichprobe) befragt. Die Haupthypothese *Rolinskis* war wie folgt formuliert:

> „*In Hochhäusern (zehn Geschosse und mehr), die durch das Baumerkmal ‚defensible space nicht vorhanden' gekennzeichnet sind, ereignen sich wesentlich mehr Delikte als in Mehrfamilienhäusern (fünf Geschosse und weniger), die sich durch das Baumerkmal ‚defensible space vorhanden' auszeichnen.*" *(aaO)*.

25   *Abbildung 11:* Hochhausanlage, die die Umgebung mit einbezieht

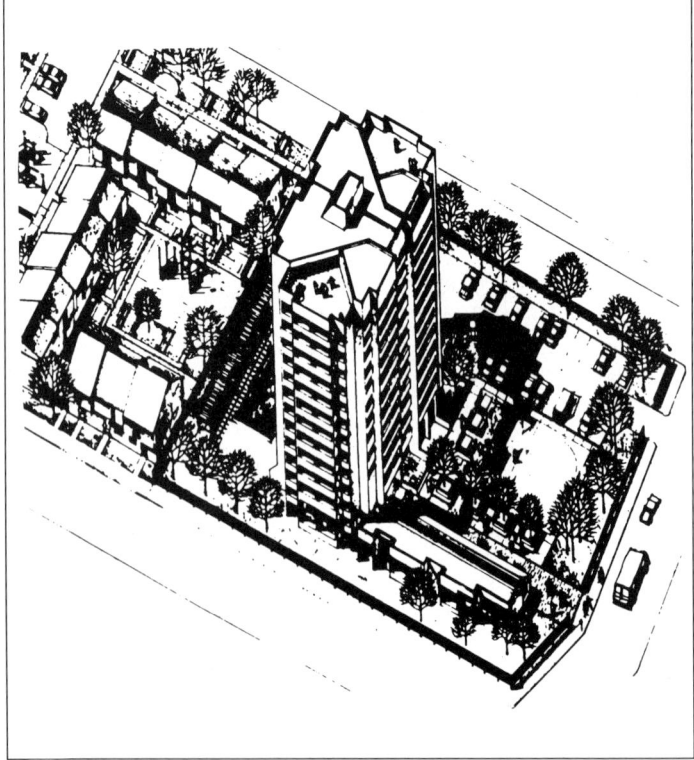

Quelle: *Newman* 1975, 132 (entnommen aus *Rolinski* 1980, S. 39)

Rolinski weist jedoch schon zu Beginn seiner Arbeit darauf hin, „daß **26** außer der Baustruktur weitere Variablen im Entstehungsprozeß krimineller Handlungen als maßgebliche Bedingungen wirken" (aaO); insoweit wird vor allem auf die (unterschiedliche) soziale Schichtung der Hausbewohner verwiesen. Gleichwohl war nach *Rolinski* auch in Regensburg und München eine den Resultaten von *Newman* entsprechende „gleichartige Kriminalität zu erwarten", und zwar u. a. auch deshalb, „weil sich die Bundesrepublik Deutschland in ihrer ökonomischen Auslegung und in ihrer moralischen Werthaltung in Abkehr von europäischen Traditionen nach dem Jahre 1945 der USA-Gesellschaft – im Vergleich zu den übrigen europäischen Staaten – wohl am weitesten genähert hat" (1980, 197). Die Erwartung hat sich jedoch nicht bestätigt: ein signifikanter Zusammenhang zwischen Hochhaus-Bauform und (Grad der) Kriminalität war in den untersuchten Großstädten jedenfalls nicht nachweisbar, ein Ergebnis, das von *Rolinski* auf folgende Ursachen zurückgeführt wird (kritisch zu *Rolinski: Frehsee* 1981, 319 ff):

– *erstens gäbe es bei uns den Tätertyp (bisher) noch nicht, der wie in den* **27** *USA als Fremder in Häuser eindringt, um Notzucht und Raub „im Erscheinungsbild brutalen und rational rücksichtslosen Zugriffs auszuführen" (1980, 200);*
– *zweitens gäbe es in der Bundesrepublik aus verschiedenen Gründen „eine vergleichsweise homogene Verteilung der ‚demographischen Daten', die in den USA fehlt und daher dort schichtspezifische Unterschiede in der Kriminalitätsbelastung deutlich hervortreten läßt" (1980, 201);*
– *drittens seien „die spezifischen Merkmale der untersten Schichten in München nicht so ausgeprägt wie die in New York" (1980, 202).*

Die Resultate seiner Untersuchung bedeuten allerdings nicht, wie **28** *Rolinski* hervorhebt, daß bei der „jetzige(n) Kriminalitätsstruktur noch kein Bedürfnis besteht, Wohngebiete als verteidigungsfähige Bereiche auszubauen" (1980, 200 f). Der Variablen „Baustruktur" kommt nach seiner Auffassung (aaO) vielmehr „für die Bekämpfung von Kriminalität ein zu hoher Stellenwert zu" (1980, 203), und zwar „vor dem Hintergrund bisheriger Erkenntnisse über den Ablauf von Entwicklungs- und Sozialisationsprozessen" (vgl. dazu §§ 10 ff).

3. Konsequenzen für die Praxis

Die Überlegungen *Newmans* und die Gedanken *Rolinskis* haben **28a** inzwischen die Praxis erreicht: auch in Deutschland. So hat die *Landeshauptstadt Düsseldorf* (1995) einen **städtebaulichen Ideenwettbewerb** für den „Südwestlich Rather Kreuzweg" ausgeschrieben, in dem es u.a. heißt (vgl. dazu auch Rdn. 44 zu § 18):

„In der Planung sollen kriminalitätsvorbeugende Aspekte berücksichtigt ***werden,*** *soweit sie mit städtebaulichen Mitteln beeinflußbar sind. Notwendige Wegebeziehungen sollen klar strukturiert und übersichtlich*

gestaltet werden ohne Nischen, Winkel und enge Durchgänge. Das gilt besonders für die Wege zur Haustür . . . . Die Tiefgaragen sollen nicht zu groß, übersichtlich, hell (möglichst Tageslicht), mit leicht auffindbaren Notausgängen . . .gestaltet werden. Öffentliche Bereiche sollen von nichtöffentlichen Bereichen optisch klar unterscheidbar und möglichst baulich getrennt werden (Gebäude/Mauern/begrünte Zäune). Die Forderungen nach Übersichtlichkeit und Einsehbarkeit von den Wohnungen gelten insbesondere für die Kinderspielflächen. . . . . "

III. Kriminaltopographie aus Tätersicht

29   Der „defensible-space"-Ansatz baut bisher (soweit ersichtlich) nur auf den Erfahrungen der Polizei auf, die diese aus schon bearbeiteten Fällen gewinnt. Man geht also „unausgesprochen davon aus, daß der Täter das Sicherheitsrisiko (bzw. Entdeckungsrisiko) für seine Tat in etwa so einschätzt wie die Polizei selbst" (*Schwind/Steinhilper* 1984, 317). Diese Annahme muß freilich nicht stimmen; jedenfalls ist von Dritten nicht verläßlich nachzuvollziehen, welche Umstände den Täter bei seiner Objektwahl (z.B. zu einem Einbruch) bestimmen und welche ihn dazu bewegen, ein bestimmtes Objekt (Gebäude) nicht anzugreifen (aufzubrechen).

30   Diese Frage ist jedoch Anfang der 80er Jahre Gegenstand einer Untersuchung geworden, die *Bennett* und *Wright* (1983, 18 ff) in England durchgeführt haben. Die Autoren weisen zunächst darauf hin, daß Verbrechensvorbeugung bisher entweder weitgehend auf Spekulationen beruht (etwa auf dem Gedanken, daß Straftäter es vermeiden, „defensible space" zu betreten) oder auf gesundem Menschenverstand (etwa, daß Sicherheitsschlösser das Eigentum schützen). Unberücksichtigt bleibt, wie der Täter seine Erfolgsaussichten selbst einschätzt; es fehlt sozusagen die „**Kundenbefragung**", die in der Wirtschaft zu den Selbstverständlichkeiten gehört (*Schwind/ Steinhilper* 1984,317). Um diese Lücke schließen zu helfen, haben *Bennett* und *Wright* folgendes **Experiment** durchgeführt (Zusammenfassung nach *Schwind/Steinhilper* aaO):

31   Sie nahmen 36 Häuser auf Video auf und führten den Film 40 Straftätern vor, die eine Jugend- oder Freiheitsstrafe wegen Einbruchs verbüßten. Gefilmt worden war von einem Kraftfahrzeug aus, das im Schritttempo so nahe wie möglich am Gehsteig entlangfuhr. Dem Betrachter sollte auf diese Weise die Sicht gewährt werden, die er haben würde, wenn er selbst durch die Straße ginge. Der Film zeigte Häuser, die ganz oder teilweise freistanden, und Reihenhäuser. Die Probanden sollten nun angeben (Methode der Täterbefragung), welche Häuser sie für einen Einbruch auswählen würden, wenn sie selbst eine solche Straftat planen würden. Sie wurden ermutigt, „laut zu denken", also ihre Überlegungen bei der Objektwahl auszusprechen.

32   Ihren Kommentaren war zu entnehmen, daß die Auswahl primär von drei Hauptfragen abhängt:

- *vom Risiko, entdeckt zu werden,*
- *vom Wert der erwarteten Beute und*
- *von der Art der Sicherung (des Beuteobjekts), die die Tatausführung erschwert.*

Im einzelnen wird danach die Tatortauswahl u. a. durch folgende Besonderheiten bestimmt:

- *erstens:* **Deckungsmöglichkeiten** *(Selbstsicherung),* **Sichtmöglichkeiten** *der Nachbarn, Entfernung der Straße vom Tatort, Anwesenheit der Bewohner (meist durch parkende Autos oder Licht im Haus zu erkennen) sowie evtl. Fluchtmöglichkeiten (mehrere Hausausgänge oder „Hinterausgang"?);*
- *zweitens: ob der Tatort* **lohnende Beute** *verspricht, wird danach beurteilt, in welchem baulichen Zustand sich ein Gebäude befindet, wie gepflegt die Gartenanlagen sind usw.; ärmlich wirkende, halb freistehende Häuser erschienen z.B. nur 7,5% der Befragten als Tatort eines Einbruchs interessant; 84,2% entschieden sich für große, freistehende Villen;*
- *drittens: die Art der Sicherung des Beuteobjekts spielt hingegen aus Tätersicht offenbar eine eher untergeordnete Rolle.*

Nach neueren Untersuchungen von *Plate et al.* spielen insbesondere **„geringe Einsehbarkeit und relativ gute Möglichkeiten zur Flucht"** eine Rolle (1985, 175; vgl. dazu auch *Bundeskriminalamt:* Symposium Täterwissen, Wiesbaden 1986). Anschließend haben *Rehm, Servay* und *Irle 1985* insgesamt 259 **wegen Raubüberfällen auf Geldinstitute rechtskräftig Verurteilte** zu den Kriterien der Objektauswahl **befragt.**

*Ergebnisse: „Amateure" wählten die überfallene Bank vor allem nach vorhandenen Fluchtmöglichkeiten, z.B. Anschluß an Schnellstraßen, richtige Lage sowie der Größe der Bank aus. Inneneinrichtungen und damit auch spezifische Sicherheitseinrichtungen in der derzeitigen Form spielten keine Rolle. Bei den „Profis" waren hingegen entscheidende Kriterien der Objektauswahl die Versteckmöglichkeiten in der Nähe der Bank (**Rehm/Servay/Irle** 1986, 581 f).*

Der Gedanke, die Sicht des Täters (Vorerfahrung, Denkweise usw.) im Rahmen der Verbrechensbekämpfung nutzbar zu machen, ist freilich nicht neu. So wurde z.B. schon 1809 der Galeerensträfling Eugène François *Vidoque* durch Joseph *Fouché,* den Polizeiminister Napoleons I., zum Leiter der Pariser Polizeitruppe ernannt. Die von *Vidoque* daraufhin gegründete „sûreté" (Sicherheit) hat als erste Kriminalpolizei der Welt größte Erfolge verbucht (*Schwind/Steinhilper* 1984, 318). Als Kripochef von Paris gelang *Vidoque* in einem einzigen Jahr zusammen mit zwölf ehemaligen Häftlingen, die er in die Polizei eingestellt hatte, die Verhaftung von 812 Mördern, Räubern usw. (*Pachmann* 1984, 344). **33**

§ 17 Kriminologische Aspekte der Wohnungslosigkeit (Obdachlosigkeit und Nichtseßhaftigkeit)

Literatur: Albrecht, G.: Obdachlose als Objekte von Stigmatisierungsprozessen, in: *Brusten*, M./*Hohmeier*, J. (Hrsg.): Stigmatisierung I, Zur Produktion gesellschaftlicher Randgruppen, Neuwied, Darmstadt 1975; **Angele,** G.: Obdachlosigkeit in der Kleinstadt, in: *Chassé*, K. A.: Wohnhaft: Armut und Obdachlosigkeit; Analysen – Modelle – Perspektiven, München 1988, S. 71–109; **BAG Wohnungslosenhilfe:** Erläuterungen zur Schätzung der Obdachlosenzahlen durch die Bundesarbeitsgemeinschaft für Wohnungslosenhilfe e.V., Bielefeld 1993; **Becker, R.:** Wohnungspolitik aus feministischer Sicht, in: Gefährdetenhilfe 4/1993, S. 131–135; **Birk,** A.: Die Arbeit der Gleichstellungsbeauftragten zum Thema Wohnraum- und Stadtplanung, in: Gefährdetenhilfe 4/1993, S. 139–142; **Bundesbauministerium:** Dauerhafte Wohnungsversorgung von Obdachlosen, in: EXWOST Bonn, Juni 1993; **Bundestag-Report:** Knapp, eng und teuer: Wohnungsnot in Deutschland, Heft 8, 1993; **Chassé,** K. A./*Preußer*, N./*Wittich*, W.: Wohnhaft: Armut und Obdachlosigkeit; Analysen – Modelle – Perspektiven, München 1988; **Coates,** G.: A Street is not a Home, New York 1990: **Cremer-Schäfer,** H.: Entlassenenhilfe: Gegen Obdachlosigkeit und für den Alltag, in: Neue Kriminalpolitik 4/1992, S. 40–41; **Dahmer, H.:** Parias und lebende Mahnmale. Die Kaste der Penner, Berber und Stadtstreicher, in: „Kölner Bankexpress" Nr. 2, Mai 1994; **Dupont,** S.: Frauen in besonderen sozialen Schwierigkeiten in Hannover – wo finden sie Hilfe? in: Gefährdetenhilfe 2/1993, S. 144f; **Fachausschuß Frauen in der BAG:** Wohnungsnot – Die Bedeutung für die Frauen – Eine Darstellung, in: Gefährdetenhilfe 2/1993, S. 67–69; **Funke,** E. H.: Soziale Leitbilder polizeilichen Handelns. Eine empirische Studie zur Einstellung von Polizeibeamten gegenüber „Asozialität", „Asozialen" und „asozialem Verhalten", ohne Erscheinungsort 1990; **Giesbrecht,** A.: Wohnungslos – Arbeitslos – Mittellos: Lebensläufe und aktuelle Situationen Nichtseßhafter, Opladen 1987; **Göppinger,** H.: Kriminologie, 4. Aufl., München 1980; **Götz,** V.: Allgemeines Polizei- und Ordnungsrecht, 11. Aufl., Göttingen 1993; **Gronau,** D./*Jagota,* A.: Ich bin Stadtstreicherin. Über das Leben obdachloser Frauen, Frankfurt/M. 1994; **Grunewald,** E.: Leben in der Obdachlosensiedlung: Die Zwerchallee in Mainz, Mainz 1993; **Heins,** R.: Obdachlosenreport – Warum immer mehr Menschen ins soziale Elend abrutschen, Düsseldorf 1993; **Höfelein,** H.: Wohnungsnot und Obdachlosigkeit von Obdachlosen, in: *Jahrbuch der deutschen Caritas* 1993, S. 247–251; **Huerkamp,** in: *Kellner*, R./*Wittich*, W.: Wohnen tut Not – Obdachlosigkeit in der Diskussion, München 1987; **Iben,** G.: Randgruppen der Gesellschaft. Untersuchungen über Sozialstatus und Erziehungsverhalten obdachloser Familien, 3. Aufl., München 1974; **Kahn,** M./*Zuleeg*, S.: Hilfe für alleinstehende Wohnungslose (Nichtseßhafte), Materialien zur Diskussion der Hilfspraxis und Orientierung nach § 72 BSHG, Frankfurt/ M. 1990; **Keifenheim,** B.: Filmprojekt über Randgruppen in Berlin, nicht veröffentlichter Recherchenzwischenbericht, Berlin 1993; **Kerner,** H.-J. (Hrsg.): Kriminologie-Lexikon, 4. Aufl., Heidelberg 1991; **Klose,** R.: Obdachlose Frauen und Mädchen aus kriminologischer Sicht, in: Magazin für die Polizei, Jg., Nr. 229, Mai 1995, S. 4–11; **Kluge,** K.-F.: Wir wollen hier raus! Obdachlose Jugendliche Teil II, München 1980; **Koch,** F./*Hart*, P./*Tristan*, P.: Landessozialberichte (NRW) Bd. 2: Wohnungsnot und Obdachlosigkeit, Ministerium für Arbeit, Gesundheit und Soziales (Hrsg.), 2. Aufl., Bönen 1993; **Könen,** W.: Wohnungsnot und Obdachlosigkeit im Sozialstaat, Frankfurt, New York 1990; **Kürzinger,** A.: Asozialität und Kriminalität, Diss.jur., Tübingen 1970; **Kürzinger,** J.: Kriminalpräventive Integration von Obdachlosen, in: *Schwind*, H.-D./*Berckhauer*, F./*Steinhilper*, G. (Hrsg.): Präventive Kriminalpolitik, Heidelberg 1980 S. 305–315; **Powser,** K.: Frauen auf der Straße, ohne Erscheinungsort, 1989; **Ruhstrat,** E.-U. (im Auftrag des Bau- und Familienministeriums): Wohnungsnotfälle, Bonn 1994; **Specht-Kittler,** T.: Die Gewalt nimmt zu – Abhängigkeit und Gewalterfahrungen wohnungsloser Menschen, in: Gefährdetenhilfe 1/1994, S. 32ff; **Stumpfl,** F.: Asozialität, in: *Sieverts,* R. (Hrsg.): Handwörterbuch der Kriminologie, Bd. I, 2. Aufl., Berlin 1966, S. 62–75; **Vascovics,** L. A.: Segregierte Armut, Randgruppenbildung in Notunterkünften, Frankfurt/M., New York 1974; **Wagner,** H.: Kommentar zum Polizeigesetz von Nordrhein-Westfalen und zum Musterentwurf eines einheitlichen Polizeigesetzes des Bundes und der Länder, Neuwied 1987; **Warren,** A./*Altmann*, A.: Ausreißer, Stricher und verwahrloste Kinder, Aids-Hilfe Düsseldorf e.V., Düsseldorf 1993; **Weins,** W.: Struktur und Veränderung von bestimmten Verhaltensweisen einer Randgruppe, Trier 1976; **Wendt,** R.: Tätigkeitsbericht 1992 der Nichtseßhaftenberatungsstelle des Diakonischen Werkes des Evgl. Stadtkirchenverbandes Essen, Essen 1993; **Werth,** B.: Alte und neue Armut in der Bundesrepublik Deutschland, Berlin 1991.

Gliederung

In den letzten Jahren rückt auch die Wohnungslosigkeit (Obdachlosigkeit und Nichtseßhaftigkeit) in den Vordergrund der sozialen Probleme, die kriminologische Bedeutung besitzen: Zunehmend sind (außer erwachsenen Einzelpersonen beiderlei Geschlechts) auch Familien mit Kindern betroffen, deren Sozialisationsbedingungen (z. T. mit entsprechenden Folgen) oft extrem ungünstig sind. So hat bereits *Iben* (1974, 26) Anfang der siebziger Jahre feststellen können, daß Kinder aus obdachlosen Familien häufiger als andere zu den „Schulversagern" gehören: bis zu 80% mußten seinerzeit eine Sonderschule besuchen; bei *Kluge* (1974, 467) waren es etwas über 40%. **1**

Machen Obdachlosigkeit bzw. Nichtseßhaftigkeit auch anfällig für Kriminalität oder anderes sozial abweichendes Verhalten? Und werden solche Personengruppen häufiger als andere Opfer von Straftaten? In der kriminologischen Literatur (selbst in den Lehrbüchern) werden solche Fragen bisher (wenn überhaupt) grundsätzlich nur am Rande erwähnt: ausführlicher etwa in Verbindung mit den Begriffen „Asozialität" und „Gemeinlästigkeit" (wie z. B. bei *Göppinger* 1980, 540) oder im Zusammenhang mit Bedrohtheitsgefühlen, die in der Bevölkerung vor dem Hintergrund zunehmender Kriminalitätszahlen wachsen (vgl. dazu § 20 Rdn. 12 ff.). **2**

Immer mehr Menschen ohne Obdach

Appell: Auch Kirchen öffnen

aus: *WAZ* vom 5. Januar 1995

I. Begriffsbestimmungen und Zahlen

1. Obdachlose und Nichtseßhafte

3   Obdachlos im Sinne des Polizei- und Ordnungsrechts ist, wer **unfrei-willig** keine menschenwürdige Bleibe hat oder in einer polizeirechtlich (bzw. ordnungsrechtlich) zugewiesenen Unterkunft lebt (*Wagner* 1987 § 6 Rdn. 36; *Götz*, 1993 Rdn. 102; *Ruhstrat* 1994, 5). Zu den „Obdachlosen" zählen danach nicht die „Nichtseßhaften", nämlich solche Personen, die **„freiwillig"** obdachlos auf der Straße leben (vgl. Übersicht 47): „Pen-ner", „Wermutbrüder", mittellose Wanderer („Tippelbrüder") bzw. Land- und Stadtstreicher („Berber"), die ihre Habseligkeiten in einer Plastiktüte unter dem Arm tragen oder in Einkaufswagen aus dem Super-markt transportieren, betteln („Haste mal 'ne Mark?") und primär in den Innenstädten herumlungern bzw. in „U-Bahnschächten, auf Park-bänken, in Müllcontainern oder unter Brücken" die Nächte verbringen (*Heins* 1993, 15). *Dahmer* (Mai 1994, 7) nennt sie „Parias und lebende Mahnmale" (vgl. auch Rdn. 19 zu § 26).

Übersicht 47: Menschen ohne Wohnung

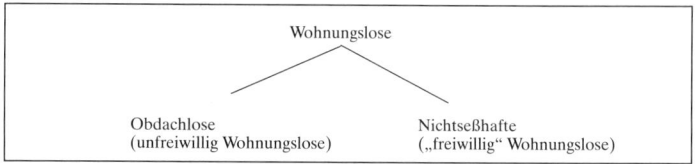

4   Die Vermischung beider Gruppen verfälscht das Bild. Gleichwohl wer-den in manchen Medien, mitunter selbst in Verlautbarungen von befaß-ten Verbänden (z. T. auch im Schrifttum), die Unterschiede wenig beach-tet, mit der Folge, daß der Interessierte nicht beurteilen kann, worauf sich die entsprechenden Zahlenangaben beziehen.

Generell kann man nur davon ausgehen, daß
– statistisch erfaßte (registrierte) Zahlenangaben (soweit solche flächen-deckend überhaupt vorliegen) nur die Gruppe der Obdachlosen betreffen, weil die Gruppe der Nichtseßhaften statistisch überhaupt nicht erfaßt wird (dazu *Giesbrecht* 1987, 25);
– bei (bloßen) Schätzungen Vorsicht angezeigt ist, weil man mitunter nicht weiß, ob sich diese nur auf die Obdachlosen, auf die Nichtseß-haften oder auf beide Gruppen beziehen; außerdem ist oft unklar, ob das Hellfeld (die registrierte Obdachlosigkeit) gemeint ist oder das Dunkelfeld oder beide Felder zusammen.

Schließlich geht aus entsprechenden Angaben oft nicht hervor, ob die Aussiedler in den Aussiedlerunterkünften hinzugezählt wurden oder nicht. Eine empirische Untersuchung (in Form einer Städtebefragung) ist ab 1992 (im Auftrag von zwei Bundesministerien) durch *Ruhstrat* (1994) durchgeführt worden.

aus: *Stoelendans* Nr. 3, Februar 1994, S. 1

2. Zum Umfang der Wohnungslosigkeit

Ruhstrat weist in der Einleitung seiner Städteumfrage (1994, 23) dar- **5**
auf hin, daß es noch **keine „nationale Wohnungsnotfallstatistik"** gibt:
auch nicht für die Obdachlosen. Sichtet man gleichwohl die vorliegenden
(Teil-)Informationen bzw. Schätzungsangaben, so zeigt sich das folgende
Bild:

a) In der Landesobdachlosenstatistik von Nordrhein-Westfalen, die **6**
nur **Obdachlose** zählt (keine Nichtseßhaften, aber auch keine Aussiedler
in Aussiedlerunterkünften), waren zum letzten Stichtag (dem 30. Juni
1991) insgesamt 55 514 Personen registriert (*Koch* et al. 1993, 125). *Ruhstrat* gelangte (1994) aufgrund seiner Städtebefragung (für den Stichtag
30. Juni 1992) zu einer etwas höheren Zahl, nämlich 79 000; hinzu kommen nach seiner Zählung jedoch noch 90 000 bis 105 000 Aussiedler in
Aussiedlerunterkünften. Für das Bundesgebiet errechnete er folgende
Zahlen: **260 000 Obdachlose** und 260 000 bis 320 000 Aussiedler in Aussiedlerunterkünften. Von der Zahl der 260 000 Obdachlosen im registrierten Bereich geht auch das *Bundesfamilienministerium* aus (zit. nach
NOZ vom 22. Dezember 1993). **Das Dunkelfeld wird höher geschätzt.**
Giesbrecht (1987) geht insoweit von „einer dreifachen Zahl" aus (Dun-

kelziffer-Relation von 1 zu 2): das wären (Hell- und Dunkelfeld zusammengezählt) ca. **780 000 Obdachlose**. Die Bundesarbeitsgemeinschaft Wohnungslosenhilfe e.V. (*BAG* 1993, 1) schätzt die Zahl noch etwas höher: 850 000 Obdachlose in den alten und 200 000 in den neuen Bundesländern; die neueste BAG-Schätzung: 918 000 (zit. nach WAZ vom 5. Januar 1996). Das Bundesbauministerium (1993, 2) rechnete schon 1993 mit rund **1 Million Obdachlosen**. Der Deutsche Kinderschutzbund (zit. nach NOZ vom 22. Juli 1995) geht sogar davon aus, daß inzwischen weit über 500 000 Kinder in Obdachlosensiedlungen, Notunterkünften bzw. Übergangsunterkünften oder „absolut verheerenden Wohnverhältnissen" leben.

7   b) Die **Zahl der Nichtseßhaften** wird z. B. von *Kerner* (in: *KKW* 1993, 148) auf rund **50 000** geschätzt: 40 000 „auf der Straße"; ähnlich *BAG* 1996 aaO: 30 000 bis 35 000 (vgl. auch den Zeitungsausriß unten); anders das Bundesbauministerium (aaO): 130 000. Eine offizielle Statistik wird (wie schon oben erwähnt) in bezug auf diesen Personenkreis nicht geführt.

Wohnungslos

waren 1994 rund 880 000 Menschen in Deutschland, davon 34 000 in den neuen Bundesländern. Häufigster Grund für den Verlust der eigenen Wohnung sind langandauernde Arbeitslosigkeit und Sozialhilfesätze, die gerade für den Lebensunterhalt, nicht aber für die Miete reichen. Von der sogenannten verdeckten Wohnungslosigkeit sind vor allem alleinerziehende Mütter mit ihren Kindern betroffen, die über einen längeren Zeitraum bei Verwandten oder Freunden unterkommen müssen. Schätzungsweise 40 000 bis 45 000 Menschen leben als Nichtseßhafte auf der Straße, die anderen Wohnungslosen sind in kommunalen Not-, Behelfs- und Obdachlosenunterkünften untergebracht. Etwa ein Drittel der Wohnungslosen sind Aussiedler.

aus: *DER SPIEGEL* Nr. 26 vom 26. Juni 1995, S. 107

8   c) Die **Gesamtzahl der Wohnungslosen** (Obdachlosen und Nichtseßhaften) dürfte danach zur Zeit im Bundesgebiet etwa **eine Million** Menschen umfassen; der **Anteil der Frauen** wird mit **25%** angegeben (*BAG* 1993, zit. nach *Heins* 1993, 71); weitere Frauen sind „verdeckt wohnungslos", d.h. sie wohnen in Firmenautos, in der Putzkammer der Firma oder suchen Kontakte zu Männern mit eigener Wohnung („Suggar Daddies"), die ihnen einen zweifelhaften Unterschlupf bieten (*Fachausschuß Frauen* 1993, 68).

Der **Anteil der Alleinerziehenden an den nichtseßhaften Frauen wird inzwischen auf rund 20% eingeschätzt** (*Fachausschuß Frauen* 1993, 67).

II. Ursachen (und Anlässe) der Wohnungslosigkeit

9   Die primäre Ursache für die Wohnungslosigkeit hat zunächst mit fehlendem Wohnraum zu tun. Dafür gibt es vor allem zwei Ursachen:

– erstens: daß Wohnraum fehlt, hat primär mit der Veränderung unserer Gesellschaft zu tun; nicht zuletzt mit dem **Single-Boom:** jeder Single beansprucht heute seine eigene Wohnung. 1970 gab es in den alten Bundesländern 5,5 Millionen Einzelhaushalte; 1991 waren es bei nahezu konstanter Einwohnerzahl bereits 10 Millionen. Zählt man die neuen Bundesländer hinzu, sind es 12 Millionen (vgl. auch Übersicht 33 auf S. 172 f). Jede dritte Wohnung in Großstädten, wie München und Berlin, gehört schon zu einem Single-Haushalt (alles zit. nach *FOCUS* Nr. 49 vom 6. Dezember 1993, 151);

– zweitens: seit 1990 hat die **Zuwanderung** nach Deutschland aus den ehemaligen Ostblockstaaten und aus Dritte-Welt-Ländern dramatisch zugenommen (vgl. Rdn. 1 ff zu § 24): in den letzten fünf Jahren kamen allein über eine Million Menschen als Aussiedler oder Asylbewerber (bzw. Wirtschaftsflüchtlinge) zu uns.

Diese Entwicklung wird nicht nur anhalten, sondern vermutlich noch **10** weiter verstärkt werden, und zwar wiederum aus zwei Gründen:

– erstens: ist mit **Sogeffekten** aus den anderen EU-Staaten (nach Wegfall der Grenzen; vgl. dazu Rdn. 24 ff zu § 31) zu rechnen, weil in Deutschland die höchste Sozialhilfe ausbezahlt wird (vgl. auch Rdn. 12 zu § 24).

– zweitens: nehmen die **sozialen Probleme,** die zur Wohnungslosigkeit führen, nicht ab, sondern zu.

Eine allgemein anerkannte Theorie zur Obdachlosigkeit gibt es bisher **11** allerdings noch nicht (*Giesbrecht,* 1987, 19), aber verschiedene Erklärungsansätze, die sich beziehen auf

– **materielle Verelendung:** Verarmung;
– **soziale Ausgrenzung** der betroffenen Menschen (die als „nicht mietfähig" gelten) sowie
– **räumliche Segregationsprogramme:** Vertreibung z. B. infolge von Sanierungsvorhaben;
Insoweit ist jedoch zwischen der (unfreiwilligen) Obdachlosigkeit und der („freiwilligen") Nichtseßhaftigkeit zu differenzieren.

1. Obdachlosigkeit

Obdachlosigkeit hat primär mit **finanziellen Problemen** zu tun: die **12** Wohnungsmiete kann vor allem aus zwei Gründen nicht mehr bezahlt werden,

– erstens: weil z. B. der Hauptverdiener arbeitslos wird oder ausfällt (Tod, Scheidung, Krankheit) oder weil hohe Ratenzahlungen (oder Kredite) den Haushalt belasten (dazu *Romaus* 1990, 70; zit. nach *Koch* et al. 1993, 68) und
– zweitens: weil die unteren Einkommensgruppen die steigenden Mieten nicht (mehr) verkraften (zur relativen Armut vgl. Rdn. 21 ff zu § 12) und deshalb die Wohnung aufgeben müssen (*Chassé* 1988, 55;

Könen 1990, 90); auch die Aufhebung der Mietpreisbindung für Sozialwohnungen kann die finanzielle Situation entsprechend verschärfen (*Birk* 1993, 139).

13 So wird Obdachlosigkeit als Erscheinungsform einer durch Arbeitslosigkeit und Sozialabbau hervorgerufenen Armut definiert (vgl. *Giesbrecht* 1987, 17). Nicht wenige Menschen haben auch nicht gelernt, mit Geld umzugehen: Sie erliegen den **Versuchungen des bargeldlosen Zahlungsverkehrs bzw. den Verlockungen der Versandhäuser**. Daß primär die schlechte finanzielle Situation zum Wohnraumverlust führt, zeigt die Statistik zu den Gründen des Wohnungsverlustes (nach *Koch* et al. 1993, 46, 51, und *Ruhstrat* 1994, 8):

– in 70–80% der Fälle führen **Räumungsklagen** wegen Mietschulden (§ 554 BGB) in die Obdachlosigkeit;
– nur in ca. 15% aller Fälle liegen der Kündigung **Eigenbedarfs-Anmeldungen** (§ 564 b Abs. 2 Nr. 2 BGB) durch die Vermieter zugrunde und lediglich
– in ca. 10% der Fälle hat die **Unbewohnbarkeit der Wohnung** (infolge von Bränden, Umbauten oder Abriß des Gebäudes) eine Rolle gespielt.

Nach der Haft droht die Obdachlosigkeit

Analyse: Mehr als 600 Gefangene befragt

Entlassen, doch wohin? Wenn die Haftzeit vorbei ist und der Gefangene wieder vor den Gefängnistoren steht, haben viele ihre Wohnung, ihren Partner verloren. Die Zahl derjenigen, die nach der Haftentlassung obdachlos sind, steigt.

Das ist ein Ergebnis einer ersten Analyse des landesweiten Forschungsprojekts „Wohnraumbedarf für Haftentlassene", das von Pfarrer Detlef Frische, evangelischer Seelsorger an der JVA Krümmede in Bochum, geleitet wird. Die Resultate wurden jetzt in der zweiten Ausgabe der Zeitschrift „Aufschluß" veröffentlicht, die Pfarrer Frische herausgibt.

aus: *WAZ* vom 7. Dezember 1996

14 Kündigungen wegen vertragswidrigen Gebrauchs (§ 553 BGB) oder unzumutbaren Verhaltens (§ 554 a BGB) haben hingegen geringe Bedeutung (*Klose* 1995, 5). Kaum zahlenmäßig fallen auch die **Strafgefangenen** ins Gewicht, die ihre Wohnung infolge der Inhaftierung verlieren und es

nach der Inhaftierung schwer haben, eine neue zu finden (dazu *Cremer-Schäfer* 1992, 40; anders der Zeitungsausriß oben).

2. Nichtseßhaftigkeit

Bei Nichtseßhaften kommen in der Regel noch weitere persönliche Probleme (psychische Belastungen) hinzu oder bilden überhaupt die bestimmenden (Beweg-)Gründe, auf die Straße zu gehen. Dazu gehören z. B.: **15**

– persönliche Schicksalsschläge (etwa Scheidung), die aus der Bahn werfen, und zwar oft bei fehlenden Freundeskreis, der Halt bieten kann (*Giesbrecht* 1987, 23; zur Halttheorie vgl. § 6 Rdn. 17 ff);
– fehlende Chancen auf dem Arbeitsmarkt mangels Ausbildung oder aufgrund Arbeitsunlust (*Giesbrecht* 1987, 21 m.w.H.);
– Mißhandlungen durch den Partner (*Klose* 1995, 6);
– psychische Krankheiten (*Giesbrecht* aaO, 20) sowie
– Körperbehinderungen verschiedener Art (*Wendt* 1993, 41).
Und immer wieder spielt der Alkohol eine Rolle (vgl. dazu Rdn. 19 f zu § 26). Nach einer Essener Untersuchung hatten 51% der Nichtseßhaften mit Suchtproblemen zu tun (*Wendt* aaO).

Kinder reißen von zu Hause aus (die Zahl der **„Straßenkinder"** wird auf rund 40 000 geschätzt: *Heins* 1993, 81), weil sie dem häuslichen Erwartungsdruck nicht standhalten können (*Heins* 1993, 82) oder weil die Eltern gewalttätig sind bzw. weil die Kinder in sexueller Hinsicht mißbraucht werden (*Heins* 1993, 81). Auch die eigene sexuelle Orientierung kann ein Grund für das Weglaufen sein, nicht selten auch Kontakte mit Drogen. **16**

III. Altersspezifische Erscheinungsformen

In den USA sind zwei typische Erscheinungsformen von obdachlosen Frauen beobachtet worden (*Coates* 1990, 60): die mittellose junge Mutter unter 35 Jahren mit kleinen Kindern und die „alte Frau", die völlig verarmt ist; aus Deutschland liegen (soweit bekannt ist) bisher keine veröffentlichten entsprechenden Beobachtungen vor. **17**

In bezug auf die Gruppe der Nichtseßhaften hat jedoch schon *Stumpfl* (1966, 62, 63) zwischen **Frühgescheiterten** (18–25jährigen „Verwahrlosten") und **Spätgescheiterten** unterschieden, „die (erstmalig) im Alter von 30 bis 50 Jahren straffällig geworden sind", sei es im Gefolge von Schicksalsschlägen, sei es im Zusammenhang mit beruflichem Versagen oder (und) dem Verfall durch Alkohol bzw. durch Suchtmittel.

IV. Sozial abweichendes Verhalten von Wohnungslosen

Soweit sich das kriminologische Schrifttum mit den Problemen der Wohnungslosen bisher befaßt hat, beziehen sich die entsprechenden Informationen primär auf die Gruppe der nichtseßhaften Personen. **18**

1. Nichtseßhafte

19   In bezug auf diese Gruppierung gelangte *Göppinger* (Kriminologie 1980, 548) aufgrund einer Sekundäranalyse (in der die Literatur bis 1980 verarbeitet wird) zu dem Ergebnis, „daß die Regelkriminalität der umherziehenden Nichtseßhaften im ganzen gesehen sehr zahlreich, aber qualitativ bisher verhältnismäßig geringfügig zu sein scheint, wobei die außergewöhnlich hohe Rückfallkriminalität auffällt". *Kürzinger* hat z. B. (1970, 302 f) unter einer Gruppe von 100 „nicht seßhaften asozialen Männern" 84 Vorbestrafte gefunden.

20   An der Spitze der Straftaten stehen Vermögensdelikte (*Göppinger* aaO). Dementsprechend wird von *Heins* (1993, 78) ein Proband mit folgendem Satz zitiert: „Die Kaufhäuser sind doch voll damit, wenn ich eine neue Jacke brauche, hole ich mir einfach eine." Gestohlen werden allerdings primär Nahrungsmittel, alkoholische Getränke und Hygieneartikel. Diebstähle werden auch im Rahmen von Beschaffungskriminalität (vgl. dazu § 27 Rdn. 18) oft verübt, um an Drogen heranzukommen (*Gronau/Jagota* 1994, 100). Zu Schlägereien kommt es, wenn es um relativ geschützte Schlafstellen geht oder dann, wenn Obdachlose in Übernachtungsstellen auf engstem Raum mit bis zu acht Personen in einem Raum übernachten und die Enge Aggressionen auslöst (*Koch* et al. 1993, 94). Schließlich spielt bei Frauen und Mädchen auch die Prostitution eine Rolle: Sie gehen auf den Strich, um „die Kasse aufzubessern" oder „an Stoff heranzukommen" (*Powser* 1989, 44). Jungen betätigen sich häufig als „Stricher"; besonders hoch unter diesen ist der Anteil der Ausreißer (*Warren/Altmann* 1993, 2). Gewohnheitsbettelei und Konflikte mit der Polizei bzw. den Ordnungsbehörden gehören schon immer zum Bild (vgl. *Göppinger* aaO, 546 f). Aggressive Bettelei, vor allem durch Ausländer, erlebt die Bevölkerung zunehmend vor allem in der Fußgängerzone.

21   Der unter den Nichtseßhaften weit verbreitete Alkoholismus führt (wie man nicht nur bei *Göppinger* aaO, 548 nachlesen kann) „zu allgemeiner Abstumpfung und körperlichem Verfall, der bis zur Pflegebedürftigkeit (reicht) und sich sozial in starker Verwahrlosung äußert" (zur Frage der Schuldfähigkeit: *Grunewald* 1993, 140).

2. Obdachlose

22   Auch Obdachlosen, die in Notunterkünften bzw. Übergangshäusern untergebracht sind, wird (zumindest) von Teilen der Bevölkerung oft sozial abweichendes Verhalten zugeschrieben (*Angele* 1988, 85): „Aus dem Wohnen in einer Obdachlosensiedlung wird (heißt es bei *Albrecht* 1975, 84) auf vermeintliche Charakterfehler, wie Kriminalität geschlossen." (zum **ökologischen Fehlschluß** vgl. § 15 Rdn. 11). *Iben* (1974, 47) teilt dazu die Beobachtung mit, daß Kinder aus Obdachlosen- oder Notunterkünften bei ihren Mitschülern in schlechtem Ansehen stehen und deshalb mitunter versuchen, „durch kompensatorische Delikte (z. B. Ladendiebstahl mit anschließendem Verschenken der Beute) Anerkennung zu finden".

Die Stigmatisierung (zum labeling approach vgl. § 8 Rdn. 2 ff) hat mit **23** der räumlichen Ausgrenzung (der „residentialen Segregation") zu tun (dazu *Könen* 1990, 116), die zu „Apathie, Resignation" und schließlich auch zur „Delinquenz" (*Kerner* 1991, 223) bis zur Aggression führen kann (*Iben* 1974, 137; *Vascovics* 1976, 44). Als Adresse eine Not- oder Übergangsunterkunft angeben zu müssen, hat für die Betroffenen häufig zur Folge, daß sie bei der Arbeits- und Wohnungssuche diskriminiert und abgelehnt werden (*Klose*, 1995, 7). Auf der anderen Seite fallen manche Obdachlose tatsächlich durch (häufige) Straftaten auf. So wird z. B. von *Keifenheim* (1993, 4) über den Zusammenschluß von obdachlosen Jugendlichen (in Berlin) zu Jugendbanden berichtet, die rauben, einbrechen und Ausländer überfallen: „Alles, was nicht zur Wir-Gruppe gehört, kann platt gemacht werden." (zit. nach *Keifenheim* aaO; zu Jugendbanden vgl. auch § 28). So kann es kaum überraschen, daß nicht zuletzt „den Beamten im Polizeipräsidium die Namen vieler Bewohner der Unterkunftsgebiete ein Begriff" sind (*Grunewald* 1993, 139)

Obdachloser erfror nach Hausverbot
Aus dem Bahnhof geworfen - Strafanzeige gegen die Bahn AG gestellt

aus: *WAZ* vom 14. Januar 1997

V. Wohnungslose als Opfer

Unter den Wohnungslosen sind es vor allem die Nichtseßhaften, die **24** auch als Opfer von Straftaten häufiger auffällig sind. Sie werden z. B. durch Passanten beleidigt; das gilt vor allem für nichtseßhafte Frauen. „Geh doch auf den Strich!" (*Powser* 1989, 41). Hinzu kommt die Angst, nachts in den Obdachlosenasylen oder auf der Parkbank während des Schlafens bestohlen zu werden (*Gronau/Jagota* 1994, 27). Obdachlose Frauen, die der Prostitution nachgehen, werden von den Freiern auch häufig geschlagen, ohne deshalb eine Anzeige zu erstatten (*Heins* 1993, 69). Um sich vor Übergriffen der nichtseßhaften Männer zu schützen, sind schließlich viele Frauen dazu gezwungen, in Abhängigkeitsverhältnissen und Zwangspartnerschaften mit nichtobdachlosen Männern zu leben (vgl. Rdn. 8), die ihnen zwar Schutz, Verpflegung und einen Schlafplatz bieten, als Gegenleistung aber die bedingungslose Unterordnung und sexuelle Gefügigkeit fordern (*Becker* 1993, 133; *Dupont* 1993, 144; *Gronau/Jagota* 1994, 9).

Schließlich weist nicht nur *Heins* (1993, 135) darauf hin, daß „Obdach- **25** lose" (gemeint sind wahrscheinlich die Nichtseßhaften) in letzter Zeit von Rechtsradikalen attackiert werden (zu diesen Rdn. 26 ff zu § 28). *Heins* (aaO) führt das darauf zurück, „daß die vermeintliche Lösung sozialer Probleme durch Gewalt auf breite Resonanz in der Bevölkerung stößt." *Weins* (1976, 5) erinnert in diesem Zusammenhang an die Sündenbockhypothese (zu dieser § 6 Rdn. 40 f); insoweit sei vor allem eine „negative Stimmung gegenüber Menschen (erkennbar), die am Rande unserer Gesellschaft leben". Nach *Funke* (1991, 312) soll sich „diese Einstellung auch auf das polizeiliche Verhalten auswirken".

VI. Präventive und repressive Maßnahmen

1. Strafrechtliche Reaktionen

26   Obdachlose, die nach geltendem Strafrecht abgeurteilt werden, erscheinen nicht gesondert in der Statistik. Landstreicherei (Stadtstreicherei) und Bettelei sind als spezifische Verhaltensweisen seit dem 1. Januar 1975 (bis dahin wurden sie nach § 361 Nr. 3 bzw. 4 StGB als Übertretung geahndet) nicht mehr mit Strafe bedroht (zur Entkriminalisierung vgl. § 1 Rdn. 6). Die repressiven Maßnahmen beschränken sich daher inzwischen auf die Anwendung polizeirechtlicher Vorschriften (Landespolizeigesetze oder Ortssatzungen): etwa auf Platzverweise bzw. sog. „Säuberungsaktionen" (DER SPIEGEL Nr. 48 vom 27. November 1995, 53 f).

Osnabrücker Tafel startet bald in der Möserstraße

Ab November kostenlose Lebensmittel für Bedürftige

Im November ist es soweit: Dann kann die neue Osnabrücker Tafel, die Überfluß an Bedürftige verteilen will, aktiv werden. In der Möserstraße, mitten in der Stadt, eröffnet der im Juni gegründete Verein ein Ladenlokal, in dem Lebensmittel gesammelt und abgegeben werden.

„Die Suche nach geeigneten Räumen war schwierig", sagten die Initiatorinnen Gerda Haberstroh und Bärbel Hahm gegenüber den Neuen OZ. Bis schließlich das für sie ideale Angebot der Kreissparkasse kam, die Räume an der Möserstraße zur Verfügung zu stellen. „Nun kann es bald losgehen", freuen sich die beiden, in deren

Verein sich bislang 50 Mitglieder gefunden haben, die ehrenamtlich aktiv werden möchten.

Lebensmittelhersteller und Supermärkte der Region werden in diesen Tagen in einem Brief über die Tafel-Idee informiert, die sich inzwischen in 45 bundesdeutschen Städten etabliert hat. Bei ihnen sollen zu viel produzierte Dauerwaren, Brot und Backwaren, Obst und Gemüse sowie Milchprodukte kurz vor dem Verfallsdatum abgeholt werden. Der Verein hofft auf rege Unterstützung und Zustimmung wie die eines Einzelhändlers, der schon im Vorfeld die Aktion begrüßte. Er stamme aus der äl-

aus: *NOZ* vom 14. September 1996

2. Hilfsangebote

27   Die Hilfsangebote für Wohnungslose, die von Kommunen und freien Trägern (z. B. der Caritas) ausgehen, beziehen sich auf stationäre und ambulante Angebote:

– erstens: auf die Unterbringung von Obdachlosen, zu der z. B. § 14 OBG NRW (Ordnungsbehördengesetz) die Gemeinden verpflichtet: etwa in Wohnungen, für die kommunale Belegungsrechte bestehen; zu den entsprechenden 10 000 „Gewährleistungswohnungen" in Köln vgl. Bundesbauminister 1993, 3;

– zweitens: auf die Verhinderung des Verlustes der bisherigen Wohnung durch Übernahme von Mietschulden (§ 15a BSHG), auf die Gewährung von (zinsgünstigen) Darlehen (§ 15b BSHG) sowie auf die Rückeinweisung des Betroffenen durch die Beschlagnahme der bisherigen Wohnung (§ 19 OBG NRW): die Kommune gilt dann als Hauptmieter und muß die Miete bezahlen;

– drittens: auf Übernachtungshäuser mit befristetem Aufenthalt für die Nichtseßhaften, sowie Anlaufstellen und Treffpunkte für den Tag, die diese jedoch (selbst bei extremer Kälte) z. T. meiden und zwar (wie Medien berichten) aus folgenden Gründen: wegen mangelnder Sauberkeit bzw. Hygiene, wegen „Gestanks" der dort untergebrachten Schicksalsgenossen sowie aus Angst, während des Schlafes bestohlen zu werden, oder weil man ganz einfach die Regeln der (einengenden) Hausordnung fürchtet;

– viertens: auf die Auszahlung von Sozialhilfe (§ 72 BSHG), falls die Voraussetzungen dafür vorliegen; das ist bei 90% der Wohnungslosen der Fall (*Werth* 1991, 205);

– fünftens: auf betreute Wohneinrichtungen wie z. B. in Ahlen (*Huerkamp* in: *Kellner/Wittich* 1987, 178 ff) und München (*Höfelein/Kernleitner* 1993, 247 ff);

– sechstens: auf Essensausgabe- und Kleiderausgabestellen (vgl. Zeitungsausriß: „Osnabrücker Tafel"), Kaffeestuben, Wärmestuben und Straßensozialarbeit;

– siebtens: auf die Unterstützung autonomer Selbsthilfegruppen, die (nach US-Vorbild) inzwischen auch eigene Obdachlosen-Zeitungen

Bett für Straßenkinder

Hannover (dpa/lni)

Von Weihnachten an bietet Niedersachsens Landeshauptstadt Hannover Straßenkindern in einer Containeranlage ein Bett für eine Nacht. Das Projekt „bed by night" des Jugendamtes soll für die jungen Leute zwischen zwölf und 18 Jahren eine Notversorgung sein, teilte die Stadt am Freitag mit. Die Anlage mit zehn Schlafplätzen wurde bislang für die Unterbringung von Obdachlosen genutzt. In Hannover halten sich nach Schätzungen des Jugendamtes zwischen 100 und 150 Kinder und Jugendliche auf, die alle familiären Kontakte abgebrochen haben. Die Kinder werden täglich bis 23 Uhr aufgenommen. Bis Mitternacht können sie ein Abendessen und die Möglichkeit zum Duschen und Wäschereinigen bekommen.

aus: *NOZ* vom 2. November 1996

auf den Markt bringen: in Köln z. B. den „Kölner Bankexpress", in Bochum und Dortmund das Blatt „Bodo" und in München die Zeitung „BISS" (= Bürger in sozialen Schwierigkeiten), in denen sie u. a. ihre spezifischen Probleme vortragen (*Klose,* 1995, 9).

28 Von manchen der Hilfsangebote wird von den Berechtigten jedoch aus Unkenntnis (*Könen* 1990, 85) oder Scham (*Birk* 1993, 139) oder weil „Schwellenängste" bestehen (*Kahn/Zuleeg* 1990, 27) kein Gebrauch gemacht.

3. Wohnungsbauprogramme

29 In manchen Kommunen (wie z. B. in Bochum) werden spezielle Unterkünfte zur Verfügung gestellt, die für Obdachlose freigemacht wurden. Andere Städte bauen entsprechende Häuser. In Düsseldorf errichteten z. B. Franziskaner (im sog. Japanischen Viertel) einen Container-Bau als Übernachtungsbleibe (mit 42 Schlafplätzen) für nichtseßhafte Männer (Caritas in NRW 1993, 24). Hamburg baut „Kirchen-Katen" (vgl. unten den Zeitungsausriß). Positiv ist auch zu bewerten, daß 1995 allein in den alten Bundesländern (nach den Berechnungen des Münchner Ifo-Instituts) 515 000 neue Wohnungen auf den Markt gekommen sind; zum Vergleich: 1987 waren es lediglich 217 000 (zit. nach FOCUS Nr. 8 vom 20. Februar 1995, 209). Diese Wohnungen sind zwar nicht (speziell) für die Wohnungslosen gedacht, werden aber vermutlich dazu beitragen können, den Wohnungsmarkt zu entlasten. Die anhaltende Zuwanderung von Flüchtlingen (aus Krisengebieten), Asylbewerbern (politisch Verfolgten sowie Wirtschaftsflüchtlingen) und Aussiedlern (vgl. § 24 Rdn. 1) erschwert allerdings die Lösung der vorhandenen Unterbringungsprobleme.

In Berlin-Treptow läuft übrigens ein Modellvorhaben „Selbsthilfe beim Wohnungsneubau für Obdachlose", das vom Bundesbauministerium unterstützt wird (EXWOST-Informationen Nr. 13.2 vom März 1995).

„Kirchen-Katen" für Obdachlose in Hamburg
Winterfeste Holzhäuschen entstehen auf Gelände der Gemeinden

HAMBURG (dpa) Mit dem Bau von „Katen" auf ihrem Gelände wollen Kirchengemeinden in Hamburg Obdachlosen ein Dach über dem Kopf bieten.

Im Herbst sollen die ersten Holzhäuschen nach dem Vorbild alter „Gottesbuden" fertig sein, die früher als Wohnung für Arme und Einfassung für Friedhöfe dienten. Das „Hamburger Spendenparlament", in dem 2000 Bürger Projekte gegen Armut und Obdachlosigkeit mitfinanzieren, fördert das Vorhaben. Die winterfesten „Katen" für je 40 000 DM bieten je einem Menschen Platz in einer eingerichteten Mini-Wohnung mit Dusche und Küchenzeile.

aus: *WAZ* vom 15. August 1996

Zum Thema **„Dauerhafte Wohnungsversorgung von Obdachlosen"** vgl. Heft Nr. 13.2 vom März 1995 des *Bundesministeriums für Raumordnung* usw. (mit der Beschreibung von sieben entsprechenden **Modellvorhaben:** in Berlin-Treptow, Wilhelmsdorf, Hagen, Hannover, Jena, Rüdersdorf und Stuttgart).

§ 18 Kommunale Kriminalprävention als (neue) gesamtgesellschaftliche Aufgabe

Literatur: **Ammer,** A.: Kriminalität in Landau, Holzkirchen/Obb. 1990; **Baier,** R./**Feltes,** T. (Hrsg.): Kommunale Kriminalprävention, in: Kriminalistik 11/1994, S. 693–697; **Bartholomeé,** E.: Keine Zentralisierung der Polizei zu Lasten des ländlichen Raumes, in: Die Polizei, März 1992, S. 26–29; **Bauer,** M./**Blaesing,** K.: Kommune und Prävention – Sachstand, Frankfurt/M., in: Schriftenreihe der PFA, Bd. 2/3, Münster 1992; **BKA** (Hrsg.): Das Opfer und die Kriminalitätsbekämpfung – BKA Arbeitstagung 1995, Wiesbaden 1996; **Dölling,** D./**Feltes,** T. (Hrsg.): Community Policing (Empirische Polizeiforschung Bd. 5), Holzkirchen 1993; **Dreher,** G./**Feltes,** Th.: Notrufe und Funkstreifeneinsätze bei der Polizei, Empirische Polizeiforschung Bd. 10, Holzkirchen/Obb., 1996; **Dreher,** G.: Kommunale Kriminalprävention – Anliegen, Grundgedanken und Ertrag bisheriger Bemühungen, in: Die Polizei, H. 7/1996, S. 173–183; **Driller,** U.: Praxisbericht über das Präventionsprogramm Polizei/Sozialarbeiter (PPS) Hannover, in: Bewährungshilfe 1989, S. 244–255; **Feltes,** T. (Hrsg.): Kommunale Kriminalprävention – Modelle und Erfahrungen, Villingen-Schwenningen 1994 (mit Beiträgen von **Ammer, Feltes, Finkel** und **Gramckow**); **Feltes,** T./**Gramckow,** H.: Bürgernahe Polizei und kommunale Kriminalprävention. Reizworte oder demokratische Notwendigkeiten? in: Neue Kriminalpolitik 8/1994, S. 16–20; **Feltes,** T. (Hrsg.): Kommunale Kriminalprävention in Baden-Württemberg. Erste Ergebnisse der wissenschaftlichen Begleitung von drei Pilotprojekten, Holzkirchen 1995; **Feltes,** T./**Rebscher,** E. (Hrsg.): Polizei und Bevölkerung. Beiträge zum Verhältnis zwischen Polizei und Bevölkerung und zur gemeinwesenbezogenen Polizeiarbeit, Holzkirchen 1990; **Graham,** J./**Bennett,** T.: Strategien der Kriminalprävention in Europa und Nordamerika, Bonn 1997; **Habschick,** K.: Untersuchung zur Akzeptanz polizeilicher Präventionsarbeit in Schulen, in: Der Kriminalist 1994, S. 363–369; **Hasenpusch,** B.: Der interministerielle Arbeitskreis „Präventive Kriminalpolitik", in: *Schwind,* H.-D./*Steinhilper,* G. (Hrsg.): Modelle zur Kriminalitätsvorbeugung und Resozialisierung, Heidelberg 1982, S. 35–44; **Heinz,** W.: Kriminalprävention auf kommunaler Ebene, in: *Jehle,* J.-M. (Hrsg.): Kriminalprävention und Strafjustiz, in: KuP Band 17 (1996), S. 55–119 und DVJJ-Journal 1/1997, S. 61–68; **Hobe,** K.: Darstellung und Auswertung des Berichts der von Alain Peyrefitte geleiteten Kommission „Antworten auf die Gewalt" ... sowie Untersuchung über die Auswirkungen des Berichts und die weitere Entwicklung, in: *Schwind,* H.-D./*Baumann,* J. et al. (Hrsg.): Ursachen, Prävention und Kontrolle von Gewalt, Bd. III, Berlin 1990, S. 67–127; **Institut für Landes- und Stadtentwicklungsforschung in NRW:** Bausteine für eine Stadt ohne Angstträume, Dortmund 1995; **Institut für Sozialarbeit und Sozialpädagogik:** Handreichung zur kommunalen Gewaltprävention – Anregungen für die Praxis, o.J.; **Hunsicker,** E.: Erfahrungen mit dem Ressortübergreifenden Präventionsmodell Osnabrück (Kommunale Kriminalprävention), in: Die Polizei 7/1992, S. 173–177; **Hunsicker,** E.: Vereine zur Förderung der Kriminalprävention, in: Kriminalistik 1996, S. 499–501; **Jäger,** J.: Der Rat für Kriminalitätsverhütung in Schleswig-Holstein, in: Bewährungshilfe 1995, S. 398–408; **Jäger,** J.: Die kriminologische Regionalanalyse, Schriftenreihe der PFA, Münster 4/1976, S. 63–69; **Jäger,** J.: Krise der Kriminalpolitik, in: Kriminalistik 1994, S. 298–302; **Jäger,** J.: Kriminalprävention – Elemente einer Gesamtkonzeption, Kiel 1991 (Vortrag vor dem Rat für Kriminalitätsverhütung in Schleswig-Holstein); **Jäger,** J.: Kriminalpräventive Räte. Das schleswig-holsteinische Modell, in: *Jehle,* J.-M. (Hrsg.): Kriminalprävention und Strafjustiz, in: KuP Band 17 (1996), S. 121–132; **Jehle,** J.-M. (Hrsg.): Kriminalprävention und Strafjustiz, in: KuP Band 17, Wiesbaden 1996; **Jensen,** L. R.: SSP-Zusammenarbeit in Dänemark. Eine Bilanz, Dokumentationsreihe des Rates für Kriminalitätsverhütung in Schleswig-Holstein, Bd. 5, Kiel 1994; **Jensen,** L. R.: Präventionsmodelle im In- und Ausland – am Beispiel Dänemarks, in: *LKA Baden-Württemberg:* Neue Wege in der Kriminalitätsbekämpfung, Stuttgart 1993, S. 83ff; **Kaselofsky,** K.: Aktivitäten des „Arbeitskreises Vorbeugung und Sicherheit" in Düsseldorf, Dezernat für Jugend, Gesundheit, Soziales u. Sport der Landeshauptstadt Düsseldorf (Stand Februar 1995), Düsseldorf 1995; **Kerner,** H.-J.: Kriminalprävention – Ausgewählte strukturelle Überlegungen in: Kriminalistik 1994, S. 171–178; **Koch,** K.-F. (Hrsg.): Kriminalitätslagebild auf der Basis von kriminologischen Regionalanalysen, Wiesbaden 1992, S. 181–235; **Koetzsche,** H.: Straftaten verhüten, aber wie? in: Kriminalistik 1992, S. 121–124; **Koetzsche,** H.: Projekte der Kriminalitätsverhütung in Deutschland, Belgien, Dänemark, Frankreich, Großbritannien, Niederlande, Dokumentationsreihe des Rates für Kriminalitätsverhütung in Schleswig-Holstein, Bd. 4, Kiel 1994; **Krainz,** K. W.: Prävention von Hauseinbrüchen, Wiesbaden 1988; **Kronawitter,** G. (Hrsg.): Das Manifest der Oberbürgermeister: Rettet unsere Städte jetzt! Düsseldorf 1994; **Kube,** E.: Kriminalitätsverhütung in Wohngebieten durch städtebauliche Maßnahmen, in: Archiv für Kriminologie, Januar/Februar 1988, S. 1 ff; **Kube,** E.: Kriminalitätsvorbeugung – eine auch kommunale Aufgabe, in: Archiv für Kommunalwissenschaften, 2/1993, S. 331–343; **Kube,** E./**Schneider,** H./**Stock,** J.: Wege einer besseren, Vereint gegen Kriminalität, Wege der kommunalen Kriminalprävention in Deutschland, Lübeck 1996; **LKA Baden-Württemberg:** Kommunale Kriminalprävention, Stuttgart 1996; **Lee-Sammons,** L./**Stock,** J.: Das Konzept des „Community Policing" in den USA, in: Kriminalistik 1993, S. 157–162; **Legge,** I.: Kriminologische Regionalanalyse Hamburg, Band I, Hamburg 1994, und Band II, Hamburg 1996; **Loewe,** W.-U.: Der Rat für Kriminalitätsverhütung in Schleswig-Holstein, Bd. 1, Kiel 1993; **Papendorf,** K./ **Neth,** A.: Kriminologische Regionalanalyse, Lübeck 1991; **Reichertz,** J./**Misterek,** W.: Subjektives Sicherheitsgefühl und Kriminalitätsbelastung. Eine repräsentative Bevölkerungsbefragung in Hamm/Westfalen, Essen, 1995; **Schneider,** A.: Kontaktbereicherung contra „Schwarze-Sheriffs", in: Kriminalistik 1995, S. 580–584; **Schneider,** H./**Stock,** J.: Kriminalprävention vor Ort, Holzkirchen 1995; **Schwind,** H.-D.: The Chicago-Area-Projekt, in: *Schwind, H.-D.*/*Ahlborn, W.*/*Weiß, R.*: Empirische Kriminalgeographie. Kriminalitätsatlas Bochum, Wiesbaden 1978, S. 361–367; **Schwind,** H.-D./**Berckhauer,** F./**Steinhilper,** G. (Hrsg.): Präventive Kriminalpolitik, Heidelberg 1980 (mit Beiträgen von **Hasenpusch, Jensen, Kühlhorn** und **Schwind**); **Schwind,** H.-D./**Ahlborn,** W./**Weiß,** R.: Empirische Kriminalgeographie. Kriminalitätsatlas Bochum, Wiesbaden 1978; **Schwind,** H.-D./**Baumann,** J. et al. (Hrsg.): Ursachen, Prävention und Kontrolle von Gewalt, Berlin 1990 (4 Bände); **Trenczek,** Th./**Pfeiffer,** H. (Hrsg.): Kommunale Kriminalitätsprävention, Bonn 1996; **Vahlenkamp,** W.: Kriminalitätsvorbeugung auf kommunaler Ebene, Wiesbaden 1989; **Wannisch,** H.: Das kriminalpolizeiliche Vorbeugungsprogramm des Bundes und der Länder, in: *PFA* (Hrsg.): Kriminalprävention, Münster 1995, S. 123–149; **Weinberger,** R.: Deutscher Rat für Verbrechensverhütung – Projekt einer bundesdeutschen Einrichtung, in: Die Polizei 12/1977, S. 388–392; **Weschke,** E.: Kommunale Gewaltprävention – Beispiel Berlin, in: Bewährungshilfe 3/1993, S. 261–285; **Ziel,** A.: Kommunale Kriminalitätsverhütung, Potsdam 1992.

Gliederung

aus: *Schutz vor Kriminalität* Nr. 3/1994, S. 5

In einem dramatischen Appell, der am 24. März 1994 (in der Nr. 13 der **1**
Zeitschrift STERN auf den S. 40 ff) veröffentlicht wurde (ausführlicher
Kronawitter 1994), verweisen die Stadtoberhäupter von Berlin, Dresden,
Düsseldorf, Frankfurt, Hamburg, Köln und Stuttgart auf zunehmende
soziale Probleme (zu denen auch die in § 17 besprochene Obdachlosigkeit zählt), die mit steigenden Kriminalitätszahlen verknüpft sind. Der
nachstehend (im Auszug) abgedruckte Appell spricht für sich. Darin
heißt es:

> „In vielen Metropolen der Welt sind Horrorvisionen Wirklichkeit **2**
> geworden. So weit darf es in unseren Großstädten nicht kom-
> men. Das lassen wir nicht zu!
>
> **WIR WOLLEN NICHT:**
> daß Slums aus Wellblech, Holz und Karton in den Außenberei-
> chen entstehen, daß sich Arme-Leute-Siedlungen wie ein Gürtel
> um unsere Innenstädte legen und die Villenviertel der begüterten
> abgeriegelt und von der Privatpolizei streng bewacht werden,
> daß pflegebedürftige Alte, Schwerbehinderte und Schwerkranke
> einsam und allein in ihren Zimmern vergebens auf Hilfe warten.
>
> **WIR WOLLEN NICHT:**
> daß Arbeitslose immer mehr ins soziale Abseits gedrängt werden
> und das Bild in den Fußgängerzonen immer stärker durch
> Obdachlose, Bettler und Stadtstreicher geprägt wird, daß sich
> internationale Verbrecherbanden in unseren großen Städten ein-
> nisten, daß die Beschaffungskriminalität der Drogenabhängigen
> ständig zunimmt und die Angst der Bürger vor Raub und Ein-
> bruch weiter steigt, daß auf den Straßen und Plätzen Extremisten
> ihre Konflikte gewaltsam austragen.
>
> **WIR MACHEN UNS NICHTS VOR:**
> Eine gewaltige Kraftanstengung von Gesellschaft und Politik,
> Land und Bund ist nötig, um diesen schleichenden Trend zu
> immer unbefriedigenderen Verhältnissen in unseren Großstädten
> zu stoppen und wieder umzukehren. Das Motto »Rettet die
> Städte jetzt« ist aktueller denn je!"

I. Prävention als gesamtgesellschaftliche Aufgabe

Vor diesem Hintergrund setzt sich (zumindest in den größeren Städ- **3**
ten) die Erkenntnis immer mehr durch, daß die Kriminalität (im sozialen
Nahraum) durchaus zu den kommunalen (lokalen) Problemen gehört,
deren Lösung man sich (mehr als bisher) selbst zuwenden muß (kommunaler Handlungsbedarf). Die Zahl der (registrierten) Straftaten steigt
jedenfalls an (vgl. Rdn. 14 ff zu § 2); auf der anderen Seite nimmt das
Sicherheitsgefühl der Bürger (vgl. dazu Rdn. 12 ff zu § 20), offenbar ab.

1. Kriminalität als kommunales Problem

4   Daß die (registrierte) Kriminalität (im Langzeitvergleich) in der Bundesrepublik insgesamt deutlich ansteigt, zeigt die PKS auf (dazu Rdn 15 zu § 2; zur Entwicklung der Jugendkriminalität vgl. Rdn. 19 ff zu § 3; zur Ausländerkriminalität vgl. Rdn. 1 ff zu § 23 und § 24).

a) Objektive Sicherheitslage

5   Betrachtet man die Polizeiliche Kriminalstatistik darüber hinaus mit der kriminalgeographischen Brille (zur Kriminalgeographie vgl. §§ 15 und 16), so fällt weiterhin auf, daß sich die Straftaten weit überproportional häufig (und zwar vor allem wegen des dort größeren Kriminalitätsangebotes) in den Städten ereignen und insoweit wiederum in den Großstädten (zum Stadt-Land-Gefälle vgl. Rdn. 20 ff zu § 2): Die PKS zeigt jedenfalls, daß die Häufigkeitszahlen (Hz = Fälle pro 100 000 Einwohner) je nach Tatort unterschiedlich ausfallen. Die Hz betragen (z. B. nach der *PKS* 1996, 35):

– in Gemeinden bis zu 20 000 Einwohnern: 4991;
– in Städten mit 20 000 bis zu 100 000 Einwohnern: 8207;
– in Großstädten mit 100 000 bis zu 500 000 Einwohnern: 10 277 und
– in Großstädten mit über 500 000 Einwohnern: 14 150.

6   Daß man insbesondere in Großstädten gefährlicher lebt als woanders, ergibt sich vor allem aus einem Vergleich der schwereren Straftaten (dazu *PKS* 1996, 37). So beträgt die Häufigkeitszahl bei den Raubtaten in Gemeinden mit weniger als 20 000 Einwohnern 29, in Großstädten (mit über 500 000 Einwohnern) hingegen 224. Bei der gefährlichen und schweren Körperverletzung lauten die Vergleichszahlen 68 und 224; beim Einbruch 1633 und 4654; bei den Rauschgiftdelikten 74 und 231. Über 70 % aller erfaßten Delikte werden von Tätern (bzw. TV) am eigenen Wohnort bzw. im Landkreis verübt (*Dreher* 1996, 174 und § 15 Rdn. 21). Deshalb sollte auch die Ursachenforschung und -beseitigung vor allem in den großen Städten erfolgen, also „dort wo Kriminalität entsteht, begünstigt oder gefördert wird – vor Ort" (*Baier/Feltes* 1994, 693), und zwar so dicht wie möglich.

Angst im Dunkeln

Seit der Vereinigung schwindet – vor allem im Osten – das Sicherheitsgefühl der Deutschen

aus: *Focus* 3/1993, S. 49

b) Bedrohtheitsgefühle

Ausgeprägter als die Kriminalitätszahlen (der registrierten Straftaten) **7** erwarten lassen, sind die Bedrohtheitsgefühle, zu denen auch die Gewährleistung von Wohnzufriedenheit gehört. Das gilt nicht nur für die USA (dazu Rdn. 27 f zu § 20), sondern auch für (das wiedervereinigte) Deutschland. Insoweit haben sich übrigens auch **regionale und stadtteilspezifische** Unterschiede gezeigt (vgl. die Hinweise in *Trenczek/Pfeiffer* 1996, 133 f; dazu Rdn. 12 zu § 20).

Verharmlosen sollte man solche Phänomene nicht. Denn Verbrechensfurcht „führt zum Rückzug aus dem Gemeinschaftsleben, zur Schwächung der informellen Kontrolle. Sie hat ferner einen **Verlust an Lebensqualität** zur Folge" (*Schneider* in Jura 1996, 583; *Heinz* 1997, 61).

Daß die Bürger sich fürchten, hat jedoch nicht nur mit (mitgeteilter) Statistik bzw. entsprechenden Medienberichten (über Bandenkriminalität, Beschaffungskriminalität, „Blitzüberfälle", Organisiertes Verbrechen usw.) zu tun, sondern auch mit allgemeinen **Existenz- und Lebensängsten** (dazu Rdn. 14 a zu § 20). Nicht zuletzt spielt auch die eigene Wahrnehmung eine Rolle oder solche, die von Bekannten mitgeteilt wird: z.B. über Einbrüche, Taschendiebstähle, PKW-Klau oder Betrug. **„Angst schafft** (darüber hinaus) auch **Unordnung in der Gemeinde"** (*Lee-Sammons/Stock* 1993, 159): etwa die Verschmutzung des öffentlichen Raumes (mit Vandalismen bzw. Graffitischäden, Müll, Hundedreck usw.) oder verbreitetes asoziale Verhalten primär in der Fußgängerzone (wie aggres-

Voscherau will Bettler aus der City vertreiben

Empörte Reaktionen in Hamburger SPD

Hintergrund des Streits ist die Tatsache, daß sich die Zahl der aggressiven Bettler vor allem in Hamburgs City in den vergangenen Jahren drastisch vergrößert hat. Nicht wenige arbeiten mit Tricks, wie man sie bislang nur aus Metropolen der Dritten Welt kannte, präsentieren schwärende Wunden, täuschen Rückgratverkrümmungen vor oder drohen einfach in U-Bahnen: „Ich bin drogensüchtig. Wenn ihr mir, liebe Fahrgäste, nicht eine Spende gebt, werde ich wohl in die Kriminalität zurückfallen."

aus: *NOZ* vom 12. Oktober 1996

sive Bettelei, Pöbelei, offene Drogenszenen, Hundekot oder Volltrunkenheit) sowie die dort oft herumlungernden Gruppen verschiedenster Herkunft (zu Obdachlosenproblemen vgl. Rdn. 2 ff zu § 17).

Daher überlegen einige Großstädte, wie man die „Unwirtlichkeit der Stadt" (so ein Papier der Hamburger Innenbehörde) wieder loswerden kann. Nicht nur in Hamburg wird daran gedacht, gegen Bettler (unter denen sich zunehmend Ausländer befinden: FAZ vom 15. November 1996), Drogenabhängige und Alkoholiker „Platzverweise" auszusprechen oder sie zeitweilig in Gewahrsam zu nehmen bzw. sie aus der Stadt zu verbringen (vgl. dazu auch den Zeitungsausriß oben).

Sorgen bereitet vor allem auch die (so scheint es) zunehmende **Brutalität, mit der Gewaltstraftaten** durchgeführt werden; nicht nur von Punkern und Skinheads (zu diesen vgl. § 28 Rdn. 23 ff).

8   Auch wenn man tolerant denken möchte, darf man schließlich nicht übersehen, daß solche Phänomene auch Konsequenzen auslösen, nämlich **Vermeidungs- und Abwehrverhalten** (dazu Rdn. 27 ff zu § 20): Man geht z.B. bei Dunkelheit nicht mehr (oder nur noch in Begleitung) auf die Straße, benutzt für die Heimfahrt aus Angst vor Überfällen ein Taxi (Frauen ein spezielles Frauentaxi), läßt zusätzliche Türschlösser anbringen (dazu Rdn. 27 ff zu § 20) und denkt zumindest daran, eine Waffe (illegal) zu erwerben; das Dunkelfeld des Waffenbesitzers scheint jedenfalls größer zu werden. Schließlich kann (vor allem aus Angst) die Bereitschaft nachlassen, Opfern von Straßengewalt zu Hilfe zu eilen (zum non-helping bystander Effekt vgl. Rdn. 20 zu § 19). Im übrigen **profitieren von den Ängsten der Menschen die privaten Sicherheitsunternehmen** (dazu Rdn. 27 zu § 20); zur Bedeutung der **Polizeipräsenz auf den Straßen** vgl. Rdn. 21 zu § 20.

2. Neue Wege der kommunalen Kriminalprävention

9   Um solchen Entwicklungen entgegenzutreten, die mit strafrechtlichen Mitteln allein nicht (mehr) in den Griff zu bekommen sind, überlegen insbesondere die (Groß-)Städte, wie sie sich präventiv (mehr als bisher) in die Kriminalpolitik einklinken können; insoweit bricht sich offensichtlich (endlich) die Erkenntnis Bahn, daß Prävention (lat.: einer Sache zuvorkommen) auch kostengünstiger ist als Therapie und Strafverfolgung (bis hin zum Strafvollzug). Dabei darf man jedoch nicht übersehen, daß die Vorbeugung (als gemeindebezogene Kriminalprävention) auch bisher schon z.B. zu den Aufgaben der Jugend- und Sozialämter gehörte (vgl. dazu die Beiträge in *Schwind/Berckhauer/Steinhilper* 1980 und *Heinz* 1996, 69). Selbst die Polizei hat sich zunehmend in der Vorbeugung engagiert. Insoweit sei nur an die Kriminalpolizeilichen Beratungsstellen (seit 1921) mit ihrer primär sicherheitstechnischen Beratungsaufgabe, an das kriminalpolizeiliche Vorbeugungsprogramm (seit 1965) für den Bund und die Länder („sei schlauer als der Klauer") erinnert (dazu *Weinberger* 1977, 388 ff und *Wannisch* 1995, 123 ff) oder an die ● Präventionsarbeit der Polizei in der Schule (etwa im Rahmen der Suchtprävention: dazu z. B. *Habschick* 1994, 263 ff) oder an ● das PPS-Modell in Hannover (dazu *Driller* 1989, 244 ff), in dem Polizeibeamte mit Sozialarbeitern „unter einem Dach" zusammenarbeiten.

Was ist nun neu an dem Gedanken der „kommunalen Kriminalprävention"?   **10**
– neu ist die Einsicht, daß Kriminalprävention mehr ist als ein Nebenprodukt z. B. der Sozialpolitik;
– neu ist der Gedanke der ressortübergreifenden Zusammenarbeit,
– neu ist die Institutionalisierung solcher Aktivitäten (die auf Kontinuität angelegt ist) und
– neu ist die Beteiligung der Bürger an der Vorbeugung.

In diesem Rahmen werden primär die folgenden Ziele verfolgt (vgl. *Heinz* 1996, 68 und 1997, 66):

– die Reduzierung des objektiven Viktimisierungsrisikos, also des Risikos, selbst Opfer zu werden, sowie
– die Beeinflussung der Bedingungen, die Bedrohtheitsgefühle auslösen.

a) Ressortübergreifender Ansatz

Gemeint ist die Realisierung verzahnter Zusammenarbeit: Gefordert   **11**
ist die (konzeptionelle) Zusammenarbeit (**Vernetzung**) aller Ressorts und Institutionen, die zur Prävention etwas beitragen können, also die **Bündelung** aller Kräfte in einem behördenübergreifenden („Beschleunigungs"-) Gremium (*Kaselofsky* 1995, 3). Kriminalität läßt sich effektiv nicht nur von einem Ressort aus wirksam eindämmen (so schon *Schwind* 1980, 546 f; zu USA-Erfahrungen vgl. *Gramckow* in: *Feltes* 1994, 29). Gefragt sind insoweit z. B. auf Landesebene Innen-/Justiz-/Kultus- und Sozialminister und auf örtlicher Ebene: Polizei, Ordnungsamt, Justiz, Anwaltschaft, Jugendamt, Stadtplanung, Schulverwaltungsamt, Kirchen, Sozialamt, Ausländerbehörde, Drogenberatung, Kinderschutzbund, Kindertagesstätten, Sportvereine, Seniorenbeirat, freie Wohlfahrtsverbände, Bewährungshilfen, Parteien, Einzelhandel, Gewerkschaften und Industrie sowie last not least die Medien, ohne deren Unterstützung man nicht auskommen kann (vgl. Übersicht 48).

Mitunter erinnert die bisherige Zusammenarbeit (auch) in diesem Bereich allerdings noch eher an die mangelnde Kooperation, die man z. B. oft bei Straßenarbeiten beobachten kann, wenn Arbeiter verschiedener städtischer Institutionen eine Straße innerhalb kurzer Zeit mehrmals aufreißen. In der (präventiven) Kriminalpolitik will man sich ein entsprechendes Verhalten künftig nicht mehr leisten.

b) Institutionalisierung

Während sich auf Landesebene inzwischen „Räte für Verbrechensverhütung" etabliert haben, sind auf kommunaler Ebene drei Organisationsformen entstanden: nämlich (ebenfalls) **„Räte"** (die die ressort-   **12**

Übersicht 48: Arbeitsfelder und Träger ressortübergreifender Kriminalitätsvorbeugung

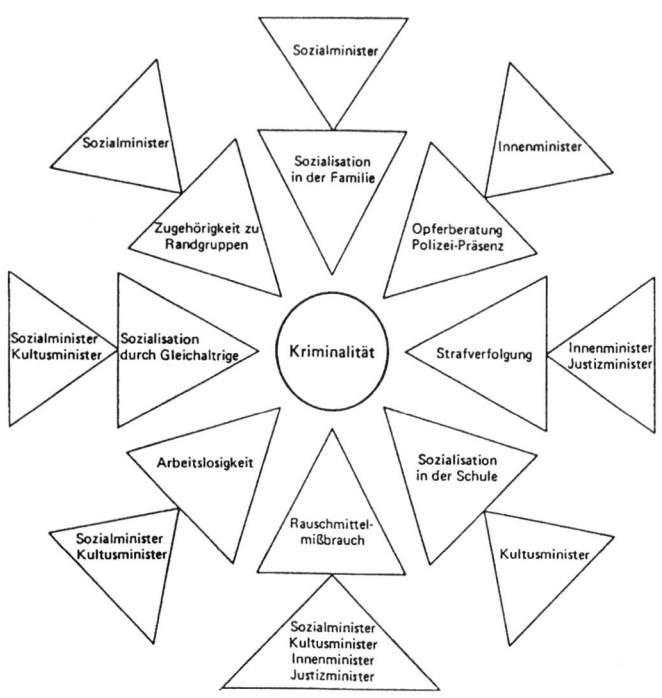

aus: *Hasenpusch* 1982, S. 36

übergreifende Zusammenarbeit innerhalb der kommunalen Behörden organisieren) oder entsprechende privatrechtlich organisierte (Präventions-) **Vereine** (die die interessierten Bürgerinnen und Bürger wie z. B. seit 14. März 1996 in Osnabrück in die Präventionsarbeit mit integrieren) oder **Mischformen:** etwa **Lenkungsgruppen auf Verwaltungsebene** (Polizei, Jugendamt, Sozialamt, Schulamt usw.: vgl. auch Rdn. 11), die (wie in Lübeck) Arbeitsaufträge an örtliche Arbeitsgruppen, Vereine, Initiativen usw. vergeben bzw. zur Mitarbeit anregen. Die Grundidee aller drei Modelle besteht darin, ein örtliches Gremium zu schaffen, in dem sich alle diejenigen treffen, die mit Prävention zu tun haben (bzw. entsprechendes Interesse bekunden). Den Vorsitz (die „Federführung") sollte (zumindest zunächst) der ranghöchste Gemeindevertreter (das Stadtoberhaupt) übernehmen: „**Kriminalprävention ist Bürgermeisterpflicht**" (so *Baier/Feltes* 1994, 696): gemeint ist die enge Anbindung an den Stadtrat bzw. an die Verwaltung der Stadt („kurzer Dienstweg").

In Frankfurt/M. z. B. sind in einem „AK Sicherheit" der Stadt „die   **13**
Spitzen aller in der Prävention mitarbeitenden Behörden vertreten.
Durch die organisatorische Anbindung dieses AK an das Hauptamt
(Oberbürgermeisterebene) und durch die Mitarbeit der Behördenleiter
bzw. Vertreter des Rechtsamtes, Ordnungsamtes, Verkehrsüberwa-
chung und -regelung, der Stadtwerke sowie anlaßbezogen des Amtes
für Multikulturelle Angelegenheiten, des Frauen-, Jugend- und Dro-
genreferats ist ein hoher Grad an Sach- und Entscheidungskompetenz
bzw. an direkter Umsetzung zu erwarten", schreiben z. B. Bauer und
Blaesing (1992, 109).

c) *Bürgerbeteiligung*

Neu an dem Gedanken der Konzeption der kommunalen Kriminalprä-   **14**
vention ist vor allem auch die (ehrenamtliche!) Beteiligung der Bürger,
Verbände, Geschäftsleute usw. (vgl. oben Rdn. 10). In einem Runderlaß
(krit. zu solchen Erlassen von oben: *Dreher* 1996, 175) der Landesregierung von Nordrhein-Westfalen (Federführung beim Innenminister) vom
18. August 1993 (MBl.NW 1993, S. 1512 ff) heißt es dazu (sog. **„Vorbeugungserlaß"**):

„Kriminalitätsvorbeugung ist eine Aufgabe von Staat und Gesellschaft.   **15**
Die innere Sicherheit kann nur verbessert werden, wenn alle Politikbe-
reiche, Sozialinstanzen und gesellschaftlichen Kräfte ihre Bemühun-
gen um die Kriminalitätsvorbeugung verstärken und dabei intensiver
als bisher zusammenarbeiten."

Gefragt ist also eine **bürgernahe Kriminalprävention** („Community   **16**
Crime-Prevention"), die eng mit „Community Policing" (mit der man es
in den Vereinigten Staaten versucht: vgl. auch Rdn. 24 zu § 7) verknüpft
ist (dazu *Lee-Sammons/Stock* 1993, 157 ff; *Dölling/Feltes* 1993 und *Gramckow* 1996, 184 ff):

*Das Konzept des CP, nämlich des **Community oriented Policing***   **17**
(gemeinwesenorientierte Polizeiarbeit), nimmt Abstand von der her-
*kömmlichen repressiv orientierten Polizeiarbeit hin zu mehr **bürgerna-***
hen bzw. präventiven Ansätzen: primär Eingehen auf die Schutzbedürf-
nisse der Bürger (konfliktnahe problemorientierte Polizeiarbeit) und
*freundlicher **„Kundenverkehr"** (Dreher 1996, 175): zu negativen*
Erfahrungen vgl. Rdn. 8 zu § 20. Positive Erfahrungen wurden mit
Kontaktbereichsbeamten gemacht (dazu Schneider 1995, 580 ff). Fel-
tes (1994, 20) weist in diesem Zusammenhang darauf hin, daß „bür-
gernahe Polizei (auch) mit veränderten Organisationsstrukturen bei
der Polizei einhergehen muß". Auf die Probleme, die sich insoweit aus
einer „Zentralisierung der Polizei zu Lasten des ländlichen Raumes"
ergeben, weist Bartholomé (1992, 26 ff) am Beispiel der Neuorganisa-
tion der Polizei Rheinland-Pfalz hin.

II. Europäische Vorbilder

Die Erkenntnis, daß es aus kriminalpolitischer Sicht vernünftig ist, die Prävention zu verstärken, hat zunächst in Skandinavien (Dänemark/ Schweden) und später in Frankreich, Belgien und den Niederlanden (zunächst) nur auf **Landesebene** (durch spezielle nationale Programme initiiert) zur Etablierung spezieller Institutionen geführt (zusammenfassender Überblick bei *Koetzsche* 1994, 36 ff und *Graham/Bennett* 1997):

18   – in **Dänemark** (5 Mill. Einw.) wurde 1971 ein „Kriminalpräventiver Rat" („Det krimalpreaventive radet") ins Leben gerufen (vgl. auch *Jensen* 1993, 83 ff, und *Kyvsgaard* in: *Trenczek/Pfeiffer* 1996, 141 ff);

19   – in **Schweden** (9 Mill. Einw.) wurde 1974 ein „Rat für Verbrechensverhütung" („Brottsförebyggande radet") gegründet (vgl. *Kühlhorn* in: *Schwind/Berckhauer/Steinhilper* 1980, 481 ff);

20   – in **Frankreich** (55 Mill. Einw.) konstituierte sich 1983 ein „Nationaler Rat für Verbrechensverhütung" (vgl. *Hobe* 1990, 114 ff), und

21   – in **Belgien** (10 Mill. Einw.) wurde 1985 ein „Hoher Rat für Verbrechensvorbeugung" („Hooger Raad voor Preventie von Criminaliteit") gegründet (vgl. *Koetzsche* aaO);

22   – in **Großbritannien** (57 Mill. Einw.) entstand 1993 ein „Nationaler Rat für Verbrechensverhütung" („National Board for Crime Prevention"). In England wurde darüber hinaus durch die „Home Office Crime Prevention Unit" ein Programm „**Safer Cities/ Towns**" in die Tat umgesetzt mit dem Ziel, „der Kriminalität in Innenstädten und städtischen Einzugsgebieten mittels örtlicher behördenübergreifender Projekte entgegenzuwirken" (zit. nach *Koetzsche* 1994, 41).

23   In allen diesen Ländern haben sich (mehr oder weniger) durch die Landesebene (mit Geld oder durch Anregungen) unterstützt auch örtliche Aktivitäten entwickelt. Einige Dutzend europäischer Städte mit kommunalpräventiven Projekten haben sich (zum Informationsaustausch) im „**European Forum on Urban Safety**" zusammengeschlossen (*Dreher* 1996, 176). In Frankreich z. B. besaßen (schon 1988) etwa 80% der Städte mit mehr als 30 000 Einwohnern eine solche Institution (vgl. *Hobe* aaO). In **Frankreich** wurde darüber hinaus ein eigenes **Ministerbüro für städtische Angelegenheiten** geschaffen, das sich nicht zuletzt auch mit Präventionsaufgaben befaßt (vgl. *Koetzsche* 1994, 39 f).

III. Institutionalisierte (kommunale) Kriminalprävention in Deutschland

24   Auch in Deutschland gibt es inzwischen entsprechende Einrichtungen auf der Landes- und auf der örtlichen (kommunalen) Ebene: Allerdings sind es bisher noch relativ wenige Bundesländer und Kommunen (Städte), die die (eigene) Kriminalprävention über „Vereine", Arbeitskreise oder „Räte" ausbauen.

**1. Der „Interministerielle Arbeitskreis zur Kriminalitätsverhütung"
in Niedersachsen (1978)**

Nach ersten Ansätzen zu ressortübergreifender Zusammenarbeit 1972 **25**
in Berlin (vgl. *Hasenpusch* 1982, 39) und in Nordrhein-Westfalen 1978
(vgl. *Hasenpusch* aaO) **entstand (1978) in Niedersachsen der erste deutsche interministerielle Arbeitskreis „Präventive Kriminalpolitik"**, der
die Aufgabe hatte, „in einer Bestandsaufnahme die verschiedenen kriminalpolitisch bedeutsamen Maßnahmen und Vorgaben der Landesregierung zusammenzufassen und in einem ressortübergreifenden Programm
zueinander in Beziehung zu setzen" (*Hasenpusch* aaO, 40). Diesem
Arbeitskreis gehörten Vertreter des Innenministeriums, des Finanzmini-
steriums, des Sozialministeriums, des Kultusministeriums, des Wissen-
schaftsministeriums und des (federführenden) Justizministeriums an.
Der Bericht, der im Rahmen dieser Zusammenarbeit erarbeitet wurde,
konnte allerdings nie veröffentlicht werden, weil einige Landesminister
(unterstützt von Teilen der Presse) befürchteten, der Justizminister
(*Schwind*) könnte in ihre Ressorts mit „hineinregieren". So wurde eine
relativ frühe Chance aufgrund von Ressortegoismen vertan.

2. „Räte für Verbrechensverhütung" in den anderen Bundesländern

Der Gedanke der ressortübergreifenden Zusammenarbeit in der Ver- **26**
brechensbekämpfung blieb jedoch in der Diskussion. So haben sich
Anfang der 90er Jahre entsprechende Gremien erneut auf Landesebene
etabliert: nämlich in Schleswig-Holstein (1990), Hessen (1992), Mecklenburg-Vorpommern (1994) und zum zweiten Mal in Niedersachsen
(1996).

> *In der dortigen Stadt Delmenhorst (rd. 70 000 Einwohner) arbeitet
> schon seit 1987 eine **Präventionsbeauftragte** mit eigenem Büro, die
> direkt dem Oberstadtdirektor unterstellt ist (vgl. Boese, in: Trenczek/
> Pfeiffer 1996, 45).*

Eine ausführliche Übersicht über einzelne örtliche Projekte der (insti-
tutionalisierten) kommunalen Kriminalprävention (in Solingen, Calw,
Freiburg/Br., Ravensburg, Gießen, Osnabrück) findet sich bei *Kube/
Schneider/Stock* 1996 (S. 111–210).

*a) Der „Rat für Kriminalitätsverhütung" (RfK) in Schleswig-Holstein
(1990)*

Mitglieder des Gründungsvorstandes waren (1990) der dortige Innen- **27**
minister (als Vorsitzender), der Justizminister, der Jugendminister und
der Sozialminister (zur Geschichte: *Jäger* 1995, 398 ff). Die Geschäftsführung wird von zwei Beamten aus dem Landesinnenministerium (Prä-
ventionsreferat) erledigt, und zwar mit einem Etat von (1994)
100 000 DM (*Jäger* 1994, 301). Die Zahl der ehrenamtlich tätigen Mitglieder soll 140 betragen (*Finkel* in: *Feltes* 1994, 56); nach *Jäger* (1995, 399)
sind es 146, nach *Koetzsche* (1992, 121) insgesamt 70. Berufen wurden

Vertreter z. B. aus Frauengruppen, dem Seniorenbeirat, den Kirchen, dem Landesjugendring usw.; für die fachliche Beratung wurde auch ein Kriminologe (*Jäger*/PFA) gewonnen (zur personellen Zusammensetzung vgl. *Finkel* in: *Feltes* 1994, 56). Primäres Publikationsorgan ist eine Dokumentationsreihe.

Als (selbstgesteckte) Aufgaben des Rates werden genannt (*Finkel* in: *Feltes* aaO): „das Reduzieren der Kriminalität und ihrer Folgen in Schleswig-Holstein, um dadurch die objektive Sicherheitslage und das subjektive Sicherheitsgefühl der Bevölkerung zu verbessern". Insoweit werden (nach *Finkel* in: *Feltes* 1994, 59) unterschieden:

28
- „**Maßnahmen sozialorientierter Art,** die auf Stärkung von Erziehung, Integration, von Rechts- und Wertebewußtsein abzielen" (**Primärprävention**), sowie
- „**Maßnahmen deliktsorientierter Art,** durch die Tatgelegenheiten reduziert werden sollen, um kriminalitätsgeneigten Menschen möglichst wenig Anlässe vor allem für Diebstähle zu bieten (,Gelegenheit macht Diebe‘)": **Sekundärprävention** (zu den Präventionsstufen vgl. Rdn. 40 f zu § 1).

29
Die Basis sollen die Erfahrungen bilden, die weltweit mit Präventionsansätzen gemacht worden sind und zwar mit den Zielen:

- vorhandene Initiativen in Schleswig-Holstein zu unterstützen und zu koordinieren bzw. neue Aktivitäten zu initiieren und
- entsprechende Vorschläge der Landesregierung zu unterbreiten.

30
Die konkrete Arbeit erfolgt in (1994: 11) Arbeits- bzw. Projektgruppen (dazu *Finkel* in: *Feltes* 1994, 56), die sich etwa einmal monatlich treffen (*Jäger* 1995, 400). Zu den Themen gehören: in der ersten AG die Sozialisation (Familie, Schule, Freizeitgestaltung, Stadtteilarbeit usw.); eine zweite AG erstellt ● Lehrpläne für den kriminalpräventiven Unterricht an Haupt- und Realschulen „zu den Aspekten Diebstahl, Gewalt und Drogen" (ein Pilotprojekt wird zur Zeit an Rendsburger Schulen getestet); eine dritte AG konzipiert ● Maßnahmen zur Widereingliederung ehemaliger Drogenabhängiger; eine vierte AG hat sich dem Thema „Gewalt gegen ältere Menschen" verschrieben und eine fünfte AG untersucht die „Ursachen der Gewaltbereitschaft junger Menschen": geplant sind insoweit „Maßnahmen der Verknüpfung zwischen Schule, Freizeitbereich und Stadtteilarbeit. Stichwort: „Betreuung von Jugendlichen auch nach Unterrichtsende" (*Finkel* in: *Feltes* 1994, 58). Weitere AGs befassen sich mit Themen wie Umweltkriminalität, Versicherungsbetrug, Ladendiebstahl und Fahrraddiebstahl (vgl. *Finkel* in: *Feltes* aaO). Über den „output" ist wenig bekannt: *Kube* ist skeptisch (1993, 337).

31
Der Rat hat sich auch die „Schaffung von Organisationsstrukturen auf kommunaler Ebene" zur Aufgabe gemacht: Insoweit sind örtliche Räte z. B. 1992 (in Neumünster, Lübeck und Itzehoe) und 1993 (in Bad Oldesloe, Kaltenkirchen und Bordesholm) entstanden (dazu *Finkel* in: *Feltes* 1994, 60).

Beispiel Neumünster: Ein „Arbeitskreis Kriminalprävention" wurde dort schon 1988 gegründet (1992 umbenannt in „Rat für Kriminalprävention"). Er baut auf Vorschlägen einer Enquête-Kommission auf, die 1983 einen Abschlußbericht mit einem entsprechenden Maßnahmenbündel vorgelegt hat. Unter dem Vorsitz des Sozialdezernenten der Stadt arbeiten inzwischen eine AG Massendelikte (Ladendiebstahl, Fahrraddiebstahl), eine AG Stadtteilarbeit/Wohnumfeld-Verbesserungen, eine AG Gewalt in der Schule sowie eine AG Straffälligenhilfe. Zur Zeit werden die Ergebnisse einer Studie über den besonders belasteten Stadtteil „Vicelin-Viertel" ausgewertet. In diesem Stadtteil wurden bereits ein Stadtteilbüro als Anlauf- und Beratungsstelle und ein Sprachkindergarten eröffnet. Weitere Aktivitäten: Freizeitangebote in Schulen nach Schulende, ● Bildungsangebote für Ausländer, Stadtteilfeste sowie ●ein Pilotprojekt zur Verhütung von Fahrraddiebstählen (alles nach Finkel in: Feltes 1994, 60ff).

b) *Die „Interministerielle Arbeitsgruppe Kriminalitätsvorbeugung"*
in Nordrhein-Westfalen (1993)

Diese Arbeitsgruppe (deren Federführung beim Innenminister liegt) **32** „behandelt fach- und ressortübergreifend die Aspekte (der Kriminalprävention) auf Landesebene. Sie soll die Zusammenarbeit zwischen staatlichen Behörden und gesellschaftlichen Institutionen koordinieren und verbessern" („Vorbeugungserlaß" vgl. oben Rdn. 14). Für die polizeiliche Prävention wurden in den Kreispolizeibehörden spezielle **„Kriminalkommissariate Vorbeugung"** (KKV) eingerichtet (Punkt 3.41 des Erlasses), die zugleich „initiativ werden und darauf hinwirken (sollen), daß im kommunalen Bereich ‚Kriminalpräventive Räte' oder entsprechende Arbeitskreise/-gruppen gebildet werden" (Punkt 3.42).

Solche „Räte für Verbrechensverhütung" oder entsprechende **33** „Arbeitskreise" hatten sich in NRW (bis Ende 1994) nach einem Brief des Landesinnenministers vom 26. Juni 1995 (Az. IV D 2 – 2751/ 14.5.2946) z. B. in folgenden Städten gebildet: Burbach, Steinhagen, Paderborn, Duisburg, Mülheim, Hamminkeln, Wesseling, Castrop-Rauxel (alle 1995) und Herten (vgl. unten den Zeitungsausriß). Entsprechende Vereine bestehen (seit 1994) z. B. in Hamm und Hagen (vgl. *Habschick* 1994, 363ff). In Düsseldorf existiert ein „Arbeitskreis Vor-

KREIS RECKLINGHAUSEN

Herten setzt nun auf Sicherheit

Ein „Kriminalpräventiver Rat" nimmt seine Arbeit auf

aus: *WAZ* vom 23. November 1995

beugung und Sicherheit" (dazu *Kaselofsky* 1995): Die Geschäftsführung
liegt bei der Stadtverwaltung.

c) Der „Landesrat für Kriminalitätsvorbeugung" in Mecklenburg-
    Vorpommern (1994)

34   Mecklenburg-Vorpommern hat einen „Landesrat für Kriminalitätsvorbeugung" am 13. Juli 1994 in Schwerin gegründet. Beteiligt sind u. a. fünf
Landesministerien (Innen/Justiz/Finanz/Soziales/Kultus), der Generalstaatsanwalt, der Vorstand des Städte- und Gemeindetages, der Landge-
richtspräsident von Rostock, der LKA-Präsident von Mecklenburg-Vorpommern und der Kriminologie-Lehrstuhl der Universität Greifswald
(*Dünkel*). Auf Landesebene wurden vier Arbeitsgruppen gebildet: AG
Jugendkriminalität, AG Massenkriminalität, AG Drogenkriminalität
und AG Opferschutz. Den Landkreisen und kreisfreien Städten wurden
im April 1995 u. a. zugesandt: ein ● **Leitfaden zur Finanzierung von lokalen Präventionsprojekten** (Hinweis z. B. auf Bußgelder) sowie (entstanden in Zusammenarbeit mit dem Landesjugendamt von Mecklenburg-
Vorpommern) eine Loseblattsammlung ● **„Hilfe zur Erziehung"**. Örtliche Präventionsräte wurden inzwischen (bis November 1995) in 18 Städten (z. B. in Greifswald, Rostock, Schwerin, Stralsund) bzw. Landkreisen
(z. B. Wismar, Rügen, Nordvorpommern, Nordwestmecklenburg)
gegründet. Am 18. September 1995 ist eine „Richtlinie zur Förderung
von kommunalen Präventionsprojekten" im Amtsblatt Nr. 38 veröffentlicht worden.

3. Vorbehalte

35   Die Aufzählung der Aktivitäten, die aus anderen Bundesländern
ergänzt werden kann (Literaturübersicht zu den Praxisberichten bei
Heinz 1996, 78, und *Kube/Schneider/Stock* 1996), zeigt bereits, daß der
Präventionsgedanke bzw. das Konzept der kommunalen Kriminalprä-
vention an Boden gewinnt. Jedenfalls waren noch 1987 im Rahmen einer
BKA-Städte-Umfrage (*Vahlenkamp* 1989) so gut wie keine systematischen amts- bzw. ressortübergreifenden Präventionsstrategien durch die
befragten Städte (93 von 103 angeschriebenen Städten hatten geantwortet) mitgeteilt worden (vgl. *Kube* 1993, 331).
   Vorbehalte gibt es jedoch in manchen Kommunen (bzw. kommunalen
Verbänden) noch immer. So heißt es in einem Beschluß des **Rechts- und
Verfassungsausschusses des deutschen Städte- und Gemeindebundes**
vom 12. 10. 1994, daß der Ausschuß „angesichts der bestehenden erheblichen Belastung der Städte und Gemeinden, jede Verpflichtung zur Übernahme kriminalpräventiver Aufgaben ablehnt". Kriminalprävention
wird also von den Städte- und Gemeindeverbänden bislang nicht primär
als gesamtgesellschaftliche kommunale Aufgabe, sondern vielmehr **„als
ein Finanzproblem gesehen"** (*Dreher* 1996, 179), eine Sicht, die vor dem
Hintergrund der knappen Haushaltsmittel nachvollziehbar, aber im Kontext des Städteappells (vgl. Rdn. 2) kaum verständlich erscheint, zumal

die institutionalisierte kommunale Kriminalprävention von ihrer (ehrenamtlich orientierten) Konzeption aus betrachtet, äußerst preisgünstig ist.

*Vielleicht wird auch zu wenig berücksichtigt, daß das **KJHG** vom*   **35a**
26. 6. 1990 die Kommunen (also die Städte und Kreise) bereits zur
(zum Teil ressortübergreifenden) Jugendhilfe verpflichtet und damit
auch zur entsprechenden Kriminalprävention. Jedenfalls finden sich
sozialpädagogische Familienhilfe, Streetwork, betreutes Jugendwoh-
nen, Tagesheimgruppen, sozialpädagogische Intensivbetreuung, spezi-
elle erlebnispädagogische Einzelfallhilfen usw. im Katalog der §§ 27 ff
*KJHG als **Pflichtaufgaben der Gemeinde** wieder (dazu Mann in: Tren-*
czek/Pfeiffer 1996, 221).

In der Ablehnung weniger schroff ist der Beschluß des **Gesamtvorstan-**   **35b**
des der Bundesvereinigung der kommunalen Spitzenverbände vom
3. 12. 1994 (zit. nach *Boese* in: *Trenczek/Pfeiffer* 1996, 44) ausgefallen,
der wie folgt lautet: „Gewalt- und Kriminalprävention ist zuvorderst
Aufgabe des Staates. Zwar zeigen sich die Auswirkungen von Gewalt
und Kriminalität gerade in den Kommunen; dies darf jedoch nicht dazu
führen, ihnen eine vorrangige Verantwortung bei der vorbeugenden
Bekämpfung zuzuweisen. Städte, Gemeinden und Kreise sind **bereit, mit
den Mitteln der Kommunalpolitik und unter Berücksichtigung der örtlichen Gegebenheiten zur Gewaltprävention beizutragen.** Dadurch dürfen
Bund und Länder jedoch nicht aus ihrer vorrangigen Verantwortung entlassen werden. Eine Verlagerung von polizeilichen Aufgaben auf die
Kommunen, die nur unter dem Gesichtspunkt der Entlastung der Länder geschieht, ist abzulehnen."

Für dieses Argument spricht immerhin, daß es in der Bundesrepu-
*blik **keine kommunale Vollzugspolizei mehr gibt**: daher „sehen Kommu-*
nen die Straftatenbekämpfung grundsätzlich als exklusive Länder- bzw.
Bundesaufgabe an" (Kube/Schneider/Stock 1996, 19).

Zur Abrundung des Bildes zum Zuständigkeitsgerangel noch ein Blick
auf das **Programm Innere Sicherheit** (Fortschreibung 1994) der Innenministerkonferenz (erhältlich in der Geschäftsstelle 14467 Potsdam, Von-
Trescow-Straße 9–13). Dort heißt es: **„Die Einrichtung von Präven-
tionsräten bietet sich an".** Das ist auch die Meinung der (Anti-) Gewalt-
kommission der Bundesregierung (*Schwind/Baumann* 1990, I, 223), die
mit der Einschätzung auf der europäischen Ebene (vgl. dazu Rdn. 64)
übereinstimmt. Viele Bundesländer und (eine ständig zunehmende Zahl
von) Kommunen sehen das ebenso.

IV. Kommunale Kriminalprävention als (neuer) Planungsgegenstand

Eine (einheitliche) tragfähige Grundkonzeption der kommunalen Kri-   **36**
minalprävention, „die als Muster für die Gründung entsprechender kriminalpräventiver Räte dienen könnte" (*Ammer* in: *Feltes* 1994, 24), gibt
es allerdings nicht (vgl. *Ammer* in: *Feltes* 1994, 9). Solche **Patentrezepte**
kann es aber auch schon deshalb nicht geben, weil **„jede Kommune ihre**

eigenen Probleme hat, die sich zwar mit denen anderer Kommunen vergleichen, aber nicht gleichermaßen lösen lassen" (*Baier/Feltes* 1994, 695; *Dreher* 1996, 174).

1. Kriminologische Regionalanalyse („KRA")

37 Deshalb sollte am Anfang aller Aktivitäten ein kriminologisch angereichertes **Lagebild** stehen (eine „Marktanalyse im Bereich Sicherheit"), zu dem (außer der sorgfältigen Erfassung der bereits vorhandenen Präventionsangebote) auch die stadtteil- oder wohnquartierbezogene Ursachenforschung gehört (vgl. dazu *Jäger* 1976, 63 ff; *Schwind* et al. 1978; *Legge* 1994 und Rdn. 15 zu § 7 und Rdn. 10 ff zu § 15).

Entsprechende Regionalanalysen sind z. B. in Schleswig-Holstein, Lübeck von Papendorf/Neth 1991 und Aben 1992 durchgeführt worden. In Baden-Württemberg (Calw, Freiburg/Br., Ravensburg) von Feltes 1995, Heinz 1996 u. a. (vgl. Rdn. 38); in Niedersachsen (Kreis Lippe) von Bröring bzw. Delmenhorst von Allhusen-Siemer und Schütte (alle in Koch 1992); in Nordrhein-Westfalen (Hamm) von Reichertz/Misterek (1995); in Hamburg (1994/1996) von Legge und in Bayern (Landau) von Ammer 1990.

In diesem Rahmen sind etwa ●(schriftliche oder telefonische) **Befragungsaktionen** sinnvoll und üblich: etwa zur Kriminalitätsfurcht, zur Opfersituation (zur Dunkelfeldforschung vgl. Rdn. 33 ff zu § 2; zum Anzeigeverhalten Rdn. 4 ff zu § 20) sowie zur Zufriedenheit mit der Wohnsituation, mit den Freizeitangeboten sowie mit der Arbeit der Polizei usw. Die Erhebungen, zu denen auch ●**Dokumentenanalysen** (Aktenanalysen) gehören, sollten sich (nach *Ammer* in: *Feltes* 1994, 12 f) primär auf etwa folgende Informationen beziehen:

- **Soziodemographische Basisdaten** (z. B. Alters- und Geschlechtsstruktur, Wanderungsverhalten, Einelternfamilien, kinderreiche Familien, Ausländer- und Aussiedleranteil bzw. Anteil anderer sozialer Randgruppen usw.); spielt der filtering-down-Prozeß (dazu Rdn. 30 zu § 15) eine Rolle?
- **Kommunale Sozialdaten** (z. B. Zahl der Sozialhilfeempfänger, Arbeitslosenquote; Problemfamilien usw.);
- **Infrastrukturdaten** (z. B. Kindergartenversorgung, Einrichtungen der Jugend- und Altenhilfe, Freizeitangebote für Jugendliche und Kinder, Integrationsangebote für Zuwanderer aus dem Ausland, Art und Zustand der Wohnungen, Beleuchtung der Straßen, Lage der Bushaltestellen usw.);
- **ein tatgelegenheitsspezifisches Sozialprofil:** Auswertung der PKS (Verteilung der Straftaten auf Stadtteile und Wohnquartiere sowie Tätermobilitäten: vgl. dazu § 15), der Notrufe und der Funkstreifeneinsätze (dazu *Dreher/Feltes* 1996) sowie des Kriminalitätsangebotes, der Pendlerströme von außen (einschließlich der Touristen, die nicht zur Wohnbevölkerung zählen) usw.

Auch subjektive Daten gehören zur Lagebeurteilung wie z. B. die Erfassung der **Bedrohtheitsgefühle** (vgl. zu diesen Rdn. 20 ff zu § 20).

2. Wissenschaftliche Begleitung

Gesichert werden sollte in allen Stadien kommunaler Kriminalprävention nicht zuletzt auch die wissenschaftliche Begleitung (Beratung und Evaluation) aller Maßnahmen, wie das z. B. bei drei Pilotprojekten zur Kommunalen Kriminalprävention in Baden-Württemberg (finanziell unterstützt vom dortigen Innenministerium) der Fall ist: in Calw, Freiburg/Br. und Ravensburg/Weingarten; dort arbeiten (in einer gemeinsamen **Forschungsgruppe**) Kriminologen der Universitäten Heidelberg (*Dölling* und *Hermann*), Freiburg (*Kury* und *Obergfell-Fuchs*) und Konstanz (*Heinz* und *Spieß*) sowie der Fachhochschule für Polizei Villingen-Schwenningen (*Feltes*) mit. **38**

Ergebnisse der Begleitforschung (vgl. dazu Heinz 1996, 84 ff und 1997, 61 ff, die Beiträge in Feltes 1995 und Feltes/Dreher in: Kube u. a. 1996, 137 ff): Kriminalität wird von den befragten Probanden (die Rücklaufquoten der entsprechenden Fragebögen schwanken zwischen 36 % und 45 %) nicht als vorrangiges Problem eingestuft; Furcht hat primär mit alkoholisierten Personen (in der Innenstadt oder auf zentralen Plätzen) zu tun; Frauen fürchten sich mehr als Männer (vgl. dazu auch Rdn. 21 zu § 20); 10 % der Probanden gaben an, nach Einbruch der Dunkelheit nicht mehr allein durch die Straßen zu gehen; Opfer der abgefragten Delikte (Einbruch, Raub, sexuelle Belästigung usw.) wurden innerhalb des Untersuchungszeitraumes (12 Monate) in Calw 26 % der Probanden (die geantwortet haben), in Freiburg/Br. 41 % und in Ravensburg-Weingarten 29 %; angezeigt wurde davon allerdings nur jede vierte Straftat; bei mehrmaliger Viktimisierung nimmt (die sonst gute) Beurteilung der polizeilichen Arbeit ab; zu den Präventionsvorschlägen der Befragten gehören u. a.: Möglichkeiten sinnvoller Freizeitbeschäftigung für den Nachwuchs, soziale Betreuungsangebote, verbesserte Beleuchtung unübersichtlicher Örtlichkeiten (so für Lübeck auch Papendorf/Neth in: Trenczek/Pfeiffer 1996, 115), die Anbringung von Notrufmeldern und (vor allem von Frauen gewünscht) eine Verbesserung des öffentlichen Nahverkehrs (auch) in den Abendstunden.
*Zur Zeit (1997) arbeitet die Forschungsgruppe (aaO) an einem **Standardinventar** zur Messung von Viktimisierung und Kriminalitätsfurcht. In diesem Rahmen wurde 1995/96 eine bundesweite Opferbefragung bei einer **Gesamtstichprobe von 20 000 Personen** durchgeführt.*

Die „Crux" besteht freilich darin, daß sich Präventionserfolge schwer nachweisen lassen: Diese sind jedenfalls (grundsätzlich) kaum meßbar (anders *Finkel* in: *Feltes* 1994, 59 mit Beispielen).

3. Wahl der örtlichen Arbeitsfelder

Schließlich müssen von der Lenkungsgruppe (vgl. Rdn. 12) konkrete Arbeitsfelder gesucht werden: raumbezogen so dicht wie möglich „vor **39**

Ort" (etwa Stadtteilarbeit), deliktsbezogen (etwa Fahrraddiebstahl) oder
themenbezogen (etwa der Ausbau der Suchtberatung oder die Gewaltprävention in der Schule: dazu auch Rdn. 41 ff zu § 11).

Zur Anfertigung **computerunterstützter Verteilungskarten** *(am Beispiel der Stadt Dreieich im Kreis Offenbach) vgl. Arndt in Kube/
Schneider/Stock 1996 S. 213–229 (vgl. auch Übersicht 44 auf S. 288).*

Wo besteht Handlungsbedarf? (vgl. dazu das Beispiel bei *Mann* in: *Tren-
czek/Pfeiffer* 1996, 227). Wichtig ist immer die **Brennpunktorientierung** (zu
den amerikanischen *„delinquency areas": „sozialkranken"* Gebieten vgl.
Rdn. 27 zu § 7; zum *Chicago Area Projekt* vgl. Rdn. 24 zu § 7). Schließlich
ist darauf zu achten, daß bei den Bürgern (die an der Mitarbeit interessiert
sind) „Verantwortungsbewußtsein geweckt und in Engagement umgesetzt
werden muß. Dazu sind **Tätigkeitsangebote** zu machen, um ‚Aktionspartizi-
pation' im Sinne von tätiger Teilnahme an Projekten, Modellen u. ä." möglich zu machen (*Feltes* 1994, 7); Vorschläge zu **situationsbezogenen** Maßnahmen hat *Koetzsche* (in Kube u.a. 1996, 54 ff) zusammengestellt. Zur **Planung und Durchführung** institutionalisierter kommunaler Kriminalprävention vgl. die Hinweise bei LKA Baden-Württemberg 1996, 31 ff.

a) Aktivitäten in Zusammenarbeit mit den Bürgern

40   Insoweit ist es sinnvoll, Arbeitsgruppen zu bilden, die sich (etwa auch
im Rahmen von Veranstaltungen der Volkshochschulen) mit sicherheits-
relevanten Themen befassen. In **Lübeck** (Überblick bei *Pohl-Laukamp*
in: *Trenczek/Pfeiffer* 1996, 75 ff) haben sich z. B. folgende Arbeitsgruppen
gebildet: Stadtteilarbeit, Suchtprävention, Jugenddelinquenz, Gewalt
gegen Ausländer und Minderheiten, technische Prävention, Gewalt in
der Familie, Ladendiebstahl, Gewalt gegen Frauen und Mädchen, neue
Wohnformen (vgl. *Loewe* 1993, 24 f).

41   *Aktivitäten im Rahmen der Stadtteilsarbeit (in Lübeck-Moisling):*
●*Nachmittagsbetreuung für Schlüsselkinder,* ●*Pausenfrühstück in
der Schule,* ●*Unterweisung der Lehrkräfte durch die schulpsycholo-
gische Beratungsstelle,* ●*Freizeitangebote (töpfern, basteln, Fahrrad-
werkstatt), eine* ●*Projektzeitschrift mit entsprechenden Freizeithin-
weisen usw. Aus den anderen AGs: Aktion „Sport statt Spielhalle",*
●*Informationen zur Suchtproblematik,* ●*Einrichtung eines Freiluft-
treffs (in Lübeck-Eichholz) in Zusammenarbeit mit dem Grünflächen-
amt,* ●*Aufbau einer zentralen Fahrraddatei, um gestohlen gemeldete
Fahrräder (mit dem Aufkleber: „Finger weg! Mein Rad ist registriert!") besser aufspüren zu können,* ●*Videoüberwachung in Park-
häusern,* ●*Besprechung der Thematik „Ladendiebstahl" im Schulunterricht,* ●*City-Streifen (Detektive, die der Einzelhandel bezahlt) in
den Haupteinkaufsstraßen usw.*

42   Bürger und Bürgerinnen können in **Auftakt- (bzw. Gründungs-) Veranstaltungen** für eine Mitarbeit in den Arbeitsgruppen interessiert werden (dazu aus **Osnabrück:** *Hunsicker* 1996, 499 ff).

b) Steuerungsinstrumente auf städtischer Ebene

Wenn sich die Kriminalität in bestimmten Stadtteilen oder in speziellen Siedlungsgebieten (etwa in **Wohnsilos bzw. Mietskasernen:** dazu Rdn. 4 zu § 16) häuft, muß die Stadt überlegen, ob Bauweise und Infrastruktur stimmen: Gibt es in ausreichendem Maße Geschäfte, Gaststätten, Dienstleistungen, Jugendzentren, Kindergärten, Schulen, Ärzte usw.? Gibt es genügend Wohnraum für kinderreiche Familien? **43**

Stimmt die Bewohnerstruktur? „Nicht jedes Wohngebäude oder -quartier ist unbegrenzt fähig zur Aufnahme von **Problemfamilien.** Eine sozial friedliche Situation kann durch Überfrequenz von Problemgruppen in sozialen Unfrieden gestürzt und im nachhinein nur noch durch hohen sozialen und finanziellen Einsatz geheilt werden." (so der *Rat für Kriminalitätsverhütung in Schleswig-Holstein*, Papier der AG 6 vom Juli 1995). Der Ghettobildung, die oft zu den Problemfeldern des sozialen Wohnungsbaus gehört, kann durch eine ● **Veränderung der Belegungspolitik** entgegengewirkt werden, die mitunter die Entstehung sozialer Spannungsgefüge begünstigt; Stichwort: hoher Ausländer- und Aussiedleranteil.

Ferner sollte daran gedacht werden, „den Bau weiterer Wohnsilos nicht mehr zuzulassen bzw. bei größeren Wohneinheiten die Geschoßzahl stark zu begrenzen" (*Vahlenkamp* 1989, 26, und zum defensible space-Ansatz Rdn. 14 ff zu § 16); auch die Schließung von Baulücken auf Kosten von Spiel- und Erholungsraum ist nicht unproblematisch; das gilt **44**

AUF GUTE NACHBARSCHAFT: Darum wirbt der Städte- und Gemeindebund, um Einbrechern das Handwerk zu erschweren.

aus: *NOZ* vom 10. August 1995

in gleicher Weise für starre ●**Nutzungsvorgaben:** „Spielen nur von
15–18 Uhr erlaubt" (vgl. Rdn. 7 zu § 16).

*Entsprechende kriminalitätsvorbeugende Aspekte sind erstmalig 1975
von der Stadt Düsseldorf in einem **städtebaulichen Ideenwettbewerb**
berücksichtigt worden (vgl. Rdn. 28a zu § 16):*

Das entsprechende rechtliche Steuerungsinstrument bildet die **Bauleitplanung,** die sich in einem städtebaulichen Planungsrahmen bewegt,
der bisher (zumindest in Deutschland) noch grundsätzlich keine kriminalpräventiven Leitaspekte verfolgt (vgl. *Vahlenkamp* 1989, 21 ff); *Kube*
in Kury: Gesellschaftliche Umwälzungen, Freiburg/Br. 1992, 93–98; zu
Fehlern bei der Stadtsanierung Rdn. 32 zu § 15.

*Von der Lenkungsgruppe „Amtliche Kriminalitätsverhütung" der nie-
derländischen Reichsregierung wird insoweit der Vorschlag gemacht,
„gemeinsam mit dem Gemeindeverband eine ●Anleitung für die prä-
ventionsbezogene Prüfung von Bebauungsplanungen und Bauplänen zu
entwickeln" (zit. nach Kube 1993, 340). In diesem Zusammenhang:
§ 52 Abs. 1 der Landesbauordnung von Schleswig-Holstein schreibt den
Einbruchschutz für Wohnungen vor, welche Maßnahmen in Betracht
kommen, wird in dem Durchführungserlaß des Innenministers (zu
§ 51) vom 5. Feb. 1996 näher erläutert (zit. nach Kube 1996, 768).*

Töpfer: Mehr Leben in die Innenstädte

Berlin, 6. 10. (AFP)
Bundesbauminister Klaus Töpfer (CDU) hat vor einer weiteren „Amerikanisierung" der
deutschen Innenstädte mit der
Verlagerung von Einkaufs- und
Freizeitmöglichkeiten in die
Außenbezirke gewarnt. Töpfer
sagte auf einer internationalen
Konferenz am Freitag in Berlin,
lebendige Innenstädte müßten wieder verstärkt ein Gegen-
gewicht zu den „Einzelhan-
delsstandorten auf der grünen
Wiese" bilden.

aus: *NOZ* vom 7. Oktober 1995

45   Auch die ●**Revitalisierung der Innenstädte** (Einkaufszentren) gehört
zu den Zielen, die angestrebt werden sollten: die gesunde Mischung von
Geschäften und Wohnen; nach 20 Uhr wirken manche Zentren der Stadt
inzwischen wie ausgestorben; vielleicht kann auch die Verlängerung der
Ladenschlußzeiten (ab 1. Nov. 1996) etwas ändern. Kontraproduktiv
wirken ständig steigende Mieten, die kleinere Läden aus der City vertreiben (zu Fehlern bei der Stadtsanierung vgl. Rdn. 32 zu § 15; zur **Platzge-
staltung** Rdn. 11 a zu § 16).

c) Weitere Anregungen

Im übrigen kommen (differenziert nach Lebensbereichen) z. B. (noch) folgende weitere Möglichkeiten der kommunalen Kriminalprävention in Betracht (die z. T. auch schon umgesetzt werden):

- Ausbau der **Erziehungsberatung:** z. B. die Einrichtung von Beratungsstellen für Eltern, deren Kinder straffällig werden; **46**
- Vermittlung von „**Patenomas**" bzw. „**Leihopas**" in (kinderreiche) Familien (wie das z. B. in Heidelberg seit 1991 geschieht); Karteien für Babysitter (vgl. Zeitungsausriß); **47**

Kartei für Babysitter

Hagen

In der Obermark und in der Niedermark fand jetzt ein jeweils eintägiger Kursus zum Thema Kinderbetreuung statt. Die Frauenbildungsreferentin Ute Jahn informierte dabei über die Entwicklung und Bedürfnisse von Kleinkindern. Die 13- bis 19jährigen Mädchen wurden über altersgerechte Spiel- und Beschäftigungsmöglichkeiten informiert. Auch ein „Kleines Abc der ersten Hilfe" durfte nicht fehlen. 26 Mädchen erhielten nach Beendigung des Kurses eine Bescheinigung über die Teilnahme. Wer in einer Babysitterkartei geführt werden will, sollte sich bei Edeltraud Plogmann, Frauenbeauftragte der Gemeinde Hagen, Tel. 0 54 01/98 02 72, melden.

aus: *NOZ* vom 28. Dezember 1996

- Einrichtung von „**fliegenden Lehrerschulen**" und/oder entsprechenden „hotlines" für Lehrerinnen und Lehrer, die für den Umgang mit aggressiven Schülern Rat suchen (vgl. dazu Rdn. 40 zu § 11); **48**
- **Verstärkung der Pausenaufsichten** in den Schulen und Einrichtung von Ruhezonen auf den Schulhöfen; Begleitung der Schulbusse; **49**
- **Ausbau der Außenkontakte** der Schulen: zur Drogenberatung, zum Jugendamt, zu Polizei und Justiz; z.B. Besuch von Hauptverhandlungen der Gerichte, um Kindern vor Augen zuführen, welche Folgen Straftaten haben; **50**
- **Werbung von Sportvereinen in Schulen:** aktiver Sport wirkt bekanntlich (zumindest grundsätzlich) gewaltpräventiv; **51**
- **Patenschaften der Polizei** für bestimmte Schulklassen; Polizei spielt mit Jugendlichen Fußball; **52**
- **Einrichtung eines Jugendtelefons:** „Die Nummer gegen den Kummer" (vgl. dazu auch Rdn. 79 zu § 10); **53**

54	● **Stadtteilsangebote zur Freizeitgestaltung** für sozial gefährdete Jugendliche und Kinder: etwa nach dem Vorbild des „Children at Risk"-Programms (dazu *Feltes* in BewHi 4/95, 382) oder des CAP-Projekts (dazu Rdn. 24 zu § 7) in den Vereinigten Staaten;
55	● Einrichtung von zusätzlichen **Jugendtreffs** (z. B. durch das Rote Kreuz);
56	● Zusammenarbeit von **Jugendzentren und Sportvereinen;**
57	● Ferienangebote für Kinder aus sozial benachteiligten Familien („**Ferienpaß**");
58	● Konkrete **Berufsberatung** durch ortsansässige Firmen;
59	● In Velbert kaufen Firmen für die Kinder ihrer Mitarbeiter **Kindergärtenplätze,** die der Verein „Junior Welt" einrichtet;
60	● Die Etablierung von **Nachbarschaftshilfen** (Kinderkrippen, Tauschringen, Urlaubsprävention, **Wohnungstauschbörsen** usw.); Straßenfeste stärken mitunter die Bereitschaft zur informellen Kontrolle; das gilt auch für „**Neighbourhood Watch-Programme**" wie z. B. in Bergisch-Gladbach (dazu *Roll* in: BKA 1996, 133 f); solche Nachbarschaftshilfen haben z. B. 25 % der britischen Bevölkerung inzwischen verabredet (*Kötzsche* in: Kube u. a. 1996, 67); Aufbau von **Disco-Abholdiensten** (*Kube* 1996, 768);
60a	● **Sponsoren bauen Kinderspielplätze;**
61	● **Wohnungstausch:** ältere Menschen tauschen ihre größeren familiengeeigneten Altbauwohnung in kleine Appartements um;
62	● Hilfe für Obdachlose: **Osnabrücker Tafel**" (vgl. Rdn. 26 zu § 17);
63	● **Erhöhte Polizeipräsenz** (Fuß- und Fahrradstreifen: dazu Rdn. 13 zu § 15 und Rdn. 21 zu § 20) auf den Straßen insbesondere in der City; in Lübeck hat sich gezeigt, daß das Sicherheitsgefühl auch von wahrgenommener Streifenhäufigkeit abhängt (*Papendorf/ Neth* in: Trenczek/Pfeiffer 1996, 116);
64	● **Verstärkte Polizeikontrollen** (bis zu Razzien) etwa im Hauptbahnhof, in Vergnügungsstätten und Spielhallen;
65	● **Offensiver Ausbau der Kriminalpolizeilichen Beratungsstellen** (zur mobilen Beratung) bzw. entsprechende „Aktionstage", sicherheitstechnische Beratung des Bauherrn vor Baubeginn eines Hauses; Selbstbehauptungskurse für Frauen (wie z. B. in NRW seit 1993);
66	● Einsatz von **Streetworkern** und von Mobil-Teams (des städtischen Jugendamtes) **sowie Verstärkung der Suchtprävention; Drogeninformation für Lehrer und Eltern;**
67	● **Verlegung von einsam gelegenen Bushaltestellen** (dazu *Kubon* 1996, 556 im Lit. Verz. zu § 20); gute Beleuchtung von Straßen und Plätzen (*Kubon* aaO);
68	● Etablierung von **Notrufsäulen;** evtl. gesponsert durch ortsansässige Geschäftsleute, die dafür (wie bei Parkbänken) ein Werbeschild anbringen dürfen;
69	● Verbesserung der **Zusammenarbeit von Sozialarbeitern** und Polizei (vgl. das PPS-Modell in Hannover);

- **Öffentlichkeitsarbeit** mit Hilfe der Medien mit dem Ziel, für den   **70**
  Präventionsgedanken breite Unterstützung in der Bevölkerung
  aufzubauen (dazu *Dreher* 1996, 177).
- Als sinnvoll kommt auch eine feste Anlaufstelle der Stadt mit dem   **71**
  Angebot in Betracht, ehrenamtliche Mitarbeit zu vermitteln:
  „Wir vermitteln Ehrenamtliche".
- **„Sicherheitswachten"** (wie in Bayern: vgl. dazu Rdn. 13 f zu § 20)   **72**
  bzw. **„Sicherheitspartner"** (wie in Brandenburg) sind hingegen
  umstritten (dazu *Dreher* 1996), 175). Zu den sog. **„Schwarzen
  Sheriffs"** vgl. *Schneider* 1995, 580.
- **Täter/Opfer-Ausgleich** (TOA): dazu § 20, 36;   **73**
- Negativ auf das Sicherheitsgefühl scheint sich die **Verminderung**   **74**
  der Straßenbeleuchtung auszuwirken (vgl. dazu oben Rdn. 38 und
  Rdn. 22 zu § 20); unter diesen Umständen wird auch Opfern (z. B.
  von Überfällen) seltener von dritter Seite geholfen (vgl. dazu
  Schwind/Zwenger/Gietl, in: Kriminalistik 1991, 233 ff.

Mecklenburg-Vorpommern und Sachsen-Anhalt verleihen inzwischen   **75**
● auch **Landespräventionspreise** (vgl. Zeitungsausriß unten): in Magdeburg wurde dieser Preis 1995 an ein ABM-Projekt vergeben, in dessen
Rahmen arbeitslose Männer den Schutz von Frauen übernehmen, die

Auszeichnungen für Verbrechensvorbeugung

Schwerin (dpa/mv) Der Rostocker Verein „Charisma" ist von Innenminister Rudi · Geil gestern mit dem Landespräventionspreis ausgezeichnet worden. Die Initiative versucht die Selbstisolation älterer Leute zu überwinden, die sich aus Angst vor Gewalt nicht mehr auf die Straße trauen.

Die Ortsgruppe Malchow des Verbandes der Kriegsopfer, die sich ebenfalls um ältere, isolierte Menschen kümmert, wurde mit dem zweiten Preis ausgezeichnet. Der Rostocker Verein „Kontakt halten" erhielt den dritten Preis. Der Verein betreibt seit einem Jahr eine Hausnotruf-Zentrale. Die Preise sind mit 3000, 2000 und 1000 Mark dotiert. Sie wurden gestern auf der ersten Plenartagung des Landesrates für Kriminalitätsvorbeugung in Schwerin vergeben. Dabei sagte Geil, daß den Verbrechen in Mecklenburg-Vorpommern weitaus besser vorgebeugt werden könnte. So müßten gerade auf kommunaler Ebene Schulen, Ämter und Bürger enger zusammenarbeiten, forderte der CDU-Politiker. Soziale Auslöser der Kriminalität wie u.a. Arbeitslosigkeit und schlechte Wohnverhältnisse könnten von den Kommunen besser beeinflußt werden, als von der Polizei. Die Bildung sogenannter Präventionsräte in 15 Städten und Kreisen des Landes seien aber ein Anfang.

aus: *Ostseezeitung/Wismarer Zeitung* vom 12. Oktober 1995

nach der Arbeit bei Dunkelheit den Heimweg antreten müssen (zit. nach NOZ vom 8. September 1995, 6). Der erste **Bundespräventionspreis** wurde am 5. Mai 1997 auf dem 3. deutschen Präventionstag (in Bonn) für ein Nachbarschaftsprojekt (vgl. Rdn. 60) nach Mannheim vergeben.

V. Prävention als Bundesaufgabe?

76   Alle Aktivitäten werden auf Dauer aber nur etabliert werden können, wenn nicht nur das Engagement der beteiligten Bürger und Behördenvertreter sichergestellt werden kann, sondern auch die **Grundfinanzierung** (bzw. die Anschlußfinanzierung) keine Sorgen bereitet. Ferner stellt sich die Frage, ob nicht nur auf der örtlichen und der Landesebene, sondern auch im Bund eine entsprechende Zentrale (wie in Frankreich) aufgebaut werden sollte (so schon *Weinberger* 1977, 388 ff; ebenso *Jäger* 408). Eine entsprechende dreistufige Aufbauorganisation sieht z. B. die **europäische Empfehlung (Recommendation) No. R (87) 19** „... on the Organization of Crime Prevention" des Europarates (vgl. Rdn. 2 zu § 31) aus dem Jahre 1987 vor.

> *Empfohlen wird (zit. nach Heinz 1996, 74), „that the governments of member states establish, encourage and support crimeprevention agencies at national and/or regional and local levels".*

Insoweit muß allerdings berücksichtigt werden, daß die Bundesrepublik (im Gegensatz zu Frankreich) föderal aufgebaut (also kein Zentralstaat) ist. Das heißt: Prävention (in den Ländern) kann vom Bund her nur angeregt werden. Dementsprechend hat die Bundesregierung in ihrer Antwort auf eine große Anfrage zum Thema „Sicherheitsbedürfnisse der Bevölkerung und Massenkriminalität" (am 20. Juli 1993) die Meinung vertreten, daß „es für den Bereich der Kriminalprävention an einer Aufgabenzuweisung an den Bund fehlt" (BT-Drucksache 12/5452, 27); in der Begründung heißt es dazu, daß es sich „bei der vorbeugenden Gefahrenabwehr im Rahmen der Kriminalitätsbekämpfung um eine **klassische Länderaufgabe**" handeln würde (aaO). Diese Auffassung hat das Bundesjustizministerium allerdings nicht gehindert, im BMJ ein **Referat „Kriminalprävention"** sowie (was begrüßenswert ist) einen **interministeriellen Arbeitskreis** einzurichten. ; offenbar will man (anders als in USA; vgl. *Gramckow* in *Trenczek/Pfeiffer* 1996, 184) nur nicht der Zahlmeister sein.

77   Der Arbeitskreis II (AK II) der Innenministerkonferenz (IMK) regt darüber hinaus die Einrichtung eines **„Beirates zur Kriminalitätsvorbeugung auf Bundesebene"** an (zit. nach *Koetzsche* 1994, 26).

78   Schließlich ist von *Schwind* (zit. nach FR vom 16. Februar 1995) eine **„Bundesstiftung Kriminalprävention"** (nach dem Vorbild der Bundes-Umweltstiftung in Osnabrück) ins Gespräch gebracht worden; eine in Bonn-Bad Godesberg (Mirbachstraße 2) ansässige „Stiftung für Verbre-

chensverhütung und Straffälligenhilfe" (*Rebmann/Kerner/Schwind*), die
insoweit ausgebaut werden könnte, gibt es bereits.

Diese Stiftung hat auch den **Ersten** *deutschen Präventionstag in*   **79**
Lübeck mit unterstützt und den **Zweiten** *(1996 in Münster-Hiltrup)
sowie den* **Dritten** *(1997 in Bonn) zusammen mit der Polizeiführungsakademie in Münster (Jäger) und der Kriminologischen Zentralstelle
in Wiesbaden (Jehle/Egg) organisiert. Hauptthema: kommunale Kriminalprävention.*

Zu kriminalpräventiven Projekten (mit polizeilicher Beteiligung) führt
das Bundeskriminalamt (seit 1995) eine spezielle Informationssammlung
(**„Infopool Prävention"**).

FÜNFTER TEIL

Das Opfer im Mitverursachungsprozeß der Straftat

Als eine Bedingung der Kriminalitätsentstehung kommt schließlich **1** auch das Opferverhalten in Frage, das weder durch die Kriminalitätstheorien (§§ 5–8) noch durch die Sozialisations- oder ökologische Kriminalitätsforschung (§§ 10–16) abgedeckt wird. Opferabhängig sind z.b. solche Delikte, die das Opfer selbst provoziert hat oder deren Art und Weise der Durchführung durch das Opferverhalten (mit-)bestimmt wurde.

Beispiele: (1) Der Pantoffelheld, der nach jahrelang ertragener **2** *Erniedrigung plötzlich (zurück-)schlägt. (2) Die betrogene Ehefrau, die ihren Mann umbringt. (3) Das Opfer der Notzucht, das durch Schreien den Täter in Panik versetzt und diesen dadurch zum Töten veranlaßt.*

§ 19   Die Lehre vom Opferverhalten (Viktimologie)

Literatur: **Amelang**, M./**Schahn**, J./**Kohlmann**, D.: Techniken der Neutralisierung ... in: MschrKrim 1988, S. 178 ff; **Amelunxen**, C.: Das Opfer der Straftat, Hamburg 1970; **Brusten**, M./ **Hoppe**, R.: Greifen unsere Theorien noch? Entwicklung und Struktur der Kriminalität als Folge betriebswirtschaftlicher Entscheidungen am Beispiel von Ladendiebstahl und Schwarzfahren, in: KrimJ 1986, S. 45–73 (1. Beiheft: Kritische Kriminologie heute); **Bujok-Hohenauer**, E.: Gewalt gegen Kinder: Zum Stand von Forschung und Praxis, in: *Honig*, M. S. (Hrsg.): Kindesmißhandlung, München 1982, S. 13–52; **Daniels**, D.: Die Opfer des Betrugs, Diss., Freiburg 1950; **Darley**, J. M./**Latané**, B: Bystander Intervention in Emergencies, in: Journal of Personality and Social Psychology 1968, Nr. 4, S. 377–383; **Ehrlich**, C.: Betrüger und ihre Opfer, Hamburg 1967; **Ellmer**, M.: Betrug und Opfermitverantwortung, Berlin 1986; **Engfer**, A.: Kindesmißhandlung, Ursachen, Auswirkungen, Hilfen, Stuttgart 1986; **Fiedler**, J./**Hoppe**, R. u.a.: Anhaltewesen und Anhaltegefahren unter besonderer Berücksichtigung des „Kurztrampens", Wiesbaden 1989; **Hanisch**: Vergewaltigung in der Ehe, Bochum 1988; **Helmken**, D.: Vergewaltigung in der Ehe, Heidelberg 1979; **Hentig**, H. v.: The criminal and his victim, New Haven 1948; **Hentig**, H. v.: Zur Psychologie der Einzeldelikte. Der Mord, Tübingen 1956; **Hentig**, H. v.: Das Verbrechen, Bd. 3, Berlin 1962; **Hillenkamp**, T.: Vorsatztat und Opferverhalten, Göttingen 1981; **Kaiser**, G.: Kriminologie, Heidelberg 1980; **Kiefl**, W./**Lamnek**, S.: Soziologie des Opfers. Theorie, Methoden und Empire der Viktomologie, München 1986; **Kirchhoff**, G. F./**Sessar**, K. (Hrsg.): Das Verbrechensopfer, Bochum 1979; **Kollischon**, H.: Massenkriminalität, in: *Kube*, E./*Störzer*, H. U./*Timm*, K. J. (Hrsg.): Kriminalistik. Handbuch für Praxis und Wissenschaft, Bd. 2, Stuttgart 1994, S. 359–-379; **Kurth**, K. F.: Das Mitverschulden des Opfers beim Betrug, 1984; **Lenz**, E.: Der Betrogene, Hamburg, 1961; **Michaelis-Arntzen**, E.: Die Vergewaltigung aus kriminologischer, viktimologischer und aussagepsychologischer Sicht, 2. Aufl., München 1994; **Olbing**, H./**Bachmann**, K. D./ **Gross**, R.: Kindesmißhandlung, Köln 1989; **Ostendorf**, H.: Massenkriminalität: Massenhafte Begehung – massenhafte Bedrohung – Kriminalität der Masse, in: BewHi 2/1993, S. 162–175; **Paasch**, F. R.: Grundprobleme der Viktimologie, Diss. jur., Münster 1965; **Pagel**, F.: Vom Winkel-Chiffre zum Karo (Gaunersprache), in: Magazin für die Polizei Nov.-Heft 1996, S. 11–15; **Rössner**, D.: Gewaltbegriff und Opferperspektive bei der Vergewaltigung, in: FS für *Leferenz* 1983, S. 527 ff; **Sack**, F.: Probleme der Kriminalsoziologie, in: *König*, R. (Hrsg.): Handbuch der empirischen Sozialforschung, Bd. 12, 2. Aufl., Stuttgart 1978, S. 192–492; **Schall**, H./**Schirrma-**

cher, G.: Gewalt gegen Frauen und Möglichkeiten staatlicher Intervention, Stuttgart 1995; **Schneider**, H. J.: Viktimologie – Wissenschaft vom Verbrechensopfer, Tübingen 1975; **Schneider**, H. J.: Viktimologie – Die Wissenschaft vom Verbrechensopfer, in: DRiZ 1978, S. 141–146; **Schall**, H./**Schirrmacher**, G.: Neue Perspektiven einer Intervention bei Gewalt gegen Frauen, in: FPR 11/1995, S. 284–289; **Schneider**, H. J. (Hrsg.): Das Verbrechensopfer in der Strafrechtspflege, Berlin 1982; **Schneider**, H. J.: Situative Aspekte delinquenter Handlungen und der Prozeß des Opferwerdens, in: *Lösel*, F. (Hrsg.): Kriminalpsychologie, Weinheim 1983, S. 74–84; **Schönfelder**, T.: Die Rolle des Mädchens bei Sexualdelikten, Stuttgart 1968; **Schüler-Springorum**, H.: Über Victimologie, in: Festschrift für *Honig*, Göttingen 1970; **Schwarzenegger**, C.: Die Einstellungen der Bevölkerung zur Kriminalität und Verbrechenskontrolle, Freiburg i. Br. 1992; **Schwind**, H.-D./**Zwenger**, G./**Gietl**, S.: Der (non-helping)bystander-Effekt. Wie kommt es zu unterlassener Hilfeleistung? in: Kriminalistik 1991, S. 233–242; **Steale**, B. F./**Pollock**, C. B.: Eine psychiatrische Untersuchung von Eltern, die Säuglinge und Kleinkinder mißhandelt haben, in: *Helfer*, R. E./*Kempe*, C. H. (Hrsg.): Das geschlagene Kind, Frankfurt/M. 1978, S. 161–243; **Sykes**, G. M./**Matza**, D.: Techniken der Neutralisierung: Eine Theorie der Delinquenz, in: *Sack*, F./*König*, R. (Hrsg.): Kriminalsoziologie, 2. Aufl., Frankfurt/M. 1974, S. 360–371; **Trube-Becker**, E.: Frauen als Mörder, München 1974; **Trube-Becker**, E.: Gewalt gegen das Kind. Vernachlässigung, Mißhandlung, sexueller Mißbrauch und Tötung von Kindern, Heidelberg 1982; **Trube-Becker**, E.: Mißbrauchte Kinder, Heidelberg 1992; **Volbert**, R.: Tötungsdelikte im Rahmen von Bereicherungstaten, München 1992; **Weis**, K.: Viktimologie: Wissenschaft oder Perspektive? in: *Kirchhoff*, G. F./*Sessar*, K. (Hrsg.): Das Verbrechensopfer, Bochum 1979, S. 15–37; **Weis**, K.: Die Vergewaltigung und ihre Opfer, Stuttgart 1982; **Werfel**, F.: Nicht der Mörder, der Ermordete ist schuldig, München 1920; **Zipf**, H.: Die Bedeutung der Viktimologie für die Strafrechtspflege, in: MschrKrim 1970, S. 1–13.

Gliederung

1   Während im 18. Jahrhundert das kriminelle Verhalten (die **Straftat**) im Mittelpunkt des (aufkeimenden) kriminologischen Interesses stand und Ende des 19. Jahrhunderts daneben die **Täterpersönlichkeit** in den Vordergrund rückte, hat sich die Lehre vom **Opferverhalten** (Viktimologie) erst in den letzten vier Jahrzehnten unseres Jahrhunderts (als besonderer Zweig der Kriminologie) etabliert. *Amelunxen* (1970, 18) spricht deshalb vom **„Dreiklang von Tat, Täter und Opfer",** der mit diesem Stadium erreicht worden sei.

2   Inzwischen wird eine „stürmische, ja mitunter explosionsartige Zunahme opferbezogener Forschung" registriert (*Kaiser* 1980, 191), die allerdings auch auf skeptische Zurückhaltung stößt. So hat z.B. *Sack* (1978, 299) von der „etwas überschätzten Entwicklung der sogen. ‚Viktimologie' " gesprochen, die *Sack* auch nur als **„Nachkriegsblüte der Kriminologie"** einordnen will.

I. Begriff und Aufgaben der Viktimologie

1. Opferdefinitionen

Der Begriff der „Viktimologie" wird von dem lat. Wort „victima" (das **3** Opfer) hergeleitet. Der Begriff des Opfers wird im Schrifttum allerdings unterschiedlich definiert:

– *Nach* **Paasch** *(1965, 4 f) ist Opfer „diejenige natürliche oder juristische Person, die in einem von der Rechtsordnung geschützten Rechtsgut verletzt wird";*
– *nach* **Zipf** *(1970, 3) sind „alle durch eine Straftat Betroffenen Opfer, unabhängig davon, ob sie Träger des verletzten Rechtsguts oder als strafantragsberechtigt oder als verletzt im Sinne des Prozeßrechts gelten können";*
– *nach* **Schneider** *(1975, 11) ist „Opfer eine Person, Organisation, die moralische oder die Rechtsordnung, die durch eine Straftat gefährdet, geschädigt oder zerstört wird".*

Kaiser (1993, 314) hält hingegen die Herausbildung eines (besonderen) **4** Opferbegriffes für „wissenschaftlich wenig fruchtbar", und zwar mit der Begründung, daß z.B. Wirtschafts- und Betriebskriminalität sowie Ladendiebstahl durch eine „sich verflüchtigende Opfereigenschaft gekennzeichnet" seien und deshalb durch eine Definition kaum erfaßt werden könnten. Dem hält zutreffend *Schneider* (1982, 12) entgegen, daß die Viktimologie „ohne einen irgendwie definierten Opferbegriff nicht zu arbeiten vermag". Hinzufügen darf man, daß eine Begriffsbestimmung auch aus didaktischen Gründen nützlich sein dürfte.

2. Geschichte der Viktimologie

Die Rolle des Opfers ist schon von *Feuerbach* (1828) in seiner „akten- **5** mäßigen Darstellung merkwürdiger Verbrechen" berücksichtigt worden (Rdn. 26 zu § 4). Mit der Relevanz des Opferverhaltens haben sich aber auch z.B. *Lombroso* (Rdn. 13 ff zu § 4), *Garofalo* (Rdn. 1 zu § 4) und *Ferri* (Rdn. 37 f zu § 4) befaßt sowie die Teilnehmer zweier früher internationaler Kongresse: 1835 in Paris und 1900 in Brüssel (vgl. *Nagel* in: *Kirchhoff/Sessar* 1979, 62). Eine viktimologische Forschung hat sich jedoch erst nach dem Zweiten Weltkrieg entwickelt.

Wer die Viktimologie „erfunden" hat, ist allerdings streitig. Nach **6** *Nagel* (aaO) war es der Jerusalemer Rechtsanwalt Beniamin **Mendelsohn,** der bis 1951 in Rumänien lebte und dort (in Bukarest) am 29. März 1947 den Ausdruck „Viktimologie" in einem Vortrag vor der Rumänischen Gesellschaft für Psychiatrie benutzt (bzw. geprägt) haben soll. Etwa zur gleichen Zeit soll Fredric **Wertham** eine Opferwissenschaft gefordert haben (*Schneider* 1982, 10). Nachweislich erstmalig hat nach *Schneider* (1975, 21) jedoch Hans **von Hentig** den Begriff der „Viktimologie" benutzt, und zwar bereits am 4. September 1934 in der Kölner Zeitung. Sicher ist ferner, daß *von Hentig* 1948 ein grundlegendes Werk über „The criminal and his victim" (in den USA) veröffentlicht hat. Sicher ist auch, daß sich die Viktimologie inzwischen (wenn auch von manchen kritisch betrachtet) „in der ganzen Welt als wissenschaftlicher Renner" herausstellen konnte (*Nagel* aaO).

7   Diese Entwicklung wird dokumentiert durch eine Flut einschlägiger Schriften, die seither vorgelegt wurden, sowie durch ein **„Internationales Symposium über Viktimologie",** das bisher bereits neunmal stattfand: das erste 1973 in Israel (Jerusalem), das zweite 1976 in den USA (Boston), das dritte 1979 in Deutschland (Münster), das vierte 1982 in Japan (Tokyo), das fünfte 1985 in Jugoslawien (Zagreb), das sechste 1988 in Israel (Jerusalem), das siebte 1991 in Brasilien (Rio), das achte 1994 in Australien (Adelaide) und das neunte 1997 in den Niederlanden (Amsterdam). Ende der siebziger Jahre wurde eine **„World Society of Victimology"** (WSV) ins Leben gerufen.

8   Erste **Gesetze zur Entschädigung von Verbrechensopfern** haben nach Neuseeland (1963) England, Einzelstaaten der USA sowie verschiedene Provinzen Kanadas und Australiens erlassen. In Österreich folgte 1972 ein Bundesgesetz über die Gewährung von Hilfeleistungen an Opfer von Verbrechen. Für die Bundesrepublik (mit West-Berlin) trat am 12. Mai 1976 das „Gesetz über die Entschädigung für Opfer von Gewalttaten" (OEG) in Kraft (vgl. dazu Rdn. 37 zu § 20) und am 1. April 1987 das „Erste Gesetz zur Verbesserung der Stellung des Verletzten im Strafverfahren" (zu diesem Opferschutzgesetz vgl. Rdn. 38 zu § 20).

9   Am 1. Juni 1977 nahm in der Bundesrepublik der **„Weiße Ring"** seine Arbeit auf, ein „gemeinnütziger Verein zur Unterstützung von Kriminalitätsopfern und zur Verhütung von Straftaten e. V.". Als Alternative zum „Weißen Ring" wurde am 10. März 1984 der Verein **„Opferhilfe – Hilfe für Opfer von Straftaten e. V."** gegründet. Im Vordergrund der Arbeit beider Vereine steht die Hilfe für Opfer von Gewalt- und Sexualstraftaten. Demgegenüber „schließt die von der Haftpflichtversicherungswirtschaft getragene ‚Verkehrsopferhilfe e. V.' Lücken im Kraftfahrzeugsversicherungs- und -haftpflichtrecht" (*Rössner/Wulf:* Opferbezogene Strafrechtspflege, 1984, S. 21).

„Jahr des Kriminalitätsopfers" gefordert

WEISSER RING und Schwesterorganisationen aus Österreich, der Schweiz und Luxemburg ergreifen Initiative

aus: *Weißer Ring,* November 1984, Heft 5, S. 1

3. Aufgaben der Viktimologie

10   Die Aufgaben, die sich Viktimologen gestellt haben, sind vielfältig. Insbesondere sollen im Rahmen viktimologischer Forschung untersucht werden:

- *erstens: die verschiedenen **Opferdispositionen:** dazu unten Rdn. 11 ff;*
- *zweitens: die **Rolle des Opfers bei der Verbrechensentstehung** (vor allem die Beziehung zwischen Täter und Opfer bei bestimmten Einzeldelikten): dazu unten Rdn. 17 ff;*
- *drittens: die **Neutralisierungstechniken,** die Täter opferbezogen zur eigenen Rechtfertigung ihrer Straftat (vor sich selbst) verwenden: dazu unten Rdn. 27 ff;*
- *viertens: das **Anzeigeverhalten des Opfers:** dazu Rdn. 4 ff zu § 20;*
- *fünftens: die **Beziehungen zwischen Opferfurcht und Opferwerden:** dazu Rdn. 12 zu § 20;*
- *sechstens: die **Berücksichtigung des Opferverhaltens bei der Strafzumessung** im Rahmen der Urteilsfindung*);*
- *siebtens: die **Möglichkeiten der Verminderung des Viktimisierungsrisikos:** dazu z. B. Rdn. 13 zu § 15 und Rdn. 14 zu § 16;*
- *achtens: die **Möglichkeiten der Schadenswiedergutmachung *;***
- *neuntens: die **Folgewirkungen einer Viktimisierung:** Kriminalitätsfurcht (Rdn. 12 zu § 20) und Strafbedürfnisse als Ausdruck von Selbststabilisierungsbedürfnissen (Rdn. 36 zu § 20);*
- *zehntens: **Opferhilfs- und Behandlungsprogramme*.***

II. Opferdispositionen (Opfertypologien)

Einige Viktimologen haben verschiedene Opfertypologien entwickelt, **11** die auf der Erfahrung der unterschiedlichen Opferdispositionen aufbauen. Diese hat z.B. *Nagel* (in: *Kirchhoff/Sessar* 1979, 67) wie folgt beschrieben: „Es scheint offenkundig zu sein, daß, wie die schwächsten Tiere am leichtesten von ihresgleichen angegriffen werden, auch schwache Individuen am leichtesten zu Opfern von Angriffen werden. So sind Kinder und ältere Menschen physisch schwach wegen ihres Alters, oder es gibt Leute, die wegen ihres Geschlechts schwächer sind oder es zumindest scheinen, und wieder andere sind wegen ihrer begrenzten intellektuellen Fähigkeiten anfälliger, Opfer zu werden." Das Bild, das die *PKS* zeichnet, entspricht dem nur teilweise (zu dem Alter der Opfer von Raubtaten vgl. Übersicht 49).

1. Die phänomenologische Typenbildung von v. Hentig

Die wohl bekannteste (und älteste) Opfertypologie stammt von Hans **12** *von Hentig,* der nach mehr phänomenologischen Gesichtspunkten zwischen folgenden Opfergruppen differenziert hat (vgl. *v. Hentig* 1962, 439 ff, und Beispiele bei *Amelunxen* 1970, 38):

- Opfer aufgrund besonderer **räumlich-zeitlicher Situation:** *Heiratsschwindel blüht z. B. in mondänen Kurorten; die Wochenenden sind opferträchtiger als die Werktage;*

---

*) Näheres dazu bei *Schwind:* Kriminologie in der Praxis, 1986 (Bd. 29 in der Reihe: Grundlagen Kriminologie).

Übersicht 49: Opfergefährdung 1996 (Hz) bei Raubtaten

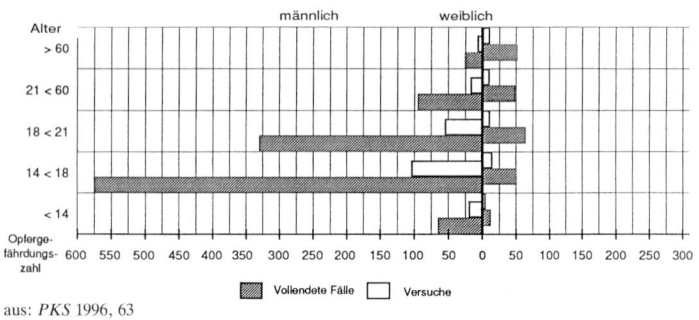

aus: *PKS* 1996, 63

- Opfer aufgrund *familiärer Stellung: Kindestötung, Kindesmißhandlung, Inzest, Eltern- und Gattenmord;*
- Opfer aufgrund *beruflicher Stellung: Mehr als andere sind z. B. opferanfällig: Geldbriefträger, Taxifahrer oder Prostituierte;*
- Opfer aufgrund *Gewinn- und Lebensgier: Erstere lassen sich z. B. von einem Betrüger leicht überreden, Geld zu geben, um ungewohnte Gewinne einstreichen zu können; zu den letzteren gehört etwa der alternde Mann mit sexueller Torschlußpanik, der sich von jungen Mädchen ausnehmen läßt; (unerfahrene) Bürger, die vom schnellen Geld träumen und z. B. auf (Anlage-)Betrüger hereinfallen (dazu z. B. DER SPIEGEL vom 18. März 1991, S. 133 ff);*
- Opfer aufgrund *eigenen aggressiven Verhaltens: der Haustyrann, das „männliche Ekel", der „Weibsteufel", die in ihrer Familie Widerstände auslösen;*
- Opfer aufgrund *rassischer, völkischer oder religiöser Minderheitensituation (vgl. die Sündenbockhypothese Rdn. 41 zu §6): Gefährdet sind (bzw. waren) z. B. Zigeuner, Juden, Schwarze, Ketzer und Hexen;*
- Opfer mit *reduziertem Widerstand: z. B. die Frauen, die nach dem Krieg auf falsche „Grußbesteller" (angebliche Kameraden von Häftlingen oder Verschollenen) hereinfielen;*
- Opfer aufgrund *besonderer biologischer Konstitution: insbesondere wehrlose Menschen wie Kinder, Greise, Schwachsinnige, Betrunkene oder Gebrechliche.*

2. Die schuldorientierte Typologie von Mendelsohn

13   Der Opfertypologie von *v. Hentig* sind zahlreiche andere Typologien entgegengestellt worden (dazu *Schneider* 1975, 52 ff), z. B. auch die schuldorientierte Typologie von *Mendelsohn* (1956, in: Revue internationale de Criminologie, S. 95–109), der wie folgt unterscheidet:

- *das vollständig unschuldige Opfer;*
- *das Opfer mit **weniger Schuld als der Täter:** vor allem das unwissende Opfer;*
- *das **genauso schuldige Opfer:** vor allem das freiwillige Opfer;*
- *das gegenüber dem Täter **schuldigere Opfer:** vor allem das provozierende und das unbeherrschte Opfer und*
- *das **ganz überwiegend oder alleinschuldige** Opfer: wozu das angreifende Opfer gezählt wird sowie solche Personen, die eine Opfereigenschaft vortäuschen oder sich die Opfereigenschaft einbilden.*

Darüber hinaus gibt es natürlich in (oder neben) allen Einteilungen auch die **Zufallsopfer** (die austauschbar sind): etwa den unbeteiligten Reisenden, der bei der Flugzeugentführung zu den Opfern gehört, oder die zufällig Anwesenden bei Sprengstoffanschlägen oder die zufälligen Geiseln bei Banküberfällen. Straßenverkehrsopfer scheinen hingegen nicht immer Zufallsopfer zu sein. Jedenfalls kann man bei *Bressler* (in: Kriminalistik 1976, 291) nachlesen, „daß etwa 70 % unserer heute bedenklich zunehmenden Straßenunfälle (nur) ca. 20 % der Verkehrsteilnehmer betreffen. Es scheint also Menschen zu geben, die in besonderem Maße unfallgefährdet sind, und zwar in der Situation des unschuldigen Opfers". **14**

3. Zur Bedeutung der Opfertypologien

Über den wissenschaftlichen und praktischen Wert solcher Opfertypologien kann man sicherlich streiten. So wird z.B. kritisch vermerkt, daß die Einteilungen (zumindest zum Teil) „an der Vermengung gegensätzlicher Klassifikationssystematiken leiden" (*Hillenkamp* 1981, 226), keine „weiterführenden Erkenntnisse" bringen (*Kaiser* 1980, 181) und „für die kriminologische Forschung nicht verwendbar" erscheinen (*Schneider* 1975, 57). *Hillenkamp* (aaO) gibt jedoch zu Recht zu bedenken, daß „in einer so jungen Wissenschaft wie der Viktimologie auch mit Schwächen beladene, intuitiv phänomenologische Typologien zu einer Systematisierung von Daten und zur Formulierung entscheidender Fragestellungen beitragen können". Bei aller Kritik darf man ferner nicht übersehen, daß eine Typologie dabei hilft, die Vielfalt des Opferverhaltens ins Blickfeld zu rücken, das nicht zuletzt auch im Rahmen der Strafzumessung Bedeutung besitzt. **15**

4. Das Opfer in der Gaunersprache

Interessant ist in diesem Zusammenhang vielleicht auch, daß z.B. die Gaunersprache „über bildkräftige Ausdrücke zur Kennzeichnung geeigneter Opfer verfügt" (*Amelunxen* 1970, 37). Und der landfahrende Kleinkriminelle (oder Hausierer) kennzeichnet die Haustüren (aber auch Mauern und Bänke usw.) der von ihm aufgesuchten Häuser mit unterschiedlichen **„Zinken"**, um den nachkommenden „Kollegen" anzu- **16**

Übersicht 50: Gaunerzinken

Symbol	Bedeutung	Symbol	Bedeutung
	Die Bewohner sind uns feindselig.		Bissiger Hund!
	Achtung! Gefahr!		Besitzer ist brutal!
	Gefängnis droht!		Geld zu bekommen!
	Nichts zu machen.		Achtung, Leute sind grob (oder bewaffnet).
	Hier erhält man Essen.		Frau ist allein mit Dienstmädchen.
	Die Leute lassen sich einschüchtern.		Mitleidige Frauen!
	Wohnung eines Polizisten.		Ein Kranker bekommt etwas.
	Hier kann Gewalt ausgeübt werden.		Man kann hier recht zudringlich werden.
	Hier bekommt man Nachtlager.		Recht fromm tun!
	Hier ist Diebstahl lohnend.		
	Vorübergehen! Hier nichts zu machen		
	Alarmglocken im Hause!		
	(Dreieck mit angesetzten Händen) Schießwaffe im Hause!		
	(Katze) Bloß Frauen im Haus!		

Quelle: *Groß,* H.: Handbuch der Kriminalistik, Handbuch für Untersuchungsrichter (neu bearbeitet und ergänzt von E. *Seelig*), 2. Bd., 8. u. 9. Aufl., Berlin 1954, S. 42 ff

zeigen, wo Menschen wohnen, deren unkritisches Mitleid (etwa auch zum Betrug) ausgenutzt werden kann (und wo nicht): vgl. Übersicht 50 auf der Vorseite sowie *Pagel* 1996, 11 ff).

III. Zur Viktimologie der Einzeldelikte

Ob die deliktsspezifische viktimologische Forschung für Wissenschaft **17** und Praxis (Polizei, Strafrechtspflege, Präventionspolitik) ergiebiger ist als die (kritisierte) Opfertypologie, ist schwer zu beurteilen. Eine vorsichtig bejahende Antwort erscheint zumindest vertretbar. Die entsprechenden Versuche zur Aufhellung der Täter-Opfer-Beziehung befassen sich allerdings primär nur mit bestimmten Delikten, nämlich mit den Tötungsverbrechen, der Kindesmißhandlung, den Sexualstraftaten und mit dem Betrug.

1. Tötungsverbrechen

Werfels Annahme (1920), daß „nicht der Mörder", sondern „der **18** Ermordete schuldig" sei, ist bewußt überzeichnet, um das Problembewußtsein zu schärfen. Der Hinweis macht jedenfalls deutlich, daß es sich beim Mord, wie bei den Tötungsverbrechen und den meisten Gewaltdelikten überhaupt, um ein **„Beziehungsdelikt"** handelt, also um eine Straftat, bei der sich Täter und Opfer nicht zum ersten Mal sehen. So kannten sich die Tatbeteiligten nach einer Arbeit von *Blühm* (1958) in 66 % aller Tötungsstraftaten schon vor der Straftat; bei *Krause* (1966) waren es 73 %, bei *Rasch* (1975) über 78 % und bei *Sessar* (1975) sogar 87 % (alle zit. nach *Sessar* in: *Kirchhoff/Sessar* 1979, 306). Seinem Aufsatz „über die verschiedenen Aussichten, Opfer einer gewaltsamen Tötung zu werden", stellt *Sessar* (aaO) folgendes Beispiel voran, das aus einer

*Zeitungsnotiz aus der FR vom 14. März 1974 stammt. Dort hieß es wie folgt: „Heute feierten sie ihre Goldene, und die Nachbarn kamen, um zu gratulieren, und die Jubelbraut sagte: ,Es war net immer leicht …',
und der Herr Wenzel aus dem dritten Stock sagte: ,Awwer Ihr habt dorschgehalte!', und das weißhaarige Fräulein Engelbrecht fragte: ,Haben Sie nie an Scheidung gedacht in all den Jahren?', und die Jubelbraut sagte: ,Naa! An Scheidung nie! Dadefier öfters an Mord!'. "*

(Zu den „sozialen Beziehungen bei kriminellen Tötungen" **ausführlich Schneider** 1975, 103 ff; zu Tötungsdelikten im Rahmen von Bereicherungstaten **Volbert** 1992; zu „Frauen als Mörder" **Trube-Becker** 1974; **Sessar** in KKW 1993, 549 ff.)

2. Kindesmißhandlung

Kindesmißhandlung (vgl. auch Rdn. 45 zu § 6) hat oft damit zu tun, **19** daß die Eltern – abgespannt durch Berufstätigkeit – die Nerven verlieren

(*Schneider* 1975, 63 ff). Die Erscheinung der „Rabenmutter", also der Mutter, die ihre Kinder aus „reiner Böswilligkeit" quält, ist hingegen relativ selten (*Schneider* aaO). Zu Kindesmißhandlungen kommt es vielmehr eher dann, wenn das Kind „schwierig" ist – sich etwa im „Trotzalter" befindet (vgl. zum Trotzalter Rdn. 25 ff zu § 10). Am häufigsten sind deshalb Kinder in den ersten drei Lebensjahren betroffen (*Trube-Becker* 1982, 17 m. w. N.).

Nachbarn wollen meistens keinen Ärger:

Mißhandlung von Kindern wird nur selten bekannt

Etwa 90 Prozent der Fälle bleiben unentdeckt

„Alle haben es gewußt", sagte eine Frau, als ein 12jähriges Mädchen aus dem Wohnblock mit erheblichen Verletzungen in ein Krankenhaus gebracht wurde, „alle im Viertel haben es seit Jahren gewußt." Das Kind war von den Eltern fast täglich geschlagen oder beschimpft worden. Jugendamt und Polizei allerdings wußten nichts davon. Keiner der Nachbarn hatte einen Hinweis gegeben. Die Statistik der Kindesmißhandlungen ist seit Jahren gleich geblieben. Etwa 40 Fälle pro Jahr sind im Bereich der Polizeidirektion Hannover seit 1982 bekannt geworden. Rund 90 Prozent solcher Straftaten bleiben nach Schätzungen von Fachleuten dagegen unentdeckt.

Auf Polizeifotos sind Kinderkörper voller Striemen und Blutergüsse zu sehen, verschwollene Gesichter mit blaugeschlagenen Augenpartien, Kratz- und Platzwunden, Schnitte oder deformierte Gliedmaßen. Stöcke, Feuerhaken, Hundeleinen, Bügeleisen und Drahtbürsten finden sich unter den Tatwerkzeugen. Am häufigsten setzen Erwachsene Kindern gegenüber Hände und Füße zur Mißhandlung ein.

„Ich habe ihr eine Backpfeife gegeben", räumte ein Vater vor der Polizei ein. Seine 14jährige Tochter wurde unterdessen wegen eines Nasenbeinbruchs vom Arzt behandelt. Mit einer Bißverletzung im Gesicht sowie Arm- und Beinbrüchen wurde ein Säugling ins Krankenhaus eingewiesen. Das Baby war bereits einige Wochen zuvor wegen erheblicher Verletzungen dort behandelt worden. Der Mutter wurde jetzt vorläufig das Sorgerecht entzogen.

„Wenn ich durch die Schläge auf den Boden gefallen bin, hat mich meine Mutter mehrmals mit ihren Hausschuhen in die Rippen geschlagen", berichtete ein Neunjähriger der Kripo. Ein achtjähriges Mädchen erzählt: „Mein Vater hat mich oft geschlagen, mit dem Stock auf die Fußsohlen. Meine Mutter hat zugesehen." Viele Kinder aber wagen nicht, gegen die Eltern auszusagen, wie zwei fünf und acht Jahre alte Geschwister. Sie waren seit Jahren immer wieder vom Vater geschlagen worden, meist mit einem Ledergürtel oder mit der Faust. „Ich kann meine Kinder schlagen, wann ich will", gab der beschuldigte Vater zu Protokoll.

aus: *Hannoversche Allgemeine Zeitung* vom 10./11. August 1985

Da solche Mißhandlungen (§ 223b StGB) weniger auffallen, wird vermutet, „daß bei Gewalttaten gegen das Kind die Dunkelziffer besonders groß ist" (*Trube-Becker* aaO; vgl. auch Zeitungsausriß oben). Ins Hellfeld (das die Kriminalstatistik erfaßt) gelangen pro Jahr in der Bundesrepublik lediglich rund 2000 Fälle der Kindesmißhandlung (1995: 1876). Daß es sicher mehr sind, hat nach *Schneider* (aaO) auch damit zu tun, daß unsere Gesellschaft „gegenüber Kindesmißhandlung eine erstaunliche Langmut, Gelassenheit, ja Indifferenz" zeigt. Dazu folgendes:

Beispiel: Der Kinderschutzbund machte am Mittwoch, 31. August **20**
1983, (16 Uhr) in Hamburg (Oberaltenallee) folgendes Experiment (abgedruckt in HÖR ZU vom 24. September 1983, S. 30 f): Aus der Wohnung eines Mehrfamilienhauses (in der Nähe einer belebten U-Bahnstation) wurden von einem Tonbandgerät im Erdgeschoß bei geöffnetem Fenster das Gebrüll eines wütenden Mannes, klatschende Geräusche von Schlägen und herzzereißende Schreie eines Kindes abgespielt. 989 Passanten sind innerhalb einer Stunde vorbeigegangen und müssen die Schreie gehört haben. Nur vier sind empört zur nahe gelegenen Polizeiwache gelaufen und haben den Vorfall gemeldet, drei haben an der Haustür geklingelt: sieben von 989; 982 Menschen sind weitergegangen: Erscheinung des „non-helping-bystander" (vgl. dazu z. B. Darley/Latané 1968; Schwind/Zwenger/Gietl 1991, 233 ff).

Darüber hinaus ist u. a. beobachtet worden:

– *daß in Großfamilien „von mehreren Kindern nur eines mißhandelt wird, während die anderen mehr oder weniger ausreichend betreut werden" (Trube-Becker 1982, 17);*
– *daß „ein Kind, dessen Vaterschaft zweifelhaft ist, besonders mißhandlungsanfällig ist" (Schneider aaO); das gilt auch für sonst unerwünschte Kinder, etwa debile (leicht schwachsinnige) Kinder;*
– *auf der anderen Seite „haben die Untersuchungen der letzten Jahre ergeben, daß Mißhandlungen bei ehelichen Kindern weit häufiger vorkommen" als bei nichtehelichen und Stiefkindern (Trube-Becker 1982, 18).*

Nach den (psychiatrischen) Untersuchungen, die *Steale* und *Pollock* duchgeführt haben (1978, 209), „ist es in der Mehrzahl der Fälle nur ein Elternteil, von dem die eigentliche Mißhandlung des Kleinkindes ausgeht. Allerdings trägt der Partner fast immer zu diesem Verhalten bei, indem er es entweder offen akzeptiert oder auf eine subtilere Weise bewußt oder unbewußt unterstützt" (**ausführlich** z. B. **Schneider** 1975, 63 ff, und **Bujok-Hohenauer** 1982, 23 ff; *Engfer* 1986, **Olbing** u. a. 1989, **Trube-Becker** 1992).

3. Sexueller Mißbrauch von Minderjährigen (Kindern)

Nach den Beobachtungen, die von *Schneider* (1975, 60) referiert wer- **21**
den, ist es „die Zerstörung des Familienlebens, z. B. ehelicher Streit und Zerfall der Eltern-Kind-Beziehung, die das Kind am meisten als Opfer von Sexualdelikten anfällig macht". Die Mädchen, die Opfer werden, sollen „im allgemeinen eine schlechte Triebkontrolle besitzen, die auf ‚Liebesentzug, Zurückweisung und Unbeständigkeit der Mutter-Tochter-Beziehung'" zurückgeführt wird (*Schneider* aaO). Die Hauptfaktoren, die das Ergebnis des Opferwerdens danach bestimmen, sollen (nach *Schneider* aaO) „in der vorhergehenden Persönlichkeitsentwicklung und in der Familiensituation zur Zeit des Ereignisses der Viktimisierung liegen".

22   Auch bei dieser Straftat handelt es sich wiederum um ein **Beziehungs-delikt.** So hat z. B. *Schüler-Springorum* (schon 1970, 204) darauf verwiesen, daß „ein wichtiges Stück Victimologie dank Presse, Rundfunk und Fernsehen inzwischen Allgemeingut geworden ist: daß nämlich die Realität des sexuellen Mißbrauchs von Minderjährigen (§ 176 StGB), namentlich die der Kinderschändung, vom überkommenen Klischee der ahnungslosen Opfer von Dunkelmännern, Lustgreisen und unheimlichen Fremden in einigen Punkten wesentlich abweicht". *Schönfelder* hat (bereits 1968, 19) festgestellt, daß die Täter nur in 18 % der Fälle (untersucht wurden Sexualstraftaten an 188 Mädchen mit Altersschwerpunkt zwischen 6 und 16 Jahren) dem minderjährigen Opfer unbekannt waren; in 25 % der Fälle wurden als Täter sogar der Vater oder Stiefvater des Opfers ermittelt (zu den „sozialen Beziehungen bei Unzucht mit Kindern" **ausführlich Schneider** 1975, 113 ff; aus soziologischer Sicht **Endres/Scholl** in NStZ 1994, 466 ff.).

4. Vergewaltigung

23   Die Vergewaltigung (§ 177 StGB) gilt als „das für die Verknüpfung der Täter-Opfer-Beziehung klassische Delikt" (*Weis* 1979, 26).

Ein Beispiel (vgl. Zeitungsausriß unten) „bildet das Trampen junger Mädchen und Frauen, die sich dadurch einem erhöhten Risiko aussetzen, vergewaltigt zu werden (vgl. dazu *Fiedler/Hoppe* u.a. 1989). Der Täter kann sich sein Opfer auswählen. Er kann rational und mit Bedacht einen für die Vergewaltigung besonders geeigneten Tatort und zuweilen sogar eine besonders günstige Tatzeit aussuchen. Er kann das Opfer leicht sozial isolieren und seinen Widerstand besonders in den Fällen brechen, in denen die Anhalterin alleine trampt" (*Schneider* 1982, 15; vgl. auch *Fiedler* J. et al.: Anhalterwesen und Anhaltergefahren, Wiesbaden 1989).

Die Frage, die nicht nur insoweit häufig gestellt wird, ist die, ob sich eine Frau in einer Notzuchtsituation zur Wehr setzen soll oder nicht. Wiederum *Schneider* (1983, 83) dazu:

> *„Befindet sie sich in einer Notzuchtsituation, so sollte sie wenigstens durch ein unmißverständliches ‚Nein' Klarheit schaffen. Empirisch-viktimologische Untersuchungen haben ergeben, daß potentielle Opfer in etwa einem Drittel der Fälle durch Widerstandleisten in einer Notzuchtsituation ihre Vergewaltigung verhindern konnten … Bei einer Befragung von Notzuchttätern stellte sich heraus, daß sich immerhin 30 % allein durch einen klaren, unmißverständlichen Widerspruch des Opfers hätten abschrecken lassen. Es wird allerdings auch empfohlen, daß das Opfer in der Notzuchtsituation teilweise nachgeben soll, um Zeit zu gewinnen und dem Täter sicher und unverletzt zu entkommen. Das Opfer soll den Täter wie ein menschliches Wesen und nicht wie einen ‚tollen Hund' behandeln. Es soll ihn durch lange Gespräche ablenken, und es soll sich unattraktiv, unweiblich und vulgär benehmen, um den Täter abzuschrecken. Ob solche Methoden der Selbstverteidigung erfolgreich sind, vermag die Viktimologie derzeit noch nicht*

mit einigermaßen großer Sicherheit zu sagen. Das Opfer darf jedenfalls – wenn möglich – keine Furcht zeigen."

Man darf aber auch nicht übersehen, daß das Opfer, das sich nicht wehrt, später erfahrungsgemäß der Situation ausgesetzt wird, daß ihm das Gericht die Vergewaltigung bzw. den Versuch dazu nicht glaubt und den Täter freispricht (zum Thema „Die Vergewaltigung und ihre Opfer" vgl. **ausführlich z.B. Michaelis-Arntzen** 1981 und **Weis** 1982; zu „Gewaltbegriff und Opferperspektiven bei der Vergewaltigung" vgl. **Rössner** 1983; zur „Vergewaltigung in der Ehe" vgl. **Helmken** 1979 und **Hanisch** 1988; zur Intervention bei Gewalt gegen Frauen vgl. **Schall/Schirrmacher** 1995, 24ff; zu Ergebnissen psychologischer Forschung zur Vergewaltigung vgl. **Sczesny/Krauel** in MschKrim 1996, 338ff).

Tips für alle, die's nicht lassen können

Rainer Jeluske, Kriminalhauptkommissar beim Landeskriminalamt in Stuttgart: „Wir von der Polizei sagen **nein** zum Trampen. Deshalb weigern sich die Dienststellen auch, Anhaltern gute Ratschläge zu geben." Hier sind trotzdem einige Regeln – wenn Ihr Kind dennoch unbedingt trampen muß:

● Niemals allein trampen!

● Nie nachts!

● Wenn mehrere Männer im Auto sind: Nicht einsteigen.

● Unauffällig kleiden. Jeans sind besser als Rock. Schals und Tücher im Gepäck verstauen (Würgewerkzeug).

● Selbstbewußt und sicher auftreten.

● Überzeugen Sie sich vor der Abfahrt, wie Wagentür und Sicherheitsgurt zu öffnen sind.

● Wenn innerer Türgriff oder Sicherungsknopf fehlen: Schleunigst wieder aussteigen.

● Wenn Sie sich dem Angreifer unterlegen fühlen, täuschen Sie eine Geschlechtskrankheit vor.

● Wenn der Fahrer grapscht, freundlich, aber bestimmt zurückweisen. Lassen Sie sich lieber mitten auf der Straße absetzen, als weiter mitzufahren.

● Bei einem viertürigen Auto nach hinten setzen – da hat man mehr Fluchtmöglichkeiten.

aus: *BILD-Zeitung* vom 6. Juli 1986

5. Betrugsdelikte

Daß der Vielfalt der Spielarten des Betruges eine Vielfalt der Typen **24** von Betrugsopfern entspricht, kann kaum überraschen: „Man halte nur einmal die Opfer einer schwindelhaften Baufirma, eines Bettelbetrügers, eines unredlichen Abzahlungskäufers, eines Versicherungsbetrügers, eines Heiratsschwindlers und eines Zechprellers nebeneinander." (*Schüler-Springorum* 1970, 204). Wie leichtgläubig manche Betrugsopfer sind, zeigt im übrigen folgendes von *Ehrlich* (1957, 365) gebrachte

25   *Beispiel: „In einer New Yorker Zeitung erschien eines Tages folgendes Inserat: ‚Bringt mir einen Dollar! Smith, 47. Straße Nr. 7.‘ Am folgenden Tage stand an der gleichen Stelle ein doppelt so großes Inserat mit den Worten: ‚Ihr könnt mir den Dollar noch bis morgen bringen! Smith, 47. Straße Nr. 7.‘ Am dritten Tag erschien ein Inserat, dreimal so groß wie das erste: ‚Wenn Ihr den Dollar nicht bis heute 4 Uhr nachmittags in meinem Büro abgeliefert habt, ist es zu spät! Smith, 47. Straße Nr. 7.‘"*
Schwindel? – Ausnahmsweise nicht! – Es handelte sich lediglich um eine harmlose Wette. Sie ist aber für uns sehr lehrreich.
Smith hatte nämlich mit seinem Freund gewettet, daß die Dummheit der Menschen so groß sei, daß mindestens 100 Menschen auf ein Inserat, das absolut nichts verspreche, sondern nur Geld fordere, auch prompt solches zahlen werden. Smith gewann die Wette. Nicht nur 100, sondern sogar 1600 Menschen lieferten auf das Inserat hin je einen Dollar im Büro des Herrn Smith ab. 1600 Menschen hatten, ohne Aussicht auf irgendwelche Gegenleistung, je einen Dollar geopfert!*

(Zur Viktimologie des Betrugs **ausführlich** z. B. **Daniels** 1980, **Lenz** 1961, **Ehrlich** 1967; zum „Mitverschulden des Opfers beim Betrug": **Kurth** 1984; zu „Betrug und Opfermitverantwortung" sowie zur „Kriminologie des Betrugs": **Ellmer** 1986)

6. Massenstraftaten

26   Das Opferverhalten spielt schließlich auch bei den sog. Massendelikten eine bedeutsame Rolle: etwa beim Ladendiebstahl und beim Schwarzfahren. Wenn die Verkehrsbetriebe auf die Kontrolle ihrer Fahrgäste verzichten, dürfen sie nicht überrascht sein, wenn ihr Vertrauen auch mißbraucht wird. Und wenn die Geschäfte auf Selbstbedienung umstellen, sollten sie sich nicht wundern, wenn auch Straftäter zugreifen. Wie risikolos das tatsächlich geschieht, zeigt ein Experiment (vgl. § 2 Rdn. 41). In diesem Zusammenhang ist ferner die auch zum Diebstahl verleitende Verkaufswerbung mit Slogans wie „Greifen Sie zu", „Jetzt mitnehmen – später zahlen" zu erwähnen, oder die verkaufsfördernde Plazierung der Waren (vgl. **ausführlich** dazu **Brusten/Hoppe** 1986, 56; zur Massenkriminalität vgl. auch **Ostendorf** 1993, 162 ff, und **Kollischon** 1994, 359 ff).

IV. Opferorientierte Neutralisierungstechniken zur Täterrechtfertigung

27   Opferbezogen sind auch die Neutralisierungstechniken, mit denen der Täter seine Tat vor sich selbst zu rechtfertigen sucht. Diese „Techniken der Neutralisation" werden (nach *Sykes* und *Matza* 1974) wie delinquentes Verhalten **erlernt** (zu den lerntheoretischen Ansätzen vgl. Rdn. 20 ff zu § 6). Insoweit sind u. a. folgende Argumentationsmuster beobachtet worden (vgl. dazu auch *Amelang/Schahn/Kohlmann* 1988, 178 ff):

- *erstens: Der Täter **lehnt die eigene Verantwortung ab**, d. h. er macht sich nicht selbst, sondern andere (soziale Umstände) für sein Handeln verantwortlich: etwa lieblose Eltern, schlechte soziale Entwicklungsbedingungen („unglückliche Jugend");*
- *zweitens: Der Täter entschuldigt seine Tat damit (Verharmlosung), daß ja niemand zu Schaden gekommen sei, weil z. B. die **Versicherung** alles bezahlt;*
- *drittens: Der Täter redet sich ein, **Vergeltung zu üben**, Rächer zu sein; das Opfer ist schuld, es „verdient" seine Viktimisierung. Terroristen, die die Gesellschaftsordnung durch kriminelle Akte bekämpfen, pflegen so zu argumentieren;*
- *viertens: Der Täter macht sich ein sein Verhalten vermeintlich **rechtfertigendes Feindbild** vom Opfer. So wird dem Opfer ein schlechter Ruf nachgesagt (etwa Prostitution, Alkohol- und Drogenkonsum) oder das Opfer wird als wertlos betrachtet (als „Bulle" oder „Chaot" oder als „Untermensch" aus der Sicht des NS-Staates): Dehumanisierung des Opfers;*
- *fünftens: „**Verdammung der Verdammenden**: der Spieß wird umgedreht, z. B. Bezeichnung der Polizei als korrupt, Hinweise auf Verfehlungen der Mächtigen und Kontrolleure" (so Walter: Jugendkriminalität 1995 und Rdn. 31 zu § 23);*
- *sechstens: Der Täter sieht das Opfer „**entpersonalisiert**"; anonyme Personenmehrheiten oder juristische Personen, die er schädigt, sind für ihn keine Opfer. („Die Kaufhäuser machen sowieso genug Gewinn" oder „Das ist bereits im Preis mit einkalkuliert".) Dieser Tendenz, heißt es bei Schneider (1982, 16), „versuchen nordamerikanische Hotelketten z. B. durch Vorbeugungstechniken entgegenzuwirken. Man findet in den Zimmern beispielsweise folgenden Hinweis: ‚Wenn nach Ihrer Abreise Handtücher fehlen, wird das Zimmermädchen dafür verantwortlich gemacht!' Das große Unternehmen wird als Familienbetrieb deklariert. Das potentielle Verbrechensopfer wird ‚personalisiert'. ‚Ehrliche' Menschen würden niemals einen Freund oder Nachbarn bestehlen oder betrügen."*

§ 20   Viktimologie in der Praxis von Polizei und Justiz

Literatur: Amelunxen, C.: Das Opfer der Straftat. Ein Beitrag zur Viktimologie, Hamburg 1970; **Arnold,** H.: Kriminelle Viktimisierung und ihre Korrelate; Ergebnisse international vergleichender Opferbefragungen, in: ZfStrV 1986, S. 1014–1058; **Arzt,** G.: Der Ruf nach Recht und Ordnung. Ursachen und Folgen der Kriminalitätsfurcht in den USA und in Deutschland, Tübingen 1976; **Baumann,** M. C./**Schädler,** W.: Das Opfer nach der Straftat – seine Erwartungen und Perspektiven, Wiesbaden 1991; **Berberich,** A./**Feltes,** Th./**Spöcker,** W. (Hrsg.): Polizei und Private Sicherheitsdienste, Texte (Nr. 8) der Fachhochschule Villingen-Schwenningen 1996; **Bilsky,** H.: Die Bedeutung von Furcht vor Kriminalität in Ost und West, in MschrKrim 1996, S. 357–372; **Bilsky,** W./**Wetzels,** P./**Mecklenburg,** E./**Pfeiffer,** C.: Kriminalitätsfurcht und kriminelle Viktimisierung im Leben älterer Menschen in den alten und neuen Bundesländern, in: KFN-Forschungsberichte, Hannover 1993; **Bilsky,** W./**Wetzels,** P./**Meckenlenburg,** E./**Pfeiffer,** C.: Subjektive Wahrnehmung von Kriminalität und Opfererfahrung, in: *Kaiser, G./Jehle,* J.-M. (Hrsg.): Kriminologische Opfererfahrung, Teilband II, Heidelberg 1995, S. 73–106; **BKA** (Hrsg.): Das Opfer und die Kriminalitätsbekämpfung (BKA-Arbeitstagung 1995), Wiesbaden 1996; **Boers,** K.: Kriminalitätsfurcht, in: MschrKrim 1993, S. 65–82; **Boers,** K.: Kriminalität und Kriminalitätsfurcht im sozialen Umbruch, in: Neue Kriminalpolitik 2/1994, S. 27–31; **Burghard,** W.: Mehr Rechte für Verbrechensopfer. Erstes Gesetz zur Verbesserung der Stellung des Verletzten im Strafverfahren (Opferschutzgesetz), in: Kriminalistik 1987 S. 135–136; **Dölling,** D.: Kriminalitätseinschätzung und Sicherheitsgefühl der Bevölkerung als Einflußfaktoren auf kriminalpolitische und kriminalstrategische Planung, in: Schriftenreihe der PFA 1/1986, Münster, S. 38–57; **Dörmann, U.:** Wie sicher fühlen sich die Deutschen?, Wiesbaden 1996; **Gefeller,** I./**Trudewind,** C.: Bedrohtheitsgefühl: Erfassung, Verteilung und Beziehungen zu ökologischen Variablen und Persönlichkeitsvariablen, in: *Schwind,* H.-D./*Ahlborn,* W./*Weiß,* R. (Hrsg.): Empirische Kriminalgeographie (Kriminalitätsatlas), BKA–Forschungsreihe, Bd. 8, Wiesbaden 1978, S. 309–337; **Glavic,** J. (Hrsg.): Handbuch des privaten Sicherheitsgewerbes, Stuttgart 1995; **Henig/Maxfield.**: Reducing Fear of Crime, 1978; **Hering,** R.-D./**Rössner,** D. (Hrsg.): Täter-Opfer-Ausgleich im allgemeinen Strafrecht, Bonn 1993; **Ishii,** A.: Die Opferbefragung in Tokyo, in: *Kirchhoff,* G. F./*Sessar,* K. (Hrsg.): Das Verbrechensopfer, Bochum 1979, S. 133–159; *Kaiser,* G./*Schöch,* H.: Kriminologie, Jugendstrafrecht, Strafvollzug, 3. Aufl., München 1987, S. 53–63; **Kaiser,** G./**Jehle,** J.-H.: Kriminologische Opferforschung, Heidelberg 1994; **Kaiser,** M.: Die Stellung der Verletzten im Strafverfahren. Implementation und Evaluation des Opferschutzgesetzes, Freiburg i.B. 1991; **Kaufmann,** F. X.: Sicherheit als soziologisches und sozialpolitisches Problem, 2. Aufl., Stuttgart 1973; **Kerner,** H.-J.: Kriminalitätseinschätzung und innere Sicherheit, Wiesbaden 1980, S. 111 ff; **Kerner,** H.-J.: Verbrechensfurcht und Viktimisierung, in: *Haesler,* W. T. (Hrsg.): Viktimologie, Diesenhofen 1986, S. 131–159; **Kerner,** H.-J.: Opferrechte/Opferpflichten, 2. Aufl., Mainz 1992; **Killias,** M.: Diskriminierendes Anzeigeverhalten von Opfern gegenüber Ausländern? in: MschrKrim 1988, S. 156–165; **Killias,** M.: „Wiedergutmachung" – Bedürfnisse des Opfers oder blaue Blume? in: *Eser,* A./*Kaiser,* G./*Madlener,* K. (Hrsg.): Neue Wege der Wiedergutmachung im Strafrecht, 1990; **Kubon,** P.: Sichere Städte. Eine Perspektive unter besonderer Berücksichtigung der Belange der Frauen, in: Kriminalistik 1996, S. 555–559; **Krahn,** H./**Kennedy,** L. W.: Producing Personal Safety: Parallel Production, Police, Fear and Crime, Edmonton 1985; **Kunz,** K. L.: Die Verbrechensfurcht als Gegenstand der Kriminologie und als Faktor der Kriminalpolitik, in: MschrKrim 1983, S. 162–174; **Kunz,** K.: Probleme der Opferentschädigung im deutschen Recht, Baden-Baden 1995; **Kury,** H.: Zur Bedeutung von Kriminalitätsentwicklung und Victimisierung für Verbrechensfurcht, Wiesbaden 1995; **Neusel,** H.: Das Verhältnis privater Sicherheitsdienste zur Polizei, in: Magazin der Polizei, 26/1995, S. 4–10; **Paasch,** F.: Grundprobleme der Viktimologie, Diss. jur., Münster 1965; **Plate,** M./**Schwinges,** U./**Weiß,** R.: Strukturen der Kriminalität in Solingen, Wiesbaden 1985; **Reuband,** K.-H.: Objektive und subjektive Bedrohung durch Kriminalität. Ein Vergleich der Kriminalitätsfurcht in der Bundesrepublik Deutschland und den USA 1965–1990, in: KZfSS 44/1992, S. 341–353; **Rössner,** D.: Gerechtigkeit für Gewaltopfer durch Kriminalstrafe?, in: BewHi 1/94, S. 18–25; **Rössner,** D./**Wulf,** R.: Opferbezogene Strafrechtspflege, Bonn 1984; **Schneider,** H. J.: Viktimologie. Wissenschaft vom Verbrechensopfer, Tübingen 1975; **Schöch,** H.: Die Rechtsstellung der Verletzten im Strafverfahren, in: NZSt 1984, S. 385–391; **Schünemann,** B.: Zur Stellung des Opfers im Strafrechtspflege, in: NZSt 1986, S. 193–200; **Schwarzenegger,** C.: Die Einstellung der Bevölkerung zur Kriminalität und Verbrechenskontrolle, Freiburg 1992; **Schwind,** H.-D.: Viktimologie in der Praxis von Polizei und Justiz, in: Kriminalistik 1979, S. 514–519; **Schwind,** H.-D./**Ahlborn,** W./**Eger,** H. J. et al.: Dunkelfeldforschung in Göttingen 1973/74, BKA-Forschungsreihe, Bd. 2, Wiesbaden 1975; **Schwind,** H.-D./**Ahlborn,** W./**Weiß,** R. (Hrsg.): Empirische Kriminalgeographie, Wiesbaden 1978; **Schwind,** H.-D./**Ahlborn,** W./**Weiß,** R.: Dunkelfeldforschung in Bochum – Eine Replikationsstudie, Wiesbaden 1989; **Sessar,** K.: die Angst des Bürgers vor Verbrechen – was steckt eigentlich dahinter? in: *Janssen,* H./*Peters,* F.: Kriminologie für Soziale Arbeit, Münster 1997, S. 118–137; **Skogan,** W.: Fear of Crime and Neighborhood Change, Illinois 1985; **Skogan,** W.: Public Reactions to Crime: A comparative analysis, Illinois 1986; **Stephan,** E.: Die Stuttgarter Opferbefragung, BKA–Forschungsreihe,

Bd. 3, Wiesbaden 1976; **Streng,** F.: Bewältigungsstrategien der Opfer von Gewalttätigkeiten, in: Österreichische Juristenzeitung vom 11. März 1994, S. 145–154; **Viano,** E. G. v.: Viktimologie – Die Erforschung des Opfers, in: *Kirchhoff,* G. F./*Sessar,* K. (Hrsg.): Das Verbrechensopfer, Bochum 1979, S. 85–92; **Villmow,** B./**Plemper,** B.: Opfer und Opferentschädigung: einige statistische Daten und Probleme, in: MschrKrim 1984, S. 75–85; **Villmow,** B.: Staatliche Opferentschädigung, in: *Kaiser,* G./*Kury,* H./*Albrecht,* H.-J. (Hrsg.): Kriminologische Forschung in den 80er Jahren, Freiburg 1988, S. 1013–1041; **Villmow,** B./**Plemper,** B.: Praxis der Opferentschädigung, Pfaffenweiler 1989; **Voss,** M.: Anzeigemotive, Verfahrenserwartungen und die Bereitschaft von Geschädigten zur informellen Konfliktregelung, in: MschrKrim 1989, S. 34–51; **Warr,** M.: Fear of Victimization: Why are women and the elderly more afraid? in: Social Science Quarterly 1984, S. 681–702; **Werner,** K.: Der Einfluß des Verletzten auf Verfahrenseinstellungen der Staatsanwaltschaft, Parensen 1986; **Wetzels,** P.: Opfererleben, psychische Folgen und Hilfeersuchen – Ergebnisse der KFN-Opferbefragung zur Nutzung von Opferhilfe, in FS für Barth, Baden-Baden 1996; **Rössner,** D.: Gerechtigkeit für Gewaltopfer durch Kriminalstrafe?, in: BewHi 1/94, S. 18–25; **Zipf,** H.: Die Bedeutung der Viktimologie für die Strafrechtspflege, in: MschrKrim 1970, S. 1–13.

Gliederung

Wer die Arbeit von Polizei und Justiz unter viktimologischen Gesichtspunkten überprüft, stellt bald fest, daß die praktische Relevanz der Lehre vom Opferverhalten größer ist, als man allgemein annimmt (vgl. z. B. auch *Rössner/Wulf* 1984). **1**

I. Viktimologie in der Praxis der Polizei

Schon die Polizeiliche Kriminalstatistik (PKS) ist, was den Umfang der registrierten Kriminalität anbelangt, vom Verhalten des Opfers abhängig. Denn in der PKS (vgl. zur PKS: Rdn. 4 zu § 2) werden nur solche Delikte gezählt, die angezeigt werden oder – was selten geschieht (vgl. Rdn. 33 f zu § 2) – auf andere Weise den Strafverfolgungsbehörden bekannt werden. Zeigt ein Opfer eine Straftat nicht an, wird das Delikt in der PKS grundsätzlich nicht registriert (**„Selektionsmacht des Opfers"**). Wird daher in einem Jahr weniger angezeigt als im Vorjahr, sinken die Zahlen der PKS (vgl. unten Rdn. 71 f zu § 2). **2**

3   Das Steigen oder Sinken der PKS-Zahlen hat also nicht unbedingt mit steigenden oder fallenden Kriminalitätszahlen zu tun, sondern vor allem mit dem Anzeigeverhalten des Opfers. Dessen Anzeigebereitschaft entscheidet damit maßgeblich über den Umfang des sog. Dunkelfeldes, das durch die Dunkelziffer bestimmt wird (zur Dunkelziffer vgl. Rdn. 34 zu § 2).

1. Motivanalysen des Anzeigeverhaltens (am Beispiel des Diebstahls)

4   Da das Dunkelfeld mit dem Unterlassen der Strafanzeige, also mit der Untätigkeit des Opfers zu tun hat, kann es auch mit Hilfe der viktimologischen Forschung wenigstens teilweise (nicht alle Delikte eignen sich für die Dunkelfeldforschung: vgl. Rdn. 53 zu § 2) aufgehellt werden. Entsprechende Opferbefragungen sind in den letzten Jahren in allen Teilen der Welt durchgeführt worden (Überblick bei *Schwind/Ahlborn/Eger* 1975, 43 ff, und *Schwind/Ahlborn/Weiß* 1989, 233 ff): In Deutschland z. B. in Göttingen, Stuttgart, Freiburg, Solingen und Bochum (vgl. Rdn. 54 ff zu § 2).

5   Aus viktimologischer Sicht interessiert vor allem die Frage, **weshalb** Straftaten von Opfern **nicht** angezeigt werden. Die entsprechende Auskunft geben z. B. eine Göttinger (1973/74) und zwei Bochumer Motivanalysen des Anzeigeverhaltens (1975 und 1987), die mit gleicher Methodik durchgeführt wurden und deshalb (in Grenzen) vergleichbar erscheinen. In beiden Untersuchungen wurden die Probanden erstens ersucht, alle Diebstahlsdelikte anzugeben, die an ihnen in den letzten 12 Monaten verübt worden waren. Zweitens wurde erfragt, welche sie angezeigt und welche sie nicht angezeigt hatten. Drittens wurden die Opfer von Diebstahlsdelikten, die diese nicht angezeigt hatten, gebeten, die Bestimmungsgründe für die Unterlassung der Strafanzeige aus einer vorgegebenen Motivliste (mit 16 Beweggründen) herauszusuchen (ausführlich *Schwind/Ahlborn/Weiß* 1989, 223 ff):

a) Bestimmungsgründe für die Unterlassung der Strafanzeige

6   Die Übersicht 51 führt die entsprechenden Ergebnisse auf, und zwar demonstriert am Beispiel des Diebstahls als dem meistverübten Delikt (vgl. Rdn. 22 zu § 2). Beide Grundauswertungen (Bochum I und Bochum II) der verhaltensbestimmenden Motive bzw. Motivkomplexe, die dazu führen, daß eine Straftat nicht angezeigt wird, zeigen eine erstaunlich gute Übereinstimmung in den Probandenantworten. Die Geringfügigkeit des erlittenen Schadens steht mit rund der Hälfte aller Nennungen im Vordergrund der Motive für die Nichtanzeige der Straftat (Bochum I = 46,8 % – Bochum II = 43,6 %). Faßt man die Motive 2, 3 und 4 zu dem Motivkomplex „Ineffektivität der Strafverfolgungsbehörden" zusammen, ergeben sich für Bochum I nur 21,6 % und für Bochum II lediglich 30,2 %. Auch die „Abneigung gegen Behörden" (Bündelung der Motive 12, 15 und 16) als Motiv für die unterlassene Anzeige ist gering (2,6 % bzw. 2,7 %). Ähnliche Ergebnisse hatten bereits die Göttinger Untersuchungen (*Schwind/Ahlborn/Eger* 1975) sowie die Untersuchungen von *Plate* et al. in Solingen (1985, 101a) erbracht.

Übersicht 51: Gründe der Nichtanzeige beim Diebstahl (am Beispiel von   7
Bochum)

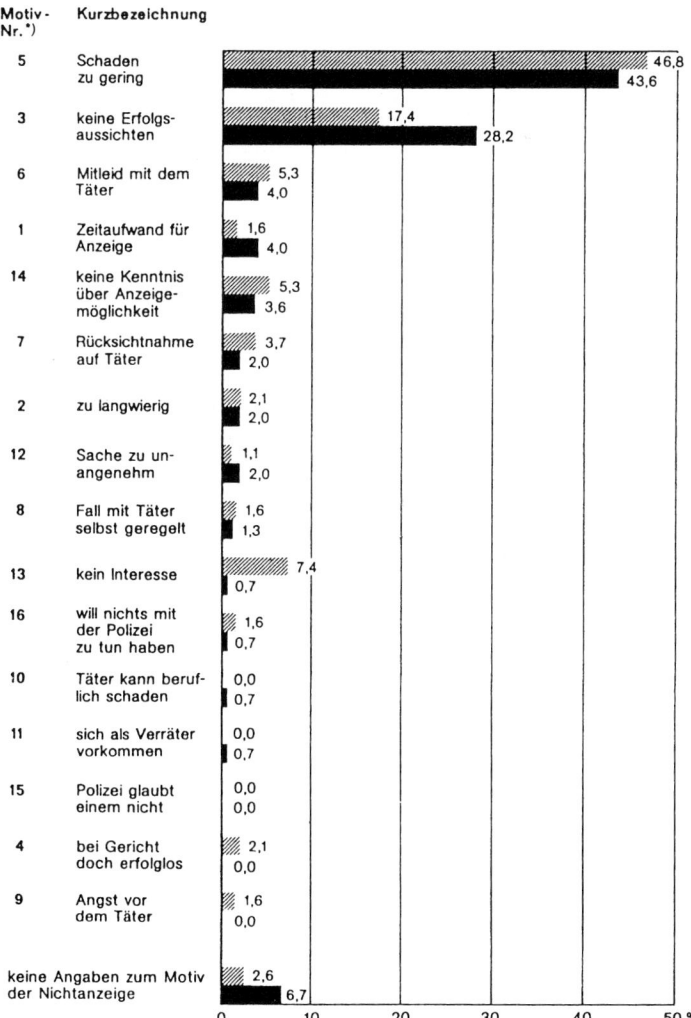

Motiv- Nr.*)	Kurzbezeichnung	
5	Schaden zu gering	46,8 / 43,6
3	keine Erfolgsaussichten	17,4 / 28,2
6	Mitleid mit dem Täter	5,3 / 4,0
1	Zeitaufwand für Anzeige	1,6 / 4,0
14	keine Kenntnis über Anzeigemöglichkeit	5,3 / 3,6
7	Rücksichtnahme auf Täter	3,7 / 2,0
2	zu langwierig	2,1 / 2,0
12	Sache zu unangenehm	1,1 / 2,0
8	Fall mit Täter selbst geregelt	1,6 / 1,3
13	kein Interesse	7,4 / 0,7
16	will nichts mit der Polizei zu tun haben	1,6 / 0,7
10	Täter kann beruflich schaden	0,0 / 0,7
11	sich als Verräter vorkommen	0,0 / 0,7
15	Polizei glaubt einem nicht	0,0 / 0,0
4	bei Gericht doch erfolglos	2,1 / 0,0
9	Angst vor dem Täter	1,6 / 0,0
	keine Angaben zum Motiv der Nichtanzeige	2,6 / 6,7

0   10   20   30   40   50 %

aus: *Schwind/Ahlborn/Weiß* 1989, S. 277

b) Auswirkungen bereits vorhandener Anzeigeerfahrung (Bochum I)

8   Ungünstiger (für das Ansehen der Strafverfolgungsbehörden) sieht das Bild (nach den Ergebnissen der Untersuchung Bochum I) freilich aus, wenn man die Antworten solcher Probanden analysiert, die bereits früher einmal eine Straftat angezeigt hatten und im Befragungszeitraum wiederum Opfer, und zwar eines Diebstahls, wurden, den sie (nun nicht mehr) angezeigt hatten. So konnte überprüft werden, ob jene Probanden, die über frühere Anzeigeerfahrung verfügen, andere Motive für ihr Absehen von einer Anzeige angeben als jene Probanden, die noch nicht angezeigt hatten. Die Auswertung legt immerhin nahe, daß bei Anzeigeerfahrenen eher aufgrund der „Ineffektivität der Strafverfolgungsbehörden" von einer Anzeige abgesehen wird (39,5 %) als bei Anzeigenerfahrenen (15,9 %): bestätigt für die Stadt Solingen durch *Plate* et al. 1985, 104. Diese Ergebnisse zeigen, daß das Motiv (für die Nichtanzeige der Straftat) **„Ineffektivität der Strafverfolgungsorgane" erst aufgrund persönlicher Erfahrungserlebnisse** als bestimmendes Motiv für die Anzeigeunterlassung dominant wird. Es sollte daher überlegt werden, auf welche Weise man dem Anzeigeerstatter schlechte Erfahrungen (mit Polizei und Justiz) ersparen kann. Allerdings hat sich insoweit inzwischen viel getan; jedenfalls wirkt sich nach den Resultaten der zweiten Bochumer Studie (Bochum II) die Anzeigeerfahrung offenbar grundsätzlich nicht mehr hemmend auf die Anzeigebereitschaft aus. Zur „Kundenorientierung als polizeiliche Aufgabe" vgl. *Kirchhoff* in BKA 1996, 48 („Verbraucherorientierung") und Rdn. 16 zu § 18.

Ergebnisse einer internationalen Opferbefragung (vgl. dazu Rdn. 57 zu § 2) sind von van Dijk 1995 auf der BKA-Arbeitstagung referiert worden (in BKA 1995, 111). Danach ergab sich folgendes Bild: Als Gründe für Unzufriedenheit mit der Polizei wurden genannt (Mehrfachantworten zulässig):

- *hat nicht genug getan* . . . . .42 %
- *war nicht interessiert*. . . . . .40 %
- *Täter wurde nicht gefaßt* . . . . .16 %
- *Beute nicht zurück bekommen* . . . . .17 %
- *nicht korrekt* . . . . .13 %.

c) Abhängigkeiten der Anzeige im einzelnen

aa) Schadenshöhe

9   In Verbindung mit Übersicht 51 zeigt die Übersicht 52, wie stark die Anzeige auch vom Wert des angerichteten Schadens abhängig ist: Je größer der (durch Diebstahl) angerichtete Schaden ist, desto eher wird das Delikt angezeigt. Die Verschiebung der „Wertspitze" im Dunkelfeld (zwischen Bo I und Bo II) dürfte mit Preissteigerungen zu tun haben bzw. der Veränderung der Einschätzung eines „geringen Schadens": die Grenze hat sich vermutlich weiter nach oben verschoben.

bb) (Sach-)Versicherungsschutz

Daß oft nur angezeigt wird, um den Versicherungsschutz nicht zu ver- **10**
lieren, ist plausibel und wird auch durch die Forschung bestätigt (so auch
Kaiser 1993, 329; anders *Reuband* in: KZfSS 1992, 144 Fn. 5). In der
Untersuchung Bo II zeigten von den versicherten Opfern 76,1 % einen
Diebstahl an, von den nicht versicherten Opfern hingegen nur 28,4 %
(*Schwind/Ahlborn/Weiß* 1989, 260). Veränderungen der Versicherungs-
bedingungen können im übrigen zu Verschiebungen führen. Beispiel: die
seit 1. Januar 1984 geltende Selbstbeteiligungsregelung in der Teilkasko-
versicherung (dazu *Schwind/Ahlborn/Weiß* 1989, 234).

Übersicht 52: Anzahl der Diebstahlsdelikte (ohne Warenhausdiebstahl)
in Abhängigkeit vom Wert der entwendeten Sachen

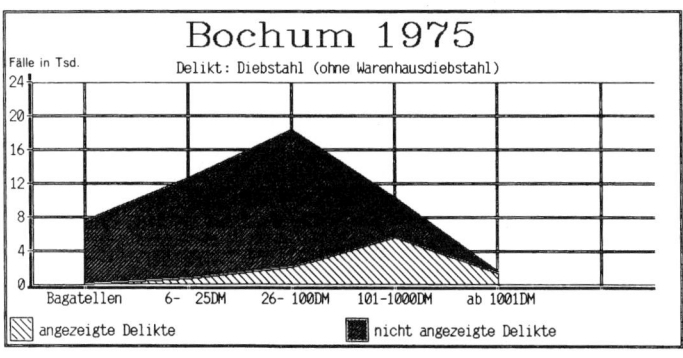

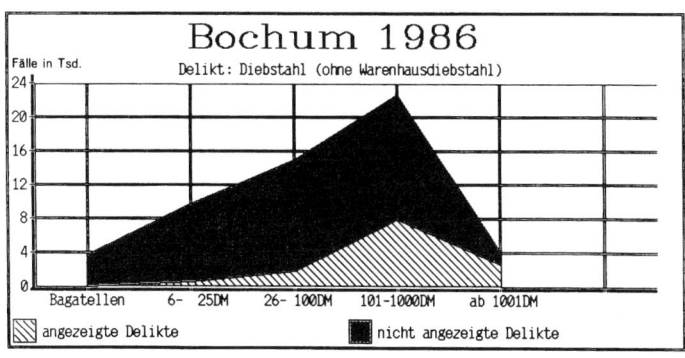

Quelle: *Schwind/Ahlborn/Weiß* 1989, S. 280

cc) Vergessenskurve

Daß viele Straftaten wieder vergessen werden (**Erinnerungsverluste**), **11**
und zwar insbesondere diejenigen, die nicht angezeigt wurden, zeigt die

Übersicht 53. Für die Dunkelfeldforschung heißt das, daß dem Opfer Zeit zum Erinnern eingeräumt werden muß. Und: je kürzer der Zeitraum ist, der im Rahmen eines Forschungsprojektes abgefragt wird,

Übersicht 53: Verteilung der offiziell registrierten und der erinnerten (nicht angezeigten) Delikte (am Beispiel Göttingen)

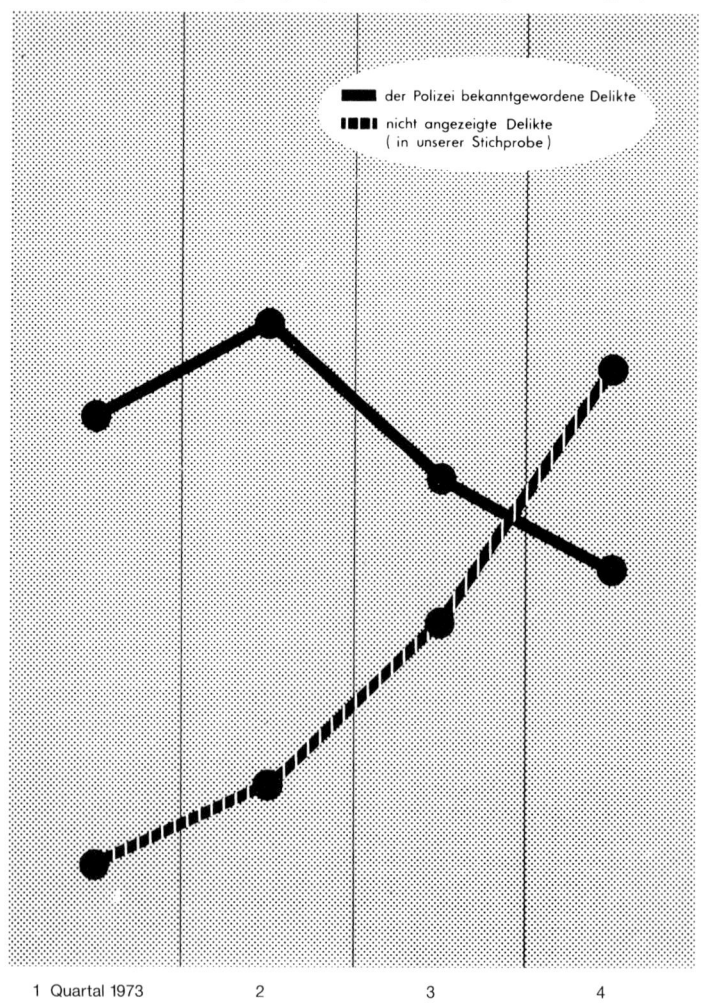

Quelle: *Schwind/Ahlborn/Eger* et al. 1975, S. 175

desto genauer ist die Information durch die Opfer. In der Regel werden die Ergebnisse der Dunkelfeldforschung eher zu niedrig als überhöht sein. Gegen eine solche Annahme könnte allerdings der sog. **Telescoping-Effekt** sprechen: Danach werden „Ereignisse aus früheren Jahren von den Befragten fälschlich in den Befragtenzeitraum verschoben und die Dunkelfeldergebnisse dadurch überhöht." (*Dörmann* 1988, 404). Solche Effekte stellen sich vor allem bei zu langen Abfragezeiträumen ein: üblich ist ein Jahr, problematisch sind fünf Jahre (*Wetzels/Pfeiffer*, in: KFN-Forschungsreihe Nr. 52/1996, 3); der Fünfjahreszeitraum bietet sich gleichwohl an, wenn es um die Abfrage schwererer Straftaten (z.B. Raubtaten) geht, weil es sich insoweit um relativ seltene Ergeignisse handelt, die im Einjahreszeitraum zu wenig vorkommen.

Um diese Effekte zu vermeiden, fragen z.B. *Bilsky* et al. (1995, 87) „Opfererfahrungen in freier Erinnerung" ab, müssen damit allerdings auch stärkere Erinnerungsverluste in bezug auf länger zurückliegende Zeitabschnitte in Kauf nehmen.

Zur Anzeigebereitschaft **gegenüber Nichtdeutschen** vgl. § 23 Rdn. 29 ff.

Immer mehr Angst vor Verbrechern

Experten: Realität nicht so schlimm

aus: *NOZ* vom 18. Januar 1995

2. Kriminalitätsfurcht (Bedrohtheitsgefühl)

Zu den Interessengebieten der viktimologischen Forschung gehört auch das Bedrohtheitsgefühl; soweit sich dieses auf Verbrechen bezieht, sprechen wir von Kriminalitätsfurcht: **diese nimmt offenbar zu** (vgl. auch oben den Zeitungsausriß).

*So hatten nach einer Allensbach-Umfrage (Nr. 14/1994, zit. nach Feltes in ZfStrVo 2/95, 68) 1979 insgesamt **17%** der Befragten Angst davor, Opfer eines Raubüberfalls zu werden, 15 Jahre später (1994) waren es bereits **36%**. Die Befürchtung, „daß bei mir zu Hause eingebrochen wird", ist in den alten Bundesländern zwischen 1980 und 1992 von **22%** auf **43%** angestiegen (Allensbach-Umfrage, zit. nach Ostendorf in Trenczek/Pfeiffer 1996, 35). In den neuen Bundesländern gaben 1992 sogar **68%** der Befragten an, zu befürchten, Opfer eines Einbruchs und **60%** Opfer einer Raubtat zu werden (Allensbach aaO; vgl. auch Rdn. 22 f).*

*Auffällig ist vor allem die Zunahme des Unsicherheitsgefühls in den neuen Bundesländern: nach Sessar (1997, 120) von (**1991**) 51 % auf (**1993**) 58 %. Für **1994** zählte Dörmann (1996,43) 56 % unsichere Befragte im Osten und 30 % im Westen. Nach den Untersuchungen von Boers (in MschrKrim 1996, 329 f) nähert sich die Kriminalitätsfurcht in den neuen Bundesländern (bis 1995) dem Westniveau inzwischen allerdings an. Dafür sprechen z.B. auch die Ergebnisse des ZDF-Politbarometers (zit. nach Sessar aaO). Auf die im November **1995** gestellte Frage „Fühlen Sie sich durch die Kriminalität bei uns bedroht?" antworteten 63 % der Ostdeutschen gegenüber 50,4 % der Westdeutschen mit „ja".*

Auffällig ist ferner, *daß sich Personen, die selbst Opfer einer Straftat geworden sind, im Durchschnitt mehr als andere fürchten (dazu Kury 1995; anders Sessar 1997, 126) Bilsky 1995, 73 ff, und Wetzels 1996, 63). Vor dem Hintergrund zunehmender Kriminalitätszahlen (es gibt immer mehr Opfer) dürfte daher (auch aus diesem Grunde) die Kriminalitätsfurcht der Bevölkerung weiter zunehmen.*

a) Polizeiliche (kriminalpolitische) Relevanz

Kriminalitätsfurcht ist vor allem aus polizeilicher Sicht (aber darüber hinaus auch aus kriminalpolitischer Sicht) relevant, und zwar primär aus folgenden Gründen:

– *erstens, weil dem Gewaltmonopol des Staates die (Gegen-)Verpflichtung entspricht, dem Bürger ein **Leben ohne Angst** vor tatsächlicher oder vermeintlicher Bedrohung (auch solcher durch Straftaten: Kriminalitätsfurcht) möglich zu machen. Von daher gehört es zu den staatlichen Aufgaben, dafür zu sorgen, „daß die Bürger nicht nur tatsächlich abends sicher auf der Straße gehen können, sondern auch glauben, daß sie es können" (Kerner 1986, 155; so auch Isensee: Das Grundrecht auf Sicherheit, Berlin 1983, 27 ff).*
– *zweitens, weil sie unerwünschte Entwicklungen wie **Selbst- und Prangerjustiz** (d. h. Privatjustiz z. B. in **Bürgerwehren**: vgl. Rdn. 72 zu § 18) begünstigen kann (vgl. dazu Arzt 1976, 44 ff, und Kunz 1983, 163); das*

Sicherheitswacht in Bayern soll Dauereinrichtung werden

Fin. MÜNCHEN, 11. September. Die bayerische „Sicherheitswacht" soll eine Dauereinrichtung werden. Die Regierung Stoiber erklärte, mit den Versuchen, Bürger gelegentlich mit bestimmten Polizeiaufgaben zu betrauen, seien in 17 Gemeinden, darunter in München und Nürnberg, gute Erfahrungen gemacht worden. Bisher wurden 30 Frauen und 155 Männer, unter ihnen acht Ausländer, zur Observierung von öffentlichen Anlagen, Tiefgaragen, Asylbewerberunterkünften und anderen nicht ganz ungefährlichen Orten herangezogen. Die Angehörigen der Sicherheitswacht sind durch eine Armbinde gekennzeichnet und zum Beispiel ermächtigt, Personalien aufzunehmen oder jemanden so lange festzuhalten, bis die Polizei erscheint. Innenminister Beckstein (CSU) sagte, die freiwillig tätigen Frauen und Männer hätten die objektive Sicherheitslage verbessert und das subjektive Sicherheitsgefühl der Bevölkerung verstärkt. Die dreijährige Erprobungsphase endet am 31. Dezember.

aus: *FAZ* vom 12. September 1996

sind Phänomene, die das staatliche Gewaltmonopol unzulässig durch-brechen und dadurch den inneren Frieden gefährden; das (potentielle) Opfer nimmt seinen Schutz selbst in die Hand, weil es den Strafverfol-gungsbehörden (insbesondere der Polizei) den erwünschten Schutz nicht mehr zutraut; das gilt letztlich auch für die privaten Wachdienste (z. B. die „S-Bahn-Sheriffs") und den „Selbstschutz", den der Handel (z. B. in Bochum) aufgebaut hat.

Problematisch erscheinen aber auch „private Polizeireserven" (Bür-gerwehren), wie sie z. B. in Bayern als „Modellprojekt Sicherheits-wacht" (SiWa) aufgebaut wurden (vgl. Zeitungsausriß oben und Rdn. 72 zu § 18); insoweit sollte zumindest bedacht werden, daß die entspre-chende Ausbildung fehlt und Schaden durch „Übereifer" eintreten kann. In Baden-Württemberg gibt es im übrigen bereits seit 1963 einen solchen Versuch. Der dortige Landespolizeipräsident (Hetger) hat die entsprechenden Erfahrungen wie folgt zusammengefaßt: „Ich kann professionellen Verbrechern keine Laienschauspieler gegenüberstellen" (in FAZ vom 26. August 1992, 10). Dem Einsatz von Bürgern als „Hilfs"-Sheriffs sind danach enge Grenzen gesetzt.

– *drittens, weil solche Vertrauensverluste nicht nur das **Ansehen der Polizei** tangieren, sondern auch die **Bereitschaft der Bevölkerung zur Mitarbeit** an der Kriminalitätsvorbeugung und -aufklärung erheblich verringern;*
– *viertens, weil Bedrohtheitsgefühl auch **Indikator für Sicherheitslagen** sein kann, die dem Gesetzgeber bzw. dem Kriminalpolitiker oder den Strafverfolgungsbehörden noch gar nicht oder nicht hinreichend bekannt sind: etwa hohe Viktimisierungserwartung (Erwartung, selbst Opfer zu werden) infolge von Dunkelfeldstraftaten (dazu § 2 Rdn. 33 ff). In den USA ist z. B. das Risiko, Opfer von Raubtaten zu werden, hoch: das Opfer zeigt jedoch oft nicht mehr an, so daß diese Straftaten nur noch zu einem relativ geringen Prozentsatz in der Kriminalstatistik erscheinen (vgl. Rdn. 89 zu § 2);*
– *fünftens, weil Bedrohtheitsgefühl der Bevölkerung auch (objektiv unbe-rechtigte) **kriminalpolitische Forderungen** auslösen kann, z. B. nach Ver-schärfung des Strafrechts (oder des Strafvollzugs): dazu Boers 1993, 65 ff.*

Folgt man der Ansicht, daß das staatliche Gewaltmonopol nicht zur Disposition gestellt werden darf (so z. B. die deutsche Anti-Gewalt-kommission; *Schwind/Baumann* et al. 1990, 49 ff) und das Bedrohtheits-gefühl ein Faktor der **Lebensqualität** ist, dem im sozialen Rechtsstaat besondere Bedeutung zukommt, so muß der Kriminalpolitiker, der ver-antwortlich handelt, überlegen, wie man die Kriminalitätsfurcht und ihre beschriebenen Folgen zurückdrängen bzw. in das kriminalpolitische Lagebild einbauen kann: Zumindest sollte das Ziel darin bestehen, unbegründetes (überzogenes) Bedrohtheitsgefühl den tatsächlichen Ver-hältnissen anzunähern und begründetes Bedrohtheitsgefühl durch über-zeugende bzw. erfolgreiche Kriminalitätseindämmung zu reduzieren (zu entsprechender kriminalpolitischer Planung vgl. auch *Dölling* 1986, 38 ff).

Kriminalitätsfurcht bzw. Bedrohtheitsgefühle haben allerdings **keineswegs nur mit eigenen Opfererfahrungen zu tun** (vgl. *Schwarzenegger* 1992, 87 ff). Eine Rolle spielen darüber hinaus auch z. B.

- die **Opfererfahrung, die Bekannte gemacht haben** (z. B. mit Einbruchsdelikten, Taschendiebstählen oder Raubtaten);
- das **selbst erlebte Straßenbild** (öffentliche Unordnung bzw. Belästigungen: **„incivilities"**, Unsicherheitssignale), etwa (aggressives) Betteln bzw. Anpöbeleien in den Fußgängerzonen der Innenstädte, Drogenhandel, Herumlungern von Gruppen verschiedenster ethnischer Herkunft und (betrunkenen) „Pennern" (zu diesen § 17 Rdn. 3), Graffiti, Roller-Rambos (Inline-Skater), Fahrradfahrer und Müll;
- **Medienberichte** über Kriminalität bzw. Gewalttaten;
- **Existenz- und Zukunftsängste** mit oft durchaus realistischer Basis: Arbeitslosigkeit, unzureichende Altersversorgung, drohender Wohnungsverlust, Krankheit usw. So ist zu erklären, daß die Bedrohtheitsgefühle in den neuen Bundesländern besonders ausgeprägt sind (vgl. dazu *Bilsky/Mecklenburg* et al. 1993, 8; *Feltes* 1994, 167, und *Bilsky* et al. 1995, 80).

Im übrigen sind es nicht notwendigerweise die schweren Delikte (wie Tötungsverbrechen, Vergewaltigung, Raub), die den einzelnen Bürger verunsichern, sondern (zumindest in Deutschland) auch eine **Vielzahl von Bagatelldelikten (Taschendiebstahl, Betrügereien usw.)**, die sich – addiert – zu einer psychologisch ins Gewicht fallenden Belästigung auswirken können, aus der dann ebenfalls Kriminalitätsfurcht entsteht (*Arzt* 1978, 175).

Man unterhält sich darüber und schaukelt unbewußt hoch: **Kriminalitätsfurcht ist ansteckend**.

Aber was ist unter Kriminalitätsfurcht i. S. von Bedrohtheitsgefühl zu verstehen? Kann man diese messen und insoweit zu einer rational orientierten Grundlage kriminalpolitischer Entscheidungen machen?

Faßt man das Bedrohtheitsgefühl – ähnlich wie die soziale Einstellung – als Konstrukt auf, nämlich als „Konglomerat verschiedener Gedanken und Gefühle", so kommen drei Komponenten in Frage, aus denen sich dieses zusammensetzt: eine affektive, eine kognitive und eine konative Komponente (vgl. *Gefeller/Trudewind* 1978, 311; zum unterschiedlich ausgeprägten Bedrohtheitsgefühl in den **alten und neuen Bundesländern** vgl. Rdn. 55 zu § 2 und *Boers* 1994, 27, sowie *Bilsky* et al. 1995, 73 ff; *Schwind/Ahlborn/Weiß* 1989 und *Schwarzenegger* 1992).

b) Komponenten des Bedrohtheitsgefühls

Bedrohtheitsgefühl läßt sich anhand von drei Komponenten messen (zu definitorischen Problemen vgl. *Bilsky* 1996, 357 ff): Die **affektive (gefühlsbezogene) Komponente** kommt „am ehesten in einer globalen Aussage über das allgemeine Gefühl der Sicherheit bzw. Unsicherheit, die man in seiner alltäglichen Umwelt erlebt, zum Ausdruck" (*Gefeller/*

Trudewind aaO). Das **Ausmaß des Sicherheitsgefühls** kann z. B. auf einer vierstufigen Ratingskala angegeben werden, die von „sehr sicher" bis zu „sehr unsicher" reicht. Zu der affektiven Komponente des Bedrohtheitsgefühls wird darüber hinaus auch die **Viktimisierungsfurcht** gerechnet, d. h. die Besorgnis darüber, selbst Opfer eines (bestimmten) Delikts zu werden.

Die **kognitive (verstandesbezogene)** Komponente des Bedrohtheitsgefühls kann durch die **Einschätzung der Kriminalitätsentwicklung** sowie durch die Einschätzung der persönlichen Kriminalitätsbedrohung erfaßt werden: etwa durch die Erwartung, in einem bestimmten Zeitraum selbst Opfer einer (bestimmten) Straftat zu werden (sog. **Viktimisierungserwartung**). Der Proband gibt also z. B. an, für wie wahrscheinlich er es hält, innerhalb eines bestimmten Zeitraums (etwa innerhalb von zwei Jahren) beraubt zu werden.

Die **konative (verhaltensbezogene)** Komponente zeigt sich darin, daß sich eine Person aufgrund ihrer persönlichen Viktimisierungserwartung (oder Viktimisierungsfurcht) gedrängt fühlt, bestimmte Abwehr- und Vermeidungsmaßnahmen zu ergreifen, um sich vor kriminellen Akten zu schützen. Diese (individuellen) Schutzmaßnahmen lassen sich unterteilen in

– *Abwehrmaßnahmen: Anschaffen eines Wachhundes, einer Schußwaffe, Einbau von Sicherheitsschlössern, z. B. aufgrund der Beratung durch die Kriminalpolizeiliche Beratungsstelle) usw. (vgl. dazu die Reaktionen im Rahmen der Kommunalen Kriminalprävention: § 18) und in*
– *Vermeidungsverhalten: Vermeiden, mit Fremden zu sprechen, Meiden bestimmter (als besonders gefährlich angesehener) Gegenden; Taxifahrt statt (nachts) zu Fuß zu gehen (Frauensammeltaxis; vgl. Zeitungsausriß); bei Dunkelheit zu Hause bleiben usw.*

Osnabrück/Verkehr

„Frauennachtfahrten"

Die Firma City Car
bietet bis vorerst 1999
Nachtfahrten nur für
Frauen in Osnabrück
Stadt an.

aus: Osnabrücker Sonntagsblatt vom 22. Dezember 1996

c) Ergebnisse empirischer Untersuchungen

Die bisherige Forschung bezieht sich grundsätzlich immer nur auf eine dieser drei Komponenten, die (Bochumer) Sichtweise des Konstrukts ist also neu (inzwischen nicht nur z. B. von *Bilsky* et al. 1995, 77, allerdings ohne Hinweis auf Bochum übernommen).

Übersicht 54: Kriminalitätsfurcht in Großstädten (Standardfrage): Prozentsatz von „sehr unsicher" abends allein im eigenen Wohngebiet

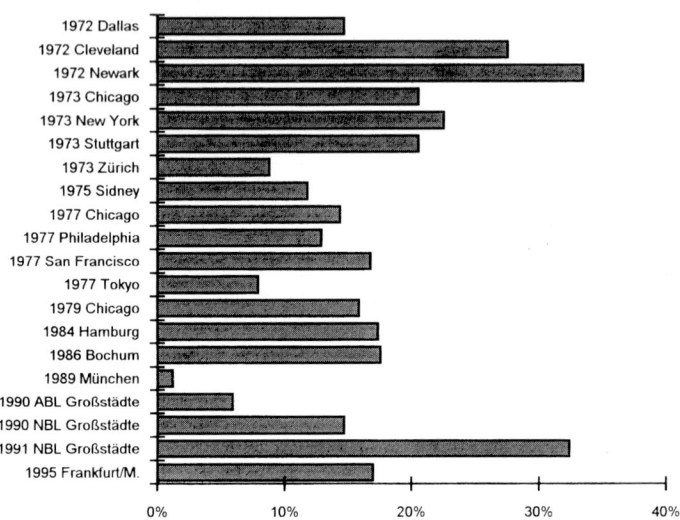

aus: *Boers* 1993, 69 (nach den Quellen: *Stephan* 1976, S. 88; *Garofalo* 1977; *Clinard* 1978, S. 24; *Ishii* 1979, S. 139; *Skogan* und *Maxfield* 1981, S. 22; *Lavrakas* 1984, Tab. 1; *Maxfield* 1984, S. 10; *Schwind* et al. 1989, S. 133; *Lamnek* 1991, S. 641; *Kury* et al. 1992); ergänzt um Frankfurt/M. (zit. nach FR vom 22. Dezember 1995)

aa) Zur affektiven Komponente (Sicherheitsgefühl und Viktimisierungsfurcht)

● *Das **Sicherheitsgefühl** wird in vielen Untersuchungen primär durch folgende Fragen erfaßt (krit. Bilsky/Mecklenburg et al. 1993, 6: „zu pauschal gefragt"):*

*Erste Frage: Gibt es hier **innerhalb einer Meile** (oder: im eigenen Wohngebiet) einen Bereich, in dem Sie Angst haben, **nachts allein** spazieren zu gehen?*
Nach Untersuchungen von Skogan (1986, 6) wird die Frage von 38 % der deutschen Befragten und 47 % der amerikanischen Befragten bejaht.
*Zweite Frage: Wie sicher fühlen Sie sich allein, **nachts außerhalb Ihrer Wohnung in Ihrer Wohngegend?** Zu den Ergebnissen vgl. unten Übersicht 54 und Rdn. 55 zu § 2; krit. zu dieser pauschalen Fragestellung auch Becker/Boers/Kurz in Kube u.a. 1996, 86.*
Unsicher fühlen sich nach den Bochumer Untersuchungen (Schwind/Ahlborn/Weiß 1978 und 1989) insbesondere (jüngere) Frauen (ausführlich ferner Wetzels u.a. 1995, 52 ff; Bilsky 1996, 364 ff; Heinz 1996, 100; Becker/Boers/Kurz in Kube u.a. 1996, 90 f), aber auch die älteren Jahrgänge (über 60 Jahre) beider Geschlechter (so

auch Gallup Opinion Poll 1983, 197 für die USA und Bilsky/Mecklen-
*burg et al. aaO für Deutschland). Man spricht insoweit vom **Kriminali-***
***tätsfurcht-Paradox**, weil Frauen und alte Menschen im allgemeinen gar*
nicht häufiger, sondern eher seltener Opfer von Straftaten werden als
jüngere (vgl. z. B. Bilsky/Mecklenburg et al. 1993, 22). So paradox ist
diese Erscheinung allerdings nicht: denn die furchtsamen Bevölke-
rungsgruppen zeigen mehr Vermeidungsverhalten, d.h. sie begeben
sich seltener in viktimogene Situationen (vgl. unten Rdn. 28) und wer-
den deshalb auch seltener attackiert (vgl. dazu unten den Zeitungsaus-
*riß). Daß sich **jüngere Frauen** oft weniger als die älteren fürchten, führt*
Reuband (1992, 347 ff) darauf zurück, daß viele der jüngeren Frauen
inzwischen ein anderes Rollenverständnis besitzen: sie sind selbstbe-
wußter bzw. emanzipierter und deshalb vielleicht weniger als die älteren
Jahrgänge Gefühlen der Hilflosigkeit (bzw. Wehrlosigkeit) ausgeliefert
*(Reuband aaO). Bei den **Männern** sollen vor allem auch **Gewöhnungs-***
***prozesse** Bedeutung besitzen: man gewöhnt sich an die alltägliche*
Gewalt (nicht nur in den Vereinigten Staaten: Reuband aaO) oder ver-
drängt die Gefahr und hat auf diese Weise weniger Angst. Daß die
*Angst (vor Gewalt) auch bei vielen **Schulkindern** heute ausgeprägt ist,*
zeigt eine Untersuchung, die in Bochum durchgeführt wurde (vgl. dazu
Rdn. 38 zu § 11).

Sicherer fühlen sich im übrigen Personen mit höherem Bildungs-
*stand sowie Ledige. Und: Je höher die **wahrgenommene Polizeipräsenz***

Polizei trainiert mit Senioren

„Angst vor Kriminellen nehmen"

Hannover (dpa/lni)
Die Polizeidirektion Hannover
will älteren Bürgern mit Semi-
naren ihre Angst vor Krimina-
lität nehmen. „Die Angst ist bei
Senioren oft übertrieben und
unrealistisch", sagte Polizei-
sprecher Hans-Dieter Klosa am
Dienstag. Lediglich knapp
zehn Prozent der Opfer von
Straftaten seien älter als 60
Jahre.

Um den älteren Menschen die
Furcht zu nehmen und ihr
Selbstbewußtsein zu stärken,
bietet die Polizei in Zusammenarbeit mit der Altenhilfe
der Landeshauptstadt pro Jahr
acht bis zehn Seminare zur
„Aktiven Selbsthilfe von Senioren" an.

aus: *NOZ* vom 11. September 1996

*ist, desto höher ist auch das subjektive Sicherheitsgefühl der Probanden (vgl. dazu Rdn. 63 zu § 18). Diese Beobachtung deckt sich wiederum mit den Resultaten amerikanischer Studien (vgl. z. B. Wycoff/Skogan: Community Policing in Madison, Washington D.C., und Papendorf/ Neth, in: Trenczek/Pfeiffer: Kommunale Kriminalprävention, 1996, 116). Bahn (zit. nach Henig/Maxfield 1978, 343) schlug deshalb vor, **große rothaarige Polizisten** bevorzugt einzusetzen: die größere Sichtbarkeit würde das Gefühl der „omnipresent protection" vergrößern; vielleicht könnte man auch an eine etwas auffälligere Uniform denken.*

22 ● *Die Bochumer Resultate zur **Viktimisierungsfurcht** entsprechen in der Tendenz dem Ausmaß des Unsicherheitsgefühls, das übrigens in einzelnen Stadtteilen Bochums nicht unerheblich voneinander abweicht (Schwind/Ahlborn/Weiß 1989): rund 50 % (51,5 %) der Bochumer Befragten erwarten „nie", einem Raub zum Opfer zu fallen, „ständig" bzw. „oft" nur 11,4 %. Zum Vergleich: In absehbarer Zeit ausgeraubt zu werden, befürchten in Zürich immerhin 21 % der Befragten (Clinard, zit. nach Stephan 1976, 436), in Stuttgart 31 % (Stephan 1976, 436) und in den USA ebenfalls 31 % (ABC News Crime Poll, zit. nach Schwind/Ahlborn/Weiß 1989, 137); neue Ergebnisse: vgl. Übersicht 54 und Rdn. 12. Daß die USA-Zahlen nicht höher liegen, dürfte damit zu tun haben, daß sich die Umfrage nicht nur auf Stadtbezirke bezog, sondern auf das ganze Land (Nivellierungseffekt).*

Daß die Städte inzwischen an der **Straßenbeleuchtung** zu sparen versuchen (vgl. Zeitungsausriß unten), dürfte sich auf das Sicherheitsgefühl negativ auswirken. So auch die Ergebnisse von Befragungen in Lübeck, Freiburg und Calw: vgl. Rdn. 38 zu § 18).

Es werde Licht - aber das Geld reicht nicht

Städte setzen auf Dimmer und Sparlampen

Von Martin Bommersheim

WAZ RUHRGEBIET. Das Revier sieht einer düsteren Zukunft entgegen. Von Finanznot getrieben, knipsen die Städte immer mehr Straßenlaternen aus.

Nicht jede in den Rathäusern ausgetüftelte Sparaktion leuchtet den Bürgern ein. Licht aus, Spott an - so reagierten beispielsweise die Bochumer auf amtlich verordnete Finsternis. Um 500 000 DM zu sparen, gingen die Leuchten dort seit Jahresanfang abends eine halbe Stunde später an und morgens eine halbe Stunde früher aus. Wütende Proteste waren die Quittung.

„Man tritt vor die Haustür - und es ist stockdunkel. Es war extrem", fand Margret Thielert. Gestiegen ist die Angst vor Überfällen und die Furcht der Fußgänger, von Autofahrern übersehen zu werden. „Man kann sich auch totsparen", warnt Albert Götzmann aus dem Dortmunder Tiefbauamt.

aus: *WAZ* vom 4. Oktober 1996

bb) Zur kognitiven Komponente (Kriminalitätseinschätzung   **23**
und Viktimisierungserwartung)

Auch zur kognitiven, also zur verstandesbezogenen Komponente liegen Ergebnisse der empirischen Forschung vor.

Auffällig sind die Differenzen der Viktimisierungsfurcht in den alten und neuen Bundesländern (vgl. Übersicht 55), die *Bilsky/Mecklenburg* u. a. in ihrer KFN-Untersuchung (1993, 4; 1995, 73 ff) festgestellt haben. Auch diese Erscheinung dürfte (wie die Unterschiede im Sicherheitsgefühl) mit allgemeinen Streßphänomenen zu tun haben bzw. mit der Neuartigkeit des Gesellschaftssystems, mit dem man (in den neuen Bundesländern) auch steigende Kriminalität bzw. Gefahren verbindet.

Übersicht 55: Befürchtung, Opfer zu werden (alte und neue Bundesländer im Vergleich)

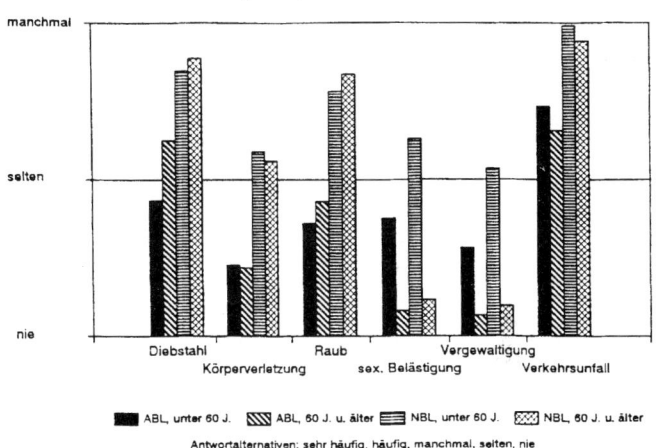

aus: *Bilsky/Mecklenburg* 1993, S. 27

● *Kerner (1980, 87) hat zur Frage der **Kriminalitätseinschätzung** die Mei-*   **24**
nung vertreten, daß der „Kriminalitätsanstieg zum kollektiven Alltagswissen gehört". Internationale und deutsche Untersuchungen geben ihm recht: An eine Zunahme glauben z. B. 67 % der Befragten in Zürich (1973), 75 % der Befragten in Tokyo (1977), 83 % der Befragten in den USA, aber auch 83 % der Befragten in Stuttgart (Hinweise bei Schwind/Ahlborn/Weiß 1989). Eine Kriminalitätszunahme wird (in Bochum) vor allem in bezug auf den einfachen (89,0 %) und schweren Diebstahl (83,4 %) angenommen (Schwind/Ahlborn/Weiß aaO), eine Beurteilung, die auch mit der PKS (vgl. dazu § 2 Rdn. 4) übereinstimmt. Im übrigen hat sich gezeigt, daß die Befragten „einen desto geringer ausgeprägten Kriminalitätsanstieg angeben, je enger der Kreis

*um ihre unmittelbare Umgebung gezogen wird" (Kerner 1980, 92): Die
Befragten vermuten also eher einen Anstieg (z. B. der Einbruchskrimi-
nalität) im Bundesgebiet als in der eigenen Stadt (vgl. dazu Übersicht
56; ebenso Bilsky 1995, 77). Schneider (1996, 586) nennt diese Erscheinung Verbrechen – auf Distanz – Phänomen".*

*Dieses Phänomen ist z. B. auch für Stuttgart (Stephan 1976, 126),
Zürich (Clinard 1978, 19 f) und Tokyo (Ishii 1979, 142 f) festgestellt
worden. Stephan (1976, 127) führt die Erscheinung auf den Einfluß der
Massenmedien zurück (vgl. Rdn. 2 ff zu § 14). Die Suggestivkraft der
Massenmedien („Die Kriminalität steigt und steigt") wirkt sich auf die
Einschätzung der Kriminalitätsentwicklung im ganzen Bundesgebiet
aus; sie verblaßt, wenn es um eigene Erfahrungen geht, etwa im Wohn-
viertel, in dem sich grundsätzlich nach der eigenen Erfahrung der
Befragten relativ wenig Delikte ereignen (so auch Bilsky/Mecklenburg
et al. 1993, 6).*

Übersicht 56: Einschätzung der Kriminalitätsentwicklung (am Beispiel
von Bochum)

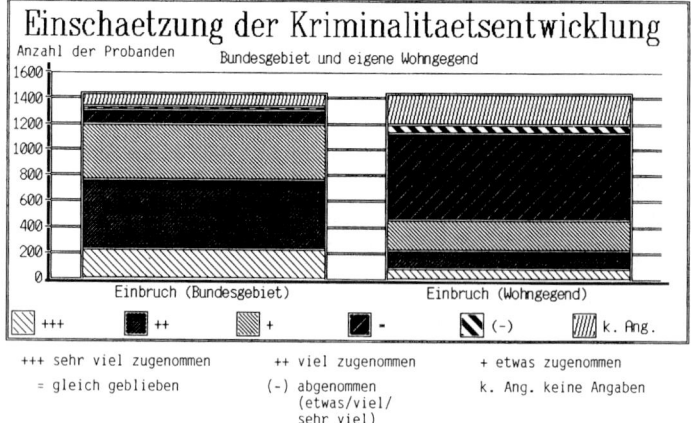

Quelle: *Schwind/Ahlborn/Weiß 1989, S. 161*

25   • *Die* **Viktimisierungserwartung** *ist nicht mit der Viktimisierungsfurcht zu
verwechseln. Geht z. B. ein junger Mann keiner Schlägerei aus dem*

Bürger bewaffnen sich

**Legal und illegal: Mit Pistolen, Revolvern und Gewehren rüsten die
Deutschen privat gegen ständig zunehmende Gewaltkriminalität**

aus: *FOCUS (Nr. 12) vom 21. März 1994, S. 72*

Wege, hat er zwar eine gewisse Viktimisierungserwartung, aber nur geringe Viktimisierungsfurcht; das gilt z. B. für Hools (vgl. Rdn. 29 zu § 28): sie suchen geradezu die Randale. In der Fragestellung eines Fragebogens sind beide Fragen allerdings kaum trennscharf zu stellen; deshalb sind auch die Resultate problematisch.

cc) Zur konativen Komponente (Abwehr- und Vermeidungsverhalten) **26**

Daß Unsicherheitsgefühl und Viktimisierungsfurcht bzw. -erwartung Abwehr- und Vermeidungsverhalten auslösen können, kann durch zahlreiche Untersuchungen belegt werden: über eine der jüngsten (mit einer Rücklaufrate von 72 bzw. 70 %) haben *Becker/Boers/Kurz* (in *Kube* u.a. 1996, 96) berichtet (vgl. Übersicht 57). Dabei hat sich die Anzahl der ergriffenen Maßnahmen als abhängig von Alter, Sozialstatus, Bildungsstand und Familienstand der Probanden erwiesen: Mehr Schutzmaßnahmen ergreifen Probanden mit höherem Bildungsstand, Probanden mit höherem Sozialstatus, verheiratete Probanden (vgl. *Gefeller/Trudewind* 1978, 309 ff) sowie ältere Menschen (*Bilsky* et al. 1995, 79) und solche mit (einschlägiger) Opfererfahrung (*Schwind/Ahlborn/Weiß* 1989). Beispiele für

● *Abwehr-(bzw. Schutz-)verhalten: Nach dem amerikanischen Figgie-Report on Fear of Crime besaßen (1983) 52 % der Befragten ein Gewehr; 51 % hatten Sicherheitsschlösser an den Haustüren anbringen lassen und 15 % eine Alarmanlage installiert. Nach den Bochumer* **27**

Übersicht 57: Schutz- und Vermeidungsverhalten in den neuen (n = 2212) und alten Bundesländern (n = 2034) im Sommer 1993 (Angaben in Prozent)

		Um mich vor Kriminalität zu schützen.... ... wenn ich abends alleine unterwegs bin.			
		nie	manchmal	häufig	immer
benutze ich ein Auto, Taxi...	Ost	30,3	30,0	20,0	19,6
	West	31,5	28,6	19,5	20,4
meide ich öffentliche Verkehrsmittel	Ost	40,0	26,5	16,4	17,1
	West	43,2	22,3	17,2	17,3
meide ich unbelebte Straßen, Parks und Plätze	Ost	20,7	23,5	22,4	33,4
	West	21,3	24,6	21,3	32,8
weiche ich herumstehenden Jugendlichen aus	Ost	22,5	29,5	23,3	24,7
	West	26,9	29,3	24,5	19,3
weiche ich herumstehenden Ausländern aus	Ost	23,0	28,6	21,8	26,6
	West	25,4	29,6	23,0	21,9
nehme ich eine Waffe mit (Tränengas, Stock, Messer, Schußwaffe)	Ost	69,9	13,8	7,5	8,8
	West	75,7	11,8	6,1	6,4
bleibe ich abends ganz zu Hause	Ost	29,9	24,6	25,3	20,3
	West	50,3	23,6	18,2	7,9

aus: *Becker/Boers/Kurz* in Kube u.a. 1996, 96

Untersuchungen (Schwind/Ahlborn/Weiß 1989) schlossen 88,1 % der Befragten ihr Auto bzw. ihr Fahrrad sorgfältig ab, 44,4 % haben Türen und Fenster gesichert und 5,6 % haben eine Alarmanlage eingebaut; bewaffnet haben sich 15,5 % der Befragten. Die Medien berichten inzwischen über eine Zunahme der Bewaffnung der Bürger (vgl. oben Zeitungsausriß); das Sicherheitsgewerbe boomt (vgl. dazu Rdn. 13 zu § 16 und Glavic 1995; Neusel 1995, 4ff; Berberich/Feltes/Spöcker 1996). Die Zahl der Beschäftigten in den deutschen Wach- und Sicherheitsunternehmen hat sich von 56 000 (1990) auf 112 000 (1996) erhöht (zit. nach Schult in Kube/Schneider/Stock 1996, 301). Zum Vergleich: die Zahl der Polizeivollzugsbeamten in Bund und Ländern betrug am 1. Okt. 1994 insgesamt 257 072 (Schult aaO).

Invasion der Sheriffs

Private Wachmänner verdrängen die Polizei. Nur wenige sind für den Job qualifiziert

Die Polizei hat infolge leerer Haushaltskassen den Rückzug gegenüber der unentwegt wachsenden Kriminalität angetreten. In diese Lücke stoßen private Sicherheitsdienste mit ihren auf die Ängste der Bürger zugeschnittenen Leistungen.

Die uniformierten Wachmänner sind allgegenwärtig. Derzeit stehen den rund 250 000 Polizeibeamten in Deutschland etwa 200 000 bis 250 000 Privathüter gegenüber. Nach SPD-Schätzungen ist die Staatsgewalt inzwischen sogar in der Unterzahl: Das Heer nichtstaatlicher Schutzmänner soll dieser Version zufolge bereits 280 000 Mann stark sein.

Weil die Löhne so niedrig sind, schieben die Bewacher Überstunden – manche kommen auf 350 Einsatzstunden im Monat.

Auf der Strecke bleiben Qualität und Zuverlässigkeit der Bewacher. Nicht mal jeder zehnte von ihnen verfüge über eine „adäquate Ausbildung", weiß Franz Xaver Königseder, Geschäftsführer im Münchner Bildungszentrum für Sicherheit in der Wirtschaft. Viele Firmen legten ohnehin keinen Wert auf geprüftes Personal, da es ihnen die Dumpingpreise verderben würde.

aus: *FOCUS* vom 30. Mai 1994, S. 74

28 • *Vermeidungsverhalten: Nach einer kanadischen Untersuchung (Krahn/ Kennedy 1985, 6) haben 20 % der Befragten (n = 11 061 Haushalte aus 23 Städten) ihre abendlichen „activities" eingeschränkt; sie bleiben lieber zu Hause. Schon 1973/74 stimmten 30 % der Probanden einer schriftlichen Umfrage in Virginia (Thomas/Hymen 1977, 312) der Aussage zu: „Ich vermeide es wegen des Kriminalitätsproblems, in der Innenstadt (downtown section) einzukaufen." Nicht wenige US-Amerikaner ziehen sich in „gated communities" zurück, abgeschottete (bewachte) Wohngebiete; in Rio ist es nicht anders. Die Bochumer Untersuchungen (Schwind/Ahlborn/Weiß aaO) ergeben das folgende*

Bild: rund die Hälfte der Probanden meidet aus Angst vor einem Über-
fall o. ä. bestimmte, als besonders gefährlich angesehene Gegenden; ein
Viertel vermeidet es, mit Fremden zu sprechen; 0,8 % verlassen das
Haus nachts nur in Begleitung. Auf der anderen Seite zeigen 40 % der
Befragten keinerlei Vermeidungsverhalten. Setzt man das Vermeidungs-
verhalten in Beziehung zur affektiven Komponente, so ergeben sich fol-
gende Zusammenhänge:

– *Je sicherer Probanden sich nachts auf der Straße fühlen, desto weniger*
  individuelle Vermeidungsmaßnahmen werden ergriffen und umgekehrt.
– *Ebenso ergreifen Probanden, die seltener daran denken (befürch-*
  ten), Opfer eines Raubes oder einer Körperverletzung zu werden,
  weniger individuelle Vermeidungsmaßnahmen.

Diese Ergebnisse (vgl. auch Übersicht 57) erscheinen plausibel: **Wer sich**
unsicher fühlt, zeigt Vermeidungsverhalten; wer nicht befürchtet, Opfer
zu werden, hat aus seiner Sicht auch keinen Anlaß, Vermeidungsverhalten zu zeigen. Zugleich stellte sich wie auch in anderen Untersuchungen
heraus, daß Frauen signifikant häufiger individuelles Vermeidungsverhalten zeigen als Männer. Auch dieses Ergebnis erscheint plausibel:
Frauen fürchten sich mehr (vgl. oben Rdn. 21).

Im Zusammenhang mit dem Abwehrverhalten ist allerdings auch die **29**
Frage gestellt worden, ob der Ausbau der Kriminalitätsvorbeugung
durch Schutz- und Sicherungsmaßnahmen (die sich nur wohlhabende
Bürger leisten können) zu einer Verlagerung der Kriminalität auf die
sozial Schwächeren führt: X bricht nicht mehr in die hochgesicherte Villa
des reichen Y ein, sondern in den wenig gesicherten Kleinbungalow des
Arbeiters Z **(These vom bloßen Verdrängungseffekt)**.

II. Viktimologie in der Praxis der Justiz

1. Rechtsstellung des Opfers im Strafprozeß

Das Opfer, das mit dem Anzeigeerstatter in der Regel identisch ist, setzt **30**
mit seiner Anzeige zunächst einmal den Polizei- und Justizapparat in
Bewegung (oben Rdn. 2 f). Es spielt aber auch im Strafprozeß selbst eine
wichtige Rolle, vor allem dann, wenn keine weiteren Zeugen zur Hand
sind. So hängt nicht selten allein von der Zeugenqualität des Opfers (des
„Opferzeugen") das Urteil des Tatrichters ab. Jedenfalls stellt das Opfer
ein recht **bedeutsames Beweismittel** dar (zum „Einfluß des Verletzten auf
Verfahrenseinstellungen der Staatsanwaltschaft": vgl. *Werner* 1986).

Das Opfer ist deshalb auch im Verfahrensrecht berücksichtigt worden. **31**
Seinem **Persönlichkeitsschutz** dienen § 69 StPO (Recht auf zusammenhängende Sachdarstellung), § 68 a StPO (Unzulässigkeit von Fragen über
entehrende Tatsachen und Vorstrafen, soweit nicht unerläßlich) sowie
§ 172 Nrn. 2 und 3 GVG (Möglichkeit des Ausschlusses der Öffentlichkeit, sofern private Geheimnisse oder private Umstände aus dem persönlichen Lebensbereich des Opfers zur Erörterung anstehen). Darüber

hinaus kann das Gericht nach § 61 Nr. 2 StPO beim Verletzten oder seinen Angehörigen von einer **Vereidigung absehen**; dahinter steckt allerdings die wenig opferfreundliche Überlegung, daß das Opfer gegenüber dem Täter voreingenommen sein könnte (*Amelunxen* 1970, 52). *Amelunxen* (aaO, 53) stellt dagegen völlig richtig heraus, daß es keinen Erfahrungssatz gibt, „daß jedes Opfer dem Täter feindlich gesinnt und seine Aussage damit wertlos sei".

32   Der Richter hat mit dem Opfer aber nicht nur im Rahmen der Beweisaufnahme und der Beweiswürdigung zu tun, sondern auch im **Rahmen der Strafzumessung.** Nach *Paasch* (1965, 123) sollen insoweit „das Verhalten des Opfers, seine Lebensverhältnisse und seine Beteiligung an der Tat" in die Erwägungen eingehen. Auch von *Amelunxen* (aaO) wird die Meinung vertreten, daß „das Verhalten des Opfers vor, bei und auch nach der Tat bei der Strafzumessung in weitem Maße beachtet" werden sollte. Bei den sog. **absoluten Antragsdelikten** (z. B. Hausfriedensbruch, Beleidigung, Familiendiebstahl; Überblick bei *Kerner* 1992, 19) hat es das Opfer ganz in der Hand, durch Stellung bzw. Rücknahme des Strafantrags über die Verfolgung selbst zu entscheiden; ferner kann das Opfer bestimmte Delikte (wie Sachbeschädigung, Verletzung des Briefgeheimnisses; Überblick wiederum bei *Kerner* aaO, 20) ohne vorherige Einschaltung der Staatsanwaltschaft im Wege der sog. **Privatklage** (§ 374 Abs. 1 StPO) direkt vor Gericht verfolgen.

Schließlich kann das Opfer auch **Wiedergutmachungsansprüche** geltend machen (§ 403 StPO); dazu auch unten Rdn. 37 (OEG).

2. Opferorientierungen im materiellen Strafrecht

33   Das Opferverhalten wird bereits im materiellen Strafrecht beachtet. Der Hinweis, daß sich das Strafgesetz um die Täter-Opfer-Beziehung gar nicht kümmere (*Amelunxen* 1970, 49), ist jedenfalls falsch. Schon ein flüchtiger Blick in unser StGB zeigt, daß die meisten Tatbestände Beziehungsdelikte normieren, die naturgemäß ein entsprechendes Opfer bedingen; das ist z. B. bei verschiedenen Formen der Vermögensdelikte der Fall (Betrug, Unterschlagung, Erpressung) und vielen Sexualstraftaten (z. B. Unzucht mit Abhängigen und mit Kindern, Blutschande, Kuppelei).

34   Aber auch ausdrücklich stellt das Gesetz mitunter auf das Opferverhalten ab. So ist die vom Gesetz angedrohte Strafe beim Totschlag dann **milder,** wenn der Täter vom Opfer zum Zorn gereizt und „hierdurch auf der Stelle zur Tat hingerissen" wurde (§ 213 StGB). Das „ausdrückliche und ernstliche Verlangen des Getöteten zur Tötung" führt zur geringeren Bestrafung des Täters (§ 216 StGB).

Bei wechselseitiger Beleidigung und leichter Körperverletzung (§§ 199, 233 StGB) räumt das Strafrecht dem Richter die **Möglichkeit der Kompensation** (der Aufrechnung der Straftaten gegeneinander) ein, weil in solchen Fällen beide Beteiligte gleichermaßen Täter und Opfer sein können. Der Verletzte gilt bei der Körperverletzung dann nicht als

Opfer, wenn er in die Tat einwilligt und diese nicht gegen „die guten Sitten" verstößt (§ 226 a StGB); der Einwilligende hat sich in solchen Fällen – wie es Hans *von Hentig* formuliert hat (zit. nach *Zipf* 1970, 3) – „selbst von der Opferliste gestrichen": etwa ein Boxer beim Boxkampf. Schließlich darf man in diesem Zusammenhang noch auf den § 60 hinweisen: Nach dieser Vorschrift kann der Richter **von Strafe absehen,** wenn die Folgen der Tat den Täter selbst so schwer treffen, daß die Verhängung einer Strafe „offensichtlich verfehlt" wäre. Das ist dann der Fall, wenn der Täter durch seine Tat selbst zum Opfer wurde: Wenn etwa bei einem Verkehrsunfall, den er selbst verschuldet hat, seine Familie umkam. Schließlich gibt es gesetzliche Vorschriften, die die Opferentschädigung regeln, zu der die Auflage der **Wiedergutmachung des Schadens** gehört (§§ 15 Abs. 1 Nr. 1, 23 Abs. 1 JGG, siehe auch §§ 403 ff StPO; zum OEG vgl. unten Rdn. 37).

3. Opferhilfe und Resozialisierungsgedanke

Daß sich die Medien in der Regel mehr für den Täter interessieren als **35** für die Opfer, ist sicherlich ebenso bedauerlich, wie aus der Sicht mancher Pressevertreter verständlich. Schwer wiegt der Vorwurf, daß sich der Staat offenbar zu viel um den Täter sorgt und zu wenig (vom OEG und OSG abgesehen: unten Rdn. 37 f) um den Verletzten, das Opfer. Aber welche Folgen kann diese Kritik, ihre Berechtigung einmal hier unterstellt, für den Strafvollzug haben? Soll man aus dieser den Schluß ziehen, daß für den Täter weniger getan werden sollte als bisher? Ist der Behandlungsvollzug, den das Strafvollzugsgesetz (§ 2) postuliert, (insoweit) nicht zu vertreten? Manche mögen das glauben, machen sich dabei aber nicht klar, wie die Alternative aussieht. Im Verwahrvollzug ist jedenfalls bisher noch (kaum) einer besser geworden. Im Gegenteil, der Inhaftierte kann dort von den erfahrenen Gefangenen noch alles das an kriminellen Techniken dazulernen, was ihm bisher fremd war. Der Behandlungsvollzug eröffnet hingegen zumindest die Chance, dem Rückfall vorzubeugen und insoweit potentielle Opfer zu schützen. Der **„Hinwendung zum Opfer" muß also nicht eine „Abkehr vom Täter" entsprechen** (vgl. *Dünkel* in: BewHi 1985, 358 ff).

4. TOA und Selbststabilisierungsansatz

Auf diesem Grundgedanken basieren auch die Täter-Opfer- **36** Ausgleichsprogramme (aufgrund § 10 Abs. 1 Nr. 7 JGG bzw. § 46 a StGB): Täter und Opfer sollen sich miteinander (möglichst in einer persönlichen Begegnung) **versöhnen** (zum TOA grundlegend: die Beiträge von *Blau* in JURA 1987, 25 ff; *Dölling* und *Rössner* in: *Hering/Rössner* 1993 *Driebold* in BewHi 1/1995, 72 ff. und *Kilching* in NStZ 1996, 309 ff).

Streng (1994, 147) weist allerdings darauf hin, daß sich die Versöhnungs-(und Wiedergutmachungs-)Erwartung inzwischen grundsätzlich als **Trugschluß** entpuppt. Dementsprechend weist auch *Killias* (1990,

234) darauf hin, „daß der Täter-Opfer-Ausgleich nicht die Medizin zu sein scheint, als die sie viele sehen mögen".

In neueren Studien hat sich nämlich gezeigt, „daß bei Deliktsopfern das Interesse an und die Bereitschaft zu einer Kommunikation mit dem Täter unter Vorzeichen eines Täter-Opfer-Ausgleichs in spezifischer Weise **begrenzt** ist" (*Streng* aaO; so auch z.B. *Maguire/Corbett* 1987, zit. nach *Killias* 1990, 235; anders offenbar *Frehsee* in: MschrKrim 1994, 253 f in einer Rezension zu *Sessar*: Wiedergutmachen oder Strafen? *Pfeiffenweiler* 1992).

Insoweit sollte man zumindest zwischen den Opfern von Eigentumsdelikten und Opfern von Straftaten gegen die Person unterscheiden. Wie sich empirisch nämlich gezeigt hat (vgl. z.B. *Killias* 1990, 238) bezwecken die **Opfer von Vermögensdelikten** im Falle einer Anzeige in erster Linie, ihre Entschädigungsinteressen (z.B. gegenüber einer Versicherung) durchzusetzen (so auch z.B. *Schwind/Ahlborn/Weiß* 1989, 234 und *Baurmann/Schädler* 1991). Demgegenüber geht es **Gewaltopfern** offenbar primär um die Bestrafung des Täters und die Prävention seines Rückfalls (so auch *Streng* aaO; *Schädler* in ZRP 1990, 150 ff. *Rössner* 1994, 18).

Deshalb wird „der Ausgang des Strafverfahrens gegen den Täter vielfach deshalb als unbefriedigend eingestuft, weil dem (Gewalt-)Opfer die Strafe als zu niedrig erscheint" (*Streng* aaO). Dabei „fällt der Bestrafungswunsch um so deutlicher aus, je ,persönlicher' die Tat angesichts der spezifischen Vorgeschichte vom Opfer aufgefaßt wird" (*Streng* aaO, 149). Die **Bestrafung dient dann der „Selbststabilisierung" des (Gewalt-) Opfers** (*Streng* aaO, 148). Deshalb kommt es seiner Erwartung „kaum entgegen, wenn die Behörde (nur) mit dem Angebot von ,Vermittlungsgesprächen' reagiert, zumal die Anzeige in solchen Fällen oft den (gewollten) Schlußpunkt unter eine Beziehung markieren soll, wie sich unlängst bei einer Opferbefragung in Bielefeld gezeigt hat" (*Killias* aaO, 239, verweist dazu auf *Voss* 1989, 34 ff).

Killias (aaO) leitet im übrigen aus seinen Untersuchungen ab, „daß die Opfer von Gewaltverbrechen eine glaubwürdige Reaktion der Justiz erwarten, und daß gewisse nicht-freiheitsentziehende Sanktionen dieser Erwartung nicht entsprechen". „Enttäuscht" würden sich „die meisten Opfer von Gewaltdelikten über die dem Täter gewährte Haftverschonung (in Form einer vorzeitigen Entlassung aus der Untersuchungshaft bzw. der Gewährung des bedingten Strafvollzugs)" zeigen (*Killias* aaO).

III. Gesetze zur Verbesserung der Opferstellung

1. Opferentschädigungsgesetz (OEG) von 1976

37   Am 16. Mai 1976 ist das „Gesetz über die **Entschädigung für Opfer von Gewalttaten**" vom 11. Mai 1976 (BGBl. I, 1181) in Kraft getreten, rund neun Jahre später ein **erstes** OEG-Änderungsgesetz (vom 27. Januar 1985: BGBl. I, 1) und rund weitere neun Jahre später ein **zweites** OEG-Änderungsgesetz (vom 21. Juli 1993: BGBl. I, 1262).

Die Bundesrepublik ist mit dem OEG ausländischen Vorbildern gefolgt (vgl. dazu *Viano* 1979, 87). Entschädigt wird nach § 1 Abs. 1 OEG, „wer im Geltungsbereich dieses Gesetzes oder auf einem deutschen Schiff oder Luftfahrzeug infolge eines vorsätzlichen, rechtswidrigen, tätlichen Angriffs gegen seine oder eine andere Person oder durch dessen rechtmäßige Abwehr eine gesundheitliche Schädigung erlitten hat". Dem tätlichen Angriff stehen nach Absatz 2 gleich: „die vorsätzliche Beibringung von Gift und die wenigstens fahrlässige Herbeiführung einer Gefahr für Leib und Leben eines anderen durch ein mit gemeingefährlichen Mitteln begangenes Verbrechen". Die Versorgung der Opfer und ihrer Hinterbliebenen erfolgt auf Antrag in entsprechender Anwendung der Vorschriften des Bundesversorgungsgesetzes (BVG). Antragsberechtigt sind in bestimmten Fällen inzwischen auch Ausländer (§§ 1 und 2 OEG n. F.). Zuständig für die Bearbeitung der Anträge sind jeweils Versorgungsämter der Bundesländer.

1993 z. B. fielen 160 680 Menschen einer Gewalttat zum Opfer. Daß von diesen lediglich 24 461 bei den Versorgungsämtern Opferanträge einreichten, führt der Weisse Ring darauf zurück, daß das OEG noch **weitgehend unbekannt** *ist, (Weisser Ring, Februar 1995, 5; das gilt allerdings für jede institutionelle Opferhilfe , vgl. Wetzels 1996, 57ff). Vorgeschlagen wird, einen* **Hinweis auf die Anspruchsvoraussetzungen bereits auf dem Anzeigeformular anzubringen.** *Anerkannt als Opfer im Sinne des OEG wurden 1993 insgesamt nur 5021 Geschädigte (also rund 30 %).*

Die Fassung des geltenden Rechts ist jedoch nicht nur auf Zustimmung, sondern auch auf Kritik gestoßen, und zwar deshalb, weil es erstens die Opfer von Fahrlässigkeitstaten ausschließt, zweitens die Beweislast für die vorsätzlich begangene Straftat dem Opfer auferlegt, drittens die Entschädigung auf die Opfer von Gewalttaten beschränkt und viertens den Opfern oft wenig nützt, weil diese die Entschädigung in der Regel im Wege des Rückgriffs bei ihren Krankenkassen, die die Heilbehandlungskosten verauslagt haben, wieder abliefern müssen (§ 19 BVG: Kostenersatz an Krankenkassen). Das OEG stellt daher in der bisherigen Fassung in erheblichem Umfang ein **„Krankenkassenentschädigungsgesetz"** dar (so auch *Stümper* in: Kriminalistik 1987, 153). Nach der Untersuchung von *Villmow* in Hamburg (1988, 1034) erhalten die Krankenkassen etwa die Hälfte der OEG-Haushaltsmittel (1986: 44,8 %). Zur Praxis der Opferentschädigung vgl. *Villmow/Plemper* 1989. Zur „Problematik der Opferentschädigung im deutschen Recht" insgesamt: *Kunz* 1995; zur „Implementation und Evaluation des Opferschutzgesetzes" vgl. *Kaiser* 1991.

2. Opferschutzgesetz (OSG) von 1986

Am 1. April 1987 ist ein zweites Gesetz zur Verbesserung der Opferstellung in Kraft getreten: das „Erste Gesetz zur **Verbesserung der Stellung des Verletzten im Strafverfahren"** vom 18. Dezember 1986 (BGBl.

38

I, 2496). Es handelt sich um ein sog. Artikelgesetz, also um ein Gesetz, das mehrere andere Gesetze verändert. Die wichtigsten dieser Änderungen, zu deren Kernpunkten der **Schutz der Persönlichkeitssphäre** sowie das **Recht auf Akteneinsicht** zählen, (vgl. *WEISSER RING*, Nr. 2, 1987, 1 f, und *Burghard* 1987, 135 f) sind:

- *Der **Schutz vor Fragen aus dem persönlichen Lebensbereich** wird verbessert und auf Ausnahmefälle beschränkt (§ 68a StPO);*
- *Der **Angeklagte kann aus dem Sitzungssaal entfernt werden**, wenn bei einer Vernehmung des Zeugen in Gegenwart des Angeklagten für den Zeugen eine schwerwiegende gesundheitliche Belastung zu befürchten ist (§ 247 Satz 2 StPO);*
- *Die Möglichkeit, in der Hauptverhandlung die **Öffentlichkeit auszuschließen**, wenn Umstände aus dem persönlichen Lebensbereich erörtert werden, wird erweitert (§ 171 b GVG);*
- *Allen Verletzten sind auf ihren Antrag wesentliche Verfahrensergebnisse mitzuteilen. Ihr **Recht auf Einsicht in die Verfahrensakten** (durch einen Rechtsanwalt) wird gesetzlich geregelt (§ 406e StPO);*
- *Die Befugnis jedes Verletzten, sich im Verfahren und vor allem **bei seiner Vernehmung als Zeuge (schon im polizeilichen Vorverfahren) eines Rechtsanwalts** zu bedienen, wird gesetzlich geregelt (§ 406f StPO);*
- ***Opfer schwerer Straftaten**, etwa von Vergewaltigungen, Geiselnahmen, schweren Körperverletzungen und versuchten Tötungsdelikten, können sich **als Nebenkläger** aktiv am Verfahren gegen den Täter (Beschuldigten) beteiligen (§ 395 StPO);*
- *Die **Wiedergutmachung** des durch die Straftat erlittenen Schadens zugunsten des Opfers wird verbessert durch **Vorrang der Ersatzansprüche des Opfers** vor staatlichen Ansprüchen auf Geldstrafe und Gerichtskosten (§ 459a Abs. 1 StPO).*

Zu den Erwartungen und Perspektiven des Opfers nach der Straftat: vgl. die empirische Untersuchung (Befragung) von *Baurmann/Schädler* 1991.

SECHSTER TEIL

„Neue" Kriminalitätsarten

Zu den kriminalpolitischen Herausforderungen unserer Zeit gehören neben der (im Hellfeld) zunehmenden **Gewaltkriminalität** (vgl. Rdn. 22 ff zu § 2) und der steigenden Zahl der **Massendelikte** (vor allem des Diebstahls) insbesondere zwei Kriminalitätsarten, die wegen ihrer hohen Sozialschädlichkeit in den letzten Jahren mehr und mehr in den Blickpunkt der Öffentlichkeit gerückt sind: **Wirtschafts- und Umweltkriminalität**, die ungeheure Schäden (materieller bzw. gesundheitlicher Art) verursachen (können). Beide Arten sozialschädlichen Verhaltens (die z. T. kongruent sind) hat es zwar auch schon früher gegeben, sie sind jedoch erst in den letzten 30 Jahren als vorrangiges kriminalpolitisches Problem erkannt (und strafbewehrt) worden: nicht zuletzt unter dem Druck der Öffentlichkeit.

§ 21   Wirtschaftskriminalität

Literatur: **Achenbach**, H.: Die Rolle des Strafgesetzes bei der sozialen Kontrolle der Wirtschaftsdevianz, in: Osnabrücker Rechtswissenschaftliche Abhandlungen, Bd. 1: Recht und Wirtschaft, Köln 1985, S. 147–168; **Achenbach**, H.: Das Zweite Gesetz zur Bekämpfung der Wirtschaftskriminalität, in: NJW 1986, S. 1835–1841; **Bähr**, G.: Probleme der Wirtschaftskriminalität, in: Kriminologische Schriftenreihe, Bd. 43, 1969, S. 15 ff; **Baumann**, J.: Strafrecht und Wirtschaftskriminalität, in: JZ 1983, S. 935–939; **Berckhauer**, F.: Wirtschaftskriminalität und Staatsanwaltschaft, Diss. jur., Freiburg i. Br. 1977; **Berckhauer**, F.: Die Strafverfolgung bei schweren Wirtschaftsdelikten. Bericht über eine Aktenuntersuchung, Freiburg i. Br. 1981; **Berckhauer**, F.: Möglichkeiten und Grenzen der Prävention auf dem Gebiet der Wirtschaftskriminalität, in: *Poerting*, P. (Hrsg.): Wirtschaftskriminalität, Teil 2, Wiesbaden 1985, S. 297–340; **Berckhauer**, F./ **Rada**, D.: Organisierte und grenzüberschreitende Wirtschaftskriminalität, in: Der Kriminalist 1977, S. 46–53; **Bora**, A./**Liebl**, K./**Risch**, H.: Polizeiliche Bearbeitung von Insolvenzdelikten, Wiesbaden 1992; **Bottke**, W.: Das Wirtschaftsstrafrecht in der Bundesrepublik Deutschland – Lösungen und Defizite, in: wistra 1991, S. 1 ff; **Breland**, M.: Präventive Kriminalitätsbekämpfung, Diss. jur., Gießen 1974; **Bresser**, P.H.: Forensisch-Psychologische Probleme bei Verfahren gegen Wirtschaftsdelinquenten, in: KrimGegfr 1987, 79 ff; **Bund Deutscher Kriminalbeamter (bdk):** Bekämpfung der Wirtschaftskriminalität. Vorschläge für eine wirksame kriminalistische Ermittlungsarbeit, Berlin 1984; **Egli**, H.: Grundformen der Wirtschaftskriminalität, Heidelberg 1985; **Gläser**, R.: in: *Berckhauer*, F. (Hrsg.): Die Strafverfolgung bei schweren Wirtschaftsdelikten 1981, S. 59–100; **Haft**, F.: Das Zweite Gesetz zur Bekämpfung der Wirtschaftskriminalität (2. WiKG), Teil 1, in NStZ 1986, S. 481 ff und Teil 2, in NStZ 1987, S. 6–10; **Heinz**, W.: Wirtschaftskriminologie Forschungen in der Bundesrepublik Deutschland, in: wistra 1983, S. 128–134; **Heinz**, W.: Wirtschaftskriminalität, in: *Kaiser*, G./*Kerner*, H.-J./*Sack*, F./*Schellhoss*, H. (Hrsg.): Kleines Kriminologisches Wörterbuch, 3. Aufl., Heidelberg 1993, S. 589–595; **Horoszowski**, P.: Economic Special-Opportunity Conduct and Crime, Lexington/Mass. 1980; **Huber**, R.: Möglichkeiten der Beschleunigung von Wirtschaftsstrafverfahren, in: NStZ 1996, S. 530–533; **Jung**, H.: Die Bekämpfung der Wirtschaftskriminalität als Prüfstein des Strafrechtssystems, Berlin 1979; **Kaiser**, G.: Wirtschaftskriminalität und die Bekämpfung, in: *Kaiser*, G./*Schöch*, H.: Kriminologie – Jugendstrafrecht – Strafvollzug, 4. Aufl., München 1994, S. 148–157; **Kramer**, B.: Ermittlungen bei Wirtschaftsdelikten, Stuttgart 1987; **Kube**, E.: Prävention von Wirtschaftskriminalität. Möglichkeiten und Grenzen, 2. Aufl., Wiesbaden 1985; **Kubica**, J.: Wirtschaftskriminalität, in: *Kube*, E./*Störzer*, H. U./*Timm*, K. J. (Hrsg.): Kriminalistik. Handbuch für Praxis und Wissenschaft, Bd. 2, Stuttgart 1994, S. 445–499; **Liebl**, K.: Die Erfassung der Wirtschaftskriminalität, in: Kriminalistik 1982, S. 7–10; **Liebl**, K.: Die bundesweite Erfassung von Wirtschaftsstraftaten nach einheitlichen Gesichtspunkten. Ergebnisse und Analysen für die Jahre 1974 bis 1981, Freiburg 1984; **Liebl**, K. (Hrsg.): Internationale Forschungsergebnisse auf dem Gebiet der Wirtschaftskriminalität, Pfaffenweiler 1987; **Mergen**, A.: Ehrbare, vom Schicksal begünstigte Bürger. Ein Psychogramm des Wirtschaftsverbrechens, in: DER SPIEGEL 32/1971, Ein Psychogramm des Wirtschaftsverbrechers, in: DER SPIEGEL 32/1971, S. 48ff; **Meurer**, D.: Die Bekämpfung der Computerkriminalität in der Bundesrepublik Deutschland, in: FS für *Kitagawa*, Berlin 1992, S. 971–986; **Michaelsen**, H. D.: Möglichkeiten der Beschleunigung und Kosteneinsparung im Wirtschaftsstrafverfahren, in: Kriminalistik 1982, S. 498–501; **Möhrenschlager**, M.: Computerstraftaten und ihre Bekämpfung in der Bundesrepublik Deutschland, in: wistra 1991, S. 321–333; **Müller**, R./**Wabnitz**, H.-B.: Wirtschaftskriminalität, 3. Aufl., München 1993; **Opp**, K.-D.: Soziologie der Wirtschaftskriminalität, München 1975; **Opp**, K.-D.: Wirtschaftskriminalität als Prozeß kollektiver Selbstschädigung? in: MschrKrim 1983, S. 1–12; **Poerting**, P.: Bekämpfung der Wirtschaftskriminalität in den USA, in: Kriminalistik 1981, S. 111–116; **Poerting**, P.: Begriff und Besonderheiten der Wirtschaftskriminalität aus kriminalpolitischer Sicht, in: *Poerting*, P. (Hrsg.): Wirtschaftskriminalität, Teil 1, Wiesbaden 1983, S. 9–49; **Poerting**, P.: Polizeiliche Bekämpfung von Wirtschaftskriminalität, Wiesbaden 1985 (Sonderband der BKA-Forschungsreihe); **Savelsberg**, J.: Von der Genese zur Implementation von Wirtschaftstrafrecht. Klassen-, schicht- und sektorspezifische Aushandlungsprozesse? in: KrimJ 1987, S. 193–211; **Schlüchter**, E.: Zweites Gesetz zur Bekämpfung der Wirtschaftskriminalität. Kommentar mit einer kriminologischen Einführung, Heidelberg 1987; **Schneider**, H.J.: Wirtschaftskriminalität, in: *Schneider*, H.J. (Hrsg.): Die Psychologie des 20. Jahrhunderts, Bd. 14, Auswirkungen auf die Kriminologie, Zürich 1981, S. 359–376; **Schwind**, H.-D./**Gehrich**, W.-D./*Berckhauer*, F./**Ahlborn**, W.: Bekämpfung der Wirtschaftskriminalität – erläutert am Beispiel von Niedersachsen, in: JR 1980, S. 228–233; **Sieben**, G./**Poerting**, P.: Präventive Bekämpfung von Wirtschaftsdelikten durch Selbstverwaltungsorgane, Selbstschutzeinrichtungen und Verbände der Wirtschaftsteilnehmer, Sonderband der BKA-Forschungsreihe, Wiesbaden 1977; **Sutherland**, E. H.: White-Collar-Criminality, in: American Sociological Review, Vol. 5, 1940, S. 1–12; **Sutherland**, E. H.: White-Collar-Crime, New York 1949; **Tiedemann**, K.: Wirtschaftsstrafrecht und Wirtschaftskriminalität, Bd. 1: Allgemeiner Teil und Bd. 2: Besonderer Teil, Reinbek 1976; **Tiedemann**, H.J.: Die Bekämpfung der Wirtschaftskriminalität durch den Gesetzgeber, in: JZ 1986, S. 865–874; **Volk**, K.: Strafrecht und Wirtschaftskriminalität, in: JZ 1982, S. 85–92; **Wassermann**, R.: Kritische Überlegungen zur Bekämpfung der Wirtschaftskriminalität, in: Kriminalistik 1984, S. 20–42; **Zirpins**, W./**Terstegen**, O.: Wirtschaftskriminalität. Erscheinungsformen und ihre Bekämpfung, Lübeck 1963; **Zybon**, A.: Wirtschaftskriminalität als gesamtwirtschaftliches Problem, München 1972.

Gliederung

Daß „die bisherige wirtschaftskriminologische Forschung in der Bun- **1**
desrepublik nicht sehr weit fortgeschritten ist" (*Schneider* 1981, 359),
wird u. a. zurückgeführt:

– *erstens: auf mangelnde Kooperation von seiten der Wirtschaft (**Abschottung**). Das heißt: „Die betroffenen Unternehmen entziehen sich ver-
ständlicherweise allen Nachforschungen, die zur Aufhellung des Dunkelfeldes angestellt werden" (Schneider aaO);*
– *zweitens: auf die Tatsache, daß die hierfür erforderlichen Forschungen
zur Abschätzung des Dunkelfeldes mit den derzeit verfügbaren **Methoden** (Täter- und Opferbefragung) kaum durchführbar sind (Heinz 1993,
591).*

I. Schäden und Schadensschätzungen

Über den Umfang der Schäden, die durch wirtschaftskriminelles Ver- **2**
halten entstehen, liegen zahlreiche Hinweise vor. Diese beziehen sich
z. T. auf das Hellfeld (registrierte Kriminalität), z. T. aber auch auf Hellfeld und Dunkelfeld (nicht bekannt gewordene Kriminalität: Rdn. 33 ff
zu § 2) der Wirtschaftsstraftaten zusammen.

1. Schäden durch registrierte Wirtschaftskriminalität

Entsprechende Hinweise finden sich (bis 1985) in der **„Bundesweiten** **3**
**Erfassung von Wirtschaftsstraftaten nach einheitlichen Gesichtspunk-
ten" (BWE),** deren Auswertung dem Max-Planck-Institut für ausländi-
sches und internationales Strafrecht (Forschungsgruppe Kriminologie) in
Freiburg übertragen wurde, und zwar schon 1974 durch die Justizministerkonferenz des Bundes und der Länder (*Liebl* 1982, 7; 1984, VI und
72). **Zum 31. Dezember 1985** wurde die BWE aufgrund eines Beschlusses
der Justizministerkonferenz (JuMiko) **eingestellt** (kritisch zu diesem
Beschluß *Berckhauer/Savelsberg* in: Kriminalistik 1987, 242 ff).

Die BWE erfaßte allerdings nur (erstens) die von den **Staatsanwalt-** **4**
schaften erledigten Wirtschaftsstrafverfahren und (zweitens) nur solche
mit Schadenswerten über **1000 DM.**

Die Schadenshöhe stieg danach bei den erledigten Verfahren von 1,4 **5**
Milliarden DM (1974) auf 6,9 Milliarden DM (1983) (wistra 2/1985, III).

Nach der PKS (**1994/1995/1996** – jeweils Tabellenanhang) beträgt die
registrierte Schadenshöhe **mehr als 10 Milliarden DM.**

Heinz (1993, 591) weist zu Recht darauf hin, daß die Frage, „ob diese **6**
Entwicklung auf einem realen Kriminalitätsanstieg beruht oder nur auf
geänderten Anzeige- und Verfolgungsstrategien, ebenso offen bleiben
muß wie die Antwort auf die Frage nach der Entwicklung der tatsächlichen Wirtschaftskriminalität".

2. Schadens-Schätzungen zur tatsächlichen Wirtschaftskriminalität

7   Die Schätzungen zu den materiellen Schäden, die aus Straftaten im Hell- und Dunkelfeld zusammen entstehen, schwanken zwischen 10 Milliarden DM (so *Bähr* 1969, 15 ff; *Kaiser* 1994, 151) und 55 Milliarden DM (so *Zybon* 1972, 32).

8   Als Schätzungsgrundlage diente *Zybon* das Bruttosozialprodukt, das er (ohne nähere Begründung) durch 10 teilte. Verwendet man diese Berechnung für das Jahr 1995 (Bruttosozialprodukt der Bundesrepublik: 3445 Milliarden DM, *Statist. Jahrbuch* 1996, 641), gelangt man zu einem Betrag von rund 344 Milliarden DM Schaden durch wirtschaftskriminelles Verhalten.

9   Realistischer scheint die Annahme zu sein, daß der Schaden, der durch Wirtschaftskriminalität verursacht wird, etwa einem Anteil von 2 % des Bruttosozialprodukts entspricht (so *Poerting* 1981, 111 für die Schätzungen in den Vereinigten Staaten). Danach wäre mit einem Schaden von etwa **70 Milliarden DM** zu rechnen (vgl. Zeitungsausriß mit noch niedrigerer Schätzung).

Hohe Dunkelziffer bei Wirtschaftsstraftaten

BKA: Bis zu 30 Milliarden DM Schaden im Jahr   aus: *NOZ* vom 3. August 1989

10   Bei allen diesen Schätzungen handelt es sich jedoch wegen der Unsicherheit der Schätzungsgrundlagen (*Heinz* 1983, 132) um reine **Blindschätzungen,** also um nicht viel mehr als um Spekulation (vgl. auch Rdn. 41). Das gilt auch für die Schadensschätzungen zu den einzelnen Wirtschaftsbereichen.

11   So wurde der Umfang der **Steuerhinterziehung** schon Anfang der 70er Jahre mit 1,5 bis 2 Milliarden DM beziffert (*Zybon* 1972, 34). Die Schäden, die allein durch **Schwarzarbeiten** entstehen, sind bereits 1985 auf 80 Milliarden DM geschätzt worden (WAZ vom 31. August 1985): zum Schaden durch Computerkriminalität vgl. *Möhrenschlager* 1991, 321 ff; *Meurer* 1992, 971 ff, und Zeitungsausriß.

15 Milliarden DM Schaden und kaum Verurteilungen

Computer-Täter immer einen Schritt voraus

US-Studie: Nur einer von 500 Kriminellen wird bestraft

aus: *WAZ* vom 20. März 1984

3. Schäden durch Sogwirkung und Begleitkriminalität

Darüber hinaus kann Wirtschaftskriminalität auch Begleit- und Folge- **12** schäden verursachen, z. B. dann, wenn „Mitbewerber aufgrund des Wettbewerbsdrucks gezwungen sind, wirtschaftsdelinquentes Verhalten ihrer Konkurrenten nachzuahmen, um konkurrenzfähig zu bleiben" (*Kaiser* 1982, 133). Man spricht insoweit von der „Sogwirkung" illegaler Verhaltensweisen auf Konkurrenten am Markt: **„Wirtschaftskriminelle Praktiken sind ansteckend wie eine Epidemie"** (*Mergen* 1978, 304), etwa die Beschäftigung illegaler Leiharbeiter (zur Ausweitung illegaler Praktiken vgl. auch *Opp* 1975, 96 ff). Empirisch ist eine derartige Sogwirkung allerdings noch nicht nachgewiesen worden (*Bottke* 1991, 3).

Zur **Begleitkriminalität** sind zu rechnen: Urkundenfälschung, Korruption usw., durch die das wirtschaftskriminelle Verhalten (durch Dritte) unterstützt wird.

II. Begriffsbestimmungen und Abgrenzungen

Daß die Schätzungen zu den Schäden so unterschiedlich ausfallen, hat **13** vor allem auch damit zu tun, daß **unterschiedliche Definitionen der Wirtschaftskriminalität** zugrunde gelegt werden. Das heißt: Welche Schäden solche Schäden durch Wirtschaftskriminalität sein sollen, hängt zunächst von der Begriffsbestimmung ab, also davon, welche Delikte zur Wirtschaftskriminalität gezählt werden sollen.

1. Die klassische Definition Sutherlands

Die klassische Definition stammt von dem Soziologen Edwin H. **14** *Sutherland*. Dieser hat am 27. Dezember 1939 als Präsident der American Sociological Association die 34. Jahrestagung dieser Gesellschaft eröffnet und bei dieser Gelegenheit den Begriff der **„white-collar-criminality"** („Weiße-Kragen-Kriminalität") als Terminus in die wissenschaftliche Diskussion eingeführt (*Poerting* 1983, 9). Diese „white-collar-criminality" (meist mit der Bezeichnung „Wirtschaftskriminalität" synonym gebraucht, obwohl die Begriffe nicht ganz deckungsgleich sind) beschreibt er „as a crime committed by a person of respectability and high social status on the course of his occupation" (1940/1949, 9).

Als Kriterien der „Weiße-Kragen-Kriminalität" werden also bezeich- **15** net:

– eine Straftat,
– die von einer ehrbaren Person
– mit hohem sozialen Ansehen verübt wird, und zwar
– im Rahmen ihrer beruflichen Tätigkeit.

Mit dieser Begriffsbestimmung wollte *Sutherland* insbesondere das **16** verbreitete Vorurteil abbauen, daß kriminelles Verhalten allein in den Unterschichten der Bevölkerung (der „Blue-Collar-Worker") vorkommt;

die Grundlage bildeten empirische Arbeiten, die von dem Autor (beschrieben 1949) in den 70 größten Industrie- und Handelsgesellschaften der USA durchgeführt wurden (vgl. *Schneider* 1981, 360, der auch über die Geschichte der Wirtschaftskriminalität referiert). Inzwischen spricht man in der angelsächsischen Literatur an Stelle von „white-collar-crime" eher von **„occupational crime"** (Berufsstraftaten), weil solche Delikte auch von untergeordneten Firmen, Mitarbeitern (Bankangestellten, Computer-Fachleuten) verübt werden können (*Kaiser/Schöch* 1994, 149).

17 Heute versteht die herrschende Meinung in der deutschen wirtschafts-kriminologischen Literatur unter Wirtschaftskriminalität im weitesten Sinne die Gesamtheit der Straftaten (und Ordnungswidrigkeiten: dazu *Achenbach* 1985, 149), die bei wirtschaftlicher Betätigung unter Miß-brauch des im Wirtschaftsleben nötigen Vertrauens begangen werden und über eine individuelle Schädigung hinaus Belange der Allgemeinheit berühren (*Schwind/Gehrich* et al. 1980, 230; zu einzelnen Definitionsver-suchen: *Berckhauer* 1977, 21 ff; *Heinz* 1993, 589 f; rechtsgutorientierte Definition bei *Bottke* 1991, 1 ff). Zu den unerläßlichen Kriterien der Wirtschaftskriminalität gehören danach

– erstens: daß ein **wirtschaftlicher** Bezug des mit Strafe bedrohten Ver-haltens besteht,
– zweitens: daß dieses Verhalten in **Ausübung des Berufes** erfolgt und
– drittens (allerdings umstritten): daß **Vertrauen mißbraucht** wird.

Kritisch zu dem dritten Merkmal z. B. *Volk* 1982, 86: es gibt Wirt-schaftsstraftaten – wie unzulässige Kartellabsprachen – bei denen dieses Kriterium nur eine geringe Bedeutung besitzt (*Kaiser/Schöch* 1994, 148). Charakteristisch sind ferner: die **Kollektivität und Anonymität des Opfers** sowie die geringe **Sichtbarkeit des Rechtsbrechers** (*Kaiser/Schöch* aaO).

Das entsprechende Deliktsspektrum ist breit. In Betracht kommt eine bunte Palette von Straftaten, die von der Steuerhinterziehung über Kon-kursdelikte oder Kartellabsprachen bis zu Waffenschieberei und Zoll-straftaten reicht. Es handelt sich also um keine homogene Gruppe von Straftaten. Zum **organisierten Wirtschaftsverbrechen** vgl. § 29 Rdn. 22 ff.

2. Der Straftatenkatalog in § 74c Abs. 1 GVG

18 Die Praxis kann mit solchen (uferlosen) Definitionen allerdings wenig anfangen. Für diese kommt es darauf an, „diejenigen Delikte erfassen zu können, zu deren Beurteilung Spezialkenntnisse auf dem Gebiet des Wirtschaftslebens notwendig sind" (*Schwind/Gehrich* et al. aaO). Denn die Praxis will für die Bearbeitung solcher Fälle Spezialisten einsetzen können.

Insoweit hat der Gesetzgeber den Staatsanwaltschaften und Gerichten zwar keine eigene (Legal-)Definition, aber in § 74c Abs. 1 GVG eine **pragmatische (strafprozessual-kriminaltaktisch orientierte) Einzelfall-**

klausel in Form eines Straftatenkatalogs zur Verfügung gestellt, die zugleich den Ausgangspunkt für entsprechende organisatorische Maßnahmen zur besseren Bekämpfung der Wirtschaftskriminalität bildet. Die meisten der dort erwähnten Straftatbestände sind spezifische „Wirtschaftsdelikte" (z. B. Vergehen nach dem Gesetz gegen den unlauteren Wettbewerb, Vergehen nach den Gesetzen über das Bank-, Depot-, Börsen- und Kreditwesen, Subventionsbetrug, Kreditbetrug usw.). Bei ihnen wird **unwiderleglich vermutet,** daß zur Beurteilung einschlägiger Taten Spezialkenntnisse gehören. Hinzu kommen einige allgemeine Straftatbestände (wie Untreue und Betrug), die nur dann zur Wirtschaftskriminalität zählen (Generalklausel), wenn „zur Beurteilung des Falles **besondere Kenntnisse** des Wirtschaftslebens erforderlich sind" (§ 74c Abs. 1 Nr. 6 GVG).

Als weiterer Anknüpfungspunkt für organisatorische Maßnahmen (vgl. dazu unten Rdn. 31 ff) ist außer der **Art** der Straftaten noch deren **Gewicht** von Bedeutung. Insoweit werden in der Praxis das Ausmaß der Rechtsverletzung und die Auswirkungen der Straftat (insbesondere die **Höhe des Schadens**) berücksichtigt. Abstrakte Regeln, die darüber hinaus reichen, dürften sich kaum aufstellen lassen; maßgebend sind daher immer die Umstände des Einzelfalls. Da die Staatsanwaltschaften über alle bedeutenderen Sachen berichten, kann das (Landes-)Justizministerium aber auf eine weitgehend einheitliche Praxis hinwirken (*Schwind/ Gehrich* et al. aaO).

III. Befunde zum Sozialprofil der Täter

Über die Entstehungszusammenhänge der Wirtschaftskriminalität ist **19** wenig bekannt. Die gängigen Kriminalitätstheorien (Theorie der differentiellen Gelegenheiten: Rdn. 30 f zu § 7; Anomietheorie: Rdn. 6 ff zu § 7; lernpsychologische Ansätze: Rdn. 20 ff zu § 6) können allenfalls Teilbereiche erklären (empirische Arbeiten erwähnt z. B. *Schneider* 1981, 365 ff). Eine spezifische „Theorie der Wirtschaftsdelinquenz" gibt es bisher hingegen (noch) nicht (*Heinz* 1993, 592): „Verallgemeinerungsfähige Befunde liegen im wesentlichen nur zum Sozialprofil" (der Täter bzw. Tatverdächtigen bzw. Beschuldigten) vor (*Heinz* aaO); allerdings ist auch insoweit wegen der deliktspezifischen Unterschiede Vorsicht geboten.

Insoweit handelt es sich bei den Wirtschaftskriminellen im Gegensatz **20** zu den Tätern der klassischen Kriminalität „meist um Personen, welche in die Gesellschaft voll integriert sind" (*Kaiser* 1982, 131), und zwar ganz überwiegend männlichen Geschlechts (*PKS* 1995, 248: 83,1 %).

Gläser (in: *Berckhauer* 1981, 72 f) hat aufgrund einer **Aktenanalyse 21** (Zugang über die BWE) dazu folgende demographische Daten (N = 739) ermittelt:

– *Täter-(Tatverdächtigen-)Alter: überwiegend um 40 Jahre (**Egli** 1985, 40 ff: „mittleren Alters");*
– *Familienstand: meist verheiratet;*

- *Ausbildung: gut (Lehre, mittlere Reife, Abitur; 15 % haben studiert);*
- *Berufe: 55 % sind selbständig, 34 % Gesellschafter und Vorstände von Personen- und Kapitalgesellschaften;*
- *Schichtzugehörigkeit: Der überwiegende Teil stammt aus einer bürgerlich mittleren und oberen Mittelschicht;*
- *Vorstrafenbelastung: Soweit die Strafliste eingeholt wurde, waren 35 % vorbestraft (davon wiederum die Hälfte einschlägig).*

22   Danach ergibt sich aus dem Sozialprofil (erstens), daß „Wirtschaftsdelinquente **nicht dem sozialen Stereotyp des Kriminellen entsprechen**" (*Kaiser* 1982, 131), (zweitens), daß Wirtschaftsdelinquente nicht – wie oft vermutet wird – aus der gesellschaftlichen Oberschicht (der Schicht der „feinen Leute") stammen, sondern **eher aus den Mittelschichten** (Aufsteiger?) und (drittens), daß (insgesamt gesehen) „nur die **These der unterschiedlichen Zugangschancen** ... belegt wird" (*Heinz* 1993, 593); es handelt sich also primär um **„special-opportunity crimes"** (*Horoszowski* 1980 und Theorie der differentiellen Gelegenheiten: Rdn. 30 zu § 7).

23   Wirtschaftsstraftäter scheinen sich jedoch darüber hinaus (viertens) von den Tätern der klassischen Kriminalität in ihren **Wertvorstellungen** zu unterscheiden. So hat schon *Sutherland* feststellen können (*Schneider* 1981, 361), daß „sie sich selbst als Ehrenmänner, nicht als Kriminelle beurteilen, während die Berufsdiebe ehrlich zugeben, Diebe zu sein" (zum „Psychogramm" der Wirtschaftsstraftäter vgl. z. B. *Mergen* 1971, 48 f: danach gehört zu den charakterlichen Besonderheiten des Wirtschaftsstraftäters auch die **Zielstrebigkeit;** vgl. dazu *Bresser* 1978, 75 ff).

Aber: Bei der Betrachtung des Wirtschaftsstraftäters darf man nicht übersehen, daß es zahlenmäßig häufiger (als „jene Haie, deren egozentrisches Gewinnstreben sich über die Schranken des Rechts gewissen- und rücksichtslos hinwegsetzt") die „kleinen Fische" sind, die sich als Angeklagte vor den mit Wirtschaftsstrafsachen befaßten Gerichten wiederfinden (*Wassermann* 1984, 24): „Menschen etwa, die sich finanziell übernommen hatten, dem Finanzamt Umsätze und Einkünfte verschwiegen, Kreditunterlagen frisierten, als ihnen das Wasser bis zum Halse stand" (*Wassermann* aaO).

Immer mehr „Weiße-Kragen-Täter"
Engelhard: Wirtschaftskriminalität stark angestiegen

aus: *NOZ* vom 30. Dezember 1986

IV. Bekämpfung der Wirtschaftskriminalität

24   Eines der Hauptprobleme der Bekämpfung der Wirtschaftskriminalität wird darin gesehen, daß „sich der Wirtschaftskriminelle geschickt die Schwächen der Wirtschaftsordnung aussucht" (*Schneider* 1981, 371; vgl. dazu auch Rdn. 10 zu § 1).

Als Beschuldigter kann er sich oft die besten Anwälte leisten, die die **25** Möglichkeiten der Verteidigung, die unser Rechtsstaat (etwa in der StPO) anbietet, voll ausschöpfen können.

Da es sich überdies meist um komplizierte und umfangreiche Sachver- **26** halte (beweisschwierige Tatbestände) handelt, die aufgeklärt werden müssen, kosten solche (Ermittlungs-)Verfahren (verglichen mit anderen) oft besonders viel Zeit; es gibt etliche Prozesse, die Monate dauern, ja mitunter sogar Jahre (vgl. unten Rdn. 44 f).

1. Realisierte Kriminalpolitik

Zur Intensivierung der Verfolgung sozialschädlichen Verhaltens im **27** Wirtschaftsleben werden von Legislative bzw. Exekutive primär folgende Wege benutzt: (erstens) der Weg der materiell-rechtlichen Reform (z. B. um Gesetzeslücken zu schließen oder Gesetzesvorschriften der Realität anzupassen: vgl. dazu *Tiedemann* 1986, 865 ff; ferner § 1 Rdn. 9) und (zweitens) der Weg der Konzentration der Strafverfolgung durch organisatorische Maßnahmen im Bereich der Strafverfolgungsbehörden.

a) Materiell-rechtliche Reformen

Nicht zuletzt unter dem Eindruck der strafrechtlichen **Verhandlungen** **28** **des 49. Deutschen Juristentages,** die sich auf nichtkriminalisiertes sozial- schädliches Wirtschaftsverhalten bezogen (Verh. d. 49. DJT, Teile C und M 1972), wurde 1972 von Bundesjustizminister Gerhard *Jahn* eine (inter- disziplinär zusammengesetzte) **„Sachverständigenkommission zur Be- kämpfung der Wirtschaftskriminalität – Reform des Wirtschaftsstraf- rechts"** einberufen, die in den Folgejahren zahlreiche Verbesserungsvor- schläge zum Wirtschaftsstrafrecht vorgelegt hat.

Am 29. Juli 1976 wurde das **Erste Gesetz zur Bekämpfung der Wirt-** **29** **schaftskriminalität** (BGBl I, 2034) verabschiedet, das u. a. im Vorfeld des Betruges die neuen Straftatbestände des Subventions- und Kreditbetru- ges (§§ 264, 265b) in das StGB eingefügt sowie das Konkursstrafrecht (§§ 283 ff) und den Wuchertatbestand (§ 302a) neugefaßt hat (vgl. dazu *Jung* 1979, 9 ff; *Tiedemann* 1976).

Das **Zweite Gesetz zur Bekämpfung der Wirtschaftskriminalität** (2. **30** WiKG) vom 15. Mai 1986 (BGBl I, 721), das am 1. August 1986 in Kraft getreten ist, knüpft an das 1. WiKG expressis verbis an (zum Gesetzge- bungsverfahren vgl. *Achenbach* 1986, 1835 ff). Die wesentlichen Schwer- punkte des 2. WiKG bilden die neugeschaffenen Tatbestände zur Com- puterkriminalität und zum bargeldlosen Zahlungsverkehr mittels Scheckkarten und Kreditkarten. Daneben regelt das Gesetz u. a. aber auch den strafrechtlichen Schutz von Kapitalanlegern und das Vorenthal- ten und Veruntreuen von Arbeitsentgelt neu und weitet die Strafnormen des UWG auf progressive Kundenwerbung und Betriebsspionage aus (ausführlich zu den neuen Regelungen *Achenbach* aaO; *Haft* 1986, 481 ff sowie 1987, 6 ff und *Schlüchter* 1987). Am 1. August 1994 trat ein **Wertpa- pierhandelsgesetz** (BGBl I, 1749 ff) in Kraft, das sich mit sog. Insidergeschäften beim Wertpapierhandel befaßt. Zum Thema **„Umweltkriminalität als Wirtschaftskriminalität"** (z. B. Luftverunreinigung und Abfalltourismus) vgl. Rdn. 27 zu § 22.

b) Spezialisierung und Konzentration der Strafverfolgungsbehörden

31 Die durchgeführten Maßnahmen organisatorischer Natur sollen der Spezialisierung und Konzentrierung der Strafverfolgung dienen mit dem Ziel der Effektivitätssteigerung bei der Aufklärung von Wirtschaftsdelikten (zum Verfahren *Kramer* 1987). Insoweit sind zu erwähnen: Der Aufbau von Wirtschaftsstrafkammern bei den Landgerichten und (korrespondierend) von Schwerpunktstaatsanwaltschaften. Hinzu kommen Reformen im administrativen Bereich wie die Entwicklung eines **Zentralregisters für unlautere Gewerbetreibende** oder einer **zentralen Steuerstraftäterkartei** (seit 1976).

aa) Wirtschaftsstrafkammern

32 Durch § 74c Abs. 3 GVG werden die Landesregierungen ermächtigt, „zur sachdienlichen Förderung oder schnelleren Erledigung der Verfahren" die Zuständigkeit für solche Strafkammersachen, die zur Wirtschaftskriminalität gezählt werden (vgl. oben Rdn. 18), bei einzelnen Landgerichten zu konzentrieren; das gilt auch für die entsprechenden Berufungen gegen Urteile des Schöffengerichts.

33 Zuständig für die Bearbeitung von Wirtschaftsstrafsachen sind auf der Ebene der Landgerichte besondere Wirtschaftsstrafkammern (dazu *Kramer* 1987, 30), die mit drei Berufsrichtern (und zwei Schöffen) besetzt sind, die sich wirtschaftswissenschaftliche Kenntnisse aneignen sollen (z. B. im Rahmen der Veranstaltungen der **Deutschen Richterakademie in Trier**). Sie werden unterstützt durch sog. **Wirtschaftsreferenten,** nämlich studierte Betriebs- und Volkswirtschaftler.

bb) Schwerpunktstaatsanwaltschaften

34 Während die ersten Wirtschaftsstrafkammern erst Anfang der 70er Jahre entstanden (zunächst im Land Hessen), reicht die Geschichte der entsprechenden Konzentration bei den Staatsanwaltschaften einige Jahre weiter zurück. Sog. Schwerpunktstaatsanwaltschaften sind 1968 zuerst in Nordrhein-Westfalen eingerichtet und mit Dezernenten besetzt worden, die (praktisch) ausschließlich mit der Verfolgung von Wirtschaftsdelikten („Zentralstellensachen") befaßt sind (vgl. *Berckhauer* 1977, 89, und *Kramer* 1987, 14; *Kubica* 1994, 448). Diese fachkundigen Dezernenten werden häufig noch durch sog. Wirtschaftsreferenten unterstützt, die keine Juristen sind, aber Wirtschaftswissenschaften studiert haben bzw. einschlägige Erfahrung aus einer entsprechenden Tätigkeit vorweisen können.

cc) Polizeiliche Spezialdienststellen

Auch bei der Polizei gibt es (bereits seit den 50er Jahren) Spezial-   **34a**
dienststellen zur Bekämpfung der Wirtschaftskriminalität. Die befaßten
Beamten (der Länder und des BKA) „werden in nach bundeseinheitli-
chen Rahmenrichtlinien durchgeführten **Speziallehrgängen** für Wirtschaftskriminalität ausgebildet, die insgesamt 16–18 Wochen dauern"
(*Kubica* 1994, 449). Sie werden im Dienst unterstützt durch sog. **Wirt-
schaftsprüfdienste,** die den Wirtschaftsreferenten auf der Ebene der
Staatsanwaltschaften entsprechen (*Kubica* 1994, 450).

c) Präventionsansätze der Wirtschaft

Daß auch die Wirtschaft im kriminalpolitischen Sinne zu denken ver-   **35**
steht, zeigen die Präventionsansätze, die im Rahmen der Selbstkontrolle
aufgebaut wurden. Das Interesse ist jedoch keineswegs zufällig. So erinnert z. B. *Berckhauer* (1985, 311) daran, daß „die privatwirtschaftliche
Wahrnehmung präventiver Aufgaben liberaler Wirtschaftsauffassung entspricht, nach der sich der Staat auf eine globale Steuerung und Überwachung beschränken soll". Allerdings sei „die tatsächliche Bedeutung dieser Bemühungen nur schwer zu beurteilen" (aaO).

Die entsprechende Palette der Einrichtungen privater Natur (vgl. aus-   **36**
führlich *Sieben/Poerting* 1977, 71 ff) reicht von Verbraucherschutzorgani-
sationen bis zu Wirtschaftsauskunfteien und Kreditschutzorganisationen
(wie z. B. Schimmelpfeng, Schufa = Schutzgemeinschaft für allgemeine
Kreditsicherung u. a.).

Hinzu kommen Stellen für Ermittlungstätigkeit und Öffentlichkeitsar-   **37**
beit (*Berckhauer* 1985, 315 u. H. auf *Geerds*), und zwar auf Länderebene
(wie die Arbeitsgemeinschaft für Sicherheit in der Wirtschaft e. V. in
München) oder auf Bundesebene (wie die Arbeitsgemeinschaft für
Sicherheit in der Wirtschaft/ASW in Bonn).

Insbesondere mit Fragen der Wirtschaftskriminalität befassen sich dar-   **38**
über hinaus z. B. (*Berckhauer* 1985, 316):

– *der Deutsche Schutzverband gegen Wirtschaftskriminalität e. V. (Sitz
  Frankfurt/M. und Hamburg);*
– *die Zentrale zur Bekämpfung unlauteren Wettbewerbs e. V. (Sitz Frank-
  furt/M. und Bad Homburg);*
– *Pro Honore, Verein für Treu und Glauben im Wirtschaftsleben e. V. (Sitz
  Hamburg);*
– *die Zentrale zur Bekämpfung der Unlauterkeit im Heilgewerbe (Sitz
  Mannheim) sowie*
– *die Stiftung Warentest (Sitz Berlin).*

2. Statistische Hinweise

Statistische Hinweise zur Wirtschaftskriminalität sind (1984) von *Liebl*   **39**
(im Rahmen der BWE-Analyse) vorgelegt worden sowie von *Berckhauer*

in einer Untersuchung von Akten (1981). Die PKS ist in bezug auf die Registrierung von Wirtschaftsdelikten äußerst unvollständig und daher wenig ergiebig.

Von kriminalpolitischem Interesse dürften gleichwohl (über die Schadensschätzung hinaus: oben Rdn. 3 ff) insbesondere statistische Angaben sein

- *zum Umfang wirtschaftskriminellen Verhaltens,*
- *zur Zahl der Opfer,*
- *zur Dauer der Verfahren und*
- *zur Art der Erledigung der Wirtschaftsstrafsachen durch die Strafverfolgungsbehörden.*

a) *Hell- und Dunkelfeld der Wirtschaftskriminalität*

40   Als Wirtschaftskriminalität werden vom BKA (vgl. *PKS* 1996, 12) gezählt

- *„die Gesamtheit der in § 74c Abs. 1 Nr. 1–6 GVG aufgeführten Straftaten" und*
- *„Delikte, die im Rahmen tatsächlicher oder vorgetäuschter wirtschaftlicher Betätigung begangen wurden und über eine Schädigung von einzelnen hinaus das Wirtschaftsleben beeinträchtigen oder die Allgemeinheit schädigen können und/oder deren Aufklärung besondere kaufmännische Kenntnisse erfordert".*

Die *PKS* (1996, 247 f) ergibt insoweit das folgende Bild (vgl. auch Rdn. 19 zu § 2):

- *registriert wurden 1996 im Bundesgebiet (einschl. neue Bundesländer) insgesamt 91 827 (1994 = 62 037; 1992 = 37 295) solcher Fälle,*
- *von denen 99,0 % aufgeklärt werden konnten. Das Bundeskriminalamt weist dazu jedoch selbst darauf hin (PKS aaO), daß „die Erfassung in der PKS über eine Sondererkennung fehleranfällig" ist. Außerdem fehlen in diesen Zahlen „die Wirtschaftsstraftaten, die von Schwerpunktstaatsanwaltschaften oder von den Steuerbehörden unmittelbar ohne Beteiligung der Polizei verfolgt wurden" (PKS aaO).*

41   Über das **Dunkelfeld ist wenig bekannt** (*Schneider* 1981, 363; *Heinz* 1993, 591); vermutet wird nur, daß es groß ist (*Schneider* aaO u. H. auf *Reckless*). *Kube* (1985, 36) begründet diese Annahme damit, daß

- *„nicht selten mangels Verletzung von Individualinteressen die Opferrolle eines unmittelbar Betroffenen als Initiator für die Anzeigeerstattung entfällt oder daß*
- *das ... Opfer anderen Zielsetzungen (außerhalb des Strafverfahrens) Vorrang einräumt".*

(Zur grenzüberschreitenden Wirtschaftskriminalität vgl. *Berckhauer/ Rada* 1977, 46 ff).

b) Deliktsarten und Zahl der Geschädigten

Nach der BWE-Auswertung von *Liebl* (1984, 156) ist der **Betrug** das **42** häufigste Delikt im Bereich der Wirtschaftskriminalität (so auch *PKS* 1994: 73,9 %). Mit weitem Abstand folgen: **Steuerhinterziehung** (§ 370 AO), **Bankrottdelikte bzw. Insolvenzkriminalität** (dazu *Bora* u. a. 1992), **Untreue** (§ 266 StGB), **Verstöße gegen das GmbH-Gesetz** sowie **Verstöße gegen die Reichsversicherungsordnung** (§§ 529 und 1428 RVO): zu den verschiedenen Erscheinungsformen vgl. *Müller/Wabnitz* 1993.

Als verfahrenstypisches Merkmal im Bereich der (schweren) Wirt- **43** schaftskriminalität wird von *Liebl* (1984, 160 ff; so auch *Kaiser* 1993, 489) die **hohe Zahl der Einzelfälle** bezeichnet, die **hohe Zahl der durch Wirtschaftskriminalität geschädigten Personen pro Verfahren**, die verhältnismäßig geringe Zahl der Beschuldigten (**kleiner Täterkreis**) und der insgesamt **hohe Vermögensschaden** der herbeigeführt worden ist.

c) Dauer der Verfahren

In bezug auf die Verfahrensdauer hat die BWE-Untersuchung von **44** *Liebl* ergeben, „daß die Dauer des Ermittlungsverfahrens über den gesamten Erfassungszeitraum hinweg im wesentlichen konstant geblieben ist (staatsanwaltschaftliche Ermittlungsdauer 430 Tage, Gesamtermittlungsdauer 590 Tage)" (*Liebl* 1984, XXXIV). Das heißt, daß sich solche Verfahren (auch heute noch) im Durchschnitt über 1½ Jahre hinziehen (!). Die Folge ist, daß die Wirtschaftsstrafkammern (und Schwerpunktstaatsanwaltschaften) schon durch wenige Verfahren blockiert werden (können).

Die von *Liebl* durchgeführten Analysen haben ferner gezeigt, „daß **45** einen entscheidenden Einfluß auf die Ermittlungsdauer die Variablen ‚Zahl der Beschuldigten', ‚Zahl der Einzelfälle' und ‚Gesamtschaden' ausübten: Verfahren mit mehr als einem Beschuldigten, über zehn Einzelfälle und einem Schaden von über 338 000 DM beanspruchten eine überdurchschnittlich hohe Ermittlungsdauer (ca. 2½ Jahre)" (*Liebl* aaO).

d) Art der Erledigung

Während die Untersuchung von *Liebl* (1984) nur die staatsanwalt- **46** schaftliche Seite betrachtet, finden sich bei *Berckhauer* bzw. bei *Gläser* (1981) auch Hinweise über den Verfahrensausgang nach Anklageerhebung.

Liebl hat festgestellt (1984, XXXIX), daß „bei den Schwerpunktstaatsanwaltschaften der größte Teil der Verfahren nach § 170 Abs. 2 StPO eingestellt wurde, und zwar in 38,5 % der Fälle (vgl. dazu auch *Meinberg* 1985 und *Savelsberg* 1987, 200). An zweiter Stelle stand die Anklage vor dem Schöffengericht mit 31,8 % sowie die Anklage vor der Strafkammer mit 14,8 %. Eine Erledigung auf sonstige Weise (z. B. Einstellungen nach §§ 154 ff, 205 StPO) nahm bei den Schwerpunktstaatsanwaltschaften noch einen Anteil von 9,2 % ein. Einstellungen nach

§§ 153 ff StPO machten 3,3 % aus und die Erledigung durch den Erlaß eines Strafbefehls kam noch in 2,6 % der Fälle vor." *Rösslein* (1985, zit. nach *Savelsberg* aaO) weist darauf hin, daß in den Schwerpunktstaatsanwaltschaften Beschränkungen des Prozeßstoffs (§§ 154, 154 a StPO), Verfahrenseinstellungen (§ 153 a StPO) bzw. **plea-bargaining-Prozesse** (das sind Prozesse, in denen das Ergebnis „ausgehandelt" wird) typisch seien.

47 *Berckhauer* (1981, 179) beobachtete für 739 Beschuldigte in 407 Verfahren folgenden Verfahrensablauf:

– *angeklagt wurden nur **246** Beschuldigte; von diesen*
– *wurden lediglich **180** abgeurteilt; von diesen wiederum*
– *erhielten **58** eine Geldstrafe und **94** eine Freiheitsstrafe, die in **54** Fällen zur Bewährung ausgesetzt wurde;*
– *daneben wurden **26** Strafbefehle (mit Geldstrafen) rechtskräftig.*

48 Von 739 Beschuldigten sind also lediglich 178, also rund 24 % bestraft worden (bei anderen Straftaten rund 30 %). Die Verfahren gegen die übrigen Beschuldigten sind primär eingestellt worden; zu einem Freispruch ist es in insgesamt 28 Fällen (10,4 %) gekommen.

Danach darf man im Ergebnis festhalten, daß Wirtschaftsstrafverfahren im Durchschnitt

– *erstens sehr lange dauern und*
– *zweitens bisher etwas seltener (als in anderen Strafverfahren) mit der Verurteilung des Beschuldigten enden.*

49 Aus kriminalpolitischer Sicht stellen sich im Anschluß an diese Feststellung folgende Fragen:

– *erstens: Was kann der Kriminalpolitiker zur Beschleunigung von Wirtschaftsstrafverfahren beitragen? (dazu Huber 1996, 530 ff) und*
– *zweitens: Können die Strafzwecke durch die bisherige Sanktionspraxis der Gerichte und Staatsanwaltschaften erreicht werden?*

50 Daß das (subjektiv eingeschätzte, oft überschätzte) Mißerfolgsrisiko, gefaßt und zu einer Freiheitsstrafe verurteilt zu werden, potentielle Wirtschaftsstraftäter abschrecken kann, hat auch eine Untersuchung von *Breland* gezeigt (Präventive Verbrechensbekämpfung, Gießen 1974). Mit Geldstrafe wird man danach (potentielle) Wirtschaftsstraftäter (grundsätzlich) nicht abschrecken können. Auch deshalb stößt die Sanktionspraxis auf Kritik. Wird „dann ‚ein Manager' wirklich einmal zu festem Gefängnis verurteilt (wie z.B. von *Mergen* 1978, 306 beobachtet worden ist), so findet sich meist ein Arzt, der ihm Haftunfähigkeit bescheinigt".

3. Unerledigte kriminalpolitische Forderungen

51 Über die bereits realisierte Kriminalpolitik hinaus werden im Schrifttum u. a. folgende weitergehende (noch unerledigte) Vorschläge diskutiert, die z. T. (primär repressionsbestimmt) auch als Forderungen (z. B. durch den Bund Deutscher Kriminalbeamter = bdk) formuliert worden sind:

– *erstens: im Bereich der **Polizei** „sollten in Zukunft nur Beamte ausgebil-*   **52**
*det und eingesetzt werden, die über eine **kaufmännische Vorbildung** –*
möglichst mit Berufspraxis – verfügen" (bdk 1984, 12); darüber hinaus
*wird vom bdk eine **Spezialausbildung** gefordert, die in ihrem praktischen*
Teil auch Informations-Zeiten z. B. bei Finanzbehörden, Banken,
Großbetrieben, Großrechenanlagen und beim Konkursverwalter
umfassen soll (bdk 1984, 12 ff; vgl. dazu die Hinweise bei Kube 1984, 34
über neue Speziallehrgänge „Wirtschaftskriminalität" beim BKA und in
den Ländern; vgl. auch Wassermann 1984, 42);

– *zweitens: die Einrichtung „eines **Auskunftssystems** (AUWIDEL), beste-*   **53**
*hend aus einer **Falldatei**", um zu erreichen, „daß alle für die Bekämp-*
fung der Wirtschaftskriminalität relevanten Erkenntnisse jederzeit belie-
big verknüpfbar zur Verfügung stehen" (bdk 1984, 16); offenbar noch
weitgehender

– *drittens: der „**Informationsaustausch** zwischen den mit Prävention und*   **54**
*Repression befaßten Behörden (z. B. zwischen **Behörden** der Banken-*
und Versicherungsaufsicht, Gewerbeämtern/Gewerbeaufsichtsämtern,
Arbeitsämtern, Polizeivollzugsbehörden, Staatsanwaltschaften)" (Kube
1985, 40);

– *viertens: die **gesetzliche Verpflichtung der Verwaltungsbehörden,** „bei Ver-*   **55**
dacht einer Straftatbegehung Anzeige zu erstatten bzw. die für die Verfol-
gung und Ahndung von Kriminal- und Verwaltungsunrecht zuständigen
*Behörden über einschlägige Erkenntnisse **zu unterrichten**" (Kube 1984,*
28);

– *fünftens: die Beratung und Unterstützung (auch) der (Kriminal-)**Polizei***   **56**
*durch **Wirtschaftsreferenten, EDV-Fachkräfte und Buchhalter** mit dem*
Ziel, die Ermittlungsdauer zu verkürzen (bdk 1984, 18 f; Huber 1996,
531);

– *sechstens: der „Einsatz von Verbindungspersonen (V-Personen) und die*   **57**
Durchführung verdeckter Ermittlungen**"; ferner die Verstärkung der **Vor-
***feldermittlungen,** die „z. B. mit einer regelmäßigen Auswertung von Mit-*
teilungen der Konkursgerichte (Konkursdelikte) oder gezielter Medien-
auswertung (Kapitalanlagedelikte, Bestechungsdelikte usw.) beginnen"
(bdk 1984, 18 f; vgl. auch Berckhauer 1985, 319);

– *siebtens: **Entbürokratisierung, Beschleunigung** und **Rationalisierung des***   **58**
***Strafverfahrens** (Wassermann 1984, 42; Kube 1984, 40; Michaelsen*
1982, 498 ff; vgl. dazu auch das Strafverfahrensänderungsgesetz 1987
vom 27. Januar 1987, BGBl I, 475);

– *achtens: **Aufhebung der bisherigen Doppelanwesenheit von Polizei und***   **59**
***Staatsanwaltschaft**; vorgesehen im Bundesratsentwurf eines zweiten*
Rechtspflegeentlastungsgesetzes (BR-Drucks. 633/95; Beschluß vom
1. 3. 1996, 33).

– *neuntens: **Vertiefung der internationalen Zusammenarbeit** durch Intensi-*   **60**
vierung und Erfahrungsaustausch (Wassermann 1984, 42; Kube 1984,
*32 f); diese werden durch die **Grenzöffnung** zu anderen EU-Staaten (vgl.*
§ 31) ab 26. März 1995 (vgl. Rdn. 14 zu § 31) ohnehin unabdingbar; zu
internationalen Forschungsergebnissen: vgl. Liebl 1987.

§ 22 Umweltkriminalität

Literatur: Albrecht, H.-J.: Probleme der Implementierung des Umweltstrafrechts, in: MschrKrim 1983, S. 278–294; **Albrecht,** H.-J.: Umweltkriminalität, in: *Kaiser,* G./*Kerner,* H.-J./ *Sack,* F./*Schellhoss,* H. (Hrsg.): Kleines Kriminologisches Wörterbuch, Heidelberg 1985, S. 495–502; **Albrecht,** H.-J./**Heine,** G./**Meinberg,** V.: Umweltschutz durch Strafrecht? in: ZStW 96/ 1984, S. 943–998; **Bottke,** W.: Das zukünftige Umweltschutzstrafrecht, in: JuS 1980, S. 539–541; **Bundesminister des Innern:** Umweltpolitik – Bilanz und Perspektiven, Stuttgart 1985; **Bundesminister für Umwelt:** Umweltpolitik, Bonn 1987; **Griefahn,** M.: Umweltkriminalität – Ein Thema für die Umweltpolitik, in: Kriminalistik 1992, S. 274–276; **Heine,** G./**Meinberg,** V.: Das Umweltstrafrecht – Grundlagen und Perspektiven einer erneuten Reform, in: GA 1990, S. 1–33; **Heinz,** W.: Probleme des Umweltstrafrechts im Spiegel der Literatur, in: NStZ 1981, S. 253–257; **Herrmann,** I.: Umweltpolizei, in: Der Kriminalist 1985, S. 214–216; **Herrmann,** J.: Die Rolle des Strafrechts beim Umweltschutz in der Bundesrepublik Deutschland, in: ZStW 91 (1979), S. 281–308; **Horn,** E.: Umweltschutz-Strafrecht: eine After-Disziplin? in: Umwelt- und Planungsrecht 1983, S. 362–367; **Kitschenberg,** J.: Der Umweltschutz als Aufgabe der Polizei, in: Kriminalistik 1984, S. 5–8; **Krahnefeld,** L.: Die abfallrechtlichen Entsorgungspflichten, in: Natur und Recht 1996/H. 6, S. 269–275,; **Kreuzer,** K.: Das neue Umwelthaftungsgesetz, in: JA 7/91, S. 209–214; **Kube,** E./**Seitz,** N.: Zur „Rentabilität“ von Umweltdelikten oder: Viel passiert, wenig geschieht, in: DRiZ 1987, S. 41–50; **Kühne,** H.-H./**Görgen,** H.: Die polizeiliche Bearbeitung von Umweltdelikten, Wiesbaden 1991; **Kuhlen,** L.: Zum Umweltstrafrecht in der Bundesrepublik Deutschland, in: Wirtschaft und Verwaltung 1993, S. 181–249; **Länderarbeitsgemeinschaft Wasser (LAWA):** Die Gewässergütekarte der Bundesrepublik Deutschland, Stuttgart 1980; **Laufhütte,** H./**Möhrenschläger,** M.: Umweltstrafrecht in neuer Gestalt, in: ZStW 92 (1980), S. 912–972; **Leidig,** G.: Ökologische Aspekte einer Kooperation von Ökologie, Ökonomie und Rechtswissenschaft, Frankfurt/M. 1984; **Lottmann-Kaeseler,** D./**Rüther,** W.: Ordnungswidrigkeiten im Umweltdeliktsbereich, in: *Kaiser,* G. et al. (Hrsg.): Kriminologische Forschung in den 80er Jahren, Freiburg 1988, S. 63–91; **Lutz,** H.: Umweltdelikte, in: *Kube,* E./*Störzer,* H.-U./*Timm,* K. J. (Hrsg.) Bd. 1 Stuttgart 1992; **Mayntz,** R.: Vollzugsprobleme der Umweltpolitik. Empirische Untersuchungen zur Implementation von Gesetzen im Bereich der Luftreinhaltung und des Gewässerschutzes, Wiesbaden 1978; **Meinberg,** V.: Empirische Erkenntnisse zum Vollzug des Umweltstrafrechts, in: ZStW 1988, S. 112–157; **Meurer,** D.: Umweltschutz durch Umweltstrafrecht? in: NJW 1988, S. 2065–2071; **Möhrenschlager,** M: Revision des Umwelt-Strafrechts – Das zweite Gesetz zur Bekämpfung der Umweltkriminalität, in: NStZ 1994, S. 513–519; **Otto,** H.: Grundkurs Strafrecht, Straftaten gegen die Umwelt, 2. Aufl., Berlin 1984, S. 400–412; **Der Rat der Sachverständigen für Umweltfragen:** Umweltgutachten 1978, in: BT-Drucks. 8/1978, S. 1–638; **Rehbinder,** E.: Grundfragen des Umweltrechts, in: ZRP 1970, S. 250–256; **Rügemer,** W.: Novellierung des Umweltstrafrechts: ineffektiv – demagogisch – folgenlos, in: Deutsche Polizei 9/1994, S. 6–10; **Rüther,** W.: Ursachen für den Anstieg polizeilich festgestellter Umweltschutzdelikte, Berlin 1986; **Rüther,** W.: Ermittlung der Ursachen für den Anstieg der polizeilich festgestellten Umweltschutzdelikte, Gutachten im Auftrag des Bundesumweltamtes, Bonn 1985; **Rüther,** W. et al.: Die behördliche Praxis bei der Entdeckung und Definition von Umwelttrafsachen, Bonn 1991; **Sack,** H.-J.: Das Gesetz zur Bekämpfung der Umweltkriminalität, in: NJW 1980, S. 1424–1430; **Sander,** H.-P.: Umweltstraf- und Ordnungswidrigkeitenrecht, Berlin 1981; **Schall,** H.: Die Relevanz der Arbeitsplätze im strafrechtlichen Umweltschutz, in: Osnabrücker Rechtswissenschaftliche Abhandlungen, Bd. 1, 1985, S. 1–17; **Schall,** H.: Umweltschutz durch Strafrecht: Anspruch und Wirklichkeit, in: NJW 1990, S. 1263–1273; **Schall,** H.: Möglichkeiten und Grenzen eines verbesserten Umweltschutzes durch das Strafrecht, in: wistra 1992, H. 1, S. 1–10; **Schall,** H.: Systematische Übersicht der Rechtsprechung zum Umweltstrafrecht, in: NStZ 1992, S. 209–216; **Schall,** H.: Zur Strafbarkeit von Amtsträgern in Umweltverwaltungsbehörden – BGHSt 38, 325, in: JuS 1993, S. 719–724; **Schall,** H./**Schreibauer,** M.: Gegenwärtige und zukünftige Sanktionen bei Umweltdelikten, in: Natur und Recht 1996, S. 440–450; **Schall,** H.: Probleme der Zurechnung von Umweltdelikten in Betrieben, in: *Schünemann,* B. (Hrsg.): Deutsche Wiedervereinigung Bd. III, Unternehmenskriminalität, Köln 1996, S. 99–128; **Schild,** W.: Probleme des Umweltstrafrechts, in: JURA 1979, S. 421–425; **Schwind,** H.-D./**Steinhilper,** G. (Hrsg.): Umweltschutz und Umweltkriminalität, Heidelberg 1986; **Seier,** J.: Probleme des Umweltstrafrechts, in: JA 1985, S. 23–30; **Steinke,** W.: Umweltkriminalität, in: Kriminalistik 1982, S. 521–528; **Trifferter,** O.: Die Rolle des Strafrechts beim Umweltschutz in der Bundesrepublik Deutschland, in: ZStW 1979, S. 309–348; **Trifferter,** O.: Umweltstrafrecht, Baden-Baden 1980; **Tsuru,** S./**Weidner,** H.: Ein Modell für uns: Die Erfolge der japanischen Umweltpolitik, Köln 1985; **Umweltbundesamt:** Daten zur Umwelt, Berlin 1984; **Vierhaus,** H.-P.: Die Reform des Umweltstrafrechts durch das 2. Gesetz zur Bekämpfung der Umweltkriminalität, in: ZRP 1992, S. 161 ff; **Waechter,** K.: Umweltschutz als Staatsziel, in: Natur und Recht 1996/H. 7, S. 321–327; **Wittkämper,** G. W./**Wulff-Nienhuser,** M.: Umweltkriminalität – heute und morgen, Wiesbaden 1987. Lit. zum **Umweltschutz in Europa:** vgl. die Hinweise am Ende dieses Kapitels.

Gliederung

In Begleitung der seit Ende des letzten Jahrhunderts aufstrebenden **1** (ökonomisch, nicht ökologisch kalkulierenden) Industrie entstand ein Problem, das jahrzehntelang nicht erkannt bzw. von interessierten Kreisen heruntergespielt worden ist: das Problem der Umweltverschmutzung (und Umweltzerstörung). Erst Mitte der 70er Jahre machten ökologisch orientierte Bürger- bzw. Naturschutzvereine sowie politische Gruppierungen auf die sich anbahnende Katastrophe aufmerksam, allerdings ohne zunächst (von der Mehrheit der Bevölkerung) ernstgenommen zu werden. Inzwischen hat sich jedoch vor dem Hintergrund von **Giftmüllskandalen** bzw. **Öko-Unfällen** ein Meinungsumschwung ergeben, der mit der Erkenntnis zu tun haben dürfte, daß die Gefahr viel größer ist als man ursprünglich glaubte (vgl. dazu die Bürgerbefragung bei *Wittkämper/Wulff-Nienhuser* 1987, 29 ff).

I. Ausmaß und Ursachen der Umweltverschmutzung

Die Umweltverschmutzung, die auch nach Ansicht der Fachleute **2** heute die Volksgesundheit gefährdet und das ökologische Gleichgewicht der Natur stört (bzw. zerstört), ist überall beobachtet worden: in der **Luft**, im **Boden** und in den **Gewässern** (zu den Schadwirkungen vgl. ausführlich *Rat der Sachverständigen* 1978, 17 ff; zum Problem insgesamt: *Umweltbundesamt* 1984).

1. Begriffsbestimmungen

3   Als „**Umweltschadstoffe**" werden solche in der Umwelt vorkommenden Stoffe bezeichnet, die „das Potential haben, auf Menschen, auf andere Lebewesen, auf Ökosysteme oder auch auf Sachgüter schädlich zu wirken" *(Rat der Sachverständigen* 1978, 18).

Zu den **potentiellen Schadstoffen** gehören z. B. (vgl. *Rat der Sachverständigen aaO*): Blei, Quecksilber, Cadmium, Kohlenmonoxid, Kohlendioxid, Schwefeldioxid, Stickoxide, Arsen, Asbest, Kohlenwasserstoff (zu den Wirkungen dieser Schadstoffe auf den Menschen vgl. wiederum *Rat der Sachverständigen* 1978, 18 ff).

Unter „**Schadwirkung**" im menschlichen Individuum versteht man „unerwünschte Störungen physiologischer Funktionen, die durch einen Schadstoff oder durch physikalische Faktoren (z. B. energiereiche Strahlung) ausgelöst werden" *(Rat der Sachverständigen* 1978, 18).

2. Arten der Verunreinigung

4   Seit Ende der siebziger Jahre werden in kurzen Abständen immer neue „Umweltskandale" bekannt, über die die Medien ausführlich berichten. Dabei kommt jedoch meistens zu kurz, daß die wissenschaftlichen Erkenntnisse über mögliche Kausalitäten noch immer dürftig erscheinen: Es handelt sich jedenfalls in der Regel nur um empirisch nicht völlig abgesicherte Hypothesen (dazu *Rat der Sachverständigen* 1978). Mit dieser Lage dürfte es zu tun haben, daß die Informationen durch staatliche Stellen eher zurückhaltend ausfallen. Daß der Staat gleichwohl abhelfen will, zeigen nicht zuletzt die Abwehrmaßnahmen auf dem Gebiet des Strafrechts (vgl. unten Rdn. 21 ff).

Die Schäden, die auf Umweltverschmutzung zurückgeführt werden, reichen vom **Fischsterben, Waldsterben** und „**Gebäudesterben**" bis zur **Beeinträchtigung der Gesundheit des Menschen:** von der Atemnot bei den Kindern bis zur Vergiftung der Muttermilch.

a) Luftverunreinigung

5   Die größte Umweltkatastrophe (ein **GAU** = größter anzunehmender Unfall), die die Welt bisher erlebt hat, war das Reaktorunglück am 26. April 1986 in **Tschernobyl** (Ukraine): über weite Teile Europas zog eine radioaktive Wolke (zum Radius vgl. Zeitungsausriß oben). 400 000 Menschen flüchteten aus den stark verseuchten Gebieten, die Zahl der Todesopfer ist auf über 8000 gestiegen (zit. nach FOCUS 10/1996, 172). In der Bundesrepublik, in der 1994 insgesamt 20 Kernkraftwerke in Betrieb waren (*Statistisches Bundesamt*, Datenreport 1994, Bonn 1995,

371; in der westlichen Welt rund 300), wird seither die Diskussion um die Abschaffung der Kernkraftwerke geführt. In Tschernobyl muß man inzwischen mit weiteren (schweren) Störfällen rechnen. Die Gesellschaft für Anlagen- und Reaktorsicherheit (GRS) erklärte am 25. April 1994 (lt. NOZ vom 26. April 1994), daß die Schutzhülle des zerstörten Reaktors, der sog. Sarkophag, undicht sei.

aus: *FAZ* vom 2. Mai 1986

Tschernobyl: Alles war noch viel schlimmer

Der amtliche Untersuchungsbericht über den Tscherno-byl-GAU enthüllt, daß alles noch viel schlimmer war: Der Reaktortyp ist unzuverlässig, Radioaktivität drang bis

Leningrad und vor Moskau, die Knochenmark-Verpflan-zung bei Strahlenopfern hat versagt. Die Regierung rechnet mit Folgen für 75 Millionen Sowjetbürger.

aus: *DER SPIEGEL* vom 25. August 1986

Die zweitgrößte Umweltkatastrophe hatte sich zuvor am 3. Dezember 1984 in der indischen Stadt **Bhophal** im Bundesstaat Madhja Pradesch ereignet: In wenigen Minuten kamen bei diesem Unglück über 3000

Menschen um, Tausende sind erblindet, an die 100 000 wurden verletzt, Zigtausende müssen mit Spätschäden rechnen: mit Lähmungen, Herz-, Magen-, Nieren-, Leberleiden, Unfruchtbarkeit bei Frauen und Mißbildungen von Babys. Die Zeitschrift DER SPIEGEL (Nr. 50/1984, 108) sprach von „chemischer Apokalypse".

Indien: Die chemische Apokalypse

Über 3000 Menschen kamen um, Tausende werden erblinden. Nach der größten Industrie-Katastrophe der Geschichte suchen die Behörden im indischen Bhopal nach Schuldigen: Korruption, fahrlässiger Umgang mit Chemie-Horrorstoffen – In der Dritten Welt wiederholen sich die Fehler der industriellen Revolution.

aus: *DER SPIEGEL* Nr. 50/1984, S. 108

6   Was war geschehen? Aus einer (amerikanischen) Chemiefabrik, einer Tochterfirma des Chemiegiganten Union Carbide, war eine Wolke von ca. 40 Tonnen hochtoxischer Gifte entwichen, die sich in kürzester Zeit über 65 qkm eng besiedeltes Land ausbreiten konnte (DER SPIEGEL aaO). Die Wiederholung solcher Katastrophen (in Indien oder in anderen Ländern) wird nicht ausgeschlossen, obgleich man einräumen muß, daß die Sicherheitsvorkehrungen anderwärts besser zu sein scheinen, als das in Indien der Fall war.

Ozonloch doppelte Größe Europas

Warnung vor Rekordausdehnung

Genf, 4. 10. (AP/dpa) Das Ozonloch über der Antarktis hat mit 20 Millionen Quadratkilometern bereits im September eine Ausdehnung erreicht, die ungefähr der doppelten Größe Europas entspricht.

Das teilte die zu den Vereinten Nationen gehörende Meteorologische Weltorganisation (WMO) am Freitag in Genf mit. Im vergangenen Jahr sei die größte Ausdehnung erst im Oktober erreicht worden, was ein Indiz dafür sei, daß in diesem Jahr eine Rekordausdehnung erreicht werden könnte. Teilweise liege die Ozonkonzentration über dem Südpol noch unter den Werten der vier bislang schlechtesten Jahre. In einer Höhe zwischen 17 und 22 Kilometern ist nach WMO-Angaben die gesamte Ozonschicht zerstört. Die Messungen wurden im September vorgenommen. Die Ozonschicht ist für den Menschen lebenswichtig.

aus: *NOZ* vom 5. Oktober 1996

Diese Vorkehrungen können jedoch noch immer nicht unterbinden, **7**
daß auch in der Bundesrepublik gewaltige Mengen an Schmutzstoffen
die Luft verpesten und Land und Menschen offensichtlich Schaden zufü-
gen. Dazu gehörten (1993) vor allem 928 Millionen Tonnen (1980: 1124)
des Treibhausgases **Kohlendioxid** (CO_2), das primär in Kraftwerken
(387 Mill. Tonnen) und durch Kfz (185 Mill. Tonnen) erzeugt wird
(*Umweltbundesamt,* zit. nach WAZ vom 17. März 1995, 1). Hinzu kommen Schwefeldioxide (primär aus Kraft- und Fernheizwerken), Mono-
xide (primär aus dem Auspuff der Autos), Stickoxide (gemeinsamer Ausstoß aus Kraft- und Fernheizwerken und Automobilen) sowie das extrem
gesundheitsschädliche Supergift Dioxin, das z. B. auch aus Schornstei-
nen der Müllverbrennungsanlagen entweicht (vgl. zur neueren Entwicklung aber Rdn. 51 a): Ergänzt wird dieses Gemisch noch durch die verschiedenen Schadstoffe, die vom Wind über die Grenzen geweht werden
(z. B. aus der Tschechischen Republik und der Slowakei).

Klimakatastrophe? **8**
Im März 1985 entdeckten englische Wissenschaftler ein großes Loch
im Ozonschild über der Antarktis, das inzwischen von Jahr zu Jahr
größer wird. Die **Ozonschicht,** die die gesamte Erde in einer Entfernung von ca. 50 km umschließt, fängt einen großen Teil der ultravioletten Strahlung aus dem Weltall ab, die in der ursprünglichen Konzentration für Menschen, Tiere und Pflanzen schädlich ist.
Daß nun ein Loch im Ozonschild entstanden ist, wird auf Treibgase
(**Fluorchlorkohlenwasserstoffe**) u.a. aus den Spraydosen zurückgeführt, die die Ozonschicht angreifen und zerstören (vgl. dazu den
Zeitungsausriß auf der Vorseite). Die Folge ist, daß es den UV-Strah-
len zunehmend gelingt, bis zum Erdboden vorzudringen.
Gleichzeitig wird der Gaskreislauf des Naturhaushalts durch den Einsatz fossiler Brennstoffe verändert: zu diesen gehören Kohle, Gas und
Öl, bei deren Verbrennung **Kohlendioxid** (CO_2) freigesetzt wird. Seit
„anno 1800" sind nach einer Meldung des SPIEGEL (11. August 1986,
124) „rund 180 Milliarden Tonnen CO_2 beim Verheizen fossiler Brennstoffe in die Luft gepustet worden; bis hinauf in die Stratosphäre
herrscht inzwischen – so der SPIEGEL – dicke Luft". Diese „dicke
Luft" bildet einen Gasschleier, der die ultravioletten Sonnenstrahlen
ungehindert durchläßt, aber die von der Erde reflektierten langwelli-
gen Wärmestrahlen zurückhält. Die Folge ist ein **Treibhauseffekt,** von
dem Wissenschaftler befürchten, daß er zu einer Klimakatastrophe
führen könnte: Abschmelzen der Eiskappen der Erdpole, Ansteigen
des Meeresspiegels, Überschwemmungen, Ausdehnung der Wüsten
bzw. Dürrezonen, Verminderung der Anbauflächen, die zu Hungers-
nöten in aller Welt führen könnte.

Daß unter diesen Umständen der Verdacht naheliegt, daß auch das **9**
beobachtete **Waldsterben** mit dieser Luftverschmutzung zu tun hat, ist

(solange der Beweis des Gegenteils nicht gelingt) nicht zu bestreiten; ebenso nahe liegt der Verdacht, daß die Luftverschmutzung die menschliche Gesundheit beeinträchtigt. Wegen des drastischen Anstiegs der Schadstoffbelastung in der Luft hat Nordrhein-Westfalen deshalb (als erstes der Bundesländer) am Freitag, den 18. Januar 1985, einen **„Smog-Alarm"** ausgelöst. Allerdings zeigt der Vergleich mit den Vorjahren, daß der Grad der Luftverschmutzung in der Bundesrepublik – insgesamt gesehen – seit 1978 offenbar rückläufig ist (FAZ vom 12. Oktober 1993); auch dem Wald geht es (wieder) besser (Bundeslandwirtschaftsminister *Borchert,* zit. nach FAZ vom 24. November 1995). Um die Waldökosysteme zu schützen, werden die Böden gekalkt und Bäume aufgeforstet. Seit 1984 (so *Borchert* aaO) hätten Bund und Länder dafür 572 Millionen DM aufgewendet.

b) Bodenverseuchung

10   Die Abgasschwaden der Industriebetriebe (und Automobile) haben inzwischen auch zur großflächigen Vergiftung des Bodens geführt, eine Erscheinung, die punktuell durch die Ablagerung von Industriegiften (etwa von Dioxin, Cadmium oder Cyanid) noch verstärkt worden ist. Das Gift Arsen, das im Mittelalter die Familie der *Borgias* bekanntlich benutzt hat, um unliebsame Verwandtschaft aus dem Wege zu räumen,

„Die Situation ist weiterhin kritisch"
Der rheinland-pfälzische Waldschadensbericht 1993

aus: *FAZ* vom 12. Oktober 1993

410

soll sich bereits in allen Böden des Bundesgebiets nachweisen lassen. In Hamburger Industrievierteln wurden z. B. „Spitzenwerte bis zu 918 Milligramm Arsen je Kilogramm Erde (gemessen) – fast fünfzigmal so viel, wie die Biologische Bundesanstalt für gesundheitsgefährdend hält" (DER SPIEGEL Nr. 7/1985, 100).

Die Altdeponiensanierung der rund 50 000 (!) geordneten und wilden **11** Müllkippen, auf denen z. T. schon wieder Neubausiedlungen stehen, würde nach Schätzung des Bundesumweltamtes „bis zu 20 Milliarden DM" verschlingen (zit. nach HAZ vom 8./9. März 1986, 3). DER SPIEGEL hat (aaO, 82) unwidersprochen berichtet, daß „bereits 1981 Fachleute des Bonner Gesundheitsministeriums eine interne Studie erarbeitet (haben), die vorschlägt, 600 000 Hektar vergifteter Äcker und 400 000 Hektar Grünland brachzulegen bzw. eine ‚alternative' Verwendung vorzuschreiben, zum Beispiel Aufforstung oder Wollschafzucht". Mit der Wiedervereinigung sind weitere Altdeponien ins Blickfeld gerückt: die Bodenverschmutzung durch die auf deutschem Boden stationierten (GUS-)Truppen (vgl. Zeitungsausriß unten).

c) Gewässerverschmutzung

Rascher und zuverlässiger als Luft- und Bodenverschmutzung läßt sich **12** die Verseuchung der Flüsse durch Schadstoffe (also der Oberflächengewässer) feststellen: Die Fische sterben, ein allen sichtbares Zeichen. Zu den Schadstoffen, die die (chemische) Industrie in die Flüsse über die Abwässer einleitet oder ins Grundwasser fließen läßt, gehören (neben anderem umweltgefährdendem Industriemüll) z. B. Ammonium, Blei, Cadmium und Arsen (dazu *Lutz* 1994, 421). Die Salzkonzentrationen hatten Mitte der 80er Jahre „fast alle höheren Lebewesen im Wasser der Werra und im geringeren Maße auch in der Oberweser vernichtet" (DER

Sowjets hinterlassen tickende Zeitbomben
Armee verseuchte Boden mit Benzin und Öl

Von JOACHIM ROGGE   waz BERLIN

Aus der Ferne bietet sich am Biederitzer Busch bei Magdeburg ein idyllisches Bild. Über dem ehemaligen Übungsgelände der Sowjetarmee krächzen Raaben um die Wette. Doch wer näher herangeht, bekommt eine Gänsehaut. neben dem verlassenen und öffentlich zugänglichen Munitionsdepot lagern nur notdürftig verdeckt neben allerlei Müll Panzerminen, mit und ohne Zünder, brandneu oder total verrostet. Die Hinterlassenschaft ist ein letzter Gruß der abgezogenen Sowjets.

aus: *WAZ* vom 17. Mai 1991

SPIEGEL Nr. 10/1984, 103). Damit geriet auch die Trinkwasserversorgung, die z. T. aus den Flüssen gespeist wird, in Gefahr, z. B. auch durch die bei einem Brand der Schweizer Chemie-Firma **Sandoz** (am 31. Oktober 1986) verursachten Einleitungen giftiger Stoffe in den Rhein; der Rhein soll allerdings nach Zeitungsmeldungen inzwischen „sauberer als zuvor" sein (vgl. z. B. NOZ vom 30. 10. 1996).

13   Die bisher **größte Gewässerverschmutzung** – eine verheerende Ölkatastrophe im Persischen **Golf** – gehörte zu den Begleiterscheinungen des Krieges gegen den Irak im **Januar 1991:** Der irakische Diktator *Saddam Hussein* ließ 1,7 Milliarden Liter Rohöl in den Persischen Golf fließen, aus denen sich ein Ölteppich von 900 Quadratkilometern entwickelte (FAZ vom 29. Januar 1991).

14   Zusätzliche Probleme bringt die Verschmutzung der Meere. Insoweit ist auch an die **Schiffskatastrophen** durch Ölgroßtanker zu erinnern, die die Meere verseuchen.

Eines der letzten größeren Unglücke dieser Art: am 5. Januar 1993 strandete der unter liberianischer Flagge fahrende Öltanker „Braer" vor den britischen Shetland-Inseln (85 000 Tonnen Öl liefen ins Meer). Die „Braer" war das 13. Schiff, das seit der Havarie der „Exxon Valdez" im Prinz William Sund (im März 1969) das Meer verseucht hat: damals liefen 42 000 Tonnen Öl aus, seither insgesamt rund eine Million Tonnen.

Große Schäden entstehen darüber hinaus durch die Ölverklappung in die Nordsee. Nach dem „ersten deutschen Nordseereport", den die Bundesregierung im November 1986 vorgelegt hat, gelangen „neben den Schwermetallen und den chlorierten Kohlenwasserstoffen … schätzungsweise 100 000 Tonnen Öl jährlich durch den allgemeinen Schiffsbetrieb und Tankschiffe in die Nordsee" (zit. nach NOZ vom 25. November 1986).

„Da ist der ganze Lebensraum versaut"

Schwarze Flut vor der Nordsee: Die Ölpest nach der Havarie des Tankers „Braer" bei den Shetlandinseln ist eine Katastrophe für Mensch und Ökosystem — Folge von Inkompetenz, technischen Mängeln und der Auswüchse des Welt-Ölgeschäfts: Eine Schrott-Armada schwimmender Zeitbomben kreuzt durch die Ozeane und terrorisiert immer mehr die Küstenländer.

aus: *DER SPIEGEL* vom 11. Januar 1993, 114

II. Umweltbegriff und Aufgaben des Umweltschutzes

1. Definition des Umweltbegriffs

15   In der Literatur gibt es bisher keine allgemein anerkannte Definition für den Begriff „Umwelt". Immerhin ist festgestellt worden, daß in der

Bundesrepublik unter dem Begriff Umwelt „einschränkend gegenüber anderen Definitionen etwa in der Europäischen Gemeinschaft, lediglich die Summe der natürlichen Lebensgrundlagen des Menschen verstanden" wird (*Triffterer* 1979, 312 und 1980, 26; *Sander* 1981, 54). Dementsprechend umfaßt der Umweltbegriff drei Hauptbereiche (*nach Triffterer* aaO und *Sander* aaO):

– *die Bereiche der Umweltmedien wie Boden, Wasser, Luft;*
– *die Bereiche der Umweltfaktoren, insbesondere die klimatischen wie Temperatur und Feuchtigkeit sowie die biotischen wie Tierwelt, Pflanzen und sonstige Lebewesen, und*
– *die Bereiche des Ökosystems in seiner Gesamtheit mit seinen verschiedenen Stoffkreisläufen und dem Energiehaushalt, aber auch mit seinen zahlreichen verschiedenartigen Subsystemen.*

2. Aufgaben des Umweltschutzes

Daraus ergibt sich zugleich die Aufgabe des Umweltschutzes, die „im **16** wesentlichen in der Sicherung und in der Erhaltung dieser Bereiche besteht, und zwar nicht als Selbstzweck, sondern allein im Hinblick darauf, daß diese Bereiche den Menschen dienen" (*Triffterer* aaO und *Sander* aaO). Dementsprechend umfaßt der Umweltschutz insbesondere (wieder nach *Triffterer* aaO und *Sander* aaO):

– *den Immissionsschutz, also den Schutz vor allem vor Luftverunreinigungen, Lärm und Erschütterungen,*
– *die Reinhaltung der Gewässer,*
– *die Abfallbeseitigung,*
– *die Landschaftspflege und den Naturschutz,*
– *die Verhinderung oder Minderung von Schäden an der Umwelt durch Radioaktivität, Chemikalien und Biozide.*

Deshalb kann der **Begriff des „Umweltschutzes"** in Übereinstimmung **17** mit seiner Verwendung auch in der bundesrepublikanischen Praxis auf diesem Gebiet definiert werden als „die Summe aller Maßnahmen, die zur Vorsorge vor Schädigungen oder zur Beseitigung bereits eingetretener Schäden an unserer natürlichen Umwelt mit deren Hauptfaktoren bzw. Medien Luft, Boden, Wasser, Pflanzen und Tiere erforderlich sind" (*Triffterer* aaO u. H. auf *Rehbinder* 1970, 250).

III. Staatliche Reaktionen auf die ökologische Herausforderung

1. Umweltschutzpolitik seit Anfang der 70er Jahre

Abwehrgesetze zugunsten des Umweltschutzes wurden bereits in den **18** 50er und 60er Jahren verabschiedet (zur **Vorgeschichte**: *Leidig* 1990, 24 ff), etwa

– *das Bundesjagdgesetz von 1952,*
– *das Wasserhaushaltsgesetz von 1957,*

– *das Atomgesetz von 1959,*
– *das Düngemittelgesetz von 1962,*
– *das Pflanzenschutzgesetz von 1968.*

19   Auch an die Bekämpfung der Verschmutzung der Meere ist schon vor über vierzig Jahren gedacht worden. Insoweit ist z. B. das Londoner Übereinkommen von 1954 zur Verhütung der Verschmutzung der See durch Öl zu erwähnen (zu internationalen Abkommen vgl. auch das Internationale Pflanzenschutzabkommen von 1951). Eine regere Gesetzgebungstätigkeit beginnt aber erst Anfang der 70er Jahre, nachdem die damalige Bundesregierung in einem **Umweltprogramm vom 29. September 1971** (vgl. BT-Drucks. VI/2710, 6), dem alle im Deutschen Bundestag vertretenen Parteien und der Bundesrat zugestimmt haben, einen **„gesetzlichen Nachholbedarf"** festgestellt hat; dieser sollte u. a. mit Hilfe folgender Gesetze aufgeholt werden: durch

– *das Benzinbleigesetz von 1971,*
– *das Gesetz zum Schutz gegen Fluglärm von 1971,*
– *das Abfallbeseitigungsgesetz von 1972,*
– *das DDT-Gesetz von 1972,*
– *das Lebensmittel- und Bedarfsgegenständegesetz von 1974,*
– *das Waschmittelgesetz von 1975,*
– *das Tierkörperbeseitigungsgesetz von 1975,*
– *das Futtermittelgesetz von 1975,*
– *das Abwasserabgabengesetz von 1976 und*
– *das Bundesnaturschutzgesetz von 1976.*

20   Durch Erlaß vom 28. Dezember 1971 (abgedruckt im *Rat der Sachverständigen* 1978, 582 f) wurde darüber hinaus „zur periodischen Begutachtung der·Umweltsituation und der Umweltbedingungen in der Bundesrepublik Deutschland und zur Erleichterung der Urteilsbildung … ein **Rat von Sachverständigen für Umweltfragen** gebildet", und zwar beim Bundesminister des Innern.

2. Die kriminalrechtliche (StGB-)Lösung als Zäsur

21   Durch das 18. Strafrechtsänderungsgesetz (StrÄndG) vom 28. März 1980 – (Erstes) **Gesetz zur Bekämpfung der Umweltkriminalität:** UKG – (BGBl I, 373) sind die bis dahin in den erwähnten Nebengesetzen verstreuten Umweltstrafvorschriften (soweit die Verstöße als besonders schwer eingestuft wurden) zusammengefaßt und als §§ 324 ff in einen selbständigen Abschnitt **„Straftaten gegen die Umwelt" in das StGB** eingestellt worden. Weniger bedeutsame Vorschriften (wie z. B. § 148 GewO, §§ 63 ff BSeuchG, § 74 Tierseuchengesetz, § 7 DDT-Gesetz, §§ 51 ff LMBG, §§ 40, 42 SprengG und § 24 PflanzenSchG) sind hingegen in den Nebengesetzen verblieben.

22   Durch diese **„Standortverschiebung" ins StGB,** die einen vorläufigen Abschluß der Neuordnung der Materie darstellt, wollte der Gesetzgeber (verbunden mit höherer Strafandrohung)

*– den **sozialschädlichen Charakter** des umweltschädigenden Verhaltens*
*stärker als bisher **ins Bewußtsein** der Öffentlichkeit rücken und damit*
*– eine **Verstärkung der generalpräventiven Wirkung** der Umweltschutznor-*
men erreichen (vgl. BT-Drucks VIII/2382: sog. RegE).

Um Schwierigkeiten beim Nachweis einer konkreten Gefährdung zu **23**
vermeiden, wurden die neuen Vorschriften (soweit wie möglich) als
„**abstrakte Gefährdungsdelikte**" ausgestaltet (vgl. BT-Drucks VIII/
3633). Abstrakte Gefährdungsdelikte „sind Delikte, die gefährliche Verhaltensweisen verpönen, ohne daß im Einzelfall eine konkrete Gefährdung eingetreten sein muß" (*Otto* 1984, 373).

Zu den **Kernvorschriften** der Neuregelung, die sich auf die gutachterli- **24**
chen Stellungnahmen von Sachverständigen abstützen kann: vgl. *Heinz*
1981, 254; zur **Kritik** vgl. die Literaturübersicht bei *Heinz* aaO; *Otto*
1984, 400 ff; zu den **dogmatischen Problemen** vgl. Seier 1985, 23 ff; *Meu-*
rer 1988 2065 ff; **Beispiele** unter Rdn. 19 ff nach *Bottke* 1980, 539 ff;
Übersicht über die Rechtsprechung bei *Schall* 1992; *Kuhlen*1991, 181 ff.

Durch das 31. StrÄndG (zugleich das **2. Gesetz zur Bekämpfung der** **24a**
Umweltkriminalität) vom 27. Juni 1994 (BGBl. I, 1440 ff) – **in Kraft seit**
1. November 1994 – sind die §§ 324 ff StGB z. T. neu gefaßt bzw. ergänzt
worden (vgl. *Möhrenschlager* 1994, 513 ff). Außerdem sind neue Vorschriften eingefügt worden. Schließlich ist die Strafdrohung für „besonders schwere Fälle" auf **zehn Jahre** erhöht worden (§ 330).

a) Gewässerverunreinigung (§ 324)

Nach § 324 Abs. 1 StGB macht sich strafbar, „wer unbefugt ein Gewäs- **25**
ser verunreinigt oder sonst dessen Eigenschaft nachteilig verändert".
„Gewässer" ist nach § 330d Abs. 1 Nr. 1 jedes oberirdische Gewässer und
das Grundwasser im räumlichen Geltungsbereich des StGB sowie das
gesamte Meer (Hohe See und Küstengewässer: nicht nur die nationalen,
sondern auch diejenigen fremder Staaten: *Sack* 1980, 1424). Strafbar ist
nach Abs. 2 des § 324 bereits der Versuch. Eine konkrete Gefährdung des
Gewässers verlangt § 324 nicht (abstraktes Gefährdungsdelikt); diese
wäre auch nur selten nachweisbar mit der Folge, daß ein wirksamer
Gewässerschutz nicht gewährleistet wäre. Die Strafdrohung für die Vorsatztat beträgt bis zu fünf Jahre Freiheitsentzug.

> **Beispiele:** *(1) Infolge eines Navigationsfehlers läuft ein mit Rohöl*
> *beladener Tanker auf eine Bohrinsel auf; er bricht auseinander und das*
> *Rohöl breitet sich über eine riesige Fläche im Meer aus. – (2) Ein*
> *Unternehmer läßt, um Kosten zu sparen, seine hochgiftigen Abfälle*
> *laufend in größeren Mengen in einen Fluß einleiten. Große Mengen*
> *von Fischen sterben; das Wasser wird ungenießbar.*

Ergänzt wird der § 324 durch verschiedene weitere Vorschriften: z. B.
§ 41 WassHG, §§ 63 ff BSeuchenG, §§ 51 ff LMBG.

b) Bodenverunreinigung (§ 324a)

25a   Die Vorschrift wurde 1994 in das StGB eingefügt (vgl. oben Rdn. 24a), um eine Lücke zu schließen. Bis dahin konnten Bodenverunreinigungen strafrechtlich nur dann geahndet werden, wenn es gleichzeitig zu einer Grundwasserbeeinträchtigung kam oder wenn Ursache die Lagerung gefährlicher Abfälle war. Nach der Neufassung macht sich strafbar, „wer unter Verletzung verwaltungsrechtlicher Pflichten Stoffe in den Boden einbringt, eindringen läßt oder freisetzt und diesen dadurch

1. in einer Weise, die **geeignet** ist, die Gesundheit eines anderen, Tiere, Pflanzen oder andere Sachen von bedeutendem Wert oder ein Gewässer zu schädigen, oder
2. in bedeutendem Umfang
verunreinigt oder sonst nachteilig verändert".

Dem Vorsatztäter droht Geldstrafe oder Freiheitsstrafe bis zu fünf Jahren, dem Fahrlässigkeitstäter Geldstrafe oder Freiheitsstrafe bis zu drei Jahren. Der Versuch ist wiederum strafbar.

c) Luftverunreinigung (§ 325)

26   Bestraft wird, wer vorsätzlich oder fahrlässig beim Betrieb einer Anlage unter Verletzung verwaltungsrechtlicher Pflichten Luftverunreinigungen verursacht, die geeignet sind, außerhalb des Anlagebereichs Schäden von bedeutendem ökologischen oder wirtschaftlichen Wert (Gesundheitsschäden, Schäden an Pflanzen, Tieren oder anderen Sachen) hervorzurufen (vgl. *Sack* 1980, 1425). Auch in diesen Fällen kommt es nicht darauf an, ob eine konkrete Gefahr oder gar ein Schaden nachweisbar ist (abstraktes Gefährdungsdelikt).

> **Beispiel:** *Ein Unternehmer läßt einen Filter, dessen Einbau zur Verhinderung von Luftverschmutzungen in dem Bescheid zur Genehmigung seines Betriebes auferlegt wurde, nicht anbringen. Infolgedessen verbreiten sich in der Umgebung des Werkes ungereinigte Abgase, die bei längerer Einwirkung landwirtschaftliche Schäden herbeiführen (können).*

d) Verursachung von Lärm, Erschütterungen und nicht ionisierenden Strahlen (§ 325a)

26a   Die neue (ebenfalls 1994 eingefügte) Vorschrift erfaßt zusammenhängend andere gefährliche Immissionen als Luftverschmutzung: z.B. die Lärmbelästigung. Der **Lärm** muß **geeignet** sein, außerhalb des zur Anlage gehörenden Bereichs die Gesundheit eines anderen **zu beschädigen.**

> **Beispiele:** *übermäßiger Musiklärm während der Durchführung von Veranstaltungen im Freien (Rügemer 1994, 10); die Vorschrift kann auch einschlägig sein, wenn Schäden an Gebäuden infolge von extremen Erschütterungen auftreten (Rügemer aaO).*

e) Umweltgefährdende unbefugte Abfallbeseitigung (§ 326)

Nach § 326 wird die umweltgefährdende unbefugte Abfallbeseitigung **27** außerhalb einer hierzu zugelassenen Anlage oder unter wesentlicher Abweichung von einem vorgeschriebenen oder zugelassenen Verfahren mit Strafe bedroht.

> *Beispiele: (1) Ein Unternehmer läßt zyanidhaltige Abfälle in Fässern im Meer versenken. – (2) Ein Tankstellenbesitzer leitet größere Mengen bei ihm angefallenen Altöls direkt in die Kanalisation ein.*

Ungeklärt ist allerdings noch, was z. B. „Abfälle" sind, die „nach Art und Beschaffenheit und Menge **geeignet** sind, nachhaltig ein Gewässer, die Luft oder den Boden zu verunreinigen oder sonst nachteilig zu verändern oder einen Bestand aus Tieren und Pflanzen zu gefährden (Abs. 1 Nr. 4).

Nach Abs. 2 (n. F.) wird nun auch derjenige bestraft, der „Abfälle im Sinne des Absatzes 1 entgegen einem Verbot oder ohne die erforderliche Genehmigung in den, aus dem oder durch den Geltungsbereich dieses Gesetzes verbringt". Damit soll dem sog. **Abfalltourismus** entgegengewirkt werden.

f) Die schwere Umweltgefährdung (§ 330)

Führen die einzelnen Umweltstraftaten nach den §§ 324–329 zu kon- **28** kreten Gefahren für Menschen oder fremde Sachen von bedeutendem Wert oder zu anderen dort näher beschriebenen Folgen, sieht § 330 verschärfte Strafdrohungen vor.

> *Beispiel: In einem sog. Smog-Gebiet wird Smog-Alarm gegeben. Ein Fabrikant hält sich nicht an die vorgesehenen Verwendungsbeschränkungen für Brennstoffe. Der Gehalt der Luft an Gesundheitsschadstoffen steigt beträchtlich. Die Klagen über unzumutbare Luftverschmutzung aus der Nachbarschaft des Betriebes nehmen deutlich zu. Einzelne Personen erkranken.*

Die vorsätzliche Tat wird mit Freiheitsstrafe von sechs Monaten bis zu **29** zehn Jahren bestraft.

IV. Umweltkriminalität und (Grenzen der) Kriminalpolitik

Die Zahlen, die über den Umfang der Umweltkriminalität in der Poli- **30** zeilichen Kriminalstatistik aufgeführt werden, dürften nur die „Spitze des Eisberges" zeigen. Die Herausforderung an die Kriminalpolitik darf daher keinesfalls unterschätzt werden. **Aktuelle Prioritäten:** die Bewältigung der Umweltprobleme in den neuen Bundesländern, die Verbesserung der Zusammenarbeit mit den Ländern Mittel- und Osteuropas, die Harmonisierung der Umweltgesetzgebung in der Europäischen Union, die Lösung globaler Umweltprobleme (Belastungen der Erdatmosphäre und der Weltmeere).

1. Registrierte Umweltkriminalität

31   Die Polizeiliche Kriminalstatistik (PKS) zeigt, daß die Anzahl der Umweltschutzdelikte Jahr für Jahr ansteigt (vgl. Übersichten 58 und 59): von Null (1972) auf 32 082 (*PKS* 1995, 230).

a) Als Ursachen für diese Zunahme kommen in Frage:

– *erstens: die* **Kriminalisierung (und Verfolgung)** *von (zuvor straflosen) umweltverschmutzenden Verhaltensweisen (zur Neukriminalisierung vgl. § 1 Rdn. 6);*

– *zweitens: ein* **gestiegenes Umweltbewußtsein gekoppelt mit größerer Beschwerdebereitschaft;** *Lutz (1994, 428) spricht von „sensibilisierter Öffentlichkeit" und vom „Beginn der Aufhellung großen Dunkelfeldes" (zum Dunkelfeld vgl. Rdn. 33 ff zu § 2);*

– *drittens: ein* **Anstieg** *umweltschädigenden Verhaltens, der jedoch unwahrscheinlich erscheint, weil die Ausdehnung des staatlichen Kontrollverhaltens eher abschreckend wirkt.*

Rüther schrieb dazu in einem Gutachten, das er 1985 für das Umweltbundesamt verfaßt hat: „Umweltkriminalität ist somit **ein relativ neues gesellschaftliches Phänomen,** und zwar nicht auf Grund der Entstehung neuer Verhaltensweisen in der Gesellschaft, sondern auf Grund neuer gesellschaftlicher Bewertungen und Definitionen von bis dahin mehr oder weniger üblichen und ‚normalen' Verhaltensweisen."

Übersicht 58: Umweltkriminalität (1981–1996)

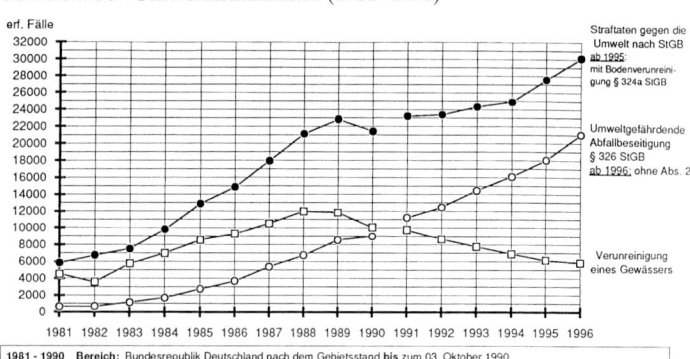

aus: *PKS* 1996, 230

32   b) Neben dem Anstieg der polizeilich registrierten Umweltschutzstraftaten fällt in der PKS noch auf (vgl. dazu die Übersicht 59), daß an der Spitze solcher Delikte mit großem Abstand die umweltgefährdende Gewässerverunreinigung steht (§ 324 StGB).

Übersicht 59: Bekannt gewordene Umweltschutzdelikte: Fallentwicklung

Straftaten gegen die Umwelt	1981*	1982	1984	1986	1988	1989	1990	1991***	1994	1995	1996
registrierte Fälle insgesamt	**5844**	**6750**	**9805**	**14853**	**21116**	**22816**	**21412**	**23817**	**32082**	**35643**	**39641**
davon u. a.:											
– *Verunreinigung eines Gewässers* (§ 324 StGB)	4531	5352	6992	9294	11968	11827	10073	9991	8207	7075	6878
– Luftverunreinigung (§ 325 StGB)	163	148	415	338	454	466	457	458	349	377	364
– Lärmverursachung (§ 325 StGB)	27	24	23	35	53	66	66	57	45	66	79
– *umweltgefährdende Abfallbeseitigung* (§ 326 StGB)	656	859	1699	3682	6748	8559	9009	11622	21587	24619	28840
– *unerlaubtes Betreiben von Anlagen* (§ 327 StGB)	282	257	524	1161	1671	1590	1555	1503	1608	1526	1448
– unerlaubter Umgang mit Kernbrennstoffen (§ 328 StGB)	1	1	–	–	**	2	3	–	14	124	105
– Gefährdung schutzbedürftiger Gebiete (§ 329 StGB)	17	19	16	56	44	35	53	55	57	62	63
– schwere Gefährdung durch Freisetzung von Giften (§ 330a StGB)	25	26	51	54	39	44	40	53	39	84	71

* Die Vergleichbarkeit zu den Vorjahren ist durch die zum 1. 7. 1980 in Kraft getretenen Änderungen (vgl. Rdn. 21) eingeschränkt.
** Nicht ausgedruckt.
*** Ab 1991 einschl. neuer Bundesländer (Aufklärungsquote im Durchschnitt 70,1 %)

Quellen: *PKS* 1981, S. 146; 1982, S. 146; 1984, S. 157; 1986, S. 160; 1988, S. 165; 1990, S. 24; 1991, S. 181; 1994, S. 222; 1995, S. 230; 1996, S. 230

33   Aber dieses Ergebnis gibt nicht viel her, weil die Umweltverwaltungsbehörden (Regierungspräsidien, Wasserämter, Gewerbeaufsichtsämter
usw.) viele Beschwerden über Umweltbeeinträchtigungen, die an ihre
Adresse gelangen, an die Strafverfolgungsbehörden zur Auslösung des
Ermittlungsverfahrens bisher nicht weiterreichen (*Albrecht* 1983, 281
u. H. auf *Mayntz* 1978; *Rüther* 1991, 139 ff/177 ff), und zwar deshalb
nicht, weil sie „an einer dichten Strafverfolgung wenig interessiert sind:
diese Vermutung wird durch neue Expertenbefragungen unterstützt"
(vgl. *Kühne/Görgen* 1991). Die Erfüllung ihrer spezifischen Verwaltungs-
aufgaben ist eher durch verhandlungsorientiertes denn durch repressives
Handeln geprägt (*Albrecht* 1983, 291, *Meurer* 1988, 2069; *Vierhaus* 1992,
161 f). Eine Beibehaltung dieser Praxis hat der Gesetzgeber dadurch
ermöglicht, daß er in seinen Vorschriften durch die Verwendung **unbe-
stimmter Rechtsbegriffe** der Verwaltung weitgehende Interpretations-
spielräume eingeräumt hat, z. B. durch folgende Begriffe: „nachteilige
Veränderungen der Eigenschaften eines Gewässers" (§ 324 StGB), „Veränderung der natürlichen Zusammensetzung der Luft" (§ 325),
„Abfälle" (§ 326), „Bestandteile des Naturhaushalts von erheblicher
ökologischer Bedeutung" (§ 330). Zur **„Implementierung"** des Umweltstrafrechts (d. h. zur Durchführung und Anwendung solcher Gesetze)
vgl. ausführlich *Albrecht* 1983; zur Kritik an der **„verwaltungsrechtlichen
Akzessorietät"** der Regelungen bzw. in bezug auf das verfassungsrechtliche Bestimmtheitsgebot vgl. *Heinz* 1981, 254; *Albrecht* 1983, 278 ff; *Otto*
1984, 400 ff; *Meurer* 1988, 2068 ff; *Schall* 1992, 5; zu anderen Lösungen
im Ausland: vgl. *Heine* 1989, 747 ff.

2. Möglichkeiten und Grenzen der Kriminalpolitik

34   Die bisherigen Erfahrungen zeigen, daß wirksamer Umweltschutz nur
dann stattfindet, wenn der Staat ihn erzwingt. Ob die Standortverschiebung der Umweltstrafvorschriften ins StGB (vgl. oben Rdn. 21 ff) das
Anzeigeverhalten der Privatpersonen bzw. von Umweltverwaltungsbehörden (dazu *Schall* 1993, 719 ff) verändert und damit dazu beitragen
kann, das Dunkelfeld zu verringern, wird die Zukunft erweisen. Skepsis
ist angebracht. Als Instrumente der Umweltpolitik werden benutzt:

a) Erhöhung des Mißerfolgsrisikos

35   Skepsis ist auch in bezug auf die Abschreckungswirkung der Strafvor-
schriften geboten, solange die entsprechenden Kontrolleinrichtungen
fehlen oder personell zu schwach besetzt sind (**Vollzugsdefizite**): dazu
Kühne/Görgen 1991; *Schall* 1990, 1992 und 1996. Jedenfalls spricht nach
der überwiegenden Meinung im Schrifttum viel für die These, daß es
nicht nur darauf ankommt, welche Sanktion angedroht ist, sondern vor
allem darauf, wie groß die Wahrscheinlichkeit ist, gefaßt, verurteilt und
der Sanktion unterworfen zu werden. Dementsprechend kann die Kriminalpolitik zum Umweltschutz auf folgende Weise beitragen (vgl. Übersicht 60): durch

– *die Einführung von Sanktionsvorschriften (zu den gegenwärtigen und zukünftigen Sanktionen bei Umweltdelikten vgl. Schall 1996, 440),*
– *die Regelung einer gesetzlichen Anzeigepflicht für Bedienstete der Verwaltungsbehörden (etwa – wie bereits in einigen Bundesländern geschehen – auf dem Erlaßwege; einen Anstieg der Behördenhinweise nach Einführung der administrativen Anzeigepflicht in Nordrhein-Westfalen konnten Kühne/Görgen (1991, 136 f) allerdings empirisch nicht nachweisen, sowie durch*
– *den Aufbau eines Überwachungsapparates, der kontrolliert und gegebenenfalls Sanktionen auslöst (z. B. Luftaufklärung und Satellitenüberwachung der Nordsee).*

Übersicht 60: **36**

Wichtige Instrumente der Umweltschutzpolitik

Informelles Staatshandeln	**Einsatz marktwirtschaftl. Instrumente**	**Administrative Kontroll-Instrumente**	**Strafrechtlich als Mittel der Umweltschutzpolitik**
– Öffentlichkeitsarbeit	– Ökonomische Anreize	– Erlaubnis- u. Genehmigungsverfahren	– Ordnungsrecht (Geldbuße)
– Gesetzesabwendende Maßnahmen	– Umweltabgaben	– Planfeststellungsverfahren	– Strafrecht: §§ 324 ff StGB
(Selbstverpflichtungen z. B. der Industrie dem Staat gegenüber: z. B. Rdn. 56)	– Finanzierungshilfen	Für beide: ev. UVP-Prüfung	Für beide: Problem der Vollzugsdefizite

aa) Entdeckungswahrscheinlichkeit

Die Sanktionsmittel hat der Gesetzgeber seit 1970 (insbesondere auch **37** 1980) zur Verfügung gestellt (vgl. oben Rdn. 18 ff und Überblick bei *Schall* 1996, 440 ff), der Überwachungsapparat ist hingegen noch dürftig (vgl. auch *Meurer* 1988, 2066). Das Mißerfolgsrisiko des potentiellen Umweltstraftäters (die **Entdeckungswahrscheinlichkeit**) ist noch immer gering (vgl. *Kube/Seitz* 1987, 43). Deshalb wird z.B. die Aufstellung einer besonderen **Umweltschutzpolizei** gefordert (vgl. I. *Herrmann* 1985, 214 ff, und *Schwind* in NOZ vom 22. Juli 1989; Bundesumweltminister *Töpfer* lt. NOZ vom 12. August 1989): Schaffung originärer Überwachungs- und Kontrollzuständigkeit im Umweltbereich (*Kube/Seitz* aaO). Erste Ansätze in dieser Richtung sind allerdings bereits realisiert worden (vgl. dazu auch die Hinweise bei *Lutz* 1994, 432). So hat das Landeskriminalamt Baden-Württemberg schon Anfang der 80er Jahre ein mobiles Umweltschutzkommando aufgebaut (*Albrecht* 1983, 292; weitere Vorschläge zur polizeilichen Schwerpunktbildung bei *Kühne/Görgen* 1991, 417 ff). Ferner gibt es inzwischen auch Umweltschutz-Sonderdezernate bei den Strafverfolgungsbehörden (bei der Polizei und den Staatsanwaltschaften). Niedersachsen hat die Schaffung von polizeilichen Sonderermittlungsgruppen „Umweltschutz" angeordnet, deren Mitglieder über eine spezielle Ausbildung verfügen (*Griefahn* 1992, 274). Insgesamt gesehen wird wirksame Umweltschutzpolitik mit strafrechtlichen Mitteln jedoch ohne wesentliche Verstärkung (auch) des polizeilichen Personals sowie der entsprechenden polizeilichen Ausbildung und Ausrüstung auch in der Zukunft nicht effektiv sein (vgl. dazu *Kitschenberg* 1984, 5 ff; *Steinke* 1982, 521 ff).

Auch Töpfer verlangt eine Umweltpolizei

Bonn, 11. August (dpa/Reuter) Auch Bundesumweltminister Klaus Töpfer hat sich jetzt für die Bildung einer Umweltpolizei ausgesprochen: „Wir brauchen endlich eine GSG-9-Truppe, um gegen die Umweltkriminalität schärfer vorgehen zu können", sagte Töpfer gegenüber der „Bild"-Zeitung. Die Umweltpolizei sollte sich nach seinen Worten aus Staatsanwälten, Naturwissenschaftlern und Polizisten zusammensetzen. Der Minister kündigte an, schon bald mit Innenminister Wolfgang Schäuble über das Thema zu sprechen. Der Vizepräsident der Neuen Kriminologischen Gesellschaft, Hans-Dieter Schwind, hatte bereits im Juli in einem Interview mit unserer Zeitung verlangt, eine Umweltpolizei aufzubauen.

aus: *NOZ* vom 12. August 1989

bb) Sanktionswahrscheinlichkeit

38   Ohne diese Verstärkung wird vermutlich auch die **Sanktionswahrscheinlichkeit**, die wie die Entdeckungswahrscheinlichkeit abschrecken soll, gering bleiben. So wurden nach den Feststellungen *Rüthers* (1986, 228) zwar wesentlich mehr Umweltdelikte als früher entdeckt, gleichzeitig stieg jedoch auch die Zahl der Verfahrenseinstellungen (mangels Tatnachweises oder mangels Täterermittlung) nach § 170 Abs. 2 StPO (durch die Staatsanwaltschaft) wesentlich an (auf rund 70 %; Anklagequote 30 %: vgl. schon *Bottke* 1980, 539; *Albrecht* 1983, 281). Lediglich 7 % der eingeleiteten Verfahren endeten mit einer Verurteilung (*Albrecht* aaO). Freiheitsstrafen wurden bisher nur selten verhängt: zwischen 1981 und 1990 im ganzen Bundesgebiet lediglich 516 (1990 = 95), die meist noch zur Bewährung ausgesetzt wurden (*Kube/Seitz* 1987, 45; *Kaiser* 1993, 521). In der Regel werden Geldstrafen verhängt (1990: 96,4 % der Verurteilungen); die verhängten Geldstrafen überschreiten zu rund 60 % nicht die Grenze von lediglich 30 Tagessätzen (*Kube* aaO, 184 f; *Kaiser* aaO; vgl. dazu auch *Vierhaus* 1992, 161, und *Kühne/Görgen* 1991, 181).

1993 endeten die Umweltstrafverfahren wie folgt (in Klammern zum Vergleich: Ausgänge nach allgemeinem Strafrecht):

- *Freiheitsstrafe: 4,2 % (20,2 %);*
- *davon zur Bewährung ausgesetzt: 84,9 % (67,2 %);*
- *Geldstrafe: 95,8 % (79,7 %); vgl. dazu auch Rdn. 47 ff zu § 21;*

Beispiele (nach *Schall* 1996, 441 Fn. 7):

- *Ein Schiffsführer läßt beim Reinigen der Laderäume mit Waschwasser auch Nitrobenzol in den Rhein pumpen – Geldstrafe von 80 Tagessätzen;*
- *der für den ordnungsgemäßen Zustand einer Heizanlage eines Betriebes Verantwortliche unterläßt es, die regelmäßige Überprüfung zu veranlassen, so daß aus defekten Rohrleitungen 38 000 Liter Heizöl ins Erdreich und größtenteils ins Grundwasser gelangen – Geldstrafe von 90 Tagessätzen.*

Das **Gros der Verfahren wird jedoch eingestellt** und zwar nicht nur wegen Beweisschwierigkeiten, sondern auch nach § 153 a StPO, dessen Anwendungsbereich auf die mittlere Kriminalität erweitert worden ist (vgl. dazu *Schall* 1996, 444).

Ob sich dieses Sanktionsverhalten durch den Aufbau von **Schwerpunkt-** **39** **staatsanwaltschaften für Umweltdelikte** und **Strafkammern für Umweltstraftaten** (etwa beim Landgericht Frankfurt) verändert, bleibt abzuwarten. Vielleicht können auch die diskutierten **Neuerungen im Beweisrecht** zu Veränderungen des Sanktions-Outputs führen (vgl. *Kube/Seitz* 1987, 45). Insoweit muß auch bedacht werden, daß eine Geldstrafe gegenüber dem Mitarbeiter einer Firma **oft durch die Firma beglichen wird**, ein Verhalten, das nach BGHSt 37, 226 nicht (mehr) den Tatbestand der Strafvereitelung nach § 258 Abs. 2 StGB erfüllt (vgl. auch *Schall* aaO).

Der Einsatz des Strafrechts (vgl. dazu *Albrecht/Heine/Meinberg* 1984, **40** 943 ff) darf aber auch im Umweltschutz nur die **ultima ratio** staatlicher Sozialkontrolle darstellen. Zu Recht weist deshalb *Horn* (1983, 362) darauf hin, daß „lebendige ‚soziale Kontrolle' (und Psychologie: vgl. Zeitungsausriß hinter Rdn. 45 und Rdn. 20 ff zu § 6) tausendmal wirksamer als jeder Strafanspruch ist": Es dürfte auch zutreffen, daß „die Bürger gegenüber Angriffen auf die Umwelt gewiß nicht wegen des Strafrechts sensibel geworden sind" (*Horn* aaO). Gleichwohl hat das Strafrecht darüber hinaus eine wichtige Aufgabe zu erfüllen: Die Abschreckung des „harten Kerns" (durch Strafdrohung und Strafe), der sein Gewissen hinter Eigeninteressen zurückstellt und „ebenso eiskalt kalkuliert wie der Schwarzfahrer in der Straßenbahn: Wie hoch ist der Preis und wie groß das Risiko des Erwischtwerdens?" (*Horn* aaO). Als **„Ei des Kolumbus"** wird insoweit der Vorschlag diskutiert, bei erheblichen Umwelt-Straftaten das Unternehmen unter die Leitung und Aufsicht eines Kurators zu stellen, nämlich unter die Leitung und Aufsicht einer vom Staat bestimmten Person oder Institution: **„Unternehmenskuratel"** (*Schall* 1996, 449). Eine solche Sanktion würde nach Schall (aaO) „den großen Vorteil haben, daß sie den Bestand des Unternehmens selbst gewährleistet und die Anteilseigner schont, das eigentliche Management aber ... empfindlich trifft". Als „weitere Sanktionsmöglichkeit bei betrieblicher Umweltkriminalität wird nach dem Vorbild anderer europäischer Länder eine **öffentliche Bekanntmachung der Verurteilung** vorgeschlagen" (*Schall* 1996, 450), also eine Art **Pranger.**

40 a   Besorgniserregend erscheint die Tendenz zur **Organisierten Wirtschaftskriminalität** im Umweltbereich. Die entsprechenden Aktivitäten beziehen sich z. B. auf folgende Bereiche (vgl. auch Rdn. 22 zu § 29):

– Nuklearkriminalität: Beseitigung radioaktiver Betriebsabfälle,
– Sonderabfallbeseitigung: falsches Deklarieren,
– Mülltourismus bzw. illegale Beseitigung von Giftmüll durch Export in die Länder Osteuropas oder solche der Dritten Welt.

cc) Rentabilitätsfragen

41   Aber auch dann, wenn es gelingen sollte, die Entdeckungswahrscheinlichkeit zu vergrößern (etwa durch den Aufbau einer bundesweiten Umweltpolizei) und die Sanktionswahrscheinlichkeit zu erhöhen (etwa durch die Spezialisierung in der Justiz) bleibt doch die **Strafmaßfrage** übrig, die zur Problematik der **„Rentabilität" von Umweltdelikten** hinführt (dazu *Kube* in: Acta Universitatis Lodziensis 1988, 173 ff): Jedenfalls solange sich die Rechtsprechung nicht zu härterer Sanktionierung von Umweltdelikten entschließt, bleibt folgendes Beispiel für die Rentabilität informativ, das man bei *Sprittula* nachlesen kann (Der Kriminalist 1984, 279):

> *Ein Kapitän, der auf hoher See seine Öltanks säubert und die Schadstoffe ins Meer verklappt, muß (falls er überhaupt entdeckt wird) mit einer Geldstrafe von rund 3 000 DM rechnen; das ordnungsgemäße Reinigen der Tanks (in einer Tankreinigungsanlage an Land) würde ihn hingegen 30 000 DM kosten (weitere Beispiele in der MiStra Nr. 52).*

Die Rechnung geht auf: „Potentielle Geldstrafen dürften bei der Kosten/Nutzen-Analyse der Unternehmen bereits in Ansatz gebracht sein" (wird von *Meurer* vermutet: 1988, 2070).

b) Eingrenzung des Verwaltungsrechts

42   Typisch für das neue Umweltstrafrecht ist die enge Verzahnung von straf- und verwaltungsrechtlichen Vorschriften. *Eisenberg* (Kriminologie 1985, 627) spricht von „institutionalisierter Abhängigkeit des Umweltstrafrechts ... von verwaltungsrechtlichen Normen und Entscheidungen". Danach wird den Verwaltungsbehörden „weitgehend die Entscheidung darüber überlassen, welche Maßnahmen zum Schutz der Umwelt erforderlich und für den Betroffenen zumutbar sind" (*Meurer* 1988, 2069). *Meurer* (aaO, 2070) schlägt daher vor,

- dem Umweltstrafrecht durch weitere **Grenzwertfestlegungen** größeres Gewicht zu verleihen und
- eine gesetzliche Neuregelung zu schaffen, die es erlaubt, die **Amtsträger in Umweltverwaltungsbehörden für ein Fehlverhalten in bezug auf Umweltschädigungen verstärkt zur Verantwortung zu ziehen** (so auch *Kaiser* 1993, 815); zur derzeitigen Strafbarkeit solcher Amtsträger vgl. *Schall* 1993 a, 719 ff (zugleich auch BGHSt 38, 325).

Der BGH (aaO) bestätigte ein Urteil des LG Darmstadt, durch das der Bürgermeister einer hessischen Gemeinde wegen vorsätzlicher Gewässerverschmutzung (§ 324) verurteilt wurde, weil er es unterließ (trotz Mahnung der Wasserbehörde), gegen Grundstückseigentümer vorzugehen, die (entgegen der Abwassersatzung) keine Kleinkläranlagen errichteten; dadurch wurden Abwässer weiterhin über Kanäle in Bäche geleitet.

c) Einsatz marktwirtschaftlicher Instrumente

Die Umweltverschmutzung darf sich nicht lohnen; sie darf (unter dem Strich) nicht rentabel sein. Umgekehrt: „Investitionen in den Umweltschutz sollten letztendlich kostengünstiger sein als Abgaben an den Staat" (*Meurer* 1988, 2071). Wenn man von diesen Grundzätzen ausgeht, bietet sich der Einsatz marktwirtschaftlicher Instrumente an. „Dahinter steht der Gedanke, den Unternehmer vor die Wahl zu stellen, entweder Maßnahmen gegen die Umweltverschmutzung durchzuführen oder finanzielle Nachteile in Kauf zu nehmen" (*Meurer* aaO): nämlich Sonderabgaben, ein Weg, der mit der AbwasserabgabenVO bereits beschritten wurde. Auch in einigen Bundesländern bestehen spezielle Abgaberegelungen, z. B. die Naturschutzausgleichsabgabe in Baden-Württemberg oder die Waldabgabe in Hessen (*Schall* 1992, 8). **Aber:** Der Bundesverband der Deutschen Industrie (BDI) warnte bereits 1990 „vor einer Flut neuer Abgaben" (FAZ vom 15. Januar 1990). **43**

Der Kriminalpolitiker steht im übrigen vor dem Dilemma, daß seine Bestrebungen, die Umweltkriminalität zu begrenzen, die Industrie durch entsprechende Auflagen in ihrer **internationalen Wettbewerbsfähigkeit** beeinträchtigen und insoweit auch Arbeitsplätze gefährden können (zur „Relevanz der Arbeitsplätze im strafrechtlichen Umweltschutz" vgl. *Schall* 1985, 1 ff). Dementsprechend heißt es z. B. schon bei J. H. *Herrmann* (1979, 286): **44**

> *„Das Umweltschutzrecht der Bundesrepublik Deutschland baut bekanntlich weitgehend auf dem Verursacherprinzip auf. Danach fallen die Kosten zur Vermeidung, zur Beseitigung und zum Ausgleich von Umweltbeeinträchtigungen dem zur Last, dem diese Beeinträchtigungen zugerechnet werden können. Das Verursacherprinzip bringt für die Industrie erhebliche finanzielle Belastungen mit sich. Industriebetriebe müssen Kläranlagen und Einrichtungen zur Verhinderung von Luftverschmutzung bauen. Sie sind gezwungen, neue, unschädliche Produkte und Produktionsmethoden zu entwickeln. Als Folge hiervon bleibt*

*ihnen oft keine andere Wahl als das Wachstum zu bremsen und arbeits-
platzbeschaffende Investitionen zu unterlassen. Es steht der Industrie
zwar frei, Aufwendungen, die sie zum Zwecke des Umweltschutzes
gemacht hat, durch Preissteigerungen auf den Verbraucher abzuwäl-
zen. Erhöht aber ein Industriebetrieb die Preise, so verschlechtert sich
seine Wettbewerbsfähigkeit. Tun dies alle, so kann es leicht zu einem
Anheizen der Inflation kommen. Besondere Probleme ergeben sich auf
dem internationalen Markt, da die stark exportabhängige deutsche
Industrie hier im Wettbewerb mit den Industrien anderer Länder steht,
in denen der Umweltschutz weniger streng gehandhabt wird."*

45   Dabei darf man aber nicht übersehen, daß „die Industrie schon von
1975 bis 1984 rund 23 Milliarden DM für Zwecke des Umweltschutzes
aufgebracht hat" (NOZ vom 19. November 1986); inzwischen sind die
Beträge gestiegen.

Alle diese Aufwendungen werden voraussichtlich jedoch nicht ausreichen, um das Umweltproblem, das unsere elementaren Lebensgrundlagen bedroht, in den Griff zu bekommen. Deshalb wird in der Literatur
(von *Hippel* in: ZRP 1986, 233 ff) z. B. die Errichtung von sog. Entschädigungsfonds (**Fondslösung**) gefordert, die durch Abgaben aller potentiellen Schädiger finanziert werden sollen. Danach soll eine rasche Hilfe
gewährleistet werden, z. B. zur Sanierung von Altlasten (vgl. Rdn. 11).
Diese Fondslösung ist allerdings auf die Ablehnung des 56. Deutschen
Juristentags (1986 in Berlin) gestoßen (Beschluß 61 der II. Abteilung
Umweltrecht). Auch ein vom Land Hamburg im Bundesrat eingebrach-
ter Antrag auf Schaffung eines Entschädigungsfonds wurde 1990 mit der
Begründung abgelehnt, er sei nicht finanzierbar (*Schall* 1992, 7).

Marktwirtschaftliche Anreize zur Schadensverhütung soll das Umwelthaftungsgesetz vom 10. Dezember 1990 bieten, das eine (zivilrechtliche)
anlagenbezogene Gefährdungshaftung für Personen- und Sachschäden
vorsieht, die durch Umwelteinwirkungen auf Boden, Luft oder Wasser
entstanden sind (*Schall* 1992, 7).

Mit Psychologie dem Müll zu Leibe rücken?

Experten plädieren für Belohnung statt Bestrafung

aus: *NOZ* vom 13. April 1991

3. Zur Umweltschutzpolitik der 80er und 90er Jahre

46   *a) Bemühungen der Bundesregierung seit 1982*

Was ist nun seit 1982 (Beginn der christlich-liberalen Bundesregierung) auf dem Umweltsektor geschehen?

aa) Luftreinhaltung

Der Luftverunreinigung wurde **insbesondere** entgegengewirkt durch:

– die **Großfeuerungsanlagen-Verordnung,** die am 1. Juli 1983 in Kraft trat: Diese betrifft vor allem Großfeuerungsanlagen, die z. B. rund 70 % der Schwefeldioxid-Emissionen zu verantworten haben; **47**

– die **Novelle zur TA Luft** (Technische Anleitung zur Reinhaltung der Luft), die am 1. März 1986 in Kraft getreten ist: Diese enthält – neben Vorschriften für Neuanlagen – vor allem Regelungen für die Sanierung der von der TA Luft erfaßten Altanlagen (insbesondere **Müllverbrennungsanlagen**, Raffinerien, chemische Fabriken, Anlagen der Eisen- und Stahlerzeugung und -verarbeitung, der Glas- und Nahrungsmittelherstellung sowie Zementwerke); **48**

– die **Kleinfeuerungsanlagen-Verordnung,** die am 1. Oktober 1988 in Kraft getreten ist (Novellierung in Vorbereitung): Sie regelt die Anforderungen an die Luftreinhaltung für Feuerungsanlagen, die nicht der Genehmigungspflicht des Bundes-Immissionsschutzgesetzes unterliegen (z. B. Anlagen in privaten Haushalten, Handwerks- und Gewerbebetrieben, öffentlichen Einrichtungen und der Landwirtschaft). Solche Kleinfeuerungsanlagen tragen aufgrund ihrer großen Anzahl, ihrer niedrigen Schornsteine und ihrer zeitlichen Nutzungsbegrenzung auf die Heizperiode in Ballungsgebieten in erheblichem Maße zur örtlichen Schadstoffbelastung bei; **49**

– die **Einführung des schadstoffarmen Autos,** gefördert durch Vorteile bei der Kfz-Steuer und die Einführung von Schadstoffgrenzwerten für Autoabgase. Geplant ist eine emissionsbezogene Kraftfahrzeugsteuer; **50**

– das **Strahlenschutzvorsorgegesetz,** das als Reaktion auf das Reaktorunglück in Tschernobyl (vgl. oben Rdn. 5) am 31. Dezember 1986 in Kraft getreten ist: Das Gesetz betrifft die Sicherstellung der bundesweiten Erhebung und Auswertung von Daten durch Bund und Länder über die radioaktive Belastung der Umwelt einschließlich des Bodens; **51**

– die **FCKW**-Halon-Verbots-**Verordnung** vom 6. Mai 1991 (BGBl. 1991 I, 1090 ff).

Neue (unerwartete) Probleme: der Müll wird knapp; viele der neu errichteten Müllentsorgungsanlagen laufen zeitweise leer, weil zu viele bzw. zu große Anlagen gebaut worden sind (**Überdimensionierung**) und „die Deutschen ihren Müll mit ungeahnter Gründlichkeit zu sortieren begonnen; aus grünen, gelben und braunen Tonnen quollen statt des Abfalls plötzlich lauter **Werkstoffe für die Recycling-Industrie** hervor" (DER SPIEGEL vom 23. 9. 1996, 40; vgl. auch den Zeitungsausriß unten). Das **neue Kreislaufwirtschafts- und Abfallgesetz** (KRW/AbfG), das am 6. Okt. 1996 in Kraft trat (BGBl. 1994 I, 2705), wird vermutlich zu einer weiteren Absenkung der Verarbeitungsmengen führen; das KRW/AbfG löst das bisherige Abfallgesetz (AbfG) ab (dazu ausführlich *Krahnefeld* 1996, 269 ff). **51 a**

„Sie reißen sich um jede Tonne"

Der Müll wird knapp. Verbrennungsanlagen laufen leer, Deponien können nicht gefüllt werden. Industrie und Kommunen prozessieren um jeden Dreck. Schuld an dem Mangel sind immer perfektere Recycling-Verfahren – und der Eifer der Deutschen beim Müllsortieren.

aus: *DER SPIEGEL* vom 23. September 1996, S. 40

bb) Natur- und Bodenschutz

52   Der Beeinträchtigung von Natur und Boden wurde **insbesondere** entgegengewirkt durch:

53   – das **Pflanzenschutzgesetz** vom 15. September 1986: Das Gesetz enthält strenge Vorschriften für die Anwendung und den Umgang mit Pflanzenschutzmitteln;

54   – das erste Gesetz zur Änderung des Bundesnaturschutzgesetzes, das am 1. Januar 1987 in Kraft getreten ist. Dieses enthält ein Veränderungsverbot für bestimmte, als besonders erhaltenswert einzustufende **Biotope** sowie Regelungen zur Verbesserung des Artenschutzes bei Tieren und Pflanzen;

55   – die **Störfallverordnung** vom 19. Mai 1988: Die Verordnung legt Grundanforderungen an genehmigungsbedürftige Anlagen fest, die die Entstehung von Störfällen vermeiden und die Auswirkungen auf die Umwelt verringern sollen;

56   – durch die am 9. September 1988 auf der Grundlage einer Konzeption des Bundesumweltministers unterzeichnete **Selbstverpflichtung der Batteriehersteller** und des Einzelhandels, die die Entsorgung von Altbatterien betrifft; eine weitere **Selbstverpflichtungserklärung** hat der Präsident des Bundesverbandes der Deutschen Industrie (**BDI**), *Henkel*, im März 1995 abgegeben: *Henkel* hat zugesagt, „daß die Wirtschaft ihre **Kohlendioxyd-Emissionen** bis 2005 um 20 Prozent und mehr verringern werde" (vgl. FAZ vom 31. Mai 1995, 6). Im Gegenzug hat sich die Bundesregierung dazu bereit erklärt, ordnungsrechtliche Maßnahmen wie etwa die **Wärmenutzungsverordnung einstweilen zurückzustellen** (FAZ aaO);

57   – die **Abfallverbringungs-Verordnung** vom 18. November 1988. Mit ihr wurde die EG-Richtlinie über die Überwachung und Kontrolle der **grenzüberschreitenden** Verbringung gefährlicher Stoffe innerhalb der Gemeinschaft formal umgesetzt. Die materiellrechtlichen Regelungen enthält bereits das Abfallgesetz von 1986;

58   – die am 20. Dezember 1988 von der Bundesregierung erlassene Verordnung über die **Rücknahme und Pfanderhebung** von Getränkeverpackungen aus Kunststoffen. Die Verordnung bestimmt, daß Getränke in Kunststoffverpackungen künftig nur in Verkehr gebracht werden dürfen, wenn die leeren Behältnisse vom Handel und Abfüller zurückgenommen werden. Anschließend müssen sie einer Verwertung außer-

halb der Abfallentsorgung zugeführt werden. Ein Pfand von 50 Pfennig soll eine hohe Rücklaufquote gewährleisten;
– die vom Bundeskabinett am 17. Januar 1990 beschlossenen Zielfestlegungen zur Vermeidung, Verringerung oder Verwertung von Abfällen von **Verkaufsverpackungen aus Kunststoff für Nahrungs- und Genußmittel sowie Konsumgüter.**   **59**

cc) Gewässerschutz

Der Gewässerverschmutzung wurde **insbesondere** entgegengewirkt durch: **60**

– die 5. Novelle zum Wasserhaushaltsgesetz (WHG) vom 23. September 1986: Die Anforderungen an das **Einleiten von Abwasser** für bestimmte gefährliche Stoffe wurde nach dem Stand der Technik (§ 7a WHG) verschärft und Anforderungen nach dem Stand der Technik auch für Indirekteinleiter festgelegt. Die Anforderungen an den Bau und Betrieb von Abwasseranlagen, vor allem Kanalisationen, Regenrückhaltebecken u.ä. (§ 18b WHG) wurden ebenfalls verschärft. Ferner wurde das WHG hinsichtlich des Umgangs mit wassergefährdenden Stoffen (§§ 16, 19g WHG) ergänzt;   **61**

– die Novelle zum „Wasch- und Reinigungsmittelgesetz" von 1986: Durch sie wurde der Geltungsbereich (z.B. auf **Weichspüler**) erweitert;   **62**

– den Verzicht der Industrie gegenüber dem Bundesumweltminister 1987 auf leichtflüchtige **chlorierte Kohlenwasserstoffe** (CKW) in Wasch- und Reinigungsmitteln;   **63**

– die aufgrund der Ermächtigungen der §§ 5a und 5f sowie des § 14 AbfG vom Bundesumweltminister am 27. Oktober 1987 erlassene Rechtsverordnung zur **Altölentsorgung;**   **64**

– die Erreichung (1989) der Zielfestlegung aus dem Jahre 1983, die Einbringung von **Dünnsäure** aus der deutschen Titandioxid-Produktion in die **Nordsee** einzustellen. Die Entsorgung erfolgt jetzt in den beiden Recyclinganlagen in Duisburg und Nordenham. Die Einbringung von Abfällen in die Nordsee (vgl. Rdn. 14) ist damit von seiten der Bundesrepublik Deutschland vollständig beendet.   **65**

Schließlich: „Günstig hat sich vor allem die **Wiedervereinigung** auf den Klimaschutz ausgewirkt. Die Kohlendioxid-Emissionen nahmen in Deutschland vor allem aufgrund des wirtschaftlichen Umstrukturierungsprozesses in den neuen Ländern von 1060 Millionen Tonnen im Jahr 1987 auf 892 Millionen Tonnen im Jahr 1994 ab. Zahllose Industriebetriebe mußten ihre Produktion einstellen; ineffiziente Kraftwerke wurden geschlossen oder umgebaut, was zur Folge hatte, daß sehr viel weniger **Braunkohle** verbraucht wurde, bei deren Verbrennung besonders viel Kohlendioxid entsteht. Allein **in den neuen Ländern nahmen die Emissionen von Kohlendioxid dadurch von 1987 bis 1994** um mehr als 50 % ab, während sie in Westdeutschland um etwa ein Prozent stiegen" (*Hohenthal* in: FAZ vom 31. Mai 1995, 6; anders die Zeitungsmeldung   **66**

unten); zum **Umwelthaftungsgesetz** vom 10. Dez. 1990 (BGBl 1990 I, 2634), das den Inhaber einer „Anlage verpflichtet, dem Geschädigten den daraus entstehenden Schaden zu ersetzen", vgl. *Kreuzer* **1991, 209 ff.**

Kohlendioxyd-Ausstoß seit 1990 um 12,7 Prozent gesunken

BONN, 14. Juli (AP). Der Ausstoß des Treibhausgases Kohlendioxyd ist in Deutschland zwischen 1990 und 1995 um 12,7 Prozent gesunken. Damit sei das Ziel, den Kohlendioxyd-Ausstoß bis zum Jahr 2005 um 25 Prozent zu verringern, zur Hälfte erreicht, sagte Bundesumweltministerin Merkel am Sonntag in Bonn. Deutschland sei einer der wenigen Staaten, die dieses Ziel der Klimarahmenkonvention erfüllten. Allerdings müßten noch erheblich weitere Anstrengungen unternommen werden. Die Umweltministerin berief sich auf Zahlen des EU-Überwachungssystems für Kohlendioxyd und andere Treibhausgase.

aus: *FAZ* vom 15. Juli 1996

Am 8. März 1996 bestätigte der Sachverständigenrat für Umweltfragen in seinem Jahresgutachten,

> „daß die Umweltpolitik der letzten 25 Jahre die Bundesrepublik in den Kreis der umweltpolitisch fortschrittlichen Staaten geführt habe. Damit korrespondiere eine führende Rolle als Exporteur von Umwelttechnik" (zit. nach DIE WELT vom 9. März 1996).

Umweltschutz jetzt Staatsziel
Bundesrat billigt Verfassungsreform - Verstärkter Kampf gegen Mafia

aus: *NOZ* vom 24. September 1994

b) Umweltschutz jetzt Staatsziel im GG

67   Am 23. September 1994 hat auch der Bundesrat der (nicht zuletzt) von der (Anti-)Gewaltkommission der Bundesregierung (vgl. *Schwind/Baumann* 1990, I, 206) vorgeschlagenen Aufnahme des Umweltschutzes als Staatsziel ins GG zugestimmt (vgl. dazu *Waechter* 1996, 321 ff). Seit dem 15. November 1994 lautet der entsprechende Art. 20a GG wie folgt: „Der Staat schützt auch in Verantwortung für die künftigen Generationen die natürlichen Lebensgrundlagen im Rahmen der verfassungsmäßigen Ordnung durch die Gesetzgebung und nach Maßgabe von Gesetz und Recht durch die vollziehende Gewalt und die Rechtsprechung" (vgl. auch Zeitungsausriß oben).

c) Die Einheitliche Europäische Akte von 1986

Die EG-Staaten haben in der „Einheitlichen Europäischen Akte" (vgl. **68** dazu auch Rdn. 4 und 6 ff zu § 31) vom 16. Januar 1986 (ABl der EG Nr. C 36/144 vom 17. Februar 1986) die Umweltpolitik zu einer gemeinsamen Aufgabe erklärt (vgl. auch Rdn. 3 zu § 31). Danach wird dem Dritten Teil des EWG-Vertrages der folgende Titel VII hinzugefügt:

„Umwelt
Artikel 130r

1. Die Umweltpolitik der Gemeinschaft hat zum Ziel,
   – die Umwelt zu erhalten, zu schützen und ihre Qualität zu verbessern,
   – zum Schutz der menschlichen Gesellschaft beizutragen,
   – eine umsichtige und rationale Verwendung der natürlichen Ressourcen zu gewährleisten.
2. Die Tätigkeit der Gemeinschaft im Bereich der Umwelt unterliegt dem Grundsatz, Umweltbeeinträchtigungen vorzubeugen und sie nach Möglichkeit an ihrem Ursprung zu bekämpfen, sowie dem Verursacherprinzip. Die Erfordernisse des Umweltschutzes sind Bestandteil der anderen Politiken der Gemeinschaft.
3. Bei der Erarbeitung ihrer Maßnahmen im Bereich der Umwelt berücksichtigt die Gemeinschaft
   – die verfügbaren wissenschaftlichen und technischen Daten,
   – die Umweltbedingungen in den einzelnen Regionen der Gemeinschaft,
   – die Vorteile und die Belastung aufgrund der Maßnahmen bzw. ihrer Unterlassung,
   – die wirtschaftliche und soziale Entwicklung der Gemeinschaft insgesamt sowie die ausgewogene Entwicklung ihrer Regionen, ..."

Literatur zum Europäischen Umweltrecht: Calliess/Wegener: Europä- **69** isches Umweltrecht als Chance, Taunusstein, 1992; **Coenen/Jörissen:** Umweltverträglichkeitsprüfung in der Europäischen Gemeinschaft, Berlin 1989; **Rengeling:** Europäisches Umweltrecht und europäische Umweltpolitik, München 1988; **Salzwedel:** Möglichkeiten rationaler europäischer Umweltpolitik, in: *Knoche*, M. (Hrsg.): Wege zur europäischen Rechtsgemeinschaft, St. Augustin 1987, S. 63–78.

SIEBTER TEIL

Neue Tätergruppen
(Zuwandererkriminalität)

Die deutsche Kriminalpolitik muß sich nicht nur auf neue Kriminali- **1**
tätsformen (vgl. §§ 21, 22) einstellen, sondern auch auf neue Tätergruppen: auf Zuwanderer, die (seit Mitte der 70er Jahre) zunehmend als Tatverdächtige registriert werden und inzwischen in beträchtlicher Zahl
(auch) im Strafvollzug einsitzen (vgl. Rdn. 40 zu § 23). Dazu gehören vor
allem solche aus dem Kreis der Ausländer

– die (ab Mitte der fünfziger Jahre) als Arbeitskräfte (primär aus den
  mediterranen Ländern) **angeworben** wurden – samt ihren Nachkommen (§ **23**) sowie solche
– die (verstärkt in den neunziger Jahren) als Flüchtlinge bzw. Asylbewerber **von selbst** kamen (§ **24**).

Übersicht 61: Anteil der Nichtdeutschen (Non-Germans) an der Wohn- **2**
bevölkerung und an den Tatverdächtigen (TV) insgesamt

Anteile in %	1973*	1980*	1990*	1991	1993	1995	1996
an der reg. Wohnbev.	6,2 %	6,9 %	8,4 %	7,9 %	8,5 %	8,7 %	8,9 %
an allen TV	12,4 %	15,0 %	26,7 %	25,9 %	33,6 %	28,5 %	28,3 %
an Gewalt-Delikten							
a) Mord/Totschlag	24,4 %	25,5 %	27,6 %	29,6 %	30,7 %	31,9 %	33,2 %
b) Raub-Delikte	16,4 %	18,1 %	35,5 %	34,1 %	33,7 %	32,3 %	32,6 %
c) schw/gef. KV	20,0 %	20,3 %	26,5 %	27,5 %	30,5 %	28,6 %	29,1 %
d) Vergewaltig.	30,0 %	30,3 %	32,6 %	34,0 %	36,9 %	32,5 %	33,7 %

Quellen: PKS und Statistisches Bundesamt
* nur alte Bundesländer

Beide Gruppen (die primär das Wohlstandsgefälle antreibt) werden in **3**
der *PKS* als „**Nichtdeutsche**" erfaßt; solche sind (nach der *PKS* 1996, 11)
„Personen ausländischer Staatsangehörigkeit, Staatenlose und Personen,
bei denen die Staatsangehörigkeit ungeklärt ist". Betrachtet man die entsprechende (in der *PKS*) registrierte Kriminalität, so fällt auf, daß

– erstens: der Anteil der Nichtdeutschen an allen Tatverdächtigen **weit
  überproportional hoch** ist (vgl. Übersicht 61) und zwar auch in bezug
  auf Gewaltverbrechen (zur Gewalt **gegen** Nichtdeutsche vgl. Rdn. 26 ff
  zu § 28);
– zweitens: der Anteil der Nichtdeutschen an allen TV (**sprunghaft**)
  zunimmt (vgl. Übersicht 62).
  In den letzten drei Jahren sind darüber hinaus auch (**junge**) **Aussiedler** **4**
(primär aus den GUS-Staaten) in krimineller Hinsicht zunehmend auffällig (§ **25**).

Übersicht 62: Anteile der Ausländer an der Gesamtbevölkerung und den Tatverdächtigen im Bundesgebiet 1955–1995* (ohne Verkehrsdelikte)

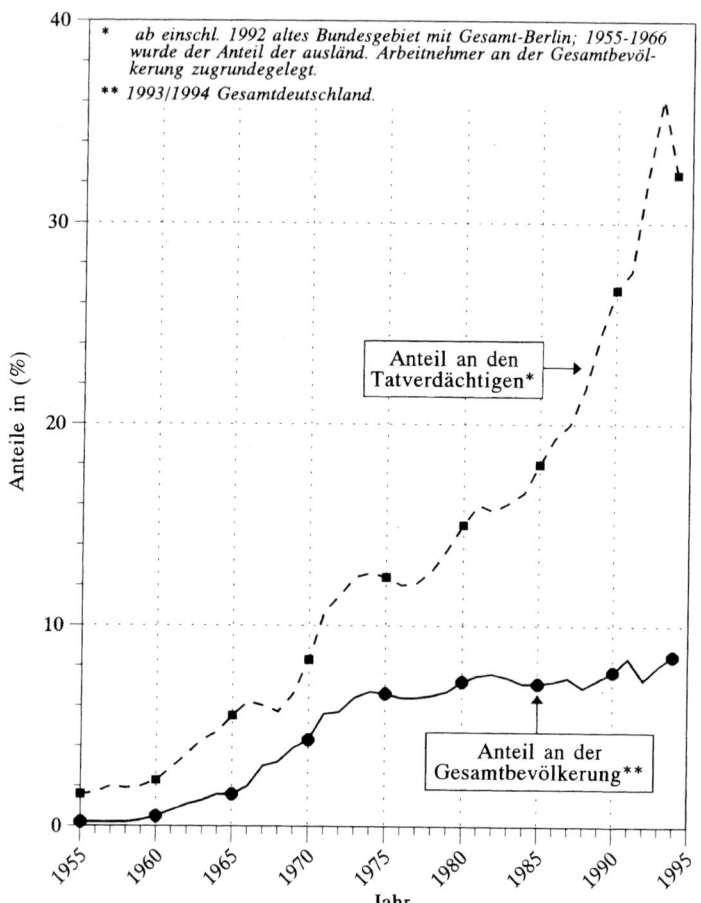

* ab einschl. 1992 altes Bundesgebiet mit Gesamt-Berlin; 1955-1966 wurde der Anteil der ausländ. Arbeitnehmer an der Gesamtbevölkerung zugrundegelegt.
** 1993/1994 Gesamtdeutschland.

Anteil an den Tatverdächtigen*

Anteil an der Gesamtbevölkerung**

Anteile in (%)

Jahr

Quellen: PKW 1981–1984; 1994, 92; StaJB 1955–1968; StaBA Ausländer 1994, 11.
aus: *Kaiser, G:* Kriminologie, 3. Aufl. 1996, S. 656; 1996 = 625585 (*PKS* 1996, 113)

5   **Offizielle Informationen über Ausländer** enthalten insbesondere:

– die Polizeiliche Kriminalstatistik (PKS), die das BKA herausgibt,
– die Statistik des Statistischen Bundesamtes (Wiesbaden) über die „ausländische Bevölkerung in Deutschland",

– das vom Bundesverwaltungsamt in Köln geführte Ausländerzentral-register (AZR), das Informationen über (nicht nur vorübergehend in Deutschland lebende) Ausländer speichert (vgl. dazu z. B. *Streit* in: BewHi 3/96, S. 229–239; *Bäumler* in: BewHi 3/96, S. 240–249),
– die Fortschreibung des Asyl-Erfahrungsberichts des *Bundesministe-riums des Innern* (Bonn) und
– das Statistische Jahrbuch, das das Statistische Bundesamt in Wiesba-den herausgibt.

§ 23 Zur Kriminalität der Gastarbeiter und ihrer Nachkommen

Literatur: **Albrecht**, P. A./**Pfeiffer**, C.: Die Kriminalisierung junger Ausländer, München 1979; **amnesty international** (ai): Ausländer als Opfer. Polizeiliche Mißhandlungen in der Bundesrepu-blik, Mai 1995; **Bielefeld**, U./**Kreissl**, R./**Münster**, T.: Junge Ausländer im Konflikt, München 1982; **Bierbrauer**, G. in: *Thomas*, A. (Hrsg.): Psychologie und multikulturelle Gesellschaft, Göt-tingen 1994, S. 192–201; **Bundeskriminalamt** (Hrsg.): Ausländerkriminalität in der Bundesrepu-blik Deutschland, Wiesbaden 1989; **Bundesminister des Innern** (Hrsg.): Aufzeichnung zur Aus-länderpolitik und zum Ausländerrecht in der Bundesrepublik Deutschland, Stand: September 1987; **Dünkel**, F.: Praxis der Untersuchungshaft in den 90er Jahren, in: StV 1994, S. 610–621; **Esser**, H.: Aspekte der Wanderungssoziologie, Neuwied 1983; **Gebauer**, M.: Untersuchungshaft – „Verlegenheitslösung" für nichtdeutsche Straftäter, in: Kriminalpäd. Praxis 34/1993, 20–26; **Gebauer**, M.: Kriminalität der Gastarbeiterkinder, Teil 1, in: Kriminalistik 1981, S. 2–8, Teil 2, in: Kriminalistik 1981, S. 83–86; **Geißler**, R./**Marissen**, N.: Kriminalität und Kriminalisierung junger Ausländer, in: KZfSS 1990, S. 506 ff; **Hamburger**, F./**Seus**, L./**Wolter**, O.: Zur Delinquenz auslän-discher Jugendlicher, Wiesbaden 1981; **Heßler**, M.: Hintergründe und Entwicklung der Delin-quenz der zweiten Ausländergeneration, in: Zeitschrift für Ausländerrecht (ZAR) 1985, S. 116–124; **Hoffmann**, L./**Even**, H.: Soziologie der Ausländerfeindlichkeit, Weinheim 1984; **Jaschke**, H.-G.: Öffentliche Sicherheit im Kulturkonflikt, Frankfurt 1997; **Karger**, Th./**Sutterer**, P.: Polizeilich registrierte Gewaltdelinquenz bei jungen Ausländern, in: MschrKrim 1990, S. 369–383; **Kerner**, S.: Nichtdeutsche Tatverdächtige in der polizeilichen Kriminalstatistik, in: Die Polizei 1994, S. 105 ff; **Killias**, M.: Diskriminierendes Verhalten von Opfern gegenüber Auslän-dern? in: MschrKrim 1988, S. 156–165; **König**, K.: Tschador, Ehre und Kulturkonflikt, Verände-rungsprozesse türkischer Frauen und Mädchen durch die Emigration und ihre soziokulturellen Folgen, Frankfurt/M. 1990; **Kube**, E./**Koch**, K.-F.: Zur Kriminalität jugendlicher Ausländer aus polizeilicher Sicht, in: MschrKrim 1990, S. 13–24; **Mansel**, J.: Gefahr und Bedrohung? Die Quantität des „kriminellen" Verhaltens der Gastarbeiternachkommen, in: KrimJ 1985, S. 169–185; **Mansel**, J.: Schweigsame „kriminelle" Ausländer, in: KZfSS 1994, S. 299–307; **Mansel**, J.: Die unterschiedliche Selektion von jungen Deutschen, Türken und Italienern auf dem Weg vom polizeilichen Tatverdächtigen zum Gerichtsverurteilten, in: MschrKrim 1986, S. 309–325; **Mansel**, J.: Gezielte Produktion von Kriminellen? in: *Kaiser*, G./*Kury*, H./*Albrecht*, H.-J. (Hrsg.): Kriminologische Forschung in den 80er Jahren, Freiburg 1988, S. 1059–1084; **Northoff**, R.: „Intergration" von Minderheiten, in: *Kube*, E./*Schneider*, H./*Stock*, J. (Hrsg.): Vereint gegen Kriminalität – Wege der kommunalen Kriminalprävention, Lübeck 1996, S. 261–291; **Opper-mann**, A.: Straffällige junge Ausländer: Kriminalitätsbelastung und soziale Bedingungen, in: BewHi 1987, S. 83–95; **Pfeiffer**, C.: Das Problem der sog. Ausländerkriminalität, Hannover 1995 (KFN-Forschungsbericht Nr. 42); **Pick**, A.: Reduktion des Tatvorwurfs bei nichtdeutschen Beschuldigten, in: Kriminalistik 1994, S. 617–622; **Piorreck**, K. F.: Abschiebungshaft: Wie die Praxis mit dem Gesetz umgeht, in: BewHi 2/1995, S. 183–191; **Reichertz**, J.: Zur Definitions-macht der Polizei, in: Kriminalistik 1994, S. 611 ff; **Reichertz**, J./**Schröer**, N.: Beschuldigtenna-tionalität und polizeiliche Ermittlungspraxis, in: KZfSS 4/1993, S. 755–771; **Reicherts**, J./**Schröer**, N.: Gute Gesinnung oder prüfende Forschung – Eine Erwiderung zu Jürgen Mansels Replik, in: KZfSS 1994, S. 308–311; **Schöch**, H./**Gebauer**, M.: Ausländerkriminalität in der Bundesrepu-blik Deutschland, Baden-Baden 1991; **Schüler-Springorum**, H.: Ausländerkriminalität – Ursa-chen, Umfang und Entwicklung, in: NStZ 1983, S. 529 ff; **Schütze**, H.: Probleme der Vollzugsan-stalten mit der wachsenden Zahl der ausländischen Gefangenen, in: DVJJ-Journal 1993, S. 381 ff; **Schwind**, H.-D.: Gedanken zur Ausländerfeindlichkeit, in: FS für *Miyazawa*, 1995; **Schwind**, H.-D.: Wie lösen wir die Ausländerfrage? Das Gastarbeiterproblem aus (kriminal)-politischer Sicht, Teil 1, in: Kriminalistik 1983, S. 303–325, Teil 2, in: Kriminalistik 1983, S. 358 ff; **Schwind**, H.-D.: Zur „Mauer des Schweigens", in: Kriminalistik 1996, S. 161–167; **Sessar,** K.: Ausländer als Opfer, in: FS für *Schüler-Springorum*, Köln 1993a, S. 111–121; **Sessar,** K.: Kriminalität von und an Ausländern, in: *Bauhofer, S./Queloz*, N. (Hrsg.): Ausländer, Kriminalität und Strafrechtspflege, Chur 1993b; **Sielaff**, W.: Praktische Schwierigkeiten bei Ermittlungen gegen ausländische Tatverdächtige, in: BKA (Hrsg.): Ausländerkriminalität in der Bundesrepublik Deutschland, Wiesbaden 1989, S. 129 ff; **Steffen**, W.: Streitfall „Ausländerkriminalität", Ergebnisse einer Analyse der von 1983 bis 1994 in Bayern polizeilich registrierten Kriminalität ausländischer und deutscher Tatverdächtiger, in: BewHi 2/1995, S. 133–154; **Steinke**, J.: Ausländer im Untersuchungshaftvollzug, in: BewHi 2/1995, S. 171–182; **Stock**, J./**Klein**, L.: Hat die Polizei ein Ausländerproblem? in: MschrKrim 1994, S. 286–296; **Streng**, F.: Die Öffnung der Grenzen und die Grenzen des Strafrechts, in: JZ 1993, S. 109–119; **Traulsen**, M.: Delinquenz und soziale Benachteiligung der Ausländerinnen, in: MschrKrim 1990, S. 256–265; **Villmow**, B.: Kriminalität der jungen Ausländer: Ausmaß und Struktur des abweichenden Verhaltens und gesellschaftliche Reaktion, in: *Kerner*, H.-J./*Göppinger*, H./*Streng*, F. (Hrsg.): FS für *Leferenz*, Heidelberg 1983, S. 323–343; **Villmow**, B.: Ausländerkriminalität, in: KKV 1993, S. 39–48; **Villmow**, B.: Ausländer in der strafrechtlichen Sozialkontrolle, in: BewHi 2/1995, S. 155–169; **Wahl**, K.: Fremdenfeindlichkeit und Rechtsextremismus, in: KrimJ 1995, S. 52–67; **Walter**, J.: Auch wenn Kassandra selten gehört wird, in: DVJJ-Journal 3/1993, S. 245–539; **Walter**, M.: Kriminalität junger Ausländer – Forschungsgrund und offene Fragen, in: BewHi 1987, S. 60–82; **Walter**, M.: Über die Bedeutung der Kriminalität junger Ausländer für das Kriminalrechtssystem, in: DVJJ-Journal 4/1993, S. 347–359; **Walter**, M./**Pitsela**, R.: Ausländerkriminalität in der statistischen (Re-)Konstruktion, in: KrimPäd 34/1993, S. 6–19; **Weber**, A.: Verfassungsrechtliche Probleme des Familiennachzugs von Ausländern, in: NJW 1983, S. 1225–1230; **Werte**, R./**Kreile**, R.: Renaissance des Islam. Das Beispiel der Türken, Hamburg 1987.

Gliederung

1   Die Diskussion der (Kriminalitäts-)Probleme, die mit dem Aufenthalt von Nichtdeutschen hierzulande zu tun haben, leidet nicht selten darunter, daß zu wenig differenziert wird: etwa zwischen den Gastarbeitern und ihren Nachkommen einerseits und den Zuwanderern, die im Rahmen des Wohlstandsgefälles zu uns kommen. Schließlich fällt die Verteidigung ideologischer Positionen auf, die bis zur Realitätsblindheit reicht.

I. Differenzierungen und Probleme

2   Nach der *PKS* (1996, 113) wurden 1996 für das Bundesgebiet (einschließlich der neuen Bundesländer) insgesamt **625 585 tatverdächtige Nichtdeutsche** ermittelt; das sind 28,3 % aller 2 213 293 Millionen Tatverdächtigen (TV) dieses Berichtsjahres; bei bestimmten Straftatengruppen liegt der Prozentsatz noch höher (vgl. Übersicht 65).

1. Staatsangehörigkeiten der TV

Betrachtet man das Bild der **PKS bis etwa zur Wiedervereinigung** unse-   3
res Landes (1989/90) speziell für die alten Bundesländer (in denen auch
heute noch über 90 % aller Nichtdeutschen leben), dann zeigt sich, daß
vor allem Türken und Personen aus den jugoslawischen Nachfolgestaaten
überproportionell häufig als Tatverdächtige registriert worden sind (vgl.
Übersicht 63). Seither sind Veränderungen erkennbar (vgl. Übersicht 64),
die mit den neuen Zuwandererströmen zu tun haben (dazu § 24).

Übersicht 63: Anteile der „klassischen" Gastarbeiternationen an der   4
Gesamtbevölkerung und an der Gesamtzahl aller Tatverdächtigen im Vergleich (1990)

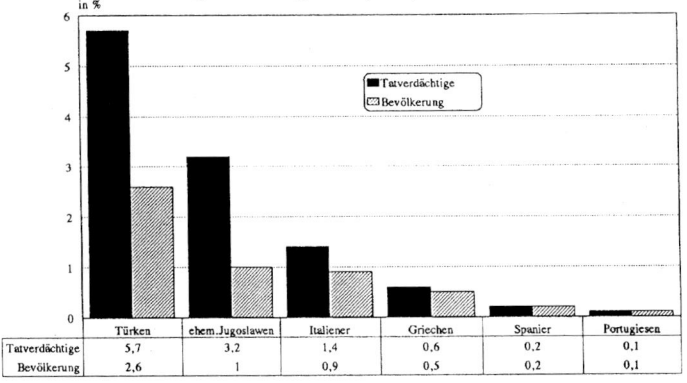

	Türken	ehem. Jugoslawen	Italiener	Griechen	Spanier	Portugiesen
Tatverdächtige	5,7	3.2	1,4	0,6	0,2	0,1
Bevölkerung	2,6	1	0,9	0,5	0,2	0,1

aus: *Walter,* M., 1993, S. 354

Übersicht 64: Entwicklung der prozentualen Anteile ausgewählter   5
Staatsangehörigkeiten an den nichtdeutschen Tatverdächtigen insgesamt (bis 1996)

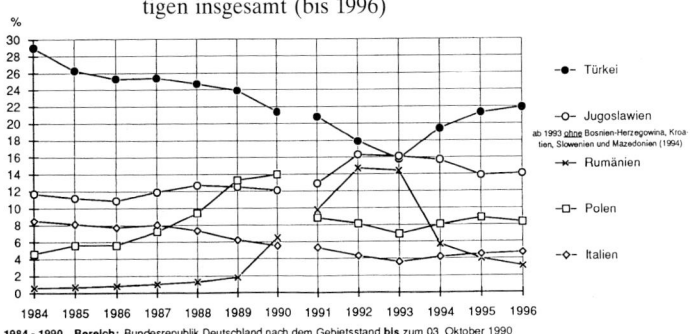

aus: *PKS* 1996, 120

Übersicht 65: Auffällige Straftaten(gruppen) mit hohem Anteil nichtdeutscher Tatverdächtiger (1996)

Schlüs-sel	Straftaten(gruppen)	Tatverdächtige insgesamt	Nichtdeutsche Tatverdächtige	in %	(in % 1995)
7250	Straftaten gegen AusländerG und Asylverfahrensgesetz	194 107	184 681	95,1	(95,7)
	darunter:				
7251	Illegaler Grenzübertritt nach Ausländergesetz	51 769	51 374	99,2	(99,0)
7255	Straftaten gegen das Asylverfahrensgesetz	23 933	23 541	98,4	(98,1)
7252	Einschleppen und Einschleusen nach Ausländergesetz	3 271	2 426	74,2	(77,0)
7253	Erschleichen der Aufenthaltserlaubnis durch Scheinehe	2 486	1 628	65,5	(64,7)
6610	Glücksspiel	2 954	2 047	69,3	(72,1)
90	Taschendiebstahl	5 380	3 522	65,5	(64,5)
7342	Btm-Anbau, -Herstellung und -Handel als Mitglied einer Bande	770	480	62,3	(72,0)
7332	Illegale Einfuhr von Kokain (in nicht geringer Menge)	1 023	616	60,2	(53,9)
6330	Geldwäsche	459	272	59,3	(61,2)
7322	Illegaler Handel mit und Schmuggel von Kokain	6 960	3 949	56,7	(55,5)
5400	Urkundenfälschung	70 355	39 683	56,4	(59,1)
7240	Straftaten gegen § 11 des Paßgesetzes	245	131	53,5	(49,5)
5500	Geld- und Wertzeichenfälschung, Fälschung von Vordrucken für Euroschecks und Euroscheckkarten	2 325	1 214	52,2	(55,6)
6522	Bestechung § 334 StGB	1 145	596	52,1	(66,2)
2121	Raubüberfälle auf Spielhallen	319	165	51,7	(45,3)
6310	Hehlerei von Kraftfahrzeugen	2 345	1 163	49,6	(52,7)
7321	Illegaler Handel mit und Schmuggel von Heroin	14 994	7 198	48,0	(47,8)
1440	Menschenhandel	1 088	512	47,1	(46,7)

Quelle: *PKS* 1996, 118

2. Probleme der Vergleichbarkeit (Verzerrungsfaktoren)

6   Berücksichtigt man, daß der Anteil der Nichtdeutschen an der Wohnbevölkerung insgesamt (1995) nur **knapp neun Prozent** betrug (Schweiz
18 %!), erscheint die **Ausländerkriminalität (mit 28,3 %)** überproportional hoch. Das gilt auch, wenn man die Kriminalitätsbelastungszahl (Tatverdächtige pro 100000 Einwohner) für die 18- bis 50jährigen männlichen Ausländer mit der KBZ für die entsprechende Altersgruppe der
Deutschen vergleicht. Dabei ist es im Interesse der Vergleichbarkeit aber
geboten, bei der Zahl der (nichtdeutschen) Tatverdächtigen die **auslän-
derspezifischen Straftaten** (illegale Einreise, Verstoß gegen Auflagen der
Aufenthaltserlaubnis usw.), also Straftaten, die speziell an den Ausländerstatus anknüpfen (§ 92 AuslG; AsylVfG), außer acht zu lassen. Wenn
man so vorgeht, gelangt man für 1995 zu einem etwa um **rund sieben
Prozentpunkte** niedrigeren Prozentsatz: **21,8 %** (PKS 1996, 113; vgl.
dazu auf *Sessar* 1993b, 195).

7   Diese aus den amtlichen Statistiken ermittelten Zahlen zur Kriminalitätsbelastung der Deutschen und Ausländer sind jedoch auch dann noch
nicht ohne weiteres vergleichbar, und zwar aus folgenden drei weiteren
Gründen:

— *erstens: weil zu der nichtdeutschen Wohnbevölkerung nicht die ausländischen Touristen bzw. Durchreisenden (1994: über 13 Mill.; Northoff
1996, 264), die Stationierungsstreitkräfte oder solche Personen gezählt
werden, die sich illegal (ohne Aufenthaltserlaubnis) im Bundesgebiet
aufhalten („Dunkelfeld der Bevölkerungsstatistik"); diese werden aber
alle in der PKS mitgezählt, wenn sie strafrechtlich in Erscheinung treten, und*

- *zweitens: weil die Ausländer in der Bundesrepublik überwiegend in großstädtischen Ballungszentren leben (Städten mit mehr als 100 000 Einwohnern), in denen auch die deutsche Vergleichsbevölkerung höher (als auf dem Lande) kriminalitätsbelastet ist. Die Landbevölkerung nivelliert daher mehr bei den Deutschen, weniger bei den Ausländern die Durchschnittswerte;*
- *drittens: weil bei den Nichtdeutschen die (erfahrungsgemäß) besonders kriminalitätsbelasteten Alters-, Sozial- und Geschlechtsgruppen wesentlich stärker vertreten sind als in der deutschen Vergleichsbevölkerung (demographische Unterschiede).*

Dazu **Zahlen am Beispiel von Bayern** (*Steffen* 1995, 136): In den Land- **8** kreisen Bayerns waren zum 31. Dezember 1993 nur 47 % der ausländischen, aber 73 % der deutschen Bevölkerung Bayerns gemeldet; in den Großstädten waren es hingegen lediglich 19,5 % der deutschen, aber 45,1 % der ausländischen Bevölkerung. 55,9 % der Ausländer waren Männer (bei den Deutschen 48,0 %) und 37,5 % jünger als 25 Jahre (bei den Deutschen 27,4 %). Die soziale Situation der Ausländer war nachweislich schlechter als die der Deutschen.

Werden Ausländer eher kriminell?

Rechtsanwalt vor dem Ausländerbeirat

aus: *NOZ* vom 1. Februar 1994

3. Kriminalitätsrelevante Problemgruppen

Um die Vergleichbarkeit herzustellen, müßte in der PKS ferner nach **9** dem kulturellen Hintergrund und nach sozialen Kriterien differenziert werden. Auch die Ursache der Zuwanderung ist durchaus relevant; jedenfalls bilden „die" **Ausländer keine homogene Gruppe**. Im Anschluß an *Walter*, M. (1993, 350: hier erweitert) lassen sich insoweit folgende zehn Subgruppen (zu den Hauptgruppen Rdn. 1 vor § 23) unterscheiden:

- *erstens: langjährige „Gastarbeiter": das sind solche, die (seit 1955 für Deutschland angeworben) in Deutschland viele Jahre gearbeitet und auch (nachdem das vorgesehene **Rotationsprinzip** nicht akzeptiert wurde) sozial „Fuß gefaßt" haben;*
- *zweitens: „deutsche" Ausländer: das sind solche, die (hauptsächlich) in Deutschland (als „Zweite" und „Dritte" Generation) aufgewachsen und (auch sprachlich) weitgehend integriert sind;*

- *drittens: „ausländische" Deutsche: das sind solche, die als deutschstämmige Aussiedler (gelten nach Art. 116 GG als Deutsche) aus Osteuropa, Kasachstan, Kirgisien, Sibirien usw. zugewandert sind (zu diesen § 25), und die sozialen Bedingungen, oft auch die Sprache, weniger kennen;*
- *viertens: **eingebürgerte Ausländer**; 1994 waren das 259 170 (1990: 101 377): StJB 1996, 69 und Rdn. 34 ff zu § 24; darunter (bis 1996) **126 000 Türken** (Zentrum für Türkeistudien, zit. nach NOZ vom 5. Juni 1997);*
- *fünftens: **Ausländer aus den EG (EU-)Staaten** mit (vollen) Freizügigkeitsrechten;*
- *sechstens: **Flüchtlinge/Asylbewerber:** das sind solche (der ersten Generation), die aus politischen (Bürgerkrieg im Heimatland: z. B. im ehem. Jugoslawien) oder aus wirtschaftl. Gründen („Wirtschaftsflüchtlinge") zugereist sind: die Motive sind oft kaum voneinander zu trennen;*
- *siebtens: „**Touristen**" (Einbrecher- und Raubtäterbanden) aus den osteuropäischen Staaten;*
- *achtens: „**extremistische" (politisch motivierte) nichtdeutsche** Gewalttäter, die ihre (Bürger-)Kriege (im Heimatland) auf deutschem Boden austragen (Gewalt **unter** Ausländern, aber auch gegen Deutsche);*
- *neuntens: „**Täter**" (aus dem Dunstkreis) **der organisierten (nicht politisch motivierten) Kriminalität:** zur o. K. § 29.*

10   Aus kriminalpolitischer Sicht **Sorgen machen von diesen (außer der o. K.) bisher vor allem fünf Gruppen:**

- die „**Zweite" und „Dritte" Generation** (Kinder und Enkel) der **ab Mitte der 50er Jahre** aus den **Mittelmeerländern** angeworbenen „Gastarbeiter", deren Integration in Deutschland zum Teil nicht gelang: dazu Rdn. 11 ff;
- die seit **Ende der 80er Jahre** zugewanderten **Asylbewerber** bzw. Wirtschaftsflüchtlinge: aus **Osteuropa und Dritte-Welt-Ländern** (§ 24 Rdn. 1 ff), die im Gegensatz zu den Gastarbeitern nicht ins Land geholt wurden und auch meist über keine Arbeitsstelle verfügen;
- die **politisch aktiven ausländischen Extremistengruppen: Palästinenser, Iraner, Iren, Tamilen, Türken, Kurden** usw.: dazu § 24 Rdn. 16 ff;
- wissenschaftlich noch nicht sicher abgeklärt: die **Kinder** der in den letzten Jahren zugewanderten **Aussiedler** (vgl. dazu § 25 Rdn. 9 ff, 17);
- die „**Touristen**", die (für bis zu drei Monaten) z. B. aus Polen einreisen, um Straftaten zu verüben.

Hinzu kommt noch eine **Mischgruppe** aus Nichtdeutschen, die sich **illegal** in Deutschland aufhalten: illegal Zugereiste oder abgelehnte Asylbewerber, die untergetaucht sind (vgl. dazu den Zeitungsausriß hinter Rdn. 21 in § 24 sowie Rdn. 8 und 22 ff zu § 24).

II. Kriminalitätsbelastung der „Zweiten" und „Dritten" Generation

11   Als Symptom dafür, daß zumindest bei den jungen Ausländern Kulturkonfliktprobleme virulent sind (die sich an sozialen Problemen hochschaukeln, könnten die im Langzeitvergleich steigenden Kriminalitätszahlen der PKS (dieser „Zweiten" und „Dritten Generation") sprechen (so für die USA schon *Trasher:* The Gang 1927, 191 ff): unter den **7,3 Millionen registrierten Ausländern** (Touristen und Stationierungsstreitkräfte werden nicht mitgezählt), die in der Bundesrepublik **(1996)** legal lebten (*Statist. Bundesamt,* zit. nach NOZ vom 20. Juni 1997), befanden sich weit über eine Million Jugendliche und Kinder, die (soweit sie nicht hier geboren wurden) bereits „widerstrebend und unmotiviert in die Bundesrepublik kamen" (*Villmow* schon 1983, 323 f) und hier mit Wohn-, Schul- und Arbeitsproblemen konfrontiert wurden, auf die sie nicht vorbereitet waren (*sozio-kultureller Streß:* vgl. Theorie der sozialstrukturellen Benachteiligung, Rdn. 27).

Die Türken, die mit rund 2,2 Millionen Menschen (*Statist. Bundesamt* **12** aaO), darunter über 600000 Kinder, das größte Ausländerkontingent stellen, bereiten (abgesehen von Asylbewerbern aus der „Dritten Welt"; dazu § 24) die meisten (kriminalpolitischen) Sorgen, weil sie einem **ganz anderen Kulturkreis entstammen (Islam)** und sich deshalb (wahrscheinlich) besonders schwer bei uns einpassen können (vgl. Rdn. 20 ff); vgl. dazu auch Zeitungsausschnitt hinter Rdn. 17 zu § 24.

1. Frühe Forschungsarbeiten

Hohe Kriminalitätsbelastungen junger Ausländer (solche der „Zwei- **13** ten" Generation) ergaben schon frühe Forschungsarbeiten. In diesem Zusammenhang sind vor allem drei Studien zu erwähnen: zunächst die Untersuchung von *Albrecht* und *Pfeiffer* (1979) über „Die Kriminalisierung junger Ausländer". Schon diese Arbeit ließ deutlich erkennen, daß die registrierte Kriminalitätsbelastung der 14- bis 18jährigen ausländischen Jugendlichen bereits in den 70er Jahren – zumindest in den untersuchten sechs Großstädten (Hamburg, Hannover, Frankfurt, München, Köln, Stuttgart) – (schon) weit über der der deutschen Vergleichsbevölkerung lag. Sie soll z.B. in Stuttgart jährlich durchschn. um 88 % höher gelegen haben, in München um 60 % und in Hamburg um 40 %.

In die gleiche Richtung wiesen zwei weitere Forschungsarbeiten. So **14** wurden die Ergebnisse von *Albrecht* und *Pfeiffer* durch eine Analyse bestätigt, die an der Fachhochschule für Verwaltung und Rechtspflege (im Auftrag des Berliner Senats) in Berlin von der **Autorengruppe Ausländerforschung** (1980) für die ganze Bundesrepublik durchgeführt wurde; diese Untersuchung gelangte sogar zu dem Resultat, daß die Kriminalitätsbelastungsziffer (KBZ) ausländischer männlicher Jugendlicher seit 1977 doppelt so hoch war wie die der deutschen Vergleichsgruppe. Eine dritte Untersuchung, die *Gebauer* (1981) vorgelegt hat, erbrachte ähnliche Resultate: Die KBZ war doppelt so hoch wie die der deutschen Altersgenossen. Weitere Untersuchungen, die eine Höherbelastung der jungen männlichen Ausländer festgestellt haben: *Villmow* (1983) und *Thiele* (1985); zur Delinquenzbelastung der weiblichen Ausländer: *Traulsen* 1990, 256 ff; *Karger/Sutterer* 1990, 369 ff; zur Ausländerkriminalität insgesamt: *BKA* 1989.

15   Entsprechende Resultate weist inzwischen auch die **PKS** auf, die ausländische Tatverdächtige **erst seit 1984 getrennt registriert.**

2. PKS-Informationen

16   Nach der *PKS* 1996, 88 und 90 (vgl. auch Übersicht 20 auf S. 53) betrug der Ausländeranteil 1995 (bezogen auf das ganze Bundesgebiet):

- bei den tatverdächtigen **Kindern:** 18,3 %
  (ausländischer Bevölkerungsanteil nur 13,1 %),
- bei den tatverdächtigen **Jugendlichen:** 21,3 %
  (ausländischer Bevölkerungsanteil nur 10,6 %),
- bei den tatverdächtigen **Heranwachsenden:** 31,5 %
  (ausländischer Bevölkerungsanteil nur 8,0 %).

Übersicht 66a–d: Tatverdächtige deutsche und nichtdeutsche junge Menschen (1984 bis 1996)

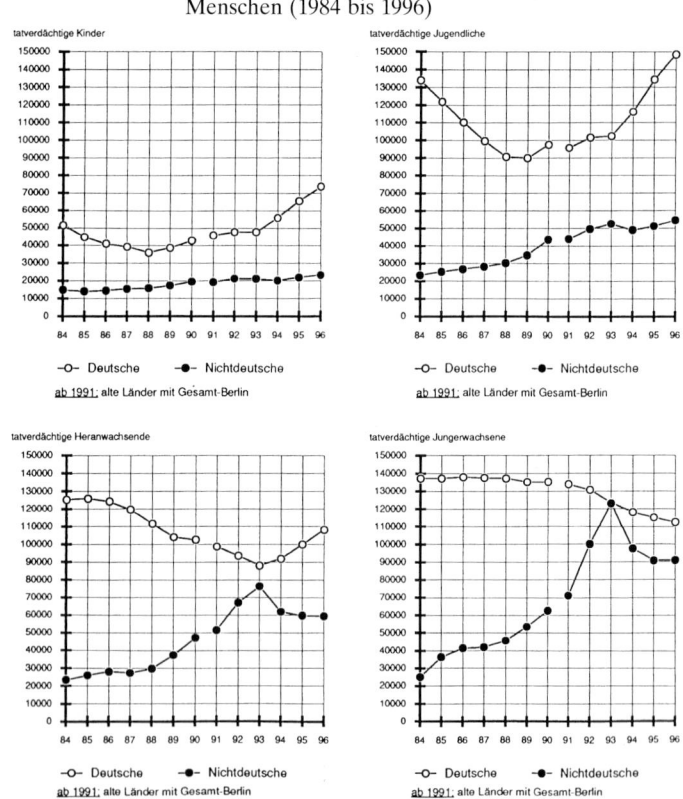

Quelle: *PKS* 1996, 88 und 90

Im Vergleich zu den deutschen Straftätern ist im übrigen zu beobach-   **17**
ten, daß die Zahl der tatverdächtigen jungen Ausländer von Jahr zu Jahr
bis Anfang der 90er Jahre (**grundsätzlich**) **zunimmt** (dann wieder
abnimmt), während sie bei den Deutschen bis 1990 abnimmt bzw. stagniert (vgl. Rdn. 20 zu § 3). Das heißt bis dahin: „Die Schere zwischen der
Belastung der ausländischen und der deutschen Bevölkerung mit TV ist
im Vergleichszeitraum deutlich größer geworden" (*Steffen* 1995, 147). Ab
1990 (nach der Wiedervereinigung) ist die Tendenz gegenläufig (vgl. die
Übersichten 66a–d).

Die quantitativ höhere Kriminalitätsbelastung junger Ausländer wird   **18**
auch durch Befragungen von Polizeibeamten als Experten bestätigt (vgl.
Kube/Koch 1990, 14 ff). In bezug auf die **qualitative Ausprägung** fällt
z. B. in Frankfurt/M. auf, „daß im Bereich der Rohheits-, Straßen- und
Gewaltdelikte (Körperverletzung und Raub auf öffentlichen Wegen,
Straßen und Plätzen) die Beteiligung minderjähriger Ausländer überproportional hoch bei rund 70 % liegt" (*Bauer* 1993, 49).

Karger und Sutterer (1990, 380) haben ermittelt, daß bis zum 18.   **18a**
Lebensjahr ca. 7 % der nichtdeutschen, aber nur 2 % der deutschen
Jungen wegen einer Gewalttat polizeilich registriert werden (müssen).

III. Bisherige Erklärungsversuche

Als Erklärung für dieses Phänomen werden im Schrifttum außer der   **19**
(schon unter Rdn. 11 ff zu § 7 vorgestellten)

– Kulturkonfliktstheorie insbesondere noch die
– Theorie der sozialstrukturellen Benachteiligung angeboten sowie der
– Labeling-Ansatz.

1. Zur Kulturkonfliktstheorie

a) *Schneider,* der die Kulturkonfliktstheorie vertritt (Kriminologie   **20**
1987, 306; krit. z. B. *Walter* 1987, 60 ff), verweist auf Innenkonflikte (vgl.
Rdn. 14 zu § 7). Auf den Ausländerkindern laste ein sich widersprechen-
der Sozialisationsdruck: „Unter Führung der Eltern, insbesondere des
Vaters, folgt die Familie traditionellen Sitten und Bräuchen des Heimat-
landes. Die gesellschaftlichen Erwartungshaltungen, denen die Kinder in
Schule, Gleichaltrigengruppe, Massenmedien begegnen, stehen diesen
Leitbildern entgegen. Die Einstellungen der Eltern kommen mit denen
ihrer Kinder in Konflikt. **Die Kinder können sich nicht mehr mit ihren
Eltern identifizieren.** Es entstehen Spannungen und Streitigkeiten in der
Familie. Die elterliche Autorität wird in Frage gestellt. Der Familienzu-
sammenhalt zerbricht. Die Kinder sind unfähig, die widerstreitenden
Normen psychisch zu verarbeiten und in ihre Persönlichkeit einzuord-
nen. Sie verlieren die Orientierung; sie folgen weder den Normen des
Heimat-, noch denen des Gastlandes; sie haben ihre Muttersprache ver-
lernt, ohne die Sprache des Gastlandes ausreichend zu beherrschen. Sie

kommen in einen anomischen Zustand (doppelte Norm- und Sprachlosigkeit). Die Eltern verlieren die Kontrolle über ihre Kinder, die sich einer delinquenten Gleichaltrigengruppe anschließen, in der sie delinquente Verhaltensstile und Vorbilder kennenlernen".

Viele Türkinnen würden einen Deutschen heiraten

Auch Eltern liberal - Studie: Anteil der Ausländer steigt

Berlin, 9. 12. (AP/AFP/dpa) Bei den türkischen Eltern in Deutschland ist innerhalb von zehn Jahren die Bereitschaft markant gestiegen, für ihre Kinder einen deutschen Ehepartner zu akzeptieren.

Aus einer neuen Langzeitstudie, die das Bundesarbeitsministerium am Montag in Berlin vorstellte, geht hervor, daß die rund zwei Millionen Türken mit einem Anteil von 28 Prozent die größte Gruppe unter den nunmehr 7,2 Millionen ausländischen Mitbürgern stellen. Ferner können sich heute 42,8 Prozent der jungen Türken vorstellen, eine Deutsche zu heiraten. Vor zehn Jah-

ren lag die Zahl noch bei 49,1 Prozent.

Die in Deutschland lebenden türkischen Eltern gaben sich liberaler: 55,9 Prozent der Väter hätten nichts gegen eine deutsche Einheirat – 1985 waren es nur 35,5 Prozent. Bei den Müttern wuchs die Akzeptanz deutscher Schwiegerkinder von 31,2 auf 50 Prozent. Am stärksten aber stieg die Bereitschaft türkischer Mädchen zu einer Ehe mit einem Deutschen – von 13,8 auf 44,3 Prozent.

Der Anteil der ausländischen Mitbürger in Deutschland wird sich nach Informationen der „Südwest Presse" (Ulm) in den nächsten Jahr-

zehnten erheblich vergrößern. Er wächst von heute 8,7 Prozent auf 13,4 Prozent an der Gesamtbevölkerung im Jahr 2040, nach einem Alternativmodell sogar auf 18,2 Prozent, zitiert das Blatt aus einem Bericht der Bundesregierung. Ferner dürfte die Zahl der Bürger in Deutschland im selben Zeitraum von heute 81,5 Millionen auf 68,8 Millionen sinken.

aus: *NOZ* vom 10. Dezember 1996

21   b) **Die Belastungen zeigen sich besonders in den Familien der Türken.** So hat der Gerichtspsychiater Willi *Schumacher* (Gießen) in einem Prozeß gegen eine junge Türkin, die ihren Vater erschossen hat, bereits Anfang der 80er Jahre darauf verwiesen, „daß viele Türken auf den Kulturschock, der sie beim Sprung aus der mohammedanischen Tradition in die Fremdheit westlicher Industriegesellschaften trifft, mit Straftaten, Krankheit und Selbstmordversuchen reagieren" (vgl. DER SPIEGEL Nr. 12 vom 21. März 1983, 84).

22   Gerade bei **türkischen** Jugendlichen und Kindern fällt die Identifikation mit den Eltern oft schwer. Divergierende Wertesysteme, denen Eltern und Kinder anhängen (Stichworte: Familienehre, Gehorsam, religiöse Regeln), erschweren das Miteinander der Generationen. **Migrationsbedingte Erziehungsprobleme** belasten vor allem das Verhältnis der Eltern zu ihren weiblichen Kindern (vgl. auch *Traulsen* 1990, 256 ff). So wird den Mädchen der Discobesuch untersagt, Freundschaften mit dem anderen Geschlecht werden verboten, ein Heiratskandidat (evtl. ein dem Mädchen unbekannter Mann aus der Türkei) ausgesucht (vgl. aber oben den Zeitungsausriß; ausführlich zur Situation der Türkinnen: *König*

1990). Auf der anderen Seite werden die Eltern nicht mehr als attraktives Vorbild empfunden, dem man nacheifern möchte und deren Verhaltensweisen man nicht übernimmt (z. B. das **Tragen des Kopftuches** als rituelles Symbol für den schamhaften Schutz des weiblichen Körpers; Verzicht auf Alkohol).

Vorurteile gegen Fremde bekämpfte schon der Frankfurter Arzt Heinrich Hoffmann in seinem „Struwwelpeter" (1845). Die Buben, die einen Mohren verspotteten, weil er schwarz wie Tinte sei, schwärzte er kräftig an: „Bis über'n Kopf ins Tintenfaß / Tunkt sie der große Nikolas". Die traurige Pointe: Trotzdem trotten und spotten sie, selber schwarz, hinter dem Schwarzen her.

aus: *FAZ* vom 28. Januar 1986

Die „Zweite" und „Dritte" Generation muß erleben, daß die Deut- **23** schen den Eltern nicht selten mit Respektlosigkeit begegnen (diese z. B. duzen oder anschnauzen) oder sie bei Behörden, beim Einkaufen oder bei der Wohnungssuche diskriminierend behandeln. Die Achtung gegenüber dem Familienoberhaupt, das in der türkischen Familie noch eine beherrschende Rolle einnimmt, geht auch dann leicht verloren, wenn der Vater arbeitslos wird, also den Lebensunterhalt für die Familie nicht mehr leistet (zu den Folgen der Arbeitslosigkeit vgl. auch Rdn. 11 ff zu § 12). Die ganze **Andersartigkeit der Eltern,** zu denen oft auch deren Sprachprobleme gehören, wird z. T. als Belastung empfunden.

Die Folgen sind oft Entfremdungserscheinungen zwischen Eltern und **24** Kindern, die wiederum zu Verhaltensunsicherheiten führen bis zur Haltlosigkeit, die kriminalitätsanfällig machen kann (§ 6 Rdn. 16 ff). Orientierungsprobleme und Streß (Leidensdruck über Jahre) ergeben sich darüber hinaus auch aus dem (weltweiten) Phänomen der **Ausländerfeindlichkeit** (vgl. *Hoffmann/Even* 1984), die auf angeborene Fremdenangst **(Xenophobie)** zurückgeführt wird (vgl. *Tsiakalos* 1983; vgl. auch Rdn. 41 zu § 6!), aber auch mit der Übernahme von Vorurteilen der Eltern zu tun hat (vgl. Rdn. 51 zu § 10). Plausibler (zumindest für Deutschland) erscheint allerdings die Vermutung, daß man die Ausländerfeindlichkeit (zumindest zum Teil) mit **Bedrohtheitsgefühlen** verwechselt (dazu *Schwind* 1993, 8 und 1995), die mit der großen Zahl der Zuwanderer zu tun haben dürften und den entsprechenden Folgen: etwa Unterbringungsproblemen, Konkurrenz auf dem Arbeitsmarkt (dazu *Wahl* 1995, 59), Gefährdung des sozialen Netzes (Kürzung der Sozialhilfe),

(Medien-)Berichten über Drogenimport und steigenden Kriminalitätszahlen usw.; die Medien berichten zunehmend über **Sozialhilfebetrug**
(vgl. Zeitungsausriß unten). Zu Fremdenfeindlichkeit und Rechtsextremismus vgl. *Wahl* 1995, 52 ff. *Wahl* (aaO, 62) stellt u. a. fest, „daß **Mädchen** in vielen Fragen weniger ausländerfeindliche und rechtsextremisti-
sche Militanz aufweisen als Jungen".

Prozeß gegen Sozialhilfe-Betrüger

Vor dem Landgericht hat gestern der Prozeß gegen einen Nigerianer
begonnen, der unter neun verschiedenen Namen bundesweit Asylbe-
hörden und Sozialämter getäuscht haben soll. Außerdem soll der
29jährige Ingenieur mit gestohlenen Kreditkarten für rund 15 000
Mark eingekauft haben.

aus: *DIE WELT* vom 5. März 1997

25   *Dazu zwei Ergebnisse von Meinungsumfragen: Eine (erste)
EMNID-Umfrage (12/1992 – zit. nach Walter, J. 1993, 7) ist zu dem
Resultat gelangt, daß 57 % der Westdeutschen und 53 % der Ostdeutschen die Meinung vertreten, daß das Hauptproblem der Inneren
Sicherheit die Ausländerkriminalität darstellen würde. Eine (zweite)
EMNID-Umfrage unter 14- bis 21jährigen Deutschen ergab aber auch,
daß lediglich 9 % der Befragten „Asylanten und Ausländer hassen"
(zit. nach DER SPIEGEL Nr. 38 vom 19. September 1994, 77). Nach
einer (dritten) Umfrage (Infas 1995) distanzieren sich allerdings nur
noch 28% von Parolen wie „Ausländer raus" (zit. nach BILD-Zeitung
vom 23. Februar 1996, 1).*

26   Zur Zeit kann man feststellen, daß sich die Ablehnung der Asylbewerber z. T. auch auf die Einstellung zu den schon lange hier wohnenden
Ausländern (etwa Türken) auswirkt (vgl. unten den Zeitungsausriß). Auf
der anderen Seite scheint die Mehrheit der deutschen Bevölkerung die
Türken zu mögen; zur **Gewalt gegen Ausländer** vgl. Rdn. 26 ff zu § 28).

Junge Türken leiden
unter Ablehnung
Kontakte zu Deutschen immer seltener

aus: *NOZ* vom 14. Januar 1992

2. Zur Theorie der sozialstrukturellen Benachteiligung

Die Vertreter der Theorie der sozialstrukturellen Benachteiligung **27** (oder „Theorie der geringeren Zukunftschancen") verweisen auf die sozialen Benachteiligungen der Ausländer als Ursache ihrer kriminellen Entgleisung (vgl. etwa *Eisenberg*, Kriminologie 1985, 709; *Schüler-Springorum* 1983, 533 f; *Heßler* 1985, 116 ff): ghettoähnliche Wohnsituationen, Schlechterstellung hinsichtlich der Schul- und Berufsausbildung, höhere Arbeitslosenquote usw. (sozialkultureller Streß).

> *Dafür, daß Nichtdeutsche vor allem zu den unteren sozialen Schichten gehören, gibt es **demographische Hinweise**: Während unter den Deutschen (Ende der 80er Jahre) etwa jeder Dritte Arbeiter oder arbeitslos war, waren es bei den Ausländern (nach Mansel 1985, 173 und 1988, 1064) fast 75 %. An den Sozialhilfeempfängern waren Nichtdeutsche 1993 (z. B. in Niedersachsen) mit immerhin 26,5 % beteiligt (vgl. Rdn. 24 zu § 12).*

Die Vertreter dieses Ansatzes sind der Meinung, daß die Ursachen der Kriminalität (die auch für deutsche Straftäter gelten) **potenziert** bei der „Zweiten" und „Dritten" Generation der Ausländer wirksam werden. Ihre Kriminalität wäre damit primär auf ihre soziale Lage zurückzuführen. Dementsprechend stellt sich die Frage, ob das sozial abweichende Verhalten, das bei Nichtdeutschen auffällt, letztlich (nicht ethnisch bzw. national bedingt, sondern) **schichtbedingt** ist (so *Northoff* 1996, 266, und wohl auch *Sessar* 1993b, 201, sowie *Villmow* 1995, 156). Denn soziale Unterschichten sind nach den bisherigen kriminologischen Erkenntnissen generell (auch bei den Deutschen) in der registrierten Kriminalität stärker (als andere soziale Schichten) vertreten (*Villmow* aaO).

Nicht untersucht worden ist bisher auch die Frage, ob **Rechtsgefühl und Rechtsbewußtsein** (zu diesen vgl. Rdn. 3 vor § 10) etwa national unterschiedlich ausgeprägt sind.

3. Zum Etikettierungsansatz

Eine dritte Gruppe (etwa *Hamburger/Seus/Wolter* 1981) sieht die Ursa- **28** che der Gastarbeiterkriminalität in der Stigmatisierung, Ablehnung und Etikettierung der Ausländer durch die deutsche Majoritätsgruppe (**Labeling-Ansatz:** vgl. zu diesem Rdn. 2 ff zu § 8). Die Anhänger dieses Ansatzes gehen davon aus, daß zumindest ein Teil der erhöhten registrierten Ausländerkriminalität **mit evtl. anderen Aufklärungsbedingungen** zu tun haben könnte. Das heißt z. B., daß es möglich erscheint, daß Ausländer von Deutschen eher angezeigt werden als Deutsche (kleineres Dunkelfeld?).

a) Läßt man Ausländern weniger durchgehen? Dazu heißt es bei **29** *Walter*, M. (1993, 349): „Das Risiko (selbst) eines Ausländerkindes, angezeigt zu werden, dürfte erheblich über dem eines deutschen Kindes liegen. Die **Toleranz bei Fehlverhaltensweisen** ist nicht die gleiche" (vgl. oben Rdn. 18a). Auch *Villmow* vermutet, „daß die soziale Kontrolle

gegenüber den Nichtdeutschen verstärkt ausgeübt wird und die Anzeige-
bereitschaft gegenüber diesen Personen erhöht ist" (*Villmow* 1983, 329;
Walter/Pitsela 1993, 12; anders *Killias* 1988, 156: keine erhöhte Anzeige-
bereitschaft). Als Grund für dieses Verhalten nennt *Villmow* (aaO) die
Ausländerfeindlichkeit, die allerdings definiert werden muß (vgl. oben
Rdn. 24).

30   *Reichertz,* der ebenfalls von einer Dramatisierungsneigung der Deutschen ausgeht (1994, 612), gibt jedoch zu bedenken, daß ein solches Verhalten wieder durch eine verminderte **Bereitschaft zur Anzeigeaufnahme
durch die Polizei „nach unten korrigiert"** werden könnte (so auch *North-
hoff* 1996, 265). Nach *Schneider* (Kriminologie 1993, 71) sollte man
schließlich auch nicht übersehen, daß „sich etwa ein Drittel der Ausländerkriminalität, insbesondere ihre Gewaltkriminalität, **gegen die eigenen
Landsleute richtet"**. Insoweit dürfte die deutsche Bevölkerung (eher)
mangels Interesses wenig geneigt sein, eine Anzeige zu erstatten (*Schneider* aaO). Dementsprechend räumt *Villmow* (1995, 158) auch ein, **daß bisher zum „Grad der Anzeigebereitschaft unterschiedliche Erkenntnisse
vorliegen** (ebenso *Streng* 1993, 110).

31   b) Darüber hinaus wird für möglich gehalten, daß **„Alltagstheorien
und Vorurteile der Polizeibeamten** gegenüber (jungen) Ausländern insbesondere beim Streifendienst und bei der Intensität polizeilicher
Ermittlungen gegenüber Tatverdächtigen eine Rolle spielen könnten"
(*Villmow* 1983, 332). 1994 berichteten die Medien sogar über ausländerfeindliche Übergriffe durch Hamburger und Berliner (uniformierte)
Polizeibeamte, die z.T. vom Dienst suspendiert und in einigen Fällen verurteilt wurden (vgl. dazu *Stock/Klein* 1994, 286ff, Schwind 1996, 161ff,
und amnesty international 1995). Die Tätigkeit der Polizei haben insoweit bisher wissenschaftlich allerdings nur *Hamburger, Seus* und *Wolter*
(1981) sowie *Bielefeld, Kreissl* und *Münster* (1982) untersucht; beide
Autorengruppen befragten ausländische Jugendliche nach ihren Erfahrungen, die sie mit der Polizei gemacht haben.
   Hamburger et al. sind im Ergebnis „geneigt, eine höhere Kontrolle
ausländischer Jugendlicher ... und eine im Kern stigmatisierende Behandlung (durch die Polizei) zu unterstellen" (1981, 147). *Bielefeld* et al.
stellten zwar fest, daß die Polizei sich aus der Sicht der Ausländer etwa in
der Hälfte aller Fälle durchaus korrekt verhält, sich im übrigen aber ein
Bild zeigt, „das gekennzeichnet ist durch massiven Einsatz körperlicher
Gewalt, diskriminierendes Verhalten und überzogene Verwendung polizeilicher Mittel" (1982, 168).

32   Diese Ergebnisse können jedoch nur mit Vorbehalt akzeptiert werden,
„weil nur eine Seite der Befragten zu Wort kam und somit noch ein wei-
tes Feld für Forschungen vorliegt" (so *Villmow* schon 1983, 333). Die
andere Seite (nämlich Polizeibeamte) haben *Bornewasser* und *Eckert* in
einer Workshop-Untersuchung befragt (vgl. Rdn. 18 zu § 9), mit z.T.
ganz anderen Resultaten.

c) *Mansel* (1986, 309; 1988, 1059 ff; 1994, 302 ff; 302 ff; ähnlich *Geiß-* **33** *ler-Marissen* 1990, 586 ff) schließt aus einem Vergleich der TV-Zahlen mit den Verurteiltenzahlen, daß das **Verurteilungsrisiko der Nichtdeutschen geringer** ist als das der Deutschen. Zu ähnlichen Resultaten gelangen auch *Reichertz* und *Schröer* (1993, 759):

> *„Betrachtet man die Zahlen für die alten Bundesländer insgesamt, dann kann man sagen, daß im Jahr 1989 (zum Täterschwund vgl. auch Rdn. 10 zu §2 und Rdn. 28 f zu §3) etwa jeder zweite deutsche Beschuldigte auch abgeurteilt wurde, dagegen nur jeder dritte Nichtdeutsche. Auch gilt, daß von den beschuldigten Deutschen etwa jeder dritte verurteilt wurde, dagegen nur jeder fünfte Nichtdeutsche."*

Warum ist das so? Voreilig (weil noch nicht hinreichend empirisch **34** untersucht) ist die Vermutung von *Mansel* (aaO), „daß gegen die jungen Ausländer eher und häufiger bei Bagatelldelikten Ermittlungen bei der Polizei eingeleitet werden, jedoch diese Strafverfahren **wegen des Bagatellcharakters der zugrunde liegenden Tat durch die Staatsanwalt eingestellt** werden". Eingestellt wird jedoch auch aus anderen Gründen:

d) Vor allem Polizei- und Justizpraktiker weisen jedenfalls darauf hin, **35** daß
- manche Verfahrenseinstellung mit **Beweisnot** (Ohnmacht), etwa mit **geringerer Geständnisbereitschaft, geringerer Kooperationsbereitschaft** bei nichtdeutschen Zeugen (Familienclan!) und dementsprechend erfolgreicher **Verdunkelung** sowie mit **Problemen bei der Personenidentifizierung** (erschwerte Wiedererkennung des Täters) oder einfach mit **Sprachbarrieren** (Dolmetscherproblem: *Pick* 1994, 619) erklärt werden muß (dazu *Reichertz* 1994, 613; *Reichertz/Schröer* 1993, 755 ff und 1994, 308 ff); außerdem spielt offenbar eine Rolle, daß
- Verfahren deshalb nicht zu Ende geführt werden können, weil die Beschuldigten einfach mit unbestimmtem Ziel verschwinden („**untertauchen**") oder Verfahren **im Falle der Ausweisung** von Ausländern häufig (nach §154b StPO) eingestellt werden; dazu *Pick* aaO. Schließlich treten
- **Vollstreckungsverzichte** im Hinblick auf Ausreise oder Ausweisung (§§455a Abs. 1, 456a StPO) noch hinzu.

Die Realität solcher Verzichte bzw. Einstellungsgründe kann jedoch **36** weder von *Mansel* (aaO) noch z.B. von *Geißler* (1995 in: Aus Politik und Zeitgeschichte vom 20. Oktober 1995), der ähnlich argumentiert, empirisch widerlegt werden. Deshalb weist z.B. *Villmow* (1995, 160) darauf hin, daß die Frage, „wie die Staatsanwaltschaft mit der höheren Zahl beweisschwieriger Fälle bei Ausländern umgeht ... **noch klärungsbedürftig**" ist. Ähnlich heißt es bei *Reichertz/Schröer* (1993, 760): „Die vorliegenden Daten geben keinerlei Hinweis darauf, durch welche Einflußgrößen die staatsanwaltschaftliche Praxis geprägt ist." (ebenso *Walter* 1995, 71). *Reichertz/Schröer* (1994, 308) werfen *Mansel* daher vor, „einen gesinnungssoziologischen Ansatz zu verfolgen".

37   Eindeutig mehr (durch die Polizei) kontrolliert werden allerdings **Asyl-bewerber-Wohnheime** und **Problemwohngebiete**. So hat z. B. der baden-württembergische Innenminister die Polizeidienststellen angewiesen, „in der Umgebung der Bezirksstellen für Asyl, unterstützt von Kräften der Bereitschaftspolizei, verstärkt gegen Diebstahlkriminalität von Asyl-bewerbern vorzugehen" (Staatsanzeiger Baden-Württemberg vom 20. Februar 1993, Nr. 14).

4. Zusammenfassung und Kommentierung

38   a) Plausibel erscheint, daß die höhere Kriminalitätsbelastung der Aus-länder (Nichtdeutschen) in der PKS auf **mehrere Faktoren** zurückgeführt werden muß: vor allem auf eine Bevölkerungsstruktur, „die auch bei Deutschen besonders kriminalitätsbelastet ist" (*Northoff* 1996, 265), nämlich auf

- **altersspezifische Unterschiede (**unter den Zuwanderern befinden sich anteilsmäßig mehr jüngere Menschen als unter Deutschen),
- **schichtbedingte Unterschiede** zur deutschen Vergleichsbevölkerung,
- **geschlechtsspezifische Unterschiede** (der Anteil der Männer ist bei den Nichtdeutschen größer als bei den Deutschen)
- **wohnortbedingte Unterschiede:** Ausländer wohnen primär in den Bal-lungsgebieten (**Ghettoproblematik**), also in Großstädten wie Berlin, Hamburg, Frankfurt oder Stuttgart (selten „auf dem Lande"): zum Stadt-Land-Gefälle vgl. § 2, Rdn. 21!. Hinzu kommen:
- **sozialstrukturelle Benachteiligungen** der Ausländer,
- **Kulturkonflikte** in der ausländischen Familie, z. B. in Form von Gene-rationskonflikten, und möglicherweise auch
- **Selektionsprozesse:** anderes Anzeigeverhalten der deutschen Majori-tätsgruppe gegenüber Ausländern.

39   b) Gleichwohl muß vor Mißverständnissen gewarnt werden: **Die teil-weise Erklärbarkeit der Phänomene beseitigt sie (grundsätzlich) nicht;** sie zu unterschätzen, wäre ein schwerer kriminalpolitischer Fehler, der schon in anderen Ländern (mit entsprechenden Folgen) gemacht worden ist: z. B. in den **USA, Frankreich, England** (zu GB vgl. das Sondergut-achten von *Eckert* in: *Schwind/Baumann*, Bd. III, 1990). Ein Ausländer ist eben nicht immer (wie *Sessar* 1993b, 205 meint) „nur jemand mit einem anderen Paß". Mehr spricht dafür, daß Ausländer mit kulturellen und vor allem sozialen Problemen zu tun haben, die ein sozial angepaß-tes Verhalten erschweren (ebenso z. B. *Steffen* 1995, 153; *Pfeiffer* 1995, 13). Auch ein Blick auf den **(Straf-)Vollzug** zeigt das. Der Anteil der aus-ländischen Gefangenen, die im deutschen Strafvollzug einsitzen, schwankte schon 1988 von Anstalt zu Anstalt zwischen 5 % und 60 % (*Neu* in: *Schwind/Blau*: Strafvollzug in der Praxis, Berlin 1988). Inzwi-schen hat sich die Situation noch weiter verschärft: im Durchschnitt sind heute **20 % bis 30 %** aller **Strafgefangenen** (in den alten Bundesländern) Nichtdeutsche (in den Jugendstrafanstalten sind es weit mehr: vgl. auch

Übersicht 67); unter den **Untersuchungsgefangenen** weit über **40** % (vgl. *Dünkel* 1994, 613, und den Überblick in der WELT am Sonntag vom 5. November 1995, 35). Bei einer Stichtagszählung (z. B. in NRW) am 31. Januar 1994 betrug der Ausländeranteil unter den U-Gefangenen **47,8** % (Strafvollzug in Nordrhein-Westfalen 1994, 63); zur U-Haftsituation von Nichtdeutschen vgl. *Gebauer* 1993, 20 ff, und *Steinke* 1995, 170 ff).

Walter, M. (1993, 357) führt die **höhere Quote der ausländischen U-Ge-** **40** **fangenen** allerdings „auf einen in vieler Hinsicht ‚großzügigeren' Gebrauch der Untersuchungshaft bei Ausländern (in NRW)" zurück: er spricht (aaO) z. B. von einer **„Festhaltesanktion"** gegenüber reisenden Ausländern (Nichtdeutschen); daß die Fluchtgefahr als primärer Haftgrund Bedeutung besitzt, ergibt sich auch daraus, daß die **Anlaßdelikte** oft eine nur geringe Schwere aufweisen (*Villmow* 1995, 161): nicht selten handelt es sich um lediglich kleinere Diebstähle (dazu *Gebauer* 1993, 24).

Jehle (in: BewHi 1994, 383) vermutet, daß die U-Haft gegenüber Nichtdeutschen oft auch die Funktion einer **„Vor-Abschiebehaft"** erfüllt (zur Abschiebung Rdn. 42 ff zu § 24). Zur Beiordnung eines (Pflicht-) Verteidigers *Villmow* (1995, 162 f.)

c) Bisher im Schrifttum noch nicht diskutiert wurden die Fragen,
– wie hoch der Anteil der Nichtdeutschen am **Dunkelfeld** ist (Stichwort: nichtdeutsche Drogendealer und Schwarzarbeiter etwa auf Baustellen) und
– wie stark Nichtdeutsche an Straftaten beteiligt sind, die **nicht aufge-** **klärt** werden konnten (Stichwort: organisierte Banden von Tankstel-

Übersicht 67: Gefangenenziffer, deutsche und nichtdeutsche 14- bis 20jährige: 1971 bis 1992 (am Beispiel von Baden-Württemberg)

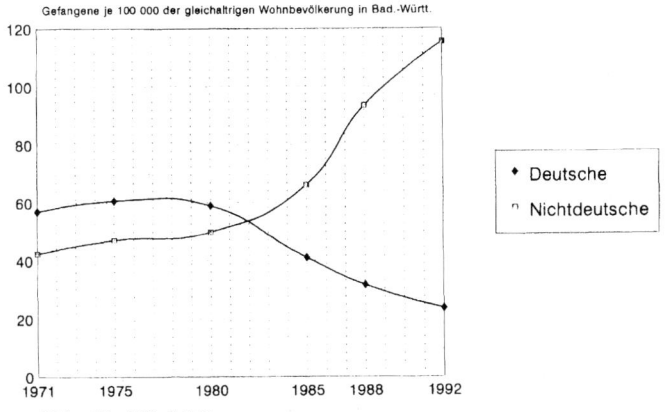

aus: *Walter*, M., 1993, S. 247

lenräubern, Autodieben, Einbrechern, Erpressern und Zuhältern, speziell aus den Ländern des früheren Ostblocks).

Zur Ausländerpolitik (Integrations- und Begrenzungspolitik) vgl. Rdn. 32 ff zu § 24.

§ 24   Importierte Kriminalität in den 90er Jahren?

Literatur: Bade, K.-J. (Hrsg.): Ausländer, Aussiedler, Asyl in der Bundesrepublik Deutschland, Bonn 1992; **Bauer,** M.: Sichtbare und unsichtbare Kriminalität durch Ausländer am Beispiel der Situation in Frankfurt a.M. 1993, in: Magazin der Polizei, Oktober 1993, S. 48–57; **Bierbrauer,** G. in: *Thomas, A.* (Hrsg.): Psychologie und multikulturelle Gesellschaft, Göttingen 1994, S. 192–201; **Dietz,** B./**Hilkes,** P: Integriert oder isoliert? Zur Situation rußlanddeutscher Aussiedler in der Bundesrepublik Deutschland, München 1994; **Frisch,** P.: Ausländischer Extremismus und Terrorismus in der Bundesrepublik Deutschland, in: MFDP April 1995, S. 32–36; **Huster,** E.-U.: Migration – von der absoluten zur relativen Armut? in: *Hanesch, W.* (Hrsg.): Sozialpolitische Strategien gegen Armut? Wiesbaden 1995, S. 455–466; **Jahn,** G.: Kriminalität der Ausländer (Asylbewerber), in: Kriminalistik 1994, S. 255–258; **Loeffelholz,** H. v./**Tränhardt,** D.: Kosten der Nichtintegration ausländischer Zuwanderer (Rheinisch Westfälisches Institut für Wirtschaftsforschung e.V. Essen), Düsseldorf 1996; **Pfeiffer,** C.: Das Problem der sog. Ausländerkriminalität, Hannover 1995 (KFN – Schriftenreihe Nr. 42); **Pfeiffer,** Ch./**Pfeiffer,** U.: NRW 2000 plus, Innere Sicherheit, Februar 1994; **Quaritsch,** H.: Einwanderungsland Bundesrepublik Deutschland, München 1981; **Ruhrmann,** U.: Reformen zum Recht des Aussiedlerzuzugs, Berlin 1994; **Rupprecht,** R. (Hrsg): Polizeilexikon, 2. Aufl., Heidelberg 1995; **Schwind,** H.-D.: Wie lösen wir die Ausländerfrage? in: Kriminalistik 1983, S. 303–325 und S. 358 ff; **Schwind,** H.-D.: Sind wir ein Volk von Ausländerfeinden? in: FAZ vom 24. Juni 1993 (Nr. 143), S. 8; **Schwind,** H.-D.: Gedanken zur Ausländerfeindlichkeit, in: FS für *Miyazawa* 1995; **Steffen,** W.: Streitfall „Ausländerkriminalität", Ergebnisse einer Analyse der von 1983 bis 1994 in Bayern polizeilich registrierten Kriminalität ausländer und deutscher Tatverdächtiger, in: BewHi 2/1995, S. 133–154; **Steffen,** W. et al.: Ausländerkriminalität in Bayern, München 1992; **Traulsen,** M.: Gefährlich oder gefährdet? Zur Kriminalität der Asylbewerber, in: Kriminalistik 1990, S. 415–419; **Wahl,** K.: Fremdenfeindlichkeit und Rechtsextremismus, in: Krim J 1995, 52–67; **Walter,** M.: Über die Bedeutung der Kriminalität junger Ausländer für das Kriminalitätssystem, in: DVJJ-Journal 4/1992, S. 347–359; **Willems,** H.: Gewaltentwicklung, Gewaltstrukturen, Gewaltursachen: sozialstrukturelle und biographische Merkmale fremdenfeindlicher Gewalttäter (Teil 1), in: Magazin der Polizei 1994, S. 36–41; vgl. ferner das Schrifttum zu § 23.

Gliederung

Wiebke *Steffen*, Leiterin des Dezernats „Forschung, Statistik, Präven- **1**
tion" im Bayer. Landeskriminalamt, weist aufgrund einer Statistik-Ana-
lyse der Jahre 1983 bis 1994 (1995, 145) darauf hin, daß „die Öffnung der
osteuropäischen Grenzen zu einem grundsätzlichen Wandel der polizeilich
registrierten Ausländerkriminalität geführt hat, der sich als **Wende von der**
‚Gastarbeiterkriminalität' **zur** **‚Zuwandererkriminalität'** beschreiben"
ließe. Gemeint kann allerdings nicht sein, daß die Kriminalität der Gastarbeiter und ihrer Nachkommen (*Steffen* 1995, 139: **„hausgemachte" Krimi-**
nalität: vgl. § 23) durch **„importierte" weitere Kriminalität** abgelöst
wurde; es ist vielmehr so, daß zu den bisherigen Kriminalitätsproblemen
mit Nichtdeutschen (zu diesem Begriff vgl. Rdn. 1 ff vor § 23) neue (kri-
nalpolitische) Probleme hinzukommen, und zwar im Zuge von neuen
Zuwanderungswellen, die Deutschland seit Ende der 80er Jahre überflu-
ten. Wir haben es also mit keiner **„Wende"** zu tun, sondern mit einem
„Draufsatteln" zusätzlicher Kriminalitätsphänomene.

Immer mehr werden illegal eingeschleust

Hamburg, 23. 3. (AP)
Die Zahl der illegal nach
Deutschland geschleusten
Ausländer hat nach Informationen der „Welt am Sonntag"
im vergangenen Jahr deutlich
zugenommen. Wie die Zei-
tung unter Berufung auf einen
Bericht von Bundesinnenminister Manfred Kanther
schreibt, wurden 7364 Illegale
festgenommen, die mit Hilfe
von Schleusern eingewandert
waren – zehn Prozent mehr als
1995. Die Zahl der Aufgegriffenen, die auf eigene Faust
den Grenzübertritt versucht
hatten, sank dagegen um
neun Prozent auf 27 024. Die
von den Grenzbeamten auf-
gegriffenen 2215 Schleuser
waren dem Bericht zufolge zu
85 Prozent Ausländer. Sie sollen pro Person zwischen 3000
und 15 000 DM verlangt und
die deutsch-tschechische
Grenze als Übergang bevorzugt haben.

aus: *NOZ* vom 24. März 1997

I. Neue Zuwanderungswellen

Die neuen Zuwanderungswellen, die Mitte der 80er Jahre begannen, **2**
setzen sich primär aus drei sozialen Problemgruppen zusammen, nämlich

– *erstens:* *Asylbewerbern (bzw. Wirtschaftsflüchtlingen),*
– *zweitens:* *illegal zugereisten Nichtdeutschen und*
– *drittens:* *(deutschstämmigen) Aussiedlern.*

Die ersten beiden Gruppen sind Gegenstand dieses Kapitels, die kriminelle Auffälligkeit der Aussiedler wird im nächsten Kapitel (§ 25)

besprochen. Alle drei Gruppen werden jedoch zunächst gemeinsam in bezug auf ihre Größe betrachtet; insoweit spielen Zu- und Abwanderungen eine Rolle, also letztlich der Netto-Zuwanderungssaldo.

1. Zum Netto-Zuwanderungssaldo

3   Mit dem Netto-Zuwanderungssaldo ist der Überschuß der Zuwanderungen gegenüber den Abwanderungen gemeint.

a) Zuwanderungen ab 1989

4   Allein ab 1989 wanderten in das Bundesgebiet u.a. rund **1,5 Millionen** Asylbewerber (aus allen Teilen der Welt) ein (vgl. Übersicht 68) sowie rund **1,9 Millionen Aussiedler:** primär aus den GUS-Staaten Kasachstan und Kirgisien (vgl. Graphik bei Rdn. 1 zu § 25). Hinzu kommen noch über **350 000 Flüchtlinge** aus den Nachfolgestaaten des ehemaligen Jugoslawien. In der entsprechenden Summe von mehr als 3,7 Millionen Zuwanderern sind jedoch noch nicht die illegal zugereisten Personen, soweit diese bekannt wurden (vgl. oben den Zeitungsausriß), enthalten; es fehlen schließlich auch solche Personen, die im Rahmen der Familienzusammenführung zureisen dürfen.

5   *Übersicht 68:* Asylbewerber in Deutschland ab 1975 nach der Statistik des Bundesamtes für die Anerkennung ausländischer Flüchtlinge

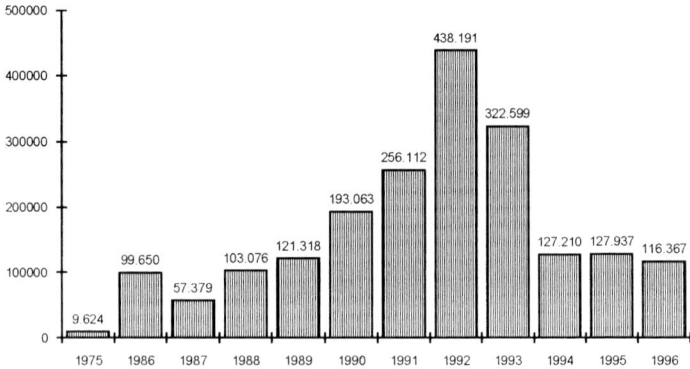

Quelle: *Statistisches Bundesamt nach Rupprecht* 1995, S. 38, ergänzt aus dem Statistischen Jahrbuch 1996, S. 69

b) Abwanderungen seit 1989

6   Das Statistische Bundesamt gibt dazu Zahlen bekannt, die darauf hinauslaufen, daß auch zahlreiche Ausländer das Land wieder verlassen (vgl. Übersicht 70). Ob das solche der erwähnten sozialen Problemgruppen sind, geht jedoch aus der Statistik nicht hervor. Die Abwanderungen in die Vereinigten Staaten dürften etwa mit den aus Deutschland zurückgezogenen Streitkräften der US-Army zu tun haben. Im übrigen wurden (1995) lediglich rund **37 000 Personen** abgeschoben (vgl. Rdn. 44 a): primär nicht anerkannte Asylbewerber.

Übersicht 69: Entwicklung der Zahl der Ausländer in der Bundesrepublik Deutschland   **7**

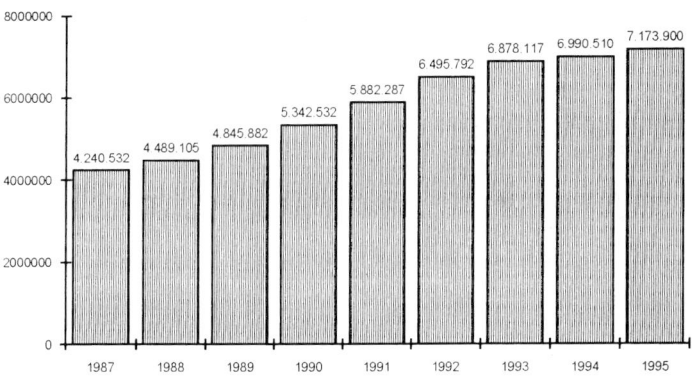

Quelle: *Statistisches Bundesamt nach Rupprecht* 1995, S. 50, ergänzt aus dem Statistischen Jahrbuch 1996, S. 68

c) Zuwanderungsüberschuß

Legt man die Zahlenangaben des Statistischen Bundesamtes   **8** zugrunde, so muß man davon ausgehen, daß die Zahl der Ausländer in Deutschland von rund 4,8 Millionen (1989) auf knapp 7,2 Millionen (1995) zugenommen hat (vgl. Übersicht 69); das sind rund 2,2 Millionen Personen, zu denen noch die Illegalen und die (1,9 Millionen) Aussiedler addiert werden müssen (vgl. Rdn. 1 zu § 25). Der Überschuß beträgt danach (bezogen auf die Jahre 1989-95) insgesamt rund **4,3 Millionen** (zu den Herkunfts- und Zielländern vgl. Übersicht 71). Der Bundesinnenminister geht von 4,7 Millionen Zugewanderten in dem Bezugszeitraum aus (in: FAZ vom 13. Nov. 1996, 11).

Übersicht 70: Fortzüge und Zuzüge von Ausländern nach Deutschland   **9** von 1989 bis 1994

	1989*	1990*	1991	1992	1993	1994	gesamt
Zuzüge	770.771	842.364	920.491	1.207.602	986.872	773.929	**5.502.029**
Überschuß	+332.494	+376.326	+432.015	+592.855	+276.632	+152.512	**+2.153.834**
Fortzüge	438.277	466.038	497.476	614.747	710.240	621.417	**3.348.195**

* die Zahlen für 1989 und 1990 beziehen sich nur auf das frühere Bundesgebiet

Quellen: *Statistisches Bundesamt* (Hrsg.), Statistische Jahrbücher 1991, S. 93; 1992, S. 90; 1993, S. 90; 1995, S. 82; 1996, S. 84

10   *Übersicht 71:* Fortzüge und Zuzüge von Ausländern (für Deutschland 1994)

Zuzüge von Ausländern: 773.929	Herkunftskontinent: Europa: 607.902 Afrika: 33.646 Amerika: 28.319 Asien: 99.228 Australien: 1.715 unbekannt: 3.119
Überschuß der Zuzüge: + 152.512 Ausländer	Saldo je Kontinent: Europa: +111.164 Afrika: -1.021 Amerika: +1.763 Asien: +45.260 Australien: -794 unbekannt: -3.860
Fortzüge von Ausländern: 621.417	Zielkontinent: Europa: 496.738 Afrika: 34.667 Amerika: 26.556 Asien: 53.968 Australien: 2.509 unbekannt: 6.979

Quelle: Statistisches Bundesamt (Hrsg.): Statistisches Jahrbuch 1996, Wiesbaden 1996, S. 84

2. Eskalation sozialer Probleme

11   Vor dem Hintergrund dieser Zahlen kann es kaum überraschen, daß bei der sozialen Eingliederung so vieler Menschen soziale Probleme entstehen. Stichworte dazu: fehlender Wohnraum, fehlende Sprachkenntnisse, fehlende Arbeit und auch fehlende Ausbildungskapazitäten.

12   So ist der Anteil an den Sozialhilfeempfängern (vgl. dazu die Übersicht 72) relativ hoch: er machte (1995) etwa 24,5 % aus (Statist. Bundesamt, zit. nach FOCUS vom 23. Oktober 1995, 286). In Zahlen: 1996 lebten 450 000 Asylbewerber und weitere 470 000 Ausländer von der Sozialhilfe: zusammen also über eine Million (vgl. Übersicht 33 auf S. 173).

13   Hinzu kommt die Ablehnung breiter Bevölkerungskreise in Deutschland, mit der die erste Generation der Gastarbeiter (dazu Rdn. 10 zu § 23), die ins Land geholt wurden (und zwar auf freie Arbeitsplätze), nicht rechnen mußte. Für das **Ablehnungsverhalten der Deutschen** sind nach *Wahl* (1995, 53) vor allem folgende Einflußfaktoren bedeutsam:

- Fremdenfeindlichkeit (vgl. Rdn. 24 zu § 23), die man allerdings auch in anderen Ländern antreffen kann;
- Auslösereize für bestimmte Einstellungen und Verhaltensbereitschaften, die mit schlechten Erfahrungen mit Ausländern zu tun haben;
- Bedrohtheitsgefühle, die sich auf die Konkurrenz der Ausländer auf dem Wohnungs- und Arbeitsmarkt beziehen, und
- kulturell bedingte Andersartigkeiten, die manche Deutsche verstören.

Übersicht 72: Sozialhilfeempfänger – Anteile der jeweiligen Altersgruppen nach Nationalität (1993) **14**

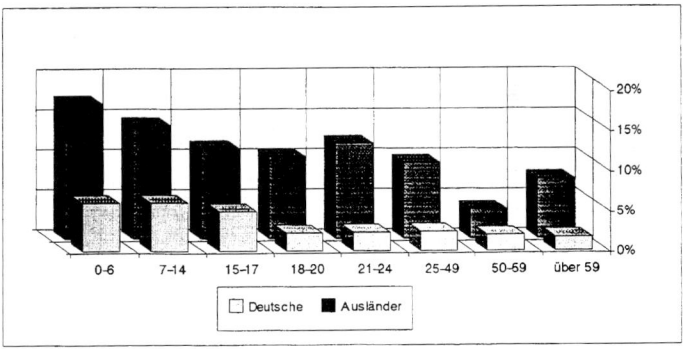

aus: *Pfeiffer/Pfeiffer* 1994, S. 10

Die **Kombination solcher Startnachteile** läßt naturgemäß „eine **15** Mischung entstehen, die eine überdurchschnittliche Kriminalität hervorbringt" (*Pfeiffer/Pfeiffer* 1994, 15). Hinzu kommt, daß sich unter den **neu zugewanderten Ausländern** (anders als bei den Gastarbeitern, die in den 60er und 70er Jahren ins Land geholt wurden) **offensichtlich bereits überproportional viele Rechtsbrecher** befinden (vgl. unten Rdn. 24). Bei den Illegalen bilden kriminelle Verhaltensweisen im übrigen wahrscheinlich mitunter sogar eine Überlebenstaktik.

II. Neue Tätergruppen und Gewaltphänomene

Dementsprechend weist die PKS grundsätzlich steigende Kriminali- **16** tätsbelastungen der Illegalen und Asylbewerber (bzw. Wirtschaftsflüchtlinge) aus; auch die Bandenkriminalität (dazu Rdn. 31 ff zu § 28) bis zur O.K. (dazu Rdn. 22 ff zu § 29) nimmt zu (vgl. Rdn. 31). Besondere Sorgen machen darüber hinaus die kurzfristig einreisenden Straftäter aus den Ländern des ehemaligen Ostblocks (**Kriminalitätstouristen**) sowie die kriminellen Aktivitäten politisch motivierter **extremistischer Ausländerorganisationen,** die in Deutschland **Nebenkriegsschauplätze** eröffnen (Besetzungsaktionen, Anschläge usw.); insoweit traten in den letzten Jahren hierzulande besonders hervor: „palästinensische, islami-

sche, kurdische, iranische, türkische, jugoslawische, tamilische und iri-
sche Extremistengruppen orthodox-kommunistischer, maoistischer
(Neue Linke) und sozialrevolutionärer, rechtsextremistischer und natio-
nalistischer wie islamischer Prägung" (*Prinz* 1990, 658; *Frisch* 1995,
32 ff). Eine Rolle spielen vor allem auch **religiöse Motivationen: insbesondere Beweggründe islamischer Fundamentalisten.**

17   *Die Zahl der Mitglieder ausländischer extremistischer Organisationen ist nach dem Verfassungsschutzbericht (1996) auf 57 000 gestiegen.
Gezählt wurden 63 extremistische Ausländervereinigungen. Der (verbotenen) PKK gehören 10 000 Kurden an.*

„Islamisten Gefahr für Sicherheit"

Verfassungsschutz: Zulauf für Gruppen

**Berlin, 26. 3.
(dpa/ddpADN)**
**Das Bundesamt für Verfas-
sungsschutz hat den isla-
mischen Fundamentalismus
als „Sicherheitsproblem Nummer eins für Deutschland" bezeichnet.**
     Käme es zu einem Konflikt
mit einem islamischen Staat,
„hätten wir ein Potential im
Land, das wirklich gefährlich
wäre", sagte Peter Frisch, Chef
des Bundesamtes in Köln, der
„Berliner Morgenpost" mit
Blick auf die in Deutschland
vertretenen islamistischen Organisationen. Nach Erkenntnissen der Kölner Behörde ope-
rieren gegenwärtig 13 islami-
stisch-extremistische Gruppierungen auf deutschem Boden.

aus: *NOZ* vom 27. März 1997

1. Politisch motivierte Gewalt am Beispiel der Kurden

18   Die bislang gewalttätigsten Massenaktionen gingen im **März 1994** von
den **Kurden** aus, einer Bevölkerungsgruppe, die als beachtliche Minderheit (12 Millionen) im Südosten des türkischen Hoheitsgebietes (z.T.
auch im Irak, in Syrien, im Iran und in Armenien) ansässig ist und seit
Jahrhunderten die Selbständigkeit in einem eigenen Staatsgebiet
anstrebt. Zur Zeit genießen etwa 450000 dieser Volksgruppe (von
500000 über die ganze Erde verstreuten Kurden) bei uns Gastrechte
(DER SPIEGEL 13/1994). Gleichwohl hat die kurdische Arbeiterpartei
(PKK) Deutschland (nach der Türkei) zum „Kriegsfeind Nr. 2" erklärt
und dies mit den (im Rahmen der NATO) gelieferten militärischen Aus-

rüstungshilfen für die Türkei begründet, die (von türkischer Seite bestritten) auch gegen die kurdischen Aufständischen eingesetzt werden. Worum es sich handelt, hat DER SPIEGEL ermittelt (vgl. Nr. 13 vom 28. März 1994, 20): Dort heißt es:

> *„Zwischen 1985 und 1991 spendierte Bonn der türkischen Armee Schießbedarf im Wert von 3,6 Milliarden Mark: Allein aus ehemaligen DDR-Beständen gelangten in die Türkei 256 125 Kalaschnikows, 5000 Maschinengewehre, 100 000 Panzerfäuste und etwa 445 Millionen Schuß Munition."*

Die Ausschreitungen, die (vor diesem Hintergrund betrachtet) im **19** März 1994 bundesweit durchgeführt wurden (sie haben sich im März 1996 wiederholt), beschreibt die Zeitschrift FOCUS (Nr. 13 vom 28. März 1994, 19 f) u. a. wie folgt:

> *„Von Augsburg bis Kiel, von Potsdam bis Mannheim brannten Barrikaden, tobten Schlachten mit der Polizei ... Unter den Flaggen der verbotenen kommunistischen Arbeiterpartei (PKK) lieferten kurdische Aktivisten der Polizei eine Schlacht mit Steinen, Latten und herausgerissenen Verkehrszeichen. Sie besprühten die Beamten mit Benzin und warfen mit Glutstücken aus den Feuern ... Tausende von Autofahrern, die (am 19. März auf den blockierten Autobahnen) in eine dieser Verkehrsfallen gerieten und zwischen Feuerwänden bis zu sieben Stunden festsaßen, haben seitdem Probleme mit der eigenen, unerschütterlich geglaubten Toleranz gegenüber fremden Mentalitäten."*

Inzwischen unternimmt die (seit November 1993 in Deutschland ver- **20** botene) PKK auch direkte Aktionen gegen deutsche Einzelpersonen, die nach ihrer Ansicht mit dem türkischen Staat „kollaborieren". So kam es im März 1993 zu Anschlagserien nicht nur auf **Reisebüros** mit türkischen Inhabern, sondern auch auf solche mit deutschen Besitzern, die Reisen in die Türkei vermitteln. Diese Anschläge haben sich 1995 und 1996 in vielen Städten der Bundesrepublik wiederholt: attackiert wurden auch türkische Gebetshäuser.

Die Folge: Der Deutsche Bundestag hat am 26. Juni 1997 die (erleich- **21** terte) **Abschiebung ausländischer Gewalttäter** (insbesondere bei schwerem Landfriedensbruch) beschlossen (vgl. Zeitungsausriß in Rdn. 42); eine solche ist nach § 49 AuslG aber nur dann möglich (zuständig sind die einzelnen Bundesländer), wenn dem Abzuschiebenden in seinem Heimatland nicht Folter oder Todesstrafe drohen. Nach einem Lagebericht des Auswärtigen Amtes müssen aber z. B. Kurden genau damit rechnen (DER SPIEGEL Nr. 13 vom 28. März 1994, 19).

Viele Flüchtlinge „tauchen" ab
Helfer befürchten Entstehen einer neuen Randgruppe

aus: *WAZ* vom 2. August 1995

2. Zur Kriminalität der Asylbewerber (Wirtschaftsflüchtlinge)

22   Die größte Gruppe unter den nichtdeutschen Tatverdächtigen stellen (in der PKS) inzwischen die Asylbewerber (Asyl griech. = Schutz, Obdach) dar, die sich zum größten Teil mit dem Kreis der Wirtschaftsflüchtlinge decken (**Anerkennungsquote** des Bundesamtes für die Anerkennung ausländischer Flüchtlinge: **1996 nur 7,4 %** (*Bundesinnenminister, zit.* nach NOZ vom 9. Jan. 1997); danach sind 92,6 % der Zuwanderer als Wirtschaftsflüchtlinge eingestuft worden.

23   *Der Großteil der nicht anerkannten Asylbewerber darf (bisher) über § 56 AuslG im Land bleiben (sog. **Duldung**), wenn eine **Abschiebung** (nach § 49 AuslG) aus rechtlichen (vgl. Rdn. 21) oder tatsächlichen Gründen (vgl. z. B. Reiseunfähigkeit) nicht durchsetzbar ist (zu den Begriffen vgl. Übersicht 73). Abgeschoben werden nur relativ wenige Personen (dazu Rdn. 44). 15 bis 30 % der abgelehnten Asylbewerber – so eine dpa-Umfrage in den Bundesländern (zit. nach NOZ vom 10. Febr. 1994) –, die von der **Ausweisung** bedroht sind (§ 45 AuslG), „**tauchen ab**" (vgl. auch den Zeitungsausriß oben) und leben dort (wie die illegalen Zuwanderer wahrscheinlich auch: vgl. Rdn. 4 f) von Schwarzarbeit oder „härterer Kriminalität" (so die Antwort des BMI auf eine parlamentarische Anfrage im Juli 1992 – zit. nach FOCUS 22/1993, 19).*

Übersicht 73:   Aufenthaltsbeendende Maßnahmen nach dem AuslG

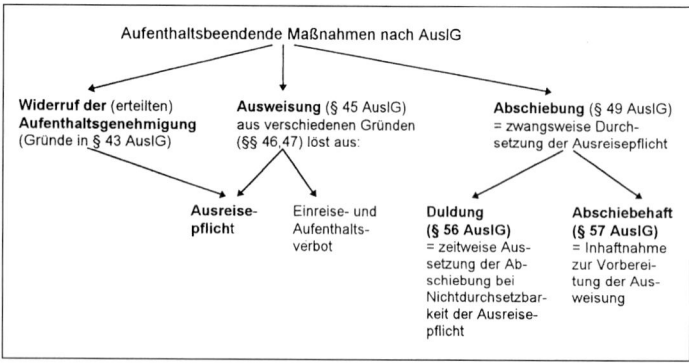

24   a) **Die Kriminalität der Asylbewerber** wird im Schrifttum allerdings recht unterschiedlich beurteilt. Während manche (wie *Sessar* 1993 und *Traulsen* 1990, 415) die Problematik als **wenig dramatisch** beschreiben, kommen andere eher zu bedrohlichen Resultaten. So heißt es z. B. bei *Jahn* (1994, 255): auch „nach Abzug der Tatverdächtigen, die gegen Ausländer- und Asylverfahrensgesetze verstoßen haben, macht die KBZ der Asylbewerber noch **das Zehnfache der ‚Deutschen' und das mehr als Dreifache der sonstigen ‚Ausländer ohne Asylbewerber'** aus". Afrikaner

sind offenbar primär im Drogenhandel (vor allem in Großstädten) auffällig (vgl. Rdn. 21 zu § 27); die Erscheinungsformen bei zuwandernden
Osteuropäern aus dem ehemaligen Ostblock reichen nach den Beobachtungen, über die *Pfeiffer* und *Pfeiffer* (1994, 2) berichten, „von Ladendiebstählen in Berlin bis zum Raub in Fernzügen oder auf Parkplätzen an
den Autobahnen über Hütchenspieler in den Einkaufspassagen, Ein-
bruchdiebstahl oder Formen des Menschenhandels" (zum Straßenhandel
mit Rauschgift vgl. Rdn. 20 zu § 27). Zumindest im Rahmen des organisierten Verbrechens (dazu § 29) sickern auch **Berufskriminelle** nach
Deutschland mit ein (zu der neuen Zuwanderungskriminalität vgl. auch
Steffen et al. 1992). Diese Entwicklung kündigte sich allerdings tendenziell schon Ende der 80er Jahre an.

Übersicht 74: Entwicklung der (absoluten) Zahlen der nichtdeutschen **25**
TV nach dem Aufenthaltsgrund (1984–1996)

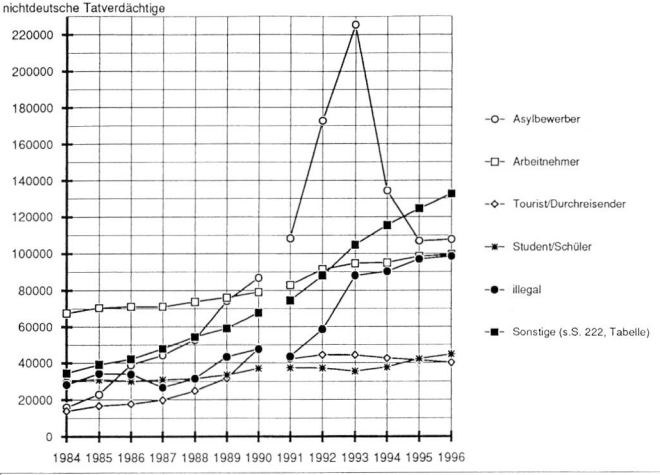

aus: *PKS* 1996, 125

b) Wie die **Entwicklung der absoluten Zahlen** aussieht, zeigen die **26**
Übersichten 74 und 75. Danach ist die Zahl der tatverdächtigen Asylbewerber in den letzten zehn Jahren von 15 952 (1984) auf 123 672 (1996; ab
1991: einschließlich Gesamt-Berlin) **gestiegen**. Die Asylbewerber stellen
damit (seit 1990) die **größte Teilgruppe** unter den nichtdeutschen Tatverdächtigen **(20,3 % aller nichtdeutschen Tatverdächtigen)**. Dabei muß
allerdings (wiederum) berücksichtigt werden, daß 28,6 % der nichtdeutschen Tatverdächtigen (zu denen vor allem die Asylbewerber gehören)
gegen § 92 des Ausländergesetzes und das Asylverfahrensgesetz verstie-

ßen (*PKS* 1995, 119). Ferner darf man nicht übersehen, daß weitere **Verzerrungsfaktoren** mit im Spiel sind (vgl. Rdn. 28 zu § 23).

27   Daß die Zahl der tatverdächtigen Asylbewerber ab 1994 wieder abnimmt (vgl. Rdn. 5), dürfte mit den etwas abnehmenden Asylbewerberzahlen insgesamt zu tun haben (vgl. Rdn. 2); insoweit wirkt sich offenbar die **Asylrechtsänderung** vom 1. Juli 1993 aus (zum sog. Asylkompromiß vgl. unten Rdn. 41). Ein Beispiel dazu:

28   *1993 (vor dem Asylkompromiß) waren in Bayern 76 958 Asylbewerber melderechtlich erfaßt; die Zahl der TV betrug 23 112. 1994 (nach dem Asylkompromiß) waren es (nur) noch 62 640; die Zahl der TV sank auf 15 976 (Steffen 1995, 141).*

„Erschreckend" hohe Kriminalitätsrate bei Asylbewerbern

dpa **Frankfurt/Main** – Bundesinnenminister Manfred Kanther (CDU) ist besorgt über die Entwicklung der Ausländerkriminalität. Die Kriminalitätsraten von Ausländern, die kurze Zeit in Deutschland verweilten, seien „leider besorgniserregend hoch", sagte Kanther gestern im Hessischen Rundfunk. „Dazu gehören auch Asylbewerber. Deshalb ist es von einer hohen Bedeutung, dieser Kriminalität zu Leibe zu rücken – auch mit dem Ausländerrecht."

aus: *DIE WELT* vom 11. März 1996

29   c) Der **Anteil der tatverdächtigen Asylbewerber** an den Tatverdächtigen der verschiedenen Straftaten-Gruppen ergibt sich aus der PKS 1996, 127 f). Danach waren Asylbewerber beteiligt (vgl. auch Übersicht 75) z.B.

– an Tötungsverbrechen mit 8,6 %,
– an Vergewaltigungen mit 8,6 %,
– an Raubtaten mit 5,8 %,
– an gef. und schwerer Körperverletzung mit 5,5 %,
– am Wohnungseinbruch mit 4,9 %,
– am Taschendiebstahl mit 22,7 %,
– am Ladendiebstahl mit 6,5 %,
– am Heroinhandel mit 14,5 %,
– am Kokainhandel mit 22,9 % und
– an Straftaten gegen AuslG mit AsylverfG mit 17,1 %.

Übersicht 75:   **30**

Entwicklung tatverdächtiger Asylbewerber und
Nichtdeutscher insgesamt in einzelnen Deliktsbereichen
Bereich: *alte Länder mit Gesamt-Berlin*

Schlüssel	Straftaten(gruppen)	tatverd. Asylbewerber 1996	1995	Veränderung absolut	in %	nichtdeutsche TV insgesamt 1996	1995	Veränderung absolut	in %
- - - -	Straftaten insgesamt	107 728	106 888	840	0,8	540 680	526 539	14 141	2,7
****	Diebstahl insgesamt	41 647	38 528	3 119	8,1	171 136	165 434	5 702	3,4
3***	darunter:								
	einfacher Diebstahl	37 016	33 611	3 405	10,1	146 018	135 120	10 898	8,1
326*	darunter:								
	Ladendiebstahl	31 677	28 241	3 436	12,2	117 094	110 240	6 854	6,2
4***	schwerer Diebstahl	6 621	6 951	- 330	-4,7	34 074	35 396	- 1 322	-3,7
7250	Straftaten gegen AusländerG und gegen AslyverfahrensG	27 803	30 997	- 3 194	-10,3	139 685	141 426	- 1 741	-1,2
5400	Urkundenfälschung	9 868	11 761	- 1 893	-16,1	34 109	35 412	- 1 303	-3,7
5150	Leistungserschleichung	7 252	7 645	- 393	-5,1	26 288	26 668	- 380	-1,4
2200	Körperverletzung	10 389	10 276	113	1,1	63 943	59 552	4 391	7,4
6200	Widerstand gegen die Staatsgewalt und Straftaten gg. die öffentl. Ordnung	4 746	4 089	657	16,1	19 168	17 413	1 755	10,1

aus: *PKS* 1996, 125

3. Osteuropäische Banden bzw. O.K.

Seit Anfang der 90er Jahre nimmt auch die Bandentätigkeit aus den   **31**
ehemaligen Ostblockländern zu (zum Organisierten Verbrechen vgl.
§ 29; zur sog. Polen- und Russen-Mafia Rdn. 20 ff zu § 29). Ab 1993
berichten die Medien zunehmend auch über die gewaltorientierten Aktivitäten vermögenskrimineller Einbrecher- und Raubtäterbanden aus Serbien, Albanien, dem Libanon und Rumänien, die z. T. mit bisher unbekannter Brutalität sog. „**Blitzüberfälle**" durchführen: d. h. solche, die
nur wenige Minuten andauern.

III. Zur (künftigen) Ausländerpolitik

Die künftige Ausländerpolitik (vgl. dazu ausführlich *Schwind* schon   **32**
1983) muß so konzipiert werden, daß ein friedliches Zusammenleben
zwischen Eingesessenen und Zuwanderern erleichtert (und nicht noch
erschwert) wird; daran besteht auch ein kriminalpolitisches Interesse. Zu
den Instrumenten einer solchen Politik gehören die Bemühungen um die
Integration der schon hier lebenden Ausländer und die Begrenzung des
Zustroms weiterer Menschen (vgl. Übersicht 76). Verstärkte Begrenzungspolitik betreiben inzwischen auch andere Staaten mit liberalem
Image: etwa die USA, Frankreich, die Schweiz, die Niederlande und
Dänemark.

33 *Übersicht 76:* Möglichkeiten der Ausländer-(Kriminal-)Politik

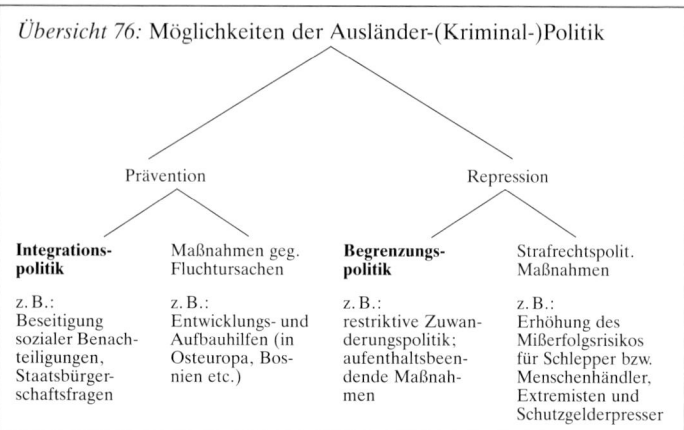

Prävention		Repression	
Integrations-politik	Maßnahmen geg. Fluchtursachen	**Begrenzungs-politik**	Strafrechtspolit. Maßnahmen
z. B.: Beseitigung sozialer Benach-teiligungen, Staatsbürger-schaftsfragen	z. B.: Entwicklungs- und Aufbauhilfen (in Osteuropa, Bos-nien etc.)	z. B.: restriktive Zuwan-derungspolitik; aufenthaltsbeen-dende Maßnah-men	z. B.: Erhöhung des Mißerfolgsrisikos für Schlepper bzw. Menschenhändler, Extremisten und Schutzgelderpresser

1. Integrationspolitik

34 Wenn man von der Begriffsbestimmung von *Quaritsch* (1981) ausgeht, ist Integration erreicht „bei **Zufriedenheit** mit der eigenen Situation – aber nicht nur bei den Zuwanderern, sondern auch bei den Eingesessenen".

Insoweit ist die Integration der (etwa 1 Million) Polen, Ungarn und Italiener geglückt, die Anfang dieses Jahrhunderts nach Deutschland einwanderten um im Bergbau oder in der Landwirtschaft tätig zu sein. Wer ein Telefonbuch von Gelsenkirchen oder Duisburg aufschlägt, kann die damalige Migration vor allem an zahlreichen polnischen Namen erkennen. Lieblingsverein der Zuwanderer in den „Ruhrpott" (die wegen des ähnlichen kulturellen Hintergrundes assimiliert werden konnten) war übrigens Schalke 04.

Diese Zufriedenheit kann durch Verteilungskämpfe (um Wohnung, Arbeit, Ausbildungsplätze usw.) so erheblich gestört werden, daß Ausländerfeindlichkeit aufkommt bzw. Bedrohtheitsgefühle entstehen (dazu *Schwind* 1993, 8 und 1995 und Rdn. 24 zu § 23): übrigens nicht nur in Deutschland, sondern auch in anderen Staaten in ähnlicher Lage (z. B. in den USA, England, Frankreich und Portugal).

35 Integration bedeutet daher: **Beseitigung der sozialen Mängellagen** (vgl. oben Rdn. 11 ff), unter denen nicht nur die Zuwanderer leiden. Zahlreiche Programme, die dieses zum Ziel haben, gehen bereits in die richtige Richtung; ihre Kapazitäten sind jedoch zu gering. Zu integrativen Gruppenprojekten vgl. *Northoff* 1996, 279 ff. Ein großes Hemmnis bilden (nicht zuletzt) **Sprachschwierigkeiten** (*Kaiser/Kerner* et al., KKW schon 1985, 128). Das bedeutet: auch das Angebot an Sprachkursen muß erhöht werden. Zu den **Kosten** der Nichtintegration ausländischer Zuwanderer vgl. *von Loeffelholz/Tränhardt*, 1996.

Manche Politiker (primär aus dem liberalen Lager) setzen auf die **36**
Realisierung einer **multikulturellen Gesellschaft.** *Eine solche Form der*
friedlichen Koexistenz funktioniert jedoch unter den Bedinungen von
Arbeitslosigkeit und Wohnungsproblemen (zumindest bisher) auf der
ganzen Welt nicht. So hat selbst Rudolf Augstein Ende 1993 im SPIE-
GEL einräumen müssen (Nr. 47, S. 22): „Wo es sie gibt (nämlich die
multikulturelle Gesellschaft) funktioniert sie nicht: in Kalifornien
nicht, in New York nicht, im ganzen Schmelztiegel USA nicht; im
Frankreich des Charles Pasqua schon lange nicht, und auch im Frank-
furt des multikulturellen Stadtrats Daniel Cohn-Bendit ist sie schwach
und atmet kaum“. Und was ist (mag man hinzufügen) mit den ethni-
schen Konflikten in der GUS, in Afrika oder in den jugoslawischen
Nachfolgestaaten? Zu den Problemen der Polizei in der multikulturel-
len Gesellschaft vgl. Jaschke 1997.

Zeitbomben in den Vorstädten

Die Ausländerintegration ist gescheitert. Überall im Land entsteht eine explosive Spannung.
Bei jungen Türken und Aussiedlern, Randgruppen ohne Perspektive,
wächst die Bereitschaft, sich mit Gewalt zu holen, was die Gesellschaft ihnen verweigert.

aus: *DER SPIEGEL* 16/1997, S. 78

Integration bedeutet darüber hinaus, die **Identifizierung** mit der neuen **37**
Heimat erleichtern zu helfen; die **doppelte Staatsbürgerschaft** allein trägt
kaum dazu bei; das gilt auch für Polizeibeamte, die nach dem Vorschlag
der (Anti-)Gewaltkommission (*Schwind/Baumann* et al., Bd. I, 1990)
aus ethnischen Gruppen rekrutiert werden sollten: z. B. für den Einsatz
als verdeckte Ermittler gegen Drogenhändler oder gegen Schutzgelder-
presser (*Pfeiffer* 1995, 21).

Daß ein Paß allein für die Integration wenig bringt, zeigt das Beispiel
der Probleme bei (jungen) Aussiedlern (vgl. Rdn. 12 ff zu § 25), die
(weil sie als Deutsche gelten) einen solchen besitzen (zum Drei-Genera-
tionen-Assimilationszyklus vgl. Northoff 1996, 269 f).

Im übrigen wurde die Einbürgerung durch das **„Gesetz zur Neu-** **38**
regelung des Ausländerrechtes“ vom 9. Juli 1990 (BGBl. I, 1354 ff)
erheblich erleichtert. Nach Änderungen dieses Gesetzes, die am 1. Juli
1993 in Kraft traten, wurde die Ermessenseinbürgerung (grundsätzlich)
in eine **Anspruchseinbürgerung** verändert: 1994 wurden 259 200 Zuwanderer eingebürgert (*Stat. Bundesamt*, zit. nach NOZ vom 2. Dez. 1995).

Deutschland ist damit das einzige Land in der Welt, das einen
Anspruch auf Asyl garantiert.

Danach gewährt: **39**

– § 86 Abs. 1 AuslG einen Einbürgerungsanspruch für Ausländer der
  ersten Generation, die seit mindestens 15 Jahren rechtmäßig in
  Deutschland wohnen;

Asylbewerberzahl auf Rekordtief

1996 kamen noch 116 367 Flüchtlinge

Bonn, 8. 1. (dpa)
Die Zahl der Asylbewerber ist im vergangenen Jahr mit 116 367 auf den bislang niedrigsten Stand seit der Asylrechtsreform 1993 gesunken. Gegenüber 1995 habe der Rückgang neun Prozent betragen, teilte das Bundesinnenministerium am Mittwoch mit.

Hauptgrund für die jüngste Entwicklung war die Beruhigung der Lage in Exjugoslawien: Aus den Nachfolgestaaten beantragten knapp 12 000 Flüchtlinge weniger politisches Asyl als 1995, ein Rückgang um 36 Prozent.

Innenminister Manfred Kanther (CDU) erklärte, der mit der Asylrechtsreform eingeschlagene Weg habe sich bewährt. Gegenüber 1993 (damals über 438 000 Personen) habe sich die Zahl der Antragsteller um mehr als zwei Drittel vermindert. Der aktuelle Wert sei aber noch immer zu hoch, betonte Kanther. Es müsse alles getan werden, um die Zahl zu verringern. Die Anerkennungsquote von nur 7,4 Prozent zeige das Ausmaß illegaler Einwanderung unter mißbräuchlicher Berufung auf das Asylrecht. Der Minister kritisierte, daß die Zahl der Abschiebungen – sie werden von den Ländern verantwortet – unter dem Wert von 1995 (21 000 Fälle) bleibe.

1996 kam nach Angaben des Ministeriums mit 23 814 Asylbewerbern die größte Gruppe aus der Türkei, gefolgt von 18 085 Bewerbern aus Jugoslawien (Serbien und Montenegro) und 10 842 Asylsuchenden aus dem Irak.

Pro-Asyl-Sprecher Heiko Kauffmann nannte Kanthers Bilanz ein „Dokument der Ignoranz und Selbsttäuschung", das über die Wirklichkeit des Flüchtlingselends und dessen Ursachen hinwegsehe. Die wichtigen Zahlen – die Dauer der Abschiebehaft und die Zahl der Selbstmorde aus Angst vor Abschiebung – würden verschwiegen.

aus: *NOZ* vom 9. Januar 1997

– Ausländer (der **zweiten Generation**), die **zwischen 16 und 23 Jahre alt sind,** haben einen solchen Anspruch dann, wenn sie sich seit mindestens **8 Jahren rechtmäßig in der Bundesrepublik aufhalten** und hier **mindestens 6 Jahre lang eine Schule** (davon mindestens 4 Jahre eine allgemeinbildende Schule) besucht haben (§ 85 Abs. 1 Nr. 2 und 3 AuslG): zu weiteren Einbürgerungsvoraussetzungen vgl. § 85 Abs. 1 AuslG.

Für beide Gruppen gilt, daß kein Ausweisungsgrund nach § 46 Nr. 1 bis 4 oder § 47 Abs. 1 oder 2 des AuslG vorliegen darf (so § 8 Abs. 1 Nr. 2 RuStAG). Nach § 46 Abs. 1 AuslG **stehen der Einbürgerung danach z.B. entgegen:**

- die Beteiligung an **politisch motivierten Gewalttätigkeiten;**
- der Verstoß gegen Rechtsvorschriften, die die **Ausübung der Gewerbs-unzucht** regeln;
- der **Drogenhandel oder -verbrauch.**

2. Begrenzungspolitik

Der Bundespräsident (*Herzog*) hat am 21. September 1995 in Fried-   **40**
land vor einer **„das Boot-ist-voll-Mentalität"** gewarnt, dabei jedoch
übersehen, daß zumindest die **Grenzen der Integrationsfähigkeit schon
längst überschritten** wurden: die entsprechende Kriminalitätsentwicklung, die die Lebensqualität einschränkt, gehört zu den Resultaten.

*Eibl-Eibesfeld hat die entsprechende Überlegung wie folgt formu-
liert: „Wer an der Erhaltung des inneren Friedens interessiert ist, sollte
die wirtschaftliche und assimilatorische Kraft eines Landes in seiner
Immigrationspolitik in Rechnung stellen" (in: INITIAL 2/1992, 13).*

Wenn man also ohne Schaden für das Gemeinwesen nur so viele
Zuwanderer aufnehmen darf wie integriert werden können, dann stellt
sich die Frage, wie auch die Begrenzungspolitik effektiviert werden
kann. Insoweit kommen in Frage:

- die Begrenzung des Zuzugs,
- die Bekämpfung der illegalen Einreise,
- die Einschränkung von Bleiberechten und
- die Abschiebung.

a) Zur Begrenzung des weiteren Zuzugs haben die Bonner Regie-   **41**
rungsparteien (CDU/CSU und FDP) zusammen mit der SPD-Opposi-
tion (am 6. Dez. 1992) einen sog. **Asylkompromiß** geschlossen (Gesetz
vom 28. Juni 1993 – BGBl I, 1002): ins Grundgesetz wurde ein neuer

Die Begrenzung des Asylrechts entspricht der Verfassung

Sichere Herkunftsländer, Einreise über Drittstaaten, Flughafenregelung / Drei Urteile aus Karlsruhe

Von unserem Redaktionsmitglied Friedrich Karl Fromme

KARLSRUHE, 14. Mai. Der Zweite Senat des Bundesverfassungsgerichts hat am Dienstag drei Urteile verkündet, die sich auf die Neuregelung des Asylrechts von 1993 beziehen. Das zusammenfassende Ergebnis der Urteile ist, daß die auf eine Eingrenzung des Asylrechts zielende Neuregelungen von 1993 mit der Verfassung im Einklang stehen. Das neue Asylrecht ist in seinen Grundzügen in einem neuen Artikel 16a des Grundgesetzes aufgenommen worden; Union, SPD und FDP haben zugestimmt, so daß eine verfassungsändernde Mehrheit zustande kam. Auch der Bundesrat hat der Verfassungsänderung mit der nötigen Zweitdrittelmehrheit zugestimmt.

aus: *FAZ* vom 15. Mai 1996

Art. 16a aufgenommen, der durch Ausführungsregelungen ergänzt worden ist. Verfassungsrechtliche Bedenken sind vom Bundesverfassungsgericht ausgeräumt worden (vgl. Zeitungsausriß).

42   **Art. 16a GG** regelt in Abs. 1, daß „politisch Verfolgte Asyl genießen". In den folgenden Absätzen werden von diesem Grundsatz Ausnahmen formuliert. Danach kann sich **nicht** auf das Asylrecht berufen (**Eckpfeiler des Asylkompromisses**):

– *erstens: wer aus einem Staat der europäischen Gemeinschaften (zur Europäischen Union: vgl. § 31 Rdn. 22 f) oder aus einem anderen Drittstaat einreist, in dem die Europäische Menschenrechtskonvention oder die Genfer Flüchtlingskonvention anerkannt sind (sog.* **Drittstaatenregelung***); bei solchen Asylbewerbern werden „aufenthaltsbeendende Maßnahmen" bis hin zur Abschiebung eingeleitet. Das heißt: Asylbewerber bzw. (Wirtschafts-)Flüchtlinge, die über ein EU-Land oder über Norwegen, Polen oder die Schweiz nach Deutschland einreisen, werden* **dorthin (mit demselben Flugzeug) wieder zurückgeschickt:**

Künftig schnellere Abschiebungen

Ausländer- und Strafrecht geändert

Bonn, 26. 6. (Reuter) Straffällig gewordene Ausländer können in Zukunft schneller aus Deutschland ausgewiesen werden. Der Bundestag stimmte am Donnerstag einem im Vermittlungsausschuß ausgehandelten Kompromiß zur Neuregelung des Straf-, Ausländer- und Asylrechts zu.

Es gab 424 Ja-, 102 Nein-stimmen und 99 Enthaltungen. Neben den Abgeordneten von Bündnis 90/Die Grünen und PDS votierten auch zahlreiche Parlamentarier von SPD und FDP gegen den Kompromiß oder enthielten sich.

Das Gesetz sieht die zwingende Ausweisung von Ausländern vor, die wegen Drogenkriminalität oder wegen schwe-ren Landfriedensbruchs bei verbotenen Demonstrationen zu Haftstrafen verurteilt werden. Dasselbe gilt für Täter, die wegen einer anderen Straftat zu drei Jahren Haft (bisher fünf) oder wegen mehrerer Straftaten innerhalb von fünf Jahren (bisher acht) zu insgesamt drei Jahren verurteilt werden.

Nicht zwingend, aber zulässig soll die Ausweisung von Ausländern sein, denen Gewalttaten bei verbotenen Demonstrationen vorgeworfen werden, ohne daß sie dafür bereits bestraft worden sind.

Zu der Neuregelung gehört auch, daß ausländische Ehefrauen im Fall einer Scheidung ein eigenständiges Aufenthaltsrecht erhalten.

aus: *NOZ* vom 15. November 1996

– *zweitens: wer aus einem anderen „sicheren" (bzw. verfolgungsfreien) Herkunftsland einreist (Prinzip der sicheren Herkunftsländer). Welche Staaten so eingeschätzt werden, kann man im Asylverfahrensgesetz (§ 29 Abs. 2) nachlesen. Zur Zeit sind das folgende acht: Bulgarien, Ghana, Polen, Rumänien, Tschechische Republik, Slowakische Republik, Ungarn und Senegal. Asylanträge von Personen aus diesen Staaten gelten als „offensichtlich unbegründet". Die Vermutung der Verfolgungsfreiheit ist jedoch widerleglich: d. h. der Asylbewerber kann dartun, daß er dennoch verfolgt worden ist. Bedeutung hat diese Regelung vor allem für solche Personen, die aus einem „sicheren Herkunftsland" mit dem Flugzeug ankommen; diese werden für die Zeit des (verkürzten) Verfahrens im Transitbereich des Flughafens untergebracht (sog. Flughafenregelung).*

b) Zu den **aufenthaltsbeendenden Maßnahmen** gehören die **Rückführung und die Abschiebung.** Zurückgeführt werden sollen z. B. die 320 000 (im Mai 1997) noch in Deutschland lebenden Flüchtlinge aus Bosnien sowie 120 000 Flüchtlinge aus Serbien und Albanien (primär aus der Region Kosowo). **43**

Spezielle **Rückführungabkommen** wurden z. B. mit Vietnam abgeschlossen; am 10. Oktober 1996 wurde auch ein Rückführungsabkommen mit Belgrad (Restjugoslawien) abgeschlossen, das seit 1. Dez. 1996 in Kraft ist; Anfang April 1997 folgte eine entsprechende Vereinbarung („Rückwanderungsprotokoll") auch mit Algerien (BMI, zit. nach FAZ vom 3. April 1997). **44**

Unter der **Abschiebung** (vgl. auch oben Rdn. 21) versteht man die zwangweise Durchführung der Ausreisepflicht. Abgeschoben wurden (1995) 36455 Personen, darunter 20755 (abgelehnte) Asylbewerber (*BMI* A 5 936 040 II vom 15. Februar 1996); zur Abschiebungshaft vgl. *Piorreck* 1995, 183. Um ausländische Straftäter leichter als bisher abschieben zu können, hat der deutsche Bundestag am 14. Nov. 1996 das Ausländergesetz entsprechend verändert (vgl. Zeitungsausriß oben).

c) **Seit dem 14. Jan. 1997 benötigen Ausländer unter 16 Jahren (nach einer Eilverordnung des BMI) ein Visum,** wenn sie aus der Türkei, Marokko, Tunesien oder dem früheren Jugoslawien kommen und allein nach Deutschland einreisen wollen. Ziel der Regelung ist es (so der Bundesinnenminister Kanther, zit. nach WAZ vom 15. Januar 1997), „den sprunghaft gestiegenen Mißbrauch der bislang visumfreien Einreise aus den früheren Gastarbeiterstaaten zu stoppen". In Deutschland bereits lebende Ausländerkinder (bis zum 16. Lebensjahr) erhalten eine Aufenthaltsgenehmigung automatisch (d.h. von Amts wegen), wenn wenigstens ein Elternteil bereits ein Aufenthaltsrecht hat (vom Bundesrat aaO so verabschiedet, zit. nach NOZ vom 15. März 1997). **44a**

Zum Hintergrund: *Eltern aus den genannten Staaten setzen ihre Kinder ohne Visum (begleitet nur von „Flugschleusern") ins Flugzeug und lassen sie am Flughafen durch Verwandte abholen. Das war bisher durchaus legal. Denn § 2 Abs. 2 Ziff. 1 der DVO zum AuslG gestattet Kin-*

*dern aus den ehemaligen „Gastarbeiter"-Anwerbestaaten (vgl. Rdn. 9
zu § 23) die visumfreie Einreise mit gültigem Paß, „wenn sie sich nicht
länger als drei Monate im Bundesgebiet aufhalten wollen". Erfahrungsgemäß bleiben solche „Gast"-Kinder allerdings nach Ablauf der
Frist im Land und können auch nur noch schwer abgeschoben werden,
weil z. B. der Wohnort der Eltern unbekannt bleibt. Im letzten Jahr
(1996) stieg diese Art der Zuwanderung, von denen sich die Eltern
offenbar „Brückenköpfe" versprechen, sprunghaft auf 2068 Personen;
zu diesen gehören auch solche, die aus der Dritten Welt (etwa Sri
Lanka) im Flugzeug illegal zureisen, und solche, die mit Schleusern
illegal über die Grenze ins Land kommen. Kurdische Jungen werden
auch als Drogendealer nach Deutschland geschafft (vgl. DER SPIE-
GEL 4/1997, 77); 200 sind als solche allein in Hamburg aktiv (DER
SPIEGEL aaO): vornehmlich rund um den Hbf.; sie bleiben dort sich
selbst überlassen bzw. werden von Organisierten Verbrechern (vgl. 29)
betreut bzw. mißbraucht.*

45   d) Die **Gewährung von Bleiberechten** bzw. „Duldungen" sollte (mehr
als bisher) auf Ausnahmefälle beschränkt werden; sie darf die (notwendige) Begrenzungspolitik jedenfalls nicht durchlöchern bzw. unterlaufen.
Das gilt auch für entsprechende Kirchenaktionen (**„Kirchenasyl"**) die
rechtswidrig sind (vgl. auch den Zeitungsausriß).

Kirchenprotest gegen Vorgehen der Behörden

Berlin, 22. 12. (ddpADN/AP)
Die Leitung der Evangelischen
Kirche in Berlin-Brandenburg
hat die Durchsuchung der Berliner Gemeinde Baumschu-
lenweg im Zusammenhang
mit der Gewährung von Kirchenasyl scharf verurteilt. Dieser Vorgang sei unverhältnis-
mäßig und einmalig in der Geschichte der Bundesrepublik
Deutschland, erklärte die Kir-
chenleitung am Samstag. Sie
erwartet, daß die von der
Staatsanwaltschaft am 10. Dezember beschlagnahmten Do-
kumente „unverzüglich" zu-
rückgegeben werden. Die Justiz will die Namen der Ratsmitglieder herausfinden, die
ein Jahr zuvor das Gemeinde-
asyl für einen Vietnamesen
beschlossen hatten. Gegen
zwei Beschuldigte und weitere
unbekannte Ratsmitglieder
laufe ein Ermittlungsverfahren wegen des Verdachts der
Beihilfe zum Verstoß gegen
das Ausländerrecht. Der Viet-
namese sei als Zigaretten-
händler verurteilt und rechtskräftig ausgewiesen worden.

aus: *NOZ* vom 23. Dezember 1996

3. Einwanderungsgesetz?

a) Bei der Diskussion eines **Einwanderungs- oder Zuwanderungsge-** **46** **setzes** (vgl. z. B. *Weber*, in: FAZ vom 26. Aug. 1996, 8) wird oft übersehen, daß eine Quoten- oder Kontingent-Zuwanderung das vom Grundgesetz (in Art. 16a) garantierte Asylrecht nicht beseitigt, sondern darüber hinaus **noch zusätzliche Einwanderungsquoten „draufsattelt":** es würde also eine neue (zusätzliche) Schleuse für Einwanderungswillige geschaffen (vgl. dazu auch *Kanther* in FAZ vom 13. Nov. 1996, 11: „Deutschland ist kein Einwanderungsland").

b) Umstritten ist, ob Deutschland aus **demographischen Gründen** (der **47** Nachwuchs fehlt: vgl. Rdn. 9 zu § 3) die Zuwanderung braucht, um die Wirtschaft mit Arbeitskräften versorgen und die Renten (bzw. die sozialen Sicherungssysteme) finanzieren zu können. Dagegen spricht, daß schon heute über vier Millionen Menschen in Deutschland arbeitslos sind (darunter schon mindestens 500 000 Ausländer) und weit über zwei Millionen Menschen zu den Sozialhilfeempfängern (darunter über 700 000 Ausländer) gehören; „für weitere Zuwanderungen besteht (daher) aus arbeitsmarktlicher Sicht kein Bedarf" (so Bundesarbeitsministerium, zit. nach FAZ aaO). Daß die Rechnung aufgehen würde, wenn alle Zuwanderer integriert werden könnten, ist richtig (vgl. *von Loeffelholz/Tränhardt:* Kosten der Nichtintegration ausländischer Zuwanderer, Düsseldorf 1996); das aber ist nicht der Fall (vgl. Rdn. 34 ff).

c) Im übrigen wird oft übersehen, daß bereits das geltende Recht in **48** **§ 10 Abs. 2 AuslG eine Ermächtigung** für den Bundesinnenminister enthält, durch Rechtsverordnung mit Zustimmung des Bundesrates die Zulassung von Ausländern zur Ausübung einer unselbständigen Erwerbstätigkeit in Deutschland zu regeln. „Diese Vorschrift würde auch die Einführung einer Quote ermöglichen, um einen Zuzug zu eröffnen, wenn er denn benötigt würde" (*Kanther* aaO).

4. Maßnahmen gegen Fluchtursachen

Nicht zuletzt gehören auch Maßnahmen gegen die Fluchtursachen in **49** den Herkunftsländern der Flüchtlinge (insbesondere **Programme zur Armutsbekämpfung**) zu einer vernünftigen Entwicklungspolitik. Auf-

100 Millionen Erdenbürger mehr

Bevölkerungswachstum vor allem in armen Ländern

WASHINGTON (ap) Der Zuwachs der Weltbevölkerung hat 1995 einen neuen Rekord erreicht. Die Zahl der Menschen auf der Erde wuchs um 100 Millionen auf 5,75 Milliarden, heißt es im Jahresbericht des Bevölke-rungsinstituts in Washington. 90 Prozent des Wachstums entfalle auf arme Länder.

Bei konsequenter Geburtenkontrolle könne bis zum Jahr 2015 die Weltbevölkerung bei acht Milliarden stabilisiert werden. Gelinge das nicht, werde die Weltbevölkerung in 20 Jahren auf 14 Milliarden Menschen anwachsen. Von 80 Ländern, die voraussichtlich in weniger als 30 Jahren ihre Einwohnerzahl verdoppeln werden, liegen allein 43 in Afrika.

aus: *WAZ* vom 29. Dezember 1995

bauhilfen können in Bürgerkriegsländern helfen (z.B. in Bosnien). Mit der **Zunahme der Weltbevölkerung** (vgl. den Zeitungsausriß unten) werden jedoch die Probleme des Wohlstandsgefälles weiter zunehmen. Die Weltbevölkerungskonferenz hat (Mitte September 1994) auch eine systematische **Familienplanung** in allen Staaten gefordert.

IV. Ausblick Europa

50   Der Wegfall der Binnengrenzen zunächst zwischen den Schengener Vertragsstaaten, später in allen EU−Staaten (vgl. Rdn. 11 ff zu § 31) zwingt, auch um **Sogeffekte** zu vermeiden (Deutschland zahlt unter den EU-Staaten grundsätzlich die höchsten Sozialhilfesätze), zu einer Vereinheitlichung der Ausländerpolitik bzw. der Integrations- und Begrenzungspolitik: daran fehlt es bisher. Es fehlt auch an einem objektiven **Verteilungsschlüssel** in bezug auf die Zuwandererzahlen: bislang nimmt Deutschland (zumindest auf Zeit) mehr Ausländer auf als alle anderen westeuropäischen Staaten: z.B. 1995

– fast die Hälfte (der über **273 000**) Asylbewerber: nämlich nahezu **128 000;** auch 1996 trug Deutschland mit 55 % wieder die Hauptlast (FAZ vom 21. Jan. 1997),

– die meisten (der knapp **800 000**) Flüchtlinge aus dem ehemaligen Jugoslawien: nämlich etwa **400 000** (jährliche Kosten: 3 Milliarden DM: FAZ vom 5. Mai 1997; zum Vergleich: Italien ließ 54 500 Zuwanderungswillige, Frankreich 15 000 und Großbritannien 7 000 (nach WAZ vom 3. Mai 1996, 1) einreisen.

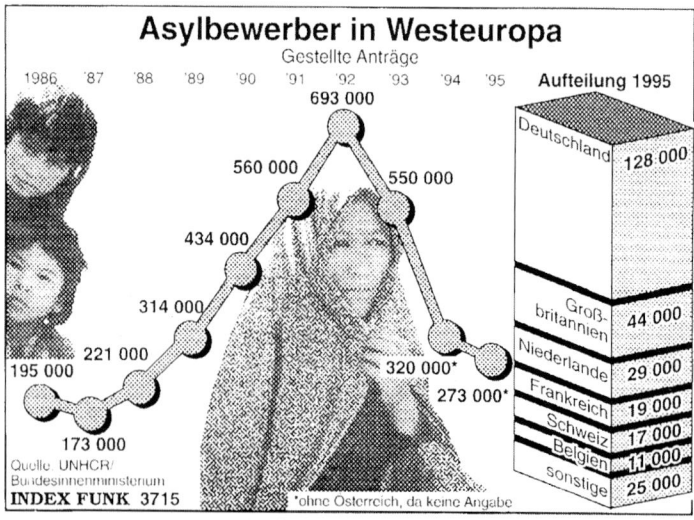

aus: *NOZ* vom 15. Mai 1996

§ 25 Zur Kriminalität der (deutschstämmigen) Aussiedler

Literatur: **Bade, K. J.**: Aussiedler – Rückwanderer über Generationen hinweg, in: *Bade, K. J.* (Hrsg.): Ausländer – Aussiedler – Asyl: eine Bestandsaufnahme, München 1994, S. …; **Delfs, S.**: Heimatvertriebene, Aussiedler, Spätaussiedler, in: Aus Politik und Zeitschichte B 48/1993, S. 3–11; **Dietz, B.**: Jugendliche Aussiedler. Ausreise, Aufnahme und Integration, Göttingen 1996; **Dietz, B./Hilkes, P.**: Integriert oder isoliert? Zur Situation rußlanddeutscher Aussiedler in der Bundesrepublik Deutschland, München 1994; **Eisfeld, A.**: Zwischen Bleiben und Gehen: Die Deutschen in den Nachfolgestaaten der Sowjetunion, in: Aus Politik und Zeitgeschichte B 48/1993, S. 44–52; **Heuer, K.-H./Ortland, G.**: Aussiedler – Ein ganz neues Phänomen. Integratonsversuche mit Phänomenen eines Teufelskreises in: Kriminalistik 1995, S. 711–714; **Heuer, K.-H/Ortland, G.**: Russische Aussiedler in Osnabrück. Probleme und Perspektiven, in: DVJJ-Journal 1/1996, S. 54–59; **Heuwinkel, D.**: Probleme der Zuwanderung in ländliche Regionen – Fallstudie Osnabrück, unveröffentl. Manuskript, Hannover 1996 (zit. nach *Pfeiffer,* DVJJ-Journal 3/1996, 215 ff), **Institut für Entwicklungsplanung und Strukturforschung Hannover** (IES): Aussiedlerzuzug im Landkreis Osnabrück – Umfang, Trends und Wirkungen, Hannover 1995; **Koller, B.**: Aussiedler in Deutschland – Aspekte ihrer sozialen und beruflichen Eingliederung, in: Aus Politik und Zeitgeschichte B 48 1993, S. 12–22; **Meissner, B./Neubauer, H./Eisfeld, A.** (Hrsg.): Die Rußlanddeutschen – Gestern und heute, Köln 1992; **Pfeiffer, C.**: Steigt die Jugendkriminalität?, in: DVJJ-Journal 3/1996, S. 215–220; **Pfeiffer, C./Brettfeld, K./Delzer, I.**: Kriminalität in Niedersachsen – Eine Analyse auf der Basis der Polizeilichen Kriminalstatistik 1988–1995, KFN Forschungsberichte Nr. 56 (1996); **Rautenberg, H.-W.**: Deutsche und Deutschstämmige in Polen, in: Aus Politik und Zeitgeschichte B 50/1988, S. 23 ff; **Winter, O.**: Integrationsprobleme von Aussiedlern, Studienreihe Osnabrücker Land, Bd. 6 Soziales, Osnabrück 1995.

Gliederung

Seit 1988 sind (außer Asylbewerbern) verstärkt auch sog. Aussiedler in **1** die Bundesrepublik eingereist: in diesen Jahren allein 2,1 Millionen (vgl. dazu die folgende Graphik bis 1995); **1996 kamen nur noch 177 751** (vgl. Zeitungsausriß hinter Rdn. 27). Diese gelten, soweit sie „deutsche Volkszugehörige" sind, i.S. des Art. 116 GG als **(Status-)Deutsche** (vgl. auch Rdn. 9 f zu § 23). Sie werden daher in den deutschen Kriminalstatistiken (dazu Rdn. 2 ff zu § 2) weder den Ausländern (vgl. §§ 23 und 24) zugerechnet, noch gesondert geführt.

> *Den „Status" der deutschen Volkszugehörigkeit kann nach § 6 Bundesvertriebenengesetz (dazu Rdn. 22) erhalten, „wer sich in seiner Heimat zum deutschen Volkstum bekannt hat, sofern dieses Bekenntnis durch bestimmte Merkmale wie Abstammung, Sprache, Erziehung und Kultur bestätigt wird".*

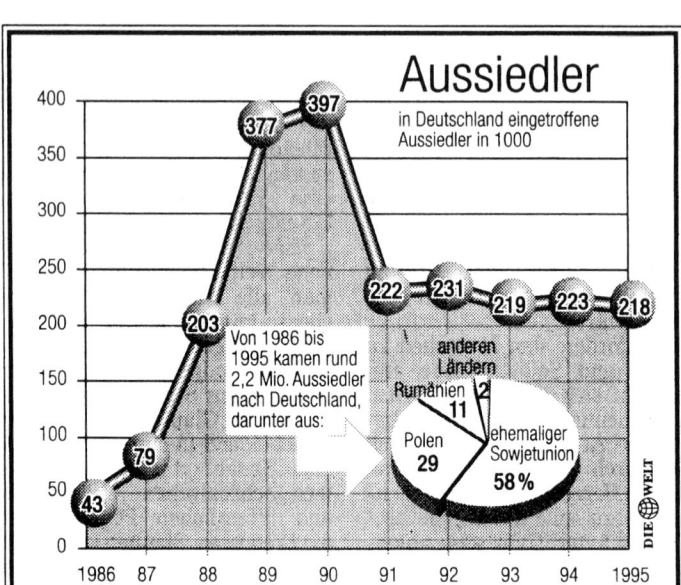

aus: *DIE WELT* vom 29. Februar 1996, S. 1; 1997 sind die Zahlen stark rückläufig (vgl. dazu Rdn. 20 und 22).

I. Zu den Aussiedlern und ihrer Geschichte

1. Wer ist „Aussiedler"?

2   Bei den Aussiedlern handelt es sich um solche Personen, die vor dem 8. Mai 1945 ihren Wohnsitz in den ehemaligen deutschen Ostgebieten (heute Polen), der ehemaligen Tschechoslowakei (heute Tschechien und slowakische Republik), Ungarn, Rumänien (primär Siebenbürgen), Bulgarien, dem ehemaligen Jugoslawien, Albanien, Danzig, Estland, Lettland, Litauen usw. gehabt haben und diese Länder nach Abschluß der Vertreibungsmaßnahmen verlassen haben oder verlassen mußten (vgl. *Bade* 1992, 9//192).

3   Aussiedler, die seit dem 31. Dezember 1992 aus den Aussiedlungsgebieten zuwandern, bezeichnet das Bundesvertriebenengesetz (vgl. Rdn. 22) **als „Spätaussiedler".** Über zwei Drittel dieser Spätaussiedler kamen auch 1995 wieder (wie in den 90er Vorjahren) aus den asiatischen Republiken der Gemeinschaft Unabhängiger Staaten (GUS), insbesondere aus Kasachstan (BMI-Info vom 1. Januar 1996, 1): „Rußlanddeutsche".

Im Frühjahr 1992 wohnten in den Republiken der ehemaligen Sowjetunion noch über zwei Millionen Deutsche (Eisfeld 1993, 52): davon 850 000 in der russischen Föderation, 960 000 in Kasachstan, 101 000 in Kirgisien, 40 000 in Usbekistan, 38 000 in der Ukraine und

33 000 in Tadschikistan (Eisfeld aaO). Der Vorsitzende des deutschen Rates in Kasachstan (Alexander Duderer) gibt die Zahl der in Kasachstan nach lebenden Deutschen (etwas höher) mit mehr als eine Million an (zit. nach FAZ vom 19. Juni 1996); ITAR-TASS geht dagegen von 370 000 aus (vgl. FAZ aaO).

2. Zur Geschichte der Rußlanddeutschen

Die Rußlanddeutschen sind im 18. und 19. Jahrhundert primär aus   **4**
Württemberg, Baden, Schwaben, aus der Pfalz, dem Elsaß und Rheinland, aber auch aus Westpreußen, Danzig und Schlesien nach Rußland eingewandert (vgl. dazu die Beiträge in *Meissner/Neubauer/Eisfeld* 1992). Die erste Kolonie wurden 1764 an der **Wolga** gegründet (Stadt Saratow); bevorzugte Siedlungsgebiete waren später: die *Ukraine,* die **Schwarzmeergebiete** (einschließlich der Halbinsel Krim), **Bessarabien** und **Wolhynien.** Die Ursache dieser Völkerbewegung hat (einerseits) in den Hoffnungen der Zuwanderer auf eine Verbesserung ihrer Lebensgrundlagen (Landknappheit und wirtschaftliche Not in ihren Herkunftsgebieten) bestanden sowie (andererseits) in dem Interesse des russischen Staates, vor allem den (eroberten) menschenleeren Schwarzmeerraum und die südrussischen Steppen zu besiedeln. Den Anlaß der Zuwanderung bildeten zwei „Einladungsmanifeste" der russischen Zaren: die **Zarin Katharina II.** (aus dem deutschen Fürstenhause Anhalt-Zerbst) forderte ihre früheren Landsleute schon 1763 auf, nach Rußland zu kommen; der **Zar Alexander I.** rund 40 Jahre später (1804) noch einmal. Dabei wurden den Zuwanderern Sonderrechte (wie Selbstverwaltung und die Befreiung vom Militärdienst) versprochen.

1874 ist die allgemeine Wehrpflicht gleichwohl auch auf die Deutschen   **5**
in Rußland ausgedehnt worden. 1924 erfuhr die Selbstverwaltung der Wolgadeutschen eine Aufwertung: ihr Gebiet wurde (kurz nach dem Tode von Lenin) zu einer „Autonomen Sozialistischen Sowjetrepublik der Wolgadeutschen" erklärt (mit der Hauptstadt Poktowsk). Ab 1928 beginnt (unter Stalin) dann die Zwangskollektivierung (die Enteignung der Bauern), die bis 1931 auch etwa 95 % aller deutschen Bauernhöfe erfaßte. Die deutschen Kirchen wurden zu „Kulturhäusern" umfunktioniert, die deutsche Unterrichtssprache in den Schulen (ab 1937) durch ukrainisch oder durch die russische Sprache ersetzt.

Nach dem Beginn des zweiten Weltkrieges (1939) verdächtigte man die   **6**
Deutschen der Illoyalität gegenüber der Sowjetunion und vertrieb deshalb aufgrund eines Dekretes des Politbüros vom 28. August 1941 (primär die Wolgadeutschen) aus ihren westlichen Siedlungsgebieten nach Zentralasien, vor allem nach **Kasachstan** (Gegend um Omsk und Petropavlosk), aber auch nach **Kirgisien** (Frunze), die **Altairegion** (Slavgorod) bis in den Norden nach **Sibirien** hinein. Von den knapp 1 Million Deutschen, die (in Güterwagen) deportiert wurden, kamen auf den Transporten etwa eine Viertel Million Menschen um (*Delfs* 1993, 5). In den neuen Siedlungsgebieten, in denen auch Zwangsarbeit zu leisten war, wurde ihnen schließlich noch die Verwendung der deutschen Sprache verboten.

> *Mit diesem Sprachverbot hat zu tun, daß nur noch wenige Aussiedler die deutsche Sprache beherrschen: 80 % der Erwachsenen haben insoweit erhebliche Probleme (Koller 993, 14), bei den Jugendlichen sind es noch weitaus mehr (vgl. Rdn. 17).*

7   Am 14. November 1989 erklärte der Oberste Sowjet der UdSSR „die Repressalien gegenüber den gewaltsam ausgesiedelten Völkern für **gesetzeswidrig** und **verbrecherisch"**, und am 9. November 1990 wurde in einem deutsch-russischen Vertrag (BGBl 1991 II, 703 ff) die „Förderung der Deutschen in der Sowjetunion" zu einem der Vertragsziele erklärt. Ein Jahr später (am 21. November 1991) verlautbarten dann der russische Präsident (Jelzin) und der deutsche Bundeskanzler (Kohl) in einer Erklärung das Ziel, die Republik der Deutschen in den traditionellen Siedlungsgebieten an der Wolga wieder entstehen zu lassen. Die dort inzwischen siedelnden Russen haben allerdings gegen diese Pläne schon im November 1989 Protest eingelegt. Die auf den Gebieten der ehemaligen Sowjetunion lebenden Deutschen haben sich jedoch ohnehin eher für die Aussiedlung in die Bundesrepublik Deutschland entschieden (vgl. dazu oben die Graphik zu den Auswanderungszahlen).

II. Zunehmende Kriminalitätsprobleme

8   Während die ersten Wellen der zuwandernden Aussiedler in krimineller Hinsicht noch eher unauffällig waren, hat sich das Bild in den letzten Jahren erheblich verändert. Soziale Probleme scheinen sich vor allem dort zu ergeben, wo Aussiedler in großer Zahl unterkommen und unter Bedingungen hoher Arbeitslosigkeit leben müssen (vgl. z. B. *DER SPIEGEL* 10/1996, 24). So meldete *FOCUS* (10/1996, 34) entsprechende Diebstahlssteigerungsraten „in niedersächsischen Landkreisen mit starkem Aussiedlerzustrom … seit 1990 um beispiellose 134 %".

> *Experten äußern darüber hinaus (zumindest intern) die Befürchtung, daß die (Spät)-Aussiedler, die jetzt aus Rußland zuziehen (dort z. T. schon verabredet) im Rahmen der Ausführungsebene der O.K. eingesetzt werden bzw. werden könnten (dazu Rdn. 33 zu § 29).*

Wissenschaftliche Belege fehlen grundsätzlich; es gibt jedoch (bisher noch vereinzelt) Situationsbeschreibungen, die Praktiker vorgelegt haben: z. B. die Polizeibeamten *Heuer* und *Ortland* (1995; 1996) in ihren Erfahrungsberichten über russische Aussiedler in Osnabrück. Auch das Kriminologische Forschungsinstitut Niedersachen (KFN) hat die neue Problematik entdeckt, die es im übrigen auch anderwärts gibt: z. B in der Bremer Trabantenstadt Osterholz-Tenever (Rdn. 4 zu § 16), in der der Aussiedleranteil etwa 20–25 % ausmachen soll (*Weserkurier* vom 16. März 1994).

1. Tatverdächtige Aussiedler in Niedersachsen

9   **Da Aussiedler Deutsche sind und deshalb auch in der Kriminalstatistik als Deutsche gezählt werden, ist es relativ schwierig, Kriminalitätspro-**

Mehr Aussiedler, mehr Straftaten?

Studie: Dramatischer Anstieg bei Raub

Hannover/Osnabrück (hab)
In den Bereichen mit hohem
Aussiedlerzuwachs in Nieder-
sachsen ist die Jugendkrimina-
lität dramatisch gestiegen.
Das hat eine am Montag in
Hannover vorgestellte Unter-
suchung des Kriminologischen
Forschungsinstituts   Nieder-
sachsen ergeben.

aus: *NOZ* vom 11. März 1997

bleme dieses Personenkreises statistisch in den Griff zu bekommen.
Pfeiffer, der Leiter des KFN in Hannover, geht jedoch (1996, 39) davon
aus, daß „der festgestellte Anstieg der Tatverdächtigenzahlen von jungen
Deutschen in Niedersachsen zumindest teilweise auf die Zuwanderung
von Aussiedlern zurückzuführen ist" (vgl. zum Anstieg der Jugendkriminalität auch Rdn. 20 zu § 3).

> *Da die PKS insoweit keine Informationen liefern kann, hat Pfeiffer* **10**
> *zur Überprüfung seiner Vermutung ein anderes Verfahren gewählt. Er*
> *hat zwei Gruppen von Landkreisen zusammengestellt: die einen mit*
> *hohem Aussiedlerzuzug (A), die anderen mit eher geringem Aussiedler-*
> *zuzug (B). Ergebnis: im Vergleich der Jahre 1990 und 1995 ergab sich*
> *für die A-Gruppe eine Kriminalitätszunahme um 31,9 %, für die B-*
> *Gruppe nur eine solche von 7,5 %. Zum Vergleich: die Kriminalitäts-*
> *steigerung betrug in Niedersachsen insgesamt 12,6 %. Das Bild spiegelt*
> *sich auch in der Häufigkeitsziffer (Straftaten pro 100 000 Einwohner)*
> *wider. „In der Landkreisgruppe A stieg die Häufigkeitsziffer der poli-*
> *zeilich registrierten Delikte ... im Untersuchungszeitraum um 18,6 %*
> *an, in der Landkreisgruppe B um lediglich 3,6 %". Wieder zum Ver-*
> *gleich: „In Niedersachsen ist zwischen 1990 und 1995 ein Zuwachs der*
> *Kriminalitätsbelastung um 6,3 % zu verzeichnen" (Pfeiffer aaO, 41).*
> *Besonders ausgeprägt waren die Unterschiede bei den Eigentumsdelik-*
> *ten (Diebstahl und Raub).*

11   Wenn *Pfeiffers* Annahme zutrifft (und es spricht viel dafür), dürfte die
Ursachenfrage an Bedeutung gewinnen. Das Hannoveraner Institut für
Entwicklungsplanung und Strukturforschung (IES) hat dazu **am Beispiel des Landkreises Osnabrück** (der zu *Pfeiffers* A-Gruppe zählt) auf
soziale Probleme verwiesen (*IES* 1995, zit. nach *Pfeiffer* aaO):

– allein von 1993 auf 1994 stieg die Zahl der **sozialhilfebedürftigen Aussiedler** in diesem Landkreis von 379 auf 2002 Personen an. Nebenbei:
die Kosten der Sozialhife, die dieser Landkreis aufbringen muß, nahmen von 700 000 DM (1992) über 3,2 Millionen DM (1993) auf 29 Millionen DM (1995) zu; der Bund trug 1995 allerdings 9,8 Millionen DM
bei;
– der Anteil der als **arbeitslos gemeldeten Aussiedler** stieg von 14,6 %
(1992) auf 21,1 % (1995) an; gleichzeitig
– sind die **Fördermaßnahmen des Bundes** (wie Sprachunterricht, die
Zahlung von Eingliederungshilfen, Maßnahmen zur beruflichen Fortbildung und Umschulung) seit 1992 z. T. erheblich reduziert worden
(vgl. dazu die Hinweise des *Info-Dienstes Deutsche Aussiedler*, Heft
Nr. 69, S. 29, und *Koller* 1993, 14 ff); zu den **Integrationsproblemen**
(am Beispiel der Rußlanddeutschen) vgl. *Dietz/Hilkes* 1994 und *Koller*
1993, 12 ff, die u.a. die **Kürzung des Sprachunterrichts** (von 12 bzw. 8)
auf 6 Monate kritisieren.

Besonders betroffen ist im Osnabrücker Landkreis die Stadt Belm, die
deshalb auch immer wieder von den Medien aufgesucht wird.

2. Beispiel Belm/Osnabrück

12   Belm (15 000 Einwohner) ist ein Vorort, der unmittelbar an Osnabrück
(160 000 Einwohner) angrenzt. Die bisherigen Beobachtungen beziehen
sich vornehmlich auf das Verhalten von zugewanderten Jugendlichen aus
den GUS-Staaten (primär aus Kasachstan und Kirgisien), die mit ihren
Familien in Belm z. T. in geschlossenen Wohngebieten leben: primär in
drei- bis viergeschossigen Zeilenhäusern oder achtgeschossigen Punkt-
häusern (zur Ghettoproblematik vgl. § 15 Rdn. 32).

13   *Diese Wohngebiete (mit über 600 Wohnungen) wurden (1988–90)
durch den Abzug britischer Stationierungsstreitkräfte frei. Aus den
Polizeiberichten, die u.a. durch eigene Recherchen des Autors vor Ort
ergänzt worden sind, ergibt sich ein Bild, das z. T. an die Situation der
Gastarbeiter und ihrer Nachkommen erinnert (vgl. dazu § 23); aller-
dings kommen weitere spezielle Phänomene und Ursachen noch hinzu.
Andererseits: die Aussiedler bilden (ebenso wie „die" Ausländer: dazu
Rdn. 9 zu § 23) **keine homogene Gruppe**.*

14   Der Anteil der in Belm lebenden Aussiedler an der Belmer Bevölkerung beträgt inzwischen rund 16 % (*Winter* 1995, 14). Allgemeine soziale
Auffälligkeiten:

- der Anteil der 6–18jährigen Aussiedler ist doppelt so hoch wie der entsprechende Anteil in der Belmer Gesamtbevölkerung (34,9 % zu 18,8 %); ähnlich ist das Verhältnis im Bund (*Koller* 1993, 13);
- die Arbeitslosenquote betrug 1995 bei den Aussiedlern 39,5 %; in der Belmer Gesamtbevölkerung rund 15 % (*Winter* 1995, 36);
- **Integrationsprobleme betreffen fast ausschließlich die** (in den letzten Jahren zugezogenen) **Spätaussiedler** (*Winter* 1995, 10);
- die Umgangssprache in der Siedlung, die eine Art **Ghetto** bildet, ist russisch; man bleibt „unter sich".

Aus kriminologischer und kriminalpolitischer Sicht liegen bisher u.a. folgende Informationen vor:

a) Zu den Phänomenen

Sozial auffällig sind im Raum Belm/Osnabrück primär die **jugendli-**   **15** **chen** Aussiedler, die meist über keine deutschen Sprachkenntnisse verfügen und z. T. sogar gegen ihren Willen mit der Familie mitziehen mußten (*Pfeiffer* 1996, 215 ff: ein **soziokultureller Stress,** vgl. Rdn. 11 und 27 zu § 23).

Ihr Anteil ist insbesondere an **Ladendiebstahl** und **Drogenstraftaten** überproportional hoch. Gestohlen werden (vor allem auch im Rahmen von Beschaffungskriminalität) in den Kaufhäusern Osnabrücks: CD's, Walkmen, hochwertige Bekleidungsstücke (etwa Marken-Sportschuhe). Die Ware landet meist in den Ausländerwohnheimen. Darüber hinaus kommt es im Rahmen von **„Machtkämpfen"** („Revierkämpfen") zu Körperverletzungen und Bedrohungen in Jugendzentrenen, insbesondere zwischen Aussiedlern und Türken (vgl. unten den Zeitungsausausriß), der auf ‚Sozialneid' zurückgeführt wird* Auch die (Osnabrücker) Rauschgiftszene ist zu etwa 50 %* unter die Kontrolle „russischer" Dealer (und Konsumenten) geraten; vertrieben wurden vom Markt vor allem Schwarzafrikaner, Albaner und Türken.

„Jugendgewalt wird ein Problem der Zukunft"
Warum kämpfen Aussiedler gegen die Türken?

aus: *NOZ* vom 9. September 1996

---

* Vor-Ort-Informationen hat z. T. KOK *Ortmann* (Osnabrück) zur Verfügung gestellt.

16 Die Polizei beklagt im übrigen **„geringen Respekt"**. Es bestehe für jeden Polizeibeamten sogar die Gefahr, beim Einschreiten gegen die (meist mit Messern bewaffneten) Jugendlichen selbst angegriffen zu werden: das gilt vor allem für die oft in Gruppen auftretenden Drogenstraftäter. Die „Respektlosigkeit" wird von jüngeren Aussiedlern mit „der wenig strengen" Haltung der Polizeibeamten begründet; in den GUS-Staaten hatten sie die Polizei anders kennengelernt. Das „Anzeigeverhalten der Aussiedler (heißt es bei *Heuer* und *Ortland* 1995, 712) ist im Grundsatz geprägt von ... der ‚eisern‘ geübten Praxis, Probleme in der Großfamilie selbst zu lösen. Bei Sachverhaltsfeststellungen findet die Polizei dementsprechend auch nur selten Zeugen".

b) Zu den Ursachen

17 Offenbar spielen insoweit folgende Einflußfaktoren eine besondere Rolle:

– **Enttäuschte Erwartungen:** insbesondere bei den älteren Aussiedlern, die nach Schicksalen in den GUS-Staaten (Deportation, Zwangsarbeit, Diskriminierung, Verdrängungsdruck: vgl. oben Rdn. 6) auf eine emotionale „Fluchtburg" in Deutschland (auf eine „Rückkehr in die Heimat") gehofft haben (vgl. *Koller* 1993, 17), aber auch hier z. T. wieder auf Ablehnung stoßen (vgl. dazu *Koller* aaO, 16): die Menschen fühlen sich nicht an- und aufgenommen in der neuen Gesellschaft (zu Kulturkonflikten vgl. Rdn. 20ff zu § 23 sowie *Koller* aaO, 15). Solche Enttäuschung überträgt sich leicht auf die Gefühle der Kinder;
– **Erziehungsprobleme:** die Jugendlichen entgleiten zunehmend der traditionellen Großfamilie, aber auch ihren Eltern (vgl. auch *Koller* aaO): die informelle soziale Kontrolle geht an die Straße verloren. Die Schulen sind relativ hilflos. In der Berufsschule „stehen die Lehrer mit dem Rücken zur Tür, um notfalls flüchten zu können" (*Heuer/Ortland* 1995, 713);
– **Identifikationsprobleme:** diese haben bereits mit Sprachbarrieren zu tun. In den meisten Familien wird fast nur russisch gesprochen (vgl. Rdn. 6). Die Jugendlichen entwickeln ein alternatives Wir-Gefühl: „Wir sind Russen" (*Heuer/Ortland* aaO, 712);
– **Freizeitprobleme:** es fehlt an Einrichtungen zur Freizeitgestaltung bzw. Treffpunkten (insbesondere in Belm);
– Die **Drogenabhängigkeit** ist allerdings (als Fluchtreaktion) nur zum Teil eine Folge von in Deutschland entwickeltem Frust; nicht wenige Jugendliche sind nämlich bereits in den GUS-Staaten (etwa in Tadschikistan oder Kasachstan) süchtig gewesen (**„importierte Kriminalität"**);
– **Fehlende Zukunftsperspektiven:** auch von den nicht mehr schulpflichtigen Aussiedlern sind etwa 35 % arbeitslos; und: Junge Leute „suchen ... vergeblich nach Ausbildungsplätzen", nicht zuletzt, „weil Sprachprobleme alle Ausbildungsbemühungen bis zur Unmöglichkeit erschweren" (*Heuer/Ortland* aaO, 711);

– **Polizeiprobleme:** der kriminalgeographisch zusammengehörige Raum Belm-Osnabrück ist auf zwei Polizeiinspektionen aufgeteilt worden, was nicht überzeugt, weil die Jugendlichen, die Sorgen bereiten, in dem einen wohnen (in Belm) und in dem anderen (in Osnabrück) wegen des größeren Kriminalitätsangebotes straffällig werden (vgl. zur Tätermobilität Rdn. 15 zu § 15). Im übrigen wird die Zusammenarbeit der Inspektionen als nicht günstig beschrieben, was „von den Aussiedlern als Schwäche der Polizei registriert und von Tätern auch rigoros ausgenutzt" wird (*Heuer/Ortland* aaO, 713).

c) Zur Intervention und Kontrolle

1994 hat das Institut für Migrationsforschung und interkulturelle Studien (IMIS) der Universität Osnabrück (Leiter: Klaus *Bade*) ermittelt, daß die Akzeptanz der Spätaussiedler in der Bevölkerung nachgelassen hat, und zwar „geschockt durch den massiven Zuzug und verunsichert durch das teilweise abnorme Verhalten der Zuwanderer" (*Heuer/Ortland* aaO, 712; zu ähnlichen Resultaten, die sich auf den Bund beziehen, vgl. *Koller* 1993, 17). Allerdings hat sich (inzwischen) – zumindest in Belm – auch eine Menge getan: **18**

– die **Gemeinde Belm** hat eine Aussiedlerbeauftragte eingesetzt und für die Jugend- und Kinderbetreuung zwei Sozialarbeiter bestellt; ferner ist ein „Belmer Integrationsclub" (CIC) mit Begegnungsprogrammen und Beratungsangeboten entstanden; schließlich haben einheimische Familien Patenschaften für Aussiedlerfamilien übernommen (sog. **Belmer Modell**); hinzu kommen entsprechende Aktivitäten verschiedener gesellschaftlicher Gruppen, die z. T. auch in der Stadt Osnabrück ansässig sind;
– der **Landkreis Osnabrück** hat ein Pilotprojekt „nebenamtliche Hilfe in der Aussiedlerarbeit" entwickelt, in dessen Rahmen (1995) insgesamt neun bereits integrierte Aussiedler(innen) neuen Zuwanderern mit Rat und Tat helfen; die Kreisvolkshochschule im Landkreis bietet (im sog. „Tu Was"-Programm) Ausbildungs- und Berufsorientierung für jugendliche Aussiedler an: u.a. Sprachkurse, Computerkurse, Betriebspraktika und sozialpädagogische Betreuung;
– auch die **Stadt Osnabrück** hat (inzwischen) die Brisanz der Entwicklung erkannt und deshalb Situationsberichte von Schule, sozialen Einrichtungen, Behörden, Verbänden usw. erbeten mit dem Ziel, ein spezielles Handlungskonzept zu erstellen (vgl. dazu auch den Ansatz der Kommunalen Kriminalprävention unter § 18). Ein (stark frequentierter) Aussiedler-Treffpunkt (in der Iburgerstr. 47) ist bereits etabliert worden; der ‚Verein Neubürger' e. V. hat erheblichen Zulauf: Beratungs-, Betreuungs- und Infobedarf). Das Problem der polizeilichen Zuständigkeit (vgl. oben) konnte hingegen bisher noch nicht gelöst werden, obgleich sich die Lösung aus kriminalgeographischer Sicht geradezu aufdrängt (vgl. dazu Rdn. 22 ff zu § 15); zu Aktivitäten in Hessen vgl. Zeitungsausriß.

Aussiedlerkinder

Privatleute bereiten auf die Schule vor

FULDA. In Fulda sollen Aussiedlerkinder von Mitbürgern auf den Besuch der Schule vorbereitet werden. Wie Bürgermeisterin Oda Scheibelhuber (CDU) mitteilte, basiert das „hessenweit einmalige Pilotprojekt" auf einer in Israel erprobten Eingliederungshilfe. Unterstützung leisten pädagogische Laien, die aus integrierten Aussiedlerfamilien kommen.

aus: *FR* vom 11. April 1997

III. Gesetzliche Rahmenbedingungen des Zuzugs

19   Der Bund hat, um die Probleme in den Griff zu bekommen (insbesondere mit Blick auf die Zuwanderung aus den GUS-Staaten), u.a. folgende Gesetze erlassen:

20   – das **Eingliederungsanpassungsgesetz** vom 22. Dezember 1989 (BGBl I, 2398), das (Status-)Deutschen einen Anspruch auf „Eingliederungsgeld" einräumt (§ 62a Abs. 1), sofern diese z.B. bereit sind, „an einem Deutsch-Sprachlehrgang mit ganztägigem Unterricht teilzunehmen, der für die zügige berufliche Eingliederung erforderlich ist"; das

Rußlanddeutsche

Rauhe Sitten

Strenge Sprachprüfungen sollen Aussiedler abschrecken. Notfalls werden ganze Familien zurückgeschickt.

Die Sitten sind rauher geworden in den Aufnahmeeinrichtungen des Bundes für Spätaussiedler: Wer kein Deutsch kann, fliegt raus.

„Sie waren nicht in der Lage, die Ihnen in deutscher Sprache gestellten Fragen zu verstehen", beschied das Bundesverwaltungsamt Frau Kolpakova. „Sie müssen daher die Aufnahmeeinrichtung im Laufe des heutigen Tages verlassen."

aus: *DER SPIEGEL* vom 2. Dezember 1996, S. 60

Richter fordern Deutschkenntnisse

Koblenz, 25. 4. (dpa)
Spätaussiedler müssen die deutsche Sprache beherrschen. Dies entschied das Verwaltungsgericht Koblenz in einem am Freitag veröffentlichten Urteil. Nach dem Richterspruch genügt für die Anerkennung als Spätaussiedler der Hinweis auf die deutsche Abstammung allein nicht.

aus: *NOZ* vom 26. April 1997

– **Aussiedleraufnahmegesetz** vom 28. Juni 1990 (BGBl I, 1247), mit dem **21**
sichergestellt werden soll, daß die Einreise eines Aussiedlers nur dann
erfolgt, wenn vorher ein Aufnahmeantrag an das Bundesverwaltungsamt (in Köln) auf Anerkennung als Aussiedler vom Herkunftsland aus
gestellt worden ist. Im Rahmen des damit beginnenden Aufnahmever-
fahrens werden auf der Grundlage des

– **Bundesvertriebenengesetzes** vom 2. Juni 1993 (BGBl I, 829) „in den Aus- **22**
ländervertretungen der GUS-Staaten und auf Konsularsprechtagen in
den Siedlungsgebieten der Deutschen (inzwischen) verstärkt Sprachtests
durchgeführt" (*Waffenschmidt*, Aussiedlerbeauftragter der Bundesregierung, in einem Papier vom 7. August 1996, 4), weil „in letzter Zeit verstärkt Personen eingereist sind, die nicht über die im Antragsverfahren
angegebenen gesetzlich geforderten Sprachkenntnisse verfügen" (*Waffenschmidt* aaO; vgl. auch unten den Zeitungsausriß). Entsprechende
Sprachkurse werden inzwischen in 360 Orten der GUS durchgeführt: mit
im April 1997 insgesamt 79 000 Teilnehmern (FAZ vom 2. Mai 1997). Die
Sprachprüfungen werden in deutschen Auslandsvertretungen und Konsularsprechtagen vorgenommen (FAZ vom 2. April 1997). Ein Einreisevi-
sum wird erst dann erteilt, wenn das Bundesverwaltungsamt zustimmt,
d. h. einen Aufnahmebescheid erteilt (vgl. dazu *Delfs* 1993, 8); zur Auf-
nahmepraxis vgl. *Winter* (1995, 6ff). Mit dem

Siedlung mit Bonner Hilfe

Brjansk, 26. 12. (AP)

Am Rande der russischen Stadt Brjansk wird mit deutscher Hilfe eine Siedlung für rund 10 000 Rußlanddeutsche gebaut. Wie der Vizechef der Regionalverwaltung, Onenko, am Donnerstag mitteilte, soll in der kommenden Woche ein entsprechender Vertrag mit einem deutsch-russischen Gemeinschaftsunternehmen unterzeichnet werden. Das Projekt ist Teil eines von Bonn finanzierten Programms zur Förderung der deutschen Gemeinde in der Region.

aus: *NOZ* vom 27. Dezember 1996

Rumänien will Aussiedler wieder aufnehmen

aus: *FAZ* vom 12. April 1997

1996 weniger Spätaussiedler

Zahl ging um 40 000 zurück

**Bonn, 2. 1.
(dpa/ddpADN/AFP)**
Die Zahl der Spätaussiedler ist im vergangenen Jahr deutlich zurückgegangen. Mit 177 751 Deutschstämmigen wurden 40 100 weniger Übersiedler aus Osteuropa registriert als 1995. Das erklärte der Aussiedlerbeauftragte der Bundesregierung, Horst Waffenschmidt (CDU), am Donnerstag in Bonn.

Weil auch die Zahl der Übersiedlungsanträge um knapp 92 000 sank, rechnet Waffenschmidt für 1997 mit einem weiteren Rückgang. Der parlamentarische Staatssekretär im Bundesinnenministerium begründete den Rückgang vor allem mit mangelnden Sprachkenntnissen vieler Aussiedlungswilliger sowie der „Sprachoffensive" der Bundesregierung. So wurden in diesem Jahr etwa 100 000 außerschulische Lernplätze für die deutsche Sprache in Rußland und Kasachstan vorbereitet. Außerdem könnten die Betroffenen ihre Sprachkenntnisse bereits vor der Übersiedlung testen lassen, um den in Deutschland geforderten Nachweis zu erbringen.

Die ehemalige Sowjetunion blieb 1996 mit insgesamt 172 181 Aussiedlern das zahlenmäßig weitaus stärkste Hauptherkunftsgebiet, gefolgt von Rumänien (4284) und Polen (1175). Waffenschmidt erklärte, in Kasachstan und Mittelasien lebten die Deutschstämmigen weiterhin in vielen Bereichen „unter nationalistischem und fundamentalistischem Druck". Viele von ihnen zögen in Siedlungsgebiete in Rußland um. (Siehe auch den Kommentar auf dieser Seite.)

aus: *NOZ* vom 3. Januar 1997

23   – **Kriegsfolgenbereinigungsgesetz** vom 21. Dezember 1992 (BGBl I, 2094) ist im Rahmen des Asylkompromisses (vgl. dazu § 24 Rdn. 41 f) festgelegt worden, daß jährlich nur noch bis zu maximal 225 000 Aussiedler in der Bundesrepublik aufgenommen werden sollen (vgl. dazu die Graphik unter Rdn. 1 sowie *Delfs* 1993, 8). Schließlich wird nach dem

– **Wohnortzuweisungsgesetz** vom 26. Februar 1996 (BGBl I, 225) Spät-   **24**
aussiedlern für die Dauer von zwei Jahren ein Wohnort zugewiesen, um
zu verhindern, daß Gemeinden (wie Belm) durch die große Zahl der
Zuwanderer überfordert werden (vgl. Rdn. 31 f zu § 15). Aufgrund des
– **Fremdrentengesetzes** vom 25. Februar 1960 (BGBl I, 93) i.d.F. vom 1.   **25**
Januar 1992 (BGBl I, 1606) stehen Aussiedlern (die keine Beiträge in
die deutschen Versicherungen eingezahlt haben) gleichwohl Ansprüche auf Renten-, Kranken- und Unfallversicherung zu und zwar so, als
hätten sie in der Bundesrepublik im selben Beruf gearbeitet wie im
Herkunftsland.

IV. Deutsche Unterstützung in den Herkunftsländern

1. „Deutsche Häuser" in den GUS-Staaten

Die Bundesrepublik baut zur Zeit zur Pflege der deutschen Kultur im   **26**
früheren Ostblock bzw. in der GUS Begegnungsstätten auf (z. Z. sind es
etwa hundert), die in Zentralorten der GUS durch „Deutsche Häuser"
ergänzt werden, die den Deutschen in Südost- und Osteuropa als Infor-
mations- und Kontaktstellen dienen sollen, und zwar primär mit der Aufgabe, Deutschkurse durchzuführen, um in bezug auf mögliche Hilfsmaß-
nahmen bei Existenzgründungen zu beraten. Entsprechende Entwick-
lungsfonds (vgl. auch *Delfs* 1993, 10), die z. B. in Westsibirien und an der
Wolga für Rußlanddeutsche bestehen, vergeben Kredite für den Eigen-
heimbau und für berufliche Zwecke, um die Menschen zu veranlassen,
mit besseren Perspektiven vor Ort zu bleiben; zu Bauprogrammen und
zur „Sprachoffensive" vgl. Zeitungsausschnitte. In Mittel-, Südost- und
Osteuropa leben übrigens noch etwa 2 bis 4 Millionen Deutschstämmige,
die meisten davon in den GUS−Staaten. „Deutsche Häuser" bestehen
bereits in Almati (Kasachstan) und Königsberg (Kaliningrad).

2. Nachbarschaftsverträge

Mit Polen, Ungarn und Rumänien wurden inzwischen Nachbarschafts-   **27**
verträge geschlossen, die „nicht nur die bilateralen Beziehungen regeln,
sondern auch beinahe gleichlautende Klauseln über Minderheitsrechte
enthalten" (*Delfs* 1993, 8 f). So wird den „Deutschstämmigen" das Recht
zugestanden, „einzeln oder in Gemeinschaft mit anderen Mitgliedern
ihrer Gruppe ihre ethnische, kulturelle, sprachliche und religiöse Identität frei zum Ausdruck zu bringen, zu bewahren und weiterzuentwickeln,
frei von jeglichen Versuchen, gegen ihren Willen assimiliert zu werden"
(vgl. etwa Art. 20 Abs. 1 des deutsch-polnischen Vertrages vom 17. Juni
1991, BGBl II, 1315); zu **Bauprogrammen** und zur **„Sprachoffensive"**
vgl. die Zeitungsausschnitte oben.

ACHTER TEIL

Drogenkriminalität

Zu den **Drogen** zählen nicht nur die Betäubungsmittel i.S. des BtMG **1**
(Rdn. 2 f zu § 27): etwa die illegalen **Rauschgifte** (Cannabis, Heroin und
Kokain), sondern auch die legalen Drogen (z.B. Nikotin, Medikamente
und **Alkohol**: § 26). Die legalen Drogen werden von der Bevölkerung
allerdings meist nicht als „Drogen" eingestuft (vgl. die Befragungsergeb-
nisse z.B. von *Schenk,* Die Persönlichkeit des Drogenkonsumenten, 1979,
162): „die kulturüblichen Drogen werden somit weniger als Drogen identifiziert" (*Schenk* aaO; vgl. aber unten den Zeitungsausschnitt).

Besonders kriminalitätsrelevant sind Betäubungsmittel und Alkohol, **2**
wenn sie im Übermaß konsumiert werden und zu **vorübergehenden Ver-
giftungserscheinungen** führen oder bei fortgesetztem Mißbrauch zu psychischer Abhängigkeit **(Süchtigkeit)** bis einschließlich zur körperlichen
Abhängigkeit **(Sucht)** führen.

Maßgebliche Kriterien für die **Sucht** (addiction) sind nach einer Defini- **3**
tion der Weltgesundheitsorganisation „das Verlangen, eine Droge ständig
weiter zu nehmen, das Verlangen, die Dosis zu steigern, die psychische
und physische **Abhängigkeit** von der Droge und die Gefährdung des Individuums und der Gesellschaft durch diese dauernde Einnahme" (zit. nach
Jähnig in: *Szewczyk,* Der Alkoholiker, Jena 1979, 35). Die gleichzeitige
Abhängigkeit von mehreren Suchtmitteln nennt man **Polytoxikomanie.**

Bonn: Nikotin gilt bereits als Droge

Clinton will Tabakkonsum erschweren

**Bonn/Washington, 22. 8.
(Reuter/AP/dpa/AFP)
Die Bundesregierung sieht kei-
nen Anlaß für weitere Gesetze
gegen den Tabakkonsum, wie
Präsident Bill Clinton sie am
Freitag für die USA verkünden
will.**

aus: *NOZ* vom 23. August 1996

§ 26   Alkohol und Kriminalität

Literatur: Albrecht, J.: Alkohol und Kriminalität, in: BewHi 1985, S. 345–357; **Akkermann,**
G./**Matakas,** F.: Zur Behandlung von Alkoholkranken in der hausärztlichen Praxis, in: *Berger,*
H./*Legnaro,* A./*Reuband,* K.-H. (Hrsg.): Alkoholkonsum und Alkoholabhängigkeit, Stuttgart
1980, S. 110–123; **Antons,** K.: Situation und Motivation des Trinkers, in: *Berger,* H./*Legnaro,* A./
Reuband, K.-H. (Hrsg.): Alkoholkonsum und Alkoholabhängigkeit, Stuttgart 1980, S. 72–83;
Behrends, K.: Über den Stellenwert von Selbsthilfegruppen und Abstinenzverbänden bei der
Behandlung von Alkoholkranken, in: *Berger,* H./*Legnaro,* A./*Reuband,* K.-H. (Hrsg.): Alkohol-
konsum und Alkoholabhängigkeit, Stuttgart 1980, S. 159–170; **Berger,** H./**Legnaro,** A./**Reuband,**
K.-H. (Hrsg.): Alkoholkonsum und Alkoholabhängigkeit, Stuttgart 1980; **Berger,** H./**Legnaro,**
A./**Reuband,** K.-H. (Hrsg.): Jugend und Alkohol. Trinkmuster, Suchtentwicklung und Therapie,
Stuttgart 1980; **Berger,** H./**Legnaro,** A./**Reuband,** K.-H. (Hrsg.): Frauenalkoholismus. Entste-
hung – Abhängigkeit – Therapie, Stuttgart 1983; **Bomsdorf,** E.: Analyse der Unfalldaten-Unter-
suchung 1980, Köln 1984; **Derwort,** A.: Aktuelle Fragen zur Entstehung und Therapie des Alko-
holismus, in: Nervenarzt 30/1959, S. 211–220; **Deutsche Hauptstelle gegen die Suchtgefahren**
(DHS): Jahrbuch Sucht 1994 (1991), Hamburg 1993 (1990); **Egg,** R.: Alkohol und Straffälligkeit,
in: BewHi 3/96, S. 198–207; **Gerlach,** D.: Suchtmittelmißbrauch und Verkehrtüchtigkeit, in:
Deutsche Hauptstelle gegen die Suchtgefahren (Hrsg.): Sucht und Delinquenz, Hamm 1983, S.
55–70; **Hallermann,** W./**Steigleder,** E.: Alkohol und Strafrecht, in: MschrKrim 1968, S. 104–115;
Hettinger, M.: Die „actio libera in causa": eine unendliche Geschichte?, in FS für Geerds,
Lübeck 1995; **Kaiser,** G.: Gewalt im Straßenverkehr, FS für *Salger,* Köln 1995, S. 55–73; **Kerner,**
H.-J.: Alkohol, Alkoholismus, in: *Kaiser,* G./*Kerner,* H.-J./*Sack,* F./*Schellhoss,* H. (Hrsg.): Klei-
nes Kriminologisches Wörterbuch, 2. Aufl., Heidelberg 1985, S. 5–9; **Kerner,** H.-J.: Alkohol und
Kriminalität. Zur Bedeutung von Alkoholkonsum bei einzelnen Straftaten und der Ausprä-
gung krimineller Karrieren, in: *Forensia-Jahrbuch,* Bd. 3, Heidelberg 1992, S. 107–124; **Kreuzer,**
A.: Strafrecht und Drogenpolitik, in: Neue Kriminalpolitik 1989, H. 4, S. 16; **Küfner,** H.: Alko-
holabhängigkeit im Überblick, in: BewHi 3/96, S. 178–197; **Kunkel,** E.: Zur Bedeutung der Rückfall-
wahrscheinlichkeit bei Trunkenheitstätern im Straßenverkehr, in: Blutalkohol 1976, S. 395–408;
Kunkel, E.: Zur Bedeutung der Dunkelziffer bei Trunkenheitsdelikten, in: Blutalkohol 19/1982,
S. 15–28; **Langelüddecke,** A./**Bresser,** P. H.: Gerichtliche Psychiatrie, 4. Aufl., Berlin 1976;
Manecke, K.: Ständiger Alkoholmißbrauch und alkoholische Beeinflussung zur Zeit der Straftat,
in: NJ 1967, S. 587–591; **Matakas,** F./**Spahn,** M.: Stationäre Therapie von Alkoholikern, in: *Ber-
ger,* H./*Legnaro,* A./*Reuband,* K.-H. (Hrsg.): Alkoholkonsum und Alkoholabhängigkeit, Stutt-
gart 1980, S. 135–146; **Mebs,** D./**v. Lüpke,** H./**Gerchow,** J.: Alkoholbedingte Delinquenz Jugendlicher und Heranwachsender, in: Blutalkohol 14/1977, S. 331–345; **Peters,** K./**Steigleder,** E.:
Alkohol und Kriminalität, in: Öff. Gesundh.-Wesen 37/1975, SH 4, S. 195–200; **Schulz,** F./**Naeve,**
W.: Über den Panoramawandel der Alkoholkriminalität, in: Zeitschrift für Rechtsmedizin 1978,
S. 1–25; **Schöch,** H.: Kriminologische und sanktionsrechtliche Aspekte der Alkoholdelinquenz
im Verkehr, in: NStZ 1991, S. 11–17; **Schwerd,** W.: Alkohol und Verkehrssicherheit, in: *Schwerd,*
W. (Hrsg.): Kurzgefaßtes Lehrbuch der Rechtsmedizin, 3. Aufl., Köln 1979, S. 119 ff; **Steigleder,**
E.: Alkohol im Straßenverkehr, in: Öff. Gesundh.-Wesen 37/1975, S. 182–186; **Steinglass,** P.:
Family Therapy with Alcoholics, in: *Kaufman* E./*Kaufmann* P. (Hrsg.): Family Therapy of Drug
and Alcohol Abuse, New York 1981; **Szewczyk,** H.: Der Alkoholiker. Alkoholmißbrauch und
Alkoholkriminalität, Jena 1979; **Warkentin,** H./**Osterhaus,** E.: Untersuchungen über Gewalttäter
unter Alkoholeinfluß und deren Belastung mit Vorstrafen und Vorgängen ähnlicher Deliktsarten,
in: Kriminalistik 1969, S. 417–420; **Wolter,** H.-J./**Fuhrmann,** B.: Alkoholbedingte Delinquenz
Jugendlicher und Heranwachsender in Hamburg, in: Der Kriminalist 1978, S. 528–532; **Zerbin-
Rüdin,** E.: Kriminalität und Alkoholismus – Genetische Aspekte, in: Forensia 1985, S. 55–70.
Ziegler, H.: Jahrbuch zur Frage der Suchtgefahren 1985 (hrsg. in Verbindung mit der *Deutschen
Hauptstelle gegen die Suchtgefahren),* Hamburg 1985.

Gliederung

Lombroso (vgl. Rdn. 132, F 4) hat schon 1902 formuliert: „Der Alkohol **1** ist in der Ätiologie des Verbrechens sogar so mächtig, daß er sie fast vollständig in Anspruch nimmt." (1902, 78 – zit. nach *Mergen,* Kriminologie 1978, 195). Wenn diese Behauptung auch übertrieben erscheint, muß man doch einräumen, daß der **Alkohol als mitgestaltender Faktor der tatauslösenden Situation** eine nicht unbedeutende Rolle spielt. Jedenfalls schwanken die Zahlen in den einschlägigen Untersuchungen zwischen 6 und 72 % : D. h. 6 bis 72 % (unterschiedliche Prozentsätze je nach Delikt) aller verurteilten Straftäter standen im Zeitpunkt der Tat unter alkoholischem Einfluß (vgl. die Übersicht bei *Göppinger,* Kriminologie 1980, 226, und bei *Albrecht* 1985, 351). Tatsächlich dürfte die Zahl der Alkoholtäter noch wesentlich höher liegen, weil nicht jeder Alkoholeinfluß, der bei einer Straftat mitgewirkt hat, vom Gericht noch nachträglich festgestellt werden kann. Die **Dunkelziffer** ist also (wenn auch deliktsspezifisch verschieden) als grundsätzlich **hoch** einzuschätzen (so auch *Peters/Steigleder* 1975, 196), insbesondere im Hinblick auf Trunkenheitsfahrten im Straßenverkehr (Näheres bei *Kunkel* 1982, 15 ff, und unten Rdn. 32).

I. Entwicklung und Umfang des Alkoholverbrauchs

Daß der Alkoholkonsum in der Bundesrepublik (entsprechend einem **2** Trend in „fast allen Staaten der Welt": *Walther* in: *Szewczyk* 1979, 27) zunimmt, belegen folgende Zahlen (zit. nach *Ziegler* 1985, 12 ff, und *DHS* 1996, 11 f):

– *1995 hat jeder Bundesbürger im Durchschnitt 137,7 Liter Bier getrunken (1950: 36,5 Liter), 17,4 Liter Wein (1950: 4,7 Liter) und 6,5 Liter Spirituosen (1950: 2,5 Liter); zum Verbrauch 1996 vgl. unten den Zeitungsausriß.*

Das Durchschnittsalter der Trinker ist ständig gesunken (vgl. *Schulz/* **3** *Naeve* 1978, 2). Im Rahmen der Streifentätigkeit des Jugendschutzes werden immer öfter betrunkene Kinder und Jugendliche aufgegriffen (*Kürzinger,* Kriminologie 1982, 186). *Kürzinger* (aaO) weist auch auf eine Hamburger Befragung hin, nach der von 110000 Schülern schon 1973 rund 3000 (also fast 3 %) angaben, daß sie in den letzten zwei Monaten vor der Befragung mehr als fünfmal betrunken gewesen seien. Nach einer Repräsentativumfrage der Bundeszentrale für gesundheitliche Aufklärung trinken bereits 15 % der 14- bis 15jährigen Jungen täglich und 59 % einmal die Woche ihr Bier (zit. nach *Kürzinger,* aaO).

4   Dementsprechend schreiben *Wolter* und *Fuhrmann* (1978, 529): „Alkohol gehört heute offensichtlich zunehmend schon zum Lebensrhythmus jüngerer Menschen (und damit besonders zu den milieuabhängigen Personen), die ihre Freizeit nicht sinnvoll auszufüllen vermögen. Gerade für die jungen Jahrgänge ist Trinken und Mittrinken eine Frage des **gruppenabhängigen Sozialprestiges** geworden." (vgl. dazu Rdn. 14 ff zu § 13).

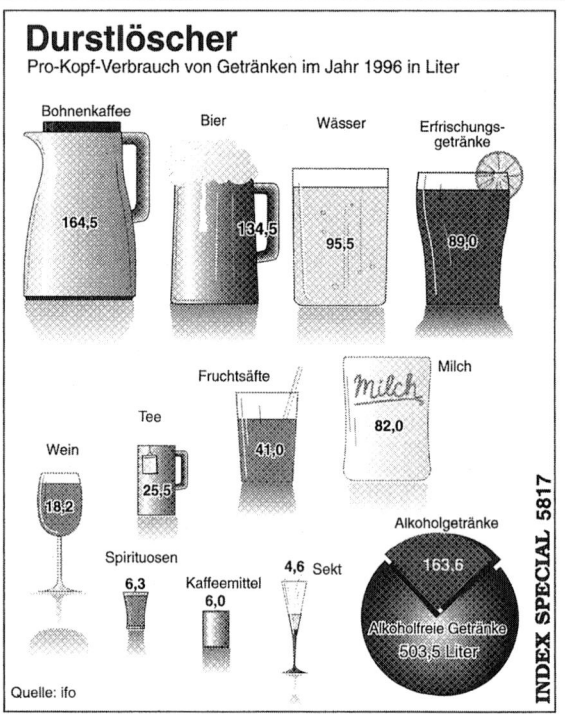

Durstlöscher
Pro-Kopf-Verbrauch von Getränken im Jahr 1996 in Liter

Bohnenkaffee 164,5
Bier 134,5
Wässer 95,5
Erfrischungsgetränke 89,0
Milch 82,0
Fruchtsäfte 41,0
Tee 25,5
Wein 18,2
Spirituosen 6,3
Kaffeemittel 6,0
Sekt 4,6

Alkoholgetränke 163,6
Alkoholfreie Getränke 503,5 Liter

INDEX SPECIAL 5817

Quelle: ifo

Mehr Wein getrunken

Erstmals nach Jahren des Rückgangs und der Stagnation stieg der Weinkonsum 1996 um 0,8 auf 18,2 Liter pro Kopf der Bevölkerung. Dagegen erschwerte der nasse Sommer sowohl den Brauereien als auch den Herstellern von alkoholfreien Getränken das Geschäft. Jeder Deutsche trank im Schnitt rund 3,2 Liter weniger Bier und 1,6 Liter weniger Mineralwasser als im Vorjahr. Voll vom Gesundheitstrend profitierten nach einer Untersuchung des Ifo-Instituts für Wirtschaftsforschung Milch und Fruchtsäfte.

aus: *NOZ* vom 25. Februar 1997

Daß unter diesen Umständen die Zahl der „Alkoholkranken" (Alko- 5
holiker) ständig ansteigt, kann nicht überraschen: Ihre Zahl wird auf
600 000 (*Kaiser*, Kriminologie 1980, 367) bis auf über eine Million
geschätzt (*Kürzinger* 1982, 186; so auch *Kerner* 1985, 6). *Schneider* (Kriminologie 1987, 461) geht von 1 % der Bevölkerung aus. Nach Feststellungen der *Deutschen Hauptstelle gegen die Suchtgefahren* in Hamm soll
die Zahl der Alkoholkranken inzwischen sogar 2,5 Millionen betragen,
das wären rund 3 % der Gesamtbevölkerung unseres Landes (*DHS*
1996, 128). Unter diesen wiederum befinden sich **„bis zu 500 000"** alko-
holkranke oder stark gefährdete Jugendliche und Kinder: „acht Prozent
aller Deutschen zwischen 12 und 21 Jahren" (*DHS* in: DER SPIEGEL
vom 23. November 1992, 74 ff.). Die *DHS* schätzt darüber hinaus, daß
1992 in der Bundesrepublik, einschließlich der fünf neuen Bundesländer,
rund 40 000 Menschen an den unmittelbaren Folgen des Alkoholkonsums
gestorben sind (*Küfner* 1996, 180: 20 000).

Wer aber gilt als **alkoholkrank?** Alkoholkranke (Alkoholiker) sind 6
nach einer von der Weltgesundheitsorganisation ausgearbeiteten Definition „exzessive Trinker, deren Abhängigkeit vom Alkohol einen solchen
Grad erreicht hat, daß deutliche geistige Störungen auftreten oder die
geistige oder körperliche Gesundheit beeinträchtigt ist und die (mit-)
menschlichen Beziehungen sowie das reibungslose soziale und ökonomi-
sche Verhalten leiden, oder daß doch die Anfangssymptome einer solchen Entwicklung erkennbar sind." (zit. nach *Kerner* 1985, 6).

*Eckey (Rechtsmedizin 1990, 170) weist in diesem Zusammenhang
darauf hin, daß die Anfälligkeit für Alkoholismus auch von genetischen Faktoren beeinflußt wird, die nicht zuletzt ethnisch bedingt seien,
Japaner z. B. wären alkoholempfindlicher als Deutsche und würden
deshalb den Alkohol möglichst meiden, was Geschäftspartnern aus
Europa oft unerklärlich erscheint. Das soll auch für Chinesen gelten
(vgl. unten Zeitungsausriß).*

Chinesen am schnellsten betrunken

Hongkong, 22. 8. (AFP)
Die Chinesen werden nach
einer Studie von allen Völkern der Welt am schnellsten
betrunken. Dies meldete die
Nachrichtenagentur Xinhua
am Dienstag unter Berufung
auf eine Studie des Genetischen Instituts der Chinesischen Akademie der Wissenschaften. Demnach vertragen
die Chinesen weniger Alkohol, weil es ihnen an einem
Äthanol-Dehydrogenasen-
Enzym mangele, das die
Fähigkeit habe, Alkohol im
Körper umzuwandeln. Bei
den verschiedenen Volks-
stämmen in China wurde
jedoch eine unterschiedliche
Widerstandskraft gegen Alkohol festgestellt. Vor allem die
Han-Chinesen vertragen
wenig Alkohol, während die
Kaukasier „hundertprozentig
trinkfest" sind.

aus: *NOZ* vom 23. August 1995

7   Die **Schäden,** die **der Volkswirtschaft** durch den Alkoholmißbrauch direkt und indirekt entstehen, wurden von Fachleuten schon Mitte der siebziger Jahre, wie DER SPIEGEL (Nr. 36/1977, 16 ff) festgestellt hat, auf **30 Milliarden DM jährlich** beziffert (*DHS*, zit. nach Berliner Morgenpost vom 23. Juli 1995: 30–80 Milliarden DM). Zu diesen Kosten gehören z. b.: Kosten der Entziehungskuren sowie für die ärztliche Behandlung der Trinker, für alkoholbedingte Arbeits- und Verkehrsunfälle samt Folgen und vorzeitigen Renten.

II. Trinksituationen und Trinkmotivationen

8   Da es sich beim Alkohol um eine in unsere Gesellschaft integrierte Rauschdroge handelt mit entsprechend sozial akzeptierten Trinksituationen, „sind auf einer globalen Ebene keine Aussagen dazu möglich, wer wann was warum trinkt" (*Antons 1980, 83*).

1. Trinksituationen

9   Die Trinksituation wird z. B. bestimmt durch

– *den „Ort des Trinkens und der damit verbundenen*
– *sozialen Situation,*
– *den jeweiligen Gefühlen, die vor und in der Trinksituation vorhanden sind,*
– *sowie den aus den unterschiedlichen Lernerfahrungen mit Alkohol stammenden Erwartungen über die Wirkung des Alkohols,*
– *die wiederum bei unterschiedlichen Konsumentengruppen (seltene, starke Konsumenten, Problemtrinker usw.) unterschiedlich sind,*
– *und schließlich den Normen über das Trinkverhalten, die auf gesamtgesellschaftlichem wie subkulturellem Niveau unterschiedlich sein können"* (*Antons 1980, 72 f*).

10   Daß sich „in einem solchen komplexen Gefüge nahezu keine allgemeingültigen Aussagen treffen" lassen, versteht sich von selbst (*Antons 1980, 73*).

2. Trinkmotivationen

11   Ähnlich verhält es sich mit den Motivationen zum Trinken bzw. Übermaßtrinken. Getrunken wird jedenfalls nicht nur, weil Trinken Genuß ist, sondern z. B. auch deshalb,

– *um kein „Spielverderber" zu sein oder Sozialprestige aufs Spiel setzen zu müssen (Gruppendruck in der peer-group – Rdn. 14 ff zu § 13 –, am Arbeitsplatz, unter Fußballfans oder beim „Bund" usw.) oder*
– *aus einer (flüchtigen) Verstimmung heraus (Freundin „geht fremd") oder*
– *um momentane Angstzustände zu verdrängen (Angst vor der Prüfung),*
– *aus Verzweiflung über die soziale Lage, die man nicht verkraftet*

*(Arbeitslosigkeit, Scheidung: **Flucht in die Scheinwelt:** vgl. oben Rdn. 7 zu § 7) oder*
- *weil das Trinken „dazugehört" (beim Schützenfest oder Staatsempfang) oder*
- *ganz einfach aus Langeweile (um die Zeit totzuschlagen).*

Der Katalog läßt sich (fast beliebig) verlängern. Kriminalitätsrelevant **12** könnte die Beobachtung sein, daß eine „deutliche Verlagerung von sozialen Trinksituationen zu Situationen des Alleintrinkens stattfindet" (*Antons* 1980, 74). Wenn es so wäre, könnte man darauf hoffen, daß z. B. die Zahl der alkoholbedingten Kraftfahrzeugunfälle (die sich auf dem Weg vom Gasthaus oder von der Party nach Hause ereignen) abnehmen wird (einen Überblick zur „Situation und Motivation des Trinkens" gibt *Antons* 1980, 72–83).

III. Wirkungen des Alkoholmißbrauchs

Alkoholmißbrauch „besteht in einem die Grenzen individueller **13** Bekömmlichkeit überschreitenden oder (und) die sozialen Regeln verletzenden Übermaßtrinken" (*Kerner* 1985, 6).

Der Alkoholgenuß in Form des Übermaßtrinkens bewirkt vor allem **14** Veränderungen im psychischen Bereich, die sich erkennbar auf das äußere Erscheinungsbild des betreffenden Menschen auswirken und z. B. seine Distanz- und Kritikfähigkeit (mehr oder weniger) beeinträchtigen können (zur Kombinationswirkung von Psychopharmaka und Alkohol vgl. *Schott* in: *Szewczyk* 1979, 42, und *Gerlach* 1983, 55 ff).

1. Beeinträchtigungen des äußeren Erscheinungsbildes

Die Folgen, die der Konsum von Alkohol auslösen kann, werden, **15** nach ihrem Schweregrad abgestuft, mit folgenden Begriffen umschrieben: angetrunken (bzw. „angeheitert"), betrunken und volltrunken (bzw. „berauscht"). Die Übergänge sind fließend. Der **Angetrunkene** unterscheidet sich vom nüchternen Menschen u. a. grundsätzlich dadurch, daß er „redseliger oder impulsiver, kontaktfreudiger oder reizbarer, aber auch stiller oder mißmutiger ist ... Der Angetrunkene zeigt sich oft ganz anders als man ihn kennt, vielleicht wesentlich aufgelockerter oder aus aufdringlicher als sonst ... Regeln gibt es nicht" (*Langelüddecke/Bresser* 1976, 150). Der **Betrunkene** verhält sich noch auffälliger als der Angetrunkene: „Meist macht sich dies schon in körperlichen Symptomen bemerkbar. Die Sprache wird undeutlicher, die Gleichgewichtsfunktionen sind gestört, der Gang daher torkelnd und die Zielsicherheit gemindert ... Volle Bewußtseinsklarheit ist in diesem Zustand schon nicht mehr vorhanden. Oft tritt eine erhebliche Enthemmung, oft eine überwältigende Schläfrigkeit ein" (*Langelüddecke/Bresser* 1976, 151). Der **Volltrunkene** reagiert auch auf Zureden kaum sinnvoll und verständlich, verkennt die Situationen und konzentriert seine Aufmerksamkeit nur noch auf wenige Punkte. Seine Sprache ist teilweise nicht mehr verständlich, der torkelige Gang „geht in eine bedrohliche Fallneigung über, was wiederum durch die Zielunsicherheit der Bewegungen verstärkt wird". In psychischer Hinsicht kann eine hochgradige Erregung oder eine fast völlige Apathie hinzukommen (*Langelüddecke/Bresser* aaO).

2. Kriminalitätsrelevante psychische Folgen

16   Die Veränderungen, die der Alkoholeinfluß im psychischen Bereich (mit kriminogener Bedeutung) auslösen kann, beschreiben z. B. *Peters/ Steigleder* (1975, 198) wie folgt:

17   *„Es ist eine anerkannte Erfahrungstatsache, daß durch die Alkoholwirkung eine Veränderung der Persönlichkeit im weitesten Sinne eintritt, wobei insbesondere verschiedene Bewußtseinsqualitäten eine Änderung erfahren. Dazu gehören die Einschränkung oder der **Verlust der Kritikfähigkeit**, die **erhöhte Wagnisbereitschaft** als Folge gesteigerten Antriebs und die daraus resultierende **Verminderung der rational planenden Vorausschau**. Die **Einschränkung des Realitätsbezuges**, die häufig mit einer Distanzveränderung im normativen Bereich und darüber hinaus gerade bei den Aggressionsdelikten vielfach auch des mitmenschlichen Bereiches einhergeht, führt zur Freisetzung von Handlungsenergien, die ohne Alkoholeinwirkung der Kontrolle der kritischen Besinnung ... unterliegen."*

18   Man wird insoweit feststellen können, daß „mit zunehmender Alkoholisierung tiefere Persönlichkeitsschichten freigelegt werden, so daß in den meisten Fällen das Handeln letztlich von der Primärpersönlichkeit bestimmt wird" (*Warkentin/Osterhaus* 1969, 417).

3. Desozialisierungen als Folgeerscheinung

19   Meist „verfallen die an Alkoholismus Erkrankten in passive parasitäre Asozialität. Sie werden **Landstreicher, Bettler, Vagabunden"** (*Mergen* 1978, 196). Bekannt sind sie auch als **Stadtstreicher,** die die Zentralpunkte unserer Städte belagern und dort trinken und betteln (vgl. auch Rdn. 3 zu § 17). Nach *Schneider* (Kriminologie 1987, 461) sollen etwa ein Drittel der „Penner" Alkoholiker sein.

20   Die Phänomene des sozialen Abstiegs, zu dem der chronische Alkoholmißbrauch (also der Alkoholismus) in der Regel führt, werden im Schrifttum häufig unter der Überschrift „Desozialisierung der Persönlichkeit" zusammengefaßt. Diese Zusammenhänge werden am besten verständlich (heißt es bei *Hallermann/Steigleder* 1968, 115), „wenn man, wie *Gehlen* es treffend formuliert hat, den Charakter als Zuchtprodukt der Gesellschaft ansieht. Die durch die gesellschaftliche Normforderung erfolgte Anpassung wird durch die Alkoholwirkung je nach dem Grad der Vergiftung in mehr oder minder großem Umfang aufgehoben und führt dann nicht selten zum Konflikt mit dem Strafgesetz."

Auch *Manecke* (1967, 590) weist darauf hin, daß „die im Prozeß der **21** Erziehung und Selbsterziehung entwickelten sittlichen Hemmungen abgebaut werden ... Der Alkohol führt häufig zur Lockerung, ja zur völligen Lösung der sozialen Bindungen. Ehen werden zerrüttet und gelöst, Bindungen ... zum Betrieb abgebrochen. Der Trinker verschärft seine Probleme, er greift häufiger zum Alkohol und isoliert sich immer mehr. Der Alkoholmißbrauch und die damit einhergehenden Erscheinungen, insbesondere Arbeitsbummelei und Arbeitsscheu, führen zu einer chronischen Geldknappheit" und damit zu der zentralen Frage: Wie kann ich an alkoholische Getränke herankommen bzw. wie ist das Geld dafür zu bekommen?

IV. Straftaten unter Alkoholeinfluß

Eine kriminalitätsrelevante Alkoholbeeinflussung liegt nach *Manecke* **22** (1967, 588) dann vor, „wenn der Tatentschluß, die Motive oder die Begehungsweise vom Alkohol beeinflußt werden". Eine entsprechende Differenzierung dürfte allerdings nur im Einzelfall möglich sein – und das auch nicht immer. So muß man auf objektivierbare Fakten wie die Messung der Blutalkoholwerte (Alkoholmenge im Blut in Promille) zurückgreifen (zur Berechnung vgl. z. B. *Langelüddeke/Bresser* 1976, 291 ff, oder *Schwerd* 1979, 132 ff).

1. Grenzen der Blutalkoholkonzentration und gesetzliche Folgen

Insoweit sind vom Gesetzgeber oder der Rechtsprechung folgende **23** Grenzen der Blutalkoholkonzentration (BAK) für relevant erklärt worden:

– *0,8 Promille: Nach § 24 a Abs. 1 StVG „handelt ordnungswidrig, **wer im Straßenverkehr ein Kraftfahrzeug führt,** obwohl er 0,8 Promille oder mehr Alkohol im Blut oder eine Alkoholmenge im Körper hat, die zu einer solchen Blutalkoholkonzentration führt": relative Fahruntüchtigkeit.*

– *1,1 Promille: Nach der Rechtsprechung (BGH NJW 1990, 2393) beginnt für alle Kraftfahrer von dieser Grenze an aufwärts (unabhängig von weiteren Beweisanzeichen und unter Ausschluß des Gegenbeweises der Fahrtüchtigkeit) die **absolute Fahruntüchtigkeit** (§ 315 c Abs. 1 Nr. 1 a, § 316 StGB: Trunkenheit im Straßenverkehr).*

– *2,0 Promille: Nach der Rechtsprechung (vgl. Nachweise bei Schönke/ Schröder/Lenckner, Strafgesetzbuch, 23. Aufl., 1988, § 20 Rdn. 16) **können** (nach einer groben Faustregel) bei dieser BAK zur Tatzeit die Voraussetzungen des § 21 StGB (**verminderte Schuldfähigkeit**) erfüllt sein (nun auch BGH vom 9. Juli 1996 – 1 StR 511/95), und bei einer BAK von*

– *3,0 Promille (Volltrunkenheit): die Voraussetzungen der **Schuldunfähigkeit** * **24** *(§ 20 StGB). Umstritten ist allerdings die rechtliche Einordnung der Volltrunkenheit. Die h. M. nimmt in diesen Fällen eine „krankhafte see-*

lische Störung" an (Dreher/Tröndle, Strafgesetzbuch, 47. Aufl., 1995, § 20 Rdn. 9, 7; Lackner, Strafgesetzbuch, 18. Aufl., 1989, § 20 Anm. 2a aa), die Mindermeinung eine tiefgreifende Bewußtseinsstörung (Schönke/Schröder/Lenckner, aaO, § 20 Rdn. 12 ff).

25   **§ 323a StGB (Vollrausch)** bedroht den schuldhaft herbeigeführten Rausch mit Strafe (zum Verhältnis zwischen 323a und actio libera in causa vgl. *Schönke/Schröder/Cramer*, aaO, § 323a, Rdn 31 ff; zum Verhältnis der a.l.i.c. zu § 20 StGB vgl. *Puppe* in: JuS 1980, 346; zur neueren Rspr. *Hettinger* 1995, 623 ff; vgl. auch BGH NJW 1997, 183 ff und *Hruschka* in JZ 1996, 64 ff).

2. Hauptgruppen der alkoholbeeinflußten Kriminalität

26   Die Beziehungen, die zwischen Alkohol und Kriminalität bestehen, lassen sich (in Anlehnung an *Kerner* 1985, 6 f; kritisch *Albrecht* 1985, 354) in folgende fünf Gruppen einordnen:

27   – *erstens:* **Alkoholismus als in sich kriminalisiertes Verhalten** *(das Trinken an sich wird bestraft: wie in einigen arabischen Staaten und in Mexiko die Trunkenheit in der Öffentlichkeit);*

28   – *zweitens:* **straffälliges Verhalten chronischer Alkoholiker** *(Affektdelikte, z. B. Eifersuchtsmord; Aggressionen gegen Personen oder Sachen; Entgleisungen im Sexualbereich wie Exhibitionismus oder Unzucht mit Kindern);*

29   – *drittens:* **Alkoholismus bei chronisch Straffälligen** *(häufig bei Rückfalltätern):*
       Grigsby (1963, 304 f – zit. nach Göppinger 1980, 227) ermittelte im Rahmen einer Stichprobe von 351 Probanden (aus 2457 Häftlingen des Radford-Prison in Florida) aufgrund einer Strafaktenauswertung, daß von den Straftätern

       – ohne Vorstrafe: 18,9 % ständig Alkohol tranken,
       – mit 1 bis 2 Vorstrafen: 27,5 %,
       – mit 3 bis 4 Vorstrafen: 33,0 %,
       – mit 5 bis 6 Vorstrafen: 55,3 %,
       – mit 7 bis 10 Vorstrafen: 72,7 % und
       – mit 11 und mehr Vorstrafen: 75,6 %;

30   – *viertens:* **schuldunfähige Rechtsbrecher** *(etwa bei Alkoholintoleranz: z. B. infolge von Hirnschädigung: § 20 StGB);*

31   – *fünftens:* **Alkohol als mitgestaltender Faktor** *in den übrigen Fällen: Nach der* **PKS** *(1996, 134) standen 7,0 % aller Tatverdächtigen (TV von Verkehrsdelikten nicht mitgezählt) bei ihrer Tat unter Alkoholeinfluß: z. B. 32,2 % der* **Totschläger,** *32,1 % der* **Vergewaltiger** *und 25,0 % der* **Täter einer gefährlichen oder schweren Körperverletzung.** *Beim Zechanschlußraub sind es sogar 60,9 %! Dabei ist das Dunkelfeld naturgemäß noch gar nicht berücksichtigt worden. Auf der anderen Seite weist z. B. Albrecht (1985, 350) darauf hin, daß „die Alkoholpräsenz zu einem höheren Entdeckungs- und Identifizierungsrisiko" führt.*

3. Erklärungsmodelle

Für die Beziehungen zwischen Alkohol und Kriminalität bieten sich **31a** mit *Kaiser* (1988, 558) und *Kerner* (1992, 115; *Egg* 1996, 203 ff) u. a. folgende Erklärungsansätze an:

a) Alkohol als Enthemmungsfaktor

Danach verliert der (Gewalt-)Täter unter Alkoholeinfluß die Selbstkontrolle und Kritikfähigkeit, während Aggressions- bzw. Wagnisbereitschaft zunehmen (vgl. oben Rdn. 17): fördernde Voraussetzungen für verbale und tätliche Auffälligkeiten.

b) Parallel verlaufende Symptome sozialer Fehlanpassung

Danach lassen sich Alkohol und Kriminalität auf gemeinsame Ursachen zurückführen, die in der Kindheit z. B. mit Erziehungsproblemen beginnen; wie bei den Beziehungen zwischen „Arbeitslosigkeit und Kriminalität" (vgl. Rdn. 37 zu § 12) handelt es sich also um parallel verlaufende Symptome derselben sozialen Fehlanpassung.

c) Modell der gegenseitigen Bedingungen

Nach diesem Modell (das *Kerner* 1992, 120 vorzieht) hängen Alkoholkonsum und Kriminalität wechselseitig zusammen; sie schaukeln sich (im Verbund mit anderen sozialen Problemen) hoch. Etwa so: starkes Trinken führt zur Arbeitslosigkeit und von da aus in die Delinquenz. Oder umgekehrt: Kriminalität (Haft mit ihren Folgeproblemen) führt zu einer Flucht aus sozialen Konflikten in den Alkoholkonsum und in den sozialen Abstieg (Rdn. 3 ff zu § 17).

4. Alkohol im Straßenverkehr

Die meisten alkoholbedingten Straftaten ereignen sich allerdings (mit **32** weitem Abstand vor allen anderen Delikten) im **Straßenverkehr.** So hat *Steigleder* (1975, 182) z. B. feststellen können, daß sich bereits bei 0,8 Promille BAK das Risiko, Verursacher eines Verkehrsunfalls zu werden, vervierfacht. Weiter wurde ermittelt (*Steigleder* aaO), daß bei ca. 25 % der Verkehrsunfälle, bei denen Menschen getötet werden, eine Alkoholisierung der oder eines Beteiligten nachweisbar ist; dieser Prozentsatz wird durch neuere Zahlen des *Statistischen Bundesamtes* (Fachserie 8, Reihe 7, 1996) bestätigt: 1995 kamen bei Straßenverkehrsunfällen 9454 Personen ums Leben (1996: 8755); in 1716 Todesfällen war der Unfall alkoholbedingt (vgl. dazu auch die Übersicht 77). 94 % aller Verursacher von „Alkoholunfällen" sind übrigens Männer (*Bomsdorf* 1984). **Schließlich:** Nach einem Bericht des Familienministeriums (zit. nach *Egg*, 1996, 201) ist zu vermuten, daß nur jede zweihundertste bis dreihundertste Alkoholfahrt entdeckt wird (**Dunkelzifferrelation 1 zu 200 bis 300!**). Zu kriminologischen und sanktionsrechtlichen Aspekten der Alkoholdelinquenz im Verkehr: vgl. *Schöch* 1991, 11 ff; zur Gewalt im Straßenverkehr: *Kaiser* 1994, 55 ff.

Jeder zehnte fährt auch betrunken

Über zehn Prozent der jungen Autofahrer zwischen 18 und 24 Jahren setzt sich auch betrunken ans Steuer. Dies ergab eine vom Magazin „Stern" in Auftrag gegebene repräsentative Befragung von insgesamt 1008 jungen Leuten. Auf die Frage „Bist Du in letzter Zeit Auto oder Motorrad gefahren, obwohl Du mehr Alkohol getrunken hattest als erlaubt?" gaben 2,5 Prozent der Befragten zu, regelmäßig angetrunken zu sein, 8,8 Prozent saßen mehrmals in den letzten zwölf Monaten betrunken hinterm Lenkrad. 4,3 Prozent — oder rund 200000 von insgesamt mehr als vier Millionen Führerscheininhabern in diesem Alter — kamen dabei „haarscharf" an einem Unfall vorbei.

aus: *NOZ* vom 15. April 1988

V. Bekämpfungskonzepte

33   Bei der Rolle, die der Alkohol in unserer Gesellschaft spielt, ist ein striktes **Alkoholverbot** (wie zur Zeit z. B. in der islamischen Republik Iran) **nicht zu erreichen**; es bestände im übrigen – wie das amerikanische Beispiel der Prohibition deutlich zeigt (vgl. Rdn. 17 zu § 29) – die Gefahr, daß Schmuggel und Schwarzmarkt eine entstandene Lücke rasch wieder schließen.

1. Vorbeugungsmodelle

34   Von dieser Realität gehen auch die Vorbeugungsmodelle aus (vgl. dazu *Schneider,* Kriminologie 1987, 467):

a) Das Modell der eingeschränkten Verteilung

35   So hat sich der Gesetzgeber dafür entschieden, nur bestimmte Bereiche mit Sanktionen zu steuern, nämlich

– *(erstens)* den ***Bereich des Straßenverkehrs:*** *durch Vorschriften (wie die §§ 315 c, 316 und 323 a StGB) und durch polizeiliche Überwachung der Einhaltung auch dieser Vorschriften (vgl. das Verkehrssicherheitsprogramm der Bundesregierung, Kurzfassung: „Auf jeden Verkehrsteilnehmer kommt es an", Bonn 1984);* **die Verschärfung von Strafgesetzen wirkt nur so lange abschreckend, wie die Medien darüber berichten** (vgl. Albrecht 1985, 347);

498

Übersicht 77: Zunahme der Gefährlichkeit alkoholbeeinflußter Verkehrsteilnehmer mit steigender Blutalkoholkonzentration, aufgegliedert nach dem Schweregrad der Unfälle (nach *Schwerd* 1979, 119)

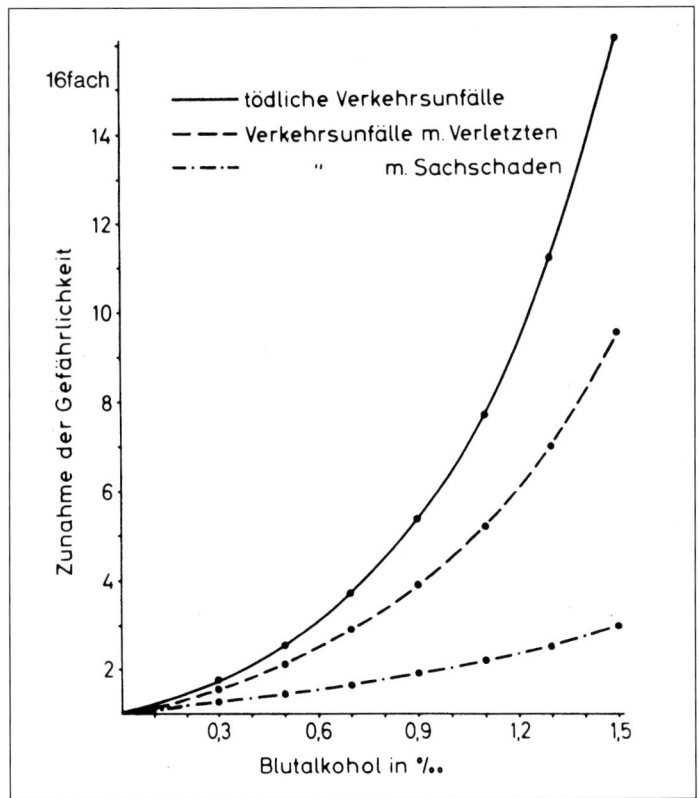

– *(zweitens) den **Bereich des Jugendschutzes:** z. B. durch das am 6. Dezember 1984 vom Bundestag beschlossene Jugendschutzgesetz (BGBl. I, 1985, 425 ff), das am 1. April 1985 in Kraft getreten ist (§ 3 verbietet grundsätzlich den Gaststättenbesuch und § 4 den Ausschank von – brandweinhaltigen – alkoholischen Getränken an Kinder und Jugendliche unter 18 Jahren).*

Beim Modell der eingeschränkten Verteilung wird also die Erhältlichkeit des Alkohols erschwert: die Steuern auf alkoholische Getränke werden erhöht (Steuer- und Preispolitik: z. B. Sektsteuer), der Verkauf wird auf bestimmte Zeiten und Orte beschränkt; die Abgabe von Alkohol an

Jugendliche wird untersagt, die Alkoholreklamen (vgl. z. B. den Werbe-spruch „Durst wird durch Bier erst schön") verboten. Die entsprechen-den Werbeaufwendungen haben 1983 übrigens schon über 400 Millionen DM betragen (errechnet aus Angaben bei *Ziegler* 1985, 50 f).

b) Das Informationsmodell

36   Darüber hinaus kann auch vor den schädlichen Wirkungen des Alko-holmißbrauchs gewarnt werden: z. B. in den Medien oder im Schulunter-richt. Allerdings darf man insoweit nicht übersehen, daß „gerade Jugendliche durch derartige Aufklärungsaktionen auch neugierig gemacht und zum **Probierkonsum** ermuntert werden könnten" (*Egg* 1996, 206). Da es sich beim Alkohol im übrigen um eine weitgehend gesellschaftlich akzeptierte Rauschdroge handelt (vgl. Rdn. 4 und 8), schlägt *Egg* (aaO) vor, „statt den Alkohol gegenüber Kindern und Jugendlichen pauschal zu verurteilen (zu besprechen), wie man mit alko-holischen Getränken maßvoll und verantwortlich umgehen kann".

Alkoholismus: „Mit der Krankheit leben lernen"

Horst Zocker über Alkoholkranke in der Bundesrepublik und die Selbsthilfe-Organisation „Anonyme Alkoholiker"

aus: *DER SPIEGEL* Nr. 38/1983, S. 250

2. Therapiemaßnahmen

37   Zu denken ist natürlich auch an eine Therapie bei Alkoholabhängigen. Wenn sich jemand bereits an übermäßiges Trinken gewöhnt hat bzw. süchtig geworden ist, ist die Prognose grundsätzlich schlecht (vgl. *Göp-pinger* 1980, 228). Die Zahl der therapeutischen Dauererfolge, die inso-weit bisher erzielt werden konnten, ist jedenfalls nur gering (*Göppinger* aaO). Behandlungen können ambulant oder stationär (vgl. dazu z. B. *Matakas/Spahn* 1980, 135 ff) durchgeführt werden, in staatlichen Einrich-tungen oder in solchen der freien Verbände oder beim Hausarzt (*Akker-mann/Matakas* 1980, 110 ff).

Entsprechende **Therapieweisungen** sieht nicht nur das Jugendstraf-recht (vgl. § 10 Abs. 2 JGG) vor, sondern auch das allgemeine Strafrecht (§ 56 c Abs. 3 StGB).

§ 64 StGB regelt für den Fall der Straftat (unter bestimmten Vorausset-zungen) die Unterbringung in einer **Entziehungsanstalt** (dazu *Athen* in: MschrKrim 1989, 63 ff; zur Therapie selbst: *Küfner* 1996, 189 ff).

38   Mehr Heilung wird den Bemühungen der freien Verbände zugetraut: speziell den **Selbsthilfegruppen** (vgl. dazu z. B. *Behrends* 1980, 159 ff), etwa dem **Blauen Kreuz,** dem **Guttemplerorden,** insbesondere der ame-rikanischen Selbsthilfeorganisation „Alcoholics Anonymous" (A. A.; 1935 in den USA gegründet), die in der Bundesrepublik unter dem Namen **„Anonyme Alkoholiker"** Hilfe anbietet (ausführlich dazu z. B. DER SPIEGEL Nr. 38/1983, 250 ff, und Nr. 39/1983, 98 ff).

Aus der Vielzahl der Therapieprogramme sollen hier nur vier Beispiele kurz erwähnt werden (vgl. *Schneider,* Kriminologie 1987, 468):

a) Die Aversionstherapie

Diese bewirkt, daß dem Alkoholiker durch Verbindung von Alkohol **39** mit Schmerz und Übelkeit der Alkohol verleidet wird (er soll wegkonditioniert werden: vgl. §6 Rdn. 20 ff). Beispiele:

– *der Alkoholiker bekommt während des Trinkvorgangs Elektroschocks oder immer schon dann, wenn er zum Glas greift (wird kaum noch angewendet);*
– *der Alkoholiker bekommt während des Trinkvorgangs (oder vorher) Medikamente (z. B. Antabus), die jeweils Kopfschmerzen oder Erbrechen hervorrufen (= Vergällungskur, die sich am operanten Konditionieren orientiert: §6 Rdn. 29 ff).*

b) Die Familien- und Gruppentherapie

Bei der Familientherapie wird die ganze Familie des Alkoholikers in **40** die Behandlung miteinbezogen (*Steinglass* 1981), bei der Gruppentherapie wird der Alkoholiker zusammen mit Leidensgenossen behandelt. Bei den Anonymen Alkoholikern spielt dabei die mitmenschliche Hilfsbereitschaft eine große Rolle.

§27   Rauschgift und Kriminalität

Literatur: Adams, M: Heroin an Süchtige, in: ZRP 1997, S. 52-64; **Albrecht,** H.-J.: Betäubungsmittelstrafrecht und Betäubungsmittelkriminalität in der Bundesrepublik Deutschland, in: *Meyer* J. (Hrsg.): Betäubungsmittelstrafrecht in Westeuropa, Freiburg i. Br. 1987, S. 63–168; **Altenkirch,** H.: Schnüffelsucht und Schnüfflerneuropathie, Berlin 1982; **Amendt,** G./**Stiehler,** U.: Sucht – Profit – Sucht. Politische Ökonomie des Drogenhandels, Frankfurt a. M. 1972; **Ayass,** W.: Therapie statt Strafe – Neuer Akzent im Betäubungsmittelrecht, in: BewHi 1981, S. 355–364; **Bartsch,** N.: Drogenerziehung in der Grundschule, in: *Feser,* H. (Hrsg.): Drogenerziehung – ein praktisches Handbuch, Ulm 1978, S. 105–162; **Becker,** B.-M./**Schimkus,** M.-H.: Das Drogenproblem im Spannungsfeld zwischen Strafanspruch und Rehabilitation, in: BewHi 1982, S. 252–261; **Bejerot,** N.: Drogenfrei oder Freigabe von Drogen? in: Der Kriminalist 2/1995, S. 67–69; **Bleibtreu,** E.: Drogenproblematik in der Bundesrepublik, in: Der Kriminalist 1992, S. 214–221; **Bundeskriminalamt** (Hrsg.): Symposium: Vorbeugung des Mißbrauchs illegaler Drogen, Wiesbaden 1991; **Bundesminister für Jugend, Familie, Frauen und Gesundheit** (BMJFFG): Bericht der Bundesregierung über die gegenwärtige Situation des Mißbrauchs von Alkohol, illegalen Drogen und Medikamenten ... (BT-Drucks. 10/5856), Bonn 1986; **Burghard,** W.: Ein Recht auf Rausch, in: Kriminalistik 1992, S. 203; **Cassardt,** G.: Zur Feststellung der nicht geringen Menge im Betäubungsmittelrecht, in: NStZ 1995, S. 257–262; **Coignerai-Weber,** C./**Hege,** H.: Drogenabhängigkeit und Straffälligkeit, in: MschrKrim 1981, S. 133–148; **DHS:** Jahrbuch Sucht 1997, Geesthacht 1996; **Dembach,** B.: Zwischen Selbsthilfe- und Expertenorientierung. Angehörigenarbeit im Drogenbereich, Wiesbaden 1990; **Desseker,** A.: Suchtbehandlung als strafrechtliche Sanktion, Wiesbaden 1996 (KuP Bd. 19); **Deutsche Hauptstelle gegen die Suchtgefahren** (Hrsg.): Sucht und Delinquenz. Rechtsfragen und therapeutische Möglichkeiten, Hamm 1983; **Dölling,** D. (Hrsg.): Drogenprävention und Polizei – Eine Untersuchung zur Beteiligung der Polizei an der Prävention des Drogenmißbrauchs, Wiesbaden 1996; **Dünkel,** F.: Probleme und Entwicklungstendenzen staatlicher Drogenkontrolle und -politik im internationalen Vergleich, in: Soziale Arbeit 1983, S. 569–580; **Egg,** R. (Hrsg.): Drogentherapie und Strafe, Wiesbaden 1988 (KUP Bd. 3); **Egg,** R.:

Drogentherapie im Rahmen der Zurückstellung der Strafvollstreckung gem. § 35 BtMG, in: *Egg, R.* (Hrsg.): Brennpunkte der Rechtspsychologie, Bonn 1991; **Erhardt, E.**: Drogenabhängigkeit und Beschaffungskriminalität. Praxisorientierte Auswertung einer kriminologischen Untersuchung. Bundeskriminalamt Wiesbaden 1991; **Generalbundesanwalt:** Daten zur Betäubungsmittelkriminalität '93, Berlin 1994; **Gerlach, D.**: Suchtmittelmißbrauch und Verkehrstüchtigkeit, in: *Deutsche Hauptstelle gegen die Suchtgefahren* (Hrsg.): Sucht und Delinquenz, Hamm 1983, S. 55–70; **Gülzow, H.**: Drogenmißbrauch und Betäubungsmittelgesetz, Heidelberg 1978; **Gutsch, H.** et al. (Hrsg.): Medikamentenkonsum und Medikamentenrisiken, Bern 1986; **Haas, E.**: Selbstheilung durch Drogen? Frankfurt/M. 1974; **Harfst, G.**: Die Sprache der Drogen-Szene, Frankfurt/M. 1986; **Hartwig, K.**-H./**Pies, I.**: Rationale Drogenpolitik in der Demokratie, Tübingen 1995; **Hebler, S.**: Drogenfreigabe, in: Magazin der Polizei 1994 (Nr. 218), S. 4–10; **Heckmann, W.**: Suchtprophylaxe und Kriminalprävention, in: *Schwind, H.-D./Berckhauer, F./Steinhilper, G.* (Hrsg.): Präventive Kriminalpolitik, Heidelberg 1980, S. 317–346; **Hellebrand, J.**: Wende im Methadon-Glaubenskrieg? in: NStZ 1992, S. 13–18; **Holyst, B./Kube, E.**: Deutsche Drogenpolitik – wohin? in: Kriminalistik 1992, S. 666–673; **Hunsicker, E.**: Der Staat und sein Drogendilemma. Das Osnabrücker Modell zur Minimierung der Drogenkriminalität, in: Kriminalistik 1996, S. 711–719; **Hurrelmann, K.**: Die Ecstasy-Welle, in: MFDP Oktober 1995, S. 4–10; **Jaeger, M.**: Der Kronzeuge unter besonderer Berücksichtigung von § 31 BtMG, Diss. jur., Frankfurt 1986; **Kerner, H.-J.**: Rauschgift, Rauschgiftkriminalität, in: *Kaiser, G./Kerner, H.-J./Sack, F./Schellhoss, H.* (Hrsg.): Kleines Kriminologisches Wörterbuch, 2. Aufl., Heidelberg 1985, S. 346–351; **Keup, W.**: Kokainmißbrauch in der Bundesrepublik Deutschland, Wiesbaden 1990; **Kielholz, P./Battegay, R./Ladewig, D.**: Drogenabhängigkeit, in: Psychiatrie der Gegenwart, 2. Aufl., Bd. II/2, Berlin 1972; **Kielholz, P./Ladewig, D.**: Die Drogenabhängigkeit des modernen Menschen, München 1972; **Kindermann, W.**: Behandlung Drogenabhängiger im Justizvollzug, in: MschrKrim 1979, S. 218–227; **Knauß, I./Erhardt, E.**: Freigabe von Drogen – Pro und Contra, Wiesbaden 1993; **Körner, H.**: Betäubungsmittelgesetz, 2. Aufl., München 1985; **Körner, H.**: Trotz lauter Bäumen den Wald sehen, in: Kriminalistik 1991, S. 779–780; **Kreuzer, A.**: Drogen und Delinquenz, Wiesbaden 1975; **Kreuzer, A.** et al.: Drogenabhängigkeit und Kontrolle, kriminologische Untersuchung über Phänomenologie des Heroinkonsums und polizeiliche Drogenkontrolle, Wiesbaden 1981; **Kreuzer, A.**: Kriminelle Karrieren der Süchtigen, in: *Deutsche Kriminologische Gesellschaft* (Hrsg.): Kriminologische Probleme des Alkohol- und Drogenmißbrauchs, Heidelberg 1982, S. 43–58; **Kreuzer, A.**: Delinquenz und Therapie aus kriminologischer Sicht, in: *Deutsche Hauptstelle gegen die Suchtgefahren* (Hrsg.): Sucht und Delinquenz, Hamm 1983, S. 96–108; **Kreuzer, A./Wille, A.**: Drogen-Kriminologie und Therapie, Heidelberg 1988; **Kreuzer, A.**: Endstation Sucht? – Wege aus der Sucht? Bonn 1990, S. 276–297; **Kreuzer, A./Hürlimann, M.** et al.: Umgang mit Suchtmitteln und anderem abweichenden Verhalten, in: *Deutsche Hauptstelle gegen Suchtgefahren (Hrsg.):* Abhängigkeit bei Frauen und Männern, Hamm, S. 279–292; **Kreuzer, A./Römer-Kleef, R./Schneider, H.**: Beschaffungskriminalität Drogenabhängiger, Wiesbaden 1991; **Kreuzer, A.**: Zeugnisverweigerungsrecht für Drogenberater, in: FS für Schüler-Springorum, Köln 1993, S. 527–540; **Kreuzer, A.**: Die Haschisch-Entscheidung des BVerfG, in: NJW 1994, S. 2400–2402; **Kreuzer, A.**: Drogenkriminalität, in: FS für *Miyazawa*, Baden-Baden 1995, S. 299–330; **Kreuzer, A.**: Ist das Zeugnisverweigerungsrecht von Drogenberatern brüchig? in: Sucht 41 (4) 1995, S. 293-297; **Kube, E./Erhardt, E.**: Drogenprävention durch polizeiliche Maßnahmen, in: Archiv für Kriminologie 1990, S. 23–27; **Kube, E./Erhardt, E.**: Kriminalistisch-kriminologische Forschung als Beitrag zur Bekämpfung der Rauschgiftkriminalität, in: NStZ 1991, S. 171–175; **Kühne, H.-H.**: Motivationsverläufe bei Rauschmittelschädigten, in: *Müller-Dietz, H.* (Hrsg.): Kriminaltherapie heute, Berlin 1974, S. 51–113; **Kühne, H.-H.**: Therapie statt Strafe. Legislatorische Versuche zur Bekämpfung der Drogenabhängigkeit, in: MschrKrim 1984, S. 379–388; **Kühne, H.-H.**: Staatliche Drogentherapie auf dem Prüfstand, Heidelberg 1985; **Kühne, H.-H.**: Kein Ende der Methadon-Debatte, in: NJW 1992, S. 1547–1548; **Kurze, M.**: Strafrechtspraxis und Drogentherapie, Wiesbaden 1993 (2. Aufl. 1994); **Leineweber, H./Erhardt, E.**: Zur Kokainsituation in Deutschland, in: Kriminalistik 1991, S. 79–82; **Lange, K.-G.**: Süchtiges Verhalten, Freiburg 1974; **Marx, H.**: Methadon-Praxis in Europa, Weinheim 1991; **Mellenthin, K.**: Rauschgift, in: *Kube, E./Störzer, H. U./Timm, K. J.* (Hrsg.): Kriminalistik-Handbuch, Bd. 2, Stuttgart 1994, S. 382–404; **Meyer, J.** (Hrsg.): Betäubungsmittelstrafrecht in Westeuropa, Freiburg 1987; **Meyer, J./Dessecker, A./Smettan, J. R.** (Hrsg.): Gewinnabschöpfung bei Betäubungsmitteldelikten, Wiesbaden 1989; **Mischkowitz, R./Möller, M./Hartung, M.**: Gefährdungen durch Drogen, Wiesbaden 1996; **Müller, R.**: Drogenkriminalität, in: Kriminalistik 1991, S. 47–49; **Nobel, H.**: Teufelsdroge Nr. 2 auf dem Vormarsch, in: Kriminalistik 1985, S. 130–149; **Parow, E.** et al.: Über die Schwierigkeit, erwachsen zu werden, Frankfurt/M. 1976; **Pietrzik, W.**: Der international organisierte Rauschgifthandel, in: Kriminalistik 1980, S. 315–325; **Quensel, S.**: Unsere Einstellung zur Droge, in: KrimJ 1980, S. 1–16; **Rausch, E.**: Ecstasy und Jugendkultur, in: DVJJ-Journal 3–4/1995, S. 327–333; **Schenk, J.**: Die Persönlichkeit des Drogenkonsumenten, Göttingen 1979; **Schmidt, P./Scheer, W./Bergham, G.**: Cannabiskonsum und Fahrtüchtigkeit, in: Kriminalistik 1994, S. 241–246; **Schreiber, L. H.**: Heroin – (k)eine gefährliche Substanz? in: Kriminalistik 1995, S. 534–536; **Skarabis**, H./**Becker**, B. M.: Epidemiologische Untersuchung zur Schätzung des Umfangs und der Sozialstruktur der Heroinszene in Berlin (West), Berlin 1980; **Stöver**, H.: Methadon, Methadon – Eine kritische Durchsicht aktueller Literatur zur Substitutionsbehandlung, in: KrimJ 2/1992, S. 116–132; **Täschner**, K.-L.: Rausch und Psychose, Stuttgart 1980; **Wagner**, W.: Die Balkanroute – Die Hauptschlagader des Heroinschmuggels, in: Der Kriminalist 1/1992, S. 1–9; **Wagner**, H.-J.: Betäubungsmittelstrafrecht, Baden-Baden 1996; **Ziegler**, H.: Suchtmittel im Vollzug, in: *Deutsche Hauptstelle gegen die Suchtgefahren* (Hrsg.): Sucht und Delinquenz, Hamm 1983, S. 85–95; **Ziegler**, H.: Jahrbuch zur Frage der Suchtgefahren 1985 (hrsg. in Verbindung mit der *Deutschen Hauptstelle gegen die Suchtgefahren*), Hamburg 1985.

Gliederung

Zu den Drogen bzw. Rauschmitteln (zur **Sucht** vgl. Rdn. 2 vor § 26) **1** gehören neben dem Alkohol (§ 26) auch die Betäubungsmittel (BtM): ihre Aufzählung ist an den Anlagen I–III zu § 1 Abs. 1 des Betäubungsmittelgesetzes vom 28. Juni 1981 (BGBl. I, 681 ff/1187 ff) enthalten. Sie lassen sich (mit *Mellenthin* 1995, 386) untergliedern in:

– die Naturprodukte Marihuana und Haschisch,
– die halbsynthetischen Rauschgifte LSD, Kokain und Heroin sowie
– die (voll-)synthetischen Drogen (die im Labor aus chemischen Grundstoffen hergestellt werden).

Haschisch konnte sich Ende der 60er Jahre im Rahmen der Studentenrevolte in Deutschland etablieren (vgl. Rdn. 6 zu § 30), LSD setzte sich

Anfang der siebziger Jahre in der Rauschgiftszene durch; 1973/74 kamen zunächst Heroin und dann 1979/80 Kokain noch hinzu; ab Mitte der 80er Jahre drängen die synthetischen Drogen auf den Markt (dazu *Mellenthin* aaO, 382). Zu den letzteren rechnen auch solche (legalen) Stoffe, die man (relativ) frei auf dem Markt einkaufen kann, wie etwa:

- Weckamine (Preludin, Pervitin, Captagon),
- Barbiturate (Schlafmittel),
- Sedativa (Beruhigungsmittel): Valium, Librium sowie
- aromatische Stoffe, die „geschnüffelt" werden, etwa Äther, Benzin oder Klebstoff (z. B. Pattex): vgl. dazu *Altenkirch* 1982.

I. Arten der (illegalen) Betäubungsmittel

2   Heroin und Kokain gelten als sog. **„harte"** Drogen, Marihuana und Haschisch als **„weiche"** Drogen.

1. Natürliche und halbsynthetische Rauschgifte

3   Kurzinformationen zu:

a) Marihuana und Haschisch (Cannabis-Produkte)

- **Szenebezeichnung** für Marihuana: „Gras"; für Haschisch: „Shit";
- die Basis ist **Hanf (Cannabis)**, der in Kalifornien, in Kolumbien, in Zentralafrika, in der Türkei, im Iran, in Pakistan, Afghanistan, in Indien und in Thailand angebaut wird;
- die Herkunftsländer kann man oft an der **Haschischfarbe** erkennen: z. B. Libanon (rot), Afghanistan (schwarz), Pakistan (braun), Türkei (grün);
- **Einnahmeformen:** Rauchen in „Joints" = Zigaretten („kiffen") bzw. in Haschpfeifen („Chillums") oder Verbrennen und einatmen („sniffeln");
- **Wirkungen: „halluzinogen";** positive Grundstimmung i. S. von Fröhlichkeit, Glücksgefühl (ähnlich wie beim Alkohol) verbunden mit Entspannung, Enthemmung, Neigung zur Selbstüberschätzung und erhöhter Sensibilität bis schließlich bei Dauerkonsum zu Intoxikations- (Vergiftungs-) Psychosen oder Depressionen; manche „consumer" werden nur müde;
- **Preise:** Der Grammpreis von Marihuana und Haschisch wird mit zwischen 3 und 15 DM bzw. 6 und 12 DM angegeben (*Mellenthin* 1995, 387; *Wagner* 1996, 19) – am Hamburger Hbf im Februar 1996 10 DM: „Damit sind Cannabis-Produkte für den jugendlichen Mißbraucher heute oft billiger als Bier und ‚Cola' in der Diskothek" (*Mellenthin* aaO).

b) Heroin

- **Szenenbezeichnung:** „H" („Ätsch"); „Weißes";
- ein Opiat, das aus dem sog. **Schlafmohn** (Papaver somniferum) hergestellt wird, der in der Türkei, im Libanon, im Iran, Afghanistan, in

Pakistan und im sog. **goldenen Dreieck** (Burma, Thailand, Laos) wächst;

– zu den verschiedenen Heroinarten vgl. *Pietrzik* 1980, 316 f; seit Ende 1991 wird darüber hinaus eine dunkelbraune, morphinhaltige Flüssigkeit (aus ausgekochten Mohnkapseln bzw. Mohnpflanzenteilen) aus Polen importiert, die als **„Polnische Suppe"** oder „Polnisches Heroin" bezeichnet wird (*DHS* 1993, 110); 1992 wurden einige Todesfälle mit dieser Droge in Verbindung gebracht (*DHS* aaO);

– **Einnahmeformen:** intravenöses Injizieren („fixen"), aber auch „schnupfen" und („vom Blech") rauchen (anstecken und „sniffeln");

– **Wirkungen: „euphorisierend";** „sofortiges Glücksgefühl, das etwa dem orgasmischen Höhepunkt bei dem Geschlechtsakt gleichkommt: sog. ‚Kick'" (*Schreiber* 1995, 534); wohliges Harmoniegefühl, Vergessen von Problemen, bis es nach drei bis vier Stunden zu Entzugserscheinungen kommt mit Herzjagen, Krämpfen, Muskelzittern, Erbrechen und Kopfschmerzen usw.;

– **Preise:** der Durchschnittspreis für ein Gramm Heroin liegt bei etwa 100 bis 350 DM (*Mellenthin* 1995, 388, *Wagner* 1996, 20); am Hamburger Hbf wurden für den 5-Gramm-Beutel im Februar 1996 etwa 150–200 DM verlangt.

c) Kokain

– **Szenebezeichnung:** „Koks", „Schnee";

– wird unter Verwendung chemischer Substanzen aus den Blättern des **Koka-Strauchs** gewonnen, der an den tropischen Osthängen der Anden in Peru und Bolivien gedeiht, aber auch in Ecuador und Kolumbien;

– **Einnahmeformen:** bisher meist geschnupft (über die Nase eingesogen); zunehmend aber auch intravenös injiziert (Umfrage von *Keup* 1990), selten als **„crack"** (mit verschiedenen Zusatzstoffen versetzt bzw. z. B. mit Backpulver aufgekochtes Kokain) geraucht (*Wagner* 1996, 20);

– **Wirkungen: aufputschend;** Omnipotenzgefühle („Ich bin der Größte, mir kann keiner"): Appetit- und Müdigkeitsverlust, Euphorie, Rededrang, sexuelle Stimulation; dem rund eine Stunde dauernden Rausch folgt meist der Kater, der bis zum Verfolgungswahn reichen kann.

– **Preise:** Ein Gramm Kokain kostet zwischen 100 und 250 DM (*Mellenthin* 1995, 387; *Wagner* aaO); am Hamburger Hbf wurden für ¹⁄₁₀ Gramm (in Kugelform) im Februar 1996 durchweg 10 DM bezahlt.

d) LSD

– **Szenebezeichnung:** „Trip", „Acid";

– hergestellt aus **Lysergsäure;**

– als Trägermaterial für LSD dient auch saugfähiges Papier, das häufig in etwa Pfenniggröße mit Motiven aus der Tier- und Pflanzenwelt bzw. mit Comic-Figuren **(„Bildertrips")** in den Handel geschleust wird;

- **Einnahmeformen:** Tablettenform, Kapseln, getränkter Würfelzucker;
- **Wirkungen: „halluzinogen";** Sinnestäuschungen wie bei Haschisch (aber länger andauernd); Situationsverkennungen; Überschätzung der eigenen Fähigkeiten; Verwirrtheitszustände bis zu Angsterlebnissen („Horrortrips") und Panikreaktionen („Sprung aus dem Fenster");
- **Preise:** Der Preis für einen „Trip" liegt seit Jahren zwischen 5 und 20 DM (*Mellenthin* 1995, 387).

Synthetische Drogen dringen vor

Jahresbericht des Bundeskriminalamtes / Von Daniel Deckers

aus: *FAZ vom 4. November 1996*

2. Vollsynthetische Rauschgifte

4   Zu dieser Gruppe werden gezählt: Amphetamine, Designer-Drogen und Retorten-Rauschgifte (vgl. *Mellenthin* 1995, 388 ff; *Hurrelmann* 1995, 4 ff):

a) Amphetamine

- **Szenebezeichnung:** „Speed", „Power", „Beißer";
- **synthetische Droge:** entsprechende Laboratorien wurden primär in den Niederlanden (über 60%), in Skandinavien und in Deutschland entdeckt (*Mellenthin* 1995, 389), aber zunehmend auch in Polen (Plywaczewski in Mayerhofer/Jehle: Organisierte Kriminalität 1996, 46). Die Billigvariante („Thai-Speed") wird aus Thailand eingeführt;
- **Einnahmeformen:** Amphetamin wird meist geschnupft, verschiedentlich auch als Pulver (in einer Gelatine-Kapsel) oder aufgelöst als Tropfen geschluckt, von Fixern mitunter auch gespritzt (*Mellenthin* aaO);
- **Wirkungen: aufputschend;** gilt als „Penicillin für die Seele"; es wirkt über den Botenstoff Serotonin im Gehirn antidepressiv, entspannend, sinnesbetäubend (*Hurrelmann* 1995, 6); in Fliegerschokolade vermischt, sollte der Stoff Bomberpiloten im Zweiten Weltkrieg Mut machen;
- **Preise:** der Preis liegt pro Gramm zwischen 50 und 100 DM (Tabletten 10–50 DM: *Wagner* 1996, 20), Amphetamin gilt als **„Arme-Leute-Kokain"** (*Mellenthin* aaO); nach *Hurrelmann* (aaO) 20–50 DM pro Tablette.

b) Designer-Drogen (meist Amphetamin-Derivate)

Unterschieden werden (nach *Mellenthin* 1995, 390 ff) drei Stoffgruppen:
- Stoffe mit morphinähnlicher Wirkung („China-White", „Persien-White", „The World's finest Heroin" usw.);
- Stoffe mit stark narkotisch-halluzinogener Wirkung („Dust", „Peace-Pills", „Monkey-Tranquilizer" usw.).

Experte warnt vor „Ecstasy"

BONN (dpa) Die synthetische Droge Ecstasy kann tödlich sein. Darauf hat die Deutsche Hauptstelle gegen Suchtgefahren hingewiesen. Ecstasy sei zu den harten Drogen zu rechnen, so Rolf Hüllinghorst, Geschäftsführer der Hauptstelle. Es habe bereits mehrere Todesfälle gegeben. Nach Angaben des Bundesinnenministers ist der Konsum der Mode-Droge dramatisch angestiegen.

aus: *WAZ* vom 18. Juli 1996

– Stoffe mit aufputschender, halluzinogener Wirkung: etwa im Rahmen von Techno-Musik, die **Disco-Droge Ecstasy** (Buchstabierweise der englischen Kurzformel XTC), deren **Konsum stark zunimmt** (vgl. *Hurrelmann* 1995, 4, *Rausch* 1995, 327 ff; vgl. auch unten den Zeitungsausriß): im (illegalen) Handel in Form bunter Pillen mit harmlos-lustigen Namen und Prägungen wie „Adam", „Eve", „Amor", „Kleeblatt", „Yellow Sunshine" usw.; Wirkungen (2–5 Stunden): Selbstvertrauen wird gestärkt, Angst verfliegt, Hemmungen nehmen zugunsten von euphorischen und zärtlichen Gefühlen ab, sexuell wird angeregt; Müdigkeit wird überdeckt (so daß entsprechende Alarmsignale des Körpers nicht registriert werden können) mit Folgen: geschädigt wird das Herz-Kreislaufsystem bzw. das Nervensystem. Nach FOCUS (10/1996, 12) wird diese Droge **zu 98,5% in den Niederlanden produziert.**

Ecstasy immer gefährlicher

Neue Mixturen auf dem Schwarzmarkt

aus: *NOZ* vom 18. Mai 1996

3. Retorten-Rauschgifte

Gemeint ist die vollsynthetische Herstellung der traditionellen Rauschgifte: etwa von Heroin und Kokain (bisher noch zu teuer). LSD wird bereits überwiegend synthetisch hergestellt (*Mellenthin* 1995, 391). **4a**

II. Zahl der Drogenabhängigen

Sichere Zahlen über den Kreis der Drogenabhängigen fehlen bisher, weil die Drogenabhängigkeit nicht meldepflichtig ist und daher in amtlichen Statistiken (etwa der Gesundheitsämter) nicht erscheint. **5**

So ist man auf Schätzungen angewiesen. Danach sollen auf der Welt insgesamt 50 Millionen Menschen drogenabhängig sein; davon **1,5 Millionen im EG-Raum** (*Müller* 1991, 47). Der Anteil der 15- bis 24jährigen Westdeutschen, die schon irgendwann einmal Haschisch oder ein anderes illegales Betäubungsmittel probiert haben, wird auf 10 bis 15% (so *BMJFFG* 1986, 4) bzw. auf 20% (so *Holyst/Kube* 1992, 666) eingeschätzt. Die „Extremgruppe drogengefährdeter Jugendlicher" umfaßt nach *Kaiser* (1993, 361) und *BMJFFG* (1986, 6) ungefähr 46000 Personen. Die folgenden weiteren Schätzungen beziehen sich (auch) nur auf die „alten" Bundesländer der Bundesrepublik:

- *Kürzinger (Kriminologie 1982, 186) nimmt einen „harten Kern" von 30000–50000 drogengefährdeten Jugendlichen an, von denen 10000 als drogenabhängig gelten müßten,*
- *Kerner (1985, 348) geht von 60000–80000 Drogenabhängigen aus, Kreuzer/Wilke (1988, 129) von 45000,*
- *Schneider (Kriminologie 1987, 9) von 60000 bis 80000 „Drogengeschädigten" und das*
- *Bundesgesundheitsministerium von 80000 Rauschgiftsüchtigen (FAZ vom 12. Oktober 1989).*

6   Nach einer Schätzung der *Deutschen Hauptstelle gegen Suchtgefahren* (*DHS* 1996, 128) sind inzwischen **120000 Menschen von harten Drogen (Heroin, Kokain)** hierzulande **abhängig**. Das Bundeskriminalamt (zit. nach *DHS* 1996, 65) spricht sogar von **224000 bis 275000 Konsumenten harter Drogen**.

7   Noch weit höhere Zahlen kommen heraus, wenn man die **Ergebnisse von Repräsentativbefragungen** zugrunde legt (zu solchen schon *Ziegler* 1985, 67; *Gülzow* 1978, 32; vgl. auch *Coignerai-Weber/Hege* 1981, 135; *DHS* 1993, 145). Auch diese Zahlen dürften jedoch für die Normalpopulation nicht repräsentativ sein, weil sie nicht in der Lage sind, die **„drop outs"** zu erfassen: z.B. diejenigen, die keinen festen Wohnsitz haben oder selten zu Hause sind oder sich zum Zeitpunkt der Befragung in Haft befinden usw.; oder bei Schüler-Untersuchungen oder bei solchen, die sich auf Auszubildende beziehen: diejenigen, die den Schulbesuch oder das Lehrverhältnis abgebrochen haben (vgl. dazu *Kreuzer* et al. schon 1981, 44 in einer grundlegenden Sekundäranalyse).

8   Neben den Umfrageergebnissen werden als Schätzungsgrundlagen ferner verwendet: die Zahl der Drogentoten, der Anteil an Suchtkranken an den Aufnahmen in öffentliche psychiatrische Krankenhäuser sowie Daten über Drogensicherstellungen durch die Strafverfolgungsbehörden (die Polizei):

- *Die Zahl der Drogentoten (vgl. Übersicht 78) hat sich von 29 (1970) auf 1491 (1990) bzw. 1565 (PKS 1995, 241: nunmehr einschließlich der neuen Bundesländer) erhöht; 1996 starben 1712 Menschen an den Folgen des Drogenmißbrauchs (PKS 1996, 241). Nach der „Einprozentregel" (z.B. DHS 1990, 42) sterben etwa 1 % der Heroinabhängigen jährlich an einer Überdosierung;*

Übersicht 78: Rauschgifttote: 1973–1996

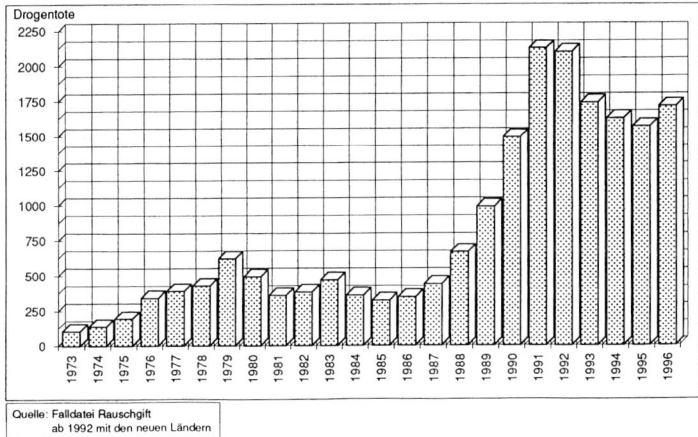

Quelle: Falldatei Rauschgift
ab 1992 mit den neuen Ländern

Quelle: *PKS* 1996, 242

- *der **Anteil der Suchtkranken an den Aufnahmen** öffentlicher psychiatrischer Krankenhäuser lag schon vor zehn Jahren zwischen 20 und 60 % (Ziegler 1985, 85);*
- *die **Sicherstellungsmengen** haben beim Heroin von 15 kg (1973) auf 847 kg (1990) bzw. 898 (PKS 1996, 241) zugenommen; beim Kokain ergab sich nach einer Steigerung von 4 kg (1973) auf 2474 kg (1990) eine Abnahme (1996) auf 1373; beim Cannabis zeigen sich – bedingt durch einige Großsicherstellungen – erhebliche Schwankungen (1973: 4732 kg; 1985: 11498 kg; 1986: 2678 kg; 1990: 13641 kg; 1991: 12344 kg; 1995: 14248 (PKS aaO); 1996 = 9357 (PKS aaO).*

Die Gewichtsmengen über Drogensicherstellungen sind allerdings **9** (ebenso wie die Zahl der polizeilichen Ermittlungsverfahren) wenig aussagekräftig, weil „hier das **Dunkelfeld** naturgemäß unberücksichtigt bleibt" (*Kreuzer* 1982, 44). Die entdeckten Mengen sollen nur etwa 10 % der gesamten auf dem Markt befindlichen Drogenmengen ausmachen (*Kaiser,* Kriminologie 1988, 555); wahrscheinlich sind es nur 5 % (vgl. auch *Bleibtreu* 1992, 215). Zu Problemen und Entwicklungstendenzen staatlicher Drogenkontrolle und -politik im internationalen Vergleich: vgl. *Dünkel* 1983, 569 ff; *Holyst/Kube* 1992, 667. Mit dem Wegfall der europäischen Binnengrenzen (vgl. dazu § 31) ist mit einer weiteren Verschärfung der Lage zu rechnen. Schon heute hat Deutschland als Produktionsland **synthetischer Drogen** an Bedeutung gewonnen: 1990 sind **200 illegale Laboratorien** sichergestellt worden (*BKA* in: *Rheinische Post* vom 23. Mai 1991). Darüber hinaus gibt es nach Informationen des *Bundesinnenministers* Anzeichen dafür, „daß sich auch **in den neuen Bundes-**

ländern organisierte Rauschgiftkriminalität zu etablieren versucht"
(FAZ vom 22. Januar 1991; *Müller* 1991, 47 ff).

Suchtexperten: Jugend immer mehr verwahrlost

600 Fachleute in Münster bei Europäischem Drogenkongreß

Münster (epd) Der zunehmende Drogenkonsum von Kindern und Jugendlichen ist nach Auffassung von Suchtexperten Anzeichen einer „wachsenden Verwahrlosung der jungen Generation.

Die Suchtprobleme zeigten „wie ein Fieberthermometer" den Krankheitszustand in der Gesellschaft an, sagte der Bremer Drogenforscher Professor Stephan Quensel am Montag zum Auftakt der 1. Europäischen Konferenz „Kinder, Jugendliche und Drogen" in Münster. Nicht die Drogensucht sei das größte Problem, sondern die Zehntausenden von arbeitslosen Jugendlichen ohne Schulabschluß.

Sie hätten ohne Arbeit und Anerkennung „auf Dauer keine Perspektive" und wollten ihr Selbstwertgefühl mit Drogen und durch „extreme Risikobereitschaft" erhöhen, so Quensel, der das Institut für Drogenforschung an der Universität Bremen leitet. Die Konsequenzen ihrer Handlungen interessierten viele dieser Ausgegrenzten kaum noch. Statt die Drogensucht zu dramatisieren und zu kriminalisieren, müsse den Jugendlichen Hilfe angeboten werden.

Drogen sollten vielfach „Ersatz für tragfähige Beziehungen" sein. Dies hätten unter anderem Untersuchungen von sexuell mißbrauchten Frauen und Männern ergeben, sagte der Erziehungswissenschaftler Dieter Sengling (Münster).

aus: *NOZ* vom 12. März 1996

III. Ursachen und Folgen

10 Daß der Drogenkonsum in den 60er Jahren überall in den westlichen Industriestaaten zunahm, hat nicht zuletzt mit den gesellschaftlichen Protestbewegungen zu tun, die als Studentenrevolte (vgl. Rdn. 1) und Hippiebewegung bekannt wurden (dazu auch Rdn. 6 zu § 30). „Zu diesem Zeitpunkt diente der Konsum illegaler Drogen **als Statussymbol und als Abgrenzungsmerkmal**. Damit wurde die Ablehnung konventioneller Normen und gesellschaftlicher Ziele kollektiv dokumentiert. Im Zuge der gewaltigen Zunahme des Angebots an illegalen Drogen und der ‚Aufklärung' über ihre Existenz und Wirkung hat sich die Drogenproblematik (dann) im Laufe der 70er Jahre zunehmend in die Unterschichten verlagert." (*Coignerai-Weber/Hege* 1981, 136; zur historischen Entwicklung des Drogenmißbrauchs in der Bundesrepublik Deutschland vgl. auch *Burghardt* 1992, 203).

11 Insoweit haben z. B. *Skarabis/Becker* (schon 1980) feststellen können, daß 80 % der Eltern der Drogenabhängigen – bei Zugrundelegung eines Vierschichtenmodells (vgl. Rdn. 20 f zu § 9) – aus der untersten Schicht stammen, 74 % der Drogenabhängigen waren ohne Schulabschluß oder hatten höchstens die Hauptschule besucht, 70 % hatten keine Berufsausbildung absolviert. Die ersten Kontakte mit Rauschgiften kommen meist im Freundes- und Bekanntenkreis zustande; nach den Feststellungen

Albrechts (1987, 115) geben nur etwa 3 % der Erstkonsumenten illegaler Drogen an, die Mittel von einem „Dealer" erhalten zu haben (krit. *Kaiser,* Kriminologie 1988, 563).

1. Erklärungsansätze

Vor diesem Hintergrund wird in der Literatur für die Erklärung des Rauschmittelmißbrauchs, der zur Drogenabhängigkeit führt, die ganze Bandbreite der Theorien vertreten, die auch zur Ursachenerklärung im Rahmen der Kriminalitätstheorien (vgl. §§ 5 ff) Bedeutung besitzen: Angefangen beim   **12**

– **psychoanalytischen** *Erklärungsmodell (z. B.* **Haas** *1974; vgl. auch Rdn. 5 ff zu § 6) über den*
– **lerntheoretischen** *Ansatz (z. B.* **Lange** *1974; vgl. auch Rdn. 20 ff zu § 6) bis zu den*
– **soziologischen** *(z. B.* **Amendt/Stiehler** *1972; vgl. § 7) und*
– **sozialpsychologischen** *Theorien (z. B.* **Parow** *1976; vgl. § 7).*

Gleichwohl gibt es im Drogenbereich keinen ernsthaften Schulenstreit um das „wahre Ursachenmodell", vielmehr gilt ein multifaktorieller Ansatz, den *Kielholz* und *Ladewig* (1972, 23 ff) in Form einer „Trias des Ursachenmodells" eingebracht haben, allgemein als brauchbarer Einstieg akzeptiert (*Heckmann* 1980, 320). Danach „tragen zur Entstehung der Drogenabhängigkeit sowohl die Persönlichkeit des Konsumenten als auch die Charakteristika der Droge als auch die gesellschaftlichen Faktoren bei" (ausführlich *Heckmann* 1980, 320 ff; vgl. Übersicht 79). Nach *Müller* (1991, 49) sollen darüber hinaus auch Bedeutung besitzen: die Verführung durch andere, Langeweile und Neugier sowie einfach Frust über Lebenserwartungen, die nicht erfüllt werden können.   **13**

*Die **Deutsche Gesellschaft für Suchtforschung und Suchttherapie** hat im April 1992 in Passau eine Jahrestagung zu dem Thema „**Sucht in Europa**" durchgeführt; die Tagungsbeiträge sind in Heft 2/1993 der Zeitschrift „Sucht" veröffentlicht worden.*

Inzwischen liegt eine Untersuchung aus den **neuen Bundesländern** vor, die nach Motivationen differenziert: vorgelegt von *Kräupl* und *Ludwig* (vgl. § 2 Rdn. 56); die Ergebnisse zeigt die Übersicht 80. Danach steht in Jena das „kurzzeitige Vergessen der Probleme" im Vordergrund; dieses hat mit Orientierungslosigkeit und (vermeintlicher) Perspektivlosigkeit der Menschen in den neuen Bundesländern zu tun. Die übrigen Antwortkategorien dürften auch für die alten Bundesländer Bedeutung besitzen.   **13a**

2. Zur „Schrittmachertheorie"

Zu den „Dauerthemen der drogenpolitischen Diskussion" (*Kreuzer* 1981, 171) gehört die „Schrittmachertheorie", nach der der Verbraucher von Haschisch und anderen „weichen" Drogen **(„Einstiegsdrogen")** später auf härtere Drogen umsteigt (*Kreuzer* aaO m. w. H.): „**Haschisch-**   **14**

Übersicht 79: Ursachen der Drogenabhängigkeit

Persönlichkeit

prämorbide Persönlichkeit
Heredität
frühkindliches Milieu
sexuelle Entwicklung
aktuelle Streßsituation
Erwartungshaltung

Drogenmißbrauch

Drogenabhängigkeit

Droge
Art der Applikation
Dosis
Dauer
Griffnähe
Gewöhnung (Toleranz, Tachyphylaxie
individuelle Reaktion

Soziales Milieu
familiäre Situation
Beruf
Wirtschaftslage
Sozialstatus, -mobilität
Gesetzgebung
Religion
Einstellung zur Droge
Werbe-, Modeeinflüsse
Konsumsitten

Quelle: *Kielholz/Ladewig* 1972, S. 24 (zit. nach *Heckmann* 1980, 320)

Übersicht 80: Motivation zur Rauschgifteinnahme

kurzzeitiges Vergessen der Probleme	52,6 %
Reiz, etwas „Verbotenes" zu tun	31,8 %
aus reiner Abenteuerlust	30,9 %
wegen der Vorstellung, ein unbeschreiblich tolles Glücksgefühl zu erleben	25,8 %
weil Freunde es auch tun und weil man mitreden können möchte	24,9 %
weil Freunde es auch tun und weil man sonst Außenseiter ist	21,4 %
weil man denkt, daß zwar viele Rauschgift nehmen, aber wenige tatsächlich drogenabhängig werden	20,5 %
aus Langeweile	16,3 %
weil man mit der Zeit gehen möchte, „in" sein möchte	13,9 %
weil es relativ einfach ist, an Drogen heranzukommen	12,4 %
weil von Personen, die als Idole oder Leitbilder angesehen werden, bekannt ist, daß sie Rauschgift nehmen	10,3 %

aus: *Kräupl/Ludwig* 1993, S. 74

Heroin-Automatik". Ob allerdings eine solche kausale Beziehung zwischen „weichem" (z.B. Haschisch) und „hartem" (z.B. Heroin) Drogenverbrauch tatsächlich besteht, ist umstritten (eine solche Automatik verneint z.B. *Quensel* 1980, 9). Entsprechend gesicherte Erkenntnisse liegen zumindest bisher nicht vor. Zunehmend wird jedoch (*auch in den Medien*) **Ecstasy** (vgl. Rdn. 4) als Einstiegsdroge diskutiert.

Mit der Behauptung, daß solche auch gar nicht bestünden, fordert die   **15**
deutsche „legalize pot"-Bewegung die Entkriminalisierung des Umgangs
und Konsums von Haschisch (*Kreuzer* 1981, 172; krit. z. B. *Burghard* 1992,
203; *Bleibtreu* 1992, 219). Ihre Anhänger nehmen immer mehr zu; schon
1974 wurde die **Deutsche Cannabis-Gesellschaft** gegründet, die sich für die
Freigabe von Haschisch einsetzt (*Hebler* 1994, 4). Später entstand die **Initiative Haschisch legal** (InHaLe). Die zweite Kammer des Landgerichts
Lübeck hat sogar die Meinung vertreten (die das BVerfG allerdings nicht
geteilt hat: vgl. unten Rdn. 37a), daß die Bestrafung des Umgangs mit
Haschisch deshalb grundgesetzwidrig sei, weil „der Rausch wie Essen und
Trinken und Sex zu den fundamentalen Bedürfnissen des Menschen gehörten" (DER SPIEGEL aaO, 107). Dabei wird jedoch übersehen, daß die
meisten Heroinkonsumenten bei Befragungen angeben, daß ihre Drogenkarriere immerhin mit Haschisch oder Marihuana begonnen hat (*Kreuzer*
aaO). Insoweit spricht einiges für die Annahme, daß durch die Gewöhnung an weiche Drogen zumindest die **Schwellenangst** in bezug auf die
harten Drogen vermindert und deren Erwerb (**„Griffnähe"**) deshalb
erleichtert wird, weil der Konsument inzwischen weiß, wo er diese
bekommt. **Jedenfalls vertreiben die Dealer von Haschisch nicht selten
auch Heroin** (weitere Argumente bei *Holyst/Kube* 1992, 672). Als „Schritt-
macherdrogen" kommen im übrigen auch Nikotin und Alkohol, also
legale Drogen, in Frage: jedenfalls hat *Kreuzer* (1990, 280) belegt, „daß
zeitlich der Mißbrauch legaler Drogen Erfahrungen mit illegalen Drogen
vorausgeht, und zwar geschlechtergleich". Nach neueren Untersuchungen
besteht sogar die Vermutung, daß Nikotin und Alkohol die eigentlichen
Wegbereiter für den Konsum harter Drogen sind (*Kube/Erhardt* 1991, 173;
Erhardt 1991, 11 f). *Kube/Erhardt* (1991, 24) schlagen daher vor, auch solche legalen Mittel, die suchtbildend wirken können, in Präventionskon-
zepte (etwa Aufklärungsmaßnahmen) miteinzubeziehen.

3. Desozialisierungen/AIDS-Gefahr

Wie bei der Alkoholabhängigkeit (vgl. Rdn. 19 ff zu § 26) führt auch   **16**
die Drogenabhängigkeit oft zu sozialem Abstieg bis zur Verwahrlosung.
Zu weiteren Folgen und Begleiterscheinungen vgl. *Mischkowitz* u.a.
1996. Inzwischen kommt noch die **AIDS**-Gefährdung der Süchtigen
hinzu, eine Immunmangelkrankheit, die zum Tode führt. Die Anstek-
kungsquelle bilden vor allem gemeinsam benutzte Nadeln beim „Spritzen" (Blut-Blut-Kontakt). Schon bis 1988 sollen sich 30 % der Fixer
angesteckt haben (*Kreuzer/Wille* 1988, 126).

IV. Rauschgiftkriminalität

Der Rauschmittelmißbrauch ist nach den Vorschriften des Betäu-   **17**
bungsmittelgesetzes mit Strafe bedroht (§§ 29–32 BtMG). Nach § 29 wird
u. a. bestraft, wer Betäubungsmittel ohne Erlaubnis des Bundesgesund-
heitsamtes anbaut, mit ihnen Handel treibt, sie, ohne Handel zu treiben,

einführt, ausführt, veräußert, abgibt, sonst in den Verkehr bringt, erwirbt oder sich in sonstiger Weise verschafft oder sie besitzt. Wer dabei als Mitglied einer Bande, die sich zur fortgesetzten Begehung solcher Straftaten verbunden hat, handelt, wird nach § 30 BtMG mit Freiheitsstrafe nicht unter zwei Jahren bestraft, Tateinheit kann mit den Straftaten des Diebstahls, der Urkundenfälschung usw. in Betracht kommen.

Mit der Beute sofort Rauschgift gekauft

33jährige überfiel einen Taxifahrer

Nicht weit kam eine 33jährige schwer drogenabhängige Frau, die am frühen Montag morgen einen Taxifahrer überfiel, um sich von dem Geld sofort Rauschgift zu kaufen.

aus: *NOZ* vom
19. November 1996

1. Einteilung der Rauschgiftkriminalität

18   Unterschieden werden „direkte und indirekte Beschaffungskriminalität", „Folgekriminalität", „Kleinhandel" und „Erwerb zum Eigenbedarf" (vgl. z. B. *Erhardt* 1991).

Zur **„direkten Beschaffungskriminalität"** werden solche Delikte gerechnet, die begangen werden, um Drogen zu erlangen: Apothekeneinbrüche, Rezeptfälschungen usw.; zur **„indirekten Beschaffungskriminalität"** werden solche (strafbaren) Handlungen gezählt, die verübt werden, um Zahlungsmittel für den Erwerb von Drogen in die Hand zu bekommen: etwa Ladendiebstahl, Einbruch und Raub (vgl. *Kreuzer* 1990, 282, und oben den Zeitungsausriß) oder unterhalb der Strafbarkeitsgrenze die nur gemeinlästige Prostitution oder Bettelei: vgl. Übersicht 81; krit. *Kreuzer* 1989, 16. Nach Schätzungen des Rauschgiftkommissariats Frankfurt/M. **verübt jeder Fixer pro Tag fünf Straftaten** verschiedenster Art (zit. nach *Eisenberg* 1985, 586).

*Bei einem **Hehlerkurs von 1 : 10** muß er eine Beute im Wert von rund 1 500 DM zusammen bekommen, um die 100–150 DM (Kerner in: KKW 1993, 97: 200–500 DM), die er für den Ankauf des benötigten Stoffes tagtäglich braucht (Kreuzer 1995, 306), zu erhalten. Schon heute wird nach Berechnungen Kreuzers (Kreuzer et al. 1991, 347 f) **jeder fünfte Raub** und **jeder dritte Einbruch** von einem Drogenabhängigen verübt. Die Schätzung einer BKA-Studie (zit. nach Hebler 1994, 6), nach der 100 Drogenabhängige im Jahr 173 000 (!) Straftaten verüben, erscheint allerdings spektakulär.*

Unter der **„Folgekriminalität"** werden solche Delikte verstanden, die unter dem Einfluß von Drogen erfolgen: Verkehrsdelikte (dazu z.B. *Schmidt/Scheer/Berghaus* 1995, 241 ff), Gewalttaten, Sexualdelikte. Zum Bereich des **„Kleinhandels"** („Ameisenhandel") gehören die Täter, die Rauschgift in kleinen Mengen abgeben (in der Regel verkaufen). Daß diese das Rauschgift nicht selten zugleich teilweise auch zum **Eigenbedarf** erwerben, haben schon die Untersuchungen von *Kühne* (1974, 100) deutlich gezeigt: Von 24 Haschischkonsumenten hatten 10 und von 28 LSD-Konsumenten 14 mit der Droge zugleich auch gehandelt.

Übersicht 81: Wie Drogenabhängige ihren Drogenkonsum finanzieren

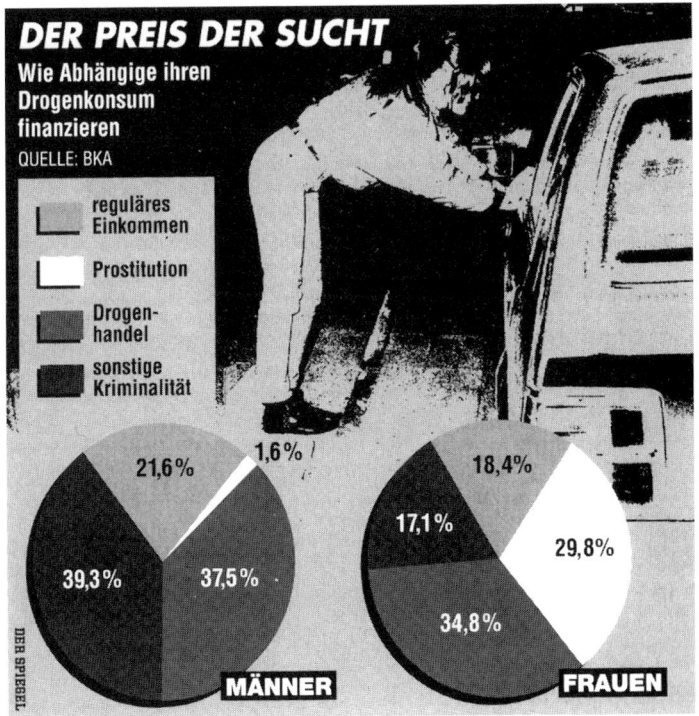

aus: *DER SPIEGEL* Nr. 34 vom 17. August 1992

2. Wege der illegalen Einfuhr und organisierter Import

Ohne Logistik und ausgebautes Vertriebssystem kann der inländische **19** Rauschgiftmarkt kaum versorgt werden (zum „international organisierten Rauschgifthandel" vgl. *Pietrzik* 1980, 315 ff). *Wagner* (1992, 1) weist darauf hin, daß die internationalen Drogenhändler mit ihren Strategien in Europa vier Fronten aufgebaut haben:

– *„von **Westen** werden riesige Mengen an **Kokain aus Lateinamerika** auf dem See- und Luftweg nach Europa geschmuggelt,*
– *von **Süden** reißt der unendliche Strom der **Cannabiszufuhren über die Mittelmeerroute** nicht ab,*
– *aus dem **Südosten** erreichen ebenso große Mengen an **Heroin über die Balkanroute** Westeuropa" und*
– *aus **Nordosteuropa** entwickeln sich „in größerem Umfange" **Amphetamin-Importe;***
– *als „**Rauschgiftdrehscheibe in Europa**" (so der Drogenbeauftragte der Bundesregierung, zit. nach FAZ vom 4. Januar 1996, 1) gelten die **Niederlande** (vgl. Zeitungsausriß und Rdn. 17 zu § 31):*

Schmuggel von Heroin, Kokain und Ecstasy nimmt dramatisch zu

Zoll-Fahnder fordern eine neue Spezialeinheit

DÜSSELDORF (dpa) Der Schmuggel harter Drogen von den Niederlanden nach Deutschland nimmt nach dem Wegfall der EU-Binnengrenzen weiter dramatisch zu.

Allein im Regierungsbezirk Düsseldorf stellten Zöllner in der ersten Jahreshälfte 1996 Rauschgift im Schwarzmarktwert von zwölf Mio DM sicher, erklärte gestern der Präsident der Oberfinanzdirektion Düsseldorf, Peter Meyer. Die rund 170 Kilometer lange deutsch-niederländische Grenze habe eine „fast magnetische Anziehungskraft" für Drogenschmuggler.

Vor allem die Einfuhr harter Drogen wie Kokain und Heroin habe stark zugenommen: Mit fast 23 Kilogramm Heroin sei mehr als die dreifache Menge des Vorjahreszeitraums sichergestellt worden. „Beängsti- gend" nannte Meyer den Anstieg bei der Modedroge Ecstasy. In diesem Jahr seien mehr als 61 000 Tabletten sichergestellt worden - das entspräche einem Anstieg um 668 Prozent.

Angesichts der „deutlich erschwerten Arbeitsbedingungen" forderte der OFD-Präsident die Einrichtung einer weiteren Spezialeinheit zur Bekämpfung des Schmuggels. Meyer: „Wir müssen da dringend mithalten."

aus: *WAZ* vom 12. Juli 1996

20   a) Nach den Erkenntnissen des *Bundeskriminalamtes* (schon 1984, 4 ff) dominieren – bezogen auf die Sicherstellungsmenge (vgl. oben Rdn. 8) – beim **Heroinschmuggel** Straftäter aus dem Mittleren (Pakistaner, Inder, Iraner), aber inzwischen auch aus dem Nahen Osten (Türken): für 67,7 % des in der Bundesrepublik sichergestellten Heroins konnte die **Türkei** als Herkunfts- bzw. Ausgangsland festgestellt werden (*DHS* 1993, 110); dementsprechend wird auch der Handel „eindeutig von türkischen/ kurdischen Organisationen beherrscht" (*DHS* aaO). Die bisherige CSFR, aber auch Ungarn gewinnen als Transitländer besondere Bedeutung (so auch *Holyst/Kube* 1992, 666). Ergänzt wird der Kreis der Importeure durch Einzelunternehmer aus den Nahoststaaten, die sich beim

„**Onkel aus Anatolien**" Heroin in kleinen Portionen beschaffen und, meist im Auto, in die Wahlheimat mitnehmen (DER SPIEGEL schon in Nr. 35/1979, 88): „Ameisenhandel". Am Klein- und Straßenhandel sind „vor allem auch in der Bundesrepublik Deutschland wohnhafte **Ausländer der zweiten Generation und wiederum Asylbewerber** beteiligt" (*Mellenthin* 1995, 393).

b) **Cannabisprodukte** (Marihuana und Haschisch: vgl. oben Rdn. 3) kommen – wie (wiederholte) Sicherstellungen beweisen – in ganzen Containerladungen aus dem Nahen und Mittleren Osten sowie aus einzelnen Regionen Afrikas (*Holyst/Kube* 1992, 666).   **21**

c) Im Gegensatz zu den „Straßendrogen" Haschisch und Heroin galt **Kokain** („Koks") lange als elitäres Rauschmittel, d. h. als „Rauschmittel der Reichen" (DER SPIEGEL Nr. 25/1982, 188). Das hat sich inzwischen geändert; jedenfalls scheint der Kokainverbrauch den Heroinverbrauch inzwischen zu übertreffen; zum Kokainmißbrauch in der Bundesrepublik Deutschland vgl. *Leineweber/Erhardt* 1991, 79 ff, und *Keup* 1990: Intensivbefragung von 204 Kokainkonsumenten.   **22**

Die Kokainzufuhren erfolgen nach *BKA*-Feststellung (1984, 5; ebenso *Holyst/Kube* 1992, 666) bisher (auf dem Luft- oder Seeweg) aus Bolivien, aber vor allem aus Kolumbien: „**Medellin-Kartell**" (in dem 200 kriminelle Gruppen zusammengefaßt sind) mit Sitz in der Stadt Medellin, das zusammen mit dem **Cali-Kartell** derzeit 70 % des Weltkokainhandels beherrscht (*Schneider* 1993, 144). Hierbei hat der **Flughafen Frankfurt** am Main als Transitflughafen zunehmende Bedeutung erlangt; für den **Seeweg** ist (neben den Nordseehäfen: Rotterdam, Antwerpen und Hamburg) der **Ostseehafen Rostock** in der zweiten Hälfte des Jahres 1992 zu einem Brennpunkt geworden (*DHS* 1993, 111). Inzwischen wird auch von den Drogenkartellen Kolumbiens offenbar Polen immer stärker als Transitland benutzt (vgl. Zeitungsausriß). Wichtigste Vorzüge: Polen ist Knotenpunkt vieler Handelsströme zwischen Ost- und Westeuropa ohne die entsprechenden Kontrollaufgaben hinreichend wahrnehmen zu können.   **23**

d) Beim **Amphetamin** stellt Polen inzwischen ein Hauptherkunftsland dar (*Holyst/Kube* aaO).

Polen wird zum Einfallstor für Drogen

aus: *Ostseezeitung* vom 20. Juli 1996

3. Registrierte Rauschgiftkriminalität und Dunkelfeld

Nicht zuletzt haben die Untersuchungen von *Kreuzer* gezeigt, „daß bei nahezu jedem Fixer mit der Drogenkarriere eine delinquente Entwicklung einhergeht. Dabei ist die sozusagen definitionsvorgegebene, aus der   **24** umfassenden strafrechtlichen Kriminalisierung des Drogenabhängigen folgende Delinquenz bloßen Erwerbs und Besitzes illegaler Drogen unberücksichtigt" geblieben (1982, 51).

a) Registrierte Rauschgiftkriminalität

25   Zahlen über die Rauschgiftdelikte (Verstöße gegen das Betäubungsmittelgesetz) finden sich sowohl in der Polizeilichen Kriminalstatistik (PKS) als auch in der Verurteiltenstatistik. Die letztere scheidet allerdings wegen ihrer größeren Mängel für die Beurteilung der Kriminalitätsentwicklung auch hier wieder aus (vgl. dazu Rdn. 10 ff zu § 2).

26   In der *PKS* (1996, 234 ff: 1966 bis 1990 **alte** Bundesländer; ab 1991 einschl. Gesamt-Berlin) fällt in bezug auf die absolute Zahl der Rauschgiftdelikte **im Langzeitvergleich** der steile Anstieg dieser Straftaten auf (vgl. Übersicht 82):

– 1966 : 1080 Fälle Hz : 1,8	– 1990 : 103 629 Fälle Hz : 165,3
– 1971 : 25 287 Fälle Hz : 41,3	– 1991 : 117 046 Fälle Hz : 180,0
– 1976 : 35 122 Fälle Hz : 57,1	– 1993 : 122 240 Fälle Hz : 151,0
– 1981 : 61 802 Fälle Hz : 100,2	– 1994 : 132 389 Fälle Hz : 163,0
– 1986 : 68 694 Fälle Hz : 112,5	– 1995 : 158 477 Fälle Hz : 194,0
– 1989 : 99 091 Fälle Hz : 151,6	– 1996 : 187 022 Fälle Hz : 229,0

27   *Übersicht 82:* Entwicklung der Rauschgiftdelikte (1981–1996)

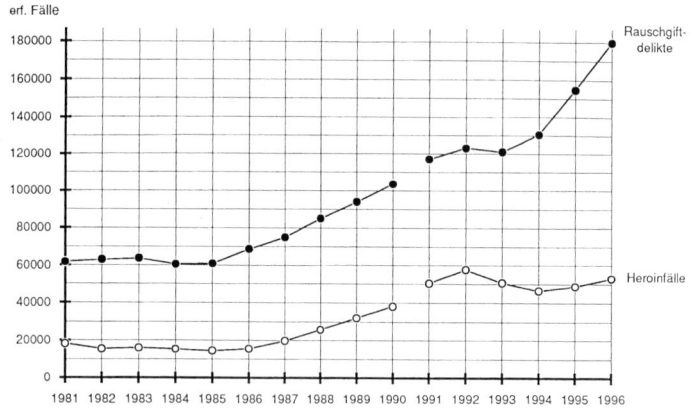

1981 - 1990   **Bereich:** Bundesrepublik Deutschland nach dem Gebietsstand **bis** zum 03. Oktober 1990
ab 1991   **Bereich:** alte Länder mit Gesamt-Berlin
Auf die graphische Darstellung der Fallentwicklung für das Bundesgebiet insgesamt wird wegen der Übersichtlichkeit verzichtet.

aus: *PKS* 1996, 234

28   In den **neuen Bundesländern** spielen Rauschgiftdelikte mit 7 268 erfaßten Fällen noch keine größere Rolle. Gegenüber 1995 hat sich die Fallzahl aber verdoppelt (*Bull.* 1997, 537).

In bezug auf die **Tatverdächtigen (TV)** fällt auf, daß   **29**
- 88,1 % der TV männlichen Geschlechts sind,
- 35,9 % zwischen 14 und 21 Jahre alt waren,
- zwei Fünftel nicht die deutsche Staatsangehörigkeit besaßen und daß der **Anteil der Erstkonsumenten** harter Drogen (seit Mitte der 80er Jahre) drastisch ansteigt; 1996 waren es 17 197 (PKS 1996, 240).

b) Dunkelfeld

Ferner weist *Kreuzer* (1982, 44) zutreffend darauf hin, daß die PKS   **30**
„wegen des großen Dunkelfeldes bzw. der besonderen Abhängigkeit der Strafverfolgung von den polizeilichen Kapazitäten und Strategien wenig aussagekräftig ist" (so auch *Kerner* 1985, 349).

V. Kontrollstrategien und Hilfen

Bekämpft wird die Rauschgiftkriminalität   **31**

- *repressiv gegenüber den Anbietern (Sekundärprävention): mit den Mitteln der Strafverfolgung (nach dem Betäubungsmittelgesetz) sowie*
- *präventiv gegenüber den (potentiellen) Nachfragern (Primärprävention): z. B. durch Aufklärungskampagnen (über die Medien), in denen vor dem Drogenkonsum gewarnt wird, oder auch durch „Drogenerziehung" in der Schule. Dazwischen arbeitet mit dem Ziel der*
- *Rückfallverhütung in bezug auf die Abhängigen (Tertiärprävention) die Drogenhilfe mit ihren Angeboten für abhängige Frauen und Männer.*

Die repressiven Maßnahmen richten sich primär gegen die Händler   **32**
(die „Dealer"), die präventiven Konzepte sollen gefährdete Jugendliche erreichen (um der Ansteckungsgefahr entgegenzuwirken) und die Drogenhilfe will bereits Drogenabhängige von ihrer Drogensucht zu heilen versuchen. Dabei sind auch Polizei und Rechtspflegeorgane (nicht zuletzt im gesetzlichen Auftrag) bemüht, ebenfalls therapeutisch zu denken und tätig zu werden: die Gerichte z. B. im Rahmen der **Strafaussetzung zur Bewährung** (vgl. § 56c StGB). Daß die **beste Prävention in einer intakten Familie** (dazu § 10) aufgebaut werden kann (so *Kreuzer* 1982, 57), bedarf keiner weiteren Hinweise; zur **Gewinnabschöpfung** bei Betäubungsmitteldelikten vgl. *Meyer/Dessecker/Smettan* 1989 sowie Rdn. 39 zu § 29. Zur Drogenpolitik in den **Niederlanden,** der **Schweiz** (*Adams* 1997, 52 ff) und in **Frankreich**: vgl. *Holyst/Kube* 1992, 667 ff; zur Drogenpolitik in den **USA** und in **England**: vgl. *Hebler* 1994, 4 f.

Fast alle Bundesbürger wollen lebenslange Haft für Dealer

Umfrage: 41 Prozent für kostenlose Abgabe von Ersatzdrogen

aus: *NOZ* vom 1. November 1989

1. Gesetzgebung: das BtMG

33   Die steigende Zahl der Drogenabhängigen in der Bundesrepublik hat Ende der 70er Jahre zu verschiedenen kriminalpolitischen Initiativen geführt, die sich einerseits eine Besserung der Situation von höheren Strafdrohungen, andererseits mehr vom Einsatz therapeutischer Mittel versprachen.

33a   Das BtM-Gesetz, das am 1. Januar 1982 in Kraft trat (ausführlicher dazu *Wagner* 1996), spiegelt diese unterschiedlichen Interessen deutlich wider (*Dünkel* 1983, 572):

– *einerseits wurden die Strafbestimmungen (insbesondere bei der schweren Rauschgiftkriminalität) erheblich verschärft: vielen Bundesbürgern reicht das noch nicht: vgl. Zeitungsausriß,*
– *andererseits wurde der Grundsatz „Therapie statt Strafe" verankert (vgl. dazu Kurze 1993).*

a) Änderung der Strafbestimmungen

34   So ist der **Strafrahmen** für Drogenhandel auf vier Jahre Freiheitsstrafe **erhöht** worden (§ 29 Abs. 1 BtMG): Für schwerwiegende Fälle des Rauschgifthandels (etwa Weitergabe an Jugendliche) hat der Gesetzgeber den Strafrahmen von zehn auf 15 Jahre heraufgesetzt (§ 29 Abs. 3 BtMG i. V. mit § 38 Abs. 2 StGB). Eine strafprozessuale Besonderheit besteht in der **Kronzeugenregelung** des § 31 BtMG. 1992 wurde noch ein § 31 a eingeführt, nach dem die Staatsanwaltschaft in Bagatellfällen **von der Strafverfolgung absehen** kann (vgl. dazu Rdn. 37 a).

b) Grundsatz „Therapie statt Strafe"

35   Auf der anderen Seite orientiert sich das Betäubungsmittel-Gesetz an dem Grundsatz „Therapie statt Strafe", d. h. es räumt der Therapie gegenüber der Strafe eine Vorrangstellung ein. So wird „u. a. die **Zurückstellung einer Strafvollstreckung** erlaubt, wenn sich der Verurteilte freiwillig (oder ‚gut beraten‘) einer (auch ambulanten) Therapiemaßnahme unterzieht" (*Kerner* 1985, 351): § 35 Abs. 1. Nach § 37 Abs. 1 kann bei Drogenabhängigen sogar schon von der Erhebung der Anklage (vorläufig) abgesehen werden, „wenn der Beschuldigte nachweist, daß er sich wegen seiner Abhängigkeit seit mindestens drei Monaten der in § 35 Abs. 1 bezeichneten Behandlung unterzieht, und seine Resozialisierung zu erwarten ist": solche Zurückstellungen nach §§ 35, 37 BtMG erfolgten 1993 in 31,5 % aller in Betracht kommenden Fälle (*Generalbundesanwalt* 1994, 5). Zur Drogentherapie im Rahmen der Zurückstellung der Strafvollstreckung gem. § 35 BtMG: *Egg* 1991, 139 ff. und sehr ausführlich *Kurze* 1994, 60 ff und 107 ff.

c) Kritikpunkte

36   Das Problem der Neuregelung besteht allerdings bereits darin, daß

– einerseits „vor dem verbreiteten Vertrauen auf die Macht verschärfter Strafdrohungen als solcher" gewarnt werden muß (Kerner 1985, 347) und

– andererseits eine „mangelnde Motivation der Suchtkranken zur Therapie" (Ziegler 1985, 98f) zu beklagen ist, die den vom BtM-Gesetz „erhofften Aufschwung in den Behandlungszahlen Drogenabhängiger zunächst wenigstens nicht gebracht hat" (Ziegler aaO).

Die letztere Erscheinung könnte freilich auch damit zu tun haben, **37** daß, wie *Kreuzer* (schon 1983, 103) berichtet, die neuen Möglichkeiten von den Gerichten „nur selten, zögerlich (oder bürokratisch) genutzt werden" (zum Grundsatz „Therapie statt Strafe" vgl. ausführlich z. B. *Pietrzik* 1980, 319f; *Dünkel* 1983, 572ff; *Kühne* 1984, 379ff; zum Betäubungsmittelstrafrecht in **Westeuropa** vgl. *Meyer* 1987).

Haschisch auf dem Pausenhof
Aufregung bei Lehrern und Politikern nach Karlsruher Urteil

aus: *FOCUS* Nr. 18 vom 2. Mai 1994, S. 30

d) Falsches Signal des BVerfG?

Für öffentliches Aufsehen hat eine Entscheidung des Bundesverfas- **37a** sungsgerichtes (BVerfG) vom 28. April 1994 gesorgt (vgl. Zeitungsausriß), nach der das Gericht die Länder bzw. deren Justizminister auffordert, **„Probierer und Gelegenheitskonsumenten von Haschisch und Marihuana in kleinen Mengen nur noch ausnahmsweise und nach einheitlichen Regeln zu verfolgen".**

Der Hintergrund dieser Aufforderung ist (erstens) darin zu sehen, daß „kleine Mengen" (als Maßeinheit) in den einzelnen Bundesländern nicht (übrigens noch immer nicht!) einheitlich definiert werden, und (zweitens) darin, daß Verfahren in den vom BVerfG angesprochenen Fällen auch bisher grundsätzlich schon eingestellt wurden, und zwar nach § 31a BtMG: in Hamburg 82 % aller Verfahren, in Hannover 65 % (*Hebler* 1994, 6). Nach dieser Vorschrift kann von Strafe abgesehen werden, wenn

– die Schuld des Täters gering ist,
– kein öffentliches Interesse an der Strafverfolgung besteht, und
– der Täter das Betäubungsmittel nur zum Eigenverbrauch in geringer Menge verwendet.

Gleichwohl ist die Entscheidung des BVerfG (zunächst) dahingehend mißverstanden worden, daß der Eigenkonsum von weichen Drogen erlaubt sei: **„Freibrief"** für den Eigenkonsum von Haschisch und Marihuana (vgl. dazu oben Rdn. 15); diese Interpretation ist jedoch falsch (zur „geringen Menge" bei den verschiedenen Betäubungsmitteln vgl. *Cassardt* 1995, 257ff). Die **Strafbarkeit des Umgangs mit Cannabis-Pro-**

dukten hat das BVerfG gar nicht aufheben wollen. Eine Trennung der Rauschgiftszene in „illegale" Händler und „legale" Konsumenten würde auch die Ermittlungsbehörden vor kaum lösbare Aufgaben stellen (dazu *Hebler* 1994, 6). Das BVerfG wollte nur auf eine **einheitliche Rechtspraxis** hinwirken (dazu *Kreuzer* 1994, 2400 ff).

2. Polizeiliche Möglichkeiten

38   Die polizeilichen Möglichkeiten reichen von präventiven Aktivitäten (umfangreiche Bestandsaufnahme bei *Dölling* 1996) über die Zollkontrolle an den Flughäfen bzw. an den Grenzübergängen bis zur Rasterfahndung (vgl. dazu vor allem das **„Gesetz zur Bekämpfung des illegalen Rauschgifthandels und anderer Erscheinungsformen der Organisierten Kriminalität"** vom 15. Juli 1992: Rdn. 35 ff zu § 29).

a) Repression

39   Insoweit richten sich die „polizeilichen Aktivitäten vor allem

– *überregional gegen das Angebot von Betäubungsmitteln (also den Kreis der Hersteller und Großhändler) sowie im*
– *lokalen Bereich gegen die Nachfrage (den Kreis der Kleinhändler und Konsumenten)*

mit dem Ziel, den illegalen Verkehr mit Betäubungsmitteln möglichst vollständig zu verhindern" (unveröff. Manuskript von B. *Hasenpusch*, Hannover).

Um diese Aufgabe wahrnehmen zu können,
– *werden die **mobilen Einsatzkommandos** (MEK) neben der Bekämpfung des Terrorismus (vgl. zu diesem § 30) schwerpunktmäßig auch im Bereich der Drogenkriminalität eingesetzt,*
– *arbeiten in den Fachkommissariaten der **Kripo** auf der Ebene der Kriminalinspektionen/Polizeidirektionen ausgebildete Sachbearbeiter für Drogenkriminalität,*
– *erhalten **Schutzpolizeibeamte** „im Rahmen ihrer Ausbildung für den Ermittlungsdienst eine Unterweisung über das Erkennen von Betäubungsmitteln und physischen/psychischen Anzeichen bei Konsumenten" (Hasenpusch aaO),*
– *werden **Drogenspürhunde** auf Haschisch, Heroin und Kokain abgerichtet usw. (Hasenpusch aaO).*

40   Im einzelnen kommen „**polizeiliche Präsenz** – besonders in Uniform – und polizeiliche Aktivitäten an bekannten Treffpunkten und Handelsplätzen der Drogenszene in Betracht; ferner **Razzien und Lokalschließungen** usw." (*Heckmann* 1980, 328 f) sowie der **Einsatz von V-Leuten** (krit. dazu z.B. *Kreuzer* 1983, 105).

b) Prävention

Eine größere Chance, (auch) im Sinne von Sucht- und Kriminalitäts-   **41**
prophylaxe wirken zu können, haben (nach *Heckmann* 1980, 328) allerdings solche Beamte der Polizei, „die beispielsweise darauf orientiert
sind, neu zur Szene stoßende Jugendliche auf die Ungesetzlichkeit ihres
Tuns hinzuweisen und ... Drogenabhängige, die hilfsbedürftig sind, auf
entsprechende Einrichtungen aufmerksam zu machen" (zu diesen vgl.
unten Rdn. 44 ff). Zur Drogenprävention durch polizeiliche Maßnahmen
gehören auch z.B. die in Baden-Württemberg eingeführten (von der
Polizei organisierten) **„Anti-Drogen-Discos"**, die *Kube/Ehrhardt* (1991,
25) wie folgt beschreiben:

> *„Den Besuchern der Disco-Veranstaltungen wird die Gefährlichkeit
> einzelner Rauschgifte in Dia-Kurzreferaten und in Gesprächsrunden
> von dafür besonders geeigneten Polizeibeamten verdeutlicht. In Rollen-
> spielen und Diskussionen mit den Beamten werden Verführungs-, Ein-
> stiegs- und Verstrickungssituationen im Zusammenhang mit Rauschgift
> dargestellt. An einem Informationsstand stehen erfahrene Kriminalbe-
> amte für Einzelgespräche zur Verfügung. In einem Quiz mit attraktiven
> Preisen kann neu erworbenes Wissen unter Beweis gestellt werden."*

Solche Anti-Drogen-Discos gibt es inzwischen auch in Nordrhein-
Westfalen (krit. *Scheerer/Vogt,* Drogen und Drogenpolitik, Frankfurt/M.
1989, 33).

3. „Drogenerziehung" in der Schule

Darüber, daß die „Drogenerziehung in der Grundschule" ansetzen   **42**
muß (*Bartsch* 1978, 114; *Kreuzer* 1991, 37 ff) und auch in den weiterführenden Schulen sowie insbesondere in der Sonderschule nicht vernachlässigt werden darf, dürfte weitgehende Einigkeit in Praxis und Schrifttum bestehen. Die Ziele sind jedoch unverkennbar umstritten: Ein Teil
der Autoren glaubt, „Liberalität" bezüglich aller Drogen fordern zu müssen, andere – die eher an der Frage der Schädlichkeit orientiert sind –
sind restriktiver (vgl. ausführlich zur „Drogenerziehung in der Schule"
Bartsch aaO und *Heckmann* 1980, 331). *Heckmann* (aaO) führt in diesem Zusammenhang auch den Nachteil an, „daß nicht jeder Lehrer ein
Ideal an Vorbild bezüglich Drogenkonsum und Problembewältigung ist,
daß nicht jeder Lehrer die richtige bzw. wünschbare Einstellung zum Problem hat, daß nicht jeder Lehrer sich die notwendigen Kenntnisse ange-
eignet hat oder auch nur bereit ist, dies zu tun".

Deshalb könnte es sinnvoll sein, die „Drogenerziehung" z.B. der   **43**
„Schulsozialarbeit" zuzuordnen oder primär als Ansprechpartner für
Eltern und Lehrer (ausgebildete) **Beratungslehrer** für alle Schulen ab
Klasse 5 im Bereich der Sekundarstufe zu bestellen. Zur Organisation
für deren weitere Fortbildung wurde in Niedersachsen bereits die Stelle
eines „Fachbeirates für Drogen" beim Niedersächsischen Landesinstitut
für Lehrerfortbildung eingerichtet.

Bei schulischen Aufklärungskampagnen ist allerdings auch zu beachten, daß durch die Information bei Jugendlichen und Kindern erst die Neugier geweckt werden kann, Drogen selbst zu probieren: **Bumerang-Effekt** (*Kaiser,* Kriminologie 1988, 566).

4. Angebote der Drogenhilfe

44 Die Angebote der Drogenhilfe mit rund 5000 stationären Therapieplätzen für Drogenabhängige (*DHS* 1996, 133/162) und weiteren teilstationären Angeboten in 15 Tageskliniken für Suchtkranken (*DHS* aaO) reichen von der

– **Beratung**, über die
– **Betreuung** (Hilfe zum Überleben mit dem Angebot von Übernachtungseinrichtungen, Essensvergabe, Duschen, medizinischer Versorgung, Aufenthaltsräumen usw.) und
– **Therapie** (Entwöhnung: körperlicher Entzug der Droge und begleitende psychische Betreuung) bis zur
– **Nachsorge** (Integration in familiäre, berufliche und soziale Umfelder: z.B. durch Freizeitprojekte, betreutes Wohnen, Begleitung zu Behörden, Gespräche usw.).

45 Ein Patentrezept für die Therapie und Rehabilitation von Drogenabhängigen gibt es (allerdings) nicht (so schon *Becker/Schimkus* 1982, 252). Diese Auffassung wird auch im „Jahrbuch Sucht 1994" der *Deutschen Hauptstelle gegen die Suchtgefahren* (*DHS* 1993 an mehreren Stellen) vertreten. Zur „Krise der Therapie": vgl. *Egg* 1988, 21 ff; zum **Zeugnisverweigerungsrecht** für Drogenberater (53 Abs. 1 Nr. 3b StPO) : vgl. *Kreuzer* 1993, 527 ff und 1995, 293 ff.

a) Therapieeinrichtungen und -plätze

46 Die therapeutischen Angebote gehen (nach *DHS* 1996, 131) auch von ca. 8000 **Selbsthilfegruppen** sowie von rund 1280 **Beratungsstellen für Suchtkranke** aus. Eine hauptamtliche Kraft versorgt zur Zeit im Durchschnitt rund 13500 Einwohner. Die DHS (1996, 132) fordert ein Verhältnis von 1 : 10000.

Die Beratungsstellen (innovativ waren die kombinierten Jugend- und Drogenberatungsstellen = **DROBS**) befinden sich zu rund 30 % in der **Trägerschaft** von Staat bzw. Kommune und zu ca. 70 % in der Trägerschaft der Freien Wohlfahrtsverbände (*DHS* aaO).

47 „Niedrigschwellige" **Einrichtungen** (solche mit geringen Zugangsbarrieren) – Teestuben, Kontaktläden, Notunterkünfte usw. – werden meist in unmittelbarer Nähe von Drogentreffpunkten geführt (*DHS* 1993, 63).

48 **Streetworker** gehen auf die Drogenabhängigen zu; die **„Leidensdruck-Theorie"**, d. h. die Annahme, „daß ein suchtkranker Mensch erst völlig am Ende sein muß, bevor er zur Veränderung motiviert ist, läßt sich (unter dem Vorzeichen etwaiger Aidsgefährdungen) nicht mehr halten" (*DHS* 1993, 131).

b) Therapie in offenen Rehabilitationseinrichtungen

Für den „Fall, daß der Drogenabhängige sich freiwillig entscheidet, **49** von seiner Abhängigkeit loszukommen, bieten Rehabilitationseinrichtungen unter freier Trägerschaft optimale Möglichkeiten dazu": So ist z. B. von *Becker* und *Schimkus* (1982, 256) beobachtet worden.

In der Regel verbringt der Drogenabhängige zwischen 12 und 18 **50** Monaten in solchen Betreuungseinrichtungen (*Becker/Schimkus* aaO), die als Therapieziele „die Aneignung von Fähigkeiten (betrachten), die es ermöglichen, gesellschaftliche Anforderungen und persönliche Probleme zu bewältigen, ohne auf Drogen zurückzugreifen, und in individueller Entwicklung einer sinnvollen Lebensperspektive" (*Becker/Schimkus* aaO u. H. auf *Jahns*). Insoweit wird „der Aufbau einer neuen Identität, das Erlernen sozialer Kompetenzen, das stufenweise Selbständigwerden des Drogenabhängigen durch die sozialpädagogisch orientierten Prinzipien einer ,therapeutischen Gemeinschaft' angestrebt" (*Becker/Schimkus* aaO).

Das bedeutet: „Im Laufe der Zeit werden den einzelnen stufenweise **51** immer mehr Rechte in bezug auf Selbstbestimmung und Mitbestimmung zugestanden, wird Verantwortung für sich selbst und andere eingeübt" (*Becker/Schimkus* 1982, 257).

Als besonders aktiv gelten (nach *Kerner* 1985, 351) die **Selbsthilfegruppen** nach Art von **Synanon, Release, Daytop** oder **Drogeninitiative.**

Die Nachsorge (dazu *DHS* 1996, 180) kann z. B. in (betreuten) **Wohngemeinschaften** erfolgen, „denen aber auch eine Rehabilitation auf Selbsthilfebasis ... ohne professionelle Betreuung" zugetraut wird (z. B. von *Becker/Schimkus* aaO).

Stichwort Methadon-Programme: Umstritten sind im Rahmen der Drogentherapie die sog. **Methadon-Programme** (mit denen man Heroinsüchtige „von der Nadel zu bekommen versucht"), weil dabei nur eine Droge (im Rahmen des § 13 I BtMG) durch eine andere Droge ersetzt wird (zu dieser **Substitutionstherapie** vgl. *Kreuzer/Wille* 1988; Literaturüberblick bei *Stöver* 1992, 116 ff). Denn Methadon ist eine (synthetisch hergestellte) Substanz (von der Firma Hoechst wird sie heute als „L-Polamidon" vertrieben) mit morphinähnlichen Wirkungen: der Hunger nach Heroin wird verdrängt. Deshalb wird es in den USA seit den 60er Jahren als Ersatzdroge eingesetzt. Kritiker argumentieren jedoch, man treibe „den Teufel mit dem Beelzebub aus"; auch Methadon ruft Abhängigkeit hervor (ausführlich *Marx* 1991): ist also eine „Sackgasse". *Kühne* (1992, 1548): „Die Methadonvergabe ... kann zutreffend nur als teilweise Drogenfreigabe beschrieben werden". Von den Befürwortern der Methadon-Programme (an denen **25 000 Junkies** teilnehmen: nach SPIEGEL 6/1995, 57) wird hingegen betont, daß

– **Selbstbesinnung** und Entscheidungsfähigkeit (contra Droge) gefördert werden (ebenfalls die **gesundheitliche Stabilisierung**, die **berufliche Rehabilitation** und die **soziale Integration**), während

- die **AIDS-Ansteckungsgefahr,** die beim „Fixen" (Spritzen) groß ist, durch die Einnahme von Tabletten (Methadon) **entfällt,**
- **Beschaffungskriminalität und Beschaffungsprostitution zurückgedrängt** werden und
- der **illegale Rauschgifthandel ausgetrocknet** wird (dazu auch *BGH* NJW 1991, 2359, mit einer Anm. von *Hellebrand* 1992, 13 f).

Dementsprechend scheint die *DHS* (1993, 137) Methadonprogramme dann für sinnvoll zu halten, wenn „**weitergehende Angebote**" hinzukommen, zu denen vor allem die „psychosoziale Betreuung" gehört; zur „Aufhebung des Methadon-Tabus: BGH NJW 1991, 23, 59.

Ob die Drogenabhängigkeit selbst beseitigt werden kann, ist noch weitgehend ungeklärt; nach bisherigen Kenntnissen ist das eher nicht der Fall, d. h. die **Rückfallquote ist hoch.** Die Anhänger der traditionellen Drogentherapie (vor allem die Verbände der freien Wohlfahrtspflege) schwören daher (nach wie vor) auf den sog. „Königsweg" der Behandlung: erst Entgiftung, dann Therapie (vgl. oben). Gleichwohl laufen **Methadon-Programme** (seit 1987) mit z. T. langen Wartelisten (dazu *Marx* 1991, 107 ff) – nach entsprechenden Versuchen in Niedersachsen (1972–75) – in **Nordrhein-Westfalen** und seit 1990 in **Hamburg** (1996 wieder eingestellt) und **Bremen** (FAZ vom 13. Februar 1991); zur Situation in Frankreich, England, Italien vgl. den Überblick wiederum bei *Marx* 1991); in Amsterdam wird den Amsterdamer Suchtabhängigen (nicht den ausländischen) Methadon kostenlos abgegeben (*FAZ* vom 13. Februar 1991). In Deutschland soll die Zahl der Methadon-Patienten auf 30 600 gestiegen sein (DER SPIEGEL 7/1996, 69).

c) Drogenprobleme im Strafvollzug

53   Die Drogenproblematik spielt nicht zuletzt im Strafvollzug eine (zunehmend größere) Rolle. Geschätzt wird, daß **etwa jeder dritte Strafgefangene** von harten Drogen (Kokain, Heroin) abhängig ist (*Pape/Böttger* 1996, 265 f) und (trotz aller Kontrollmechanismen der Anstalten) von außen (etwa im Rahmen von Vollzugslockerungen) versorgt wird. Damit steigen auch die Risiken einer AIDS-Infektion (*Pape/Böttger* aaO); entsprechende Blutuntersuchungen werden inzwischen in fast allen Bundesländern durchgeführt, um vor (vermeidbarer) Ansteckung warnen zu können (dazu *Romkopf* in: *Schwind/Böhm*: Strafvollzugsgesetz 1991, 404). Darüber hinaus haben die Bundesländer Niedersachsen und Hamburg „**Spritzenaustauschprogramme**" etabliert, die auf die Empfehlung einer Expertenkommission zurückgehen (vgl. *Meyenberg* u. a. 1995). Die DHS (1996, 133) weist auf 700 Therapieplätze hin, die es im Regelvollzug geben soll.

VI. Neue Wege?

1. Der „Nationale Rauschgiftbekämpfungsplan"

54   Auf dem Weltwirtschaftsgipfel im August 1990 wurden größere Anstrengungen zur Eindämmung der Drogenproblematik vereinbart.

Daraufhin hat die Bundesregierung am 24. Oktober 1989 die Erarbeitung eines „Nationalen Rauschgiftbekämpfungsplanes" beschlossen, der am 13. Juni 1990 verabschiedet wurde. Inhalt: Spezielle Aufklärungs- bzw. Präventions-, Therapie- sowie Repressionsstrategien. Im Vordergrund soll jedoch die Vorbeugung stehen. Dazu heißt es:

> „Es gilt auf allen Ebenen unter Einschaltung aller maßgeblichen Gruppen dieser Gesellschaft, die Widerstandskraft gegenüber der Verführung zum Drogenmißbrauch zu stärken und die Anfälligkeit abzubauen" (Nationaler Rauschgiftbekämpfungsplan, Bundesminister für Jugend, Familie, Frauen und Gesundheit, Bonn 1990, 15).

Bei der Staatsanwaltschaft bei dem Oberlandesgericht Frankfurt/M. **55** hat schon am 2. Januar 1990 die Zentralstelle für die Bekämpfung der Betäubungsmittelkriminalität (ZfB) ihre Arbeit aufgenommen. Ihre Hauptaufgaben sind Kooperation, Koordination, Konzeption und Dokumentation. Ausführlich *Körner* 1991, 779 f, 292 f.

Drogenalarm in fünf Städten

„Kriminalität ufert aus" - Appell an Bund und Länder

Karlsruhe, 26. 4. (dpa) Fünf deutsche Großstädte beklagen das „Ausufern des illegalen Drogenhandels mit deutlichen Tendenzen zu verfestigten organisierten Kriminalitätsstrukturen".

Das geht aus einem am Freitag in Karlsruhe veröffentlichten Entwurf eines Entschließungsantrages des Deutschen Städtetages hervor. Der Entwurf wird von den Städten Frankfurt, Hamburg, Stuttgart, Hannover und Karlsruhe getragen.

„Die finanziellen Aufwendungen für Drogenkriminalitätsbekämpfung, Gewährleistung der öffentlichen Sicherheit und Ordnung wie auch für die Bereitstellung gesundheitsbezogener und sozialer Hilfen für Drogenkranke haben einen Umfang erreicht, der nicht mehr steigerungsfähig ist", steht in dem Papier. Es sei Sache der Renten- und Krankenversiche-rungsträger, in ausreichendem Umfang Entgiftungs- und Entwöhnungsplätze anzubieten.

Die Kommunen klagen auch über eine zunehmende Verelendung eines Teils der Süchtigen.

Bund, Länder und die an der gesundheitlichen Versorgung beteiligten Organe werden aufgefordert, die abstinenztherapeutische Versorgung weiter zu verbessern und auszubauen.

aus: *NOZ* vom 27. April 1996

2. Drogenfreigabe?

Welcher Weg in der Drogenpolitik richtig ist und welcher falsch, ist **56** jedoch nach wie vor (mehr oder weniger) heftig umstritten (vgl. oben Rdn. 36 f).

a) **„Fixerstuben" für weiche Drogen** gibt es bereits (z. B. in Frank- **57** furt). Schleswig-Holstein will „Koffie-Shops" (nach niederländischem Vorbild) ab 1997 in Modellversuchen erproben (*FAZ* vom 20. Nov. 1996). Anderwärts sind solche Versuche bisher allerdings wenig erfolgreich gewesen (vgl. *Bejerot* 1995, 67): Drogenkonsum und Kriminalität nahmen zu; die UNO warnt (vgl. Zeitungsausriß).

WELT⊛NACHRICHTEN

UNO warnt vor Kieler Modell

Der UN-Drogenbericht hat den beantragten Modellversuch in Schleswig-Holstein zur eingeschränkten Freigabe von Haschisch als falsch kritisiert. „Das wäre ein Weg zur Legalisierung von Cannabis", heißt es in dem Bericht. Von der Bundesregierung werde erwartet, daß sie diesen Modellversuch verhindert.

aus: *DIE WELT* vom 4. März 1997

58   b) Zumindest die **Entkriminalisierung harter Drogen** dürfte in Deutschland wenig Chancen besitzen, weil niemand weiß, wo sie hinführt (DER SPIEGEL 34/1992, 103; *Kreuzer* 1995, 331).

Allerdings: ein Hamburger Gesetzentwurf sieht die kontrollierte **Abgabe von Heroin an Schwerstabhängige** *durch Ärzte vor (für diesen Weg: Adams 1997, 52 ff). Zur Begründung wird u.a. auf Erfahrungen verwiesen, die in der Schweiz gemacht worden sind (dazu Killias/ Rabasa in DVJJ-Journal 1/1997m 52–55).*

c) So bietet sich eher der Mittelweg an, wie er derzeit bereits praktiziert wird: Kontrollstrategien und Hilfen (vgl. Rdn. 31). Zu dieser Doppelstrategie am Beispiel einer Großstadt („Osnabrücker Modell") vgl. *Hunsicker* 1996, 711 ff. Sicher ist nur, daß die Probleme die Städte (auch finanziell) überfordern (vgl. den Zeitungsausriß und Kriminalistik 1997, 234 ff.).

NEUNTER TEIL

Tätergemeinschaften

Zu den Herausforderungen der Kriminalpolitik (zu dieser § 1 Rdn. **1**
31 ff) unserer Zeit gehören nicht nur neue Kriminalitätsbereiche (wie
z. B. die Wirtschafts- und Umweltkriminalität), sondern auch verschiedene Formen der Gruppenkriminalität, nämlich

– die **(Jugend-)Banden** (§ 28),
– das **(berufsmäßige) organisierte Verbrechen** (§ 29) und
– der **Terrorismus** (§ 30).

Diese Tätergemeinschaften unterscheiden sich voneinander nicht nur **2**
in gradueller Hinsicht (Ausprägung der Organisationsstrukturen und
interne Normen), sondern bereits dadurch, daß der Terrorismus die
bestehende Ordnung zerstören will, während das organisierte Verbrechen an ihrer Erhaltung schon deshalb interessiert ist, weil sie ihm ein
einträgliches Auskommen sichert. Die (Jugend-) Bande (englisch:
„gang") hat in der Regel keine entsprechenden Anliegen.

Im Unterschied zu bloß **„situativ bestimmten Tätergemeinschaften"** **3**
(Vandalen, Krawallern, z. T. auch Protestlern und „Fans"), die sich mehr
oder weniger zufällig etwa als **Gelegenheits- und Spontangruppen** (dazu
Engel in: ZblJugR 1967, 351) im Rahmen einer bestimmten Ausnahmesituation (z. B. Jazz-Festival oder Sportveranstaltung) zusammenfinden,
„sind Banden eher auf Dauer angelegt, stärker strukturiert" und mehr
auf Deliktsbegehung bezogen (*Eisenberg*, Kriminologie, 1990, § 57 Rdn.
6). Das organisierte Verbrechen (die organisierte Kriminalität) wiederum unterscheidet sich von der Bande insbesondere dadurch, daß
(erstens) nicht mehr der Täter, sondern der Kunde die Tat bestimmt (Kriminalität „auf Bestellung"), daß (zweitens) die persönlichen Beziehungen hier grundsätzlich keine Rolle mehr spielen (*Kaiser*, Kriminologie,
1990, 215), daß (drittens) Hierarchie und Arbeitsteilung weit mehr als
bei der Bande ausgeprägt sind und daß (viertens) der Täterkreis (meist)
nicht mehr überschaubar ist (vgl. *Eisenberg* 1990, § 57, Rdn. 6; vgl. auch
Rdn. 7 zu § 29).

Im Schrifttum (z. B. von *Jäger* in: StV 1988, 172–179) werden auch **4**
Staatsführungen und totalitäre oder korrupte Regierungssysteme, die
ihre Macht in strafrechtlich relevanter Weise mißbrauchen (z. B. Menschenrechtsverletzungen oder Gewaltverbrechen begehen), als „organisierte Tätergemeinschaft" bezeichnet (Beispiele: das Hitler-Regime, die
kommunistischen Diktatoren der UdSSR, Saddam Hussein mit seinen
Komplizen im Irak); zur **Regierungs- und Vereinigungskriminalität** (mit
Vermögensschäden in der Größenordnung von 26 Milliarden DM) in der

früheren DDR vgl. z. B. *Hillgärtner* in: Der Kriminalist 1995, 447 sowie *Schmidt* in: Der Kriminalist 1991, 518 ff; zur **Delinquenz von Kollegien in öffentlicher Verwaltung und Wirtschaft** vgl. *Franke* in: FS für *Blau* 1985, 227 ff.

§ 28 (Jugend-)Banden

Literatur: Bals, G.: Halbstarke unter sich, Köln, Berlin 1962; **Bauer**, M.: Sichtbare und unsichtbare Kriminalität durch Ausländer am Beispiel der Situation in Frankfurt/M. 1993, in: Magazin der Polizei, Okt. 1993, S. 48–57; **Bechtner**, R.: Punker- und Popperkriminalität in Berlin, in: Der Kriminalist 1981, S. 320–323; **Bernsmann**, K./**Hirsch**, H. J./**Kohlmann**, G. u.a.: Fremdenfeindliche Straftaten, Berlin 1997; **Beulke**, W.: Vermögenskriminalität Jugendlicher und Heranwachsender, Göttingen 1974; **Bloch**, H./**Niederhoffer**, A.: The Gang, New York 1958; **BMI**: Verfassungsschutzbericht 1993, Bonn 1994; **Brake**, M.: Soziologie der jugendlichen Subkulturen, Frankfurt/M. 1981; **Cabanis**, D.: Kollektivdelinquenz – Junge Gruppentäter, in: StV 1982, S. 315–318; **Cloward**, R. A./**Ohlin**, E.: Delinquency and opportunity, New York 1960; **Ebert**, R./**Thronicker**, W.: Punker – Popper, Neue Subkultur in unserer Gesellschaft, in: Der Kriminalist 1981, S. 324–328; **Eisenberg**, U./**Hueck**, C.: MschrKrim 1990, S. 63–64; **Engel**, S. W.: Jugendliche Banden, in: ZblJugR (54) 1967; **Farin**, K./**Seidel-Pielen**, E.: Krieg in den Städten, Berlin 1991; **Frehsee**, D.: Zu den Wechselwirkungen zwischen (Kriminal-)Politik und Gewalttaten vor rechtsextremistischem Hintergrund, in: KrimJ 4/1993, S. 260–278; **Freiberg**, K./**Thomas**, B. G.: Das Mafia-Syndrom, Hilde 1992; **Freyer**, C.: Die Problematik junger Ausländer in der Bundesrepublik, in: Der Kriminalist 4/1990, S. 145 ff; **Freyer**, C.: Versuch der Einrichtung eines Jugendpolizisten in Frankfurt/M., in: *Kreuzer*, A./*Plate*, M. (Hrsg.): Polizei und Sozialarbeit, Wiesbaden 1981, S. 131–137; **Gehrmann**, To.: Fußballrandale – Hooligans in Deutschland, 2. Aufl., Essen 1990; **Glogauer**, W.: Kriminalisierung von Kindern und Jugendlichen durch Medien, Baden-Baden 1991; **Harnischmacher**, R. (Hrsg.): Angriff von rechts, Rostock 1993; **Heitmeyer**, W./**Müller**, J: Fremdenfeindliche Gewalt junger Menschen, Bonn 1995; **Hembus**, J.: Western-Geschichte 1540 bis 1894, München 1979; **Heitmeyer**, W./**Peter**, J.: Jugendliche Fußballfans, Weinheim 1988; **Hestermann**, Th.: „Würdet ihr uns lieben, gäbe es uns gar nicht", Skinheads in Deutschland, in: Vorgänge 1989, S. 75–89; **His**, R.: Das Strafrecht des deutschen Mittelalters, Bd. 1, Weimar 1920; **Hoberg**, L.: Ringvereine – Einst und Jetzt, in: BKA (Hrsg.): Bekämpfung von Diebstahl, Einbruch, Raub, Wiesbaden 1958; **Holzknecht**, K.: Die Determinanten des Verhaltens in dem durch Delinquenz in der Jugendbande bedingten Interessengruppen-Normen-Konflikt, Diss. Jur., Bochum 1976; **Jäger**, H.: Versuch über Makrokriminalität, in: StV 1988, S. 172–179; **Kaiser**, G.: Randalierende Jugend, Heidelberg 1959; **Krausz**, R.: Punks: Normal, ganz normal? in: Vorgänge, Sept. 1989, S. 68 ff; **Kreuzer**, A.: Drogen und Delinquenz. Eine jugendkriminologisch-empirische Untersuchung der Erscheinungsformen und Zusammenhänge, Wiesbaden 1975; **Kreuzer**, A.: Rocker – Gruppen – Kriminalität, in: MschrKrim 1970, S. 337–361; **Kreuzer**, A.: Rocker – als Gegenstand kriminologischen Bemühens, in: MschrKrim (55) 1972, S. 148–155; **Krevert**, P: Organisierte Kriminalität in Rußland...., in: der kriminalist 3/97, S. 106–113; **Kube**, E.: Kollektive Gewalt junger Menschen, in: BewHi 1993, S. 287–296; **Küther**, C.: Räuber und Gauner in Deutschland. Das organisierte Bandenwesen im 18. und im frühen 19. Jahrhundert, Göttingen 1976; **Leder**, H.-C.: Frauen- und Mädchenkriminalität, 2. Aufl., Heidelberg 1988; **Maase**, K.: Vergebliche Kriminalisierung. Zum Platz der Halbstarken in der Geschichte des Alltags, in: KrimJ 3/1991, S. 289–303; **Middendorf**, W.: Jugendliche Banden, in: BKA (Hrsg.): Bekämpfung von Diebstahl, Einbruch, Raub, Wiesbaden 1988, S. 153–162; **Middendorf**, W.: Jugendkriminalität, Ratingen 1956; **Mischkowitz**, R.: Fremdenfeindliche Gewalt und Skinheads, Wiesbaden 1994; **Niedersächsisches Innenministerium:** Skinheads in Niedersachsen – Fakten und Hintergründe, in: DVJJ-Journal I/1994, S. 49–55; **Peters**, H.: Devianz und soziale Kontrolle, München 1989; **Nishihara**, H.: Die japanische Yakuza, in: MFDP März 1997, S. 4–7; **Philipp**, P.: Das Modell der polizeilichen Jugendarbeit beim Polizeipräsidium München, in: *Kreuzer*, A./*Plate*, M. (Hrsg.): Polizei und Sozialarbeit, Wiesbaden 1981, S. 87–96; **Pilz**, G. A.: Hooligans – Europameister der Gewalt, in: Psychologie heute 1992, S. 36–39; **Prinz**, H.: Aspekte der Ausländerkriminalität, in: Kriminalistik 1990, S. 657–661; **Rasch**, W.: Gruppennotzuchtsdelikte Jugendlicher und Heranwachsender, in: *Glese*, H. (Hrsg.): Zur Strafrechtsreform, Stuttgart 1968, S.

65–112; **Rosenhaft**, E.: Die Wilden Cliquen, in: Deutscher Werkbund e. V., Stuttgart 1986; **Rudnik**, G.: Gesetzesvorhaben zur Technischen Beweissicherung in sanftem Schlummer, in: MFDP März 1997, S. 115–116; **Rühmkorf**, E.: Wer unten ist, der fällt auch tief, 5. Aufl., Weinheim und Basel 1986; **Schäfers**, H. C.: Einführung in die Gruppensoziologie, München 1980; **Schild**, W.: Der strafrechtsdogmatische Begriff der Bande, in: GA 1982, S. 55–84; **Schneider**, H.-J.: Haß auf das Fremde – Haßverbrechen: Eine neue kriminologische Deliktskategorie, in: Universitas 12/1995, S. 1167–1181; **Schneider**, H.-J.: Haß auf das Fremde – Haßverbrechen: Eine neue kriminologische Deliktskategorie, in: Universitas 12/1995, S. 1167–1181; **Schöch**, H.: Kriminologische Differenzierung bei der Zweierbande, in: NStZ 1996, S. 166–170; **Schumacher**, W.: Gruppendynamik und Straftat, in: NJW 1980, S. 1880–1884; **Schwind**, H.-D./**Baumann**, J. et al. (Hrsg.): Ursachen, Prävention und Kontrolle von Gewalt, Bd. I–III, Berlin 1990; **Shaw**, C. R./**Mc Kay**, H.: Juvenile Delinquency and Urban Areas, Chicago 1942; **Simon**, T.: Rocker in der Bundesrepublik, Weinheim 1989; **Smolinsky**, R.: Fußball und Gewalt – Die Hooligans, Sandhausen 1991; **Specht**, W.: Jugendkriminalität und mobile Jugendarbeit, Neuwied und Darmstadt 1979; **Specht**, W.: Jugendliche Banden und Präventionsprogramme in den USA, in: Neue Praxis 1984, S. 124–139; **Staub**, S.: Ursachen und Erscheinungsformen bei der Bildung jugendlicher Banden, Züricher Beiträge zur Rechtswissenschaft, Heft 252, Zürich 1965; **Steffen**, W: Ausländer als Kriminalitätsopfer, in: BKA (Hrsg.): Das Opfer und die Kriminalitätsbekämpfung, Wiesbaden 1996, S. 247–292; **Steinmetz**, H.: SIMSEKLER. Zur Entstehung und Entwicklung ausländischer Jugendbanden, Berlin 1987; **Stock**, M./**Mühlberg**, P.: Die Szene von innen; Punks, Teds, Heavy Metals, Skins, Grufties, Berlin 1990; **Trasher**, F. N.: The Gang. A Study of 1313 Gangs in Chicago, Chicago 1927, 3. Aufl. 1968; **v. Trotha**, T.: Bande, Gruppe, Gang, in: KKW, 3. Aufl., Heidelberg 1993, S. 53–59; **Wahl**, K.: Fremdenfeindlichkeit und Rechtsextremismus, in: KrimJ 1995, Heft 1, S. 52–67; **Weschke**, E.: Netzstrukturkriminalität, in: Kriminalistik 1986, S. 297–317; **Whyte**, W. F.: Street Corner Society, 2. Aufl., Chicago 1955; **Wilfert**, O.: Jugend-„Gangs“, Wien 1959; **Willems**, H.: Fremdenfeindliche Gewalt, Opladen 1993; **Willems**, H.: Gewaltentwicklung, Gewaltstrukturen, Gewaltursachen: Sozialstrukturstelle und biographische Merkmale fremdenfeindlicher Gewalttäter (Teil 1), in: Magazin der Polizei 1994, S. 36–41; **Wolf**, H. E.: Rockerterror – Ideologie und Realität, in: MschrKrim (55) 1972, S. 130–148; **Wolf**, H. E./**Wolter**, H. J. (Hrsg.): Rocker-Kriminalität, Seevetal-Ramelsloh: Sozialpädagogischer Verlag 1974; **Wolter**, H. J.: Rockertum – eine Sonderform der Bandenkriminalität, in: Kriminalistik (29) 1975, S. 13–17; **Wolter**, H. J.: 10 Jahre: Zentrale Dienststelle zur Bekämpfung des Rockerunwesens in Hamburg, in: Der Kriminalist 1978, S. 270–276; **Yablonsky**, L.: The violent gang, USA 1962.

Gliederung

1   Die Geschichte der Banden reicht in Europa zumindest bis ins frühe
Mittelalter zurück; jedenfalls lassen sich gewisse Ähnlichkeiten zu mittelalterlichen Räuber- und Gaunerbanden feststellen, die allerdings
grundsätzlich aus Erwachsenen bestanden (vgl. *Küther* 1976). Von einer
Bande sprach man damals aber oft erst dann, wenn die Tätergemeinschaft aus mindestens sechs Personen bestand (heute: mehr als zwei: vgl.
Rdn. 4 f).

2   Nach der friesischen „Handfeste von Kennemerland" aus dem **13.
Jahrhundert** (1292) waren z. b. (um den Begriff Bande zu erfüllen) erforderlich: ein „Anführer und fünf Folger" (*His* 1920, 118). Im **16. und 17.
Jahrhundert** kam es zu vermehrter Bandenbildung im Rahmen großer
Kriege: Bauernkrieg (1524–1525), Dreißigjähriger Krieg (1618–1648);
Mitglieder wurden vor allem entlassene Landsknechte oder von Grund
und Boden vertriebene Bauern; später kamen gescheiterte Existenzen
aus den revolutionären Bewegungen **des 18. Jahrhunderts** hinzu (französische Revolution).

> *In Süddeutschland haben sich zahlreiche Räuberbanden auch aus
> Wildererbünden entwickelt, deren Anführer später glorifiziert wurden
> (Räuber-Romantik) wie z. B. der Mathias Klostermeyer in Bayern (der
> „bayerische Hiasl"), der 1738 in der Nähe von Augsburg das Licht der
> Welt erblickt hat; der „schwarze Veri" in Schwaben oder Johannes
> Bückler (der „Schinderhannes"), der zwischen Mosel und Rhein sein
> Unwesen trieb und 1801 – er ist nur 23 Jahre geworden – mit der von
> Doktor Guillotin in Paris erfundenen schmerzlosen Hinrichtungsma-
> schine Bekanntschaft gemacht hat; die meisten Räuber vor ihm wurden
> gehenkt (Näheres z. B. in Boencke/Sarkowicz: Die deutschen Räuber-
> banden, 3 Bände, Frankfurt/M. 1991).*

Ende des **19. Jahrhunderts** wurden die Gang-Phänomene auch in den
USA, und zwar im „Wilden Westen", als Banditentum (dazu *Hembus*
1979) sowie im Rahmen der Verstädterung und Industrialisierung (nunmehr als spezielles Großstadtproblem) beobachtet bzw. zum Gegenstand
der Forschung gemacht (vgl. Rdn. 33 ff); Anfang des **20. Jahrhunderts**
geschah das auch in London (dazu *Middendorf* 1956, 59). Das übrige
Europa hat sich der Erklärung der Bandenerscheinung verstärkt wissenschaftlich erst nach dem Zweiten Weltkrieg zugewandt (vgl. *v. Trotha*
1993, 54). Das dürfte damit zu tun haben, daß solche Gesellungsformen
bis dahin, wenn man von den **„Ringvereinen"** (Zuhältervereinen und
Vorbestraftenvereinen der 20er Jahre: dazu *Hoberg* 1958; *Freiberg/Tho-
mas* 1992, 75 ff, und *Daschner* in Kriminalistik 1996, 175/182) und den
„Wilden Cliquen" der Weimarer Zeit einmal absieht, bei uns in diesem
Jahrhundert zunächst keine besondere Rolle gespielt haben. Diese Situation hat sich seit Beginn der **80er Jahre** (nicht nur in bezug auf gewaltorientierte Banden) geändert (dazu *Eisenberg*, Kriminologie 1990, 917):
deshalb hat auch z. B. DER SPIEGEL dieses Problem in seiner Ausgabe
vom 12. November 1990 zu seiner Titelgeschichte erhoben (vgl. Zeitungsausriß unten).

„Hoffen auf den geilen Fight"

Gewalttätige Jugendgangs ziehen marodierend durch deutsche Großstädte. Tag für Tag gehen Hooligans und Autonome, Skinheads und Türkenbanden aufeinander los. Am vorletzten Wochenende starb ein Fußballfan im Kugelhagel der Leipziger Polizei. Jetzt kündigen militante Banden Rache und „Krieg gegen die Bullen" an.

aus: *DER SPIEGEL* Nr. 46/1990, S. 36

I. Die Bande als Untersuchungsgegenstand

Wenn man heute von kriminellen Banden spricht, sind primär nur die Gemeinschaften **jüngerer** Rechtsbrecher gemeint, und zwar deshalb, weil „sich empirische Anhaltspunkte über Banden überwiegend bezüglich jüngerer Altersgruppen ... finden" (*Eisenberg,* Kriminologie, 1990, § 57 Rdn. 6). Das wiederum hat damit zu tun, daß gemeinschaftliche Straftaten **vor allem von Jugendlichen und Heranwachsenden** verübt werden („Jugendbanden").   3

1. Begriffsbestimmung

Unter der „Bande" wird heute eine Tätergemeinschaft von mehr als zwei Personen verstanden, die sich für eine gewisse Dauer zur fortgesetzten Begehung von Straftaten verbunden haben, sich selbst als definierbare Gruppierung verstehen (also Gruppenbewußtsein besitzen) und von dritten Personen als unterscheidbare Personenmehrheit mit erkennbarer Führerschaft wahrgenommen werden (nach außen abgrenzbare Gruppierung): es gibt sowohl Jugend- als auch Erwachsenenbanden. Erstere stehen im Mittelpunkt dieser Darstellung.   4

2. Hauptkriterien der Bande

Zu den Hauptkriterien der Bande dürften danach (mehr oder weniger umstritten) gehören: 5

– erstens: grundsätzlich eine Tätergemeinschaft von *mindestens zwei Personen* (*BGHSt* 23, 239) die sich mit dem Ziel der Begehung von Straftaten zusammengeschlossen haben (vgl. auch *Schöch* 1996, 166 ff),
– zweitens: eine spezielle Gruppenstruktur bzw. *Organisation* (die der situativ bestimmten Tätergemeinschaft fehlt, die aber beim organisierten Verbrechen stärker ausgeprägt ist),
– drittens: eine (auch durch Dritte) wahrnehmbare Einheit mit *erkennbarer Führerschaft,* d. h. gut entwickelten Befehls- und Gehorsamswegen (sowie die erkennbar abgrenzbare Mitgliedschaft),
– viertens: die Identifikation der Bandenmitglieder mit einem *bestimmten Gebiet* (z. B. mit einem Stadtteil) und entsprechender Revierver-

teidigung (das gilt aber grundsätzlich nur für vermögenskriminelle Banden),
– fünftens: der Zusammenschluß auf eine gewisse *Dauer* und
– sechstens: *Bandenbewußtsein.*

6   Keine Bande ist daher die eher passive „Eckenstehergemeinschaft", die wenig oder gar nicht straffällig wird: zur **„Street Corner Society"** vgl. schon *Whyte* 1955, der dieses Phänomen Ende der dreißiger Jahre in den USA untersucht hat. Die „Eckenstehergemeinschaft" setzt sich (im Gegensatz zur „peer-group") aus jungen Menschen **verschiedenen** Alters zusammen: „man kennt sich von frühauf", weil man in der gleichen Nachbarschaft wohnt.

3. Verbreitung der Banden

7   Eine offizielle (bundes- oder landesweite) Statistik über das Bandenwesen wird in Deutschland bisher nicht geführt: auch die *PKS* enthält keine entsprechenden Hinweise. Informationen stellen jedoch die Polizeipräsidien der Großstädte zur Verfügung. Über zunehmende kriminelle Aktivitäten, die von Banden verübt werden, wird vor allem aus Berlin, München, Frankfurt und Hamburg berichtet (vgl. dazu auch Rdn. 39).

8   In empirischen Arbeiten wird der Prozentsatz der in der Gruppe verübten Jugendstraftaten **mit ca. 40 %** (*Schild* 1982, 56) **bis 80 %** (*Beulke* 1974, 120) angegeben; in den USA reichen die Prozentsätze sogar bis zu 90 % (*v. Trotha* 1993, 55). Da Bandenkriminalität „sozial sichtbarer ist als Individualdelinquenz" (*Schneider,* Kriminologie 1987, 633) und „führende Bandenmitglieder überwiegend strafrechtlich vorbelastet und den zuständigen Kontrollbehörden insofern bekannt sind" (*Eisenberg*, Kriminologie 1990, § 57 Rdn. 6), wird sie wahrscheinlich auch eher als die Kriminalität von Einzelstraftätern entdeckt.

Man kann im übrigen feststellen (dazu auch *Schneider* aaO), daß die Bandenkriminalität eine **typische Großstadterscheinung** ist.

II. Zusammensetzung und Rollenverteilung

1. Größe und Zusammensetzung der Bande

9   Die Mitgliederzahl der Jugendbande schwankt im Durchschnitt zwischen drei und fünf Mitgliedern, die meist zwischen zehn und 21 Jahre alt sind (vgl. *v. Trotha* 1993, 54) und aus allen sozialen Schichten stammen, allerdings primär aus den Unterschichten (*Schneider,* Kriminologie 1987, 633). Es gibt jedoch auch Kinderbanden und solche, die nur aus delinquenten Mittel- bzw. Oberschichtsangehörigen bestehen. Die Altersgrenzen sind aber weder nach oben noch nach unten geschlossen. Mit etwa 24 Jahren wachsen die Bandenmitglieder jedoch aus der Bande im allgemeinen wieder heraus, d.h., sie beenden diesen Lebensabschnitt (vgl. für Skinheads: *Eisenberg/Hueck* in: MschKrim 1990, 64), wobei wissenschaftlich kaum abgeklärt ist, wie der weitere Lebensweg aussieht.

2. Rollenverteilung

a) In rollenspezifischer Hinsicht kann man in der Bande grundsätzlich **10** folgende Positionen erkennen: **Kernmitglieder** (dazu gehören der Bandenführer und sein Stellvertreter), **reguläre Mitglieder, Mitläufer** (bandenexterne Personen) bzw. **Randmitglieder.** Das Führungsteam wird mitunter kraft „Satzung" gewählt und kann auf gleichem Wege auch wieder abgewählt werden (*Göppinger,* Kriminologie 1980, 562). Verschiedene Banden benennen ihr Führungsteam nach militärischen (Hauptmann, Leutnant) oder – wie die Rocker – nach politischen Vorbildern: Präsident, Vizepräsident, Cashier (Finanzchef); der „Secretary" ist für organisatorische Aufgaben zuständig (dazu *Simon* 1989, 141), der „Road Captain" für Wochenendtrips *(Simon* aaO., 142).

b) Die Mitglieder sind grundsätzlich Jungen (dazu schon *Brauneck* **11** 1970, 18); **Mädchen** sind, sofern sie überhaupt beteiligt sind, meist nur als Mitläufer geduldet: häufig als Lockvogel oder auch als Freundinnen der männlichen Mitglieder der Banden bzw. des Bandenchefs (dazu schon *Staub* 1965, 187). Als Sexualobjekt müssen sie (z.B. bei den Rokkern) jederzeit verfügbar sein *(Simon* 1989, 248).
Mädchen in „gangs" sind im Schnitt 17 Jahre alt und stammen in der Regel aus gutbürgerlichem Haus; nur die Skingirls sollen primär aus der Unterschicht stammen (*Brake* 1981, 150). Als „vollwertige Mitglieder werden Mädchen in Jungengangs grundsätzlich nur akzeptiert, wenn sie männliche Rollen übernehmen, dann allerdings auch an führender Stelle" (*Göppinger* aaO, 561). Gleichbehandlung erfahren Mädchen nur bei den Punks; deshalb sind sie in der Punkszene häufiger als z.B. unter Rockern und Skinheads anzutreffen. Reine Mädchenbanden sind selten (*Leder* 1988, 28; *Cabanis* 1982, 316). Nur die Berliner „Dark Ladies" und die Kasseler Gruppe „Diana" (beides Rockergruppen) haben sich über mehrere Jahre hin halten können (*Simon* 1989). Eine rein weibliche Bande („Ghettosisters") gibt es auch in Kreuzberg (*Farin/Seidel-Pielen* 1991, 148). In Ausländerbanden kommen Mädchen hingegen kaum vor: sie passen nicht ins traditionelle Frauenbild, z.B. der Türken (vgl. auch Rdn. 36).

c) Schon von *Trasher* (1927), der sich in den zwanziger Jahren sieben **12** Jahre lang mit den (1313) „gangs" von Chicago befaßt hat, wurden als Eigenschaften des „natürlichen **Bandenführers**" genannt: Unerschrokkenheit, Mut, Kaltblütigkeit in gefährlichen Situationen, Organisationstalent, Entscheidungsfreudigkeit. Das dürfte auch heute noch gelten (so auch *Göppinger* aaO, 561). Prestige (Ansehen) verleihen darüber hinaus auch körperliche Kraft, Intelligenz und vor allem Heim- und Gefängniserfahrung. Das Alter spielt grundsätzlich keine Rolle: mitunter führen die Jüngsten die Bande (*Middendorf* 1956, 47). Der Bandenführer herrscht meist aber nur solange, wie er sich den Wünschen der Bandenmitglieder anpassen kann (so schon *Trasher* 1927, 357).

III. Bandeninterne Interaktionen und Normensysteme

1. Bandeninterne Interaktionen

13   Nicht jede Tätergemeinschaft akzeptiert einen Anführer (z. B. nicht die Punks). In jeder Gruppe aber kommt es zu Interaktionen, nämlich zu Aktionen und Reaktionen, die auf die anderen Gruppenmitglieder abgestimmt sind: was ein Mitglied der Gruppe tut, beeinflußt auch die Handlungsweisen der anderen und umgekehrt (Gruppendynamik). Insoweit wirken sich spezielle Gruppendruck-Phänomene aus (zu diesen § 13 Rdn. 15), die manche Handlungsweisen etwas verständlicher (nicht entschuldbarer) machen (vgl. z. B. Rdn. 28 f in bezug auf die Skins).

2. Bandeninterne Normensysteme

14   Das bandeninterne Normensystem (das über die Jahre natürlich auch einen kontinuierlichen Wandel erfährt) besteht aus der Gesamtheit aller Vorschriften, die für die Binnenstruktur der Bande Bedeutung besitzen: Regeln (z. T. auch in schriftlicher Form: Satzung), Mittel der Statuserlangung und Abgrenzung und schließlich der Katalog der bandeninternen Sanktionen. Beispiele:

– **Regeln:** etwa bei den Rockern die Festlegung von Aufnahmekriterien bzw. Unterwerfungsritualen für neue Mitglieder (z. B. Mutprobe, Probezeit, Diebstahl einer Trophäe, Bandenschwur), Wahlverfahren, die Häufigkeit der Sitzungen, die Höhe der Mitgliedsbeiträge usw. (*Simon* 1989, 140); Punks lehnen hingegen solche Regeln ab;
– **Mittel der Statuserlangung in der Gruppe:** Cleverness bzw. Raffinesse bei der Durchführung der Straftaten, Austricksen von Autoritäten, aber auch an den Tag gelegte Brutalität (vgl. dazu Rdn. 28); erworbene Narben erhöhen das Ansehen ebenso wie ein Aufenthalt im Gefängnis (so schon *Middendorf* 1956, 63);
– **Abgrenzung nach außen:** spezieller Bandenname, Spitzname für Bandenmitglieder, Uniformierung (Haartracht, Abzeichen), eigene Bandensprache (etwa Geheimcode), Feindbilder, Schlupfwinkel und Bewaffnung (vgl. *Schneider* aaO, 633);
– **bandeninterne Sanktionen:** diese reichen von einfachen Verweisen bis zum Ausschluß, im Extremfall auch bis zur Tötung (*Eisenberg* aaO, 918 m. w. N.); Art und Höhe der Strafe werden dabei entsprechend der Bedeutung der verletzten Norm für die Gruppeninteressen bemessen (dazu ausführlich *Holzknecht* 1976, 65 f).

15   Darüber hinaus gilt ein **Ehrenkodex,** nach dem man untereinander ehrlich sein soll und einen Kameraden niemals der Polizei verrät oder ausliefert; daraus ergibt sich bereits auch das typische Feindbild fast aller Banden: die Polizei.

IV. Erscheinungsformen und Delikte

Nach ihrer vorrangigen Zielsetzung kann man zwischen primär **vermögenskriminellen** (etwa diebstahlsorientierten) und eher gewalttätigen **(konfliktorientierten)** Tätergemeinschaften differenzieren; hinzu kommen als spezielle Erscheinung: Ausländerbanden **(ethnische Banden)** und solche, die sich auf die Verteilung von Drogen spezialisiert haben **(Drogenbanden).** **16**

1. Vermögenskriminelle Banden

Zu den vermögenskriminellen Banden rechnen solche Tätergemeinschaften, die sich einen vermögensrechtlichen Vorteil verschaffen wollen (vgl. Zeitungsausriß), wobei teilweise Gewalt angewendet wird. Dazu gehört auch die Beschaffungskriminalität (z. B. der Apothekeneinbrüche) von drogenabhängigen Tätern. Die Straftaten bestehen im übrigen aus einfachen Diebstählen (z. B. Ladendiebstählen, Taschendiebstählen), Diebstahlsdelikten unter erschwerenden Umständen (z. B. Villeneinbrüche, z. T. auch Kfz-Diebstähle) oder Raubtaten (mildeste Form: der Handtaschenraub): dazu *Middendorf* 1988. **17**

*In bezug auf diese Straftaten wirkt sich die **Mitgliedschaft in einer Bande** (wegen der besonderen Gefährlichkeit einer solchen Täterge-*

Die Polizei faßte zwei Automarder-Banden

Auf den Diebstahl von Autotelefonen hatten sich acht **Essener** spezialisiert, die jetzt festgenommen wurden. Die Polizei lastet ihnen etwa 200 Pkw-Aufbrüche in mehreren Revierstädten mit einem Schaden in Höhe von 1,5 Millionen DM an. Die Festnahme von 18 Jugendlichen meldet die **Gladbecker** Kripo. Die Bande soll in verschiedenen Städten insgesamt 701 Pkw geplündert und 700 000 DM Schaden angerichtet haben. Auch gegen fünf Hehler wird ermittelt.

aus: *WAZ* vom 7. Februar 1991

meinschaft) **strafschärfend** *aus; die entsprechenden Vorschriften sind die §§ 244 Abs. 1 Nr. 3, 244a und 250 Abs. 1 Nr. 4 sowie §§ 260, 260a StGB. Dort heißt es, daß derjenige schwerer bestraft wird, der „als Mitglied einer Bande", die sich zu Diebstahls- oder Raubdelikten verbunden hat, „unter Mitwirkung eines anderen Bandenmitglieds" stiehlt, raubt oder hehlt. Die Mitgliedschaft in einer Bande wird ferner außer in § 129 StGB (kriminelle Vereinigung) nach § 30 Abs. 1 Nr. 1 BtMG mit erhöhter Strafe bedroht: sonst nicht. Der strafrechtliche Bandenbegriff ist also enger als der kriminologische (dazu Schild 1982, 56 ff), weil er nur bestimmte Tätergemeinschaften erfaßt.*

Lothar *Herrmann*, langjähriger Leiter des Fachkommissariats K 14 (Gruppenkriminalität) der Frankfurter Kriminalpolizei, weist darauf hin (in: Der Kriminalist 1991, 416), daß in Frankfurt der extrem überproportionale Ausländeranteil der Straßenräuber und der Gruppenmitglieder auffallend ist. Bei den ermittelten Tatverdächtigen liegt der Anteil bei ca. 75 % (zum Vergleich: der Ausländeranteil insgesamt beträgt ca. 29 %: dazu Rdn. 2 vor § 23). Und „fast überall – von Berlin bis München – stellen die Türken die Majorität dar": 30 bis 40 % der Straßenräuber sind drogenabhängig (*Hermann* aaO).

18   Im Vordergrund stand und steht die Begehrlichkeitskriminalität (vgl. *Beulke* 1974, 37), die durch Werbung und Fernsehen bzw. Werbung im Fernsehen angeregt wird: **„Ohne Moos nichts los"**. Die Bandenmitglieder stammen nach den Feststellungen *Beulkes* aus allen sozialen Schichten, die unteren Schichten sind allerdings überrepräsentiert (*Beulke* 1974, 131: 55,6 %; vgl. dazu auch § 9 Rdn. 20): dementsprechend ist der Anteil der Lehrabbrecher und Arbeitslosen (bei denen das Langeweile-Problem noch hinzukommt) ebenfalls hoch.

Polizei sieht Jugendgangs im Aufwind

aus: *WAZ* vom 30. Mai 1991

19   Auf der anderen Seite gibt es inzwischen auch Banden bzw. Tätergemeinschaften mit Mitgliedern, bei denen diese Defizite nicht vorliegen: **„Schickimicki" Jugendbanden** („Möchtegernelite"), die sich in deutschen Großstädten (wie Frankfurt/M. und München) etabliert haben. Gemeint sind „Ganoven aus gutem Haus" (aus dem wohlhabenden Bürgertum) mit eigenem Auto, für die die Bandenaktivität nicht wegen des materiellen Gewinns Interesse besitzt, sondern wegen des damit verbundenen „Nervenkitzels", der die Langeweile vertreibt (zu den US-Vorbildern vgl. *Schneider*, Kriminologie 1987, 634): es wird gestohlen oder überfallen „aus Spaß" (informativ dazu DER SPIEGEL Nr. 9/1991, 105). Schließlich: Bei vielen Bandenaktivitäten spielt der **Alkohol** eine enthemmende Rolle (dazu Rdn. 15 ff zu § 26); das gilt insbesondere für die gewaltorientierten Tätergemeinschaften).

2. Gewaltorientierte Tätergemeinschaften

In der Öffentlichkeit erregen die gewaltorientierten Banden meist mehr Aufmerksamkeit als die Banden, deren Hauptaktivität auf dem Vermögenssektor liegt; diese Aufmerksamkeit ist von den Beteiligten meist auch gewollt. Hierher rechnen z.B. Rocker, Punks, Skinheads, Hooligans und (andere) „street-gangs", die inzwischen insbesondere Großstädte wie Frankfurt/M., Hamburg, Berlin, Köln, Dresden und Leipzig terrorisieren (vgl. *Kube* 1993, 288). Nicht jede dieser Tätergemeinschaften erfüllt allerdings die kriminologischen Kriterien einer Bande (Rdn. 4 f): Sie sind z.T. auch bloße Spontan- und Gelegenheitsgruppen oder Mischtypen. Generell kann man sagen, daß es sich um **einander (zeitlich) ablösende bzw. überlappende Zeiterscheinungen** handelt, die mit (wechselnden) sozialen oder Erziehungsproblemen der Jugend zu tun haben. Gemeinsames Merkmal dieser Gruppen: **Gewalt ist oft ihr einziges Artikulationsmittel.** **20**

a) Rocker

Rockergruppen wurden in der Bundesrepublik (Ursprungsland sind die USA) erstmals **Anfang der 60er Jahre** beobachtet, und zwar zunächst in Hamburg, der späteren Hauptstadt der deutschen Rockerbewegung (grundlegend *Kreuzer* 1970, 337 ff und 1972, 148 ff, kritisch zu *Kreuzer: Wolf* 1972, 130 ff). Vorbilder waren motorradfahrende Draufgänger, wie sie in den amerikanischen Filmen „The Wild One" (mit Marlon Brando in der Hauptrolle) oder „Easy Rider" gezeigt wurden (*Simon* 1989, 85). Aus dem Filmtitel „Rock around the clock" bezog die Rockerbewegung auch ihren Namen. **Vorläufer in Deutschland waren die sog. Halbstarken der 50er Jahre**, die auch schon Krawall machen konnten (*Kaiser* 1959; *Maase* 1991, 189 ff); in den 20er Jahren waren die „Wilden Cliquen" aktiv (*Rosenhaft* 1986 und Rdn. 2). **21**

Mitglieder der Rocker sind grundsätzlich (unpolitische) 18- bis 25jährige männliche Jugendliche (Mädchen werden allenfalls als „Cliquenkuh" akzeptiert) mit gemeinsamer Vorliebe für das schnelle **(risikoreiche) Motorradfahren,** das die **Aura von Freiheit und Abenteuer** vermittelt (bevorzugte Fahrzeugmarke: Harley Davidson, USA). Das Anliegen der Rocker, als **harte Männer** zu gelten (*Simon* 1989, 166), unterstreicht die Bewaffnung: Messer, Totschläger, Schlagringe, Fahrrad- und Hundeketten. Ihrem Draufgängerbild analog wurde früher **(bis in die 80er Jahre hinein,** danach grundsätzlich nicht mehr: vgl. Rdn. 22) insbesondere Gewalt gegenüber jenen verübt, die ihrem Männlichkeitsideal widersprachen: Homosexuelle („Schwule ticken"), später Popper und Punks. Charakteristisch ist die Form, in der Gewaltdelikte durchgeführt wurden: sie ist nach herkömmlichen Maßstäben eher feige; Rocker griffen nur in zahlenmäßiger Überlegenheit an, so daß die Opfer meist keine

Chance besaßen. Auf diese Weise kam es mitunter **auch zur Gruppennot-zucht** (zu dieser: *Rasch* 1968). Bekannt wurden vor allem jedoch Vanda-lismen. Erste Ausschreitungen dieser Art ereigneten sich (Mitte der 60er Jahre) bei den Konzerten der „Beatles" (Pilzköpfe) und „Rolling Sto-nes" (*Simon* 1989, 121). Bei allen Aktivitäten war meist wiederum der Alkohol mit im Spiel (*Kreuzer* 1970, 355). Am bekanntesten wurden die **„Hell's Angels"**, die ab 1978 sogar im Vereinsregister der Stadt Hamburg eingetragen, aber schon 1983 als „kriminelle Vereinigung" wieder verbo-ten wurden; zumindest diese Tätergemeinschaft erfüllte alle Kriterien einer Bande (Rdn. 4 f).

22   Rocker kann man schon an ihrem „outfit" erkennen: lange Haare (inzwischen wieder „out"), zur Schau gestellte Ungepflegtheit, Tätowie-rungen, (dunkle) Lederwesten oder Jeans-Bekleidung, Stiefel, Orden und Embleme der Gewalt: NS-Runen, Wehrmachtsstahlhelme, Symbole aus dem kommunistischen Machtbereich usw. Inzwischen ist die Rocker-welle (nach Zenitpunkten Ende der 60er Jahre) bei uns wieder abgeebbt; es gibt die Rocker aber noch immer. Sie bleiben heute jedoch (grundsätz-lich gewaltfrei) mehr unter sich: feiern Parties, besuchen einander (im eigenen Clubhaus) oder veranstalten Rallyes, an denen immerhin noch bis zu 500 Menschen teilnehmen (ausführlich zu den veränderten Struk-turen: *Simon* 1989, 192).

„Haste mal 'ne Million?"

Sie schreien „No Future", tragen grüne Irokesenhaare und spucken auf Partys gern mit Bier: Die Punks sind zurückgekehrt. Knapp 20 Jahre nach der Revolte der „Sex Pistols" und „Clash" sind Ratten und Rasier-klingen wieder modern, eine wütende junge Generation spielt erneut zum Kampf gegen die Gesellschaft auf.

aus: *DER SPIEGEL* Nr. 14 vom 4. April 1994, S. 216

b) Punker (und Popper)

23   Das Phänomen der Punker („Punks") – einer Variante der „Hippies" – hat seinen Ursprung in England; der Name leitet sich von dem engli-schen Wort „punk" ab; übersetzt: Schund, Dreck, Mist, Abfall, Slang für Rowdy. Denn Punks wollen durch ihr bewußt häßliches Aussehen auffal-len: durch bunt eingefärbte Haare, Irokesenschnitt, grelle Schminke, durch die Backe gezogene Sicherheitsnadeln usw., ein Aufzug, der durch (weiße) Ratten, die manche Punks mit sich führen, noch unterstrichen wird. In der Bundesrepublik tauchten diese Erscheinungsbilder (eher als Spontangruppen) erstmals **Mitte der 70er Jahre** auf (dazu *Peters* 1989, 77). Punks sind in der Regel jünger als Rocker (13 bis 18 Jahre alt) und verzichten bewußt auf jede Hierarchie und Führung, und zwar zugunsten von Anarchie und Chaos, die gern propagiert werden. Der Anteil der Mädchen wird auf 10 % geschätzt. Im Gegensatz zu den Rockern stam-men die Punks aus allen gesellschaftlichen Schichten, also nicht wie die Rocker primär aus der Unterschicht. Ihre Schulausbildung ist durch-schnittlich, teilweise besser; die Familienverhältnisse sind in der Regel geordnet bzw. intakt (*Bechtner* 1981, 322), werden aber als „spießig" empfunden, wie jede traditionelle Wertorientierung der Leistungsgesellschaft (Disziplin, Pünktlichkeit, Fleiß), die wie Karrieredenken abgelehnt werden: **Null-Bock-Haltung** (*Ebert/Throniker* 1981, 324), Verweigerung, Rebellion gegen die bürgerlichen Normen. Da ist es nur folgerichtig, daß vor allem wiederum die Polizei als Symbol der ordnenden Staatsmacht verhaßt ist; man reist zu Demonstrationen, um dort Widerstand (gegen was auch immer) leisten zu können (vgl. *Krausz* 1989, 74). Politisch werden die Punks links eingeordnet; jedenfalls sympathisieren sie (zumindest z. T.) mit der linken Hausbesetzerszene und mit Autonomen (dazu z. B. die Beobachtungen des SPIEGEL Nr. 48/1990, 156).

Straßenschlacht in Hannover

Polizei nahm 130 Punker fest

**Hannover, 4. 8. (dpa/hab)
Rund 400 randalierende Punker haben der Polizei in Hannover am Freitag zum Auftakt der sogenannten Chaostage eine mehrstündige Straßenschlacht geliefert.**

Dabei wurden nach Polizeiangaben 23 Beamte verletzt; vier von ihnen sind dienstunfähig. Bis zum Abend nahm die Polizei rund 130 Punker fest. Weitere 250 wurden vorsorglich in Gewahrsam genommen.

Die aus der ganzen Bundesrepublik zu den „Chaostagen" an diesem Wochenende angereisten Punker hatten am Freitag Barrikaden in der Nähe der ehemaligen Sprengelfabrik in der Nordstadt errichtet. Die Konfrontation eskalierte, als bei Personalienfeststellungen Flaschen, Bierdosen und Steine flogen. Die Polizei sprach daraufhin ein Aufenthaltsverbot für auswärtige Punker aus. Unter einem Hagel von Pflastersteinen und Flaschen räumte die Polizei eine „Punkerburg".

aus: *NOZ* vom 5. August 1995

Weitere Straftaten, die von Punks aus ihrer Antihaltung heraus häufig verübt werden: Sachbeschädigungen, Hausfriedensbruch, Körperverletzungen (Schlägereien; vgl. Zeitungsausriß). Höhepunkte erreichte die Punkergewalt bei den **Chaostagen 1994** („Hannover in Schutt und Asche legen") **und 1995** (Straßenschlacht) **in Hannover** (vgl. oben Zeitungsaus-

riß). Es kommen aber auch Diebstahl und Raub vor: Unter den arbeitslosen Punks ist z. B. das sog. „Abziehen" weit verbreitet, bei dem man
Betrunkene verprügelt und ihnen dann das Geld wegnimmt (vgl. auch
Krausz 1989, 72). Als bevorzugte Waffen werden im Schrifttum (*Ebert/
Throniker* 1981, 324) genannt: Ketten, Messer, Hockey- und Baseball-
schläger. Vorübergehend ebbte auch die Punk-Bewegung wieder ab;
inzwischen ist (zumindest in England) ein Comeback zu beobachten –
angeheizt durch Newcomer-Bands mit **Songs wie „Kill Somebody",** in
dem die Exekution des britischen Premierministers gefordert wird (DER
SPIEGEL Nr. 14 vom 4. April 1994, S. 218).

Punker verwüsten Schnellrestaurant
Überfall in München

MÜNCHEN, 4. Januar (AP). Offenbar
aus Wut über ein Lokalverbot hat eine
Gruppe von etwa fünfzehn Punkern ein
Schnellrestaurant in der Münchner Innenstadt verwüstet und drei Menschen verletzt. Wie die Polizei am Donnerstag mitteilte, drangen die Randalierer am Mittwoch abend gegen 21 Uhr in das Lokal
ein, warfen Stühle um, zerschlugen Lam-
pen, stürzten Registrierkassen von den
Tresen und zertrümmerten die Küchenein-
richtung.

aus: *FAZ* vom 8. Januar 1996

24   Im übrigen gibt es auch „Punks", die sich mit den beschriebenen Zielen und Aktivitäten nicht identifizieren, sondern nur die Aufmachung
übernehmen, weil man auf diese Weise (die sonst nicht zu erreichende
Aufmerksamkeit) provoziert: **„Modepunks"** (*Stock/Mühlberg* 1990,
236).

25   Im krassen Gegensatz zu den Punks stehen die **Popper,** die deshalb
von den Punks auch bekämpft werden. Popper stammen aus Ober- und
Mittelschichtsfamilien und kleiden sich teuer bzw. gepflegt: als Straftäter
treten sie grundsätzlich nicht in Erscheinung (*Ebert/Throniker* 1981,
324 ff).

c) Skinheads

26   Auch dieser Begriff stammt aus der englischen Sprache: er bedeutet so
viel wie „Kahlkopf" (Hautkopf); denn die Skinheads („Skins") tragen
Glatze bzw. sehr kurzes Haar. Ursprungsland dieser Erscheinung ist England. Die ersten Glatzköpfe traten dort 1968 im Londoner East-End auf,
einem traditionellen Arbeiterbezirk (*Hestermann* 1989, 78). Sie sind zu
verstehen als Protestbewegung gegen die Auflösung der dortigen Wohn-
und Arbeitsstrukturen: nämlich als Protest gegen Arbeitslosigkeit sowie
die Vertreibung der Arbeiter aus ihren angestammten Arbeitergegenden:
durch Sanierungsprojekte zugunsten junger Mittelklassefamilien. Hinzu

kommt der Zuzug von Ausländern, die man als Eindringlinge empfand (dazu *Stock/Mühlberg* 1990, 12 f). In der Bundesrepublik erschienen die ersten (vorwiegend männlichen) Glatzköpfe (die oft in Gruppen von 20 und mehr Personen auftreten) **Anfang der 80er Jahre.** Ihr Alter liegt (wie bei den Punks) primär zwischen 13 und 25; älter sind (zumindest in Niedersachsen) lediglich 4 % (*Nieders. Innenmin.* 1994, 49).

> *Es handelt sich primär um Jugendliche und Heranwachsende, „die mit ihrem sozialen Umfeld im Konflikt stehen, Gewaltanwendung als Konfliktlösung ansehen und das durch die Gruppeneinbindung entstehende „Wir-Bewußtsein" als ein Mittel zur Steigerung des Selbstwertgefühls empfinden" (Nieders. Innenmin., aaO).*

Schon im Elternhaus hat es meist Erziehungsprobleme gegeben bzw. es hat den Eltern (oft Schichtarbeiter) die Zeit für die Erziehung gefehlt. Typisch ist wiederum (wie bei den Rockern) die grundsätzlich unterentwickelte Schulbildung; anders als die Rocker rekrutieren sich die Skinheads aber (auch in Deutschland) vornehmlich aus dem Heer der Arbeitslosen und Ungelernten: **Verliererfiguren**, die ihrem meist (beschädigtem) Selbstwertgefühl aufhelfen möchten (zu Arbeitslosigkeit und Kriminalität vgl. § 12 Rdn. 5 ff). Weibliche Mitglieder werden „Glatzenbräute" genannt.

Skinhead-Musik als Einstiegsdroge
Radikalisierung im rechtsextremistischen Milieu / Kieler Verfassungsschutzbericht

aus: *FAZ* vom 11. April 1997

Aufgeputscht bzw. „psychologisch bewaffnet" werden die Skins durch spezifische **Skin-Bands** (Musikgruppen) und **Skinhead-Fanzines** (Fan-Magazine). Die politische Einstellung vieler Fanzines wird durch die verfolgten Feindbilder deutlich: „Farbige, Juden, Asylbewerber, Ausländer (insbesondere solche, die nicht aus Europa stammen) und sog. „Undeutsche", wie Prostituierte, Homosexuelle, aber auch geistig und körperlich Behinderte zählen zu den erklärten Gegnern" (*Nieders. Innenmin.* 1994, 51): *Schneider* (1995, 1167) spricht von **Haßverbrechen (,,Hate Crimes").** Solche Straftaten werden gegenüber Personen einer Randgruppe verübt, „die das symbolisiert, was die Innengruppe, der die Täter angehören,

Siehst Du einen Türken
in einer Straßenbahn,
schaut er Dich irgendwie
provozierend an,
dann stehst Du einfach auf
und haust ihm eine rein,
Du ziehst Dein Messer
und stichst siebzehnmal hinein.   aus:
DER SPIEGEL vom 30. November 1992, S. 24

nicht sein will. Die Straftaten dienen der Solidarität und Identität der Innengruppe und gleichzeitig der Stärkung des Selbstwertgefühls ihrer Mitglieder" (*Schneider* 1993, 310; *ders.* 1995, 1167 ff). Zeichnungen sollen mitunter dazu anregen, „gegen das „Gesindel" vorzugehen" (*Nieders. Innenmin.* aaO). Bevorzugte Skin-Bands, bei deren Veranstaltungen man sich gerne trifft, sind z. B. „Kraft durch Froide", „Kraftschlag", „Stoppel-terror" oder **„Endsieg"**. Textprobe von „Endsieg":
Die Skin-Bands „Stuka", „Störkraft" und „Tonstörung" distanzierten sich inzwischen – vermutlich aus taktischen Erwägungen – im Verlauf von Strafprozessen von früheren Songs (*Verfassungsschutzbericht* 1993, 96).

27   Die **Kleidung der Skins** besteht in der Regel aus festen (hochgekrem-pelten) Arbeiterhosen, Hosenträgern, gestreiften Hemden und schweren Werftarbeiterstiefeln (bevorzugt der Firma „Doc. Martens") oder Kampfstiefeln, ein Aufzug, der an die Herkunft aus der „Arbeiterklasse" erinnern soll. Hinzu kommen Tätowierungen und die typische Bomber-jacke (*Stock/Mühlberg* 1990, 11 f) sowie **faschistische Symbole** wie das **Keltenkreuz** (als Zeichen des gemeinsamen kulturellen Erbes der „nor-dischen Rasse"). Die Verwendung des Keltenkreuzes ist inzwischen (ebenso wie die **Reichskriegsflagge** aus dem Ersten Weltkrieg) als Kenn-zeichen einer verfassungswidrigen Organisation im Sinne der §§ 86, 86 a StGB verboten worden (vgl. dazu *Nieders. Innenm.* 1994, 49). Im Gegensatz zu den Punks herrscht bei den Skinheads jedoch ein strenges hierarchisches System vor mit absoluter Unterordnung des einzelnen unter die Gemeinschaft bzw. die Führung (*Stock/Mühlberg* 1990, 16). **Nach dem Kriterienkatalog** (vgl. Rdn. 5) **dürften auch die meisten Skin-head-Gruppen** (wie die Rocker und Punks) **den Begriff der Bande nicht** erfüllen. In der Dokumentation des *Nieders. Innenministeriums* (1994, 49) heißt es dazu, daß sich die „Skinheads eines Ortes, Stadtteils oder einer Straße in ihren Stammkneipen treffen, ohne daß mehr als nur ein loser Zusammenhalt erkennbar ist". Man sucht die Gemeinschaft, **„Gewalt ist ihr einziges Artikulationsmittel"** (aaO, 50). Auch nach *Freh-see* (1993, 266) „kann man **von irgendeiner Organisiertheit kaum spre-chen**. Die Gruppenfluktuation ist hoch". Durch die Angst Außenstehen-der vor der Gruppe ist man plötzlich „wer" und hat das Gefühl, soziale Anerkennung zu finden (*Stock/Mühlberg* 1990, 16). Spontan angezettelte Prügeleien machen das Leben „interessant" (*Stock/Mühlberg* aaO). Das Feindbild der Skins wird primär durch den Ausländerhaß bestimmt, weil man Ausländer für die eigene Misere verantwortlich macht (*Stock/Mühl-berg* 1990, 12); dementsprechend werden vor allem Ausländer (in Berlin insbesondere Türken) attackiert.

Typisch in den **alten Bundesländern** *ist das* **„Türken klatschen":** *das grundlose Verprügeln von Zufallsopfern, d. h. von Ausländern, die den Skins bei ihren Streifzügen über den Weg laufen. Zu den besonderen Gewaltformen gehört das* **„Bordstein-bashing",** *bei dem man den Kopf des Opfers mit dem Fuß gegen den Bordstein tritt (dazu DER SPIE-GEL Nr. 46/1990, 63 f).*

Heim für Asylbewerber in Brand gesetzt

Rostock: Randalierer legten Feuer - Seiters verurteilt Krawalle

**Rostock, 25. 8. (dpa/AFP/AP/Reuter)
In Rostock ist es am späten Montagabend erneut vor der Aufnahme-
stelle für Asylbewrber zu Angriffen auf die Polizei sowie Brandstiftung
gekommen. Als Konsequenz aus den Ausschreitungen forderte Bundesinnenminister Rudolf Seiters eine rasche Änderung des Asylrechts.**

Herbeigesehnt werden großangelegte Randale und Straßenkämpfe;
wenn Schaufenster zu Bruch gehen, kommt es auch zu Plünderungen der
Auslagen und Geschäfte. Besonders brutales Vorgehen der Skins wird
von den Medien aus den **neuen Bundesländern** gemeldet (vgl. Zeitungsausschnitte unten).

1992/93 kam es zu zahlreichen Angriffen der Skins (mit Molotow-   **28**
Cocktails und Steinen) auf Ausländer-Wohnunterkünfte; die schwersten
Ausschreitungen haben sich am 18. September 1991 in **Hoyerswerda,** am
2. Oktober 1991 im niederrheinischen **Hünxe,** am 22./23. August 1992 in
Rostock-Lichtenhagen, am 23. November 1992 in **Mölln** und am 29. Mai
1993 in **Solingen** ereignet. In den ersten drei Fällen wurden Asylbewerber attackiert, im vierten und fünften Fall Türken; in allen fünf Fällen hat
es Schwerverletzte bzw. Todesopfer (darunter Kinder) gegeben.

*Die Angriffe auf die „Zentrale Anlaufstelle für Asylbewerber"
(ZASt) in Rostock-Lichtenhagen haben vier Tage gedauert. Die (vier)
Solinger Täter (im Alter von 18 bis 25 Jahren), deren Brandstiftung
zum Tod von fünf türkischen Frauen geführt hat, wurden am 13. Oktober 1995 zu* **Freiheitsstrafen zwischen zehn und 15 Jahren verurteilt.** *Einer der Verurteilten war Mitglied der Oi-Skins (zu dieser Rdn.
28 b).*

Am 12. Mai 1994 (am Himmelfahrtstag) jagte eine Horde von angetrun-
kenen Glatzköpfen, die ausländerfeindliche Parolen brüllten, zehn
schwarzafrikanische Asylbewerber quer durch die City von **Magdeburg.**
Die Täter haben erhebliche Freiheitsstrafen erhalten.

Randale unter dem Beifall der Anwohner

Rostocker feuerten Chaoten an und beschimpften Polizisten

aus: *NOZ* vom 25. August 1992

28a Der „Skin-Boom" in den Neuen Bundesländern (es gab dort Skins allerdings auch schon zu DDR-Zeiten) hat primär mit spezifischen gesellschaftlichen Problemen zu tun (wie **Arbeitslosigkeit, Perspektivlosigkeit, Orientierungslosigkeit, Unfähigkeit zur Freizeitgestaltung,** die bis zur „Wende" die FDJ organisiert hat), aber auch mit dem relativ geringen Risiko gefaßt und verurteilt zu werden. Vor diesem Hintergrund geraten die Ausländer (insbesondere die Asylbewerber) in eine **Sündenbock-Situation** (dazu Rdn. 40 zu § 6). **Gruppendruckphänomene** (Rdn. 14 f zu § 13), aber auch **alkoholische Einflüsse** (§ 26) könnten die auffällige Brutalität der Ausschreitungen erklären. Der **Beifall** bestimmter Bevölkerungskreise (vgl. oben Zeitungsausriß), der auch mit Fremdenangst **(Xenophobie)** zu tun hat, dürfte im übrigen (i. S. einer „Sauerstoff-Zufuhr") bestätigend wirken und die Gewalttäter zur Wiederholung von Gewalttaten ermuntern (**„Vollstreckermentalität"**: vgl. Zeitungsausriß oben). Das gilt auch für kursierende **Hetzgedichte** (vgl. Zeitungsausriß unten). Schließlich wird von Skins auch angegeben, man habe „**einfach Bock** gehabt, einen aufzumischen". Das (Zufalls-) Opfer hätte „halt Pech gehabt" (so Jugendliche in einem Prozeß in Vechta, zit. nach *NOZ* vom 26. Oktober 1995).

In einem Hetzgedicht, das republikweit kursiert, bündelte der anonyme Verfasser in wenigen Zeilen die dumpfen Ängste und Vorurteile nicht weniger Deutscher:

> Herr Asylbetrüger, na, wie geht's?
> Oh ganz gut, bring' Deutschen Aids.
> Komm' direkt aus Übersee,
> Hab' Rauschgift mit, so weiß wie Schnee,
> verteil' im Sommer wie im Winter
> sehr viel davon an deutsche Kinder.
> Muß nicht zur Arbeit, denn zum Glück
> schafft deutsches Arschloch in Fabrik.
> Hab' Kabelfernsehen, lieg' im Bett,
> werd' langsam wieder dick und fett.

aus: *DER SPIEGEL*
vom 30. November 1992, S. 20

28b Die Skinheads darf man jedoch nicht alle in einen Topf werfen: innerhalb ihrer Szene sind zur Zeit drei Richtungen unterschiedlicher Stärke erkennbar (*Nieders. Innenmin.* 1994, 49):

- die **„Redskins"** (rote Glatzen), die „antifaschistischen Skins", die dem **linken Spektrum** zuzurechnen sind;
- die **„Oi-Skins"**, bei denen nicht die politische Agitation im Vordergrund steht, sondern der **Spaß**. Der Begriff geht vermutlich auf die englische Übersetzung des Namens der nationalsozialistischen Freizeitorganisation „Kraft durch Freude" (Strength through **Joy**)

zurück; gleichwohl bezeichnen sich die „Oi-Skins" als „Patrioten" und lassen eine stark reservierte Haltung gegenüber Ausländern erkennen; – die **„Fascho-Skins"**, die „rechtsextremistisch" und ausländerfeindlich eingestellt sind.

Insgesamt gesehen wird die Skinhead-Bewegung „nach derzeitigen Erkenntnissen auf bundesweit **ca. 6400** (2600 in den alten Bundesländern und 3800 in Ostdeutschland einschl. Berlin) **Personen"** geschätzt (*Nieders. Innenmin.* 1994, 50).   **28c**

Die **Fascho-Skins** (oder auch White-Power-Skins) bilden unter diesen die weitaus größte Gruppe; in „kaum wahrnehmbarer Minderheit bleiben dagegen die (nicht-extremistischen) Oi-Skins ... und (linke) **Red-Skins"** (*Verfassungsschutzbericht* 1993, 95). Das ist nicht gerade erstaunlich, weil diese Skin-Gruppen nach dem Selbstverständnis der Skins eigentlich gar keine sein dürften.   **28d**

„Hingehen und zuhören"

Die rechte Gewalt wird erforscht. Kriminologen und Pädagogen suchen in der Biographie der Täter nach Erklärungen für den Auftrieb der Skins und Neonazis. Den rabiaten Jugendlichen, so ihre Analyse, ist mit Strafen allein nicht beizukommen. Eine „akzeptierende Jugendarbeit" setzt bei den Existenzproblemen der Haltsuchenden an.

aus: *DER SPIEGEL* vom 11. Januar 1993, S. 36

Zu diesem Selbstverständnis gehören eine eher diffuse nationale Gesinnung, Gewaltbereitschaft und vor allem Ausländerfeindschaft. Angezweifelt wird hingegen (nicht nur) von *Frehsee* (1993, 266) „ein politisches Bewußtsein, eine feste Orientierung oder gar eine ideologische Festlegung". Bei *Frehsee* (aaO) heißt es dann weiter: **28e**

> „*Der Anschluß an eine rechts- oder linksorientierte gewaltbereite Gesellungsgruppe scheint vielfach beliebig und von den zufälligen Zugängen abhängig zu sein. Bisweilen haben Jugendliche, wenn sie sich in einer Gruppe nicht halten können, woanders aber Anschluß finden, keine Schwierigkeit damit, ins gegnerische „politische" Lager zu wechseln (Hestermann 1989, 82, und Farin/Seidel-Pielen 1991, 8). Charakteristisch ist also die Gewaltbereitschaft, nicht aber die rechtsextremistische Orientierung im politischen Sinn (…).*
> *Auch die Maskerade mit nationalistischen und faschistischen Phrasen und Symbolen sollte man nicht überinterpretieren (…). Vielfach findet sich hier eine völlige Überschätzung des ideologischen Potentials. Es handelt sich eigentlich nicht um rechtsextremistische Gewalttaten, sondern um Gewalttaten, die aus der Sicht historisch und politisch bewußter Erwachsener als rechtsextremistisch klassifiziert werden.*"

28f   Daraus folgt, daß **nicht alle Skins zwangsläufig rechtsextremistisch eingestellt sind:** zumindest ist eine nationale Gesinnung allein noch nicht
extremistisch. Die Skinheads sind **auch nicht die einzigen Ausländer-
feinde.** Welche das sonst noch sind, hat z. B. *Willms* untersucht (*Willms*
1994, 40). Der Anteil der Skins beträgt etwa 30 % (*Willms* aaO). Die
Skins „befinden sich im übrigen in einer Phase der Neuorientierung"
(Verfassungsschutzbericht 1993, 95/77). Der Grund dafür sind **Verbote**
(vereinsrechtlicher Art und solche von Kennzeichen) und daran anschließende **Durchsuchungen, Beschlagnahmen** und **Prozesse.** Zum Thema
Fremdenfeindlichkeit und Rechtsextremismus vgl. *Wahl* 1995, 52 ff. Zur
polizeilichen Registrierung und justitiellen Erledigung am Beispiel Köln
und Wuppertal vgl. *Bernsmann* u.a. 1997.

Krawall mit Handy

Hooligans tricksten die Polizei aus

DÜSSELDORF (ap) Die mo-
derne Technik macht auch vor
Fußball-Hooligans nicht halt.
Gewalttätige Anhänger von
Fortuna Düsseldorf und Wer-
der Bremen verabredeten sich
nach dem Spiel ihrer beiden
Mannschaften per Handy zu einer Schlägerei in einer Gaststätte am Stadtrand.

Die Hooligans hatten sich
laut Polizei bereits vor dem
Spiel in der Altstadt getroffen.
Da jedoch überall Beamte präsent waren, beschlossen sie per
Handy, ihre Auseinandersetzung woanders auszutragen.

Als die Polizei zu der Massen-
schlägerei gerufen wurde, war
schon alles vorbei - zurück blieb
eine verwüstete Gaststätte.
Später wurden zwei Männer gefaßt. Ob auch die Handys zu
Bruch gingen, ist unbekannt.

aus: *WAZ* vom 2. Dezember 1996

d) Hooligans

29   Im Mittelpunkt des öffentlichen Interesses (bzw. der Berichterstattung
der Medien) stehen heute auch noch, neben den Skinheads, die randalierenden „erlebnisorientierten" Fußballfans, die sich (wiederum nach englischem Vorbild) selbst Hooligans nennen.

> *Diesen Namen trug eine irisch-stämmige Arbeiterfamilie, deren Mit-
> glieder Ende des 19. Jahrhunderts trunksüchtig und rauflustig durch
> London zogen (Smolinsky 1991).*

Der harte Kern der 16–18jährigen Jungen wurde Anfang der neunziger
Jahre auf 2 000 geschätzt (*DFB* in: WAZ vom 16. Februar 1991); hinzu
kommen allerdings noch beträchtliche Mitläuferscharen, die von Spiel zu

Spiel mehr oder weniger regelmäßig erscheinen (Fallbeispiele bei *Gehrmann* 1990). Mädchen (= „Hooligirls") sind grundsätzlich nicht auszumachen: Man sieht sie nur selten in der Kluft mit Schal und Fanclub-Aufnähern. Die Herkunftsfamilie der „Hools" gehört eher der Mittelschicht, aber auch der Oberschicht an (vgl. DER SPIEGEL, Nr. 46, 1990, S. 41). Man geht zur Arbeit; trägt werktags Krawatte; jedenfalls ist die Zahl der Arbeitslosen unter den Hooligans (zumindest der westlichen Bundesländer) äußerst gering: Den Kern bilden Lehrlinge, Angestellte, Abiturienten, Studenten, also keine „besoffenen Kaputtnicks, die man sofort an abgerissener Vereinskutte und an der Alkoholfahne erkennen und schnell aus dem Verkehr ziehen kann" (WAZ aaO). Man will sich nach dem **Arbeitsfrust einer Woche abreagieren**, aber auch etwas darstellen. „Kaum ein Fußballrabauke, der nicht zu Hause ein dickes Album mit Presseausschnitten hätte. Motto: „ich war dabei". Für die jüngeren zumindest ist die anschließende Zeitungsmeldung so wichtig wie die Aktion selbst" (*Farin/Seidel-Pielen* 1991, 96). Der Nervenkitzel ist reizvoll: „Vor allem unter Großstadtkids, die in den urbanen Wüsten immer weniger Möglichkeiten vorfinden, sich auszutoben, kurzzeitig auszubrechen aus dem weitgehend genormten Alltagstrott ... ist Hooligan sein zu einer Modeerscheinung geworden" (*Farin/Seidel-Pielen* aaO, 95 f): „Hooligans gehen nicht ins Stadion, um das Spiel anzusehen, sondern wegen der Atmosphäre und der Möglichkeit, ihre Bedürfnisse nach Spannung, Abenteuer und Risiko zu befriedigen." Das Fußballspiel „selbst, das Ergebnis des Spiels ist für sie nebensächlich. Besonders attraktiv ist (hingegen) die Gewalt in der Dritten Halbzeit" (*Pilz* 1992, 5 f). Prügeleien sind eine Art Hobby, Cowboy- und Indianerspiel auf einem anderen Niveau (*Pilz* aaO). Bandenkriterien (dazu Rdn. 4 f) erfüllt allenfalls der harte Kern dieser Tätergemeinschaft, die während der Woche die Prügeleien im Umfeld der Stadien herbeisehnt – auch zum Beweis der eigenen Männlichkeit und Stärke: „den eigenen Schweinehund überwinden" (*Farin/Seidel-Pielen* aaO, 97) im **wöchentlichen Abenteuerurlaub!**

Anders dürfte wiederum die Situation in den **neuen Bundesländern** zu beurteilen sein: die Hooligans dort rekrutieren sich primär aus dem Heer der Arbeitslosen bzw. aus der Gruppe der jungen Menschen, die ohne Lehrstellen dastehen und abrupt jede vermeintliche Zukunftsperspektive verloren. Der entsprechende **Frust** (dazu § 6 Rdn. 46 ff) erklärt vielleicht auch die Qualität der Gewalt, die dort zu beobachten ist. In politischer Hinsicht werden Hooligans wie die Skinheads rechts (bzw. rechtsradikal) eingeordnet: für *Farin/Seidel-Pielen* (1991, 98) allerdings eine „Simpelthese" (vgl. dazu auch *Harnischmacher* 1993). **30**

„Jugendbanden im Osten gewaltbereit"

Merkel: Auch ohne politische Gründe

aus: *NOZ* vom 28. April 1994

3. Ethnische Banden

31   Ethnisch zusammengesetzte Banden der zweiten und dritten Ausländergeneration (*Freyer* 1990, 145; *Steinmetz* 1987) haben sich seit Ende der 80er Jahre (nach den USA und England: dazu ausführlich *Eckert* in: *Schwind/Baumann* et al., Bd. III, 1990, 10 ff) auch in deutschen Großstädten organisiert. Insoweit kann man zwischen politisch orientierten Tätergemeinschaften und vermögenskriminellen Banden bzw. Streetgangs differenzieren: beide setzen Gewalt ein.

a) Politisch motivierte Gruppen

32a   Solche sind 1989 in Berlin als Selbstverteidigungsgruppen (**„Antifa-Gruppen"**) entstanden, als verschiedene Zeitungen zum 100. Geburtstag Adolf *Hitlers* Angriffe auf Ausländer (insbesondere ausländische Schüler) ankündigten (*Eckert* aaO). Obwohl sich die Meldung als „Ente" erwies, blieben die Gruppen bestehen, um sich nunmehr **auch offensiv** gegen tatsächliche oder vermeintliche Neonazis, denen man ihre Ausländerfeindlichkeit vorwirft, zu wenden. Typisch ist das „Fascho klatschen", das dem „Türken-Klatschen" der Skinheads entspricht: man versucht dabei, den Opfern (meist Skins) auch nationalistische Abzeichen von der Jacke zu reißen (DER SPIEGEL Nr. 46/1990, 51). Inzwischen ist auch die Polizei in das Feindbild geraten (DER SPIEGEL aaO), die z. T. mit Rechtsradikalen gleichgesetzt wird, weil (z. B. in West-Berlin) Polizeibeamte als Mitglieder rechter Parteien ausgemacht wurden. Man will sich wehren: gegen **Ausländerfeindlichkeit,** soziale Benachteiligungen, schlechte Zukunftsperspektiven, also gegen ungünstige Lebensumstände, die durch die Wiedervereinigung der noch ungünstiger wurden. Genaue Informationen über die Mitgliederzahlen der ausländischen Jugendgangs gibt es bisher allerdings noch ebensowenig wie gesicherte empirische Ursachenforschung; für West-Berlin geht die Polizei nach Angaben des SPIEGEL (aaO) von etwa 800 gewaltbereiten jungen Ausländern aus. Ihre Waffen sind gefährlicher als die der Rocker, Skinheads und Punks: nämlich Gas- und Signalpistolen, Äxte, Molotowcocktails und asiatische Kampfgeräte wie Sicheln und Wurfsterne (so DER SPIE-

GEL aaO); die Hierarchie soll stärker als bei den deutschen Straßenbanden ausgeprägt sein (*Prinz* 1990, 661).

Kinder als „Front-Dealer"
Hamburg greift durch - „Schmuddelszene auflösen"

Hamburg (T.-W.-Eb.) Abdullah aus Sierra Leone, vermutlich fünfzehn Jahre alt, lebt erst seit zwei Monaten in Hamburg, ist aber bereits sechsmal beim Verkauf von Kokain festgenommen worden. Er gehört zu jenen minderjährigen „Frontdealern" der Drogenszene im Bahnhofsstadtteil St. Georg, denen Hamburg jetzt als erstes Bundesland den Kampf angesagt hat.

Sie sollen künftig „unter Ausschöpfung aller rechtlichen Möglichkeiten unverzüglich ausgewiesen werden", wie Innensenator Hartmuth Wrocklage betont. In der jüngsten Zeit haben die erwachsenen Drogenhändler in St. Georg zusehends Kinder als Endverkäufer eingesetzt, weil sie strafunmündig sind und es in der Hansestadt auch keine geschlossenen Jugendheime gibt.

Rund 100 solcher „Frontdealer" sind nach Schätzungen der Hamburger Polizei gegenwärtig rund um den Hauptbahnhof aktiv. Die meisten stammen wie Abdullah aus schwarzafrikanischen Ländern und aus den kurdischen Regionen der Türkei.

aus: *NOZ* vom 3. Juni 1995

b) Streetgangs

32b

Daneben haben sich schon in den frühen 80er Jahren nach amerikanischem Vorbild sog. Streetgangs gebildet, in denen „gelegentlich auch arbeitslose ausländische Jugendliche den Ton angeben" (*Eckert* in: *Schwind/Baumann* et al., Bd. III, 1990). Solche Gruppen nennen sich u. a. wie folgt: „Troopers", „Destroyers", „Mods", „Warriors". Ihr Kultfilm ist vor allem **„The Warriors"** (*Eckert* aaO), ein Film, in dem gezeigt wird, wie man als Subkultur einen ganzen Stadtteil mit Terror regiert. Nach diesem Vorbild versuchen auch die Streetgangs, ihr „Revier" zu beherrschen: durch Terror bzw. Gewalt und vermögenskriminelle Straftaten. Mit solchen Banden hat z. B. auch Frankfurt/M. zu tun. Manfred *Bauer*, der dort vom Polizeipräsidium als Jugendkoordinator eingesetzt ist, berichtet dazu aus der Praxis (1993, 49) u. a. wie folgt:

> *„Es wird immer wieder deutlich, daß die Täter den Opfern keine Chance lassen wollen: sie treten in der Überzahl und bewaffnet auf. Darüber hinaus gehen sie oftmals weiter als erforderlich: Auch wenn das Opfer z. B. das Raubgut schon „abgeliefert" hat, wird es noch weiter drangsaliert, geschlagen, getreten, mit Tränengas eingesprüht usw. Offenbar steht eine Demütigungsabsicht noch vor der Bereicherungsabsicht."*

Als Tatorte solcher Geschehnisse werden nicht etwa irgendwelche Vororte genannt, sondern der „Innenstadtbereich (Fußgängerzone Zeil, Hauptwache, Konstablerwache)" (*Bauer* aaO). Dort werden auch Drogen verteilt: ausländische Jugendliche beteiligen sich (als Hilfs-Dealer) im Auftrag von professionellen **Dealerbanden** (des organisierten Verbrechens): solche **„Front-Dealer"** gibt es z. B. auch in Hamburg (vgl. Zeitungsausriß oben). Auf diese Weise können sie auch in **Bandenkriege** geraten, in denen Mitkonkurrenten mit brutaler Gewalt aus dem Markt gedrängt werden.

V. Zu den Ursachen der Bandenkriminalität

33   Die wissenschaftliche Erforschung der Banden begann in den Vereinigten Staaten, und zwar vornehmlich durch (Kriminal-)Soziologen; dementsprechend sind diese Ansätze auch vornehmlich soziologisch orientiert (vgl. dazu § 7).

34   Sie beziehen sich **primär auf Jungen** bzw. junge Männer, die in (amerikanischen) **großstädtischen Ballungsgebieten und Elendsvierteln** zu Hause sind. Daß sich die Theorien nur mit Jungen befassen, hat damit zu tun, daß Mädchen-gangs praktisch nicht existieren (vgl. oben Rdn. 11 ff): auch bei uns nicht.

35   Im Vordergrund der Erklärungsansätze werden von der Wissenschaft u. a. (vereinfacht dargestellt) folgende Theorien angeboten (vgl. dazu auch *Schneider,* Kriminologie 1987, 637; *v. Trotha* 1993, 57):

35a   – erstens: eine **soziopathische Theorie** (*Yablonsky* 1962, 216 ff), nach der sich vor allem solche Jugendliche zur Bande hingezogen fühlen (Suche nach emotionaler Heimat), die Persönlichkeitsdefizite aufweisen (dazu auch *Bals* 1962, 78 ff), die wiederum durch Sozialisationsmängel in desorganisierten Slum-Gebieten der Großstadt produziert werden: nämlich Mangel an Bindungsfähigkeit, fehlendes Anpassungsvermögen, fehlende Frustrationstoleranz, begrenztes Schuldgefühl, fehlende Mitleidsfähigkeit (Empathie) und vor allem Minderwertigkeitskomplexe. Diese Defizite führen in der Regel zu sozialer Untüchtigkeit **(social disability)**, die (berufliche) Karrieren versperrt. Von der Bande erwarten die Jugendlichen, die sich ihr anschließen, einen Ausgleich für ihr beschädigtes Selbstbewußtsein (Selbstwertgefühl), Nervenkitzel, Romantik, Anerkennung und vor allem Geborgenheit, die sie zu Hause (in der Familie) nicht finden (dazu *Middendorf* 1956, 41 ff; *Staub* 1865, 63 ff).

35b   – zweitens: eine **anthropologische Theorie** (*Bloch/Niederhoffer* 1958), nach der in der Industriegesellschaft unserer Zeit **zu wenig Freiraum für die Entwicklung der Jugendlichen** aus der Ungebundenheit der Kindheit in das Erwachsenenleben hinein zur Verfügung gestellt wird. Die gesellschaftlichen Rahmenbedingungen stimmen nicht mehr: „Entfremdete und sinnentleerte Arbeitsverhältnisse" führen zu Frust; die Leistungsgesellschaft „be- oder verhindert ein befriedigendes und friedliches Miteinander"; „Bewegungsfeindliche, erlebnis- und kontaktarme Wohngebiete sowie unattraktive oder fehlende Freizeitangebote (ver)führen zum **„Rumhängen"** und verstärken das Bedürfnis nach **„action"**, Spannung und Abenteuer" (alles *Pilz* 1992, 38). Erlebnishunger und Identitätssuche führen Jugendliche auch in die Arme der Bande.

– drittens: eine **Chancenstruktur-Theorie** (*Cloward* und *Ohlin* 1960), die **35c** auf den Subkulturtheorien (insbesondere auf der Theorie der differentiellen Kontakte), die auf der Anomietheorie sowie auf dem ökologischen Ansatz der Chicago-Schule (*Shaw* und *McKay* 1942) aufgebaut ist (zu diesen Theorien: § 7). Danach bestehen Chancendefizite in bezug auf die gesellschaftlichen Möglichkeiten für Jugendliche, die aus der Unterschicht stammen (**objektive Chancenlosigkeit**): soziale Zielblockierung und Statusfrustration (z. B. für zugewanderte Ausländer und ihre Nachkommen). So gesehen eröffnet die (vermögenskriminelle) Bande den Weg, am wirtschaftlichen Erfolg beteiligt zu werden (**mühelose Erlangung von Geldmitteln** für die Freizeitgestaltung), um zugleich in der Gruppe der „Leidensgenossen" Kameradschaft und Anerkennung zu finden. Die Verlockung, sich einer „gang" anzuschließen (Ansteckungsgefahr), ist in großstädtischen Ballungsräumen mit subkultureller Bevölkerung relativ groß. Karriere-Chancen eröffnet für viele Jugendliche z. B. in Neapel immer noch die Camorra (§ 29 Rdn. 10 ff).

Inzwischen hat sich allerdings die Meinung durchsetzen können (dazu **35d** Rdn. 3 vor § 4), daß die Bandenentstehung mit **„Motivbündeln"** zu tun hat, also nicht aufgrund nur einer Theorie erklärt werden kann.

> *Kube (1993, 289) führt insoweit folgende Beweggründe an: „Orientierungssuche, Abenteuerlust, Imponiergehabe, Erleben von Macht und Kompensation eigener Desintegrationserfahrungen und Konflikte, Konsumwünsche". In „der Clique (biete) sich dem Jugendlichen vor allem Ersatz für fehlende aktive Alltagserfahrung der Wirklichkeit" (Kube aaO). Im „Osten dürfte (eher) der Signalcharakter für die Überforderung durch neue Lebensstile und soziale Erwartung" im Vordergrund stehen (Kube aaO).*

Generell geht es um die **Zukunftsperspektiven,** die eine Gesellschaft ihrer Jugend einräumt, und um die **Erziehungsmöglichkeiten,** die in dieser Gesellschaft realisiert werden können. Dabei spielen auch die Medien und deren Angebot öffentlicher Aufmerksamkeit, das dem Geltungsstreben mancher Bandenmitglieder entspricht, eine Rolle (vgl. *Glogauer* 1991, 136). Nach *Miller* üben „Medienberichte eine ähnliche Wirkung auf Bandenmitglieder aus wie Theaterkritik auf Schauspieler oder Sportberichte auf Berufsfußballer" (zit. nach *Schneider* aaO, 644): zum Belohnungscharakter vgl. auch § 14 Rdn. 4.

Das **Fehlen von speziellen Mädchengangs** bzw. der geringe Anteil **36** weiblicher Bandenmitglieder (Rdn. 11) hat nach *Rühmkorf* (1986, 70 f) damit zu tun, daß Mädchen von Haus aus (meist von Männern) mehr kontrolliert und (von der Mutter) mehr auf ihre weibliche Rolle (Hilfe im Haus; Anpassung) fixiert werden (vgl. auch § 3 Rdn. 48 ff), zu der die Mitgliedschaft in einer Bande nicht paßt, insbesondere nicht zu manchen gewaltorientierten Banden mit spezifischem Männlichkeitsideal (vgl. *Wilfert* 1959, 19).

VI. Strategien zur Eindämmung der Bandenkriminalität

37   Die Strategien der Bandenbekämpfung bzw. der Eindämmung der Gewalt, die durch junge (Einzel-)Täter (oder Tätergemeinschaften) verübt wird, beziehen sich auf primärpräventive und repressive Maßnahmen (vgl. dazu Rdn. 40 zu § 1). Dabei kann man im primärpräventiven Bereich zwischen generellen Aktivitäten und speziellen Programmen differenzieren.

1. Präventionsprogramme

a) Generelle Aktivitäten

38   Allgemeine Präventionsprogramme sind bisher eher in den Vereinigten Staaten entwickelt worden als in Deutschland (eine Übersicht findet sich z. B. bei *Specht* 1984, 124 ff): Im Vordergrund stehen dort **Streetworker-Konzepte.** Streetworker (bzw. gang-worker) sind Sozialarbeiter, die sich nicht nur um einzelne Bandenmitglieder kümmern, sondern um die gang insgesamt. Die Grundlage bildet die Annahme *Trashers*, daß sich für entsprechende Jugendhilfemaßnahmen zwei Wege anbieten: „Der einzelne Jugendliche muß entweder vollkommen dem Einfluß seiner gang entzogen oder die gang selbst muß resozialisiert werden" (*Specht* 1984, 128). Da der erste Weg meist versperrt ist, bleibt nur der zweite. Der gang-worker versucht „durch sozialpädagogisch inszenierte Alternativen zum bisherigen Verhaltensrepertoire die bislang negativ stigmatisierte Gruppe ... etwa in einen sozial anerkannten Jugendclub zu transformieren" (**Transformationsmodell**); die Erfolgsaussichten dieser Modelle werden (auch in den USA) unterschiedlich bewertet (vgl. *Specht* 1984, 128).

39   In Deutschland ist man bisher z. B. folgende Wege gegangen*:

- In **München** wurde schon 1970 das **Modell der „Polizeilichen Jugendarbeit"** aus der Taufe gehoben (*Philipp* 1981, 90): Jugendbeamte (zur Zeit 48) in Zivil suchen die durch Bandenkriminalität gefährdeten Jugendlichen dort auf, wo sie sich meistens aufhalten: in Freizeitheimen, Spielhallen oder auf der Straße und versuchen, ihr Interesse auf Freizeitprogramme zu lenken, helfen aber auch selbst, wenn es z. B. um die Vermittlung zwischen zwei verfeindeten Jugendbanden geht.
- Ähnliche Aktivitäten (wie in München) wurden auch beim Polizeipräsidenten in **Berlin** entwickelt: seit April 1991 versucht dort eine **AG Vorbeugung,** Kontakte zu Mitgliedern von Jugendbanden zu knüpfen.
- Eine Übernahme des Modells in **Frankfurt** scheiterte, da der „Jugendpolizist" von Gruppen verschiedener Richtungen als „Spitzel" diskreditiert wurde und sich auch unter den Vertretern des Jugendamtes Voreingenommenheit ausgebreitet haben soll (dazu *Freyer* 1981, 135).

---

*) Diese Informationen haben dankenswerterweise die Polizeipräsidenten von München (Dr. *Koller:* Schreiben vom 1. April 1997), Frankfurt (*Hoffmann:* Schreiben vom 18. April 1997) und das LKA Hamburg (LKA-Chef *Sielaff,* Schreiben vom 8. April 1997) zur Verfügung gestellt.

Erwähnenswert ist andererseits aber auch, daß sich in Frankfurt eine **interdisziplinäre Gesprächsrunde** etabliert hat, die sich aus Vertretern des Jugendamtes, der Landesjustiz und der Polizei zusammensetzt und das Ziel hat, aktuellen Problemen (etwa des Bandenwesens) gemeinsam „schnellstmöglich" begegnen zu können.

b) Spezielle Programme

Spezielle Programme sind auf die Betreuung z. B. folgender Täter **40** (oder Tätergemeinschaften) ausgerichtet: auf die

– Hooligans und andere gewalttätige Sport-„Fans" sowie auf
– rechtsextrem (ausländerfeindlich) oder linksextrem motivierte (junge) Gewalttäter.

Hinzukommen sollen nach Verlautbarungen der Bundesregierung noch spezielle Programme für Straßenkinder (zu diesen § 17 Rdn. 40).

aa) Zur Prävention im Stadion

Die (Anti-)Gewaltkommission (*Schwind/Baumann* et al. 1990, Bd. I, **41** 199 ff) hat zur Eindämmung in diesem Bereich u. a. folgende Vorschläge unterbreitet: ein totales Alkoholverbot in den Stadien, die Anleitung der Ordner durch die Polizei, die Förderung von Kontakten zwischen Fan-Clubs und Polizei, die Beratung von Fan-Postillen (denen eine besondere Rolle bei der Hemmung oder Enthemmung von Gewaltneigung zukommt), die Beteiligung der Fanclubs am Ordnungsdienst, vorgeschaltete Rahmenprogramme zur Ablenkung und Auflockerung der Stimmung, mehrsprachige Lautsprecheransagen usw. Die meisten dieser Anregungen (insbesondere die Förderung von Fanprojekten und das Ziel des totalen Alkoholverbots in den Stadien) sind in das sog. **Nationale Konzept Sport und Sicherheit** (vom 1. Februar 1993) eingegangen. Auf Anregung der Sicherheitskommission des DFB haben sich daraufhin der Liga-Ausschuß und das Präsidium des Deutschen Fußballbundes z. B. mit der finanziellen Unterstützung von Fanprojekten beschäftigt und die entsprechende Unterstützung beschlossen.

bb) Das AgAG

Weitere Präventionsmodelle beziehen sich auf solche Gewalttäter, die **42** ausländerfeindliche Motivationen angeben. Ein entsprechendes **„Aktionsprogramm gegen Aggression und Gewalt Jugendlicher (AgAG)"** ist in 30 ausgewählten Regionen der neuen Bundesländer (initiiert und unterstützt vom BMFJ) ab 1992 aufgebaut worden. Inhalt: Betreuung insbesondere von **extrem rechts (ausländerfeindlich) und extrem links** eingestellten Jugendlichen (auf freiwilliger Basis) in Jugendclubs usw.; auch Streetworker-Programme gehören dazu (vgl. Informationsblatt des BMFJ Nr. 17 vom 13. Mai 1994).

Inzwischen (Ende 1996) ist das (90 Millionen DM-)Programm, das 6500 Jugendliche erreicht haben soll, ausgelaufen. Einige Projekte werden durch Länder und Kommunen, die sich das finanziell leisten können, weitergeführt (vgl. dazu die Pressemitteilung des Jugendministeriums vom 29. Oktober 1996 sowie die Dokumentation des AgAG in fünf Bänden, die 1997 im Votum Verlag/Münster erschienen ist).

2. Strafverfolgungsaktivitäten

42a   Auch im repressiven Bereich ist im Rahmen der Bandenbekämpfung (über die Bekämpfung vermögenskrimineller Banden hinaus) eine Spezialisierung (in bezug auf gewaltorientierte Tätergemeinschaften) erfolgt. Auf dem exemplarischen Wege kann insoweit

– **Hamburg*** erwähnt werden. Dort existiert (in Nachfolge des sog. Rokkerdezernats) seit 1. Juni 1989 eine **„Ermittlungsgruppe Junge Gewalttäter"** (ab 1. Oktober 1992 als LKA 244 dem Landeskriminalamt angegliedert), die bestimmte Bandentreffpunkte überwacht und insoweit dem „Crisis Intervention Network" ähnelt, das 1974 in Philadelphia aufgebaut wurde. Dort kann jeder Bürger, der sich durch Banden bedroht fühlt, die CIN-Mitarbeiter unter einer speziellen Telefon-Nummer erreichen und Hilfe erbitten, die, wie *Specht* (1984, 131) referiert, auch regelmäßig und rasch gewährt wird.

– In **Frankfurt*** gibt es seit 1987 ein **Fachkommissariat K 14,** die sich speziell um Gewaltdelikte jugendlicher Täter sowie um „Delikte mit Gruppenbezug" kümmert. Die dort tätigen Beamten sind über die Frankfurter Jugendszene gut informiert und können daher oft schon bei fragmentarischen Erkenntnissen gezielte Ermittlungen anstrengen. Daneben bietet eine hier geführte und aktuelle Lichtbilder-Vorzeigekartei Ansätze für weitere Ermittlungen.

– In **München***) wurde zu dem gleichen Zweck 1989 ein **Fachkommissariat 124** (jugend- und veranstaltungstypische Aggressionsdelikte) eingerichtet, das (wie das LKA 244 in Hamburg und das K 14 in Frankfurt) über eine EDV-unterstützte Informationssammlung über Jugendbanden und „-blasen" verfügt bzw. über eine deliktsspezifische Datei „Straftäter bei Sportveranstaltungen und gewalttätige/-bereite Jugendliche und Heranwachsende".

43   Darüber hinaus werden nicht zuletzt im Rahmen der **Bekämpfung der „Gewalt gegen Ausländer"** (für den **Bereich des gesamten Bundesgebietes**) u. a. folgende Maßnahmen, die sich insbesondere gegen die Skinheads richten, diskutiert, erwogen und z. B. auch schon in die Tat umgesetzt:

– begrenzte Demonstrationsverbote;
– der Aufbau von mobilen Einsatzkommandos der Länder, die kurzfristig eingesetzt werden können: die Anti-Gewaltkommission der Bundesregierung hatte speziell ausgebildete Festnahme- und Beweissicherungseinheiten vorgeschlagen, die (nach dem Vorschlag von *Schwind = NOZ* vom 28. September 1992, S. 1) möglichst dem Bund (also dem *BKA*) unterstellt werden sollten;

---

*) Quellen auf S. 554 unten

– der Einsatz von speziellen Distanzwaffen durch die Polizei;
– die Verstärkung von Vorfeldkontrollen, um reisende Gewalttäter rechtzeitig aufhalten zu können;
– der kurzzeitige Präventivgewahrsam;
– der Einsatz verdeckter Ermittler;
– die erkennungsdienstliche Behandlung aller Gewalttäter und ihre bundesweite Abrufbarkeit;
– die Verschärfung des Landfriedensbruchs-Paragraphen (§ 125 StGB).

In den USA setzt man (ein Zeichen von Hilflosigkeit?) inzwischen auf **Ausgehverbote** (vgl. Zeitungsausriß), die allerdings verfassungswidrig sein sollen (vgl. *FAZ* vom 31. Okt. 1996, 8). Solche Programme werden seit Mai 1996 (etwa ab 22 Uhr für Teenager unter 17 Jahren) z. B. in Chicago und Dallas durchgeführt (*Kube* 1996, 769).

Abends Ausgehverbot für Kinder
US-Erfolg: Jugendkriminalität ging um 27% zurück

WASHINGTON (ap) Um die Jugendkriminalität einzudämmen, will US-Präsident Clinton den Städten empfehlen, ein nächtliches Ausgehverbot für Jugendliche zu verhängen.

In sieben US-Städten gibt es dies schon. Am strengsten ist New Orleans: Dort gilt das Ausgehverbot für Jugendliche unter 17 von September bis Mai wochentags zwischen 20 und 6 Uhr, von Juni bis August ab 21 Uhr. Am Wochenende sollen die Jugendlichen bis 23 Uhr zu Hause sein.

Ausnahmen gelten für verheiratete Jugendliche und Minderjährige in Begleitung von Erwachsenen. Wer erwischt wird, kommt in eine „Sammelstelle", wo er von den Eltern abgeholt werden kann. Im Wiederholungsfall drohen den Eltern Strafen. Der Erfolg: Die Jugendkriminalität ging um 27% zurück, die Zahl der Autodiebstähle sogar um 42%.

aus: *WAZ* vom 31. Mai 1996

§ 29 Organisiertes Verbrechen

Literatur: Abadinsky, H.: Organized Crime, 3. Aufl., Chicago 1990; **Albanese**, J. S.: Organized Crime in America, 2. Aufl., Cincinnati 1989; **Berckhauer**, F. H./**Rada**, H. D.: Organisierte und grenzüberschreitende Wirtschaftskriminalität, Teil 1 in: Der Kriminalist 1977, S. 46–53, Teil 2 aaO, S. 151–160; **BMI:** Verfassungsschutzbericht 1993, Bonn 1994; **Bruns**, M.: Das Dunkelfeld der organisierten Kriminalität, in: Kriminalistik 1996, S. 697–704; **Bundeskriminalamt** (Hrsg.): Organisiertes Verbrechen, Wiesbaden 1975; **Bundeskriminalamt** (Hrsg.): Organisierte Kriminalität – wie groß ist die Gefahr? Wiesbaden 1990; **Bundeskriminalamt** (Hrsg.): Organisierte Kriminalität in einem Europa durchlässiger Grenzen, Wiesbaden 1991; **Burghard**, W./**Herold**, H./**Hamacher**, H.-W. et al.: Kriminalistik-Lexikon, Heidelberg 1984 (3. Aufl. 1996); **Eser**, A.: Neue Wege der Gewinnabschöpfung im Kampf gegen die organisierte Kriminalität? in: KrimPäd 1994/ Heft 35, S. 7–17; **Fätkinhäuer**, H. J.: Schutzgelderpressung, in: Kriminalistik 1994, S. 263–266; **Falcone**, G./**Padovani**, M: Inside Mafia, München 1992; **Flormann**, W.: Die Russen-Mafia auf dem Wege nach Westen? in: Der Kriminalist 9/1994, S. 411–416; **Flormann**, W.: Heimliche Unterwanderung. Organisierte Kriminalität – Herausforderung für Staat und Gesellschaft, Lübeck 1995; **Freiberg**, K./**Thamm**, B. G.: Das Mafia-Syndrom, Hilden (Rhld) 1992; **Gemmer**, K.: Organisierte Kriminalität in der Bundesrepublik? in: Archiv für Kriminologie, Bd. 171, 1983, S. 1–8; **Gnad**, T.: Internationale Kraftfahrzeugverschiebung, Teil 1, in: Kriminalistik 1978, S. 300–303, Teil 2 aaO, S. 350–356; **Gürow**, A.: Organisierte Kriminalität in der UdSSR, in: BKA-Vortragsreihe, Bd. 36 (Organisierte Kriminalität in einem Europa durchlässiger Grenzen), Wiesbaden 1991, S. 131–146; **Hahn,** D.: Die Bekämpfung der Rauschgiftkriminalität durch die Zollverwaltung, in: Politische Studien (zur) Politik und Zeitgeschichte, November/Dezember 1992, S. 78 ff; **Hassemer,** W.: Stellungnahme zum OrgKG, in: KrimJ 1992, S. 64–80; **Hauptmann,** W.: Die Bekämpfung der Organisierten Kriminalität, in: Kriminalistik 1996, S. 690–696; **Hermann,** L.: Gefahr im Verzuge, in: Kriminalistik 1991, S. 414–419; **Hess,** H.: Mafia. Zentrale Herrschaft und lokale Gegenmacht, Tübingen 1970; **Hilger,** H.: Neues Strafverfahrensrecht durch das OrgKG, 1. Teil, in: NStZ 1992, S. 457–463; **Janssen,** H.-P.: „Organisierte Kriminalität": Kriminalpolizeiliche Strukturmängel? in: Der Kriminalist 1978, S. 313–318 und S. 366–372; **Kerner,** H.-J.: Professionelles und organisiertes Verbrechen, Wiesbaden 1973; **Kerner,** H.-J.: Über das Eindringen krimineller Organisationen in regionale und wirtschaftliche Strukturen der Gesellschaft, in: Der Kriminalist 1976, S. 315–334; **Kerner,** H.-J.: Organisiertes Verbrechen, in: KKW, 3. Aufl., Heidelberg 1993, S. 377–381; **König,** J.: Das Verbrechensbekämpfungsgesetz – die strafprozeßrechtlich relevanten Änderungen, in: Kriminalistik 1995, S. 471–478: **Krevert,** P.: Schutzgelderpressung, Lübeck 1997; **Kube,** E.: Logistik der organisierten Kriminalität als Präventionsansatz, in: BKA-Vortragsreihe, Bd. 36, Wiesbaden 1991, S. 67–88; **Kube,** E.: Möglichkeiten und Chancen präventiver Maßnahmen zur Bekämpfung der organisierten Kriminalität, in: Die Polizei 1993, S. 241–264; **Kube,** E.: Korruption – hinnehmen oder handeln? in: Verwaltungsarchiv 1994, S. 432–449; **Küster,** D.: Organisierte Kriminalität: Mit den Augen des Praktikers gesehen, in: Kriminalistik 1990, S. 626–628; **Laschkul,** W.: Rußland im Kampf gegen organisierte Kriminalität, Magazin für die Polizei, Oktober 1996, S. 36–37; **Lindlau,** D.: Der Mob, Recherchen zum organisierten Verbrechen, München 1988; **Mayerhofer,** K./ **Jehle,** J.-M. (Hrsg.): Organisierte Kriminalität, Heidelberg 1996; **Meertens,** C.: Das Gesetz gegen die organisierte Kriminalität – eine unerträgliche Geschichte, in: ZRP 1992, S. 205–208; **Möhrenschlager,** M.: Das OrgKG – eine Übersicht nach amtlichen Materialien, in: wistra vom 12. Oktober 1992 (H. 8), S. 281 ff; **Müller,** P.: Die Mafia in der Politik, München 1990; **Nachreiner,** W.: Geldwäsche – Ein Delikt im kriminalistischen „Versuchsstadium", in: Kriminalistik 1995, S. 407–410; **Nehm,** K.: Föderalismus als Hemmnis für eine effektive Strafverfolgung der Organisierten Kriminalität, in: NStZ 1996, S. 513–519; **Niggl,** P.: Die vietnamesische Zigaretten-Mafia – Ein Staat im Staate, in: Kriminalistik 1994, S. 205–208; **Ohlemacher,** Th./**Mecklenburg,** E.: Und dennoch Demokraten? Gastwirte und ihr Wissen um Korruption und Schutzgelderpressungen, in: FS für Bartsch, Baden-Baden 1996, S. 111–136; **Pietrzik,** W.: Der international organisierte Rauschgifthandel, in: Kriminalistik 1980, S. 315–325; **President's Commission on Organized Crime** (Hrsg.): Report to the President and the Attorney General. The Impact: Organized Crime Today, Washington D. C. 1986; **Risch,** H. Europa und die innere Sicherheit, in: Kriminalität 1997, S. 82-85; **Roth,** J./**Frey,** M.: Die Verbrecherholding – Das vereinte Europa im Griff der Mafia, München 1991; **Schaefer,** K.: Internationale Verbrechensbekämpfung, Wiesbaden 1976/77; **Schäfer,** C: Organisierte Kriminalität aus der Sicht der Justiz, in: Kriminalistik 1997, S. 23-30; **Schaupensteiner,** W.: Bekämpfung von Korruptionsdelinquenz, in: Kriminalistik 1994, S. 514–524; **Schneider,** H.-J.: Organisiertes Verbrechen, in: *Schneider,* H.-J. (Hrsg.): Die Psychologie des 20. Jahrhunderts, Bd. 14, Auswirkungen auf die Kriminologie, Zürich 1981, S. 377–390; **Schneider,** H.-J.: Das organisierte Verbrechen, in: Jura 1984, S. 169–183; **Schneider,** H.-J.: Neuere kriminologische Forschungen zum organisierten Verbrechen, in: FS für W. *Stree* und J. *Wessels,* Heidelberg 1993; **Schroeter,** A.: Gesetze gegen die Geldwäsche, in: Sparkasse 7/1992, S. 198 ff; **Schulz,** H./**Herrmann,** I.: Bekämpfung der organisierten Kriminalität, in: Der Kriminalist 1983, S. 385–387; **Schuster,** L./ **Seitzer,** H.: Organisierte Kriminalität – eine Herausforderung für den Rechtsstaat? in: KrimPäd 1994/H. 35, S. 7–17; **Schwind,** H.-D./**Baumann,** J. et al. (Hrsg.): Ursachen, Prävention und Kontrolle von Gewalt, Bd. I–IV, Berlin 1990; **Schwind,** H.-D./**Steinhilper,** G./**Kube,** E. (Hrsg.): Organisierte Kriminalität, Heidelberg 1987; **Schwind,** H.-D.: Das organisierte Verbrechen als (unterschätzte) kriminalpolitische Herausforderung, in: FS für *Remmers,* Köln 1995, S. 629–652; **Schwind,** H.-D.: Zur „Mauer des Schweigens", in: Kriminalistik, März 1996; **Sieber,** U./**Bögel,** M.: Logistik der Organisierten Kriminalität (LOOK), BKA-Forschungsreihe Bd. 28, Wiesbaden 1993; **Siebrecht,** M.: Rasterfahndung, Berlin 1997; **Sielaff,** W.: Bis zur Bestechung leitender Polizeibeamter? Erscheinungsformen und Bekämpfung der organisierten Kriminalität in Hamburg, in: Kriminalistik 1983, S. 417–422; **Sielaff,** W.: Organisierte Kriminalität, in: *Kube,* E./*Störzer,* H.-U./*Timm,* K.-J.: Kriminalistik-Handbuch für Praxis und Wissenschaft, Bd. 2, Stuttgart 1994, S. 501–527; **Steinke,** W.: Das organisierte Verbrechen, in: Kriminalistik 1982, S. 78–100; **Sterling,** C: Die Mafia, Bern 1990; **Stümper,** A.: 150 Milliarden Mark jährlicher Schaden. Das organisierte Verbrechen in der Bundesrepublik Deutschland, in: Kriminalistik 1985, S. 8–17; **Ullmann,** R.: Organisationsaspekte der OK-Bekämpfung, in: Kriminalistik 1996, S. 328–332; **Vahlenkamp,** W./**Knauß,** I.: Korruption – hinnehmen oder handeln? Wiesbaden 1995; **Werner,** A.: Organisierte Kriminalität: Fiktion oder Realität? in: Kriminalistik 1982, S. 131–136; **Weschke,** E.: „Netzstruktur – Kriminalität". Eine spezifische Form des Intensivtäterverhaltens, in: Kriminalistik 1986, S. 297–317; **Wittkämper,** W./**Krevert,** P./**Kohl,** A.: Europa und die innere Sicherheit, Wiesbaden 1996; **Zachert,** H.-L.: Organisierte Kriminalität, Strukturen, Bedrohungspotential, Bekämpfungsprobleme, in: Kriminalistik 1990, S. 622–625.

Gliederung

Die organisierte Kriminalität („organized crime") macht auch in der **1** Bundesrepublik zunehmend Schlagzeilen. Gleichwohl war auch unter Fachleuten lange umstritten (ein Streit der in der polizeilichen Praxis Ende der 60er Jahre begann), ob es in Deutschland bereits diese Form des Verbrechens gibt oder nicht (zu Vorläufer-Phänomenen vgl. Rdn. 2 zu § 27). Die Beantwortung dieser Frage hängt zunächst davon ab, was man unter „organisiertem Verbrechen" versteht.

I. Begriff und Wesen des organisierten Verbrechens

Das Phänomen des „organisierten Verbrechens" begrifflich in einer **2** Definition zu erfassen, ist deshalb so schwer, weil die Erscheinungsformen so vielfältig sind. Eine einheitliche Sprachregelung ist allerdings schon deshalb notwendig, weil sich die Strafverfolgungsbehörden sonst nicht exakt verständigen können, abgesehen z.B. von den Problemen überregionaler Datenerfassung (vgl. *Steinke* 1982, 78; a.A. *Kerner* in: *BKA* 1975, 200, der vor einer Definition warnte, weil keiner wisse, was „Organisierte Kriminalität" eigentlich sei).

1. Definitionsprobleme

3   Im Kriminalistik-Lexikon, das 1996 (in dritter Auflage) von bekannten deutschen leitenden Polizeibeamten herausgegeben wurde (*Burghard, Hamacher, Herold, Howorka, Kube, Schreiber, Stümper*), werden unter „organisiertem Verbrechen" verstanden: „Auf Dauer angelegte und geschäftsmäßig betriebene kriminelle Aktivitäten, die von strukturierten Gruppen international und national strategisch geplant und durchgeführt werden, um hohe Gewinne zu erzielen oder Einfluß in die Bereiche des öffentlichen Lebens zu erlangen" (aaO, 172).

4   **1992** hat sich der **Deutsche Bundestag** (in der **Begründung zum OrgKG** vom 15. Juli 1992: BT-Drucks. 12/989, 24) auf folgende **Praxisdefinition** verständigen können:
      „Unter Organisierter Kriminalität ist eine von Gewinnstreben bestimmte planmäßige Begehung von Straftaten durch mehrere Beteiligte zu verstehen, die auf längere und unbestimmte Dauer arbeitsteilig

– unter Verwendung gewerblicher oder geschäftsähnlicher Strukturen,
– unter Anwendung von Gewalt oder anderen zur Einschüchterung geeigneter Mittel oder
– unter dem Bemühen, auf Politik, Medien, öffentliche Verwaltung, Justiz oder Wirtschaft Einfluß zu nehmen,

zusammenwirken" (ähnlich 1990 eine Bund-Länder-Arbeitsgruppe Justiz/Polizei, abgedr. als Anlage E zu den RiStBV in *Kleinknecht/Meyer-Goßner*, 42. Aufl., Nr. 2.1, S. 1789; krit. *Nehm* 1996, 515).

4a   Es fragt sich jedoch, **ob diese Definition** so klar gefaßt ist, daß sie insbesondere für den Bereich **strafprozessualer Eingriffsregelungen hinreichend** ist. So weist z. B. *Boll* (1992, 66/68) darauf hin, daß „es die Verfassung dem Gesetzgeber zur Pflicht macht, Eingriffsmaßnahmen, die zur Bekämpfung der O.K. geboten erscheinen, von hinreichend bestimmten, den Eingriff rechtfertigenden Tatbestandsvoraussetzungen abhängig zu machen"; ebenso *Sieber/Bögel* (1993), die jedoch zugleich darauf hinweisen, daß solche Definitionen dabei helfen, polizeiliche oder staatsanwaltschaftliche **Zuständigkeiten zu begründen**.

5   Die einschlägige Literatur (vgl. z. B. *Kaiser*, Kriminologie 1993, 235; *Schneider* 1984, 169 ff; *Schuster/Seitzer* 1994, 8; *Sielaff* 1994, 503) zieht es vor, die O.K. anhand einer (vor allem logistikbezogenen: *Sieber/Bögel* 1993 = **LOOK-Projekt**) **Indikatorenliste** zu beschreiben (vgl. dazu auch die Übersicht bei *Wittkämper/Krevert/Kohl* 1996, 52 ff), die folgende Merkmale aufweist:

– erstens: den **auf Dauer** angelegten Zusammenschluß einer kriminellen Personenmehrheit (von Berufsverbrechern) als gewinnorientierter solidarischer Interessengemeinschaft (der Terrorismus gehört deshalb nicht hierher);
– zweitens: eine Organisationsstruktur, die durch **straffen Führungsstil**, Disziplin der Mitglieder (Respekt, Verschwiegenheit, absoluter Gehorsam, interne Sanktionen), aber auch durch Sorge für deren

Sicherheit gekennzeichnet ist: Fluchtunterstützung, hohe Kautionsangebote, Auftreten von Entlastungszeugen, Versorgung der Angehörigen, Wiederaufnahme nach der Haftentlassung;

- drittens: **planmäßiges und arbeitsteiliges Vorgehen** (gemeint sind Rollenverteilung und Vertriebsnetze);
- viertens: **Betreiben von illegalen Geschäften** mit Gütern (etwa Waffen, Rauschgift, Kunstgegenständen) oder Dienstleistungen (etwa Glücksspiel, Prostitution) sowie Verknüpfung solcher Aktivitäten mit legalen Geschäften: Einkaufen in logistisch interessante (und gewinnträchtige) Branchen: etwa Speditions- und Reiseunternehmen, In- und Exportfirmen aller Art, Banken, Gaststätten und Hotelbetriebe;
- fünftens: **Nutzung von „Connections"**, nämlich persönlichen und geschäftlichen Verbindungen (Zweckbündnissen);
- sechstens: **konspiratives Täterverhalten** (Abschottung, Tarnnamen, Gegenobservation);
- siebtens: **Zeugenbeeinträchtigungen**, die „von ‚wortlosen‘ Telefonanrufen und verbalen Einschüchterungen über Sachbeschädigungen, Warnschüsse aus dem Hinterhalt bis hin zum brutalen Zusammenschlagen und Töten von Zeugen reichen" (*Sielaff* 1994, 514);
- achtens: **flexible Verbrechenstechnologie und Vielfalt in der Wahl der Verbrechensmethoden**, wobei Gewalt gegen Personen (etwa Terror) zurücktritt zugunsten von Druckausübung jeglicher Art (z. B. Schutzgelderpressung) oder aktiver Bestechung bzw. **Korrumpierung** (z. B. durch Sex, Glücksspiel, Zins- und Kreditwucher);
- neuntens: **Geldwäschehandlungen**;
- zehntens: bewußte **Ausnutzung der Infrastruktur** wie Funkverkehr, Telefon und länderübergreifender Transportmöglichkeiten sowie (nicht zuletzt)
- elftens: **Internationalität und Mobilität**.

Kommt (zwölftens) das Ziel, wirtschaftliche oder politische Machtpositionen zu erringen, hinzu, spricht man generell von **Mafia** (*Falcone* 1992, 34). Die Mafia unterscheidet sich also von sonstiger organisierter Kriminalität dadurch, daß sie, um den entsprechenden Einfluß zu sichern, bestrebt ist, öffentliche Institutionen (Legislative und Exekutive) sowie Medien und Wirtschaftsunternehmen mit eigenen Leuten zu **unterwandern.**

In Italien scheint das bereits auf eine bemerkenswerte Weise gelungen zu sein. Höchste Repräsentanten des Staates gehör(t)en offenbar zu den „Connections", die auch eingesetzt wurden bzw. wahrscheinlich noch werden: die Medien berichten ausführlich darüber (vgl. auch den Zeitungsausriß unten und Hauptmann 1996, 690 f).

Und noch einen Unterschied gibt es, der auch für andere (Männer-)-Geheimbünde (vgl. Rdn. 8 ff) typisch ist: die **totale Abschottung** nach außen (Schweigegebot gegenüber Strafverfolgungsbehörden), und z. T. auch innerhalb der Organisation selbst: „ein Geheimbund ist wie ein mehrgeschossiges Gebäude, in dem die Bewohner des einen Stockwerks

nicht wissen, wo die Treppe zum nächsthöheren ist – bis auf einen Großen Bruder auf der jeweiligen Etage, der jeder von ihnen sein kann, den
aber keiner kennt" (*Bökemeier* in: GEO, Nr. 2, 1989, 102). *Schneider*
(1984, 170) spricht von einer „**Isolierschicht**" (zwischen Kommando- und
Ausführungsebene), „die von Personen gebildet wird, die legale Berufe
ausüben, lediglich Befehle ... weitergeben und im Falle ihrer Vernehmung durch Strafverfolgungsbehörden von nichts wissen".

Mafiaprozeß gegen Italiens Expremier Andreotti

Palermo, 2. 3. (dpa/Reuter)
Der langjährige Ministerpräsident Giulio Andreotti muß
sich als erster hochrangiger ita-
lienischer Politiker unter Ma-
fiaverdacht vor Gericht verantworten. Der Prozeß gegen den
76jährigen beginnt am 26. September in der sizilianischen
Hauptstadt Palermo. Das entschied ein Ermittlungsrichter
am Donnerstag bei der Vorver-
handlung. Andreotti, der
sieben Mal Regierungschef
war, beteuert weiter seine Un-
schuld und nannte das Verfahren „ungerechtfertigt". Nach
Überzeugung der Anklage, die
sich vor allem auf Aussagen
reuiger Mafiosi stützt, war der
Christdemokrat mindestens
14 Jahre lang politischer Ver-
trauensmann der Verbrecher-
organisation.

aus: *NOZ* vom 3. März 1995

2. Kein monolitisches Verbrecherkartell

6   Ein weit verbreitetes Mißverständnis, das immer wieder transportiert
wird, besteht in der (fälschlichen) Annahme, bei der „Mafia" (bzw. bei
der O. K.) würde es sich um eine einzige große Geheimgesellschaft handeln oder zumindest um ein monolitisches Verbrecherkartell; jedenfalls
„suggeriert (der Begriff) die Vorstellung von einer großen Organisation"
(*Hess* 1970, VI). Über eine Art von zumindest (losem) Oberkommando
scheint jedoch nur die amerikanische Cosa Nostra (vgl. Rdn. 18 f) zu verfügen. Es fragt sich im übrigen, **ob es notwendig und sinnvoll ist, die
O. K. als „das Modell einer militärisch organisierten Gewaltorganisation
zu begreifen"** (*Kerner* in: KKW 1993, 379). Ergänzend schreibt *Sielaff*
(1994, 502), daß „die einseitige Mafia-Verknüpfung, d. h. die Orientierung an den höchsten Ausprägungen, (verkennt), daß organisierte Kriminalität als dynamischer Prozeß zu verstehen ist, der unterschiedliche
Entwicklungsstufen durchläuft". Auf der anderen Seite wird von dem
Etikett des organisierten Verbrechens oft zu rasch Gebrauch gemacht.
Nach *Kerner* (aaO) zeichnet sich jedenfalls in Europa eher „ein grenz-
überschreitendes informelles Netz gegenseitiger Bekanntschaften von
sog. Vollzeitkriminellen ab, die in Kleinstgruppen arbeiten". Auch *Sielaff* (1994, 506) geht davon aus, daß zumindest in Deutschland „eher

horizontale Personengeflechte und Netzwerke existieren ... **(Beziehungsgeflechte)**". *Weschke* (1986, 257 ff) spricht von **„Netzstrukturkriminalität"**.

3. Abgrenzung der O.K. von der Bande

Die Abgrenzung der O.K. von der Bande ergibt sich zunächst aus der   7
in Rdn. 4 abgedruckten Definition der O.K. Diese gliedert sich nämlich
in **generelle Merkmale** (die sich auf die allgemeine Bandenkriminalität
beziehen; vgl. dazu auch § 28) und die **speziellen Merkmale**, die dort
unter den drei Spiegelstrichen aufgeführt werden. Erst die speziellen
Merkmale qualifizieren organisiertes kriminelles Verhalten zu „Organisierter Kriminalität" (so *Schuster/Seitzer* 1994, 8). Die Grenzen zur (traditionellen) Bandenkriminalität sind gleichwohl fließend. *Schneider*
(1993, 132) spricht von einem **Kontinuum** (vgl. auch *Sielaff* 1994, 501 ff).
Deshalb sollte man vor allem noch folgende zusätzlichen Anhaltspunkte
beachten:

– erstens: bei der Bande bestimmt grundsätzlich **der Täter die Straftat**
  (nicht auch der Kunde wie beim organisierten Verbrechen);
– zweitens: die Bande verübt primär Straftaten mit direkten Opfern
  (Einbruch, Raub); die O.K. spezialisiert sich hingegen vor allem
  (auch) auf scheinbar **opferlose** Delikte (Rauschgift, Waffenhandel)
  oder solche Rechtsbrüche, an denen das **Opfer mitwirkt** und deshalb
  ohne Gefahr für sich selbst nicht anzeigen kann (verbotenes Glücksspiel) oder **aus Furcht vor Repressionen nicht anzeigen will** (Schutzgelderpressung, Prostitution);
– drittens: der **Mitgliederstamm** ist bei der Bande gut **überschaubar**, bei
  der O.K. jedoch grundsätzlich nicht;
– viertens: die **persönlichen Beziehungen** spielen bei der Bande eine
  Rolle, bei der O.K. meistens nicht;
– fünftens: die O.K. verlangt von ihren Mitgliedern **absolute Loyalität**;
– sechstens: die Bande ist **kurzlebiger** als die O.K., die unabhängig von
  der jeweiligen Führung angelegt ist;
– siebtens: die Bande weist (im Vergleich zur O.K.) **keine entsprechende Organisationsstruktur** auf und
– achtens: die Bande besitzt grundsätzlich **keine „Connections"** zu Politik und Wirtschaft.

Salopp formuliert: Beide Tätergemeinschaften unterscheiden sich wie
der „Tante-Emma-Laden" vom Supermarkt.

4. Umsätze der O.K.

Die Umsätze und Gewinne des organisierten Verbrechens kann man   7a
kaum schätzen. Nach einer Meldung in FOCUS (vom 18. Januar 1993,
45) soll allein die Mafia 500 Milliarden DM in der westlichen Welt umsetzen; davon nach Schätzungen des Bundeskriminalamtes (zit. nach

FOCUS aaO) **40 Milliarden allein in Deutschland**. *Falcone* (1992, 26) gelangt für Italien zum gleichen Ergebnis. *Fachler* taxiert den volkswirtschaftlichen Gesamtschaden, der in Deutschland jährlich entsteht, (in einem Positionspapier der niedersächsischen Industrie- und Handelskammer) auf 160 Milliarden DM (in: Kriminalistik 1995, 311). International gesehen haben allein Rauschgifthändler bereits 1991 Gewinne von rund 200 Milliarden DM erzielt (*BND*, zit. nach einem MS der *GdP* vom Oktober 1993, 13).

5. Schadensschätzungen

7b   Schadensschätzungen sind problematisch, weil das Dunkelfeld (vgl. Rdn. 32) der OK (bisher) kaum abschätzbar ist; es gibt jedenfalls keine festen Schätzungsgrundlagen, so daß es sich bei den bisherigen Hinweisen eher um reine **Blindschätzungen** handeln dürfte (dazu Rdn. 37 zu § 2). So geht z. B. *Flormann* (1995, 158) von **170 Milliarden DM** Schaden pro Jahr durch OK bei uns aus (weitere Hinweise bei *Ullmann* 1996, 700): diese Zahl widerspricht allerdings bereits den vom BKA geschätzten OK-Umsätzen hierzulande (vgl. Rdn. 7a) ganz erheblich.

aus: *FAZ* vom 29. November 1993

II. Geschichte des organisierten Verbrechens

1. Italienische Wurzeln

Die Wurzeln des organisierten Verbrechens liegen jedoch nicht nur im **8** mittelalterlichen Bandenwesen, sondern auch in den Organisationen der sizilianischen Mafia bzw. der neapolitanischen Camorra (in Kalabrien heißt die Geheimorganisation: N'drangheta, d. h. „Bruderschaft").

Verhaftungswelle gegen die Mafia
Größte Aktion seit 1984: 100 Festnahmen

aus: *NOZ* vom 18. November 1992

a) Die sizilianische „Mafia"

Die Bezeichnung **Mafia** taucht erstmals 1865 in der offiziellen italieni- **9** schen Amtssprache auf; die Herkunft des Wortes ist jedoch ebenso unge- wiß wie die Geschichte dieser Erscheinung (vgl. *Hess* 1970, 2 f). Mögli- cherweise wurde die Mafia schon im 13. Jahrhundert in Sizilien gegrün- det (vgl. *Schneider* 1984, 170), und zwar als eine Art von **Selbsthilfeorga- nisation**, die insbesondere im Interesse der ländlichen (Agrar-)Bevölke- rung Schutz- und Vermittlerfunktion ausübte (*Hess* aaO, 16; *Schneider,* Kriminologie 1988, 54).

Der Grund für ihre Entstehung wird im Zerfall der eigenen sozialen Herrschaftsordnung gesehen, die durch (wechselnde) Fremdherrschaf- ten abgelöst wurde: Sizilien war ein ständig kolonial beherrschtes Gebiet, das wegen der Entfernung des (jeweiligen) zentralen staatlichen Herrschaftsapparates praktisch (in bezug auf die Aufrechterhaltung von Sicherheit und Ordnung) nicht effektiv regiert werden konnte. Das resul- tierende **Machtvakuum** wurde durch Lokalmatadoren (die Mafiosi) besetzt, die sich durchaus als Ehrenmänner empfanden und oft das Ansehen „charismatischer" Führer besaßen (*Hess* aaO, 9).

Die Aktivitäten dieser Männer, die quasi als **„Staatsersatz"** dienten, bezogen sich zunächst primär auf die Aufrechterhaltung der Ordnung, aber auch auf die Vertreibung von Wettbewerbern vom Gemüse- und Viehmarkt. Später kamen (für die eigene Bedarfsdeckung) Diebstahl, (Straßen-)Raubtaten, Geldwucher sowie auch Tributleistungen für Sicherheitsgarantien hinzu (*Hess* aaO, 10).

Die Gemeinschaft, die der Mafioso „beschützt(e)", ist die **„Cosca"**; die bestellten Vollstrecker seines Willens sind die **„banditi"**!

Die **Mittel der Durchsetzung** der Mafia-Anliegen reichten bereits frühzeitig von der (Schutzgeld-)Erpressung und Bestechung bis zur offe- nen Gewalt.

Mittelpunkt der Mafia-Aktivitäten ist noch heute die Hauptstadt Siziliens: Palermo. Der mutigste „Mafia-Jäger" der 80er Jahre, der sizilianische Richter Giovanni *Falcone*, wurde am 23. Mai 1992 bei Palermo ermordet, vermutlich weil er (1986/87) maßgeblich einen Massenprozeß in Gang gesetzt hat, in dem (in Palermo) 474 Mafia-Mitglieder wegen Mordes und Rauschgifthandels zu hohen Freiheitsstrafen verurteilt wurden; aus seiner Feder stammt das Buch **„Inside Mafia"** (München 1992), in dem *Falcone* et al. die Mordtechniken und die Bewaffnung der heutigen Mafiosi beschreiben: Kalaschnikow, Bazooka, Granatwerfer, ferngesteuerte Sprengsätze. Bevorzugt wird jedoch eher die lupara bianca, das saubere und einfache Verschwinden des Opfers, ohne Blut, ohne Lärm: etwa durch Erwürgen, wobei das Opfer anschließend im Säurebottich aufgelöst wird. Weiteres Schrifttum zur Mafia: *Müller* 1990 und *Sterling* 1990.

38 Personen wegen Zugehörigkeit zur Mafia auf Sizilien verurteilt

PALERMO, 1. Januar (Reuter). Ein Gericht in der sizilianischen Stadt Palermo hat am Dienstag 38 Personen wegen ihrer Zugehörigkeit zur Mafia zu insgesamt 328 Jahren Haft verurteilt. Die Angeklagten wurden verschiedener Verbrechen für schuldig befunden, darunter auch der Entführung des Bankiers Sindona. Unter den Verurteilten sind die beiden Söhne des bereits inhaftierten Mafia-Bosses Gaetano Badalamenti, Vito und Leonardo Badalamenti. Das Verfahren war noch von den Untersuchungsrichtern Falcone und Borsellino vor zehn Jahren eingeleitet worden. Beide wurden im Jahr 1992 auf Sizilien von der Mafia ermordet.

aus: *FAZ* vom 2. Januar 1997

b) Die „Camorra" in Neapel

10 Zu den Wurzeln der organisierten Kriminalität wird auch die Camorra (Blusenträger, Proletariat) gerechnet, deren Entstehung auf das Jahr 1820 zurückdatiert wird. Damals schlossen sich neapolitanische Strafgefangene in diesem Bund der Verbrecher (im Gegensatz zu den Mafia-Ursprüngen) zusammen, um sich gemeinsam besser gegen die Brutalität der Gefängnisaufseher zur Wehr setzen zu können; später (etwa ab 1830) bildeten entlassene Straftäter die sog. Straßen-Camorra (*Freiberg/ Thamm* 1992, 39), die ähnliche Mittel wie die Mafia einsetzt.

Camorra erschießt Priester

hjf. ROM, 20. März. Eine Woche vor den Parlamentswahlen am 27./28. März demonstriert die organisierte Kriminalität in Italien ihre Macht. Die Mafia in Sizilien, die Ndrangheta' in Kalabrien und die Camorra in Kampanien, in und um Neapel, beunruhigen wieder die Bürger. Am Samstag wurde in Casal di Principe, einem Städtchen bei Neapel, der 36 Jahre alte Priester Giuseppe Diana, von Mördern der Camorra erschossen, als er kurz vor halb acht Uhr am Morgen in die Kirche zur Meßfeier ging. Der junge Pfarrer Diana galt als Gegner der Camorra, weil er in seinen Predigten die Gewalt stets verurteilt hatte. Diana hatte im November des vergangenen Jahres vor den Gemeindewahlen zusammen mit anderen Priestern einen Aufruf gegen die Camorra für Zivilcourage der Bürger unterzeichnet und war einige Tage zuvor von Untersuchungsrichtern über die Verbindungen zwischen Politikern und Camorristi befragt worden. Johannes Paul II. beklagte am Sonntag die Ermordung des Priesters und wertete sie als Zeugnis der Kirche im Kampf um eine gerechte Gesellschaft.

aus: *FAZ* vom 21. März 1994

Typisch sind z. B. die Beseitigung von Widerstand durch Mord, die **11**
„Vendetta" (Blutrache), politische Einflußnahme durch Drohungen oder
Gewalt oder Wahlmanipulationen, aber auch die „Omerta", die Schwei-
gepflicht gegenüber den Strafverfolgungsbehörden. Wer in die Organisa-
tion aufgenommen worden ist, dem bietet sie soziale Sicherheit: festes
Gehalt, bei Prozessen die besten Verteidiger und bei Verurteilungen
„Pensionszahlungen" an die Familie.

Der Kern der Camorra besteht aus rund 5000 „hauptamtlichen" Mitar- **12**
beitern bzw. Rechtsbrechern, die vor allem mit dem Eintreiben von
„Schutzgeldern" (in Sizilien: **„pizzu"**) befaßt sind: Kleinere (seßhafte)
Händler mußten schon Anfang der neunziger Jahre monatlich durchschnittlich (umgerechnet) etwa 400 DM zahlen, ambulante („fliegende")
Händler 200 DM. Daneben finanziert sich die Organisation z. B. aus
Kfz-Diebstählen, illegalem Rauschdrogenhandel, Zigarettenschmuggel
sowie aus der Organisation verbotener Wetten und Glücksspiele und aus
der Prostitution.

Ein Bandenkrieg um die Vorherrschaft in Neapel und im übrigen Kam- **13**
panien, dem z. B. in der Zeit vom 1. Januar 1979 bis zum 31. März 1982
insgesamt 550 Menschen zum Opfer fielen, wird zwischen zwei rivalisie-
renden Camorra-Zweigen geführt: der **„Neuen organisierten Camorra"**
(NCO: „Nuova Camorra Organizzata") und der **„Neuen Familie"** (NF).
Die NF ist die ältere Organisation, die aus Clans besteht, die sich Namen
zugelegt haben wie „Kampanische Scharfrichter-Zelle", „Todesschwa-
dron" oder „Gruppe der Vereinigten Ehrenmänner".

Zunehmenden Einfluß hat jedoch bis 1984 die jüngere NCO gewonnen, an deren Spitze zunächst der charismatische (1941 geborene) Don
Raffaele Cutolo stand, der sich angeblich selbst brüstet, ein Schüler des
früheren Chefs der amerikanischen Cosa Nostra, Vito *Genovese*, zu sein.
Nach seiner Verurteilung (zu lebenslanger Freiheitsstrafe) ist seine
Schwester *Rosetta Cutolo* (Spitzname „Röschen") an seine Stelle getreten. *Rosetta*, die 1990 in Abwesenheit zu 9 Jahren Haft verurteilt wurde,
konnte am 8. Februar 1993 in einem Vorort Neapels gefaßt werden (FAZ
vom 9. Februar 1993, 1).

Das Unwesen beider Camorra-Banden hat in Neapel zu einer Eskalation des Verbrechens seit Ende der 70er Jahre geführt: Die Stadt galt
seither als **„Hauptstadt des Verbrechens"** in Italien: Raubüberfälle
waren bis 1993 so häufig, daß die Medien keine Notiz mehr von ihnen
nahmen.

Seit (*1993*) *ein Großteil der Camorra-Führer inhaftiert werden konnte,
bahnt sich „in Neapel eine Wende zum Besseren" an (vgl. den ausführlichen SPIEGEL-Bericht vom 29. Mai 1995, 2 ff). Die positive Entwicklung der bis dahin heruntergekommenen südlichen Metropole
wurde 1994 durch ein umfangreiches Sanierungsprogramm unterstützt,
das wegen des in Neapel tagenden Weltwirtschaftsgipfels aufgelegt
wurde (DER SPIEGEL aaO).*

14   Internationale Camorra-Kontakte sind zur amerikanischen Mafia vorhanden, wie sich z. B. aus gemeinsamen Konferenzen ergibt.

15   Ende 1992 kam es zu Verhaftungsaktionen, die an ähnliche Aktionen aus dem Jahre 1983 erinnern.

16 2. Organisierte Kriminalität in den USA

a) Die amerikanische Mafia (Al Capone)

17   Die amerikanische Mafia ist schon im 19. Jahrhundert mit den Einwanderern aus Sizilien in die USA importiert worden, hat dort jedoch ihre Aktivitäten zunächst auf die eigene italienische Volksgruppe beschränkt. Erst das totale Alkoholverbot von 1919 (die Prohibition) hat die Chance eröffnet, den Machtbereich weiter auszudehnen. Den Mafiosi gelang es in kurzer Zeit, mit illegaler Branntweinherstellung und Alkoholschmuggel bzw. Schwarzmarktgeschäften außergewöhnlichen Profit zu machen (*Kerner* 1985, 321). Zur Gangstermetropole wurde Chicago, eine US-Großstadt am Michigan-See, in der auch der bekannteste Mafia-Vertreter der 20er Jahre gelebt hat: *Al Capone*. Dieser Mann kontrollierte mit seiner Organisation nicht nur große Teile des illegalen Alkoholmarktes, sondern auch Spielhöllen und Prostitution. Geschäftsinhaber, die nicht bereit waren, die (nach dem italienischen Vorbild) geforderten „Schutzgelder" zu zahlen, wurden brutal zusammengeschlagen, ihre Läden verwüstet. Die sizilianischen bzw. neapolitanischen Methoden der Erpressung und Bestechung bzw. der politischen Korrumpierung wurden verfeinert.

b) „Cosa Nostra"

18   Als Al Capone 1931 wegen Steuerhinterziehung (andere Straftaten hat man ihm nicht nachweisen können) zu 11 Jahren Freiheitsstrafe verurteilt wurde (von denen er 8 Jahre im Strafvollzug absaß), schlossen sich die verschiedenen Mafiagruppen, die sich in den 20er Jahren in blutigen Bandenkriegen bekämpft hatten, zur Cosa Nostra („unsere Interessen") zusammen.

19   Diese geschlossene Geheimorganisation, die nach wie vor in den Vereinigten Staaten (inzwischen aber auch in Europa) besteht und Einfluß ausübt, ist in folgender Weise gegliedert (vgl. *Schneider* 1981, 383):

a) Familien mit je 20 bis 700 Mitgliedern, an deren Spitze der Boß (Padrone) steht;

b) die Familien wiederum sind in 24 Kartellen oder Syndikaten zusammengeschlossen mit je 500 Mitgliedern (= rund 12 000 Mitglieder);

c) die 24 Kartelle arbeiten in einem „Verwaltungsrat", einer Kommission („Consiglio d'Ammistrazione" – Hauptsitz: New York) mit oberster Gerichts- und Leitungsfunktion zusammen: diesem Verwaltungsrat, der 1931 auf Initiative des legendären Mafia-Bosses „Lucky" Luciano von den „Familienoberhäupten" gegründet wurde, gehören 9–12 Mitglieder an, die von den Kartellen bestimmt werden.

3. Organisierte Kriminalität in Osteuropa und Asien

Organisierte Kriminalität gibt es außer in Italien und in den USA auch **20**
in anderen Teilen der Welt, etwa im asiatischen Raum: in den GUS-Staaten (als „rote" oder „Russen"-Mafia), in Japan (Yakuza) und China
(Triaden).

a) GUS: „Russen"-Mafia

Mit dem Begriff der „Russen"-Mafia werden organisierte Verbrecher- **21a**
banden bezeichnet, die aus Russen, aber auch aus Aserbaidschanern,
Georgiern, Kaukasiern, Ukrainern, Tschetschenen oder anderen ethnischen Gruppierungen bestehen (vgl. *Flormann* 1994, 411). Diese sollen
sich nach italienischem Mafia-Vorbild organisiert haben. Jede ethnische
Gruppe hat praktisch ihr eigenes Verbrechersyndikat gegründet (*Flormann* aaO, 412).

Erste Anzeichen für Organisierte Kriminalität i. S. von mafia(-ähnli-
chen) Aktivitäten sollen sich in der UdSSR bereits in der Ära von
Chruschtschow entwickelt haben. Gemeint ist offenbar die Korruption
der Partei- und Wirtschaftsfunktionäre, die wiederum der Erpressung
der Unterwelt ausgesetzt waren bzw. noch sind.

Spezialtrupp gegen Ost-Mafia

Das Bundeskriminalamt (BKA) verstärkt den Kampf gegen osteuropäische Mafia-Banden in Deutschland. In Wiesbaden wurde ein Spezialtrupp mit dem Namen ESOK (Organisierte Kriminalität durch Straftätergruppierungen aus der ehemaligen Sowjetunion) zusammengestellt.

Im Visier der Spezialisten: Autodiebstahl, Menschenhandel, Zuhälterei, Schutzgelderpressung und Drogendelikte. Zunächst soll die Sondertruppe einen verbesserten Lagebericht erarbeiten. Erste Ergebnisse sollen bis Ende 1996 vorliegen.

BKA-Experten hatten am vergangenen Mittwoch dem Innenausschuß des Bundestags in nichtöffentlicher Sitzung neue brisante Zahlen vorgetragen. Danach stammten 1994 knapp 22 Prozent der 9256 Tatverdächtigen im Bereich der Organisierten Kriminalität aus Ost- und Südosteuropa.

Die Zahl der mutmaßlichen Täter aus der Ex-UdSSR stieg dramatisch um 42,7 Prozent. Auf ihr Konto gingen 18,6 Prozent aller Schutzgelderpressungen. Besonderes Merkmal der Ex-Sowjets: hohe Gewaltbereitschaft.

aus: *Focus* vom 16. Oktober 1995, S. 13

*In der Zeitschrift „Sowjetunion – heute" (12/1988, 40) heißt es dazu:
Auf einem gemeinsamen Kongreß mit den Verbrecherorganisationen
erklärten sich „die ‚weiße-Kragen'-Täter (schon in den 70er Jahren)
bereit, den Banden zehn Prozent ihrer Einkünfte abzutreten, damit
diese sie in Ruhe ließen oder sogar in Schutz nahmen … Der jüngste
solcher Kongresse wurde 1985 an der Schwarzmeerküste abgehalten".*

Die meisten der (auf rund 200 geschätzten) Verbrecherorganisationen
sollen ihr Unwesen in den südlichen Regionen der UdSSR treiben – aber
auch in Leningrad und Moskau.

„Sowjetunion heute" (aaO) weiter: „In der Verbrecherwelt betrachtet man es als erstrebenswert, kleine Städte unter Kontrolle zu nehmen. Im Gebiet Moskau sind das z. B. Balaschicha, Luberzy, Puschkino und Orechowo-Sujewo … Nach unseren Erkenntnissen zahlen heute nicht nur illegale Geschäftsleute, sondern (inzwischen) auch Taschendiebe und Rauschgifthändler an die Mafia-Bosse; widrigenfalls wird man sie nicht ‚arbeiten' lassen."

Bei dem Bericht in „Sowjetunion heute" handelt es sich um eine Übersetzung aus der sowjetischen Zeitschrift „Literaturnaja Gaseta"; auch der SPIEGEL hat darüber berichtet (vgl. Zeitungsausriß unten). Darüber, wie sich die Organisierte Kriminalität in den Nachfolgestaaten der UdSSR (der sog. GUS: Gemeinschaft Unabhängiger Staaten) entwickelt, gibt es bisher aber mehr Medienberichte bzw. Spekulationen als gesichertes Wissen. Danach ist z. B. „das internationale Drogenkartell in Moskau so fest etabliert, daß ihm keine konzertierte Aktion mehr schaden kann" (NOZ vom 11. Januar 1993). Nach dieser Meldung ist vor allem mit dem Export von Marihuana und „Sowjethaschisch" nach Deutschland zu rechnen. Die Zeitschrift FOCUS (vom 25. Januar 1993, 42 ff) berichtet über Ikonenschmuggel, Glücksspiel und Erpressung „von russischen Juden, die in Berlin Spielcasinos oder Im- und Exportgeschäfte haben". Zu neuen Entwicklungen: **Krevert** 1997, 106 ff.

Ein Killer für 30 000 Rubel

Ein Moskauer Polizei-Oberstleutnant über das organisierte Verbrechen

aus: *DER SPIEGEL* 1/1989, S. 106

Der *„Informationsdienst T.E. OK"* weiß in seiner Juni/Juli-Nummer (Ausgabe 1994 Nr. 6/7, 1) zu berichten, daß nach einer Verlautbarung des Moskauer Innenministeriums „derzeit in Rußland 5700 kriminelle Banden und Organisationen" ihr Unwesen treiben (*Kube* in *Mayerhofer/ Jehle* 1996, 25: 5000, von denen 300 über internationale Verbindungen verfügen). Ein Drittel dieser Banden kontrolliere schon 2000 Staatsbetriebe und 4000 Aktiengesellschaften. 40 % der russischen Wirtschaft befänden sich in der Hand von Kriminellen; dazu gehörten auch rund 2000 Banken (**„Rote Mafia"**).

Jelzin: Die Kriminalität bedroht die Sicherheit Rußlands

„Äußerste Besorgnis" / Vorwürfe gegen die Miliz / Reform des Innenministeriums angekündigt

aus: *FAZ* vom 26. August 1995, S. 1

Ähnlich heißt es bei *Roth/Frey* (1991), die aufgrund ihrer Recherchen zu folgendem Resultat gelangen:

„Die Mafia ist das einzige Unternehmen, das in der zerfallenden Sowjetunion perfekt funktioniert. Etwa 500 Banden und 200 Syndikate haben das Riesenreich unter sich aufgeteilt; die am besten organisierten beherrschen die Städte. Die Luft ist dort mitunter so bleihaltig, daß man die finsteren Winkel Siziliens zu Zeiten der brutalsten Mafiakriege geradezu als Erholungsgebiete bezeichnen könnte."

Journalistische Übertreibung? Auch bei *Flormann* (1994, 411) kann man nachlesen, daß „nach Expertenaussagen das heutige Moskau mit seinen Verbrecherbanden an die Zustände des Amerika der 20er Jahre erinnert". Zur Ausbreitung in Europa vgl. ebenfalls *Flormann* aaO.

Plywaczewski berichtet (in Mayerhofer/Jehle 1996, 45 ff) darüber, daß „die GUS-Gangster Polen als ideales Terrain entdeckt haben, um untereinander kriminelle Rechnungen zu begleichen... Dabei werden auch gezielt Mörder gedungen, um unliebsame Konkurrenten mit teilweise grausamen Methoden zu töten". Diese Handlungsweise sei (schreibt er weiter) „typisch für Afghanistan-Veteranen". In der Zahl der Tötungen mit Schußwaffen seien in Polen „über 50% Abrechnungstaten enthalten".

Inzwischen wird auch über Fahndungserfolge berichtet, die mit einem **föderalen Programm zum Kampf gegen die Organisierte Kriminalität** zu tun haben sollen (vgl. *Laschkul* 1996, 36 f); danach wurden 1996 z. B. „mehr als 550 Mitarbeiter des Innenministeriums" wegen Bestechung und ähnlicher Straftaten „vor Gericht gestellt" (*Laschkul* aaO); die Zeitungsmeldung (unten) muß man eher skeptisch betrachten.

Weniger Verbrechen in Rußland

gna. BONN, 29. Oktober. Die Kriminalitätsrate in Rußland ist seit dem Frühjahr deutlich gesunken. Das hat der russische Justizminister Kowaljow in Bonn gesagt.

aus: *FAZ* vom 30. Oktober 1996

„Triaden" — wer nicht zahlt, wird hingerichtet

aus: *Hamburger Morgenzeitung* vom 25. Oktober 1991

b) China: Triaden

„Triaden" (triads = Himmel- und Erde-Gesellschaft) mit dem **21b** Emblem des Dreiecks als Symbol für Himmel, Erde und Mensch (die Basiskräfte des chinesischen Kosmos) sind chinesische Geheimbünde,

Der Zeh des Drachen

Mit Großrazzien will die Polizei die China-Gastronomie aufrollen. In den Lokalen vermuten die Fahnder Filialen der Hongkong-Mafia.

Chinesische Mafia-Bünde, vor allem die Triaden 14 K und Wo Shing Wo, etablieren sich seit Monaten verstärkt in vielen Staaten der Europäischen Union (EU), weil die britische Kronkolonie Hongkong 1997 an Peking fällt. Die Klans fürchten, daß die Kommunisten ihren Geschäften schaden werden.

Als „das noch größere Problem" nennt der BKA-Bericht die für 1999 vereinbarte Übergabe der portugiesischen Kolonie Macau an China: Lissabon hat den meisten der rund 500 000 Macau-Chinesen die portugiesische Staatsangehörigkeit zuerkannt. Damit genießen sie die Freizügigkeit von EU-Bürgern.

aus: *DER SPIEGEL* vom 27. Juni 1994, S. 61

die (ähnlich der Mafia in Sizilien) zunächst als Schutzorganisationen armer Bauern und sonstiger Unterprivilegierter für soziale Gerechtigkeit gegen Willkür und Korruption kämpften. Die Anfänge reichen bis in die Zeit der Han-Dynastie (206 v. Chr. bis 220 n. Chr.) zurück. Ab dem 17. Jhrdt. wurde die Verjagung der Mandschu-Kaiser, die man als Eindringlinge empfand, und die Wiedereinsetzung der Ming-Dynastie zum erklärten Ziel (credo: „Haßt alle Fremden und schadet ihrer Gesellschaft"); im 19. Jhrdt. kam noch die Absicht hinzu, auch die europäischen „Langnasen" bzw. die „weißen Teufel" (Franzosen und Briten), die die Chinesen in den sog. Opium-Kriegen (1839–42 und 1856–60) besiegt hatten, zu vertreiben. Erst im 20. Jhrdt. verkamen diese (ursprünglich sozial revolutionären) Bünde, die nach der Abdankung des letzten Mandschu-Kaisers (1911) und den folgenden Bürgerkriegen orientierungslos wurden, zu Räuber- und Piratenbanden, die zuletzt in Hongkong Fuß fassen konnten: von dort aus treiben heute vor allem folgende Triaden ihr Unwesen (Schutzgelderpressung, illegales Glücksspiel, Prostitution, Drogenhandel usw.): die Triade „Sun Yee On" (30 000 Mitglieder), die Triade „Wo Sing Wo" (25 000) und die **„14 K"** (20 000 Mitglieder); letztere benannt nach einer alten Adresse in Kanton (Po-Wah-Straße 14). Die „14 K" (K für Gold und Stärke) kontrolliert heute die Schlafmohnanbaugebiete des südostasiatischen „Goldenen Dreiecks" und ist massiv in den Heroinabsatz außerhalb Asiens eingestiegen (*Freiberg/Thamm* 1992, 10–19). Stützpunkte im Ausland werden **„Drachenstädte"** genannt. In den USA soll die „14 K" (von der Basis der China-Towns her) den Heroinhandel in New York ebenso, in West-Europa bereits weitgehend den entsprechenden Drogenabsatz in Manchester und London-Soho und mit Abstrichen auch in der Amsterdamer China-Town (*Freiberg/Thamm* aaO). Europa könnte weiter ins Fadenkreuz rükken, nachdem die bisherige britische Kronkolonie Hongkong (6,2 Millionen Einwohner) aufgrund des brit.- chin. Vertrages vom 19. Dezember 1984 am 1. Juli 1997 (zunächst) als „Special Administrative Region"

(SAR) an China zurückgefallen ist. Werden die Triaden auswandern – zumindest zum Teil – auch zu uns (vgl. dazu die Zeitungsausrisse oben)?

c) Japan: Yakuza ("Spieler")

Die Geschichte der „Yakuza" reicht bis ins 17. Jhrdt. (in die frühe Zeit der Tokugawa-Herrschaft) zurück. Damals begann nach einer kriegerischen Periode eine lange Friedenszeit, die die Samurai (Ritter) arbeitslos machte (wie etwa zeitgleich in Europa die Söldner des 30jährigen Krieges). In beiden Fällen begannen die Kriegsleute, die sonst nichts gelernt hatten, mit Rauben und Plündern ihren Lebensunterhalt zu bestreiten. Die gefährdeten Dörfer und Städte stellten daraufhin eine Bürgerwehr auf, aus der die Yakuza entstand, die sich zunächst ein Robin Hood-Image verschaffte, das allerdings im 18. Jhrdt. wieder verblaßte, als sich die Organisation mit korrupten lokalen Bürokraten verband, um das einfache Volk auszubeuten. Besondere Erfolge erreichte die Yakuza zunächst als Besitzer von Spielhöllen; mit Spielkarten hat auch der Name Yakuza zu tun: der acht (Ya), der neun (ku) und der drei (za). In organisatorischer Hinsicht erinnert diese Tätergemeinschaft an die sizilianische Mafia: straffe Hierarchie, an deren Spitze ein „Familienoberhaupt" (ein oyabun) steht. Heute rechnen zu den großen Yakuza-Syndikaten vor allem die „Sumiyoshi-Rengo" und die „Inagawa-Kai" (beide in Tokio). Zu ihren traditionellen Betätigungsfeldern gehören (außer politischen Aktivitäten auf der Basis einer eher konservativen Grundhaltung) neben dem Glücksspiel der Mädchenhandel, die Prostitution, der Waffenhandel und (als Haupteinnahmequelle) der Handel mit dem Aufputschmittel Amphetamin (shabu: 1,2 Milliarden Dollar Umsatz im Jahr), das die japanische Regierung im zweiten Weltkrieg als „Fliegerdroge" (etwa für Kamikaze-Flieger) benutzt hat. Inzwischen umfaßt der Einflußbereich der Yakuza fast alle Länder Südostasiens; sie ist auch z. B. (mit Querverbindungen zu den Triaden) in Hongkong vertreten. In West-Europa (etwa in Deutschland) sind immerhin erste Brückenköpfe beobachtet worden (ausführlich *Freiberg/Thamm* 1992, 37; zum wachsenden politischen Einfluß der Yakuza und zur Abwehr-Gesetzgebung in Japan vgl. *Nishihara* 1997, 4 ff).

21c

III. Organisierte Kriminalität in der Bundesrepublik Deutschland

Daß es inzwischen auch in der Bundesrepublik Deutschland „Organisierte Kriminalität" (und zwar nach amerikanischem Muster) gibt, kann man heute – anders als noch in den 70er Jahren (vgl. *Steinke* 1982, 98) – nicht mehr als bloße Spekulation abtun. So stellte der (damalige) Präsident des Bundeskriminalamtes (*Zachert*) auf der BKA-Herbsttagung im November 1990 eindeutig fest: **„Organisierte Kriminalität ist ein Faktum"** (zit. nach *Freiberg/Thamm* 1992, 123). Sein Nachfolger (*Kersten*): O.K. ist „ein Dauerphänomen" (zit. nach Kriminalistik 1997, 2). Zu auffällig gedieh z. B. auch in Deutschland die in der Übersicht 83 aufge-

22

Übersicht 83: Formen der Organisierten Kriminalität

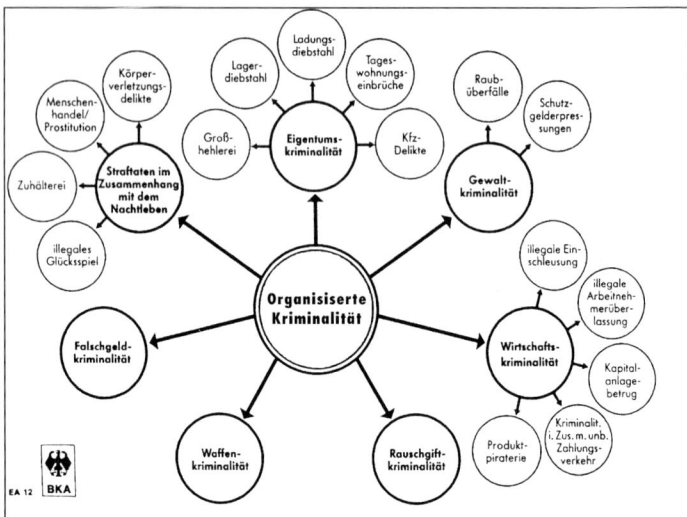

aus: *Peters,* B.: Die Absahner, Hamburg 1990, S. 34

führten Straftaten; nicht genannt werden dort z. B. der Kunstraub (**„Iko-nen-Mafia"**) und die **(Sonder-)Abfallverschiebung** (primär) in Länder des ehemaligen Ostblocks oder der Dritten Welt („Müll-Tourismus"): vgl. Zeitungsausriß.

Härtere Strafen bei illegalem Müllexport geplant

BONN, 29. Oktober (dpa). Die illegale Verschiebung von Müll soll künftig här-ter bestraft werden. Dies ist in der Re-form des Strafrechts geplant, wie der Sprecher des Bundesjustizministeriums, Böhm, am Dienstag in Bonn bestätigte.

aus: *FAZ* vom 30. Oktober 1996

> *Zehn Jahre früher (am 4. Juni 1980) hatte die Prognose des damali-gen niedersächsischen Justizministers, nach der „wir in 10 bis 20 Jahren handfeste Mafiaprobleme haben werden", im dortigen Landtag noch Kopfschütteln ausgelöst (vgl. Schwind 1995, 630).*

Dementsprechend „stellt sich bei der Organisierten Kriminalität längst nicht mehr die Frage, ob sie vorhanden ist, sondern allenfalls, wie stark sie verbreitet ist" (*Sielaff* 1983, 417; *Küster* 1990, 626; a. A. offenbar *Meertens* 1992, 205, und *Hassemer* 1992, 66). Zu den Vorläufern der O. K. in Deutschland vgl. § 28 Rdn. 2. Zu den neuesten Phänomenen gehören die Aktivitäten der **Viet-Gangs**, die nach Einschätzung des sächsischen LKA-Chefs Peter *Raisch* eine „brutale Parallelität zur Cosa Nostra" aufweisen (zit. nach DER SPIEGEL vom 1. Januar 1996, 56 ff); die Täter stammen aus dem Kreis der 60 000 Vertragsarbeiter, die Vietnam in die DDR entsandt hatte (vgl. DER SPIEGEL aaO). Zur geplanten Abschiebung von 40 000 Vietnamesen vgl. Rdn. 44 zu § 24.

1. Einzelne Erscheinungsformen

Jedenfalls gibt es „eine ganze Reihe von Straftaten, bei denen es einfach offenkundig ist, daß hier nicht nur Einzeltäter am Werk sein können, sondern daß systematisch auf längere Zeit geplant und arbeitsteilig, weiträumig unter Ausnutzung moderner Infrastrukturen und weitgehend konspirativ gehandelt wird" (so *Stümper* schon 1985, 10).   **23**

So ist es kein Zufall, daß die Staatsanwaltschaft (beim Landgericht) Frankfurt/M. schon vor fast 25 Jahren (1972) eine eigene Abteilung (die Abteilung 13: „Bekämpfung organisierter Kriminalität") aufgebaut hat; seit Anfang der 80er Jahre verfügt auch die dortige Kripo über ein entsprechendes Dezernat (*Gemmer* 1983, 3), das inzwischen (ab 1. Febr. 1994) zur Einrichtung der **Kriminalinspektion K 70** (zur Bekämpfung der Organisierten- und Rauschgiftkriminalität) beim Polizeipräsidenten in Frankfurt/M. geführt hat (dazu *Ullmann* 1996, 328); in Hamburg wurde 1982 eine Fachinspektion 65 (Organisierte Kriminalität) eingerichtet (*Sielaff* 1983, 421; vgl. auch Rdn. 34).   **24**

a) Illegaler Rauschgifthandel und Prostitution

Frankfurt scheint allerdings unter den deutschen Städten eine Ausnahmesituation einzunehmen, und zwar primär bestimmt durch die Bahnhofsszene: Im Bahnhofsviertel konzentrierten sich (um die Elbestraße herum) auf einem Quadratkilometer schon Anfang der 80er Jahre: 364 Gaststätten, 28 Spielkasinos und Spielhöllen, 5 Peep-Shows, 9 Sex-Kinos, 27 Bordelle und 15 Stundenhotels (den Auto- und Straßenstrich gar nicht gerechnet). Die Zahl der dort tätigen Prostituierten wurde schon vor gut 20 Jahren auf über 1 000 geschätzt (alle Angaben nach *Gemmer* 1983, 3): Sie kommen (wie ihre Zuhälter auch) aus fast aller Herren Länder; der Ausländeranteil lag bereits 1983 im Bahnhofsviertel bei 75 %. Die Situation hat sich seither noch verschärft. Daß im Windschatten dieser Verhältnisse auch manche Formen des organisierten Verbrechens gedeihen, kann kaum überraschen: etwa Menschenhandel, verbotenes Glücksspiel, Rauschgiftdelikte. Über Rauschgiftverteilerringe blüht in diesem Milieu vor allem der Handel mit Drogen; die Endverteilung des Stoffes, der aus Südamerika (Kokain, Marihuana), Afrika (Cannabis, Marihuana), Nah- bzw. Mittelostländern (Heroin, Cannabis) und Südostasien (Heroin) stammt (über den „international organisierten   **25**

Rauschgifthandel" vgl. ausführlich *Pietrzik* 1980, 315–325, und Rdn. 19 ff
zu § 27), erfolgt in Frankfurt vor allem über die (heroinsüchtigen) Dir-
nen: vgl. auch Zeitungsausriß unten.

Zoll: Frankfurt wichtigste
Drehscheibe für Drogenschmuggel

j.k. FRANKFURT, 24. Januar.
Mehr Rauschgift als je zuvor
haben die Zollfahnder im Jahr
1995 auf dem Frankfurter Flughafen sichergestellt. Bei gezielten
Kontrollen und bei Routinekon-
trollen beschlagnahmten sie
allein 779 Kilogramm Kokain, 73
Kilogramm Heroin, 183,5 Kilogramm Marihuana und 225 Kilogramm Haschisch. Der Leiter der
Zollabteilung bei der Oberfinanzdirektion Frankfurt, Hen-
ting, berichtete am Mittwoch, die
Rauschgiftkartelle in Südamerika
versuchten immer mehr Kokain auf den Markt zu bringen.
Frankfurt bleibe trotz der Erfolge der Fahnder die wichtigste Drehscheibe für Rauschgift, das auf dem Luftweg nach
Europa eingeschleust werde.
Die   Rauschgiftschmuggler
nützten die Tatsache aus, daß
der ZToll bei inzwischen 38
Millionen Fluggästen und 1,3
Millionen Tonnen Fracht jährlich in Frankfurt nur Stichproben vornehmen könne, weil
sonst der Flugverkehr zusam-
menbreche.   Geschmuggelt
wird nach Hentings Angaben
hauptsächlich in Gepäckstük-
ken, an zweiter Stelle in Kör-
perverstecken.

aus: *FAZ* vom 25. Januar 1996

b) Kfz-Diebstahl auf Bestellung und Container-Diebstahl

26   Gemeint sind die Aktivitäten von kriminellen Gemeinschaften (mit 15
bis 200 Mitgliedern „häufig gleicher landsmannschaftlicher Zugehörigkeit", *Sieber* in: *Mayerhofer/Jehle* 1996, 200), deren Ziel es ist, hier in der
Bundesrepublik oder im europäischen Ausland hochwertige Kraftfahrzeuge stehlen zu lassen und auf folgenden drei Transportwegen auf entsprechenden Absatzmärkten unterzubringen:

– auf der **Polen-Route**, die vor allem russische O.K.-Organisationen
  benutzen: gestohlen wird primär im Rhein-Main-Gebiet, verschoben
  wird über Berlin, Frankfurt/Oder durch Polen (Wilna) und Minsk
  (Weiß-Rußland) in die GUS-Staaten bis nach China;
– auf der **Schweden-Route** (Vorteil: keinerlei Fahrzeugkontrollen;
  Nachteil: hohe Fährkosten) für gestohlene Spitzenmodelle über
  Schweden (Malmö) nach Danzig und Memel; von da aus über die
  Polen-Route mit gleichen Zielorten;
– auf der **Balkan-Route**, die vor allem ex-jugoslawische, türkische und
  libanesische Autoschieber bevorzugen: gestohlen wird im süddeut-

schen Raum, verschoben über die Tschechei in die Länder des Vorderen Orients.

Insbesondere das aus Polen operierende organisierte Verbrechen hat sich primär auf den „Autoklau" spezialisiert: **„Kaum gestohlen – schon in Polen"**; die Renner sind große VW, BMW, Mercedes und Audi aus Deutschland (dazu auch *Freiberg/Thamm* 1992, 141). Notwendig ist dafür eine Organisation, die (so *Werner*, aaO; *Sieber* aaO) durch Mitglieder (oder Dritte)

– *erstens: stehlen läßt,*
– *zweitens: Fahrzeugkennzeichnungen, wie Motor- und Fahrgestellnummern, – soweit notwendig – verändern („umfrisieren") läßt,*
– *drittens: Fahrzeugpapiere fälschen läßt,*
– *viertens: die Überführung der Fahrzeuge ins Ausland organisiert und*
– *fünftens: im Abnehmerland Kontakte zu Käufern unterhält, deren Pflege im Ergebnis auch die Zahlung des Kaufpreises garantiert.*

Ein Einzeltäter, etwa ein kleiner Dieb, wäre jedenfalls total überfordert; die entsprechende Infrastruktur und Logistik kann nur über „Organisierte Kriminalität" aufgebaut werden (vgl. auch den Zeitungsausriß unten). **27**

Deutsche klauen auf Bestellung für Polen
Neue Form der Kriminalität - Hand in Hand

aus: *NOZ* vom 11. November 1995

Das gilt auch für Diebstähle ganzer Lkw-Ladungen, von denen pro Jahr in der Bundesrepublik etwa 2 000 verschwinden (*Stümper* schon 1985, 10): „Diese sind manchmal schon im Sonderangebot auf Verbrauchermärkten, bevor die eigentliche Straftat bekannt geworden ist. Beispielsweise wurden in den letzten drei Jahren in der Bundesrepublik Deutschland 25 Eduscho-Lkw-Kaffeeladungen entwendet, von denen nur in zwei Fällen das Diebesgut noch sichergestellt werden konnte." (*Stümper* aaO; vgl. ausführlich zur „Internationalen Kraftfahrzeugverschiebung": *Gnad* bereits 1978, 300 ff und 350 ff). **28**

*Nach Sieber (in: Mayerhofer/Jehle 1996, 191 ff) „haben organisierte Autoschiebergruppen im Jahr 1992 über 120 Millionen DM eingenommen, wovon den Hintermännern (also den Residenten und den ‚Köpfen' der Organisation) wahrscheinlich **über 100 Millionen DM als Gewinn** verblieben". Residenten sind die Mittelsmänner des Organisa-*

tionskerns, von „denen sternförmig Kontakte zu den einzelnen in Deutschland agierenden Tätergruppen ausgehen" (Sieber aaO). Die „Köpfe", die die Organisation leiten, sind hingegen „meist im Absatz- oder Transitgebiet beheimatet: insbesondere in Polen, Rumänien und Ex-Jugoslawien" (Sieber aaO).

c) Schutzgelderpressungen

29 Daß auch die von Camorra und Mafia bekannte Schutzgelderpressung (bzw. das „Zwangsinkasso") Einzug in die Bundesrepublik hält, zeigen **Beispiele**, die von *Steinke* (1982, 100), *Sielaff* (1983, 420), *Freiberg/Thann* (1992, 117) und *Krevert* (1997)stammen. Bei den Schätzungen, die sich auf die **Verbreitung** der Schutzgelderpressung beziehen, dürfte es sich wiederum (wie Rdn. 7 a) eher um Blindschätzungen zum Dunkelfeld handeln (zu diesen Rdn. 37 zu § 2). Auffällig ist die Höhe der Schätzwerte: sie reicht vom 50 bis 80 %, d. h. **50 bis 80 % der ausländischen Gastronomen** (insbesondere Italiener, Jugoslawen und Chinesen) würden danach Schutzgeld bezahlen (Übersicht bei *Ohlemacher-Mecklenburg* 1996, 119).

*Eine entsprechende „Geschäftsleute-Erhebung" haben bisher nur **Gabriel/Mecklenburg/Ohlemacher** durchgeführt. Telefonisch bzw. auf postalischem Weg wurden über 8000 deutsche und ausländische Gastronomen nach Schutzgelderpressungen und Korruption befragt. Die Ausschöpfungsquote war allerdings (wie zu erwarten) mit 21% bzw. 11% eher gering (vgl. KFN-Forschungsberichte Nr. 58, Dez. 1996). Die Ergebnisse wurden in einer Pressemitteilung des KFN vom 25. April 1997 veröffentlicht: „Schutzgelderpressung offenbar weniger verbreitet als angenommen".*

Zur Problematik der Überführung der Täter vgl. *Fätkinhäuer* 1994, 263 ff.

2. Anzeichen (auch) für Stützpunktbildungen „mafiöser" Bünde?

30 Daß es organisierte Kriminalität bei uns gibt, ist kaum noch umstritten (vgl. oben Rdn. 22). Zweifelhaft könnte hingegen noch sein, ob auch die Geheimbünde (Mafia, Camorra, Cosa Nostra, Triaden, Yakuza usw.) in Deutschland bereits Fuß gefaßt haben.

a) 1982: Erste Camorra-Aktivitäten

31 Schon 1982 wies die Leiterin der Abteilung 13 der StA beim LG Frankfurt (oben Rdn. 24), Adelheid *Werner,* darauf hin (1982, 133), daß es „Anzeichen dafür gäbe, daß organisierte Kriminalität aus anderen Ländern, die für sich in Anspruch nehmen können, in Jahrhunderten gewachsen zu sein, in die Bundesrepublik Deutschland übergreift, hier feste Stützpunkte bildet und sich ihre Angriffsziele und Opfer aussucht". Frau *Werner* belegte ihre Behauptungen u. a. mit Camorra-Beispielen. „Wir sind (schrieb sie u. a.) in Frankfurt einer Reihe von Straftätern habhaft geworden, die gerade im Begriff standen, nach getaner Arbeit – einer Serie von Raubüberfällen – nach Italien zurückzukehren." Auch in anderen Fällen lag die Gesamtplanung nicht in Deutschland, sondern im Ausland. In Deutschland saß nur der **Straftäterpool,** der je nach Bedarf durch Befehle von jenseits der Grenze zur Durchführung von Straftaten eingesetzt wurde. Frau *Werner* sah (aaO) „die Gefahr, daß derartige Stützpunkte häufiger gebildet werden, weil das ‚Aktionsfeld‘ lohnende Objekte bietet und weil ein **nicht integrierter Ausländeranteil** in der Bundesrepublik Deutschland die für das Entstehen von Stützpunkten erforderliche Subkultur darstellt."

„Opfer werden gefoltert oder sogar umgebracht"

BKA: Organisierte Kriminalität immer bedrohlicher

**Wiesbaden, 31. 7. (dpa)
Die organisierte Kriminalität in Deutschland nimmt immer bedrohlichere Formen an und wird immer brutaler: Wer sich den Verbrechern in den Weg stellt, wird bedroht, gefoltert oder umgebracht.**

Die Zahl der in diesem Bereich registrierten Delikte hat sich 1994 im Vergleich zum Vorjahr von 42 000 auf knapp 98 000 Fälle mehr als verdoppelt. Das teilte das Bundeskriminalamt (BKA) am Montag in Wiesbaden mit. Der dabei entstandene Schaden wird auf rund 3,5 Milliarden DM geschätzt; 1993 waren es 1,2 Milliarden DM.

„In jedem zweiten bearbeiteten Verfahren organisierter Kriminalität haben Verbrecher 1994 mit Gewalt gedroht oder Gewalt angewendet", sagte

BKA-Vizepräsident Bernhard Falk in Wiesbaden. „Opfer werden entführt, gefoltert, an Seilen befestigt aus dem Fenster gehängt, um sie in Todesangst zu versetzen", heißt es in einem internen BKA-Papier. Anderen werden „Schußwaffen in den Mund gehalten". Die Folge: Trotz sogenannter Schutzprogramme nimmt die Aussagebereitschaft von Zeugen weiter ab.

Die beim Waffen- oder Rauschgifthandel, Auto- und Zigarettenschmuggel ergaunerten Gewinne „waschen" die Kriminellen zumeist über legal gegründete Firmen im In- und Ausland. Nach Einschätzung von BKA-Fahndern hat auch das Ende 1993 in Kraft getretene Geldwäschegesetz kaum dazu beigetragen, den Kriminellen ihre Gewinne zu entziehen. Von den 1994

durch organisierte Kriminalität erzielten Profiten in Höhe von 1,2 Milliarden DM konnten die Behörden lediglich 1,4 Prozent (17,5 Millionen DM) sicherstellen.

Die meisten Fälle waren mit 79 Prozent Vermögensdelikte wie Betrug, Falschgeld- oder Kreditkartenkriminalität. Sonstige Straftatbestände, die laut BKA „querbeet von der Nötigung bis zur Erpressung reichen", schlugen 1994 mit elf Prozent zu Buche. Bei Eigentumsdelikten wie Raub oder Diebstahl waren es 5,1 Prozent, im Rauschgifthandel 2,5 Prozent, bei Gewaltdelikten 2,2 Prozent.

Rund 59 Prozent aller Delikte der organisierten Kriminalität wurden von Ausländern begangen; im Vorjahr waren es 54 Prozent.

aus: *NOZ* vom 1. August 1995

b) 1992: Etablierte Unterzentralen?

Die Vorhersage scheint sich inzwischen bestätigt zu haben. Über Beispiele für Geheimbund-Aktivitäten wird nicht nur durch die Medien berichtet, sondern auch aus Insider-Quellen. So kann man z. B. bei *Freiberg/Thamm* (1992) Hinweise darüber finden, daß neben West- und Ost-Mafia und Camorra offenbar auch Triaden und die Yakuza in (West-)Europa Stützpunkte bilden (aaO, 117 ff). Die nordamerikanische „Cosa Nostra" ist danach „seit Jahren durch Führungspersonen mit der deutschen Glücksspiel-, Bordell- und Zuhälterszene in Ballungszentren wie Hamburg, Berlin, Frankfurt/M., München und dem Rhein-Ruhr-Gebiet verknüpft" (aaO, 131). Die „mit der Verschiebung hochwertiger Kraft-

32

fahrzeuge befaßten west- und osteuropäischen OK-Gruppen sind mit Hehlerorganisationen in den Absatzmärkten – so dem Nahen Osten, Nordafrika und Südamerika – verbunden" (aaO). Durch chinesische Bünde wird „heute wahrscheinlich ein sehr hoher Anteil chinesischer Gastronomiebetriebe um Schutzgelder erpreßt" (aaO, 27; vgl. auch oben Rdn. 29: Übertreibung?). Triaden-Stützpunkte existieren nach BKA-Erkenntnissen z. B. in Frankfurt/M., München und Hamburg (DER SPIEGEL von 31. Oktober 1994, 92). Vertretungen der Yakuza „gibt es ... auch in der Bundesrepublik Deutschland" (aaO, 32). *Meertens* hat noch im Juni 1992 alle derartigen Hinweise als Spekulationen bezeichnet und statt dessen klare Beweise verlangt (1992, 205). *Sielaff* (Amtschef des LKA Hamburg) hat (1994, 507) die Meinung vertreten, daß es zumindest „Organisationsausprägungen wie in Italien oder den Vereinigten Staaten (hierzulande) noch ebensowenig gibt wie den **‚Paten' oder den ‚Big Boss' vom Mafiatypus"**. *Sielaff* weist zugleich aber auch darauf hin (1994, 507), daß „das Wissen um die vielfältigen Phänomene organisierter Kriminalität trotz entsprechender Anstrengungen ... nach wie vor eher gering ist"; ausführlich zum „Dunkelfeld der Organisierten Kriminalität": *Ullmann* 1996, 697 ff.

*Daß (noch) nicht mehr Informationen über konkrete Sachverhalte vorliegen, dürfte u. a. damit zu tun haben, daß die **soziale Sichtbarkeit der O. K.** eingeschränkt ist: Die Akteure arbeiten weitgehend unauffällig und die Deliktsbereiche sind so ausgewählt worden, daß die (meist betrogenen) Opfer oft eine Anzeige scheuen, weil sie sich evtl. selbst strafbar gemacht haben könnten (vgl. oben Rdn. 7). Beispiele: Rauschgifthandel, Waffenschieberei, verbotenes Glücksspiel, organisierte Prostitution und Pornographiehandel. Nicht selten unterbleibt die Anzeige auch einfach deshalb, weil dem Opfer Repressalien angedroht werden: wie z. B. bei der Schutzgelderpressung.*

c) „Lagebild OK" des BKA

32a Das Dunkelfeld stellt daher auch für das Lagebild OK, das das BKA (**seit 1991**) in Zusammenarbeit mit den Landeskriminalämtern erstellt, ein Problem dar. Die Auswertung stützt sich lediglich auf Erkenntnisse aus anhängigen Ermittlungsverfahren; es handelt sich also nur um eine **Analyse des (aufgeklärten) Hellfeldes der OK-Kriminalität** (krit. dazu *Ullmann* 1996, 698 ff). Danach waren (nach dem OK-Lagefeld 1994) z. B. „in mehr als jedem zwölften Ermittlungsverfahren **Einflußnahmen auf die öffentliche Verwaltung im Inland** ... nachweisbar" (*Kube* in *Mayerhofer/Jehle* 1996, 23). Dabei sind generell „die gefährdeten Bereiche und vorhandenen Schwachstellen bezüglich der Korruption als beträchtlich anzusehen" (*Kube/Vahlenkamp* 1994, 432 ff). **Zwei Drittel (66,1 %) der OK-Ermittlungsverfahren wiesen internationale Bezüge auf** (*Kube/Vahlenkamp* aaO). Ähnliche Ergebnisse haben sich 1995 gezeigt (vgl. Lagebild „Organisierte Kriminalität – BRDeutschland 1995" des BKA, S. 33).

3. Prognosen

1989/90 hat das *BKA* eine (zweite) Expertenbefragung durchgeführt **33** (*BKA* 1990), in deren Rahmen 26 Wissenschaftler und leitende Kriminalbeamte danach befragt wurden, wie sich die O.K. künftig vor dem Hintergrund der Vereinigung der europäischen Länder entwickeln würde. Dabei schälten sich u.a. folgende Resultate heraus:

– nach Meinung der Fachleute wird (falls wirkungsvolle Gegenmaßnahmen unterbleiben) der Anteil der Organisierten Kriminalität am Kriminalitätsaufkommen von insgesamt 19 % (1988) **auf 37 %** (im Jahre 2000) ansteigen;
– die noch vor 10 Jahren eher lockeren Täterverbindungen würden sich weiter straffen;
– die massenhafte Zuwanderung von Aus- und Übersiedlern (*Schneider* 1993, 162: „und von Asylbewerbern"), insbesondere in die Ballungsgebiete, würde zu Slum- und Ghettobildungen führen, aus denen die O.K. erfahrungsgemäß ihre Mitarbeiter für die Ausführungsebene (nicht für die Kommandoebene) rekrutiert;
– sich häufende wirtschaftliche und politische Skandale würden die Unterwanderung aller gesellschaftlichen Bereiche weiter erleichtern.

Diese Prognosen sind durch eine Expertenbefragung, die Ende 1994/ Anfang 1995 (in den Bereichen Polizei, Justiz, Politik, Verwaltung, Wirtschaft, Wissenschaft und Medien) von *Wittkämper/Krevert/Kohl* (**1996**) durchgeführt wurde, grundsätzlich bestätigt bzw. wiederholt worden (vgl. dazu *Risch* 1997, 82 ff, und Zeitungsausriß unten).

Eine erste Expertenbefragung (1985/86) hatte sich u.a. mit der Problematik der Bestechung des Polizeiapparates befaßt (*Rebscher/Vahlenkamp*, Organisierte Kriminalität in der Bundesrepublik Deutschland, Wiesbaden 1988). *Freiberg/Thamm* weisen in diesem Zusammenhang darauf hin (1992, 124), daß schon heute „in jedes fünfte Verbrechen international organisierter Banden **Beamte** verstrickt sind, darunter auch Polizisten". **Bestechlichkeit** und Verrat von Dienstgeheimnissen seien schon „längst keine Einzelfälle mehr". Betroffen sind bisher primär Baubehörden, Paß- und Ausländerämter. Realität oder Spekulation? Der bdk schätzt die Situation ebenso ein. **„Der Schmiergeldstrom ist das Fahrwasser der OK"** (*Schaupensteiner* 1995, 517; ähnlich *Schäfer* 1997, 24); ausführlich zur **Korruption** vgl. das Gutachten von *Dölling* (zum 61. Deutschen Juristentag, Karlsruhe 1996) und *Vahlenkamp/Knauß* (1995).

Auf der anderen Seite darf man auch nicht übersehen, daß die O.K. **33a** immer wieder versucht, Polizeibeamte und ihre Familien durch **Drohanrufe** und entsprechende Briefe unter Druck zu setzen und mit gesteuerten Presseveröffentlichungen sowie falschen Beschuldigungen zu verunsichern (vgl. dazu auch *Schneider,* Kriminologie 1993, 152). Diese Phänomene sollte man auch bedenken, wenn Polizeibeamte (anonym) beschuldigt bzw. bei ihren Vorgesetzten angeschwärzt werden. Deshalb ist Vorsicht geboten, wenn es um sog. **Polizeiskandale** geht (vgl. dazu auch § 23 Rdn. 31).

Experten: Kriminalität wird stark ansteigen

„Immer mehr Menschenhandel und Schutzgelderpressung"

Bonn, 7. 7. (ddpADN/AP/dpa)
Deutschland droht in den nächsten Jahren ein drastischer Kriminalitätsanstieg. Das Bundeskriminalamt (BKA) geht nach einer am Wochenende bekanntgewordenen vertraulichen Studie davon aus, daß allein die organisierte Kriminalität bis zum Jahr 2000 um 30 bis 35 Prozent zunehmen wird. Internationale Verbrecherbanden würden dann jährlich einen Schaden von 25 bis 30 Milliarden DM verursachen.

aus: *NOZ* vom 8. Juli 1996

IV. Bekämpfungskonzepte zur O. K.-Eindämmung

34   Schon am 1. Juli 1986 haben das Bundeskriminalamt und die Landeskriminalämter die **„Arbeitsdatei PIOS Organisierte Kriminalität"** **(APOK)** eingerichtet, in der alle Erkenntnisse, die sich auf O. K. beziehen, gespeichert und abrufbar gemacht werden: ein Informations- und Kommunikationsinstrument der **O. K.-Dienststellen** von Bund und Ländern. Solche Spezialeinheiten wurden inzwischen nicht nur beim BKA, sondern auch in den Landeskriminalämtern und in verschiedenen Großstädten aufgebaut (zum sog. Hamburger Modell vgl. *Sielaff* 1994, 518).

Dabei liegt die **originäre Zuständigkeit** (nach § 5 Abs. 2 Nr. 1 des BKA-Gesetzes) für die repressive Bekämpfung des international organisierten Waffen-, Sprengstoff- und Betäubungsmittelhandels sowie für die international organisierte Falschgeldherstellung und -verbreitung beim Bundeskriminalamt. Nach *Sielaff* (1994, 517) „wird das BKA zunehmend auch auf Ersuchen der Länder deliktsübergreifend tätig": sog. **Auftragszuständigkeit** gem. § 5 Abs. 3 des BKA-Gesetzes.

Als „Pendant zu den O. K.-Dienststellen der Polizei fordert *Sielaff* (aaO, 520) **entsprechende Spezialdezernate der Staatsanwaltschaften**, die es erst vereinzelt (z. B. in Hamburg) gibt.

Darüber hinaus wurden z. B. in Baden-Württemberg (seit 1. 5. 1995) und in Niedersachsen (seit 1. 3. 1996) Zentrale Stellen beim Generalstaatsanwalt eingerichtet, „die die Zuammenarbeit der Staatsanwaltschaften eines Landes koordinieren, den Kontakt zu den mit der OK-Verfolgung befaßten Dienststellen auf Bundes- und Länderebene halten und zentrale Ansprechpartner für das Ausland sind" (Nehm 1996, 513). In Niedersachsen wurde diese Zentrale Stelle „Organisierte Kriminalität und Korruption" beim Generalstaatsanwalt in Celle angesiedelt (Nehm aaO).

Eine solche Zusammenarbeit ist auch Gegenstand der (1990 erlassenen) „**Gemeinsamen Richtlinien** der Justizminister/-senatoren und der Innenminister/-senatoren der Länder über die Zusammenarbeit von Staatsanwaltschaft und Polizei bei der Verfolgung der Organisierten Kriminalität" (Anlage E der Richtlinien für das Strafverfahren und das Bußgeldverfahren: RiStBV).

1. Neue gesetzliche Strategien

Der Gesetzgeber hat die Probleme lange verdrängt bzw. heruntergespielt (zur Geschichte *Caesar* in: ZRP 1991, 241 ff). Daß er umdenkt, zeigen drei neue Gesetze (Überblick bei *Gropp* in *Mayerhofer/Jehle* 1996, 262 ff): **35**

– das **OrgKG** (Gesetz zur Bekämpfung des illegalen Rauschgifthandels und anderer Erscheinungsformen der Organisierten Kriminalität) vom 15. Juli **1992** (BGBl. I, 1302 ff)
– das **Geldwäschegesetz** (Gesetz über das Aufspüren von Gewinnen aus schweren Straftaten) vom 25. Oktober **1993** (BGBl. I, 1770 ff) und das
– **Verbrechensbekämpfungsgesetz** (Gesetz zur Änderung des Strafgesetzbuches, der Strafprozeßordnung und anderer Gesetze) vom 28. Oktober **1994** (BGBl. I, 3186).

a) Zum OrgKG

Das OrgKG hat nicht überall Beifall gefunden; sein Inhalt (Hauptanwendungsfall ist die BtM-Kriminalität) ist jedoch aus unterschiedlicher Sicht kritisiert worden: **36**

aa) So hat z.B. der Hessische Datenschutzbeauftragte *Hassemer* bemängelt, „daß das neue Gesetz die **Prinzipien** der Verhältnismäßigkeit, der Subsidiarität des Strafrechts sowie der Justizförmigkeit des Verfahrens nicht genügend berücksichtigt" habe (1992, 64). Man müsse „sich überlegen, ob es nicht rechtlich gesicherte Bereiche geben soll, die auch bei großer Bedrohung normativ freigehalten werden" müssen (aaO, 67). Im übrigen sollte „die strafrechtliche Regulierung eines Phänomens ohne eine genaue und wissenschaftlich abgesicherte Erkenntnis dieses Phänomens nicht gewagt werden". *Meertens,* ein Vertreter der Strafverteidigervereinigungen, gelangt zu dem Schluß (1992, 205): „Wir kommen – wie im übrigen auch der Strafrechtsausschuß des Deutschen Anwaltvereins – nach Untersuchungen aller Einzelbestimmungen zu dem Ergebnis, daß die Kernstücke des Reformvorhabens unter **verfassungsrechtlichen** und **strafprozeßrechtlichen Gesichtspunkten abzulehnen** sind." **37**

Auch Polizeivertreter halten das neue Gesetz, ein typisches Kompromißprodukt, für verunglückt, aber aus ganz anderen Gründen. „Statt einer brandgefährlichen Entwicklung Paroli zu bieten und mafiosem Tun ernsthaft an den Kragen zu gehen" (so Ralf *Krüger,* früherer bad.-württ. LKA-Präsident, 1992, 594), wird der Bürger an „Radio Eriwan" erin- **38**

nert: „Im Prinzip ja, aber". Worum geht es? Das OrgKG soll die Strafprozeßordnung erstmals um klare Regeln für den Einsatz heikler Ermitt-
lungsmethoden (dazu *Hilger* 1992, 457 ff) ergänzen, die die Fahnder bislang im eher rechtsfreien Raum praktizierten: z. B. beim **Abgleich von
Daten,** bei der **Rasterfahndung** (EDV-gestützte selektive Fahndung;
dazu *Siebrecht* 1997) und beim **Einsatz verdeckter Ermittler.**

> *Verdeckte Ermittler (§ 110 a StPO) sind „Beamte des Polizeidienstes,
> die unter einer ihnen verliehenen, auf Dauer angelegten, veränderten
> Identität (Legende) ermitteln. Sie dürfen unter der Legende am Rechts-
> verkehr teilnehmen" (Abs. 2).*

Die Anwendung dieser Methoden wird allerdings durch eine Reihe
von Eingriffsschranken, Subsidiaritätsklauseln und Verwertbarkeitsre-
geln so begrenzt, daß sich die Frage der Praktikabilität der neuen Vorschriften zwangsläufig aufdrängt. Auf Unverständnis stößt in Praktiker-
kreisen auch (vgl. etwa *Koriath* in: Kriminalistik 1992, 601), daß es dem
verdeckten Ermittler verwehrt bleiben soll, zur Bestätigung seiner
Legende **milieubedingte Straftaten** zu verüben (sog. **„Keuschheits-
probe"**): denn ein verdeckter Ermittler, der nicht „mitmacht", wird
leichter enttarnt und muß erfahrungsgemäß Repressalien erdulden (a. A.
offenbar *Körner* in: Kriminalistik 1992, 601).

> *Zur Einführung des sog. (großen) Lauschangriffs (richtig: elektroni-
> scher Abhörmaßnahmen gegenüber extrem Kriminellen) wird (über-
> parteilich) zur Zeit (Ende 1996) über eine entsprechende Grundgesetz-
> Änderung (betroffen ist der Art. 13) sowie über eine Ergänzung der
> Strafprozeßordnung nachgedacht (vgl. FAZ vom 15. Okt. 1996). Zum
> Lauschangriff in den USA vgl. Böttger/Pfeiffer (in KFN-Forschungsbe-
> richte, Hannover 1993).*

39   bb) Das OrgKG enthält darüber hinaus neue materiell-rechtliche Vorschriften, die sich auf den Zugriff auf das Vermögen beziehen; dazu
gehören die Einführung der **„Vermögensstrafe"** (§ 43 a StGB) und die
Schaffung eines Rechtsinstituts des **„Erweiterten Verfalls"** (§ 73 d StGB).
Bei dieser Vermögensstrafe handelt es sich um eine besondere (vom herkömmlichen Tagessatzsystem unabhängige) Sanktion, die nur durch den
Wert des Tätervermögens begrenzt wird. Eine solche Strafe, auf die das
„Gericht neben einer lebenslangen oder einer zeitigen Freiheitsstrafe
von mehr als zwei Jahren erkennen kann, wenn das Gesetz auf diese Vorschrift verweist", soll auf Abschöpfung außerordentlicher Profite aus
illegalen Geschäften dienen (*Eser* 1993, 837) und dadurch präventiv wirken. Der Ansatz ist aus kriminalpolitischer Sicht durchaus sinnvoll; er
wird jedoch für verfassungswidrig gehalten, „da er gegen das Schuldprin-
zip und die Eigentumsgarantie verstößt" (*Eser* aaO). Ähnliche Bedenken werden auch gegen den „Erweiterten Verfall" geltend gemacht (vgl.
Eser aaO). Der Sinn dieser Vorschrift (des § 73 d StGB) besteht darin,
Lücken der strafrechtlichen Gewinnabschöpfung für die Fälle zu schließen, „in denen die bei den Tatbeteiligten vorgefundenen Vermögensge-
genstände, deren rechtswidriger Erwerb nicht festgestellt werden kann,

mit großer Wahrscheinlichkeit aus der Begehung von Straftaten herrührt, in denen indessen die Verhängung einer Vermögensstrafe vom Schuldmaß der begangenen Tat her nicht zu vertreten wäre" (*Möhrenschlager* 1992, 285). Im Regierungs-Entwurf (BT-Drucks. 11/6623, 4) wird dazu das Beispiel gebracht, „daß es in der Praxis immer wieder vorkommt, daß einschlägig vorbestrafte Drogenhändler erneut im Besitz von kleinen Betäubungsmittel-Mengen und von Geld angetroffen werden, das den Umständen nach wahrscheinlich aus illegalen Betäubungsmittelgeschäften stammt".

cc) Schließlich sind noch Ergänzungen und Verschärfungen von Straftatbeständen zu erwähnen, die zwar auch kritisiert worden sind, vor dem Hintergrund des Bedrohungspotentials, das die O. K. darstellt, aber eher akzeptiert werden können. Strafschärfungen wurden namentlich für die bandenmäßige Begehung von Straftaten eingeführt: den **schweren Bandendiebstahl** (§ 244a StGB) und die **Bandenhehlerei** (§§ 260, 260a StGB). Kriminalisiert worden ist ferner die sog. **Geldwäsche** (§ 261 StGB), von der das organisierte Verbrechen rege Gebrauch macht (Rdn. 48). So ging die internationale Expertengruppe GAFI (Groupe d'action financiére sur le blanchiment des Capitaux) – sie umfaßt 130 Experten aus 15 Ländern – schon 1989 davon aus, daß allein in den USA und Europa jährlich z.B. Drogengelder in Höhe von 100 Milliarden Dollar „gewaschen" werden (*Flormann* in: Kriminalistik 1992, 223). Die Geldwäsche der vietnamesischen Zigaretten-Mafia, die 1996 allerdings zum großen Teil gesprengt werden konnte, erfolgt in China- und Vietnam-Restaurants (*Nigge* 1994, 206). Gelingt es den Strafverfolgungsbehörden nicht, die Herkunft solcher Gelder nachzuweisen, dürfen sie auch nach der neuen Rechtslage noch immer nicht eingreifen (krit. zur Fassung des § 261: *Nachreiner*; vgl. auch oben den Zeitungsausriß). Deshalb wird von Fachleuten die **„Beweislastumkehr"** (nach amerikanischem, französischem und englischem Vorbild) gefordert (vgl. z.B. *Crossland* 1993, 485 ff); dann muß der Händler erklären, woher das Geld stammt. Ohne eine solche Ergänzung bleibt der § 261 StGB wahrscheinlich uneffektiv. **40**

b) Zum Geldwäschegesetz

Auch das **Geldwäschegesetz** (GwG) vom 25. Oktober 1993 sieht eine Beweislastumkehr nicht vor. Dieses Gesetz (das den § 261 StGB ergänzt) soll vielmehr durch die Einführung von Identifizierungs-, Aufzeichnungs- und Anzeigepflichten (insbesondere für Kreditinstitute), die Vorschriften einer entsprechenden **EG-Richtlinie** zur „Verhinderung der Nutzung des Finanzsystems zur Geldwäsche" (vom 10. Juni 1991) in das deutsche Recht umsetzen. Identifizierungspflichten ergeben im wesentlichen bei Finanzierungsaktionen, die den Betrag von 20000 DM übersteigen. **41**

Inzwischen hat sich die Regelung als wenig praktikabel erwiesen: sie wird von Straftätern unterlaufen, hat bei den Kreditinstituten zu sog. **Aktenfriedhöfen** geführt, die Polizei zeigt sich überfordert (vgl. oben **42**

den Zeitungsausriß). *Kube* (in *Mayerhofer/Jehle* 1996, 28) berichtet darüber, daß 1994 aufgrund des Geldwäschegesetzes insgesamt 3 282 Ver-
dachtsmeldungen bei den Ermittlungsbehörden eingegangen sind, von
denen 2 738 zu Ermittlungsverfahren geführt haben, von denen sich in
etwa nur 4 % der Fälle Anhaltspunkte für Geldwäsche ergeben haben.

„Trotz Gesetzes gegen Geldwäsche keine Anklage"

Freiburg, 19. 10. (dpa)
Das vor knapp zwei Jahren erlassene Geldwäschegesetz hat
den kriminellen Geschäften
mit hohen Bareinzahlungen
bei Banken offenbar kein Ende
bereiten können. Das ergab
eine Studie des Freiburger
Max-Planck-Instituts für aus-
ländisches und internationales Strafrecht. In keinem der
380 untersuchten Fälle sei es
bisher zu einer Anklage gekommen, teilte die Max-
Planck-Gesellschaft am Donnerstag in München mit.
Nach dem neuen Gesetz müssen sich Kunden bei Banken
ausweisen, wenn sie mehr als
20 000 DM bar einzahlen wollen. Des weiteren erklärt die
Studie, daß es in der Europäischen Union zwar vergleichbare Gesetze gebe, es international aber an guter Zusammenarbeit mangele. Darum
fänden die weltweit operie-
renden Finanzverbrecher genug Plätze, wo sie unbehelligt
blieben.

aus: *NOZ* vom 20. Oktober 1995

c) Das Verbrechensbekämpfungsgesetz 1994

43   Das Verbrechensbekämpfungsgesetz vom 28. 10. 1994 (BGBl. I, S.
3186 ff) trat etwa 13 Monate nach dem Geldwäschegesetz in Kraft, nämlich
am 1. Dez. 1995. **Das Gesetz bessert nach** (guter Überblick bei *König*
1995, 471 ff): Vermögensstrafe und erweiterter Verfall werden auf zusätzliche Tatbestände erstreckt; der Katalog im Geldwäschetatbestand wurde
ebenfalls erweitert. In dem Katalog der Telefonüberwachung erscheinen
die neu geschaffenen Straftatbestände des Einschleusens von Ausländern,
insbesondere wenn das gewerbs- und bandenmäßig geschieht (§§ 92 a und
b AuslG), und des Verleitens zur mißbräuchlichen Asylantragstellung. Ein
Entwurf einer Ergänzung des Verbrechensbekämpfungsgesetzes befindet
sich im Gesetzgebungsverfahren (BR-Drucks 695/95.

Der **Bundesnachrichtendienst** (BND) erhielt die Befugnis, seine
Erkenntnisse aus der telefonischen Überwachung von (nicht leitungsge-
bundenen) Auslandsgesprächen an die Strafverfolgungsbehörden (Polizei und Justiz) weiterzugeben, allerdings begrenzt auf bestimmte Bereiche der Schwerstkriminalität: wie etwa Drogen und Waffenhandel.

Ferner wurde die **Kronzeugenregelung**, die es bis dahin nur im Bereich des Terrorismus (vgl. Rdn. 20 zu § 30) und der Drogenbekämpfung (Rdn. 34 zu § 27) gab, auf die OK ausgedehnt (bis 1999 verlängert).

2. Weitere Reformvorschläge

a) Präventive Ansätze

Der Kriminalpolitiker, der sich die Aufgabe stellt, die Organisierte **44** Kriminalität einzudämmen, sollte versuchen, sich in die Denkstrukturen der Täter hineinzuversetzen. Diese werden z.B. durch folgende Orientierungslinien bestimmt: Erzielung hoher Gewinne durch

– Befriedigung der Bedürfnisse der Bevölkerung nach illegalen Waren (z.B. Drogen) und Diensten (z.B. Schwarzarbeit);
– Unterwanderung von Politik und Verwaltungsbehörden: Herabsetzung des eigenen Mißerfolgsrisikos durch Bestechung von Polizei und Justiz;
– Rekrutierung von Unterprivilegierten (insbesondere Ausländern) für die Ausführungsebene.

Beispiele zur möglichen Vorbeugung:

aa) Drogenfreigabe?

Da die O.K. von der Umgehung von Verboten lebt, soll z.B. mit der **45** völligen oder teilweisen Drogenfreigabe (also der Legalisierung von Haschisch, Heroin, Kokain usw.), die manche befürworten, der illegale Markt ausgetrocknet und damit auch die Beschaffungskriminalität (vgl. § 27, Rdn. 18) eingedämmt werden. Theoretisch wirkt ein solches Konzept zunächst interessant, praktisch könnte es jedoch (wie das beim Alkohol schon der Fall ist: vgl. Rdn. 5 zu § 26) zur weiteren Verbreitung der Drogenabhängigkeit führen (Hemmschwellen sinken) und ist deshalb äußerst umstritten (vgl. dazu auch Rdn. 56 zu § 27). Das gilt auch für die sog. Methadon-Programme (§ 27 Rdn. 52).

bb) Immunisierung gegenüber Verführungsstrategien?

Da die mafiosen Verbrechen nur dort gedeihen, „wo die lokalen **46** Behörden, die Gemeindeverwaltungen, die Polizei, die Ankläger und Richter bestochen sind" (*Schneider* 1984, 174), dürfte die Immunisierung der Mitarbeiter des öffentlichen Dienstes gegenüber Verführungsstrategien aller Art präventiv wirken (Stabilisierung von Werthaltungen: *Kube* 1991, 71). Hierher gehört auch die bessere Kontrolle des öffentlichen Dienstes (*Schäfer* in: *Mayerhofer/Jehle* 1996). Die Abschaffung des Beamtenstatus, die manche fordern, ist deshalb eher bedenklich: jedenfalls dann, wenn man davon ausgeht, daß Beamte weniger als andere **bestechlich** sind. Weniger bestechlich macht auch eine entsprechende Alimentierung: insbesondere die Polizei muß gut bezahlt werden. Zum Thema insgesamt *Vahlenkamp/Knauß* 1995; *Kube* 1994, 432 ff. Der Deutsche Beamtenbund hat zur Bekämpfung der sich „massiv ausbreitenden Korruption" in Deutschland eine **Kronzeugenregelung** vorgeschlagen (zit. nach *WAZ* vom 23. Juli 1996; vgl. auch unten den Zeitungsausriß).

Mehr Beamtenlohn als Mittel gegen Bestechlichkeit?

Berlin, 4. 4. (Reuter)
Der Deutsche Beamtenbund hat als Vorbeugung gegen Bestechlichkeit im öffentlichen Dienst eine bessere Bezahlung, insbesondere der unteren Besoldungsgruppen, gefordert. Hier gebe es Ansatzpunkte für Versuchungen, wenn die Besoldung so gering sei, daß auch illegale Nebenverdienste gesucht werden, sagte der Vorsitzende des Beamtenbundes, Werner Hagedorn, am Wochenende in einem Interview der „Berliner Morgenpost". Eine vorsorgliche Gegenmaßnahme sei eine angemessene Bezahlung, auch wenn die aufgedeckten Fälle von Bestechlichkeit gemessen an den 6,5 Millionen Beschäftigten im öffentlichen Dienst „sehr geringfügig" seien, sagte Hagedorn.

aus: *NOZ* vom 5. April 1994

cc) *Integrations- und Begrenzungspolitik*

47 Wer die Organisierte Kriminalität präventiv eindämmen will, muß aber auch daran denken, daß sie für ihre Ausführungsebene Vollstrecker benötigt, die sie nicht zuletzt aus den Reihen derjenigen rekrutiert, die sich in einer sozial problematischen Lage befinden; dazu gehören nicht zuletzt zugewanderte Ausländer, insbesondere Asylbewerber ohne Asylgrund, also Wirtschaftsflüchtlinge. Vorbeugende Kriminalpolitik besteht insoweit in entschiedener Integrations- und eindeutiger Begrenzungspolitik (vgl. dazu Rdn. 22 zu § 24).

dd) *Gewinnabschöpfung*

48 Am besten kann man das organisierte Verbrechen jedoch dadurch bekämpfen, daß man ihm seine Gewinne wegnimmt: ihm also die finanziellen Ressourcen zu entziehen versucht (Gewinnabschöpfung). Dahinter steckt die generalpräventive Überlegung, daß „sich Straftaten nicht lohnen dürfen" (BT-Drucks. 12/731, 4). Die Möglichkeit, an die Gewinne heranzukommen, besteht grundsätzlich nur bei „Geldwäsche" (Money Laundering). Von „Geldwäsche" spricht man dann, wenn es dem organisierten Verbrechen (etwa Groß-Dealern) gelingt, „die riesigen Gewinne, die ganz überwiegend als Bargeld anfallen, so in den legalen Wirtschaftskreislauf einzuschleusen, daß die Herkunft aus den illegalen Rauschgiftgeschäften nicht mehr erkennbar oder nicht mehr nachweisbar ist" (*Schroeter* 1992, 327).

ee) Abschaffung der Steuerparadiese

Falcone et al. (1992, 35) schlagen in diesem Zusammenhang die **49** Abschaffung der sog. Steuerparadiese vor, „die bis jetzt auch die ernsthaftesten Bemühungen einiger Länder vereitelt haben, die Geldströme aus illegalen Geschäften zu identifizieren".

ff) Nachschaurechte

Kube (1991, 75) denkt an „gewerberechtliche Befugniserweiterungen, **50** beispielsweise Nachschaurechte bei Pfand-, Leih- und Antiquitätengeschäften", aber auch daran, in die EDV-Systeme (der Banken usw.) ein Programm einzuspeichern, das „die dubiosen Geldaktionen" (nämlich OK-verdächtige Gewinnaktionen) automatisch erkennt (*Kube* aaO, krit. *Schoreit* 1991, 536).

gg) Deliktspezifische Strukturprävention

Sieber (in: *Mayerhofer/Jehle* 1996) setzt auf Maßnahmen deliktspezifischer Strukturprävention: zur Prävention der Kfz-Verschiebung auf fälschungssichere Kfz-Papiere; zur Prävention der Ausbeutung von Prostitution auf zentrale Milieudienststellen; zur Prävention des Menschenhandels auf ein direktes Ausweisungsrecht für den Strafrichter bei Nachweis einer entsprechenden Straftat.

hh) Grenzkontrollen: Verlegung ins Inland

Schließlich macht der Wegfall der Grenzen im Bereich der EG nicht **51** nur Freude. Stichwort: „Freie Fahrt für Kriminelle?" (auch für solche aus dem Bereich der O. K.: Waffenhandel, Drogenimport, Kfz-Diebstahl usw.). Deshalb wird z.B. von *Hahn* (1992, 78) festgestellt: „Die Durchlässigkeit der Außengrenzen macht eine **Verschärfung der Kontrollen im Inland** unabdingbar." Gemeint ist die Verlegung von bisherigen Grenzkontrollen ins Inland, die Einräumung von Anhalte- und Durchsuchungsrechten (*Hahn* aaO, 79): ein **Sicherheitsschleier** (vgl. dazu Rdn. 17 zu §31).

b) Repressive Ansätze

Zur Eindämmung der O. K. kommen jedoch naturgemäß (kurzfristig **52** gesehen) eher repressive Maßnahmen in Betracht, also vor allem polizeiliche Bekämpfungsmaßnahmen. Diese werden im politischen Raum im Rahmen des **Spannungsverhältnisses** diskutiert, das zwischen Ordnungs- und Sicherheitsinteressen einerseits und Freiheitsanliegen andererseits in der Regel besteht: Konkret geht es bei jeder Eingriffsbefugnis (die das Mißerfolgsrisiko des Täters, also sein Risiko, gefaßt und verurteilt zu werden) erhöhen soll, um die Frage, ob Polizeimaßnahmen geeignet sein könnten, Freiheits- und Persönlichkeitsrechte zu verletzen, und wenn ja, ob man das in Kauf nehmen will oder nicht. *Hauptmann* (1996, 690) plädiert dafür, sich zukünftig im Zweifel eher für die Sicherheitsinteressen der Bevölkerung zu entscheiden.

53   Die repressive Bekämpfung der O.K. ist vor allem deshalb so schwierig (vgl. auch oben Rdn. 5), weil

– die O.K. versucht, **unsichtbar** zu bleiben: die Opfer zeigen (aus Angst vor Repressalien bis zur Todesfurcht oder weil sie sich selbst strafbar gemacht haben) nicht an (zu den Phänomenen bei der Schutzgelderpressung vgl. *Fätkinhäuer* 1994); „**nur schlecht organisierte O.K. ist sichtbare O.K.**" (*Schuster/Seitzer* 1994, 9);
– einzelne Mitglieder (im Falle ihrer Festnahme) mühelos ersetzt werden können; die abgeschlagenen **Köpfe der Hydra** wachsen also (vergleichbar dem Mirakel in der Heraklessage) sofort wieder nach;
– sich die Führungsebene **abschottet** (vgl. Rdn. 5 oben), so daß den Strafverfolgungsbehörden allenfalls Mitarbeiter der Ausführungsebene ins Netz gehen, die meist rasch wieder ersetzt werden können;
– aussagewillige (Belastungs-)**Zeugen (bzw. Opfer) mundtot** gemacht bzw. aus dem Wege geräumt werden und
– weil sich die Täter der besten Strafverteidiger bedienen (Geld spielt dabei kaum eine Rolle), die die **Schwächen unserer Prozeßordnung** mitunter bedenkenlos ausspielen und erreichen, daß solche Täter nur selten überführt werden können.

54   Dementsprechend lauten die Vorschläge, die noch nicht umgesetzt wurden (vgl. die Beiträge in: *Mayerhofer/Jehle* 1996), u.a. wie folgt:

– erstens: Verbesserung der Informationsgewinnung: etwa durch elektronische Überwachungsmaßnahmen („großer Lauschangriff"; vgl. Rdn. 38 und Zeitungsausriß unten sowie *Rudnik* 1997, 115 ff), den Einsatz von V-Personen (**VP,** nicht in der StPO geregelt) oder verdeckten Ermittlern (**VE**: §§ 110a ff StPO) insbesondere zur Aufklärung von Straftaten im Nachtleben und zur Bekämpfung des Rauschgifthandels und -schmuggels; Problem: die „milieubedingten" Straftaten, die das Legalitätsprinzip nicht erlaubt;

Lutz: Endlich den großen Lauschangriff erlauben
Gewerkschaftschef appelliert an Bonner Koalitionsparteien

aus: *NOZ* vom 12. Oktober 1996

– zweitens: Einführung polizeilicher (vor allem **organisationsbezogener) Initiativermittlungen**, also solcher ohne konkreten Anfangsverdacht. Passiv abzuwarten, bis sich „zureichende tatsächliche Anhaltspunkte" (§ 152 Abs. 2 StPO) für eine konkrete Straftat ergeben, also das reaktive Vorgehensprinzip, paßt nicht zur Bekämpfung des organisierten

Verbrechens; der „Bekämpfungsansatz muß proaktiv (offensiv) sein: Aktion statt Reaktion" (*Sielaff* 1994, 508);

– drittens: Einführung der **Beweislastumkehr** wie im Steuerrecht (dazu *Schäfer* 1997, 30). Der Rauschgifthändler hätte dann z.B. die legale Herkunft des bei ihm festgestellten und offenkundig aus Kriminalität erlangten Vermögens nachzuweisen. Kann er das nicht, würde das Geld nach rechtskräftiger Verurteilung des Täters eingezogen. *Sielaff* (1994, 516) weist darauf hin, daß in den USA auf diese Weise allein 1992 mehr als 1 Milliarde Dollar eingezogen wurden;

– viertens: Aufbau (weiterer) innerbehördlicher spezieller Bekämpfungseinheiten, die *Sielaff* (in: *Jehle/Mayerhofer* 1996) **„Joint Strike Forces"** nennt; *Schäfer* (1997, 30) fordert für größere Staatsanwaltschaften **eigene Organisationseinheiten** (Abteilungen), „um auf die Herausforderung der organisierten Kriminalität auch justitiell, forensisch reagieren zu können";

– fünftens: Aufbau von **Zeugenschutzprogrammen** wie in den USA; Anfänge sind gemacht: 1994 wurden in 103 Verfahren Zeugenschutzmaßnahmen auch in Deutschland eingeleitet (*Kube* 1996, 21). Als solche Maßnahmen kommen in Frage: Verzicht auf Protokollierung von Geburtsdatum und Adresse, Vernehmung am sicheren Ort, Adressenabdeckung, Telefonabdeckung, Unterbringung an geheimem Ort, neue Identität, Schutzobservation, Prozeßbegleitung, Zeugensperre bzw. Zusicherung der Vertraulichkeit, spezielles Zeugengefängnis usw.;

– sechstens: **Reform des § 129 StGB**, der sich mit der „kriminellen Vereinigung" befaßt, und zwar im Sinne des „Racketeer Influenced and Corrupt Organizations Statute" (RICO; dazu *Schneider*, Kriminologie 1993, 159). RICO-Höchststrafe: 25 Jahre Freiheitsentzug.

Schließlich wird „über eine **zentrale OK-Verfolgungszuständigkeit des Bundes** nachgedacht" (*Nehm* 1996, 514), die allerdings eine Änderung oder Ergänzung des Art. 96 Abs. 5 des Grundgesetzes voraussetzen würde, also einen Eingriff in das föderale System (Justiz ist Ländersache). Über das pro und contra einer solchen Regelung vgl. Generalbundesanwalt *Nehm* (aaO), der auch deshalb zu einer Stellungnahme aufgerufen war, weil er für die Verfolgung von OK-Kriminalität selbst zuständig würde; eine entsprechende originäre Zuständigkeit des **Generalbundesanwalts** besteht bisher bereits in bezug auf die Verfolgung terroristischer Vereinigungen (§§ 120 Abs. 1 Nr. 6, 142a GVG – sog. Großer Staatsschutz): zum Terrorismus vgl. das nächste Kapitel (§ 30).

§ 30 Terrorismus

Literatur: **Backes**, U./**Jesse**, E.: Politischer Extremismus in Deutschland, Bonn 1993; **Boeden,** G.: Wirksame Bekämpfung des Terrorismus durch die Polizei. Welche Voraussetzungen müssen geschaffen werden? in: *Böhme,* W. (Hrsg.): Terrorismus und Freiheit, Heidelberg 1978, S. 55–72; **Boeden**, G.: Aktueller Überblick über Verbindungen europäischer Terrorgruppen/Vorschläge für eine gemeinsame Kriminalpolitik auf dem Gebiet der Terrorbekämpfung, in: *Knoche,* M. (Hrsg.): Wege zur europäischen Rechtsgemeinschaft, Koblenz 1987, S. 90–98; **de Boor,** W.: Terrorismus: Der „Wahn" der Gesunden, in: *Schwind, H.-D.* (Hrsg.): Ursachen des Terrorismus, Berlin 1978, S. 122–153; **Buchheim**, H.: Vier Grundformen des Terrorismus, in: *Bundesminister der Verteidigung* (Hrsg.): Informationen für die Truppe 3/1978, S. 7–17; **Dahs,** H.: Das „Anti-Terroristen-Gesetz" – eine Niederlage des Rechtsstaats, in: NJW 1976, S. 2145–2151; **Dürkop,** M.: Frauen als Terroristen. Zur Besinnung auf das soziologische Paradigma, in: KrimJ 1978, S. 264–280; **Feltes,** T.: Wahrheit geh weg ich komme – „Analysen zum Terrorismus" oder „Psychopathologie des Terrorismus? in: KrimJ 1983, S. 122–130; **Fetscher,** I.: Terrorismus und Reaktion, Köln/Frankfurt/M. 1977; **Fetscher,** I.: Ausweg aus einer Verzweiflung – über die gesellschaftlich-politischen Ursachen des Terrorismus, in: Das Parlament Nr. 3 vom 21. Januar 1978, S. 8; **Frisch,** P.: Ausländischer Extremismus und Terrorismus in der Bundesrepublik Deutschland, in: MFDP April 1995, S. 32–36; **Funke,** M. (Hrsg.): Terrorismus – Untersuchungen zur Struktur und Strategie revolutionärer Gewaltpolitik, Kronsberg/Düsseldorf 1977; **Geißler,** H. (Hrsg.): Der Weg in die Gewalt – Geistige und gesellschaftliche Ursachen des Terrorismus und seine Folgen, München 1978; **Grossarth-Maticek,** R.: Revolution der Gestörten? Motivationsstrukturen, Ideologien und Konflikte bei politisch engagierten Studenten, Heidelberg 1975; **Hättich,** M.: Radikale Kritik an der Demokratie, in: *Geißler,* H. (Hrsg.): Der Weg in die Gewalt, München 1978, S. 190–200; **Herrmann,** L.: Dem Staat geben, was des Staates ist – Aldo Moros Tod und Italien, in: Deutsche Zeitung, Christ und Welt, Nr. 20 vom 12. Mai 1978, S. 1; **Hobe,** K.: Zur ideologischen Begründung des Terrorismus, Köln 1979; **Hofstätter,** P.: Wie Gewalt entsteht und womit sie führen kann, in: *Geißler,* H. (Hrsg.): Der Weg in die Gewalt, München 1978, S. 163–174; **Jäger,** H./ **Schmidtchen,** G./**Süllwold,** L.: Lebenslaufanalysen, Opladen 1981; **Janssen,** H.: Sind „die Terroristen" politisch motivierte Straftäter oder Terroristen? in: Kriminalistik 1984, S. 17–19; **Kahl,** W.: Zehn Jahre Terrorismus in der Bundesrepublik, in: *Bundesministerium der Verteidigung* (Hrsg.): Informationen für die Truppe 3/1978, S. 56–94; **Kreis,** K. M.: Der internationale Terrorismus, in: *Funke,* M. (Hrsg.): Terrorismus, Kronsberg/Düsseldorf 1977, S. 158–172; **Laqueur,** W.: Terrorismus, Kronsberg 1977; **Lübbe,** H.: Endstation Terror. Rückblick auf lange Märsche, in: *Geißler,* H. (Hrsg.): Der Weg in die Gewalt, München 1978, S. 96–108; **Martin,** L.: Was kann die Justiz zur Bekämpfung des Terrorismus tun? in: *Böhme,* W. (Hrsg.): Terrorismus und Freiheit, Heidelberg 1978, S. 43–54; **Meves,** C.: Psychologische Voraussetzungen des Terrorismus, in: *Schwind,* H.-D. (Hrsg.): Ursachen des Terrorismus, Berlin 1978, S. 69–78; **Middendorff,** W.: Die Persönlichkeit des Terroristen. Insbesondere die Frau als Terroristin, in: Kriminalistik 1976, S. 289–296 und S. 357–363; **Middendorff,** W.: Politische Kriminalität am Beispiel des Terrorismus, in: *Schneider,* H. J. (Hrsg.): Die Psychologie des 20. Jahrhunderts, Bd. 14, Auswirkungen auf die Kriminologie, Zürich 1981, S. 402–418; **Mitscherlich-Nielsen,** M.: Hexen und Märtyrer, in: *Paczensky,* S. v. (Hrsg.): Frauen und Terror, Reinbek 1978, S. 13–23; **Mletzko,** M.: Der Gewalt abgeschworen? Eine Analyse über Zustand und Absichten der RAF, in: Kriminalistik 1992, S. 346–350; **Mletzko,** M.: Die „AIZ – Ein neuer Exot in der Szene", in: Kriminalistik 1996, S. 323–327; **Müller-Luckmann,** E.: Terrorismus. Psychologische Deskription, Motivation, Prophylaxe aus psychologischer Sicht, in: *Schwind,* H.-D. (Hrsg.): Ursachen des Terrorismus, Berlin 1978, S. 60–68; **Peters,** B.: RAF Terrorismus in Deutschland, Stuttgart 1991; **Rabert,** D.: Terrorismus in Deutschland, Bonn 1991; **Quensel,** E.: Auf der Suche nach Identität, in: *Paczensky,* S. v. (Hrsg.): Frauen und Terror, Reinbek 1978, S. 60–78; **Rock,** M.: Anarchismus und Terror, Trier 1977; **Rudolphi,** H. J.: Die Gesetzgebung zur Bekämpfung des Terrorismus, in: JA 1979, S. 1–9; **Rupprecht,** R.: Gedanken zur Aufhellung von Ursachen des Terrorismus aus polizeilicher Sicht, in: *Schwind,* H.-D. (Hrsg.): Ursachen des Terrorismus, Berlin 1978, S. 154–168; **Rupprecht,** R.: Lebenslaufanalysen von Terroristen, in: Kriminalistik 1982, S. 298–302; **Schlüchter,** E: Erweiterte Kronzeugenregelung, in: ZRP 1997, S. 65-78: **Schmidtchen,** G.: Bewaffnete Heilslehren, in: *Geißler,* H. (Hrsg.): Der Weg in die Gewalt, München 1978, S. 39–51; **Schünemann,** B.: Politisch motivierte Kriminalität, in: *de Boor,* W. (Hrsg.): Politisch motivierte Kriminalität oder Kriminalität? Schriftenreihe des Instituts für Konfliktforschung, Heft 4, Basel 1978; **Schubert,** M.: „Terrorismusverfolgung" – EG-Vereinheitlichung gegen den inneren Feind unter BRD-Führung, in: *Jansen,* H./*Schubert,* M. (Hrsg.): Staatssicherheit – Die Bekämpfung des politischen Feindes im Inneren, Bielefeld 1990, S. 85–115; **Schwind,** H.-D. (Hrsg.): Ursachen des Terrorismus, Berlin 1978; **Tophoven,** R.: Der internationale Terrorismus – Herausforderung und Abwehr, in: Die Polizei 8/1977, S. 237–244; **Topitsch,** E.: Die Masken des Bösen, in: *Geißler,* H. (Hrsg.): Der Weg in die Gewalt, München 1978, S. 80–95; **Veelken,** L.: Identitätskrise und Terrorismus. Sozialpsychologische Aspekte personaler Wesensmerkmale des Terrorismus, in: *Schwind,* H.-D. (Hrsg.):

Ursachen des Terrorismus, Berlin 1978, S. 79–98; **Wassermann**, R. (Hrsg.): Terrorismus contra Rechtsstaat, Darmstadt/Neuwied 1976; **Winterfeld**, A. v.: Terrorismus – „Reform" ohne Ende? in: ZRP 1977, S. 265–269; **Wördemann**, F.: Terrorismus – Motive, Täter, Strategien, München 1977.

Gliederung

Der Terrorismus ist keine bloße Erscheinung der Neuzeit; er ist auch **1** nicht nur auf die Bundesrepublik Deutschland begrenzt. Terroristische Anschläge hat es vielmehr zu allen Zeiten und wahrscheinlich in allen Teilen der Erde gegeben. Insoweit sei nur an die russische Geschichte erinnert (*Middendorff* 1976, 291 f; *Wördemann* 1977, 77) oder an den Bombenterror in Nordirland, also an den Bürgerkrieg zwischen Katholiken und Protestanten, der seit 1969 zum Tode von Hunderten von Personen geführt hat. Mitunter richtet sich die Gewalt auch nur gegen Sachen; *Middendorff* (1976, 290) nennt insoweit z. B. auch die englischen Suffragetten zu Beginn des Jahrhunderts (1912), die sich noch mit der Zerstörung von Schaufensterscheiben in der vornehmen Einkaufsgegend um den Piccadilly-Circus zufriedengegeben haben. Allerdings kann man darüber streiten, ob diese Aktion bereits terroristisch genannt werden kann. Denn darüber, welche konkreten Aktivitäten in dieser Weise qualifiziert werden müssen, besteht (naturgemäß) Uneinigkeit. So hängt die Antwort nicht zuletzt vom politischen Standpunkt des Beurteilers ab: ein „Terrorist" kann der Unterdrücker des einen, aber der Befreier des anderen sein (*Janssen* 1984, 17).

I. Geschichte des Terrorismus

In der Literatur wird zwischen verschiedenen Formen des Terrorismus **2** differenziert, und zwar zwischen

– *Terrorismus, „der **zur Verteidigung etablierter Ordnungen** ausgeübt wird:* **3** *entweder von den Regierungen selbst (wie in der NS-Zeit und wie heute noch in zahlreichen Diktaturen, die nicht mit dem Konsens der Bevölkerung rechnen können) oder **von privaten oder halbstaatlichen Gruppen** (wie von den Todesschwadronen in Brasilien oder von dem Ku-Klux-Klan in den USA; Hobe 1979, 7), und*
– *Terrorismus, **der etablierte Ordnungen angreift: separatistische und autonome Bewegungen** (wie die militanten Flügel der ETA in Spanien oder* **4**

*der IRA in Nordirland) sowie **sozialrevolutionäre Aufstandsbewegungen**, die sich **gegen diktatorische Regime** erheben (wie die Guerilla in einigen südamerikanischen Staaten) oder **gegen demokratisch-parlamentarische Systeme** (wie zeitweise in Japan, Italien und in der Bundesrepublik Deutschland; Hobe aaO).*

5   Dieses Kapitel beschäftigt sich (primär) mit dem Terrorismus, der die etablierte Ordnung demokratisch-parlamentarischer Systeme angreift.

In diesem Rahmen wird unter Terrorismus (Abgrenzung zur Guerilla: bei *Rabert* 1991, 14) im Anschluß an die bisherigen Versuche einer Definition (z. B. *Buchheim* 1978, 7; *Wördemann* 1977, 24; *Janssen* 1984, 17; *Rabert* 1991, 11)

– *ein (primär) politisch motiviertes Verhalten*
– *einer nichtstaatlichen Gruppe ohne demokratische Wahlchancen verstanden, das darauf abzielt,*
– *durch Gewaltakte gegen Personen und (oder) Sachen*
– *Menschen (insbesondere die politische Führung demokratischer Staaten) unter Zwang zu stellen, um auf diese Weise ihren Willen durchzusetzen.*

1. Entwicklung des Terrorismus in der Bundesrepublik

6   Weitgehende Einigkeit besteht im Schrifttum darüber, daß der Terrorismus in der Bundesrepublik aus der **Studentenrevolte** der 60er Jahre hervorging (vgl. z. B. *Middendorff* 1981, 407; *Backes/Jesse* 1993, 197). Vor allem Mitglieder des „Sozialistischen Deutschen Studentenbundes" (SDS), die sich seit 1966 (während der Periode der Bonner Großen Koalition) als Kern einer „Außerparlamentarischen Opposition" (APO) verstanden (vgl. *Kahl* 1978, 59), versuchten mit Hilfe provokatorischer Protestaktionen politische und gesellschaftliche Reformen zu erzwingen, die primär auf die Veränderung des bestehenden Regierungs- und Gesellschaftssystems abzielten (zu den Gründen vgl. ausführlich *Fetscher* 1977, 11 ff). Die Demonstrationen richteten sich aber auch gegen den **Vietnamkrieg** der Vereinigten Staaten, gegen den „**Konsumterror**" und gegen einen bestimmten **Presseverlag** (Springer). Insbesondere durch den Widerstand gegen den Vietnam-Krieg konnte die APO ihre Basis über die studentischen Anhänger hinaus in die Kreise der nichtstudentischen Jugend verbreitern. Zulauf aus den studentischen Kreisen bekam die Bewegung nicht zuletzt deshalb, weil sie sich auch für **Hochschulreformen** stark machte (zu den Ursachen des T. vgl. ausführlich: *Laqueur* 1977, *Hofstätter* 1978, *Hättich* 1978, *Schwind* 1978, *Fetscher* 1978, *Rupprecht* 1982 und *Rabert* 1991).

7   Nachdem Vertreter der APO die Gewalt als ein anderes Mittel der Demonstration herausgestellt hatten, kam es am 2. Juni 1967 zu tätlichen Ausschreitungen der Anhänger und Gegner des Schahregimes anläßlich eines Besuchs des **Schahs von Persien** in Berlin. Beim Einsatz der Polizei wurde der Student Benno Ohnesorg von dem Polizisten Karl-Heinz Kurras erschossen.

Zehn Monate später folgten am 2. April 1968 in Berlin Kaufhaus-brandstiftungen, die erheblichen Schaden anrichteten. Als mutmaßliche Brandstifter konnte die Polizei vier Personen festnehmen, unter denen sich die 27jährige Germanistikstudentin **Gudrun Ensslin,** eine Pfarrers-tochter aus Schwaben, befand, sowie deren Bekannter **Andreas Baader,** der sich für einen freien Journalisten ausgab. Beide wurden später von dem Berliner Rechtsanwalt **Horst Mahler** verteidigt; die publizistische Hilfe leistete vor und während des Prozesses **Ulrike Meinhof,** eine Kolumnistin der Hamburger (Studenten-)Zeitschrift „Konkret". In der Hauptverhandlung, die am 14. Oktober 1968 vor dem Landgericht Frankfurt begann, beriefen sich die Angeklagten zur Rechtfertigung ihres Verhaltens auf den „Völkermord der USA in Vietnam", gegen den sie hätten Widerstand leisten müssen (*Middendorff* aaO). Außerdem sahen sie ihre Aufgabe darin, die bestehende Gesellschaftsordnung, den Kapitalismus und die Rechtsordnung radikal umzustürzen (*Middendorff* aaO).

Anfang 1971 wurde die sog. **Baader-Meinhof-Bande** bekannt, die sich **8** später den Namen „**Rote-Armee-Fraktion" (RAF)** zugelegt hat (aus-führlich zur RAF: *Peters* 1991). Fast parallel war als zweite terroristische Gruppe die „**Bewegung des 2. Juni"** entstanden (Datum des Todes von Benno Ohnesorg), auf deren Konto nicht nur zahlreiche Raubtaten gin-gen, sondern auch die **Ermordung des Präsidenten des Berliner Kam-mergerichts (von Drenkmann)** am 10. November 1974 und die **Entfüh-rung des Berliner CDU-Politikers Peter Lorenz** am 27. Februar 1975. Im März 1975 machten als dritte terroristische Gruppe die „**Revolutionären Zellen" (RZ)** durch terroristische Anschläge Schlagzeilen. Zu den spek-takulärsten Aktivitäten dieser Gruppe gehört der **Überfall auf die Deut-sche Botschaft in Stockholm** am 24. April 1975, der für die Terroristen erfolglos endete, weil ihre Forderung auf Austausch von Geiseln gegen in der Bundesrepublik einsitzende Gesinnungsgenossen von der Bundesre-gierung nicht erfüllt worden ist.

Zur Ermordung des Generalbundesanwalts Siegfried **Buback** (am 7. **9** April 1977) bekannte sich ein „Kommando Ulrike *Meinhof* – Rote-Armee-Fraktion". Knapp vier Monate später (am 30. Juli 1977) wurde der **Vorstandsvorsitzende der Dresdner Bank (Jürgen Ponto)** getötet und am 5. September 1977 der Präsident des Bundesverbandes der Deut-schen Arbeitgeberverbände (Hanns-Martin **Schleyer**), der zuvor ent-führt worden war.

Es folgten die RAF-Morde an Ernst **Zimmermann** (Chef der Moto- **10** ren- und Turbinen-Union = MTU) am 1. Februar 1985, an Karl-Heinz **Beckurts** (einem Siemens-Direktor) und seinem Fahrer Eckhard **Gropp-ler** am 9. Juli 1986, an dem Ministerialdirektor im Auswärtigen Amt, Gerold **von Braunmühl,** am 10. Oktober 1986, an dem Chef der Deut-schen Bank (Alfred **Herrhausen**) am 30. November 1989 und an dem Vorstandsvorsitzenden der Berliner Treuhandanstalt, Detlev Karsten **Rohwedder,** am 1. April 1991. Hinzu kommen Mordanschläge auf den Westberliner Vorsitzenden Richter des Asylsenats am Bundesverwal-

tungsgericht, Günter **Korbmacher** (am 1. September 1987), auf den Bonner Finanzstaatssekretär **Tietmayer** (am 20. September 1988) und auf den
Staatssekretär im Bundesinnenministerium Hans **Neusel** (am 27. Juli
1990). Dieser letzten Tat bezichtigte sich ein „Kommando José Manuel
Sevillano", das sich nach einem Terroristen benannte, der nach 177 Tagen
Hungerstreik im Mai 1990 in spanischer Haft gestorben war. Der Mord-
anschlag auf *Neusel* erfolgte wie in den Fällen *Beckurts* und *Herrhausen*
durch eine Sprengfalle: die Bombe wurde automatisch gezündet, als der
Wagen eine Lichtschranke passierte. Als Täter kommt eine dritte Terrori-
stengeneration in Betracht; Altgenossen aus der zweiten Terroristengene-
ration konnten 1990/91 noch vor der Wiedervereinigung in der DDR
gefaßt werden, wo ihnen der Staatssicherheitsdienst Unterschlupf gewährt
hatte (vgl. *Peters* 1991, 299 ff, und Zeitungsausriß). **Ab 1994 blieben terroristische Aktionen der RAF** aus (*Verfassungsschutzbericht* 1994, 26 und
1996); solche wurden jedoch durch die Ableger AIZ (Antiimperialistische
Zellen) und RZ (Revolutionäre Zellen) verübt (dazu Rdn. 11 ff).

Schon 1978 Kontakte zwischen Stasi und RAF

Terroristen übten in DDR

mit sowjetischer Panzerfaust

Schießübungen in NVA-Uniformen – Mit Waffen eingereist

aus: *NOZ* vom 27. März 1991

---

2. Internationale Aktivitäten

11   Für die schon seit Ende 1972 zunehmenden Tendenzen einer Interna-
tionalisierung des Terrorismus gibt es Hinweise (vgl. dazu ausführlicher
Schwind 1978, 37 ff, und *Boeden* 1987, 90; kritisch: *Schubert* 1990, 85 ff).
So ist „im Januar 1985 eine in deutscher und französischer Sprache gehal-
tene gemeinsame Grundsatzerklärung der ‚RAF' und der französischen
‚Action Directe' verbreitet worden, in der Zielvorstellungen über den
Aufbau einer ‚westeuropäischen Guerilla' dargelegt werden" (*Boeden*
aaO). Die übergreifende **„Strategie des antiimperialistischen Kampfes"**
hatte sich schon am 5. September 1972 während der Olympischen Spiele
in München gezeigt, als Teile der israelischen Olympiamannschaft umgebracht wurden. Einen ersten Höhepunkt der Beteiligung deutscher Terroristen an den Aktionen ausländischer Gruppen bildete die im Juni 1976
durchgeführte **Entführung eines Air-Busses der Air-France nach Entebbe in Uganda.** Die zwei deutschen Terroristen, die zur Entführer-

gruppe gehörten, kamen bei der Befreiung der Passagiere (103 jüdische Geiseln) durch die israelischen Streitkräfte in der Nacht zum 4. Juli 1976 ums Leben. Daß derartige Luftpiraterie nicht mehr den Erfolg garantiert, hat auch die **Entführung des Lufthansa-Flugzeugs „Landshut"** (am 13. Oktober 1977) durch Terroristen **nach Mogadischu in Somalia** deutlich gezeigt. Die Entführer wollten ihre Geiseln gegen 11 deutsche und zwei türkische Terroristen, die in Deutschland bzw. in der Türkei inhaftiert waren, austauschen. Das Unternehmen hatte jedoch wiederum keinen Erfolg. Denn ähnlich der israelischen Aktion in Entebbe gelang es nunmehr der deutschen Antiterrorbrigade des Bundesgrenzschutzes **(GSG 9)**, wenige Minuten nach Mitternacht am 18. Oktober 1977 sämtliche 86 Geiseln aus der Hand der Terroristen (drei von ihnen verloren dabei ihr Leben) zu befreien. In den Morgenstunden desselben Tages wurde bekannt, daß die Häftlinge **Baader und Ensslin sowie der zu ihrem Kreis zählende Raspe in der JVA Stammheim Selbstmord** verübt hatten. Ihre Hoffnung auf Befreiung war durch die erfolglose Aktion in Mogadischu offensichtlich zerstört worden. Die einzige Überlebende des palästinensischen Kommandos in Mogadischu, die entkommene Soraya *Ansari* wurde im Dezember 1995 von Norwegen an Deutschland ausgeliefert (vgl. Zeitungsausriß).

Norwegen liefert Luftpiratin aus

Oslo: Deutsche Vorwürfe wiegen schwer

aus: *NOZ* vom 11. Oktober 1995

3. Richtungskämpfe

Nach 1977 folgten die in Rdn. 9 beschriebenen (weiteren) Mordanschläge in Deutschland. Aus der RAF-Sicht sind jedoch auch diese erfolglos geblieben. Daß ihre bewaffnete Politik gescheitert war, ging maßgeblichen Vertretern aus der Kommandoebene offenbar auf. Man begann umzudenken. **12**

a) Das Grundsatzpapier vom 10. April 1992

Dementsprechend wurde im Namen der RAF ein Grundsatzpapier vorgelegt, in dem die Kommandoebene erkennen ließ, künftig auf Gewaltakte zu verzichten: **13**

„Wir haben uns entschieden, daß wir von uns aus die Eskalation zurücknehmen."
Danach sollten Anschläge auf Repräsentanten des Staates und der Gesellschaft fortan unterbleiben.
Die Reaktionen auf dieses Papier fielen unterschiedlich aus. Während die einen für einen Versöhnungsversuch mit der RAF plädierten, mahnten die anderen zur Vorsicht (vgl. dazu z.B. *Mletzko* 1992, 346 ff; vgl. auch Zeitungsausriß).

Ein Versuch zur Aussöhnung mit Terroristen?

KARLSRUHE, 17. März (AFP). Bundesjustizministerin Leutheusser-Schnarrenberger (FDP) hat sich mit Blick auf die Rote Armee Fraktion (RAF) für einen Aussöhnungsversuch mit linken Terroristen ausgesprochen. Die „Sprachlosigkeit der Politik" im Bereich des linken Extremismus müsse überwunden werden, sagte die Ministerin am Donnerstag bei der Amtseinführung von Generalbundesanwalt Nehm. „Die Politik sollte alles tun, um der Gefahr einer erneuten Eskalation der Gewalt zu begegnen." Die Politik müsse stärker als bisher der Versuchung widerstehen, die Terrorismusbekämpfung allein der Strafverfolgung zuzuweisen. Der damalige Justizminister Kinkel hatte im Januar 1992 angekündigt, sich um eine „Versöhnung" mit der RAF bemühen zu wollen.

aus: *FAZ* vom 18. März 1994

b) Weiterstadt: 27. März 1993

14   Mit einem Sprengstoffanschlag (am 27. März 1993) auf den bezugsfertigen Neubau der Justizvollzugsanstalt (JVA) in Weiterstadt bei Darmstadt (Sachschaden ca. 100 Mill. DM) meldete sich die RAF-Kommandoebene wieder zurück. Neben Aktionsbereitschaft und Handlungsfähigkeit wollte sie offensichtlich den eigenen Anhängern und dem Staat demonstrieren, daß sie es wieder für notwendig hielt, mit terroristischen Aktionen zu intervenieren (*Verfassungsschutzbericht* 1993, 27). In ihrer ausführlichen Taterklärung (18 Seiten) (datiert auf den 30. März 1993) betonte die RAF, sie habe mit dem Anschlag den politischen Druck erhöhen wollen. Zugleich wurde bekräftigt, daß sie an der 1992 verkündeten Zäsur festhalten wollte und weiterhin der Entwicklung neuer Vorstellungen für „revolutionäre Politik" Priorität einräumte (*Verfassungsschutzbericht* aaO); am 6. März 1994 wiederholt (*Verfassungsbericht* 1994, 28).

c) Spaltungsphänomene

15   Mit der „politischen Neuorientierung" war jedoch die Mehrheit der inhaftierten RAF-Mitglieder (sog. **Hardliner**) keineswegs einverstanden. Die entsprechenden Spaltungstendenzen wurden wahrscheinlich durch zwei Erlebnisse noch verstärkt: die offenbar fehlende Abstimmung des Anschlages auf die JVA Weiterstadt und die Festnahme von Birgit *Hogefeld* am 27. Juni 1993 auf dem Bahnhof in **Bad Kleinen** (Mecklenburg-Vorpommern). Bei dieser Aktion waren das RAF-Mitglied Wolfgang

Grams und der Polizeibeamte Michael **Newrzella** ums Leben gekommen. Die Hardliner unter den Inhaftierten (Meinungsführer: **Mohn-
haupt** und **Pohl**) warfen der Kommandoebene und den in Celle einsit-
zenden RAF-Gefangenen (um **Taufer** und **Dellwo**: beide 1995 aus der
Haft entlassen) in öffentlichen Erklärungen vor, die Ziele der RAF verraten und ihre Einheit zerstört zu haben: man wolle in Geheimverhand-
lungen (einem „deal") mit dem Staat die „abwicklung von raf und gefangenen" betreiben (*Verfassungsschutzbericht* 1993, 29). Man werde auch
in Zukunft auf bewaffnete Aktionen nicht verzichten (*Verfassungsschutzbericht* aaO). Unterstützt wird diese radikale Einstellung nicht nur durch
die **Roten Zellen** (RZ), die als neue Aktionsfelder die Ausländer- und
Asylpolitik entdeckt haben, sondern auch durch die **Antiimperialistischen Zellen (AIZ)**, die unter wechselnden Bezeichnungen auftritt (*Verfassungsschutzbericht* 1994, 32; zu ihren Merkmalen auch *Mletzko* 1996,
323 ff): etwa als „**antiimperialistische Widerstandszelle nadia shehadah**",
die als Bezugspunkte ihrer Politik „die traditionelle RAF-Konzeption
vom 14. Mai 1970 bis zum 1. April 1991" nennt (*Verfassungsschutzbericht*
1993, 32): also etwa den *Rohwedder*-Mord (vgl. oben Rdn. 10). Auf das
Konto beider Gruppierungen gingen 1994 Sprengstoffanschläge (zu
denen sich die AIZ bekannt hat) und Brandanschläge (RZ) (vgl. *Verfassungsschutzbericht* 1994, 32 ff), die sich 1995 fortsetzten (*Verfassungsschutzbericht* 1995, 40 f). Nach Erkenntnissen der BfV versucht die AiZ
ab 1996 eine **Aktionsfront mit „revolutionär-islamischen Organisationen**
zustande zu bringen" (zit. nach DIE WELT vom 2. März 1996, 6); auch
zur **kurdischen PKK** (Infodienst T.E.Ok vom August 1994, 4; *Verfassungsschutzbericht* 1995, 41). Ein Jahr später (Anfang 1997) hält der
nächste *Verfassungsschutzbericht* die „Struktur der AIZ" allerdings für
„weitgehend zerschlagen". 1996 hat es auch keine Anschläge der AIZ
und RZ mehr gegeben (*Verfassungsschutzbericht* 96).
Zur Umfeldszene gehören darüber hinaus: die Göttinger Gruppe „Autonome Antifa (M)" und die Berliner Gruppe „Für eine linke Strömung
(FelS)".

d) Selbstauflösung der RAF?

Am 29. Oktober 1996 forderte die RAF-Veteranin Birgit *Hogefeld* in   **16**
ihrem Strafprozeß vor dem Frankfurter Oberlandesgericht die Selbstauflösung der RAF: der Kampf der Terrorgruppe gehöre „einer vergangenen Epoche an" (zit. nach *SPIEGEL* vom 11. Nov. 1996, 34); Vorteile hat
ihr diese Abrechnung mit den früheren Komplizen im Prozeß nicht eingebracht.
Vor diesem Hintergrund dachte die Bundesregierung vorübergehend
offenbar an die **Beendigung des sog. Aussteigerprogramms**, das Mitte
der achtziger Jahre (1985) der damalige Präsident des Bundesamtes für
Verfassungsschutz (*Boeden*) mit Rückendeckung durch die Bundesregierung initiiert hatte.

Dieses Programm besteht darin (etwa über Angehörige der RAF-Mitglieder) Kontakte mit einzelnen Terroristen herzustellen, um sie zum Ausstieg (bzw. zur Aufgabe) zu bewegen; einige Gruppenmitglieder sollen dazu ohnehin schon lange bereit gewesen sein. Im Gegenzug werden den Betroffenen Sondierungsgespräche bei den Strafverfolgungsbehörden versprochen mit dem Ziel, den ausstiegswilligen Gruppenmitgliedern die Möglichkeit zu verschaffen, eigene Stellungnahmen zu den Tatvorwürfen abzugeben; auf diese Weise können evtl. Schuldvorwürfe reduziert werden. Zugesagt werden z. B. auch freies Geleit oder neue Pässe. Zu den Motiven der Aussteiger und ihren Risiken vgl. Backes/Jesse 1993, 167.

17   Für dieses Programm spricht nicht zuletzt seine **positive Signalwirkung**: nicht nur für potentielle Aussteiger, sondern auch für alle die (jungen) Menschen, die zur Sympathisanten-Szene gehören und potentiell bereit sind, sich der RAF anzuschließen. Vermutliche Mörder aus der RAF sollen übrigens die Vorzüge des Sonderprogramms nicht genießen (vgl. *Bannas* in *FAZ* vom 7. Nov. 1996). Deshalb kann es kaum überraschen, daß wahrscheinlich insbesondere solche Straftäter (die „Weitermacher") das Programm ablehnen.

Die RAF nimmt Stellung
Vorwürfe an Sicherheitsbehörden, Kritik am Aussteigerprogramm

aus: *FAZ* vom 5. Dezember 1996

18   So berichteten Anfang Dezember 1996 die Medien (vgl. Zeitungsausriß) über ein **neuerliches (fünfseitiges) RAF-Schreiben vom 29. November** (eingegangen im Bonner Büro der französischen Nachrichtenagentur AFP), in dem das Aussteigerprogramm grundsätzlich kritisiert wird. Wörtlich heißt es in diesem Brief (der als authentisch gilt) u. a. wie folgt: „Illegale oder Gefangene sollen dazu gebracht werden, sich zum Werkzeug des Staatsschutzes zu machen, um so nicht nur ihre GenossInnen,

Aussteigerprogramm wird fortgeführt
„Dritte RAF-Generation eine Konstruktion der Sicherheitsbehörden"

ban. BONN, 3. Dezember. Das „Aussteigerprogramm" des Verfassungsschutzes für ausstiegswillige Angehörige der terroristischen „Rote-Armee-Fraktion" (RAF) soll unbefristet fortgesetzt werden. Darauf verständigten sich – unter Billigung der politischen Führung – am Dienstag die Chefs der betroffenen Sicherheitsbehörden.

aus: *FAZ* vom 4. Dezember 1996

sondern auch ihre eigene Geschichte zu verraten" (zit. nach *FAZ* vom 5. Dez. 1996, 5). Die früheren RAF-Mitglieder, die in der DDR untergetaucht waren (vgl. Rdn. 10), hätten ein „trauriges Beispiel" für die Wirkung des Programms gegeben. Wörtlich: „Gebrochene frühere Linke hingen der Bundesanwaltschaft an den Lippen und diktierten ihr, was diese hören wollte. So kamen die erneuten Verurteilungen von Sieglinde Hoffmann, Christian Klar, Rolf-Clemens Wagner und Heike Schulz zustande" (zit. nach *FAZ* aaO).

Inzwischen wurde die (unbefristete) **Fortsetzung des Aussteigerprogramms** beschlossen (vgl. Zeitungsausriß oben).

II. Möglichkeiten der Terrorismusbekämpfung

Die Terrorismusbekämpfung in Deutschland war in der Vergangenheit vor allem repressionsorientiert; entsprechende Strategien wurden ab Mitte der 70er Jahre entwickelt. **19**

Sieben Jahre Haft für RAF-Aussteigerin
Mildes Urteil durch Kronzeugenregelung

aus: *NOZ* vom 25. Februar 1992

1. Die Anti-Terror-Gesetze

Die Entwicklung (die schließlich in das präventiv konzipierte Aussteigerprogramm einmünden sollte: vgl. Rdn. 13) begann mit einem „Gesetz zur Ergänzung des ersten Gesetzes zur Reform des Strafverfahrensrechts" vom 20. Dezember 1974 (BGBl. I, 3686), das den Verteidigerausschluß für die Fälle neu regelte, in denen der Verteidiger in „dringendem Tatverdacht steht, an Straftaten seines Mandanten selbst beteiligt zu sein oder die Begehung neuer Delikte zu fördern". Durch das 14. Strafrechtsänderungsgesetz vom 22. April 1976 (BGBl. I, 1056) wurde dann u. a. die **verfassungsfeindliche Befürwortung von Straftaten** unter Strafe gestellt (§ 88a StGB) sowie ein § 130a ins StGB eingefügt, nach dem die **„Anleitung zu Straftaten"** durch Schriften bestraft wird. Es folgte das sog. Antiterroristen-Gesetz vom 18. August 1976 (BGBl. I, 2181), das in einem neuen § 129a StGB die **„Bildung terroristischer Vereinigungen"** mit Strafe bedroht (vgl. z. B. *Dahs* 1976, 214 ff; *Rudolphi* 1979, 1 ff; *v. Winterfeld* 1977, 265 ff); auch einige StPO-Vorschriften wurden geändert. Durch das 19. StÄG vom 7. August 1981 wurden die §§ 88a und 130a StGB wieder aufgehoben, wobei § 130a durch das „Gesetz zur Bekämpfung des Terrorismus" vom 19. Dezember 1986 (BGBl. I, 2566) in verän- **20** derter und erweiterter Fassung wieder eingeführt wurde. Ferner wurde der neue Tatbestand des § 305 a StGB (Zerstörung wichtiger Arbeitsmittel) geschaffen. Durch das sog. Artikelgesetz vom 9. Juni 1989 (BGBl I, 1059) wurde schließlich die **Kronzeugenregelung** eingeführt (krit. *Schlüchter* 1997, 65 ff), deren Anwendung der Bundesanwaltschaft den Aufbruch des harten Kerns der RAF ermöglichen sollte. Sie sollte Mitglieder der Terrorgruppe motivieren, sich zu stellen und – gegen Strafminderung – ihre Gefährten zu verraten. Die (umstrittene) Regelung wurde inzwischen bis 1999 (BGBl 1996 I Nr. 4 vom 30. Jan. 1996) verlängert. Bisher hat sich allerdings kein RAF-Terrorist aufgrund des in Aussicht genommenen Strafrabattes freiwillig gestellt. Anfang Juni 1991 ist jedoch z. B. (nach **Werner Lotze**) auch das frühere Mitglied der RAF **Susanne Albrecht** aufgrund ihrer Aussagebereitschaft und Aufklärungshilfe in den Genuß der Kronzeugenregelung gekommen: 12 Jahre Haft statt lebenslanger Freiheitsstrafe (FAZ vom 4. Juni 1991); das gilt z. B. auch für die frühere RAF-Terroristin **Monika Helbing**: nur 7 statt der beantragten 13 Jahre Freiheitsstrafe (vgl. Zeitungsausriß) sowie für weitere Fälle.

TERRORISMUS

„Die RAF existiert nicht mehr"

Experten der Sicherheitsbehörden sind sich weitgehend einig:
Die Rote Armee Fraktion, seit den siebziger Jahren
Staatsfeind Nr. 1, ist nicht länger eine Gefahr für die Republik.

aus: *DER SPIEGEL* 5/1997, S. 78

2. Polizeiliche Terrorismusbekämpfung

21 Das Mißerfolgsrisiko hat sich für die Terroristen bereits durch die Unnachgiebigkeit der Bundesregierung gegenüber den erpresserischen Herausforderungen von **Stockholm und Mogadischu** (vgl. oben Rdn. 8, 11) erkennbar verändert: Die Zahl der Anschläge nahm danach abrupt ab.

Eine abschreckende Wirkung dürften grundsätzlich ferner die Erfolge der vom Bundeskriminalamt eingesetzten **Rasterfahndung** (vgl. dazu Rdn. 38 zu § 28) ausgelöst haben. Auch die Diskussion um den **Under Cover Agent** (dazu *Lüderssen* in: JURA 1985, 113 ff) wird unter diesen Aspekten gesehen. Ferner ist das „**Europäische Übereinkommen zur Bekämpfung des Terrorismus vom 27. Januar 1977**" zu erwähnen (abgedr. in: Europa-Archiv, Folge 6, 1977, D, 139–142)".

22 Internationale Abstimmungen der Terrorismusbekämpfung finden seither außer über INTERPOL vor allem in folgenden Gremien statt (nach *Boeden* aaO):

– in der **TREVI-Organisation** *(TREVI = Terrorisme, Radikalisme, Extremisme, Violence International; seit 1985 gehört auch organisiertes Verbrechen dazu), einem Gremium der EG-Staaten: ab 1975;*
– im sog. **Wiener-Club,** *dem neben den EG-Staaten auch Österreich und die Schweiz angehören: die Erörterungen finden auf Ministerebene bzw. hoher Ministerialebene statt;*
– in der **Expertenrunde der Staaten des Weltwirtschaftsgipfels,** *in der auch die Vereinigten Staaten vertreten sind sowie andere wirtschaftliche Weltmächte: im Mai 1986 gaben die Staats- und Regierungschefs der Mitgliedstaaten eine „Erklärung zum internationalen Terrorismus" ab, die neben einer allgemeinen Verurteilung des Terrorismus auch Vorschläge konkreter Maßnahmen enthält, deren Umsetzung jedem Staat offensteht;*
– im **Europarat,** *der eine Konvention zur Terrorismusbekämpfung verabschiedet hat.*

Es fehlt jedoch noch an der von *Boeden* (aaO) und von der (Anti-)Gewaltkommission der Bundesregierung geforderten gemeinsamen **internationalen Exekutive** (zu dieser § 31 Rdn. 22 ff). **Zum Internationalen Terrorismus** vgl. *Trittin* in Kriminalistik 1997, 325 ff.   **23**

UNO-Kongreß einig über Bekämpfung des Terrorismus

Kairo, 7. 5. (dpa)
137 Staaten aus aller Welt haben sich auf eine gemeinsame Resolution gegen den Terrorismus geeinigt. Ihre Vertreter verabschiedeten am Sonntag in Kairo beim neunten „UNO- Kongreß über Verbrechensverhütung und die Behandlung von Straftätern" einen Text, in dem die Verbindungen und Parallelen zwischen Terrorgruppen und Verbrechersyndikaten wie der Mafia unterstrichen werden. Gleichzeitig forderten die Teilnehmer eine stärkere Kooperation bei der Bekämpfung des Terrorismus.

aus: *NOZ* vom 8. Mai 1995

III. Neue Dimensionen terroristischer Anschläge

1995 ereigneten sich terroristische Anschläge in den Vereinigten Staaten und Japan, die alle bisherigen Dimensionen entsprechender Straftaten sprengen (vgl. die Karikatur).   **24**

Am 20. März 1995 wurden bei einem **Giftgasanschlag auf die U-Bahn von Tokio** 12 Menschen getötet und mehr als 5000 Menschen mit Atem- und Kreislaufbeschwerden in die umliegenden Krankenhäuser verteilt. Wie die Zeugenaussagen später ergaben, stellte der Täter, der eine Maske aus weißem Mull vor dem Mund trug, ein Paket auf den Boden und stieg wieder aus (DER SPIEGEL vom 22. Mai 1995, 133). In diesem   **25**

aus: *FAZ* vom 6. März 1995, S. 10

Paket, das etwa so groß war wie eine Zigarrenkiste, befand sich das **Nervengas Sarin**.

26   Der SPIEGEL (aaO) spricht von einem „Quantensprung in der Geschichte des Terrorismus" (vgl. dazu die Karikatur unten); denn Gift wirke „massen- und tiefenpsychologisch besonders verheerend" und wecke „schlimmere Ängste als Bomben und Gewehre, die traditionellen Waffen der Terroristen". Das Attentat von Tokio habe „das Zutrauen in die Beschützerfunktion des Staates im Innersten erschüttert" (DER SPIEGEL aaO).

27   Als Urheber der Katastrophe wurde schon bald die (erst 1987 gegründete) Aum-Shinrikyo („erhabene Wahrheit")-Sekte ermittelt, deren Gründer und „göttlicher Kaiser" **Shoko Asahara** (alias Chizuo *Matsumoto*) festgesetzt wurde.

28   Bei der Aum-Sekte mit Zentrum in Kamikuishiki (am Fuße des Fuji) handelt es sich um einen paramilitärisch organisierten Geheimbund mit etwa 10 000 Anhängern in Japan und 25 000 in Rußland. Zu ihrem Weltbild gehören **Tod und Untergang** als höchstes Gemeinschaftserlebnis. Verhöre sollen enthüllt haben, daß „das U-Bahn-Attentat Vorspiel für einen Staatsstreich war" (DER SPIEGEL aaO, 139).

Der Geheim-Bund soll über einen Immobilien- und Firmenbesitz im **29** Werte von rund zwei Milliarden DM verfügen (DER SPIEGEL aaO) und über einen eigenen Rundfunksender im russischen Hafen Wladiwostock. Bei *Asaharas* Verhaftung am Kommunenhauptsitz wurden in einem unterirdischen Versteck 275 Fässer mit Chemikalien gefunden, die zur Herstellung von Nervengas erforderlich sind (NOZ vom 19. Mai 1995, 6); außerdem Gasmasken, Schutzanzüge, Laserwaffen, Dynamit und Maschinengewehre sowie „200 Metallbehälter mit Peptonen, Nährstoffen zum Züchten von Bakterienkulturen" (DER SPIEGEL aaO, 137).

Einen erneuten Giftanschlag auf die Tokioter U-Bahn konnte die Poli- **30** zei am 5. Mai 1995 vereiteln; er hätte, wie Polizeichemiker festgestellt haben, bis zu 10000 Menschen das Leben gekostet (DER SPIEGEL aaO, 138).

Am 6. Juni 1995 wurde gegen den Sektenführer *Asahara* und sechs sei- **31** ner Mitarbeiter Mordanklage erhoben; der Prozeß dauert an (vgl. Zeitungsausriß).

Guru Asahara: Verantwortlich für Gift-Attentat

Sektenchef überrascht Richter

TOKIO (dpa) Der Guru der japanischen Aum-Shinri-kyo-Sekte, Shoko Asahara (41, Foto), hat am Freitag zur Überraschung der Richter und auch seiner Verteidigung erklärt, er werde „die Verantwortung für die Vorfälle schultern".

aus: *WAZ* vom 19. Oktober 1996

ZEHNTER TEIL

Europa als (neuer) kriminalgeographischer Raum

Das letzte Kapitel dieses Bandes beschäftigt sich mit einem (neuen) kriminalgeographischen Thema (zur Kriminalgeographie vgl. ausführlich § 15). Der geplante Verzicht auf Kontrollen an den (Binnen-)Grenzen innerhalb des (EG-)europäischen Raumes (zugunsten von bloßen Verwaltungsgrenzen) und die politische Entwicklung hin zu einer Europäischen Union sowie die Auflösung des ehemaligen Ostblocks haben Folgen, die auch aus kriminalpolitischer Sicht Bedeutung besitzen: Es ändert sich nicht nur das Kriminalitätslagebild. Das Thema Europa rückt damit auch in den Vordergrund der kriminologischen Arbeit. Dementsprechend wird das Stichwort „Europa" schon an anderen Stellen des Bandes (kurz) erwähnt, etwa im Rahmen der Problemfelder

- Wirtschaftskriminalität (Rdn. 59 zu § 21),
- Umweltkriminalität (Rdn. 68 f zu § 22),
- Ausländer- und Asylpolitik (Rdn. 41 zu § 24),
- Drogenproblematik (Rdn. 5 und 9 zu § 27),
- organisiertes Verbrechen (Rdn. 51 zu § 29),
- Terrorismus (Rdn. 36 ff zu § 30) und
- Medienbereich (Rdn. 55 zu § 14).

Kleiner Grenzverkehr der Zukunft.

aus: *NOZ* vom 23. Dezember 1994

§ 31 Vereinigung Europas und ihre Folgen (aus kriminalpolitischer Sicht)

Literatur: **Akmann,** T.: Die Zusammenarbeit in den Bereichen Justiz und Inneres als „3. Säule" des Maastrichter Unionsvertrages, in: JA 1994, S. 49–55; **Albrecht,** H.-J./**Kürzinger,** J. (Hrsg.): Kriminologie in Europa – Europäische Kriminologie, Freiburg/Br. 1994; **Aschermann,** A./**Bieber,** R. u. a.: Schengen und die Folgen, Bern 1995; **Borchardt,** K.-D.: Die rechtlichen Grundlagen der Europäischen Union, Heidelberg 1996; **Borchardt,** K.-D: Die rechtlichen Grundlagen der Europäischen Union Heidelberg 1996; **Brandel,** U.: Die Europäisierung der Asylpolitik, in: *Althaler,* K./*Hohenwarter,* A.: Torschluß. Wanderungsbewegungen und Politik in Europa, Wien 1992, S. 46–58; **Bundeskriminalamt** (Hrsg.): Verbrechensbekämpfung in europäischer Dimension, Wiesbaden 1992; van **Dijk,** J./**Mayhew,** P./**Killias,** M.: Experience of Crime across the World, Deventer 1990; **Drüke,** L./**Weigelt,** K.: Fluchtziel Europa, München 1993; **Ensthaler,** J.: Maastrichter Vertrag, in: JuS 1994, S. 26–29; **Händel,** K.: Verbrechensbekämpfung in europäischer Dimension, in: NJW 1992, S. 2069–2070; **Hailbronner,** K. (Hrsg.) Zusammenarbeit der Polizei- und Justizverwaltungen in Europa, Heidelberg 1996; **Hailbronner,** K.: Perspektiven einer europäischen Asylrechtsharmonisierung nach der Maastrichter Gipfelkonferenz, in: *Hailbronner,* K. (Hrsg.): Asyl- und Einwanderungsrecht im europäischen Vergleich, Köln 1992, S. 134–147; **Hertweck,** J.: Hindernisse auf dem Weg nach Europa. Probleme der grenzüberschreitenden justitiellen Zusammenarbeit, in: Kriminalistik 1995, S. 721–724; **Hertweck,** J.: Hindernisse auf dem Weg nach Europa, in: Kriminalistik 1995, S. 721–724; **Innenministerium von Baden-Württemberg** (MJBW): Europa – der neue kriminalgeographische Raum, Stuttgart 1992; **Jaeger,** R.: Freie Fahrt für Kriminelle nach Wegfall der Grenzkontrollen? in: der Kriminalist 4/92, S. 158–166; **Jarzembowski,** G./**Malangré,** K.: Innere Sicherheit – eine Kernaufgabe für die europäische Union (Masch-MS), Bonn 1994; **Jung,** H./**Schroth,** H.-J.: Das Strafrecht als Gegenstand der Rechtsangleichung in Europa, in: GA 1984, S. 241–272; **Jung,** H.: Strafverteidigung in Europa, in: Strafverteidiger 1990, S. 509–517; **Klein,** H.: Maastrichter Vertrag und nationale Verfassungsgerichtsrechtsprechung, Vortrag gehalten auf der VI. Europäischen Rechtskonferenz der Konrad Adenauer Stiftung am 18. November 1993 in Luxemburg; **Koriath,** G.: Verdeckte Ermittler – Ein europaweit taugliches Instrument?, in: Kriminalistik 1996, S. 535–541; **Kühne,** H.-H.: Kriminalitätsbekämpfung durch innereuropäische Grenzkontrollen? Schriften zum europäischen Recht, Bd. 8, Berlin 1991; **Kühne,** H.-H.: Innere Sicherheit in einem Europa offener Grenzen, in: *Pauly,* A. (Hrsg.): Schengen en panne, Maastricht 1994, S. 89–100; **Krüger,** S.: Innere Sicherheit für Europa – Schengen und Maastricht – Stationen der Polizei auf dem Weg nach Europa, in: Kriminalistik 1994, S. 773–779; **Leuthardt,** B.: Festung Europa, Zürich 1994; **Magiera,** S./**Siedentopf,** H. (Hrsg.): Die Zukunft der Europäischen Union, Berlin 1997; **Mertes,** M./**Prill,** N. J.: Es wächst zusammen, was zusammengehören will – „Maastricht Zwei" muß die Europäische Union flexibel machen, in: FAZ vom 9. Dezember 1994, S. 11; **Möbius,** G.: Entwicklung und Stand von Europol, in: Der Kriminalist H. 9/1993, S. 328–329; **Morié,** R./**Murck,** M./**Schulte,** S.: Auf dem Weg zu einer europäischen Polizei, Stuttgart 1992; **Mulder,** S./**Watschoot,** N.: GPS – die grenzüberschreitende polizeiliche Zusammenarbeit, in: MFDP 1995, Nr. 228, S. 50–52; **Murck,** M.: Polizei und Sicherheit in Europa – Die Sicht der Bürger, in: Kriminalistik 1994, S. 447–452; **Nikolaus,** W.: Ist „Schengen" nur ein Wort?, in: Der Kriminalist H. 4/1996, S. 169–172; **Oppermann,** Th./**Classen,** C.: Die EG vor der Europäischen Union, in: NJW 1993, S. 5–12; **Oschatz,** G.-B.: Verfassungsrechtliche Grenzen der Weiterentwicklung Europas, in Band 33 der „Schriften zum Europäischen Recht" 1997, S. 33–43; **Poerting, Stürm,** J: Schegen-Europol-Interpol – Konkurrenz oder Partnerschaft? in: Kriminalstatistik 1997 S. 99-104; **P./Störzer,** H. U.: Kleine Schritte – Großes Ziel: Verbrechensbekämpfung in europäischer Dimension, in: Kriminalistik 1992, S. 2–17; **Presse- und Informationsamt der Bundesregierung** (BPA): Europa 2000 – Schritte zur Europäischen Union, Bonn 1992; **Rebscher,** E.: Polizeisystem in Europa, in: Kriminalistik 1993, S. 215–218; **Rudnick,** G.: Verbrechensbekämpfung in europäischer Dimension, in: Der Kriminalist 1/92, S. 10–13; **Saberschinsky,** H.: Europa (West und Ost) als Arbeitsmarkt des illegalen Rauschgifthandels, in: *BKA* (Hrsg.): Organisierte Kriminalität in einem Europa durchlässiger Grenzen, Wiesbaden 1991, S. 179–196; **Santel,** B.: Migration in und nach Europa, Opladen 1995; **Schelter,** K.: Innenpolitische Zusammenarbeit in Europa zwischen Maastricht und Regierungskonferenz, in: Politik und Zeitgeschichte, BI – 2/96, S. 19–27; **Schlüchter,** E.: Grenzen strafbarer Fahrlässigkeit – Aspekte bei einem Strafrecht in Europa, Thüngersheim 1996; **Schomburg,** W.: Internationale vertragliche Strafrechtshilfe in Strafsachen, in: NJW 1995, S. 243–244; **Schomburg,** W.: Strafrecht und Rechtshilfe im Geltungsbereich von Schengen II, in: NJW 1995, S. 1931–1936; **Schübel,** E: Wie gut funktioniert die Strafverfolgung innerhalb Europas? in: WStZ 1997, S. 105-110; **Schünemann,** B./**Dias,** J. (Hrsg.): Bausteine des europäischen Strafrechts, Köln 1995; **Schwind,** H.-D./**Baumann,** J. et al. (Hrsg.): Ursachen, Prävention und Kontrolle von Gewalt, Berlin 1990 (4 Bände); **Sieber,** U./**Bögel,** M.: Logistik der Organisierten Kriminalität, Wiesbaden 1993; **Sieber,** U. (Hrsg.): Europäische Einigung und Europäisches Strafrecht, München 1993; **Sommer-**

mann, K.-P.: Der Schutz der Menschenrechte im Rahmen des Europarates, Speyer 1990; **Storbeck,** J.: Europol – Symbol ihrer Zeit, in: Kriminalistik 1994, S. 201–204; **Storbeck,** J.: Europol: Chance für eine Verbesserung der gemeinsamen Verbrechensbekämpfung in der Europäischen Union, in: Aus Politik und Zeitgeschichte, Beilage zur Wochenzeitung Das Parlament vom 2. Juni 1995a, S. 20–27; **Storbeck,** J.: Stand Europol, in: MFDP Oktober 1995, S. 35–36; **Storbeck,** J: Europol – Probleme und Lösungen, in: Kriminalistik 1996, S. 17–21; **Stümper,** A.: Schengen – ein sorgenvoller Blick in die Zukunft, in: der Kriminalist 5/95, S. 242–243; **Sturm,** J.: Schengen – Europol – Interpol – Konkurrenz oder Partnerschaft? in: Kriminalistik 1997, S. 99–104; **Tiedemann,** K.: Europäisches Gemeinschaftsrecht und Strafrecht, in: NJW 1993, S. 23–31; **Ulber,** G.: Europa – Paradies für Kriminelle? in: Kriminalistik 1992, S. 81–86; **Ullenbruch,** Th.: Strafvollzug in Europa, in: ZfStrVo 1994, S. 25–27; **Wachholz,** R.-P.: EUROPOL aus der Sicht der Bundesländer, in: Kriminalistik 1995, S. 715–719; **Weidenfeld,** W. (Hrsg.): Das europäische Einwanderungskonzept, Gütersloh 1994; **Weißer Ring** (Hrsg.): Opferhilfe in Europa, Mainz 1993; **Wenz,** D.: Offene Grenzen am Rhein, in: FAZ vom 12. Januar 1995, S. 8; **Wittkämper,** G.W./**Krevert,** P./**Kohl,** A.: Europa und die innere Sicherheit, Wiesbaden 1996; **Wollenschläger,** M.: Asylpolitische und asylrechtliche Aspekte der europäischen inneren Sicherheit, Gütersloh 1992; **Zuleeg,** M.: Der Beitrag des Strafrechts zur europäischen Integration, in: JZ 1992, S. 761–769.

Übersicht

Die Bundesrepublik Deutschland ist in ihrer besonderen Situation **1** (Wiedervereinigung des Landes und in Gang gesetzte Vereinigung der europäischen Staaten) sowie durch die politischen Veränderungen, die sich im letzten Jahrzehnt unseres Jahrhunderts vollziehen (etwa die Auflösung des Ostblockes) in spezifischer Weise in sicherheitspolitischer Hinsicht betroffen: Ihre Grenzen haben sich im Osten verändert (die innerdeutsche Grenze gibt es nicht mehr, dafür z. B. eine **421 Kilometer lange deutsch-polnische „Wohlstands-Grenze"**) und sollen zu anderen EG-Ländern (völlig) abgebaut werden bzw. sind bereits nicht mehr existent. Wie ist die Entwicklung im Westen verlaufen und welche Probleme (Folgen) ergeben sich (aus kriminalpolitischer Sicht) aus der Vereinigung der europäischen Staaten?

I. Von der Montanunion bis zum Maastrichter Vertrag

Die Idee eines vereinigten Europas, die schon in der Weimarer Zeit **2** diskutiert wurde (damals entstand z. B. bereits die Paneuropa-Bewegung des Grafen **Coudenhove-Kalergi***), wird seit Ende des Zweiten Weltkrieges (vor allem auf Betreiben *Churchills, Schumans, de Gasperis* und *Konrad Adenauers*) in die Tat umgesetzt:

- *1949 etablierten zehn europäische Staaten den* **Europarat** *(mit Sitz in Straßburg), der allerdings nur Konventionen (mit Empfehlungscharakter) verabschieden kann: etwa die Europäische Konvention zum Schutz der Menschenrechte und Grundfreiheiten (EMRK) vom 4. Nov. 1950 (vgl. BGBl 1952-II, 685 ff, und Sommermann 1990); oder die Empfehlung zum dreistufigen Aufbau kommunaler Kriminalprävention aus dem Jahre 1987 (vgl. dazu Rdn. 74 zu § 18);*
- *1951 schlossen sich sechs europäische Staaten (Italien, Frankreich, Deutschland, die Niederlande, Belgien und Luxemburg) zur* **Europäischen Gemeinschaft für Kohle und Stahl (EGKS: „Montanunion")** *zusammen (Vertrag vom 18. April 1951);*
- *1957 entstand die* **EWG***, die Europäische Wirtschaftsgemeinschaft („Römische Verträge" vom 25. März 1957: BGBl 1957 II, 766 ff) samt* **EURATOM** (Europäische Atomgemeinschaft).

3   Nachdem die Zusammenarbeit in diesen drei eher wirtschaftlich orientierten Gemeinschaften, die **1965 zur „EG"** (mit gemeinsamen Leitungsgremien**): „Rat" und „Kommission") aufgrund eines Fusionsvertrages verschmolzen, relativ gut funktioniert hatte, verstärkten sich in den 80er Jahren die Bestrebungen, die auch die politische Vereinigung **(1979 ist das Europäische Parlament zum ersten Mal direkt gewählt worden)** im Sinne einer umfassenden politischen Union vorantreiben wollten. Schon

- *1983 erfolgte eine entsprechende* **Absichtserklärung:** *In der „Feierlichen Deklaration zur Europäischen Union" vom 19. Juni 1983 wurde von zehn Staaten der Europäischen Gemeinschaften (zu den Kernstaaten kamen Dänemark, Großbritannien, Griechenland und Irland hinzu) als Zielvorstellung genannt: „die bisher im wirtschaftlichen wie auch im politischen Bereich erzielten Fortschritte auf dem Weg zur Europäischen Union zu festigen";*
- *1986 bekräftigten 12 EG-Staaten (hinzugekommen waren am 1. Januar desselben Jahres Spanien und Portugal) in einer „Einheitlichen Europäischen Akte" (vom 28. Februar 1986) die (1983er)* **Absichtserklärung,**

---

*) Vgl. dazu seine Veröff.: Pan Europa, Wien 1924; die Idee einer „Union Européenne" hat der französische Außenminister **Aristide Briand** schon am 5. September 1929 der 10. Versammlung des Völkerbundes in Genf vorgetragen (zit. nach *Papcke* in: Morié et al. 1992, 42, und *Borchardt* 1996, 2).

) Der **„Ministerrat" besteht aus den zuständigen nationalen Fachministern der zur Zeit 15 EG-Mitgliedstaaten, die **„Kommission"** setzt sich aus 20 Kommissaren mit Initiativ-, Kontroll- und Durchführungsbefugnissen zusammen, die von den Mitgliedstaaten ernannt werden. Der Schwerpunkt liegt in der Ausarbeitung von Vorschlägen für Rechtssachen (Richtlinien, Verordnungen oder Entscheidungen), mit denen sich der Rat dann befaßt. Walter *Hallstein* hat die EG-Kommission als „Motor des Integrationsprozesses" bezeichnet (zit. nach *Degen* in: *Morié* et al. 1992, 30). Das **„Parlament"** (518 Abgeordnete aus allen zwölf Mitgliedstaaten) verfügt weder über das Recht zur „Gesetzesinitiative", noch kann es Gesetze beschließen; auch das Budget-Recht steht ihm nicht zu. **„Gesetzgeber"** *sind die 15 Staats- und Regierungschefs.*

„gemeinsam zu konkreten Fortschritten auf dem Wege zur Europäischen Union beizutragen".

Sechs Jahre später kommt es zum **Maastrichter Vertrag,** einem „Vertrag über die Europäische Union" (vom 7. Februar 1992), **in dem aus den Absichtserklärungen der Vorjahre eine bedingte Verpflichtungserklärung** entstand. Wörtlich heißt es: **Die 12 EG-Staaten „haben beschlossen, eine Europäische Union zu gründen".**   **4**

II. Kriminalpolitisch relevante EG-Arbeitsfelder

Die aktuellen kriminalpolitischen Probleme, die in EG-Europa gelöst werden müssen, beziehen sich primär auf die   **5**

– *Beseitigung der Kontrollen an den EG-Binnengrenzen (Freizügigkeit), also auf die Aufhebung der Landesgrenzen, die die verschiedenen EG-Länder bisher trennen, sowie auf die*
– *daraus resultierenden Folgen.*

1. Entwicklungen vor Maastricht

a) Die „Einheitliche Europäische Akte" (EEA) von 1986
In der „Einheitlichen Europäischen Akte" von 1986 (vgl. Rdn. 3) wurde unter den 12 EG-Staaten verabredet, **bis zum 31. Dezember 1992** einen gemeinsamen Binnenmarkt zu realisieren. Art. 8a des geltenden EWG-Vertrages definiert einen solchen als „einen Raum ohne Binnengrenzen, in dem der freie Verkehr von Waren und Personen, Dienstleistungen und Kapital ... gewährleistet ist".   **6**

Allerdings sollten bis dahin **Ausgleichsmaßnahmen** zur Gewährleistung der inneren Sicherheit umgesetzt werden (vgl. dazu auch die entsprechenden Forderungen der Anti-Gewaltkommission der Bundesregierung: *Schwind/Baumann* et al. 1990, Bd. I, 224), die folgende Felder betreffen: **7**

– *erstens: die gezielte* **Verstärkung der Kontrollen an den Außengrenzen der EG** *unter Festlegung gemeinsamer Kontroll- und Überwachungsstandards; zur Zeit wird noch überall unterschiedlich bewacht;*
– *zweitens: die* **Errichtung eines automatisierten Fahndungs- und Informationssystems;**
– *drittens: die Verbesserung der grenzüberschreitenden polizeilichen Zusammenarbeit, einschließlich* **polizeilicher Nacheile** *(grenzüberschreitende Verfolgung mutmaßlicher Straftäter): bisher dürfen z. B. deutsche Beamte im Rahmen der grenzüberschreitenden Spontanfahndung (mit Festhalterecht) nur zehn Kilometer in die Niederlande hinein und 30 Minuten nach Belgien; Frankreich räumt gar kein Festhalterecht ein;*
– *viertens: die* **Vereinfachung und Beschleunigung der Rechtshilfe und des Auslieferungsverkehrs** *(dazu Schomburg 1995, 243 ff); zur derzeitigen Schwerfälligkeit und langen Erledigungsdauer vgl. Schübel 1997, 106.*

- *fünftens: die (schrittweise) **Angleichung (Harmonisierung) des materiellen Strafrechts und des Strafverfahrensrechts** in allen EG-Staaten (dazu Jung/Schroth 1983, 249; Zuleeg 1992, 761 ff; Oppermann/Classen 1993, 5 ff; Tiedemann 1993, 23 ff, und Sieber 1993) und*
- *sechstens: der **Aufbau einer Europäischen Fahndungsunion** als Vorstufe von **EUROPOL**.*

8   Inzwischen haben sich die 12 EG-Staaten in drei wesentlichen Abkommen auf einige dieser Ausgleichsmaßnahmen verständigen können, die jedoch der Ratifizierung durch alle nationalen Gesetzgebungsorgane der Mitgliedstaaten bedürfen, die z. T. fehlt. Dabei geht es um folgende Abkommen:

9   - *erstens: das **Übereinkommen über das Überschreiten der Außengrenzen**, das sicherstellen soll, „daß der Schutz der Gemeinschaft durch eine einheitliche Überwachung an allen Außengrenzen gewährleistet wird. Dazu gehören auch einheitliche Regelungen für die Erteilung und Kontrolle von Einreisevisa" (Jarzembowski et al. 1993, 4);*
- *zweitens: das **Übereinkommen über das Europäische Informationssystem** (EIS oder auch SIS abgekürzt), dessen Ratifizierung daran hakt, „daß es noch Streitigkeiten zwischen Großbritannien und Spanien über die Einbeziehung Gibraltars gibt" (Jarzembowski et al. aaO);*
- *drittens: das Übereinkommen über die Bestimmung des zuständigen Staates für die Prüfung eines in einem Mitgliedstaat der Europäischen Gemeinschaft gestellten Asylantrags (**Dubliner Asylrechtsübereinkommen**): dieses Abkommen regelt, (erstens) daß einem Asylbewerber nur ein Asylverfahren in einem der 12 EG-Staaten gewährt wird, daß (zweitens) das Ergebnis des Verfahrens – sei es positiv, sei es negativ – von den anderen Staaten anerkannt wird und (drittens) welcher Staat für dieses eine Verfahren zuständig ist" (Jarzembowski et al. aaO, 5).*

10   Bis zum 31. Dezember 1992 ist es jedoch weder zu der beabsichtigten Öffnung der Binnengrenzen gekommen, noch sind die geplanten Ausgleichsmaßnahmen umgesetzt worden, allerdings ohne juristische Folgen. Denn die zwölf EG-Staaten hatten in einer Zusatzerklärung (zur Einheitlichen Europäischen Akte) vorsorglich erklärt, dieser Termin bringe „keine automatische rechtliche Wirkung mit sich". Es war also wieder nur eine Absichtserklärung.

b) Die Schengener Verträge von 1985 und 1990

11   Um (sogar vorzeitig) in „Kerneuropa" freie Fahrt einräumen zu können, haben die Regierungen der **Benelux-Staaten, Deutschlands** und **Frankreichs** am 14. Juni 1985 in dem luxemburgischen Ort Schengen/Mosel (im Dreiländereck Luxemburg/Deutschland/Frankreich) das „Übereinkommen ... betreffend den schrittweisen Abbau der Kontrollen an den gemeinsamen Grenzen" **(SÜ)** geschlossen (GMBl. 1986, 79 ff). Doch die vereinbarten Maßnahmen, die den endgültigen Abbau auch der Personenkontrollen schon bis zum 1. Januar 1990 (also vorgezogen) vorbereiten sollten, wurden „über Jahre nicht ernsthaft betrieben" (*Jarzembowski* et al. 1993, 7). Auch dieser Termin ließ sich daher nicht einhalten. Daraufhin wurde am 19. Juni 1990 (BGBl. 1993 II, 1013 ff) ein „Übereinkommen zur Durchführung des Übereinkommens von Schengen ..." **(SDÜ)** zwischen den fünf Vertragsstaaten unterzeichnet, dem im November 1990 **Italien** und **Portugal,** im Juni 1991 **Spanien** sowie im November 1992 **Griechenland** beitraten; **Österreich** will das am 27. Oktober 1997 tun (FAZ vom 18. Juli 1997).

Dieses **Durchführungsabkommen** (veröff. im Bundesanzeiger Nr. 217 a vom 23. November 1990), das aus 142 Artikeln besteht, regelt u. a. **12**

- *erstens:*   *die Abschaffung der Kontrollen an den Binnengrenzen der Schengener Vertragsstaaten,*
- *zweitens:*   *den gemeinsamen Standard der Kontrollen an den Außengrenzen: das sind die Land- und Seegrenzen sowie die Flug- und Seehäfen der Vertragsparteien, soweit sie nicht Binnengrenzen sind,*
- *drittens:*   *die Erteilung und Verweigerung von Einreisevisa,*
- *viertens:*   *die Zuständigkeit für die Behandlung von Asylbegehren,*
- *fünftens:*   *die polizeiliche Zusammenarbeit einschließlich der Observationszeit und der Nacheile über Binnengrenzen (vgl. Hartweck in Hailbronner 1996, 68, und Schomburg 1995, 1932; zur europaweiten verdeckten Ermittlung vgl. Koriath 1996, 535 ff),*
- *sechstens:* *die Rechtshilfe in Strafsachen sowie die Auslieferung,*
- *siebtens:*   *die Bekämpfung der Drogenkriminalität,*
- *achtens:*   *die Einrichtung eines (Schengener) Informationssystems (SIS), das als europaweites elektronisches Fahndungssystem einen gemeinsamen Datenverbund für die Zusammenarbeit der nationalen Polizeibehörden darstellen soll,*
- *neuntens:*   *die Einrichtung eines Exekutivausschusses (bestehend aus Ministern der Mitgliedstaaten) zur Anwendung dieses Übereinkommens.*

Die **Inkraftsetzung des SDÜ** hatte der Exekutivausschuß der Schengener Vertragsstaaten am 22. Dezember 1994 (unter deutschem Vorsitz) für den 26. März 1995 beschlossen. Warum dieses Datum? An diesem Tage traten die internationalen Sommerflugpläne in Kraft. **13**

Was haben SÜ (Schengen I) und SDÜ (Schengen II) inzwischen bewirkt? **14**

Am 26. März 1995 sind grundsätzlich alle (Personen-)Kontrollen an den Binnengrenzen der Schengener Vertragsstaaten (außer Griechenland und Italien) abgeschafft worden: die bisherigen Schlagbäume sind also verschwunden; für Österreich ist das für den 1. Juli 1997 geplant (*FAZ* vom 7. Okt. 1996). Damit können allerdings auch Straftäter ungestört reisen: **„Freie Fahrt für Kriminelle?"** Der bdk: „Zum Totlachen für Ganoven" (vgl. unten Zeitungsausriß). Schon der frühere Präsident des

Bundeskriminalamtes Horst *Herold* wies in diesem Zusammenhang (in der WELT vom 8. Februar 1989) darauf hin, daß die Grenze „für nationale und internationale Rechtsbrecher eine abschreckende Präventionslinie (darstellt), die mit einem nicht kalkulierbaren Entdeckungsrisiko verbunden" ist:

15 Ihr Wegfall

- *vermindert dementsprechend das **Festnahmerisiko** von Straftätern (vgl. Karikatur auf S. 607 und Schübel 1997, 108): **Fahndungs- und Initiativaufgriffe** entfallen;*
- *erweitert die **Fluchträume** bzw. Aktionsbasen und*
- *erleichtert dadurch z. B. die Verbreitung von Rauschgift und Falschgeld, den illegalen Waffenhandel, die Verschiebung von gestohlenen Kfz, den Menschenhandel, die Schutzgelderpressung usw. (dazu Rdn. 23 ff zu § 29).*

„Zum Totlachen für Ganoven"

Bund der Kriminalbeamten kritisiert den Fall der Grenzen

aus: *Lübecker Nachrichten* vom 24. März 1995

16 Die im SDÜ verabredeten **Ausgleichsmaßnahmen**, die das entstandene Sicherheitsrisiko (von *Kühne* werden allerdings solche Kontrollverluste bestritten: 1994, 92 ff) erträglicher machen sollten, sind bisher grundsätzlich nur ansatzweise oder gar nicht durchgeführt worden; Beispiele:

- die **grenzüberschreitende Observation** wurde aus kriminalpolizeilicher Sicht (*bdk*: Europa 1995, 23) nur unzureichend geregelt;
- eine einheitliche Lösung der **Nacheile** (vgl. auch Rdn. 7) ist (bisher) gescheitert, weil einzelne Aspekte (wie das Festnahmerecht für nacheilende Beamte) bisher nicht konsensfähig waren;
- die **Vollstreckung von Haftbefehlen** und die **vorläufige Auslieferungshaft** (z. B. im Verhältnis zu Frankreich) scheitern bisher noch grundsätzlich an nationalen Gesetzen (Beispiele aus der Praxis bei *Hertweck* 1995, 721 ff; zum Stand *Grotz* in *Hailbronner* 1996, 53 ff);

16a – bisher nicht gelungen ist ferner die **Harmonisierung der Drogen-, Asyl- und Zuwanderungspolitik** *(dazu Storbeck 1995, 23);*
- die **Angleichung des (materiellen) Strafrechts** (und des Strafprozeßrechts) ist noch gar nicht ernstlich in Angriff genommen (vgl. *Sieber* 1993 und *Schomburg* 1995, 1931);
- die verabredete **Verstärkung der Außengrenzen der Gemeinschaft** ist nur im Osten erfolgt (vgl. Zeitungsausriß). Im Westen hat sich wenig getan (vor allem nicht in Italien: *Wenz* 1995, 8): dementsprechend „führt die Schleuserroute wieder über die Westgrenze" (*Wenz* aaO); darüber hinaus sollen 39 zusätzliche **Wärmebildgeräte** an der deutsch-

polnischen Grenze eingesetzt werden, mit denen man auch nachts unerlaubte Grenzübertritte aufdecken kann (Bundesinnenminister zit. nach *NOZ* vom 30. Aug. 1996).
– immerhin: das Herzstück des Schengener Sicherheitssystems, der **Fahndungscomputer SIS**, der z.B. Informationen über Personen, die per Haftbefehl gesucht werden, über unerwünschte Personen (etwa solche, für die ein Einreiseverbot besteht), über gestohlene Autos und Waffen liefert, konnte (in Straßburg) zeitgleich mit der Grenzöffnung in Betrieb gesetzt werden; mit dem SIS werden auch alle visapflichtigen Ausländer aus Nicht-EG-Staaten (etwa Russen, Bulgaren und Türken) an den Außengrenzen überprüft.

Kanther will an den Ostgrenzen mehr Beamte einsetzen

BERLIN, 2. Januar (dpa). Bundesinnenminister Kanther (CDU) will 1500 weitere Beamte des Bundesgrenzschutzes (BGS) an den Grenzen zu Polen und Tschechien einsetzen. Damit solle effektiver gegen die Schleuserkriminalität vorgegangen werden, sagte der Innenminister der „Berliner Morgenpost". Derzeit sind an beiden Grenzen etwa 4700 Beamte tätig. 1996 sei die Zahl der Ausländer, die durch Schlepper illegal in Deutschland eingeschleust werden sollten und dabei an der Grenze aufgegriffen wurden, im Vergleich zu 1995 gestiegen. Von etwa 21 000 Zuwanderern bis November gab sich ein Viertel in die Hände krimineller Schlepper, deutlich mehr als 1995. Für 1996 schätzte das Ministerium die Zahl der eingeschleusten Personen auf etwa 7000, etwa 300 mehr als im Vorjahr. 5000 von ihnen wurden allein an den Ostgrenzen Deutschlands festgehalten, über 1000 Personen mehr als 1995. Über genaue Angaben verfügte das Innenministerium für den Zeitraum von Januar bis November vergangenen Jahres: 4649 eingeschleuste Ausländer wurden an den Grenzen zu den osteuropäischen Nachbarstaaten registriert, 27,7 Prozent mehr als im Vergleichszeitraum des Vorjahrs. Gleichzeitig wurden auch Schlepper an den Grenzen zu Osteuropa festgenommen: 1182 im Vergleich zu 881.

aus: *FAZ* vom 3. Januar 1997

Daß europäische Vereinbarungen allerdings nicht verläßlich sein müssen, zeigt das **Beispiel von Frankreich;** Frankreich hat seine Binnengrenzen zu den anderen Schengener Vertragsstaaten wieder geschlossen. Die Rechtsgrundlage ist in Form einer entsprechenden **Ausnahmevorschrift** (im Durchführungsabkommen) vorhanden, von der mit dem Argument Gebrauch gemacht wird, daß Frankreich (aus den Niederlanden) mit Drogen („Duldungspolitik bei weichen Drogen") überschwemmt wird und das Land (algerische) Terroristen abwehren muß.   **17**

Der „Sicherheitsschleier" - eine Alternative?

aus: *Deutsche Polizei* 5/1995, S. 9

Auch Deutschland scheint das Risiko der Grenzöffnung nicht geheuer zu sein; Bayern kontrolliert in einem 30-km-Bereich hinter den Grenzen im Rahmen von Stichproben weiter. Auch an den übrigen Grenzen „verstetigt" das Bundesinnenministerium solche „Stichproben und Schwerpunktkontrollen" (*Wenz* 1995, 8); man spricht von einem **„Sicherheitsschleier".** Baut man hinter den Grenzen „wieder das auf, was kurz zuvor abgeschafft worden ist?" äußern Grenzbeamte, die *Wenz* (aaO) befragt hat.

*Der Schleier soll auch entlang der österreichischen Grenze aufgebaut werden (so der Bayer. Innenminister im Fernsehen am 9. Dez. 1996), wenn dort (wie geplant) bis Ende 1997 die Schlagbäume fallen; kontrolliert wird auch dort schon heute (1996) kaum noch. Verdachts- und **ereignisunabhängige Personenkontrollen** entlang der Landesgrenzen sind (nach der Änderung des dortigen Polizeigesetzes) seit Sept. 1996 auch in Baden-Württemberg zulässig (FAZ vom 17. Dez. 1996, 4).*

Übersicht 84: Unionsstruktur mit Schwerpunkt EUROPOL[1]

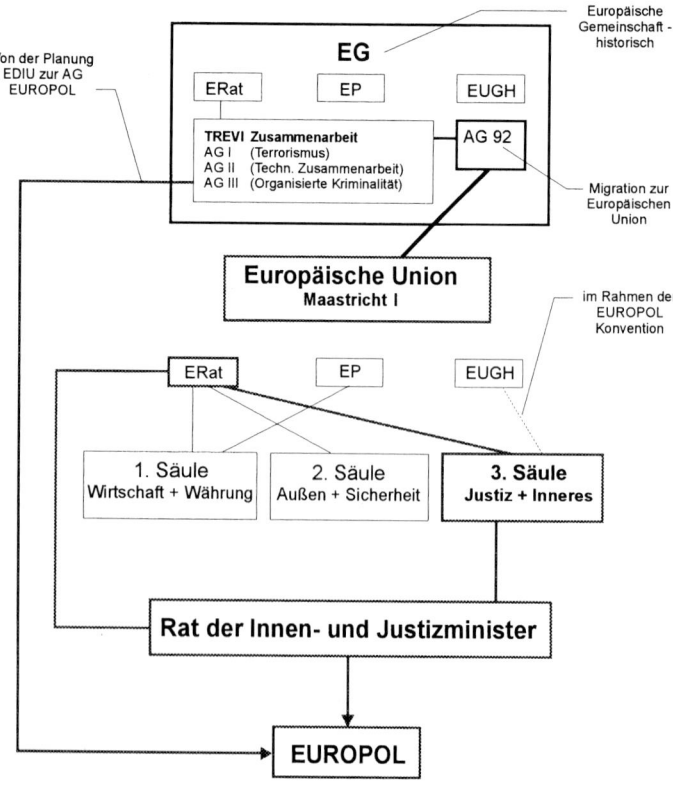

[1] nach einem (für dieses Lehrbuch verkürzten) Entwurf von Peter Vowé, Staff Unit Europol (Stand: 23. Juli 1996)

2. Der Maastrichter Vertrag von 1992

Am 7. Februar 1992 haben die Regierungen der 12 EG-Staaten im nie- **18**
derländischen Maastricht den „Vertrag über die europäische Union"
unterzeichnet (Maastricht I: dazu *Akmann* 1994, 49 ff; *Ensthaler* 1994,
26 ff). In diesem Rahmen wurde auch eine enge Zusammenarbeit in der
Innen- und Justizpolitik vereinbart (vgl. dort Titel VI). Der Vertrag
unterscheidet **drei Säulen** („Säulenstruktur"; vgl. oben Übersicht 84):

– *die der **Europäischen Gemeinschaften** (vgl. Rdn. 2);*
– *die der **Gemeinsamen Außen- und Sicherheitspolitik** (GASP);*
– *die der **Innen- und Rechtspolitik** (primäres Problem: die Widerstände
  vor allem Englands und Frankreichs, die nur zwischenstaatlich vereinbarte – „intergouvernementale" – Zusammenarbeit durch eine „Verge-
  meinschaftung" dieser Bereiche zu ersetzen).*

Auf diesen kriminalpolitisch relevanten Gebieten war eine Koopera- **18a**
tion grundsätzlich bisher (für die EG) noch nicht vertraglich geregelt;
insoweit wird also (vor dem Hintergrund der Pionierrolle der Schengener
Abkommen) Neuland betreten (vgl. *BPA* 1992, 32). Dieses bezieht sich
insbesondere auf folgende Felder der Zusammenarbeit:

– *erstens: auf Vorschriften, die das Überschreiten der Außengrenzen der
  EG regeln sowie die Ausübung der entsprechenden Kontrollen;*
– *zweitens: auf die Bekämpfung der illegalen Einwanderung, des illegalen
  Aufenthalts und der illegalen Arbeit von Staatsangehörigen dritter Länder im Hoheitsgebiet der Mitgliedstaaten (vgl. dazu Brandl 1992, 46 ff);*
– *drittens: auf die Einwanderungs-, Flüchtlings- und Asylpolitik (Asylrecht und Asylpraxis), die harmonisiert werden sollen: aber auf welchem Niveau?;*
– *viertens: auf die Bekämpfung der Drogenabhängigkeit;*
– *fünftens: auf die Zusammenarbeit in Straf-, Zoll- und Zivilsachen und*
– *sechstens: auf die polizeiliche Zusammenarbeit (zur Bekämpfung der
  „schwerwiegenden Formen der internationalen Kriminalität"), in deren
  Rahmen ein Europäisches Informationssystem (EIS) und ein Europäisches Polizeiamt (**EUROPOL**) das Ziel sind (dazu Rdn. 28); eine entsprechende „**Erklärung zur polizeilichen Zusammenarbeit**" ist dem Maastrichter Vertrag angehängt worden (vgl. Akmann 1994, 53, und Klos in
  Hailbronner 1996, 113 ff).*

Es gibt allerdings das **Subsidiaritätsprinzip**, d.h. eine Maßnahme darf **19**
gemeinschaftlich nur in Angriff genommen werden, wenn sie einzelstaatlich
nicht – oder nur unzureichend – erfüllt werden kann. Damit soll sichergestellt werden, daß die nationale Identität der Mitgliedstaaten gewahrt wird.
Diese Regelung „ist auch für die künftige Aufgabenwahrnehmung von
EUROPOL von Bedeutung" (*Siegele* in: Morié et al. 1992, 144).

Der Vertrag ist **inzwischen von allen Vertragsstaaten ratifiziert** worden. **20**
Das ist deshalb bemerkenswert, weil die Europäische Union (in
„umgrenzten Tatbeständen": *Klein* 1993, 11) Hoheitsrechte (Kompetenzen) erhalten soll, die bislang den beteiligten Staaten zustehen. Eine ent-

sprechende Übertragung setzt naturgemäß zwingend voraus, daß die Verfassung eine solche Abtretung zuläßt. Deutschland mußte deshalb das Grundgesetz ändern, was 1992 mit der notwendigen Zweidrittel-Mehrheit der Stimmen des Deutschen Bundestages (am 2. Dezember 1992) und des Bundesrates (am 18. Dezember 1992) auch geschah: An die Stelle des seit der Wiedervereinigung Deutschlands aufgehobenen Art. 23 des Grundgesetzes (Geltungsbereich des GG) trat ein neuer Art. 23, in dem es nun heißt, daß „die Bundesrepublik Deutschland bei der Entwicklung der Europäischen Union mitwirkt (und hierzu) durch Gesetz **mit Zustimmung** des Bundesrates Hoheitsrechte übertragen kann". Das **Bundesverfassungsgericht** hat daraufhin am 12. Oktober 1993 den Maastrichter Vertrag (als in der derzeitigen Fassung mit dem GG vereinbar) akzeptiert (dazu *Klein* 1993; vgl. auch den Zeitungsausriß unten).

„Ein Bundesstaat Europa ist möglich"

Das Urteil der Karlsruher Richter zum Vertrag von Maastricht

Sto. BONN, 23. November. Das Urteil des Bundesverfassungsgerichtes zum Maastrichter Vertrag steht einer Weiterentwicklung der durch den Vertrag gegründeten „Europäischen Union" (EU) zu einem europäischen (Bundes-)Staat mit unselbständigen Gliedern nicht im Wege.

aus: *FAZ* vom 24. November 1993

> *Die Zustimmung des BVerfG ist aber nicht als Blanko-Scheck zu verstehen (zu den verfassungsrechtlichen Grenzen vgl. Oschatz 1997, 33 ff); ein absoluter Souveränitätstransfer ist nämlich mit der sog. Ewigkeitsklausel des Art. 79 Abs. 3 des GG unvereinbar (umstritten).*

Nach der Ratifizierung durch alle zwölf EG-Mitgliedstaaten konnte der Vertrag damit am **1. November 1993 in Kraft** treten. Seine Überprüfung (zu der auch die zwischenstaatliche Innen- und Rechtspolitik zählt) fand im Rahmen einer weiteren Regierungskonferenz statt (**Maastricht II**), die im März 1996 in Turin begann und im Sommer 1997 in Amsterdam endete; die gedankliche Vorarbeit ist von einer Reflexionsgruppe (die aus 18 „Europa-Weisen" bestand) geleistet worden. Es ging um die Themen Tempo, Richtung und Ausmaß des Integrationsprozesses; nachgedacht werden sollte: z. B. über

- die Größe der künftigen EU-Behörde,
- den Übergang zur Mehrheitsentscheidung (Abschaffung des Vetorechts bzw. des Einstimmigkeitsprinzips),
- die Innen- und Rechtspolitik,
- die Währungsunion (die angestrebt wird),
- die EU-Ost-Erweiterung sowie
- die EU-Finanzierung.

Herausgekommen ist relativ wenig. **Immerhin:** die Schengener Abkommen sollen auf grundsätzlich alle EU-Staaten (Ausnahme: England und Irland) ausgedehnt werden: **Die Schlagbäume sollen also auch zwischen den übrigen EU-Staaten abgebaut werden.** Maastricht III soll nach der Jahrtausendwende stattfinden (vgl. FAZ vom 17. Juli 1997, S. 1).

3. Zahlmeister Europas?

Die Finanzierung der EU erfolgt bis 1999 nach einem Schlüssel, der   **21** Deutschland zum „Zahlmeister Europas" (DER SPIEGEL vom 25. September 1995, S. 131) abstempelt. 1995 leistete die Bundesrepublik einen **Nettobetrag** (Saldo aus dem, was Bonn einzahlt, und dem, was zurückfließt) von 25,1 Milliarden DM (steigt bis 1999 auf etwa 45 Milliarden DM weiter an) (SPIEGEL aaO). Zum Vergleich: Italiens Nettobetrag machte (1995) nur 3,6 Millionen DM aus, Frankreichs 1,7 Milliarden und Großbritanniens lediglich 0,2 Milliarden DM (DER SPIEGEL aaO).

*Die Höhe der deutschen Beiträge hat mit der Berechnungsgrundlage zu tun: zu Grunde gelegt wird bisher (aufgrund eines EU-Eigenmittelbeschlusses, der die Finanzierung bis 1999 umfaßt) das Bruttoinlandprodukt. Bei einer Pro-Kopf-Berechnung bekäme Deutschland (schon für 1995) bis zu 15 Milliarden DM zurück (**Stoiber** in FAZ vom 12. Aug. 1996). Die Fortsetzung der ungerechten Lastenverteilung ist bisher der Preis für die Zustimmung der EU-Staaten zur Wiedervereinigung unseres Landes (so der Europa-Abg. **Brock** in FAZ aaO). Für 1999 fordert der deutsche Finanzminister (Waigel) eine neuen Finanz-Schlüssel, der sich am Pro-Kopf-Einkommen der Bevölkerung orientiert (vgl. **FAZ** vom 15. Juli 1996); dieser Standpunkt wird durch den deutschen Außenminister (Kinkel) und alle Ministerpräsidenten der Länder geteilt (vgl. **FAZ** vom 22. Juli 1996).*

Mit „Schlamperei" (so DER SPIEGEL in Nr. 27/1997, 79) bei den Vertragsverhandlungen hat zumindest zu tun, daß mit der Einführung des **EURO** dem Fiskus weitere Milliarden-Beträge entgehen. Für die Verteilung der Geldschöpfungsgewinne der künftigen **Europäischen Zentralbank** ist einem Verteilungsschlüssel zugestimmt worden, der z. B. Frankreich ein jährliches Plus von 46,9 Milliarden beschert und Deutschland ein Minus (i. Sinne von Mindereinnahmen) von 51,4 Milliarden: errechnet von Hans-Wernher *Sinn*, einem „renommierten Ökonom" der Uni München (DER SPIEGEL aaO).
Fazit: Es wird weiter (auch auf Kosten der Kriminalprävention) gespart werden müssen.

III. Europäische Kriminalpolitik als Zukunftsaufgabe

Nach der bisherigen Vertragslage entsteht in Europa nach dem Beitritt   **22** von **Schweden, Finnland** und **Österreich** 1994 (vgl. Graphik nach Rdn. 26) ein **(neuer) riesiger kriminalgeographischer Raum** (mit rund 3,2 Millionen qkm), in dem Anfang 1995 (in nunmehr 15 Mitgliedstaaten) insgesamt **372,662** Millionen Menschen (4,8 % der Weltbevölkerung) zu Hause waren (Statist. Amt der Europ. Gemeinschaften, zit. nach *NOZ* vom 1. 10. 1996); zum Vergleich: USA = 252 Millionen. Damit sind die Weichen für den größten Binnenmarkt (EWR) bzw. die käuferstärkste Region der Welt gestellt.

23   *Die Expansion der EU bzw. ihrer Einflußsphäre geht jedoch weiter.* ***Assoziationsverträge*** *wurden u. a. mit folgenden Ländern geschlossen: Ungarn, Polen, Bulgarien, Rumänien, der Tschechischen Republik, der Slowakei und den baltischen Ländern (Estland, Lettland, Litauen).* ***Beitrittsanträge haben*** *(darüber hinaus) Ungarn, Polen, Rumänien, die Slowakei, Bulgarien, Lettland, Estland und Litauen, Malta und Zypern gestellt (DER SPIEGEL vom 25. März 1996, 147). Die Zollunion der EU mit der Türkei wurde am 13. Dezember 1995 vom Europäischen Parlament in Straßburg (für den 1. Januar 1996) beschlossen. Schließlich hat die EU den Freihandel (Zielvorstellung: das Jahr 2010) mit zahlreichen Mittelmeerstaaten vereinbart.*

Wächst die EU zu schnell; wächst sie sich zu Tode? Der ehemalige spanische Ministerpräsident *Gonzales* hat schon im November 1995 entsprechende Befürchtungen geäußert (vgl. FAZ vom 22. November 1995, S. 8).

Anfang 1998 sollen auf Vorschlag der Kommission (weitere) offizielle Beitragsverhandlungen mit einer Gruppe von sechs Staaten beginnen: Polen, Ungarn, der Tschechischen Republik, Slowenien, Estland und Zypern (vgl. Graphik unten).

Die neue geopolitische Situation hat auch sicherheitspolitische Folgen.

Schlüsselrolle für Maastricht II
Die EU in ihrer jetzigen Verfassung nicht für Aufnahme neuer Mitglieder gerüstet

aus: *FAZ* vom 14. Oktober 1996

1. Zur veränderten Sicherheitslage

24   Deutschland wird von nun an vermutlich (aufgrund seiner geographischen Mittelpunktlage, seiner Sozialgesetzgebung und seiner Wirtschaftskraft) nicht nur der spezifische Kristallisationspunkt der wirtschaftlichen Entwicklung unseres Kontinents werden (Drehscheibe zwischen Ost und West), sondern wie ein Magnet (nicht nur Wirtschaftsflüchtlinge) auch Straftäter aus allen Himmelsrichtungen anziehen. Dazu gehört nicht zuletzt **das organisierte Verbrechen** (zu diesem vgl. § 29 und den Zeitungsausriß unten).

25   Unsere Städte dürften die Folgen der veränderten Sicherheitslage zu spüren bekommen: Langfristig gesehen – wenn in kriminalpolitischer

Hinsicht zu wenig geschieht – möglicherweise Verhältnisse wie in einigen Großstädten Südamerikas oder der Vereinigten Staaten (z. B. New York). Die Oberbürgermeister deutscher Großstädte schlagen schon heute Alarm (vgl. Rdn. 1 zu § 18). Die Gewerkschaft der Polizei (GdP) sieht sogar den „Aufstieg" Berlins zur „Kriminalitätshauptstadt" Europas voraus (zit. nach Berliner Tagesspiegel vom 17. Mai 1990).

*Übrigens: wirtschaftliche **Sogeffekte** sind auch innerhalb der EU-Grenzen zu erwarten, und zwar deshalb, weil Deutschland nach Luxemburg die **höchste Sozialhilfe** zahlt: doppelt soviel wie etwa England und Belgien und sechsmal soviel wie in Spanien gezahlt wird (so auch Stoiber zit. nach NOZ vom 2. Juni 1997).* **26**

2. Zum Problem der Vollzugsdefizite

Die Warnungen mögen übertrieben erscheinen. Betrachtet man **27** jedoch vor diesem Hintergrund den bisherigen Verlauf der europäischen Innen- und Rechtspolitik, so ist Pessimismus nicht völlig unangebracht (vgl. zu den „Regelungsdefiziten": *Storbeck* in Hailbronner 1996, 86 ff). Zumindest drängt sich der Eindruck auf, daß die Architekten der neuen

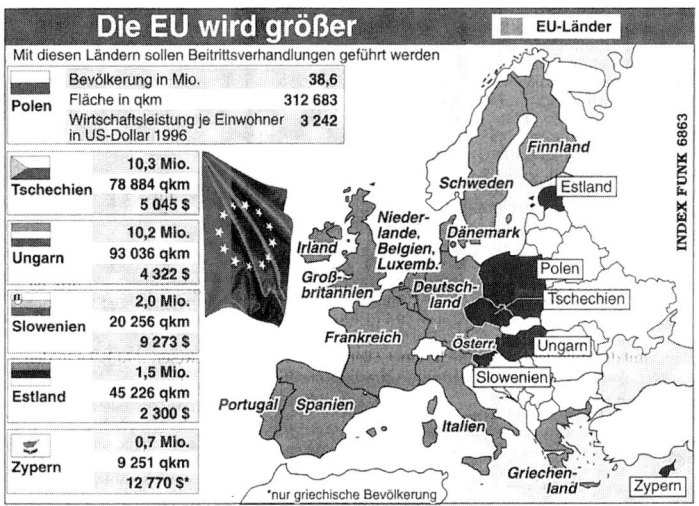

aus: *NOZ* vom 16. Juli 1997

Union über den wirtschaftlichen Vorteilen*), die der Zusammenschluß der europäischen Staaten auch für Deutschland voraussichtlich bringt, die **veränderte Sicherheitslage unterschätzt** haben (vgl. dazu *Ulber* 1992, 82; *Krüger* 1994, 773 ff). Auch die **Befürchtungen der Bevölkerung** (vgl.

Europäer besorgt über offene Grenzen

Umfrage: Angst vor Kriminalität

aus: *NOZ* vom 25. Mai 1994

Zeitungsausriß und *Murck* 1994) sind offenbar nicht hinreichend berücksichtigt worden (zum Bedrohtheitsgefühl vgl. auch Rdn. 7 zu § 18). Dazu mag beitragen, daß die (in Schengen beschlossenen) Ausgleichsmaßnahmen noch immer nicht (bzw. nur unzureichend) umgesetzt worden sind (vgl. oben Rdn. 14 ff und Zeitungsausriß hinter Rdn. 37); zur Problematik der polizeilichen **Zusammenarbeit im deutsch-niederländischen Grenzgebiet** vgl. z. B. *Nikolaus* 1996, 169 ff, *Mulder* 1995, 50 ff und *Remmerden* (in kriminalist 4/97, 182 ff). Mit anderen Worten: die europäische Innen- und Justizpolitik findet bisher mehr auf dem Papier als in der Realität statt. Zumindest ist das der Eindruck von außenstehenden Dritten; allerdings wird der Eindruck auch von Insidern durchaus geteilt (vgl. z. B. *Jarzembowski* et al. 1993, 7; *Hetger* in: MIBW 1992, 80; *Morié* et al. 1992, 10). Statt dessen gibt es **Parallelgremien** (*Rupprecht* in: MIBW 1992, 80) und zersplitterte Zuständigkeiten (dazu *Sturm* 1997, 99), die der Beschleunigung der Entwicklung nicht förderlich sind (vgl. *Zachert* in: BKA 1992, 10); das gilt auch für die verschiedenen Daten-Verbundsysteme, die heute nebeneinander bestehen: z. B.

– *das INTERPOL-Nachrichtensystem,*
– *das Schengener Informationssystem (SIS) und*
– *das Europäische Informationssystem (EIS).*

Solche Aktivitäten „unter einem Dach zusammenzuführen, ist der Grundgedanke von EUROPOL" (*Zachert* aaO). Kritisch aus datenschutzrechtlicher Sicht *Hassemer* im Hessischen Datenschutzbericht 1995, 15 ff (vgl. auch Rdn. 2 zu § 9).

3. EUROPOL

28   EUROPOL befindet sich im Entstehungsprozeß. Die geplante rechtliche Grundlage in Form einer **„Konvention"** (einer EUROPOL-Satzung)

---

*) Die Marktverschmelzung erbringt nach Modellrechnungen für die EG-Partner ein Wohlstandsplus von 358–532 Milliarden DM im Jahr (Cecchini-Bericht, zit. nach *Papcke* in: Morié et al. 1992, 52).

Abbildung 13: Das Gebäude von Europol in Den Haag, Raamweg 47 (Photo: Schwind 1996)

liegt inzwischen als Ergebnis eines „Abkommens über die Errichtung eines Europäischen Polizeiamtes EUROPOL" vor (vgl. *Möbius* 1993, 328 ff; ausführlich *Storbeck* in Hailbronner 1996, 88 ff). Dieses 71-Seiten-Papier mit 48 Artikeln wurde am 26. Juli 1995 von den Botschaftern der EU-Staaten (bzw. den Ständigen Vertretern der EU-Mitgliedstaaten) in Brüssel unterschrieben.

Keine Einigung wurde bisher über die rechtliche Kontrolle von **29** *EUROPOL durch den* **Europäischen Gerichtshof** *erzielt; von britischer Seite war man nicht bereit, entsprechende Zugeständnisse zu machen (Wachholz 1995, 715).*

Für die **Ratifizierung** der EUROPOL-Konvention dürften (nach *Stor-* **30** *beck* 1995, 35) „noch ein bis zwei Jahre erforderlich sein".

Deshalb haben sich die EU-Staaten (in einer Ministervereinbarung der Innen- und Justizminister, die am 30. Oktober 1993 in Kraft trat) für die **Übergangszeit** *„auf eine Lösung geeinigt, nach der* **Verbindungsbeamte aus allen Mitgliedstaaten zu EUROPOL** *entsandt werden. Diese Verbindungsbeamten (EUROPOL Liaisons Officers = ELO's) haben jeweils Direktzugang zu ihren nationalen Informationssystemen" (Storbeck 1995a, 24).*

Die Ratifizierung der EUROPOL-Konvention muß deshalb **durch die** **31** **Volksvertretungen aller Mitgliedstaaten** erfolgen, weil es sich „bei der Konvention um einen völkerrechtlichen Vertrag handelt (*Wachholz* aaO).

623

*Nach der Konvention soll EUROPOL für einen **Großteil der schwer-wiegenden Formen** des internationalen Verbrechens (einschließlich des internationalen Terrorismus) zuständig sein; das steht auch bereits im Maastrichter Vertrag (vgl. auch Rdn. 18 a). Was „schwerwiegende Formen" sind, ist jedoch noch umstritten (Storbeck 1995a, 25).*

a) EDU

32   Im übrigen kann die in Maastricht beschlossene gemeinsame Innen- und Rechtspolitik auf der langjährigen Zusammenarbeit der Innen- und Justizminister der EG-Migliedstaaten in den sog. TREVI-Gruppen (vgl. dazu Rdn. 22 zu § 30 und *Siegele* in: Morié et al. 1992, 132 ff) aufbauen. So haben die für die TREVI-Kooperation zuständigen Minister (am 2. Juni 1993) eine Vereinbarung über die Einrichtung einer europäischen Drogeneinheit **(European Drug Intelligence Unit = EDU)** getroffen, die bereits als Vorläufer (bzw. Aufbauzelle) für EUROPOL gedacht ist. Als endgültigen Sitz von **EUROPOL/EDU** haben die Staatschefs der EG-Mitgliedstaaten am 29. Oktober 1993 DEN HAAG (Niederlande) bestimmt (vgl. *Storbeck* 1994, 202). Dort nahm die neue Zentrale am

Übersicht 85: Aufbau EDU-Europol

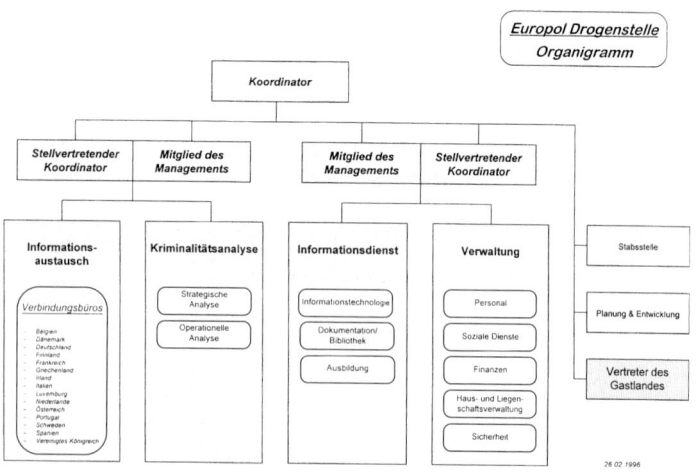

Quelle: Europol/Den Haag (vom 26. Feb. 1996)

3. Januar 1994 (unter ihrem deutschen Koordinator *Storbeck*) ihre Arbeit in dem ehemaligen Gebäude (vgl. Photo hinter Rdn. 27) des niederländischen Centrale Recherche Informationsdienstes (CRI), einer Behörde, die dem deutschen BKA vergleichbar ist, auf (*Storbeck* 1994, 204); zu Stellvertretern *Storbecks* wurden (1994) der Belgier *Bruggeman* und der Luxemburger *Rauchs* bestellt (vgl. FAZ vom 27. Sept. 1996, 7). Personal

1997: insgesamt 125 Personen (WAZ vom 20. Juni 1997). Die Rechts-
und Fachaufsicht (bzw. die politische Kontrolle) üben die Justiz- und
Innenminister der Mitgliedstaaten aus.

Die Aufgabe von EDU bestand zunächst darin, als Informationszen-
trale mit Direktzugriff auf nationale Informationssysteme über die nationalen Verbindungsbeamten (vgl. Rdn. 30) die Bekämpfung der Rauschgiftkriminalität zu erleichtern (*Storbeck* 1994, 201): als **Relaisstation**
(zum Organisationsplan vgl. Übersicht 85) für den Informations- und
Erfahrungsaustausch der EG-Staaten (vgl. auch *Storbeck* 1995, 35): eine
„auf (Rauschgiftvergehen beschränkte) Recherchedatei für nationale
Polizeien" (*Wenz* aaO). Inzwischen sind durch eine sog. **Joint Action**
vom 10. März 1995 (die die unter Rdn. 30 genannte Ministervereinbarung ergänzt) „die Zuständigkeiten der EDU auch auf die Bekämpfung
der **Nuklearkriminalität**, auf die **illegale organisierte Einwanderung**, auf
die **Verschiebung gestohlener Kraftfahrzeuge**, auf damit verbundene
Geldwäsche und auf darin verwickelte Organisationen ausgedehnt" worden (*Storbeck* aaO).

Operative Handlungsbefugnisse (eigene Ermittlungsfunktionen) werden EUROPOL (schon nach einer dem Maastrichter Unionsvertrag beigefügten „Erklärung zur polizeilichen Zusammenarbeit") nicht zugestanden (dazu *Storbeck* 1995a, 24). Auch an einer gemeinsamen **Arbeits-
sprache** fehlt es (dazu *Storbeck* 1994, 203), so daß durch Übersetzungsar-
beiten Zeitverzögerungen entstehen. In erster Linie dürfte sich die **englische Sprache** (als Weltsprache) anbieten, aber auch die **deutsche**, weil
deutsch die häufigste Muttersprache in der EU ist (vgl. unten den Zeitungsausriß).

Deutsch jetzt Spitzenreiter

EU: Für 25 Prozent Muttersprache

Brüssel, 24. 7. (wid)
**Deutsch ist die häufigste Mut-
tersprache in der Europäischen Union. 25 Prozent der
EU-Bürger über 15 Jahre geben
an, daß sie Deutsch als Muttersprache gelernt haben.**

Mit der Wiedervereinigung
Deutschlands und dem Beitritt
Österreichs zur Union wurde
die deutsche Sprache zum Spit-
zenreiter. 1987 hatten nur 20
Prozent der Europäer als Muttersprache Deutsch angege-

ben. An zweiter Stelle rangie-
ren nach Angaben aus Brüssel
Englisch, Französisch und Ita-
lienisch gleichauf mit jeweils
16 Prozent der Europäer. Danach folgen Spanisch mit neun
Prozent und Niederländisch
mit sechs Prozent.

Griechisch, Portugiesisch
und Schwedisch werden von
jeweils drei Prozent als Muttersprache gesprochen, und Fin-
nisch folgt an letzter Stelle
der verwendeten Amtsspra-
chen mit einem Prozent.

aus: *NOZ* vom 25. Juli 1996

b) Zu den Kompetenzen von EUROPOL

33   Ohne solche Hoheitsbefugnisse (nur auf entsprechende Koordinationsaufgaben beschränkt) wird aber auch EUROPOL seinen Aufgaben kaum gerecht werden können (so auch *Schlee* in: MIBW 1992, 14, und *Zachert* in: BKA 1992, 11). Originäre Ermittlungszuständigkeiten für diese Institutionen hat daher z. B. der (inzwischen aus dem Amt geschieden) Präsident des BKA (*Zachert*) immer wieder gefordert, etwa in einem „10-Punkte-Programm" einer („Vision für EUROPOL"), das schon 1992 vorgestellt wurde (abgedruckt bei *Jaeger* 1992, 161). Zumindest mittelfristig sollte EUROPOL daher auch entsprechende **Exekutivbefugnisse** erhalten (ebenso *Jarzembowski* et al. 1994, 14; *Zachert* in: BKA 1992, 11, und *Storbeck* 1995, 36): wie z. B. „zu Festnahmen, Durchsuchungen oder Beschlagnahmen durch EUROPOL-Beamte" (*Zachert* aaO, 16).

34   *Als **sinnvolle Voraussetzung für die Beteiligung** von EUROPOL (mit eigenem Personal und eigenem Haushalt) soll (nach den Vorstellungen von Zachert aaO) das Merkmal der „Internationalität" dienen: „Das bedeutet (führt Zachert aus), daß EUROPOL (nur) dann tätig wird, wenn mehrere EG-Staaten betroffen sind oder die EG-Außengrenzen überschritten werden. … Darüber hinaus liegt es nah, EUROPOL die Bekämpfung **bestimmter enumerativ festgelegter Straftaten** zu übertragen". Zu diesen sollen z. B. die Bekämpfung der internationalen Rauschgiftkriminalität und des organisierten Verbrechens gehören (Zachert aaO, 13). Zukunftsaussichten: Storbeck 1996, 20.*

35   Immerhin: nach der EUROPOL-Konvention (vgl. Rdn. 28 ff) sind bei EUROPOL drei Datensysteme vorgesehen:

– erstens: eine **zentrale Abfragedatei** für Terrorismus, Rauschgiftkriminalität und Organisiertes Verbrechen, die inhaltlich dem bundesdeutschen Inpol-System entspricht und die die Direktabfrage durch die Mitgliedstaaten ermöglicht sowie
– zweitens: eine **Analyse-Datei**, die teilweise den deutschen SPUDOK-Dateien entspricht und auf die nur die jeweils eingehenden nationalen Dienststellen und die EUROPOL-Analytiker Zugriff haben sowie
– drittens: ein **Indexsystem**, das Hinweise bei Abfragen der offenen Dateien auf möglichen Bestand in der Analysedatei gibt.

Der SPIEGEL (vom 31. Juli 1995, 36) sprach von vorgesehener „Totalüberwachung" und äußerte Zweifel an der Verfassungsmäßigkeit dieser Vorschriften.

4. Forschung und Prävention

36   Daß schließlich auch (nationale) **Präventionsprogramme** „gesammelt und analysiert" werden sollen, ergibt sich aus einer dem Maastrichter Vertrag im Anhang beigefügten Erklärung.

*In dieser Erklärung werden auch **Forschungsaufgaben** genannt. Bisher ist es so, daß kriminologische Forschung, die sich auf alle (oder mehrere) europäische Staaten bezieht, noch weitgehend fehlt. Es gibt also noch keine „europäische" Kriminologie (so Kerner am 14. Januar 1994 auf einer Tagung des MPI in Freiburg zum Thema „Kriminologie in Europa – europäische Kriminologie?"*

Die (rechtsvergleichenden) Informationen nehmen allerdings zu: **37**

- zu **Kriminalitätsvergleichen**: *Zimmermann* in Morié et al. 1992, 25 ff;
- zu den unterschiedlichen **Polizeisystemen**: vgl. *Rebscher* 1993, 215 ff;
- zu europäischem **Strafrecht**; vgl. *Schünemann/Dias* 1995;
- zum **Strafverfahrensrecht** laufen Untersuchungen am Lehrstuhl *Schlüchter* (vgl. auch *Schlüchter* 1996);
- zum **justitiellen Sozialdienst** in europäischen Ländern: *Jehle* 1996, 259 ff;
- zum **Strafvollzug** in Europa: *Ullenbruch* 1994, 25 ff;
- zur **Opferhilfe** in Europa: *Weißer Ring* 1993;
- zur **bisherigen Zusammenarbeit in der Innen- und Rechtspolitik** vgl. *Nanz* in Magiera/Siedentopf 1997, 131 ff.

*Schließlich: seit 1987 gibt Brunon Holyst (Warschau) die Zeitschrift **Eurocriminology** heraus. Weitere positive Signale: 1993 wurde in Würzburg eine „**Vereinigung für Europäisches Strafrecht e.V.**" gegründet (vgl. Sieber 1993) und 1995 das **Europäische Zentrum für Kriminalprävention e.V.** (Geschäftsstelle in 48151 Münster, Scharnhorststr. 100). Rechtsvergleichende Untersuchungen zum **Strafverfahrensrecht** werden z. B. an der Ruhr-Universität (am Lehrstuhl Ellen Schluchter) europaweit und auch interdisziplinär durchgeführt (vgl. auch Schluchter 1996).*

Bonn und Paris fordern wirksame EU-Polizei

Europol soll ausgebaut werden - Gipfel in Nürnberg

aus: *NOZ* vom 10. Dezember 1996

5. „Berliner Erklärung"

Schließlich haben sich Anfang September 1994 die Innen- und Justiz- **38**
minister Polens, Ungarns, Bulgariens, Rumäniens, der Slowakei und der tschechischen Republik mit ihren EU-Kollegen und Vertretern weiterer Staaten (etwa USA, Kanada, Schweiz und Marokko) in Berlin getroffen und eine weitgehende Zusammenarbeit z.B. in den Bereichen der Bekämpfung von Rauschgift- und Atomschmuggel, Menschenhandel

und Autodiebstahl (in einer Absichtserklärung) vereinbart (in der sog. **„Berliner Erklärung"**); gegen eine solche Zusammenarbeit wird es keine begründeten Einwände geben, wohl aber gegen **weitere Beitrittsersuche**. Denn die **„crux" des EU-Europas dürfte darin bestehen, „neue Mitglieder aufzunehmen, ohne gleichzeitig an innerer Kohäsion einzubüßen:** also an Zusammenhalt. Jede größere Erweiterung bedeutet die **Gefahr der Verwässerung**, weil immer mehr besondere Wirtschafts- und Sicherheitsinteressen im Raum zwischen Hammerfest und Palermo, zwischen Atlantik und Ostsee zu berücksichtigen und auszugleichen sind" (*Mertes/ Prill* 1994, 11). Es fragt sich also, ob es der Sache dient, wenn man weiterhin die **Osterweiterung der EU** (sowie eine entsprechende Mittelmeerpolitik) vorantreibt, obgleich die innenpolitischen Probleme der Gemeinschaft (vor allem solche, die mit der Sicherheit zu tun haben) z. T. noch nicht einmal ansatzweise gelöst werden konnten. Wer zahlt die unvermeidlichen Kosten? Sollte die EU besser „eine Art **Integrationspause** einlegen?" (so fragen *Mertes* und *Prill* aaO): vgl. dazu auch unten den Zeitungsausriß. Wenn „man den zweiten Schritt vor dem ersten tut, fällt man leicht auf die Nase" (schreibt *Stümper* 1995, 242). Und wenn das geschieht, könnten die Folgen darin bestehen, daß die Bevölkerung (auch die deutsche) das Vertrauen in die Tragfähigkeit des europäischen Gedankens verliert.

EUROPOL

Des Kanzlers Illusionen

Helmut Kohls Plan, die Bürger Europas mit einer FBI-ähnlichen Polizeitruppe vor grenzüberschreitender Kriminalität zu schützen, ist auf absehbare Zeit in der Europäischen Union nicht zu verwirklichen. Zu diesem Schluß kommt eine interne Analyse des Bonner Innenministeriums. In der EU, so Manfred Kanthers Experten, fehle es „an nahezu allen Voraussetzungen für die Wahrnehmung echter operativer Befugnisse". So seien europaweit tätige Ermittler undenkbar, solange es 15 verschiedene Prozeßordnungen und Strafrechtssysteme gebe.

Auch fehle eine europäische Anklagebehörde und ein für das Straf- und Polizeirecht zuständiges oberstes Gericht. Wie sollte etwa, fragen Kanthers Fachleute, ein Europol-Beamter vorgehen, der einem Drogenkonsumenten durch Deutschland und die Niederlande folgt? In der Bundesrepublik macht der Verfolgte sich strafbar, im Nachbarland womöglich nicht. Unter diesen Umständen erscheine die Gewährung eigener Ermittlungskompetenzen für Europol als „illusorisch".

aus: *DER SPIEGEL* Nr. 11 vom 10. März 1997, S. 20

Stichwortverzeichnis

(kursive Zahlen verweisen auf Randnummern)

Stichwortverzeichnis

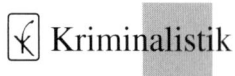

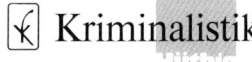

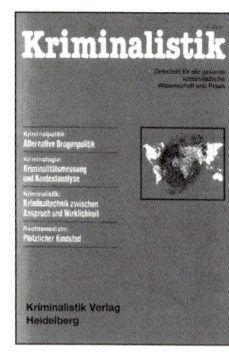